A MISÉRIA DO MUNDO

Dados Internacionais de Catalogação na Publicação (CIP)
(Câmara Brasileira do Livro, SP, Brasil)

A miséria do mundo / sob direção de | Pierre Bourdieu; com contribuições de A. Accardo... | et al. | 9. ed. – Petrópolis, RJ: Vozes, 2012.

Título original: La misère du monde.

Vários tradutores.

Bibliografia.

9ª reimpressão, 2023.

ISBN 978-85-326-1818-4

1. Desfavorecidos socialmente – Estudo de casos 2. França – Condições sociais 3. Marginalidade social – Estudo de casos 4. Pobres – Estudo de casos I. Bordieu, Pierre, 1930 – II. Accardo, Alain.

97-1547 CDD – 305.569

Índices para catálogo sistemático:

1. Miséria social: Sociologia   305.569
2. Pobres: Sociologia   305.569

Autores:
Pierre Bourdieu
e
A. Accardo, G. Balazs, S. Beaud,
E. Bourdieu, P. Bourgois,
S. Broccolichi, P. Champagne, R. Christin,
J.-P. Faguer, S. Garcia, R. Lenoir,
F. Oeuvrard, M. Pialoux, L. Pinto,
A. Sayad, C. Soulié, L. Wacquant

A MISÉRIA DO MUNDO

Tradutores:
Mateus S. Soares Azevedo
Jaime A. Clasen
Sérgio H. de Freitas Guimarães
Marcus Penchel
Guilherme João de Freitas Teixeira
Jairo Veloso Vargas

EDITORA VOZES

Petrópolis

© Éditions du Seuil, 1993
27, rue Jacob, Paris VI

Tradução do original em francês intitulado *La misère du monde*

Direitos de publicação em língua portuguesa no Brasil:
1997, Editora Vozes Ltda.
Rua Frei Luís, 100
25689-900 Petrópolis, RJ
www.vozes.com.br
Brasil

Todos os direitos reservados. Nenhuma parte desta obra poderá ser reproduzida ou transmitida por qualquer forma e/ou quaisquer meios (eletrônico ou mecânico, incluindo fotocópia e gravação) ou arquivada em qualquer sistema ou banco de dados sem permissão escrita da editora.

CONSELHO EDITORIAL

Diretor
Volney J. Berkenbrock

Editores
Aline dos Santos Carneiro
Edrian Josué Pasini
Marilac Loraine Oleniki
Welder Lancieri Marchini

Conselheiros
Elói Dionísio Piva
Francisco Morás
Gilberto Gonçalves Garcia
Ludovico Garmus
Teobaldo Heidemann

Secretário executivo
Leonardo A.R.T. dos Santos

Editoração e org. literária: Jaime A. Clasen
Diagramação: AG.SR Desenv. Gráfico
Capa: Mariana M. Castelo Branco

"Cét ouvrage, publié dans le cadre du programme de participation à la publication, bénéficie du soutien du Ministère français des Affaires Etrangères, de l'Ambassade de France au Brésil et de la Maison française de Rio de Janeiro."

"Este livro, publicado no âmbito do programa de participação à publicação, contou com o apoio do Ministério francês das Relações Exteriores, da Embaixada da França no Brasil e da Maison française do Rio de Janeiro".

ISBN 978-85-326-1818-4 (Brasil)
ISBN 2-02-019674-3 (França)

Este livro foi composto e impresso pela Editora Vozes Ltda.

Sumário

Ao leitor, Pierre Bourdieu, 9

O espaço dos pontos de vista, Pierre Bourdieu, 11
A rua dos Junquilhos, *Pierre Bourdieu*, 15
Uma família deslocada, *Abdelmalek Sayad*, 35
Cada qual em sua casa, *Rosine Christin*, 53
A visão mediática, *Patrick Champagne*, 63
A ordem das coisas, *Pierre Bourdieu*, 81
Uma família integrada, *Patrick Champagne*, 103
Um mau investimento, *Gabrielle Balazs* 117
A reabilitação, *Gabrielle Balazs*, 125
A última diferença, *Patrick Champagne*, 139

Efeitos de lugar, Pierre Bourdieu, 159
Da América como utopia às avessas, *Loïc J.D. Wacquant*, 167
A Zona, *Loïc J.D. Wacquant*, 177
Homeless in El Barrio, *Philippe Bourgois*, 203

A demissão do Estado, Pierre Bourdieu, 215
Uma missão impossível, *Pierre Bourdieu*, 225
A má-fé da instituição, *Pierre Bourdieu*, 243
Desequilíbrio e dilema, *Pierre Bourdieu e Gabrielle Balazs*, 247
A visão do Estado, *Patrick Champagne*, 255
Desordem entre os agentes da ordem, *Remi Lenoir*, 267
Mulher e policial, *Remi Lenoir*, 273
Uma crítica bem viva, *Remi Lenoir*, 289

Decadências

Permanentes e temporários, *Michel Pialoux e Stéphane Beaud*, 309

O velho operário e a nova fábrica, *Michel Pialoux*, 321

Trabalho à noite, *Rosine Christin*, 339

A posse, *Rosine Christin*, 355

O fim de um mundo, *Pierre Bourdieu*, 365

A perturbação do delegado sindical, *Michel Pialoux*, 371

A obra roubada, *Sandrine Garcia*, 389

Testemunha silenciosa, *Rosine Christin*, 407

Um equilíbrio tão frágil, *Pierre Bourdieu e Gabrielle Balazs*, 415

Suspensa por um fio, *Pierre Bourdieu*, 425

Uma vida perdida, *Pierre Bourdieu*, 437

A queda, *Patrick Champagne*, 451

Carreiras destruídas, *Louis Pinto*, 467

Os excluídos do interior, *Pierre Bourdieu e Patrick Champagne*, 481

Ah! os belos dias, *Pierre Bourdieu*, 487

Um paraíso perdido, *Sylvain Broccolichi*, 505

A engrenagem, *Sylvain Broccolichi e Françoise Oeuvrard*, 523

Uma vida dupla, *Rosine Christin*, 533

A aula de francês, *Rosine Christin*, 559

Uma relação de força, *Sylvain Broccolichi*, 563

A violência da instituição, *Gabrielle Balazs e Abdelmalek Sayad*, 569

As contradições da herança, *Pierre Bourdieu*, 587

Sina escolar, *Alain Accardo*, 595

Um sucesso comprometedor, *Charles Soulié*, 613

Espírito de contradição, *Emmanuel Bourdieu e Denis Podalydès*, 621

Esposa e colaboradora, *Jean-Pierre Faguer*, 637

A maldição, *Abdelmalek Sayad*, 651

A emancipação, *Abdelmalek Sayad*, 673

A solidão, *Gabrielle Balazs*, 683

Compreender, *Pierre Bourdieu*, 693

Pós-escrito, *Pierre Bourdieu*, 733

Anexos
1. Abreviaturas utilizadas, 737
2. Quadro comparativo dos sistemas de ensino, 739

Índices
1. Índice dos autores, 741
2. Índice dos tradutores, 741
3. Índice temático e onomástico, 742

Pierre Bourdieu

Ao leitor

Entregamos aqui os depoimentos que homens e mulheres nos confiaram a propósito de sua existência e de sua dificuldade de viver. Organizamo-los e os apresentamos com o objetivo de conseguir do leitor que lhes conceda um olhar tão *compreensivo* quanto o que as exigências do método científico nos impõem e nos permitem conceder-lhes. É por isso que esperamos que ele concordará em acompanhar o caminho proposto. Isto, mesmo se compreendermos que, vendo nos diferentes "estudos de casos" espécies de pequenas novelas, alguns possam preferir lê-los ao acaso e optar por ignorar os pressupostos metodológicos ou as análises teóricas, todavia inteiramente indispensáveis, segundo pensamos, para a adequada compreensão das entrevistas.

Como, de fato, não experimentar um sentimento de inquietação no momento de tornar *públicas* conversas *privadas*, confidências recolhidas numa relação de confiança que só se pode estabelecer na relação entre duas pessoas? Sem dúvida, todos os nossos interlocutores aceitaram confiar-nos o uso que seria feito de seus depoimentos. Mas jamais houve um contrato tão carregado de exigências tácitas como um contrato de confiança. Devíamos, pois, cuidar primeiramente de proteger aqueles que em nós confiaram (especialmente mudando, muitas vezes, as indicações, tais como nomes de lugares ou de pessoas que pudessem permitir sua identificação); mas convinha também, e acima de tudo, procurar colocá-los ao abrigo dos perigos aos quais nós exporíamos suas palavras, abandonando-as, sem proteção, aos desvios de sentido.

"Não deplorar, não rir, não detestar, mas compreender". De nada adiantaria se o sociólogo fizesse seu o preceito spinozista se não fosse capaz de fornecer também meios de o respeitar. Ou, como fornecer os meios de compreender, isto é, de tomar as pessoas como elas são, senão oferecendo-lhes os instrumentos necessários para os apreender como *necessários*, por deles necessitar, relacionando-os metodicamente às causas e às razões que

---

[1]. Remetemos ao fim da obra para uma exposição detalhada dos pressupostos epistemológicos das operações de pesquisa, da transcrição e da análise das entrevistas.

elas *têm de ser como são*? Mas, como explicar sem "alfinetar"? Como evitar, por exemplo, de dar à transcrição da conversa, com seu preâmbulo analítico, o procedimento de um caso clínico precedido de um diagnóstico classificatório? A intervenção do analista é tão difícil quanto necessária: ela deve ao mesmo tempo declarar-se sem a menor dissimulação e trabalhar sem cessar para fazer-se esquecer. Assim, a ordem segundo a qual estão distribuídos os casos analisados visa a aproximar durante a leitura pessoas cujos pontos de vista, inteiramente diferentes, têm possibilidade de se verem confrontados, mesmo afrontados na existência: permite também trazer à luz a representatividade do caso diretamente analisado, um professor ou um pequeno comerciante, agrupando em torno dele "casos" que funcionam como variantes. Na transcrição da própria entrevista, que faz o discurso oral passar por uma transformação decisiva, o título e os subtítulos (sempre tomados das palavras dos entrevistados) e sobretudo o texto que fazemos preceder ao diálogo, estão lá para direcionar o olhar do leitor para os traços pertinentes que a percepção distraída e desarmada deixa escapar. Eles têm a função de lembrar as condições sociais e os condicionamentos, dos quais o autor do discurso é o produto, sua trajetória, sua formação, suas experiências profissionais, tudo o que se dissimula e se passa ao mesmo tempo no discurso transcrito, mas também na pronúncia e na entonação, apagadas pela transcrição, como toda a linguagem do corpo, gestos, postura, mímicas, olhares, e também nos silêncios, nos subentendidos e nos lapsos.

Mas o analista não pode esperar tornar aceitáveis suas intervenções mais inevitáveis senão ao preço do trabalho da *escrita* que é indispensável para conciliar objetivos duplamente contraditórios: fornecer todos os elementos necessários à análise objetiva da posição da pessoa interrogada e à compreensão de suas tomadas de posição, sem instaurar com ela a distância objetivante que a reduziria ao estado de curiosidade entomológica; adotar um ponto de vista tão próximo quanto possível do seu sem para tanto projetar-se indevidamente nesse *alter ego* que é sempre, quer queiramos ou não, um objeto, para se tornar abusivamente o sujeito de sua visão do mundo. E ele nunca terá conseguido tão bem, em seu empreendimento de objetivação participante, senão quando chega a dar as aparências da evidência e do natural, até da submissão ingênua ao dado, a construções totalmente habitadas por sua reflexão crítica.

Pierre Bourdieu

O espaço dos pontos de vista

Para compreender o que se passa em lugares que, como os "conjuntos habitacionais" ou os "grandes conjuntos", e também numerosos estabelecimentos escolares, aproximam pessoas que tudo separa, obrigando-as a coabitarem, seja na ignorância ou na incompreensão mútua, seja no conflito, latente ou declarado, com todos os sofrimentos que disso resultem, não basta dar razão de cada um dos pontos de vista tomados separadamente. É necessário também confrontá-los como eles o são na realidade, não para os relativizar, deixando jogar até o infinito o jogo das imagens cruzadas, mas, ao contrário, para fazer aparecer, pelo simples efeito da justaposição, o que resulta do confronto de visões de mundo diferentes ou antagônicas: isto é, em certos casos, o *trágico* que nasce do confronto sem concessão nem compromisso possível de pontos de vista incompatíveis, porque igualmente fundados em razão social.

Se as entrevistas foram concebidas e construídas como conjunto autossuficiente, suscetíveis de serem lidas isoladamente (e numa ordem qualquer), elas foram distribuídas de maneira que as pessoas pertencentes a categorias que têm possibilidade de ser aproximadas, até confrontadas, no espaço físico (como os zeladores de HLM e os habitantes, adultos ou adolescentes, operários, artesãos ou comerciantes, desse gênero de residência) encontram-se também aproximadas na leitura. Espera-se, assim, produzir dois efeitos: mostrar que os lugares ditos "difíceis" (como hoje o conjunto habitacional ou a escola) são, primeiramente, *difíceis de descrever e de pensar* e que é preciso substituir as imagens simplistas e unilaterais (aquelas que a imprensa sobretudo veicula), por uma representação complexa e múltipla, fundada na expressão das mesmas realidades em discursos diferentes, às vezes inconciliáveis; e, à maneira de romancistas como Faulkner, Joyce ou Virgínia Woolf, abandonar o ponto de vista único, central, dominante, em suma, quase divino, no qual se situa geralmente o observador e também seu leitor (ao menos enquanto ele não estiver concernido), em proveito da pluralidade de suas perspectivas correspondendo à pluralidade dos pontos de vista coexistentes e às vezes diretamente concorrentes.

Esse perspectivismo nada tem de um relativismo subjetivista, que conduziria a uma forma de cinismo ou de niilismo. Ele está realmente fundado na própria realidade do mundo social e contribui para explicar grande parte do que acontece neste mundo, e, em particular, inumeráveis sofrimentos oriundos do choque de interesses, de disposições e de estilos de vida diferentes que a coabitação favorece, principalmente no local de residência ou no ambiente de trabalho, de pessoas diferindo sob todos esses aspectos. É no interior de cada um dos grupos permanentes (vizinhos de bairro ou de prédio, colegas de escritório etc.), horizonte vivido de todas as experiências, que são percebidas e vividas, com todos os erros (principalmente de perspectiva), resultando do efeito da tela as oposições, em matéria de estilo de vida, sobretudo, que separam classes, etnias ou gerações diferentes. Mesmo se encontram às vezes pessoas cuja trajetória e posição inclinem para uma visão fragmentada e dividida contra ela mesma (penso nessa comerciante de artigos de esporte de um conjunto habitacional "difícil" que se acha com motivos para se defender com vigor das agressões dos jovens, ao mesmo tempo que os olha com compaixão), o confronto direto das diferenças tem como efeito favorecer a lucidez interessada e parcial da polêmica (é o caso, por exemplo, quando certa imigrante espanhola invoca a diferença entre as estruturas das famílias europeias, que combinam uma taxa de fecundidade baixa e, muitas vezes, uma forte disciplina de vida, e as famílias norte-africanas, bastante prolíferas e muitas vezes votadas à anomia pela crise de autoridade paterna resultante da condição de exilado, mal adaptado e, às vezes, colocado sob a dependência de seus próprios filhos).

Não que a experiência da posição ocupada no macrocosmo social não seja determinada ou, ao menos, alterada pelo efeito diretamente provado das interações sociais no interior desses microcosmos sociais, escritório, oficina, pequena empresa, vizinhança e também família extensa. A peça de Patrick Süskind, *O contrabaixo*, oferece uma imagem particularmente feliz da experiência dolorosa que podem ter do mundo social todos aqueles que, como o contrabaixista no meio da orquestra, ocupam uma posição inferior e obscura no interior de um universo prestigioso e privilegiado, experiência tanto mais dolorosa

---

[1]. Poder-se-ia também invocar o modelo do *Dom Quixote* que, sobretudo dando nomes diferentes, explicados por justificativas etimológicas diversas, aos mesmos personagens, ou jogando sobre os níveis de linguagem, tenta restituir a "multivalência que as palavras possuem para os diferentes espíritos" e, ao mesmo tempo, a pluralidade de perspectivas que constituem a complexidade e a ambiguidade da existência humana (cf. SPITZER, L. *Linguistic Perpectivism in "Don Quijote", Linguistics and Literary History: Essays in Linguistics*. Princeton: Princeton University Press, 1948, p. 41-85).

sem dúvida porque este universo, do qual eles participam justo o suficiente para provar seu relativo rebaixamento, está situado mais alto no espaço global. Esta *miséria de posição*, relativa ao ponto de vista daquele que a experimenta fechando-se nos limites do microcosmo, está votada a parecer "totalmente relativa", como se diz, isto é, completamente irreal, se, tomando o ponto de vista do macrocosmo, ela for comparada à grande miséria de condição; referência quotidianamente utilizada para fins de condenação ("você não tem do que se queixar") ou do consolo ("há coisa muito pior, você sabe"). Mas estabelecer a grande miséria como medida exclusiva de todas as misérias é proibir-se de *perceber* e compreender toda uma parte de sofrimentos característicos de uma ordem social que tem, sem dúvida, feito recuar a grande miséria (menos, todavia, do que se diz com frequência), mas que, diferenciando-se, tem também multiplicado os espaços sociais (campos e subcampos especializados), que têm oferecido as condições favoráveis a um desenvolvimento sem precedentes de todas as formas da pequena miséria. E não se teria dado uma representação justa de um mundo que, como o cosmos social, tem a peculiaridade de produzir inumeráveis representações de si mesmo, se não se tivesse feito seu lugar no espaço dos pontos de vista para essas categorias particularmente expostas à pequena miséria que são todas as profissões que têm por missão tratar a grande miséria ou falar dela, como todas as distorções ligadas à particularidade de seu ponto de vista.

Pierre Bourdieu

A rua dos Junquilhos

Este conjunto de habitações heteróclitas, primeiramente designado por iniciais burocráticas, ZUP (Zona a urbanizar com prioridade), depois rebatizada "Val Saint Martin", um desses eufemismos pelos quais os responsáveis pelas "operações" de "desenvolvimento social dos bairros" (DSQ) pretendem "mudar a imagem" dos bairros a restaurar, é, como as populações que o habitam, o traço visível que as políticas industriais sucessivas têm deixado, como sedimentos, sobre as antigas terras agrícolas que se estendem ao pé do monte Saint Martin e de sua igreja romana. A torre de 14 andares foi destruída no começo dos anos 90, não resta mais hoje em dia que um arruamento de pequenas casas geminadas, em "acesso à propriedade", ocupadas por famílias de operários qualificados, chefes de equipe ou contramestres da indústria metalúrgica que, muitas vezes oriundos do estrangeiro, principalmente da Argélia, estão, quase a metade, desempregados ou em pré-aposentadoria, em consequência das diferentes "reestruturações" da indústria siderúrgica.

Os senhores Leblond e Amezziane moram num lado e noutro da rua dos Junquilhos, larga avenida sem árvores, ladeada de pequenas casas com um minúsculo jardim (quatro metros quadrados), cercado por um pequeno muro e frequentemente coberto de papéis, de brinquedos quebrados e de utensílios abandonados: estas habitações comportam, em cima de uma garagem, situada ao rés do chão, com a lavanderia e o banheiro, um apartamento de três cômodos, ao qual se tem acesso por uma escada muito firme, de cimento bruto, como se pode ver na casa do senhor Amezziane, que ficou como original, apenas com alguns toldos em forma de proteção.

Exceto à hora de saída das aulas, quando ela se transforma em área de brinquedos para as crianças, a rua dos Junquilhos, talvez ela nem lembre nada do que anima ordinariamente o espaço urbano, açougues, padarias, mercearias, cafés, bancas de jornais, ou de cigarros, está quase sempre vazia, e ela lembra naturalmente a palavra deserto, que as pessoas da região empregam frequentemente para designar o que se fez de sua região depois do fechamento das fábricas e da destruição dos edifícios, o que deixou um imenso vazio e o nada na paisagem.

Os moradores da rua dos Junquilhos são um pouco como os sobreviventes de um imenso desastre coletivo, e eles sabem disso. Com as fábricas sua razão de ser desapareceu: eles aí chegaram muito naturalmente, às vezes muito cedo, aos 14 anos, depois do diploma de escolaridade, acompanhando seus pais, e eles aí destinavam muito naturalmente a sorte de seus filhos. É também seu passado, e todo o universo de relações profissionais, que eles se esforçam por preservar, de uma maneira regular, agarrando-se a todas a oportunidades de se reencontrar, no botequim ou no supermercado, separado de sua residência por vias expressas, onde eles passam manhãs inteiras discutindo. Mas é, sobretudo, seu futuro, a continuação e a justificação de seu passado, o de seus filhos, hoje votados a uma permanência prolongada em uma escola secundária muito eficiente para desviá-los da fábrica, sem condição de lhes oferecer outra coisa, na maior parte do tempo, além de diplomas desvalorizados, isto é, muitas vezes, nesta região em crise, a promessa do desemprego.

O senhor e a senhora Leblond concordaram em receber-nos mediante a recomendação de um parente distante. O senhor Leblond estava de folga naquela manhã. As crianças estavam na escola. Eles ouviram o barulho do carro: ele nos abriu a porta do térreo antes que nós tivéssemos descido. A senhora Leblond ficou no andar superior, mas apareceu logo em seguida, no topo da escada. Estavam vestidos com cuidado: ele com uma camisa xadrez, ela com um vestido florido, e seu cabelo estava um pouco arranjado, como se se tratasse de uma prova que eles tivessem que enfrentar juntos, eles nos receberam como casal; assim eles se mostravam mais, mas cada um deles manifestou, sem dúvida, um sentimento de reassegurar-se da presença do outro a seu lado. Estavam um pouco intimidados, não entendendo bem o que se esperava deles (eles perguntarão no final: "Mas o que vão fazer com tudo isto?"). Eles se refugiaram, como nós, atrás de fórmulas de polidez de costume em circunstâncias parecidas. Ela se agarrou nele e não o deixava, exceto para ir à cozinha buscar café (ele já estava pronto; ela tirou xícaras de porcelana do armário). Ela resistiu a nossas tentativas para estabelecer dois diálogos separados. Com o olhar, ele a fez participar da conversa. Quando ela falava, solicitava a aprovação dele; gravemente, ele aprovava, mas não intervinha, como por respeito.

Nós nos assentamos frente a frente, de um lado e do outro da grande mesa que ocupa quase toda a sala de jantar. É o centro da vida familiar: as filhas fazem aí os seus deveres, enquanto sua mãe cose ou tricota (um tricô estava pendente da prateleira, e lá estavam papéis, cadernos das filhas, roupas de jeans a encurtar). Nesse pequeno mundo caloroso, mas como que fechado em si mesmo e se bastando perfeitamente, com o guarda-louça cuidadosamente limpo, coberto de fotos das meninas e bibelôs cercando o diploma da filha mais velha, sua estante com livros, enfeitada também com bibelôs e fotos, e comportando três fileiras de obras de divulgação, seu sofá coberto de almofadas bordadas com cores vivas, diante da televisão, suas plantas engorduradas, seu cãozinho, cercado de todos os cuidados, é o retrato do senhor e da senhora Leblond, com semblantes afáveis, sorridentes, confiantes e, todavia, tomados de inquietações, até mesmo receosos, quando foram evocados, em palavras figuradas, certos problemas com a vizinhança. Eles eram das últimas famílias de origem francesa a morar na rua dos Junquilhos. Foi a senhora Leblond que o fez observar, no final da entrevista: "Você sabe, naquela esquina, se contarmos, oh! são sete franceses, sete franceses, porque, mesmo em frente, lá, nada mais que sete pequenas casas, lá..."; para acrescentar mais logo: "Oh! bem, você sabe, eu quase não saio".

Esse não é mais que um dos sinais, e sem dúvida o mais doloroso, da decadência individual que acompanhou a decadência coletiva das empresas industriais da região. E o senhor Leblond, que escapou, um pouco por milagre, às grandes ondas de dispensas (ainda uma palavra-tabu: os responsáveis pela "reestruturação da siderurgia" falam de "supressões de emprego com um plano social") e que conseguiu manter seu emprego de agente de controle (do metal acabado) descreve todos os sinais acumulados da degradação de sua condição profissional: o salário rebaixado de 30 a 40% (já que ele não trabalha mais em boca de alto-forno, nem mais nos fins de semana); as equipes de trabalho amputadas, às vezes pela metade, como a sua, que passa de nove para quatro pessoas, se bem que elas acolham uma fração mais e mais importante de trabalhadores desqualificados (de antigos que é preciso recolocar, aguardando aposentadoria) ou superficialmente reciclados, e isso para uma produção constante ou mesmo aumentada; os constrangimentos e os controles aumentados para minimizar as ausências, mesmo em caso de doença ("não podemos adoecer, não há ninguém para nos substituir"; "agora é preciso pedir autorização para ficar doente..." "O rapaz quebra um pé, quebra um braço na fábrica, há um carro da fábrica que o vem buscar em casa e o traz de volta todos os dias"); os sindicatos enfraquecidos, principalmente pela dificuldade de mobilização dos trabalhadores desencantados e levados a se sentirem felizes por terem um emprego ("Repetem muito isto, repetem muito, dizendo: `tu tens trabalho, considera-te feliz...' Bom, bem, dá o que pensar: `considera-te feliz, tu tens trabalho'. Já fazia sete anos que não faltava por doença; faltei no mês de setembro, tive diarreia, por isso tive de ficar em casa nove dias; quando retomei meu trabalho, meu chefe de serviço me chamou e disse que eu estava com má vontade. E somente me perguntou o que eu havia tido"). A ausência de admissão de jovens, enfim, o que mostra que o ciclo da reprodução da empresa, e, com ele, o das famílias que lhe são ligadas, se encontra interrompido: "Há jovens que entram? No momento, não. É o que se quereria, mas... Sobretudo, sobre a pirâmide das idades, em Longwy, a pirâmide é bastante velha, e é por isso que os sindicatos lutam para a demissão das pessoas com 50 a 55 anos para, em contrapartida, entrarem jovens".

Esta crise da reprodução, que está ligada, para uma grande parte, aos efeitos da escola, é sem dúvida um dos maiores motivos de preocupação. Que ela atinge a situação na fábrica ou a escolaridade das duas filhas, a mais velha que quer ser enfermeira e que "gosta muito de crianças" ("você lhe dá uma turma de crianças para cuidar e ela cuida muito bem e gosta muito") ou a caçula, que está na quarta série, "classe de transição", e que vai à escola satisfeita, depois que prepara os legumes ou faz pastéis ou bolinhos para as crianças da creche, a conversa sempre volta a isso naturalmente. E entre os motivos que são invocados para explicar da desafeição dos jovens pelo trabalho na fábrica ("No meu tempo, os jovens talvez tenham sido menos difíceis do que os de agora"), menciona-se, em primeiro lugar, a escola e as aspirações muito precisas, muito circunscritas, que ela inculca: "Os jovens são formados demais na escola, coloca-se muita coisa em suas cabeças, bom, se você se torna aprendiz para tal serviço, você terá tal serviço; quando o jovem sai, embora tenha o seu CAP, se ele encontra um talvez quase igual, ele não o pega porque não é do seu ramo, e aí eu acho que está o erro das escolas". Mas ele observa, ao mesmo tempo, que muitos pais "pedem ao bom Deus que os garotos fiquem na escola o maior tempo possível", acompanhando assim os desejos de seus filhos que não querem ouvir falar da fábrica e que poderiam todos dizer, com o filho de um de seus colegas, do qual ele fala com uma espécie de fascinação (detentor de um CAP de cozinheiro, ele se prepara para um vestibular de curso técnico e gostaria de fazer, mais tarde, um curso de copeiro). "Enquanto estou na escola, não estou desempregado". "É triste dizer", acrescenta o senhor Leblond, "mas é assim", ele vê com muita naturalidade o fato de sua filha querer ser enfermeira: "ela consegue isso [...] com sete anos de escola".

Todavia, ele diz muito bem tudo o que separa sua geração (ele tem hoje pouco mais de quarenta anos), para quem a escola não representou muito, da seguinte: depois de um último ano de escola primária pouco ativa (depois de um desentendimento com seu pai, o professor o havia isolado no fundo da sala, e um diploma obtido um pouco por sorte (ele se lembra, rindo, que havia cometido 52 erros de ortografia), ele matriculou-se espontaneamente, aos 14 anos, no Centro de Aprendizagem da fábrica onde trabalhava seu pai. Depois, após dois anos, entrou para o mesmo serviço que o dele, mas em outra fábrica, e ele descobriu, sem perceber, principalmente através de "visitas" a oficinas e locais voltados para esse fim, o verdadeiro universo da fábrica que entrevia já através dos relatos paternos e onde tinha muitas relações: "Ia-se visitar os locais de trabalho nas fábricas. Bom, bem, lá, percebe-se que existem, no entanto, locais onde os rapazes, eles não estavam... Ia-se aos altos-fornos, ia-se à aciaria, não eram locais... É aí que acontece o choque, é aí onde se vê a aglomeração, a coqueria, o rapaz que passa oito horas lá dentro e, no entanto..." Como no depoimento da senhora Leblond sobre seus anos de trabalho na fábrica, apenas algumas entonações, alguns olhares, onde se lê a evocação de uma experiência terrível, e incomunicável, e, sobretudo, certas pausas (as três frases citadas ficam inacabadas, como que suspensas diante do indizível) estão lá para evocar a amplitude e a violência do choque que o primeiro contato com o mundo da fábrica representa, apesar da preparação e da resignação preliminares.

A formação se fazia "no local de trabalho", por um aprendizado prático que não outorgava nenhum título: "Não tenho nenhum diploma, não tenho nada; de qualquer maneira, um CAP de agente de controle de metalógrafo, isso não serve para absolutamente nada". Tinham proposto a ele para preparar um CAP no ano de seu casamento, isto é, 13 anos após seu ingresso na fábrica, mas logo parou, ele que tinha ficado "nas frações", por causa da álgebra. E ele não vê, retrospectivamente, o que teria podido lhe trazer uma formação puramente teórica, mesmo em física ou em química, que ele não tivesse adquirido na prática, "à força, à força..." "Lá, sabe-se muito bem agora que, tendo um aço com tanto de carbono e tanto de manganês, obterei tal coisa, tendo tanto de enxofre, se terá uma estrutura diferente. Digamos, isso veio pela prática". E é um pouco o seu próprio retrato que ele desenha, sem pensar nisso, por isso sem o menor traço de vaidade, quando ele opõe os operários formados à moda antiga aos que passaram pela escola: "Bem, eles têm os diplomas, eles têm a técnica, mas eles não têm a prática, é isso que está em falta, no momento atual, na fábrica; precisa-se de muitíssimos rapazes com prática, rapazes que conheçam sua instalação; como digo sempre, naquele tempo, havia um velho que estava lá, bom, bem, ele conhecia sua instalação; se diziam para ele que havia um defeito na extremidade de um fio, ele vinha ver, olhava-o, começava, fazia duas vezes ir e voltar sobre a engrenagem, ele voltava: "isso vem da caixa, lá" e depois o rapaz não errava mais. Ele não errava, ao passo que, agora, se aparece um defeito, tem-se um problema, procura daqui, procura dali, e depois que é encontrado, não mais se sabe onde foi encontrado, pois não há ninguém lá para dizer." E ele pode enunciar em uma frase, pelo efeito da autocorreção, a ambiguidade do privilégio que representava uma tal continuidade, o perfeito ajustamento dentro do posto ocupado, que não andava sem uma forma de orgulho, implicando também uma profunda submissão à necessidade: "O problema está aí: é que nós, com o centro de aprendizagem, tivemos, todavia, a felicidade, ou a infelicidade, digamos, de conhecer a fábrica".

É, sem dúvida, esta profunda integração à ordem industrial e, em consequência, à ordem social, que, mais, sem dúvida, que as tradições religiosas ou mesmo o estilo de vida, o separa de Amezziane, operário de origem argelina, devolvido ao desemprego pelas demissões em massa dos anos 80, que mora um pouco mais acima, do outro lado da rua (Leblond apresenta, de passagem, alguns indícios de sua integração: é graças à intervenção de seu chefe de serviço que ele obtém da "Familiale", sociedade de HLM, o direito de trocar com um vizinho, de mudança, o apartamento que ele adquirira, quando se casou, graças ao apoio do presidente de seu clube de basquete. Ele é árbitro de basquete, e o exercício desta função lhe confere uma certa autoridade sobre os jovens do lugar, e mesmo da região; ele faz parte da associação de pais de alunos e, por isso, conhece quase todo mundo: ele participa da vida sindical e, se bem que não tenha assumido nenhuma posição militante, ele se empenhou sem reservas nas lutas dos anos 70 contra o desmembramento da indústria siderúrgica). Há entre Leblond e Amezziane, e suas famílias, e também seus apartamentos (o de Amezziane dá uma impressão de frieza e de desnudamento com seu divã em "skai", sem almofadas, sua tapeçaria barata, representando uma mesquita, sua mesa baixa de ferro fundido, toda a distância que separa o proletário – mesmo decaído ou em decadência, com seus rendimentos reduzidos, mas regulares, suas contas em dia, seu futuro, apesar de tudo relativamente garantido – do antigo operário que a queda no desemprego, sem proteção nem garantias, remete à condição de subproletário, desprovido, desorganizado, preocupado com a sobrevivência, com dificuldade, no dia a dia, entre os aluguéis não pagos e as dívidas impagáveis.

    Chegando à França em 1960, Amezziane trabalhou primeiramente, em várias empresas, seis meses numa, 15 dias noutra ("o patrão era muito duro, fui eu quem pedi as contas"), um mês e meio numa terceira, e assim por diante, forçado cada vez aos trabalhos mais pesados, e mal pagos, da construção civil. Em dezembro de 1962, ele foi admitido numa empresa de Longwy onde permaneceu durante 22 anos, exceto uma interrupção de dois anos (quatro meses de férias na Argélia, depois dos quais ele empregou-se em Marselha, durante dois meses, depois em Chambéry, antes de ser reintegrado em sua empresa de Longwy, uma filial de Usinor, fabricante de materiais de construção a partir de resíduos da siderurgia, que lhe guardou o lugar de condutor e foi avisado por um primo, que trabalhava também aí). Dispensado em 1984, sem se beneficiar da aposentadoria (não havia atingido os 50 anos), ele encontrou um trabalho em Haute-Savoie, sempre através de um primo, porém mal pago e explorado (ele ganha 3.600 francos por mês por 9 horas de trabalho por dia), ele volta a Longwy, após 3 meses; ele fez, em 1989, um estágio onde aprendeu pintura, ladrilhagem, e também a ler e escrever (ele sempre foi analfabeto e, ele próprio o deplora, falava muito mal o francês), mas, depois, ele volta a cair no desemprego até conseguir, dentro de um Contrato Emprego-Solidariedade, um trabalho de meio expediente em um CES, que lhe garante 3.900 francos por mês, aos quais acrescentam-se os 700 francos dos Assedic, recursos dos quais ele deve reservar mais da metade para cobrir as despesas fixas, ou seja, 1.400 francos para o aluguel (2.400 francos por mês, menos 1.000 francos da APL), 500 francos para os impostos locais, aos quais se acrescentam eletricidade, gás, água etc.

Calcula em 1.500 francos por mês, no máximo, o quanto pode dispor para sustentar a família de seis pessoas, das quais quatro são crianças (sua mulher juntou-se a ele na França em 1981 e trouxe consigo os dois primeiros filhos, tendo os outros dois nascido depois), isto sem contar com as dívidas, muito diversas e muito importantes, e os processos que se seguem, para o gás, para a locação (ele imagina, mas um amigo, que participa da entrevista, acha que fizeram armação com ele, dizendo que ele deve dois milhões antigos à "Familiale"), para a SNFC ("ele entrou com um processo para minha mulher, no último ano, de 2.000 francos, ela perdeu o bilhete de trem, que chegava a 2.200 francos, agora vou pagá-los"), para o hospital ("lá também, a conta chega a 2.000, quase 3.000 francos") etc. Ele está, pois, condenado a incessantes acrobacias e não podendo pagar, de uma vez, todas as dívidas ("... Depois, os outros, o que vão comer? O que vão comer?"), que ele calcula em 1.000.000 ou 1.200.000 francos (antigos), ele se esforça para "pagar suavemente", dando 150 francos aqui, para "acalmar um pouco", 200 francos ali. Entretanto, ele tem tido necessidade de batalhar e verificar minuciosamente a situação de seus recursos para poder ir aos restaurantes preferidos.

Seu contrato termina em 5 de julho. Ele não sabe o que fará depois: "Oh! Eu não sei! Não sei o que vou fazer. Não aguento mais. Vou partir. Não aguento mais, eu vou embora! É isso. É a verdade. Por que fazer isso? Ganho quatro moedas, perdi oito moedas, então..." Mas pode ele, de fato, voltar para a Argélia, como deseja, e também sua mulher? Com efeito, se bem que ele afirme várias vezes o contrário, se bem que ele repita com muita insistência que "não tem medo", que ele possui casa e terreno que pode ser cultivado ("minha mulher pega a enxada e vai capinar o jardim, eu vou plantando atrás"), ele sabe que está "acuado" por todos os lados. É muito tarde para encontrar um trabalho lá e ele perderia os magros recursos que recebe a título de desemprego. O vizinho, argelino como ele, que assiste à entrevista, resume assim a situação: "Nós agora somos como os pés-negros: se voltarmos, não somos argelinos; se ficamos aqui, não somos franceses".

Interrogado sobre seus vizinhos (como ele, bem entendido, sobre os franceses) e sobre seu relacionamento com eles, ele responde mais ou menos com os mesmos termos da senhora Leblond: sem dúvida porque ele não pode dizer, por razões diversas, nem que é bom, nem que é mau, e o descreve como nulo, ou neutro, isto é, reduzido ao "bom-dia", "boa-tarde", que, para os operários e empregados que eu interrogava nos anos 60, na Argélia, servia para resumir, ou simbolizar, a desumanidade das relações no trabalho. E a susceptibilidade extrema que ele manifesta quando se evocam suas origens argelinas ou a eventualidade de seu retorno à Argélia, atesta que ele é sensível às agressões daqueles que censuram os argelinos por tomarem o trabalho dos franceses e dizem para eles voltarem para seu país.

Este certamente não é o caso do senhor Leblond que, como ele mesmo diz, e pode-se crer nele, respeita os argelinos e espera em troca ser respeitado por eles. Mas a fisionomia e os gestos, boca um tanto apertada, olhos erguidos para o céu, por meio dos quais sua mulher dá a entender que ela não pode dizer tudo o que teria a dizer quando lembram-se as relações com a vizinhança, e as dificuldades da vida no bairro, seu cuidado em dizer que ela nunca sai e que ela reduz suas relações com a vizinhança ao estrito necessário, a ênfase que ele próprio coloca no número muito elevado de filhos de emigrados na população escolar (ele a situa em torno de 80%, pois em 1988 havia "apenas 224 argelinos e 144 marroquinos entre 651 alunos nas escolas elementares, e 260 estrangeiros entre 463 alunos no CES), nas dificuldades que encontram os professores nos estabelecimentos de ensino do lugar e que sua participação nos conselhos de pais de alunos leva-o a conhecer de perto as restrições que ele coloca quando fala de seus colegas argelinos ("eu tenho um que está bem, é preciso reconhecer, para um árabe, ele está bem") ou as críticas que ele tece contra o tratamento favorável lhe é feito no tempo do Ramadã, tudo tende a mostrar que as tradições e as convicções internacionalistas e antirracistas que eles adquiriram por meio de sua educação e de seus comprometimentos políticos (a senhora Leblond também trabalhou por cinco anos na fábrica, até o nascimento de sua primeira filha) e que são reforçados pelas condenações oficiais da discriminação e dos preconceitos raciais, são submetidos a uma dura prova, no dia a dia, pelo confronto com as dificuldades reais da coabitação (pode-se saber por outros testemunhos, colhidos nas relações mais íntimas, onde tudo pode ser dito sem dissimulação ou suspeita, tal como o desta antiga militante socialista que, sobretudo no verão e em época de festas, não pode mais suportar o barulho e os odores do imóvel ao qual ela se sente acorrentada, ou o deste casal de velhos militantes comunistas que, pelas mesmas razões, tiveram de se mudar, com a morte na alma, com o sentimento de faltar com todas as suas convicções).

Seria sem dúvida totalmente falso ver uma concessão ao decoro imposto pela situação da entrevista e pela relação com supostos portadores dos valores oficiais nos esforços manifestos que o senhor Leblond faz para pôr em prática os valores de tolerância, ou melhor, e mais simplesmente, de compreensão ("eu me coloco em seu lugar", diz ele repetidas vezes). Mas é necessário também ouvi-lo quando ele diz quanto "é horrível", para ele, o período do Ramadã: "Oh, la, la...! Bem, é horrível porque, eu vou dizer que é horrível, bem, é verdade que eles, dormem de dia, eles são calmos, os adultos, mas os pequenos... os filhos estão na rua. É preciso os filhos reclamar. E depois eles começam a viver às dez horas da noite, então, como você vai dormir, bem, palavra de honra, você tem direito ao barulho. Então, lá..." ou quando ele distingue os imigrantes (entre eles, ele isola "o argelino e o marroquino", mas para lembrar imediatamente que "há os mesmos problemas com portugueses e italianos" e que muitas das dificuldades encontradas no bairro são imputadas a uma única família de origem francesa) segundo a capacidade que eles têm de se adaptar à vida francesa, e que se mede, segundo ele, pelo grau no qual "as crianças devem andar como franceses".

E, de fato, os efeitos da coabitação mais difíceis de tolerar, barulho, brigas, depredações ou degradações, são imputáveis a essas crianças e a esses adolescentes que, condenados à privação e à pobreza, e, sobretudo, no ambiente escolar, para o qual nada os prepara, aos revezes e à humilhação (240 entre 651 alunos nas escolas elementares e 274 entre 463 alunos do CES têm um ano de atraso ou mais) escapam, às vezes completamente, como os dois filhos mais velhos de Amezziane, ao controle familiar. Podia-se pressenti-lo, com um golpe de vista, quando um deles (talvez o que havia ferido, com uma bola, uma das professoras da escola, acarretando para seu pai uma multa de 2.000 francos) apareceu, irônico e agressivo, à porta do apartamento, no momento em que sua mãe fazia uma breve aparição para servir o chá e, sobretudo, ouvindo o tom, na aparência indiferente ou mesmo um pouco indignado, e de fato profundamente desesperado, com o qual este homem que segurava ternamente em seus braços, durante toda a entrevista, a última de sua filhas, falava de seus dois filhos: "Ah! Não me preocupo com os outros, eu... [*ele fala deles como se se tratasse de estranhos*]. Por que me preocupar? [...] Eles não me ouvem. Eles não me ouvem... Então..." E o vizinho corrige: "Ele se preocupa sim, mas eles não querem escutar..." Transferindo de algum modo seu desencanto para os mais jovens, nos quais, no momento, não há nada que censurar ("Oh! agora está bem, até quando eles tiverem 12, 15 anos, e depois, eu não sei, porque serão sempre os mesmos"), ele antecipa o momento quando eles escaparão também do seu controle, isto é, o momento quando descobrirão, como seus filhos mais velhos, cujas palavras ele certamente relata, que, afinal de contas, à saída da escola, que eles tenham trabalhado bem ou não, o resultado é o mesmo ("Até o fim você acha nada, zero! Então, são sempre os mesmos, trabalhando bem, não trabalhando bem..."). E se ele dá razão a Leblond quando este imputa à crise da autoridade doméstica nas famílias norte-africanas as principais dificuldades da coabitação, ele se esforça para encontrar uma explicação, quando não uma justificativa, para a revolta dos filhos de imigrantes, invocando as decepções suscitadas pela escola ou, mais precisamente, pelo fracasso na escola ou pelo insucesso dos detentores de títulos escolares no mercado de trabalho. É preciso, assim, deixar para ele a última palavra: é esta fatalidade, a do subemprego, que sofrem de forma dobrada as vítimas "privilegiadas" pelo fracasso escolar e da discriminação, que será necessário conjurar se se quiser que as ruas do "Val Saint Martin" mereçam um dia os nomes de flores que lhes forem atribuídos, um pouco imprudentemente, por algum tecnocrata do "Desenvolvimento Social Urbano".

Com duas famílias operárias

– Entrevista de Pierre Bourdieu e Rosine Christin

"Vivem juntos..."

[*A conversa inicia a propósito das duas filhas, cujas fotos estão na cristaleira.*]

– *A mais velha, enfermeira,... e a mais nova...*

Leblond – Ela não sabe o que quer fazer.

– *Tem 14 anos...*

Leblond – Alguém vai lhe dizer: "você brinca com boneca", ou vai lhe dizer: "você quer ser doutora", ela vai responder: sim. Grande problema.

– *Ela estudou sempre aqui?*

Dona Leblond – Sim, sim, ela sempre esteve naquela escola.

Leblond – No CES daqui.

– *Ela está em que série?*

Leblond – Na CPPN, classe de transição, digamos que é para enviá-los depois para uma quarta (série) técnica ou uma quarta CAP, para ver um pouco como eles podem orientar os...

– *E ela sabe um pouco o que ela quer fazer? Não muito?*

Leblond – Bom, ela vai à creche, ela limpa [...] tudo isso, isso lhe agrada. Lá ela faz pastéis, um pouco de... na escola, bem, isso lhe agrada.

Dona Leblond – Ela se vira bem.

Leblond – É isso, é isso. Enfim digamos que este ano ela vai à escola satisfeita.

– *Antes ela não gostava muito?*

Dona Leblond – Não.

Leblond – Bem, antes não chegava a acompanhar certas matérias como deveria, então ela partia... ela ia à escola, mas digamos que ela ia... até os professores acham que ela está melhor neste ano que... ela não estava bem. Ela não se sentia bem.

– *Ela não entendia ou isso não lhe agradava?*

Dona Leblond – Havia coisas que ela não compreendia, mas não tinha coragem de perguntar ao professor, então ela permanecia como estava: ela não tinha compreendido, ela não tinha compreendido. E nós lhe dizíamos: "Pergunte ao professor"...

[...]

– *E agora, ela gosta do que faz?*

Dona Leblond – Bem, sim, isso lhe agrada, ela prepara os legumes; hoje vão fazer bolinhos para as crianças na creche. Ela gosta disto; sim, sim.

– *Ela poderia cursar a CAP, ou algo assim.*

Dona Leblond – Sim, cozinheira, uma coisa dessas.

Leblond – Sim, como eles chamam isso? Oh, não me lembro...

– *Há empregos, aqui, enfim, não se sabe ainda...*

Leblond – Oh! Empregos! [*ri*], há muito na ANPE, mas na realidade não há muito. Os empregos, os empregos, sim, houve um tempo em que havia empregos, mas agora... Mas, com tudo o que se vê, é igual, criam-se muitas empresas, mas há muitas empresas que despencam tão depressa quanto nasceram, então isso gera empregos; sim, é verdade, se tomarmos o balanço que fazem na prefeitura de Longwy, lá eles fazem um balanço para verificar a criação de empregos: houve criação de empregos. Mas, na realidade, eles não criaram absolutamente nada, isso mudou de nome, sim, uma empresa que se instala faz isso, sim, porque isso muda de nome, mas pequenas empresas tem havido muitas, muitas instaladas, mas tem havido muitas que fecham. Infelizmente.

[...]

– *Sim, e depois os jovens, como frequentaram a escola, em muitos lugares, eles não têm tanta vontade de ir para a fábrica, este é o problema.*

Leblond – O problema, está aí, é que nós, com o centro de aprendizagem, tínhamos, no entanto, a felicidade, enfim a felicidade ou a infelicidade, digamos, de conhecer a fábrica, porque íamos, tínhamos acesso a ela, íamos fazer visitas...

– *Havia uma transição, é isso...*

Leblond – ... íamos ver, bom, bem, os rapazes que preparavam um CAP, de acordo com o seu ramo, iam trabalhar e fazer estágios no serviço para onde eles poderiam ir, então as pessoas viam que esse seria seu trabalho, ao passo que agora os jovens, eles saem da escola, por mais que se lhes diga a mesma coisa...

– *Sim, eles ficam até os 16 anos e depois...*

Leblond – E depois, é que eles matricularam-se em outras escolas, bom, bem, eles vão para outras escolas e quando chegam aos empregos... Digamos que agora as pessoas que vão chegar, os jovens que chegariam, eles estariam talvez melhor qualificados em técnica, em teoria, mas na prática é preciso aprender tudo.

– *E, no momento atual, que saídas eles têm?*

– *E entre seus colegas, vocês devem conversar sobre isto?*

Leblond – Bem, eles pedem ao bom Deus que os garotos frequentem a escola o máximo de tempo possível; é triste dizer, mas é assim. Eu tenho um colega, ele tem um garoto, seu rapaz que fez o CAP de cozinha, ele se prepara para um vestibular técnico e agora ele quer voltar, porque, este ano, ele vai cursar seu vestibular profissional, seu vestibular técnico e agora ele gostaria de matricular-se numa escola de copeiros, porque não há vaga...

– *Isso não tem nada a ver com o que ele aprendeu?*

Leblond – Não, mas ele se esforçará em vão, mas é para lhe dizer, de não ficar desempregado!

– *É assim mesmo, não tem jeito...*

– *E ele não tem vontade de ir trabalhar na fábrica?*

Leblond – Não, para ele a fábrica, não é preciso de lhe falar da fábrica, de qualquer modo ele seguiu um ramo diferente da fábrica, mas digamos que ele teve a oportunidade de fazer vários estágios, de ver como é, e depois, se ele encontra uma escola de copeiro, ele vai fazer um curso de copeiro, bom, bem, depois ele irá, talvez, fazer um curso, enquanto ele está na escola, como ele diz, "enquanto estou na escola, não estou no desemprego"; quem trabalha num hotel ou tem capacidade de ter seu próprio negócio, seu restaurante, mas não tem os meios financeiros...

– *Sim, é isso, é preciso um capital...*

Leblond – ... ele não tem capital e seus pais não têm capital para ele comprar alguma coisa e ele diz: "ir fazer um aprendizado num serviço qualquer"...

– *Mas como, isto custa caro, no entanto, um garoto como esse, como ele se vira?... De biscates?*

Leblond – Eles fazem, digamos, os que estão em hotelaria, eu vejo como ele, lá seu filho trabalha praticamente todo fim de semana; bom, eles arranjam para si bons fins de semana, eles trabalham seja em um hotel, seja em um restaurante, seja, bom, bem, como ele pode até mesmo fazer refeições, bom, bem, ele faz refeições...

– *É isso, mas nisso ele se sustenta, mas há quem...*

Leblond – Há os que não podem...

– *Eu não sei, quando eles fazem um CAP de contabilidade, por exemplo, como isso...*

Leblond – Esses eu não sei como poderiam fazer, bom, bem, é verdade que há coisas das colônias, há coisas assim, mas é necessário fazer um Bafa, e um Bafa nos dias atuais custa 1.800 francos.

Dona Leblond – 1.800 francos... Nós queremos fazer isso para nossa mais velha, bem sim, ela quer...

Leblond – O que ela quer fazer?

Dona Leblond – Nas férias, fazer uma colônia de férias, uma coisa, mas é preciso que ela faça o BAFA e, não tendo ainda 17 anos, então...

Leblond – E depois, digamos que se dê bem no contato com as crianças.

Dona Leblond – Ela gosta muito de crianças, então bom, você sabe, você lhe dá uma turma de crianças para tomar conta, ela toma conta deles, ela gosta muito, então... Mas é igual, é necessário completar 17 anos, se ela tem, está bom, mas se ela não tem, bem, isso será moedas que serão...

Leblond – E além disso, é que o primeiro, depois... se ela quer continuar, há dois outros a fazer, é isso que é...

– *Ela quer ser enfermeira, é isso?*

Dona Leblond – Sim, sim. Ela aprende bem, ela se sai com facilidade.

– *Há um concurso, como é que isso acontece...?*

Dona Leblond – Depois, eles têm concurso para entrar, sim. Bem, ela terá de ter, eu não sei mais, sete anos de escola, eu creio que ela terá ainda...

Leblond – Ao menos sete anos. Ah! Sim, com o grau a que ela chegou...

[...]

– *Agora você seria admitido, você poderia ir imediatamente, você encontraria um emprego?*

Leblond – Não! No momento atual, vou dizer, não, porque sempre ocorre o mesmo caso: procuram jovens com experiência.

Aos 50 anos, alguém lhe diz: "você está despedido"

– *É isso, como se fosse possível!*

Leblond – Por toda parte você vê: jovem, experiência. Bom, então eu, eu vou dizer, eu vou chegar, eu talvez tenha experiência, mas já passei dos 40 anos...

[...]

– *Eles querem ter tudo e nada pagar, como se diz...*

Leblond – Às vezes a gente até ri porque veem-se coisas assim: 20-25 anos com 5 anos de experiência, então, jovens, com 5 anos de experiência no trabalho, 25 anos, gostaria muito de encontrá-los, mas isso não se encontra pelas ruas! Então o problema está no fato de que, uma vez que se chega aos 40 anos, bom, bem, por toda parte aonde se quer ir... Não é que se queira mais, mas digamos que...

– *Sim, ou então há todos os que saíram perto da aposentadoria... Parece que para certas pessoas é muito difícil, justamente isso, há os que se dão mal...*

Leblond – Sim, que se deram mal e depois é preciso colocar-se em seu lugar, é verdade que os rapazes que de um dia para o outro... Enfim, isso foi ruim, como a saída aos 50 anos, há os que têm 50 anos e foram mandados embora; é verdade que o cara que foi admitido na fábrica aos 14 anos, talvez até mais jovem, porque ele tinha... bom, bem, ele chega aos 50 anos, lhe dizem: "você pode ir, não precisamos mais de você", porque é assim, foram obrigados a lhes dizer que não tinham mais necessidade deles, tinham sido praticamente obrigados a colocá-los para fora porque...

– *Até com uma boa aposentadoria...*

Leblond – Sim, até com... porque eles não saíram de mãos vazias, os primeiros não partiram infelizes, os que partiram por último, eles recebem muito menos dinheiro, mas eles não são infelizes apesar disso, é necessário que...

– *Mas então é o que, é o trabalho?*

Leblond – Era o seu trabalho, o cara que passou, eu ia dizer a sua vida na fábrica, no mesmo serviço, no mesmo setor, que tinha seu...

– *Seus companheiros...*

Leblond – Isso. E depois, de um dia para outro, especialmente no começo, diz-se aos caras: "vocês se aposentaram aos 50 anos, enfim uma pré-aposentadoria, mas os jovens vão ser admitidos..."

– *Sim, e não é verdade...*

Leblond – O homem tem jovens em casa, sai talvez ainda de bom grado, mas, ao fim de um ano, que ele vê que o rapaz está sempre em casa, que ele não está empregado, os que saem por último não desejam mais sair; aqui só havia os marroquinos para arranjar as coisas, ficavam contentes em sair; eles foram para o Marrocos, retornaram, envelheceram cinco, seis anos e depois tornaram a partir, mas...

– *Os outros não...*

Leblond – Enfim eu digo os marroquinos, não quero colocá-los todos em pé de igualdade, porque existem – é igual – os que têm de ser mandados embora, mas há muitos que se aproveitaram da ocasião, sobretudo nos últimos anos, quando eles sabiam que isso ia acabar, há os que partiram no mês de junho, os que tinham ainda quatro anos a cumprir, retornaram no mês de julho, de férias, no mês de agosto, foi assim: eles tinham 50 anos. Eles tinham os documentos do Marrocos dizendo que tinham 50 anos. O que se pode fazer contra isso...? Eles lá nasceram no mato...

– *Certamente o estado civil é um pouco...*

Leblond – Eles nasceram em tal mês, tal... e depois, é assim, havia, havia só o dia e o mês, o ano não sabia... Está bem! Tanto melhor para eles! Tanto pior para os que ficam, mas digamos que depois os rapazes... É verdade, partir, é bonito partir, mas... E depois há também... partir: eles são infelizes em casa, porque há os que não chegam a se ocupar, os que não arranjam nada...

Dona Leblond – Sim, há isso, eles se arrastam...

Leblond – E há os que tinham atividades fora e os que pararam com tudo.

27

– *Eles desligaram...*

Leblond – Na fábrica e depois que chegassem em casa, digamos que eles teriam talvez podido aproveitar mais a associação, eles cortaram as ligações, pararam.

– *Sim e depois que isso causou brigas nas famílias, tudo isso, ou isso não, o quê?*

Dona Leblond – Entre os casais, sim, é verdade...

– *E vocês sempre moraram aqui? É bom, é agradável aqui...*

Leblond – Digamos, quando nos casamos, tivemos um bloco, estávamos no final, num bloco, e depois, eu, o bloco...

– *Você pagava aluguel?*

Leblond – Sim, como aqui. Eu... os blocos, eu nunca me habituei com os blocos, e não me agradavam de forma alguma, um conjunto... um bloco não me agrada, então fiz das tripas o coração... enfim eram só quatro andares, quero dizer, vivíamos bem no bloco, não estávamos... a moradia era boa, vivíamos tranquilos, mas eu fiz das tripas o coração para ter um individual, enfim, o que eles chamam de individual. Então, depois de muitos dissabores, depois de muitas artimanhas, procurei meu presidente do clube de basquete, eu jogo em E., de supetão eu lhe disse: "eu, o senhor me arranja uma moradia individual, de outro modo, eu deixo o clube de basquete", bom, foi preciso insistir algumas vezes... então, finalmente, cheguei a ter uma moradia.

– *E você tem garagem embaixo...*

Leblond – Tenho garagem embaixo: garagem, cozinha, quarto; e três quartos em cima. Três quartos em cima e o banheiro.

– *E é alugado... E paga quanto? Se não for indiscrição...*

Leblond – Não, agora o aluguel está em 1.900 francos (...); bom, eu tenho a APL, isso faz eu gastar 1.600 francos do meu bolso.

– *Você tem a APL... Sim, está bem... vocês estão bem alojados...*

Leblond – Sim, mas é este o problema, é que a gente tem de fechar tudo. É verdade que há menos crianças. Estamos em zona educacional prioritária. No CES daqui 80% do total da escola são de estrangeiros.

– *Quantos você está dizendo?*

Leblond – 80% de estrangeiros.

– *Ah, bom! Eu não sabia que aqui...*

– São de onde? Italianos...

Leblond – Argelinos, marroquinos, tunisianos, portugueses, aqui tem uma forte população...

– *Mas onde eles trabalham?*

Leblond – ... de imigrantes. Bem, estão todos na fábrica. Enfim, estavam todos na fábrica porque agora, infelizmente, existem muitos que estão se aposentando, existem muitos jovens que estão no desemprego, enfim que estão no desemprego... que se dizem desempregados. Porque lá dentro também existem tráficos e tráficos de influência, mas enfim não se está lá para...

Dona Leblond – Você sabe, naquele canto lá, se for contado, oh! há sete franceses, sete franceses porque, bem em frente... lá, nada mais que as pequenas casas, lá...

– *E vai bem...*

Dona Leblond – Oh! bem! você sabe, eu, eu não saio muito.

Leblond – É calmo aqui; digamos que é calmo, mas é verdade que é, no entanto, muito melhor que em outros tempos...

Dona Leblond – Sim, era mais barulhento. Mas eu, eu não saio, à parte... fico em casa, senão bom dia, boa noite, e é tudo, não mais que isso, não gosto muito, não sou selvagem... mas não gosto...

Leblond – Não, onde é um pouco difícil, ainda que o ano passado tenha sido calmo, é o período de Ramadã.

– *Ah! Sim, como era?*

Leblond – Oh, la, la..., é... bem, é horrível porque, digo que é horrível, bom, bem, é verdade que eles, eles dormem de dia, eles são calmos, os adultos, mas os pequenos... os pequenos, ficam na rua. Os jovens berram. É preciso ouvi-los reclamando. E depois, eles começam a viver às dez horas da noite, então quando você quer ir dormir, bem, palavra de honra... você tem direito a todo barulho...

Dona Leblond – Quando faz tempo bom, os garotos estão na rua.

Leblond – Os garotos estão fora de casa, é infernal na escolas porque o garoto, ele vai à escola de dia, quando ele vai, digo bem, quando vai, mas algumas vezes que eles vão, os garotos, é para dormir porque à noite... um garoto às 11 horas da noite, meia-noite, está ainda na rua... isso não incomoda. Então há o jovem que está cansado, mas que não quer ir deitar-se porque os adultos estão comendo, tem-se o direito de fazer a festa...

Dona Leblond – Com a janela aberta...

Leblond – Hem! O garoto está na rua. Bom, há o garoto que berra de dia porque tem fome, mas não querem lhe dar comida, apesar de eles não fazerem o Ramadã, mas não querem lhe dar comida, vê-se isso sobretudo no final do período do Ramadã. No princípio menos, porque, no começo, bom, é verdade que, mas no fim do período, isso deve ser duro também para eles de não... então, eu me coloco no lugar deles, dar uma refeição leve a um garoto, porque é só um pedaço de pão, dar um pedaço de pão a um garoto e depois não ter o direito de comer, enfim, não ter o direito, vou dizer igual, é um direito porque eles concordam...

– *Mas eles não fazem de fato o Ramadã, a maioria?*

Leblond – Está passando, está passando... digamos que apenas os velhos o fazem.

– *Os velhos, é isso.*

Leblond – Entre os jovens, isso se perde porque, bom, bem, o jovem...

Dona Leblond – Eles frequentam a escola...

Leblond – Oh bem! O jovem, eles fazem muitas coisas... Eu fiquei sabendo disso por um rapaz que jogava basquete conosco, ele fazia o Ramadã em casa e quando vinha jogar uma partida de basquete conosco, na hora do lanche, ele estava conosco, ele vivia... e depois não havia mais problemas... de qualquer maneira... Eu, eu digo: é preciso saber, o que eu jamais tolerei é que, na fábrica, se tolerasse que esses caras fizessem o Ramadã. Então isso, eu, isso sempre me repugnou, é o caso de lhe dizer, porque eu, eu tenho direito a 20 minutos para comer em meu local de trabalho, se eu gasto meia-hora, é uma tolerância, eu tenho direito a 20 minutos. E eles, no período de Ramadã, têm direito a duas vezes 20 minutos porque eles tinham o direito de comer no início do turno da noite, às 22 horas, e depois eles tinham o direito de comer de novo no fim do turno, antes que o sol nascesse, então, para eles se tolera comer duas vezes por 20 minutos. E eu digo, eu, o pobre francês, o pobre homem francês ou o italiano ou todo aquele que não faz o Ramadã, não se preocupam se ele tem um trabalho duro, se é cansativo ou algo assim, você tem o direito a 20 minutos para comer, você se cala, você não diz nada. Então o que não é uma obrigação, eu digo, não é uma obrigação, eles fazem o Ramadã, e eu não compreendo mesmo que o corpo de saúde da fábrica tolera essas coisas. Que o homem não coma, à noite, não há problema, mas eu já vi o dia aparecer sem beber um copo d'água e trabalhar oito horas no calor...

– *É perigoso por certo.*

Leblond – Eu, eu digo da parte da medicina do trabalho, isso não deveria acontecer.

– *Certamente.*

Leblond – Porque os rapazes podem ter... e o rapaz, ele chega um dado momento em que, bom... O dia em que o rapaz cai num conversor, ninguém vai apanhá-lo. Se ele cai no chão, não é grave, mas se ele cai num conversor, bom, havia, no entanto, rapazes na aciaria, havia rapazes na laminaria e o rapaz que cai num cilindro, ele passa no cilindro, como ele sai?

– *E na sua equipe há argelinos?*

Leblond – Não há mais. Não há mais. Mas havia um que estava bem, é preciso reconhecer: para um árabe, ele estava bem. Quando estava completamente sozinho. Ah! sim, já houve várias histórias no refeitório. Porque... Vive-se junto... [*riso*]. É normal, as pessoas estão fora de sua situação, de seu lugar, bom, bem, elas se encontram. Eu me sinto bem, se eu vou trabalhar no estrangeiro, se eu encontro um francês, ficarei muito contente de falar e trabalhar com um francês.

– *Sim, mas enfim, por polidez, quando há franceses, eles deveriam falar... sim, e esses jovens, eles estão quase sempre desempregados? Esses jovens argelinos...*

Leblond – Digamos que há duas categorias, há... vou dizer, o norte-africano, enfim, o estrangeiro, mas sobretudo o argelino, o marroquino que eu, eu trato de árabe, bom, esses, eles estão lá, eles estão contentes de estar lá e depois eles vão chorar, dar-se-á ajuda a eles, eles ficam tranquilos, e depois há aquele que está ao lado, que se adapta bem à vida francesa, está bem adaptado e faz com que seus filhos andem como franceses, o problema está aí. Porque eu, no esporte, tenho muitos jovens árabes, bom, bem, eles não são piores, enfim não são piores porque são todas moças, elas não são piores que os outros. Há algumas famílias...

– *Sim, há em toda parte...*

Leblond – Nas escolas é a mesma coisa, nas escolas há problemas com certas famílias, são sempre as mesmas de qualquer forma. Não há por que se apoquentar, o problema começa depois do maternal, mas só existe problema com os estrangeiros, existe só com os marroquinos e os argelinos, há os mesmos problemas com portugueses ou com italianos.

– *Mas faz muito tempo que os italianos estão aí... não?*

Leblond – Oh! Sim! Os que estão lá... em princípio, os argelinos quando estão lá, isso faz muito tempo também, bom, o pouco que se passa é que, num dado momento, mas está diminuindo agora, mas num dado momento, muitos iam se casar na Argélia e traziam a mulher, lá houve um contingente de turcos que chegavam também num dado momento, que não era, que não era tudo rosas, não mais, quando eles chegaram e, agora, não se ouve mais falar de turcos. Mas, somente, o que eu censuro nas comunidades, enfim nas ZUP porque antes isso se chamava ZUP, é que nada mais se faz por aquele povo, porque têm tudo... Eu quero dizer, colocaram esse povo todo junto, havia uma torre aqui, bom, a torre, tinha quatro entradas...

Dona Leblond – Não, cinco.

Leblond – Cinco entradas, havia duas entradas pelas quais não valia a pena entrar...

A Familiale apenas pôs aquela gente junto

– É verdade?

Leblond – Oh! Não valia a pena entrar lá! Havia cenas de dar vômito, faziam tudo o que queriam. Mas por quê? Porque colocaram aquela gente lá junto, havia os que criavam carneiros nas varandas, coelhos nos banheiros, então, sistematicamente, bom, bem, a Familiale, o que ela fazia? Ela alojava todas aquelas pessoas juntas, e não era isso que deveria ter sido feito com a Familiale nem com a prefeitura; aquelas pessoas deveriam ser espalhadas um pouco, habituadas um pouco a viver, não estão mais no mato, bom, eu, eu me ponho em lugar deles, o rapaz, ele chega, ele está no seu mato, ele faz o que quer, ele chega aqui, bom, bem... mas não é lógico. É preciso ensinar essas pessoas a viver em comunidade.

– E essa torre ainda existe?

Dona Leblond – Não, eles a demoliram.

Leblond – Eles a demoliram, não porque havia muito conserto a fazer lá dentro pela Familiale, ela, de qualquer modo, se tornara muito perigosa; havia muitas pessoas que... [foram colocadas lá?] para serem realocadas, para fazerem coisas e depois... com a situação do reservatório de água, bom, bem, há os que têm...

Dona Leblond – Lá, no lugar da torre, eles devem erguer uma nova...

Leblond – Um centro social; bem, a área já está cercada; quando o tempo melhorar, os trabalhos vão...

– E o bairro não é perigoso para as moças?

Dona Leblond – Não, não, está bom.

Leblond – Oh! Não é mais perigoso...

Dona Leblond – Não, vai bem... Elas sempre estiveram...

– Não é sobretudo o barulho, coisas assim...

Dona Leblond – Eu, as minhas, isso não as impede, faz quanto, quanto? Faz 14 anos que estamos nesta rua, eu estava grávida de C. quando cheguei; bem, elas dormem no quarto da frente, e é verdade que, no verão, há sempre jovens na rua e depois eles berram e, bem, isso não as impede de dormir, mesmo que houvesse barulho...

Leblond – Oh! Bem! Se elas são como eu, isso não me impede de dormir...

– E não há pequenos furtos de coisas assim?

Dona Leblond – Não, não, não.

– Não, é o barulho que incomoda vocês...

Dona Leblond – É isso.

Leblond – De todo modo, ele não é maior aqui que em outros lugares. Bom, os que estão aborrecidos, há os que estão aborrecidos, mas é necessário constatar se é verdade, quero dizer, é necessário constatar se é verdade...

Dona Leblond – Sim, porque ainda é necessário ver...

– O que eles dizem?

Leblond – Oh! bem! Que lhes furtaram a roupa de cama, que lhes furaram os pneus do carro, é isso... Bom, eu concordo, mas jamais vi os policiais virem até eles, e eles têm uma patrulha volante, e quando acontece algo, roubo de rádio de carro, roubo de tudo o que se quer...

– Sim, mas isso tem por toda parte.

Dona Leblond – Nas casas mais lá embaixo, lá estão os franceses, eles se queixam sempre que lhes roubaram, que furaram os pneus de seu carro e, depois, nunca se veem os soldados virem e depois, isso é o que eles querem e depois, bom, bem, é isso aí.

Leblond – Não, mas é verdade, é preciso reconhecer, eles deixam a roupa de cama secando diante da porta, eles deixam a roupa durante a noite, é preciso dizer também...

– *É tentar o diabo*

Dona Leblond – É isso, eu tranco a porta e não deixo roupa do lado de fora à noite.

Leblond – Eu, eu tenho o carro que fica lá fora, é triste dizer, mas foi depois que chegaram os franceses de duas casas abaixo que eu tranco o carro à chave, de outra forma o carro nunca foi fechado à chave; ele ficava na rua o dia inteiro e nunca foi fechado à chave. Eu tinha papéis no carro, eu tinha tudo no carro, nunca pegaram nada. Eu vou de carro para a quadra de esportes, até à quadra de esportes, saio todas as semanas, nunca me aconteceu nada com o carro. Talvez seja também a maneira de...

– *Sim, a maneira de ser...*

Leblond – ... de ver como é; não é preciso fazer essas pessoas verem que não se têm medo; se você fizer os outros verem que tem medo deles, elas se sentirão fortes. Desde o pequenino de três anos, que vai vir, até o grande, porque eles vão todos procurar, vou pegar um pedaço de pau: desde que eu estou aqui, faz talvez 6 ou 7 anos, que pratico esporte em M.

– *Sim, é isso, você os conhece no esporte, por isso eles o respeitam.*

Leblond – Eu, eu os respeito, não há razão para que eles não me respeitem.

– *Sim, é isso, é isso.*

Leblond – Não é preciso... Enquanto eles estão na quadra de esportes, estão tranqui-

los, estão bem; quando fazem bagunça, como diria outro, eu os ponho para fora, e quando eu os ponho para fora, digo-lhes: "meu carro está lá; se mexerem no meu carro, eu saberei quem é", porque há muita gente aqui que diz: "foi aquele, foi aquele lá, foi aquele lá, mas não se vai à polícia, têm medo". Eu, eu sei que no dia em que eu puser um para fora da quadra de esportes e acontecer alguma coisa com o carro, os policiais virão. E eu saberei lhes dizer quem foi. Poderá talvez não ter sido ele, mas eles irão até ele. Eu irei com eles, se não foi ele, ele terá de dizer quem foi. E, infelizmente, a polícia daqui não faz mais nada. As polícias militar e civil são... há dois anos tem havido problemas, é verdade, com os professores, foi preciso quase que nós mesmos resolvêssemos o problema, indo à polícia militar e à civil. Isso não compete à gendarmaria porque há uma polícia e a polícia, bom, com efeito...

– *Vocês resolveram isso com os pais dos alunos, com a associação?*

Leblond – Entre os professores e os pais.

– *O que estava havendo...?*

Leblond – Ah! bem! Na escola estavam furando os pneus dos carros dos professores, quebrando os para-brisas, colocando açúcar na gasolina, ah! isso acontecia verdadeiramente... Até o dia em que isso acabou mal, porque um professor que saiu e partiu para cima de um garoto. E ele fez uma coisa que jamais deveria ter feito; aplicou-lhe um murro no nariz [*risos*]. Então os pais, como conheciam bem as leis e tudo, eles se revoltaram contra o professor, mas sem chances, não estavam no recinto do CES, então, do ponto de vista da Educação Nacional, isso não compete a ninguém. Eles se voltaram diretamente contra a Educação Nacional para lhe suprimir o seu direito de exercer... eles tinham sido mal orientados.

– *E aqui, os professores, eles são do lugar...? E os orientadores etc., vocês os conhecem?*

Leblond – Do lugar, sim, uma parte é do lugar, sim, de vez em quando há um jovem professor ou um auxiliar de ensino vem e depois que chega aqui...

– *É duro para ele, no início...?*

Leblond – Eles preferem olhar duas vezes, se não são do lugar, a primeira coisa em que pensam é em ir embora.

– *Você conhece as pessoas, as crianças da região?*

Leblond – Muitos são jovens... enfim, eles nasceram no lugar. Permaneceram aqui. Ou então velhos professores do primário que fizeram sua estreia aqui, digamos que fizeram sua carreira aqui.

– *E vocês conhecem muitos filhos de metalúrgicos que ficaram no bairro como professores?*

Leblond – Não em grande quantidade.

– *Quem foi bem na escola?*

Leblond – Digamos que há muitos, muitos jovens aqui; antigos metalúrgicos, que ingressaram na polícia civil, na polícia militar, no CRS, enfim empregos como esses, digamos que eles aproveitaram – enfim, eles aproveitaram... em 68, 69 os CRS, a polícia recrutou muitos jovens, pois eram todos jovens – eu não diria todos jovens – mas muitos jovens que fizeram exames aqui e depois que têm...

– *E foi depois de uma geração que frequentava muito a escola. Porque isso começou... por volta dos anos 70, que eles têm...*

Leblond – Quando havia garotos que saíam de nossas casas com os karts [carrinhos automotores de manutenção conduzidos pelos motoristas] e depois que partiam com os karts, era preciso motivá-los, porque de outro modo o rapaz partia, destruía tudo o que encontrava pela frente. Eu percebi que vinham conosco às manifestações com revólveres, carabinas! Bom, não eram coisas que se fizessem. Não tínhamos chegado a esse ponto. A gente ia ver os rapazes, tomava as suas armas, entregava-as a um outro e estava acabado. Mas enfim os rapazes, eles vinham, no entanto, com um, é preciso dizer que havia serviços de ordens que não eram nada moles.

– *Não, é preciso dizer que isso foi um choque inacreditável, era de tal modo brutal.*

Leblond – Ah! Houve boas brigas, no bom sentido do termo, e depois houve boas brigas também não no bom sentido do termo, mas enfim, enfim... aconteceu, aconteceu. Só lamento agora não haver guardado todos os recortes da imprensa, coisas assim...

– *E os jovens de hoje, o que eles pensam de tudo isso? Eles se interessam um pouco, não?*

Leblond – Os jovens se interessam porque, de qualquer modo, eles não conheceram, o jovem que conhece o deserto de hoje... E é por isso que eu digo que é uma pena não haver guardado os recortes de jornais para mostrar, digamos, eu vou dizer a minhas filhas: lá ficava a fábrica, lá havia isso, bom, eles se lembram um pouco... quando eu ia à casa de meus pais em E., eu ficava de frente para a fábrica, bom, havia alguma coisa.

– *Eles são muito despolitizados, eles se interessam pouco.*

Leblond – Sim, e depois, agora tem os jovens como quer, de qualquer modo, aquele de direita vai vir, ele vai lhe prometer mundos e fundos, bom, bem, os jovens que vão poder votar, vão votar nele, e se há outro que vem de outro lugar, será igual, isso vai funcionar mais ou menos assim e depois o jovem estará decepcionado, e depois o que ele fará? É este o problema. É que agora exageramos um pouco em dizer aos jovens, bom, bem, vocês terão aqui – é o que eu acabei de dizer das escolas – a jovem que faz aprendizado de cabeleireira, está bem, ela será cabeleireira de mulheres, cabeleireira de mulheres, ao lado ela poderá fazer o corte de cabelos de homens: não, não escolhi meu serviço para ser cabeleireira de homens; eu serei cabeleireira de mulheres, não irei lá.

Fevereiro de 1992

Abdelmalek Sayad

Uma família deslocada

Um município operário na periferia próxima de Paris. Contrastando com o dispositivo típico dos subúrbios, torres, longas filas de imóveis, um bairro constituía exceção: trata-se de uma zona relativamente afastada, povoada por essas velhas casas de dois andares que se convencionou chamar "pavilhões de pedra de moinho". A prefeitura foi adquirindo certo número dessas casas à medida que elas eram colocadas à venda e as destinou muitas vezes segundo processos de urgência e, antes mesmo que os trabalhos de recuperação ou renovação estivessem concluídos, como moradia de algumas famílias de imigrados. Esta destinação, contrária às regras que, de ordinário, regulam a ocupação de casas sociais (os HLM) por famílias mais carentes, não deixa de fazer surgir conflitos de vizinhança de um novo tipo: para uns, isto é, os imigrantes, conflitos que são de natureza a levá-los a refletirem sobre os danos dos quais eles seriam, como são acusados, os autores, isto é, sobre a verdadeira significação, por exemplo, do "barulho", do "mau cheiro", da forma que é bom dar às relações sociais (em frequência, em intensidade, em duração etc.) para que elas sejam compatíveis com os costumes em matéria de coabitação; para os outros, isto é, para a população francesa da vizinhança, conflitos, que não estão mais, como de ordinário, inscritos totalmente na ordem das relações individuais e interpessoais (ou puramente subjetivas), mas que concernem coletivamente (a vizinha francesa da família imigrada o diz muito bem) a cada pessoa em causa; todos envolvem nesses conflitos todo o seu ser social, isto é, a ideia que eles fazem deles mesmos ou, para falar a linguagem em curso hoje em dia, sua identidade social (que, aqui, é, ao mesmo tempo, identidade nacional e, em consequência, identidade eminentemente coletiva). Esses conflitos são tanto mais significativos porque não se sustentam quase sobre uma base objetiva. É necessário também compreendê-los como as últimas manifestações de resistência que esta fração da população, que teve acesso tardio à casa individual com a qual ela, sem dúvida, vinha sonhando há longo tempo, assim que em todo o espaço (geográfico e social) que lhe está associado, espaço sobre o qual ela projetou todas as suas aspirações e suas esperanças de promoção social, na qual ela investiu e da qual se investiu, está levada a opor-se ao processo de decadência, de desvalorização, de desqualificação na qual ela teme estar presa.

O confronto das duas pesquisas, concebidas para levantar os pontos de vista totalmente divergentes que, a partir de posições sociais distintas, até antitéticas, podem ser tomadas sobre a mesma realidade social, suscita três tipos de discurso. Em primeiro lugar, do lado da família imigrada, o discurso do pai que recorda a história residencial da família durante toda a sua imigração, discurso de história feito em árabe, o único que lhe diz respeito total e exclusivamente, o único de sua competência própria; depois, o discurso coletivo dos filhos que versa sobre a situação presente e o estado da moradia atual; e, a seguir, do lado do ambiente circundante e da vizinhança imediata da família imigrante, o discurso da vizinha francesa mais próxima, que se divide entre, de um lado, a defesa dos interesses materiais e simbólicos próprios (no sentido de exclusivos) a uma categoria particular da população, defesa e ilustração das qualidades que dão direito ao privilégio de um habitat reservado e, de outro, a indignação e o protesto contra o fato de ser obrigado a suportar uma coabitação sentida como degradante, humilhante, com uma população degradada, desprezada, depreciada.

A família Ben Miloud é oriunda da região de Biskra, no sul da Argélia. Ela chegou à França em 1960 ou, mais exatamente, a senhora Ben Miloud juntou-se a seu marido naquele ano. Todos os filhos nasceram na França. O senhor Ben Miloud, que tem hoje 64 anos, veio pela primeira vez à França em 1949, aos 21 anos. Ele está hoje aposentado, depois de ter estado longo tempo doente e inválido; gravemente enfermo, seu estado precisa de cuidados intensivos e de frequentes hospitalizações. Independente da afecção grave que o atinge, ele parece desgastado pelo trabalho.

Por um acordo tácito entre pais e filhos, fundado nos interesses e nas competências de uns e de outros, ele prefere lembrar o passado à situação presente, cuja relação pertence mais aos filhos (e sobretudo às filhas), reservando-se, por contraste, o cuidado de lembrar a todos (e, neste caso, a seus filhos, que se mostraram particularmente atentos) o que foi, em época anterior, a imigração da família: "Eu cheguei [à França] em 1949, em plena força da idade [...]. Nos primeiros anos, eu fiz como todo mundo, como se fazia na época: um tempo de trabalho na França, depois voltava para casa; voltava como se não fosse mais retornar [à França], mas, alguns meses mais tarde, eu estava de volta. Voltava como um "novato". Afinal, já passei mais tempo na França que em meu país. Quando conto agora os anos, os meses, os dias, mais da metade de minha vida – Oh! muito mais! – eu vivi na França [...]. No princípio, eu trabalhava na fábrica, não exatamente em Paris, mas no Leste. Mas desde 1960, isso faz mais de 30 anos, trabalhei na construção civil. Continuamente, sem um único dia de folga. Porque eu tinha a família; a família estava aqui na França, as crianças vieram [nasceram]. Tudo aquilo exigia dinheiro, era preciso trabalhar muito [...]. Uma vez a família na França, não valia a pena ir e voltar [subtendido, entre a França e a Argélia], estávamos todos reunidos. Era possível ir em férias à Argélia com a família, mas era caro demais. E agora que os filhos cresceram, menos ainda; eles estão grandes, eles próprios decidem o que querem. Nós [os pais] não temos mais a saúde necessária para as viagens, os deslocamentos. Então, fico aqui e espero". A vinda de sua família para junto dele na França – o casal ainda não tinha filhos – coincidiu precisamente com sua passagem para o setor de atividades do BTP e permanência durável aí (até à reforma por invalidez e à aposentadoria). Foi graças ao seu primeiro patrão na construtora que Ben Miloud teve a casa que lhe permitiu trazer a mulher. A família tem saudade dessa primeira casa. Não é difícil compreender as razões dessa admiração retrospectiva: tratava-se de uma casa individual situada quase no campo, afastada do centro urbano; embora um tanto estragada, desabitada há muito tempo, ela parecia convir maravilhosamente para uma família de origem rural, que fazia ali sua primeira experiência e seu aprendizado de urbanização: era uma casa (em três níveis), espaçosa, totalmente independente, sem vizinhança por perto, dispondo de um vasto terreno (que seria, em parte, transformado em jardim e, em parte, explorado como horta), características estas que poderiam dar a esta família de antigos camponeses a ilusão de poderem reatar com os usos que ela conservava de sua casa tradicional. Podia-se esperar melhor transição para facilitar a adaptação ao estilo de vida urbano? Além do mais, esta casa que estava ao abandono tinha sido oferecida gratuitamente pela empresa (pelo "patrão", diz ele). Vantagem em espécie que se juntava ao salário, permitia uma economia que não podia ser desprezada, sobretudo nesse período particularmente crítico, em razão, por um lado, da grande escassez de habitações acessíveis aos operários, e, portanto, do alto preço dos aluguéis e, por outro, numerosas necessidades de toda a espécie que encontrava toda família imigrante ao chegar à França em total miséria, desprovida de bens, mesmo os mais elementares, indispensáveis para a vida quotidiana; todas essas coisas que tornavam extremamente custosa a instalação da família.

Condenada à demolição devido à passagem da futura rodovia, a casa desapropriada tinha sido destinada, enquanto esperava ser demolida, à família Ben Miloud a título de moradia provisória como um simples albergue. O prazo venceu, e seus ocupantes "indevidos" ficaram na rua. E lá, do mesmo modo que muitos outros companheiros de infortúnio iguais a eles, operários o mais das vezes das obras do BTP, compatriotas ou não, foi necessário descer para esse "alojamento da desesperança e do último recurso" – é assim que se chama – que é a "favela", "o inferno das barracas". Provavelmente uma das últimas famílias a ter se juntado na antiga "favela" de Nanterre no momento quando ela já ameaçava ser riscada do mapa em favor das diferentes operações de reabsorção, a família Ben Miloud, que tinha já quatro filhos pequenos, pôde, por esse motivo, se beneficiar, com prioridade, na distribuição de casas reservadas para os casos de urgência. Ela se encontrou, de início, em Gennevilliers onde ela fez, como ela o diz, sua primeira experiência de coabitação no mesmo andar com outras famílias vizinhas, experiência que Ben Miloud gosta de relatar pelo que ela lhe ensinou sobre o isolamento e a miséria moral de algumas famílias francesas e sobre a irritação que sentem no contato com as famílias norte-africanas, numerosas e muitas vezes visitadas por parentes e amigos. Multiplicando as diligências, recorrendo à ajuda de várias assistentes sociais (o escritório da ação social do município, os serviços sociais da empresa), a família conseguiu ser recolocada em Paris mesmo, mas ficou muito apertada no novo apartamento que lhe foi destinado. Para poder dispor de mais espaço, a família fez novo pedido de realojamento, que a levou aonde mora ainda hoje.

Com os moradores de uma vila operária

– Entrevista de Abdelmalek Sayad

"Não temos mais vizinhos, não conversamos mais."

A filha – Aqui, se protesta, não se está satisfeito. Fazer o quê? Não mudaremos jamais daqui. Isto não está em questão. Meus pais estão acostumados com isto, eles estão velhos agora, eles estão doentes. Meu pai, que precisa de cuidados intensivos, fica muitas vezes hospitalizado aqui, não longe. Minha mãe, que quase não sai, que não sabe andar de ônibus, basta que ela chame um táxi que ele vem até a porta e o leva para o hospital, o mesmo para retornar. Isso custa quanto? Cem francos ida e volta. É aceitável. Mas se isso durar para sempre..., nada disso, não aceitaríamos.

O filho – E depois, não há senão isso. Não se trata de querer voltar para os imóveis. Eu era garoto, mas eu me lembro, não de Nanterre, da favela, mas dos prédios, dos conjuntos habitacionais, como se diz hoje. Tantas vezes fui a Courneuve e ao Val Fourré. Todo mundo conhece isso agora: tal foi o barulho que fez.

A filha – Tanto mais porque não se pode dizer que nos acostumamos com isto. Ao contrário, eu gostaria que sempre... eu posso dizer que jamais morei em apartamento nos prédios, naqueles prédios. Então, não é por causa dela, de seus belos olhos, que vamos nos mudar daqui. Ela só pede isto. Isto lhe causaria tanto prazer. Ela alcançar este objetivo. Só por isso a gente briga... contra os HLM, contra a prefeitura, o Departamento, contra, sobretudo, essa empresa que seria encarregada de restaurar todo este pavilhão. O que vai acontecer durante esse tempo? Quando? Como? Não se sabe de nada. Só se sabe que não se sabe.

– *Não compreendi. De que se trata?*

O pai – É a nossa vizinha... logo ao lado. Só há esta parede e alguns centímetros que nos separam dela.

A filha – [*Apressada para explicar na frente e interrompendo seu pai*]. Ela mora na casa dela e nós na nossa. Mas ela não perde uma ocasião para nos aporrinhar [*olhar severo do pai*].

O pai – Não, seja correta. O senhor aqui não tem necessidade de ouvir isso. Fala o que tem a falar, mas fale a verdade. Não vale a pena falar grosseiramente ou insultar as pessoas pelas costas. Tanto mais porque você jamais a insultou, espero, e ela jamais insultou você.

A filha – É você quem diz isso. Se você soubesse o gênero de insultos que se fazem com "senhora... por favor" e "senhora... eu lhe peço". Nas palavras é assim, mas nos olhos é outra coisa, há fogo e veneno.

– *Por que tudo isso?*

A filha – Sim, é o que eu queria lhe dizer. Um exemplo: você vê essas escadas que levam ao primeiro andar, essa senhora acha que fazemos muito barulho quando subimos ou descemos. Você percebe? Escadas de madeira, e isso se ouve na outra casa! É

39

preciso ser doido para ousar dizer coisas semelhantes. Mesmo se ela estiver nervosa, não é isso que vai impedi-la de dormir, como ela reclama. Tenho três gatos... O que você quer? Acho esses bichos formidáveis. Ela se queixa com todo mundo, com os vizinhos, na rua, com a polícia, na prefeitura, felizmente ninguém a leva a sério. Ela escreveu cartas e cartas, ela tentou fazer um abaixo-assinado para nos expulsarem sob o pretexto de "perturbação da ordem pública e da tranquilidade do bairro". Eis onde estamos [...]. Então, para os gatos, o que ela encontrou de melhor, completamente louco... é falar que os gatos fazem barulho. Já se viu gato fazer barulho? Gato não late. Ela tem um cachorro, mas eu não direi que seu cachorro me impeça de dormir. Então, a última é que meus gatos, descendo por esta escada, fazem muito barulho, incomodando-a e não a deixando dormir (...)

Era aquilo que eles chamavam barulho, eram todas... as insônias à noite

O filho – Ela é assim, é tudo. É verdade, ela está contra nós, é verdade, ela não suporta nossa vizinhança, a presença de árabes no bairro, que ela vê como chique, seleto. Então, você devia ver aqueles casebres. Mas cada um tem seus meios, cada um tem seus lances. Eu também, eu não me preocupo com ela. Os guardas me disseram. Ela já fazia isso com os que moraram aqui antes de nós... algum tempo, pouco tempo. No entanto, não eram árabes [...]. Eu sei, porque eu, também, já fui à polícia. Eu lhes contei tudo. Foram eles que me disseram que ela apresentou inúmeras queixas contra nós... Agora, eles se limitam a anotá-las. Isso é verdade. Eu jogo futebol com os policiais no clube deles, entre nós, entre companheiros, há comentários. De minha parte, não há razão para que eu me preocupe com ela. Tanto pior para ela. E depois, é só para contrariá-la, para nos defendermos dela, é tudo. Nós não nos queixamos dela.

A filha – Não é tudo. Na realidade, a grande briga é sobre o jardim público. Essa senhora acha que ele é dela, que é sua propriedade particular. Ela me disse isso. Ela mentiu [...] tanto o barulho..., os gatos..., eu rio; eu deixo correr..., dizer tudo o que ela quiser dizer. Tanto o pequeno jardim, o espaço público, e por que não a rua, os passeios, tudo o que ela quiser! Eu sou intratável. Ela tem ciúme, ela não suporta que, no sábado e domingo, dia em que pegamos as crianças dele [*ela aponta para seu irmão, que é divorciado, que tem dois filhos cuja guarda é dela nos dias de feriado e nas férias, que ele confia a seus pais*], eu as levo para brincar no jardim. É claro que ela não pode queixar-se oficialmente disso, mas ela ainda encontrou o pretexto dos gatos. Ela foi dizer na prefeitura que os gatos, meus gatos e não os dos outros, esgravatavam nas caixas de areia e faziam suas necessidades e que isso ia contaminar as crianças e..., é claro, seu cão, sem problemas! Eu fui convocada ao serviço sanitário. Eu fui lá, com os carnês de saúde de meus gatos, vacinados e tudo, com seus nomes, suas datas de nascimento, suas placas, seus números tatuados etc. Tudo em ordem! Eis onde moramos.

O filho – É sempre a mesma história. Quando não podemos dizer que a vizinhança com os árabes é má, porque eles são sujos, porque eles cheiram mal, porque eles fazem muito barulho, porque há sempre muita gente nas casas deles, mesmo quando não podem dizer tudo isso, inventam outra coisa, encontram sempre algo...

A filha – Então nós também podemos dizer outro tanto deles. No fundo, eu acho, estou mesmo certa de que eles são mais sujos do que nós. Passada a maquiagem...

É dourar a face, e é tudo. Creio que a maquiagem não serve senão para isso.

O pai – Há um ditado que é verdadeiro: "tu que estás enfeitado no exterior, qual é teu estado interior?" [*Provérbio árabe*]

O filho – O que eles chamam de barulho, todos os companheiros dizem, não é propriamente barulho, decibéis, mas é a canção árabe de que eles não gostam, que eles não compreendem, que os incomoda... Pode se o "rai" [*música popular moderna argelina*], que agora está na moda, pode mudar um pouco isso. É isso que causa barulho. Na realidade, se formos comparar, todas as canções de "rock" são muito mais barulhentas que as canções árabes.

A filha – É a mesma coisa com os odores também. Eu li no jornal, quando houve... aquele caso [...] dos odores e salsichas apimentadas. O jornal disse: "os franceses gostam muito de comer cuscuz e salsicha apimentada. Mas quando não é para eles, o odor da cozinha árabe é insuportável!"

O pai – Tenho até uma história para lhe contar. Meus filhos já a conhecem. Aconteceu quando estávamos nas casas do HLM. Tínhamos como vizinhos no andar, em um pequeno apartamento, duas pessoas idosas, um senhor e sua mulher. Seus filhos, nós jamais os vimos. Nós não tínhamos tomado conhecimento da sua existência até que nossas relações com eles se embaralharam e ficamos sabendo que eles existiam. É verdade que nós havíamos ajudado muito a esses vizinhos idosos. Fazíamos compras, nós lhes demos cuscuz muitas vezes – é isso que me lembra essa história – esses vizinhos fizeram queixa que fazíamos muito barulho. E, conversando com eles, eu compreendi por que o barulho, o que eles chamavam barulho. Na realidade, esses dois velhos que não veem ninguém, que ninguém vem ver, nem mesmo seus filhos – eu creio que os dois, uma moça e um rapaz, mal têm vindo – eles vivem sozinhos, eles fiscalizam tudo, eles escutam tudo. Eu, sinceramente, tenho pena deles; sobretudo, naquela época eu era mais jovem, eu não gostaria de ver meus pais nessa situação, eu não pensava ainda em mim e que eu também ia envelhecer, eu tinha muita pena deles. E, no fundo, eles são infelizes, a vida tinha acabado para eles, eles vivem à espera da morte. Tudo isso eles me disseram várias vezes quando ia vê-los no patamar do andar e eu tentava conversar com eles, saber suas novidades [...]. E, um dia, no decorrer de uma conversa, eu não queria censurá-los asperamente por tudo o que eles falavam a respeito de nós, se fosse alguém da minha idade, eu lhe teria dado um murro. Eu provoquei uma conversa sobre barulho. Fiquei surpreso com o que eles me disseram. O barulho era, na realidade, as numerosas visitas que tínhamos. É verdade, é como acontece em nossa casa, segundo nosso costume: aos sábados e aos domingos, era um desfilar de parentes, de primos, de amigos; sobretudo naquela época, não havia ainda muitas famílias na França, todos esses homens vivem solteiros e, vindo à minha casa, encontravam o ambiente de família. E, é claro, cada vez que eles vinham, havia presentes, como frutas, pernis de carneiro inteiros, não traziam buquês de flores [*risos*], tudo o que nós nos oferecemos por ocasião das visitas. Era isso que eles chamavam de barulho, eram todas a idas e vindas, as vigílias à noite... Que havia ciúme nisso, é certo! [...]

A filha – Quando chegamos aqui, ficamos muito contentes; era limpo, tudo acabava de ser arrumado, pensávamos: com efeito, tinham dado uma "geral" por toda parte antes de nos entregarem as chaves. Levou tempo para que nos déssemos conta de que isso tinha sido só uma "enganação". De quem é a culpa? Não sei. Foi a prefeitura que quis isso? Os HLM? Quem?

Será que eles enganaram a eles mesmos, porque eles não quiseram acompanhar os trabalhos, verificar no local? Ou será que foi intencional, estando todo mundo de acordo com isso? Continuamos sempre a nos perguntar [...]. Então, nós também fizemos o melhor. Nós continuamos a melhorar os cômodos, a acrescentar mais conforto, nós mudamos as janelas que não estavam de acordo; fomos nós que colocamos os papéis de parede [...]. Depois voltamos a dar uma mão de pintura. Mas, agora, que fazer? Para que fazer?

O pai – Que garantia temos para podermos fazer despesas? Todos os que estamos aqui [*pai e seus filhos*] entendemos um pouco do ofício; podemos fazer tudo nós mesmos e muito melhor que os artesãos, que as empresas profissionais. Calculando aproximadamente, precisaríamos de uns três milhões de francos (antigos) apenas em material, sem contar nossa mão-de-obra, que não contamos, para colocar as coisas em ordem.

A filha – Não sabemos, desde que estamos aqui, quem decide a respeito de quê? Não sabemos nem quais são as instituições que existem. Não sabemos nem a quem pagar o aluguel; é o que você me pergunta? Pagamos o aluguel, é claro, porque isso sai do nosso bolso e porque ninguém nos vem reclamá-lo, então ele chega ao lugar certo. Não moramos de graça [...]. Agora, são eles que devem fazer os trabalhos que houver. Não sei quem. Eles trabalham por conta de quem? Deles mesmos, dos HLM, do município, do departamento? Eles são muito gentis, eles vêm muitas vezes ver, mas não adianta muito. Não se sabe com o que eles se ocupam; eles são responsáveis por quê? Eles nada nos dizem. Que eles nos dissessem se será em um ano, em dez anos ou nunca!... É tudo o que lhes pedimos. Gostaríamos de saber em que pé estão as coisas. Isso depende de quem? De quê? Por que essa demora? Isso pode ainda durar muito tempo! Se eles acham que vão nos cansar para nos fazer sair daqui..., se é o que eles querem, estão muito enganados. Nós jamais sairemos daqui. Aqui estamos, aqui ficamos. Eles não têm motivo algum de nos despejar [...].

[*Aprovação geral. Todos apoiam as últimas palavras da jovem sobre as intenções dos diferentes parceiros que intervêm em questão de moradia; todos concordam também em compartilhar das suspeitas que ela levanta quanto à sinceridade desses mesmos parceiros. Existe ainda a mesma unanimidade quando se trata de proclamar a vontade da família de permanecer ali, qualquer que seja o rumo que tomar o projeto de reabilitação e que haja restauração, ou não. A este respeito, um dos filhos reforça os propósitos de sua irmã para afirmar, em tom categórico, que o projeto de restauração nada mais é que um ardil com vistas a obrigar os moradores a desocuparem as casas.*]

O filho – Os trabalhos só começarão quando eles tiverem certeza de que poderão despejar todo o mundo para alojarem somente famílias que lhes convenham. De qualquer modo, descobri depois de muito tempo, se eles fizerem alguma coisa, não será para nós. Ou então, eles vão subir tanto o aluguel que ninguém mais poderá ficar. Acontecerá, então, que seremos obrigados a voltar [para nosso país] ou eles vão nos realocar em favelas sob o pretexto de que somos maus pagadores. É uma técnica muito conhecida essa. Com certeza, é o que eles querem, não outra coisa. Há muito tempo que eu compreendo isso... Eu não paro de falar isso aqui. Eles zombavam de nós, é tudo. Não teremos nada, não podemos esperar sempre. Não é para nós que eles trabalham. *Eles brincam conosco* [*expressão em árabe,* *única pronunciada em sua língua materna pelos jovens durante toda a entrevista, enquanto os pais só usavam o árabe].*

Não é dos gatos que se queixam, é de nós

A filha – Três gatos que são, na verdade, "bichos de apartamento". Eles fazem parte da família. É, aliás, por isso que há conflito, que se queixam deles. Não é propriamente dos gatos que se queixam... é de nós. É dos donos dos gatos. Por isso os meus gatos, meus gatos, fazem barulho!... E como?... Entenda bem, descendo as escadas. Eu lhe falei... Ela ouve os gatos correr!... Eis o que achou de melhor... E, além do mais, diz que gosta de animais. Não sei de quais! De todos, sem dúvida, mas que não sejam das casas de vizinhos... árabes! Essa mesma senhora tem um cão. Ela acha inteiramente normal soltar seu cão no jardim em frente. Ela nem o segura pela coleira, mas ela se acha no direito de estar em casa no jardim. O jardim é dela, disse-me. Não sei como, nem por que, o jardim seria dela... É a sua maneira de me dizer: a França me pertence, é a França dela; nós não somos dessa França, ela não nos pertence, nós também não pertencemos a ela. Ela está convencida disso. Ela me disse uma vez que era graças a ela que tínhamos um jardim público em frente da casa, fora ela quem pediu ao prefeito e obteve, mas ele está lá há um século. Ela nos ameaça interditar nosso acesso ao jardim, dito de outro modo, ao domínio público [...].

O filho – Sem falar da água que escorre das torneiras, dos wc. Tudo isso faria um barulho de trovão... um incômodo insuportável, como ela diz. Ela nos denunciou sob o pretexto de que somos numerosos demais em casa. Que nossa casa é superocupada, como ela diz... ou como disseram que ela disse. Porque, entre nós, não creio que ela seja tão inteligente e tão instruída para escrever isso. Isso quer dizer que nós, os filhos, não temos nosso lugar aqui... É claro, a casa está em nome de nossos pais, nós fomos criados aqui, crescemos aqui, é nossa casa também. Que não venham nos dizer que não temos o direito de morar aqui...

A filha – Se moramos aqui, ou não, é assunto nosso; isso não diz respeito senão a nós..., não diz respeito a mais ninguém, sobretudo aos vizinhos. Eles só têm de se ocupar com o que acontece nas casas deles...

O filho – Na realidade, todos temos onde morar; não é porque não temos domicílio, que ele está aqui. É falso. Podemos provar isto com recibos de aluguel a quem quiser e quando quiser. Veja: minha irmã mais velha mora na casa dela e, é claro, ela passa aqui todos os dias, veem-na sempre aqui, ela vem ver os pais, é normal! Assegurar-se que tudo vai bem, às vezes ela dorme aqui. Todos temos um quarto ou uma cama aqui. No entanto, ela tem a casa dela... É assim entre nós: não abandonamos nossos pais ou simplesmente ir vê-los todo dia 30 de fevereiro [...].

A filha – Meus dois irmãos também têm suas casas: um tem um quarto-sala não longe daqui. Ele também vai e vem entre a casa [dos pais] e a dele; o outro, esperando casar-se de novo, tem seu apartamento. Não venham nos dizer que moramos todos às custas dos pais [...]. Claro, cada um de nós pode sempre se hospedar; cada um de nós tem sua cama aqui, cada um de nós tem seu lugar à mesa, mas a casa é dos pais. Eles estão na casa deles. E depois, não é preciso mais que isso! Você está em sua casa, nós estamos na nossa e vêm nos dizer quem podemos receber ou não, põem-se a contar quantos há na casa, quantos estão à mesa. Não são eles que

43

nos alimentam [...]. É puro ciúme. Isso. É tudo [...]. Eles podem vir fiscalizar. Felizmente, por enquanto, são apenas fofocas, ciúme de vizinho: vocês são muito numerosos, é por isso que vocês fazem barulho, ou ainda os HLM ou a sociedade não foram feitos para alojar todo o mundo! É ciúme puro. Eles gostariam que fosse dado um pequeno lugar para os pais, pequenino, onde não coubesse ninguém.

O filho – Se há algo a compreender em tudo isso é que eles simplesmente gostariam que não estivéssemos aqui. Ou, se estamos, é preciso que a gente não seja visto, que não se mostre. Nada de gato, nada de cão, nada de rua, nada de jardim, nada de criança. É tudo. No entanto, aqui estamos em nossa casa. Tudo bem se não nos dizem que não temos nosso lugar ao lado de nossos pais [...]. Sim, no fundo, é isso: não é somente nosso lugar na casa e no bairro ou na cidade..., mas em toda esta sociedade. E, no entanto, todos nós, rapazes e moças, temos a nacionalidade francesa. Mas... vá dizer-lhes isto. Em todo caso, é uma coisa que eu jamais lhes direi. De repente isto poderia agradá-los.

A filha – Não é certo... De repente eles diriam ainda: até a nacionalidade francesa eles deram a vocês. A coisa mais preciosa para eles.

O filho – Eu não ligo. Em todo caso, para mim isso pode não representar algo em minha defesa. Não vou lhes dizer: "porque vocês são racistas, eu sou francês". Então isso quer dizer que com meu pai podem ser?... Eu coloco a questão: se eles são racistas com meu pai, que o sejam também comigo..., mesmo minha nacionalidade francesa... É uma questão de amor próprio!

O pai – [*À maneira de conclusão*] Tudo isso importa pouco. Há uma coisa que é necessário saber: é que nós não sairemos daqui! [*Longo silêncio de todos, tendo o pai falado agora com solenidade, atraindo a atenção de todos, a minha em primeiro lugar*]. Porque, em nossa idade, não há para onde ir... [*Sem dúvida, a confissão mais dura para um emigrado, isto é, para qualquer um que esforçou-se a vida toda para acreditar que tem um país e uma "casa" para onde retornar.*]

É preciso que eles prestem... essas contas. Não a mim... mas à França...

[*Embora o pretexto pelo qual foi preciso justificar a entrevista proibisse toda pergunta sobre as características sociais da pessoa, pude apreender, de passagem, que esta família sem filhos instalara-se em 1975, vindo de Paris onde estava alojada apertadamente, num apartamento conjugado. O casal adquiriu o imóvel que ocupa com o montante da herança que a esposa recebeu com a morte de seus pais. O marido é agente da RATP e a esposa, manifestamente, mais velha que ele, nunca trabalhou*].

– *Dei um giro pelo bairro. Eu queria falar com uns e outros, ver um pouco todo mundo, todos os moradores deste bairro onde não há senão pavilhões. O que eles pensam de seu modo de vida, como eles veem o futuro deste bairro, quais transformações se efetuaram em sua vizinhança e em seu ambiente desde a sua instalação aqui, essas mudanças foram no sentido de uma melhoria geral das condições de moradia ou, ao contrário, no sentido de uma deterioração? [...] Eu não tenho perguntas muito definidas para lhe fazer, mas apenas conversar com você e colher suas opiniões, suas impressões...*

Dona Meunier – Ah! isso sim! Dito de outro modo, eles são obrigados hoje a reconhecer o que eles têm de fazer. Porque eles não podem mais esconder. Eles compreenderam que é assim, sabe-se de tudo. Eles despertam..., porque achavam que se era cego, que nada se compreendia de sua trama.

– *De que se trata? De que trama? O que não podem mais esconder? O que eles deveriam fazer e reconhecer que fazem ao mesmo tempo?*

Dona Meunier – Pois você não sabe? Não acredito. Pois é o que todo mundo sabe, todo mundo vê...

– *O que é que se vê?*

Dona Meunier – Em breve, todo o bairro vai mudar de população. As pessoas vão embora. Tudo está à venda aqui. Se eu der uma volta pelo bairro com você, eu lhe mostraria que uma casa em cada duas está à venda. Isso faz a festa das agências imobiliárias... E elas pouco se importam... Contanto que elas façam seus negócios. É para quem lhes oferece mais ou o primeiro que vem e que lhes oferece... Elas nem ligam, não são elas que moram aqui..., elas só veem o dinheiro que entra para elas.

– *Por que os proprietários estão vendendo suas casas? É aqui mais que em outros lugares ou é a mesma coisa por toda a parte em todos os bairros semelhantes a este?*

Dona Meunier – Não sei. Conheço este bairro, não conheço os outros. Mas, certamente, deve ser a mesma coisa em outros lugares, deve ser como aqui... Gastou-se tudo para ter isso, para ter uma casa: pagou-se caro, houve sacrifício e nem bem acabou-se de pagar e já vão embora.

– *Por que vão embora, como você diz?*

Dona Meunier – Se meu marido estivesse aqui, ele responderia melhor que eu. Os moradores antigos deste bairro, quer dizer... de quantas ruas? [...] Então, um bairro como este, quando chegamos aqui, só havia pessoas idosas, os proprietários eram todos aposentados, pessoas idosas. E depois, esse vazio: alguns partiram, outros estão em asilos, em hospícios. Não há crianças que possam dar continuidade ao bairro. Não se sabe onde estão... Então as casas são alugadas para estrangeiros, para estranhos ao bairro, nem sempre para imigrantes. E mesmo os locatários não ficam muito tempo.

– *E quem compra?*

Dona Meunier – Sempre pessoas estrangeiras. Elas vêm de toda parte. E mesmo essas pessoas que chegam como novos proprietários, elas não ficam, não ficam muito tempo. Muito frequentemente, depois de três, cinco anos, eles revendem...

– *Por quê?*

Dona Meunier – Porque não têm mais interesse nisso; ficaram desiludidos com o bairro. Todas essas casas individuais são geralmente pequenas, sem conforto..., sempre com muitos reparos a fazer. É o nosso caso: coisas a trocar, no aquecimento, no encanamento d'água, no telhado, e tudo isso custa muito caro. Então, a gente compra e, alguns anos mais tarde, revende e vai embora daqui. A população muda sempre... e nem sempre para melhor.

– *O que você chama de nem sempre para melhor?*

Dona Meunier – É todo o bairro que se ressente. Nós que estamos aqui desde... em breve faz 15 anos, nós estamos a par de todas essas mudanças. Não quero atacar ninguém, não quero acusar, não é racismo o que vou dizer (É isso que é desagradável: desde que a gente se queixa, desde que se diz que o bairro tem tendência a ser mal afamado, a ser mal habitado, se é acusado de racismo). Não é pelo racismo que eu digo que há aqui cada vez mais famílias imigradas, famílias árabes.

Não sei o que elas são, argelinos, marroquinos; famílias de norte-africanos. E isso não ajuda a arrumar as coisas, para tornar o bairro agradável. Então, todos partem ao mesmo tempo.

– *De onde vêm essas famílias emigradas, "árabes", como você diz? Aqui existem pavilhões que não são do HLM, conjuntos habitacionais como em outros lugares. Não é todo mundo que pode morar aqui, comprar um pavilhão.*

Dona Meunier – Oh, não! não é o que você pensa. Há cada vez mais, chega gente todo dia. Veja, por exemplo, quase todo o comércio daqui é de árabes, toda a alimentação está nas mãos deles. Mas isto não é tudo; isto não é o mais grave: o mais grave é que existe a tendência de virar um HLM, um conjunto, como se diz. A gente vê as coisas chegando depressa, a uma grande velocidade, a velocidade com V maiúsculo! Não é mais um bairro residencial como era, como eu acreditava que era quando comprei [minha casa] e pelo preço que paguei. Foi trapaça! Fomos roubados e continuam a nos roubar. Estamos atulhados de dívidas nas costas e pagamos muito caro e estupidamente. Percebemos agora que fomos enganados, fomos enrolados.

– *Como assim? Por exemplo, se você quiser vender sua casa, você não vai me dizer que vai perder no seu valor? Não é possível.*

Dona Meunier – Nunca... É verdade, perde-se com certeza. Todos partem. A degradação está por toda parte. Jamais reaveremos nosso dinheiro. Por exemplo, se fosse vendido aqui e se quisesse comprar em outro lugar outra casa que fosse mais segura, que não se degradasse tanto quanto aqui, não se conseguiria nunca. Não seria suficiente. A menos que se fosse para longe, no fim do mundo... e nunca suficientemente perto, por exemplo, para ir trabalhar todos os dias em Paris.

– *Eu não compreendo bem. O que você chama de "eles foram embora", "isto se degrada"? E, todavia, não se vê. Aqui é limpo, é calmo, é bem habitado.*

Dona Meunier – Não. São as aparências; isso engana. É verdade que qualquer um que não conhece o bairro e, sobretudo, quem não conhecia antes, esse tem a sua razão. Mas nós, que aqui estamos há 15 anos, percebemos como isto se degrada. Tudo se degrada.

– *Donde vem essa degradação? É o quê? São os serviços, as construções, os moradores?*

Dona Meunier – Sim..., é isso. Exatamente. É como você diz. A partir do momento em que o bairro perde sua população, sua verdadeira população, todos os antigos proprietários dessas casas, na maioria dos casos, eles mesmos as construíram, quando isso acabou, o bairro não está mais conservado, tudo está ao abandono, as pessoas não consertam mais, fica feio. Preste atenção, você viu: viu uma flor, uma planta na janela nesta rua? Só há a minha, só há em minha casa. Há momentos em que eu digo a mim mesma: para que isto serve? por que tudo isto? É dar pérola aos porcos. No entanto, aqui vou. Tanto pior se houver provocação. E por que não? É isto que acontece quando uma casa é abandonada. Estamos aqui desde 1977, eu não conhecia ninguém no bairro. Eu posso sair o dia inteiro, passear pelos arredores ou passar horas e horas na praça diante de minha casa, ninguém me diz "bom dia" e eu não encontro ninguém a quem dizer "bom dia", todavia não é falta de gente. Não há mais ninguém, não resta mais nada do antigo..., dos antigos moradores deste bairro. Não se conversa mais, não há mais vizinhos, não se pode contar com ninguém, não se presta mais ajuda. Tudo isso também foi embora. Não há mais vida no bairro. Então, depois disso, a gente vê as coisas mudarem, não no bom sentido.

– *Por exemplo, em quê?*

Dona Meunier – Por exemplo, o correio. Nada mais que isto, acabou a regularidade: os carteiros antes eram sempre os mesmos, a gente os conhecia, eles conheciam todo mundo; antes, vinham sempre à mesma hora, com minutos de diferença, era como se fossem a hora de seu relógio, não era necessário consultar as horas, agora muda sempre, não se pode confiar, e eles chegam a qualquer hora, tanto pode ser às nove da manhã como à uma da tarde. É a mesma coisa em tudo: com o gás, a eletricidade, a água, com a coleta do lixo. Com todos os serviços é a mesma coisa. Sente-se o "não me interessa" por toda parte e não se pode dizer nada. Sente-se que a prefeitura abandonou este bairro, desinteressou-se por ele, ela cuida de outros lugares mais interessantes para ela.

– *Por quê? Por quais motivos?*

Dona Meunier – Cabe a você me dizer... Vá perguntar-lhes. Verá o que eles vão lhe dizer... Se ousarem lhe dizer alguma coisa, dizer a verdade! Gostaria muito de sabê-la, eu também. Mas, em todo caso, é o que eu constato.

– *Vocês não tentaram entre vocês protestar, fazer diligências junto à prefeitura para lhe exigir melhores serviços?*

Dona Meunier – Mas para fazer isso é preciso que sejam alguns, que sejam numerosos; e todos de acordo, com a mesma opinião. Ou, o que lhe dizia: não nos conhecemos, não nos falamos. Não é a meus vizinhos que vou pedir que me acompanhem para reclamar, nos reunir, saber o que é preciso fazer, protestar, fazer um abaixo-assinado ou apenas uma carta. E tudo fica como está.

– *Quem são seus vizinhos?*

Dona Meunier – Como? Você não os viu? Você os viu antes de vir à minha casa... E, de qualquer modo, você irá vê-los, já que você vai ver todo o mundo. Estou lhe dizendo: todo mundo. Deste modo você não faltará com eles. Mesmo se você pensar em não ir vê-los, depois do que vou lhe dizer sobre eles, você vai correr para vê-los... E também para lhes relatar o que lhe vou dizer. É uma boa coisa, é preciso lhes dizer o que penso deles..., se alguma vez eles tiveram dúvida. Mas eles sabem. Eles estão bem situados para o saber. Não se perdoa nada. Não igualmente com os pais, os pais são calmos. Não os vejo muito, não os ouço. São os filhos, seus filhos e, sobretudo, sua filha. Não sei o que ela acha que é. Ela olha para você do alto! Eu não perco uma quando posso. Pode ser que eu esteja sendo injusta, mas eu o reconheço.

Mostram bem que não servem para nada

– *Quem são eles?*

Dona Meunier – Você sabe. Se a prefeitura, ou os HLM, ou não sei quem o mandou aqui, é por causa deles, não é por minha causa. Eu, eu não conto, zombam; todo o mundo zomba de mim; eu não conto para nada. Não conto com nada aqui, agora. Mostram bem que não contam, não servem para nada, é uma quantidade desprezível aqui. Só vivem para eles.

– *Quem é "eles"? Eu me interesso por todos os moradores daqui. Não faço distinção entre uns e outros, não sou eu quem decide quem é interessante, como você diz, ou quem não é. Estou pronto para ouvi-la atentamente e a me lembrar de tudo o que você me disse. É por isso que eu anoto tudo e registro o que você me diz, se você concorda. Seu ponto de vista merece tanta consideração quanto o de todos os seus vizinhos e de cada um dos moradores deste bairro. Então, quem são esses vizinhos? Quem é "eles"?*

Dona Meunier – Eles... é uma família árabe. Norte-africanos. Não sei, mas creio que é uma família argelina.

– Então, o que é que está errado com eles?

Dona Meunier – Bem, nada. Nada pode estar. Não nos entendemos. Não temos os mesmos gostos, os mesmos hábitos. Não vivemos do mesmo modo. Não vemos as mesmas coisas do mesmo modo. Então, não se pode estar de acordo, não se está de acordo..., em nada.

– Eles compraram? Eles são proprietários? Quando chegaram aqui?

Dona Meunier – Vou-lhe dizer. Há pouco tempo eu lhe dizia que tudo mudou aqui. Bem, é isso que eu queria lhe dizer: eu não queria começar por aí, porque você poderia apelar para o racismo. Você diria, ou lhe diriam, que esta mulher aqui é racista. Mas agora você vai compreender. São meus vizinhos de lado; moramos parede-meia, apenas uma parede nos separa. Estávamos aqui antes deles, estávamos aqui quando eles chegaram, quando a prefeitura os instalou aqui... Porque foi a prefeitura que os trouxe.

– Como a prefeitura os trouxe?

Dona Meunier – Como, não lhe disseram na prefeitura? Eu pensei que eles lhe tinham dado todos os nomes das famílias daqui. A casa que eles habitam pertence à prefeitura. [...] [*Ela conta a história desta casa que, tendo ficado desocupada com a morte de seus proprietários, foi adquirida pela "prefeitura ou pelo escritório do HLM" e destinada a uma família*]. Isso começa sempre assim: uma família, duas famílias, primeiro; uma puxa outra, e isso não acaba mais. Logo, logo isto aqui estará como um conjunto, como os Minguettes, a Courneuve ou o Val Fourré. Fala-se tanto... que todo o mundo tem vontade de morar aqui. Porque quem quis isso foi a prefeitura. Isso se tornará um HLM como os outros. A gente se desgraçou para ter a sua casa..., acreditávamos estar em nossa casa.

– Mas por que, por quais malfeitos se traduz a sua presença aqui? Em que sua vizinhança incomoda você? As casas são separadas, isoladas umas das outras. Não é como num imóvel onde os apartamentos são contíguos e pode-se ser importunado pelo barulho, as idas e vindas, os odores etc.

Dona Meunier – Você me fala disso! Você sabe como eles são. Com eles, nunca se sabe quantos estão. Quem faz parte da família, quem não faz parte da família. É um vai-e-vem que não acaba mais. Há sempre uma garotada. Eles estão em toda a parte, na rua, na praça; eles gritam, eles choram. Quando você tem isso na rua, na sua porta, no jardim, não é bem isso, é preciso dizer. É mesmo uma lástima. Até os carros, quando passam, é perigoso; é perigoso para todo o mundo, para os garotos e para os carros. E isso num bairro residencial, onde tudo é calmo, tudo devia ser calmo, quando você está quase chegando à sua casa!... Mas quando você lhes fala disso, eles não gostam. Eles não ficam satisfeitos, eles gritam que é racismo, que é por causa do racismo que se lhes diz isso, porque não se quer saber deles. E mesmo se a gente não os quisesse, eles deveriam se perguntar por que, eles deveriam olhar para si mesmos, interrogar-se um pouco sobre eles mesmos. Talvez, então, eles compreendessem porque [...] Entre nós, os pais não são os piores. Os pais não se veem, não se ouvem: acho que o pai está doente, ele não sai de casa; a mãe nunca se vê, nem quando o marido está no hospital. São os jovens, seus filhos. Eles podem fazer de tudo: fazer o que vier às suas cabeças, e, além disso, insultar você se você diz alguma coisa ou até se você não diz nada; eles não têm papas na língua, são grosseiros, são rancorosos, seu olhar é mau, eles sempre olham você fixamente, de esguelha, você tem a impressão de que eles sempre estão com vontade de bater em você... eles me dão medo.

– *Voltemos a nossos problemas de vizinhança. Você fazia uma diferença quanto ao comportamento deles entre os pais que parecem ser gente pobre, gente honrada, e seus filhos...*

Dona Meunier – Ah, sim! Os filhos são pretensiosos... perigosos. [...] Antes mesmo que você diga uma palavra, eles o acusam de racismo; qualquer um que discordar deles, para eles é um racista. Então, são eles os racistas.

– *Mas o que você tem de exemplo? O que houve entre você e outras pessoas, outros vizinhos? Brigas? Quais as causas mais frequentes dessas brigas? Se você pudesse dar exemplos, eu compreenderia melhor.*

Dona Meunier – Então... As brigas, se eu quisesse... se eu quisesse brigas, eu creio que a toda hora. Isso não acabaria. O que faz que não haja sempre brigas violentas, com muito barulho, é porque eu finjo que não ouço, eu viro o rosto, eu não quero ver... Isso faz com que a gente evite novas discussões... Brigas..., como dizer? Brigas mudas. Não vale a pena falar! Basta que se olhe. O último deles, o bebê... há dois, são seus netos..., bem, essas duas criancinhas, sempre que me veem fazem careta... mostram a língua. Sim, não fiz nada com eles, no entanto é sempre assim. Dito de outro modo, é na família que eles aprendem isso. E já que é assim, eu, agora, de minha parte, eu não os evito. Mesmo que digam de mim: ela é doida, é uma megera, uma mulher adulta que se preocupa com o que fazem os bebês. Não ligo. Eu não os evito porque, na realidade, não são eles, são seus pais. A mim, esses meninos, pobrezinhos, eles não me fazem nada. Então, nada mais que isso já é um motivo para se brigar.

– *Mas como isso acontece? Você vai ver os pais deles para queixar-se e aí está o motivo para o desentendimento... Você ralha com as crianças e os pais intervêm. O que acontece?*

Dona Meunier – Oh, nada. Eu jamais ousaria ir me queixar, ir bater à sua porta. Porque, o que é que eu ouviria então? Seria provocação de minha parte, eles me fariam pagar caro. Meus problemas são com sua filha, uma de suas filhas, a que mora com eles e trabalha no hospital... não sei em quê. Com ela não me entendo de forma alguma. Portanto, é de mulher para mulher; é entre mulheres... como diz meu marido. [...] É inteiramente isso. Eu estou só do meu lado. Se dirijo palavras a essa moça... – porque é isso, são somente palavras, é preciso nada exagerar, não há puxão de cabelos, dirigem-se palavras, é tudo – do meu lado, só eu estou metida nisso. No fundo eu defendo os interesses de todo mundo e até os interesses da municipalidade, da comunidade inteira. São brigas... minhas, e só minhas. Nem meu marido toma parte nessas desavenças. Nem quero tê-lo do meu lado..., eu nada lhe conto. Já que é entre mulheres, como disse, é preciso que fique entre mulheres. Mas, do lado dela, estou segura de que ela fala para todos, que ela tem toda a sua família contra mim, seu pai, sua mãe, seus irmãos e irmãs, seus sobrinhos e todos os seus primos, todo o seu mundo. Portanto, para eles, não fica somente entre nós... Eu tenho a sensação de que é uma briga de um contra dez, eu não ataco, não deixo passar. Tanto pior! Mesmo se as crianças devam pagar. Não é culpa delas, mas também não é culpa minha. Não há nenhuma trégua. É assim.

49

– *Mas com os outros, com os rapazes por exemplo, com os homens, não há briga.*

Dona Meunier – Eu lhe disse. Com ela, basta. Ela briga por todos os outros. Há consenso entre eles. Ela é seu atacante, sua guerreira. Então eles podem ficar na retaguarda, olhar somente. Eles fazem cara de neutros. Eles se apoiam nela. Você vê, desculpe-me, a situação de merda em que estou. Sou eu a malvada! Eles são gentis e gente boa... e sou eu, a francesa, que sou a malvada, a racista. Eis a armadilha, inverteram-se os papéis.

– *Mas os homens, os rapazes...?*

Dona Meunier – Não tenho contato com eles... Porque eu creio que, se eu tivesse de trocar palavras com eles, seria meu marido que entraria então na dança. E isso seria ruim, haveria confusão, haveria sangue. Eu tenho a impressão de que todo o mundo sabe disso: meu marido, com aquela cara que parece não ser de nada, eu creio que ele só espera isso..., eles, por sua vez, eles devem suspeitar disso, devem compreender que se eles ultrapassassem os limites, isso poderá ser muito grave para eles.

– *E as discussões entre mulheres, nesse caso são sobre o quê?*

Dona Meunier – Para dizer as coisas como elas são, não se pode dizer que haja algo de importante... que sejam coisas sérias. É sobre tudo e sobre nada, sobre coisas irrelevantes. Mas é assim.

Besteiras de nada

– *Na última vez que houve confronto, mesmo leve entre vocês, onde foi, como foi, e a propósito de que foi?*

Dona Meunier – É sempre a mesma coisa. Sobre besteiras de nada: os gatos, o cão, as crianças.

– *Como assim?*

Dona Meunier – Sim, os gatos. Comecemos pelos gatos. A filha deles, aquela lá... aquela que está aqui com seus pais... Não sei quantos anos ela tem..., ela tem bem uns trinta anos, mas ela está sempre aqui como uma vadia que vive na casa dos pais. Então... ela tem um monte de gatos...: três, quatro, cinco. Eu, eu não tenho nada contra. Eu também gosto de animais! Tenho meu cachorrinho, eu também. Ela é, parece, fanática por gatos. Cada um com sua paixão..., a paixão que pode. A dela são os gatos. A mim esses gatos... que não são meus... causam-me pena! De manhã, logo que a porta se abre, eu os vejo atravessar a rua correndo... para se precipitar no jardim. Você entende? Na hora em que o movimento é intenso. Um dia eles vão se esborrachar... passar debaixo de um carro. Isso me faz mal ao coração, não posso imaginá-lo. Para uma mulher que gosta de gatos, os seus gatos, e ela não se dá conta disso! E, evidentemente, quando eles estão no jardim, o que você quer que eles façam? Eles usam as passarelas, os canteiros do jardim, as caixas de areia das crianças... como caixas de gatos... para fazer suas necessidades. Veja você. Não é muito limpo e, sobretudo, não é muito higiênico. Mas é assim. É preciso fazer alguma coisa. Ir dizer a eles. Ouço daqui o que eles vão dizer, o que eles vão gritar para mim: "não estão em sua casa; o jardim não é seu; cuida de seu cão, e basta. Não viemos pedir-lhe satisfação! Etc., etc.!" Mas, se, ao menos, eles soubessem... "Não estão em sua casa!" Ora, eles estão em minha casa, eles estão na França, não sou eu que estou na casa deles. É preciso não inverter os papéis. "Não viemos pedir-lhe satisfação!" Então, está bem assim: é preciso prestar contas, é preciso que eles prestem contas. Não a mim... mas à França. Não digo que a França sou eu. Mas é preciso que eles prestem contas, que eles metam isso na cabeça, sobretudo os jovens [...] É sempre sobre coisas como essas...; ninharias, pode ser, mas isso vai longe. [...] Sim, o motivo pelo qual a gente se pega, não se compreende, é sempre sobre coisas de fora. Claro. Não vou me preocupar com o que acontece na casa deles. Isso não me diz respeito. Até o barulho que eles fazem, eu não ligo! Isso me atrapalha um pouco..., mas não é grave. No que acontece na casa deles eu não me meto, mesmo quando ouço coisas.

– *Por exemplo...*

Dona Meunier – Eu mesma ouvi dizer – mas jamais entrei na casa deles, não me meto naquilo que não me diz respeito – que eles transformaram o banheiro em "banho turco" como fazem em sua terra.

– *Como assim?*

Dona Meunier – Parece que, sobre um botijão de gás, eles esquentam água num grande caldeirão, produzindo vapor, e eles tomam banho de vapor como em seus "banhos turcos". Mas com o tempo, à força de repetir isso, imagina-se que isso vai acabar por dar..., eu só digo isto. Logo vêm os estragos..., na pintura, no encanamento, na madeira das portas, das janelas. Vejo isso daqui... Em todo caso, é o que se diz. E assim por diante. [...] Não se aguenta suportar indefinidamente. Isso, é preciso que eu lhe diga, é necessário que se torne público... [...] Mesmo se fora, eu nada lhes perdoo. Nem mesmo os garotos quando vão ao jardim com a tia. Eles sujam tudo, eles quebram, eles desarrumam tudo. É proibido jogar bola. É o que eles fazem. Quando eles estão lá, prendo meu cão..., não saio mais com meu cão [...]. Ele é capaz... É claro, à custa de enervá-lo e de lhe fazer medo, ele é capaz de mordê-los e sou eu, então, quem vai pagar: os aborrecimentos, vão me perseguir, são para mim. E assim, são eles que vão acabar mandando aqui. Se houver duas ou três outras famílias como esta, não teremos mais o direito de sair de casa. Tudo isso é para eles! É por isso que eu acho que é preciso reagir antes que seja tarde demais.

1992

Rosine Christin

Cada qual em sua casa

Conheci a mãe de Françoise em 1962: ela era porteira no 13º distrito de Paris e seu marido, OS na Renault. Com o filho mais velho, apesar de várias mudanças de residência, mantivemos relações mais amigáveis, ainda que tensas, mas foi, sobretudo, com a filha mais velha, Françoise, que minhas relações se mantiveram.

Em 1987, a família está em completa desordem; várias vezes, Françoise volta a me contar as suas altercações com o proprietário da casa contígua à sua e as providências que ela tomou para pôr fim a uma situação julgada intolerável. Seu relato, como o escutei, em sua banalidade, parece-me, de fato, fora do comum. O que eu sabia dela e dos seus deveria permitir-me dar um sentido a essa conversa. Eu conhecia bastante a família para observá-la. O desfecho feliz do conflito (já que toda a família mora agora "em uma residência para funcionários da SNCF") deu-me o pretexto para uma entrevista que estivesse inserida na busca de moradia: Françoise poderia descrever-me as casas sucessivas que ela havia ocupado, insistindo nas causas e nos efeitos dos diferentes deslocamentos.

Em 27 de março de 1991, no dia seguinte aos "acontecimentos de Sartrouville", provocados pelo assassinato de um jovem "beur" ([Djemel], morto pelos vigilantes do *Euromarché*), Françoise chegou à minha casa na hora combinada. Ela ostenta ter gostos muito clássicos e vestia, naquele dia, um casaco bege-claro, à moda britânica, uma saia lisa justa, cáqui, semilonga, um blusão florido cujo colarinho saía de um casaco de lã negro e sapatos de verniz negro, ao estilo "Céline"; cabelos curtos cortados retos, nenhum traço de maquilagem. Como de hábito, ela estava calma, irrepreensível, mas seu olhar inquieto e a voz hesitante, à busca de aprovação, a traíam. Ela muito depressa compreendeu o interesse que havia para explicar essa "crise", em estabelecer relação entre episódios familiares e cronologia das mudanças de residência.

Seus pais se casaram em 1948 em Achères. Eles moraram alguns meses em um pequeno alpendre de jardim pertencente à avó. Depois... ela não sabe, na verdade, se convém dizer... "eles invadiram um castelo em Achères. Lá havia, naquela época, belas habitações em bom estado e desocupadas e com outro casal... na época aceitava-se, não era como agora"... "Eles começaram assim". Seu pai trabalhava na Fibrociment, perto de Poissy.

Em 1950, ela estava com dois anos quando sua mãe arranjou um apartamento de porteiro num prédio da Ville de Paris com fachada de tijolos vermelhos, bem perto da refinaria de açúcar que espalhava sua fumaça nauseabunda pelo 13º distrito: um cômodo principal, um quarto e uma cozinha, "era bom, parecido com um pequeno apartamento". Depois de um breve período de desemprego, durante o qual a mãe de Françoise teve de apanhar vale de leite na prefeitura para a alimentar, seu pai entrou para a Renault e aí ficou até sua morte. Às vezes era um pouco duro para ele porque ele nunca se sindicalizou, "ele era contra tudo isso", "ele queria trabalhar sempre": ela se lembra de que, durante as greves de 1968, os operários sindicalizados se beneficiavam de uma ajuda de custo por parte da prefeitura, mas seu pai não tinha esse direito, pois não era sindicalizado. Ele não podia se permitir a fazer greve, ele era OS e "nunca foi promovido", ele não tinha um grande salário; seus pais "se ralaram para chegar até onde foram"; nada de férias, nada de passeios. Em 1957 a mãe caiu gravemente enferma, ela teve de deixar o trabalho de porteira, cujos serviços eram muito pesados para uma convalescente. Foi evocando esse período que Françoise me confessou: "Com minha mãe falo muitas vezes, quando penso de onde se veio e aonde se chegou, dá medo."

A família instalou-se, então, num quarto-sala no primeiro andar do mesmo prédio, justamente em cima da portaria; Patrícia, a segunda filha, nasceu prematuramente "e lá era ainda mais duro, um aluguel a pagar, outro filho..." Sua mãe faz faxina nos prédios vizinhos. Durante três meses o bebê ficou em incubadora no hospital e "quando ela ia ser entregue à mãe, havia assistentes sociais que vinham ver se ela era capaz de criá-la, em que condições..." Às dificuldades materiais acrescente-se a afronta feita às suas qualidades de mãe e de dona-de-casa, bem conhecidas e celebradas no bairro. Sobre isso também elas conversavam às vezes, mas não muito, pois há coisas que é melhor esquecer. Em 1965, novos prédios são construídos diante da refinaria de açúcar Say, sua mãe fez um pedido de moradia: "como nossa casa era velha e havia duas crianças..." Eles não veem nem sentem cheiro da fumaça negra: "Então lá foi a glória... foi tudo bem e não havia ninguém antes de nós; Patrícia estava de tal maneira contente que queria dormir na banheira, porque nunca tivéramos uma antes; esse começou a ser um bom período, começamos a ver mais claro, se bem que... as dificuldades aumentassem, pois o aluguel era ainda mais caro, mas tínhamos o direito ao abono de moradia, o que nos permitiu viver decentemente".

"Eles respiraram um pouco". Em 1968, a mãe de Françoise herda, de uma parte da casa de seu pai, em Pornichet, 30.000 francos, que ela aplicou imediatamente, comprando um pequeno apartamento naquela mesma cidade "para as férias", privilégio inacessível. Françoise, depois de um diploma de contadora, começou a trabalhar; depois, em 1972, casou-se com Thierry, ajudante de mecânico na ferrovia, a quem conhecia há muito tempo. O pai de Thierry era ferroviário: aos quatro anos, o garoto decidiu trabalhar nos trens, aos 14 ele entrou como aprendiz na ferrovia e aí ficou três anos, fez um CAP de eletromecânica e galgou pouco a pouco os escalões, ajudante de mecânico, mecânico, depois, após seis meses de estudos em cursos noturnos, chefe de tração. Thierry conservou sua paixão de criança por trens: ele não desejava mais subir na hierarquia profissional porque, então, ele "estaria nos escritórios", e não mais "na máquina", como ele gostava. Françoise ficou um pouco irritada com esse interesse por demais exclusivo, mas ela encontrou uma justificativa, pois, em contrapartida, ela conduzia a família como quer, decide sobre a educação das crianças, administra o orçamento, Thierry concordando sempre. Dele ela fala pouco, como se seu casamento estivesse na ordem das coisas, inevitável e honesto.

Em 1976, com 52 anos, seu pai morreu de câncer: "Isso foi um golpe, a vida parou naquele momento e começou uma segunda vida... foi pior que tudo... uma catástrofe". Sua mãe não teve "direito a nada" durante dois anos porque ela tinha só 48 anos, e era necessário que esperasse ter 50 anos para ela ter direito a uma pensão, e no fim de mais um ano, à seguridade social. Ela dizia: "É uma catástrofe, não nos recuperamos jamais". Este falecimento aconteceu no momento em que Françoise começou a construir a sua vida a seu modo. Ela não trabalha mais ("Não é interessante passar seu dia a mexer com papéis"), educa sua filha Carole e divide seu tempo entre os afazeres domésticos e longas tardes de tricô e conversas desencantadas com a mãe; o futuro de Thierry se anuncia promissor na SNCF, mas o salário ainda é muito baixo, sua irmã Patrícia, de 19 anos, não arranjou emprego e, com sua mãe, doravante sem recursos, ela pensava que "tudo ia desabar". Ela sente-se ameaçada com os seus. Decide assumir o papel de "chefe de família", faz trabalhosas diligências e fica sabendo que sua mãe tinha direito a um auxílio igual a 5 anos do salário de seu marido: "se não se tivesse reclamado... não é agradável mendigar, mas era preciso viver".

Mas este auxílio era muito pouco porque sua mãe só tinha direito a meia pensão, sem seguridade social... Era preciso, pois, encontrar uma solução, e "a solução era a casa". O pecúlio por morte seria o capital financeiro inicial, sua mãe viveria com ele, Françoise recomeçaria a trabalhar para pagar as dívidas e Thierry viria para mais perto com seu posto na estação Saint-Lazare.

Eles haviam sonhado com uma casa moderna, mas de estilo Île-de-France, em algum lugar perto de Mantes, num belo loteamento. Haveria árvores, horta, uma cozinha muito grande e bem clara, um quarto para cada um e ao menos dois banheiros. O pavilhão que eles compram é "antigo", um pouco reformado, está situado numa rua banal de Sartrouville, a cozinha é pequena e o conjunto muito pequeno para os cinco, mas seu maior defeito é ser parede-meia com a casa vizinha. Apesar de tudo, Françoise está contente, ela acabava de instalar os móveis que uma velha tia lhe legou, uma sala de jantar completa de estilo Henrique II que cabia justo no cômodo e uma cama "antiga" da qual tem muito orgulho. "O resto foi feito com o que se tinha, e o que vinha de meus pais não era grande coisa".

Durante dois anos, a vida transcorreu tranquilamente; à noite Thierry estuda, seu salário aumenta; depois do nascimento do segundo filho, Jean Baptiste, Françoise pôde, de novo, deixar o emprego, sem saudades: desde o dia em que, em seu primeiro posto, ela descobriu as escrituras falsas e os desvios de fundos feitos por seu chefe direto, ela considera a vida profissional com desconfiança enojada. O mundo está cheio de trapaceiros, é preciso dar tudo para a sua família, preservá-la: era uma das grandes certezas que Françoise compartilhava com a mãe.

As relações com os proprietários da casa geminada, até então convenientes – "bom-dia, boa-noite, nada mais" – caíram bruscamente no dia em que o vizinho, um pedreiro português, começa, sem avisar, a aumentar sua casa em um andar. Ele decide, também, para fazer entrar luz, abrir uma janela "com sacada" que dava para o telhado da família Ménager. Os Ménager não aguentam esta intrusão no seu jardim e, seguros de seu direito, escreveram à Direção Departamental de Equipamentos. Uma sindicância foi feita, o vizinho se dizia ultrajado, foi o estopim dos conflitos. Nesse jogo Françoise e Thierry não são os mais fortes: a família portuguesa não tem medo de barulho e vive no ritmo da Rádio Lisbonense e uma terceira criança acaba de nascer; é preciso aumentar a casa; grandes trabalhos devem ser empreendidos para isso e vão continuar por vários anos, em ritmo que varia de acordo com as estações e com os ganhos do chefe da família. Um pouco de desordem não assustava este vizinho importuno; com a reprovação geral, seu pequeno jardim logo é transformado em galinheiro e pocilga; ele não hesita em usar a janela do litígio para jogar lixo, ou simplesmente roubar os tomates carinhosamente plantados por Thierry.

Françoise e seu marido estão desconcertados; eles sabem que têm lei a seu favor, mas não conseguem que se faça justiça. A DDE deu razão a eles mas, num primeiro momento, os vizinhos limitaram-se a condenar a metade da janela incriminada e foi preciso recorrer novamente à administração. O prefeito comunista de S. os recebe repetidas vezes, muito polidamente, mas essas visitas não surtem efeito algum. Eles se empenham em mobilizar a vizinhança a fazer abaixo-assinados ou a escrever ao procurador da República, já que os canais administrativos e regulamentares habituais parecem não bastar. Eles chocam-se contra um muro de amável indiferença, até de suspeita, por parte das administrações superocupadas. Françoise é a mais atingida, ela que não incomoda ninguém. Ela se esforça para agir com dignidade, no respeito à moral e aos costumes, e segundo as leis do país.

Ela experimenta, de novo, um sentimento de insegurança. Ela vê aproximar-se as ameaças que ela pensava haver descartado definitivamente de sua vida, a grosseria e a promiscuidade popular, das quais a compra da casa, símbolo do bem-estar, da propriedade, da "casa própria", parecia tê-los liberado por algum tempo. Não havia senão uma saída para "isso" (é assim que ela designa ao longo de toda a entrevista este perigo inominável: a morte sua ou a do outro).

Depois da venda da casa, o acolhimento que ela recebe dos locatários da "residência", todos funcionários da SNCF, vem satisfazer suas aspirações e fortalecer sua novas esperanças: aí ela encontra um ambiente ao mesmo tempo caloroso e respeitável. Nos primeiros meses, Thierry e Françoise ficam um pouco intimidados com esses executivos e se recusam, por vezes por discrição, a participar de certas festas, sempre aceitando o convite para, no dia seguinte, ir "comer as sobras". De maneira geral, as relações seguiam o código de boa conduta que, em sua simplicidade, erigiu como regra moral.

Agora, em 1991, as coisas mudaram, e a SNCF aluga para qualquer um, e não só aos funcionários, não é mais como era, os antigos locatários envelheceram, não têm mais ânimo de sair, e aos novos isto não interessa. O ambiente é diferente.

Françoise diz dela mesma que refletiu muito, o que contribui para o seu isolamento; além disso seus filhos são como ela, são diferentes das outras crianças, e isso pode não ser bom, eles não têm muitos companheiros. Ela "pensa sempre no que poderia acontecer com sua família, nas catástrofes que ela procura prever"; mas ela não previu nem a morte de seu pai, nem todas as ameaças indeterminadas, nem as agressões difusas, as ofensas indignas, tudo "isso", como ela diz. Agora, ela sempre tem medo, sobretudo em relação a seus filhos. Não muito longe de sua casa, justamente do outro lado da avenida, estão os conjuntos habitacionais de Achères e de Chanterloup-les-Vignes e de Santrouville, habitados por "norte-africanos, jovens, pessoas que não trabalham". De lá vês os bandos rivais que, em certos dias, se precipitam contra o centro dos conjuntos, em busca de violência aparentemente sem objetivo, ou de ajuste de contas obscuro. O quarteirão da rua Nacional, onde ela passou a infância, era de predominância argelina, mas "tudo ia bem"; ela mesma brincava com crianças argelinas mas agora "não é igual", ela não entende mais. Os jovens norte-africanos são cada vez mais numerosos nas escolas da região cujo "nível é muito baixo", e ela teve de matricular seus filhos numa instituição religiosa bastante longe; ela tem, pois, aprendido a dirigir. Ela reconhece que, por "tê-los colocado nessa escola, isso influencia também"; ela pensa nas inúmeras festas e cerimônias religiosas e na convivência com colegas "todos com dinheiro no bolso"; mas ela não tem escolha, e quer proporcionar a seus filhos todas as oportunidades.

Françoise está muito presa a seu interior; sua mãe diz, brincando, que não é fácil arrancá-la e que é preciso gastar bem meia hora de preparativos antes de cada saída, mesmo para uma saída rápida: verificação da chave do gás, do fechamento de cada janela e algumas cortinas, múltiplas voltas nas chaves. "Não foi de mim que ela herdou todas essas manias", acrescentou a senhora Roger, que, antes de se instalar, à noite, no sofá da sala bem arrumada de sua filha, tinha sempre vivido na confusão desde criança e na disponibilidade daqueles que não tinham grandes coisas a esconder: ela pensa, sem dúvida, como eu, na mesa da sala de jantar, em seu quarto-sala do 13° no qual os cadernos das filhas ficavam junto com formulários de seguridade social a preencher ou com as primeiras carreiras de um tricô; ninguém pensava, então, em arrumar a mesa, pois as refeições quase sempre eram na cozinha. Também, em certos dias, a velha senhora não compreende que se possa preocupar-se com as ansiedades associadas à propriedade de uma "casa própria" enfim conquistada.

Com a proprietária de uma casa de subúrbio

– *Entrevista de Rosine Christin*

"Vivemos um inferno."

[...]

Françoise – ... Começou por causa do barulho, mas depois houve ataques pessoais, ameaças de morte etc., isso chegou até lá! Eu... um dia... com isso fiquei inteiramente deprimida, além disso, um dia, ele estava com um martelo... acho que eu estava tão irritada que esmurrei a parede divisória, ele saiu e eu saí também e isso aconteceu só entre nós dois, porque Thierry estava no jardim. Ninguém percebeu nada e nos defrontamos cara a cara e ele me disse: "vou arrancar a tua pele", ameaçando-me com uma ferramenta e creio que, desde aquele dia, isso foi terrível para mim porque... E depois isso me perseguia, se você quer, fora de casa. Isso foi na rua... na escola... isso repercutiu sobre a pessoa... nas pessoas. [...]

Chegou a esse ponto

As crianças iam à escola juntas; eles tinham três filhos. Um era recém-nascido e os outros dois eram mais velhos que Carole. Mas, então, as crianças, que eram da mesma categoria dos pais, infelizmente, e que iam à escola, ameaçavam Carole na escola. E quando eu a levava para a escola, eles tinham um carro, eu não sei quantas vezes eles tentaram me esmagar no passeio. Chegou a esse ponto! Quando eu saía de casa e ia até a caixa do correio, havia um bar que ficava na esquina, um dia, eu ia colocar uma carta na caixa, eles vieram, dobraram a esquina da rua com o carro e passaram raspando em mim assim. Eles teriam me esmagado como se nada estivesse acontecendo. Mesmo na rua, eu não andava em segurança porque estava sempre apreensiva. Chegou ao ponto de eu não sair mais e na maioria das vezes Thierry levava as crianças à escola. Fui obrigada a ir à diretora e explicar-lhe por que eles aborreciam Carole, eles batiam nela, ameaçavam-na. Isso chegou até lá. Era verdadeiramente insuportável. Não ficou só no barulho, atingiu o resto. O barulho era uma coisa, não era suportável, mas não teria havido ameaças assim, talvez isso fosse amenizado porque trabalhos, talvez não tivessem para fazer por toda a sua vida, talvez... eu espero sempre...

– Você acha que isso é uma coisa que acontece muito no subúrbio?

Françoise – Eu ouvi falar do barulho porque, depois, eu conversei com outras pessoas que foram obrigadas a se mudarem também por causa do barulho, mas ameaças assim... não. Eu nunca ouvi falar sobre isso, é a primeira vez. Havia pessoas que bebiam, que certamente incomodavam. E, além do mais, não éramos os primeiros com quem isso acontecia. Porque, quando fizemos nossas diligências e tudo isso, depois disso ficamos sabendo que todas as pessoas que passaram por esta casa, ou mesmo que moravam nas casas do outro lado, foram obrigadas a se mudar por causa disso, por ameaças físicas também.

– *No conjunto era uma vizinhança simpática?*

Françoise – Sim, claro, quer dizer, no começo, quando chegamos... o subúrbio, eu creio que era um pouco isolado, as pessoas não eram muito sociáveis. Sentíamo-nos bem, ao menos... até o nascimento de Jean-Baptiste, isto é, três anos... durante três anos, vivemos em casa, entrávamos, saíamos, ninguém nos dizia bom dia. Houve somente uma pessoa, no dia em que nos mudamos, que veio nos ver, que se apresentou justamente no dia de nossa mudança, foram muito simpáticos; eles nos disseram: "se vocês precisarem de alguma coisa..." e ficou nisso, acabou. Depois não os vimos mais, não os reencontramos porque eles não tinham os mesmos horários que nós. E mais ninguém falou conosco depois. Mesmo essas pessoas do lado, elas não falavam conosco. Foi preciso que Jean-Baptiste nascesse para que as pessoas começassem a... um pouco por curiosidade e depois um pouquinho... que... mas durante três anos pode-se dizer que vivemos sem conhecer ninguém. Quando nos mudamos ao fim de seis anos, havia pessoas na rua... quando atravessam a rua, que não conhecíamos.

Não se devia mexer com aquela gente

Portanto, era já um subúrbio onde as pessoas não eram muito sociáveis. Mas enfim, quando nos aconteceram todos esses aborrecimentos, as pessoas foram, no entanto, solidárias e nos apoiaram. Devo reconhecer que ficamos até surpresos porque pessoas que não falavam conosco, que nem mesmo nos diziam bom dia, quando a polícia chegou no dia em que chamamos a polícia porque já estava demais, houve pessoas que vieram no dia seguinte nos perguntar o que havia ocorrido, que procuravam compreender e nos apoiavam moralmente. Em consequência disso foram feitos abaixo-assinados, todo mundo foi à prefeitura, tudo isso... sobre isso não posso dizer o contrário. Thierry e eu já fomos diversas vezes à prefeitura já que havia entendimento contínuo. Começamos por ir ver o prefeito e explicar-lhe o que se passava, tudo isso, mas... Mas havia sempre circunstâncias... era preciso não mexer com aquelas pessoas. E depois, afinal, quando as pessoas sentiram o estado em que as coisas estavam, porque quanto mais isso acontecia, mais nos deprimia, toda a família passou por isso... naquele momento, as pessoas decidiram fazer um abaixo-assinado e ir colher assinatura dos moradores dos arredores do pavilhão, todas as casas vizinhas daquelas pessoas. As pessoas assinou, a maior parte das pessoas assinaram, até pessoas que não conhecíamos assinaram. Fomos bater às portas e explicar-lhes o que estava acontecendo; eles também estavam aborrecidos porque, como havia uma praça que se comunicava com essa casa, todo mundo estava aborrecido de uma maneira ou de outra. As pessoas foram muito simpáticas, elas nos apoiaram. Depois disso enviamos o abaixo-assinado ao prefeito, fomos convocados, voltamos lá. Passamos horas e horas discutindo no vazio. E depois, vendo isto, alguém disse: "bom, vamos escrever ao procurador da República". Na delegacia foi isto que nos aconselharam. [*Sua fala acelera-se, ela articula mal, ela está muito comovida*]. Escrevemos ao procurador da República; disseram-nos que, se não estávamos satisfeitos [...] é assim que [...] voltássemos. Vivemos isso durante um ano. Isso trouxe consequências para a saúde. Por outro lado, as crianças... é verdade, a criança reage melhor que o adulto porque ela não percebe os detalhes, mas eu fiquei completamente deprimida, automaticamente eles se deram conta disso. Isso interferiu na escolaridade de Carole... tudo isso. Jean-Baptiste, nessa época, era pequeno, por isso ele nem percebeu. E até hoje ele fala: quando ele vê portugueses, para ele, são "Portos". E não falamos disso nunca, não falamos mais disso agora, arrancamos isso, acabou. Isso nos abalou profundamente, deixou-nos verdadeiramente perturbados. Emagreci 16 quilos. Mamãe ficou doente também. Fui obrigada a partir várias vezes porque eu não podia mais ficar, não era mais possível. O médico me disse: "Você precisa mudar-se, não pode ficar". Eu não comia mais, não dormia mais, era psicológico, nada havia a fazer, eu sentia um barulho na cabeça e depois que ele me ameaçou, depois daquele dia, verdadeiramente eu sentia medo. Eu vivia com medo. Além disso eram pessoas violentas, sabíamos também que ele não tinha um passado muito normal.

Eu só tinha um desejo: matá-lo

De um modo geral, foi isto que aconteceu. O que é importante também é que entre nós, em casa, pelo fato de que não podíamos nos comunicar com aquela gente, entre nós não mais estávamos nos suportando. Era dramático porque, do ponto de vista familiar, não mais nos suportávamos uns aos outros. Fugíamos às nossas responsabilidades. Não podíamos fazer nada, não éramos responsáveis, mas não podíamos esmurrar o vizinho. E uma coisa também que é importante é que eu jamais tive essas ideias, e Thierry também, porque não é um temperamento assim, em um dado momento, eu tinha um só desejo: matá-lo. E acho que faria isso! Há pessoas briguentas, mas eu, francamente, quando o via, ou mesmo quando o ouvia, era só ouvi-lo, se eu tivesse alguma coisa nas mãos, francamente acredito que o teria feito. Eu estava de tal maneira perturbada que eu o teria matado facilmente. Eu chegava, apesar disso, ainda a raciocinar e dizer a mim mesma que, de qualquer maneira, isso não serviria para nada e me traria aborrecimentos, mas digamos que eu tive muitas vezes a ideia de o fazer e Thierry também. Eu creio que é importante porque chegar esse ponto é dramático.

Compreende-se muito bem, nos conjuntos do HLM, as pessoas que estão exasperadas pelo barulho fazem isso. Eu agora compreendo porque, no começo eu não compreendia, eu me dizia: "não é possível que se possa ter ideias assim", mas agora que eu experimentei isso eu me digo: sim! Exasperada de tal modo a gente faz não importava o quê. Haveria seguramente arrependimento depois, mas, no momento, a gente seria capaz de fazê-lo.

Um dia, eu tive tanta vontade de o fazer que Thierry foi obrigado a me levar ao médico, eu me lembro que era em Saint-Denis, tínhamos ido passear, estávamos voltando, tínhamos ido visitar o TGV... é um pequeno caso... não muito interessante... tínhamos ido visitar o TGV porque, evidentemente, a gente saía o máximo possível de casa para não ouvir o barulho, íamos até para a casa de vizinhos, para não escutar o barulho. Foi isso que fez a gente ir passear pois foi naquele dia que ele me ameaçou e disse que ia me arrancar a pele. Thierry teve de me levar ao médico, porque, na verdade, eu estava fora de mim, eu não sei o que teria feito... não importava o que... acredito mesmo que eu teria me suicidado porque eu estava de tal modo cheia e, ainda assim, eu havia passado uma tarde tranquila, eu estava alegre, tudo corria bem, foi o bastante ele ter-me dito aquilo... O que é importante também é que, muitas vezes, ficávamos hospedados com os vizinhos aos sábados e aos domingos. As pessoas nos convidavam para que não ficássemos em nossa casa. Elas eram gentis. Felizmente nos apoiavam, porque isso é preciso reconhecer! Se não nos tivessem apoiado, não sei se teríamos podido ficar tão longo tempo. [...]

É necessário dizer também que tínhamos um pequeno jardim, minúsculo, não se vivia ali, nunca íamos lá porque era muito devassável. Esse jardim dava para o interior de outras casas e era muito devassá-

61

vel e, quando nosso vizinho do lado alteou [sua casa], os cômodos davam sobre nosso jardim, o que não adiantava nada porque, bom, as ameaças estando já no pé em que estavam, eles jogavam toda espécie de detritos em nosso jardim. Estava fora de questão servir-se dele. Além do mais, eles criavam animais bem junto de nosso muro, o que destilava regularmente mau cheiro! Havia na verdade tudo para ser agradável. E isso é igual: Chamamos o departamento sanitário: a parede era dele, ele tinha o direito de fazer o que quisesse. Ele criava coelhos, porcos, qualquer coisa. Eles engordaram um porco que mataram quando batizaram a garotinha. Um porco no subúrbio não é, com certeza, o ideal! No campo ainda vai! Então nosso jardim também ficou cercado por blocos de cimento. Isto faz com que o pequeno quadrado do jardim com blocos de cimento em volta fizesse pensar finalmente em uma pequena prisão porque havia bloco de cimento até lá. Não era muito agradável porque tinha um canteiro, tínhamos feito uma pequena horta, se a gente pode chamar aquilo assim, tomates e tudo o que o vizinho veio nos tomar à noite, mas, além disso, esse jardim jamais deu algum proveito, nunca, jamais. Os odores dos coelhos e tudo isso, não era... [...] Colocamos a casa à venda porque tínhamos muita dor de cabeça lá.
[...]

– *E aqui como se chama?*
Françoise – É uma residência de funcionários da SNCF. São pessoas da mesma profissão. [...]

– *Você se sente bem aqui?*
Françoise – Sim, porque eu acho, talvez não seja muito bom dizer... mas eu acho que são pessoas inteligentes, que sabem ver as coisas como elas são, que raciocinam, que podem manter uma conversa. Quando há alguma coisa que não está bem, a gente diz, se explica por que e como, e depois está terminado. Isso não acontece frequentemente. Somos poucos, não há mais que seis casais... Somos muito poucos, o que faz com que se chegue a se entender, há sempre um ou dois que ficam de lado, mas isto não incomoda. Creio que preferem ficar em casa, mas ajudam-se mutuamente também. Se acontece alguma coisa, as pessoas podem contar umas com as outras, mas mantemos nossa independência. A gente se visita de vez em quando. Promovemos jantares de tempos em tempos, desta vez decidimos ir ao Club Méditerranée, jantar fora, para não estarem sempre as mulheres a cozinhar. Decidimos organizar uma "caixinha", cada um participou com uma pequena contribuição mensal; em novembro, iremos ao Club Méditerranée jantar e depois nos divertir. Isso vai mudar. Assim, as mulheres não terão trabalho a fazer. No ano passado, foi feita uma ceia de Natal. Foi preparada com bastante antecedência, organizamos o cardápio e, depois, cada mulher teve alguma coisa para fazer, a entrada, o prato principal, a sobremesa. Cada uma teve a sua participação, fizemos compras juntas. Primeiramente nós pusemos o dinheiro em comum, fizemos as compras juntas e depois cada um trouxe alguma coisa a mais. Eu, por exemplo, trouxe trufas, outros trouxeram frutos mascarados, e isso não fazia parte do que era comum, cada um trouxe alguma coisa. E depois, como tinha havido sobras, então, no dia seguinte, recomeçamos porque havia sobras. E depois houve um baile à fantasia do qual não pudemos participar porque não estávamos em casa, tínhamos saído a passeio. Então a festa durou três dias porque havia muita comida. E como nós não tínhamos participado do baile de máscaras, eles nos convidaram, apesar disso, no dia seguinte porque, como não tínhamos podido ir, não foi porque não tivéssemos querido, então nos convidaram para os dois dias seguintes. Vieram procurar-nos para que fôssemos.

Março de 1991

Patrick Champagne

A visão mediática

Os mal-estares sociais não têm uma existência visível senão quando se fala deles na mídia, isto é, quando são reconhecidos como tais pelos jornalistas. Ora, eles não se reduzem apenas aos mal-estares sociais mediaticamente constituídos, nem, sobretudo, à imagem que os meios de comunicação dão deles quando os percebem. Sem dúvida, os jornalistas não inventam em todas as matérias os problemas de que falam. Eles podem pensar, não sem razão, que contribuem para torná-los conhecidos e fazê-los entrar, como se diz, no "debate público". Seria ingênuo deter-se nesta constatação. Os mal-estares não são todos igualmente "mediáticos", e os que o são sofrem inevitavelmente um certo número de deformações a partir do momento em que são tratados pela mídia porque, longe de se limitar a registrá-los, o tratamento jornalístico fá-los experimentar um verdadeiro trabalho de construção, que depende muito amplamente dos interesses próprios deste setor de atividade.

Quase se poderia dizer que a enumeração dos "mal-estares" que surgem no decorrer de semanas na imprensa apresenta, sobretudo, a lista do que se poderia chamar de "mal-estares para jornalistas", isto é, aqueles cuja representação pública foi explicitamente fabricada para interessar aos jornalistas, ou então aqueles que, por si mesmos, atraem os jornalistas porque são "fora do comum", ou dramáticos, ou emocionantes, e por isso comercialmente rentáveis, pois estão de acordo com a definição social do acontecimento digno de "ser manchete". A maneira pela qual os meios selecionam e tratam esses mal-estares diz pelo menos tanto sobre o meio jornalístico e sua maneira de trabalhar quanto sobre os grupos sociais a que dizem respeito[1].

---

1. Estes mal-estares mediaticamente postos em cena podem dar por vezes uma imagem bastante fantasista da realidade, como o mostra, por exemplo, uma retrospectiva televisiva recente reduzindo a história da juventude dos últimos vinte anos a uma sucessão de imagens da Épinal de um novo gênero onde se vê sucederem-se os "hippies", os concertos de Bob Dylan e a comédia musical Hair, "squatters" pop, o rock pesado, os concertos de SOS-Racismo, jovens de subúrbio queimando carros, skins e outros Zulus, rappeurs, taggers e, para finalizar sobre a atualidade mais recente, jovens que acendem seus isqueiros durante um concerto do cantor Patrick Bruel.

A fabricação do "acontecimento"

Seria preciso poder analisar, mas não é o objeto deste estudo, a diversidade dos pontos de vista jornalísticos sobre os eventos que remetem à diversidade das formas de jornalismo. Os jornalistas, seja qual for o meio em que trabalham, leem-se, se ouvem e se olham muito entre eles. A "revista de imprensa" é, para eles, uma necessidade profissional: ela lhes indica os assuntos a tratar porque "os outros" falam deles, ela pode lhes dar ideias de reportagens ou lhes permitir, pelo menos, situar-se e definir ângulos originais para se distinguir dos concorrentes. Por outro lado, todas as visões jornalísticas não têm o mesmo peso dentro da profissão e, sobretudo, fora, no processo de constituição das representações sociais. Quando se relê ou se revê, com frieza, tudo o que pôde ser escrito ou mostrado sobre acontecimentos como a "Guerra do Golfo", "o movimento estudantil" de novembro de 1990 ou a "arruaça de Vaulx-en-Velin", por exemplo, pode-se certamente encontrar aqui ou ali um artigo ou uma reportagem particularmente pertinentes. Mas esta leitura, ao mesmo tempo exaustiva e *a posteriori*, esquece que esses artigos passam geralmente despercebidos pela maioria das pessoas e se perdem num conjunto cuja tonalidade é em geral muito diferente[2]. Ora, a mídia age sobre o momento e fabrica coletivamente uma representação social que, mesmo quando está muito afastada da realidade, perdura apesar dos desmentidos ou das retificações posteriores porque ela nada mais faz, na maioria das vezes, que reforçar as interpretações espontâneas e mobiliza, portanto, os prejulgamentos e tende, por isso, a redobrá-los. Além disso, é preciso levar em conta o fato de que a televisão exerce um efeito de dominação muito forte dentro do próprio campo jornalístico porque sua ampla difusão – sobretudo no que diz respeito aos jornais televisados – confere-lhe um peso particularmente forte na constituição da representação dominante dos acontecimentos. Por outro lado, a informação "posta em imagens" produz um efeito de drama que é próprio para suscitar muito diretamente emoções coletivas. Enfim, as imagens exercem um efeito de evidência muito poderoso: mais sem dúvida que o discurso, elas parecem designar uma realidade indiscutível, se bem que elas sejam igualmente o produto de um trabalho mais ou menos explícito de seleção e de construção. Embora a televisão se alimente em grande parte da imprensa escrita ou das mesmas fontes que ela (essencialmente os despachos das agências), ela tem uma lógica de trabalho e leis específicas que pesam muito na fabricação dos acontecimentos. Ela age sobre os telespectadores comuns, mas também sobre os outros meios de comunicação. Não podem mais

---

[2]. Não se podem ver os artigos "pertinentes" senão quando já não se saiba suficientemente sobre o problema levantado. Sobre o momento e sobre os assuntos que mal ou nada se conhece, não se pode senão remeter-se àqueles que dizem alguma coisa.

ignorar os jornalistas da imprensa escrita hoje o que, na véspera, foi manchete dos jornais televisados das 20 horas.

Quando os jornais televisionados decidiram, por exemplo, cobrir as primeiras manifestações estudantis de outubro de 1990 – tratava-se, originalmente, de um simples movimento, isolado em alguns colégios do subúrbio norte de Paris, e que agrupava algumas centenas de estudantes que protestavam contra a falta de professores e as agressões das quais alguns alunos tinham sido vítimas –, muitos especialistas de educação na imprensa escrita parisiense julgavam irresponsável tal tratamento dado pela televisão por causa das consequências que corria o risco de gerar ("Eles se separam!", "Eles são doidos de abrir o '20 horas' com aquilo!", "Tinha-se a impressão de se ter toda a população estudantil na rua, quando eram apenas 3.000 quebrando tudo" etc.)[3]. Todavia, é sem dúvida com toda a boa-fé que os jornalistas de televisão decidiram fazer, no "20 horas", uma sequência sobre esses movimentos. Eles tinham assunto e imagens muito televisivas ("os jornalistas de televisão, explica um jornalista da imprensa escrita parisiense, nunca sabem como ilustrar os problemas da educação e nos pedem, frequentemente, ideias para ilustração"). Por outro lado, eles provavelmente tinham na cabeça a lembrança das manifestações estudantis de novembro de 1986 que também tinham começado na mesma época do ano letivo, por uma greve localizada num único estabelecimento. A lógica do precedente, muito presente na cabeça da maioria dos jornalistas, a preocupação de não chegar atrasado para a cobertura de uma revolução e a convicção sincera de que assistiam de novo às primícias de um amplo movimento de contestação bastam provavelmente para explicar o tratamento privilegiado que eles determinaram logo para esses protestos localizados. De fato, à medida que as greves estudantis se multiplicaram sob o efeito, em grande parte, de sua transmissão imediata pela televisão – "a televisão era um pouco o barômetro do movimento; já que se falava dele nos jornais de TV, era preciso que todo mundo se posicionasse", diz, por exemplo, um jornalista parisiense que cobria o movimento – a pressão das chefias de redação dos jornais parisienses sobre suas "manchetes" carregadas de educação tornava-se mais forte, incitando-os a escrever "artigos de fundo" sobre este assunto. Se um determinado número de jornalistas especializados em problemas educacionais têm, então, feito algumas restrições ao escreverem sobre esses acontecimentos, não é somente porque sua com-

---

3. Essas anotações devem muito às entrevistas com jornalistas realizadas por Dominique Marchetti no quadro da pesquisa que eu realizei sobre o movimento estudantil. Um relatório mais completo desse trabalho será feito futuramente.

petência não os predispôs a se surpreenderem facilmente[4], é também porque esse movimento, amplamente fabricado pela televisão, era compreensível: eles não chegavam a compreendê-lo, a identificar os responsáveis e os objetivos. Todavia, obrigados a falar, eles contribuíram, bastante involuntariamente, para dar a importância ao que se tornara mediaticamente, entrementes, um verdadeiro problema social, o do "mal-estar da escola" e, mais geralmente, "da juventude". Os jovens responsáveis pelas coordenações estudantis que surgiram na oportunidade do movimento e que eram aconselhados, em suas estratégias mediáticas, por adultos mais experientes que eles (responsáveis do partido comunista, pelo SOS-Racismo, pelo partido socialista etc.), só podiam ser levados muito a sério ao falarem nas "AG estudantis" como os políticos na tribuna da Assembleia Nacional nas transmissões ao vivo da quarta-feira à tarde. Um jornalista de um grande diário parisiense que os assessorou durante os acontecimentos conta: "os responsáveis pela coordenação comportavam-se como vedetes. Foram demais levados a sério. Só se dirigiam às televisões. Houve um estrelismo excessivo. Eles acreditavam que tudo era permitido. Eles tinham estado no Elysée, eles tinham tomado o café da manhã no Jospin..." Compreende-se imediatamente que, produzidos em grande parte pela mídia, esses movimentos desaparecem frequentemente muito depressa logo que deixam de aparecer nessa mesma mídia. E seria necessário, portanto, perguntar não somente, como geralmente se faz, sobre o que interessa à imprensa, mas também sobre o processo que levou progressivamente todos os jornalistas a se desinteressarem pelos acontecimentos que eles anteriormente contribuíram para produzir. Com humor, um jovem jornalista, que conhece bem as redações das rádios periféricas, conta: "Há sempre, na conferência de redação de uma rádio, um redator que vai dizer: 'Agora chega, isso incomoda as pessoas. Os subúrbios nos enchem o saco, não aguentamos mais. Passemos a outra coisa'. E há sempre alguma coisa da atualidade que vai substituir." *Le Monde* vai sossegar. *Libé* vai buscar interpretações, analisar o assunto. Os que fazem jornalismo factual, sensacional, vão, talvez, recomeçar, mas não serão mais seguidos.

Um falso objeto

O que chamamos um "acontecimento" não é jamais, afinal, senão o resultado da mobilização – que pode ser espontânea ou provocada – dos meios de comuni-

---

4. O redator-chefe de um jornal parisiense me explicou que, conhecendo bem seu domínio, os especialistas geralmente são pouco impelidos a ver o extraordinário: ocupam modestamente as páginas internas dos jornais, têm, preferentemente, tendência a banalizar tudo e dificilmente se surpreendem. Frequentemente são os redatores-chefes mais sensíveis notadamente à situação criada pelos jornais televisados que devem levá-los a tomarem uma posição.

cação em torno de alguma coisa com que elas concordam, por certo tempo, a considerar como tal. Quando são populações marginais ou desfavorecidas que atraem a atenção jornalística, os efeitos da mediatização estão longe de ser os que esses grupos sociais poderiam esperar porque os jornalistas dispõem, nesses casos, de um poder de constituição particularmente importante, a fabricação do acontecimento foge quase totalmente a essas populações.

É no início dos anos 80, em seguida aos incidentes ocorridos no bairro dos Minguettes – um bairro de Vénissieux, no subúrbio de Lyon, com forte concentração de população emigrada – que se desenvolveu na imprensa um novo discurso sobre os "subúrbios problemáticos". Esses incidentes, bastante espetaculares (carros incendiados, barricadas, lançamentos de projéteis diversos e de coquetéis Molotov contra a polícia etc.), foram amplamente divulgados por toda a imprensa, chamando, assim, brutalmente a atenção para uma nova categoria de população, a dos jovens oriundos de famílias emigradas (os *beurs* – filhos de norte-africanos), em situação de fracasso escolar, sem qualificação profissional e sem trabalho. Descobrir-se-ia igualmente o estado ruinoso de certos subúrbios e a degradação dos conjuntos habitacionais saqueados pelo vandalismo e abandonados pelos organismos do HLM. Esses incidentes, que eclodiram dois meses apenas depois da ascensão dos socialistas ao poder, foram considerados um verdadeiro desafio político ao governo de esquerda. Diversas medidas foram tomadas a fim de reabilitar esse novo tipo de favela: seriam progressivamente regularizadas em HLM. Além disso, estruturas visando enquadrar os jovens desempregados em situação de fracasso escolar eram colocadas em prática a fim de favorecer sua formação profissional e sua inserção no mercado de trabalho. O conjunto dessas ações foi coordenado pelos funcionários do DSQ (Desenvolvimento social dos bairros). Em 1990, cerca de 400 zonas eram objeto desse tipo de ação.

Mas o problema dos subúrbios foi levantado novamente pela mídia a propósito dos incidentes desenrolados em outubro de 1990 em Vaulx-en-Velin, comuna igualmente situada no subúrbio de Lyon e incluída no DSQ em 1987. No fim de setembro de 1990, aconteceu uma festa em Mas-du-Taureau, bairro da comuna recentemente reabilitado, diante de um centro comercial implantado há um ano, em plena zona residencial. Na presença de personalidades políticas do primeiro escalão, inaugurou-se um muro de arrimo e celebrou-se o reinício das operações de reabilitação. Uma semana mais tarde, no decorrer de uma batida policial, uma moto virou e o carona, um jovem italiano de 18 anos, que sofria de poliomielite, morreu na queda. Uma centena de jovens do conjunto habitacional se agrupam, então, e acusam a polícia de ser responsável pela tragédia. Eles suspeitam que a polícia procura dissimular o que eles pensam que foi um abuso em acidente comum. A situação fica tensa: nessa mesma noite, pedras são atiradas e três carros, incendiados (o que, nesse bairro, não é uma prática rara). A imprensa local que, permanentemente, escuta por "scanners" [receptores de alta frequência] as conversas da polícia, propaga rapidamente a informação e dá a versão oficial do drama que passa naquela mesma noite na mídia nacional. Na manhã do dia seguinte, jovens entre 14 e 20 anos atiram novamente pedras contra a delegacia de Vaulx-en-Velin (para obrigar a saírem os policiais trancados no interior), depois, por volta do meio-dia, um carro roubado é lançado contra o supermercado do Masdu-Taureau que é incendiado, bem como um certo número de estabelecimentos comerciais da praça. Os policiais, os bombeiros e os jornalistas são rechaçados pelos jovens enquanto numerosos moradores do bairro e de outros lugares procuram, em um clima de bom mocinho, tirar partido da situação e carregam diversas mercadorias que, de qualquer modo, teriam sido destruídas no incêndio. Um dos raros jornalistas da imprensa local que estava lá conta que via garotos saírem dos estabelecimentos comerciais com as mãos repletas de bombons, de pacotes de cigarros ou de calçados esportivos. Uma velha senhora segurava a porta do supermercado para facilitar a saída dos carrinhos sobrecarregados que eram rapidamente empurrados para os bagageiros dos carros. Em suma, se houve realmente um saque, provavelmente premeditado[5], do centro comercial, é verdade que é no mínimo um exagero falar "de arruaça" como fizeram os jornalistas da imprensa parisiense e, sobretudo, os da televisão.

Os dominados são os menos aptos a poderem controlar sua própria representação. O espetáculo de sua vida quotidiana não pode ser, para os jornalistas, senão ordinário e sem interesse. Porque eles são desprovidos de cultura, e além disso incapazes de se exprimir nas formas requeridas pela grande mídia. Como declara um político responsável que pensa exprimir a opinião dos profissionais da televisão, "em uma emissão, não é preciso que cada um venha expor seu estado de espírito ou dar a sua opinião; é necessário aprender a exprimir-se claramente". Alguns dias antes dos acontecimentos, uma agência da imprensa lionesa, especializada em urbanismo, tinha proposto espontaneamente, sem sucesso na ocasião, fazer uma pesquisa sobre a situação nos subúrbios ("isso não é interessante, não acontece nada...", responderam-lhe então). A lógica da concorrência impulsiona os jornalistas a trabalharem enquanto o fato está ocorrendo e a irem "lá onde as coisas acontecem". Os incidentes dramáticos de Vaulx-en-Velin tiveram o efeito de suscitar em pouco tempo um monte de reportagens que procuravam dizer e explicar a quem não foi àquele subúrbio. Mesmo se a observação atenta da vida comum nesses subúrbios, com seus problemas quotidianos, for mais esclarecedora,

---

5. Moradores de Vaulx-en-Velin nos disseram ter ouvido, muito antes do desastre, que, sem dúvida, serviu de pretexto ou de detonador, jovens planejarem essa operação. No mesmo sentido, um jornalista presente no local pouco antes do saque do centro comercial nos falou que jovens o aconselharam a ficar no local porque iriam acontecer coisas...

a maioria dos jornalistas tendem a se concentrar na violência, a mais espetacular, e por isso, excepcional[6]. A mídia fabrica, assim, para o grande público, que não está diretamente ligado a uma apresentação e uma representação dos problemas que enfatizam o extraordinário. Isto tende a reter somente as ações violentas, os confrontos com a polícia, os atos de vandalismo, um supermercado em chamas ou carros queimando, e a dar de modo misturado, como causas dessas desordens, as explicações colhidas pela imprensa, os abusos policiais, a desocupação dos jovens, a delinquência, "as más condições de vida" nesses subúrbios, as condições de moradia, o quadro de vida sinistro, a falta de infraestrutura para esportes e lazer, a superconcentração de populações estrangeiras etc.

Um círculo vicioso

Se esta representação ocupa pouco espaço no discurso dos dominados, é porque estes dificilmente são ouvidos. Fala-se deles mais do que eles falam e, quando falam aos dominantes, tendem a tomar um discurso emprestado, o que os dominadores usam. É particularmente verdadeiro quando eles falam para a televisão: ouvimo-los repetirem os discursos que eles ouviram na véspera nos jornais televisados ou nos programas especiais sobre o mal dos subúrbios, falando às vezes deles mesmos na terceira pessoa ("os jovens querem um local para se reunirem", diz, por exemplo, um deles numa reportagem). Mais exatamente, os jornalistas tendem, sem o saber, a recolher seu próprio discurso sobre os subúrbios e encontram sempre, à toa nos conjuntos à espera dos meios de comunicação, pessoas prontas a dizer, "para passar na televisão", o que eles têm vontade de ouvir.

A "pesquisa" de tipo jornalístico, e isso vale tanto para o grande jornalista parisiense como para o modesto "repórter" da imprensa provinciana, está geralmente mais próxima da investigação policial que daquilo que se chama "pesquisa" nas ciências sociais. Mais que o sociólogo, é o jornalista "de investigação" quem, frequentes vezes, vem "dublar" a polícia num assunto, que serve de modelo. Por outro lado, a preocupação (largamente comercial), sobretudo na grande mídia nacional (televisão, mas também grandes jornais), de ser imparcial ou de não chocar os ouvintes, socialmente muito heterogêneos, conduz a uma apresentação artificial e neutralizante de todos os pontos de vista em confronto. A investigação jor-

---

[6]. Foi assim que uma rede de televisão pediu, por exemplo, a uma agência de vídeo em Lyon, no dia seguinte ao incêndio do centro comercial, uma reportagem sobre "os arruaceiros, os traficantes de Vaulx, mesmo de rosto encoberto". Os responsáveis a quem essa pesquisa havia sido confiada, também eles de origem norte-africana, desviaram a questão e procuraram fazer compreender a vida dos jovens nesses grandes conjuntos em vez de ceder a um sensacionalismo mais ou menos fabricado. A reportagem que fizeram sobre três jovens "beurs" – nem quebradores nem traficantes, mas tão-somente desempregados e animadores – não foi ainda ao ar desde aquele dia.

nalística se parece com a investigação judiciária: a objetividade consiste, como em um processo, em dar a palavra a todas as partes envolvidas, os jornalistas buscando explicitamente, em cada caso, representantes da defesa e da acusação, o "pró" e o "contra", a versão oficial de um incidente e a das testemunhas. O trabalho de campo propriamente dito limita-se, pela força das circunstâncias, a alguns dias, quando não a algumas horas, passadas no local, "para dar um pouco de colorido" às reportagens, com geralmente um cenário previamente construído nas reuniões de redação que se deve ilustrar[7].

Os próprios jornalistas podem, muitas vezes, suscitar uma realidade sob medida para a mídia. Um jornalista da AFP de Lyon lembra, por exemplo, que, depois dos dias "quentes" de Vaulx-en-Velin, toda a imprensa vigiava a comuna à espera de novos incidentes e que essa presença dos jornalistas no local servia para provocar os incidentes esperados[8]. Mesmo quando não acontece nada, a máquina jornalística tem tendência a preencher o vazio. É assim, por exemplo, que um repórter de televisão, enviado a um subúrbio para cobrir incidentes, foi intimado de Paris por seu redator-chefe para fazer uma matéria "ao vivo" de dois minutos no jornal televisado da noite, embora nada tivesse acontecido, para justificar os custosos meios técnicos levados ao local. Se bem que numerosos jornalistas procuram ir além do acontecimento ("os fatos diversos são reveladores de verdadeiros problemas, seria preciso aprofundar, mas não há tempo e, depois, um acontecimento afasta o outro", diz, por exemplo, um jornalista da imprensa regional de Lyon), tudo os leva aí. Pressionados pela concorrência, devem ir onde estão os colegas.

"Se passa em outra rede", comenta um jornalista de televisão, "o redator-chefe lhe diz: 'mas o que é que você faz aí parado? É preciso ir lá!'" "Estamos focalizados em Vaulx-en-Velin", diz ainda um jornalista da AFP de Lyon. Desde que acontecesse qualquer coisa em Vaulx falava-se, não porque fosse importante, e sim porque era Vaulx. Mas não se sabia que ocorriam coisas piores nos subúrbios de Marseille. Paris [as redações parisienses] ajudava. A concorrência impele para o sensacionalismo, para a omissão. Não há como resistir, pois há clientes que pedem e exigem Vaulx-en-Velin. Perguntamos algumas vezes se era necessário gas-

---

[7]. É necessário esclarecer que estas observações não constituem uma "crítica" (no sentido banal e jornalístico da palavra) da profissão de jornalista. Sabe-se que esta profissão não ocorre sem riscos físicos e que inúmeros são aqueles que pagaram com a própria vida. Quer-se somente lembrar aqui os diversos constrangimentos que pesam sobre o trabalho jornalístico e os efeitos intelectuais que eles exercem.

[8]. Sabe-se que, cada vez mais frequentemente, jornalistas de televisão compram "reconstituições" sem citar os nomes (jovens pondo fogo em veículos, pichando paredes, praticando agressões etc.) sob o pretexto de que essas práticas existem de qualquer maneira e, portanto, que eles não enganam, na verdade, com a informação sem ver que a informação mais pertinente deve ser buscada em outro lugar.

tar com dois carros incendiados. [...]. Isso faz muito sucesso durante um mês, mas, uma vez passado o acontecimento, não mais interessa a ninguém, é menos lido e a entrada em cena que se pode fazer nesse momento tem menos impacto".

Se os incidentes de Vaulx-en-Velin deram motivo para uma intensa cobertura jornalística, é também porque eles estavam em ressonância com inúmeros problemas da sociedade, mediaticamente constituídos, como o desemprego, os subúrbios tristes, os emigrados, a insegurança, a droga, as gangues, os jovens, Le Pen, o integrismo etc. Mas, longe de fazer compreender, esta "cobertura mediática" servia de motivo para ver ressurgirem os estereótipos sobre os subúrbios e os grandes conjuntos habitacionais que foram constituídos há mais de trinta anos em volta de fatos diversos anteriores e que foram assentados em Vaulx-en-Velin, se bem que esses esquemas fossem manifestamente inadequados para dar conta do que acontecia. Jornalistas denunciaram o problema dos "conjuntos-dormitórios", enquanto o número de empresas criadas na comuna estava em expansão; outros retomaram o discurso sobre a doença nos subúrbios com suas zonas sem alma nem coerência, a monotonia do quotidiano e a desumanização das cidades, enquanto esta cidade tinha precisamente retomado, há três anos, uma importante operação de reabilitação do habitat social e tinha reinstalado um centro comercial muito ativo. Longe de ser perturbada por essas contradições, a mídia falava, ao contrário, do "grande naufrágio das ideias recebidas" que consistiam em crer que se podia "tornar a dar vida aos grandes conjuntos habitacionais à custa de milhões, repintando os halls e plantando canteiros de verde". A maioria fez eco àqueles que questionavam o urbanismo e denunciavam os arquitetos que tinham construído essas cidades da rejeição, do desespero e da ausência de diálogo. Quase todos evocavam, enfim, porque era preciso levar muito em conta aquilo que estava na origem dos acontecimentos – a saber, o controle da polícia que acaba mal –, o fosso que seria instaurado entre os jovens e a polícia, encontrando-se o remédio para esses problemas no estabelecimento do diálogo e da confiança.

Os diferentes jornais têm muito evidentemente desenvolvido estas temáticas segundo as opções ideológicas que lhes são próprias. Por exemplo, o *Libération* tem, sobretudo, insistido nas arbitrariedades policiais, lembrando a longa lista das vítimas dos controles policiais (uma dezena em dez anos) que, segundo ele, tem alimentado a revolta dos jovens arruaceiros contra a polícia. Tornando o partido dos jovens revoltados, ele evoca o tédio das ZUP que foram construídas em uma geração e colocam hoje o problema de sua integração, reivindicando que "o Estado ofereça outra coisa além de bombas de gás lacrimogêneo a esses garotos que queimam tudo". Uma semana depois dos "motins", Serge July, diretor do jornal, em um editorial saturado de analogias selvagens próprias para despertar os fantasmas coletivos, ressitua Vaulx-en-Velin na história jornalística do planeta: "Tudo é exemplar nesta história. [...] Voltamos ao ponto de partida: o apartheid que destaca para o negro uma paisagem urbana desarticulada. [...] Verdadeira metrópole de uma margem social sem identidade [...], Vaulx-en-Velin é a expressão desesperada de uma irremediável desintegração social. O espectro da terceira-mundialização paira sobre esses subúrbios: os quebra-quebras e os saques desses últimos dias lembram a intifada palestinense e a sublevação por alimentos de Caracas". Em uma visão oposta, mas que faz par com a precedente, *Le Figaro* não quer, pelo contrário, ver nada além de uma ação de um punhado de agitadores profissionais que, pela violência, procurariam fazer a revolução (islâmica), descrevendo complacentemente as cenas de pilhagem e a agressividade dos jovens manifestantes. Ele lembra que a delinquência quotidiana nessa região é importante e julga a revolta amplamente desmedida, denunciando a defasagem que existiria, segundo ele, entre o que ele chama de "palavrório dos iniciados" (isto é, o discurso do pessoal de esquerda e de um certo número de trabalhadores sociais que falam das más condições de vida nos subúrbios) e o discurso dos moradores que não levantavam a questão de vida em seus bairros. Os jornais regionais (*Lyon Matin* e *Le Progrès de Lyon*) ficam mais perto dos acontecimentos e alfinetam, de passagem, certas aproximações dos jornalistas parisienses, observando, por exemplo, que, além de palavras convencionais, como "guetos, cidades-dormitório, emigrados sujeitos a constrangimentos, polícia selvagem, violência dos subúrbios etc." há uma realidade mais banal: "Um acidente, uma emoção, sua exploração por uma pequena delinquência organizada numa zona exemplar por seu esforço (reabilitação, esporte, associações etc.)."

A defasagem entre a representação da realidade e a realidade como pesquisas mais minuciosas podem fornecer é ainda mais importante no tratamento televisivo dos incidentes[9]. A atenção dos jornalistas está mais voltada para os confrontos que para a situação objetiva que os provoca. Eles se tornam sintomas de uma crise mais geral da sociedade que tende a ser tratada independentemente das situações concretas[10]. Paradoxalmente, os jornalistas, em suas pesquisas locais, dão pouca

---

9. É assim que o centro comercial em chamas será tomado sob todos os ângulos, dando a impressão de que era toda a região que estava em chamas. Uma emissão de FR3, dramaticamente intitulada "Por que tanto ódio?", dedicou-se, pouco tempo depois, aos acontecimentos; numa emissão-espetáculo representação teatral ("Ciel mon mardi!"), a TF1 organiza, dois dias apenas após "os motins" um debate para o qual serão especialmente convidados "arruaceiros" (ou supostos tais) que, de rosto encoberto, vão apresentar o discurso estereotipado da margem tal como a televisão, em grande parte, suscita. Alguns moradores de Vaulx-en-Velin nos dirão que as imagens da televisão tinham semeado forte inquietação entre os membros de suas famílias que residiam em outros lugares.

10. Em tal contexto, todo acontecimento diferente tende a ser lido pelos jornalistas, que nele descobrem um fio a puxar ou um bom filão a explorar, a partir de esquemas do racismo e das más condições de vida dos subúrbios. Um delegado de polícia do norte da França me lembrava, por exemplo, que um acontecimento banal de vingança particular era transformado, por uma imprensa "que vê Vaulx-en-Velin por toda a parte", em "crime racial", expressando as "más condições de vida dos subúrbios" e isso somente porque os protagonistas eram iugoslavos e os acontecimentos ocorreram numa zona residencial.

importância aos dados locais. É porque o acontecimento mediático que eles fabricam pode funcionar como uma espécie de teste projetivo junto aos diferentes atores sociais que eles interrogam, cada um podendo ver nisso a confirmação do que ele pensa há longo tempo.

A estigmatização

Embora a maioria dos jornalistas rejeitem e condenem as práticas mais duvidosas da profissão e reconheçam a existência inevitável de vieses, mesmo em um tratamento da informação que se pretende honesto, eles pensam que, apesar de todas essas dificuldades e de todas essas deformações, nada é pior que o silêncio. Mesmo se, dizem eles, a mídia não abordou como teria sido necessário o problema dos subúrbios, mesmo se eles admitem ter privilegiado certos aspectos marginais ou menores porque sensacionalistas, em detrimento da realidade ordinária e quotidiana, resta que eles julgam ter sido úteis pelo simples fato de terem, pelo menos, contribuído para tornar públicos esses problemas. Um tal otimismo parece pelo menos excessivo porque não leva em conta especialmente os efeitos de ordem simbólica que são particularmente poderosos quando se exercem sobre populações sem cultura. Na prefeitura de Vaulx-en-Velin admite-se que os acontecimentos criaram uma situação de urgência que permitiu fazer desbloquear um pouco mais rapidamente os créditos destinados às operações de reabilitação e à ação social. Mas é, sem dúvida, a única repercussão positiva (mesmo assim seria necessário saber a quem essas medidas aproveitam principalmente). Em compensação, esta vantagem material momentânea custa muito caro no plano simbólico. Os moradores desses bairros não se enganam já que se vê a acolhida cada vez mais negativa que, desde os acontecimentos, alguns reservam aos jornalistas, e que exprime a revolta impotente daqueles que se sentem traídos. Os jornalistas são, certamente, repelidos pelos jovens delinquentes que não querem ser reconhecidos nem fichados pela polícia. Mas são rejeitados também pela população desses conjuntos que vê ser fabricada, nas reportagens televisivas e nos artigos dos jornais, uma imagem particularmente negativa do subúrbio. Longe de ajudar os habitantes desses subúrbios, a mídia contribui, paradoxalmente, para a sua estigmatização.

Esses bairros são apresentados como insalubres e sinistros, e seus moradores como delinquentes. Os jovens que procuram trabalho não têm mais coragem de dizer que moram nesses conjuntos daí para a frente universalmente mal afamados porque foram manchete na mídia. Um jornalista de televisão relata, por exemplo, que o bairro de Chamards, perto de Dreux, é visitado por equipes de repórteres do mundo inteiro porque Dreux tornou-se o símbolo da escalada do Front nacional. Esta estigmatização, que é, sem dúvida, involuntária e resulta do próprio funcionamento do campo jornalístico, se estende muito além dos acontecimentos que a provocam e marca essas pessoas mesmo quando elas estão fora de seus bairros. É assim que um despacho de agência que fazia cobertura de incidentes em um albergue da juventude do Gard nos quais estavam implicados jovens de Vaulx-en-Velin, em férias, será veiculado por toda a imprensa. É assim igualmente que jovens de Val-Fourré, em férias no Jura, deverão sofrer, durante sua permanência lá, diversas agressões e vexames por parte da população local que se tornou desconfiada depois que a mídia (sobretudo a televisão) mostrou com fartura os incidentes nesses bairros, sendo a situação muito tensa, que foi assim criada, própria, por si só, para provocar novos incidentes que venham, em círculo vicioso, confirmar os estereótipos mediáticos iniciais.

Esta visão jornalística dos subúrbios é veementemente rejeitada por uma pequena parcela da população desses bairros, geralmente a mais politizada ou a mais militante, e suscita sua indignação: "Se efetivamente o subúrbio onde moro fosse como dizem os jornais, eu nunca quereria morar lá", "minha família não quer vir me visitar aqui, ela pensa que é um verdadeiro antro de marginais e violam-se as leis em todas as esquinas da rua!", "essas pessoas que só contam bobagem, eu chamo de gazeteiros. Que digam o que quiserem, mas que venham até nós para perguntar se estamos, ou não, de acordo. Não chegaremos ao nível da violência porque sou não violento e sei falar". Uma associação de locatários foi até constituída para lutar contra a imagem estigmatizante que a mídia apresentava de Vaulx-en-Velin e para tornar público que essa cidade não era, longe disso, pior que outras. É preciso que a maioria, especialmente porque são de pouca cultura, retomem por sua conta essa visão delas mesmas que esses espectadores interessados e um pouco voyeurs que são necessariamente os jornalistas produzem ("aqui é um gueto", "não são respeitados" etc.).

Inúmeros moradores de Vaulx foram os primeiros a se surpreender com os acontecimentos, tendo alguns tido quase vergonha do que estava ocorrendo em sua comunidade. Comerciantes explicam que eles, em geral, tinham boas relações com os jovens; professores, se bem que enfrentem grandes dificuldades nos colégios, acham excessivo que se fale de "explosão social". Mais prosaicamente, alguns moradores assinalaram que as desordens são, na realidade, praticadas por minorias – um punhado de rapazes na maioria conhecidos da polícia – e que o saque do centro comercial nada mais é que a exploração de um incidente penoso (a batida policial) por delinquentes adultos que são, na maioria, de fora de Vaulx. Ainda que os jornalistas locais sejam tentados a dar importância a esses fatos, eles não são bobos e têm uma visão muito próxima da dos moradores: "Quando se passeia em Vaulx, não se chama isso de gueto. Vi regiões piores. É preciso saber o que está por trás das palavras. Têm diabolizado os subúrbios" (jornalista da imprensa regional de Lyon); "os piores, talvez, sejam os jornalistas 'cow-boys', aqueles que se julgam estrelas, que estiveram no Golfo, depois se ocupam dos subúrbios, dos estudantes" (jornalista parisiense da imprensa escrita).

Remédios "mediático-políticos"

Portanto a mídia doravante faz parte integrante da realidade ou, se se preferir, produz efeitos de realidade criando uma visão mediática da realidade que contribui para criar a realidade que ela pretende descrever. Sobretudo as desgraças e as reivindicações devem exprimir-se mediaticamente para vir a ter uma existência publicamente reconhecida e ser, de uma maneira ou de outra, "levada em conta" pelo poder político. A lógica das relações que se instauraram entre os atores políticos, os jornalistas e os especialistas em "opinião pública" chegou a ser tal que, politicamente, é muito difícil agir fora da mídia, ou, *a fortiori*, contra ela. É porque a imprensa jamais deixou indiferente o poder político, o qual procura controlar o que se chama "atualidade" quando ele não contribui, com a ajuda de seus adidos de imprensa para ele mesmo fabricá-la. Os responsáveis políticos não gostam de ser surpreendidos, ultrapassados, pelos acontecimentos e ficam em vigília para não serem pegos de surpresa e obrigados, na urgência e sob pressão, à definição e ao tratamento dos problemas sociais na ordem do dia. Em suma, eles querem ficar senhores de sua agenda e temem, de modo particular, os acontecimentos que surgem de maneira imprevisível (um incidente local que degenera) e se encontram no primeiro plano da atualidade política porque a imprensa escrita e os jornais televisivos dele se apoderaram[11]. Sabe-se, por exemplo, que algumas grandes empresas procuram gerar o imprevisto, procedendo por simulações, a fim de, se for o caso, poder comportar-se como convém diante dos jornalistas (foi assim que a EDF projetou cenários de incidentes nucleares importantes para preparar "boa receptividade" na mídia). O poder teme particularmente a produção (ou coprodução) pela mídia desse tipo de acontecimentos, às vezes sustentados pelos jornalistas quando entregues às únicas leis que regem o funcionamento do campo jornalístico (entusiasmo mediático, importunação dos jornalistas, dramatização etc.) porque, mesmo muito momentaneamente, eles podem tomar uma dimensão política considerável que corre o risco de confundir os responsáveis. Foi esse exatamente o caso quando dos acontecimentos de Vaulx-en-Velin de outubro de 1990 e também das manifestações estudantis do mês seguinte que, à medida que a mídia os divulgava, multiplicaram-se sem que os responsáveis políticos soubessem verdadeiramente o que queriam esses jovens manifestantes que, aliás, nem sempre eles próprios o sabiam.

Quando esses acontecimentos sobrevieram, a situação trouxe algum proveito para os mais pobres para os quais a atenção pública estava brutalmente voltada?

---

[11]. Que se pense, por exemplo, na questão do "véu islâmico" que havia estourado pouco antes dos acontecimentos de Vaulx-en-Velin, em setembro de 1990.

O poder não foi forçado, por exemplo, a cuidar do problema dos subúrbios e dos estudantes? Nada menos verdadeiro. A luta principal opõe, de fato, a imprensa e o poder político. Tudo ocorre como se os jornalistas quisessem provar para eles mesmos sua autonomia profissional em relação ao poder procurando colocá-lo em dificuldades; os políticos, por sua vez, esforçaram-se por controlar a mídia como eles podem (somente indiretamente hoje). Em outras palavras, a luta está localizada principalmente no terreno mediático e tende a permanecer aí, enquanto o poder cria, com a ajuda de especialistas em comunicação, estratégias que visem a pôr fim à agitação mediática e, em consequência, à agitação em si. Foi assim que, para tentar acabar com as manifestações estudantis de 1990 – pois temia-se que elas se degenerassem e acarretassem, como em 1986, "um drama" –, os especialistas em comunicação do Ministério da Educação Nacional criaram o "Madame Plan d'Urgence", uma mulher de semblante tranquilo, maternal e compreensivo, que, daí para frente, encontraria rapidamente soluções para todos os problemas escolares e para a qual voltou-se toda a mídia audiovisual.

A criação, algumas semanas depois dos acontecimentos de Vaulx-en-Velin, de um "Ministro da cidade" responde, talvez, à necessidade burocrática de coordenar no local as ações dos diversos ministérios, cuidando dos problemas dessas populações em dificuldades. Mas tudo leva a crer que ela foi também amplamente inspirada pelo cuidado de controlar a imprensa que se ocupa com estes problemas dando-lhes um interlocutor oficial encarregado de realizar ações para a mídia e fazer prevalecer, acima de tomadas de posição anárquicas e privadas, o ponto de vista público do Estado.

Para tentar compreender, seria necessário interrogar as pessoas comuns sobre sua vida quotidiana, tomar o tempo, por exemplo, de reconstituir a história de Vaulx-en-Velin, esta comuna que era, ainda no início do século, uma pequena aldeia que só contava com 1.588 habitantes em 1921 e que, com a implantação, em 1925, da fábrica de fibras sintéticas vai conhecer um crescimento importante de sua população[12]. Seria necessário evocar os primeiros conjuntos habitacionais, construídos entre 1953 e 1959, que foram destinados a acolher famílias numerosas em dificuldade; o crescimento rápido que a cidade vai conhecer nos anos 60, com a criação, em 1964, de uma ZUP. Seria necessário, sobretudo, avaliar os efeitos da construção, entre 1971 e 1983, de mais de 9.000 moradias e do crescimento brutal da população que atingia, em 1982, perto de 45.000 habitantes. Seria necessário, enfim, analisar como a situação se degradou brutalmente na ZUP depois

---

12. As indicações sumárias que aqui apresentamos foram extraídas de *Vaulx-en-Velin: un centre pour demain* [*Vaulx-en-Velin: um centro para amanhã*], documento elaborado pelos serviços da Comunidade Urbana de Lyon em colaboração com os serviços municipais de Vaulx-en-Velin e os da Agência de Urbanismo da Courly, sob a direção de Pierre Suchet e Jean-Pierre Charbonneau.

da multiplicação de moradias desocupadas em 1979, notadamente na região dos Mas-du-Taureau, cujo supermercado teve de ser fechado em 1985. Ver-se-ia que Vaulx-en-Velin partilha, com muitos outros conjuntos difíceis, algumas propriedades estruturais: construção recente, habitat essencialmente coletivo, população muito jovem, taxa elevada de famílias numerosas, presença de uma forte proporção de população de origem estrangeira, forte mobilidade residencial, alta taxa de desemprego, perturbando gravemente a vida do dia a dia etc.

Os imigrantes de primeira geração que vieram para a França antes da crise aceitam, muitas vezes com relativa resignação, o desemprego que cai sobre eles hoje, em grande parte porque eles se sentem ainda estrangeiros na França (as mulheres especialmente, em grande número, não sabem falar francês). Não se pode dizer o mesmo de seus filhos, que só conhecem a França, e reivindicam ser tratados como franceses. É porque eles se sentem integrados que eles vivem mal sua não integração objetiva. Eles sentem como injustiça o desemprego que os atinge mais fortemente que os demais franceses: subqualificados porque, por razões culturais, eles têm fraco desempenho escolar, eles denunciam os empregadores que, é o menos que se pode dizer, estão longe de se disporem hoje a contratar preferencialmente jovens de origem estrangeira. Estes jovens, por suas reações, contribuem, por outro lado, involuntariamente, para alimentar o círculo vicioso que os marginaliza. Sentindo-se excluídos, eles são levados a assumir comportamentos que os excluem ainda mais, desencorajando ao mesmo tempo as raras boas vontades que se manifestam a seu respeito: os locais que são postos à sua disposição são muitas vezes saqueados, os empregadores que os contratam devem enfrentar às vezes problemas específicos (roubos, violência etc.).

A situação desses subúrbios é o resultado de processo cuja lógica não está nos conjuntos em si, elas mesmas, mas nos mecanismos mais globais, como, por exemplo, a política habitacional ou a crise econômica. É porque os que têm a responsabilidade de atuar localmente – os assistentes sociais e os professores especialmente – são condenados a despender muita energia para resultados frequentes vezes irrisórios, os mecanismos gerais desfazendo sem parar o que eles tentam fazer. É porque também a criação de um Ministério da Cidade é, sem dúvida, uma solução mais mediático-política que real. Por isso a situação desses subúrbios deve sua forma particular (forte delinquência infantojuvenil, atos de vandalismo, droga, carros roubados, pilhagem de centros comercias etc.) à superposição em um mesmo espaço de todos esses mecanismos negativos. As aparências sempre dão razão às aparências. Um delegado de polícia do norte da França acusava de responsáveis pela delinquência nos subúrbios o habitat vertical (as torres), em oposição ao habitat horizontal (as casas). Ora, não é a "concentração vertical" dos habitantes que produz estes problemas, mas a concentração vertical dos problemas e das dificuldades. O funcionamento do mercado imobiliário e a lógica dos graus de distribuição dos conjuntos habitacionais têm apresentado como resultado, entre outros, reagrupar espacialmente populações em dificuldade, constituídas, principalmente, de famílias de imigrantes, sendo que a concentração espacial dessas populações produz reações de conotação racista. A isso se ajunta a concentração nesses quarteirões, pelas autoridades departamentais e os serviços sociais, de famílias ditas "pesadas" (isto é, delinquentes ou, pelo menos, fichados na polícia). Essas famílias, em número relativamente limitado (provavelmente algumas centenas em todo o subúrbio popular de Lyon), que, sem recursos, vivem à margem da lei, fazem das ZUP seu território, a arquitetura desses conjuntos, aliás, ajuda muito, pois eles foram explicitamente planejados para ficar afastados das vias de circulação e constituem, aqui, consequência não desejada, verdadeiros grupos isolados separados do centro da cidade. Uma parte de jovens dessas famílias tiram seu sustento de uma economia subterrânea que se baseia principalmente no roubo e, mais recentemente, no tráfico de drogas.

Enfim, é preciso acrescentar que o desemprego tornou-se, sem dúvida, mais dificilmente suportável hoje que antes. O desenvolvimento econômico e a generalização das redes de distribuição depois de uma vintena de anos têm tido por efeito pôr ao alcance da mão um número considerável de bens de consumo. Sabe-se que o roubo nessas grandes áreas está longe de ser somente praticado por jovens desempregados sem recursos. Compreende-se que ele pudesse, *a fortiori*, aparecer como uma solução ordinária para estes últimos que considerem mais e mais como normal "servir-se" nos supermercados. O roubo é até mesmo uma espécie de esporte que cadencia o tempo vago desses adolescentes desocupados quando não há uma ocasião para se entregarem a verdadeiras competições, que são frequentemente um princípio interno de hierarquização nesses grupos. A defasagem que tende a instaurar-se nesses jovens desempregados entre os desejos de consumo e renda disponível jamais foi tão grande como hoje. Por isso, explica-se, talvez, que os centros comerciais sejam, segundo a lógica do maior resultado com o menor esforço, um dos alvos privilegiados das ações violentas dos jovens desses conjuntos, eles destroem e saqueiam os lugares, verdadeiros símbolos de uma sociedade de consumo que os exclui, e, ao mesmo tempo, promovem grandes incursões que rendem benefícios materiais. Assim explica-se também o fato de que os carros estejam permanentemente sendo roubados, saqueados ou incendiados: o carro representa de fato, para esses jovens, o bem de consumo por excelência, objeto de numerosos investimentos (econômico, mas também afetivo, social, em tempo gasto etc.) e instrumento indispensável de locomoção e de lazer. Ele simboliza o bom resultado e a integração no mercado de trabalho, sendo o carro geralmente sua primeira aquisição quando encontram um trabalho estável e vêm "a se casar".

As violências sensacionalistas que viram manchete na mídia ocultam as pequenas violências comuns feitas permanentemente com todos os moradores desses bairros, inclusive com os jovens delinquentes que são *também* vítimas, nada mais sendo a violência que eles praticam que uma resposta às violências mais invisíveis que eles sofrem desde sua primeira infância, na escola, no mercado de trabalho, no mercado sexual etc. Mas compreende-se também que "os pobres brancos" desses subúrbios, que se reivindicam "franceses de origem" e se consideram em "sua casa", tenham particularmente excedido nas permanentes brigas com os vizinhos provocadas por esses garotos oriundos da emigração. Como esses conflitos incessantes que, às vezes, desembocam em dramas e vêm alimentar a crônica de fatos diversos não suscitariam indignações fáceis de explorar?

Pierre Bourdieu

A ordem das coisas

Um conjunto habitacional como tantos outros, deteriorado, nos arrabaldes de uma pequena cidade do Norte da França; em uma casa pré-fabricada e duradouramente provisória, janelas calcinadas, portas quebradas mais ou menos consertadas (ela foi arrombada e saqueada repetidas vezes e ainda muito recentemente), um "Clube de prevenção especializada, Encontros e lazer", grande sala cinza, móveis e mesas de fórmica, uma pia num canto, uma geladeira velha, aspecto de cantina de escola desativada, "trabalhadores sociais" desencantados e um pouco irônicos; os quais, horrorizados ou para horrorizar, lembram "Chicago".

Um jovem *beur*, de manhã, é apresentado como "um bom caso": em primeiro lugar, com 20 anos, ele aguarda o resultado da "comissão de apelação" que deve decidir, alguns dias mais tarde, se ele vai passar para a classe superior: "Meu futuro vai se decidir aí porque, francamente, ou passo ou falho completamente, e tenho de procurar outra escola. Não sei onde encontrar outra escola pública". (Ele mesmo já foi procurar, várias vezes antes, outra escola.) Dividido entre o sentimento de milagre (de todos os seus companheiros do bairro, apenas dois chegaram ao fim) e o do fracasso (ele sabe, no fundo, que sua carreira escolar está terminada), ele vive, e diz muito lucidamente, a defasagem entre a escola e o "bairro" ("Com os companheiros do bairro, a conversa se volta de preferência para problemas que verdadeiramente são sentidos no interior do bairro. Ao passo que isso se esquece quando se vai para o liceu" – não poderia expressar melhor a ruptura entre a vida e o mundo escolar). É filho de um imigrante, proveniente de uma família de pequenos agricultores dos arredores de Guelma, na Argélia, que "ganha bem sua vida" como operador-analista numa indústria química, ele sempre foi encorajado em seus estudos, mas também entregue a si mesmo. Seu pai, que "sabe ler e escrever um pouco", e sua mãe, analfabeta, falavam árabe em casa; eles "depositaram nele todas as suas esperanças" (seu irmão mais velho, muito mais velho, é mecânico, um outro irmão, um ano mais velho que ele, fracassou no BEP). Eles não param de encorajá-lo a trabalhar mas, sem que ele saiba dizer por que, ele sente que "há um obstáculo", que ele não trabalha o bastante, sem dúvida porque ele "não percebe que a escola é mais importante". Sua mãe "está desolada porque ela também queria muito" que ele conseguisse e não queria "vê-lo mais tarde em trabalho pesado". "Ela me fala para eu trabalhar, ela me diz que é bom para mim, e tudo, mas eu não sei, talvez porque isto vem da parte de pessoas que não compreendem, não compreendem verdadeiramente o que é a vida, não vai além do momento atual. Apesar de serem meus pais, sim, meus pais, eu deveria talvez, mas, não sei, pode ser que, se fossem outras pessoas que me dissessem, verdadeiramente, de uma maneira que eu compreendesse bem, pode ser que isso mudasse".

E depois, à tarde, o encontro, cercado de mil mistérios ("aquele será outra coisa", "ele escapa da prisão" etc.), com Ali, jovem *beur* de 20 anos, que está acompanhado de François, seu companheiro, morador, como ele, de um dos imóveis dos mais mal afamados de um conjunto mal afamado, chamado La Roseraie. Eles falam em tom áspero, olhando-se continuamente com olhares interrogativos ou aprovadores, e com um sotaque nortista bem acentuado, o que torna certas conversas deles quase ininteligíveis. Enquanto eu tentava lhes explicar quem eu sou e o que eu faço e afastar as suspeitas ou os temores que eles pudessem ter ("meu trabalho é ouvir, tentar compreender e contar depois: não sou nem juiz nem policial" etc.), eles ouvem olhando para os lados, como que para esconder seu embaraço (sobretudo que lhes peço permissão para tratá-los por "tu" – não estão habituados a tanta consideração – em nome do fato de que eu tenho filhos de sua idade) e também, parece-me, seu medo de não estarem completamente à altura, de não compreenderem bem; eles nada perguntam (farão uma ou duas perguntas, já no final, quando a confiança já se estabeleceu entre nós). Eles me fazem compreender simplesmente que estão aguardando minhas perguntas.

Ali é filho de um operário oriundo de uma pequena cidade marroquina, Oujda, que chegou à França, com sua família, no final dos anos 70. Ali tinha, então, 8 anos. Aí está o ponto de partida de suas dificuldades escolares e comportamento desafiador que ele adotará para superá-las: ignorando completamente o francês quando de sua entrada tardia para a escola e só falando árabe em família, com pai analfabeto e mãe que sabe escrever só um pouco, ele tem muita dificuldade em aprender a ler (confessará, no final da entrevista, que ainda hoje "ele lê como robô"). Tudo leva a pensar que sua rejeição para com a escola e as atitudes de descontentamento que o levam progressivamente a fechar-se num papel de "duro" têm por princípio o desejo de escapar à prova humilhante da leitura em voz alta diante dos colegas de classe. Excluindo-se do exercício e da aprendizagem, ele se afunda no fracasso e no círculo dos excluídos, o que redobra o fracasso, maneira paradoxal de fazer da necessidade virtude, isto é, vício escolar, e logo delinquência social.

François frequentou até a terceira série; ele não conseguiu o BEP (porque, diz ele, não era assíduo às aulas – a escola ficava longe, a uns dez quilômetros, era preciso tomar ônibus, "porque a escola que ficava perto era para os bons, para os melhores"), François e Ali são amigos inseparáveis e falam com muita tristeza do momento quando eles terão de se separar, porque está na ordem das coisas. E a ordem das coisas, pode-se afirmar que eles a conhecem... Eles falam, ao longo de toda a entrevista, com o mesmo tom de evidência, com uma voz que se eleva no final da frase, sem jamais manifestar verdadeiramente nada que se pareça com indignação ou revolta. Para dar uma ideia justa, gostaria de poder fazer ouvir a passagem da gravação onde, após ter relatado, com muita moderação e dignidade ("como eu, digamos eu") como, muitas vezes, ele é barrado na porta de boates ("Também para frequentar clubes aqui nos arredores, bem, como eu, digamos eu, não entro, os árabes não entram") enquanto deixariam de boa vontade passar seu companheiro, Ali conclui, muito simplesmente: "É enervante, à força".

Eu bendisse a sorte (compreendi logo que era efeito da amizade) que me fez encontrar *juntos* Ali e François. Os que lerem suas palavras poderão não perceber que eles têm, de fato, tudo em comum, exceto a origem étnica, à qual, aliás, eles nunca fazem referência e a que ponto são absurdos aqueles que colocam em seus discursos políticos e na cabeça dos cidadãos a dicotomia imigrantes/nacionais? Ali é apenas uma espécie de passagem ao limite de François: o estigma étnico, que está inscrito de forma indelével, na tez e nos traços do rosto, e também no próprio nome, vem redobrar, ou melhor, *radicalizar* "a desvantagem ligada à falta de diplomas e qualificações, ele mesmo ligado à falta de capital cultural e, muito especialmente, linguísticos. O "imigrante" e o "indígena" (em outros tempos e em outros lugares, na "Argélia francesa" por exemplo, as designações teriam sido invertidas, com o mesmo resultado) têm os mesmos problemas, as mesmas dificuldades, a mesma visão de mundo, forjados nas mesmas experiências, nas brigas da infância, nos desgostos e nas decepções da escola, na estigmatização associada ao fato de residir em um bairro "podre" e a pertença a uma família marcada (eles têm, um e outro, "antecedentes" sobre quem caem sempre suspeitas e acusações), pelo fato de que, quando eles veem um belo blusão ou uma bela calça, eles não podem pedir dinheiro a ninguém, e têm que se arranjar, nos longos momentos que eles passaram juntos "aporrinhando-se", porque eles não têm meios de transporte, nada de ônibus, nada de mobilete (a não ser "traficar" ou roubar) ou automóvel (e, de qualquer modo, nada de carteira de motorista) para ir à cidade, nada de local onde se encontrar, nada de campo de futebol onde jogar, e, sobretudo, no confronto constante, contínuo, com um universo fechado por todos os lados, sem futuro, sem possibilidades, tanto em questão de escola quanto em questão de trabalho – eles não conhecem senão pessoas sem emprego ou em dificuldade e quando se lembram dos pais a quem poderiam pedir ajuda ou socorro, não se encontram senão desempregados ou inválidos.

Sua solidariedade absoluta afirma-se a todo momento no emprego do "nous" e do "on" que os englobam um no outro, na compreensão perfeita que o "indígena" tem dos problemas particulares do "emigrando", e que ele afirma sem frases, sem profissões de fé antirracistas na portaria dos clubes, indo embora com seu companheiro quando ele é barrado, explicando em seu lugar, porque isso seria, sem dúvida, muito doloroso para ele, que é a mesma coisa quando ele está com garotas ("quando estão com garotas [e eles são barrados], elas, as garotas, podem falar, dizer, 'ora, é meu colega, ele está comigo, e pronto', no entanto isso não funciona"), respondendo por ele a certas perguntas, como para evitar que ele fique incomodado ou mal à vontade e também para testemunhar, em seu favor, como um terceiro neutro. É assim que, quando Ali lembra o que lhe têm valido seus problemas com a polícia e a justiça, e que ele chama suas "besteiras" – espécie de eufemismo que minimiza o delito chamando sobre si o ponto de vista das autoridades oficiais – é François quem, identificando-se, evoca as circunstâncias atenuantes: "Bem, foi quando *nós* precisamos de dinheiro. Quando *nós* precisamos muito de grana, quando, digamos, vimos belos blusões ou belas calças, e tudo". E como para marcar que sua diferença ("Isso era antes... Não, eu, acabou, eu não ando mais com eles. Antes eu andava") não é imputável a nenhum outro fator particular, ele invoca o fato de que, como ele diz, "está casado"; e Ali, como que para tirar a lição da experiência benéfica de seu amigo, concluirá: "É uma garota que nos faz falta – Por que uma garota? – Para não fazer mais besteiras".

Se a solidariedade de François em relação a Ali afirma-se de maneira tão evidente e tão total, é que de fato ela existe mesmo, e não somente a título de amizade tal como é concebida no seu universo: eles são, pode-se dizer, da mesma "galera", igualmente estigmatizados, igualmente "marcados" pelos moradores do conjunto mais hostis aos jovens, pelos zeladores, pela polícia, e sobretudo pelas fofocas, que lhes colocam sobre as costas todos os malfeitos, suscitando neles um desafio e uma espécie de excesso de desgosto. A este boato anônimo, que os entristecem, não pretendo opor uma forma qualquer de desmentido ou reabilitação, que, aliás, eles não pedem. Mas muito simplesmente a frase, lançada da maneira mais natural do mundo, por um de meus dois "terrores do subúrbio" a propósito do medo que seus pais têm disso quando eles saem tarde da noite, por causa de tudo o que dizem as rádios e as televisões...

A imagem que eles transmitem deles mesmos, nesta entrevista, deve muito, evidentemente, sem ser por isso falsa, à relação social completamente singular, extraordinária, instituída pela relação de pesquisa: sentindo-se compreendidos e aceitos, eles podem confiar uma de suas verdades possíveis e sem dúvida a que é a melhor dissimulada geralmente sob o efeito da censura do grupo de iguais (com o que eles chamam a "aparência") e sob o efeito também dos constrangimentos coletivos procedentes da escalada da violência (Ali e François evocam processos muito semelhantes aos que se observam nas guerras revolucionárias ou em certas revoluções simbólicas, e que permitem a uma minoria ativa fazer entrar pouco a pouco todo um grupo, tomado pelo medo, dobrado pelo isolamento, e ligado pela solidariedade imposta pela repressão, na espiral da violência). Seria, pois, ingênuo ater-se à verdade que eles propõem, com toda sinceridade, e sem intenção de enganar (não são, como não deixarei de lembrar, "anjinhos", mas o fato de eles terem vindo dois, sem dúvida para evitar deixarem-se pegar, assegura também a veracidade de seu testemunho); mas será infinitamente ainda mais ingênuo recusar esta verdade possível, sem dúvida votada a tornar-se cada vez mais improvável à medida que se multiplicam os encontros com situações propícias a desencorajá-la ou a inibi-la, sobretudo os confrontos com o preconceito racista ou com os julgamentos classificatórios, amiúde estigmatizantes, de funcionários do âmbito escolar, social ou policial, que, através do *efeito do destino* que eles exercem, contribuem muito poderosamente para produzir os destinos enunciados e anunciados. São eles bons? São eles maus? A pergunta e a resposta moralizante que ela provoca quase não fazem sentido. São eles verdadeiramente o que eles dizem deles mesmos na entrevista relatada aqui? A pergunta, aparentemente mais legítima, é também fictícia. A entrevista criou uma situação de exceção que lhes permitiu revelar o que eles seriam sem dúvida mais frequentemente e mais completamente se o mundo agisse de outro modo com eles...

À medida que eu ouvia esses dois jovens lembrarem, com a maior naturalidade, apesar das reticências e dos silêncios, ligados ao medo de dizer demais, ou de chocar, o que fazem na vida, a vida do conjunto, e mesmo suas "besteiras"? ou a violência, exercida por alguns, ou por um só (como aquele que fez de um "pequeno" seu escravo), tudo isso me parecia também natural, tanto estava presente, em suas palavras, e em todas as suas atitudes, a "violência inerte" da ordem das coisas, aquela que está inscrita nos mecanismos implacáveis do mercado de trabalho, do mercado escolar, do racismo (presente também nas "forças da ordem" encarregadas, em princípio, de reprimi-lo) etc. Eu não tinha que fazer força para compartilhar do sentimento, inscrito em cada palavra, cada frase, e sobretudo no tom da voz, nas expressões faciais ou corporais, da *evidência* desta espécie de miséria coletiva que fere, como uma fatalidade, todos aqueles que estão amontoados nos lugares de *rejeição social*, onde as misérias de cada um são redobradas por todas as misérias nascidas da coexistência e da coabitação de todos os miseráveis e sobretudo, talvez, do efeito de destino que está inscrito na pertença a um grupo estigmatizado. Ali observa que é quando ele fica, na terceira série, numa classe de crianças vindas do conjunto que seu destino escolar se torna mau; ele diz que as boates das proximidades não têm interesse porque só se encontram pessoas do conjunto; e para explicar por que ele acha que as moças do conjunto são sem interesse nem valor, ele se limita a dizer que elas saem com ele ou com pessoas como ele. Perfeita ilustração da famosa brincadeira de Groucho Marx, "Que é um clube de onde eu não sou excluído?" que, se anularmos a neutralização introduzida pela intenção cômica, expressa bem aquilo que é preciso chamar, não ódio de si, mas *desesperança de si*.

Com dois jovens do Norte da França

– *Entrevista de Pierre Bourdieu*

"É enervante, à força."

– *Você me dizia que não é muito alegre aqui, por quê? É o que, o trabalho, o lazer?*

François – Sim, o trabalho e o lazer. Não está havendo emprego. No nosso bairro não tem nenhum.

Ali – Não há lazer.

François – Temos o local, mas as pessoas da vizinhança protestam.

Ali – Elas não são gentis, é verdade.

– *Por que elas reclamam, porque...*

François – Porque ficamos no jardim, e depois, à noite, não tem nada em nosso conjunto, somos obrigados a ir para os vestíbulos quando faz frio. E depois, quando há muita bagunça, elas chamam a polícia. E depois há também muitos outros locais.

– *Sim, que não deixam vocês utilizarem?*

François – Sim, eles não dão as chaves.

– *Então eles não servem para nada...*

François – Eles não servem para nada, não.

– *E você diz: "As pessoas da vizinhança protestam", quem são?*

François – São as pessoas dos apartamentos. Quando na entrada falamos muito alto, bem, eles descem, eles gritam e tudo.

– *Sim, porque você não tem lugar onde se meter...*

Ali – Não, não há para onde ir.

– *E esse local, é o quê? Você diz: "Há um local..."*

François – É um compartimento grande. Antes, quando ele ficava aberto, tinha uma mesa de pingue-pongue e a gente jogava.

– *Sim, e por que não fica mais aberto? Por que vocês fazem muita bagunça, ou o quê?*

François – Não, porque ele foi arrombado.

Ali – Não, não, não é isso. É que também havia rapazes de outros bairros que faziam merda e depois [...]

– *E vocês não encontravam jeito de controlar, é difícil...*

François – Agora não, vai bem, há entendimento melhor entre conjuntos.

– *E não há quadra de esportes...*

François – Sim, há um campo de handebol mas lá vão apenas as pessoas do lado.

– *Sim, é isso, só há um para os dois conjuntos, sim. É terrível isso. E há rivalidade entre os conjuntos, um pouco?*

François – Sim, há muita.

– *Mas, é o que, são gangues?*

François – Sim, muitas gangues.

– *Essas gangues são ligadas a quê? Na escola, há coisas assim? São pessoas que se conhecem; ou pelo bairro ou...*

François – Oh! Há várias gangues [...]; há pessoas que trabalham, pessoas que praticam esporte e tudo. Pessoas que... que fazem farra.

– *E você, está nesta...*

François – Não!

– *Por que você ri?*

Ali – Ele me faz rir.

– *Você não me disse tudo...*

Ali – Sempre insultam em nosso conjunto; como ontem, fomos atacados com gás lacrimogêneo por um cara, oh!, por um cara do apartamento. La Gonflette.

– *Que tipo você chama assim? Mas é quem, esse cara?*

Ali – É um homem que joga gás lacrimogêneo quando há muita gente na entrada.

– *Por que, o que vocês faziam, vocês o aporrinhavam, não?*

François – Não, quando estamos na entrada... ele mora no primeiro andar; quando estamos na entrada, conversamos; às vezes, conversamos, gritamos.

– *Mas isso era de dia, tarde da noite?*

François – Não, somente à noitinha.

– *Tarde?*

François – Tarde, por volta de 10, 11 horas.

– *Bem, sim, é preciso que ele durma, não? Lançar gás lacrimogêneo é muito, mas, enfim, se vocês o aporrinham todas as noites, isso se compreende um pouco.*

Ali – Sim, mas ele poderia descer e dizer...

– *Sim, efetivamente, ele poderia dizer gentilmente "vão para mais longe"...*

Ali – em vez do gás lacrimogêneo.

– *É isso, não havia necessidade de fazer isso. E de onde atira gás lacrimogêneo esse homem?*

Ali – De sua janela. Gás lacrimogêneo no prédio; e nós é que levamos, nós os jovens. Sim, são os grandes que levam.

François – Sim, porque eles vão ver as pessoas acima, vão ver o zelador e depois eles dizem... isso já está feito. Eles dizem "são sempre os mesmos".

– *E quem é o zelador?*

François – Não conheço. O zelador nunca está lá. Ele não mora lá. Creio que ele trabalha em vários conjuntos.

– *E há muitos problemas como esse? E recai sempre por cima dos mesmos...*

François – Sim, sobre os mais velhos. Sobre o irmão mais velho (de Ali) e um outro grande.

– *Mas por que, por que pensam que a responsabilidade é deles?*

François – Sim, porque eles acham que são eles os patrões. Deve ser isso.

– *Mas quando isso recai sobre eles, quem é que berra, os moradores? Eles chamam a polícia?*

Ali – Ora chamam a polícia, ora no dia seguinte vão ver o vigia e lhe contam.

– *E depois eles se põem a xingar...*

François – Ah! Eles se põem a xingar. Sabendo quem são, eles vão ver seus pais.

– *E os pais, eles falam...*

François – Bá! Eles adquiriram o hábito agora. No primeiro dia, sim, depois eles vêm, eles vêm...

– *E o que você estudou?*

87

François – Eu, eu frequentei escola da 6ª à terceira. Eu estive no BEP, frequentei o BEP, o exame. E depois....

– *Não adiantou?*

François – Não, eu rodei. Porque eu não ia muitas vezes à escola, é por isso.

– *É isso, você matava aula?*

François – Sim.

Ali – Sim, porque o colégio ficava um pouco longe. Não tem jeito porque, se estivéssemos na escola ao lado, mas nós estávamos, não sei quantos quilômetros...

A escola aqui perto é para os bons

– *Ah, sim! Eles mandam vocês estudar muito longe?*

François – Eu estou estudando a 10 quilômetros de minha casa.

– *E como você vai até lá...?*

François – De ônibus.

– *De ônibus... E por que não colocam vocês na escola ao lado?*

François – A escola aqui perto é para os bons. Os melhores.

Ali – Para os inteligentes.

– *E na escola, quando você era pequeno, seus pais o ajudavam nos deveres de casa?*

Ali – Ah! Não! Bem, meu pai não sabe ler. Nem escrever. Só há minha mãe que sabe escrever. E mal. Eram meus irmãos mais velhos.

– *Que o ajudavam um pouco...*

Ali – E só quando eles estavam em casa.

– *E ninguém lhe perguntava "o que você tem a fazer para amanhã"?*

Ali – Não, eu estudava, porque, naquele tempo, depois da aula, havia uma hora de estudo. E meu pai sempre me levava.

– *Não era ruim isso...*

Ali – Sim, era bom [...], mas nem todos os dias. E depois, isso começou....

– *Quando começou a ir mal?*

Ali – Lá pela 6ª série. Quando reencontrei todos os meus companheiros.

– *Você estava numa classe onde todos eram do bairro?*

Ali – Sim, sim.

François – Sim, porque a escola ficava ao lado do conjunto.

– *E o comportamento, não era terrível todos juntos? Todos vocês tinham problemas?*

Ali – Oh! Todos.

– *[...] Mas na 6ª série é duro porque é preciso começar cheio de coisas novas, é duro.*

Ali – Sim, mas se você aprendesse e tudo, bem, você se sairia bem. Sem problema. Mas a gente preferia divertir-se [*nesse tempo, Ali andava com um companheiro mais velho – de 19 anos – que tinha abandonado a escola; percebeu muito tarde que seria necessário trabalhar*].

– *[...] E os professores, eles não diziam...*

Ali – Oh! Os professores nem ligam.

– *Eles não ligam?*

Ali – Mas, em nosso conjunto, ninguém frequenta as aulas.

– *Você quer dizer o quê?*

Ali – Os mais velhos.

– *Não há algum que frequente o colégio ou vá à faculdade, não há nenhum? Ou nas escolas superiores?*

Ali – Não.

– *Nenhum, nenhum?*

Ali – Sim, há uns dois ou três. O resto trabalha, fica em casa e depois...

A gente fazia besteiras

– Sim, em casa, desempregado ou no trabalho. Prossiga, você queria dizer alguma coisa... Não? Você pensou em praticar esporte, porque, eu não sei, você é forte, não sei, é uma maneira de...

Ali – Pratiquei esporte, não é interessante. Não se fica muito tempo com eles.

– Por que não muito tempo? Você tinha muitas coisas para fazer?

Ali – A gente fazia besteiras.

– Mas o que, por exemplo? Você pode dizer a verdade, eu não sou da polícia...

Ali – Não. A gente roubava e tudo.

François – Mas isso durou pouco também.

– Sim, mas a metade era por brincadeira.

Ali – Era divertido. Quando a gente se chateava, bem, a gente caía fora.

– Mas, que espécie de besteiras? Pequenas ou grandes?

Ali – Para nós? Éramos muito novos naquele tempo.

– Você tinha quantos anos?

Ali – 12 anos.

– Sim, é isso, 12, 13 anos...

Ali – Bombons, bolos, perfume e tudo. Mas os mais velhos, eles tomavam bebidas alcoólicas; é isso que acabou com muitos rapazes, o álcool e depois a droga.

– Sim, e depois quando não há nada mais a fazer, sim, isso se compreende.

Ali – Sim, e mesmo para ir ao clube aqui nas proximidades, bem, como eu, digamos eu, não entro, os árabes não entram. Então, de noite, o que a gente faz quando eles entram? A gente faz bagunça.

– [Dirigindo-me a François] Mesmo se você está com ele?

Ali – Ele, ele não entra, ele, se eu não entrar, ele não entra.

– Sim, concordo, mas ele, deixam-no passar e barram você...

Ali – Muitas vezes mesmo. Mesmo com garotas. Disseram-me "experimenta com garotas", bem, diante de todo mundo, eles dizem: "não, você não é cliente, você não é frequentador".

– É sujeira, eles não têm o direito.

François – Sim, e depois, no fim das contas, para ser frequentador é preciso ir ao menos uma vez.

Ali – E eles não te prendem, não sei o que há.

– Isso revolta, isso...

Ali – Sim, enfim isso.... é enervante, à força.

– E isso aconteceu a vocês dois, quando vocês chegam lá, eles deixam você entrar e a ele não?

François – Sim, muitas vezes fizeram isto conosco.

– E você, você reclama, pergunta "por quê?" e eles nada dizem...

Ali – Bem, o que eu poderia dizer?

– Não, você nada pode fazer.

François – Sim, quando estamos com garotas, elas podem falar, apesar de tudo. Quando estamos com garotas, elas podem falar, as garotas, dizer "Oh! este é meu colega, ele está comigo e tudo". Mas isto também não funciona.

– Mesmo isso, isso não funciona?

Ali – Já tentamos um monte de vezes.

[...]

François – Sim, é preciso ser frequentador, ele não podia ser frequentador. É mais ou menos o que eu lhes dizia: "se ele nunca entrar, como será frequentador"?

Quando eles não têm dinheiro para comprar, bem, eles roubam
[...]

Ali – Bem, até os policiais; muitas vezes vieram ao conjunto, uma vez, você se lembra, quando eles nos atiraram bomba de gás lacrimogêneo?

– *Por quê?*

Ali – Bem, estávamos na entrada do prédio e um garoto queria suicidar-se ou sei mais o quê. E depois eles vieram, a polícia. Ao descer, um de nós gritou "morte aos carrascos", eles voltaram a subir e depois nos interrogaram, eles nos interrogaram. E nós não falávamos. E depois eles nos disseram "bando de covardes" e foram embora. Todos os que estavam na entrada começaram a assobiar, eles voltaram, jogaram gás lacrimogêneo e foram embora. Nós nos safamos.

François – Sim, eles empurraram também alguns.

Ali – Jean-Marie?

François – Sim, Jean-Marie, eles sabem que não podem bater, então eles vêm procurar-nos.

– *E quando vocês são solidários, beurs e franceses, os policiais não ficam perturbados, não? Não sei, se você disser "é sujeira", eles ligam?...*

Ali – Sim, eles ligam. Uma vez um árabe no conjunto apanhou dos "keufs" no meio do conjunto, bem, um francês veio para ajudá-lo; ele lhes disse: "não é justo o que vocês fazem, vocês não têm o direito", bem, eles o embarcaram também, levaram-no à delegacia, até ele, bateram nele e depois o soltaram na manhã do dia seguinte.

– *E quem era esse cara?*

Ali – Era um companheiro de nosso conjunto. Gilles. Lá vai haver uma festa, como todos os anos, vai haver briga, e é a nós que eles vão prender. Não vamos lá no sábado, vamos mudar de lugar.

François – Sábado e domingo.

– *Sim, sempre sobra para vocês...*

François – Sim, porque há rapazes de outros conjuntos, não do nosso conjunto, mas rapazes de outros conjuntos, eles vêm com... [*silêncio*]

– *Prossiga, prossiga...*

François – Eles vêm com coisas... [*silêncio*]

Ali – Vá, diga...

François – Ah! Eles vêm com droga. Quando não têm dinheiro para comprar, bem, eles roubam. [*silêncio*] [...]

Ali – Oh! A gente se safa. Somos maiores, a gente se vira. Não faz muito tempo, passamos pelo tribunal. Por uma "mono".

– *E o que é uma "mono"?*

Ali – Uma monitora.

– *Por que isso? Por quê?*

Ali – Uma pequena disputa. Bem, eles nos prenderam, o juiz, porque eu gracejava quando nos estava julgando, ele me aplicou oito dias de prisão com direito a sursis mais 1.200, 1.200 francos, eu creio, de multa. Só porque eu ri.

– *Por que você riu quando ele lia a...*

Ali – Sim, visto que eu, há companheiros que vieram comigo; eu não sabia que não tinha o direito de levar companheiros e eles vieram e depois me fizeram rir.

– *Nada de trabalho para pessoas de sua idade na região?*

Ali – Não. Ou eles fazem estágios.

– *Sim estágios simulados...*

Ali – Sim, não é interessante; ganhar 1.200 não é interessante; há quem ganhe isso em uma hora [...]

– *Ao mesmo tempo, não existe outra solução. E não há... eu não sei... se, por exemplo, um cara encontra um trabalho e ele dá um jeito de trazer os outros e tudo isso...*

Ali – Sim, os grandes fazem isso.

François – Mas eles vão para Paris. Como lá, todos os grandes de nosso conjunto, eles estão em Rouen. Há uma fábrica Peugeot lá. Eles trabalham todos lá.

– *Mas como eles acharam isso? Há um que achou e depois ele trouxe os outros? É isso.*

Ali – Porque eu, é o exército que me impede, senão eu teria ido também.

– *Sim, é isso porque, se você não trabalhar, não terá grana. E neste momento, os recursos, é o que, são seus pais que lhe dão um pouco de grana?*

Ali – Sim, de vez em quando. [...]

– *E o que você praticava como esporte de defesa pessoal? Caratê ou...?*

François – De tudo, briga de rua, lá. É simulação também.

– *Simulação? Onde é que você fazia isso?*

François – Na rua da delegacia, lá.

– *Ah, sim! Perto do bloco de apartamentos.*

François – Sim, era simulação.

– *Não era sério?*

François – Tudo o que me ensinavam eu já sabia; não valia a pena aprender.

– *E o boxe, não pensou?*

François – Uma vez eu pensei, mas ficava muito longe. Eu não tinha meios de locomoção.

– *Você tem uma mobilete, ou coisa semelhante?*

François – Tenho nada.

– *Quanto custa agora uma mobilete?*

François – 2.000 francos.

Ali – Na loja, 3.000?

François – Você está louco! Na loja é pelo menos 4.000, 5.000. É preciso comprar "traficada". É necessário comprar dos rapazes. É obrigado.

– *Comprar "traficada", o que é isso exatamente...*

Ali – Comprar "traficada" é uma coisa. [...]

Ali – Havia casos com vigias em nosso conjunto. Há um vigia que apanhou em nosso conjunto.

– *Ah, bom! por quê?*

Ali – Porque ele não tinha mostrado a carteira. Ele batia em outros jovens, jovens de outro conjunto; e depois um companheiro nosso veio defendê-lo e depois normalmente o guarda deve mostrar sua carteira, não mostrou.

– *Então ele perdeu a paciência?*

Ali – Ele sacou o revólver, depois ele salvou-se, meu companheiro, mas ele o agarrou depois.

– *Mas ele esteve em...*

François – Uma semana. Acho que ele está com soltura provisória. Liberdade provisória.

– *E você, o juiz não o prendeu, lá...*

Ali – Foi o meu primeiro caso depois de maior. Não faz muito tempo que eu sou maior, faz sete meses, creio.

91

– *Antes você tinha sido preso?*
Ali – Quando era menor [...]
– *E histórias de roubos, de falcatruas, assim?*
Ali – Na Bélgica. Sim, pequenos casos, pequenas besteiras.
– *Sim, mas depois isso segue você, quando você muda de lugar, eles o marcam.*
Ali – Não faço mais tais besteiras.
– *Sim, mas fazem isso porque se aporrinham...*
François – Bem, é quando não temos dinheiro. Quando não temos grana nenhuma, quando, digamos, vemos belos blusões ou belas calças e tudo. Pois bem! O dinheiro é necessário para nós. Isso era antes, faz tempo.
– *Por que você ri?*
François – Ele ri.
– *Você não está dizendo tudo, está?*
François – Não, eu, acabou, não ando mais com eles, antes eu andava.
Ali – Ele está casado [*Ele tem uma amiguinha*].
– *Agora você está casado? Mas o que você pensa disso?*
François – Não, eu, eu vi todas as malandragens que eles faziam, eu caí fora [...]
Ali – O que nos falta é uma garota.
François – Por que uma garota?
Ali – Para não mais fazer muitas besteiras.
[...]

Havia o aparelho para diapositivos mas faltavam os diapositivos

Ali – Sim, se a gente não tem condução, nem dinheiro, como a gente pode se deslocar?

– *Não há ônibus? Não há nada para D.?*
Ali – Sim, há ônibus...
– *Mas não muitos...*
Ali – Até D. somente. Mas para trabalhos temporários é preciso ir a muitos lugares. É preciso ir a Lens, é preciso ir a Lille, é preciso um carro, mas enfim...
– *E você não tem carro. Algum dos seus companheiros tem?*
Ali – Não. Eu tenho minha irmã, mas minha irmã não trabalha nem nada. Mas, lá em nosso conjunto todos estão fazendo exames para motorista. Depois disso, talvez se as coisas mudarem.
– *Sim, é isso, sim o sábado, tudo isso, vocês ficam presos lá...*
François – Oh! A gente sai. A gente espera o cara que foi para a ilha da Reunião. E depois disso, bem, está bom. Ele pelo menos tem licença de dirigir, creio.
– *Sim, porque, além disso, a maioria não tem carteira... como poderia aprender, não há autoescola, ou algo assim.*
Ali – Uma vez no clube eles quiseram abrir uma, o instrutor, ele quis abrir uma, isso...
– *É uma boa ideia?*
Ali – Sim, mas tinha de ter os diapositivos também.
– *Ah! Sim! É isso.*
Ali – É preciso que alguém os peça ou vá até a autoescola. [...] Havia o aparelho para os diapositivos do código, para aprender e tudo. Não, mas no carro há muitos que sabem dirigir. Mas são as leis do trânsito que... E depois há companheiros, duas vezes fizeram exames, duas vezes eles rodaram.
– *Sempre por causa do código?*

François – Sim, o código. E depois há um outro rapaz, lá, que anda sem carteira, ele vai para Paris, ele trabalha. Ele é bastante atirado.

– *Em que ele trabalha...*

François – Ele trabalha... não sei mais em quê.

Ali – Ele me disse que trabalha em Paris, ele trabalha na construção civil...

[...]

– *Sim, foi você que dizia isso, que, no serviço militar, há muitos que desertaram porque isso não funcionava.*

Ali – Sim, porque era, era muito chato.

– *Quando você diz muitos, não eram mais de 36...*

Ali – Não. Cinco ou seis.

– *Tantos assim? Que era de...*

François – De nosso conjunto e depois do vizinho.

– *Mais ou menos de sua idade?*

Ali – Há um que não tinha nem mesmo estado lá, e já estava chateado. Ele havia tomado comprimidos antes de partir.

– *Que você quer dizer com comprimidos?*

Ali – Comprimidos... como se chamam?

François – Soníferos.

– *Para se suicidar? Ou o quê?*

Ali – Oh! Tentativa de suicídio. Mas foi só fingimento.

– *Sim, é isso, para tentar ser dispensado?*

Ali – É...

– *E isso funciona?*

Ali – Sim, funciona, ele foi dispensado.

François – Sim, ele foi dispensado também do hospital de doidos.

Ali – Sim, mas P4, não vale a pena. Não vale a pena.

– *O que é fórmula P4? Mandam-no...*

François – É quando a pessoa não é normal, P4, e para arranjar emprego, isso não vai, é duro. É preferível servir o exército.

– *Então você diz que há um que foi para os para-quedistas e depois desertou?*

Ali – Sim, porque eles o prenderam em outra...

– *O que ele tinha feito?*

Ali – Bateram nele. Bateram muitas vezes. E depois eles o mandaram para um reformatório, eu creio. Ele ficou desgostoso, ele saiu, está livre.

– *E há muitos como ele, eu jamais tinha ouvido falar disso. Eles não aguentam a disciplina? Eles se aborrecem?*

Ali – Eles não têm o costume de receber ordens.

– *Sim, é isso; e no trabalho não enfrentam o mesmo problema? Não há empregos temporários, provisórios, expedientes assim, pequenos serviços, não há mesmo nada disso?*

François – Há rapazes que trabalham – olha Jean-Luc – bem, durante seis meses ele ficou sem receber.

– *No fim de seis meses acertaram com ele?*

François – Sim, e depois ele não tinha ainda contrato.

– *E ele continua?*

François – Sim, ele continua de vez em quando, mas ele ganhava apenas 2.030, não 2.300.

– *E por muitas horas?*

François – 260 horas a mais, ele me disse, é um SES que ele faz. Um estágio.

– *Sim, isso não anima muito a procurar trabalho.*

François – Não, é ruim.

E depois eu gosto muito de fazer... os roubos

– *E você dizia há pouco que, na academia de defesa pessoal, você nada havia aprendido; como você havia aprendido, há muita briga?*

Ali – Oh! Quando éramos mais novos, quando éramos pequenos, sim, lutávamos muitas vezes entre...

– *Sim, na escola como aqui, contra os rapazes dos conjuntos vizinhos.*

Ali – Mesmo entre nós às vezes. Oh! Todo mundo queria ser o chefe.

François – Mas depois, cinco minutos depois, voltávamos às boas. Eram brigas simuladas.

– *E depois vocês gostavam mesmo de fazer era...*

Ali – ... os roubos.

– *Então é isso. Mas vocês não têm cara de maus, apesar de tudo, nem um, nem outro, é esquisito...*

Ali – Não, estamos... [...]

– *E vocês conversam sobre política entre vocês? Ou não muito?*

Ali – Não.

– *Vocês ligam um pouco, não que vocês evitem isso, mas vocês não sabem muito o que pensar disso?*

Ali – Não, de política não muito.

[*Fotos – interrupção*]

– *[Passado um momento após haver sugerido a François e a Ali continuar em sua ausência a se interrogarem mutuamente, diante do gravador] Então você continua perguntando?*

Ali – Não, ele me interroga, ele diz.

– *Ah! É ele? Vá, vá ver se você faz bem.*

François – Eu faço também as mesmas perguntas que ele me fez?

– *Não, não, você fez ele dizer o que ele não quis dizer [...] O que o juiz lhe deu como sanção? 1.200 francos?*

Ali – E oito dias com sursis.

– *E você já tinha estado antes?*

Ali – Não, eu era menor...

– *E isso lhe aconteceu alguma vez quando era menor?*

Ali – Sim, sim, se eu fizesse de novo uma besteira, eu procurava não ser preso de novo, bem, os dias que... eu deveria fazê-los. [...]

– *Isso lhe trouxe aborrecimentos, que é que você tinha feito...*

Ali – Foi pelo roubo de uma mobilete, eu acho. Eles tinham tirado fotos, impressão digital. Por uma coisa pequena.

– *Mas você tinha quantos anos quando fez isso?*

Ali – Isso, eu o fiz quando estava na 4ª série, eu acho que tinha 16 anos, 15 anos.

– *Eles pegaram você?*

Ali – Não, eu me deixei pegar. Eu não pude correr.

– *E sobre o fato? Sim... eles interpelaram você, aporrinharam você e depois...*

Ali – As fotos e tudo.

– *Mas não deixaram você preso lá?*

Ali – Eles mandaram chamar meus pais, eu era menor. Naquele dia eu fiquei atrapalhado. Eles queriam me deixar preso, mas meu pai veio me buscar.

– *O que eles disseram a seu pai?*

Ali – Eles lhe contaram o caso.

– *Seu pai xingou muito?*
Ali – Sim, ele queria me desconjuntar. É normal, hein. Eu o compreendo.
– *Sim, ele deve ter ficado bronqueado.*

São sempre os mesmos que
levam a culpa

Ali – Sim, e foi melhor, graças a ele não fiz mais besteira. Eu lhe pergunto (a François), hein.
– *Vai lá. Ele não respondeu ainda?*
Ali – Não, eu queria lhe perguntar se ela mudaria de casa, se isso estava, ou não, em seus planos.
François – Mudar? Se eu me mudar, será quando eu for mais velho.
Ali – Mas agora?
François – Agora...
– *Você ficaria com saudades do conjunto?*
François – Não, porque faz 19 anos que moro aí.
– *Então você conhece todo mundo?*
François – Eu conheço todo mundo, tenho todos os meus companheiros aí [...] mas, talvez se eu mudasse, seria para partir com...
– *Para se casar?*
François – Sim, para me casar, para organizar minha vida.
– *E você, se pudesse, você gostaria de se mudar?*
Ali – Mudar, sim, gostaria; mas eu vou sentir saudades, apesar de tudo; porque é duro mudar-se, não estamos habituados com os outros e tudo isso depende do lugar para onde você vai.
– *Sim, mas enfim muitos de seus aborrecimentos vêm do fato de morar neste conjunto. É este o problema.*

Ali – Sim, é isso. Isso, há pessoas, é preferível mudar [...].
– *[...] O que seria preciso é talvez que isso melhorasse, que os prédios... eles estão, apesar de tudo, muito ruins, não?*
François – Os prédios, se você quer falar de degradação e tudo isso... Cada vez que há coisas quebradas, os jovens é que levam a culpa.
– *Mas é o que, são as bolas que quebram os vidros, coisas assim?*
Ali – Não, são as portas de entrada, os ladrilhos, as caixas de correio. As portas de entrada.
– *Mas quem é que faz isso, é um pouco os jovens?*
Ali – Sim, é um pouco os jovens.
François – Sim, mas não sempre, e são sempre os mesmos que levam a culpa. São os que não fazem nada que levam.
– *É isso que você queria dizer há pouco, os tipos que são marcados um pouco, isso cai sobre eles, é isso que você quer dizer? E você está um pouco assim, não, você foi marcado... quando era pequeno, não?*
Ali – Sim, mas agora não. Eu, eu saio com mais velhos que eu, com seu irmão mais velho e ainda um outro grande, mas são eles que levam a culpa é... além disso são eles que nos dizem para não fazermos...
François – É ruim para eles.
– *Por que, dizem que são chefes de gangues ou o que...*
Ali – Sim, enfim eles dizem que são eles que os arrastam. Botam isso na cabeça.
– *Sim, mas você dizia há pouco que havia brigas assim entre conjuntos e até mesmo gangues.*

95

Ali – Oh! Sim! Há várias gangues, há outras que vêm, que arrombam e depois nós é que levamos a culpa.

– *Mas por que, porque há brigas...*

Ali – Porque há conjuntos onde eles querem disputar o comando. Eles querem ver quem é mais forte, quem manda mais e tudo. Senão, vai melhor, a gente se entende melhor. Há uma casa que abre e depois há muitos árabes que entram e depois há as que a gente pode frequentar.

– *Então de repente vai melhor...*

Ali – Mas enfim, é chato, já que todos se conhecem. Em casa não vale a pena... [...]

– *Seria bom poder ir a lugares distantes onde vocês não são conhecidos, onde vocês vissem pessoas diferentes.*

Ali – Como assim? Antes fazíamos isso, nós ajuntávamos as turmas para ir longe. Agora acabou, ninguém dá mais bicicletas aos jovens.

– *Por que isso, porque isso custa muito caro, porque...*

Ali – Antes todos tínhamos bicicleta. Íamos longe, a [...] e tudo, agora acabou.

– *Por que, é muito cansativo?*

François – Porque quando a gente ia para a escola, a gente pegava o trem. Há muito que se mudaram de nosso...

– *De seu grupo, lá, de seus companheiros.*

[...]

Eles acreditam em tudo o que dizem na televisão

– Sim, é isso. E você não pensa em... sim, depois do serviço você disse?

Ali – Sim, eu, eu estou seguro e certo que é em Paris... se eu morasse em Paris ou no Sul. Eu esperava fazer isso com [François], mas visto que ele está casado e tudo, é melhor para ele que ele fique. Senão eu devia fazer isso, há muito tempo, mudar para o Sul.

– *E que é que você vai apresentar então, você...*

François – Bem, meus diplomas... Um CAP.

– *E talvez você possa encontrar um trabalho remunerado no mesmo lugar que ele...*

François – Sim, mas como eu digo, não vamos passar toda a nossa vida juntos; um dia teremos de nos separar.

– *Bom, sim, mas como vocês são companheiros, por que não tentar...*

François – Bem, sim, mas... se a gente arranja, arranja para todo o mundo. Se um rapaz arranja trabalho, ele avisa os outros. E depois [...]. É melhor.

– *É por isso que eu perguntei se você tinha primos,... é assim que se pode...*

Ali – Às vezes são os pais, eles não confiam, eles pensam que a gente vai se perder ou... É o meu caso, eu devia ir a Marrocos este ano, sozinho, bem, minha mãe não deixou. Ela me tratou como uma criança. No final das contas, para o Marrocos, é isso.

– *Sim, sobretudo tendo família, não é...*

Ali – Bem! Não saíamos mais, nós, à noite, antes, saíamos, mas não tarde, tarde; pois eles (os pais) tinham medo; tudo o que falam na televisão, eles acreditam, eles.

– *Sim, é isso, eles acham que o conjunto é perigoso, que... É isso? Sim, há também um rapaz que me disse que seu pai tinha medo o tempo todo, quando ele recebeu um papel, ele não sabe ler, então desde que ele receba um papel não importa o que, ele tem medo. Isso se com-*

preende também porque para eles não é engraçado. Quando não se sabe ler nem escrever, é verdade que é difícil.

François – Bem! Em nosso conjunto, há caras que mal sabem ler ou escrever.

– *Ah! bom! pessoas de sua idade...*

François – É, e também mais velhas.

Ali – É, há até mais velhos que, sim, eles sabem ler, mas leem mal, leem como um robô... ou, bem, leem...

– *Ah! bom! muitos?*

Ali – Há muitos. Pelo menos 80%.

– *E você fala 80%, não é possível 80%, você percebe? 8 em 10!*

Ali – Sim, mas entre nós, do nosso grupo, hein.

– *Do seu grupo...*

Ali – Nós, nós somos pelo menos 20 ou 30. Bem, há quantos que sabem ler? Bem, eu falo ler bem. Há 10. Os outros leem mal.

– *Quando você diz um grupo, é que vocês se encontram frequentemente...*

Ali – Quando disputamos partidas de futebol, quando somos muitos. Quanto a ler, todos sabem ler, mas eles, eles leem mal.

– *Com dificuldade. Eles tropeçam nas palavras, eles não compreendem bem o que elas dizem, é isso?*

Ali – Sim, e depois eles leem como robô, palavra por palavra. Há pessoas que param nas palavras.

Até eu, eu leio como robô, consigo ler, mas como robô

– *Nisso, eu não teria acreditado, você vê.*

Ali – Até eu, eu leio como robô. Eu chego a ler, mas como robô.

– *Por que você lê como robô?*

Ali – Porque eu, em minha casa, quando eu estava nos X, eu nunca lia, na escola eu nunca lia.

– *Não o mandavam ler em voz alta...*

Ali – Sim, mas a gente se recusava.

François – A gente queria bancar não sei o quê.

– *E o que, para impressionar os companheiros, para se fazer de duro...*

Ali – Não, a gente não gostava. A gente não gostava de ler. Justamente ler, é simples ler. Mas a gente lê mal.

– *Você foi até a terceira, era preciso que você soubesse ler...*

Ali – Sim, eu sei ler, sim, sei ler...

– *Mas não com facilidade.*

Ali – Sim, com dificuldade.

– *E você lê jornal, ou coisas assim? Nunca? É preciso, hein.*

Ali – Sim, vale mais, sim. Mas ler, escrever, contar e depois tudo, lá, todos sabem fazer. Todos sabem.

[*Espécie de interlúdio durante o qual François interroga Ali, sem interferência de PB, sobre a Roseraie*" – "*é suja*" – *sobre o clube* – "*sempre fechado*" – *etc.*].

Ali – Sim, quando eu mudei para o meu bloco, lá morava a mulher do segundo andar, tem a irmã que vem e depois gritam com a gente tudo isso.

– *E ela mora lá, a irmã...*

Ali – Não, ela não mora lá, ela mora na casa.

– *E quem são essas boas mulheres? São francesas do lugar?*

Ali – São francesas que não gostam dos norte-africanos...

François – São duas irmãs, duas racistas do conjunto.

97

– *Mas há outras como elas?*
Ali – São as duas e depois...
François – [...] Não há mais nenhuma.
– *E os zeladores? Como eles são, mais ou menos?*
Ali – Eles estão lá depois do meio-dia, de uma hora a uma hora e meia.
François – E depois de manhã também, mas eles não moram lá. Normalmente eles deviam morar no conjunto, os zeladores.
Ali – Sim, mas há um homem que veio morar lá. Ele tem 28 anos. Ele é superlegal? Graças a ele podemos sair e tudo. Ele nos tem ajudado muito.
– *E quem é esse homem?*
Ali – Karim. É um bom homem, ele trabalha em Paris agora, não mais o vemos. Senão à noite, ele conversava conosco, ele nos levantava o moral.
– *E o que ele faz como trabalho?*
Ali – Ele é jocker, ele dirige automóveis.
– *Ele tem instrução?*
Ali – Ele morava na Argélia, serviu ao exército da Argélia 5 anos, ele era engajado e depois saiu. Veio para cá, ele tinha diplomas e depois daqui ele partiu, ele trabalha; ele trabalha como temporário etc.
François – E depois ele nos presta serviços também [...]
– *E esse Karim era atencioso com vocês?*
Ali – Ele fazia tudo conosco, futebol,... nos prestava serviços. Ele nos levava onde queríamos, onde lhe pedíamos, ele nos levava...
– *Afinal, se houvesse alguns árabes atenciosos, seria muito melhor...*

Ali – Só havia ele que compreendia os jovens.
– *Mas que idade ele tinha, 28 anos?*
Ali – 28 ou 29 anos.
– *E agora ele foi embora?*
François – Não, não, ele mora sempre em X, mas trabalha em outro lugar. Ele está lá todos os sábados e domingos.
– *E ele pode explicar a essas mulheres...*
François – Eles não dão ouvidos. Agora, eles estão calmos, mas de repente não compreendiam nada. Vários já estiveram lá, não são de nosso grupo, são de um grupo de grandes. Eles são 5. Eles estão todos na cadeia. É quando eles saírem que realmente... Somente 2 saíram. Há ainda 3 ou 4.
– *E por que eles foram presos? Por causa de drogas?*
François – Sim, e depois roubo de carro. E depois assalto a mão armada. Eles vão sair. E depois, quando estão em grupo, eles bebem, fumam e tudo e depois...
– *Eles... fazem porcaria...*
Ali – Ah! o bordel.
– *E eles moram no conjunto...*
Ali – Não. Deve haver só 2 que moram no conjunto.
– *Eles vêm de outros lugares, então.*
Ali – Ah! sim! para não serem reconhecidos. E depois um é o chefe.
François – Sim, há três que saíram.
Ali – Sim, há ainda um outro que saiu.
François – Mas eles não entendem nada. Mas eu não sei, mas se jamais... eu não desejo, se alguma vez eu voltar à noite, eu paro tudo. Eles, eles não entendem nada. Eles só vivem entre a prisão e a casa.
– *Sim, e depois eles têm armas, não...*

François – Eles têm armas, eles têm droga, eles têm tudo.

– *Eles fazem reinar um pouco o terror.*

François – Ah! Essa questão do terror é... Um. Somente um, é o mais [...]. Os outros, não, você pode os, você pode os... É grave.

– *Sim, e quando eles saem todo o mundo tem um pouco de medo.*

François – Sim, a gente tem medo; ou bem, há várias rixas de famílias, mesmo em nosso conjunto, você não acredita? [...] Brigas entre famílias, isto é perigoso.

– *O que é isso, brigas de famílias?*

Ali – São duas famílias que lutam entre si. E de fato todos juntos.

– *Mas por que isso?*

Ali – Por nada. Por boatos de... besteiras.

– *Não há casos de casamentos ou coisas assim, não?*

Ali – Não, são as besteiras do rádio.

– *Do rádio?*

Ali – Um rapaz, lá, Eric, tinha seu aparelho, o outro queria tomá-lo e depois seu companheiro veio defendê-lo; eles brigaram, seu irmão desceu, ele chamou seu irmão.

– *Veio toda a família depois, é isso. Famílias numerosas?*

Ali – Sim, famílias de muita gente.

– *Muito, muito numerosas? De onde vieram? Da Argélia?*

Ali – Da Argélia.
[...]

Quando você fala às mulheres, você lhes diz "eu moro em La Roseraie"...

Ali – Sim, mas adianta? No entanto La Roseraie é sossegada. Não há mais nada. Apenas uma pequena reputação... que se foi. Uma baixa reputação. E depois é engraçado quando se fala, digamos, com moças que moram num conjunto mais limpo, mais... você lhes dizer "eu moro em La Roseraie"...

– *Imediatamente elas desconfiam.*

Ali – Não, elas vão embora. É por isso, não é bom. A gente é obrigado a passar a lábia.

– *Sim... e também para você, isso?* [...]

Ali – Quando você conversa com as mulheres, você lhes diz "eu moro em La Roseraie"...

François – Agora eu falo [...], elas nos tomam por delinquentes [...]

– *Sua garota, ela é do conjunto também?*

François – Sim, ela é do conjunto.

– *Você mora com ela?*

François – Como morar?

– *Eu quero dizer: você vive com ela? Você não se casou ainda.*

François – Não, eu não sou casado. Não, eu não estou com ela, não.

– *Você vai se casar depois do serviço?*

François – Não, é preciso que ela trabalhe. E, depois, eu também, evidentemente.

– *E você, você tem uma garota?*

Ali – Bem, foi depressa, bem feito. Não, eu, é depressa... [*ele ri*]. Não, eu não gosto que ela... É preciso de fato que ela esteja bem. Porque as garotas que eu conheço não são sérias. Vale mais conhecer moças que são boas, sérias, mas é difícil de encontrar.

– *Sim, e essas que andam com vocês, elas não são...*

Ali – Não, elas não são sérias. É só você virar as costas, bem, pronto, você não a vê mais. Ela já está com outro.

– *Você dizia que só havia uma que saía com você, do conjunto...*

Ali – Sim, mas é uma irmã de um companheiro. Eu a considero como uma colega. Como um rapaz, como um companheiro; ela é simpática, ela.

– *E as outras garotas, são garotas que você conhece como? Em clubes, desse jeito?*

Ali – Sim, nas saídas, ou também na escola ou então as irmãs mais velhas de outros companheiros.

[*Lembrança de uma mulher do conjunto, francesa*: "Ela nos trata bem e tudo". "Quando há pessoas que falam de nós, ela vem nos prevenir". *Volta ao tema da violência*].

François – Mesmo os pequeninos de nosso conjunto começam a fazer besteiras...

– *Quem?*

François – Os pequenos. Em nosso conjunto eles têm 10 ou 9 anos.

Ali – Eles fazem besteiras, eles entram nos jardins dos outros, eles roubam cerejas...

– *Sim, mas isso você fazia também...*

Ali – Oh! Todos passamos por isso, mas...

François – Eles fazem tudo também, as bicicletas.

– *Ah! sim! mas você pensa que está pior, que isso se agrava?*

Ali – Bem! sim! nós não começamos assim, nós não começamos com bicicletas. E agora todos os pequenos de nosso conjunto fumam. Os meninos entre 13 e 14 anos.

– *O quê? haxixe ou...*

Ali – Não, cigarro.

– *Cigarro, sim.*

Ali – Os meninos aos 14 anos começam com o cigarro, aos 15 é...

– *Mas eles têm grana para isso?*

Ali – Eles arranjam, ou melhor, eles acham.

– *Mas você pensa que de fato isso se agrava, isso desce...*

Ali – Sim, sim, depois do cigarro, o que é que isso vai-lhe causar, isso vai virar vício. Depois eles quererão estar bem. Eles vão começar a pegar. Há um rapaz em nosso conjunto, que idade ele tem? Ele deve ter 15 anos, bem ele, ele faz tudo, ele toma comprimidos, haxixe, álcool, ele não é de nosso conjunto, ele é de [...]. É outro conjunto. Ele abandonou a escola e tudo. Ele perdeu-se. Mas eu, eu não tenho inveja dele porque ele teria podido fazer melhor, porque ele é bem formado de corpo, ele é maior que nós e tem 15 anos. Mas ele não percebe. Tenho pena dele.

– *Que negócio mal parado...*

Ali – E ele, esse rapaz, não se dá conta de que ele rouba para os outros.

– *Por que ele rouba? Ele rouba o quê...*

Ali – Para seu chefe.

– *Ele rouba para a sua turma.*

François – Quando ele não está drogado pode ser que...

Ali – Bem! Sim! Ele vai entender mais tarde. Porque ele não ganha nada, então, o que é que ele faz lá? Ele rouba, ele rouba, mas ele nunca tem nada, é para os outros.

– *Sim, ele tem um chefe de gangue que bate nele, o quê?*

Ali – Não é nem o chefe. É um rapaz que anda sempre com ele. Ele toma tudo dele.

Ele passa, ele diz: "vai pegar isso para mim", ele vai, rouba e volta.

– *É um escravo?*

Ali – É um tolo. Pior para ele, hein!

– *Mas isso acontece muitas vezes? Quantos tipos como esse existem?*

Ali – Não há muitos que fazem isso. Só há dois.

François – Sim, enfim...

Ali – Não, não há mais que os dois, porque ele o tem bem preso na mão, hein.

François – O garoto de 15 anos, ele tem medo.

– *Ah! sim! é isso...*

François – "Se você não fizer isso, bem... eu lhe torço o pescoço..."

– *E como ele conseguiu se impor? O garoto não pode se proteger?*

Ali – Ele não pode fazer nada, é um menino.

– *Ele tem medo, ele não tem irmãos, não tem nada? Está totalmente sozinho?*

Ali – Com sua irmãzinha, creio, e depois sua mãe; seu pai não vive mais com eles.

– *Pobre rapaz. Você o conhece?*

Ali – Oh! Eu o conheço, bem, sim, ele anda conosco e tudo.

– *E o que ele diz para você?*

Ali – O que ele pode dizer? Ele não diz nada. Há dias em que ele se sente constrangido, ele tem vergonha, mas nada pode dizer, ele diz que não pode falar etc.

– *Ele tem medo. E vocês não podem ajudá-lo? É chato ir se meter também.*

Ali – Oh! sim! é seu caso. O problema é dele.

Maio de 1991

Patrick Champagne

Uma família integrada

Maria D. mora em Villeneuve, conjunto residencial construído há uns 20 anos no subúrbio de um grande centro urbano. Desalojada por causa da reurbanização do centro da cidade onde ela morava há uns 10 anos, ela foi transferida para esta ZUP no começo dos anos 70, logo no início da construção dos primeiros prédios. Ela me foi apresentada pelo gerente de projetos da ZUP, classificada DSQ desde 1987, sem dúvida porque essa mulher espanhola é uma "figura local" que sabe falar e podia, pois, ser considerada um porta-voz eficaz das pessoas "bem" do conjunto. Militante do partido comunista, ela é igualmente, com efeito, uma pessoa muito ativa na associação de inquilinos que foi recentemente criada no quadro do processo de reabilitação. Baixa, nervosa, ela não se deixa dominar e, como se diz, "não tem papas na língua": ela fala frequentemente com humor, com rapidez, às vezes no limite do compreensível. Ela fala alto e forte, de maneira volúvel, com aquele acento muito marcado e aquele domínio aproximativo, mas sem complexo, da língua que os imigrantes espanhóis em geral usam quando se exprimem em francês.

Ela me recebeu em sua casa, vestida sobriamente com uma blusa florida, com um gibão e uma saia de cor escura. O apartamento, que fica em uma parte do ZUP já reurbanizada, está perfeitamente arrumado e impecável: nada fora do lugar, nenhum traço de poeira. Durante a entrevista, que acontece na sala de jantar, à volta de uma mesa, ela catará, maquinalmente com a mão, falando, invisíveis migalhas de pão. Na casa desta mulher com cerca de 50 anos, cuidada mas sem exagero, tudo exprime um caráter muito voluntarioso, com ausência de desleixo e a rejeição de qualquer frivolidade: "Não, veja, eu não sou uma pessoa que perde tempo para passar as tardes com mulheres, não, isso não. Prefiro participar de reuniões, coisas assim. Mas, então, conversar futilidades que as mulheres falam, coisas de manicure e de cabeleireiro, não. Isso, não".

Oriunda de uma família camponesa de 10 filhos, ela veio para a França no começo dos anos 60, quando não tinha ainda 18 anos, porque não havia emprego para ela em sua aldeia, ao passo que "na França, nos anos 59-60, havia muito trabalho". Foi por intermédio de uma missão católica que os empregadores franceses recrutavam essa mão de obra dócil e barata: "Nós morávamos no campo e éramos jovens também, não tínhamos muitas [necessidades, ambições]... não víamos muitas possibilidades de ir a outro lugar. [...] Eles nos mandavam um contrato, nos empurravam um pouco, se você quer. E eles nos propunham pagar a viagem e nos davam um pouco de dinheiro". Ela foi contratada por uma fábrica de reciclagem de andrajos. Vários irmãos e irmãs seus a acompanharam e se instalaram igualmente na região (eles continuam a se ver, hoje, com frequência). Foi na França que ela conheceu seu marido, que é também espanhol, e que deixou o país pouco depois nas mesmas circunstâncias que ela: depois de haver seguido, na Espanha, numa escola militar, uma formação de soldado, ele foi recrutado, aos 23 anos, por uma fábrica francesa para trabalhar na indústria automobilística. Depois de algum tempo, ele se estabeleceu por conta própria como lanterneiro, enquanto sua mulher, que tinha parado de trabalhar algum tempo para cuidar de seus 2 filhos (dois garotos que, na época da entrevista, tinham 24 e 16 anos), retomou uma atividade de meio expediente e hoje faz faxina em casas de famílias abastadas.

Com saudades, ela lembra os primeiros anos passados em Villeneuve: melhor instalada que no centro da cidade, os imóveis rodeados de áreas verdes eram, para ela, elegantes e agradáveis. Ela conta como, em alguns anos, as construções se multiplicaram, a população progressivamente foi mudando e os "problemas" apareceram especialmente com o aumento do desemprego para os jovens. No começo, recorda-se Maria, o leiteiro podia ainda deixar as garrafas no patamar da escada e os moradores, o dinheiro sob capacho. Muito rapidamente, os roubos começaram a se multiplicar (as bicicletas, depois os carros) e, à pequena delinquência quotidiana, que progressivamente se instalou, ajuntou-se a degradação dos prédios, provocando a saída das famílias que podiam. Depois ela lembra os problemas da coabitação que se multiplicaram entre a população europeia e uma população de origem árabe cada vez mais numerosa: "Havia pessoas que começavam a se queixar... eles colocaram muitos árabes... [Muita gente reclamou de alguns árabes por causa da quaresma]. Agora acho que isso melhorou por causa de tantas pessoas que reclamaram [...] porque houve anos em que, verdadeiramente, no tempo da quaresma, fora era a festa... Dir-se-ia que se estava na Argélia". Mas, para ela, a vida do dia a dia da cidade tornou-se, sobretudo, "infernal" com a chegada, nos inícios dos anos 80, de "famílias-problemas" com "muito má reputação", que foram instaladas nos alojamentos vazios, cada vez mais numerosos, da ZUP: "Todo mundo arrombava. Enfim, não sei se eles roubavam em outros lugares mas aqui, de fato, todo mundo sofria por isso. Ou nas férias, ou de noite, ou durante as festas, mas todo mundo passava por isso".

Tudo deveria ter levado esta família emigrada que conseguira sem o saber sua integração e, além disso, estava longe de ser ameaçada pelo desemprego, a deixar, como muitas outras famílias, o conjunto. Se Maria D., entretanto, ficou na ZUP, apesar das dificuldades crescentes que isso progressivamente representou para ela e sua família (carro roubado, adega esvaziada, apartamento arrombado etc.), isso não foi somente porque ela não quisesse deixar este conjunto ao qual ela se prendeu e do qual ela, um pouco, se havia apropriado. Foi também porque, como muitas famílias emigradas, ela viveu durante muito tempo com a ilusão da "volta ao país" (Maria e seu marido conservaram, por exemplo, a nacionalidade espanhola), vivendo na França como um provisório que se eterniza e impede os projetos de alguma importância: "Nós, no princípio, não sabíamos se íamos ficar aqui ou voltar para a Espanha, por isso decidíamos não comprar. Isso se arrastava, se arrastava até que as crianças cresceram e montamos a oficina. Depois, dizíamos, assim que tivermos dinheiro, deixamos [o conjunto]".

Mas, ficando no conjunto, Maria D. sabe que ela expõe seus filhos a esta espécie de espiral que atrai os jovens para a delinquência ou a marginalidade e que deve, portanto, redobrar a atenção e os esforços para que eles escapem – em seu caso isso será de acerto – das "más companhias", da rua, de suas facilidades e falsas seduções: "Aqui, se temos filhos, é preciso vigiá-los muito, é preciso também tirá-los da escola [daqui], se você quer que os rapazes sejam bem sucedidos. Pois os jovens [casais] veem esses problemas e depois partem".

Mas se, contrariamente a muitas famílias argelinas do conjunto, ela consegue manter-se e sobretudo educar seus filhos, é porque suas qualidades objetivas a distinguem sistematicamente da maior parte dos imigrantes norte-africanos. Diferentemente da maioria das mulheres nascidas na África do Norte, que deixam sua aldeia para juntar-se ao marido, ela decidiu emigrar quando ainda era jovem e solteira, à procura de trabalho. A emigração feminina de origem norte-africana fica estreitamente vinculada à lógica familiar e à dominação masculina, enquanto ela, que é de origem europeia, obedece mais diretamente à lógica do mercado de trabalho e da promoção social (quando emigrou, Maria D. não foi amparada pela família, e sim por uma missão católica que lhe arranjou emprego e moradia). "Não sou francesa, mas sou europeia, é exatamente a mesma coisa", diz ela. E, de fato, a distância cultural e social que a separa do país que a acolheu é bem menor que a que se observa na maioria das mulheres argelinas, ainda fortemente vinculadas à sua sociedade de origem. Muitas delas, por exemplo, não aprendem a falar francês porque saem pouco de casa. Maria fica indignada de ver que somente os homens, entre os argelinos, compareçam às reuniões: "Eles vêm, claramente, os homens sozinhos, as mulheres ficam em casa!"

Além disso, a emigração europeia é socialmente um pouco mais seletiva que a emigração norte-africana, os migrantes sendo muitas vezes dotados de qualidades (especialmente de formação) que tornam mais fácil uma certa ascensão social no país de acolhida. Maria D. e seu marido podem ter o sentimento de terem sido bem-sucedidos. Não é este o caso da maioria das famílias norte-africanas cujos homens, quando não estão desempregados, passam toda a vida como operários não qualificados nas fábricas. Esta situação não fica sem efeitos sobre as aspirações profissionais que seus filhos podem ter. O filho mais velho de Maria D., que trabalha na oficina de seu pai, pode pensar em seguir o exemplo paterno e se preparar para assumir o pequeno negócio familiar, enquanto a maioria dos filhos oriundos da emigração norte-africana, não apenas recusam uma condição operária bastante dura, mas em geral desprezam seus pais por aceitarem calados o que eles percebem ser uma "exploração". Maria D. está tão bem integrada que ela fala hoje de seu país de origem como o faria um estrangeiro: "Este ano, explica ela, paguei 11.000 francos por uma casa na Espanha [*por um aluguel de férias*] eles não dão de presente! Quando me disseram o preço não acreditei! São uns ladrões os espanhóis!"

O número de filhos constitui outra grande diferença. Embora nascida de uma família muito numerosa, Maria D. voluntariamente restringiu sua fecundidade. Ela só teve dois filhos, cuja escolaridade ela acompanhou, recuperando a tempo o segundo que, arrastado pelo bando de companheiros, estava se saindo mal no colégio de Villeneuve onde ela o havia voluntariamente matriculado por convicção política (para provar que se podia ter êxito no conjunto); ou ainda estimulando o mais velho, quando estava desempregado, a ir procurar trabalho antes de lhe propor, como solução sobressalente, trabalhar na oficina de seu pai. Não é por acaso que as famílias numerosas desses conjuntos – especialmente frequentes nas populações de origem norte-africana – é que causam os problemas maiores. Com efeito, o tamanho dessas famílias torna quase sempre impossível, nessas zonas urbanas, um controle estrito e efetivo de todos os filhos por parte dos pais – ou pelo grupo mais amplo da comunidade –, como era o caso nas aldeias rurais. As famílias, instaladas pelos serviços sociais levando-se em conta alojamentos vagos e recursos, e não em função das relações familiares ou das comunidades de origem, são isoladas, deixadas à própria sorte e não podem contar senão com suas próprias forças. O pai se limita a corrigir severamente, sem grandes resultados, os rapazes que se comportam mal, antes que eles deixem o lar e vão seguir "o mau exemplo do irmão maior". Além disso, as estratégias de controle da natalidade são pouco ajustadas às exigências da reprodução ou da promoção social nas sociedades desenvolvidas, implicando a formação de jovens um investimento (escolar, material e afetivo) importante e de longa duração que é praticamente impossível nas famílias operárias com elevado número de filhos.

"Não sou racista, mas..." É preciso levar a sério esta negação, 100 vezes ouvida durante as entrevistas, com a qual os moradores destes conjuntos se defendem da acusação que pesa sobre eles, especialmente na mídia, por ocasião de diversos acontecimentos trágicos, e que levam a acreditar na escalada do voto *Front* nacional nessas zonas. Como muitos moradores não norte-africanos destes conjuntos, Maria D. lança sobre essas populações em dificuldades um olhar ao mesmo tempo compreensivo e exasperado. Maria D. está muito próxima desses imigrantes para não saber o que se passa nas famílias e para não compreender as dificuldades que as assaltam. Ela compreende igualmente melhor a importância dos pais ("o pai bate neles quase até fazê-los cair por terra, mas não é por isso que eles andam direito"), pois ela quase passou por esta situação. Ela poderia ter dito, ela também, o que dizia, em outra entrevista, o zelador de HLM de Villeneuve que, aliás, está longe de concordar com Maria D.: "Temos o mesmo problema com nossos filhos. Desde quando chegam aos 13-14 anos. Enquanto são pequeninos, ainda vai, você faz o que quiser, mas quando eles chegam aos 14-15 anos, não sei, de um só golpe, são as relações na escola, no colégio... eles se tornam mais agressivos. Depois dos 15-16 anos, você não faz mais nada. Eles mudaram. Eles falam com você, mas sente-se que eles não mais querem... eles se afastam de você. Eles se acham... homens! Os pais lhes dizem: 'é isso aí, bem, ele tem 14-15 anos, bem é isso aí. Não se pode fazer mais nada'". Maria D. poderia também evocar, com a mesma compaixão que não é totalmente comandada pela situação da entrevista, o caso desses jovens que vão regularmente para a cadeia e o desespero que eles suscitam em seus pais: "Eu conheço garotos que já estiveram presos três, quatro vezes por roubo de carros. Eles saem da prisão, o velho quase os mata, bem, isso não os impede de recomeçar. Está aqui dentro [*ela mostra a cabeça com o dedo*]. Você sabe, não há nada a fazer sobre isso. No entanto, os pais – os pobres infelizes – ah! eles me causam pena, hein! são argelinos, ah! o pobre velho, quando eu o vejo, é verdade, ele causa pena. É o que sinto quando o vejo. Ele não imagina, e a mãe menos ainda, eles não merecem ter filhos como esses, é tudo".

Mas Maria D. não pode não ficar, ao mesmo tempo, exasperada por causa dessas famílias. Por um lado, porque ela sofre as diversas agressões quotidianas cometidas por certos jovens, que tornam difícil o dia a dia. Por outro, e sobretudo, porque ela conseguiu sair-se bem à custa de esforços e de provações e que esses jovens não parecem querer, por sua vez, pagar pessoalmente. Se bem que ela saiba que as condições de vida não são mais as mesmas ("como querer privá-los na época em que estamos?"), ela não pode admitir que os jovens não passem por onde ela passou: "eu digo a meus filhos: nós éramos trabalhadores e mais honestos do que esta jovem geração. Eles são preguiçosos, estão sempre cansados, tiveram tudo, não têm problemas". De fato, a militância política e associativa de Maria D. caminha junto com o sucesso relativo de seu projeto de ascensão social, o ativismo político não sendo aqui senão um componente de um ativismo social mais geral que contribui para reforçar pelas relações e informações que ele dá. Ele é também uma maneira de reafirmar princípios morais, os que precisamente tornam possível uma lenta mas segura promoção social: "Eu vejo quando trabalho, mesmo que a paga seja pequena, que o trabalho é tudo, senhor. O trabalho é tudo, é a liberdade". Longe da resignação e do fatalismo ou, ao contrário, dos projetos totalmente irreais que caracterizam frequentemente as frações mais baixas da classe operária, Maria D. mostra uma atitude de reivindicação razoável; é preciso buscar, pela luta, melhorar mas sem querer o impossível. É preciso gastar o que se tem, mas não mais, não se deve querer o que não se pode ter. Em suma, é preciso fixar limites: "fizemos reuniões para ver o que os jovens queriam, eles reivindicavam tudo. Isso me enervou porque, quando eu era jovem, eu nada tinha e era feliz, eu estava contente e eles, eles não estão... então, não é preciso pedir tanto". Depois da entrevista, antes de partir, fora do gravador, ela me contou que no luxuoso apartamento de sua patroa, onde ela faz faxina, ouvia-se frequentemente ressoar os saltos-altos pontiagudos da vizinha de cima ("isso fazia, claque... claque... claque"...) e ela então lhe tinha dito: "Você tem, pode ser, um grande e belo apartamento no centro do conjunto, mas é barulhento e eu fico melhor e mais tranquila no meu pequeno apartamento de Villeneuve!"

Com uma moradora de HLM

– *Entrevista com Patrick Champagne*

"Não é preciso dizer que somos racistas."

– Você tem dois filhos. Eles puderam seguir estudos normais em Villeneuve?
Maria D. – Eu tirei os dois de Villeneuve, o primeiro na sexta, e o segundo na quinta. [...] O mais velho [*o que tem 24 anos*], você sabe, ele fez a terceira e depois um BEP eletrônico. Queríamos que ele prosseguisse nos estudos, senhor, mas ele não quis. E o segundo frequentou a sexta série perto de onde eu trabalho; ele faz a segunda agora. E para o segundo, como eu luto com o Partido [*comunista*] e tudo, eu disse: "deixo meu rapaz em Villeneuve para que ele trabalhe bem e para mostrar aos outros que, em Villeneuve, ele poderá também ser bem sucedido". Bom, ele ia muito bem na escola e eu o matriculei na sexta [no colégio] Louis Aragon; digo a você, ele ia otimamente bem, esse rapaz [na escola primária], e a gente se sentia feliz de tão bem que ele trabalhava.

Eu lhe quebro a cabeça, Frederico, se tirarem você da escola!

Maria D. – Ele mudou no colégio e no primeiro ano, oh la la! ele passou com o justo necessário. Você sabe, a gente passa por isso e muda. Ele passou raspando e eu já fui chamada duas, três vezes porque ele começava a não mais respeitar os professores e tudo isso. Eu lhe disse, "ah! bom?", eu lhe passei um sabão e acreditava que isso ia melhorar; ele terminou a sexta rente, mas terminou. Da sexta ele passou para a quinta. E depois da quinta ele não mais passou, e já repetiu e eu fui ver a diretora e depois o pessoal e tudo e fiquei sabendo que ele faltara 17 dias às aulas durante o ano e eu não fiquei sabendo. E você sabe como fiquei sabendo que ele havia faltado esses dias? Porque eu queria que ele fosse para a Inglaterra e estava fazendo o necessário para isso [...] Fui ver a assistente social da escola e lhe expliquei o caso e tudo, e eu lhe perguntei, assim, se havia problemas de droga, se havia algum comentário nesse sentido, e tudo, para me interessar. Ela disse: "não, não, por quê? Por que, a senhora tem problemas com seu filho?", eu disse: "Não, não, não!", eu lhe falei assim, e depois ela me disse: "Como se chama o seu filho?", eu lhe disse: "Frederico D." Ela me disse: "mas eu creio que é Frederico D. que perdeu 17 dias [...] e eu fui obrigada a avisar a Academia". Eu disse: "Não, não é verdade, não, não é ele, oh! a senhora está enganada".

[...]

Efetivamente, era ele, eu disse que não era possível. Fui ver o diretor e depois a pessoa encarregada da entrada, eu disse: "Como! Meu filho falta às aulas e eu não fico sabendo?" Telefonaram uma vez, uma vez porque eu não sei o que ele tinha feito, disseram-me: "Oh! mas escute, senhora, certamente lhe mandamos recado", eu disse: "Não, lamento". À porteira eu disse: "Mas ouça, senhora, se a senhora me tivesse escrito e eu não lhe respondesse, por que a senhora não telefonou? Até porque 17 dias é demais!" Pois bem, o que a senhora me respondeu? "Oh! Ouça, senhora, a escola tem 500 alunos, se para cada um eu tiver que dar um telefonema, não terminarei nunca". Ah! eu disse: "Acabou". Quando eu soube que ele não mais obedecia aos professores, eu disse, não posso mais deixá-lo. Porque se eu o deixasse, ele ficaria entre os garotos que procedem mal, que não mais obedecem aos professores. Eu pedi a pasta. Mas, o segundo, eu estava sendo dura com ele, eu tinha dito: "Não o tiro de vocês, deixo-o com vocês [deixo-o no colégio Louis Aragon de Villeneuve]. Mas eu disse: "Escutem, continuarei a lutar pela escola, mas meu filho, se eu o deixar, está acabado, só se tem uma vida".

– E você teve alguma explicação com seu filho depois?

Maria D. – Mas sim, sim. Sim, sim, mas sobretudo porque eu me relaciono muito bem, ele me contou tudo e quando eu lhe perguntei: "o que você fazia fora?" ele me respondeu: "Ora, eu passeava"; às vezes ele ia até a entrada da escola e encontrava colegas que lhe diziam: "Vamos a Leclerc comprar alguma coisa?", então eles perdiam tempo, perdiam a manhã, e não iam mais [à aula], bom. Às vezes, era à tarde. Eu perguntei: "O que você fazia?", "bem, eu passeava". Eu disse, "mas assim não dá", eu disse "não havia pessoas que às vezes viam vocês e tudo?", ele me disse: "Fui obrigado a me esconder duas ou três vezes porque havia pessoas que me conheciam e iam me perguntar: Frederico, o que você está fazendo na rua?" ele disse: "Duas ou três vezes fui obrigado a correr e me esconder em garagens". Mas eu disse: "Não é possível!" Ele mesmo disse que era preciso sair [do colégio] porque não mais conseguia dizer não aos colegas, que às vezes começavam a fazer um pouco de bagunça na sala e depois ele também, ele acompanhava! Ele era tão culpado quanto os outros, não é preciso... Mas quando ele chegou lá [um outro colégio no centro da cidade] oh la la! havia disciplina e, no primeiro ano, eu recebi duas ou três notificações porque ele estava habituado com Villeneuve, então eu disse: "Eu lhe quebro a cabeça, Frederico, se tirarem você da escola..." Então não, ele teve no princípio e depois. Foi bem, mesmo no ano passado, eu disse: "Oh la la! Frederico, não tive nada, nada! Nada o ano inteiro". E ele mesmo disse: "É sim, sim, a senhora vê, a gente muda".

O bairro estava morto! Ninguém queria morar nele

– A reurbanização data de dois, três anos?

Maria D. – Sim, é verdade, o bairro estava morto! Ninguém queria morar nele. Na época da reabilitação, havia não sei quantos apartamentos vazios, ninguém queria vir para cá, tudo estava degradado, por toda parte, por toda parte. Por toda parte, tudo por fora estava estragado. E depois, o senhor sabe, o problema é que eles puseram muitos estrangeiros. E muitos norte-africanos. Eu, às vezes, sentia pena deles porque havia pessoas boas; eu morava no bairro e havia pessoas de quem eu gosto muito e tudo; há pessoas que querem trabalhar e, é verdade, que, por preferência, são deixados sempre de lado, é preciso ser justo. [As pessoas dizem] eles são maus, eles são ladrões. Foram eles que fizeram a reputação. Mas, de outro lado, não lhes fazem um presente. [...] Não vale a pena ir procurar trabalho, não lhes dão. Então, o que que o senhor quer, roubam e ainda tornam a roubar e... mas às vezes, rapazes que já roubaram um pouco, quando encontram um trabalho, tornam-se sérios, fazem sua vida, ocupam-se, se o senhor quer. Demora mais até os 18, 20, 24 ou 25 anos, porque há muitos que não trabalham e depois se acostumam a não mais trabalhar, não esquentam mais a cabeça. Porque às vezes, quando se propõe trabalho a eles, eles não têm nada e ainda escolhem! Não era assim na nossa época, eu dizia a meus filhos, nós éramos mais trabalhadores e honestos que esta geração jovem. Eles são preguiçosos, estão sempre cansados, eles tiveram tudo, eles não têm problemas e depois...

– *Não há também problemas de droga aqui?*

Maria D. – Oh la la! Este ano está calmo. Oh! houve muitos, muitos, mas muitos. No ano passado, você passava a qualquer hora do dia, havia sempre sete, oito jovens assentados nas escadas, era o ponto de reunião. A gente vinha, voltava, havia encontros e tudo, o tráfico de drogas, bem diante da gente! E nós, os inquilinos, às vezes quando descíamos e eles estavam nas escadas, dizíamos: "Deixem-nos ao menos descer", bom, não era necessário lhes falar assim e eles ficavam o tempo todo de brincadeira acendendo e apagando a luz mexendo no interruptor de luz, e às vezes eu disse: fora! Eu disse: "Lamento, mas aqui sou eu que pago a luz, e eu não quero!" Havia uns maiores, mas eu tenho tendência para gritar "estou cheia de vê-los aqui", e às vezes eles dizem: "Fica quieta, somos gentis com a senhora" – "Mas não quero ver vocês aqui, por que vocês não ficam no passeio? O que vocês estão fazendo aqui?" – "Não estamos fazendo nada de mal" – "Mas eu não quero mais ver vocês aqui". Mas uma ou duas vezes, quando eles estavam um pouco, eu não sei, ou drogados ou bêbedos, havia um maior, como eu disse, ele tinha cabelos crespos, ah! eu juro, ele me dava medo. Ele me dava medo, "ouça, senhora, se a senhora gritar, eu a mato". Oh la la! depois eu disse: "Bom, vou subir". E eu falei nas reuniões ao prefeito. Não sei para onde eles foram, mas em todo caso, lá está calmo. Mas a droga, oh! lá! meu Deus!

Apesar de tudo, eu acho que não está mal

– *Quando fizeram a reforma, colocaram portas blindadas?*

Maria D. – Sim, foi naquele momento.

– *Eles já forçaram a sua porta?*

Maria D. – Sim, sim. Quando eles roubaram o apartamento, fizeram um buraco na porta, eram portas... [pouco resistentes], fizeram um buraco na porta e entraram. E depois, estávamos em férias, não estávamos em casa. Então eles tiveram muito tempo. Levaram a televisão, um toca-fitas, um aparelho de som que os meninos tinham, fitas cassete, garrafas. E meu marido tinha peças de coleção e ele gostava dessas coisas e valiam dinheiro, elas foram todas levadas.

– *Era uma coleção de quê?*

Maria D. – De moedas francesas. Mas nos últimos quatro anos, a ZUP ficou melhor. Todo o exterior está muito mais limpo e eles restauraram tudo. [...] Eu acho, mesmo não sendo um conjunto de luxo, mas se os moradores tivessem mais cuidado, apesar de tudo, eu acho que não está mal, estamos aqui tão bem quanto no [centro da cidade]. [...] Eu acho que, mesmo sendo HLM, são bem aquecidos, com água quente e elevador, lixeira, temos um bom serviço. Eles construem apartamentos nada maus. São as pessoas... que deviam tomar um pouco de cuidado... de si mesmas. [...]

– *A senhora está procurando comprar uma casa, mas é simplesmente por comprar ou para deixar Villeneuve?*

Maria D. – Ah, não, eu, o senhor sabe, não quero me mudar de Villeneuve. É possível que eu compre uma casa. [...] Não quero sair de Villeneuve, conheço muita gente em Villeneuve, e gente boa.

Não quero sair de Villeneuve. Se há pessoas ruins, ouça, há pessoas ruins em toda parte, e o senhor sabe que não há ladrões só em Villeneuve porque minha irmã mora em T. [comuna vizinha] e, outro dia, roubaram-lhe o carro, então... Ela disse que talvez sejam pessoas de Villeneuve, não sei se são pessoas de Villeneuve. Em outros lugares há os mesmos problemas.

[Ela explica que o preço dos aluguéis dobrou depois da reforma: ela paga atualmente por um F4 com garagem 2.410 francos por mês, incluídas as taxas. Ela explica também que quando os locatários ultrapassam um certo patamar de rendimentos, o montante do aluguel dobra, o que contribui para fazer muitas famílias abastadas partirem, preferindo deixar Villeneuve e comprar em outro lugar.]

Quando era jovem, eu não tinha nada e era feliz

– Você participava de associações, de comunidades de conjuntos?

Maria D. – Sim e neste ano eu deixei isso um pouco de lado, em primeiro lugar, porque eu estava perdendo muitas tardes, às vezes eu ficava chateada ao ver como as pessoas se comportavam. [...] Duas ou três vezes, bati boca com árabes, não discuti mas, enfim... eles reivindicavam isso, reivindicavam aquilo. Fizemos reuniões para ver o que os jovens queriam, os jovens reivindicavam tudo. Isso me chateava porque, quando eu era jovem, não possuía nada e era feliz e vivia contente, e eles não o são... então, não é preciso reivindicar tanto. Reivindicavam um salão, reivindicavam isso, reivindicavam aquilo. Então eu disse ao senhor X.: "é preferível eu ficar em casa porque sinto que vou discutir com os árabes e depois...". Trabalhei no centro social, promovi um banquete com fins culturais, fiz muitas coisas. Não sou francesa, mas sou europeia, é exatamente a mesma coisa. E eu não sei as pessoas são diferentes. É a religião. Eles perguntavam se não havia porcos, se não tínhamos posto porcos de propósito porque sabíamos que eles viriam! Tínhamos trazido licores, o que o senhor, eles não beberam licores. Ah! não, não, é proibido! O senhor Ahmed disse: "ah! não, não, Deus não quer", eu lhe disse: "escute, Deus está dormindo", era de noite, "Deus está dormindo, deixe Deus em paz". [...] E os argelinos, ainda havia uma associação de negros muçulmanos também, eles vieram com suas mulheres. Mas a associação argelina era frequentada claramente apenas por homens, ficando as mulheres em casa! Então, depois eu disse: "não mais faço festas com eles!" E não fiz mais. Eles não são como nós, o senhor sabe e isso também é muito necessário... Não sou racista, mas, às vezes, quando vejo coisas assim, bem, uma vez, duas vezes, três vezes, eu chego até a dizer às vezes... bom [...] É verdade, eu acho que gosto de todo o mundo, mas eu digo, se eu faço a minha parte, por que você não faz a sua? Tente, pelo menos! Deixem a religião, eu era católica na Espanha, eu era obrigada a ir à missa, mas quando cheguei aqui, acabou, nunca mais fui à missa. E mesmo se eu fosse à missa, eu iria, mas não é por isso que eu não iria tratar bem os árabes, chineses ou outros. E isso eu compreendo. Eles, às vezes, chegam à porta e, quando veem muitos europeus, não entram. É preciso que eles estejam em maioria, os árabes. Isso, eles, hein, não é preciso dizer que somos racistas, os mais racistas são eles. E com o partido comunista... às vezes, quando há movimentos e coisas assim, eu vou, mas têm também tendência de sempre estar com a razão, que se não trabalham, que se não ganham o bastante, que somos racistas para com eles, que isso, que aquilo. E quando às vezes você lhes diz, sabe, que eles também, hein, eles são racistas, não se deve... É por isso que, neste ano, eu lhe digo, eu deixei um pouquinho as associações.

[*Ela lembra os locatários dos HLM que sujavam o passeio e "jogam lixo pela janela, cascas de banana, embalagens de iogurte, ou caixas de leite, fraldas de crianças porque eles têm vontade".*

Depois, ela aborda as dificuldades que encontram "as pessoas que queriam trabalhar e não encontravam trabalho".]

– *Há o problema do desemprego para os jovens?*

Maria D. – Sim. Muito.

– *E para os seus filhos?*

Maria D. – Ah! Não, não. Você veja, não, eu não tenho esse problema. Muitos dos problemas que existem em Villeneuve eu não os tenho. [...] Veja você, nem todo mundo tem os mesmos problemas. Há famílias que vivem bem na ZUP, não se deve acreditar que todo mundo vive mal na ZUP, isso não, não é verdade. Há famílias que trabalham, com dois ou três em casa, que têm dois ou três carros. [...] Há muitas coisas que têm melhorado um pouquinho o lado de fora, foi consertado um pouco, mas os problemas internos eu penso que as pessoas que os têm, esses continuam, são os mesmos. São os mesmos, o desemprego.

– *Quem são essas famílias que têm problemas?*

Maria D. – Sobretudo as famílias numerosas. De qualquer nacionalidade que sejam, as famílias numerosas sempre; é raro encontrar uma família de cinco ou seis, não é por isso, não quero dizer que não haja, talvez haja famílias... mas quando são mais de cinco ou seis filhos, de qualquer nacionalidade que sejam, apresentam problemas. [...] Há uma família espanhola, os pais são divorciados, o pai que vive sempre bêbado, a mãe nada mais faz que brigar com todo o mundo por causa dos filhos. Há uma família italiana que teve problemas também; para dizer a verdade, todas as famílias numerosas apresentam problemas. De qualquer nacionalidade que sejam. Exceto quando os pais são severos e corretos que... Mas a maioria são os árabes. São as famílias mais numerosas, é raro que, em todas essas famílias, não haja um, dois ou três, isso depende do tamanho da família, que passam anos e anos sem trabalhar, que não tenham passagem pela [prisão], não sei se sobra uma família em Villeneuve, eu, dentre todas as famílias que conheço, elas têm todas um ou dois que já esteve preso. Eles se arrastam no desemprego anos e anos, ou lhes dão dois ou três meses, talvez seis meses quando eles trabalham, eles voltam de novo ao desemprego e isso se arrasta e se arrasta. Há rapazes que têm quase 30 anos, pode-se dizer que nunca começaram a trabalhar. Isso eu lhe juro que comigo, ah! não! Oh la la! um rapaz como esse em minha casa? [...] Se ele não fosse capaz de procurar trabalho, eu procuraria. E se não é um bom trabalho, é preciso aplicar-se muito na escola. É isto que eu digo aos árabes.

– *E o que eles lhe dizem?*

Maria D. – Eu lhes falo muitas vezes e depois algumas vezes eles dizem, "Oh! sim, sim". Mas eu digo: "mas por que vocês não se aplicam mais na escola? Depois vocês falam que não arrumam emprego, que o emprego que vocês arranjaram não é bom e tudo. É preciso lutar! É preciso lutar! Desde a escola". – "Sim, sim, mas é duro" – "Mas o trabalho não é duro?" – "Sim, sim, a senhora tem razão, dona D., oh! a dona D. é gentil, ela nos dá bons conselhos". Mas eu tenho dito milhares de vezes. Ah! sim! Eu lhes tenho dito: "vocês vão ver na TV, há jornalistas árabes, há de tudo, vocês não são discriminados; se vocês trabalharem bem na escola, mas é preciso trabalhar!" Eles riem, todos eles me conhecem. Eu os conheço todos. Todos os jovens que vivem aqui, eu já os vi pequeninos, ou ao nascer. Eu lhe digo: moro aqui há 20 anos. [...] Eu me lembro, nós éramos dez, antes era diferente, meu pai trabalhava, antes, a todo o mundo faltavam muitas coisas. Mas, mesmo se faltavam, a gente era feliz. Mas agora, eles não são assim. O senhor sabe, eles são seis, sete filhos, cinco, quatro, isso depende; e há muitas casas onde o pai não trabalha, ou é o único que trabalha, mas ganham muito pouco.

Enquanto sua mãe estiver aqui, para você não haverá desemprego

– Há dificuldades aqui de se encontrar trabalho?

Maria D. – Isso, o problema do trabalho é o principal porque eu vejo que, quando trabalho, mesmo que o pagamento seja pouco, o trabalho é tudo, o trabalho é a liberdade, o trabalho é tudo. Mas quando não se tem trabalho, ouça então, então lá, começa a virar-se de todos os lados. Ah! o trabalho, sim, sim, sim. Porque os jovens, uma vez que encontram trabalho, tornam-se sérios. À parte os jovens que vadiam, como já lhe disse agora mesmo, porque há jovens que vadiam, mas, enfim, é uma minoria. [...] O senhor sabe, não se pode regular tudo a 100%. Aproveitam-se das pessoas, aproveitam-se de uma situação. Há homens que se aproveitam do desemprego, porque o meu, antes de trabalhar com o pai, antes de servir ao exército, trabalhou por um ano. Para lhe dizer, ele assinou um contrato em eletrônica, ele instalava alarmes, telefones em carros, expedientes assim, bom. Ele havia feito um contrato por seis meses. Então ele sabia que depois de seis meses ele estaria desempregado, ele queria parar, mas eu lhe disse, "escute, infeliz: estou aqui ainda", ele disse que ia tirar férias; nós, no mês de agosto, partimos em férias, mas no mês de setembro eu disse, "vá procurar trabalho", ele não queria, não é que ele não quisesse, mas ele, eu via que ele vadiava, oh la la! Meu marido saía para trabalhar, eu me levantava, eu o deixava até as nove horas, às nove horas eu abria as janelas, puxava as cobertas, ele já era grande, tinha 18 anos, ele tinha terminado os estudos, ele já era grande, eu disse: "você vai a ANPE, vai procurar trabalho" – "está bom, eu estive lá ontem" – "mas vai hoje de novo". Ele já era grande! Quando eu o deixava nervoso, ele se vestia e saía. Eu disse: "vai, pelo menos você não fica na cama". Ele vadiou o mês de setembro, se o senhor soubesse que mês de setembro nós dois passamos! Brigávamos todos os dias. Eu lhe tinha dito: se você não quer mais continuar na escola, é problema seu, pagava escola particular para ele e tudo. Senhor, ele tinha dito não. Eu lhe disse: "Enquanto a sua mãe estiver aqui, para você não haverá desemprego". Eu lhe juro, se eu tiver boa saúde, para mim não há desemprego. Passou-se um mês, nós brigávamos todos os dias, todos os dias eu lhe fazia isso! Todos os dias, até que ele foi a uma agência de trabalho temporário, ele trabalhou alguns meses. E depois, como meu marido tinha instalado uma oficina de carros, isso arranjou as coisas. Mais um mês ele ficou, mais um mês todos os dias, senhor, todos os dias nós brigávamos. Eu disse: "eu sinto, não, não, não". E os jovens, eu sei que não há trabalho para todo o mundo, mas se estão comigo, trabalham. É para lhe dizer a mentalidade que meu filho tinha. Era isso que eu queria explicar-lhe no início. Há jovens que têm direito ao desemprego e, desde que lhes paguem o seguro-desemprego, não esquentam a cabeça. E quando não lhes pagam mais, levam ainda três ou seis meses e isso se arrasta, o senhor compreende? É uma minoria, mas enfim, existem. Há outros, quando lhes dão um bom lugar, bom, uma vez que eles começam a trabalhar, eles trabalham. [...] Eu lhe juro, comigo todos os dois trabalham. Há o mais novo, bom, no momento, ele trabalha estudando. Mas... oh! não! Sou a primeira a me levantar todos os dias às sete horas ou às seis e meia para trabalhar e vou deixar o mais novo dormir, ou ficar sem fazer nada? Enquanto meu marido e eu trabalhamos como cães! Ah! não! Mas eu sei também que todo o mundo não é como eu.

[...]

Maria D. – O senhor veja, todos trabalhamos, todos, todos. E os filhos de outra geração também, são impelidos ao trabalho. Meu irmão tem um filho casado que trabalha, ele e a mulher, ele tem duas filhas que estudam e tem um quarto, é um rapaz que trabalha. Para nós e para os espanhóis, todo o mundo trabalha em empregos mais ou menos modestos, mas mesmo sendo eles modestos, ganham sua vida, está bem. Não são famílias que vadiam, nem que aporrinham os outros. Se ganham 5.000, ganham 5.000. No centro, eu conheço todo o mundo, todo o mundo se arranja com o que tem, seja aposentado, desemprego às vezes, mas enfim... A família que ganha 5.000 vive à altura de 5.000, a que ganha 10.000... sim, eu digo sempre aos meus filhos, é necessário que tenham sempre cabeça boa, como se diz, para ganhar, trabalhar e não se deixar levar, nem vadiar. Com o trabalho, chega-se a tudo, mas, se começamos a vagabundar, a vagabundar à direita e à esquerda, não é preciso nem mais nos abatermos, nem cruzar os braços. Há momentos em que desanimamos, mas é preciso continuar, mas é preciso continuar apesar de tudo... Eu penso que quando se tem pais, cá estamos também para ajudá-los a não desanimarem. Eu lhes digo também, se a gente ganha tanto, não se pode permitir tanto, eu jamais fiz coisas suspeitas em minha vida. Jamais! Nunca fui a nenhum lugar suspeito, nunca me vesti de forma suspeita, nem nada. Eu vivia conforme podia e se vejo que consigo... sim, tenho dito a meus filhos que não se deve ter mais ilusões do que se pode. Para morar ou para... morei aqui 20 anos, estava bem, não valia a pena morar num belo conjunto e pagar 4.000 francos de aluguel... Eu fico aqui, sou honesta, fico aqui, menos mal. Aqui eu posso pagar, lá eu poderia? Não sei.

Março de 1991

Gabrielle Balazs

Um mau investimento

Dona Tellier é a presidenta do comitê de defesa dos comerciantes de sua cidade: a loja de artigos esportivos que ela tinha "montado" um ano antes foi saqueada e depois incendiada. Não resta mais que uma carcaça calcinada.

Apenas uns vinte pequenos estabelecimentos comerciais de primeira necessidade estavam instalados no bairro de torres e de grandes conjuntos. A implantação de estabelecimentos comerciais nessas zonas de casas de operários apresenta riscos manifestos, especialmente de roubo. Se o grande comércio é obrigado a enfrentar estes riscos apesar das fortes hesitações, porque são obrigados por lei, o pequeno comércio, que não dispõe das mesmas possibilidades de vigilância e de segurança, prefere evitar esses bairros. Depois dos incidentes que levaram ao saque do pequeno centro comercial, os artigos esportivos, muito cobiçados e relativamente inacessíveis às crianças e aos adolescentes do conjunto habitacional, foram os primeiros visados, antes do restaurante, da ótica ou da sapataria.

O comércio de Dona Tellier aparece como particularmente "deslocado" nesse local. Contrariamente a numerosos pequenos comerciantes, ela não herdou sua loja; ela tornou-se comerciante tarde, aos cinquenta, depois de haver exercido duas outras atividades sem ligação com o comércio (empregos de escritório). O revés que representa para ela a destruição de sua loja, em parte devido à sua inexperiência, é tanto mais doloroso porque esta falência é também o fracasso de um projeto de promoção, pacientemente construído.

A criação dessa loja não foi, entretanto, fruto do acaso, mesmo se ela não estivesse cercada de todas as garantias com as quais se asseguram geralmente os que possuem experiência neste campo (especialmente a avaliação da fiabilidade econômica do negócio). Dona Tellier era apaixonada pelo esporte: ela disse ter sido criada "no campo". Seu pai era treinador, sua mãe, jogadora de basquete, seu irmão, professor de educação física. Mas ela não pôde fazer do esporte seu ofício: na época, as moças e os rapazes do seu meio não recebiam os mesmos incentivos para prosseguirem seus estudos ("Mamãe me dizia: escute, você se casará, será seu marido quem lhe dará..."). Depois de ter tido uma formação profissional de mecanógrafo-contadora, "um ofício que não mais existe, agora que tudo está informatizado", ela incentivou seus filhos, tanto a filha quanto o filho, a se tornarem profissionais no esporte (seu filho, professor de ginástica, compete e encaminha-se para o "grau de treinador", e sua filha, que faz estudos para ensinar educação física, já foi campeã francesa em sua disciplina). No momento de mudar de profissão, ela pensou, pois, poder utilizar seus conhecimentos do meio e seu gosto pelos esportes nesta atividade comercial.

Anteriormente empregada numa pequena indústria de *lingerie*, ela ficou sem emprego com a falência da empresa e se viu obrigada a mudar de novo. Antes do fechamento definitivo, a empresa havia sido ocupada pelo pessoal por dois anos. Dona Tellier, que havia desempenhado um papel importante no movimento, mantinha estreitas ligações com as municipalidades que garantiam os salários da empresa. Sua combatividade levou-a "a ser incluída numa lista" como candidata às eleições municipais. Ao longo desse período, ela disse "não ter sabido dosar a vida profissional e a vida familiar", ter tido pouco tempo para se dedicar aos filhos que "faziam seus deveres na fábrica", nem sobretudo a seu marido, professor de ensino primário de quem se separou pouco depois. Mas, eleita conselheira municipal, ela ficou encarregada da vida esportiva da comuna. Instalando uma loja de material esportivo, ela pensou pôr enfim sua experiência e sua inclinação a render e "capitalizar" tantos anos de "luta".

Diante da destruição de sua loja, ela experimenta um forte sentimento de injustiça. Enquanto ela estava no conselho municipal, ela empenhou toda a sua energia não só às atividades esportivas, como também à defesa dos moradores do conjunto cuja "miséria escondida" ela conhecia, opondo-se, por exemplo, a penhoras ou alertando os poderes públicos. A despeito da situação penosa que ela tem de enfrentar, ela não deixa de lembrar, no decorrer da entrevista, que a população do conjunto é "muito pobre", que, "enquanto os jovens não tiverem mais perspectivas, [...]eles não podem noivar, casar-se, eles não sabem se terão um ofício..." que os TUC ou o RMI "não pagam sequer o aluguel..." Mas, ao mesmo tempo, ela reconhece que "não dorme mais", que todos os seus esforços para sair estão reduzidos a nada quando era preciso "andar mais depressa". A contradição entre o que lhe acontece e suas convicções políticas torna insuportável para ela "debaixo de seu nariz [...] os insultos", como é insuportável o fato de que os jovens que saquearam e incendiaram sua loja tenham sido rapidamente soltos: "Revi o rapaz no dia seguinte... ele está solto. É verdade que isto me enerva. Isso costuma [...] era mesmo perigoso, porque eles vieram até zombar de mim na vitrina. Eles teriam podido eventualmente... [*hesitação*] digamos, como dizer... se vingar porque eles tinham sido presos por minha causa. [...] A gente se sente impotente".

Apesar de tudo, ela não se entrega ao ódio ou ao ressentimento e continua a agir conforme suas convicções. Não podendo, por exemplo, pagar um assalariado em sua loja no primeiro ano, ela acabou por empregar uma estagiária "porque, na verdade, viera suplicar", mas ela é "contra esse tipo de procedimento: é mão de obra barata". Os diversos nomes dados aos estágios fazem-na "sorrir" porque "o novo plano, os novos... no começo, são sempre empregos simulados". Ela nunca sentira tanto quanto em suas relações com a estagiária que ela havia aceitado: "Eu nada ousava pedir-lhe... como sou contra, minhas origens sendo que... isso me deixava doente".

Ela continua a pensar que a violência ("quando se concentram todos os casos sociais em uma mesma comuna, além do mais, para resolver um problema de crise de habitação!") é imputável às causas sociais, ou mesmo políticas, e não às pessoas, menos ainda à sua natureza. Recusando-se a tornar as pessoas responsáveis por sua infelicidade, ela busca, numa análise militante da escola e do mercado de trabalho, os meios de compreender, se não de suportar, o que lhe acontece.

Com uma comerciante

– *Entrevista de Gabrielle Balazs*

"A loja... não existe mais."

– *Você não havia sido comerciante antes?*

Dona Tellier – Ah! De maneira nenhuma. De maneira nenhuma. Além do mais, eu montei essa loja sozinha, então, nem lhe conto... e num bairro muito quente, as dificuldades que passei. O que dizer de lá!? Todavia funcionou um ano e meio pois abri em maio de 1989 e, em outubro de 1990, a loja... não existia mais. Eles todos... Ela faz parte das lojas que foram pilhadas e depois queimadas. Eles começaram por minha loja.

– *... É um símbolo do esporte, era o quê? Era um símbolo de coisas desejáveis...*

Dona Tellier – ... Sim, são produtos que são, os quais os jovens procuram muito, enfim é... e é verdade que, sem cessar, eu tinha jovens que queriam pegar esses artigos sem pagar; mas, enfim, é verdade que esses artigos são muito cobiçados. Além disso, no bairro se viam muitos jovens vestidos esportivamente. Agora, traje civil, se eu posso dizer, não mais existe; agora é o jeans ou o moletom e o tênis. É isso. É a roupa agora muito procurada pelos... E depois, além do mais, é verdade que são artigos que custam caro, que nem todos podem usar, então...

– *Havia uma distância entre o que lá era oferecido... e depois suas possibilidades, por isso sua loja apareceu como uma...*

Dona Tellier – Sim, ela foi tomada como uma provocação, não podendo ter acesso a esses artigos, eles... é verdade que eu tive três... dois roubos com arrombamento e... uma vez eles entraram pelo telhado e numa segunda vez eles passaram pela parede, na terceira vez eles foram presos... Era antes dos... Mas eu recebi coquetéis Molotov... coisa que não se tinha visto...

– *Mas tudo isso em um ano?*

Dona Tellier – Sim, em um ano. Um ano e meio, coquetéis Molotov, coisa que nunca se tinha visto aqui. Por causa de uma carta azul roubada, reavida, penhorada, há represálias em seguida. Foi um ano muito, muito duro. Então, como não tenho temperamento para ficar sem fazer nada, para ficar de braços cruzados, bom!, bem!... eu resistia, mas é preciso dizer também que eu estava bem rodeada, apesar de tudo, eu tinha uma clientela que era, felizmente, uma clientela que era muito, muito simpática e depois é preciso dizer também que eu conhecia desde quando estou nesta cidade. Mas é, talvez, também uma das consequências disso... Às vezes eu tinha a língua um pouquinho afiada, mas suportar tudo isso, é muito, muito.

Deveria ter reagido mais cedo

– Sim, quer dizer que as condições eram particularmente difíceis; mas quan-

do você decidiu, você sabia... você conhecia bem a região...

Dona Tellier – Sim, eu sabia, mas nunca pensei que isso fosse chegar aonde chegou. E também nunca pensei que fosse ser assim... tão duro. E depois, antes desses motins, aconteceu um fato, no entanto, que era... que era novo, é que havia um número enorme de drogados que vinham e eu já havia alertado a delegacia de polícia, eu havia alertado também os eleitos, todo o mundo estava ao par e é preciso dizer que nada foi feito; eu havia igualmente alertado que alguma coisa estava para acontecer porque é verdade que os estabelecimentos comerciais são caixas de ressonância, fica-se sabendo de muita coisa. E, além do mais, eu tinha jovens que estavam... que vinham muitas vezes para discutir, me ver e até chegavam... havia ligações um pouco estáveis, primeiramente porque eu os havia conhecido, eu, nas quadras de esporte. Então é verdade que era, apesar de tudo, mais fácil para dialogar, para... E eu sabia que havia pedras, enfim ruas pavimentadas que levavam aos prédios, eles estavam a ponto de preparar... barricadas [...]. É verdade que eu deveria ter reagido, apesar de tudo, eu não sei, reagido mais cedo. Era previsível. Sobre isso eu tinha tido uma discussão com o Prefeito, não é preciso dizer que era preciso provar... se não se fizer alguma coisa com relação a essa juventude, eu digo que vai haver quebra-quebra. E não é... então, eu sou pela renovação do bairro, bem entendido... não é porque demos umas pinceladas... nos prédios etc., que o problema estará resolvido. Não é verdade. Os problemas demoram. Por toda a parte, o bairro começa a ser, é verdade, tornava-se agradável e tudo, e depois veja o que aconteceu. Jamais teria pensado que isso ia tomar essa dimensão.
[...]

– *Todos os estabelecimentos comerciais foram atingidos, lá onde...*

Dona Tellier – Ah! Sim... Mas enfim, bom, é verdade que eles foram atingidos, porque houve o incêndio... Mas enfim entre os estabelecimentos comerciais mais visados estava, pois, o restaurante – em primeiro lugar eles se serviam de garrafas para fazer coquetéis molotov, enfim garrafas de álcool – minha loja de esportes, é claro. Havia a ótica, lá já houve uma quantidade enorme de roubos, também com óculos e depois o tabaco. E havia os calçados também; e depois, bom, um hipermercado que foi saqueado... Mas enfim todos os estabelecimentos comerciais, antes de serem incendiados, foram todos... pilhados, vandalizados. Ah! eu posso dizer que pratiquei um ato social, em todo caso, eu os vesti da cabeça aos pés gratuitamente. Era preciso ver isso, as roupas eram vendidas em leilão no bairro, eles sabiam disso, era loucura. Além do mais, a provocação, eu a ouvi no bairro, porque eu tenho permanência assegurada no bairro... há um local que é posto à disposição dos comerciantes; e eu giro frequentemente pelo bairro e os jovens estão lá... para provocar...

– *E você conseguiu arranjar outro local?*

Dona Tellier – Um local provisório, eu não pude, pela simples razão de que, bem, eu, é um pouco sazonal, quer dizer, para encomendar artigos esportivos, é preciso fazê-lo com seis meses de antecedência. As encomendas urgentes, você vê, agora, elas são feitas agora. Por isso não é possível começar de um dia para o outro.
[...]

[Ela explica as muitas diligências que teve necessidade de fazer junto às companhias de seguro para conseguir indenização, e a série de perícias e contraperícias necessárias para definir responsabilidades.

Somente uma reinstalação no mesmo bairro autoriza a indenização.]

Chamadas anônimas

[*O telefone toca, Dona Tellier explica que mandou instalar um aparelho de escuta para se proteger dos trotes.*]

– Há incidências, finalmente, mesmo na vida privada.

Dona Tellier – Oh! Isso era comum após os acontecimentos, porque, bom, sendo eu presidente dos comerciantes desse comitê de defesa, bom, fui levada a falar na televisão etc. E deixei muito claro que era preciso fazer alguma coisa com os jovens, mas, observe, eu o fiz pouco à vontade porque é verdade, em certos momentos, é preciso fazer um pouco prova de firmeza, e houve muito relaxamento, e isso, se tivesse... porque os acontecimentos não pararam, isso continuou: carros roubados, provocação no bairro, as pessoas armaram-se e os problemas ainda continuam [...]. Quando eu converso em meu bairro, é muito raro quando não me falam de um fuzil... Bem, sim, é uma tensão.

– E é quem? São jovens, são moradores?

Dona Tellier – Oh! Há de tudo.

– São comerciantes...?

Dona Tellier – Há de todas as classes; sim, há comerciantes, há moradores do bairro. E ultimamente ainda houve tiros porque estavam prestes a roubar o carro de alguém. Mas isso acabará mal... Enfim, é crônico. E depois, instalações municipais que foram arrombadas. Então eu não sei, além do mais, bom, eu tive a oportunidade de discutir com policiais um pouco mais velhos, é verdade que eles estão... eles não sabem mais como fazer o seu trabalho; são homens que vão ser insultados, eles têm ordem de não intervir, de não... em nome de não provocar, deixam correr! Então, até onde vão deixar correr é que é o problema. Mas agora insulta-se muito facilmente a polícia, e ela não reage, não reage mais...

Eles não podem adquirir todas as belas coisas que lhes são mostradas

Dona Tellier – É por isso que eu lhe dizia que eu estava sozinha nessa loja e num bairro difícil, é... era necessário encará-los, vigiá-los, bom, além do mais, é uma clientela, esses jovens que vinham, eles vinham procurar roubar, mais as palavras, mais os insultos. Agressivos, muito, muito agressivos. Mesmo quando não era o insulto, é verdade que há um... um tom que não pedia... Tudo lhes é devido. É isso que é difícil, para esses jovens... eles não podem, isso é a sociedade de consumo, eles não podem comprar todas essas belas coisas que lhes são mostradas; mas mesmo debaixo de meu nariz, ultimamente, antes da explosão de eles virem me roubar, e antes, eles o faziam discretamente; eles tentavam, bom, eu prendi alguns. Apanharam-me calçados que estavam em exposição, só havia um sapato, então eu não percebi, porque, que ideia de levar um sapato e não o par! Eles saíram, voltaram de novo e levaram então a caixa. Procuraram na caixa o segundo sapato que estava em exposição e que se encontrava próximo na vitrina. Lá também, houve discussão: "mas, afinal, você não tem o direito de olhar", enfim, em suma etc. E depois, na hora da partida, ele partiu com o sapato, eu estava diante da porta, ele me empurrou e depois, quando ele foi embora, eu fui ver a vitrina, eu entendi por que ele procurava com afinco um par; na vitrina, já não estava mais o sapato, então, isso foi muito... e depois, é verdade, sempre a gente está vigiando, sempre... a gente sempre se perguntava...

– *Não davam trégua?*

Dona Tellier – Não, não. E depois então sem falar nas noites, eu não dormia mais. Duas vezes quando eles entraram na loja, eram duas horas da manhã, e é de fato engraçado quando a companhia de vigilância avisa: "vá depressa à sua loja que ela está prestes a ser arrombada".

– *Há uma companhia de vigilância comum aos...*

Dona Tellier – Sim, eu tinha um ramal. Eu tinha um ramal que estava ligado diretamente com a delegacia: então, quando cheguei ao local, a polícia já estava lá; e os garotos me...

– *Isso é um pouco inquietante...*

Dona Tellier – Sim, eu não tinha mais descanso: eu pensava nessa loja sem parar, bom, além do mais, é verdade que não se pode dizer que era panaceia; o negócio estava muito baixo... então, finalmente, passei esse ano...

– *Mais duro que se você tivesse se estabelecido em outro lugar?*

Dona Tellier – Oh! Sim, certamente.

É uma miséria ocultada

Dona Tellier – Em 67, quando nós chegamos, a ZUP não havia sido ainda construída, eram apenas lotes vagos, lotes vagos distantes da cidade grande... Era quase um pântano, enfim eu ouvia, eu, eu me lembro, quando eu voltava do treino, ouvia as rãs, era verdadeiramente o campo. Mas há ainda muitos hortelãos, enfim, há ainda muitos agricultores, há ainda uma zona... há 150 hectares de zona hortigranjeira [...]. Havia os problemas, enfim tudo o que uma ZUP pode engendrar. O poder aquisitivo, o desemprego etc., e a crise, isso não arranjou as coisas. A miséria você não vê, é preciso entrar nos HLM, nos apartamentos, é preciso ver como as pessoas vivem. Como eleita, tive a ocasião, digamos...

– *De ir às casas de uns, às casas de outros?*

Dona Tellier – Sim, e eu me opunha aos embargos etc., era preciso ver o que havia no interior; havia somente uma mesa e um colchão no chão. Não é mais as favelas que se conheciam antes, é verdade que é oculto, é uma miséria oculta. Eu me lembro; eu tive a oportunidade de ver, bom, havia uma mesa que estava com um pé quebrado, cadeiras desconjuntadas e depois um aquecedor... Com latas de conservas sobre a mesa... Não, é verdade que isso não se vê, nas favelas a gente sabia, mas há imóveis...

– *E depois seguramente muitas pessoas que vivem com salários muito baixos, essas são a maioria, mas também com o RMI, coisas assim.*

Dona Tellier – Você sabe, aos jovens, foi-lhes proposto o TUC a... O TUC a 1.900 francos por mês, o RMI, agora ele deve estar em 2.000 francos; o que você pode fazer com isso? Isso não paga nem o aluguel. Não, é por isso que é verdade que é preciso estudar e é verdade que é preciso renovar, é verdade que... Mas se não se atacar, se não se atacar o mal pela raiz, só se dá a aparência. Não se chegará a nada, não se chegará absolutamente a nada. Enquanto as pessoas tiverem o poder aquisitivo mais que aviltado, enquanto os jovens não tiverem mais perspectiva, e isso é dramático... para os jovens, você já pensou nisso? Eles não podem noivar, casar, eles não sabem se terão uma profissão, não isso... Deram-me a entender que isso era utópico, quando eu pedia que, bom, agora se as pessoas pudessem... o direito ao trabalho, o direito à moradia etc., bom, não querem ouvir. Continuam fechando as fábricas, você viu bem, você liga o rádio, há ainda não sei quantos demitidos na Air France ou não sei mais onde, continuam fechando as fábricas, como você quer que as famílias possam viver decentemente, enfim, forçosamente quando há problemas de dinheiro, tudo se desarranja, tudo se degrada. E depois, bom, a escola, lá também é preciso que os conteúdos, os programas escolares sejam bem adaptados aos que os jovens estão esperando agora, é que... Bom, eu, eu tenho a minha mais nova, ela me disse, "mamãe, você me anima nos estudos, mas, bom, eu irei chegar à Anpe"... Ela me disse ainda, "eu vou procurar obter meu Deug e, em seguida, vou ver", bom, ela não quer passar quatro anos sabendo que não terá perspectiva de emprego... Eu me lembro de que quando fui eleita, eu fiquei doente... Quantos jovens eu recebi, o tempo todo, que se vendiam por qualquer preço, que estavam dispostos a varrer os estádios, que me pediam um emprego, um emprego municipal, dispostos a tomar conta das praças de esporte ou a varrer o ginásio, com diplomas, é loucura. É tudo o que eu tinha a propor àqueles jovens; e eu ainda nem mesmo podia empregá-los porque, eu não lhe digo as exigências para admissão...

[...]

[*Ela evoca sua experiência municipal, espécie de formação trabalhando – "Não há escola, hein, para ser eleita" – e o desconforto em que sua "vida política" a coloca: "Ser-me-ia difícil encontrar um emprego, eu estou marcada com tinta vermelha".*]

Não vejo, na verdade, nada claro

– *Você tem a intenção de, depois da abertura, quando as coisas estiverem em ordem, de reinstalar a loja, mas em outro lugar?*

Dona Tellier – Não, não ficarei mais no comércio.

[...]

– *Seu futuro você o vê, com efeito... você o vê confuso?*

Dona Tellier – Oh! lá, lá! mais que confuso. Mais que confuso, não vejo, na verdade, nada claro.

– *Salvo se você decidiu não mais recomeçar, apesar de tudo, mesmo se você retomasse [os negócios], porque é preciso para a indenização; de fato, você tem uma ideia de que o comércio não é, não é mais a solução para você? É uma experiência menos enriquecedora que a de ser eleita, por exemplo...*

Dona Tellier – Ah! Sim! Mas é sempre igual, quem me diz que é bom, no momento eu cuido da associação, isto é, ao comércio eu não voltarei, mas, se eu não encontrar outro... Automaticamente eu estarei acuada, não terei escolha. Encontro-me em uma situação em que não posso mais escolher... [...] quando não se tem bagagem universitária, é preciso trabalhar duas vezes mais... eu não tinha cultura...

– *Sim, você teve, de fato, se eu compreendi bem, de lidar um pouco em todos os campos?*

Dona Tellier – Sim, totalmente.

Março de 1991

Gabrielle Balazs

A reabilitação

O senhor Hocine é um dos mais antigos moradores do conjunto habitacional. O imóvel que ele ocupa, nas proximidades da área comercial que queimou, teve de ser evacuado. Ele foi pintado de novo. Hocine chegou à região nos anos 70. Operário qualificado da estrada de ferro tunisiana, ele próprio filho de ferroviário, foi maquinista por dez anos antes de emigrar para a França e arranjar um emprego de OS na montadora de uma fábrica de caminhões. Não tendo a qualificação que ele poderia pretender com um CAP de ajustador-montador e um ano de desenho industrial, ele deixa essa empresa e acha, por intermédio de um amigo tunisiano, um emprego de supervisor de máquinas em uma empresa de indústria química. É então que ele deixa o abrigo para imigrantes onde residia e passa a morar no conjunto.

Na época, conseguir moradia no conjunto pareceu-lhe milagre. Foi graças às suas relações – o presidente de honra do clube de futebol onde ele joga – que ele conseguiu o apartamento que mudou sua vida: pôde passar a viver como casado, trazendo sua mulher, professora tunisiana (com três filhos, ele conseguiu um apartamento um pouco maior).

No decorrer dos anos 80, o conjunto se degrada, sendo relativamente instáveis os moradores mais recentes frequentemente desempregados, são "famílias com problemas" que, ao introduzirem a droga no bairro, introduziram, ao mesmo tempo, a violência, o controle policial... Dona Hocine mantém seus filhos em casa para preservá-los das violências do conjunto, ela tem vontade de mudar-se para um lugar mais calmo, mas seu marido não quer. Trair a solidariedade seria trair-se a si mesmo, além disso ele se empenha na transformação do lugar. Hocine empreende, então, uma paciente defesa dos moradores. Ele controla os gastos e os encargos da associação de HLM (ele mostra, durante a entrevista, seus dossiês detalhados, contas abusivas de luz, de água...) e presta assistência aos moradores em todos os seus passos (no decorrer da entrevista, ele explicará a uma vizinha idosa, desamparada, que veio consultá-lo, como regularizar certo problema com a associação do HLM. Ele procura, acima de tudo, defender a boa imagem do conjunto, em contraposição à de gueto que tende a se impor. Ele nos mostrará durante a entrevista o dossiê da imprensa que ele organizou depois dos acontecimentos. Ele procedeu a uma minuciosa análise e conservou, como elemento precioso, sua correspondência com uma cadeia de televisão, na qual ele protesta contra a maneira como falaram dos moradores do conjunto. Ele nos mostrará a carta que escreveu ao jornalista responsável por um programa de televisão e a resposta que recebeu. Quer se tratasse de uma simples fatura, da reabilitação do conjunto habitacional, do destino de cada um dos moradores, das relações com a prefeitura comunista – que ele apoia – das relações com os meios de comunicação, ele se faz o porta-voz de uma identidade operária ameaçada. Além da manutenção do HLM e de sua boa administração, é evidente que se trata também, para ele, de militar por um civismo perdido. Sua antiguidade no conjunto, sua qualificação operária, sua atitude desinteressada (a associação do HLM tentou "comprá-lo" propondo-lhe pô-lo em outro lugar melhor) fazem dele um militante irrepreensível.

Lutando em todas as frentes, no HLM, para reabilitar sua imagem, em seu trabalho para defender sua dignidade (ele abandonou o seu emprego depois de uma briga com um colega que se mostrou racista), em sua vida privada sacrificando-se por sua família onde reina a compreensão e uma educação rigorosa (sua mulher assistirá a uma parte da entrevista, seus filhos virão por um momento à sala, demonstrando um respeito silencioso e atencioso para com seu pai que está falando), é sempre a imagem dele mesmo que ele procura manter ou restaurar.

O que está em jogo nesta empresa voluntária de reeducação dos moradores do conjunto é retomar a imagem de um grupo operário mais solidário, como aquele que conhecera no final dos anos 60 num grande centro industrial e, com isso, reabilitar a dos imigrantes na França que, segundo ele, devem ser irrepreensíveis, até exemplares.

Com um morador de HLM

– Entrevista de Gabrielle Balazs

"Não fomos nós que criamos esse gueto."

– *O senhor foi dos primeiros a chegar aqui, é por isso que o senhor conhece melhor...*

Hocine – Sim, os primeiros. Havia um bom entrosamento, [...] "você tem um problema, eu estou aí", você compreende?

– *Todos ajudavam a todos também?*

Hocine – É isso. Todos ajudavam a todos. E depois, não sei quem chegou, bom; começaram a ir embora os franceses, alojaram árabes, quer dizer, de minha raça, de minha raça, e, espere, voltamos a este assunto, os guetos, porque não fomos nós que criamos os guetos. Primeiramente o governo, o departamento, a prefeitura, a sociedade que nos aloja, na prefeitura, eu discuti com o prefeito [comunista], não é ele, isso não vem dele, isso vem da sociedade.

– *Os franceses começaram a ir embora mais tarde?*

Hocine – A ir embora, sim, a ir embora. Há emigrados árabes que preferiram comprar e eu não sei, francamente, se eu soubesse... porque, ouça, não se pode prever o futuro, se eu previsse o futuro, que amanhã eu vou morrer, para que serviria batalhar e trabalhar ou fazer isto ou... não. Não, eu disse: "vou passar ainda cinco anos aqui, e eu vou voltar novamente para minha terra". De outro modo, eu deveria ter comprado como os demais.

– *Eles compraram? Os que se mudaram, era para comprar casas, apartamentos...*

Hocine – Para comprar casas. Casas. E assim começaram a partir. Foram substituídos por compatriotas, depois por asiáticos, depois por vietnamitas. Isso começou a... apodrecer. Não é mais a mesma, não é mais a mesma...

– *Já não havia mais o mesmo espírito entre vocês, a mesma solidariedade?*

Hocine – O mesmo espírito entre nós, e cada um retirou-se para sua casa, isto é, mesmo quando se percebe alguma coisa, não, eu prefiro... não entrar em seus negócios.

[*Chegada de uma vizinha idosa que veio pedir conselho ao representante dos inquilinos.*]

Os antigos locatários partiram

– *Você diz que o público mudou...*

Hocine – Mudou decididamente, os antigos partiram, há novos. Não se pode depressa, depressa, fazer amizade com eles, é preciso conhecê-los e tudo [...]. Quando chegaram, eu tentei. Mas havia pessoas que não queriam falar com ninguém. E, mediante os trabalhos de reabilitação, constatei que havia muita imundície; que eles jogavam sacos de lixo do oitavo andar, do sétimo, do sexto; eu intervim, mas eles não receberam bem: "por favor, escute, nós moramos em um bairro habitável e limpo onde vocês têm à sua disposição um depósito de lixo bem no patamar de onde vocês moram também... vocês podem jogar sua sujeira", mas... eles não quiseram compreender; e chegaram, neste momento, os trabalhos de recuperação. O vizinho me disse, "vamos organizar um comitê"; eu disse sim.

– *Ah! De acordo, foi daí que partiu o comitê dos inquilinos...*

Hocine – Sim, porque eles nos tinham verdadeiramente manipulado. Nas famílias, que eram famílias numerosas, eles pagavam o excesso de água quente, a água fria entre 4.000 e 5.000 francos.

– *Os aluguéis naquele tempo eram quanto? Eram razoáveis?*

Hocine – Eram razoáveis, sim, sobretudo, bom, com as bonificações e tudo, antes, antes dos trabalhos de reurbanização, pagava-se 570 francos de aluguel... E os encargos um pouco mais, a 4.000 e alguma coisa. Eles queriam devorar-nos inteiramente, querendo defender uma vez o que nós gastamos em eletricidade, nas três ruas colocamos 500 lâmpadas, o senhor percebe? Eles nos colocaram sobre as costas 500 lâmpadas por ano. São 94 moradores [...] Naquele momento, eu disse, "o único meio era constituir uma comissão de inquilinos, eu lhe asseguro, antes, eu não queria ter aqueles problemas, eu disse: "façam o comitê, estou com vocês, eu lhes darei a mão". Convidamos os inquilinos, convidamos a CNL [Confederação Nacional de Locatários] e em bom número eles compareceram. E eu não esperava por isso, a esse ponto, eu lhe garanto... O que eles fizeram? Eu saí, não sei, havia uma senhora a quem eu fui abrir a porta, o que eles fizeram, reuniram-se entre eles, bom, "Monsieur Hocine, vamos colocá-lo [no comitê]". Quando eu cheguei, eles me disseram: "Monsieur Hocine, constituímos o comitê, bom, o senhor é...", mas eu disse: "não, não concordo"; eu disse: "ouçam-me, eu não entendo desse assunto e, segundo, não tenho muito tempo para realizar esse trabalho; vocês querem uma mão, estou aí, dar-lhes-ei a mão, mas eu não posso... eu não quero que vocês me proponham esse posto, eu não posso, eu não posso ficar!" Eles insistiram, até a CNL, eles insistiram, eles me disseram, "o senhor é o único capaz de fazer esse trabalho".

Dona Hocine – Mas para as despesas da associação, é normal porque há quebras, há coisas queimadas pelas crianças... há crianças que brincam, que... que brincam com objetos e quebram lâmpadas e que [...]. Há também despesas. Não é preciso dizer, apesar de tudo...

Hocine – Sim, há despesas, mas eles são sempre gananciosos...

– *Aumentaram os aluguéis depois desse período?*

Hocine – Eles nos foram aumentados antes que a APL [abono] entrasse em vigor e antes que os trabalhos estivessem terminados. [...] Fizemos uma petição, já que tínhamos criado o comitê, tudo, como eu lhe expliquei, tínhamos o comitê, com presidente, vice-presidente, secretário, secretária-adjunta, tesoureiro, assim por diante; éramos oito pessoas, hoje somos apenas duas. Mas, apesar disso, fazemos nosso trabalho.

– *E os outros que estavam com o senhor desanimaram...*

Hocine – Sim, é muito trabalho, é um bocado de serviço, ouça, além disso, existe má convivência entre os moradores e tudo, então, eu digo, quem quer trabalhar trabalha, se não quer, ouça..., eu não posso...

— *E a má convivência entre os moradores chegou...?*

Hocine — Depois que novos moradores chegaram e depois que houve esse crescimento. Bem, naquele momento, eles fizeram os trabalhos de reabilitação, eles vieram ver-me, porque havia pessoas que merecem que seu apartamento seja reformado, por isso eu intervim. Eles foram reformados. Eles vieram me ver: "senhor Hocine, ouça, nós vamos fazer alguma coisa, nós vamos fazer os umbrais das portas e tudo". "Não, eu, eu não mereço, façam para os que têm necessidade, eu, eu estou satisfeito com minha casa, aqui", apesar de haver pequenos estragos e tudo; porque voltei para casa, estava tudo realmente uma droga, tudo, tapeçaria e pintura, fui eu quem fez tudo. Eles queriam fazer para mim, eu disse: "não é necessário fazer para mim, façam o necessário como fizeram para os outros; bem, as portas são essas, com belas vidraças; vocês arrancam o tapete, vocês o trocam por um... por ladrilhos, façam. Para todos. Aqueles que merecem, reformem seus apartamentos porque há apartamentos verdadeiramente podres; as divisórias estão inteiramente descaídas. Vocês precisam consertar isso, não para mim. Eu estou bem aqui". E eu supervisiono. Eles consertam as portas: um acordo entre o governo e as sociedades HLM; eles nos meteram às costas 4.000 francos em lugar dos 2.375 francos gastos com portas "indiferentemente"...

— *São como essas portas?*

Hocine — Portas blindadas [...] Eu intervim, protestei e até fui mais longe. No fim das contas, eles retornaram... [...]. Depois eu percebi que havia conivência entre a sociedade e a DDE (Direção departamental de equipamentos). Eu falei com o administrador e a CNL, eu disse, "ouçam, não vale mais a pena que eu quebre a cabeça, eu estou cheio", e foi por isso que o prefeito [comunista] me disse: "não, Hocine, vá em frente, se houver algum problema, estou atrás de você", foi ele que ainda me encorajou. E quando os outros chegaram, os franceses já começaram a partir, veja aquela senhora [*que passou*], ela vai logo partir...

— *E isso, sim, é um exemplo, mas faz muito tempo que ela mora aqui, enfim, desde 1982...*

Hocine — Se eu fizer subir uma avó, uma velha que tem, eu creio, 87 anos, ela mora aqui desde a criação da... é, bem, eu lhe posso certificar, se você deseja, eu a levo, e ela vai lhe contar. Para mim, como eu lhe expliquei, eu sou sensível, porque não se vive senão uma vez sobre a terra, é preciso fazer sempre [...], não é porque é uma francesa, mesmo se fosse uma árabe, ou mesmo se fosse uma judia, eu fazia o mesmo. Ela caiu doente, ela tem suas moças e seus rapazes, ninguém vem vê-la. Sou eu, de manhã antes de sair para o trabalho, quem vai vê-la porque ela me deu as chaves; subo para vê-la, ela estava doente, preparo-lhe seu leve desjejum, levo-o para ela na cama, dou-lhe seus comprimidos, seus medicamentos e apanho novamente as chaves, fecho, apanho novamente a chave e entrego-a a minha mulher que, às oito da manhã, volta a vê-la. E ela está lá, pode subir para ela lhe contar, senhora, ela está lá até hoje...

— *É uma senhora... que vive sozinha desde o início dos HLM aqui!...*

Hocine — Sim, antes a pobre, ela vivia... mas ela perdeu seu marido; ela se encontra completa e totalmente sozinha. É por isso que eu quero dizer, para que ouça, hoje está lá, amanhã pode ser que... não esteja mais lá. Mas ela pode-lhe dizer, havia uma boa convivência, os antigos, mas os novos, não [...]

Não é mais como antes

— *E entre as pessoas que vão embora, você diz, estão os franceses que partiram como a senhora que chegou agora mesmo, ela encontrou uma casa em outro lugar. As pessoas procuram mudar-se?*

129

Hocine – Sim, eles procuram mudar-se porque não é mais como antes. Eu lhe digo que atualmente, cada um está... isolado do exterior porque se vê muita maldade, vê-se, quer dizer, você vê alguém prestes a quebrar ou sujar, você não ousa intervir [...]. Desde que há uma família, não é uma família... são uma, duas, três famílias que emporcalham os 94 moradores. Eu intervim, fui eu mesmo chamá-los, eu, eu entrei em minha casa e lhes dei uma lição de moral: "vimos vocês, também os pais de vocês, vimos vocês nascerem diante de nós, por que vocês fazem essas coisas? Vocês querem fazê-las? Não os impeço. Façam-nas longe, façam-nas longe". À uma da manhã, às duas da manhã, ouve-se alarme por toda parte, mas é um ponto de encontro da droga aqui.

– *Isso incomoda todo mundo?*

Hocine – Com certeza, isso incomoda todo mundo, com certeza isso incomoda todo mundo! Ouça, você está em sua casa, lá... mas é preciso compreender que um dia, um amigo que vem visitá-lo, quando ele entra, o que eles dizem? Dizem que isso não é frequentado senão por árabes, o que é que eles dizem? Eles, entram, eles encontram – eu me desculpo – futilidades... "veja como são os árabes!"

– *Isso lança descrédito sobre todo mundo?*

Hocine – É isso, sim, porque ele não vê [...], então ele vai englobar todo mundo, ele vai dizer, "são todos iguais", você vê? Tentou-se de tudo, você vê, tentou-se de tudo... E naquele momento eu disse, no final das contas... era preciso que eu gritasse um pouco. Eu empenhei-me. Fui visitar os pais. Eu fui lhes dizer que é do interesse deles, eu lhes disse: "ouçam, façam alguma coisa, se vocês... vocês, os pais, vocês não reagirem, quem vai reagir?" Isso não é normal. Eu sei que tenho três rapazes, quando me trazem alguma coisa que é valiosa, eu digo: "de onde você trouxe isso?" Eu disse aos pais que eles nada dizem a respeito, que nem mesmo regem, "bom, façam alguma coisa, vocês têm rapazes, é preciso educá-los, não é possível deixá-los assim, é preciso vigiá-los, é preciso dar-lhes uma boa educação"... Um pai me disse: "ouça, você sabe, a nova geração..." e eu disse: "não, não é a nova geração", e eu disse: "não incrimino os rapazes, jamais incrimino os filhos, incrimino vocês, vocês são os únicos responsáveis porque, se vocês tivessem segurado seus rapazes à medida em que eles foram crescendo, vocês poderiam soltá-los, vocês poderiam soltá-los um pouco, hein!, se, no início, vocês tivessem cuidado bem de seus rapazes, eles saberiam como cuidar de suas vidas". Havia pais, bom, que eram compreensíveis e outras pessoas que me disseram: "ouça, isso não é da sua conta, é..., veja, analise o problema... eu quero dizer à força de... eu quero dizer, não fomos nós, os árabes, que criamos esse gueto. Não fomos nós, o gueto, que o criamos, foi a sociedade, e eu não quero incriminar o Departamento porque eles têm tantos por cento de apartamentos aqui e a prefeitura, ela tem tantos por cento. A sociedade, o que é que ela queria? O essencial é que entre dinheiro. Quando morava na Tunísia, antes de alojar alguém, procuravam-se informações sobre ele, não se pode proceder assim, é preciso tomar informações, como já expliquei várias vezes nas reuniões, eu disse: "escutem, quando vocês forem alojar, não sou contra, não digo para não alojarem, ao contrário, estou na mesma situação deles, sou da classe operária, mas, pelo menos, tomem informações, já temos bastante problemas" [...]. Quando os franceses partem, em sua maioria, quem é que vocês põem no lugar, põem árabes; e são vocês que criaram esse gueto. E depois vocês dizem: "o conjunto é um gueto". Não é um gueto, foram vocês que o criaram com suas próprias mãos. Não é preciso incriminar os árabes porque os árabes podem viver juntos, poderão viver. Mas foram vocês que o criaram; e cada incidente que acontece "são os árabes". Eu digo: "mesmo por uma pequenina coisa assim aparecerá no jornal: um norte-africano, um norte-africano. Mas quando é um francês que o faz ou um europeu, não!" E, todavia, a França é um país... é um país democrático, pode-se falar, falar, quer dizer, com franqueza. No entanto, eu lhe asseguro, eu quase cheguei a ter problemas com um... mesmo com a imprensa e tudo. Com minha franqueza, eles não queriam, eles não queriam, quer dizer...

– *Eles não queriam ouvir?*

Hocine – É isso. Eles não queriam ouvir. E apesar disso, eu estou sempre aí, estou sempre pronto para defender os inquilinos, pronto para defender aqueles que colocam, isto é, aqueles que contam um problema acerca dos imigrantes, porque os imigrantes, ouça, os imigrantes não são os espanhóis, não são os portugueses, não são os turcos, não são... Os imigrantes são os norte-africanos, são os tunisianos, os argelinos, os marroquinos! Porque uma vez, nos últimos dias, na reunião do conselho dos bairros, havia um tipo da UDF, a UDF, ele disse: "sim, os imigrantes...", eu lhe disse: "senhor, os imigrantes, mas antes de tomar esta palavra 'imigrantes'... atualmente quem são os imigrantes? O senhor se refere a quem, diga-me, o senhor se refere a quem?" [...] Quase brigamos diante do prefeito e tudo. No fim das contas, eu lhe disse: na próxima vez, quando estivermos em reunião, meça suas palavras, não é preciso mais usar o nome imigrantes". Depois, quando acabou a reunião, ele veio: "senhor Hocine, desculpe-me...", eu lhe disse "não há desculpas, para isso não há desculpas. Nós discutimos na mesa redonda. Agora não adianta mais, você não me conhece mesmo". Houve muitas vezes em que eu, na verdade, me ataquei com eles.

Quando ouço "imigrantes"... não consigo me conter

– *Sim muitas vezes em que o senhor discutiu com os...*

Hocine – Sim, mas também, eu lhe afirmo porque isso me toca! Argelinos, tunisianos ou marroquinos, não passam de árabes, são imigrantes como eu; antes porque vocês tinham necessidade deles, vocês os tiraram de suas casas e agora que eles construíram sua França, agora vocês não precisam mais deles? É preciso ser lógico. E eu me desculpo, senhora, se eu lhe... não é que eu quisesse chocá-la, mas é minha franqueza, eu sou assim. Eu sou assim. Não ouso, nas reuniões, algumas vezes, quando ouço "imigrantes", pois é, não consigo me conter. O que eu tenho a mais que vocês, ou vocês, vocês têm a mais que eu? Senhora, somos todos seres humanos. Precisamos nos ajudar mutuamente na vida que vivemos atualmente, em que há uma crise geral muito dura, você vê, o rico pode ajudar o pobre, o modesto pode ajudar o pobre, e assim por diante.

[*Ele tece comentários sobre a situação no Terceiro Mundo e a Guerra do Golfo.*]

– *Você dizia quando havia a senhora para seu alojamento, você dizia que a sociedade dos alojamentos aqui lhe propusera mudar-se, ofereceu-lhe outros alojamentos e você não quis mudar-se?*

Hocine – Eu não quis mudar-me, eu não quis mudar-me; porque já desde 72 que estou aqui, que meus filhos nasceram aqui e isso iria dar... como de novo o estrangeiro.

– *Sim, é isso, o senhor deveria recomeçar do zero em outro lugar.*

Dona Hocine – Eu, pessoalmente, quero mudar-me.

Hocine – Ela, ela quer mudar-se, mas eu...

– *A senhora quer ir para onde?*

Dona Hocine – Para algum lugar calmo. É isso aí, é isso que eu procurava. Eu procuro algum lugar calmo, verdadeiramente...

– *Aqui a senhora é importunada?*

Dona Hocine – Não é que eu seja importunada, mas estou confusa agora, eu não sou racista, mas é muito, muito... não é mais como antes. Todos os vizinhos de antes, eles se... eles se mudaram e tudo, então não é mais tranquilo, como neste ano, nós fomos à Tunísia, então eles tentaram pular o muro [...].

– *A senhora não está tranquila?*

Dona Hocine – Não, e meus filhos, eles nunca saem, eles ficam o tempo todo em casa, jamais saem...

Hocine – É verdade, porque mesmo eu, eu não quero que eles saiam com frequência.

– *Mas eles não têm atividades fora de casa?*

Hocine – Sim, há atividades... não sei... eles podem viajar, bom, eles viajaram uma vez em férias para uma estação de inverno em uma quarta-feira. Mas quando os deixamos sair, automaticamente eles são obrigados a encontrar-se com os amigos.

– *Sim, é isso e vocês não querem isso?*

Hocine – Eu tento, não que eu não queira, eu tento porque a educação é necessária: a primeira coisa é a educação, é preciso recomendar bem aos garotos: "isso e isso, se deve fazer isso, mesmo se ele faz isso, não se deve... não se deve responder-lhe se deve fazer...". Então, fazemos compreender aos garotos; mas também deixar muito, todos os dias durante estas férias, deixá-los sair muito e frequentar, afinal de contas, a que isso leva? Na sua opinião, a que isso leva? São influenciáveis. E uma vez eu lhes disse para descerem um pouco. Foram eles que me disseram não. E eles que me disseram não porque, ouça, nada lhes falta. Eles têm tudo.

Dona Hocine – Ultimamente [*apontando para um de seus filhos*] ele quis um computador, nós o compramos.

Hocine – Sim, ele tem tudo.

Dona Hocine – [*Sorrindo*] Eles têm seus brinquedos, os pequenos.

Meu único sucesso é os estudos de nossos filhos

– *Eles estão em que escola?*

Dona Hocine – Há dois que estão no colégio e o menor está na sexta, o maior na quarta. E o pequeno está ali em frente. Quando ele sai, eu fico vigiando da sacada até que ele entra, até estar na escola, eu o vigio e quando ele entra [...].

– *E a senhora sabe o que eles vão fazer depois do colégio, depois da terceira?*

Dona Hocine – Bem, ele vai continuar, o mais velho quer ser piloto, não sei se ele vai conseguir, e o segundo ainda não tem ideia, ele prossegue seus estudos...

– *Depois do colégio, ele pretende ir para o liceu?*

Dona Hocine – Para o liceu, sim. Com certeza.

Hocine – Para o liceu. Pois nós temos compatriotas que estão bem; nós temos exatamente na casa em frente uma família, a filha, ela está na segunda...

Dona Hocine – Na faculdade, além do mais ela já faz o seu segundo ano...

Hocine – O segundo ano. Tenho ainda um compatriota em [...], está no terceiro ano de faculdade.

– *Sim, eles fazem bons estudos...*

Hocine – Sim, bons estudos, bons estudos...

Dona Hocine – Sim, aqueles estão bem... Eles estão tranquilos, sim... Há seis ou sete famílias de tunisianos...

Hocine – Não somos numerosos aqui; somos seis famílias aqui, seis famílias tunisianas, há um bom entendimento entre nós, você vê. Há ainda argelinos, bom, há um bom entendimento, mas há sempre uma desconfiança, você compreende?

Dona Hocine – Eles não têm o mesmo caráter. Não é racismo... Não é racismo, mas não têm o mesmo... Eu não sei... [*silêncio*].

Hocine – Se meu filho fizer alguma coisa que você veja, eu quero que você venha me contar. Mas eu, se vejo algum... cujo filho faz uma besteira, eu vou lhe dizer e ele me diz: "não, meu filho é um santo!" Então, eu não quero entrar nesses problemas, eu quero que meus filhos estejam comigo, estejam... bom, eu sei com quem eles brincam e eu concordo [...] eu digo: "ouça, suas companhias, eu não me preocupo, fora de casa, eu não me preocupo; mas, atenção, desconfie, os companheiros e as companheiras, quando você ultrapassa a soleira da porta de casa, nem companheiro nem companheira, eu não conheço ninguém. Fora, escolha seus companheiros, você está bastante grande, você não tem muitos trunfos, escolha seus companheiros e depois você pode selecionar".

[...]

Estou começando a trabalhar, eu me privo, ela se priva. Eles não se privam. Eles não se privam. Eu lhes digo: "Eu sou liberal, meu único sucesso para mim é que vocês tenham êxito em seus estudos, é tudo; nada quero de vocês; nada quero de vocês porque, quando vocês estiverem grandes, vocês vão me... não, não quero absolutamente nada. Não, vocês se virem quando forem grandes, quando o futuro de vocês, vocês vão fundar um lar como eu e assim por diante, mas eu nada quero de vocês, a única coisa... é que vocês tenham êxito em seus estudos", eu digo: porque eu não ligo agora, com minha pequena eu posso viver, mas vocês – eu digo – seu futuro, vocês são ainda jovens, vocês têm a vida diante de vocês, devem tentar... porque estes não são mais os anos 40, 50, não é igual, não é mais igual".

[...]

O problema quando eles provocaram o incidente aqui, não eram jovens daqui. Eram jovens que pretendiam sabotar o prefeito [...]. Depois, soubemos que era o Front nacional e tudo, veja você, a extrema direita, e eles pretendiam sabotá-lo, o coitado. E eu surpreendi três europeus com uma câmera exatamente aqui na esquina, no momento em que ocorria quebra-quebra e tudo, surpreendi três que incitavam os jovens a ir incendiar o supermercado. Eu estava a três metros...

Dona Hocine – Jornalistas, o que é que eles queriam? Eles queriam escândalo e agitação, bom, mas isso não faz parte de seu serviço.

Hocine – Então, foi um golpe montado, foi um golpe montado.

[*Interrupção por causa da visita de uma vizinha e breve discussão sobre as férias dos filhos, a educação.*]

– *Uma vez que eles estão escolarizados, o senhor não pensou mais em ir trabalhar na Tunísia ou coisas assim?*

133

Hocine – Não.

– *Agora o senhor pensa em ficar aqui.*

Hocine – Ficar aqui porque estou agora com 50 anos, refazer minha vida na Tunísia, é... veja você... eu tenho filhos; antes eu era solteiro, eu não me preocupava, mas agora, já que eu tenho uma responsabilidade, é preciso que eu vá até o fim. Quer dizer, fazer sacrifícios. Para quem? Não é para mim [...], é para eles. Porque eu sou o único responsável. Porque nem o governo não é responsável por eles, sou eu, o primeiro sou eu, o [...] sou eu. Então, eu tenho de fazer muitos sacrifícios para eles. E quando eles forem adultos, então eles farão do mesmo modo, mas algumas vezes à mesa discutimos, eu digo: "ouçam agora, vocês não fazem o que eu faço atualmente, porque vocês veem, eu sou mandado; vocês veem, quando eu acordo de manhã, quando eu volto à tarde, hein, eu não gostaria que vocês fossem mandados como eu; vocês deverão ter êxito; façam tudo que for necessário porque vocês têm tempo"; eles sabem pelo menos que "não lhes falta absolutamente nada porque eu, pode ser que me falte um pouco, mas, atualmente, vocês, não lhes falta absolutamente nada, vocês têm tudo a seu alcance; procurem não ser mandados pelos outros".

– *O senhor não deseja que eles tenham o mesmo tipo de trabalho que o seu onde você recebe...*

Hocine – ... isso aí, ordens.

[*Hocine conta o incidente racista na fábrica que o levou a deixar o posto de operário que ele ocupava há dez anos para trabalhar como temporário, o que lhe permite evitar o confronto permanente com seus colegas. A associação dos trabalhadores temporários propôs a Hocine um emprego em outra cidade.*]

– *O senhor preferiu ficar?*

Hocine – Ficar aqui. Estou inteiramente habituado como aqui. Mas, senhora, os que são racistas dizem que a França é para os franceses. Mas nós, somos o quê? Antes nós éramos o quê? Vivíamos com os franceses, morávamos com os franceses e íamos à escola com os franceses, nós éramos vizinhos. E eu, pessoalmente, jamais deixei, jamais reneguei a França. A França é minha segunda pátria. Veja você, eu sou grato a ela. Um dia, desejaria de todo o meu coração, eu concordaria, aliás, que nos assentássemos assim e depois discutíssemos. Porque eles, eles, seu nível de instrução é mais elevado que o meu, mas eu posso enfrentá-los, eu posso lhes dizer o que eu penso; eu posso lhes dizer. Mas conseguir é muito difícil.

[*Hocine denuncia a falta de fidelidade dos jornalistas de televisão em relação ao seu comprometimento com os habitantes do conjunto habitacional: não contentes em fazer sua reportagem excluindo os moradores do bairro, que tinham concordado que participariam, eles, finalmente, reduziram a sete minutos a emissão cuja duração prevista era de uma hora e lhe destinaram, ao mesmo tempo, um espaço mais que modesto no final de uma outra emissão dedicada aos estudantes.*].

[...]

*Tudo o que eles dizem
dos subúrbios*

Hocine – Normalmente se pensa nos jovens, isto é normal. Mas é preciso pensar muito em uma cidade inteira, em um subúrbio inteiro... Os jovens, eles têm tempo ainda. Mas, visto que ele se deslocou, que chegou, foi ele mesmo que nos propôs... às vezes, há pessoas que têm outras obrigações a cumprir, então elas largam seus afazeres para vir vê-lo. E, no fim das contas, veja... E eu lhe digo, eu o peguei, eu lhes disse como você e eu, eu o chamei de tudo. Eu lhe disse, "você... você informa as pessoas, a França, toda a França, quase o mundo inteiro ouve você; e você ousa dizer: é um conjunto-dormitório, eu disse: conjunto-dormitório? Um gueto conjunto-dormitório..."

– *O que é isso?*

Hocine – O que é isso, exatamente, eu disse a ele: "o que é isso?" mas ele me disse: "senhor, eu ouvi pelos colegas", eu disse: "não, ouça, eu o ouvi, você é o primeiro a dizê-lo", eu disse: "porque no momento dos incidentes não tinha sido dito ainda. Foi você que pronunciou essa palavra, um gueto conjunto-dormitório".

– *E isso dá uma imagem negativa para o conjunto...*

Hocine – Uma imagem negativa e, aliás, eu lhe disse: "você viveu aqui, você não deveria ter uma imagem negativa", ele me disse: "não, senhor Hocine, eu lhe asseguro que ouvi...", eu lhe disse: "ouça, senhor, com todo o meu respeito, é uma informação mentirosa esta que falou, você e seus colegas, a verdade você escondeu. Mas eu sei que, para encher um jornal, é preciso que você acrescente um pouco mais para complicar a imagem, para complicar a história. Eu não tenho ressentimento de você nem dos que dirigem vocês, e desde aquele dia". Todavia eu tinha simpatia por ele, eu lhe garanto, mas depois do dia em que ele disse isso...

– *Mas o senhor acha que as emissões de TV desempenharam um mau papel?*

Hocine – Ah! Sim, sim; ouça, é uma informação mentirosa...

– *Os moradores não se reconheceram nas emissões?*

Hocine – Eles não se reconheceram nas emissões. Porque tudo o que eles disseram sobre os subúrbios, tudo o que se passou, é verdade, eu lhe asseguro, ouça, eu não sei; pode ser que eu estivesse mal situado, mas havia outros que estavam melhor situados que eu; tudo o que eles disseram dos subúrbios é falso.

[...] Durante os acontecimentos, havia jovens de nosso bairro, mas a maioria veio de fora. Para ver o que acontecia e, além disso, quando eles viram as lojas, paf! Eles entraram, eles tiveram tudo... Mas, se você tivesse visto aquele dia – eu estava lá – se você tivesse visto... mas você não pode imaginar... dir-se-ia que era fome, eles se lançaram sobre tudo: eles se lançaram sobre tudo, eles são como...

– *... como se eles tivessem sido privados de tudo e...*

Hocine – É isso aí, o supermercado pegou fogo, enquanto ele queimava, eles entravam e saíam com carrinhos cheios... de caixas de tabaco, de whisky, de cigarros, você nem pode imaginar, era preciso ver. Depois o fogo se propagou e eu fui obrigado a fazer saírem todos os rapazes [...] e de todos os edifícios...

– *Eles não se deram conta do perigo, os rapazes, então?*

Hocine – Mas havia também adultos, famílias que ouviram pelas informações, como eu lhe expliquei, "então, eis o que se passa". Eles vieram todos, as pessoas com seus carros, eles colocavam nos carros, e depois, com o fogo que se propagou por toda parte, eu fui obrigado a evacuar a rua 7 e a rua 8 porque, na hora o fogo, o vento naquela direção... Fiz sair todo o mundo. Todos evacuados, todos; todos evacuados, todas as famílias, não ficou ninguém, um sequer. Eu mesmo subi para ver se havia mais alguém e, naquele momento, o elevador estava quebrado, tudo em pane. E, além disso, as bombas de gás lacrimogêneo; os CRS estavam do outro lado, isto é, as pessoas estavam lá; eles lançavam bombas de gás lacrimogêneo.

135

Veja você, foi uma tarde infernal que vivemos. Até a tardinha, ouvia-se estalar por toda parte, por toda parte... Eu não tenho medo quando há coisas assim, eu tomo a ofensiva... No entanto... Não havia médico, não havia absolutamente nada, mas com um jato ao menos para dispersar as pessoas, com um jato d'água, mangueira, mas ouça, foi um golpe armado, eles queriam sabotar o prefeito custasse o que custasse. Porque ele... ele tem feito muito. Ele tem feito muito [...].

– *E depois, os acontecimentos foram, ou não, proveitosos para o Front Nacional?*

Hocine – Ah! Não! Pelo contrário... porque eu, eu insisti, eu vi no segundo dia... a tabacaria, eles a incendiaram também, bem, quem garantiu a manutenção da ordem? Foram nossos jovens, daqui. Nossos jovens, eu os vi, eles todos fizeram barreira para que carros não entrassem, eles facilitaram a tarefa dos bombeiros e da polícia, foram eles que garantiram a manutenção da ordem. Não foram eles. Você vê a imprensa, porque ela não escreveu, porque eu tenho tudo! [*ele mostra papéis*]. Tenho tudo aqui...

– *O senhor fez um dossiê de imprensa?*

Hocine – Sim, sim, a verdade eles não colocaram. Pegue, a verdade eles não colocaram, ela não aparece, veja.

Março de 1991

Carta aberta dos moradores do conjunto habitacional a um jornalista da televisão

Sobre a preparação da emissão dedicada ao conjunto habitacional em 6 de novembro. Por ocasião desse encontro, o senhor nos apresentou o objetivo de sua emissão, suas regras, e lembrou que ela não seria feita sem que todas as condições estivessem reunidas; nesse quadro combinado, nós estávamos dispostos a participar porque ela permitia a expressão dos moradores do conjunto e podia contribuir para a imagem de revalorização do conjunto. Nós lhe comunicamos nossas opiniões, nossos comentários, e o senhor tomou nota. Uma semana mais tarde, alguns de nós foram recontatados fora das regras anunciadas, para a organização em casa de uma família de um almoço e uma discussão em sua presença; tal atitude, assim como sua apresentação, são inteiramente inaceitáveis. Fomos, então, informados de que a reportagem foi cancelada. Compreendemos que algumas condições pudessem tê-lo exigido e nós não reclamamos. Mas qual não foi nossa surpresa ao saber que uma reportagem dedicada aos movimentos estudantis deixaria um pequenino espaço para nosso conjunto habitacional, que desonestidade após a riqueza de nosso debate, como o senhor poderia pensar que sete minutos, com a ausência dos moradores e dos representantes do conjunto bastariam para falar seriamente de nosso bairro? Além do mais, não há ninguém de nós, nem mesmo os jovens, que fizemos esforço para nos encontrarmos com o senhor na tarde de um sábado e de nos expressarmos, que tivesse sido recontatado para essa emissão. E nenhuma conversa nossa foi apresentada, o que é uma falta total de respeito. Dessa experiência conservamos o sentimento de termos sido enganados e retirarmos toda a confiança que tínhamos no senhor; ainda assim, uma reportagem honesta sobre nosso conjunto está por se fazer. Nós a desejamos vivamente, mas a faremos sem o senhor.

(Os representantes do conselho do conjunto e da comissão dos inquilinos)

Resposta do jornalista

Jornalista, responsável pela emissão do noticiário. Estou muito sensibilizado pela correspondência que vocês me remeteram e tenho que lhes agradecer o interesse todo particular que vocês me dedicaram à preparação de nossa reportagem. Infelizmente, independente de nossa vontade, o debate não pôde acontecer. De fato, como vocês devem ter visto na imprensa escrita, o senhor Jack Lang, ministro da Cultura e da Comunicação, que devia encontrar-se com os moradores de seu conjunto habitacional, desistiu no mesmo dia de nossa segunda operação. Ao preparar o noticiário, decidimos orientar o tema de nossa reportagem para o problema dos estudantes. Não obstante, foi concedido um espaço aos acontecimentos de seu conjunto; tenho igualmente que informar que três representantes de seu conjunto estiveram presentes em nossos estúdios e uma reportagem foi feita sobre seu bairro e seus moradores. Com todos os meus sentimentos [...]

Patrick Champagne

A última diferença

Os zeladores de imóveis são particularmente bem situados para darem, em sua forma sem dúvida a mais intensa, a experiência da maioria dos locatários de conjuntos habitacionais HLM dos conjuntos habitacionais "com problemas". Eles são, de fato, os primeiros a sofrer os incidentes ou os dramas que marcam a vida desses conjuntos (locatários ou comerciantes, exasperados pelos roubos repetidos que atiram nos jovens, os excessos da polícia quando fazem rondas, saques de lojas etc.). Encarregados da conservação dos prédios, eles limpam e reparam sem cessar as degradações cometidas, quando não têm, em certos casos, de sofrer agressões físicas ou ações de represálias dirigidas contra os carros e os apartamentos. Diferente de outros agentes sociais que trabalham nesses bairros (como os educadores, os professores, os policiais, os assistentes sociais etc.), eles não têm a possibilidade de se safar, nem que seja provisoriamente, dessa situação, muitas vezes difícil de suportar – um dos interrogados fala de "stress" – já que eles vivem no local de trabalho e podem ser chamados pelos moradores a qualquer hora do dia ou da noite. Mais ainda que os locatários, eles estão presos a esses conjuntos habitacionais, e sua única esperança, frequentemente desiludida, é a de ver chegar a hora de uma transferência para um conjunto mais tranquilo.

Casado, cinquentão, desgastado pelo trabalho, Raymond T., zelador de HLM há sete anos, recebeu-me sem cerimônia, vestido com o zelador-pó azul que ele usa normalmente para trabalhar, com sua mulher, igualmente vestida com um zelador-pó cinza que ela usa habitualmente (ela trabalha também no HLM), que se mescla vez ou outra na entrevista para aprovar ou acrescentar um detalhe ou clarear as explicações de seu marido. O apartamento que eles ocupam, grande mas um pouco escuro, fica no primeiro andar de um prédio de um grande conjunto de uma zona suburbana, que chamaremos Villeneuve, como aqueles conjuntos que se construíam em série nos anos 70. A sala está entulhada de móveis simples, mesa, cadeiras, armário, cujas prateleiras, fechadas com porta envidraçada, estão sobrecarregadas de bibelôs e de bonecas em exposição, a maioria delas em sua embalagem de origem. Na parede está presa uma cabeça de veado de plástico.

Ouve-se o canto de numerosos passarinhos que se encontram em uma grande gaiola em um canto da cozinha, perto de um pequeno terraço cheio de plantas e flores.

Se Raymond T. soube contar-me com isenção, quase com a fria objetividade de um informante, o que ocorre no dia a dia desse conjunto, é porque ele é um pouco como um estrangeiro. Ele aqui chegou pelos acasos da vida, não representando esse grande conjunto para ele senão o local de trabalho, nada mais. Nos fins de semana, nas férias, ele só sonha em ir para o campo, o reboque engatado na traseira do carro, a fim de, diz ele, reencontrar a "natureza" e o "canto dos pássaros", isto é, qualquer coisa que lhe lembre suas raízes rurais. Ele veio de uma pequena cidade perto de Dijon, sua mãe era enfermeira e seu pai, que "não havia frequentado escola como agora", mas tinha, no entanto, adquirido, sozinho, "uma instrução fenomenal", contramestre de serraria. Raymond T. parou de estudar aos 13 anos, "sem ter aprendido nada", porque, como ele próprio diz, ele "não ia às aulas" e começou a trabalhar muito jovem como descarregador. (Ele tem uma irmã que ficou na região: casada com um carpinteiro, agora ela não mais trabalha, mas foi, algum tempo, contramestra em uma companhia de limpeza.) A mulher de Raymond T. é da mesma região que ele e deixou a escola também muito cedo. Ela saiu de um meio muito modesto: seus pais eram lenhadores e ela tem dois irmãos que são, um gesseiro-pintor e o outro, trabalhador de manutenção em um castelo.

Raymond T. tinha 25 anos quando, achando seu trabalho muito pesado e mal remunerado, decidiu deixar sua terra natal e mudar-se para uma grande metrópole regional. Trabalhou 9 anos como carpinteiro, mas teve de mudar de ofício após um acidente grave (ele caiu vários metros com o afundamento de um andaime). Cinquenta por cento deficiente, procurou, então, um lugar "menos penoso". Um vendedor domiciliar de produtos agrícolas – que "conhecia todo o mundo" do bairro – lhe arranjou o emprego de zelador de conjunto habitacional que ele mantém atualmente. Ele é encarregado da manutenção dos prédios (reparar os estacionamentos, soldar, retocar pintura etc.) e sua mulher, que nunca precisou de trabalhar antes, faz a faxina das partes internas (escadas e patamares). Eles moram de graça por conta do escritório da HLM que lhes paga um salário de cerca de 10.000 francos por mês.

Raymond T., cuja vida tem sido difícil e que acha que teve sorte em encontrar este emprego, tem um olhar relativamente indulgente e compreensivo para os jovens com os quais ele partilha um pouco o infortúnio. Os dois outros zeladores de Villeneuve, cujas palavras serão lidas, têm uma atitude nitidamente menos "compreensiva", em grande parte porque trabalham no mesmo conjunto onde nasceram. Vê-se por sua maneira de se expressar, menos solta, que deixa transparecer uma exasperação muito forte: eles se sentem em suas casas e defendem seu conjunto contra "os estrangeiros" que vêm invadi-lo. A entrevista aconteceu em casa de Thierry C. que é zelador nesta parte muito degradada da ZUP, há apenas alguns meses. Todavia, ele sempre morou num grande conjunto do mesmo tipo situado nas proximidades e conhece, portanto, bem a vida deste conjunto que é um pouco o seu. Contactado pelo chefe de projetos desse setor para responder às nossas perguntas, pediu a Christian T., outro zelador no conjunto, algum tempo mais do que ele, que participasse da discussão. Sylvie, a mulher de Thierry, temporariamente empregada pelo escritório do HLM para ajudar os inquilinos, a maioria imigrantes norte-africanos, a preencher formulários para as operações de reurbanização em curso, juntou-se espontaneamente à discussão. A situação de grupo assim criada transformou progressivamente a entrevista em uma conversa franca, muitas vezes animada, o ponto de vista de Sylvie divergindo muito sensivelmente do de seu marido.

Thierry e Christian compartilham de uma mesma visão das coisas e têm reações bastante próximas. Os dois são de origem popular, pertencem a famílias numerosas marcadas pelo infortúnio ou as provações (morte prematura da mãe para um e grave acidente de trabalho do pai para o outro). Tornaram-se, cada um à sua maneira, zeladores por necessidade. Mas eles amam seu conjunto habitacional e este subúrbio que eles jamais deixaram e onde cresceram. Ambos consideram seu trabalho interessante, um porque não é muito incômodo e o outro porque permite encontrar pessoas: "É um serviço que eu acho agradável, a gente discute com as pessoas, está sempre fora, e depois, há ocasiões para se estabelecerem boas relações". O apartamento funcional que eles ocupam constitui para eles uma vantagem essencial levando-se em conta seus recursos e eles viveriam tranquilos, se, precisamente, esses conjuntos não se tivessem tornado inviáveis. Resumindo, eles aceitam muito mal a degradação contínua dessas zonas às quais eles estão ligados (nos dois sentidos) por seu passado e por sua vida presente.

Entretanto, algumas diferenças menores, em suas conversas, cujo princípio reside largamente no fato de que eles não são oriundos das mesmas frações de classes populares, e suas trajetórias sociais não são idênticas. Baixo, rosto redondo, cabelos longos em desordem, um pouco envolto, Christian, que tinha 35 anos no momento da entrevista, conheceu a miséria. Ele condena, é verdade, mas compreende um pouco esses jovens que são tão mais deserdados e perdidos quanto ele quando tinha a idade deles. Ele está vestido como um membro de gangue arrependido, blusão de couro negro, calça esporte também negra, usada e um pouco suja. Ele pertence a uma família de cinco filhos cuja vida não foi muito fácil. Sua mãe trabalhava como servente em uma escola para crianças deficientes. Seu pai, hoje com 70 anos, trabalhava na conservação de estradas, mas, já há mais de 20 anos, parou de trabalhar em consequência de acidente causado por um automóvel roubado. A vida familiar ficou profundamente abalada com esse drama: Christian foi colocado, por algum tempo, com seus irmãos e irmãs, pela assistência pública em uma família de acolhimento (de agricultores da região), sua mãe não podia mais cuidar deles e os oficiais de justiça tinham levado a maior parte do mobiliário. Aos dezesseis anos ele abandona, sem diploma, a escola e trabalha, primeiramente como carregador durante dois anos, antes de fazer diversos serviços na construção civil durante uns dez anos. Ele fez então um estágio na AFPA e obtém o diploma de condutor de máquinas. Arranja um emprego, mas, um ano mais tarde, ele fica desempregado, tendo a empresa falido. Como não podia mais pagar seu aluguel, o Escritório de HLM lhe propôs, então, um lugar de zelador. Ainda solteiro, seu relacionamento com os familiares é muito ruim, sendo mutuamente fonte mais de aborrecimento que de proveito: ele passou a cuidar de seus pais, velhos e impotentes, brigou com dois de seus irmãos e não conserva senão relações episódicas com um outro irmão que é pintor desempregado e uma irmã que tem uma pousada em Ardèche (uma "boa situação", diz ele).

Thierry, que tem 38 anos, mostra-se muito mais repressivo, quase descuidado e parece pouco disposto a se apiedar desses jovens que ele julga principalmente responsáveis por seus problemas. Mais velho de 8 filhos, ele é oriundo de meio popular. A família ficou, entretanto, abalada com a morte precoce da mãe. Ele só pôde escapar da decadência social por um certo rigorismo moral que ele deve à educação paterna e que transparece até em sua maneira de se apresentar. Magro, cabelos curtos e bem penteados, um pequeno bigode finamente talhado, está vestido de maneira esportiva, com calça jeans e suéter impecáveis. Ele conta que seu pai, caminhoneiro, quando ficou viúvo, procurou a todo custo estabelecer a família. As três filhas, após um CAP de costura, tiveram um relativo sucesso, em grande parte por causa do casamento: uma tem um restaurante em Béziers, outra, uma loja de roupas na galeria Lafayette e a terceira é manipuladora num laboratório farmacêutico. O percurso dos rapazes foi mais duro: após terem sido colocados, muito jovens, como aprendizes junto a comerciantes instalados nas vizinhanças (padeiro, açougueiro), seus quatro irmãos deixaram, após o serviço militar, essas profissões, que pouco lhes agradavam, para se tornarem motoristas de carga pesada, como seu pai, ou gerentes de loja. Thierry deixou a escola muito cedo, com 15 anos, para entrar no serviço de manutenção na empresa onde seu pai trabalhava. Ele deixou logo esse trabalho que achou muito cansativo e fez pequenos biscates antes de tornar-se caminhoneiro durante uns dez anos. Aos 35 anos, abandonou porque ele "não gostava dos horários", e arranjou um emprego de zelador de estádio. Procurando uma casa maior, o Escritório de HLM lhe propôs, associado ao apartamento que ele ocupa atualmente, um lugar de zelador nesse difícil setor. Casado já há mais de dez anos, ele tem hoje dois filhos em idade escolar. Sua mulher Sylvie, que ele conheceu em um baile, pertence a um meio social um pouco mais elevado que o dele. Ela tem um irmão professor e um outro que é, como seu pai, treinador de rugby. Diplomada em contabilidade, obteve, em formação permanente, um diploma de informática, mas não encontrou emprego nessa área. Faz atualmente pequenos biscates e "pega o que aparece", isto é, faxina nos colégios.

Foi sem dúvida porque Thierry só conseguiu sair-se ao preço de uma conduta moral muito estrita, única barreira para não cair socialmente, que ele foi levado a reagir com força contra o comportamento dos jovens do conjunto e, por um ressentimento compreensível, a se tornar repressivo por sua vez. Como poderia ele desculpar esses bandos de rapazes, na maioria norte-africanos, que lhe impõem sua lei em "seu" conjunto? Por que não empregar-se um método vigoroso (a delimitação do território pelos CRS) que ele próprio teve de sofrer quando era criança, por causa de desordens semelhantes, e que provaram-se eficazes? Sylvie, que, por ser mãe, é mais indulgente em relação aos filhos, recebeu, além do mais, uma educação menos rigorosa que o marido. Se bem que ela reconheça que não é fácil, ela opta pelo diálogo e a discussão com esses jovens, e julga mais eficaz a persuasão que a repressão, sob a condição de fazer esforço para pôr-se no lugar deles: "coloca-te no lugar desses jovens", diz ao marido. Eles sabem que, de qualquer maneira, nada acontecerá... seu único recurso é a violência, mas não a violência para fazer mal. É, antes, um grito para dizer 'atenção, nós estamos aqui, nós existimos'. Essa atitude deve bastante às características sociais de Sylvie (notadamente à importância relativa de seu capital cultural), que estão muito próximas da dos trabalhadores sociais, mas também ao seu passado militante "esquerdista" (ela pertencia, em outra época, à "Juventude Operária Católica", depois, por algum tempo, à "Juventude Comunista"). Todavia, aflora nela, também, uma certa perturbação. Sua militância ocorreu sem doutrina nem certeza. A crise econômica, que a impede de ter acesso a uma posição profissional correspondente à sua formação e às suas aspirações, a impele, com efeito, especialmente por causa do desabamento do comunismo como realidade e como esperança, para uma rejeição total da política. Desorientada, ela também se escuda atrás da moral: todos os partidos políticos a aborrecem, porque eles querem "fazer a moral para os outros", enquanto há "conluios aos montes".

Estes zeladores, até em suas contradições, são bastante exemplares. Como a maioria dos moradores desses conjuntos, eles não moram aí por escolha, mas por necessidade econômica ou administrativa: eles não podem, ou não querem, ir para outro lugar e devem permanecer em suas zonas onde tudo os impele ao confronto, ao declínio coletivo e ao assistencialismo. Sua trajetória social quase não os predispõe a compreender, ou pelo menos aceitar, a forma violenta, às vezes devastadora, que a revolta desses jovens pode assumir. De origem popular, eles não caíram mais baixo devido a uma educação severa, até brutal, a uma redução muitas vezes draconiana, de suas aspirações e suas necessidades, em suma, aos esforços que devem ter feito para aguentarem ou se saírem bem. Eles não podem julgar esses jovens senão sob um ponto de vista essencialmente moral: "Há muito afrouxamento", "o que é preciso é que eles ponham na linha os que não querem andar direito, é tudo" etc. Eles acham que o desemprego não é senão uma desculpa má para a ociosidade: "Qualquer trabalho os cansa, mas [eles não estão cansados] para roubar...", "é preciso dizer que o cara que quer trabalhar pode encontrar serviço" etc. Os roubos não são mais do que a compensação de uma vida de parasitas: "Esse não trabalha, ele só vive... só vive de roubos". As aspirações de consumo desses jovens lhes aparecem desmesuradas em comparação com aquelas que, num passado recente, foram as suas e com aquelas às quais ainda hoje devem se impor: "Eles não sabem ser moderados", "querem tudo e ainda não ficam satisfeitos", "eles só pensam: 'queremos isto, queremos isto, queremos isto'". Quanto ao "vandalismo" e às drogas, não são mais que a consequência direta da abdicação dos pais: "Os rapazes, aqui, fazem o que querem, os pais os deixam fazer".

Todavia eles não ignoram, porque também sofreram as causas reais dessa situação: eles sabem que o desemprego pesa sobre esses jovens de uma maneira provavelmente muito mais aguda que sobre eles e reconhecem que esses comportamentos desviantes são causados principalmente pela situação de anomia criada pela imigração – especialmente o reagrupamento nos conjuntos – o que levou à destruição da autoridade paterna. Eles sabem também que a televisão, a onipresença da publicidade e, mais ainda, a implantação generalizada de grandes supermercados que são instalados (por obrigação legal), até no centro dos conjuntos mais pobres, modificaram as aspirações desses jovens. Mas, tudo se passa como se eles não quisessem verdadeiramente saber, temendo, talvez, que saber muito possa levar à desculpa de comportamentos que eles julgam moralmente inaceitáveis. É assim que, recordando a visita à sua região de atletas dos países do Leste, um dos zeladores deplorava que tenham sido levados aos grandes supermercados da cidade, em razão das invejas insatisfeitas que poderia provocar, mas sem ver que os roubos, ou mesmo o saque nos supermercados de seu próprio conjunto obedeciam, em grande parte, a uma lógica semelhante.

A rejeição, pelos "pobres brancos", a esses jovens – rejeição que é simplista assimilar à do "racismo" – é particularmente forte, como se pode constatar na entrevista, apesar da reserva de que as investigações testemunham. Os zeladores deixam frequentemente em suspenso certas frases para não terem que dizer palavras muito explícitas, que possam vir a chocar o interlocutor: "Eles não podem se integrar aqui porque são...", "há muito porque... eles vivem em...", "o governo, ele não é muito...." etc. Diferentemente dos membros de classes sociais mais abastadas que podem mudar-se tão logo a situação se lhes torne insuportável, esses "pobres brancos" reagem mais violentamente porque estão condenados a ficar. Eles se sentem como desafiados por essas pessoas que, geralmente, chegaram depois deles e aceitam de má vontade dever suportar, sem nada dizer, sua atitude agressiva, suas fraudes de todo tipo. Eles veem partir, com uma raiva contida, "os melhores" de seus moradores ("os verdadeiros franceses, bom, bem, eles se mudaram"). Apesar dos esforços sinceros que eles fizeram em um dado momento para ajudar esses jovens, eles não conseguem, na verdade, compreender o sentimento de injustiça que está na base de seus comportamentos desviantes. Como poderiam eles imaginar que, paradoxalmente, esses jovens se sentem mais franceses que os franceses de berço? Diferentemente dos imigrantes que vieram para a França há uns trinta anos e que, apesar de sua vida de miséria, ficaram em seu lugar sem nada reivindicar, tendo sempre manifestado gratidão e reconhecimento em relação a um país que os acolheu, a seus filhos, que sempre viveram na França, prefeririam ser considerados como franceses ("quando a gente lhes dá alguma coisa, eles nem agradecem", exclama um zelador) e aceitam igualmente muito mal sua marginalização.

Está aí, sem dúvida, um dos fundamentos da sedução muito forte – visível até nas negações ("não sou a favor da ditadura, mas seria preciso dar um bom exemplo") – que exercem hoje sobre os operários e os pequenos comerciantes (que estão também, particularmente, expostos a essa pequena delinquência), todos os temas políticos que pregam a força e a expulsão desses "estrangeiros" que não sabem ficar em seu lugar e, pior ainda, se acreditam em casa em qualquer lugar.

Com zeladores de conjuntos habitacionais – HLM

– Entrevista de Patrick Champagne

"Vou votar em Le Pen, isto lhes causará medo."

– Você mora aqui desde...

Christian – Nasci aqui em Villeneuve. Nasci em 56. Sempre vivi em Villeneuve. Bom, na verdade, digo que nunca saí de...

– E isto foi construído quando?

Christian – Bem, há prédios com mais de 20 anos, aqui, creio que começou em 1964. Foi na época em que os árabes vieram da Argélia; isto foi construído para eles porque os argelinos estavam todos alojados em barracas quando chegaram à região. E não havia apartamentos e eles fizeram os apartamentos aqui, os HLM. Eu me lembro, a gente era adolescente e os primeiros a ser montados foram aqueles, todos aqueles. E foram montados com trilhos da ferrovia. Você sabe, pré-moldados. À medida que subiam os andares, eles colocavam trilhos e faziam deslizar placas, isso ia depressa. Bom havia, na época, bem, eu lhe digo, só havia argelinos e havia bom entendimento aqui. E depois disso tem... [...] Porque as pessoas se desgostaram e se mudaram daqui. O que você acha que é viver lá dentro? As pessoas vivem amontoadas nos alojamentos. Acima do meu, há um apartamento igual, de três quartos, eles são... eles têm nove filhos, eles são onze dentro; mais acima, eles são doze, e os garotos fazem o que querem, o que querem, o que querem. Os pais os deixam fazer. Embaixo há corridas de motos, nos porões, isso não para, isso não para. Então isso vai até as duas da manhã, invadem os passeios, sujam, derramam óleo nas alamedas, enfim, é uma verdadeira bosta. E, às vezes, eles ficam na rua até dez ou onze horas da noite. [...] No início, aqui era bom. Não havia todos esses imóveis, não havia toda essa gente, havia menos crianças, havia menos... não sei como dizer... havia menos bagunça... E depois, é preciso dizer também que a vida evolui. Dizia-se, em outra época, é preciso alugar de novo os apartamentos aqui, colocou-se quem se quis [...] Há famílias argelinas que chegaram à mesma época que famílias árabes, você vê? Mas elas jamais deixaram seus apartamentos, sempre moraram lá. São essas famílias que importunam as outras. Há apartamentos que pertencem ao Departamento, há apartamentos que pertencem à prefeitura e que são... bom, é também preciso dizer uma coisa, tudo o que pertence ao Departamento, ele põe lá dentro quem quer, então traz pessoas que antes estavam numa empresa auto-administrada, eram indesejáveis, foram mandadas embora e as recolocaram aqui.

Thierry – Todas as famílias indesejáveis, como ele diz, é verdade que, quem é que as tem... quem é que as carrega nas costas? É Villeneuve! [...] Na administração [*no escritório do HLM*], eles perceberam que isto está degradando e tudo, os apartamentos estão vazios, então eles dizem uns para os outros: é preciso que entre dinheiro para a administração; então foi dito: vamos trazer todo o mundo para Villeneuve, eles trouxeram todo mundo e, agora, os garotos cresceram e são todos uns bagunceiros.

– *De que meio são essas pessoas? Elas trabalham?*

Thierry – A grande maioria, sim, os pais trabalham... A grande maioria, você tem o pai que, bom, é possível, chegou em 53, em 54, sempre trabalhou; agora, ele está aposentado. A mulher, ela nunca trabalhou; bom, os rapazes, agora, os adultos estão desempregados, não encontram serviço. Então, o que fazem? Roubam carros, arrombam, fazem aqui, tomam droga. E depois, agora, é preciso dizer também que os jovens, eles todos se conhecem, em todos os quarteirões, então, se eles querem se reunir num lugar, não há como impedi-los.

– *Isso começou a degradar-se em que época?*

Christian – Oh! Bem, isso começou aqui em 81. Aqui era infernal, não se dormia mais, havia roubo de carro a cada cinco minutos... Assaltavam a mão armada, enchiam as garagens carros roubados, "pegas" por toda parte, nas avenidas... Quando você vê garotos de 13 anos dirigindo BMW, não os enxerga lá dentro, apenas enxerga um tufo de cabelos e depois, eles se faziam de imbecis; então na época, bem os zeladores estavam cheios disso, não vinham mais, todo o mundo fazia o que queria aqui e foi a degradação completa.

Todas as pessoas com algum recurso vão embora

Thierry – Há muito de relaxamento em Villeneuve porque eu morei três anos em M. [*cidade vizinha*] e lá era a mesma história; eu estava em M.; bem, chamaram os CRS; eles ficaram mais de um mês; eles ficaram seis meses com pistola automática, fardados, em ordem, rádio às costas, noite e dia, dia e noite e isso não parava e isso não se acalmava. Em Villeneuve eles fazem o que querem, o que querem... sobretudo agora quando há uma tensão [*a Guerra do Golfo*]. Eles falam até em recomeçar, que vai ser pior.

Christian – Somente eles fazem isso. Eu não quero dizer pessoalmente, não quero ser racista com eles, mas eu digo...

Thierry – [*Com um tom de ironia*] É a "geração dos filhos de norte-africanos"!

Christian – Não são só eles. Há até franceses, jovens franceses que andam com eles e estão contentes, estão verdadeiramente contentes... Quando você é chamado às duas horas da manhã para ir a uma alameda e você encontra lá 40 jovens bêbados, todos bêbados, e você é insultado, eu já fui duas vezes, agora eu digo, não, acabou!

– *Eles têm que idade?*

Thierry – Entre 18, 20 anos...

Christian – Há os que são até mais velhos que isso... Eu, há uma coisa, eu, é minha opinião, eu digo, não consigo compreender, bom, são os pais, porque deixam rapazes que têm... idade média é 14, 15 anos... toda a noite. Então você os vê sair de uma alameda à tarde, tomar as motos, descendo para a cidade, eles vão aos bandos e voltam com motos roubadas, isso não os incomoda. E quando você chama os policiais – é triste dizer, mas é assim – você chama os policiais de Villeneuve, eles dizem: "bem, agora, não podemos mais nos deslocar". Eles não querem vir porque têm medo. Eles têm medo, é tudo. [...]

Thierry – Bem, sim, é normal, é degradado... É a degradação...

Christian – Há pintores, um jovem foi enviado, ele pintou todos os *halls* de entrada, ficou bonito. Ficou verdadeiramente bom, limpo e tudo, as caixas de correio novas, tudo, bonitas caixas, tudo, isso. Eles massacraram tudo! Eles estragam tudo! Eles quebraram tudo! Eles gostam de que isso esteja quebrado, estragado. Trabalha-se, conserta-se tudo, contratam-se empresas e, no dia seguinte, você encontra tudo quebrado. Foram colocadas trancas elétricas, fechaduras elétricas nas portas, colocadas na segunda-feira de manhã, na terça-feira à tarde não havia mais nada, estava tudo quebrado.

Thierry – Eu digo que é preciso encontrar uma solução para gente assim. Porque é muito bonito quando você ouve o senhor C. [*o prefeito de Villeneuve*] falar, dizendo: "vamos construir moradias sociais para famílias difíceis". E, onde ele vai construir essas moradias sociais? Ele vai construir torres no meio de um campo e depois alojá-las? Eu digo, não vale a pena. É preciso encontrar um terreno longe de Villeneuve e, depois, propor a essas famílias, as que são verdadeiramente indesejáveis, colocá-las nesses alojamentos e deixar que se entendam... É triste falar assim, mas eu penso que é a melhor solução. Porque é verdade, você tem famílias que moram aqui há 18, 20 anos, que são clientes do Escritório, bem, quando você ouvir falar aquelas pessoas que dizem "nós estamos cheios, está tudo estragado, colocam caixas de correio novas, está tudo quebrado"... Agora vêm com uma porta blindada, eles abrem a porta blindada, vão roubar tudo o que vocês têm; se há varandas, vão à casa do morador, mesmo se ele está dormindo à noite, lhe roubam a televisão. E quem são? São sempre os mesmos. [...] O que fazer com pessoas assim? E depois, há a história dos carros... Bom, então as pessoas que moram em Villeneuve precisam de porta blindada, grades nas janelas, têm de andar de carro velho... não, mas não é possível isso!

Christian – Você vem com seu carro, você sobe em casa dois minutos, você desce, você tem o para-brisa quebrado, o rádio roubado. É insuportável. É isso que eu não compreendo, não sei... [*imitando com voz fina um pouco ridícula e feminina*]. "É preciso deixá-los fazer, é preciso deixar esses rapazes viver, é preciso deixá-los fazer", mas não está sendo mais possível! Depois perguntam por que os locatários que ficam na ZUP são somente os norte-africanos. Por quê? Os rapazes ficam na rua discutindo até três horas da madrugada, bebendo e fumando, fazendo conchavos. Depois, eles ficam completamente dopados quando fumam e bebem ao mesmo tempo. A gente sai, começa a lhes dizer alguma coisa, você tem direito a todos os insultos do mundo; e depois, na manhã seguinte, quando se vai pegar o carro para ir trabalhar, os pneus estão furados, o para-brisa quebrado, tudo quebrado [...] Não adianta falar-lhes nada. É preciso deixá-los fazer. Então nós... nós, é verdade que discutimos entre nós, os zeladores, dizemos: "agora podem quebrar tudo, nós não queremos mais consertar, isso não serve para nada".

[...]

Há muita tolerância

– *Quais são os contatos que vocês têm com os jovens, como isso ocorre?*

Christian – Com os jovens não há nada. Não há nada, não vale a pena. Para eles, a gente é indeciso, corrupto, é isso, é aquilo, é tudo o que querem, não vale a pena discutir com eles. Eu tenho boas discussões com eles, mas o que ouço deles, o que eles lhe dizem é, "quero uma sala, quero uma sala, haverá mais coisas quebradas, haverá isto, haverá aquilo". [...] Quando se faz o conserto, seria necessário apanhar os jovens de alguns conjuntos e colocá-los em empresas. Há muitos lá que dizem: "se fôssemos nós quem trabalhássemos em firmas de pintura ou de eletricidade, nós faríamos o trabalho com eles e impediríamos os outros de aparecerem no conjunto", porque, como eles me falam o tempo todo, "nós participaríamos da pintura da escada, nós refaríamos alguns trabalhos, você veria que não mais haveria estragos".

Thierry – Não, eu não concordo.

Christian – Mas é o que eles dizem.

Thierry – Pelo que você acaba de dizer, "os outros, a gente impedirá os outros de entrar". O que os outros vão fazer? Você quer que eu lhe diga o que os outros vão fazer? Os outros, hein!, eu falo assim, eles vão vir nos aporrinhar, porque eles vão dizer: "nada fizeram por nós". Porque o Escritório quer até fazer alguma coisa, mas os outros não fazem nada. Todo mundo deve fazer alguma coisa. Todo mundo, todo mundo. Há os prós e os contras [*Ele fala então de um local que fora destinado aos jovens do conjunto, que foi destruído e fechado*]. Quando eles dizem: "sim, não encontramos trabalho, não nos dão serviços", como você quer que lhes deem serviço, quando se vê que eles não podem manter uma coisa assim. Eles roubam tudo, não ficaram com a sala nem uma semana. Eles quebraram tudo, tudo. Eles picharam tudo, então foi preciso vir o pintor e refazer tudo. Causou-me pena quando vi tudo bagunçado lá. Ele se ralou com seus pincéis e tudo. Uma semana depois, tudo massacrado, tudo quebrado! Não se vai fazer para eles um Palácio de Congressos atrás de cada imóvel! Não é preciso exagerar. Eu também morei 25 anos num HLM à margem da rodovia lá embaixo, aquelas coisas grandes lá; quando lá cheguei, eu tinha seis anos, eu lá fiquei 16 anos, dentro, 16 anos. As maiores estripulias que eu fazia, às vezes, era quebrar uma vidraça – porque havia grandes espaços envidraçados como este – quando se jogava bola na grama; havia uma bola que partia, uma bola infeliz, e pimba!, uma vidraça, a gente pagava, eu me lembro, hein! Pagar uma grande vidraça como esta eram uns 50 paus. Mas eu jamais saqueei o imóvel porque quisesse isso ou aquilo, patati, patatá. Não é preciso... Há muita negligência em Villeneuve, muita tolerância, e depois é tudo. [...] Você tem jovens que jamais irão trabalhar na vida, por quê? Só gostam de trambiques! Então, roubam carros, desmontam-nos, é mais fácil roubar que trabalhar, praticam assaltos, vão pegar de dois meses a um ano de prisão, eles são soltos, ficam 15 dias tranquilos e tudo começa de novo, vão se ajuntar aos companheiros. E recomeçam e quebram tudo.

Christian – E, além do mais, para eles... é um orgulho ir para a cadeia. [...] Os grandes é que empurram os menores e, quando vejo que há garotos participando de..., eu digo "é infame".

Thierry – Se continuar assim, jamais mudará, jamais, jamais. Será uma grande bagunça sem fim. Há tantas besteiras praticadas que as mais marcantes vão até mesmo para o jornal. Quando eles põem ordem na M., as pessoas dizem, "sim, crer-se-ia em tempos de guerra". É verdade, mas eu tinha direito a ... quando eles chegavam, os CRS, digo, na época, eu tinha os cabelos encaracolados, "árabe sujo" e tudo, as mãos no capô do carro, eles o revistavam e tudo. Mas eles pagaram também. [...]

Se você disser qualquer coisa, você é racista!

Christian – [...] Eu não sei, há talvez uma falha também da parte do Escritório dos HLM. Seria preciso que encontrassem uma solução e depois, também, a nível da prefeitura, porque a prefeitura, nisso também, é sua comuna. Seria necessário que se pensasse em fazer, verdadeiramente, alguma coisa. [...] Se você disser qualquer coisa [*aos jovens*], você é racista. Eu não concordo. Eu conheço e tenho companheiros tunisianos, argelinos...

Thierry – Eu também.

Christian – ... bons camaradas, mas, como eu disse uma vez aos jovens, eu lhes disse: "eu sou racista com os bagunceiros, é tudo". Eu não tolero que se quebre assim por nada. Porque avacalham, quebram! Eles têm mais é que trabalhar. Eles dizem que não lhes dão trabalho, mas é só chegarem a uma empresa que eles roubam. Um patrão, ele vai abrigar ladrões, hein? Você vai ver ainda a história que aconteceu na zona industrial: ele [*um empregador*] empregou um jovem, confiou nele, não fazia uma semana que ele lá estava, ele [*o jovem*] pega a secretária, aplica-lhe dois murros e lhe rouba a caixa. Os policiais o pegaram... e, além do mais, ele tinha um revólver carregado, ele atirou sobre os policiais. Bem, nem lhe digo, eles o prenderam, bateram nele. Os outros saíram todos: "morram, tiras sujos, racistas sujos".

[...]

Christian – Eu conheço zeladores que trabalham para uma empresa pública, eles foram ameaçados.

Thierry – Bem, eu também, eu fui ameaçado...

Christian – Mas, eu, eu tenho dois companheiros zeladores, eles botaram fogo no apartamento deles descaradamente...

Thierry – A mim também eles ameaçaram. Dois vieram a mim e me disseram: "seria bom que você parasse de ficar vasculhando no estacionamento. Eu disse: "eu não vasculho eu faço meu serviço, é tudo, vocês nada têm a fazer nos estacionamentos, eu faço meu serviço, disseram-me o que eu devo fazer". Então, depois, eles vieram a mim e me disseram: "pare de ficar vasculhando porque um dia você vai levar um tiro nos estacionamentos". Eis o que eles me disseram! E o outro que incriminou meu garoto, há dois anos, quando eu cheguei. Ele tinha nove anos, e o outro um rapaz de 20 anos. Então ele, eu o peguei e disse: "é a primeira vez que você os toca [*os cabelos de meu filho*] e é a última vez porque, depois, você um dia não estará com todos os seus companheiros atrás de você, você estará inteiramente sozinho e, naquele dia, eu pegarei você quando você estiver sozinho". Ele nada conseguiu falar, ficou confuso, ele olhava seus sapatos.

Christian – É à noite que eles são numerosos, eles são, pelo menos, bem uns 50... e eles ficam lá a noite toda. E, eu lhe digo, quando o tempo está bom, como na semana passada, eles foram dormir quando nós estávamos indo para o trabalho. E faziam bagunça a noite inteira. Durante a noite inteira ouvíamos: "Viva Saddam Hussein e viva Machin" e, depois com as motos... você não imagina toda a confusão que havia toda a noite. As pessoas: "não aguentamos mais, vamos chamar a polícia". Às duas horas da manhã, telefono para a delegacia, eu lhes digo: "Oh! seria necessário fazê-los parar, eu digo, eles estão ficando loucos", pois, além do mais, nós lhes demos uma sala. Eles vão para fora e se põem a gritar até de manhã e, depois, não vale mais a pena dormir, levanta-se para ir trabalhar. Então, percebe, isto não é vida, coisas assim. É por isso que eu digo que...

Eu digo a meus locatários, "vocês não devem partir"

Thierry – Se dizemos a eles alguma coisa, eles se vingam nos carros.

Christian – Ou estouram os pneus.

Thierry – Eles não param de se vingar nos carros. Então as pessoas, chega um momento, elas têm... [*assobio*]. Se eles acham alguma coisa, eles se vão e dizem-lhe: "Bem, senhor Zelador, procuramos outra casa, nós vamos embora".

Christian – É por isso que eu digo a meus locatários, eu digo: "vocês não devem partir". Eu digo: "vocês devem ficar em seu apartamento. Porque, se vocês forem embora, eles ficarão muito contentes". E depois, não é isso, eu tenho dito sempre, tenho dito: "os bons locatários que temos, mais cedo ou mais tarde vão todos partir. Eles vão ver todos os apartamentos vazios. O que vão fazer agora? Eles vão tornar a trazer ainda famílias como essas! Todo o mundo se vai, e isso será rapidamente feito. Não haverá mais que aquelas que ficarem". Há momentos em que não é o trabalho que nos mata, é o estresse.

Thierry – Oh, la, la! A gente está estressado. Eu trabalhei como caminhoneiro 13, 14 horas por dia. Eu ficava menos cansado que certos dias aqui...

Christian – E depois, a gente está com os nervos à flor da pele.

Thierry – ... por sofrer ameaças: se você está fazendo seu trabalho, você é ameaçado.

É a "geração dos beurs"

[...]

Thierry – Não consigo compreender. Eles não têm senão que mandar vir a CSR, mas eles não ligam para a polícia. Eles, quando estão lá, têm o fuzil de guerra na mão com a caixa de munição e interceptam não importa quem, eles nada têm a perder, eles não têm medo. Eles não têm medo e depois, se eles sentem que há cheiro de fumaça no ar, eles partem imediatamente para o cacete e *bing, bang, bum*. O que a rapaziada precisa não é de cadeia, é de uma boa surra de tempos em tempos, isso os acalmaria muito melhor que metê-los no xadrez, porque eles ficam na cadeia um mês ou dois, eles voltam, ah! bem!... todos eles recorrem ao Padrinho lá dentro. [...] É a geração dos *beurs*! Eu não sei o que esses jovens querem. Francamente. Eu discutia com eles, eu lhes dizia: "mas por que vocês não vão trabalhar nas vindimas, eles pagam bem, e depois são simpáticas as vindimas" [*tomando uma vozinha ridícula*], "oh! bem, não. Já experimentamos dois dias, isso fazia muito mal para os rins, então nós viemos embora". Havia um marroquino, de 1,90m, grande como um armário, que me disse: "Oh! não, dois dias, isso me faz mal para os rins". Seja qual for o trabalho que peguem eles vão dois dias às vindimas, isso os cansou, pobrezinhos!

Christian – [*Gracejando por sua vez*] Oh! sim, qualquer trabalho os cansa. Mas para ir roubar...

Thierry – E depois, teve de tal modo... eu perguntei a um amigo de minha sogra quem tinha vinhas no Beaujolais, ele me disse, "não queremos mais, acabou, não queremos mais, roubam muito, roubam demais". Eles preferem empregar estrangeiros [*outros que não norte-africanos*] ou franceses, porque há muitos estrangeiros que fazem a vindima em Beaujolais. Então eu, é verdade, não sei o que eles querem. Serviço, talvez haja quem tenha problemas. Está certo, está certo. Porque, depois, são tudo "farinha do mesmo saco".

– *O que seria preciso fazer? Vocês têm alguma ideia?*

Thierry – Bem, uma ideia, eu não sei, já que a polícia põe ordem nisso.

Christian – Eu não sei o que é necessário fazer.

Thierry – Nós fazemos nosso trabalho. Que todos façam seu trabalho, e é tudo.

– *Se não houvesse esses problemas dos jovens, seria um trabalho que os agradaria?*

Thierry – Sim!

Christian – Sim, é verdade, é um trabalho agradável.

Thierry – Sim, é um trabalho interessante, é um trabalho que eu acho agradável porque eu estava acostumado a trabalhar fora ou, como motorista, totalmente sozinho. Bom, neste a gente conversa com as pessoas, está sempre fora, enfim, sempre no exterior.

Christian – Sim, é isso que é bom, e depois a gente arranja oportunidade para fazer bons relacionamentos. Mas não com famílias como as daqui!

Thierry – Se nada for feito, isso vai ficar como está e Villeneuve será sempre assim. Se verdadeiramente nada for feito, virará um gueto.

– *Vocês já pensaram em pedir para ir para outro lugar ou vocês têm vontade de ficar?*

Thierry – Eu lhe digo honestamente, eu não peço para ir para outro lugar porque eu sempre vivi aqui, eu conheço muitas pessoas...

Christian – Você não vai sair daqui nunca! [...] Percebo que aquelas famílias, no que diz respeito aos abonos familiares ou não importa a quê, não pagam mais seu aluguel. Então eu digo, essas famílias, há muito tempo já deveriam ter sido despejadas, então, além do mais, são essas pessoas que avacalham com a vida dos outros.

Thierry – Sim, despejá-los, mas ninguém quer! Só Villeneuve as mantém. Justamente, lá também, há um problema. Por que sempre Villeneuve? Por que não os assentam em outros lugares? Era melhor assentá-la um pouco por toda a redondeza, em lugar de aglomerá-la aqui. Ou então, é preciso construir para eles conjuntos habitacionais mas fora. É o que diz o senhor prefeito. É necessário alojá-los em outro lugar. É triste colocá-los todos juntos, mas só assim se chega a alguma coisa.

– *A prefeitura é o que, politicamente.*

Christian – Faz muito tempo que é comunista em Villeneuve. E eu, pessoalmente, é por isso que eu lhe digo, eu sou, eu não quero ser racista com eles, mas você vai à prefeitura, existe quem? São todas famílias norte-africanas que trabalham lá. E você vai pedir um emprego, não importa qual, é... para você não há nada, não há nada.

Thierry – Sim, mas eles são os eleitores do prefeito...

Christian – É tudo para eles. Você está doente, não importa o quê, você pede alguma coisa porque você está desempregado, você quer um bônus para ir ao dentista, dizem a você "não", então você fica com uma dor de dente assim. Eles, o outro, se têm uma dorzinha de nada, é mandado logo para o hospital. Se você quer ser amparado em Villeneuve, você para de trabalhar e vira ladrão. E terá todos os direitos!

Thierry – É o que dizem, é preciso ficar bronzeado, colocar um pouco de graxa, tornando-se como eles, que você terá tudo. Pois é verdade!

Ele não é racista mas é severo

– *E a política pode mudar alguma coisa, na opinião de vocês?*

Thierry – Eu digo, em Villeneuve, o dia em que não mais mandarem os comunistas, de repente isso poderia mudar. Porque, em certa época, bom, bem, infelizmente para ele, ele não se elegeu, é o médico. Ele estava no RPR, ele não é racista, mas é severo. Ele disse que não havia senão para eles, era necessário que houvesse igualmente para os outros. Há um centro, esse famoso centro social, ele disse, "se eu for eleito prefeito de Villeneuve, o centro social, eu o mando fechar". Não será fechado, fechado. Ele disse, "ele será para os idosos e as pessoas que estiverem em dificuldades". Ele também não disse que funciona só para eles, mas disse que, no momento, só existe para eles. Eles, por uma dorzinha de nada, são encaminhados ao hospital, eles nada pagam. É preciso, porém, não abusar. [...] A política de Villeneuve não está boa. Se continuar como está, não haverá em Villeneuve senão imigrantes, é tudo. Chegará o tempo em que não haverá mais ninguém para achar estranho. Porque, para fazer voltar as pessoas depois, é duro.

[...]

– *Vocês não estão um pouco mais expostos do que os simples locatários?*

Thierry – Oh! bem! estamos expostos, é certo.

– *Há reuniões de zeladores com o pessoal do Escritório?*

Thierry – Oh! bem! Houve uma reunião, no princípio, com o responsável pela administração. Falamos de todos os problemas.

– *E o que ocorre mais frequentemente como problemas?*

Thierry – Oh, bem! São os estragos, o quebra-quebra, tudo isso, isso não se resolve, é sempre o mesmo problema. Gastam-se verbas e verbas para consertar. Há momentos em que a gente diz que não vale mais a pena. [...] Consertamos, eles vêm atrás de nós e destroem, voltamos, consertamos, eles destroem, voltamos, consertamos, eles destroem, fazemos isso o ano inteiro.

Christian – Não há nada que resista a eles. É bom usar para com eles estratagemas supermodernos...

Thierry – Não adianta.

[...]

– *As soluções propostas por Le Pen devem tentar um certo número de pessoas, não?*

Thierry – Bem, não sei. Eu espero que isso, quero ver o que vai acontecer porque eles dizem que somos racistas, que os franceses são racistas...

Christian – Não, é a bagunça... Não, é por causa da bagunça.

Thierry – E depois, como eu digo, se um francês é racista, ele não vem morar em Villeneuve. Quando me dizem "você é racista", eu digo: "você pode falar o que quiser, se eu fosse racista eu não seria zelador na ZUP, eu iria fazer outra coisa, eu iria para outro lugar, eu retomaria meu ofício de caminhoneiro". Eles é que fazem aumentar o racismo. Então, é por isso que eu espero o que vai ocorrer nas próximas eleições, ah! sim, eu quero ver. E há muitos que esperam o que vai acontecer porque eu ouvi um monte de gente dizer: "nós, eu, não quero nem saber; Le Pen, é bom ser como ele é, eu voto em Le Pen", escuta-se. Elas dizem: "ninguém faz nada, o prefeito não faz nada, a polícia não faz nada, ninguém faz nada, bem, vou votar no Le Pen, ele vai fazer alguma coisa".

Christian – Que fique pelo menos um ano no poder, pelo menos um ano... [*Ele evoca a delinquência ligada à droga*].

Thierry – Eu digo, enquanto houver droga haverá desordem. Ah! a droga, é um flagelo sagrado, é um flagelo, hein!...

Christian – E depois, isso lhes rende dinheiro, eu lhe digo, isso lhes rende dinheiro sem eles fazerem nada...

[*Os dois zeladores contam em seguida como descobriram os diferentes es-*

153

conderijos utilizados pelos traficantes – paredes de elevadores, globos de lâmpadas etc. – e as ameaças desses últimos se eles tocassem nas drogas ou avisassem a polícia].

Eles estão desgostosos, eles não têm futuro algum

[*Entrada de Sylvie, esposa de Thierry, com sua filha. Eu lhe explico rapidamente o objetivo da entrevista.*]

Sylvie – Eu discuti mais de uma hora lá embaixo com jovens, eles são desgostosos, eles não têm futuro algum, não se lhes propõe nada... eles não veem nada acontecendo, há racismo por parte dos empregadores. Mas é preciso dizer que os empregadores também estão cheios.

Thierry – É bom dizer também...

Sylvie – Bem, sim, de acordo, mas, enfim, se você quer, isso forma uma engrenagem...

Christian – É o que eu dizia agora mesmo, os bons pagam pelos maus...

Sylvie – Há bons, há superbons.

Thierry – Ora! Mas, enfim, existem maus também.

Sylvie – Quando vejo que os garotos roubam debaixo dos olhos dos pais, e os pais nada dizem. Muito pequenos, eles são habituados desde muito pequenos, eu quero dizer as crianças de 4 ou 5 anos sequer concebem comprar alguma coisa. Portanto é uma... é a mentalidade. Eles não se reconhecem em nada. Propusemos a eles salas etc., eles saqueiam tudo. Há um desgosto, um desgosto de viver, mas é só na ZUP que vemos isso, porque eu trabalhei na escola Jean Zay, é o segundo liceu da região, todos os jovens que frequentam esse liceu são verdadeiramente da elite, da nata, bem, é semelhante, a mesma linguagem que em Villeneuve, as mesmas expressões, a mesma maneira de se comportar com os professores. Fiquei surpresa. Uma falta de respeito para com os professores... sujos... então não é...

Thierry – Porque, no fim das contas, eles faltam com o respeito para com todo mundo. Para com seus professores, eles não respeitam ninguém.

Sylvie – Não sei como vamos conseguir... é como um câncer, não sei como vamos conseguir levantar isso, porque... Não se pode discutir com eles, eles são desconfiados. Certa vez, eles me disseram: "sim, mas você, você tem algo a esconder que possa ser tirado", eu disse: "eu discuto porque tenho vontade de discutir", eu disse: "eu nada tenho que possa ser tirado". Eu cobraria talvez uma satisfação pessoal se eu visse que há algo de positivo.

Christian – [*Duvidando*] Poderíamos tirar o quê?

Sylvie – Eles pensam que queremos tomar deles, que queremos roubá-los, aqui...

Thierry – E são eles que nos roubam. Que eles parem de roubar e que o imóvel permaneça limpo...

Sylvie – Mas eu não me canso de lhes dizer, além do mais, vocês estão na França. Devemos reconhecer que eles são os jovens de amanhã, são eles que vão fazer... isso dá medo, hein!... Eles disseram que em Villeneuve eles colocaram, em lugar dos galpões, coisas para acolher os jovens, é tudo fachada, é tudo falso. Os jovens não têm acesso algum àqueles galpões.

Thierry – Com eles é: "queremos isso, queremos isso, queremos isso", no final das contas, é dado a eles e isso não os impede de roubar.

Sylvie – É bom discutir com eles, com alguns... Mesmo que você tenha a impressão de estar falando no vazio, mesmo se... há sempre uma pequena frase, uma palavrinha, eu tenho a impressão de que...

Thierry – [*Duvidando muito*]. Ora, você tem a impressão. Porque eu vejo bem, quando lhes demos o galpão, que nós trouxemos todos os móveis, as cadeiras, tudo isso, que nós o pintamos. Oito dias depois, fechamos o galpão: eles haviam quebrado tudo.

Sylvie – [*Procurando desculpá-los*] Devia haver aí alguma coisa...

Thierry – [*Em tom veemente*] Oh! Sempre há alguma coisa em algum lugar, há sempre alguma coisa que não vai. Há sempre alguma coisa que não vai.

– *Nas famílias, os pais são ultrapassados?...*

Sylvie – É o que eles me disseram. Um jovem tinha um problema de – não sei bem qual... de relacionamento com sua madrasta e tudo, eu disse: "mas é preciso conversar sobre isso, há sempre um meio de contornar a situação", "oh! você não acredita, meu pai, eu não falo com ele, eu não falo, quando ele me fala é para me bater".

Christian – Eu, eu conheço um que bate no pai porque o pai não lhe empresta o carro.

Sylvie – Ele me disse: "mas você viu em que bordel vivemos, nesses pardieiros, que é que você quer que tenhamos...", então ele ainda me disse: "há gente falsa em toda parte, é sujo por dentro, sujo por fora e nós também nos sentimos sujos". Quero dizer, além do mais, quando você volta para casa, você vê onde estão as alamedas, lá, eu, eu apanharia o falso quando chegasse lá. É sujo, é... bom, bem, isso não o instiga, quero dizer, a respeitar... Enfim, eu respeito porque eu sou assim, mas o jovem que vive na rua, isso não vai instigá-lo a levar uma vida estável. Ele vê seus pais, às vezes eles moram 10, 12, 15 em um cômodo, não há privacidade, não têm um canto para si, todos pequenos, hein, eles não têm...

Thierry – Bem, não é preciso exagerar, hein...

Sylvie – Mas é importante que o garoto, o pequeno, tenha um canto para ele.

Thierry – [*Veemente*] Não, mas olhe, olhe nossa casa, éramos dez, morávamos em um F4, não ficamos traumatizados, não quebramos o conjunto inteiro!

Sylvie – Você teve a oportunidade de dar a volta por cima, de encontrar seu caminho, e depois, antes, não era igual a agora. Se havia um lugar que não lhe agradasse, mesmo pequenos biscates, você poderia se permitir de um dia para o outro deixar seu trabalho, no dia seguinte você reencontraria outro. Não há mais trabalho, não há mais nada. Quando você é árabe, não há trabalho.

Thierry – Sim, mas por quê?

Sylvie – Bem, eu não sei...

Thierry – Se eles parassem também de se drogar... [*Fazendo alusão ao que fora dito antes*]. E as vindimas? e as vindimas?

Sylvie – Eles [*os vinhateiros*] não querem!

Thierry – Eles não querem, eu discuti isso com eles... bem, por que eles não querem?

Sylvie – Bem, não sei.

Thierry – Se eles parassem de roubá-los...

Sylvie – Mas ponha-se, apesar de tudo, no lugar desses jovens. Eles sabem que, de qualquer modo, não terão nada... seu único recurso é a violência, mas não a violência para praticar o mal. É, antes, um grito de aviso, para dizer, atenção, nós estamos aqui, nós existimos e olhem o que podemos fazer juntos. [...] Eu, eu digo, os pais, apesar de tudo... É verdade, participam de reuniões na escola... porque houve um professor que foi agredido por um norte-africano que chegou, que ele deu um murro no professor porque ele tinha tocado em seu irmãozinho. Um professor discute com uma criança, dá-lhe um tapa. A mãe chega e quebra duas costelas do professor. Com um pedaço de pau e tudo. Convocavam toda a família, pois haveria uma reunião. Bem, nessa reunião, estava quem? Sempre os mesmos que se veem no início do ano; sempre os mesmos, eram – para 300 crianças matriculadas – uns 20 pais, e sempre os mesmos. E em geral são crianças sem problemas! É difícil para os professores. Mas eles gostam de seu trabalho, eu os admiro, hein! Por todo o ouro do mundo, eles não trocariam de conjunto [...] Os professores que trabalham aqui chegaram a fazer coisas fantásticas; você viu tudo o que eles fizeram? [...]

– *Qual é a solução, para vocês? É preciso apoiar o prefeito atual ou fazer oposição, por exemplo, apoiando o "Front" nacional?*

Sylvie – Ouço falar de pessoas, porque eu gosto muito de discutir, ouço muito falar de pessoas e haverá uma manifestação do Front nacional que passará aí... haverá uma quantidade enorme, hein! Uma quantidade enorme. Eu digo: é necessário apoiar o prefeito, e depois, tudo o que ele faz, tudo o que eles fizerem, tudo... bem, foi "legal".

Christian – [*Em dúvida*] Bem! com certeza, eles são "legais"... Mas eu não sei o que eles querem fazer, exatamente, não sei aonde eles querem chegar.

Sylvie – Aos jovens eu digo: vocês só pensam em destruir, em quebrar. Nunca em construir! [...] Mas se vocês se reunissem – eu lhes digo – e discutissem, todos os jovens, seus problemas e fizessem um dossiê do que realmente vocês querem e até mesmo, afinal, um de vocês que fosse realmente responsável... Eles não querem ser responsáveis; eles não confiam em seu próprio valor.

Christian – Não faz muito tempo que fizemos uma reunião. Eles foram procurar o prefeito, eles foram pedir, você sabe, o ginásio. Então o prefeito foi gentil, ele lhes entregou a chave. Foram 15 dias tranquilos e depois, numa noite, ele veio ao ginásio para vê-los. Ah! Bem, então, é que eles estavam todos drogados e havia garrafas de bebidas alcoólicas por toda parte, eles haviam feito uma fogueira de São João no centro do ginásio. Então o prefeito disse, "tomo a chave de volta, agora acabou".

[...]

Thierry – O prefeito me disse: a sala foi dada a eles durante um certo tempo, não lhe conto o estado em que recebemos a sala, estava um verdadeiro chiqueiro. E depois eles dizem: "sim, vocês são racistas, queremos a sala, vocês não nos querem dá-la!" Sempre as mesmas histórias. Você está desempregado, você está desempregado, então?

Sylvie – Eu também estive desempregada.

Christian – Mas, é preciso dizer que, se o homem quer trabalhar, ele pode encontrar serviço.

Sylvie – Não, não é tão evidente assim. São jovens sem nenhuma qualificação...

Thierry – Veja! Como ele se chama? Abdel, ele encontrou trabalho, ele se vira para naturalizar-se francês. Ele trabalha duro. Você acha que ele não está desgostoso? Ele pintou todas as alamedas do conjunto e tudo, ele se empenhou: oito dias depois, destruíram tudo. Bem! Ele vai voltar lá com seus baldes. E, não obstante, é só um, é só um, ele também, não é preciso exagerar...

Sylvie – Sim, a repressão é necessária, apesar de tudo... É obrigatório que haja repressão.

Thierry – Não precisa me dizer que há muita tolerância!

Será inútil dissimular a pobreza...

Thierry – [...] É preciso que o governo...

Sylvie – Mas por que sempre o governo? Não forçosamente.

Thierry – Bem, são eles que destinam uma pequena parte do orçamento para...

Sylvie – Sim, mas não é uma questão de dinheiro, é uma questão de mentalidade; é a mentalidade das pessoas que é preciso mudar...

Christian – "Mentalidade das pessoas"... bem! oh! antes de mais nada, uma, quando eles fazem besteira...

Sylvie – ... porque será inútil tudo consertar, tudo inútil, dissimular a pobreza, os problemas continuarão, mesmo atrás de fachadas refeitas. Isso não mudará os problemas.

Thierry – [*Exaltado*] Bem! Temos de mandá-los. É loucura, mas...

Sylvie – [*Com um tom sempre calmo*] Não, é preciso dialogar, dialogar, é preciso ouvir as pessoas e todo o tempo, é preciso não soltá-los. É como uma propaganda intensiva, mas é isso, é preciso... falar, falar, falar, falar.

Thierry – Você sabe, quando você lhes fala bem, se eles querem, bem, por trás, eles têm opinião mas não a manifestam, eles zombam de você.

Sylvie – Sim, isso não tem importância. No princípio e depois isso faz seu caminho na cabeça e depois é isso. Eu digo que não há solução alguma com a grana. Ela nada resolverá.

Thierry – Ah! Mas por que nós nos perguntamos aos zeladores, aqui, a nós, os próprios policiais me dizem, "dialogue com eles, dialogue com eles". Eh! Oh! Sou zelador de imóvel...

Sylvie – Oh! Mas você é pai de família.

Thierry – O que você quer que se faça, você viu o que eles pensam de nós?

Sylvie – O que pensam de você, não tem importância.

Thierry – Eu digo "bom dia" a eles, nem sequer me respondem.

Sylvie – Sim, sim, eles são mal-educados... você não está aí para reprimir, não impeça...

Thierry – Não, mas justamente aí, o tráfico, eu também, eu não tenho nada com isso. Ziguezaguear com uma lambreta pelas ruas até duas horas da manhã... bem, para eles, quando você vai-lhes dizer: "é preciso parar com isso", para eles, é a repressão! Você é racista, você é cretino, você é tudo o que você quiser e você cai fora e volta para casa. Eis aí. Então, o que é preciso fazer? Quem vai encontrar a solução?

– *Não é fácil, é preciso ter uma paciência enorme.*

Sylvie – Como uma psicanálise, pois há psicanálises que duram anos para algumas pessoas; de repente, tudo se desbloqueia e sai.

Thierry – Não é possível dialogar com todo o mundo, durante anos ainda mais.

Sylvie – Não! Mas eu quero dizer aproveito a ocasião para dialogar, o tempo todo. Até o momento em que o diálogo se instala. Eles começaram a zombar de mim, você sabe como eles fazem, bom, então, eu dialoguei, isso durou mais de uma hora. Bem! De vez em quando, há um que fica nervoso: "mas o que estamos discutindo, o que estamos discutindo?" O outro o acalma. Pois eles tinham verdadeiramente vontade de dialogar, eles gostam de discutir. Mesmo se isso não resulta em nada assim, na verdade... que haja pessoas que os ouçam, que os ouçam e depois...

Thierry – Isto é realmente duro.

Sylvie – De qualquer modo, cretinos haverá sempre, enfim...

Thierry – Sim, mas em Villeneuve há um monte deles.

Sylvie – Porque estão concentrados, por isso parecem ser muitos [*risos*], isso faz imediatamente mais...

Christian – ... cretinos...

Sylvie – Afinal, é preciso se ocupar com os menores, é preciso se ocupar com os sérios, pessoas que são sérias, muitos jovens, jovens que estão bem e tudo. Bom, eles são cretinos, é preciso deixá-los e é tudo. Bom, eles serão presos pelos policiais, não se sabe o que vai acontecer...

[...]

Thierry – Eu tenho um irmão que é racista, ele jamais moraria em Villeneuve.

Sylvie – Ele é racista por natureza. Assim sem saber direito porque...

Thierry – E depois, ele é racista para com todos. No acampamento são os ingleses, os alemães... Bom, mas então os árabes, é o cúmulo. Bem, ele jamais moraria em Villeneuve.

Sylvie – Não, eu estou contente em um sentido, porque meus filhos convivem com, bem, todas as raças, todos os... Quero dizer, não há... é simples.

Thierry – Quer dizer, não são educados no racismo, como faz meu irmão com os filhos dele. Na casa dele, a mais nova, que tem cinco, quatro anos, ela está no maternal, ele não para de lhe dizer: "os árabes são bosta".

Sylvie – Ela vai ter problemas mesmo. Porque ainda está no maternal, mas quando estiver em escola!

Eu não me identifico mais com nada... nada, nada, nada

– *Você participa de associações?*

Sylvie – Oh! Faz muito tempo, eu militei na Juventude Operária Católica. Eu era até... eu chefiava até um pequeno grupo; e depois, isso passou a não fazer mais parte de meus... Não, de fato eu não me identifico mais com nada. Mesmo politicamente, mesmo, eu sou... eu estou um pouco...

– *Desorientada?*

Sylvie – Eu estou desorientada. Depois, eu militei um pouco na Juventude Comunista. Bem, é igual! Eu frequentei a escola do partido comunista. Eu não me identifico mais com nada... nada, nada, nada. Não há partido algum que me atraia. Nada, eu não sei mais. Eu até me surpreendo ao me dizer, mas eu vou votar em Le Pen, isto lhes causará medo e... Bom, não sou eu, também... eu quero dizer lado... eu quero dizer, não sei mais para onde ir, não sei mais... Todos me desagradam, eu, além do mais. Não, mas eu acho que isso não corresponde mais ao que se espera de um partido político; há maracutaias em abundância e eles querem dar... ditar moral para os outros, [*os políticos não param*] de fazer maracutaias e tudo. É verdade, eles lidam com muito dinheiro e não se importam com o pequeno militante. E depois, o Partido Comunista, eu jamais vi um partido tão fechado quanto esse. Enfim, talvez, agora com os novos [*os renovadores*] lá, mas... ninguém tem nada a dizer, "o Partido disse", isso é tudo. Bom, nas reuniões é assim e eu sempre dizia, "não é verdade, podemos discutir, isso serve para que, então? Pagamos nossa cota, e depois é tudo o que vocês querem". Olhe as instalações que eles têm em Paris... não é possível!

Março de 1991

Pierre Bourdieu

Efeitos de lugar

Falar hoje de "subúrbio com problemas" ou de "gueto" é evocar, quase automaticamente, não "realidades", aliás muito amplamente desconhecidas daqueles que falam disso de muito bom grado, mas fantasmas, alimentados de experiências emocionais suscitadas por palavras ou imagens mais ou menos não controladas, como aquelas que a imprensa sensacionalista e a propaganda ou o boato políticos veiculam. Mas, para romper com as ideias recebidas e o discurso corriqueiro, não basta, como algumas vezes se quer acreditar, "ir ver" o que existe. Efetivamente, a ilusão empirista jamais se impõe sem dúvida tanto como no caso em que, como aquele, o confronto direto com a realidade não ocorre sem algumas dificuldades, e até alguns riscos, portanto sem alguns méritos. E, não obstante, tudo leva a pensar que o essencial do que se vive e se vê *no campo*, isto é, as evidências as mais impressionantes e as experiências as mais dramáticas, encontra seus princípios completamente em outro lugar. Nada mostra melhor que os guetos americanos, esses lugares abandonados, que se definem, fundamentalmente, por uma *ausência* – essencialmente a do Estado, e de tudo o que disso decorre: a polícia, a escola, as instituições de saúde, as associações etc.

É preciso, portanto, mais do que nunca, praticar o *pensamento para-doxal* que, dirigido ao mesmo tempo contra o bom senso e os bons sentimentos, se expõe a aparecer aos bem-pensantes dos dois lados, seja como um preconceito, inspirado pelo desejo de "causar admiração ao burguês", seja como uma forma de indiferença insuportável relativamente à miséria dos mais carentes. Não se pode romper com as falsas evidências e com os erros inscritos no pensamento substancialista dos *lugares* a não ser com a condição de proceder a uma análise rigorosa das relações entre as estruturas do espaço social e as estruturas do espaço físico.

Espaço físico e espaço social

Considerados como corpos (e indivíduos biológicos), os seres humanos estão, do mesmo modo que as coisas, situados em um lugar (eles não são dotados da ubiquidade que lhes permitiria estarem em vários lugares ao mesmo tempo) e eles ocupam um espaço. O *lugar* pode ser definido absolutamente como o ponto do *espaço físico* onde um agente ou uma coisa se encontra situado, tem lugar, existe. Quer dizer, seja como *localização*, seja, sob um ponto de vista relacional, como *posição*, como graduação em uma ordem. O *lugar* ocupado pode ser definido como a extensão, a superfície e o volume que um indivíduo ou uma coisa ocupa no espaço físico, suas dimensões, ou melhor, seu entulhamento (como às vezes se diz de um veículo ou de um móvel).

Os agentes sociais que são constituídos como tais em e pela relação com um *espaço social* (ou melhor, com campos) e também as coisas na medida em que elas são apropriadas pelos agentes, portanto constituídas como propriedades, estão situadas num lugar do espaço social que se pode caracterizar por sua posição relativa pela relação com os outros lugares (acima, abaixo, entre etc.) e pela distância que o separa deles. Como o espaço físico é definido pela exterioridade mútua das partes, o espaço social é definido pela exclusão mútua (ou a distinção) das posições que o constituem, isto é, como estrutura de justaposição de posições sociais.

A estrutura do espaço social se manifesta, assim, nos contextos mais diversos, sob a forma de oposições espaciais, o espaço habitado (ou apropriado) funcionando como uma espécie de simbolização espontânea do espaço social. Não há espaço, em uma sociedade hierarquizada, que não seja hierarquizado e que não exprima as hierarquias e as distâncias sociais, sob uma forma (mais ou menos) deformada e, sobretudo, dissimulada pelo *efeito de naturalização* que a inscrição durável das realidades sociais no mundo natural acarreta: diferenças produzidas pela lógica histórica podem, assim, parecer surgidas da natureza das coisas (basta pensar na ideia de "fronteira natural"). É o caso, por exemplo, de todas as projeções espaciais da diferença social entre os sexos (na igreja, na escola, nos lugares públicos e até em casa).

Efetivamente, o espaço social se retraduz no espaço físico, mas sempre de maneira mais ou menos *confusa*: o poder sobre o espaço que a posse do capital proporciona, sob suas diferentes espécies, se manifesta no espaço físico apropriado sob a forma de uma certa relação entre a estrutura espacial da distribuição dos agentes e a estrutura espacial da distribuição dos bens ou dos serviços, privados ou públicos. A posição de um agente no espaço social se exprime no lugar do espaço físico em que está situado (aquele do qual se diz que está "sem eira nem beira" ou "sem residência fixa", que não tem – quase – existência social), e pela posição relativa que suas localizações temporárias (por exemplo os lugares de honra, os lugares regulados pelo protocolo) e sobretudo permanentes (endereço privado e endereço profissional) ocupam em relação às localizações de outros agentes; ela se exprime também no lugar que ocupa (no direito) no espaço através de suas propriedades (casas, apartamentos ou salas, terras para cultivar, para explorar ou para construir etc.) que são mais ou menos embaraçosos ou, como se diz às vezes, "space consumming" (o consumo mais ou menos ostentatório do espaço é uma das formas por excelência de ostentação do poder). Uma parte da *inércia* das estruturas do espaço social resulta do fato de que elas estão inscritas no espaço físico e que não poderia ser modificadas senão ao preço de um *trabalho de transplantação*, de uma mudança das coisas e de um desenraizamento ou de uma deportação de pessoas, as quais suporiam transformações sociais extremamente difíceis e custosas.

O espaço social reificado (isto é, fisicamente realizado ou objetivado) se apresenta, assim, como a distribuição no espaço físico de diferentes espécies de bens ou de serviços e também de agentes individuais e de grupos fisicamente localizados (enquanto corpos ligados a um lugar permanente) e dotados de oportunidades de apropriação desses bens e desses serviços mais ou menos importantes (em função de seu capital e também da distância física desses bens, que depende também de seu capital). É na relação entre a distribuição dos agentes e a distribuição dos bens no espaço que se define o valor das diferentes regiões do espaço social reificado.

Os diferentes campos ou, se se prefere, os diferentes espaços sociais fisicamente objetivados, tendem a se sobrepor, aos menos grosseiramente: disso resultam concentrações dos bens mais raros e de seus proprietários em certos lugares do espaço físico (5ª Avenida, rua do Faubourg Saint-Honoré) que se opõem assim, em todos os aspectos, aos lugares que agrupam principalmente e por vezes exclusivamente os mais carentes (subúrbios pobres, guetos). Esses lugares de densa concentração de propriedades positivas ou negativas (estigmas) constituem armadilhas para o analista que, aceitando-os como tais, condena-se a deixar escapar o essencial: como a Madison Avenue, a rua dos Faubourg Saint-Honoré reúne comerciantes de quadros, antiquários, casas de alta costura, de calçados, pintores, decoradores etc., isto é, todo um leque de comércios que têm em comum ocupar posições elevadas (portanto, homólogas entre si) em seus campos respectivos e que não podem ser compreendidos no que eles têm de mais específico a não ser que os coloquemos em relação com comércios situados no mesmo campo, em posições inferiores, mas em outras regiões do espaço físico. Por exemplo, os decoradores da rua do Faubourg Saint-Honoré se opõem (e em primeiro lugar por seu nome nobre, mas também por todas as suas propriedades, natureza, qualidade e preço dos produtos em oferta, condição social da clientela etc.) àquele que, na rua do Faubourg Saint-Antoine, chamam-se marceneiros, como os *hairdressers* se opõem aos *coiffeurs*, os fabricantes de calçados aos sapateiros etc., oposições que se afirmam numa verdadeira simbólica da distinção: referência à unicidade da "criação" e do "criador", invocação da antiguidade e da tradição, da nobreza do fundador e de sua atividade, sempre designada por palavras nobres, muitas vezes tomadas do inglês.

Do mesmo modo, a capital é, sem jogo de palavras, ao menos no caso da França, o lugar do capital, isto é, o lugar do espaço físico onde se encontram concentrados os polos positivos de todos os campos e a maior parte dos agentes que ocupam essas posições dominantes: ela não pode, portanto, ser adequadamente pensada senão em relação à província (e ao "provincial") que nada mais é que a privação (totalmente relativa) da capital e do capital.

As grandes oposições sociais objetivadas no espaço físico (por exemplo, capital/província) tendem a se reproduzir nos espíritos e na linguagem sob a forma de oposições constitutivas de um princípio de visão e de divisão, isto é, enquanto categorias de percepção e de apreciação ou de estruturas mentais (parisiense/provinciano, chique/não chique etc.). Assim, a oposição entre a "margem esquerda" e a margem direita (do rio Sena), que os mapas e as análises estatísticas dos públicos (para os teatros) ou das características dos artistas expostos (nas galerias) mostram, está presente no espírito dos espectadores potenciais, mas também no dos autores de peças de teatro ou no dos pintores e críticos sob a forma de oposição, que opera com uma categoria de percepção e de apreciação, entre a arte refinada e a arte "burguesa" (teatro de *boulevard*).

Mais geralmente, as surdas injunções e os chamados silenciosos à ordem das estruturas do espaço físico apropriado são uma das mediações através das quais as estruturas sociais se convertem progressivamente em estruturas mentais e em sistemas de preferências. Mais precisamente, a incorporação insensível das estruturas da ordem social realiza-se, sem dúvida, para uma parte importante, através da experiência prolongada e indefinidamente repetida das distâncias espaciais nas quais se afirmam distâncias sociais, e também, mais concretamente, através dos *deslocamentos e dos movimentos do corpo* que essas estruturas sociais convertidas em estruturas espaciais e assim *naturalizadas* organizam e qualificam socialmente como ascensão ou declínio ("subir a Paris"), entrada (inclusão, cooptação, adoção) ou saída (exclusão, expulsão, excomunhão), aproximação ou distanciamento em relação a um lugar central e valorizado: penso, por exemplo, na atitude respeitosa que a grandeza e a altura provocam (as do monumento, do estrado, da tribuna ou ainda a frontalidade das obras esculturais ou pictóricas ou, mais sutilmente, a todos os comportamentos de deferência e de reverência que a simples qualificação social do espaço (lugares de honra, de destaque etc.) impõem tacitamente e todas as hierarquizações práticas das regiões do espaço (parte alta/parte baixa, parte nobre/parte indigna, proscênio/bastidores, fachada/fundos de loja, lado direito/lado esquerdo etc.).

Como o espaço social encontra-se inscrito ao mesmo tempo nas estruturas espaciais e nas estruturas mentais que são, por um lado, o produto da incorporação dessas estruturas, o espaço é um dos lugares onde o poder se afirma e se exerce, e, sem dúvida, sob a forma mais sutil, a da violência simbólica como violência despercebida: os espaços arquitetônicos, cujas injunções mudas dirigem-se diretamente ao corpo, obtendo dele, com a mesma segurança que a etiqueta das sociedades de corte, a reverência, o respeito que nasce do distanciamento ou, melhor, do estar longe, à distância respeitosa, são, sem dúvida, os componentes mais importantes, em razão de sua invisibilidade (para os próprios analistas, muitas vezes ligados, como os historiadores depois de Schramm, aos sinais mais visíveis do poder simbólico, cetros e coroas), da simbólica do poder e dos efeitos completamente reais do poder simbólico.

As lutas pela apropriação do espaço

O espaço ou, mais precisamente, os lugares e os locais do espaço social reificado, e os benefícios que eles proporcionam são resultados de lutas dentro dos diferentes campos). Os ganhos do espaço podem tomar a forma de *ganhos de localização*, eles mesmos susceptíveis de ser analisados em duas classes: as rendas (ditas de situação) que são associadas ao fato de estarem situadas perto de agentes e de bens raros e cobiçados (como os equipamentos educacionais, culturais ou de saúde); os *ganhos de posição ou de classe* (como os que são assegurados por um endereço prestigioso), caso particular dos ganhos simbólicos de distinção que estão ligados à posse monopolística de uma propriedade distintiva (As distâncias físicas podem ser medidas segundo uma métrica espacial, ou melhor, temporal, na medida em que os deslocamentos tomam um tempo mais ou menos longo segundo as possibilidades de acesso aos meios de transporte, públicos ou privados, o poder que o capital, sob suas diferentes formas, dá sobre o espaço é, também, ao mesmo tempo, um poder sobre o tempo). Eles podem também tomar a forma de *ganhos de ocupação* (ou de acumulação), a posse de um espaço físico (vastos parques, grandes apartamentos etc.) podendo ser uma forma de manter à distância ou de excluir toda espécie de intrusão indesejável (são as "prazerosas perspectivas" da habitação inglesa que, como observa Raymond Williams em *Cidade e Campo*, transforma o campo e seus camponeses em paisagem, para agrado do proprietário, ou das "vistas inexpugnáveis" das publicidades imobiliárias).

A capacidade de dominar o espaço, sobretudo apropriando-se (material ou simbolicamente) de bens raros (públicos ou privados) que se encontram distribuídos, depende do capital que se possui. O capital permite manter à distância as pessoas e as coisas indesejáveis ao mesmo tempo que aproximar-se de pessoas e coisas desejáveis (por causa, entre outras coisas, de sua riqueza em capital), minimizando, assim, o gasto necessário (principalmente em tempo) para apropriar-se deles: a proximidade no espaço físico permite que a proximidade no espaço social produza todos os seus efeitos facilitando ou favorecendo a acumulação de capital social e, mais precisamente, permitindo aproveitar continuamente encontros ao mesmo tempo casuais e previsíveis que garante a frequência a lugares bem frequentados (A posse de capital assegura, além disso, a quase ubiquidade que torna possível o domínio econômico e simbólico dos meios de transporte e de comunicação – e que é muitas vezes reduplicada pelo efeito da delegação, poder de existir e agir à distância através de um preposto).

Inversamente, os que não possuem capital são mantidos à distância, seja física, seja simbolicamente, dos bens socialmente mais raros e condenados a estar ao lado das pessoas ou dos bens mais indesejáveis e menos raros. A falta de capital intensifica a experiência da finitude: ela prende a um lugar[1].

As disputas para a apropriação do espaço podem tomar uma forma *individual: a mobilidade espacial*, intra ou intergeracional – os deslocamentos nos dois sentidos entre a capital e a província por exemplo, ou os endereços sucessivos no interior do espaço hierarquizado da capital – é um bom indicador dos sucessos ou dos revezes alcançados nessas lutas e, mais amplamente, de toda a trajetória social (sob a condição de ver que, assim como os agentes que diferem pela idade e a trajetória social, executivos jovens e de meia idade, por exemplo, podem coexistir provisoriamente nos mesmos postos, do mesmo modo eles podem se reencontrar, também muito provisoriamente, em locais de residência vizinhos).

---

1. Pode-se assim mostrar, reunindo em escala de cada um dos departamentos franceses, o conjunto dos dados estatísticos disponíveis sobre os índices de capital econômico, cultural ou mesmo social e sobre os bens e os serviços oferecidos em escala dessa unidade administrativa, que o essencial das diferenças regionais que se imputam muitas vezes ao efeito de determinismos geográficos podem ser referidas a *diferenças de capital* que devem sua permanência na história visando ao reforço circular que é continuamente exercido no curso da história (principalmente pelo fato que as aspirações, sobretudo em matéria de habitação e cultura, dependem, em grande parte, das possibilidades objetivamente oferecidas para sua satisfação). É somente depois de ter assinalado e medido a parte dos fenômenos observados que, aparentemente ligada ao espaço físico, reflete de fato diferenças econômicas e sociais, que se poderia esperar isolar o resíduo irredutível que deveria ser imputado em particular ao efeito da proximidade e da distância no espaço puramente físico. É o caso, por exemplo, do *efeito cinematográfico* que resulta do privilégio antropológico conferido ao presente diretamente percebido e, ao mesmo tempo, ao espaço visível e sensível dos objetos e dos agentes co-presentes (os vizinhos diretos) e que faz, por exemplo, com que hostilidades ligadas à proximidade no espaço físico (brigas de vizinhos, por exemplo) possam ocultar solidariedades associadas à posição ocupada no espaço social, nacional ou internacional, ou com que representações impostas pelo ponto de vista associado à posição ocupada no espaço social local (a aldeia, por exemplo) possam vedar apreender a posição ocupada no espaço social nacional.

O sucesso nas disputas depende do capital acumulado (sob suas diferentes espécies). De fato, as oportunidades médias de apropriação dos diferentes bens e serviços materiais ou culturais, associados a um determinado, especificam-se pelos diferentes ocupantes desse habitat segundo as capacidades de apropriação (materiais – dinheiro, meios de transporte particulares – e culturais) que cada um detém como propriedade. Pode-se ocupar fisicamente um habitat sem habitá-lo propriamente falando se não se dispõem dos meios tacitamente exigidos, a começar por um certo hábito.

Se o habitat contribui para fazer o hábito, o hábito contribui também para fazer o habitat através dos costumes sociais mais ou menos adequados que ele estimula a fazer. Vê-se, assim, inclinado a pôr em dúvida a crença de que a aproximação espacial de agentes muito distantes no espaço social pode, por si mesma, ter um efeito de aproximação social: de fato, nada é mais intolerável que a proximidade física (vivenciada como promiscuidade) de pessoas socialmente distantes.

Entre todas as propriedades que a ocupação legítima de um lugar supõe, estão, e não são as menos determinantes, as que não se adquirem senão pela ocupação prolongada desse lugar e a frequentação seguida de seus ocupantes legítimos: é o caso, evidentemente, do capital social de *relações* ou *ligações* (e muito particularmente dessas ligações privilegiadas que são as amizades de infância ou de adolescência) ou de todos os aspectos mais sutis do capital cultural e linguístico, como os modos corporais e a pronúncia (o sotaque) etc. São traços que conferem todo o seu peso ao *lugar do nascimento* (e, em menor grau, ao lugar de residência).

Sob pena de se sentirem *deslocados*, os que penetram em um espaço devem cumprir as condições que ele exige tacitamente de seus ocupantes. Pode ser a posse de um certo capital cultural, cuja ausência pode impedir a apropriação real dos bens ditos públicos ou a própria intenção de se apropriar deles. Pensa-se evidentemente nos museus, mas isso vale também para os serviços que são tidos espontaneamente como os mais universalmente necessários, como os das instituições médicas ou jurídicas. Tem-se a Paris do capital econômico, mas também do capital cultural e do capital social (não basta entrar em Beaubourg para se apropriar do museu de arte moderna). De fato, certos espaços, e em particular os mais fechados, os mais "seletos", exigem não somente capital econômico e capital cultural, como também capital social. Eles proporcionam capital social e capital simbólico, pelo *efeito de clube* que resulta da associação durável (nos bairros chiques ou nas residências de luxo) de pessoas e de coisas que, sendo diferentes da grande maioria, têm em comum não serem comuns, isto é, na medida em que elas excluem, em direito (por uma forma de *numerus clausus* ou de fato o intruso está fadado a provar um sentimento de exclusão capaz de privá-lo de certas regalias associadas à pertença), todos os que não apresentam todas as propriedades desejadas ou que apresentam uma (pelo menos) das propriedades indesejáveis.

O bairro chique, como um clube baseado na exclusão ativa de pessoas indesejáveis, consagra simbolicamente cada um de seus habitantes, permitindo-lhe participar do capital acumulado pelo conjunto dos residentes: ao contrário, o bairro estigmatizado degrada simbolicamente os que o habitam, e que, em troca, o degradam simbolicamente, porquanto, estando privados de todos os trunfos necessários para participar dos diferentes jogos sociais, eles não têm em comum senão sua comum excomunhão. A reunião num mesmo lugar de uma população homogênea na despossessão tem também como efeito redobrar a despossessão, principalmente em matéria de cultura e de prática cultural: as pressões exercidas, em escala da classe ou do estabelecimento escolar ou em escala do conjunto habitacional pelos mais carentes ou os mais afastados das exigências constitutivas da existência "normal" produzem um efeito de atração, para baixo, portanto de nivelamento, e não deixam outra saída que a fuga (na maioria das vezes interdita pela falta de recursos) para outros lugares.

As lutas pelo espaço podem também assumir formas mais *coletivas*, como é o caso daquelas que se desenrolam a nível nacional em torno das políticas de habitação, ou daquelas que ocorrem a nível local, a propósito da construção e da distribuição de moradias sociais ou das escolhas em matéria de equipamentos públicos. Os mais decisivos têm como aposta última a política do Estado que detém um imenso poder sobre o espaço através da capacidade que ele tem de fazer o mercado do solo, da moradia e também, para uma grande parte, do trabalho e da escola. Assim, no confronto e nos ajustamentos entre os altos funcionários do Estado, eles próprios divididos, os membros dos grupos financeiros, diretamente interessados no mercado de crédito imobiliário, e os representantes das coletividades locais e das repartições públicas, foi sendo elaborada a política da habitação, que, principalmente através do sistema fiscal e das ajudas à construção, operou uma verdadeira *construção política do espaço*: na medida em que ela favoreceu a *construção de grupos homogêneos em base espacial*, esta política é, para uma grande parte, responsável pelo que se pode observar diretamente nos grandes conjuntos degradados ou nos bairros tornados desertos pelo Estado.

Loïc J.D. Wacquant

Da América como utopia às avessas

A década de 80 terá sido marcada não somente pela escalada das desigualdades urbanas, da xenofobia e dos movimentos de protesto dos jovens dos "subúrbios" populares[1], mas também pela proliferação de um discurso de um novo tipo em torno do tema da "guetização" que sugere uma convergência súbita entre os bairros deserdados das cidades francesas e das cidades americanas. A temática do gueto, alimentada por clichês importados de Além-Atlântico (Chicago, Bronx, Harlem...), impôs-se como um dos lugares comuns do debate público sobre a cidade.

Não valeria a pena ficar nesse discurso amplamente fantasmático[2] se não houvesse consequências nefastas. Apelando para o sensacionalismo, usando imagens exóticas *made in USA* tão surpreendentes quanto delicadas e invocando, por qualquer motivo e sem medidas, o espectro da "síndrome americana", os profetas da desgraça opuseram obstáculo a uma análise rigorosa das causas reais da decomposição da classe operária francesa e da profunda perturbação de populações cujos instrumentos tradicionais de reprodução e de representação coletivas tornaram-se obsoletos pelas recentes transformações do mercado de trabalho e do campo político. Eles, em seguida, alimentaram – se bem que de má vontade – a espiral da estigmatização que faz dos grandes conjuntos populares tantos lugares malditos, sinônimos de indignidade social e de relegação cívica. Eles têm, assim, agravado o peso da dominação simbólica que os habitantes desses conjuntos habitacionais devem hoje sofrer *além* de sua exclusão socioeconômica[3].

---

1. JAZOULI, Adil. *Les années banlieue*. Paris: Seuil, 1992.

2. Uma vez vulgarizado, o conceito pode aplicar-se a todo coletivo vagamente definido para fins de dramatização: assim o "gueto estudantil", o "gueto da terceira idade", o "gueto homossexual" etc. (VIEILLARD-BARON, Hervé. "Le gheto: approches conceptuelles et représentations communes". *Annales de la recherche urbaine*, 49 (1991) 13-21).

3. WACQUANT, Loïc J.D. "Urban Outcasts: Stigma and Division in the Black American Ghetto and the Franch Urban Periphery". *International Journal of Urban and Regional Research*, número especial sobre "Les nouvelles pauvretés", 1993; e BACHMANN, Christian, et BASIER, Luc. *Mise en images d'une banlieue ordinaire*. Paris: Syros, 1989.

Enfim, e paradoxalmente, a temática do gueto empanou as lições que se podem tirar de um uso racional da comparação transatlântica, que não consiste em procurar similaridades ou convergências entre subúrbio francês e gueto americano, duas constelações sócio-espaciais profundamente heterogêneas em sua estrutura, em sua trajetória e sua dinâmica[4]. A comparação histórica e sociológica mostra que, se gueto e subúrbio têm em comum ser, cada um em sua ordem nacional respectiva, zonas de relegação situadas no mais baixo da hierarquia urbana, eles não diferem menos em sua composição social, sua textura institucional, sua função no sistema metropolitano, e sobretudo pelos mecanismos e os princípios de segregação e de agregação dos quais eles são o produto. Com presteza e para simplificar, a exclusão se opera prioritariamente sobre uma base racial várias vezes centenária tolerada ou reforçada pelo Estado e pela ideologia nacional, no que concerne aos americanos, essencialmente a partir de critérios de classe em parte atenuados pelas políticas públicas, no que concerne aos franceses. De sorte que, ao contrário desses *Bantoustans* urbanos que são os grandes guetos americanos, os "subúrbios" degradados do hexágono não são conjuntos sociais homogêneos, apoiados em uma divisão racional dualista aprovada pelo Estado, e dotados de uma autonomia institucional e de uma divisão do trabalho avançadas, sustentando uma identidade cultural unitária.

Em compensação, é muito útil servir-se do *dark Ghetto* da América como de uma espécie de projeto sociológico que permite fazer-se uma ideia realista dos efeitos que poderia produzir com o tempo a radicalização de certos processos de dualização hoje em germe nos bairros deserdados do hexágono. À maneira de um espelho que deforma e aumenta ao mesmo tempo, o gueto americano nos oferece o espetáculo do tipo de relações sociais susceptíveis de desenvolver quando o Estado abandona sua missão primeira, que é a de sustentar a infraestrutura organizacional indispensável ao funcionamento de toda sociedade urbana complexa. Adotando uma política de erosão sistemática das instituições públicas, o Estado abandona às forças do mercado e à lógica do "cada um por si"[5] camadas inteiras da sociedade, em especial aquelas que, privadas de todos os recursos, econômico, cultural ou político, dependem completamente dele para chegar ao exercício efetivo da cidadania.

---

4. Para uma análise mais detalhada, reportar-se a WACQUANT, Loïc J.D. "Pour en finir avec le mythe des 'cités-ghettos': les differences entre la France et les États-Unis". *Annales de la recherche urbaine* 52 (1992) 20-30; et idem. "Banlieus françaises et ghetto noir américain; éléments de comparaison sociologique". In WIEVIORKA, Michel (org.). *Racisme et modernité*. Paris: Éditions La Découverte, 1993, p. 265-279.

5. Quer dizer, às relações de força mais favoráveis aos mais fortes. Pois se, como mostram os trabalhos os mais avançados da sociologia econômica, o mercado é uma ficção social, é também uma ficção interessada em todos os que não têm um interesse igual e cujas consequências econômicas e sociais são muito reais.

Depois de seu apogeu nos anos 50, o gueto negro americano conheceu uma degradação brutal e generalizada. O êxodo ininterrupto de seus moradores, a deterioração acelerada dos prédios e do quadro de vida marcam essa evolução. Ela se traduz também pelo crescimento muito rápido do desemprego, da criminalidade violenta e de todos os sintomas mórbidos e comportamentos patogênicos (alcoolismo, toxicomania, suicídio, doenças cardiovasculares e mentais etc.) comumente associados à grande miséria e à desmoralização coletiva e individual. Além do mais, a administração dessa população condenada a uma forma de exílio interior acarreta custos crescentes para metrópoles cujos recursos fiscais vão diminuindo à medida que as famílias brancas e os casais abastados mudam-se para se refugiarem nos bairros residenciais fora dos centros.

O debate recente, tanto científico quanto político, em torno da questão tem, alternadamente, privilegiado, como causas maiores da deterioração continuada os enclaves segregados da *inner city*, o racismo, a "cultura da pobreza" ou a assim chamada depravação moral do subproletariado negro, os efeitos perversos dos supostos programas de ajuda social, enfim a fuga da classe média negra e a desindustrialização. Todavia, é a *política urbana do abandono concertado* desses bairros pelo Estado americano a partir dos anos 60 que melhor explica o caráter cumulativo e autoalimentado do processo de deslocação social incriminada. Solapando os programas públicos indispensáveis ao funcionamento de suas instituições e diminuindo drasticamente os recursos alocados para sustento de seus moradores[6], a política de desengajamento urbano e social do governo americano provocou uma *desestruturação sistemática* do gueto que se tornou um verdadeiro purgatório urbano.

A atenção despertada pela mídia para a explosão de fúria que incendiou Los Angeles, em maio de 1992, em seguida à absolvição dos policiais brancos incriminados no episódio Rodney King, não deve ocultar as *rebeliões silenciosas da vida de todos os dias* que fazem do gueto negro um campo de batalha perpétua para a segurança e a sobrevivência. Menos espetaculares que as grandes conflagrações, não são menos destrutivas. Enquanto o sentimento de insegurança que impregna os HLM do subúrbio francês encontra sua fonte principal na pequena delinquência juvenil, o clima de tensão que pesa sobre o gueto americano se enraíza na realidade dos assassinatos, violações e agressões cujo perigo está onipresente.

Em 1988, os 32 juízes da corte penal do Condado de Cook, que cobre os três milhões de habitantes da cidade de Chicago, julgaram 56.204 processos, dos quais

---

6. BLOCK, Fred . CLOWARD, Richard A. EHRENREICH, Barbara et PIVEN, Frances Fox , *The Means Season*: The Attack on the Welfare State, Nova York: Pantheon, 1987, e KATZ, Michael, B. *The Underserving Poor.* From the War on Poverty to the War on Welfare, Nova York: Randon, 1989.

3.647 casos de agressões e ferimentos graves e 8.419 violações, 1.584 roubos à mão armada, 2.569 incidentes de "violências caracterizados com arma" e 2.009 homicídios voluntários. A maior parte desses crimes foram praticados nos bairros negros do gueto por seus habitantes, mas também e sobretudo, contra eles. Um ex-líder da gangue dos Black Gangsters Disciples a quem perguntei por que ele examinava sempre com atenção os acessos de seu prédio antes de entrar ou de sair explica: "É preciso estar sempre vigilante, Louie, neste bairro. Nunca baixe sua guarda, sabe por quê? *É a lei da selva*, Louie: ou você morde ou é mordido (*bite or be bitten*). Eu fiz minha escolha há muito tempo: não serei mordido, certamente, por ninguém. E você, o que é que você escolheu?

De fato, as agressões com armas de fogo são moeda corrente nas grandes aglomerações dos South Side onde pululam as gangues, ao ponto de mães de família ensinarem a seus filhos mais novos a se jogarem ao solo para se protegerem de balas perdidas e gastam seus magros vencimentos para lhes pagar, mensalmente, um seguro de vida. Durante os meses de verão, não é raro registrar entre cinco e dez assassinatos por fim de semana, muitas vezes por ocasião de *drive-by shootings* (tiros de armas de fogo a partir de um carro em movimento). É verdade que não é nada difícil adquirir um revólver, de venda livre na rua pelo preço "oficial" de 300 dólares por uma arma "limpa" e metade, ou menos, para um calibre já usado. "Aqui é como um território esquecido", comenta um policial da brigada de intervenção de Wentworth, no coração do gueto sul da cidade. A delegacia dispõe, com efeito, em média de um agente para 277 crimes graves praticados, ou seja, seis vezes menos que o distrito branco e burguês do Near North Side, onde está o famoso bairro da *Gold Coast* que desfruta, além disso, da proteção próxima de polícias particulares com muitos efetivos. Os policiais de Wentworth responderam a chamadas urgentes sem cessar do princípio ao fim de seu turno de trabalho. O que não impede de ficarem sem atendimento numerosas chamadas de ajuda, já que todo o pessoal disponível já está empenhado[7].

Essa violência endêmica obriga os moradores do gueto a limitar severamente suas saídas e a planejar seus deslocamentos para minimizar o tempo passado na rua e evitar, na medida do possível, transportes coletivos e lugares públicos. Não que se esteja em segurança trancafiado na própria casa. O mesmo policial de Wentworth nota: "Se há um incêndio, eles não podem nem mesmo sair de seu apartamento, de tal modo eles se fecham com trancas e grades, e eles têm muito medo de sair à rua". Não há, nem nos estabelecimentos escolares, quem seja capaz de garantir a integridade física de seus alunos e professores, a despeito da utilização de detectores de metais e da prática das revistas corporais nos edifícios. A

---

7. "849 Homicides Place 1990 in a Sad Record Book". *Chicago Tribune*, 2 de janeiro de 1991.

morte de estudantes abatidos ou apunhalados por um de seus colegas no perímetro de sua escola faz periodicamente a manchete de jornais locais sem por isso suscitar outras reações políticas a não ser a expressão contrita de uma compaixão inteiramente simbólica. Não é raro que as famílias do gueto mandem seus filhos para casas de parentes dos Estados do Sul ou das cidades vizinhas para garantir que terminem a escola vivos.

Cada um deve, pois, a todo momento, estar preparado para se defender, a si e aos seus, com seus próprios meios. Além de ela própria ser temida por seus métodos violentos, a polícia é notoriamente incapaz de proteger os que se queixam das represálias que as gangues poderiam praticar contra eles ou contra seus parentes. Eventualidade mais provável ainda porque, estando os presídios superlotados, numerosos criminosos e delinquentes nem bem estão presos e logo tem de ficar em liberdade por falta de lugar. O presídio do Condado de Cook, um vetusto prédio construído em 1929 para acolher 1.200 detentos, abriga hoje perto de 8.000, dos quais quase mil são obrigados a dormir em colchões no chão. Durante um único ano, o de 1988, as autoridades penitenciárias tiveram de relaxar a prisão de 25.000 indiciados por causa de superpopulação. Compreende-se facilmente, nessas condições, que os moradores do gueto hesitem em apelar para os representantes da lei. Como diz a canção do grupo de "rap" Public Enemy: "911 Is A Joke" (Socorro policial é brincadeira).

A criminalidade endêmica, responsável pelo quase desaparecimento do espaço público dentro do gueto, está estreitamente ligada à desagregação da economia local. Já em 1968, o relatório da Comissão Kerner, encarregada pelo Presidente Johnson de diagnosticar as causas da onda de motins raciais que estava agitando mais de uma centena de metrópoles americanas, sublinhava com preocupação que "o movimento de retirada de capitais privados está já consideravelmente avançado na maioria das zonas segregadas de nossas grandes cidades"[8]. Vinte anos depois, esse processo está finalizado: o enxugamento dos investimentos e dos estímulos do Estado e a perda de milhares de empregos manuais devido às reestruturações industriais têm virtualmente esvaziado o gueto de toda atividade comercial. Testemunha é a decadência da rua 63, no bairro de Woodlawn, que foi uma das artérias comerciais mais animadas de Chicago do pós-guerra. Hoje é uma pacata sucessão de prédios em ruína, de lotes vagos entulhados de lixo e de lojas incendiadas, cujos arcabouços apodrecem de pé à sombra da linha do trem aéreo. Em 1950, Woodlawn contava perto de 700 estabelecimentos industriais e comerciais e não havia um ponto ou um lote vago; os negócios estavam tão prósperos

---

[8]. *The Kerner Report:* The 1968 Report of the National Advisory Commission on Civil Disorders. Nova York: Pantheon, 1989 (1. ed. 1968), p. 399.

que o bairro havia recebido o apelido lisonjeiro de *Miracle mile*, o "Quilômetro milagroso". Hoje, o milagre, para uma pequena centena de estabelecimentos comerciais restantes, consiste em evitar, a custo, a falência.

Ao contrário da metrópole, cuja composição socioprofissional é levada a se complexificar com a passagem à economia de serviços, a estrutura social do gueto de Chicago transformou-se no sentido de uma maior homogeneidade em razão da agravação ininterrupta do desemprego e do subemprego. Em 1950, mais da metade dos adultos residentes no centro do South Side exercia um trabalho assalariado e o gueto ostentava uma taxa de atividade pouco inferior à da cidade em seu conjunto. Em 1980, quase três adultos em quatro estavam desempregados. Em três décadas, o número de operários caiu de 35.800 para menos de 5.000 e os efetivos de "colarinho branco" (empregados do comércio e de escritórios, executivos e profissões intermediárias e liberais) diminuíram pela metade, passando de uns 15.300 para menos de 7.400, enquanto, paralelamente, a categoria da classe média negra multiplicava-se por cinco na Grande Chicago. No coração do "Cinturão negro", mais de seis residentes em dez dependem hoje da ajuda social para sua sobrevivência e quatro em dez cresceram no seio de uma família assistida.

Confrontados com a derrocada do mercado de trabalho assalariado e a insuficiência gritante da ajuda social, os moradores do gueto não têm, frequentemente, outra escolha para subsistir que voltar-se para a economia informal da rua, e especialmente para o seu setor mais dinâmico: o comércio da droga. Depois que as três principais gangues que controlam as redes de distribuição no seio do *inner city*, Vice Lords, Disciples e El Rukns, lançaram-se na revenda do *crack* e de seus derivados, o preço da cocaína em Chicago caiu de 55.000 para 17.000 dólares o quilo. Se bem que hoje se possa obter uma trouxinha de pó pela módica quantia de dez dólares. Atingindo uma clientela de massa, o tráfico de drogas tornou-se uma verdadeira indústria, abarcando um volume de negócios que manipula centenas de milhões de dólares cada ano; dotada de uma divisão elaborada do trabalho, ela constitui, no momento, a principal fonte de emprego acessível aos jovens do gueto rejeitados pela escola e pela economia legal. Os riscos que correm são certamente elevados mas, além de se poder trabalhar nisso bem jovem (antes mesmo dos dez anos), as qualificações requeridas são mínimas, os horários flexíveis e a remuneração muito vantajosa em relação ao setor assalariado anêmico.

O crescimento vigoroso desta forma de "capitalismo de pilhagem" (Weber), do qual o tráfico de drogas representa a ponta de lança, é uma das principais causas do pandemônio de violência que aflige o gueto. Do lado do consumo, o furto e a criminalidade de rua são, de fato, o meio mais direto de que dispõem os toxicômanos para conseguirem sua dose diária. Do lado da distribuição, o recurso periódico à força física é um *sine qua non* desse tipo de atividade comercial, uma ferramenta de gestão e regularização das transações sem o qual nenhum negociante pode passar sob pena de ser liquidado por seus rivais[9]. De qualquer modo, a expansão espetacular do comércio de drogas não é senão o sintoma mais visível de uma espécie de *terceiro-mundialização da economia do gueto*. Os indícios mais perceptíveis são a generalização do artesanato ilegal e do trabalho por dia; a multiplicação dos pequenos "ofícios" subproletariantes (catador de papel, camelô, apanhador de latas de cerveja e refrigerante, revendedor de jornais avulsos, guardador de carro, carregador); o ressurgimento das *sweat-shops*, do trabalho a domicílio ou pago por empreitada, e o florescimento de um leque de tráficos mais ou menos legais – venda do próprio sangue, prostituição, agiotagem (chamada *loan-sharking*), venda de tickets-refeição ou de certificados de ajuda médica etc.

O recuo da economia comercial e a deterioração generalizada das condições de vida no gueto atingiram um nível tal que o setor público não consegue mais retomar sua função mínima de fornecimento de bens coletivos, segurança, moradia, saúde, educação, justiça. Pior, não tendo mais como clientela senão as camadas marginalizadas do proletariado negro, os serviços públicos podem ser reconvertidos em instrumentos de vigilância e de polícia de uma população que daqui para a frente deve manter-se nos enclaves degradados que lhe são demarcados. Longe de contribuir para atenuar as desigualdades que pesam sobre eles, tendem a acentuar o isolamento e a estigmatização de seus usuários, ao ponto de operar uma verdadeira separação de fato do gueto com relação ao resto da sociedade. De instrumento de luta contra a pobreza, a força pública se transforma em máquina de guerra contra os pobres.

Tendo perdido o controle dessa parte de seu território, o Estado administra muito mal as instituições das quais ele estava incumbido. Assim, o habitat social: a *Chicago Housing Authority*, que administra o parque de moradias públicas da cidade (cuja maioria esmagadora está situada no seio do gueto), é incapaz de produzir uma lista dos apartamentos habitáveis de que dispõe. Além de seus 200.000 moradores oficiais, a CHA reconhece abrigar, contra a vontade, entre 60.000 e 100.000 moradores ilegais, a despeito das grandes listas de espera de 60.000 famílias. Certos conjuntos têm até duas vezes mais moradores oficiais do que de locatários que constam dos contratos de aluguel. Em 1989, o novo diretor da CHA tinha engendrado um ambicioso programa de "limpeza" dos grandes conjuntos do South Side para acabar com os invasores e as gangues. Mas as "batidas policiais" (*sweeps*), planejadas em grande segredo, foram divulgadas; depois de ter recebido muitas ameaças de morte, ele renunciou.

---

9. HAMID, A. "The Political Economy of Crack-Related Violence", contemporary Drug Problems, 17, 1989, p. 31-78.

Os serviços sociais da cidade tiveram que se retirar do centro do gueto em razão de sua periculosidade. As assistentes sociais lotadas na zona de Wentworth recusaram-se a visitar seus "clientes" em casa e se contentam em convocá-los a seus escritórios do centro da cidade uma vez a cada seis meses. Os cheques de ajuda social não são mais distribuídos pelo correio mas remetidos diretamente a seus destinatários por intermédio das *Currency exchanges* (escritórios particulares que desempenham o papel de escritório financeiro e administrativo dentro do gueto) a fim de diminuir os roubos por arrombamentos de caixas de correio e tráfico de cartas de *welfare*. De qualquer modo, a organização dos serviços sociais visa menos levar assistência às famílias na pobreza que a minimizar o número dos que têm direito a fim de reduzir despesas sociais consideradas intoleráveis pelo eleitorado branco majoritário. A prova é que o escritório de ajuda pública de Chicago multiplica os controles minuciosos e os procedimentos burocráticos; ele destina parte do orçamento à espionagem dos assistidos com o fim de "agarrar" eventuais fraudadores. Números verdes para as denúncias anônimas, apelos à delação nos jornais, pagamento a informantes encarregados de vigilância de perto, visitas de surpresa às casas de suspeitos: todos os meios são válidos para emagrecer os efetivos de recipiendários de benefícios. A situação chegou a tal ponto que os moradores do gueto não hesitam em comparar os serviços sociais ao KGB.

É, todavia, a escola que simboliza melhor a pauperização avançada do setor público no seio do *inner city*. Abandonado pelos brancos e pelas classes média e superior como se foge de um navio que faz água, o sistema educacional de Chicago tornou-se uma espécie de "reserva escolar" onde as crianças do gueto são confinadas pela falta de outra opção. Seus efetivos provêm essencialmente de famílias negras e latinas (85%) que vivem aquém do patamar oficial de pobreza (70%). Um quarto apenas dos estudantes alcança o segundo grau escolar no tempo certo (se bem que não haja nenhum exame intermediário entre as séries) e a esmagadora maioria é orientada para os cursos profissionais que são meros desvios. O nível escolar é tão baixo que um aluno pode concluir seu curso na escola Martin Luther King sem ser capaz de escrever uma frase completa ou resolver problemas de frações elementares. É verdade que a academia de Chicago não dispende, por aluno, mais que a metade dos recursos de que dispõem as escolas públicas das cidades-satélite dos subúrbios abastados; donde a penúria crônica de professores, de salas e de móveis, com a qual se debatem os estabelecimentos de ensino do gueto. Nenhum dos últimos cinco prefeitos de Chicago matriculou seus filhos em escola pública. Nem o diretor e uma boa metade do corpo docente. Como reconhece este vereador: "é preciso ter perdido a cabeça para alguém matricular seus filhos na escola pública!"[10] A longo prazo, o abandono das instituições públicas conduz à

---

10. KOZOL, Jonathan. *Savage Inequalities*; children in America's School. Nova York: Crown Books, 1991, p. 53.

desertificação organizacional do gueto pois ela condena as instituições indígenas e as organizações privadas que delas dependem a uma extinção lenta. É o caso do catastrófico bairro West Side, forte de cerca de 61.000 moradores, dos quais a metade vive aquém do patamar federal de pobreza, que uma de suas moradoras compara a "um buraco negro": "Ela podia enumerar facilmente o que faltava. Não havia banco somente *Currency exchanges* que cobram uma comissão, podendo atingir oito dólares para cada cheque de ajuda social sacado em espécie. Não havia biblioteca pública, nem cinema, nem pista de patinação, nem manchas de boliche para os jovens do bairro se distraírem. Para os doentes, apenas duas clínicas [...], ambas à beira da falência e que deveriam fechar as portas em fins de 1989. No entanto, a taxa de mortalidade infantil excedia as taxas de inúmeros países do Terceiro Mundo tais como Chile, Costa Rica, Cuba, e Turquia. E não havia centro de desintoxicação, se bem que a toxicomania fosse baixa"[11].

O definhamento dos serviços públicos é tão gritante na zona do gueto que, depois de o ter visitado em 1982, Madre Teresa designou duas freiras de sua Missão de Caridade na cidade de Henry Horner para criarem um abrigo para mulheres e crianças sem abrigo, uma creche e um sopão popular. No total, a política de abandono urbano do governo americano nivelou as instituições públicas do gueto, suposto pedestal da integração na sociedade, à categoria de instrumentos de segregação. E o pouco do Estado que subsiste em seu seio atua no sentido de reforço das exclusões das quais o gueto é o produto.

A França não é a América. Os conjuntos habitacionais dos subúrbios em declínio não são guetos no sentido que essa noção tem no contexto americano. A decomposição dos territórios operários do hexágono obedece a uma lógica que lhes é própria, de acordo com sua história e as regras de um quadro institucional e estatal muito diferentes. A discriminação, a violência, a pobreza e o isolamento social estão muito longe de atingir a mesma intensidade e a mesma extensão que na *inner city* americana. Não é menos verdade que, além das diferenças flagrantes de níveis e de estrutura, a *tendência* da evolução das desigualdades urbanas na França na última década tende a criar as condições propícias, a longo prazo, para uma reaproximação. E se, em sua miopia tecnocrática e sua fixação fascinada sobre o desempenho financeiro a curto prazo, as elites dirigentes do hexágono, tanto de esquerda como de direita, devessem persistir na política neoliberal do rebaixamento do setor público e da "mercantilização" servil das relações sociais que foi a sua desde a segunda metade dos anos 70, não se deve excluir o pior: a utopia negativa, longínqua e assustadora[12], poderia tornar-se realidade.

---

11. KOTLOWITZ, Alex. *There Are Children Here*. Nova York: Doubleday, 1991, p.12.

12. Encontrar-se-á um retrato surpreendente dessa "utopia negativa" que se tornou a megalópole polarizada da América na magnífica obra de DAVIS, Mike. *City of Quartz*: Excavating the Future in Los Angeles. Londres: Verso, 1990, fotos de Robert Morrow.

Loïc J.D. Wacquant

A Zona

Conheci *Rickey* por intermédio de seu irmão, que eu havia encontrado durante minha pesquisa sobre a profissão de boxeador em Chicago numa sala de treinamento em pleno centro do gueto negro, na orla de uma floresta de edifícios de apartamentos públicos particularmente deteriorados. "Ele lutou boxe profissionalmente também, além disso, ele fez um *come-back*, você deveria entrevistá-lo", me tinha dito Ned. Efetivamente, alguns dias depois, *Rickey* apareceu. Depois de explicar-lhe a finalidade de minha pesquisa, ele concordou em ser entrevistado, mas, a cada vez, ele escapulia no último momento ou desaparecia durante dias. Pude, finalmente, entrevistá-lo em agosto de 1991, depois de várias tentativas infrutíferas na sala de boxe, não sem que ele, antes, se assegurasse de minha "confiabilidade".

Eu já havia entrevistado seu irmão, que treina sua carcaça de jogador de *rugby* no *gym* (ginásio) no decorrer da semana e vai vivendo de pequenos biscates aqui e ali; eu conhecia, pois, em detalhes, o perfil familiar de *Rickey*. De seu antigo treinador soube que suas vagas veleidades de voltar ao ringue depois de uma interrupção de cinco anos eram sem esperança, mesmo com todos fazendo questão de aparentar que acreditavam. E de um outro informante do bairro obtive um certo número de dados preciosos sobre suas atividades subterrâneas, especialmente que *Rickey* era um "*hustler* profissional", termo propriamente intraduzível, pois que descreve um espaço semântico – e social – sem equivalente direto em francês e que se pode, numa primeira aproximação, balizar por noções de malandragem, malícia, tráfico de influência, furtos, estelionatos e criminalidade disfarçada com fins diretamente monetários.

O verbo *to hustle* designa, com efeito, um campo de atividades que têm em comum exigir a colocação em circulação de um tipo particular de capital simbólico, seja a capacidade de manipular os outros, enganá-los, se necessário, aliando violência, astúcia e charme, com a finalidade de produzir um ganho pecuniário imediato. Essas atividades descrevem um *continuum*[1] desde o relativamente inofensivo – fabricação e distribuição ilícitas de álcool (especialmente nos *after-hours clubs*, os "inferninhos" do gueto), a venda ou revenda de objetos roubados, apostas, jogos de azar proibidos por lei (baralho, dados, bilhar), loteria paralela do gueto conhecida por *policy* ou *numbers game* – até o que constitui delito – rapinagens diversas, roubos nas roletas e nas vitrinas, roubos com violência, depenamento de carros, "recuperação" de tijolos, canos e marcos de janelas e portas nos prédios abandonados, vigarices de todos os calibres registradas pela tradição oral – ou as ações claramente criminosas: proxenetismo, chantagem de incêndio (junto a comerciantes de determinada região), extorsões, tráfico de drogas, agressões (*mugging* e *stick-ups*), e mesmo assassinatos encomendados, cujas tarifas são do conhecimento público em alguns setores do gueto.

Se esta definição parece imprecisa, é que o *hustler* é um personagem fugidio e difícil de agarrar na realidade porque, justamente, seu "ofício" consiste, em muitos casos, em imiscuir-se furtivamente nas situações ou em tramar relações de aparências enganadoras a fim de tirar proveito mais ou menos extorquindo. Além do mais, se o *hustler* prefere a via da sedução à do constrangimento ou da ameaça física, a arte do *playing it cool* no uso da força bruta (que o identificaria com o outro tipo social do gueto conhecido como *gorilla*), as circunstâncias fazem com que ele precise muitas vezes recorrer à violência, nem que seja para preservar sua honra e sua integridade física. As fronteiras que o demarcam dos outros "predadores sociais" do gueto são absolutamente claras.

O mundo do *hustling* se opõe termo a termo àquele do trabalho assalariado onde tudo é, ao menos em teoria, legal e reconhecido (*legit*), regular e regulado, registrado e aprovado pela lei, como atestam o contrato de admissão e o recibo de pagamento. O ilícito e o ilegal, o reprimido e o reprovado (inclusive muitas vezes por aqueles mesmos que estão nisso: "é você quem paga pelo que você faz", filosofa *Rickey* evocando uma tentativa frustrada de roubo em um carro em que ele levou duas balas de revólver no tornozelo) são conhecidos e tacitamente tolerados por todos porque são ao mesmo tempo *banais e necessários*: é preciso viver e fazer os seus viverem. E, do fato da penúria material coletiva e insuficiência crônica de entrada de dinheiro obtido com o trabalho ou a ajuda

---

1. Para algumas ilustrações, cf. VALENTINE, B. *Hustling and Other Hard Work:* Life Styles in the Ghetto. Nova York: Free Press, 1978; ANDERSON, E. *A Place on the Corner.* Chicag: The University of Chicago Press, 1976, cap. 5; "The Hoodlums"; LIEBOV. *Tally's Corner:* A Study of Negro Streetcorner Men. Boston: Litle Brown, 1967; e, para um ponto de vista autobiográfico, WILLIAMSON, H. , *Hustler!* Nova York, Avon Books, 1965 [KEISER, C. (org.)].

social, os moradores do gueto devem, quase todos, uma vez ou outra, procurar recursos com algum *hustle*[2].

Rickey, como se diz, foi talhado para a profissão. Muito alto, desengonçado, peito largo atarrachado sobre longas pernas finas, estava vestido com um conjunto verde escuro imitando couro, cheio de bolsos e uma ombreira de couro bege caindo sobre calçados esportivos de marca de uma brancura rutilante, que realça sua maneira de andar felina e descontraída – e disfarça o arredondamento de sua barriga: ele precisa perder mais de 15 quilos para retomar sua forma de antes. Óculos escuros de lentes espelhadas dissimulam seus olhos pequenos encravados numa fronte muito larga de tez acobreada. Um fino bigode negro e uma barbicha lhe emprestam um aspecto reflexivo que ele cultiva devagar; seus cabelos cor de azeviche, curtos, no alto, atrás do crânio, estão cuidadosamente arrumados sob um boné de *base-ball* em tecido verde ao avesso, o bico virado para a nuca. Se bem que advertido de sua reputação de "eloquente", qualidade muito valorizada no gueto, onde se concede um lugar de destaque à habilidade retórica[3], fiquei surpreso com sua eloquência, mas mais ainda com sua discrição, pudor até, com que ele me fala do seu bairro, dos seus companheiros de infância, de suas esperanças e de seus desgostos, da batalha sem fim recomeçada para, diz ele, *"make it another day"*. Ele olha o universo desfeito e desmantelado que o encerra de modo quase clínico; ele o descreve sem vanglória, sem efeitos inúteis, sem procurar embelezar ou enegrecer. Ele não o reivindica, mas também não o renega. Ele simplesmente está aí: é seu mundo, ele não pode mais. E a consciência que ele tem de estar *condenado* leva-o a uma lucidez dolorosa que faz com que seja vão apiedar-se de si mesmo.

Nascido em Chicago, sétimo e último filho homem de uma família de 11 filhos, *Rickey* sempre morou em um grande conjunto de apartamentos públicos do South Side famoso em todo o país por sua periculosidade ("É desse canto que você ouve falar sempre nos meios de informação"). Sua mãe, vinda do Tennessee em 1956, no momento em que a grande migração que trouxe milhares de negros do sul dos Estados Unidos para Chicago chega ao fim, tendo como única baga-

---

2. Cf. *The Autobiography of Malcom X*. HALEY, Alex (org.). Nova York, Ballentine Books, 1964. Ver igualmente SCHULTZ, D.A., *Coming Up Black:* Patterns of Ghetto Socialization. Englewood Cliffs: Prentice Hall, 1969, p. 78-103, e GLASGOW, D. *The Black Underclass*: Poverty, Unemployment, and Entrapment of Ghetto Youth. Nova York: Vintage, 1980, cap. 6.

3. ABRAHAMS, R.D. *Positively Black.* Englewood Cliffs: Prentice Hall, 1970; KOCHMAN, T. (org.). *Rappin' and Stylin' Out*: communication in Urban Black America. Urbana e Chicago: University of Illinois Press, 1973; FOLB, E.A. *Runnin' Down Some Lines*: The Language and Culture of Black Teenagers. Cambridge: Harvard University Press 1980; et LABOV, W., *Le parler Ordinaire*: la langue dans les ghettos noirs des États-Unis. Paris: Minuit, 1978. A música *rap* é testemunha hoje no domínio comercial (o próprio termo *"rap"* designa, de origem, "a arte da bela conversação" no palavreado negro americano).

gem uma educação primária, o cria sozinha, agitando-se em faxinas (em diferentes bares e cabarés do gueto, depois de haver trabalhado algum tempo em uma fábrica de pratos de papel) e a ajuda social que mal dá para sobreviver. De seu pai, falecido quando ele estava na primeira infância, ele quase não se lembra: tudo o que ele sabe é que ele sempre correu atrás "de um montão de serviço nas fábricas, um pouco por toda parte", sem chegar a nada. Como um bom número de homens e de mulheres de sua geração na comunidade negra urbana, não conheceu nenhum de seus avós.

Rickey cresceu "na dureza", em um dos setores mais mal afamados do gueto sul da cidade, território dominado pela gangue dos Disciples, depois pela do El Rukn, cujo quartel-general está situado na mesma rua do *projeto* (Grande conjunto habitacional) onde ele mora (edifício de tijolos com a insígnia de um "centro religioso islâmico" foi recentemente destruído pelo FBI depois de uma incursão militar de peso que culminou na apreensão de grande quantidade de drogas e de um arsenal impressionante: montes de caixas de munição e de dezenas de armas automáticas, granadas, fuzis-metralhadoras Uzi e até um lança-granadas). Brigas, tiros, prostituição, tráfico de drogas, extorsões, confrontos sem fim cada vez mais mortais entre as gangues: "Tudo o que você quiser, basta ir lá que você acha". O mais velho dos irmãos trabalha há um tempo para uma gangue local como *enforcer*, pistoleiro encarregado de recuperar à força o dinheiro devido pelos "varejistas" da rede de vendas de drogas em atraso com o pagamento. Não é por nada que o bairro é conhecido no seio do gueto como "The Zone", nome que *Rickey* prefere a "*Killing Fields*" (literalmente: "campos da morte"), que, em sua concisão medonha, traduz melhor que todas as estatísticas a periculosidade extrema dessa parte da cidade[4].

Rickey fez toda a sua escolaridade no bairro, terminando seus estudos secundários depois de várias interrupções no colégio público Wendel Phillips, um estabelecimento muito velho (o edifício principal data de antes de 1930), encaixado entre vários *projetos* rivais, que tem aparência de caserna (portas blindadas, raras janelas gradeadas, equipamentos esportivos abandonados) e frequentado exclusivamente pelas crianças afro-americanas pobres das redondezas. Da escola ele sente ao mesmo tempo desgosto e saudade. Desgosto por constatar que a pouca educação que ele adquiriu não lhe é de utilidade alguma: "A escola servia de brincadeira para mim, ou, antes, eu não estava em meu lugar... não me serviu para nada... passou ao largo". Ele seguiu, se bem que por breve tempo, alguns cursos

---

[4]. Não é um caso isolado: o conjunto habitacional Henri Horner Homes no West Side foi batizado de *The Graveyard* ("O Cemitério") por seus moradores: um grande conjunto do bairro de Woodlawn no South Side é conhecido pelo nome não menos evocador de *Murdertown* ("Cidade do Crime").

em um *junior college* municipal[5], mas sem saber direito para que finalidade. Saudade, porque ele sabe que, sem diploma, ele não conseguirá provavelmente jamais um emprego estável, mas também porque a escola está confundida com a lembrança de uma juventude que lhe parece retrospectivamente como quase feliz em comparação com sua vida atual. Ele fala em matricular-se de novo no Kennedy King College para estudar "comunicação", tanto pelo desejo confuso de abrir para si um caminho para fora do gueto como dever ideológico lembrado pela situação da entrevista[6].

Solteiro mais por necessidade que por escolha, *Rickey* ocupa sozinho um pequeno quarto-sala no terceiro andar de uma torre vizinha da de onde cresceu. Com 29 anos, ele nunca teve algum trabalho regular; ele sempre viveu de "malandragem" e de uma variada gama de atividades mais ou menos ilegais. Quando pergunto se ele tem um emprego, ele se apresenta logo como "vendedor ambulante" por conta própria: "Fui sempre um *hustler*, você vê, eu vendo meias, bolas, cigarros, água de colônia, um pouco de tudo". Ele reconhece em seguida que ganha bastante dinheiro no jogo (*gambling*) e me faz entender que várias "moças" lhe dão dinheiro. Ele reluta em falar muito diretamente de suas atividades e sustenta com insistência frisando a negação de que não se dedica a nenhum tráfico de drogas; ficarei sabendo depois por um informante bem colocado que ele "trabalha" de vez em quando na revenda de estupefacientes, Karachi, Angel dust, cocaína. No desenrolar da entrevista, sua renda declarada ou estimada varia de 600 a 1.800 dólares mensais (com um pico momentâneo de 3.000 dólares), importâncias que correspondem às diversas imagens que ele deseja fazer de si mesmo. Afinal ele me confessa, embaraçado, depois de um longo silêncio: "Nada de que se gabar, varia, a quantia exata para pagar as contas". Ninguém admite facilmente estar sem dinheiro, *hard up*, numa sociedade onde o valor de cada indivíduo é indexado

---

5. Um *junior college* é um estabelecimento formalmente ligado ao ensino superior, mas que não exige ter acabado o curso secundário e que serve, de fato, de cursos de reciclagem para adultos com nível secundário, até do primeiro ciclo dos colégios. Em Chicago, a taxa de fracasso nesses estabelecimentos passa de 90%.

6. O reconhecimento da onipotência da educação, da necessidade de sacrificar-se, é praticamente universal no gueto (um jovem de um bairro limítrofe apresenta esta fórmula surpreendente: "Dentro em pouco, para fazer hambúrgueres no McDonald's será necessário um diploma em aeronáutica"). Por um paradoxo que não é senão aparente, são os mais mal dotados culturalmente que consagram aos diplomas escolares mais desvalorizados o culto mais intenso e eles se declaram (e se creem) invariavelmente na véspera de retomar "estudos" momentaneamente "interrompidos" para enfrentar as circunstâncias desfavoráveis do momento. As mães que vivem só da assistência pública (que são designadas pelo rótulo degradante de *Walfar mother*) por vezes depois de 10 anos, ou mesmo mais, sem nenhuma chance objetiva de mudar de condição em curto prazo, que eu interroguei nos conjuntos do HLM do gueto, dizem todas quase ritualmente: "vou-me inscrever para tirar meu GED" (*General Equivalency Diplome*, certificado de equivalência de conclusão de estudos secundários, sem valor no mercado de trabalho). Quando? "Em setembro próximo, no início, quando eu tiver encontrado uma *baby-sitter* para meus filhos. E depois eu vou encontrar um bom trabalho e mudar-me deste bairro".

pelas suas receitas, na situação dele mais baixo que em qualquer outro lugar, onde tudo se transforma em dinheiro, se compra e se vende à vista.

Também porque suas receitas de dinheiro são irregulares, provindo de várias fontes afetadas, cada uma, por um coeficiente de incerteza próprio: ele recebe, de forma intermitente, uma ajuda social à qual ele não tem, teoricamente, direito (*General Assistance*, cerca de 180 dólares mensais e tíquetes-refeição); ele tira dinheiro de várias "amigas" que vivem da assistência pública, mas que recebem somas superiores do *Welfare office* na qualidade de "mãe sozinha com filhos dependentes", ou, melhor, que trabalham no Loop (centro da cidade) como secretárias ou bancárias[7]; enfim, existem os rendimentos de suas diferentes atividades de *hustling* na rua. Ele não possui nem conta bancária, nem bens pessoais de valor, somente o telefone (e fica inquieto quanto às minhas intenções quando lhe peço seu número) e uma velha Plymouth Valiant que ele próprio conserta quando quebra porque a mobilidade física é um *sine qua non* de sua profissão. Ele faz questão de pagar seu aluguel em dia, se necessário, apelando para as suas *lady-friends*. É a sua primeira prioridade. É por isso que ele se preocupa em manter "a qualquer preço" esses amores suspeitos que o ligam a várias mulheres que creem, cada uma, ser "a verdadeira, a única", enquanto ele mesmo admite que "se uma mulher procura um homem com quem possa contar, alguém para criar uma família, não é comigo, certamente, que irá contar"[8].

De uma longa entrevista (perto de três horas em tempo acelerado) a sua infância, as suas andanças diárias no gueto, as suas tentativas abortadas de inserção no mercado de trabalho e as suas experiências no meio do boxe profissional, eu recolhi principalmente o que falou de sua profissão de *hustler* e do clima quotidiano de seu bairro. É necessário prevenir-se de ver em *Rickey* um personagem exótico e marginal dependendo de um "submundo" próximo da canalha ou dependendo de uma análise em termos de "delinquência". Porque o *hustler*, do qual ele se

---

7. Essa estratégia econômica não se confunde com o proxenetismo (*pimping*), mesmo se ela pudesse englobá-la. O que a linguagem de rua chama *broad money* (*broad* podendo ser traduzido como "mulher" ou "moça") é em geral passado sem constrangimento físico em contrapartida aos serviços reais prestados pelo homem: proteção, afeto, companhia ou assistência para manter a disciplina das crianças em casa. Esse tipo de troca materializa a extrema marginalidade econômica dos homens negros do gueto e sua dependência financeira com respeito às mulheres (COTTINGLAM, Clement. "Gonder Shift in Black Communities". *Dissent*. Outono 1989, p. 521-525) cujas fontes de rendimentos são mais numerosas e mais acessíveis (ajuda social, trabalho industrial desqualificado ou empregos domésticos, prostituição). Em sua dimensão sexual, está muitas vezes mais próximo da prostituição masculina que do proxenetismo clássico.

8. Este tipo de relação feita de desconfiança e exploração mútuas entre os sexos está muito propagada no gueto, cf. LIEBOW, E. *Tally's Corner*. Op. cit. cap. 5: "Lovers and Exploiters"; FOLB, E.A. *Runnin'Down Some Lines*. Op. cit., cap. 4; e CLARK, Kenneth B. *Dark Ghetto*: Dilemmas of Social Power. Nova York: Harper Torchbooks, 1965, p. 47-54, 67-74.

mostra uma encarnação condensada e personalizada, é, inteiramente ao contrário, uma figura genérica que ocupa uma posição central no espaço social do gueto negro norte-americano. Não somente está longe de ser estatisticamente raro, mas, sobretudo, à maneira de um tipo ideal vivo, ele congrega de maneira exemplar um repertório de propriedades e de práticas colocadas em alta posição na escala de valores indígenas, já que sabe safar-se e sobreviver na base do *street smarts*, esta "inteligência da rua" que é o único bem concedido a todos, o fundamento de um estilo de vida expressivo[9] que só pode tornar um pouco suportável, afrouxando-a parcialmente, a atmosfera tensa e sufocante da rotina do dia a dia no gueto. *Rickey* não é uma anomalia social ou o representante de uma microssociedade desviante tipo "local sórdido"; ele é o produto da passagem do limite de uma lógica de exclusão socieconômica e racial secular que afeta de perto ou de longe todos os moradores do gueto[10].

Para elucidar completamente a lógica própria deste universo quase carcerário que é o gueto negro americano, a necessidade específica que o habita – e o organiza a partir de dentro mas encontra sua origem e sua força de imposição em seu exterior[11] – e de que a atitude de *Rickey*, feita de oscilações rápidas entre um realismo desabusado e um onirismo fatalista, é a tradução "subjetiva", é necessário contornar a dupla cilada da leitura miserabilista, que se comove e se compadece com o espetáculo da miséria, e seu contrário, a leitura populista que exalta as virtudes e a invencibilidade do dominado e apresenta, como estratégia

---

9. Sobre a importância da dimensão expressiva no "estilo de vida" popular negro, cf. RAINWATER, L. *Behind Ghetto Walls: Black Family Life in a Federal Slum*. Nova York: Aldine Publishing Company, 1970, p. 377-384; HAMMERZ, U. The Concept of Soul. In: MEIER, A. e RUDWICK, E. (orgs.). *The Making of the Black Negro*. Nova York: Hill and Wang, 1978; e FINESTONE, H. Cats, Kicks and Color. In: BECKER, H.S. (org.), *The Other Side*: Perspectives on Deviance. Nova York: The Free Press, 1964, p. 281-297.

10. Bettylou Valentine (*Hustling and Other Hard Work*, op. cit.) mostra como a grande maioria dos moradores do gueto devem continuamente combinar trabalho assalariado, assistência pública e *hustling* para conseguir sobreviver no espaço social comprimido e truncado onde eles vivem relegados, o fato de os conciliar, dependendo da "arte social" do *hustling*. De uma pesquisa detalhada sobre os orçamentos de 50 mães sozinhas vivendo com seus filhos da ajuda social na grande Chicago, segue-se que *todas sem exceção* precisam recorrer regularmente à ajuda de parentes, amigos ou "pais desertores" ou a um trabalho não declarado para assegurar o mínimo para a sobrevivência de sua família (EDIN, K. "Surviving the Welfare System: How AFDC Recipients Make Ends Meet in Chicago". *Social Problems*, 38/4, 1991, p. 462-474). Sobre este assunto, cf. igualmente MOORE, W. Jr., *The Vertical Ghetto*: Everyday Life in an Urban Projet. Nova York: Random House, 1969, et SCHARF, J. Wojcika. The Undergroud Economy of a Poor Neighborhood. In: MULLINGS, L. (org.). *Cities of the United States*: Studies in Urban Anthropology. New York: Columbia University Press, 1987, p. 19-50. Não é por acaso que o *hustler* é um personagem onipresente na literatura e na autobiografia afro-americanas (como no clássico de BROWN, Claude. *Manchild in the Promised Land*. Nova York: Signet, 1965).

11. WACQUANT, Loïc J.D. Redrawing the Urban Color Line: The State of the Ghetto in the 1980's. In: CALHOUN, C.J. (org.). *Social Theory and the Politcs of Identity*. Oxford: Blackwell, 1993; e idem. "Décivilisation er démonisation: la mutation du ghetto noir américain". In: FAURÉ, C. e BISHOP, T. (orgs.). *L'Amérique des Français*. Paris: Éditions François Bonvin, 1992, p. 103-125.

heroica de resistência, o que em geral não é senão uma tática econômica de autopreservação face a uma ordem de dominação tão total e brutal que afinal não é mais percebida como tal nem posta em causa. Por isso, é necessário aceitar suspender provisoriamente o primeiro movimento de simpatia, de indignação e de horror, e aceitar tomar sobre esse mundo o ponto de vista que o próprio *Rickey* adota, isto é, a "atitude natural" (Alfred Schultz) segundo a qual as coisas são imediatamente evidentes.

É preciso também admitir, na contra-mão de toda a tradição da pesquisa americana sobre o assunto, sempre presa aos esquemas e aos arrazoados moralistas e naturalistas herdados da Escola de Chicago, que o gueto não sofre de "desorganização social", mas constitui um universo dependente, finamente diferenciado e hierarquizado, que se organiza segundo princípios específicos produtores de uma *forma regular de entropia social*. O primeiro desses princípios reguladores poderia se condensar pela forma "hobbesiana" da "guerra de todos contra todos". Neste mundo da penúria e da urgência que, mais ou menos, escapa às regras e aos regulamentos da sociedade dominante, onde as instituições normais de polícia (no sentido de Foucault) das relações interpessoais estão enfraquecidas ou inexistentes em razão do duplo movimento de retirada do mercado e do Estado, nem os policiais, nem os trabalhadores sociais, nem os professores, nem os homens de igreja ou os notáveis locais, nem mesmo os moradores mais idosos (os *old heads* que desempenham uma função de sábios ou de "juízes de paz" informais no seio do gueto do pós-guerra, e até por volta dos anos 60) constituem instâncias eficazes de recurso ou de mediação. *"I'm gonna take care of my business on you":* o primeiro reflexo é e não pode ser senão fazer justiça com as próprias mãos segundo a lei do mais forte. Nesta situação de "guerra de todos contra todos" generalizada e permanente em que a solidariedade mais comprovada é sempre suspeita de ser por interesse – e como não seria em um universo onde cada um pode, a todo momento, se confrontar com a escolha forçada entre enganar ou ser enganado, matar ou ser morto? – compreende-se que o ceticismo seja a lei e que cada um não esteja verdadeiramente pronto a contar senão consigo mesmo: "Eu piloto sozinho", diz laconicamente *Rickey*[12].

---

12. "Lá onde os rendimentos são irregulares e insuficientes, torna-se necessário explorar os amigos e os parentes. A falta de estabilidade (*transience*) é a garantia da insegurança máxima" (ABRAHAMS. *Positively Black*. Op. cit., p. 128). O que expressa bem a condição do gueto, variante amarga do preceito cristão "Do unto others as you would have them to do unto you": "Do unto others *before* they do to you" (FOLB. *Runnin'Down Some Lines*. Op. cit., esp. cap. 3 do qual é o título).

A proliferação da droga exacerba esta lógica da suspeita e da distância mantida, modificando todos os dados da vida diária no sentido de uma insegurança sempre mais acentuada. *Rickey* compara sua escalada à de uma epidemia ("uma peste") que leva tudo de roldão em sua passagem, destroçando as amizades, reduzindo todos os contatos humanos a puras relações de exploração imediata e ilimitada. E ele tem dificuldade em dissimular o desgosto que lhe causam aqueles que, presos a esta engrenagem inexorável, não hesitam em vender droga à própria mãe, no que ele vê o sinal de que tudo, hoje, se reduz às "putas da nota verde"[13].

Assim como quase não se queixa da sua juventude, da qual ele, sobretudo, guardou que há sempre mais miseráveis que ele (*"it's people doin' worser than me"*, observando, muitas vezes, os moradores do gueto, incluindo aí os mais desprovidos, como para se reconfortar, inovando uma dupla comparação que diz muito sobre a fineza das hierarquias que se elaboram nas camadas mais baixas da sociedade), *Rickey* não vive sua rejeição por parte do mercado de trabalho como um trauma. Ter um emprego estável e bem pago, um *legit job* capaz de garantir uma vida "tranquila", como ele diz; na verdade nunca fez parte de suas expectativas: já que a exclusão faz parte da ordem das coisas, ela o priva da própria consciência de sua exclusão. Melhor, ele está pronto a assumir a responsabilidade: ele se diz *hyper* ("eu sei que sou nervoso") e pessoalmente incapaz de se sujeitar à disciplina do trabalho assalariado. Mas como, por um lado, não fazer a ligação entre seu "nervosismo" e o clima de violência permanente e de precariedade material sem fim que é o único que conheceu desde sua infância[14] e, de outro, não ver que, se não havia no começo, os empregos miseráveis aos quais ele está condenado têm tudo o que é preciso para *fazer* dele um nervoso? Além disso, a fórmula que ele emprega para justificar sua falta de experiência profissional ("não consigo ficar oito horas a fio no mesmo lugar") expressa bem essa "corresponsabilidade" porque a impossibilidade de que se trata aqui é ao mesmo tempo subjetiva e objetiva. Eu sou "inempregável" porque eu sou *hyper*, mas, de qualquer modo, eu não ficaria oito horas atrás do meu guichê: o patrão do *Rickey* não acabava de reduzir seu horário quando ele já trabalhava apenas em tempo parcial num emprego de que ele reconhece ter gostado?

---

13. É por isso que eles infringem a regra tácita que dita que não se deve "jamais fazer mais que o necessário para viver. Qualquer *hustler* experiente lhe dirá que querer ganhar muito é o caminho mais seguro de ir direto para a prisão" (*The Autobiography of Malcon X*. Op. cit. p. 109).

14. Trabalhos recentes de psicologia da criança mostram que os jovens que vivem nos grandes conjuntos do gueto de Chicago sofrem distúrbios e traumatismo psíquico similares aos que afligem os ex-combatentes (GARBARINO, James, KOSTELMY, Kathleen e DUBROW, Nancy. *No Place to be a Child*. Lexington: Lexington Books, 1991, cap. 6).

Pobreza e insegurança no coração do gueto negro de Chicago

Em 1990, a cidade de Chicago registrava 849 assassinatos (uma taxa de 28,3 para 100.000 habitantes, comparável aos de Nova York e Los Angeles, mas bem atrás de Washington, a capital do país, e Detroit), dos quais 253 foram vítimas de menos de 21 anos (e 27 menos de 10 anos), mortos por balas em nove casos entre dez. Mais da metade dessas jovens vítimas residiam nos seis distritos de polícia que correspondem aos bairros do "cinturão negro" e 186 (73,5%) eram de origem afro-americana. A taxa oficial de homicídios – numerosos indícios e testemunhas levam a pensar que um número não desprezível de assassinatos jamais foi listado – no distrito de Wentworth, uma estreita faixa de aproximadamente 20 quilômetros quadrados que cobre o centro histórico do gueto norte-sul, ultrapassou os 106,1 para 100.000 habitantes em 1990. Foi descontado um total de 96 assassinatos, ou seja, 20 a mais que no ano anterior.

É difícil não postular uma relação direta entre essas taxas de criminalidade e de mortalidade astronômicas, dignas de uma guerra civil latente – recentes trabalhos de epidemiologia estabeleceram que os jovens homens negros do Harlem, por exemplo, têm uma probabilidade de morrer de morte violenta superior à dos soldados mandados para a frente na mais violenta da guerra do Vietnã – e a miséria esmagadora deste enclave racial esvaziado de toda atividade econômica da qual o Estado virtualmente se retirou, à exceção dos seus componentes repressivos. Neste bairro exclusivamente de negros de 54.000 habitantes (no recenseamento de 1980, o último do qual se dispõe de cifras confiáveis), dos quais 37% têm menos de 18 anos, um pouco mais da metade das famílias vivem abaixo do "patamar federal" oficial de pobreza (ou seja, 9.885 dólares para uma família de três pessoas, ou 12.675 dólares para uma família de quatro, em 1989), contra 37% dez anos antes. Só uma família em vinte dispõe de renda igual ou superior à média nacional, sendo que a renda anual média de 6.900 dólares atinge apenas um terço da média municipal. Três famílias em quatro são monoparentais (por causa da deserção do pai); dois adultos em três não concluíram seus estudos secundários, apesar de não se exigir exame algum.

A taxa de desemprego oficial de 24% mal dissimula o fato de que três adultos em quatro estão desempregados, o que explica que 63% dos residentes dependem da Assistência Pública e dos serviços sociais. Sabe-se também que 71% dos moradores do gueto de Chicago (South Side e West Side juntos) precisam recorrer a uma ajuda alimentar para assegurar seu dia a dia, seja sob a forma de tíquetes-refeição (distribuídos pelo governo e que são revendidos no mercado negro pela metade de seu valor nominal quando se está apertado), seja através de sopas populares distribuídas por algumas igrejas e associações de bairros restantes; e que somente um terço das famílias possui carro para escapar, nem que seja momentaneamente, de sua vizinhança, e apenas 10% possuem conta bancária.

A despeito do despovoamento rápido do bairro (o último perdeu 30.000 almas durante a década de 70 e mais de 61.000 entre 1950 e 1980), perto de um quarto dos habitantes da Rua Grande ocupa ainda um apartamento superpovoado. É que a oferta de moradias foi diminuída em um quinto durante esses mesmos dez anos, especialmente por causa dos incêndios frequentes – Chicago detém o recorde nacional em matéria de mortalidade pelo fogo – que forçam os moradores a abandonar suas casas por causa da catástrofe e a procurar casa, na melhor das hipóteses, em um mercado locador desprovido de casas com aluguel moderado. Apenas 6% das casas são próprias e quase metade é considerada insalubre ou muito velha.

A Rua Grande possui uma densidade pouco habitual de alojamentos sociais (20% de oferta local contra 3% da média para a cidade), aglomerados em torno do gigantesco complexo do Robert Taylor Homes, um grande conjunto de 28 prédios gradeados de 16 andares construídos em fila indiana ao longo da State Street, que constitui, sem dúvida, hoje em dia a maior concentração de miséria urbana dos Estados Unidos e, portanto, do mundo ocidental. Ao passo que a oeste é limitado por um bairro com 95% de brancos, Bridgeport – feudo do prefeito da cidade, Richard D. Daley, que presidiu a manutenção rígida do apartheid residencial dos Negros de 1955 a 1976, e cujo filho, Richard J. Daley, Jr., herdou o cargo em 1989 – que conta apenas com 14 alojamentos públicos e registra uma taxa de homicídios oito vezes inferior para uma população que conta com apenas 10% de famílias abaixo do "patamar de pobreza."

Dados extraídos de Chicago Community Fact Book (Chicago Review Press, 1985); de WACQUANT, L.J.D. e WILSON, W..J. "The Cost of Racial and Class Exclusion in the Inner City". *Annals of the American Academy of Political and Social Science*, 501, janeiro de 1989, p. 8-25; e de um relatório do Federal Bureau of Investigation publicado pelo *Chicago Tribune* (2 de janeiro de 1991).

De qualquer modo, o único trabalho que se apresenta no horizonte do possível para *Rickey* e seus pares é um emprego desqualificado nos serviços "atrás de um balcão" ou "de limpeza", sem perspectiva de promoção e sem a menor segurança no emprego, sem férias nem assistência social, com salários que, na melhor das hipóteses, permitem apenas manter a "cabeça fora d'água"[15]. Como

---

15. Na ocasião de seu pequeno aumento de 3,35 dólares por hora para 3,75 dólares em 1989 (depois de dez anos sem aumento, apesar de uma forte inflação), o salário mínimo americano tinha perdido mais de um terço de seu valor real de 1968 para cá. Em 1988, um assalariado trabalhando o ano inteiro em tempo integral no SMCI ganhava 6.968 dólares, importância 20% inferior ao "patamar de pobreza" nacional, muito baixo quando se leva em conta a inexistência de transferências sociais (ausência de assistência médica, abonos familiares, imposto quase geral de renda etc.).

esses postos mal pagos e degradantes, simbolizados pelo emprego no McDonald, poderiam fazer concorrência à economia da droga que conheceu um desenvolvimento fulminante na década passada com a chegada de produtos de "grande consumo" como o *crack*?[16] A troco de que escolher a via *legit* quando as recompensas que decorrentes são tão magras e quase tão aleatórias que, tangíveis e imediatas, mesmo que sejam de alto risco, prometidas pela economia de rua que, além de um campo onde ostentar os valores de honra viris que formam a base da cultura pública do gueto, oferece, se não a realidade, pelo menos a ilusão de ser patrão de si mesmo, e por isso a possibilidade de escapar à humilhação e à discriminação que são o destino quotidiano dos que aceitam os *slave jobs* da nova economia dos serviços: "Não há muitos *brothers* que vão fazer isso"[17].

A economia subterrânea do *hustling* não é menos destrutiva por isso e *Rickey* sabe bem – os funerais a que ele assiste a intervalos próximos estão aí para lembrá-lo – que a longo prazo ela não leva a nada. A *frustração estrutural* gerada por essa economia de rapina exprime-se quando ele se irrita contra os traficantes de droga que dilapidam seus lucros em despesas suntuosas (na escala do gueto), numa maneira de *potlatch* libidinosa com mulheres, carros, roupas e joias... e droga – o círculo está fechado. O dinheiro do *hustling*, no imaginário das pessoas que a ele se dedicam, não leva a lugar algum; ele é malbaratado, dissipado e consumido num instante. É que ele quer gozar bastante hoje já que não tem certeza alguma de ter um amanhã.

Rickey gostaria de se retirar dessa economia antes que seja demasiado tarde ("Você se dá conta das coisas, você deve avaliar a chance que você tem"), mas como poderia? O *hustling* não tem caminho de volta, e o único capital que ele possui não tem valor senão contextual e temporário: a inteligência da rua não vale senão na rua, a arte da "embromação" quase não funciona fora do gueto, e sua capacidade física e sexual não durarão eternamente. Seu sonho era trabalhar nos Correios, uma administração do Estado que, historicamente, tem sido uma das principais vias de acesso dos negros americanos à "classe média", isto é, a um emprego que eleva acima do precário e dá acesso à "cesta" de bens que simbolizam esse status: família, casa, garagem para dois carros. Mas, preso com tenaz entre a reestruturação da economia que gera um mercado de emprego de serviços

---

16. WILLIAMS, Terry. *Cocaine Kids*. Paris: Flammarion, 1990, e BOURGOIS, Philippe. "Searching for Respect: The New Service Econommy and the Crack Alternative in Harlem", comunicação na conferência "Pauvreté, immigration et marginalité urbaines dans les societés avancées". Paris: Maison Suger, 10-11 de maio de 1991. Pode-se comprar um "rock" de *crack cocaine* por 10 dólares no South Side de Chicago.

17. O predador das ruas sabe bem que "não há senão os sempre prontos a aprovar as iniciativas da autoridade estabelecida (*squares*) para continuar a crer que eles jamais poderão ter alguma coisa a não ser trabalhando como negros (*slaving*)" (*The Autobiography of Malcom X*. Op. cit., p. 139).

altamente polarizado e a derrocada da escola pública no momento em que os diplomas escolares tornaram-se mais necessários do que nunca, *Rickey* e seus pares veem fechar-se diante deles todas as portas de saída do gueto, exceção da economia informal (e ilegal) e do esporte.

De fato, raras são as pessoas do seu círculo imediato que "tiveram êxito" e escaparam do bairro. Seu irmão Ned está bem, "foi para a Universidade", num pequeno *Community College* do Missouri, graças a uma bolsa de basquete, mas sem nada ganhar; de volta a Chicago, ele vive de pequenos trabalhos semanais (restauração de gesso, pintura, limpeza em casas particulares) e sonha, ele também, com a carreira de boxeador, que faça dele um jovem milionário. Em 11 filhos, somente sua irmã Berenice conseguiu um emprego fixo como auxiliar de enfermagem no hospital público de Cook Country. A única pessoa mais próxima que ele sabe que "teve sucesso" é LeRoy Murphy, companheiro de infância de um *project* vizinho, que se tornou campeão mundial de boxe e de quem contam que comprou um apartamento num rico bairro vizinho (na verdade, ele o aluga continuando a trabalhar como "xerife" e monitor de esportes municipal). Excetuado o esporte, não restará a *Rickey* senão encontrar uma companheira que aceite cuidar dele: último traço de fraqueza, que é o de vir a depender de uma mulher, este ser dependente por excelência.

A apreciação ligeiramente colorida da inveja que *Rickey* tem de seu "amigo" que seguiu a vida *legit* exprime a consciência confusa e a saudade, em parte mascarada porque dolorida, que ele tem de ter, de qualquer modo, "perdido a oportunidade": assim como os traficantes de drogas o colocam, ele que foi algum tempo boxeador profissional (ficou no estágio mais baixo da escala pugilística), acima deles, do mesmo modo ele coloca seu amigo "correto" acima dele. E é sintomático que ele alterne, quando fala dos rapazes do seu bairro, entre o "nós" e o "eles", como se não soubesse se fazia parte deles ou não, ou como se ele quisesse dar-se a impressão de que ele tinha escapado pelo boxe desse universo sinistrado que por outro lado ele assume plenamente. Em alguma parte nele, ele sente confusamente o irrealismo que mancha a esperança de uma carreira esportiva regenerada e a de uma carreira escolar milagrosamente ressuscitada, tão improvável uma quanto a outra, e, além do mais, são mutuamente incompatíveis. Em circunstâncias semelhantes de insegurança social permanente, onde a vida se resume na arte de sobreviver e de fazer o melhor que se pode com o pouco que se tem, isto é, três vezes nada, o presente é tão incerto que ele devora o futuro e se proíbe de o conceber de outro modo que sob a forma de sonho.

Para explicar um mundo irremediavelmente deixado ao abandono, onde a solidariedade mais elementar entre jovens ameaça jogar por terra aquele que conhece as premissas do sucesso e reduzir a nada suas veleidades de mobilidade social, e que a acumulação de desgraças parece inevitavelmente levar ao pior, resta somente o recurso à teoria do complô. *Rickey* não pode senão endossar a ideia, apreciada por grande parte da comunidade afro-americana (sob o nome de *The Plan*), segundo a qual a desagregação do gueto seria o produto de uma política secreta do Estado americano visando colocar um freio aos avanços e às reivindicações da comunidade negra, afogando-a na droga.

Um hustler entre outros

E foi assim que eu me reencontrei no Harlem, um hustler entre outros. Eu não podia mais vender droga; a brigada do narcotráfico me conhecia muito bem. Eu era um verdadeiro hustler, sem instrução nem aptidão para nenhuma atividade honrosa. Eu achava que tinha bastante coragem e astúcia para ganhar minha vida às custas dos que se deixassem ter. Eu estava pronto a arriscar um pouco não importa o quê. Em menos dias, encontram-se nos guetos de todas as grandes cidades dezenas de milhares de jovens à margem do sistema que sobrevivem por meio de todo o tipo de "expediente" (hustling), exatamente como eu. E, inevitavelmente, eles se afundam mais e mais longe, mais e mais profundamente, na via da ilegalidade e da imoralidade. Um hustler em tempo integral não pode jamais se permitir tomar a distância necessária para compreender o que ele fez e onde vai. Como em toda selva, a cada instante, o hustler tem consciência, de maneira ao mesmo tempo prática e instintiva, de que, se jamais ele relaxa sua atenção, se jamais ele diminui seu ritmo, todos os outros em caça com ele, raposas, lobos, doninhas, abutres, pode-se dizer que eles estão esfaimados e, constantemente em guarda, não hesitarão em fazer dele sua presa.

(HALEY, Alex (org.). *The Autobiography of Malcom X*. Nova York: Ballentine Books, 1964, p. 108-109).

E não deixa de impressionar o fato de que os brancos não aparecem em parte alguma do discurso de *Rickey*, a não ser sob a forma atenuada dessa maquinação infernal e totalmente impessoal. Num estado anterior do regime de dominação racial, a opressão sobre os negros ocorria abertamente como se fosse o resultado de uma ação intencional cuja responsabilidade era claramente imputada ao branco[18] – atesta a prolixidade das expressões vernáculas designando esse último, *The Man, Charlie, honkies, paddies*, e muitos outros ainda. A oposição negro/branco, que constituía então a matriz geradora de todas as percepções e de todos os agravos, é como dissolvida nesta guerrilha sem trégua que é preciso travar daqui para a fren-

---

18. BALDWIN, James. "Fifth Avenue, Uptown". In: GOLDFIELD, David R. e LANE, James B. (orgs.). *The Enduring Ghetto.* "Filadélfia: J.B. Lippincott Company, 1973, p. 116-124; *The Kerner Report*: The 1968 Report of the National Advisory Commission on civil Disorders. Nova York: Pantheon, 1989.

te em primeiro lugar contra seus semelhantes, "irmão contra irmão". Por uma mudança cruel da história, o *invisible man* do qual falava Ralph Ellison logo depois da Segunda Guerra Mundial[19], no apogeu do gueto em sua forma clássica, não é, hoje, mais o negro, mas o branco ou o rico (de origem indiferentemente europeia ou africana). Tudo ocorre como se o gueto, funcionando daqui para a frente em circuito fechado e se canibalizando a si mesmo, "aperfeiçoa-se" numa ordem de dominação tão pura e tão opaca que as únicas estratégias de saída e de resistência disponíveis são as táticas de autovitimização que, agregando-se, chegam àquilo que tem todos os sintomas de um suicídio coletivo.

---

19. ELLISON, Ralph. *Invisible Man*. Nova York: Randon House, 1952.

Com um hustler no gueto negro americano

– Entrevista de Loïc J.D. Wacquant

"Éramos pobres mas não éramos miseráveis."

– *Você acha que vem de uma família pobre?*

Rickey – Bem... [*longo silêncio*] éramos pobres, mas não éramos miseráveis. Minha mãe nos mandava sempre limpos para a escola, não tínhamos mais que uma ou duas calças, mas ela as mantinha limpas, e eu, bem... Então eu não acho que éramos inteiramente pobres a ponto de morrer de fome, não, absolutamente. Não me lembro de um dia em que eu tinha fome assim.

– *Havia, então, alimentação farta quando você era criança?*

Rickey – Não direi farta. Havia sempre o que comer. Eu gostava mais de minha infância que de agora, você sabe, na verdade, eu gostava muito mais, você sabe...

– *Por que você preferia sua infância?*

Rickey – Não, mas, é justo que, bem, quando eu estava na escola primária, era tranquilo (*mellow*).

– *Você gostava muito da escola, o que você fazia?*

Rickey – Bem, não me lembro na verdade, não está na minha cabeça. Há um montão de coisas que me passaram despercebidas, mas eu não vejo, na verdade, o que, pode ser que eu me lembre agora, não sei, você vê... neste momento eu não podia vê-lo, eu não compreendia o valor que tinha, na verdade, estudar... [*muito nostálgico*]. Não é que minha mãe não me animasse, não me dissesse, mas ela nunca me explicou na verdade com detalhes (*break in down to me*) como isso conta verdadeiramente, você vê, verdadeiramente. Ela me dizia simplesmente "vá à escola". Eu sempre fazia besteiras, sempre.

– *Que tipo de besteiras eram?*

Rickey – Bem, justamente, eu era mandado ao diretor, eu brigava, tudo isso.

– *Você teve uma infância difícil, era duro quando você era pequeno?*

Rickey – Bem, não, não verdadeiramente. Não aconteceu nada que ainda me dê pesadelos, de que eu acorde suando durante a noite me dizendo, "ah, eu me lembro disso agora!" Porque eu estava sempre lutando ou procurando briga. É justo que, neste meu bairro, eu fosse assim.

– *Então você cresceu em um bairro duro?*

Rickey – Oh! sim, era duro (*rough*), com certeza, mas você vê, as pessoas, elas eram verdadeiramente sinceras. As pessoas de agora não são como eram as de antes. Era como, você sente que [*muito rápido*], antes, quando alguém lhe dizia alguma coisa, era verdade, mas as coisas mudaram muito, a droga, a droga que chegou como uma epidemia, *man*, e que mudou tudo; agora só contam as coisas materiais. Não há mais, na verdade, amigos sinceros, só conta o dólar (*the green dollar*), não mais que isso.

– *Não era assim antes?*

Rickey – Não, não, não verdadeiramente. Eu tentava arranjar dinheiro, mas eu queria também amigos sinceros, você entende o que quero dizer? Eu tinha muitos companheiros que seguiram outro caminho, completamente, e é por isso, você vê, quando os vejo, nos falamos e fica nisso. Como eu lhe digo, a maior parte do tempo eu navego sozinho, você entende o que eu quero dizer? Eu conheço bem algumas mulheres, mas não existe uma especial ou algo assim.

– *Conte-me um pouco o que era duro em seu bairro.*

Rickey – Bem, você sabe, muitos roubos, homens que eu conhecia e que mataram.

– *Onde? perto daqui?*

Rickey – Na 28 [*rua*] South Cottage Grove, Manpowell Homes [*um conjunto vizinho*]. Muitas coisas assim, roubos com violência... É preciso agir, é tudo. Muitas coisas que acontecem, você ouve tiros toda noite, e você não controla se são em sua direção, você vê, caras que se sabe que são conhecidos por isso. Muitos homens que eu conhecia, eles pegaram 15 anos de cadeia, você vê, por assassinato, 20 anos... Isso foi há muito tempo, um montão de caras que estudaram comigo na escola. Entre eles, dois pegaram prisão perpétua. Um montão de caras que estudavam comigo na mesma classe, até crescemos juntos, que se encontram mortos.

– *Você brigava muito na rua?*

Rickey – Ah! Eu era um brigador, mas eu lutava só quando era preciso. Eu jamais fui um *bully* [*bruto*] ou um bagunceiro, mas eu lutava quando era preciso.

Eles matam você por absolutamente nada

– *Durante todos esses anos, você já presenciou um assassinato?*

Rickey – Oh! porra! um monte de vezes! Ora, há uns dez dias apenas, eu vi dois assassinatos [*seriamente, pausadamente*]. Um tipo que levou uma bala na cabeça e morreu, eles perseguiram o [*outro*] homem, eles o mataram assim.

– *Naquele conjunto?*

Rickey – Ah! Perto da Ida B. Wells. Em pleno dia, como aqui agora – estava até um pouco mais claro que aqui, pois havia sol. É assim, meu velho. Você vai ao enterro, e acabou. A vida continua. É por isso, você sabe, que às vezes eu me arrasto pelos cantos, como cantos onde se brinca [*gambling*] e tudo isso, e esses homens, *man*, eles o matam por absolutamente nada (*at the drop of a dime*), assim, eles o matam e depois eles vão comprar uma caixa de cervejas, você vê – é certo que, é sua mentalidade que é assim.

– *Como acontece isso, quero dizer, por que eles se tornam assim?*

Rickey – É verdade, é como crianças que tiveram crianças antes, os garotos cresceram mais depressa que agora e não lhes ensinaram, então é tudo o que sabem [*Rickey retoma aqui por sua conta a expressão* "babies having babies", *consagrado pela mídia, que designa estereotipicamente as moças adolescentes mães do gueto*]. Tudo o que eles querem é tentar sair daqui e depois [*muito baixo*] "bum", e eis um outro *brother* que tenta... é assim tão simples: está morto, depois um outro *brother* que se valorizou, que tomou ares arrogantes (*make himself look big*). É como lhe digo, só conta o dinheiro. Fazem não importa o que por dinheiro, *man*. Até vender droga para a própria mãe [*pequeno riso abafado*], já vi caras que o fizeram. Vender droga para sua mãe, meu velho, tudo isso por causa do dólar, a porra de um dólar, você percebe! É grave (*deep*).

– *Com todas essas brigas, você nunca levou um tiro ou uma punhalada?*

Rickey – Já atiraram em mim, já atiraram. Quando eu era mais jovem, levei tiro, levei uma bala no braço e uma no tornozelo esquerdo [*ele suspende a perna da calça para me mostrar uma feia cicatriz que lhe cobre todo o tornozelo*].

– *O homem que atirou em você fez isso de propósito ou foi para lhe fazer uma advertência ou o quê?*

Rickey – É isso, é isso. Você sabe, ele estava muito perto de mim, você compreende, ele poderia ter-me atirado na cabeça, por trás ou qualquer coisa assim, mas... não creio que ele quisesse me matar, enfim, você vê.

– *Como isso aconteceu? Conta um pouco.*

Rickey – Eu estava "duro" (*outa pocket*), eu tentava arrombar o calhambeque dele, eu estava... eu, é como lhe digo, eu era jovem, não conhecia nada, eu estava disposto a arrombar seu calhambeque. Eu ia roubar, você sabe, roubei. O que eu devia ter feito, eu não devia ter corrido, mas como eu conhecia aquele cara, eu não tinha escolha, então ele deu-me um tiro no tornozelo. Então eu compreendi, peguei como vinha (*I jus' took that in stride*), porque eu estava sem dinheiro. Eu tinha que pagar (*that was on me*), você vê o que eu quero dizer: você paga pelo que você faz... Foi assim, aconteceu de eu estar por aí, *man*, como eu me lembro de uma vez em que eu estava com um companheiro (*partner*) meu e fomos levados com os companheiros de uma gangue (*gang bangers*), e só tínhamos uma arma. Ou melhor, só tínhamos uma bala que restava na arma, era briga feia, então fomos bloqueados num HLM, cheio de caras fora, e nós estávamos no oitavo andar desse HLM, e os caras queriam que a gente saísse de lá – imagina! Sair, e só nos sobrava uma bala. Tivemos que derrubar a parede para passar para outro apartamento e fugir.

– *Porque eles perseguiam vocês?*

Rickey – A gente brigava, a gente lutava com um deles e ele trazia todos os amigos.

– *Eles vinham de outro conjunto habitacional?*

Rickey – Sim, é isso. Eles nos tinham, se nós conseguimos sair dessa é porque tivemos garra. Foi preciso derrubar a parede para conseguir, *man*, veja, é como eu lhe digo, eu estive em... houve vezes que eu joguei (*gambled*) com caras, você sabe, que eu conheci a vida toda, *man*, se você ganha dinheiro trapaceando com eles (*beatem outa they money*), *man*, eles sacam a arma, você vê, eu conheço tudo isto. Eu estive em lugares duros (*some tough spots*). Fui atacado (*stuck up*) antes por um cara que colocou a arma na minha cara, você sabe, para roubar minhas joias, hein.

– *Você fazia parte da gangue nessa época, ou agora?*

Sempre fui rebelde

Rickey – Não, nunca, de modo nenhum, eu nunca gostei de estar sob as ordens de ninguém (*to be a follow-up under nobody*). Não, sempre fui como lhe disse, sempre fiz tudo sozinho, sem me prender (*hooked up*), veja, quando você está ligado, você está numa gangue, heim; é preciso ser de fato superduro (*extra tough*) neste bairro. Porque se eu posso ir buscar cinquenta companheiros, ou cem companheiros comigo, mas ao mesmo tempo quando um tipo faz qualquer coisa contra mim, eu não penso em toda a gangue dele, vejo isso individualmente, e a primeira coisa que vou fazer é acertar as minhas contas com você – e somente depois cuido do restante, mas antes de tudo acerto as contas com você, entende? Eu não me preocupo se você vai buscar trinta e seis mil amigos, você vê o que quero dizer? Você mata lá de onde vem a força (*the source of power*), ou você é morto.

– Mas não fizeram pressão sobre você para você fazer parte de uma gangue? Nenhuma gangue nunca pediu para você se juntar a ela, sobretudo porque você é boxeur?

Rickey – Vou lhe contar, a maioria dos companheiros, sim, pediu-me, veja, nunca como [*com voz dura e autoritária*]: "você tem que se unir a nós!", de fato nunca me falaram assim, ao invés [*com tom firme mas contido*]: "seria bom que você estivesse com a gente" porque é verdade, eu era boxeador, você vê. Eu sempre fui um rebelde, você sabe... eu toco minha música sozinho (*sing alone*). Porque eu não acredito que um cara venha me procurar para dizer: "venha, vamos ali ou lá, vamos fazer isso ou aquilo". Não, este não é o meu estilo. Não, eu me ocupo *comigo*.

– Você anda por aí habitualmente com um revólver?

Rickey – Não, não agora. Às vezes saio e ponho minhas joias, eu o coloco entre os dois assentos [*do carro*], ou debaixo do meu assento, qualquer coisa assim. Senão, eu carrego arma de fogo porque você nunca sabe o que pode acontecer no momento, mas houve vezes em que eu bem que quis ter comigo meu revólver. Como a vez em que eu fui acuado, você vê. Eu teria gostado de ter comigo meu revólver, mas [*pensativo*], às vezes eu estou por aí, você vê, e há homens, e tudo o que eles têm na cabeça é atazaná-lo (*guys jus'be like havin' humbug on they min'*), você compreende? Vou lhe dizer, é assim: eu prefiro ficar escondido por ter matado um homem a um homem ficar escondido por ter me matado, você entende? Eu, eu não quero fazer mal a ninguém, eu não tomo nada de ninguém, mas, você vê, não deixarei ninguém me tocar ou chegar e me tomar alguma coisa. É assim, é tudo.

– Quando você está nos cantos por aí assim, você deve estar sempre em guarda, não?

Rickey – Claro, é preciso, é preciso sempre estar pronto [*para tudo*]. Eu creio, sobretudo, no ano passado, eu tinha um revólver comigo, no ano passado, no verão de 90, creio que eu saía muito com meu revólver, porque eu jogava (*gambled*) muito naquela época. Você vê, eu jogava muito por aí.

Em pé atrás de um balcão oito horas a fio

– Você fazia algum trabalho quando estava na escola?

Rickey – Eu tive um serviço uma vez, foi quando abandonei (*drop up*) a escola. Eu tinha um emprego no serviço de saúde, que se chama GNC, no centro da cidade, à rua Washington, um centro de nutrição. Eu trabalhava lá. Eu deixei esse serviço porque não me pagavam bastante. Além de o serviço não me agradar, eles ainda pagavam muito pouco.

– Você fazia o quê?

Rickey – Bem, eu enchia as prateleiras, fazia o inventário e tudo isso, e um dia eu falei com o patrão e ele me disse que ia, *de novo*, me cortar horas extras, então eu roubei a loja, você entende o que quero dizer? Eu voltei lá [*à noite*] e peguei todo o caixa, enfim, todo o caixa que tinha feito no dia. Depois disso, acabou.

– Então, o que aconteceu? Eles descobriram que foi você quem roubou a loja?

Rickey – De fato não, eu escapuli daquela vez. Passado esse golpe, eu tentei outra vez, na verdade não foram eles que me agarraram [*com mágoa*], eu é que me fiz agarrar, porque eu deveria ter desconfiado, quando cheguei no trabalho, havia outro tipo comigo e ele esperou que eu chegasse, então, oh!...

– *Então eles levaram você ao tribunal?*

Rickey – Oh! A coisa toda, eu decidi confessar-me culpado por aquele golpe. Eu creio que fiquei 20 dias na prisão do condado ou alguma coisa assim.

– *E você arranjou serviço depois disso?*

Rickey – Não, nada.

– *Mas por que você não procurou um emprego depois do colégio?*

Rickey – Bem, primeiramente, você percebe, eu sei que é preciso ver as coisas como elas são (*face reality*), você entende o que quero dizer? É preciso encarar as coisas de frente, ser honesto consigo mesmo. Em primeiro lugar, descobri que sou como eu sou, eu sou nervoso (*hyper*). Não consigo ficar oito horas seguidas no mesmo lugar, não aguento, eu sei, não aguento fazer isso. Não vale a pena eu tentar querer me enganar (*fool myself*), não consigo ficar atrás de um balcão oito horas a fio, ou mesmo ficar em algum lugar fazendo limpeza de alguma coisa durante oito horas, eu sei bem que não consigo fazer isso [...] A grana que eu conseguisse ganhar trabalhando assim, eu poderia ganhar o triplo na rua, você entende o que quero dizer? É preciso ter bastante dinheiro, você o usa para seus negócios, e você não precisa fazer sempre a mesma coisa o tempo todo. É como eu lhe dizia sobre meu companheiro, que tem um emprego honesto (*legit job*). A grana que ele tira em um ano, na rua você pode tirar em três meses ou em até menos. Ele tira isso em um ano, você poderia tirar isso em um mês, mas ele paga mais dinheiro (*got more to show for it*) que o cara que o consegue em um mês, você entende o que quero dizer?

– *Então o melhor que você teve foi quando você jogava?*

Rickey – É isso, é o jeito (*hustle*), é tudo.

– *E você ainda faz isso agora?*

Rickey – Ah! às vezes eu faço. Conheço um monte de homens na rua, eles são assim, eles chegam com cem balas e o fazem em pedacinhos com um golpe (*penny smart but dollar foolish*), você entende o que quero dizer? Isto resume bem tudo isso, eles são assim.

– *Mas, se, no momento, um homem aqui do conjunto procurasse um emprego no SMIG em Chicago, ele encontraria um logo?*

Rickey – Ele poderia, talvez, encontrar um, talvez no Mc Donald, no Burger King, no Wendy's, coisas assim.

– *Mas então por que é que as pessoas de Ida B. Wells não tentam, elas não tentam ter esses serviços?*

Rickey – Bem, não. Você ganha muito mais na rua.

– *Para você, o que seria um bom trabalho, um trabalho que lhe agradasse?*

Rickey – É justamente o que eu dizia... [*pausa*]. Que tipo de trabalho eu poderia arranjar que me agradasse bastante, bastante para sustentar minha família, pagar as contas e uma casa, com garagem para dois carros? Você entende o que quero dizer? Que tipo de trabalho eu poderia arranjar com os estudos que tenho? Onde é que você viu que oferecem empregos assim? (*They givin' them away?*) Você compreende o que quero dizer, não é como se eu tivesse cursado uma universidade para ser médico ou advogado, ou coisa do gênero.

– *Nesse caso, isso faria sentido.*

Rickey – Ah! É isso, isso faria sentido (*it would make sense*). Quando você tem um emprego assim, você pode se assentar tranquilo e pagar suas contas. Do contrário, sem isso, você passa todo o tempo justo-justo-justo (*struggling-struggling-struggling*). O que eu quero dizer é que não é *brother* que vai chegar e lhe dizer: "Escute, eu paro, eu deixo de lado isso [a rua], vou procurar um pequeno trabalho no SMIG". É duro. Não há muitos *brothers* que vão fazer isso.

– Em geral, o que é que você considera um bom trabalho para você, um trabalho que o agradaria?

Rickey – Eu lhe vou dizer, alguma coisa como trabalhar nos correios, ou então, motorista de ônibus, alguma coisa com benefícios, sabe. Isso depende do nível a que você aspira. Esses trabalhos não são grande coisa, você entende o que quero dizer, mas não é nada mau se você consegue descobrir um [*estalo de dedos*], hein!

[*Por causa do arcaísmo e da legislação social nos Estados Unidos, a maioria dos empregos não qualificados não é coberta por benefícios nem por assistência médica e social, nem por feriados remunerados nem por faltas por motivo de doença. Os empregos mais disputados pelos moradores do gueto são, pois, os que podem oferecer as administrações públicas (do governo federal, do governo local ou do município), que, por serem fortemente sindicalizados, oferecem essas "vantagens".*]

– Você acredita que virá a ter um bom emprego, eventualmente?

Rickey – [*murmúrio*] Bem, agora não sei, no momento eu espero que minha carreira de boxeador tenha continuidade. Como lhe digo, não alimento ilusões, sou um bom boxeador, há muitos homens que trabalham comigo no momento, eu me empenho. E depois, ao mesmo tempo, retomei os estudos assim, se isso não funcionar, bum! eu encontro um trabalho.

Montes de falcatruas

– Então você, na verdade, está obrigado a dar um jeito (to hustle) o tempo todo para alcançar seus objetivos?

Rickey – Ah! Antes eu sabia dar um jeito (*I was a goo'street hustler*), mas eu deixei cair um pouco, você sabe, jogar dados a noite toda, tudo isso (*hustlin'*). Depois, bem, uma mulher aqui, uma mulher ali, você joga, coisas assim.

– Em seus melhores dias, você chegava a ganhar quanto?

Rickey – Devo dizer, às vezes, *man*, era assim, uma vez, 12.000 dólares; uma vez, 3.000, todos esses dólares em maços de mil, *man*, não sei se você está percebendo, dinheiro aos milhares (*all them thousan's*). Mas você sabe...

– E isso é em uma semana, em um mês, ou o quê?

Rickey – Isto depende, às vezes, às vezes é em um dia. Você sabe, às vezes eu ganhava 700 dólares por dia, 1.000 dólares. Nada senão jogando. Jamais vendi droga, nada senão jogando.

– Pode-se ganhar tanto dinheiro assim só jogando?

Rickey – Oh *man*! Se você joga, *man*! Se você tem um pouco de sorte no jogo, *man*...

– Aonde é que as pessoas vão jogar, há lugares definidos, ou há um pouco por toda parte?

Rickey – Aqui é por toda parte. Algumas vezes você tem de se meter numa esquina da rua, como você vê, não importa onde. É como lá, eu poderia chegar e perguntar "o que vocês estão fazendo?" E é assim, lançam-se os dados, jogam-se exatamente assim. Eles todos se aproximam e a coisa começa.

– *E eles apostam quanto, as pessoas que vêm jogar?*

Rickey – Às vezes, bem, isso depende, 200 ou 300.

– *É verdade, tanto assim?*

Rickey – Claro!

– *Mas onde é que eles arranjam dinheiro?*

Rickey – Nas malandragens (*hustling*), na droga.

– *Então, depois de venderem droga, eles tentam dobrar seu dinheiro jogando?*

Rickey – Sim.

– *E por que você parou com esse tipo de trabalho?*

Rickey – Bem, você sabe, às vezes você se dá conta de coisas (*you wise up*), você tem de avaliar a chance que tem. Você sabe, há um monte de coisas que fiz, um monte...

– *Como coisas ilegais?*

Rickey – Oh! Oh! É justo que, quando você está na falcatrua (*out there hustlin'*), que você não tem trabalho, então, forçosamente, você passa a praticar atos ilegais para tentar pagar as contas e tudo isso. Perto de minha casa, você sabe, é na verdade como Ida B. Wells, você ouviu falar de Ida B. Wells? É um conjunto e é como, bem, você encontra sempre alguém para, bem, aporrinhá-lo (*get in trouble*).

– *Oh! Eu ouvi falar. Será que é mais duro que o Robert Taylor Homes? Por que sempre se ouve falar do Robert Taylor Homes e do Stateway Gardens na TV.*

Rickey – Eu acho que é pior mesmo. Ida B. Wells, *man*, é duro, *man*. Nós chamamos aquilo de "A Zona" (*The Zone*), você vê, "A Zona". Eu, eu chamo aquilo de "o campo da morte" (*The Killing Fields*). Porque eu vi tantos homens, *man* [estala os dedos]. Até agora, você vê. Se eu for lá agora, alguém me dirá que um homem foi morto.

– *E o que a maioria dos homens faz lá?*

Rickey – Vendem droga, jogam dados (*shoot craps*).

– *Pode-se, na verdade, ganhar dinheiro fazendo isso?*

Rickey – Sim! Às vezes, eu consigo [*conta mentalmente*] às vezes eu consigo algo em torno de 2.000 ou 3.000 dólares num dia. Às vezes, nos bons dias, quando eu jogava dados, eu conseguia até 9.000, 10.000 dólares.

– *Que vinham de onde?*

Rickey – Das apostas, e tudo isso, de jogar, nada senão jogar todos os jogos. Depois, com algumas garotas que você reservou [*defendendo-se*], não que eu seja um gigolô [*pimp*], coisas do gênero. Eu jamais, eu nunca vendi droga, hein, mesmo quando eu não tinha um centavo, é certo que isso não é coisa para mim. Eu lhe explico: eu jamais ganhei dez dólares com a droga. É que simplesmente isso jamais foi do meu meio de vida. Não é meu negócio, não toco nisso. Mas, você vê, eu tenho sempre que guardar para mim uma mulher boa que tenha um trabalho ou qualquer coisa assim, eu posso arrancar alguma coisa dela.

– *De onde são essas garotas, elas moram onde, nos projetos?*

Rickey – Por aqui, sim, em Ida B. Wells.

– *Quer dizer que, se você tem mais de uma, você pode passar de uma para outra?*

Rickey – É isso, é isso.

– *Você chega a ganhar quanto assim?*

Rickey – Ora se forem 100 dólares aqui, 50 dólares ali, ou mesmo 200, já é alguma coisa; eu trato de manter isso a qualquer preço.

– *E é fácil, ou isto lhe dá muito trabalho?*

Rickey – Bem, você sabe, isso exige muito. Eu, eu tenho alguma coisa que muitos homens não têm: eu sei conversar bem. Você sabe, o linguajar da rua (*street slang*), você sabe, com ele você pode fazer muitas manipulações (*manipulatin' a lot*). Eu sou assim, é tudo. Você vê, não é que eu seja arrogante, mas eu sei falar bastante bem. Você fala e fala, e fala, e eu sempre tenho alguma coisa a dizer, você vê, uma vez que você nada mais tem para dizer... Isso jamais me aconteceu: não saber o que dizer a alguém.

Os raros homens que se saíram bem, eu realmente não os conheci

– *E os seus companheiros (buddies), os rapazes com quem você cresceu e com quem você andou quando você tinha quinze ou dezesseis anos, o que é que eles se tornaram?*

Rickey – Bem, eram muitos, em geral os que saíram quando eu tinha aquela idade, havia mulheres, garotas que sabiam o que queriam (*tha' got theyself together*), você vê, e elas se saíram bem. Oh! Mas quanto aos homens...

– *O que as mulheres fazem para se saírem bem?*

Rickey – Elas estudam e elas encontram um bom emprego, tudo isso. Há algumas jovens que conseguiram. E os rapazes do bairro que conseguiram, para dizer a verdade, que estudaram, nada tiveram em comum [*comigo*], você vê o que quero dizer? Você vê...

– *O que você quer dizer com eles eram muito corretos (*square*) ou o quê?*

[*O substantivo e o adjetivo* square *(que pode ser traduzido, de acordo com o contexto, por correto, pessoa empenhada em aprovar as iniciativas de uma autoridade estabelecida, pessoa muito estudiosa, inibido, convencional) é um sinônimo de 'lâmina' que se aplica a qualquer um que pode ou não ter conhecimento da rua ou que suscita pouco ou nenhum respeito aos outros.*]

Rickey – [*perplexo*] Você não pode, na verdade, dizer isso, é como, você pode todos os dias colocar neles uma etiqueta, mas eles também podem fazer a mesma coisa com você. É como se você dissesse, bem, "é um crápula" (*thug*), ou então, "é parado", você sabe, não é tão simples assim: é para quem vai sair-se bem e passar diante dos outros (*come out ahead*). A coisa é assim, você sabe.

– *E os companheiros? Há muitos caras daqui que se saíram bem?*

Rickey – Não, é como lhe digo, não, os raros rapazes que se saíram bem, eu realmente não os conheci. Há até um rapaz, bem, é um dos meus companheiros agora, nós tínhamos estilos de vida totalmente diferentes, mas éramos bons companheiros. Assim agora ele [*à maneira de uma ladainha, recitada com respeito*], ele comprou um prédio, ele tem casa própria, ele trabalha todos os dias, ele nunca fez besteiras. Ele jamais foi preso, ele nunca esteve preso, jamais jogou, você vê. E ele conseguiu honestamente (*on the legit side*), você vê, nada senão trabalhando, trabalho, trabalho. Ele sempre trabalhou e, durante aquele tempo, eu tinha minhas falcatruas (*hustlin*), e ele trabalhava, e eu aprontava. Quando se vai junto é assim – crescemos juntos – minha maneira de falar com as pessoas, ela é diferente da maneira dele, você vê, e... é assim, é tudo. E depois, você vê, que há muitas garotas, elas gostam muito dos *slick guys*, você vê, aqueles que, às vezes, têm joias, tudo isso, isso depende do que uma mulher quer. [*O adjetivo* slick *pode ter um sentido positivo (hábil, astuto, atraente, brilhante, lim-*

po impecável – aplica-se especialmente a um homem que sabe se vestir e conversar com elegância segundo os cânones do gueto), mas também um sentido negativo ou pejorativo (enganador, manipulador, superficial, evasivo, elegante ou encantador demais para ser honesto). Rickey joga aqui com a ambiguidade do termo (com habilidade!) que pode ser entendido, ao mesmo tempo, nos dois sentidos segundo o ponto de vista como é tomado.] Se uma mulher procura um homem com quem pode contar, e alguém para constituir uma família, não serei eu, com certeza, você entende o que quero dizer? Seria ele.

– Então os caras que se deram bem, tornaram-se o quê? o que é que eles fazem agora?

Rickey – Eles estão sempre por aí, há muitos caras com que eu cresci, são verdadeiros drogados viciados (*straight dope fiends*), *man*. Ouça, entre eles está um motorista de táxi que acaba de despachar um companheiro, fomos colegas de escola, do primário ao colégio, ele foi morto semana passada. Mesmo que seu enterro tivesse sido ontem, você vê, por tentar assaltar um motorista de táxi, o motorista o matou.

– Onde foi isso?

Rickey – Não longe daqui [*pensativo*]. Perto do conjunto. Das tantas mulheres que conheço, *man*, bonecas, *man*, dependentes da droga (*strung out on drugs*), duas ou três jovens, elas nem sabem mais onde estão as crianças, *man*. Elas estão lá, elas se drogam. Quando você pensa, *man*, é verdadeiramente crucial [*Subitamente muito sombrio e pensativo*]. Até que você comece a refletir seriamente... Mas, você vê, eu pus um pouco o dinheiro de lado, eu sei boxear; então, eu digo a mim mesmo: não vale a pena eu continuar a fazer besteiras porque, na verdade, é verdade, você vive uma vida de crimes todos os dias, e [*levantando a voz*], quanto tempo você pode "segurar a barra" sem ser morto, ou ferido, ou ser preso? Eu conheço um monte de homens que andam em cadeiras de rodas, uma perna a menos, ou estão paralíticos por terem levado um tiro e tudo isso. Há coisas, um monte de homens, de jovens, *man*, 13-14 anos, que deixaram a escola e fazem parte de uma gangue agora...

Tive muita sorte

– *Ouço você muitas vezes dizer que o gueto se degradou totalmente nesses dez ou vinte últimos anos. Piorou mesmo?*

Rickey – Claro, claro! Seguramente, seguramente. Os assassinatos, *man*, a droga – você vê, a droga, é uma verdadeira epidemia, *man*. Aconteceu tão depressa, aconteceu tão depressa. Veio tão depressa, de um dia para outro, assim: como "bang!" [*estalo de dedos*], e lá estava. Não deu nem tempo de vê-la chegar, e ela já havia chegado.

– *Em que ano chegou?*

Rickey – Eu diria, segundo me recordo, eu diria de 1983 para cá, é verdade que a droga... E eu diria que a partir de 1980 a droga promoveu um verdadeiro "boom" (*The drug scene really, really hit*) – atenção, isso não quer dizer que não existisse droga antes, mas era [*muito insistente*] nada em comparação com o que é agora. E o que eu penso, *man*, é que foi um grande complô (*master plan*), você vê. Nós, nosso povo – quero dizer nós, os negros – nada podíamos fazer de outro modo a não ser brilhar e continuar a progredir, você entende o que quero dizer, mas quando essa puta de droga chegou, *man*, foi como um bum! Isso nos fez regredir 50 anos, você vê. É muito simples: é *brother* contra *brother* agora. Eu não me importo com as suas coisas contanto que você não se importe com as minhas, e depois os rapazes que ganham dinheiro [*com um tom de surpresa*] eles nada fazem com ele: tudo o que fazem com ele é comprar calhambeques, *man*, calhambeques, mulheres, você vê, é tudo. Enfim, quero dizer... você precisa ver, você vai lá para as bandas da rua 29 e da State e você desce até a rua 119, se você passa por todos os quarteirões, você não encontrará dez lojas com um dono negro em um bairro negro. Isso é algo que dá que pensar, não?

[*Tradicionalmente de propriedade de brancos, as lojas do gueto estão prestes a passar para o controle dos asiáticos (coreanos, chineses, filipinos) e dos libaneses e sírios.*]

– Mas para onde vai todo esse dinheiro? Enfim, há sempre alguém que dele se serve para fazer alguma coisa.

Rickey – É como eu já lhe disse: não há senão uma coisa que lhes interessa, a esses rapazes: os carros, as mulheres, quero dizer, conheço rapazes que têm três, quatro carros velhos. Mas enfim [*um pouco irritado*] quantos carros você pode dirigir, hein?

– Sim, mas há também as mulheres que devem ter muito dinheiro, dos traficantes: que é que elas fazem?

Rickey – Bem, como lhe disse, certas mulheres recebem dinheiro, você vê. Eles dão grana. Eles saem todas as noites. Nada verdadeiramente... Não pensam no futuro, você entende o que quero dizer? Se você não tem um objetivo, como eu falo muitas vezes com meus companheiros: você não pode continuar vendendo droga a vida toda. É preciso ter um objetivo na vida. Conheço um cara que viu passar um milhão de dólares por suas mãos. De 1983 até hoje, esse cara vendia droga, ele teve sorte. E do um milhão de dólares que passou por suas mãos, hoje ele não tem nem 3.000 dólares; [*Insistindo*] e foi um milhão de dólares, ou mais, que passou pelas mãos desse cara!

– Que ele poderia ter guardado?

Rickey – Que ele poderia ter guardado em benefício dele mesmo. Agora, eu não creio que ele pudesse pôr a mão em 5.000 dólares. E 5.000 dólares ele atirava para o ar em uma semana antes. É como se, um dia, eu tivesse podido ser dono de um Wendy's e agora eu não tivesse mais dinheiro nem para comer lá: isso faz pensar, você vê [*muito pensativo*]. É por isso que eu me digo: ok, não sou eu, bem, não vou rejuvenescer. Eu posso boxear ainda, vou tentar o golpe. Em setembro, como lhe disse, eu guardei um pouco de dinheiro, em setembro, recomeço meus estudos. Se o negócio do boxe falhar, bem, eu procuro uma mulher, tento me casar, arranjar alguém que se interesse por mim e constituir uma família, *apenas viver*. Eu tentei minha sorte! Eu tive muita sorte na rua, nunca fui ferido e jamais tive de ferir alguém, ninguém nunca me fez mal...

Janeiro de 1992

Philippe Bourgois

Homeless in El Barrio

Gravei esta entrevista com Ramon numa noite no final de agosto de 1989. Nós nos encontramos na rua, diante da *botanica*[1], ponto de venda de *crack*, onde há vários anos passava a maior parte de minhas noites. Esse local fica a dois passos do prédio em ruínas, reino dos ratos, onde aluguei um apartamento com minha mulher e meu filho no bairro essencialmente porto-riquenho do Harlem hispânico, conhecido como El Barrio. Foi no tempo em que a epidemia do *crack* estava no auge nos USA, entre 1985 e 1991. Nós estávamos naquela noite empoleirados em bancos públicos em lastimável estado e completamente pixados, na entrada do escritório administrativo das torres de moradias de baixa renda do conjunto habitacional Roosevelt e comemorávamos os 25 anos de Júlio, o gerente noturno da famosa *botanica*.

Para não despertar a atenção da polícia, nós havíamos embalado com papelão as garrafas grandes de cerveja de St. Ides que dividíamos. O que não impediu, aliás, Júlio, nem Willie, seu segurança da *crack house*, de quebrar as garrafas vazias nas escadas que conduzem aos alojamentos do Roosevelt. Alegremente, meus amigos mergulhavam, de tempos em tempos, a chave de apartamento ou uma unha arroxeada, muito comprida, num pequeno monte de cocaína embrulhada numa nota de 1 dólar que Júlio guardava preciosamente com ele. Depois eles levavam o pó fino a uma narina, inclinavam levemente a cabeça, seguravam a outra narina com dois dedos, contraíam os lábios, e aspiravam bruscamente, com um movimento preciso e delicado, sem desperdiçar.

Naquele ano, o conjunto Roosevelt, um dos conjuntos habitacionais (todos propriedade da cidade) entre a dúzia que forma o Harlem hispânico, tinha alcançado o segundo lugar entre todos os HLM de Manhattan em registros de assassinatos. Nessas bandas, as filas de prédios, como todos os de El Barrio, respiram

---

1. Uma *botanica* é uma farmácia de remédios naturais que vende objetos religiosos utilizados pelos afro-caribenhos em suas práticas de *Santeria*.

miséria: edifícios abandonados, locais vazios, passeios cobertos de detritos. Tanto crianças quanto adultos invadem as ruas durante o dia e a maior parte da noite durante a canícula dos meses de verão.

O "bloco" onde eu morava não constituía exceção à regra, e eu podia me abastecer de heroína, *crack*, cocaína em pó, PCP e mescalina num perímetro de menos de 200 m². Claro, o *crack* era a droga predileta, porque era a menos cara e a mais fácil de achar. Havia, por exemplo, três pontos de venda com preços muito competitivos a menos de 30 metros do meu prédio.

Os bancos nos quais estávamos empoleirados naquela noite se encontravam de fato exatamente ao lado de um dos pontos de venda de *crack* recentemente instalado, isto é, no portão principal do conjunto Roosevelt. O ponto de venda pertencia a um grupo não organizado de revendedores "adolescentes" e dava muito prejuízo à *botanica* onde Júlio e Willie trabalhavam, exatamente em frente, do outro lado da rua: "a empresa" desses adolescentes ambiciosos tinha baixado o preço de venda do vidrinho de *crack* de cinco para dois dólares; Willie tinha um prazer muito evidente em sujar o *hall* onde eles "exerciam" com cacos de garrafas de cerveja. Todos sabendo muito bem que o grupo rival cheirava coca, Willie pôde se permitir essas liberdades sem risco, pois seu irmão mais novo, de 13 anos, era *pitcher*[2] na organização dele e inspirava confiança suficiente para ser encarregado, ele e alguns outros, de guardar, cada um por sua vez por segurança, a droga com eles alguns dias por mês.

Normalmente deveríamos estar no passeio em frente, diante da *botanica*, mas seu proprietário havia dispensado Júlio e Willie que chegavam muito frequentemente atrasados para o trabalho e se mostravam pouco fáceis. Isso deprimia Júlio porque ele não tinha guardado um centavo. Ele havia gastado tudo, até o último *cent*, ao longo dos cinco anos em que ele manteve um trabalho estável como responsável por venda de cocaína e álcool. Sua amiguinha de 18 anos e a irmã mais velha dela, amante de Willie, ouviam, compadecidas. Passaram-se algumas horas, ainda sem que nada acontecesse, cada um ocupado em aspirar cocaína e ingerir álcool. Ramon, que convidava, interrompeu as lamentações de Júlio. Ele estava cheio de ouvir lamentações sobre a própria sorte, de qualquer compaixão que ele suscitasse em torno dele – incluindo a seriedade com que eu registrava seus lamentos, meu gravador de alta precisão junto a seus lábios como se eu procurasse desesperadamente captar cada uma de suas palavras no meio do barulhão da rua naquela noite de verão.

Poder-se-ia dizer que uma vida inteira de frustração contida fizera fermentar a história de Ramon que a deixou, por assim dizer, explodir. O desejo repentino de

---

2. *Pitcher* é um termo do *base-ball* utilizado aqui para designar a pessoa que entrega a droga ao cliente.

expressar claramente tudo o que ele guardava no peito me surpreendeu. Comumente, ele era tímido e falava pouco, ele ficava geralmente retraído e conferia se meu gravador estava ligado. Eu tinha, pois, avaliado até ali – erroneamente – que ele fazia parte dessas pessoas da rua que não querem se envolver diretamente com um branco. Entretanto, o apartheid urbano dos USA não era preocupação maior de Ramon na ocasião de sua entrevista. Foi só quando transcrevi estas páginas algumas semanas mais tarde que compreendi que Ramon não havia interrompido Júlio por simples ciúme – porque Júlio monopolizava a atenção – mas antes porque ele queria dar contra-exemplo à versão de Júlio sobre o tráfico de drogas. Ramon sabia também a que ponto eu estava próximo de Júlio e o papel essencial que ele ia desempenhar em minha pesquisa. Com efeito, Ramon tinha medo de que meu estudo fosse povoado apenas por pessoas preguiçosas e indolentes, incapazes de trabalhar honestamente – ele repetirá várias vezes, por exemplo, que, ao contrário de Júlio, ele vende *crack* por necessidade, para sustentar a família: "exatamente para pagar o que minha mãe me deixou".

Outra razão dessa violência verbal, inabitual em Ramon, está no consumo exagerado de álcool e de cocaína, destinada a festejar o que ele pensava ser sua liberdade reencontrada. Com efeito, mais cedo naquele dia, Ramon tinha sido reconhecido culpado pela venda de cinco frascos de *crack* a um policial-isca. Para sua surpresa, o juiz o autorizou, entretanto, a sair livremente do tribunal. Ramon pensava ter-se beneficiado com liberdade condicional. Ele está feliz também porque seu empregador legal lhe havia concedido licença não remunerada enquanto durasse seu processo quando de sua prisão por tráfico de crack.

Ele se mostrava também particularmente excitado e otimista porque sua mulher pôde pagar parte do aluguel de um apartamento subvencionado pela cidade[3]; como tudo estava bem, ela poderia deixar a casa de acolhimento no centro da cidade onde vivia até agora com seu filho, depois de sua expulsão, um ano antes, do apartamento da mãe de Ramon; ele esperava poder reconstituir a célula familiar ("Agora que minha mulher tem um apartamento, isso quer dizer que não mais estaremos na rua. Não tenho necessidade de nenhuma outra coisa a não ser poder lá ficar e ir trabalhar. Voltar para casa e fazer filhos").

Mas, ao mesmo tempo, Ramon estava inquieto. Ele temia que o apartamento voltasse para a administração da ajuda social; além do mais, ele não tinha cer-

---

3. O tempo para conseguir ter um apartamento subvencionado em Nova York é estimado em 17/18 anos. Na época desta entrevista havia mais de 88.000 famílias nas listas de espera. O número total de apartamentos subvencionados pela municipalidade em toda a cidade de Nova York se eleva somente a 175.000 e a taxa oficial de alojamentos desocupados é de 0,1%. Íris pôde conseguir um apartamento, mesmo a lista de espera contando 80.000 famílias, porque ela tinha vindo com seu filho de uma casa de acolhimento onde ela tinha vivido durante mais de dez meses.

teza do amor de sua mulher e ele estava indeciso quanto a voltar ou não ao tráfico de drogas. Um de seus concorrentes havia, aliás, o ameaçado de morte se ele ousasse voltar ao seu antigo ponto de venda no Bronx sul. Esse inimigo já havia atirado nele no passado. Ramon levava esta ameaça suficientemente a sério para carregar um revólver – escondido em uma bolsa de ginástica, imunda, de pano – que ele havia negligentemente posto em nosso banco a fim de não chamar a atenção da polícia. Em suma, percebendo Ramon que seu salário oficial de entregador não era suficiente para manter sua família, não encontrou outra fonte de renda fora do tráfico de drogas ("não quero mais sobreviver, quero viver... não sei, mas talvez seja preciso que eu recomece a vender drogas. Quem sabe eu poderia encontrar outro lugar mais seguro. Sei lá!"). Suas obrigações financeiras estavam sufocantes, e a assistência do Estado, nenhuma. Muito ao contrário, segundo uma lógica inesperada, a assistência social havia reduzido a ajuda que ela destinava à família de Ramon, quando eles se encontraram sem abrigo, sob o pretexto de que eles não tinham mais aluguel para pagar e que estavam sendo alimentados com a sopa popular.

Mais sutilmente, no mais profundo dele mesmo, tinha ressentimento de Júlio por não compreender a profundidade do amor que o ligava à sua mulher Íris. Apesar de suas palavras ("nada mais me afeta, a vida já me fez sofrer de tal modo que não ligo mais para nada"), a vida de Ramon comportou sempre uma dimensão sentimental: ele amava sua mulher, ocupava-se com o amor de seu filho. Segundo a cultura da rua, o amor incondicional que Ramón expressará com várias repetições no decorrer da entrevista não corresponde ao comportamento que se espera de um homem. Mais grave, sabia-se que Íris, a mulher de Ramon, mantinha relações com outras mulheres na casa de recolhimento.

Ramon não fará senão uma alusão indireta, dissimulada sob uma linguagem impessoal, ao choque que ele sofreu quando sua mulher foi surpreendida com outra mulher no banheiro da casa de acolhimento ("Há um monte de prostitutas lá. Um monte de putas. Algumas vezes eu quase fui beijado no banheiro"). Entretanto, ele ama de tal modo sua mulher que tende a explicar seu comportamento sexual pelas condições de vida objetivas dos sem-teto de Nova York. Jamais ele procurará minimizar sua própria responsabilidade ou sua falta; de fato, as únicas infidelidades sexuais de que ele fala abertamente são as suas.

Inversamente, Júlio não consegue tolerar nenhuma alteração da ordem patriarcal tradicional. Ele acha que Íris "faz qualquer coisa por alguns dólares" depois que ela se tornou "viciada em *crack*", que se esconde e que aspira também *manteca*[4]. Durante muitos meses, Júlio vinha insistindo com Ramon para parar de dei-

---

4. *Manteca* é uma gíria porto-riquenha para heroína.

xar-se ridicularizar, para aplicar um corretivo em sua mulher e deixá-la. Júlio se tornou ainda mais hostil para com Íris quando, algumas semanas depois desta entrevista, Ramon foi preso e condenado a um ou dois anos. O juiz, na verdade, não havia concedido *sursis*; ele tinha apenas solto Ramon antes de haver pronunciado o seu veredicto, porque as cadeias do município de Nova York estavam superlotadas. A prisão de Ramon nos deixou a todos perturbados, mas foi Ramon que ficou mais traumatizado, assim como Íris e seu filhinho de dois anos e meio.

Quando, contra todas as expectativas, Ramon foi solto quatro meses depois, uma vez mais por superlotação das prisões, ele se instalou no novo apartamento subvencionado onde sua mulher e seu filho moravam agora. Ele arranjou em seguida um emprego oficial em tempo integral – pelo menos um trabalho aparentemente legal – numa empresa de demolição controlada por um sindicato, e bem remunerado, segundo os critérios da rua, isto é, dez dólares por hora. Ramon começava a realizar seu sonho, evocado um ano antes na entrevista: "Eu, eu gosto de ganhar dinheiro, chegar em casa, relaxar e ficar em casa com minha família". Em particular, entretanto, Júlio tentou me convencer de que a crença de Ramon na célula familiar não era mais do que a prova de suas tendências ao irracional e seu temperamento efeminado: "Ramon é desse tipo de negro inconstante no amor, apaixona-se muito depressa, é uma presa fácil. Não sei o que ele vai fazer na casa dele".

Infelizmente o trabalho aparentemente legal de Ramon não durou mais que seis meses antes que a recessão de 91 varresse o mercado de construção na cidade de Nova York. Foi somente depois de sua demissão que ele descobriu que estava em trabalho "ilegal". O sindicato não havia registrado seu contrato de trabalho e comunicou-lhe que ele não tinha direito às indenizações da demissão. Seu empregador era, na verdade, um subempreiteiro que trabalhava, em operações de intimidação, com os sindicatos da construção civil controlados pela Máfia. Ele operava no recrutamento de ex-presidiários negros ou de origem hispânica para simular violentas manifestações diante dos HLM que executavam trabalhos de renovação empregando trabalhadores brancos com contratos legais. O que tinha por consequência intimidar e embaraçar os construtores, que lhe ofereciam, então, vantajosos contratos de subempreitada para a demolição de prédios, ao preço dos sindicatos. Ele pagava, então, seus operários em dinheiro a um preço levemente superior à metade da taxa oficial de 18 dólares a hora, praticada em Nova York e apresentava documentos falsificados para justificar a despesa. Isso lhe permitia embolsar oito dólares por hora por operário durante os trabalhos de demolição. Ramon, nem nenhum de nós na *crack house,* poderíamos supor que o salário sindical oficial na demolição fosse tão elevado.

Com certeza, Ramon nada sabia do que o esperava, quando, na noite da entrevista, convidou triunfalmente Júlio e a turma de frequentadores assíduos da *crack house* para festejar um aniversário na base da cerveja e da cocaína.

Com um traficante porto-riquenho do Harlem

– *Entrevista de Philippe Bourgois*

"Não quero sobreviver, quero viver."

Ramon – Você nunca passou pelo que eu passei. Você jamais morou na rua, você não imagina o que é não ter casa. Você sempre diz que fez sacrifícios. Mas você não se sacrificou. Eu, sim! Eu fiquei assim sem teto por nove meses, de nove a dez meses ao todo [*Depois, voltando-se para mim e lançando um olhar discreto para o meu gravador*]. Sim, eu me sacrifiquei porque eu trabalhava como mensageiro na Wall Street por 145 dólares por semana, o que não era bastante. Isso mal dava para sustentar minha família e comprar alguma coisa para meu filho, mas, para mim, nada, nada para mim e para minha mulher. Foi por isso que eu também passei a vender drogas porque eu queria também poder comprar coisas para meu filho. Ele só tem dois anos. Ele gosta de brinquedos, mas não os tem porque mora numa casa de acolhimento com minha mulher. Então você compreende, eu queria ganhar dinheiro, comprar um carro, eu preciso, comprar para mim uma pequena joia de tempos em tempos. E é isso o que eu quero, tudo o que eu queria. Eu não quero sobreviver; eu quero viver. Quero ganhar minha vida, mas isso... [*ele aponta com o braço os imóveis do HLM e mostra o vidro quebrado que se espalha por toda a parte em volta de nós, depois mergulha a unha de seu dedo mindinho no montinho de cocaína embrulhada numa nota de um dólar sobre o joelho de Júlio e aspira suavemente antes de tomar uma talagada da grande garrafa de cerveja que partilhávamos*]. Isso é apenas sobreviver, juntar as duas pontas [*Ele bebe de novo um trago de cerveja, depois me passa a garrafa*]. Eu não quero isso... eu quero ganhar bastante dinheiro, relaxar e poder comprar sem hesitar... você compreende? E... ficar contente por saber que eu posso fazer farra com meu dinheiro. Eu quero arrancar mais da vida. Não quero mais me contentar com o que tenho. Isso me faz perder a confiança. É por isso que pensei na droga, para vender, você sabe.

[...]

[*Ele chega para perto de mim para me falar docemente, mas claramente, no microfone do gravador que eu, igualmente de pé, eu mantenho justamente na altura da boca para melhor captar suas palavras.*] Eu morava na casa de minha mãe com meus irmãos e irmãs, mas eles eram doidos *por crack* e nada queriam fazer para sair dessa situação. E depois minha mãe foi embora de repente. Era preciso que ela partisse para viver a vida dela, como deviam, levantar acampamento, como eu também, como meus irmãos e irmãs. Minha mãe me passou o apartamento, mas isso aconteceu justamente na época em que eu não tinha dinheiro bastante [...] e era muito aluguel a pagar, você vê o que quero dizer. Então foi assim que comecei a vender *crack* e droga na estação. Justamente para conseguir pagar o aluguel do apartamento que minha mãe me havia passado. [...] Você vê, homem, conseguir ganhar minha vida, viver melhor... você compreende?

Sua vida era miserável no centro de acolhimento

Eu vendia *crack* inteiramente sozinho, mas era muito duro. A coisa não andava. Então, eu decidi trabalhar para alguém. Mas isso foi o pior porque, no dia mesmo em que eu comecei a trabalhar para esse novo tipo, eu fui preso pela primeira vez. E eu acabava de arranjar o serviço de mensageiro na Wall Street. Ainda tenho aquele trabalho. Eu fui preso, mas me soltaram logo em seguida, e eu retomei o serviço. Mas o proprietário do apartamento disse, "eu quero você fora". Minha mulher tentou segurar o apartamento, mas era muito tarde. O inverno chegou e zás! Eu aterrizei num abrigo com minha família. Fiquei no abrigo cinco meses e, durante cinco meses, eu sofri porque era uma casa de acolhimento, é como a prisão. Você dorme com 20 outros sujeitos que você não conhece, que você nunca viu, que você não sabe quem são: pode ser que eles tenham Sida, ou não importa o quê... e, além disso, nunca tomam banho. O banheiro era imundo. Era preciso que minha mulher fosse limpar o banheiro todas as tardes antes de tomar banho. Então, era superestressante, você sabe. O centro era um lugar terrível, verdadeiramente terrível. Às vezes, eu preferia estar na prisão. Porque eles não o respeitavam mais no abrigo. Esse lugar não é para pessoas de bem, para pessoas tranquilas, que trabalham. Não é um lugar para pessoas como você e eu. O abrigo é para pessoas da rua, as que vagabundeiam. Eu adoro ganhar dinheiro, chegar em casa, relaxar e ficar em casa com minha família. Esse abrigo não tem nada a ver com isso. Um abrigo como esse deveria ser condenado. No abrigo, a maioria é de mulheres. Mais mulheres que homens, e isso aumentava dia a dia. Porque havia muitas mulheres, um monte de lésbicas lá dentro, um monte de putas, prostitutas e outras. Elas se beijam... se beijam no banheiro, ou coisas assim, você vê. É um lugar onde você encontra toda a selvageria lá dentro, você sabe, a selva. Esse lugar, além do mais, é frustrante, você sabe [*aspirando, então, cocaína e sacudindo a cabeça*]. E pior, você dorme e, de repente, há brigas. Você acorda em pleno meio da noite, porque, no cômodo ao lado, há um monte de homens prestes a se esgoelarem não sei por quê. Ou bem você tenta, você começa a simpatizar com alguém, você mal conhece alguém, justamente aí, a seu lado, e pior, de repente, ele se vai e vem um outro para seu lado. E de repente esses também vão, porque encontraram um apartamento ou outra coisa. E você, você fica lá esperando e começa a esquentar a cabeça porque é um outro que vai ficar com o leito ao seu lado. E você nada sabe dele. Você não sabe se é um assassino, um matador, ou se tem Sida ou outra coisa. Você não sabe. Então, isso o angustia quando você vê a pessoa, podia ser que ela se drogasse ou tivesse Sida, hein? há forçosamente coisas assim que se instalam a seu lado no abrigo. É exatamente assim. É necessário que seja um desses assassinos, um desses violadores ou pederastas ou drogados e outros, assim, justamente a seu lado. Forçosamente esse gênero. Então, o que acontece é que sua vida é atroz nesse gênero de abrigo porque colocam um qualquer a seu lado. Foi isso que nos chocou, a minha mulher e a mim.

Eu poderia matar não importa quem

Você não pode "transar" com sua mulher porque estão olhando [*Mostrando no carrinho o pequeno Paco que ouve atentamente*]. Minha mulher... ela tem necessidade. E eu, eu sou também um homem carente, você sabe, eu não tenho dinheiro para ir a um hotel ou outra coisa. Então, o que fazer? Aconteceu que era preciso que eu fizesse alguma coisa com respeito a isso. Então, foi exatamente o que eu fiz. Decidi vender droga novamente. Era isso... meu propósito... vender droga, "vou vender droga, fazer não importa o que para que as vidas de minha mulher e de meu filho sejam melhores. Mesmo se fosse preciso matar alguém para isso, eu faria. Eu faria um contrato [*assassino de aluguel*]. Eu faria não importa o que para conseguir dinheiro, para sobreviver", era assim que eu pensava. Mas eu penei durante um bom pedaço de tempo. Esses terríveis dez meses com minha mulher e meu filho no abrigo de acolhimento não foram fáceis, na verdade foram muito duros. Eu poderia ter matado não importa quem, não importa quem, quem vendia muita droga ganhava dinheiro, comprava carros, joias... Eu queria acabar com eles, exatamente porque eu não tinha a mesma coisa, porque era egoísmo. Ah! eu era um egoísta. Eu me sentia tão miserável por estar naquele puto de abrigo. Então eu olhava todos aqueles filhos da puta cobertos de joias, de carros e tudo, e eu como criança abandonada, sem dinheiro, sem um centavo, invejando todas essas pessoas que possuíam essas coisas que eu queria loucamente ter! Eu poderia matar para isso. [...] Mas, em vez disso, eu recomecei com a droga, eu recomecei a vender. Era... era meu objetivo. Uma vez mais eu me pus a vender droga, uma segunda vez e depois eu não parei de vender, você sabe.

[...]

O que aconteceu é que eu não podia mais olhar para mim. Era muito duro para mim naquele abrigo. Passei cinco meses penando e comecei a brigar com minha mulher. Eu não aguentava mais. Suportei cinco meses e, pior, eu disse preferir ainda estar na rua que naquele lugar! Eu briguei com minha mulher fora do abrigo.

Maldita briga e eu quase a sufoquei... e me mandei. Foi uma briga feia. Eu percebi que eu não poderia mais viver com ela porque pressenti que eu poderia matá-la. Eu a amo e amo meu filho, mas era preciso que eu deixasse o abrigo e eu nunca mais voltei. Fiquei na rua durante uma semana até que eu disse a mim mesmo, "vou vender droga". E foi isso que eu fiz. Quando eu recebi minha devolução do imposto, empreguei meu dinheiro na droga e comecei a vender. Gastei todo o meu dinheiro na compra de droga. [...] Investi tudo na droga, quatrocentos e poucos dólares. Eu saí por aí sozinho vendendo droga durante quatro meses e consegui pôr dinheiro no bolso e quando, finalmente, meu salário de mensageiro chegou, as coisas começaram a melhorar. Mas isso não era fácil, absolutamente, foi um período muito duro e acabou em briga com os do bairro – com o cara que tenta me matar agora [*ele levanta então a bolsa de ginástica com o cano de sua pequena carabina, depois aperta-a contra o peito antes de beber vários tragos da garrafa*]...

Era preciso que eu sobrevivesse

Ramon – [*virando-se para Júlio, uma vez mais, como para mostrar claramente que, se ele era traficante, era por outros motivos diferentes dos de Júlio.*] Mas era preciso que eu sobrevivesse. Eu vivia quase... praticamente na rua. Eu tinha deixado minha mulher e meu filho no abrigo e eu vivia em um *coke spot* (ponto de venda de coca) [*virando-se para mim*], um *coke spot* é um lugar onde se vende muita coca, onde o consumidor é servido em um apartamento. Eu me arrisquei indo morar lá porque os tiras poderiam aparecer de repente e me prender por engano, por uma falta que eu não tinha cometido porque eu tentei arranjar um lugar para morar. Eu o arranjei com o zelador do conjunto. Eu estava em um apartamento do qual já haviam sido transferidas as pessoas que o habitavam antes. O xerife veio e pôs todo mundo para fora – na época minha família já estava no abrigo. Assim, esse apartamento estava, por assim dizer, interditado. Mas o zelador assumiu o risco, você sabe. E o abriu e deixou que eu me instalasse nele porque eu era um tipo apresentável, eu queria apenas um lugar para dormir, e eu o compensava com 40 dólares por semana e eu pude lá ficar dois meses. Primeiro, perdi muito tempo por causa de uma mulher a quem entreguei muito *crack* para vender, mas era uma "viciada" e ela o fumou com os amigos. E era meu dinheiro que ia embora na fumaça com os companheiros dela. Gastei sete dias para recuperar minha grana. Ela me pagou em conta-gotas. Eu lhe disse, "você faria melhor se me entregasse minha grana, se você não me pagar, acontecerão coisas a você" – ela sabia que eu lhe chutaria a bunda – então ela me passava dez, quinze dólares por dia. À força, ela acabou por me pagar os 120 dólares que ela me devia. [...] Mas eis que eu me encontro quebrado uma vez mais sem dinheiro algum. Eu empreguei meu irmão e meu irmão me roubou e então eu não tinha nem mais um centavo para empregar na venda. Mas eu tinha minhas joias, meu bracelete. Peguei e pus no prego por 185 dólares e então eu recomecei do zero.

Apesar de tudo isso, não perdi meu serviço

Comecei a ganhar dinheiro, mas isso levou um mês e meio e a partir daí tudo caminhou bem, os negócios começaram a prosperar. [...] Depois que empenhei o meu bracelete, eu nunca mais perdi dinheiro. Além do mais, eu era pago pelo meu serviço de mensageiro e, quando eu recebia o meu pagamento, eu pegava a metade dele e empregava na coca. Deste modo consegui me firmar. E apesar de tudo isso, não perdi meu emprego. Eu trabalhava. Mesmo quando eu vendia droga e passava noites em claro, eu não dormia de noite, eu ia diretamente de lá onde eu vendia para meu serviço porque eu não queria perder meu emprego. Então, quando eu recebia meu pagamento no trabalho, a vida ia um pouco melhor porque eu já havia ganhado dinheiro a mais com a droga. Você compreende o que quero dizer?... Eu podia, então, fazer coisas com o dinheiro do meu pagamento. Mas eu não podia me permitir perder meu emprego porque o negócio que eu havia montado com o *crack* não estava ainda muito firme. Então, eu não podia me permitir isso. Eu ainda precisava de meu emprego, foi por isso que continuei a trabalhar e eu vendia a droga depois do serviço. Tudo andava mais ou menos até que, finalmente, eu me associei com um tipo que já tinha uma clientela. Eu ganhava meu dinheiro. E foi o sistema que me fez isso, aconteceu! Eu começava justamente a aprumar e zás! Eu fiquei no fundo do poço [*ele cheira coca e bebe*].

Naquele tempo, eu ia ver minha mulher a cada semana. Eu não a via durante cinco dias e depois às segundas, às terças, aos sábados e aos domingos, eu a via e também a meu filho. Isso o deixa tenso, você vê o que quero dizer? Vivi com minha mulher durante três anos e meio, eu a amo. Estamos já habituados um ao outro e ficar separados seria verdadeiramente muito duro. Atualmente eu não posso vê-la e é verdadeiramente muito duro. Eu tenho vontade de fazer alguma coisa. Eu até tenho vontade de me distrair com outras mulheres – foi o que fiz. Não queria satisfazer meus instintos com ela – é justo... Eu me sentia bizarro. Eu me fazia mal verdadeiramente, eu não fazia mal a ninguém, exceto a mim mesmo. Ela não sabe o que tenho feito. Ela não é muito compreensiva. Ela não consegue compreender, ela é muito cabeçuda. Eu nada lhe conto, eu guardo só para mim, eu nada deixo escapulir. Porque eu amo, eu amo enormemente minha mulher. Eu quero que fiquemos juntos.

Para a assistência eu não existo

Eu penei. Trabalhei um ano como "mensageiro". Eu ia trabalhar todos os dias. Não faltei um dia sequer. Amanhã estou de folga para tomar conta de meu filho. Meu filho tem dois anos e meio. Justamente como Paco [*ele aponta o garotinho de Carmem que, agarrado no carrinho, parou de insistir para ouvir com atenção e admirar as lâmpadas cintilantes de meu gravador*]. Ele frequenta a escola. Eu vou buscá-lo na escola amanhã à tarde. É um descanso não remunerado porque em meu trabalho não há vantagens sociais, só há o salário. Você sabe, minha mulher está inscrita no centro de assistência social, ela tem o *Medicaid* [*Medicaid é um sistema de saúde instaurado nos anos 70 para ajudar os pobres e necessitados*]. Ela só tem direito para uma criança... meu filho. Eles dão 144 dólares de 15 em 15 dias e, no centro, de bônus de alimentação dão 129 dólares por mês. Mas não dá para viver. Você é obrigado a trabalhar. É por isso que fazemos como se os dois não estivéssemos casados. Para a assistência eu não existo, do contrário eles lhe tirariam a pensão e o *Medicaid*. Mas quando perdemos o apartamento de minha mãe, para ir para o abrigo com minha mulher eu tive que me justificar diante do centro de assistência. Eu lhes disse, "bom, eu vivo com minha mulher atualmente, eu tenho um serviço e coisas assim". Então eles me colocaram no abrigo com ela. Mas, naquele tempo, a ajuda social começou a diminuir a pensão que lhe dava. A ajuda social dizia, "vocês moram num abrigo e lhes fornecemos três refeições por dia no centro de acolhimento, portanto isso vai deduzido em seus bônus alimentares". Ela [*a ajuda social*] dizia também: "vocês não pagam aluguel, vocês têm um lugar onde ficar. Vocês têm alimentação gratuita". Então, depois, em lugar dos 144 dólares quinzenais, ela passou a receber 85 dólares de ajuda social, mais apenas 75 dólares de bônus alimentares, porque ela e o garoto se alimentam de graça no abrigo. Ela está chateada, pois pouco pode fazer com aquela grana. Ela não podia comprar roupas. Ela podia apenas comprar comida. Mas agora sua alimentação é rápida; e depois não há comida como é costume em casa [*ele aspira coca e bebe*].

O apartamento era o sinal de que eu devia parar de vender crack

– Mas, Ramon, você não dizia agora mesmo que poderia ser que sua mulher acabasse por obter um apartamento?

Ramon – O centro de ajuda social a ajudou a conseguir um apartamento, porque é uma mulher necessitada. Sim, uma mulher necessitada. Ela passou nove meses com meu filho de dois anos no abrigo. Foi por isso que ela conseguiu o apartamento. A ajuda social paga só 50 dólares por mês, compreende? São deduzidos diretamente dos auxílios que recebe. Eu nada tenho a pagar porque eles nada sabem de mim, se bem que eu tenha um serviço na Wall Street. Então, agora, meu salário representa, enfim, alguma coisa. São 145 dólares limpos por semana e eles não vão reter nada para a bonificação familiar. Pode ser que isso nos torne a vida mais fácil. Chegou a hora de economizar e comprar o que desejo. Como minha mulher tem agora o apartamento, eu acho que talvez tudo vá melhorar. Agora, você compreende, posso relaxar, decidir o que quero fazer. Minha mulher notou e ela me conhece, sim, estou melhor, começo a melhorar. Quando minha mulher recebeu o apartamento, eu senti isso como um sinal para parar de vender *crack*. Porque você sabe que já tive problemas [*ele aponta a sacola de ginástica a seus pés com o revólver*]. Eu tive essa briga com outro vendedor, o tipo quer me matar e tudo! Agora que minha mulher tem o apartamento, é como um sinal para eu ficar longe da rua, para não mais lá estar [*estendendo o braço em dire-*

ção da crack house do outro lado da rua]. É como se me dissessem, "você já tem um lugar onde paga apenas 50 dólares por mês e não precisa de nada mais. Agora você relaxe, vá trabalhar, volte para casa e se ocupe com seu filho".

[*Júlio revira os olhos frente à novidade da decisão tomada por Ramon e, travesso, oferece-lhe cocaína. Ramon aspira a coca e, mais pensativo, retoma seu monólogo*]. Eu não sei, mas, talvez eu pudesse voltar à venda. Eu poderia, talvez, vender em outro lugar que fosse mais seguro. Eu não sei. [*Tendo bebido os últimos tragos de nossa garrafa gigante de St. Ides, Ramon a lança fazendo-a descrever um grande arco circular antes que se espatifasse ruidosamente na calçada para grande alegria do pequeno Paco. Quase da mesma maneira, ele mete duas notas amassadas de um dólar na mão de Júlio, fazendo-lhe sinal para que fosse buscar outra garrafa no bar da esquina*]. Porque eu espero apenas que ela obtenha, verdadeiramente, o apartamento. Ela tem o contrato e tudo, mas o proprietário ainda o incomoda para deixar o apartamento. Ela já deu uma entrada. Há dois dias [...], e amanhã eles vão verificar se o apartamento está em ordem, também amanhã saberei se vou tê-lo ou não. Será amanhã [*fechando a mão com ansiedade*]. Se eu o tenho! Super! Senão, eu vou ainda ser obrigado a esperar um mês ou dois para conseguir outro apartamento. O problema é que eu não posso ficar muito tempo onde estou morando agora, eu moro na casa do primo de minha mulher, mas ele não está pagando mais aluguel e vai ser despejado. O máximo que eu posso ficar lá é duas semanas. Meu primo sabe que vai ser despejado. Ele trabalha, mas poupa o dinheiro para comprar um apartamento em outro lugar. Com melhor vizinhança. Então, ele não está nem aí por ser posto para fora. É preciso que o apartamento passe para minha mulher para eu poder mudar meus negócios, instalar-me junto dela, estar de novo com meu filho. [*Apertando de novo a mão, depois ele mergulha de novo a ponta do dedo no montinho de cocaína deixado no banco.*] O proprietário estava de acordo e tudo.

– Se você não conseguir ir para o apartamento, você não poderá morar com alguém de sua família?

Ramon – Meu irmão e minha irmã estavam também num centro de acolhimento; eles vivem agora num abrigo de três cômodos como aquele onde está minha mulher. Minha outra irmã mais velha, ela vive com o marido agora. Seu marido acabou de sair da prisão e, atualmente, eles estão em um hotel [*A cidade de Nova York alberga os desabrigados em hotéis quando os abrigos de emergência estão lotados*]. Minha outra irmã mais nova está presa. Meu irmão mais novo também. Assim só eu, meu irmão mais velho e minha irmã mais velha estamos fora. Minha mãe mudou-se para o Queens [*Queens é um distrito de Nova York que se compõe de Manhattan, Bronx, Brooklyn, Staten Island e Queens*]. Ela mora na casa dela, ela está feliz. Eu a faço acreditar que tudo está bem, e ela fica feliz assim. Não quero que minha mãe sofra, quando vou vê-la, eu disfarço e lhe digo, "não se preocupe comigo, tudo está bem".

Faz algum tempo, eu tinha quase o bastante para comprar um apartamento

Júlio – [*Interrompendo Ramon e estendendo-lhe a nova garrafa de cerveja.*] Sua família não tem jeito, cara!

Ramon – [*Abrindo a garrafa e derramando pensativamente algumas gotas no passeio, gesto porto-riquenho tradicional em memória dos mortos. Depois ele bebe apenas um pequeno gole, achando que a cerveja estava muito gelada. Cuspindo, ele a passa a Júlio sem olhá-lo*]. Vai fazer três anos e meio que estou à procura de um apartamento. Não tive chance, nada consegui. Faz algum tempo eu tinha quase o bastante para dar um mês de garantia. Certa vez eu dei 400 dólares a um sujeito que pretendia me arranjar um apartamento. Eu vi um prédio onde havia uma faixa "apartamentos para alugar", entrei para ver e, você não vai acreditar, o tipo saía de lá. Ele me disse: "se você me der 400 dólares, eu arranjarei para você este apartamento agora mesmo". Ele me fez visitar todos os cômodos etc. Eu lhe respondi: "está bem"; era no Brooklyn. E imediatamente eu tinha o dinheiro na mão [*acariciando um maço de notas imaginárias na palma da mão...*], ele me disse, "passe-me o dinheiro, dou-lhe um recibo [*rabiscando um pedaço de papel imaginário*], eu lhe dou um recibo". Era um viciado. Fui ver a mãe dele e lhe disse: "não perco meu dinheiro para ninguém, viu? Seria melhor que eu recuperasse meu dinheiro, ou uma merda vai acontecer aqui". Ela percebeu que eu não estava brincando. Eu acrescentei: "se alguém, quem quer que seja, põe a mão no meu dinheiro, haverá alguém para pagar a conta, nem quero saber quem vai pagar. Espero apenas que isso não recaia sobre a senhora". Foi incrível, mas o safado pôs mesmo a mãe dele em perigo! A vida da sua própria mãe! Então! Heim! [*aspirando a coca*] eu gastei dois ou três dias para recuperar meu dinheiro. Mas não foi ele que me pagou. Foi seu irmão mais velho. Ela o chamou e lhe explicou a situação. Toda vez que eu olho para isso [*exibindo o "recibo" amarrotado*], você sabe, eu me lembro como ele se foi com meus 400 dólares. Se eu lhe pusesse as mãos, eu o teria matado, sem dúvida, ou o teria mandado para o hospital! Nunca mais ouvi falar dele [*ele engole em seco*].

– Você sabe, Ramon, é verdadeiramente uma gravação formidável esta que você me fez. Eu penso poder usá-la em meu livro, mas estou estourado. Eu não cheiro mais como você e os rapazes e tenho que levar meu filho à escola amanhã de manhã. Vou me retirar.

Ramon – [*Impossibilitado de falar porque está com a boca cheia de cerveja fria, mas me fez um sinal para deixar o gravador ligado e quase com o mesmo gesto da mão ele mete-a no montinho de cocaína que está, novamente, no joelho de Júlio, e aspira delicadamente*]. Crescer em El Barrio me ensinou muito. Aprendi!... [*aspirando, de novo, profundamente, a coca e aumentando o ritmo e a elocução de sua fala*] aprendi como escapar do perigo. Porque, quando você é jovem e vê pessoas morrerem diante de você [*aspirando de novo*] com a cabeça rebentada. Levando um tiro em pleno rosto, caem de cara no chão [*imitando cair para a frente com o rosto sem expressão*], justamente naquele lugar [*apontando para a calçada próxima do pequeno Paco que, no carrinho, olha fascinado*]. Você vê um cadáver, você vê os miolos projetando-se na parede [*ele aponta para os tijolos do HLM atrás de nós*]. Eu já vi isso antes [*aspirando*]... Eu estava na escola, eu estava no colégio. Justamente no lugar onde se encontra o Clube [*"O Clube" é uma outra crack house situada algumas ruas abaixo. Ela pertence ao dono da botanica crack house que fica diante de nós e Júlio dirige*]; justamente lá na parede. Eu vi os miolos projetando-se na parede justamente lá [*e estendendo o braço como se admirasse um panorama extraordinário*]... Eu vi pessoas se matarem, se agridirem [*falando ainda mais depressa*], se agridirem diante de mim, pessoas que se batiam e se esmurravam [*vagarosamente de novo*]. Agora isso não faz mais nenhum sentido para mim. Nada me comove. Você pode me apontar um revólver e eu lhe direi apenas: "vá! mate-me!" Não tenho nada a perder. Nunca atiraram em mim mas... foi assim que a vida me tratou, a vida me fez de tal modo sofrer que nada tenho a perder; daqui, eu aprendi tudo... a mentalidade e tudo, aqui... no Barrio.

Agosto de 1989

Pierre Bourdieu

A demissão do Estado

A vontade, plenamente louvável, de ir ver as coisas pessoalmente e de perto, leva, por vezes, a procurar os princípios explicativos das realidades observadas exatamente no lugar onde eles não se encontram (pelo menos, na sua totalidade), isto é, no próprio local da observação: assim, é certo que a verdade do que acontece nos "subúrbios difíceis" não reside nesses lugares, habitualmente esquecidos, que surgem, de tempos a tempos, no primeiro plano da atualidade[1]. O verdadeiro objeto da análise, que deve ser construído contra as aparências e contra todos os que se contentam em ratificá-las, é a construção social (ou, mais precisamente, política) da realidade deixada à intuição e das representações – principalmente, jornalísticas, burocráticas e políticas – de tal realidade que contribuem para produzir efeitos bem reais, antes de tudo, no universo político no qual elas estruturam a discussão, e até no universo científico.

A nobreza do Estado e o liberalismo

Se, aqui, damos predominância à análise crítica das representações, não é pelo simples prazer do sacrifício aos jogos da polêmica. Essas construções coletivas fazem parte da realidade que procuramos compreender; aliás, em grande parte, são responsáveis por ela. É o caso, por exemplo, da visão neoliberal que inspirou as medidas políticas tomadas nos anos 70 em matéria de financiamento público para a habitação e que contribuíram para criar a divisão social – muitas vezes,

---

[1]. A divisão entre as disciplinas – etnologia, sociologia, história e economia – volta a traduzir-se em cortes, totalmente inadequados, dos objetos de estudo. É o que se passa, por exemplo, com a oposição entre monografias circunscritas ao local – e, por esse fato, incapazes de apreender os mecanismos cujos efeitos são registrados por elas – e as análises de ambição mais sistemática, embora obrigadas a escolher, mais ou menos arbitrariamente, entre a complexidade dos fatos, para construir modelos "estilizados".

materializada no espaço, como em Saint-Florentin, por uma simples rua – entre os proprietários de pequenas casas e os habitantes dos grandes conjuntos coletivos. No entanto, quando os "quebra-quebras de Vaux-en-Velin" ou o "assassinato de Saint-Florentin" constituem a abertura dos jornais televisados e ocupam a primeira página da imprensa escrita, quem é que se lembra do *Livre blanc** dos *HLM*, das Comissões Barre** ou Nora-Eveno*** e de todos os debates sobre "o investimento no setor imobiliário" e "a ajuda individualizada" que agitaram as classes dirigentes, há quinze anos atrás, durante o mandato presidencial de Giscard d'Estaing e seu secretário de Estado para a Habitação, Jacques Barrot? As burocracias têm memória curta e os nomes de todos os que participaram da elaboração coletiva de algumas decisões mais importantes do pós-guerra caíram completamente no esquecimento[2]. E da mesma forma, será que podemos esperar dos jornalistas – e dos filósofos jornalistas – que dissertem doutamente, nas colunas de seus editoriais, sobre o "véu islâmico" ou sobre os "acontecimentos" assinalados nesta ou naquela cidade dos subúrbios de Paris ou Lyon, e que se questionem verdadeiramente sobre a contribuição do jornalismo para a produção do "acontecimento" que julgam ter simplesmente registrado e analisado?

A oposição entre liberalismo e estatismo, que ocupa tanto os ensaístas, não resiste um segundo à observação. Verificamos, por exemplo, que o Estado contribui de maneira determinante no mercado imobiliário, principalmente através do controle que exerce sobre o mercado dos solos e as formas de ajuda que fornece para a compra ou aluguel de habitações; e que, ao mesmo tempo, contribui para definir a distribuição social do espaço ou, se preferirmos, a distribuição das diferentes categorias sociais no espaço (sobre a qual atua também pela ação que exerce sobre o mercado do trabalho e sobre o mercado escolar). E confirma-se a retirada do Estado e a diminuição da ajuda pública destinada à construção quando, no decorrer dos anos 70, os incentivos ao investimento no setor imobiliário são substituídos pela ajuda individualizada; ora, esta mudança é que é, no essencial, responsável pelo aparecimento dos lugares de relegação nos quais, sob o efeito da crise econômica e desemprego, se encontram concentradas as populações mais desfavorecidas.

---

* Resultado da rigorosa análise, encomendada pelo governo francês, relativa à situação dos *HLM*.

** Trata-se de Raymond Barre, político francês que, em 1975, presidiu à "Commission d'étude d'une réforme du financement du logement".

*** Simon Nora e Bertrand Eveno, coautores de um relatório encomendado, em 1975, pelo governo francês sobre "L'Amélioration de l'habitat ancien".

2. Encontramos todos esses nomes e, sobretudo, uma análise da produção da política da habitação, no número 81-82 da revista *Actes de la recherche en sciences sociales,* publicado em março de 1990, e consagrado ao tema "l'économie de la maison".

Portanto, é impossível compreender o estado das coisas – em matéria de habitação, assim como em muitos outros setores – sem levar em consideração a conversão coletiva à visão neoliberal que, iniciada nos anos 70, culminou, em meados dos anos 80, com a adesão dos dirigentes socialistas. Tal mudança não se limitou a essas transformações do humor ideológico, anunciado pelos "filósofos" mediáticos como "retorno do sujeito" ou "morte do pensamento de 1968". Foi acompanhada pela demolição da ideia de serviço público para a qual os novos mestres do pensamento colaboraram com uma série de teorias falsas e equações deturpadas, baseadas na lógica da contaminação mágica e da amálgama denunciadora que foi um recurso utilizado frequentemente, no passado, por seus adversários marxistas: transformando o liberalismo econômico na condição necessária e suficiente da liberdade política, o intervencionismo do Estado é assimilado ao "totalitarismo"; identificando sovietismo com socialismo, mostra-se que a luta contra as desigualdades consideradas como inevitáveis é ineficaz (o que não impede de criticá-lo por desencorajar os mais bem intencionados) e, em todo caso, só pode ser travada em detrimento da liberdade; associando eficácia e modernidade à empresa privada, por um lado, arcaísmo e ineficácia ao serviço público, por outro, pretende-se substituir a relação com o cliente, supostamente mais igualitária e mais eficaz, pela relação com o usuário e identifica-se a "modernização" com a transferência para o privado dos serviços públicos mais rentáveis e com a liquidação ou submissão do pessoal subalterno dos serviços públicos, considerado como responsável por toda a ineficiência e excesso de formalismo.

Mão direita e mão esquerda do Estado

Basta determo-nos nesta última característica para ver que todo esse conjunto de lugares-comuns – elaborados em lugares de encontro, especialmente preparados, com a intenção de favorecer as trocas entre "pensadores" carentes de poder e poderosos carentes de pensamento (revistas, clubes e colóquios) e, incansavelmente, reprisados nos jornais e hebdomadários – exprime de forma bastante direta a visão e os interesses da grande nobreza do Estado, oriunda da ENA e formada na faculdade de Ciências Políticas[3]. São esses novos mandarins, gulosos por gratificações e sempre prontos a deixar o serviço público pelo setor privado, que – cansados de pregar o espírito de "serviço público" (para os outros), como nos

---

3. Poderemos verificar que a análise que tinha sido feita, bem antes de seu triunfo, dessa temática e de suas condições sociais de produção, permanece perfeitamente válida, apesar do *aggiornamento* aparente que recebeu dos enarcas socialistas (cf. BOURDIEU, P. & BOLTANSKI, L. "La production de l'idéologie dominante". *Actes de la recherche en sciences sociales*, 2-3, 1976, p. 1-73).

anos 60, ou celebrar o culto da empresa privada, sobretudo após 80 – pretendem administrar os serviços públicos como se fossem empresas privadas, mantendo-se ao abrigo das obrigações e riscos, financeiros e pessoais, que estão associados às instituições cujos (maus) costumes procuram *macaquear*, principalmente em matéria de gestão do pessoal; são esses que, em nome dos imperativos da modernização, atacam o pessoal da execução, como beneficiados da função pública, protegidos contra os riscos da livre empresa por meio de estatutos rígidos e agarrados à defesa corporativista das regalias sociais; são esses que vangloriam os méritos da flexibilidade do trabalho a não ser que, em nome da produtividade, preconizem a redução progressiva dos efetivos.

Compreendemos que os funcionários dos escalões inferiores e, muito especialmente os policiais e magistrados subalternos, assistentes sociais, educadores e até mesmo, cada vez mais, professores de todos os graus de ensino que estão encarregados de exercer as funções ditas "sociais" – isto é, compensar, sem dispor de todos os meios necessários, os efeitos e carências mais intoleráveis da lógica do mercado – tenham o sentimento de estar abandonados, até mesmo desacreditados, nos esforços dispendidos para enfrentar a miséria material e moral que é a única consequência certa da *Realpolitik* economicamente legitimada. Vivem as contradições de um Estado cuja mão direita já não sabe, ou pior, já não quer o que faz a mão esquerda, sob a forma de "duplas vinculações" cada vez mais dolorosas: por exemplo, como será possível não ver que a exaltação do rendimento, da produtividade, da competitividade ou, mais simplesmente, do lucro, tende a arruinar o próprio fundamento de funções que não se exercem sem um certo desinteresse profissional associado, muito frequentemente, à dedicação militante[4]?

É a própria definição das funções dessa "burocracia de base" *(street-level bureaucracy)* que se encontra profundamente transformada – no campo da habitação, mas também alhures, por exemplo, em relação com o salário mínimo. Com efeito, a ajuda direta à pessoa toma o lugar das antigas formas de melhoria dos serviços públicos, sendo que já foi mostrado que estas têm consequências completamente diferentes: em perfeita conformidade com a visão liberal, a ajuda direta "reduz a solidariedade a uma simples alocação financeira" e visa somente permitir o consumo (ou incitar a um consumo maior), sem procurar orientar ou estruturar tal consumo[5]. Passamos, assim, de uma política de Estado

---

4. Já foi observado que as pessoas admitidas no serviço público e, muito particularmente nos "street-level bureaucracies", mostram frequentemente uma certa dedicação à sua função, tida como suscetível de ser útil de um ponto de vista social (cf. LIPSKY, M. *Street-level Bureaucracy, Dilemmas of the Individual in Public Services*. Nova York: Russel Sage Foundation, 1980, p. XII).

5. Cf. GRUSON, C. & COHEN, J. *Tarification des services publics locaux*. Paris: La Documentation française, 1983, p. 47-48 e CHAMBAT, P. "Service public et néo-libéralisme". *Annales ESC*, 3, 1990, p. 615-647.

que visa agir sobre as próprias estruturas da distribuição para uma política que visa simplesmente corrigir os efeitos da distribuição desigual dos recursos de capital econômico e cultural, isto é, para uma *caridade de Estado* destinada, como nos bons velhos tempos da filantropia religiosa, aos "pobres merecedores" (*deserving poors*). Com o enfraquecimento do sindicalismo e das instâncias mobilizadoras, as novas formas que a ação do Estado reveste contribuem para a transformação do *povo* (potencialmente) mobilizado em um agregado heterogêneo de *pobres* atomizados, "excluídos", como são designados pelo discurso oficial; aliás, estes são evocados sobretudo (senão, exclusivamente) quando "causam problemas" ou para lembrar aos beneficiados que se trata de um privilégio possuir um emprego permanente.

A escola dos subproletários

Esse desvio pelo Estado e suas decisões políticas é indispensável para compreender o que, atualmente, se observa "no campo", isto é, a situação precária em que se encontram os "trabalhadores da área social", investidos pelo Estado (ou municipalidades) para garantir os mais elementares serviços públicos, principalmente em matéria de educação e saúde, às populações mais desfavorecidas dos grandes conjuntos habitacionais ou subúrbios, deixados cada vez mais em abandono pelo Estado. Esses funcionários refletem as contradições do Estado que são vividas, frequentemente no mais profundo deles mesmos, como se fossem dramas pessoais: contradições entre as missões, quase sempre desmedidas, que lhes são confiadas – principalmente, em matéria de emprego e habitação – e os meios, normalmente irrisórios, que lhes são alocados; contradições, sem dúvida as mais dramáticas, produzidas, em parte, pela sua ação, como as que resultam das esperanças e desesperos suscitados pela instituição escolar.

Como será possível que os funcionários, que se ocupam cotidianamente dos mais desfavorecidos de um ponto de vista econômico e cultural, ignorem ou dissimulem que inúmeros problemas vivenciados pelas famílias, através de suas crianças, estão ligados, direta ou indiretamente, à ação da Escola? Com toda a certeza, não devemos procurar alhures o verdadeiro princípio das particularidades desses "jovens", frequentemente descritos na linguagem do indizível e do nunca visto que, na ordem científica, é o equivalente à retórica jornalística do sensacional. Em seus comportamentos e, sobretudo, em sua relação com o futuro, esses adolescentes apresentam todas as características dos subproletários, além de serem afetados, de maneira profunda e duradoura, pelos efeitos de uma estada prolongada na Escola.

Sem dúvida, todas as descrições convergem para o que se encontra no âmago da experiência desses adolescentes: o sentimento de estarem acorrentados pela falta de dinheiro e de meios de transporte a um lugar degradante ("apodrecido") e votados à degradação (e às degradações) que pesa sobre eles como maldição ou, muito simplesmente, um *estigma*, que impede o acesso ao trabalho, lazer, bens de consumo etc.; e, mais profundamente, a experiência inexoravelmente repetida do fracasso, antes de tudo na escola, e depois no mercado do trabalho que impede ou desencoraja qualquer antecipação razoável do futuro. No entanto, não se vê como tal experiência temporal – característica dos *subproletários*, votados, por sua falta de poder em relação ao presente, à demissão diante do futuro ou à inconstância das aspirações – venha a enraizar-se em condições de existência marcadas pela mais total incerteza a respeito do futuro e pela discordância interior de aspirações, ao mesmo tempo, abertas e fechadas pela Escola.

Esses jovens que, pela falta de capital cultural, estão votados a um fracasso escolar praticamente certo, encontram-se, muitas vezes, até uma idade relativamente avançada, em condições de existência propícias a alimentar, apesar de tudo, suas aspirações: afastando-os, provisoriamente, das atividades produtivas e separando-os do mundo do trabalho, a Escola interrompe o ciclo "natural" da reprodução operária baseado na adaptação antecipada às posições dominadas e leva-os a recusar o trabalho braçal, sobretudo na fábrica, e a condição operária; leva-os a recusar o único futuro que lhes é acessível sem dar qualquer garantia em relação a esse futuro que ela parece prometer, ao mesmo tempo que os ensina a renunciar a ele, definitivamente, pelo *efeito de destino* de seus veredictos. A eficácia de tais mecanismos exerce-se, de forma muito especial, sobre os adolescentes de origem estrangeira, principalmente norte-africanos, cujas dificuldades bem específicas no mercado escolar se duplicam com as dificuldades suplementares, no mercado do trabalho, resultantes de seu *capital simbólico negativo*, ligado aos sinais exteriores de sua configuração corporal, funcionando como estigma, do mesmo modo que o nome, o sotaque e também, doravante, o lugar de residência.

Esses fatores estruturais, que modelam principalmente as disposições relativas ao tempo e, por essa via, a relação ao trabalho, explicam a afinidade entre esses jovens com disposições instáveis e os empregos temporários; no entanto, não é possível dar conta completamente das disposições e práticas desses adolescentes, em especial das mais "desviantes", sem fazer intervir vários outros fatores. Antes de tudo, verificou-se o definhamento e enfraquecimento das instâncias de mobilização, tais como as organizações políticas e sindicais que, nos antigos "subúrbios vermelhos", não se contentavam, como se diz habitualmente, em "canalizar e regularizar a revolta", mas garantiam uma espécie de "envolvimento contínuo" de toda a existência (principalmente, através da organização de atividades esportivas, culturais e sociais), contribuindo, assim, para dar um sentido à revolta, assim como a toda a existência.

Em seguida, é a crise das estruturas familiares que atinge sobretudo as famílias norte-africanas e que é o princípio mais importante da diferença entre essas famílias – e seus filhos – e as outras famílias de imigrantes: a elevada taxa de fecundidade de tais famílias (aliás, tendendo a declinar à medida que se eleva seu capital econômico e cultural) só muito dificilmente está de acordo com o projeto pedagógico (no sentido amplo) tacitamente exigido por seu novo ambiente social; além disso, a defasagem é bastante profunda, tanto no estilo de vida quanto nas aspirações e toda a visão do mundo, entre pais pouco ou nada escolarizados e crianças que estiveram completamente submetidas aos efeitos de uma estada prolongada no sistema escolar. Efeitos contraditórios e, pelo menos, paradoxais: para os jovens imigrantes, a Escola é a ocasião de descobrir e viver o fato de fazer parte com plenos direitos da sociedade francesa (e também, de maneira mais ou menos explícita, da cultura democrática, geradora de aspirações universalistas, tais como a recusa ao racismo) e sua plena exclusão de fato, confirmada pelos veredictos escolares. Quanto aos pais, que estão submetidos aos contragolpes de todos os choques e de todos os sofrimentos dos filhos, não têm o poder de oferecer-lhes meios de existência, nem *razões de viver* capazes de arrancá-los a seu sentimento de estarem sobrando. E isso também porque muitas vezes são excluídos da realidade econômica e social pelo desemprego e separados de sua comunidade de origem, e bastante isolados, paradoxalmente, nesse *habitat* social que reúne os casais em função dos apartamentos disponíveis e das remunerações e não, como nas favelas, em função das relações de parentesco. Não tendo nada a propor para o presente e, ainda menos para o futuro, sentem dificuldades em controlar as aspirações ao consumo que são suscitadas nos filhos pela frequência da escola e pelas solicitações de um universo social obcecado por bens de consumo a que não têm acesso e, ao mesmo tempo, estão presentes por toda a parte: na rua, com os carros de luxo, no supermercado ou, no próprio âmago da vida doméstica através da televisão e dos catálogos publicitários que são depositados, todos os dias, nas caixas do correio.

Se existe um efeito peculiar da coabitação, reside no fato de que, em tal meio ambiente, ninguém pode apoiar outra pessoa, de tal modo que as quedas sociais não encontram os freios ou redes de proteção que são garantidos por outros contextos sociais. Reside, também, nessa espécie de supervalorização da violência que se desencadeia quando as "pequenas besteiras" (fazer gazeta, furtos, roubo de carros etc.) concebidas, muitas vezes, como um jogo ou desafio, ou as bruscas explosões coletivas de violência (por exemplo, aquela que leva alguns jovens a destruir os locais ou equipamentos reclamados por eles mesmos), abrem progressivamente o caminho para a ação de uma pequena minoria atuante e organizada: o reino do bando – muitas vezes constituído na escola e no qual se verifica a tendência a impor aos que pretenderiam sair de tal situação o alinhamento pelos mais desfavorecidos – pode ser exercido sobre uma população atomizada, incapaz de se mobilizar coletivamente, deixando como única saída aos que estão sob seu domínio a submissão resignada e o retraimento no sofrimento e ódio, gerador das condenações globais e indiferenciadas do essencialismo racista, ou a retirada que duplica a degradação e estigmatização do lugar abandonado dessa forma.

Refazer a história

Se me pareceu necessário evocar uma das séries causais que conduzem dos lugares mais centrais do Estado até às regiões mais deserdadas do mundo social, colocando a ênfase, ao mesmo tempo, na dimensão propriamente política dos processos – sem dúvida, infinitamente mais complexos – que levaram a um estado de coisas nunca pensado ou desejado por quem quer que fosse, não é para me sacrificar à lógica da denúncia e da acusação, mas procurar abrir possibilidades para uma ação racional com o objetivo de desfazer ou refazer o que a história fez.

Com efeito, a busca de um sistema explicativo bem fundamentado não tem, neste caso, nada de gratuito: os lugares de relegação e seus habitantes tornaram-se, pelos problemas causados, um dos principais desafios da luta política e é importante opor-se às explicações, cujo caráter altamente fantasista apareceria imediatamente, se não revelassem os fantasmas mais antigos da tradição ocidental (penso, por exemplo, nessa variante mal eufemizada da explicação racista representada pela invocação do caráter excepcional da tradição islâmica, instituída como fundamento de uma alteridade radical e definitiva). Assim, abstendo-nos de ver aí uma cadeia mecânica de responsabilidades, não é inútil mostrar o elo entre uma política neoliberal que visa arrancar a pequena burguesia ao *habitat* coletivo – e, por esse meio, ao "coletivismo", e ligá-la à propriedade privada de sua casa ou de seu apartamento em condomínio e, ao mesmo tempo, à ordem estabelecida – e a segregação espacial, favorecida e reforçada pela retirada do Estado; e também o elo, mais evidente, entre essa segregação, com seus efeitos mais visíveis, e o lugar que ocupa hoje, no campo político e alhures, a oposição entre os "nacionais" e os "imigrantes" que acabou por suplantar a oposição, até então no primeiro plano, entre dominadores e dominados. Tudo isso, em razão do declínio das instâncias de mobilização e de sua aptidão para superar, tanto teoricamente – pela reativação da tradição internacionalista – quanto praticamente – pela criação de novas solidariedades –, as dificuldades que fazem surgir os conflitos ligados à coabitação, no próprio âmago do mundo operário e, até mesmo, nos lugares em que os "nacionais" são amplamente majoritários [como as *cités* (grandes conjuntos habitacionais) mais famosas: *Quatre mille* de La Courneuve, *Minguettes* ou a *cité Balzac* de Vitry].

Com a irrupção no campo político de um partido que, como o *Front National*, baseou toda a sua estratégia na exploração da xenofobia e racismo, qualquer debate político passou a organizar-se, mais ou menos diretamente, em torno do problema da imigração: na luta política entre as instâncias que se opõem pela imposição do princípio de visão e divisão legítima, principalmente partidos e sindicatos, a questão da redistribuição tornou-se totalmente central e, ao mesmo tempo, a questão da definição dos que têm direito de reivindicar as vantagens ligadas à nacionalidade. De fato, é com base na pretensão ao monopólio do acesso às vantagens econômicas e sociais associadas à cidadania que os dominados nacionais podem se sentir solidários com os dominadores nacionais contra os "imigrantes".

Estamos vendo como a demissão ou a retirada do Estado determinou efeitos inesperados – em todo caso, nunca desejados verdadeiramente; ora, tais efeitos são de natureza a ameaçar, com o passar do tempo, o bom funcionamento das instituições democráticas, se uma política bem firme de um Estado decidido a encontrar realmente os meios para colocar em prática as intenções proclamadas não vier, com toda a urgência, a superá-los.

Pierre Bourdieu

Uma missão impossível

Em resposta ao apelo que fiz por ocasião de um colóquio que reunia trabalhadores da área social, Pascale R. apresentou-se espontaneamente para dar um testemunho. No momento da entrevista, exercia as funções de diretora de projeto de reforma de imóveis em F., cidade de dimensão média do Norte da França. Como ela própria afirma, tratava-se de uma posição ambígua: enquanto contratada, é remunerada pela municipalidade e pode ser demitida por esta; no entanto, o contrato especifica que, embora colocada "sob a autoridade do prefeito", está, "antes de tudo, ligada a uma estrutura externa". "É bastante ambíguo: ao mesmo tempo, devo estar sob sua autoridade e ser independente; devo interpelá-lo e devo obedecer-lhe". Tal ambiguidade encontrava-se duplicada pelo fato de que, para levar a bom termo sua ação, devia passar por interlocutores bastante diferentes e dispersos: uns ligados ao Estado, ou seja, 17 direções departamentais (em particular, DDE, DDASS, Ação cultural/DRAC, Juventude e Esportes, Educação nacional[1]), cujos responsáveis quase nunca se reuniam e perante os quais ela se encontrava, na maior parte do tempo, em posição de solicitadora (quando, afinal, presumia-se que deveria coordenar, até mesmo organizar a ação de todos esses organismos à escala da unidade local); e no âmbito da região, os eleitos e os técnicos, sendo que as decisões orçamentárias, que definem os meios colocados à sua disposição, dependiam dos eleitos.

Tendo ocupado, antes, uma posição análoga em T., uma grande cidade vizinha, Pascale R. estava em condições de comparar as duas experiências. Em T., dependia da Administração dos HLM (e não da municipalidade), o que lhe conferia um poder real: "Eu fazia parte da administração dos HLM, era diretora de projeto de uma operação de reforma de imóveis e, nessa qualidade, tinha um poder enorme já que era responsável pelas moradias; tinha, portanto, o poder e a obrigação de encontrar alojamento para as famílias, em seguida, procurar os financiamen-

---

[1]. Sobre as siglas, cf. o respectivo índice.

tos, iniciar a reforma e distribuir as novas moradias". Além disso, tratava-se de um lugar em que "já tinha sido iniciado o trabalho para se chegar a um acordo"; nesse caso, ela pôde se apoiar em grupos já mobilizados e teve a possibilidade de exercer uma de suas principais funções, ou seja, "modificar as relações entre as pessoas", antes de tudo, entre os moradores – como veremos a respeito da questão da mulher idosa dos gatos – e também entre moradores e autoridades, municipais ou estatais. Assim, encontraram-se reunidas as condições de uma verdadeira autogestão: "Os representantes dos moradores acabaram por fazer a distribuição dos alojamentos". É então que Pascale R. descobriu que a instituição que a designou "já não a suporta". Seu sucesso é um fracasso: desempenhou demasiado bem um contrato que passava sob silêncio o essencial. É sob a forma desse dilema *(double-bind)* que ela experimentou a contradição que está na origem da instituição que a designou e da função que lhe foi oficialmente atribuída: no final de contas, o propósito de reanimar a vida do bairro e levar os residentes a participar da gestão, não passava de uma palavra de ordem esvaziada de sentido, uma ficção mistificadora pela qual a tecnocracia procurava atribuir-se algo mais.

Tal situação era bem manifesta na comparação entre as duas experiências. Em T., cidade em que Pascale R. dispunha de um poder real sobre um dos fatores do problema a ser resolvido, ou seja, o alojamento, chegou a fazer avançar sua ação bastante longe para desvendar a intenção profundamente contraditória da missão que lhe tinha sido confiada. Em F., onde ela se encontrava entregue a suas próprias forças, isto é, aos recursos, puramente simbólicos, da convicção e persuasão, descobriu imediatamente que não tinha condições de fornecer o que as pessoas pediam e só podia oferecer coisas que elas não desejavam (como os "estágios" que são simples paliativos do desemprego). O que poderia mudar realmente a situação da forma como lhe era pedido não dependia dela, enquanto o que dependia dela não poderia mudar absolutamente em nada a situação. "Sei perfeitamente que, no bairro, tudo o que as pessoas esperam é um trabalho. [...] Ora, é a única coisa que não estamos em condições de fornecer-lhes". E mais adiante: "O trabalho na área social traz em seu bojo uma contradição e cabe ao diretor do projeto DSQ imaginar soluções e propô-las às diferentes administrações. E aí também, existe contradição já que, ao encontrar alguma coisa, dizemos o seguinte: "É preciso que a proposta se adapte aos programas" e a resposta da administração é sempre a seguinte: "Do ponto de vista financeiro, isso não está previsto nos nossos programas".

Privada das condições excepcionais de que tinha se beneficiado em seu cargo anterior, Pascale R. esbarrou de frente nos dois principais obstáculos encontrados por qualquer ação social: a resignação de indivíduos desmobilizados e desmoralizados por uma longa série de fracassos e decepções, e a inércia de uma administração atomizada e atomizante, confinada na rigidez de suas rotinas e pressupostos (os "casos") e nunca tão inoperante a não ser quando põe em prática a democracia por ordem de uma "social-burocracia" tecnocrática. O trabalhador ou assistente social só pode dar o que tem: a confiança e esperança mínima para tentar encontrar uma solução. Deve lutar, sem tréguas, em duas frentes de batalha: por um lado, contra aqueles a quem deseja dar assistência e que, muitas vezes, estão desmoralizados demais para tomar nas mãos seus próprios interesses e, por uma razão ainda mais forte, os da coletividade; por outro, contra administrações e funcionários divididos e confinados em universos separados – a tal ponto que, como se vê perfeitamente no caso da aplicação do RMI, não são os mesmos serviços e funcionários que estão encarregados de pagar os beneficiários e garantir sua inserção no mercado do trabalho. A antinomia entre a lógica do trabalho na área social, que não existe sem um certo militantismo profético ou um voluntariado inspirado, e a lógica da burocracia, de suas disciplinas e prudências, nunca é vista tão bem a não ser quando, obedecendo a "diretivas vindas do alto", os funcionários se convertem "de um dia para o outro ao trabalho social", especialmente, por ocasião do décimo Plano: "De um trabalho que é de inovação e convicção, além de relações de pessoas, chegamos a um trabalho institucional: então sim!... É uma verdadeira catástrofe!"

Paradoxalmente, a rigidez das instituições burocráticas é tal que, a despeito de Max Weber, estas não podem funcionar, mais ou menos, a não ser graças à iniciativa, à inventividade, até mesmo ao carisma dos funcionários menos prisioneiros em sua função. A burocracia condenar-se-ia à paralisia se ficasse entregue exclusivamente à sua lógica, a saber: a das divisões administrativas que reproduzem na base as divisões das autoridades centrais em ministérios separados, impedindo ao mesmo tempo qualquer ação eficaz, isto é, global, a dos dossiês que devem ser "transmitidos incessantemente", a das categorias burocráticas que definem o burocraticamente pensável ("isso não está previsto"); e a das comissões onde vão se acumulando atitudes de prudência, censuras e controles. Sem dúvida, são as contradições provenientes das divisões burocráticas que abrem a margem de manobra, iniciativa e liberdade de que podem dispor as pessoas que, abandonando as rotinas e os regulamentos burocráticos, defendem a burocracia contra ela mesma.

Com a diretora de projeto de reforma de imóveis no Norte da França

– *Entrevista de Pierre Bourdieu*

"Eu sabia coisas demais."

Pascale R. – Em T., passei seis anos, quase sete, e saí de lá justamente porque estava ficando completamente deprimida: pouco a pouco, tinha estabelecido elos com as pessoas porque tinha tido tempo para isso, e criou-se uma verdadeira dinâmica, um grupo bastante amplo de representantes dos moradores, composto por homens, mulheres, aposentados, jovens, até mesmo por pessoas bastante ocupadas – é muito difícil que uma pessoa ocupada consiga tempo para se consagrar a outros projetos, além de seu trabalho e família; é difícil, mas também havia dessas pessoas no grupo. Havia assistentes sociais em relação às quais, *a priori*, estamos em oposição: eu era representante dos HLM – ora, a Administração dos HLM fornece alojamentos, enquanto as assistentes sociais pedem alojamentos e representam os maus inquilinos...

[*Os primeiros encontros com as assistentes sociais foram difíceis, mas melhoraram rapidamente durante o nono Plano. Os trabalhadores da área social envolvidos eram, muitas vezes, voluntários que reservavam algum tempo para participar do projeto: "Dessa forma, no início, tínhamos também uma seleção de pessoas, ou seja, um grupo que já estava constituído por uma dinâmica".*]

Modificar as relações entre as pessoas

Pascale R. – Portanto, ao fim de alguns anos, com um trabalho que se baseava em algumas pessoas interessadas ou voluntários militantes entre os que trabalham, acabamos estabelecendo laços e depois pudemos, enfim, colocar os problemas sobre a mesa. Mas somente ao fim de alguns anos; isso não acontece logo à primeira vista... Mesmo agora, durante meu primeiro ano em F., começo a conhecer as pessoas a partir de um novo terreno, mas sei que ainda não têm a confiança que poderão ter em mim ao fim de quatro ou cinco anos. Mesmo assim, é preciso tempo. A maneira como pude conhecer melhor os verdadeiros problemas é porque, em T., eu própria fazia, por conta da Administração dos HLM, a operação que me tinha sido atribuída; era uma operação "pesada"; era preciso desalojar e encontrar uma nova moradia para todo o mundo. A primeira coisa que eu devia fazer, era encontrar o novo alojamento para cada uma das famílias e isso me dava um papel particularmente importante porque conhecia pessoalmente as famílias... Sabia quem morava na família, em que tipo de alojamento estavam antes, em que tipo de novo alojamento estavam morando, de tal modo que eu conhecia as pessoas e, além disso, conhecia os trabalhadores sociais, as assistentes sociais, os representantes dos inquilinos que me falavam dessas pessoas que, na maior parte das vezes, eu já conhecia pessoalmente.

[...]

Pois bem, vou dar um exemplo que é interessante. Em T., tínhamos conseguido reunir em redor de uma mesa, uma vez por mês, os representantes dos HLM, dos quais eu fazia parte, os representantes dos moradores que eram voluntários e em quem tínhamos confiança porque nem todos podem fazer parte de um grupo onde se fala da vida privada das pessoas, portanto, alguns moradores em relação aos quais podíamos estar certos de que não repetiriam a todo o mundo o que se passava; afinal, eram pessoas em quem se podia de fato confiar. Quanto às assistentes sociais, não tinham confiança em todo o mundo porque conhecem as famílias, estão aí para as apoiar e, sobretudo, não vêm à reunião para mostrar as mazelas dessas famílias senão correm o risco de perder a oportunidade de obter uma alocação ou alojamento dos HLM, ou algo assim. Portanto, conseguimos, enfim, fazer a reunião, colocar as cartas na mesa, falar desta ou daquela pessoa. Vejamos, então, o exemplo de comportamento: trata-se de alguém que tinha sido objeto de reclamações porque tinha uma quantidade enorme de gatos e cachorros que urinavam e, então, a entrada ficava fedendo... Em seguida, essa mulher tinha pedido para mudar de alojamento, talvez, para ficar mais perto de uma amiga, mas não me lembro muito bem qual era o motivo, enfim não era importante ou então, era sim, mas com certeza, o motivo era... [Risos]... importante: era porque seu alojamento tinha-se tornado insalubre!

[...]

E isso depende das pessoas, é a maneira como elas utilizam o alojamento. Existe, é claro, a questão das finanças. Para não ter despesas com a calefação, as pessoas vedam portas e janelas e não utilizam a calefação, de tal modo que não há renovação de ar: instala-se a umidade. Como não há dinheiro, a pintura não é refeita e o carpete não é substituído; pouco a pouco, o papel se descola, a pintura se deteriora... Isso pode ir longe: vemos tetos inteiros que desabam porque o gesso ou taipa está embebido e depois, em determinado momento, cai, desaba. Quanto a isso, trata-se de razões verdadeiramente financeiras. É preciso que se saiba, é preciso levar isso em consideração. E depois, há também um modo de vida. Como é que se chega lá? Por vezes, tal coisa vai acontecendo durante alguns anos, uma pessoa cujo marido faleceu deixa o tempo passar, ou é o contrário, ou aconteceu uma separação, divórcio, perda do emprego, perda de um filho e depois abandona-se tudo e, nesse momento, o comportamento sofre uma mudança. Aí, já não se trata de razões financeiras, mas a pessoa já não administra seu orçamento, deixa as coisas irem correndo... Aí é mais difícil porque tais atitudes vêm dos avós e pais, os filhos são educados dessa forma, e depois não se vê muito bem como seria possível modificar a situação.

[...]

Foi dito [*à mulher dos gatos*]: "Pode mudar, mas ainda assim vai ser necessário reformar seu alojamento antes de sair". É difícil compreender porque, quando alguém pretende ir embora, é porque o alojamento não tem condições e vamos dizer-lhe: "A senhora deve reformá-lo"... E, justamente, isso faz parte dos deveres do inquilino: porque, quando alguém entra em um apartamento, este se encontra em estado de ser habitado; quando o deixa, deve estar em estado de ser habitado, caso contrário terá de gastar, pelo menos, 15.000 francos. Por conseguinte, recusamos a mudança... Em relação a essa pessoa, foi-lhe pedida essa reforma mediante uma explicação – aliás, isso foi feito pela assistente social que estava com ela, portanto em melhores condições para lhe transmitir a mensagem porque, se fosse alguém do HLM, seria considerado um "policial" que teria encontrado um "pretexto" para recusar o que ela pedia; partindo da assistente social, que deve ajudá-la, é outra coisa, seu trabalho é ampará-la; portanto, tratava-se de uma conselheira em economia social e familiar, precisamente, que lhe fez compreender que devia reformar seu apartamento. Como não podia fazer isso sozinha, foi pedido aos jovens do bairro que já estavam trabalhando em pintura; e eles pintaram o apartamento e colocaram um novo carpete.

Constituiu-se uma verdadeira cadeia, havia sete pessoas, os vizinhos, o zelador, os militantes do bairro – portanto, vizinhos mais atentos ao que se passa no bairro – a assistente social, o representante dos HLM, enfim, o setor da distribuição de alojamentos dos HLM, todo o mundo concordou em que essa pessoa pudesse modificar sua maneira de viver no apartamento. Pediram-lhe, então, que se separasse de uma parte de seus animais. Ela aceitou. Lembro-me de discussões que não eram claras porque eu não conhecia a idade dos cachorros e gatos; somente a conselheira em economia social e familiar é que podia dizer: "Pois bem, podemos pedir-lhe que se separe deste, mas não daquele"; enfim, isso vai longe, gastamos algum tempo com detalhes importantes e isso é a vida das pessoas. Chega-se ao ponto de ficar conhecendo a idade do cachorro. Pois é. E, no final de contas, separou-se de... Conservou um cachorro. E, em seguida, mudou de alojamento. Depois, deixei esse cargo. Não sei como a situação evoluiu, mas se continuarmos a estar com as pessoas, bastante perto, podemos conseguir essa inserção porque, caso contrário, essa mulher teria sido expulsa... Isso é um exemplo... Quando cheguei à fase operacional e fui nomeada para trabalhar no bairro, já tinha começado, há vários anos, um trabalho para chegar a um entendimento; portanto, eu tinha interlocutores, militantes, moradores do bairro.

– *E havia também associações familiares?*

Pascale R. – Os que fiquei conhecendo verdadeiramente como os mais ativos faziam parte da CSCV, mas eram poucas pessoas.

– *E elas desempenhavam um pouco o papel de exploradores ou vigilantes que descobrem...*

Pascale R. – Sim, é isso mesmo. Antecipavam-se aos acontecimentos, iam questionar o diretor. Quando fui contratada, devia começar no dia primeiro de tal data; o diretor pediu para me apresentar um pouco antes porque ia receber moradores que vinham interrogá-lo, afirmando o seguinte: "Mas o senhor vai receber alguém, vai contratá-lo (antes que eu o tivesse sido)... o que vai lhe pedir?" E nessa noite, estive, portanto, no escritório do diretor e apresentaram-se à minha frente duas, três pessoas que eram simples moradores da CSCV e a diretora do centro social do bairro. Já estavam acostumados, há vários anos, a se encontrarem, discutirem e trabalharem em conjunto. Portanto, já havia um terreno de entendimento.

– *E qual era a profissão delas?*

Pascale R. – Tinham tempo porque eram aposentadas. Depois, vim a travar conhecimento com pessoas que trabalhavam; digamos que o grupo era suficientemente sólido para integrar pessoas que achavam essa atividade bastante interessante a ponto de aceitarem se reunir após seu trabalho.

– Está pensando em quem, por exemplo?

Pascale R. – O trabalhador em quem estou pensando era alguém que trabalhava em supermercados; tinha verificado que era jogado fora tudo o que estava rasgado, ou que tinha perdido o rótulo, tudo o que era impossível vender. Portanto, conseguiu a autorização de sua diretoria para que essa mercadoria fosse distribuída pelas pessoas sem recursos.

– E ele veio à sua procura, nesse momento?

Pascale R. – Já o tinha feito antes da minha chegada e quando viu que estava a instalar-se no bairro uma rede de solidariedade, juntou-se a ela. E isso funcionava de tal modo que tudo se deslocou para o bairro. Conosco estavam praticamente todos os representantes já que, no fundo, eu mantinha uma relação indireta com as religiosas; depois, mantive uma relação bastante direta com um assistente religioso da JOC que trabalhava no próprio bairro com os jovens; com os aposentados; com o centro social e sua diretora e trabalhadores da área social; com as assistentes sociais de todas as instituições... com a CAF, a seguridade social, a educação nacional, a prefeitura, talvez, existam outros organismos que ainda não conheço, mas...

– E isso se fazia sob forma de reuniões regulares, ou então em uma ocasião particular, em vista de uma ação bem determinada?

Pascale R. – O ponto de partida foi meu encontro com os moradores que frequentavam o centro social. Pediram que me organizasse de certa maneira e aceitei; pediram que estivesse presente no bairro, no dia de feira, chegaram a encontrar um lugar porque era aí que eu encontraria mais gente. E bem depressa o local foi compartilhado por três serviços, cada qual com sua função e repartindo os encargos, portanto, verdadeiramente tudo se passava bem, muito organizado, sabíamos o que íamos fazer e, pouco a pouco, sabíamos que, na segunda-feira de manhã, iríamos nos encontrar. [...]

A instituição HLM já não podia me suportar

– Isso passou-se, mais ou menos, em que época?

Pascale R. – Começou em 83 e terminou em 88.

– E por que razão terminou?

Pascale R. – Para mim porque interrompi meu trabalho em T.; era também o fim da operação.

– Isso mesmo, e a estrutura manteve-se...

Pascale R. – Ah! não, não, não.

– Desapareceu?

Pascale R. – Completamente. De fato, no que me concerne, considero que interrompi esse trabalho com a morte na alma porque a instituição HLM já não podia me suportar.

– É impressionante...

Pascale R. – Já não podiam suportar esse contrapoder que estava se instalando.

– Quer dizer que isso estava inserido demais no nível da entrega dos alojamentos. Em que aspectos se manifestavam os conflitos com a instituição HLM?

Pascale R. – Nunca chegaram a ser declarados.

– Um pouco a respeito de tudo, não é mesmo?

Pascale R. – Sim, era a respeito de tudo: então, tornava-se um questionamento de minha pessoa, tornava-me demasiado independente, demais... é tudo o que se pode dizer de alguém que...

– *Subversiva?...*

Pascale R. – Sim, subversiva. Mau caráter. Que não se dobra diante da autoridade. Houve uma evolução da diretoria da Administração dos HLM; porque, no início, tive um diretor que tinha dito: "Tenho confiança nela, quero que ela se organize", e foi isso que fiz. Houve uma mudança de municipalidade, uma mudança de diretoria na Administração dos HLM. [...] Era preciso que eu deixasse o cargo por razões de sobrevivência pessoal. Eu estava sendo jogada fora. E jogada fora, então, pela Administração dos HLM. Eu me questionava; dizia para mim: "Será por causa dos eleitos ou por causa da diretoria da Administração dos HLM? Será que estou ocupando demasiado espaço, enquanto técnica, em um campo político, sendo incômoda para esses eleitos ou será que a Administração dos HLM não funciona?" E, no final de contas, creio bem que se trata unicamente do funcionamento de tal Administração; havia uma diretoria que pretendia retomar os métodos antigos e jogava no lixo o trabalho que eu tinha realizado.

– *Em particular, no que se refere à entrega dos alojamentos...*

Pascale R. – Tudo, sim. É isso mesmo, todo o poder... penso que eu era alguém que sabia de coisas demais.

– *Portanto, depois de sua saída, tudo definhou, isto é, as pessoas que trabalhavam com você, quer sejam assistentes sociais, aposentados, enfim, todo o mundo...*

Pascale R. – Não, penso que essas pessoas ainda continuam, são sempre ativas, mas há menos pessoas porque, com a mudança de plano, a equipe ficou reduzida aos representantes dos moradores. Tínhamos três instituições: a Administração dos HLM, o centro social, os moradores. Estes chegaram a fazer alguma coisa que era bastante nova: contrataram uma secretária; enquanto o costume era aproveitar um voluntário não assalariado; aí, era o oposto, as pessoas fizeram uma tentativa: "Pretendemos um trabalho bem definido, bastante técnico. Estamos nos comportando como se fôssemos empregadores". [...]

Os representantes dos moradores acabaram por fazer a distribuição dos alojamentos

– *Dito por outras palavras, o que você fez era algo considerado bastante subversivo. Todo o mundo gosta muito das associações, de tudo isso, para poder satisfazer o ponto de honra democrático* – "*temos uma associação de vizinhos*", "*uma associação de bairro*" *etc.* – *mas são instâncias sem poder que podemos consultar, ouvir, quando bem entendermos, constituem uma espécie de lugar de liberação dos instintos sem consequências, mas você acabou fazendo uma coisa muito diferente: articulou, através de sua ação, um poder bastante real.*

Pascale R. – Sim, é isso mesmo.

– *Dito por outras palavras, você criou uma espécie de democracia, de democracia de base, completamente oposta...*

Pascale R. – Às regras.

– *Portanto, isso é insuportável porque você consegue levar as pessoas a intervir com poder real de decisão e oposição a respeito da atribuição de alojamentos...*

Pascale R. – Sim, conseguimos isso...

– *... a respeito dos principais poderes que se exercem a esse nível; evidentemente, isso já não funciona porque os eleitos, enfim, os executivos, não devem gostar disso. Perdem todo o poder.*

Pascale R. – É isso mesmo. Acertou em cheio. Pouco a pouco, os representantes dos moradores que gostariam de se interessar pelo seu bairro – eram meus únicos interlocutores em quem, pouco a pouco, ganhei confiança; surgiu uma confiança recíproca que se estabeleceu entre nós – acabaram por fazer a atribuição de alojamentos. Uma das militantes tornou-se assalariada da Administração dos HLM. Acompanhava as visitas aos alojamentos-modelo. E era para mim uma coisa bastante boa porque ela fazia propaganda em favor do bairro. As pessoas não vinham somente visitar o apartamento, queriam saber de outras coisas que não conhecíamos muito bem. E então ela respondia, ela podia falar em relação às escolas: "Os senhores têm isto ou aquilo", ou "Conheço fulano, para tal problema conheço tal pessoa".

– *E qual era o número, o tipo de pessoas mobilizadas à sua volta?*

Pascale R. – Oh! poucas.

– *50, 30 pessoas...*

Pascale R. – Oh! nem tanto. Não, era flutuante.

– *Qual era a categoria: aposentados, professores, empregados?*

Pascale R. – Eram pessoas que moravam nos apartamentos; sobretudo aposentados porque conheciam bem o que se passava e tinham tempo. Eram poucas as pessoas assalariadas. Porque, pelo contrário, quando eu via chegar os novos inquilinos, normalmente jovens casais, estavam completamente ocupados com seu trabalho, crianças, compras etc., portanto, não voltava a vê-los. Cheguei a encontrar mulheres inativas. Ou então que faziam uns biscates de faxina. Cheguei a encontrar homens de uns trinta anos desempregados. Portanto, eram pessoas que tinham tempo para vir ao nosso encontro e achavam aí o meio de falar com outras pessoas e, em seguida, ficarem reconhecidas. O importante é isso. É participar e ter...

– *Uma razão de ser, é isso?*

Pascale R. – Pois é, uma razão de ser. Uma forma de existir...

– *E entre essas 30 pessoas, havia assistentes sociais, trabalhadores da área social, animadores...?*

Pascale R. – Alguns educadores-animadores, a secretária do comitê do bairro, a conselheira de economia social e familiar do centro social, da CAF, da seguridade social e, algumas vezes, da educação nacional. Havia trabalhadores da área social mais atentos a esses problemas do que a média dos burocratas e suficientemente afastados da lógica burocrática.

– *Dito por outras palavras, que são enviados, ao mesmo tempo, para os postos avançados...*

Pascale R. – E quando aparece um problema, a culpa é deles.

– *Postos avançados desautorizados...*

Pascale R. – Sim, não tinham poder.

– *E se, por acaso, conseguiam criar uma estrutura como a que você criou, então aí é terrivelmente chato porque isto modifica as coisas...*

Não tenho ninguém com quem falar

Pascale R. – Podia até mesmo falar com conhecimento de causa das expectativas das pessoas porque não havia filtro; eu própria ia à casa delas. Isso é realmente capital. Já não é a minha função, agora... estou na prefeitura, portanto sou levada a me dirigir a intermediários para encontrar os próprios moradores, não tenho qualquer autoridade em relação a estes, é o prefeito que poderia fazer isso e devo dizer que, pessoalmente, eu poderia ter feito o que fazem outras pessoas: passar de porta em porta, encontrar diretamente as pessoas. Mas creio que é porque já fiz uma primeira experiência que decidi não o fazer [em F.]. Disse para comigo: "Se vou ao encontro das pessoas, vou levar-lhes uma esperança, alguém que, pelo menos, vai perguntar-lhes... ficam esperando que tal pessoa venha modificar um pouco a vida delas e como diretora de projeto não sou a única capacitada a fornecer-lhes isso; tal ajuda pode vir também do professor primário, do diretor do centro social se ele modifica seu... quanto a mim, só posso modificar a atitude da municipalidade e, em seguida, de todos os intervenientes no bairro, isto é, todas as famosas administrações com seus representantes locais, mas desempenho um papel que é modificar as relações entre as pessoas, fornecer o financiamento e depois vou-me embora, já não fico aí. Portanto, se essas pessoas não desempenham tal papel, se não o fazem imediatamente ou por elas mesmas, eu acabo por incitá-las a tomar esta atitude. Se isso não vem delas, vou passar a ser unicamente uma pessoa suplementar que vai falsear um tanto o jogo...

– *Quando alguém tenta escapar a uma estrutura, como você – ou pode acontecer com um jovem engenheiro da DDE – durante um certo tempo a pessoa faz seu pequeno ruído no circuito e depois vai embora, é posta na rua ou acaba ficando fatigada...*

Pascale R. – Sim fica esgotada.

– *... E deixa as coisas correrem, não é?*

Pascale R. – Sim fica esgotada.

– *As pessoas acabam cedendo pelo cansaço?*

Pascale R. – Oh! sim. É isso mesmo. Pelo cansaço.

– *E não existe qualquer estrutura de coordenação dos agentes da administração: porque, assim como existem associações de bairro, poderia haver associações de administradores (em sentido bastante amplo) inovadores que poderiam...*

Pascale R. – A coisa que, atualmente, me pareceu mais grave, por exemplo, em F., é que sou alguém que pode fazer a análise das necessidades do bairro; posso transmiti-las ao prefeito e dizer-lhes: "Vamos agir junto a fulano ou sicrano"; e o ator mais importante em tal bairro é o representante dos HLM. Ora, este não está à altura, não aparece, não se reúne, as diretorias não estão presentes, não acontece nada. Posso ter escrito, compreendido, transmitido tudo, mas se eles decidirem não fazer nada, isto é, cobrir o rosto, não tenho ninguém com quem falar.

As pessoas não se manifestam

Pascale R. – Então, o que se pode fazer? Nesse caso, podemos agir sobre o alojamento, os lazeres. Todos os setores podem ser considerados para voltar a dar confiança às pessoas. Portanto, devemos agir sobre tudo, mas tudo mesmo... O que importa é voltar a dar a cada um a confiança que cada qual pode ter em si mesmo, que pode perder em qualquer meio social, por um acidente qualquer, pouco importa o que possa acontecer na vida de cada um. Mas isto é uma generalidade; portanto, é em cima disso que é preciso agir procurando para cada um uma solução pessoal. Porque creio que o que se passa na cabeça das pessoas é... chegamos ao fim... chegamos ao fim... de nada. É preciso encontrar uma saída. E creio que, na cabeça das pessoas, não existe tal preocupação... Chegamos a um fatalismo.

[...]

As pessoas não se manifestam. De nenhuma forma mesmo. E, ao fim de um ano, estou certa de ter feito toda a espécie de tentativas... não se trata de falta de comunicação. Enviei cartas dizendo... "O prefeito...". Talvez o prefeito não esteja suficientemente presente porque, quando não temos a administração dos HLM, fazemos apelo ao prefeito. Quando o prefeito não está presente, há sempre alguém na prefeitura para receber em seu lugar. Mas não vêm à prefeitura. Aliás, eles não vêm à prefeitura para ver o prefeito. Há outros meios: vamos pedir ao prefeito para visitá-los em suas casas. Começamos o trabalho de presença no terreno colocando um lugar que é comum. Começamos nas melhores condições possíveis: a administração dos HLM e a prefeitura ficam no mesmo local, no centro do bairro, funcionando no mesmo horário, para que as pessoas tenham vontade de vir e não sejam obrigadas a dar voltas sem necessidade. Eu própria escrevi uma carta que foi distribuída em cada caixa de correio: foram 1.000 cartas individuais, colocadas pelos empregados municipais nas caixas de correio. As pessoas foram convidadas pessoalmente por uma carta assinada pelo prefeito que lhes dizia: "Tal dia e a tal hora, estarei em tal local perto de sua casa e espero encontrá-lo". Parece que apareceram menos de dez pessoas...

[...]

Tive a impressão de que elas comentam para si mesmas que isso não serve de nada. É preciso absolutamente aprofundar a questão porque creio que o maior perigo é quando as pessoas não dizem nada... Em determinado momento, o silêncio pode dar sequência a [ser seguido de] uma explosão.

[Assim, o fosso se aprofunda entre os residentes e os trabalhadores da área social, sem falar das administrações, que descarregam as responsabilidades nas outras ou as ignoram, deixando aos indivíduos, isto é, a todo o mundo e a ninguém, a preocupação e o cuidado das partes comuns, espécie de no man's land votado ao abandono e degradação].

Pascale R. – A primeira linha divisória encontra-se entre o síndico que administra os alojamentos e a cidade que administra os espaços exteriores. Portanto, você tem a rua e o interior. Um conflito que acontece frequentemente é a questão da iluminação pública. As pessoas são obrigadas a saber se a lâmpada que está quebrada deve ser substituída pela prefeitura ou pela administração dos HLM.

– *Isto é, devem saber a quem se dirigir para protestar e quem deve fazer o trabalho: porque cada um pode dizer...*

Pascale R. – Quem deve fazer o trabalho!... A resposta é: não sou eu, é o outro. Porque, frequentemente, no escritório, nem sempre a pessoa que atende a ligação está ao corrente das providências a serem tomadas. É preciso saber se estamos em uma via pública ou privada; bem, aquele que é empregado há vários anos é que está ao corrente do que deve ser feito, não a empregada que é novata no serviço.

– *Para começar, temos um problema: quem vai declarar a ocorrência? Porque, no final de contas, as pessoas podem...*

Pascale R. – Isso é verdade, "a gente não liga; alguém há de passar"...

– *... e, em seguida, quando procuramos fazer tal declaração, é preciso saber a quem fazê-la.*

Pascale R. – Sim e isso vai depender da boa vontade dos responsáveis pelo setor.

– *E aí, deve ser extremamente difícil criar instâncias de gestão para esses problemas comuns porque...*

Pascale R. – Sim, isso não faz parte dos costumes.

235

– ... e cada vez mais difícil à medida que o tempo passa, as questões se degradam e os conflitos aparecem. Não há nenhuma instância de arbitragem.

Pascale R. – Não, não. Existem os grandes espaços ocupados pelos HLM [*ela pensa no caso de T.*] nos quais moram aposentados que passaram uma vida... uma vida normal, se assim podemos dizer. Compraram esse alojamento, instalaram-no e fizeram toda a sua vida no trabalho. Com as mudanças de financiamento, em 1977, alguns tiveram acesso à pequena propriedade, mas outros eram demasiado idosos e disseram: "Não, isso não é para nós, nosso apartamento nos serve bem, vamos conservá-lo". Portanto, a ideia de comprar uma casinha, penso que não lhes passou pela cabeça e que estavam bastante satisfeitos com seu alojamento, seu bairro, seu meio ambiente, enfim, com sua vida. E depois com a crise econômica: reviravolta; encontramo-nos com outro tipo de população que está aí porque não tem como escolher. Portanto, estamos em outra época, aqueles que vêm para esses alojamentos não é porque encontraram um trabalho, mas porque não conseguem arranjar outro lugar para morar. Aqueles que vêm reclamar, manifestar-se, são os aposentados, são as pessoas que estão habituadas a se defender, a dizer o que têm a dizer, a falar porque tinham direitos e, portanto, continuam a se exprimir. Quando há alguma coisa, mesmo tratando-se de pequenos detalhes, eles vêm declarar o que está acontecendo. E se ninguém faz caso deles no local junto a seu imóvel, vão telefonar, deslocar-se, dirigir-se à sede da Administração dos HLM, vão falar com o prefeito, manifestar-se, vão ficar sabendo.

Isso não estava previsto em parte alguma

[*E o "trabalho de campo" só tem sentido se é duplicado por um esforço permanente para convencer, uma a uma, administrações confinadas em suas rotinas e pouco preparadas para apoiar as ações "extraburocráticas" dos trabalhadores sociais.*]

Pascale R. – Tive um dossiê que foi aceito e deixou irritados aqueles que pensavam me dizer não. E aí, vi os diferentes estágios de decisão... Encontramo-nos um pouco como na caça: quem é que tem a grana? O que sobra em seu bolso? Será que vou lhe agradar? E depois não dirá a ninguém que está com dinheiro sobrando; portanto, trata-se de um acordo que se faz dessa forma, como comerciantes na feira...

– Qual era o assunto desse dossiê?

Pascale R. – Através dele consegui dinheiro para a reforma das lojas comerciais do imóvel. E isso não estava previsto em parte alguma. Só era possível conseguir dinheiro para as lojas comerciais quando eram criadas novas lojas: todo o mundo imaginava que havia, em todos os recantos, um grande conjunto onde não existiam lojas comerciais e que, portanto, as pessoas se enfadavam sem elas: era preciso criá-las. Acontece que, onde eu estava, era um bairro bastante antigo no qual as lojas comerciais já tinham 50, 40 anos suponhamos, e o que eu pretendia simplesmente era manter as lojas existentes; ora, isso não estava previsto em parte alguma. Portanto, não havia resposta para isso, tal situação não fazia parte do que era previsto. Fiz várias tentativas junto ao próprio Ministério do Comércio e Artesanato porque não havia representante regional; trata-se de um pequeno ministério. Havia um funcionário que vinha, enumerava os critérios e concluía: reforma, nem pensar. Então, reforma de alojamento era...

– Fácil.

Pascale R. – Todo o mundo conseguia isso. Eu própria reformava os alojamentos com enormes recursos financeiros e depois ainda estava faltando, ao pé do imóvel, células em que nada se passava. Cheguei mesmo a recusar que um arquiteto mandasse fazer a pintura. Ele dizia: "Todo esse conjunto foi reformado, rebocado, pintado, está novinho em folha, só está faltando quatro células, como se fossem verrugas". Então, ele me disse: "Será que você vai deixar isso desse jeito?" Respondi: "Sim senhor, estou fazendo propositalmente porque quero obter o financiamento para as lojas; é preciso que se veja que não estou conseguindo o dinheiro e não vou realizar essa reforma com o dinheiro dos alojamentos". Até então, os arquitetos iam-se embora verdadeiramente decepcionados porque a obra não estava acabada já que essas verrugas continuavam lá. E eu mandava vir as pessoas, dizendo-lhes: "Estão vendo, não podemos pintar pois não tenho dinheiro para isso". "Está bem, vamos estudar seu dossiê; é verdade que é interessante, seu caso é verdadeiramente interessante" e depois a pessoa voltava: eu via essa pessoa que tinha passado um tempo infindo em seu escritório, tinha feito várias idas e vindas, tinha trabalhado durante a viagem de trem, estava esgotada, tinha dado o máximo para me dizer: "Não, é impossível, não está previsto".

[*Após toda uma série de tentativas, Pascale R. conseguiu convencer dois diretores do ministério que, a partir de um fundo de créditos residuais, deram-lhe os recursos para reformar as lojas.*]

Foi encontrada a solução mais rápida

[*A preocupação, peculiar aos políticos, em aplicar rapidamente uma decisão burocrática leva a confiar a aplicação do RMI às caixas de alocações familiares que são as únicas a dispor de uma rede nacional, e assim fazer a dissociação, de fato, entre o pagamento da alocação e a busca da inserção e do controle do contrato.*]

Pascale R. – Para mim, o RMI é um engodo: a ideia inicial era muito, muito boa, mas a aplicação é um fracasso... é um fracasso... Nem tudo estava preparado em relação à maneira como devia ser feito esse famoso contrato de inserção; isso seria pensado mais tarde. Portanto, antes de tudo, quem ficaria encarregado de fazer tal pagamento? Durante alguns meses houve debates importantes e depois recorreram aos postos da CAF porque tinham experiência, estavam preparados para fazer esse trabalho, distribuíam todas as alocações, portanto, no final de contas, foi encontrada a solução mais rápida... Ora, nesse momento, algumas pessoas pediam... em particular, os centros sociais, os trabalhadores sociais que estão em contato direto com as famílias, pediram, explicitamente – disso estou certa – para receber eles mesmos o dinheiro, preencher os contratos de inserção, na medida em que tinham essa faculdade de troca. "Eu dou-lhe o dinheiro, a alocação e o contrato de inserção, isto é, o que se espera da pessoa que vai receber a alocação, fico encarregado de ver se é aplicado ou não".

Creio que por razões de aplicação rápida, isto não se passou dessa maneira; porque creio que as situações eram demasiado diferentes em toda a França; todos os postos da CAF funcionavam praticamente segundo o mesmo modelo, mas os centros sociais são muito diversos e depois, sem dúvida, havia setores que não eram abrangidos por tais centros. Isso deveria ser um trabalho muito mais vasto do que estar certo de que todo o mundo poderia receber o RMI em toda a França. Então, a CAF pagou a alocação e, em seguida, é que se procura quem vai tratar do contrato de inserção e, um ano depois, ainda não se passou disso. Uma vez mais, isso vai depender das pessoas que são aptas a fazer esse trabalho, da vontade de cada um... uma vez mais, isso vai ser feito sob o impulso de determinadas personalidades: alguns voluntários farão com que o contrato seja verdadeiramente aplicado, mas a operação se fará segundo a tendência de cada um.

[...]

Creio que os que têm de tratar com essas pessoas que estão à espera de algo da sociedade encontram rapidamente a resposta: a maior parte espera um trabalho! E, justamente, nossa função não é fornecer trabalho! Portanto, estamos vendo logo a defasagem. Esse famoso contrato RMI acabou revelando situações que não eram conhecidas a respeito da remuneração das pessoas. Isto nos leva a imaginar os RMIstas como se fossem, antes de tudo... mendigos. Vamos chegar a isso..., vamos pensar que são pessoas que foram trabalhadores, receberam as alocações da Assedic, perderam tal direito e, agora, encontram-se sem recursos. De fato, aí está representada, é claro, esta população, mas também muitos outros que não se manifestaram porque não chegaram a ser considerados desempregados: são jovens que nunca exerceram uma profissão, prolongaram os estudos um pouco artificialmente, já fundaram uma família, vivem de biscates, estão sempre em situação precária e conseguem conservar sempre a cabeça fora da água, mas verdadeiramente em situações em que, com a família atrás, é possível... E, hoje, quando lhes dizemos: "Venham, você tem direito ao RMI", temos um jovem casal com um filho e, neste momento, não há um centavo em casa. E como é que eles fazem? Ora bem, a família pode ajudar nas necessidades mais prementes, ou então arrumam empregos temporários... ou então recebem bolsas de estudo. Eu dizia, há pouco, que "prolongam um pouco os estudos...". Sim, mas artificialmente; de fato, acabam afirmando que não é isso o que pretendem. Procuram um pouco os estágios...

então, neste caso, em que é que consiste o RMI? A única fórmula que temos para oferecer às pessoas são os estágios que são... Pessoalmente, não conheço muito bem os detalhes; o que sei é que há uma espécie de tédio quando se fala de estágio porque todo o mundo sabe perfeitamente que se trata de um paliativo; de fato, o que cada qual procura é um emprego e, no fim, vai pegar um estágio..., aquele que procura um estágio vai ver para qual há de se orientar, em função da remuneração. Antes de tudo, as pessoas procuram uma remuneração e depois é que vem o conteúdo do estágio. Então, quando são feitas as propostas de estágios em RMI ou alhures, na medida em que não existe outra coisa... fora do trabalho... bom, neste caso, não estamos respondendo verdadeiramente à demanda de inserção que é o trabalho. Isso é o que diziam as assistentes sociais que tratam diretamente com as pessoas e depois...

– E o conteúdo do contrato de inserção...

Pascale R. – Não há conteúdo determinado... O que acontece agora é que as CAF distribuíram, segundo os critérios de remuneração, todas as alocações. Espera-se agora que esses famosos contratos de inserção se concretizem; segundo as assistentes sociais, essas pessoas dizem: "Não queremos fazer contratos simulados". E depois há pressões que se exercem porque há comparações que se fazem em termos de "resultado"..., a comissão local de inserção de F. não é performática porque não tem um volume suficiente de contratos de inserção em relação ao número de RMIstas; quanto à de E., possui muito mais contratos. Fala-se em quantidade e não se tem tempo para ver os detalhes, ninguém tem verdadeiramente tempo para aprofundar a questão; portanto, pede-se para a pessoa assinar o contrato de inserção e é aí que a assistente social me disse que eu estava completamente enganada porque eu tinha dito para ela: "Mas normalmente chega um momento [em que] se a pessoa não respeita o contrato – você sabe muitíssimo bem se ela o respeita ou não – você pode perfeitamente dizer em determinado momento: não estou de acordo em renovar o contrato". Ela me respondeu: "Com certeza, mas isso passa-se indiretamente, não sou eu quem... dou apenas um parecer". Mas insisti: "Seu parecer é importante porque vai... é um parecer, mesmo assim vai ser lido... Se for o único parecer, sua importância será ainda maior...". "Mas não estou sozinha, e depois há a comissão local que é presidida pelo presidente do departamento e, na realidade, é ele quem assina...".

[*E a institucionalização do trabalho na área social não elimina as dificuldades inerentes à lógica burocrática, como mostra a evocação concreta das condições nas quais foi elaborado, examinado e avaliado o projeto proposto por Pascale R.*]

Pascale R. – O que eu gostaria de lhe descrever é a atitude dos funcionários que são mandados...

– *Por ordem de alguém e que chegam à reunião...*

Pascale R. – ... É isso mesmo, por ordem de alguém! Então aí, era verdadeiramente fantástico: institucionaliza-se a partir das determinações do governo e todo o mundo deve estar presente em todas as reuniões e depois tomar parte; isso começou no início de 1989.

– *Institucionaliza-se a coordenação de todas as ações de todas essas pessoas que você colocou em seu esquema?*

Pascale R. – É isso mesmo: o vice-presidente do departamento organiza a reunião em que estarão representantes de todas as administrações que detêm os recursos financeiros e os representantes do bairro, bairro por bairro. Era necessário produzir em um tempo mínimo um documento que mostrasse o resultado das negociações: comecei no final de 1989 porque, durante o resto desse ano – é por isso que tenho falado de regiões, eleitos e técnicos – houve discussões com eleitos que não conseguiam tomar uma decisão relativa à distribuição dos locais.

– *Quer dizer...*

Pascale R. – Quais seriam as cidades que iriam se beneficiar dos financiamentos.

– *Trata-se, evidentemente, de um desafio: estavam todos interessados em conseguir dinheiro...*

Pascale R. – Com certeza, o que aconteceu é que, ao fim de um ano, foi preciso que eles tomassem uma decisão...

– *Um ano de briga?*

Pascale R. – Para finalmente [distribuir] migalhas...

– *Você tinha tomado parte nessa decisão ou...*

Pascale R. – De jeito nenhum.

– *Então, isso passava-se entre eleitos? E a administração?*

Pascale R. – Também não, acho que não. Acho que isso passava-se unicamente entre eleitos.

– *No plano do Conselho Regional? E as pessoas, como você, eram consultadas?*

Pascale R. – Não!

– *E não havia ninguém para falar das necessidades de...*

Pascale R. – Havia os técnicos, os famosos técnicos-região que faziam avaliações com números, estatísticas, procuraram fazer ponderações, encontrar critérios...

239

– *E essas pessoas são funcionários permanentes da região ou são contratados para tarefas determinadas?*

Pascale R. – São contratados.

– *Contratados, mas com a possibilidade de renovar o contrato?*

Pascale R. – Sim, é isso mesmo.

– *E eles situavam-se no plano técnico, estatístico...*

Pascale R. – Sim, com critérios...

– *... a taxa de imigrantes, a taxa disto, a taxa daquilo enquanto os outros discutiam quem ficaria com o melhor pedaço...? Será que é isso mesmo?*

Pascale R. – [*Risos*] Isso mesmo. Tratava-se verdadeiramente de dois mundos diferentes.

– *No plano regional, existem esses eleitos que têm objetivos políticos, alguns técnicos que fornecem justificativas e há na base de todos esses...*

Pascale R. – E depois, em determinado momento, eles tomam uma decisão.

– *E, evidentemente, dividiram isso da maneira mais dispersa possível, em pequenos pedaços...*

Pascale R. – Exatamente.

– *E isso torna-se absurdo.*

Pascale R. – É isso mesmo.

– *Não houve ação global significativa?*

Pascale R. – Absolutamente.

– *Nem mesmo é certo que os créditos atribuídos sejam utilizados para isso?*

Pascale R. – Não... também não. Os objetivos não são apresentados.

– *E então, o que é que se passa após essas reuniões?*

Pascale R. – Portanto, passou-se um ano, de forma tumultuada, e no final de 1989 são contratados diretores de projeto; em seguida, em 1990, por toda a parte, são contratados diretores de projeto porque, finalmente, sabe-se onde é que isso [*os "locais"*] se encontra; e o diretor de projeto é uma condição, isto é, a municipalidade é obrigada a contratar alguém com determinada qualificação.

[*Seguia-se a evocação da posição ambígua do diretor de projeto*].

– *E, então, o que se passou nessa reunião?*

Pascale R. – Faço questão de dizer que, no plano regional, os eleitos passaram um ano, perderam um ano para distribuir migalhas e que, de forma tumultuada, os diretores de projeto foram contratados; estes deviam negociar junto a todo o mundo com pessoas que não conheciam de parte alguma. E depois levar a exprimir...

– *Trata-se do fantasma das associações, a falsa consulta, a falsa democracia...*

Pascale R. – Isso mesmo. Quando sabemos em que condições isso é feito, é algo completamente maluco! Portanto, é preciso justificar, em um documento, que todo o mundo foi consultado, que houve um encontro com todo o mundo, que todo o mundo teve ocasião de pedir explicações e que foi possível elaborar um projeto – ao fim de seis meses, é verdadeiramente fantástico – um projeto global. Nesse caso, faz-se alguma coisa, hein... com peças e pedaços que têm o aspecto de se manterem de pé. E isso é apresentado. Fiquei conhecendo perfeitamente o funcionamento...

– *Através dessa famosa reunião?*

Pascale R. – Sim, através dessa famosa reunião. Que vai nos dar uma resposta a respeito de nossas orientações. Será que estamos de acordo ou não sobre este ou aquele assunto?; você deveria ter desenvolvido, seu bairro está reclamando sobretudo isto, você tinha pedido isso... [...] Portanto, eu estava dizendo, conheço o funcionamento, o mau funcionamento da administração. Seria preciso que cada qual tenha o seu exemplar para dar seu parecer no decorrer da reunião. Portanto, no mês de junho, tendo como último prazo o dia 10 de junho, o dossiê em 16 cópias deve ser entregue na sede do departamento.

– *Para uma reunião que se realizaria...?*

Pascale R. – Ninguém sabia. Enfim... julho ou agosto. Porque é preciso dizer que cada um nessa loucura fez o máximo, todo o mundo trabalhou, os funcionários em condições terríveis, fizeram horas extras, cada uma das pessoas com quem consegui relacionar-me, de fato, estavam como eu, todo mundo era explorado.

– *E essas pessoas estavam nas reuniões?*

Pascale R. – Sim. Sim.

– *E tinham lido verdadeiramente o dossiê?*

Pascale R. – Não.

– *Isto não é impressionante?*

Pascale R. – Não, porque a pessoa que estava na sede do departamento ao receber, de um dia para o outro, 20 exemplares de 60 expedidores diferentes – alguns não souberam fazer corretamente esse trabalho – teve de verificar tudo. Portanto, envio o meu pacote e dez dias mais tarde volto a passar, vou diretamente ao escritório.

– *E ainda não tinham sido enviados?*

Pascale R. – É claro, ainda não tinham sido enviados. Perguntei-lhe: "Você recebeu meu pacote? Tem o número de exemplares necessários? Está tudo em ordem, não há qualquer falha?" "Não, não, está tudo em ordem". Insisto: "Porque me disseram que a reunião poderia se realizar dentro de 15 dias". "Como assim? Não estou a par"...

– *Ela ainda não tinha enviado os textos...*

Pascale R. – "Muito bem, vou enviá-los imediatamente". Portanto, eu sabia que, no decorrer da reunião, as pessoas não teriam tempo para ler o documento.

– *Então, nessa reunião, estavam presentes todas essas autoridades relacionadas com a sua obra, é isso?*

Pascale R. – Isso mesmo.

– *E quem falou o quê? Somente palavras...*

Pascale R. – Sim. Como eu conhecia as diferentes fatias, quesitos etc., para que isso fosse fácil de ler, eu também tinha dividido por partes minha apresentação e todo o mundo parabenizou-me por esse motivo...

– *Cada um podia ler apenas o que lhe dizia respeito...*

Pascale R. – Exatamente. E como cada um deveria encontrar-se em dois capítulos diferentes, eu soube qual deles leu o primeiro e qual tinha lido o segundo. Pelas respectivas respostas. É aí que vejo como alguém pode reagir em uma assembleia e como seu comportamento pode mudar... Alguém é enviado com um serviço encomendado para dar um parecer sobre algo que não conhece. Então, agarra-se ao suporte material, faz uma rápida consulta: "Ação cultural é em tal página. Bom. Ela afirmou isso. Bom. Quanto a mim, é preciso que eu tenha o aspecto de alguém, vou lhe dizer: não é suficiente". Um outro temperamento vai se exprimir da seguinte forma: "Não, quanto a isso, você não compreendeu nada". Cada um em seu setor. E sobretudo o que se ouve é: "Isso não corresponde em nada às diretrizes que temos, só podemos financiar com tal orientação. O que você nos apresenta não está previsto". Na verdade, fiquei bastante chocada.

– *Isso aconteceu no mês de julho retrasado?*

Pascale R. – Foi em julho retrasado. O que me chocou verdadeiramente foi sobretudo o clima que tal situação tinha provocado: ver essas pessoas que tinham sido enviadas em serviço encomendado, que não estavam à altura do que lhes era pedido – não havia tempo para dialogar – e que, sendo obrigadas a responder, encontraram como única saída o ataque obstinado contra a pobre que estava só...

– *Que era você?*

Pascale R. – Que era eu. [...]

Fevereiro de 1991

Pierre Bourdieu

A má-fé da instituição

Denis J. é juiz de execução de penas; embora ocupe, no espaço burocrático, uma posição bastante afastada do cargo desempenhado por Pascale R., vive e relata experiências bastante semelhantes às dessa diretora de projeto de uma operação de reforma de imóveis no Norte da França porque, sem dúvida, enfrenta a mesma contradição estrutural. Encarregado de "executar" as penas impostas pelo Ministério Público, isto é, na maior parte dos casos, reduzi-las ou transformá-las, determinando "a prestação de serviços comunitários, o regime semiaberto ou a liberdade condicional", situa-se na interseção de dois sistemas de exigências e representações contraditórias. Sempre sob a suspeita de desfazer o veredicto do juiz, portanto, enfraquecer a autoridade da justiça, é, além disso, olhado com reserva pelos magistrados para quem representa o "social": "O social não tem nada de interessante: é o chato e [...] de segunda categoria, não se trata de judicial nobre [...]. O judiciário é a redação dos atos judiciais [...], são os problemas jurídicos [...]. Mas quanto a acompanhar as pessoas em sua vida para saber o que se passa com elas e tentar ajudá-las, isso é..." E a dificuldade de sua posição se duplica pela necessidade em que se encontra, não só de fazer aceitar, pelo Ministério Público e tribunal, determinadas medidas de indulgência – que, no entanto, estão previstas pela lei – e tranquilizar os diretores das instituições penitenciárias sempre prontos a invocar os "dissabores" passados para justificar sua prudência, mas também colocar-se em posição de solicitador, fazendo "diligências" junto a toda a espécie de organismos, associações, fundações e representantes de diferentes coletividades locais.

Quanto às relações horizontais, não são mais fáceis do que as relações verticais: "Por exemplo, desde minha chegada, nunca houve assembleia geral de todos os magistrados do mesmo tribunal. [...] Não existem grupos internos de trabalho. Pessoalmente, eu teria, tenho vários projetos em matéria [...] de política alternativa à prisão: não sei como falar disso aos outros porque, ao apresentá-los ao Presidente, este diz: 'Escute, grupos de trabalho, assembleias, reuniões... [*não tenho ressentimento*]', isso não é aceito".

Para explicar "os choques, decepções e incompreensões" que tem de enfrentar continuamente, evoca com muita lucidez as contradições inscritas em sua posição: "No final de contas, qualquer tomada de decisão pelo juiz da execução das penas coloca em questão o magistrado do Tribunal que tomou a decisão de encarceramento... Coloca em causa o Ministério Público que, no fundo, não está de acordo mas não ousa manifestar sua posição porque, bom... Isso coloca em questão o diretor da prisão que fica chateado por ter de administrar pessoas que estão fora, porque ficam sob sua responsabilidade. Todo o mundo acaba sendo questionado! Mas todo o mundo! Todo o mundo! *Então, quanto mais uma pessoa for ativa, tanto mais coloca em questão o* [sistema]...". E passou a evocar, mais precisamente, a "angústia" que o "regime semiaberto" acaba suscitando em muitos funcionários (segundo uma lógica bem conhecida também no hospital psiquiátrico): "Onde é que estão? O que estão fazendo?" Mostra como as possibilidades oferecidas pela lei encontram seu limite nas condições reais da respectiva realização, a começar pelas disposições dos agentes encarregados da execução, como o apego à hierarquia e essa espécie de espírito de casta que impede o confronto direto com as realidades ou, mais ainda, com os outros, sobretudo quando são estatutariamente inferiores: "Proceder de maneira que as pessoas competentes na matéria se reúnam [...] é uma parada"; "o problema é que temos uma administração, sobretudo penitenciária, que funciona sempre em relação hierárquica; e o parceiro não funciona dessa forma"; "pode chegar ao ponto de um diretor de prisão, ao telefone, ser incapaz de falar – já tive esta experiência – com uma instituição em termos de parceiro e pôr-se a dar ordens!"

Assim, este juiz é levado a fazer duas verificações paradoxais (feitas também pela diretora de projeto): em primeiro lugar, são as pessoas (muito menos independentes de sua função do que se poderia imaginar: "a partir do momento em que há mudança de pessoa, há mudança de política") que, através de suas inovações ou até mesmo transgressões, arrancam a burocracia da inércia, até mesmo da paralisia; em segundo lugar, a dedicação à instituição, o esforço para fazer passar à ação as potencialidades positivas que ela contém e para cumprir realmente suas missões, estão longe de ser recompensadas pela instituição. "Você me pergunta se a inovação traz alguma compensação ao inovador... Oh! não. De jeito nenhum. Oh! não, pelo contrário. Vou dar o exemplo de meu predecessor. Depois de sua experiência em Y., queria ser professor para falar da função do juiz da execução de penas. Mas não lhe deram essa função. Demasiado chato, demasiado explosivo, pouco... Foi nomeado conselheiro do Tribunal de Segunda Instância de Z. e depois em W., enfim, já não me lembro. No entanto, não o quiseram na posição onde, institucionalmente falando, seria mais importante".

E relata também como, de repente, foi removido para X., seu lugar de atividade atual, isto é, retrogradado, depois de uma experiência em um sentido bastante bem-sucedida em Z. onde, fortalecido pelo capital de prestígio e autoridade que lhe tinha sido legado pelo predecessor, e também por seu entusiasmo e arte em explorar todas as possibilidades oferecidas pelos textos jurídicos, tinha conseguido cumprir plenamente a missão determinada pela instituição. E evoca, sem exaltação nem amargura, as etapas de uma carreira relativamente atípica: em primeiro lugar, encarregado do curso de direito público na faculdade, inscrito no SGEN, sindicato minoritário de esquerda, torna-se advogado depois de ter feito doutorado e em seguida magistrado para se orientar, enfim, através de uma escolha ética e, ao mesmo tempo, política, para o setor mais tipicamente social do corpo judiciário, onde acredita poder exprimir as disposições generosas (este qualificativo não é dele) que atribui à influência da mãe, militante católica (ele próprio fez o secundário em um colégio jesuíta). E é aí que descobre e experimenta, sob a forma de incessantes conflitos com a hierarquia e de dolorosas tensões pessoais, a intenção contraditória de uma instituição profundamente dividida contra si mesma: a mão direita – o Ministério Público – não quer saber o que faz a mão esquerda, ou seja, os agentes e organismos encarregados do que é designado por "social". Se chamamos má-fé, com Sartre, a mentira de si mesmo a si mesmo, podemos falar de má-fé institucional para designar a propensão constante das instituições do Estado para refutar ou recusar, por uma espécie de duplo jogo e dupla consciência coletivamente assumidos, as medidas ou ações realmente conformes à vocação oficial do Estado.

Pierre Bourdieu, Gabrielle Balazs

Desequilíbrio e dilema

Filho de um intelectual comunista, Francis T. decidiu, bem cedo, "ficar com os explorados". A partir de sua primeira experiência profissional, em uma favela nos arredores de Paris, nunca mais deixou de exercer a profissão de educador de rua, com empenho total, tanto durante o dia como de noite, principalmente depois que começou a lidar com toxicômanos.

Militante maoísta nos anos 60, foi preso durante as manifestações por ocasião de um processo contra um dirigente esquerdista. Considera que se formou "na rua", ainda que, "é claro, tenha lido livros" e feito um curso de educador enquanto trabalhava.

Contratado pela prefeitura de uma cidade do subúrbio parisiense para lutar contra a toxicomania, instalou um "serviço de informação-acolhimento-droga", mas não se contentou em esperar que os jovens toxicômanos demonstrassem, de alguma forma, sua vontade de abandonar a droga, procurando por eles mesmos as infindáveis entrevistas de praxe com médicos, educadores e psicólogos. Atraía sua confiança, ficando ao lado deles nos momentos difíceis e também "quando se picavam" e exprimiam suas derradeiras esperanças, surpreendentemente sensatas e "pequeno burguesas", em relação às quais mostrava uma compreensão equivalente às suas extravagâncias mais loucas... Quando estavam em estado de carência, procurava para eles, junto às farmácias, sucedâneos medicamentosos; evitava que fossem presos, indo procurá-los na delegacia, preenchendo falsas folhas de pagamento e garantindo-lhes um apoio constante junto aos juízes e advogados que são "seus conhecidos". Próximo dos drogados pela sua disponibilidade em todos os instantes, colocava-se resolutamente ao seu lado, transgredindo as regras da instituição e não hesitando em "falsificar documentos" e "mentir". Opunha-se ao "discurso acadêmico" que, para ele, "bloqueia" o toxicômano – precisamente, no momento em que este está determinado a fazer a desintoxicação – e à visão burocrática do tratamento que, através de entrevistas repetidas e espaçadas no tempo, orientadas completamente pela preocupação de prever o comportamento, conduz à "imposição de barreiras ao fato do indivíduo querer sair da situação". Sabendo por experiência que o drogado não espera e que, "ao pedir para mudar de situação, tem de receber uma resposta imediata", instalou um procedimento simples: com a cumplicidade do chefe de serviço de um grande hospital parisiense onde sua mulher é enfermeira, conseguiu ter à sua disposição, a qualquer momento, um quarto destinado a um drogado pronto para a desintoxicação; com o fim do tratamento, este tinha a possibilidade de ser recebido por uma "família de acolhimento" e começar a procurar trabalho.

Espécie de vanguarda de uma instituição a quem oferecia serviços insubstituíveis, mas sempre pronta a desautorizá-lo, ele aparecia como um porta-voz dos toxicômanos, como um "cara que não era muito confiável porque passava a vida e as noites nas ruas e bares". Tem o sentimento de ter sido, ao mesmo tempo, a boa e a má consciência da instituição. A crise que estoura quando denunciou publicamente um delegado da juventude partidário de uma aliança local com Le Pen, e que tem como resultado sua demissão, revela simplesmente a posição em falso em que se encontrava e a ambiguidade da missão que lhe tinha sido confiada: "O que não era bem suportado na prefeitura é que, de fato, eu tinha criado contrapoderes". Como "educador de rua", em certo sentido, tem o poder da rua; no entanto, lembrava incessantemente aos poderosos a existência de tal poder. É verdade que, enquanto antena avançada da "street-level-bureaucracy", tentava canalizá-lo, mas não deixava de ser tido em suspeição na medida em que também podia mobilizá-lo.

O mal-estar associado a esse sentimento de estar sempre entre dois fogos duplicava à medida em que descobria, com os anos, as limitações que, em sua vida privada, lhe eram impostas pelo exercício de uma "profissão difícil"; aliás, esta é evitada pelas novas gerações de educadores que preferem ficar "encafuados em suas casas de jovens onde há flippers, babyfoot etc.", ou seja, "no final de contas, lugares de consumo onde se bebe, mas se paga; onde se joga, mas se paga". "Se você for ao Creai que é a Anpe dos educadores, os anúncios de educadores de rua... estão sobrando..., é preciso ser um louco como eu para responder a esses anúncios!" Com 44 anos, parece que tem 50. Embora dê a impressão de força física, reforçada pela voz possante de fumante, parece gasto, cansado. Procura converter-se a uma missão mais tranquila – "a ajuda aos deveres de casa em colaboração com as famílias". Quanto à sua própria família, sobretudo, os três filhos dos quais o caçula tem quatro anos, requerem uma parte maior de seu tempo. Embora reivindique o direito de "respirar" um pouco, um "velho reflexo" leva-o sempre a ir, de noite, escutar os toxicômanos nos "lugares onde se reúnem" (na véspera da entrevista, deitara-se às duas horas da madrugada). Pensa sempre que um educador deve "estar junto": "É somente a partir do momento em que os toxicômanos me identificam fora da instituição que represento – exatamente nesse momento em que há sentimentos que se criam e uma relação que se estabelece fora do processo institucional – é que meu trabalho pode tornar-se eficaz." Mas é, sobretudo, a esse preço somente que ele tem o sentimento "de poder olhar-se no espelho, de não ser alguém que rasteja".

Com um educador de rua

– Entrevista de Pierre Bourdieu e Gabrielle Balazs

"As pessoas que vivem na rua metem bastante medo."

Francis T. – [...] Quando o prefeito me contratou, eu dirigia um centro de atividades onde os jovens vinham jogar tênis de mesa etc. Então, houve esse fenômeno da ocupação ilegal de Montparnasse que foi tolerado, durante muito tempo, pelo Estado; ali os jovens vinham fazer sua provisão de haxixe. E como Olievenstein tinha feito declarações que foram ouvidas pelos jovens, no sentido em que o haxixe, afinal de contas, não era assim tão grave, era equivalente a um copo de álcool, então deslancharam a consumir sem medida. Em seguida, passaram para a seringa, é claro. Portanto, houve toda uma rede de difusão de droga nesse subúrbio... e, de fato, se estávamos passando por um processo institucional, se queríamos enviá-los ao médico ou para associações que se ocupavam disso, eram precisas múltiplas entrevistas antes de poderem iniciar seu tratamento. E quando um toxicômano pede para sair de sua situação, isso tem de ser feito imediatamente. Mesmo quando estão sob a influência da droga, tem de ser feito sempre [sublinhado] logo, imediatamente... Quando pedem para sair de sua situação, têm de receber uma resposta imediata, não se pode esperar dez anos para saber se... mentalmente está preparado etc. É a vida do rapaz que está em jogo. Portanto, tive a sorte de travar conhecimento com um professor de um grande hospital que pôs à disposição um quarto em seu serviço. Além disso, coincidiu que minha mulher era enfermeira no mesmo serviço e como vinham quase todos tomar refeições em minha casa, eles já a conheciam; portanto, havia também um fenômeno de segurança. E, então, é através da implicação dos médicos do bairro e também do serviço social da cidade – que me recebia como sendo não um toxicômano, mas como o representante dos toxicômanos e me assimilava a... e foi então que foram levantadas barreiras. A instituição via-me não como um membro da instituição, mas como um cara que não era muito confiável porque passava sua vida... seus... e suas noites nas ruas e bares... Enquanto o prefeito estava perfeitamente consciente da situação. No entanto, o problema era que a instituição municipal em sua globalidade não me percebia como um deles... Eu era o toxicômano capaz de falar. De fato, eu era o toxicômano capaz de falar com um certo poder... um pequeno qualquer coisa que ninguém ousava contrariar porque havia o prefeito atrás que apoiava, e bom... no final de contas, o poder de cima que conhece o que se passa.

São levantadas barreiras ao fato de uma pessoa pretender mudar sua situação

– Você afirma que, com os toxicômanos, é preciso tomar decisões rápidas... O que é que a instituição propunha? Era preciso esperar muito tempo?

Francis T. – É o tipo de instituição informação-acolhimento-droga etc. Há um verdadeiro processo para saber se [*fala mais lentamente para sublinhar a palavra*] ele quer verdadeiramente, se verdadeiramente está decidido... Isso faz com que, na prática, sejam impostas barreiras ao fato de uma pessoa pretender mudar sua situação. Por vezes, não é verdade que eles pretendem mudar de situação; o que querem é escapar do hospital, durante uma semana (até mesmo porque cometeram algum delito ou coisa parecida...). Mas isso não é o problema. Já que eles querem. Se houver lugar, eles aceitam o internamento. E, em seguida, preenchemos as formalidades. Alguns já tentaram a desintoxicação dez vezes! E depois, na 1ª vez, conseguiram mudar e puseram-se à procura de trabalho e aí está... Mas, então, não faz sentido bloqueá-los em um discurso acadêmico que não é nada compreensível para eles; muitas vezes, aceitam porque são obrigados pela justiça a serem acompanhados etc. É o princípio dos métodos diretivos... [*hesita*] Quando há a vontade de forçar alguém que oferece resistência... bom, este pode se dobrar para... porque não tem outra solução. Mas, de fato, no interior dele mesmo... isso não modifica absolutamente nada; em compensação, se ele é demandante, seja por que razão for, a partir desse momento... Bom, acontece também que eu estava dia e noite, em contato direto com a cidade [*suspira*]. Não era raro que, pelas três horas da madrugada, o telefone tocasse porque Fulano estava na delegacia, era preciso ir buscá-lo ou porque ele chega em casa às três horas da madrugada porque se sentia mal e era preciso um Tranxène 50 para aliviar...

[...]

– *Você era assalariado da prefeitura?*

Francis T. – Sim. Nesse momento, 15 dias a três semanas depois de eu ter chegado, apareceu o tóxico... o haxixe. E tal explosão de toxicomania apareceu nesse momento. Foi uma coincidência. E eu mantinha [*hesita*] uma distância em relação aos toxicômanos. Para mim, um toxicômano era um cara que não tinha vontade etc., bom, que... E depois, bom [*faz um movimento de rotação com as mãos, esboça um sorriso, hesita*], foi preciso mudar completamente tudo e, em seguida, passei a dar-lhes assistência. Estive com jovens em todos os processos em que tiveram de se apresentar. Estava toda a hora metido no Tribunal de Nanterre, o que fez com que, ao fim de dois, três anos, eu via o juiz antes do processo, decidíamos o que ia se passar e o julgamento era dado antes. Houve pouquíssimas penas de prisão. Bom, porque o... [*hesita*] a justiça, por intermédio desse juiz, ao fim de dois, três anos tinha reconhecido um método e pelo fato de ter reconhecido tal método, e eu através do método...

– *Ele apoiava sua ação...*

Francis T. – É isso. Estabeleceu-se um diálogo e bom, havia uma espécie de cumplicidade, simpatia, convivialidade... em volta do jovem e bom, isso permitia um tempo de espera importante [*Tempo de silêncio*]. No final de contas, eu recebia pouco apoio da prefeitura, mas [*hesita*] tinha criado laços com as estruturas de poder que me permitiam ser reconhecido e, junto aos jovens, projetar-lhes uma imagem de segurança. E foi através dessa imagem de segurança que toda a confiança foi elaborada [*acelera o tom*]. Isso não quer dizer que não tenha havido conflitos, entre eles... Houve, como dizem, pancadas entre eles e eu. Quando eu não estava de acordo, estourava a discussão e depois chegava a haver pancada...

— *No fundo, você merecia a confiança dos dois lados, o que não deve ser fácil aguentar todos os dias.*

Francis T. – Não, mas mesmo assim isso durou dez anos! [*Risos*] [*Silêncio*]

Se você for convocado pelo tribunal, estarei lá

— *E então, todos esses jovens encontram-se agora... à deriva?*

Francis T. – Sim, encontram-se à deriva...

— *Têm vindo ver você?*

Francis T. – Sim, uns vêm, outros telefonam, ainda outros escrevem, além daqueles que foram para o interior, outros... que se casaram... Bom, também são todos portadores de Aids, portanto, o vírus HIV. Como é que na vida deles... Bom, quanto a isso, não é possível fazer nada, eu não consigo fazer nada..., hein... o que tentei fazer foi dar-lhes, do ponto de vista social, possibilidades de reabilitação. Apesar de todos os conflitos. Estou pensando em Momo que se tornou motorista-entregador, tem o vírus que ainda não se desenvolveu e, por enquanto, é feliz... Penso em um outro que está no interior e é cozinheiro, outro que está no Sul da França e se casou, tem filhos... os filhos não têm HIV... Do ponto de vista social, mesmo assim consegui bastante sucesso

[...]

Francis T. – Quando volto para casa bastante tarde – esta noite, voltei às duas horas da madrugada, [*respira*] bom, um velho reflexo de passar pelos locais onde eles se reúnem... Bem, estavam usando a seringa. Então, o que é interessante é presenciar a ação quando se picam. Porque em seu delírio, a gente vai conhecer as verdadeiras angústias, os fantasmas, desejos, bom, tudo isso vai se exprimir, vai sobressair. E depois é um... para um educador de rua, cria-se um elo bastante forte por ter podido participar... as derivas... bom... – sabendo que não estou de acordo, mas bom – como ainda estão na etapa em que se picam, eu não imponho qualquer proibição; pelo contrário, no dia em que alguém decide parar, estou... lá. E se ele for convocado a se apresentar no tribunal, estarei lá também para tentar... aparar as arestas. Quantos falsos testemunhos já dei... bom, e o juiz sabia perfeitamente que se tratava de falsos testemunhos.

— *E era o quê, por coisas pequenas?*

Francis T. – Oh sim, era por pequenos roubos que permitiam comprar duas ou três doses... porque ao vender uma dose por um bom preço, é possível comprar uma dose e meia.

— *E será que eles chegavam a afirmar suas aspirações, desejos?*

Francis T. – Exprimiam também suas frustrações. Ainda não falei a esse respeito. E, no final de contas, com uma única exceção, tratava-se de uma população bastante pobre, onde o desejo era, por exemplo, construir sua casinha. Isso é bastante importante. E algo que voltava com intensidade era o apelo no sentido de que eu providenciasse um apartamento ou quarto. E isso verificava-se com todos.

— *Onde é que eles moravam, em casa dos pais?*

Francis T. – Em geral, em casa dos pais ou em porões quando eram postos fora de casa pelos pais.

— *Nos HLM?*

Francis T. – Sim, nos HLM, em casas que, atualmente, já foram demolidas porque, em seu lugar, foram construídos belos escritórios. Quando ouvi o prefeito afirmar: "De qualquer forma, a única coisa que esse pessoal tem a fazer é ir morar 50 quilômetros mais longe"... Para mim, trata-se de um problema, é...

– Você fala da casinha e depois haveria mais alguma coisa? Uma companheira?

Francis T. – A aspiração pela sua casinha, pelo trabalho e pelo filho (tenho um pouco a tendência a imaginar filho-família-pátria, é isso...) [*Risos*].

– Isto é incrível, não é a ideia que a gente tem deles...

Francis T. – O que fazem os que foram para o interior? Integraram-se nas famílias de acolhimento. Vinham ao hospital, faziam a desintoxicação, enquanto eu trabalhava com uma associação de famílias de acolhimento. Portanto, levava-os ao trem, nem tinham tempo para passar em casa e chegavam à família de acolhimento. E, muitas vezes, quando o período tinha terminado com a família de acolhimento, eles ficavam. Porque, de fato, tinham encontrado uma família de substituição. Ficavam e encontravam trabalho, uma companheira, alojamento, tiravam a carteira de habilitação, tinham o desejo de comprar um carro, acabavam constituindo um mundo pequeno burguês ideal depois de ter vivido no fundo do poço.

– Eram pessoas que tinham abandonado a escola?

Francis T. – Em geral, sim. Os mais dotados tinham o 1º grau completo.

– Que diziam a respeito da escola?

Francis T. – Tinham sido rejeitados na escola, estavam nas turmas de adaptação, já tinham sido excluídos! Já se sentiam excluídos na escola, portanto, quando saíram da escola já tinham uma mentalidade de excluídos. E como não tinham como arrumar trabalho, nesse caso, estavam excluídos e procuravam ser assistidos. E isso foi algo que sempre recusei. Consegui dinheiro, alimentos... portanto a respeito de coisas bem determinadas com objetivos claros...

– Será que ficavam esperando demasiado de você?

Francis T. – Aí, pediam que lhes construísse o mundo que, enfim, acabaram encontrando quando foram recebidos nas famílias de acolhimento e se estabeleceram.

– No fundo, o que você podia fazer era escutá-los, protegê-los...

Francis T. – Então o que fiz, foi criar coisas assim. Criei uma associação que recebia subvenções do departamento e na qual instalei estruturas de trabalho: compramos dois caminhões, havia um cara que era soldador, portanto, compramos ferramentas... Ele fazia carros, ficou com as ferramentas e, hoje em dia, tem praticamente uma oficina em seu nome. Fazíamos mudanças, vendas, pinturas de apartamentos. Oh, era uma coisa que funcionava bem! Depois, eu próprio criei uma companhia de ambulâncias com um cara que tinha acabado de cumprir dez anos de detenção... Ainda hoje, vejo que isso me custou bastante caro, mas bom, não é grave [*risos*]. Alugamos um galpão que se encontrava em péssimo estado já que não estava pintado etc. Portanto, havia um galpão disponível, mandei os jovens que estavam comigo reformar esse local, pagando-lhes com as subvenções do Estado e contratei-os como enfermeiros-ajudantes e, então, roubaram-me os carros e até danificaram a guarita do hospital [*risos*]. Foi um escândalo! O cara não tinha carteira de habilitação, tinha sido o amigo que lhe emprestara a ambulância, bom... as seringas desapareciam dos hospitais [*respira*], os produtos também desapareciam...

– Aí, a situação tornava-se um pouco arriscada... [risos].

Francis T. – Mas eu assumia! Eu assumia. E depois quando eu via o juiz, dizia-lhe para dar um jeito, caso contrário...

se eu não tivesse os meios... Não podia mudá-los de um dia para o outro, né? Não é porque dou trabalho a um cara que, de um dia para outro, ele vai se tornar um cordeirinho, não é mesmo? Portanto, eu tinha necessidade de uma etapa de transição. Como precisa de seringas, ele rouba seringas. Isso prova que ainda não mudou sua situação. Isso prova que, quando tivermos a possibilidade de interná-lo nesse hospital, ele estará no lugar onde praticou o roubo. Além disso, terá como enfermeira a mulher do educador, que ele conhece perfeitamente e aí vamos modificar o perfil. E passou-se, muitas vezes, dessa forma.

– *Durante um longo espaço de tempo?*

Francis T. – Ouçam bem, ainda me ocupo de toxicômanos, creio aliás que, em breve, vou interromper este trabalho; enfim, ainda me ocupo deles; para mim, é preciso contar com três anos. Em três anos, não é possível ter uma certeza, mas enfim temos uma opção, é isso. Após a desintoxicação, após a família de acolhimento, a partir do momento em que há reinserção profissional, a gente vê que é preciso passar três anos. Foi o que pude fazer em dez anos.

[...]

O poder já não me suportava

– *Você contou com muitos aliados em vários setores junto aos comerciantes, você criou o serviço de ambulâncias...*

Francis T. – Eu próprio criei a associação com fins não lucrativos, embora estivesse recebendo uma subvenção. Essa tal associação não era a prefeitura, mas sim Francis T., presidente. Foi pela prefeitura que consegui as subvenções. Foi a prefeitura que, durante meu tempo de trabalho, me deixou criar o serviço de ambulâncias, mas a estrutura nunca se envolveu (aliás, ainda hoje, a associação intermediária que existe na cidade foi criada pelos católicos e não pela prefeitura). Mesmo assim é curioso que sejam os pequenos poderes a fornecer algo mais a um poder superior. Porque a prefeitura acaba por recuperar isso. Politicamente, ela recupera isso... O prefeito..., todas as estruturas de poder se baseiam em pequenos poderes com os quais mantêm relações de dependência para se valorizarem. Nunca teria conseguido criar o serviço de ambulâncias se não me tivessem dado tempo para isso. Não teria conseguido criar uma associação com fins não lucrativos. Deram-me tempo para isso.

– *Talvez, houve quem o ajudasse a preparar os dossiês para a obtenção...*

Francis T. – Nada disso. Eu tinha um amigo advogado. De fato, o que era custoso de suportar na prefeitura era o fato de eu ter criado contrapoderes. E eu era um contrapoder. Enquanto era uma estrutura que não incomodava o poder, tudo funcionou, mas a partir do momento em que houve essa ruptura por causa da aliança com Le Pen, em que comecei a publicar um jornal, enfim, uma folha mimeografada, que enviei a todos os adjuntos do prefeito etc., a partir desse momento, o contrapoder tomava uma dimensão tal que já não era suportado pelo poder; portanto, aí deu-se a ruptura.

– *De um lado, existe o Estado e sua antena municipal que não apoia você de modo algum e, do outro lado, há um conjunto de pessoas com as quais você mantinha laços, no setor médico, advocacia, justiça... ainda outros, como os empregadores...*

Francis T. – Farmacêuticos. Os laços com os farmacêuticos para persuadi-los de que eu conhecia perfeitamente tal pessoa...

– Mas por que razão? Eles forneciam medicamentos ou seringas?

Francis T. – Sim, eu entrava na farmácia e dizia: "Deem-me uma caixa de Tranxène porque estou precisando"; de fato, havia um jovem que estava carente. Entregavam-me o medicamento e depois eu trazia a receita.

– Será que você conseguia isso sempre?

Francis T. – Sim [*silêncio*]. Sim... [*hesitação*] de fato, eu era contestado pela estrutura do poder municipal, mas como essa estrutura era incapaz de se colocar no meu lugar e fazer o que eu fazia, ela estava desarmada... e era isso o que fazia a minha força. E como eu tinha criado..., eu trabalhava com um advogado, portanto, havia outros poderes políticos. Eu mantinha boas relações com dois médicos, trabalhava sobretudo com o primeiro, mas o outro médico era reconhecido pela justiça..., o juiz morava na cidade, eu o conhecia bem. Embora nem sempre estivesse de acordo com os trabalhadores da área social da cidade, trabalhávamos juntos. O que faz que havia uma estrutura operacional que permitia... E depois, o prefeito deixava trabalhar. [*Silêncio*] De fato, as barreiras eram os poderes abaixo do prefeito.

– Os pequenos chefes?

Francis T. – Eram os pequenos chefes que os instituíam. Mas os pequenos chefes..., quando os problemas se tornavam mais difíceis, eu pedia um encontro com o prefeito ou escrevia-lhe uma carta para os derrubar.
[...]

Apresento a carteira profissional

– Você tem horários muito sobrecarregados?

Francis T. – Bem, isso depende. Se em determinado momento estou em tal lugar e que, por exemplo, existe uma blitz, bom, apresento a carteira profissional e digo, bom... Mas se levam um cara, isso quer dizer que vou telefonar para o Procurador da República, ou para o substituto, que vou intervir junto à delegacia, que vai haver negociação. Ou então, se há um cara que está bastante mal, vou ficar com ele, não posso deixá-lo...

– Você leva-o ao médico?

Francis T. – Ou está com seu delírio e em seu delírio tem necessidade de falar. Tem necessidade de delirar com alguém, diante de alguém que vai escutá-lo porque os companheiros não vão escutá-lo. Portanto, isso faz parte do processo de reconhecimento porque sabem perfeitamente que a minha vida não é semelhante à deles. Mas para que me reconheçam como estando em condições de ajudá-los, é preciso que me identifiquem a alguma coisa, a alguém. E é somente a partir do momento em que me identificam fora da instituição que represento – exatamente, nesse momento, surgem sentimentos, há uma relação que se cria fora do processo institucional – é que meu trabalho pode tornar-se eficaz.

Outubro de 1992.

Patrick Champagne
A visão do Estado

    A "mediatização" dos "mal-estares sociais" tem como efeito engendrar uma proliferação de publicações e relatórios de toda a espécie que visam descrever, explicar e "curar" tais "mal-estares" que, desta forma, são apresentados em praça pública. A mídia de grande difusão nunca é, como pretendem alguns, um simples testemunho que se limitaria a dar conta da realidade ou, pelo menos, colocar os problemas. Por um lado, porque o simples fato de falar disso em público modifica o estatuto desses mal-estares: o que era vivido como "problema pessoal" ou "local" torna-se um "problema de sociedade" que deve ser politicamente resolvido; o que estava restrito à responsabilidade pessoal tem a ver, doravante, com a responsabilidade coletiva. Em suma, o que era "mal-estar" individual, vivido como íntimo ou privado, tende a se metamorfosear em assunto de conversação pública, e depois em tema de colóquios e seminários de reflexão, em páginas de "debate" dos jornais nacionais nas quais se enfrentam comentadores políticos e intelectuais mediáticos, abrindo por aí um verdadeiro mercado, economicamente rentável, para o qual afluem testemunhos e pesquisas, espontâneos ou encomendados. Por outro lado, a mídia impõe sua própria construção dos problemas sociais que se apoia, em larga medida, na encenação dos fatos mais espetaculares e também, muitas vezes, mais superficiais; pelas palavras que acaba impondo ("grandes conjuntos habitacionais-guetos", "crime racista" etc.) e pelos agentes sociais a quem dão a palavra ou entrevistam, contribui para que venha a existir, a respeito dos "mal-estares" em questão, um verdadeiro discurso público. Ao mesmo tempo que o mal-estar é nomeado (por exemplo, "o mal dos subúrbios" ou "o mal-estar dos professores"), diz-se o que se deve pensar a esse respeito e tais interpretações impõem-se não somente àqueles que não se sentem envolvidos, mas também aos principais interessados; de fato, estes encontram aí um discurso legítimo sobre um mal-estar que já era sentido, de forma mais ou menos confusa, mas permanecia inexprimível porque considerado ilegítimo.

Tal discurso público serve tanto mais de anteparo que tem a seu favor a força da evidência na medida em que se assemelha muito com o senso comum. Além disso, porque tende a colocar em questão o poder político, favorece o desenvolvimento de toda uma produção que se apoia em problemáticas do tipo político, desde as sondagens de opinião até uma literatura do tipo burocrático constituída pelos relatórios pedidos pelas autoridades políticas que se sentem intimadas pela imprensa (e por aqueles que se exprimem através dela) a resolver rapidamente os problemas que constituem a notícia do dia.

Ainda aí, o caso dos subúrbios em dificuldade é exemplar. Desde o final dos anos 60, inúmeras pesquisas de sociologia urbana e sociologia da imigração já forneciam praticamente todos os elementos de análise necessários para compreender a situação atual desses bairros (por exemplo, para nos limitarmos a citar alguns, os trabalhos de Henri Coing e Colette Pétonnet sobre o *habitat* popular, os de Abdelmalek Sayad sobre os imigrantes ou os de Michel Pialoux sobre a relação ao trabalho temporário dos jovens de tais conjuntos habitacionais e, mais recentemente, o número 81-82 da revista *Actes de la recherche en sciences sociales*, consagrado ao tema "L'économie de la maison"). Esses trabalhos, conhecidos pelos especialistas, despertaram pouquíssima atenção porque se encontravam fora da atualidade mais imediata. Quando o problema dos subúrbios e da imigração surge na e através da mídia, no decorrer dos anos 80, especialmente com as brigas no bairro de *Minguettes* e depois, sobretudo, no início dos anos 90, com os incidentes de Vaulx-en-Velin, assistimos a uma verdadeira explosão de publicações e números especiais de revistas sobre tais assuntos: entre outras razões porque o crescimento eleitoral da extrema direita, especialmente nesses bairros, transforma isso em um problema político que desperta o interesse dos jornalistas e também, potencialmente, de um amplo público. Toda a literatura que, então, é publicada, desde o simples testemunho até as pesquisas sociológicas, parece participar de uma luta simbólica, menos intelectual do que política, cujo pretexto é impor "na hora" uma visão e uma interpretação.

A sociologia não pode ignorar essa literatura, não só porque ocupa de alguma forma o espaço e cria obstáculo, por sua própria natureza, para uma análise mais rigorosa, mas também porque tal mobilização não pode deixar de produzir informações interessantes e análises pertinentes. Ao ler esse grande número de publicações sobre "os subúrbios", "os jovens", "a migração" e "os jovens imigrantes nos subúrbios" – atualmente, seria bastante difícil fazer uma apresentação exaustiva de todas elas –, ficamos convencidos de que, em certo sentido, tudo já foi dito e não se deve esperar que a sociologia venha a descobrir um fato oculto ou inesperado, ou ainda um processo social que já não tenha sido abordado por alguém. No entanto, a superabundância de informações e análises heteróclitas engendra a confusão e deixa o campo livre para as explicações parciais ou ilusórias, na medida em que cada qual pode, doravante, encontrar com facilidade as explicações que deseja ouvir: é assim que se pode procurar a causa do "mal dos subúrbios" num urbanismo mal concebido, na crise econômica, em um laxismo da ordem (ou o oposto), na imigração não controlada, na desintegração das famílias, na droga ou em tudo isso ao mesmo tempo. Sobre esses assuntos, a principal tarefa da sociologia – e não se trata da menos difícil – é distinguir entre o que é pertinente e o que o é menos, entre o que é importante e o que é somente secundário ou derivado. Deve, sobretudo, estabelecer uma hierarquia e integrar, em um sistema explicativo coerente, um conjunto de fatores cujo peso funcional não é equivalente.

Para balizar tal literatura, gostaríamos de apresentar dois exemplos que se situam em dois polos extremos dessas produções de circunstância: por um lado, a simples sondagem de opinião cujas intenções são puramente políticas; e, por outro, o relatório do especialista que, a pedido dos dirigentes políticos, procura fazer uma síntese das informações disponíveis.

As pesquisas de opinião por sondagem são consideradas pelo grande público e jornalistas – e, até mesmo, por alguns especialistas – como "científicas" porque apresentam todos os sinais exteriores da cientificidade: amostras representativas de entrevistados (como se o essencial estivesse aí), questionários, respostas apresentadas sob forma de porcentagens ou gráficos etc. Além disso, oferecem a vantagem de fazer desaparecer o sociólogo enquanto tal, com suas questões específicas destinadas, através e para além da pesquisa empiricamente elaborada, a analisar determinados mecanismos sociais. São, particularmente, apreciadas pelos jornalistas porque nunca dão lugar a esses comentários complexos e impossíveis ou difíceis de resumir em algumas linhas e porque permitem ter, rapidamente, informações consideradas por eles como confiáveis. As únicas questões formuladas são as que interessam diretamente à política. É a razão pela qual tais questões, produzidas pela e para a problemática política habitual, parecem ser evidentes, pelo menos, para os que as encomendam. Em nome de quem seria proibido, por exemplo, perguntar "ao povo": Quem é responsável pela delinquência juvenil: a família ou a sociedade? Para tal pergunta obtemos a resposta: "todo mundo se faz esta pergunta" – especialmente depois que o "problema dos subúrbios" virou a principal notícia da mídia – determinados dados estatísticos claros e indiscutíveis, certos números que "falam por si mesmos" e mostram que estamos diante de um novo "problema de sociedade (desemprego, violência na mídia etc.)"?

No entanto, as questões formuladas pelos entrevistadores tornaram-se, igualmente, evidentes para o grande público pelo fato de que os institutos de sondagem as formulam e voltam a formular, incessantemente, há vários anos nos mesmos termos (para comparar rigorosamente as variações, conforme eles afirmam) de modo que ninguém – ou quase – fica admirado por as ter ouvido cem vezes; ora, elas só têm sentido e função no interior do pequeno círculo de pessoas que se interessam por política. A prática da sondagem produziu um novo tipo de opinião, a saber: a opinião através da sondagem de opinião. Esta encontra-se, quase sempre, bastante afastada da realidade – apesar de sua presunção em avaliá-la – e cria um anteparo às verdadeiras questões que deveriam ser formuladas. Essas pesquisas, dispendiosas e infindáveis – feitas sempre com urgência e alimentando a ilusão de que possa existir um conhecimento científico expresso – prestam informações, na realidade, sobre as categorias mentais daqueles que as encomendam, as concebem e as utilizam. Dito por outras palavras, as questões revelam-se, frequentemente, muito mais interessantes do que as respostas obtidas porque traem de forma bastante direta as preocupações dos dirigentes e responsáveis políticos.

Para nos limitarmos a um único exemplo, vejamos o caso de uma sondagem da agência CSA realizada, em março de 1991 (isto é, alguns meses após os acontecimentos de Vaulx-en-Velin e a criação de um Ministério da Cidade) encomendada por *Le Parisien* e *France Inter* (mas que poderia ter sido encomendada pelos serviços do Primeiro-Ministro e efetuada por outro instituto de sondagem). As oito perguntas formuladas merecem ser integralmente reproduzidas (com um breve comentário entre colchetes) pois constituem uma boa amostra das diferentes formas que, em geral, tais questões de sondagem apresentam e, além disso, a interrogação de tipo político:

1) *Você acha que as desigualdades entre as pessoas, na França, nos últimos dez anos... têm mostrado tendência a crescer? ficaram estáveis? têm mostrado tendência a se reduzir? não sabe.* [Esta questão que, de fato, constitui um tema clássico para monografia no concurso de acesso à ENA (sobretudo depois de 10 anos de socialismo), será uma questão de opinião ou de fato? Que se pretende fazer com "o que as pessoas acham" desta questão que agita sobretudo os meios políticos? Que será feito das respostas ao acaso dos jovens entrevistados que, dificilmente, poderão se pronunciar a respeito da evolução nos últimos dez anos? De fato, é preciso esperar as perguntas seguintes para conhecer as verdadeiras intenções que se escondem atrás desta questão].

2) *Em sua opinião, atualmente, as desigualdades entre as pessoas, na França, são... insuportáveis? muito grandes? regulares? sem grande importância? não sabe.* [Qual conteúdo as diversas categorias de entrevistados estarão em condições de dar aos adjetivos "insuportáveis", "muito grandes" etc.? De fato, isso tem pouca importância porque se trata somente de levar as pessoas para um terreno que é puramente político a fim de preparar os entrevistados para as duas questões seguintes].

3) *Sobre quais campos seria necessário agir com prioridade: moradia? remunerações e salários? saúde? educação e formação? não sabe.* [O problema

das prioridades é tipicamente uma questão formulada pelos políticos. "Governar é escolher", já dizia Pierre Mendès France. Mas, em seu espírito, tratava-se de escolher com conhecimento de causa e do ponto de vista do interesse geral, ainda que uma medida viesse a se revelar nas sondagens, provisoriamente, impopular. Doravante, o político, para não vir a ser impopular, estabelece a lista das prioridades pela consulta direta aos cidadãos, cujas respostas levam a supor – como poderia ser de outra forma? – que, egoisticamente, escolhem como prioritários os campos em que se encontram envolvidos de maneira direta e pessoal.]

4) *Pessoalmente, você tem plena confiança, uma certa confiança, pouca confiança ou nenhuma confiança no governo de Michel Rocard para reduzir as desigualdades entre os franceses?* [Eis a questão que, de fato, se pretendia formular desde o início e que só aparece depois das três precedentes. O que se pretende formular é uma "questão de confiança", não à Assembleia Nacional onde a maioria parlamentar estava, então, indecisa, mas diretamente ao povo, às "pessoas", que, segundo parece, há muito tempo, têm uma "boa opinião" a respeito de Rocard].

5) *Em sua opinião, com a evolução de nossa sociedade, a vida atual nas grandes cidades é... bastante difícil? difícil? agradável? bastante agradável?* [Esta questão vaga e genérica, que não permite obter informações precisas, é destinada sobretudo a preparar as perguntas seguintes sobre os subúrbios que, por sua vez, remetem para acontecimentos mediáticos bem precisos e para decisões políticas amplamente repercutidas na mídia].

6) *E nos subúrbios...?* [Estamos perto da questão que, desde o início, está na ponta da língua de quem encomendou a sondagem...].

7) *Quais são as categorias cuja situação merece ser tratada em prioridade pelo novo Ministro da Cidade, responsável pelos problemas das grandes cidades e subúrbios: pessoas idosas? comerciantes? jovens? imigrantes? mulheres sós? não sabe.* [Finalmente faz-se a pergunta. No simples enunciado, é lembrado que, doravante, existe um novo Ministro da Cidade que é responsável e pretende ocupar-se, com prioridade, de um certo número de categorias da população. Essas categorias, retomadas do senso comum (onde seria classificada, por exemplo, uma mulher solitária e jovem, de origem estrangeira, que tem uma pequena loja?) são apresentadas para excluir os verdadeiros problemas. Na realidade, a única função desta questão é ver, de forma discreta, em que proporções as pessoas aceitariam que seja dada ajuda prioritária aos imigrantes que são, conforme todo o mundo afirma, os primeiros envolvidos nos problemas dos subúrbios e, aqui, são misturados a categorias politicamente menos comprometedoras].

8) *Como você sabe, as prefeituras recebem uma parte de seus recursos das empresas instaladas em seu território: trata-se da taxa profissional. O governo*

prepara um projeto de lei segundo o qual uma parte dessa taxa recolhida pelas prefeituras mais favorecidas seria distribuída às prefeituras com poucas ou nenhuma empresa em seu território. Pessoalmente, você seria favorável ou desfavorável *a esse projeto?* [Esta questão tipicamente "politológica" começa por "Como você sabe" precisamente porque a maior parte dos entrevistados não sabe disso. Na continuação, sob a forma de uma breve evocação numa frase simples e anódina que, de fato, ocupa o lugar de um verdadeiro curso de direito fiscal (todos os especialistas sabem que a taxa local deu lugar a uma abundante literatura de tal modo o problema é complexo) para terminar com a apresentação de um projeto governamental em termos que parece difícil ser contra: de fato, 80% dos entrevistados declararam-se favoráveis a tal projeto de lei que propõe tomar um pouco de dinheiro das prefeituras mais ricas para destiná-lo às prefeituras mais pobres].

O próprio relatório dessa sondagem informa a respeito da sua finalidade. De um ponto de vista material, apresenta-se sob a forma de um documento de poucas páginas no qual é fornecida, sem qualquer comentário, uma sequência de tabelas. No alto de cada página, em caracteres maiúsculos e enquadrados, é apresentada a pergunta e, embaixo, as respostas. Na primeira página, são apresentadas as distribuições globais; nas páginas seguintes, as respostas são cruzadas segundo as variáveis "sociológicas" habituais. E, repete-se o mesmo processo para cada questão. De fato, a apresentação dos resultados é feita em função de preocupações estritamente políticas: a primeira página indica as distribuições segundo a lógica do voto ou referendo ("o que pensa a maioria dos franceses..."), enquanto as páginas seguintes apresentam as respostas cruzadas, uma a uma e variável por variável, segundo grupos construídos de forma rudimentar para os responsáveis políticos e que, de fato, são categorias mais úteis para a ação do que para a análise (sexo, idade, profissão, simpatia partidária e *habitat*). Em outros termos, essas tabelas cruzadas visam menos explicar do que identificar os grupos que apoiam ou não tal opinião fabricada pelos políticos e cujas respostas vão alimentar suas lutas internas. Permitem definir os grupos que ainda necessitam de ser convencidos, que hão de constituir o "alvo" nas próximas campanhas políticas (os jovens ou os idosos, os homens ou as mulheres, as categorias sociais favorecidas ou não, os citadinos ou os rurais). A data precisa da sondagem, cuja menção é obrigatória segundo a lei de 1977, constitui a indicação mais pertinente: lembra que o único interesse desse tipo de pesquisa é menos compreender o problema dos subúrbios do que saber qual é "a opinião pública" no dia da pesquisa em relação ao governo (o que os pesquisadores exprimem com a metáfora da fotografia: não passa de um "instantâneo da opinião pública"). De fato, lembra que a sondagem intitulada "As preocupações sociais dos franceses" trai, na realidade, as "preocupações políticas de Michel Rocard" que, nessa data, era Primeiro-Ministro.

No outro polo desta literatura suscitada indiretamente pela mídia, podemos tomar como exemplo o relatório apresentado ao Ministro de Estado, Ministro da

Cidade e do Reordenamento do Território, intitulado *La rélégation*. Seu autor, Jean-Marie Delarue, membro do Conselho de Estado, tinha sido encarregado pelo novo Ministro da Cidade, em 1991, após os incidentes de Vaulx-en-Velin, de fazer o ponto da situação nos subúrbios em dificuldade. A qualidade do relatório, apresentado alguns meses mais tarde, está impregnado em larga medida pelas características próprias de seu autor: além de um interesse anterior pelos problemas sociais – frequente na fração de "esquerda" ou "intelectual" da alta administração – este possui, com efeito, uma formação sociológica que lhe permitiu abordar essa questão com um mínimo de competência, denunciando, em particular, a apresentação enviesada desses problemas, fornecida pela mídia. Nesse documento, que se baseia em diversos trabalhos sociológicos e em uma escuta efetiva de todos os que trabalham nesses bairros, encontramos um grande número de desenvolvimentos interessantes. Em suma, esse tipo de relatório foi realizado em condições tais que permitiu mobilizar, indiscutivelmente, um saber a respeito do mundo social bem superior àquele contido em inúmeros relatórios burocráticos e, *a fortiori*, àquele que a maior parte dos altos funcionários possuem sobre essas populações desfavorecidas e sobre o trabalho dos que se ocupam delas.

No entanto, esta análise tem limites decorrentes também das condições sociais em que foi produzida. A parte que é consagrada à verificação, isto é, compreensão propriamente dita da situação desses subúrbios em dificuldade, é relativamente curta (uma vintena de páginas em um relatório que contém cerca de 200), sendo que a missão confiada a esses altos funcionários – não se deve esquecer tal detalhe – é essencialmente de natureza política. A própria análise, porém, tende a obedecer a uma lógica mais política do que intelectual. Com efeito, esses altos funcionários têm a obrigação de ouvir, democraticamente, a todos, "sem sectarismo", segundo uma lógica da coleta dos pareceres dos especialistas que é, quase sempre, pouco compatível com uma construção intelectual rigorosa. Os autores citados – com trechos de análise, em geral, descontextualizados – pertencem a universos teóricos bastante heterogêneos, para não dizer francamente contraditórios (basta referir-nos à lista dos autores citados nesse relatório que, para o sociólogo, tem a ver, por vezes, com um inventário à maneira de Prévert...). A lógica que preside a elaboração de tal documento leva a descrever mais do que a explicar, ou estabelecer um catálogo dos fatores em questão e não a construir um sistema explicativo.

A realidade social é dividida segundo categorias administrativas (J.-M. Delarue distingue, por exemplo, três planos: "o urbano", "o social" e "os jovens") que, de um ponto de vista sociológico, não são necessariamente pertinentes, mas constituem um quadro cômodo – e compreensível para os responsáveis políticos – em vista de propor soluções. De fato, o que se espera, principalmente, de tais relatórios são ideias, soluções, ideias de soluções, de preferência "mediatizáveis", isto é, visíveis e com efeito imediato. A insuficiência das análises aparece, sobretudo, no tipo de soluções que são propostas e que permanecem, em larga medida, à superfície das coisas. Ou então, trata-se de simples soluções de "bom senso" (como, por exemplo, a necessidade de coordenar as ações, até então segmentadas, das diferentes administrações que intervêm nesses subúrbios) o que já é bastante – enquanto contribuição de um alto funcionário e levando em consideração a lógica burocrática atual – mas não deve nada, ou pouca coisa, à análise da situação; ou então, trata-se de soluções que pretendem ser inovadoras mas, além de não se basearem em análises prévias, escapam dificilmente às ilusões do voluntarismo político – como é o caso, por exemplo, no relatório Delarue – de tudo o que é colocado sob a noção de "cidadania" que se presume venha a resolver problemas cuja origem está longe de ser puramente política.

Esses relatórios não podem verdadeiramente abandonar a problemática pré-construída pela mídia já que têm como função principal encontrar resposta a esta. O relator não vê que, na realidade, seria necessário o seguinte: analisar a inscrição no espaço de grupos sociais; interrogar seu modo de reprodução social e as trajetórias dos indivíduos que as compõem; poder avaliar os efeitos sobre esses grupos das políticas públicas concernentes ao mercado imobiliário, sistema de formação (a escola) e mercado do emprego. Basta ouvir verdadeiramente todos os que trabalham nesses "subúrbios" – trabalhadores da área social, responsáveis pela Anpe, diretores de agências de trabalho temporário – para descobrir que as soluções não se encontram nos próprios "subúrbios", muito simplesmente porque as causas dos problemas não estão nesses grandes conjuntos habitacionais, mas alhures, muitas vezes no próprio âmago do Estado.

"Custos" e "benefícios" da imigração – Abdelmalek Sayad

"Idealmente", a imigração e o imigrante só têm sentido e razão de ser se dão mais "lucro" do que "despesa". Como maximizar os "benefícios" (sobretudo, econômicos) e minimizar os "custos" (sobretudo, sociais e culturais)? Não se trata somente de uma questão de pura economia abordada explicitamente pelos economistas, mas de uma questão virtualmente contida em todas as afirmações concernentes à imigração. Esta problemática se impõe por si mesma a tal ponto que aparece como evidente.

Na medida em que se aplica a uma população que goza de um status particular, a contabilidade que a retraduz nada tem de comum com esta ou aquela contabilidade análoga feita a partir de um outro grupo: com efeito, quando se trata, por exemplo, da primeira infância, jovens ou pessoas idosas, a questão que se coloca é somente prever e liberar os meios apropriados para o tratamento que se pretende reservar a esses grupos bem determinados; em compensação, no caso da população imigrante, trata-se de avaliar os benefícios e custos da política que consiste em recorrer à imigração, isto é, da existência ou "desaparecimento" de tal população. Através de uma questão aparentemente técnica, é todo o problema da *legitimidade* da imigração que é objetivamente formulado. Na prática, toda afirmação feita sobre os imigrantes – em particular, quando esta incide explícita e conscientemente sobre sua função, como é o caso em relação à "teoria da economia comparada dos custos e benefícios da imigração" – consiste em *legitimar* ou denunciar a *ilegitimidade* (fundamental) da imigração[1].

Até aqui, "a teoria da economia comparada dos custos e benefícios da imigração" apenas suscitou divergências que incidem sobre a avaliação dos elementos que terão de ser levados em consideração. Nesse aspecto, o acordo realiza-se, de saída, sobre tudo o que essa teoria exige que seja reconhecido, previamente a qualquer discussão, a saber: entre outras coisas, o princípio de partilha entre o que é "custo" e o que é "lucro"; o princípio de estabelecimento de um saldo positivo ou negativo da imigração etc. Sendo assim, essa teoria tem dissimulado toda uma série de questões que se tornaram impensáveis – por exemplo, a questão de saber quem tem de arcar com os "custos" e quem fica com o "lucro" da imigração. No entanto, de forma mais fundamental, qualificar exclusivamente como "custo" ou "lucro" cada um dos elementos discerníveis, e arbitrariamente dissociados, de um conjunto que só tem realidade (econômica e política) enquanto totalidade, equivale a impor o sentido que se pretende dar a cada um desses elementos e impô-lo de forma tanto mais imperativa que não há qualquer dúvida a respeito da operação de imposição que está sendo realizada. Basta apresentar, como exemplo desse trabalho de "tecnicização" do político, o estudo que Anicet Le Pors consagrou aos fluxos monetários de que a imigração é responsável, assim como as divergências que separam, por exemplo, suas conclusões das que Fernand Icart tira a partir de dados sensivelmente idênticos[2].

Se existem "custos" que devam ser imputados à imigração, o primeiro em que pensamos é, evidentemente, o custo monetário que é suportado por todo o país que recorre à imigração em razão das transferências de fundos feitas, por um lado, pelos próprios imigrantes a partir de suas economias e, por outro, pelos organismos sociais (abono familiar, subvenções da Seguridade Social, aposentadorias, diversas pensões etc.). No entanto, este "custo" que pode ser considerado como evidente e indiscutível comporta também "lucros" de uma outra espécie: "em particular, podemos nos perguntar qual é a incidência das transferências de economias para o

---

[1]. A recente "querela dos números" sobre a importância numérica da população imigrante não escapa à lógica da reconversão dos argumentos políticos em argumentos técnicos que podem ser mais facilmente confessáveis e proclamados em público: quanto mais numerosa for a população imigrante, tanto mais elevados serão os "custos" para a sociedade.

[2]. Fernand Icart, deputado do departamento do Var, autor do relatório "Le coût des travailleurs étrangers en France", nota de síntese, Paris, Assemblée nationale, 1976, 123 p.

exterior [...]. Ora, segundo parece, 1 milhão de francos a menos transferido para o exterior significa apenas uma melhora do equilíbrio exterior [...] de cerca de 38.000 francos. Com efeito, uma diminuição *ex ante* das transferências para o exterior aumenta o consumo familiar; uma boa parte deste aumento é satisfeita não por um crescimento de produção interna, mas por um crescimento das importações ou diminuição das exportações. Além disso, uma redução das transferências das poupanças para países estrangeiros limita a aquisição de divisas de tais países e, por conseguinte, suas importações, incluindo as que são provenientes da França"[3].

Ao contrário, se existe para os países de imigração um "lucro" imediato – "lucro" inicial e aparentemente líquido de qualquer custo de compensação – é aquele que consiste em "importar" homens adultos e ainda jovens, portanto "úteis" e produtivos desde o primeiro dia que chegam; este "lucro", que consiste na economia daquilo que Alfred Sauvy designou por "custo da criação", atenuou-se consideravelmente no relatório de Fernand Icart, para não dizer que se transformou em "custo": a "qualidade" desses homens que foram criados em países pobres, subdesenvolvidos, portanto, com um "custo" menor do que o "custo médio francês", faz com que acabem custando mais "caro" (ou, pelo menos, mais "caro" do que se possa pensar) em razão do "custo" exigido para sua adaptação à sociedade que os utiliza.

---

[3]. LE PORS, A. Le Pors, *Immigration et développement économique et social*. Paris: La Documentation française, Etudes prioritaires interministérielles, 1977.

Ainda poderíamos continuar, por muito tempo, a enumeração das "contradições" deste tipo, na medida em que cada um dos critérios adotados pode ser classificado como "custo" ou "lucro", ou, pelo menos, comportar uma parte de "custo" e uma parte de "lucro". E quanto mais nos afastarmos dos aspectos sobre os quais incide, de forma tradicional e prioritária, a economia ou, por outras palavras, quanto mais nos aproximarmos dos fatores que são negligenciados pela técnica econômica, porque são rebeldes em relação à "medida", maior será a indeterminação e, por conseguinte, mais fáceis e frequentes serão as manipulações e inversões de sentido que podem ser operadas; maior será a aparência de que os fatos analisados e interpretados como dados puramente econômicos são também, e talvez antes de tudo, fatos e realidades políticos, sociais e culturais. Assim, por exemplo, a taxa de natalidade das famílias imigrantes em geral e, mais particularmente, das famílias originárias dos países da África do Norte: as autoridades tanto se regozijam com o excedente demográfico que tais famílias trazem para uma população que tende a decrescer e envelhecer, quanto deploram (também oficialmente) esse mesmo crescimento de uma população que continua a ser designada por "população imigrante" (embora as jovens gerações nascidas na França não tenham emigrado de nenhuma parte) porque implica "custos" e pesa demasiado no orçamento dos mecanismos de ajuda às famílias – para não dizer que se trata de um "empecilho"; neste caso, os argumentos "econômicos", ou a formulação em termos econômicos de argumentos de outra natureza, são mais facilmente e mais inocentemente confessáveis. E o que é dito da ambiguidade da taxa de fecundidade da população imigrante, isto é, no fundo, da imigração familiar e da passagem do antigo imigrante, simples trabalhador isolado e sem a família, para o genitor, é válido atualmente – em razão das dificuldades do mercado de trabalho – para essa outra característica do imigrante que, no entanto, o constitui e o define, a saber, seu status de trabalhador: o "lucro" da força de trabalho que fornece – e tem como contrapartida o salário que lhe é pago e pode ser transferido – tende a ser redefinido como um "custo". Tal "custo" pode ser direto quando o imigrante está desempregado, perdendo por isso mesmo pessoalmente o que justificava sua existência; e pode ser um "custo" indireto quando o imigrante conserva seu trabalho, como se o emprego que ocupa constituísse uma espécie de falta de ganho ou prejuízo virtual ocasionado à mão de obra nacional.

Para se tornar aceitável, seria necessário que esta espécie de "economia da imigração" fosse uma economia total, isto é, que integrasse todos os outros "custos" e todos os outros "lucros" não levados em conta ou totalmente ignorados pela teoria estritamente econômica. Aliás, as coisas ainda se complicam quando sabemos que, procedendo da mesma lógica e permanecendo submetida às mesmas interrogações e críticas, "a teoria da economia comparada dos custos e benefícios da imigração" pode ser transposta para o país da emigração e dar lugar à constituição de uma teoria homóloga.

Remi Lenoir

Desordem entre os agentes da ordem

O que é chamado "mal-estar no meio judiciário" ou ainda "crise da justiça" abrange, de fato, realidades bastante diferentes. Essas expressões designam, simultaneamente, um problema social ("o crescimento da delinquência"), as dificuldades por que passa um serviço público ("a miséria da justiça") e as lutas que opõem uma profissão, ou seja, a magistratura, aos governantes ("os grandes processos políticos"). Essa amálgama tem seu fundamento, assim como são incontestáveis o crescimento da "pequena e média delinquência" (roubos e tráfico de estupefacientes), o mau funcionamento da instituição judiciária ("lentidão", "erros" etc.) ou o crescimento do "sentimento de insegurança"[1]. Além disso, os conflitos entre juízes e políticos são de notoriedade pública, ou melhor, mediática. Mas falar de mal-estar no meio judiciário é também esquecer que os magistrados não são os únicos atores a contribuir para a manutenção da ordem. Sem dúvida, fala-se igualmente de "crise" entre os policiais civis e militares ou guardas de prisão, outras tantas profissões que também contribuem para garantir a ordem pública; no entanto, a seu propósito, são evocados apenas simples problemas de remuneração, condições de trabalho, representatividade sindical, formação etc., em suma, o que se designa por "corporativismo".

De fato, os termos utilizados para assinalar as dificuldades por que passa uma categoria social variam segundo o prestígio e status das profissões. Neste aspecto, a divisão do trabalho de manutenção da ordem social é exemplar. A repartição das tarefas é institucionalmente definida, como é testemunhado pela profissionalização das diferentes funções relacionadas com essa atividade (detenção, julgamento,

---

1. Tal situação é testemunhada pela existência de um "Salon de la sécurité", pelo desenvolvimento de um "mercado da segurança" e de "polícias privadas". Em 1989, na França, a segurança privada dava emprego a 73.000 pessoas e seu volume de negócios atingia 7 bilhões e meio de francos, ou seja, praticamente um terço do orçamento da polícia nacional, cf. CARROT, G. *Histoire de la police française*. Paris: Tallandier, 1992, p. 230.

encarceramento, reinserção etc.), sendo que as competências de cada categoria de atores são juridicamente fixadas e hierarquizadas. Se nos limitarmos à ação penal, o papel predominante é desempenhado pelos magistrados: não só detêm o monopólio de tudo o que é propriamente da alçada da atividade judiciária (oportunidade das diligências, julgamento), mas sua autoridade se exerce sobre as outras corporações – o ministério público ou os juízes de instrução dirigem os inquéritos que são feitos diretamente pelos policiais civis ou militares; o juiz da execução de penas tem toda a autoridade para fixar as condições da aplicação das condenações etc. Essa preeminência dos magistrados é inseparavelmente jurídica e social. Com efeito, os juízes são, globalmente, de origem social mais elevada do que os delegados, os diretores de prisão e, ainda mais, os oficiais da polícia militar; ora, esta superioridade social (sentida profundamente por alguns como "arrogância") é acompanhada por um ascendente cultural que, entre outras coisas, comprova seu melhor sucesso escolar[2].

Portanto, não é por acaso que, tratando-se da magistratura, falamos de sua "decadência social", expressão que remete à vertente descendente em que, supostamente, está caindo no espaço social ("juízes de pouca estatura", "um oficiozinho para gente sem importância") e, simultaneamente, à "deliquescência" de seus poderes ("perda de independência", "miséria material", "juízes para todo o serviço")[3]. Em relação aos policiais civis ou militares, o que é apontado é menos a posição social do que sua *imagem*, na maior parte das vezes, desfavorável: os primeiros, por sua corrupção ou falta de tino; os segundos, por suas "grosserias". Quanto aos guardas de prisão, trata-se sobretudo de suas *condições de trabalho*: por vezes, são assimilados – e assimilam-se a si mesmos – à população que está sob sua vigilância: quando estão em serviço, afirmam estar em "detenção".

Se, pelo menos na ordem das representações, a crise da justiça é identificada à crise dos magistrados, é porque – como acontece com todas as corporações que dominam determinado setor da atividade social – estes podem impor a todos a definição de seu mal-estar. E pela natureza de sua posição dominante na ordem social, estão em condições de converter seus problemas, ligados em parte à sua origem social – sua "independência" ou "poder" – em problemas gerais, "a crise da lei", ou em problemas de sociedade, "o crescimento da insegurança" etc.

A utilização de denominações tão genéricas leva a omitir que os atores da manutenção da ordem são bastante diversificados e que as crises ou dificuldades que

---

2. Cf. LENOIR, R. "Les agents du maintien de l'ordre: contribution à la construction sociale de l'espace judiciaire". *Les Cahiers de la sécurité intérieure*, IHESI, La Documentation française, nº 10, agosto-outubro de 1992, p. 149-178.

3. Cf. entre outros, SOYER, J.-C. *Justice en perdition*. Paris: Plon, 1982.

conhecem resultam de diferentes fatores. Até mesmo no que se refere exclusivamente à corporação dos magistrados, é claro que essa função remete a situações contrastantes, cuja percepção habitual apenas considera as mais extremas: "baixa" e "alta" magistratura. Será que o "declínio da magistratura" diz respeito a essas duas categorias de magistrados? Desde os anos 50, o modo de recrutamento da corporação modificou-se e abriu-se para categorias que, até então, pareciam não poder ter acesso a ela, principalmente os jovens oriundos de famílias dos escalões inferiores da função pública. Ora, tudo indica que, segundo a origem social, há diferenças na carreira dos juízes, de tal modo que o que é percebido como um declínio social poderia ser muito simplesmente o sinal da diversificação crescente da corporação[4].

O crescimento – bastante relativo – das diferenças sociais entre categorias de magistrados e, portanto, da heterogeneidade da corporação, tem a ver, por um lado, com a regressão de um modo de recrutamento em que o fato de fazer parte de uma família de juristas desempenhava um grande papel[5]; tal regressão parece ter atingido menos a "alta" do que a "baixa" magistratura[6]. A uniformização da formação, graças à criação, no final dos anos 50, de uma *Ecole nationale de magistrature* (o *Centre national d'études judiciaires*) que substituiu os concursos locais dominados pelo corporativismo, não atenuou os efeitos da elevação da heterogeneidade social do recrutamento[7]. Pelo contrário, levando em consideração um recrutamento relativamente maciço de magistrados a partir dos anos 70, graças ao crescimento do número de cargos colocados em concurso, mas também aos procedimentos de recrutamento paralelo (concurso interno e integração com base nos títulos) a diferenciação social da corporação amplificou-se. Além disso, esse rápido crescimento do número de magistrados (no espaço de 20 anos, 40% da corporação foi renovada) teve como efeito reduzir bastante as perspectivas de promoção, sobretudo para as jovens gerações. De tal modo que a concorrência no seio da corporação acentuou-se consideravelmente; além disso, se a esses fatores de tensão acrescentarmos, a degradação efetiva das condições de trabalho, especialmente pela multiplicação e transformação dos contenciosos (fala-se de "excesso de trabalho feito às pressas"), estão reunidos, efetivamente, todos os ingredientes de uma "crise". Mas será que se trata de uma única crise? E será que afetou, da mesma forma, o conjunto dos magistrados?

---

4. Para uma análise mais minuciosa, cf. BODIGUEL, J.-L. *La magistrature, un corps sans âme?* Paris: PUF, 1991.

5. Sobre esse ponto, cf. ROYER, J.-P. , MARTINAGE, R. & LECOCQ,P. *Juges et notables au XIXe siècle*. Paris: PUF, 1982.

6. Cf. BANCAUD, A. *La haute magistrature judiciaire entre politique et sacerdoce*. Vaucresson, junho de 1991.

7. Cf. BOIGEOL, A. "La formation des magistrats: de l'apprentissage sur le tas à l'école professionnelle". *Actes de la recherche en sciences sociales*, 76-77, março de 1989, p. 49-64.

A passagem obrigatória por uma escola especializada impôs o reconhecimento dos critérios propriamente escolares (em particular, a classificação no término dos estudos) permitindo que os magistrados tenham a possibilidade de se avaliarem uns aos outros, de tal modo que a legitimidade das nomeações e promoções é mais facilmente controlável e suscetível de ser contestada. E, de fato, tal legitimidade é, cada vez mais, controversa porque as fronteiras entre "baixa" e "alta" magistratura estão mais embaralhadas do que no século XIX: os "juízes de paz", a quem era exigido somente "ter bom senso" e "senso de equidade", tinham como única ambição ser "notáveis" em sua terra; aliás, faziam tudo para não a deixarem. Já não é o que se passa, atualmente: graças ao desenvolvimento do sistema escolar e do modo de recrutamento por concurso, o mercado dos títulos e o âmbito das carreiras estenderam-se ao conjunto do território nacional. No momento em que praticamente dois terços dos magistrados são oriundos de famílias de executivos de classe A ou de profissionais liberais, nem todos têm possibilidade de fazer uma carreira profissional correspondente às aspirações tradicionalmente associadas a seus títulos.

Quer dizer que, entre os próprios magistrados, não existe um, mas vários *mal-estares*, cujo fundamento varia conforme esteja relacionado com a "alta" ou a "baixa" magistratura. No que diz respeito à alta magistratura – que é uma verdadeira "corporação na corporação" – o mal-estar resulta, principalmente, das relações que ela mantém com os membros das outras grandes corporações jurisdicionais do Estado. Com efeito, estas últimas ostentam um trunfo que se tornou decisivo desde o desenvolvimento da atividade estatal após a guerra, a saber, a participação direta do exercício do poder político; ora, a participação da "alta" magistratura não se faz no mesmo grau. Tal situação dá às outras corporações uma vantagem determinante para o controle das instâncias, cada vez mais numerosas, que colaboram na manutenção da ordem social. Assim, a multiplicação das "comissões" presididas, muitas vezes, por um membro de uma jurisdição administrativa e que incide diretamente sobre o que é da alçada da instância judiciária confirma o declínio relativo dos hierarcas da magistratura. De forma geral, a posição destes últimos declinou no campo da classe dominante em decorrência da ascensão de outras profissões, talvez menos no próprio setor público (embora, doravante, as funções com bom retorno financeiro sejam preponderantes) do que no setor privado, especialmente em tudo o que participa da economia e comunicação – universo tradicionalmente estranho ao dos juízes.

Quanto à "baixa magistratura" (fala-se de "juízes de base"), seu "mal-estar" é devido também ao rebaixamento de seu poder em relação aos outros agentes que representam a autoridade pública (em particular, os presidentes das regiões administrativas e respectivos órgãos de governo). No entanto, resulta sobretudo de fatores internos, quer se trate da degradação de suas condições de trabalho (multiplicação e complexidade de procedimentos, contenciosos cada vez menos "nobres" etc.) ou ainda dos efeitos do poder hierárquico sobre agentes cuja posição social depende, cada vez mais exclusivamente, de sua atividade profissional.

Existe, porém, uma outra dimensão que, embora evocada, é quase sempre ignorada, exceto em período de crise aguda: tudo o que se relaciona com a redefinição da divisão do trabalho entre as profissões e as incessantes lutas que estas travam para manter e estender sua alçada, o que não é estranho aos mal-estares que venham a sentir. Nesse aspecto, o universo das profissões jurídicas é também exemplar. Com efeito, a preeminência da magistratura é questionada em seu monopólio para afirmar o direito: em primeiro lugar, pelos outros atores do meio judiciário, em particular os policiais civis e, em menor medida, os policiais militares, que colocam em questão a função de direção de inquérito a cargo do Ministério Público e dos juízes de instrução; em seguida, pelas outras profissões jurídicas (advogados, mas também conselhos jurídicos etc.) e pelas múltiplas instâncias administrativas que, fora dos tribunais administrativos e do Conselho de Estado, estão dotadas de poderes quase jurisdicionais (alfândegas, impostos etc.).

Na maior parte das vezes, esse fenômeno é relacionado com o desenvolvimento da atividade estatal, com a complexidade dos contenciosos (necessidade de recorrer a "especialistas") e com a multiplicação dos recursos em justiça que, doravante, superam as capacidades de tratamento dos tribunais. No entanto, esses diferentes fatores não teriam tanto efeito se as bases sociais da supremacia dos magistrados não tivessem sido alteradas. Se nos limitarmos unicamente à atividade penal, observamos que uma parte crescente dos delegados de polícia e, em menor medida, dos oficiais da polícia militar, apresenta características, simultaneamente, sociais, culturais e escolares, semelhantes às dos magistrados. Essas novas gerações de polícia judiciária estão, assim, mais bem armadas do que as antigas para reclamar o que constitui um dos poderes essenciais da magistratura, ou seja, a direção dos inquéritos. A essa ofensiva, sobretudo policial, a maior parte dos magistrados opõe objeções de princípio que dissimulam dificilmente – considerando sua atividade, efetivamente, reduzida na matéria – o fundamento social de suas prerrogativas. Essas lutas de poder e pelo poder podem chegar ao ponto de conflitos abertos que revelam as diferenças de classe – tanto é verdade que a manutenção da ordem pública é sempre um dos componentes da manutenção da própria ordem social.

Essas lutas, porém, são de todos os instantes e em todos os planos, entre diferentes corporações (em particular, entre polícias civil e militar) mas também no interior de cada corporação (cf., por exemplo, a "guerra das polícias"), o que, aliás, acaba por reforçar a posição preeminente dos magistrados. Além disso, outras clivagens foram aparecendo. Por exemplo, a postura dos delegados em relação à supremacia do poder judiciário varia segundo a maneira de ter acesso a tal função (já ter exercido ou não uma função na polícia). Ora, o modo de formação dos delegados constitui um pretexto para lutas até mesmo no interior dessa corporação, entre os "antigos" que defendem a aprendizagem no exercício da função, e os "jovens" que reivindicam a competência escolar, isto é, sua própria maneira de ter chegado ao que são. Tais diferenças também têm seus fundamentos sociais. As clivagens de classe deixaram de abranger unicamente as divisões funcionais do trabalho de manutenção da ordem para permearem, doravante, as diferentes corporações. De tal modo que, nesse como em outros campos – particularmente nas forças armadas – as lutas entre corporações e no interior de cada corporação deixaram de estar relacionadas unicamente com conflitos de classe para serem consideradas como lutas até mesmo no interior de cada classe; quanto aos cargos mais elevados, trata-se de lutas entre os diferentes segmentos da classe dominante.

Remi Lenoir

Mulher e policial

Agnès tem 24 anos. É filha única. Terminou o curso da *École supérieure des inspecteurs de la police nationale*. Entrou nessa escola por concurso depois de ter conseguido passar no vestibular. É originária de uma cidadezinha do Sudoeste. Travei conhecimento com Agnès há três anos, quando eu estava começando um estudo sobre a reforma da instrução penal.

Se é difícil obter dos policiais afirmações que escapem um pouco às diretrizes da hierarquia ou das instruções das organizações sindicais, é menos a consequência do fato de fazer parte de uma corporação – como acontece com os policiais militares ou magistrados – do que uma espécie de *desconfiança* quase instituída em relação a tudo o que é estranho ("ao serviço"). Essa espécie de suspeição, transmutada em virtude profissional – a "vigilância" – é reforçada, diferentemente de outras profissões, em que a reserva, o segredo, o anonimato etc., constituem também atributos de função, pela preocupação constante em retificar, em relação ao "exterior", uma representação depreciativa da corporação. Tal obsessão da "má imagem" da polícia manifesta-se de maneiras diversas segundo as funções e os cargos: no que diz respeito aos superiores, vai da hipercorreção jurídica à impecabilidade linguística, passando pelo discurso formal burocrático; quanto aos subordinados, vai do constrangimento paralisante a uma tagarelice fanfarrona.

Além disso, os profissionais do interrogatório, sempre na defensiva, detêm, simultaneamente, o projeto e os meios de controlar a situação de inquérito, de tentar obter o domínio da definição dos problemas e usar todos os subterfúgios habituais: segredo, itens específicos, conivências superficiais e falsas confidências etc.

O problema se coloca menos com os que ainda não estão totalmente identificados com a função e instituição. É, particularmente, o caso das mulheres; ainda hoje, estão reduzidas a um pequeno número e são ainda mais relegadas a tarefas percebidas como "femininas" pois esse universo masculino institui a "virilidade" e tudo o que lhe está associado como qualidades profissionais. Daí, sem dúvida, essa liberdade de tom, esse falar franco e, até mesmo, esse humor muitas vezes corrosivo que se observa nessas mulheres que, tendo interiorizado os "valores policiais", sentem-se menos constrangidas – desde que aceitam o desafio – a falar da maneira combinada.

Se Agnès pôde falar com tanta franqueza e tanto realismo, foi também porque encontrou nesta entrevista a ocasião de exprimir uma revolta, simultaneamente, irreprimível e confusa. Tal confusão resulta do fato que sua indignação se manifesta segundo três registros que, nela, estão inextricavelmente misturados: o da mulher, jovem, em luta contra os pais e o tipo de vida que representam; o da mulher ativa e dinâmica escandalizada pela rotina da burocracia habitual; e o da luta social que coloca um executivo principiante às voltas com os outros atores e usuários do serviço público ao qual ela está identificada. Se, nesta entrevista, ela falou quase exclusivamente de suas condições de trabalho e de sua formação, foi porque sua vida pessoal ficou dissimulada atrás de suas ocupações e preocupações profissionais que lhe ofereceram os meios de "sair de sua situação" e escapar de tudo o que a "sufocava": pais, liceu, cidade natal. Somente o clima de seu vilarejo ainda encontra hoje graça a seus olhos.

Um aspecto físico, aparentemente frágil, cabelos castanhos, curtos e penteados "à la garçonne", olhar vivo, como se estivesse à espreita e, paradoxalmente, uma atitude descontraída que torna mais acentuada essa espécie de uniforme que, doravante, é usado pela maior parte dos jovens inspetores de polícia – tênis, jeans, casaco de couro mal cobrindo uma camisa polo branca – manifestam imediatamente essa vontade tenaz de ser "livre". Para ela, tornou-se "insuportável" – termo que utiliza frequentemente – tudo o que podia despertar essa sensação de opressão, quer seja a "hierarquia" no âmago da delegacia de bairro parisiense para onde foi designada quando terminou o curso, ou os inspetores "indiferentes" que "desencorajam" os jovens, aconselhando-os "a não apresentarem a queixa" porque o interpelado "vai negar".

Sua percepção dos "velhos" – o velho delegado "que está aí unicamente para ganhar dinheiro", os velhos inspetores que "não fazem nada" e ficam "numa boa" – correspondia àquela que tem dos pais: o pai controlador de "fraudes" (na concorrência e preços) e a mãe ajudante de enfermagem no hospital, "que não ligam a mínima para o trabalho que fazem, se é que algum dia isso lhes interessou". Ao contrário, esse primo, também inspetor de polícia, que a incentivou a apresentar-se nesse concurso, dando-lhe o exemplo, encarnava tudo o que "ela gosta na vida" e acreditava poder encontrar em seu novo ofício: "o inquérito" (isto é, a ação e a aventura), "os resultados" (por oposição às "papeladas" ou aos "vícios de forma") e esse ramo da polícia judiciária que trata da "vigarice"; pelo contrário, nem queria ouvir falar de "menores" ("Tenho horror a isso"), setor onde se encontra a maior proporção de mulheres inspetoras e cuja função se aproxima mais daquilo que era desejado pelos pais. "Meus pais teriam gostado que eu fosse enfermeira, trabalhasse em uma creche, fosse assistente social ou coisa parecida e, sobretudo, que eu ficasse em X."

Não é por vocação que ela "se encontra" entre os policiais, embora, como afirma, "sempre quis trabalhar na polícia"; mas por uma *repulsa* fundamental por tudo o que é "sedentário", isto é, tudo o que faz lembrar "os velhos" – particularmente, os seus. Interiorana, desenraizada, isolada, estava também revoltada com as múltiplas formas de entraves ao funcionamento da instituição cujo princípio se resumia, segundo ela, no fato de que "as pessoas não assumem suas responsabilidades", quer se trate do desaforo dos delinquentes ("Deixa cair o porta-níqueis, pois é, não foi ele"), da negligência das vítimas que não apresentam queixa ou a retiram ("Têm medo das represálias"), da mansuetude dos magistrados ("São laxistas"), do cinismo dos advogados ("Mesmo quando seu cliente se declara culpado, o advogado vai procurar saber de quem é a culpa") ou ainda da moleza de alguns colegas ("Deixam-se levar, bebem") etc. Essa aversão pela ineficácia cujos princípios enunciou – a extrema divisão do trabalho policial, o formalismo judiciário, a falta de meios materiais, a indiferença dos agentes da justiça pelo trabalho policial – era acompanhada por uma reação de indignação contra tudo o que ia contra a finalidade de sua administração ("Você veio por causa do seu seguro ou para encontrar seu toca-fitas?"; "Evidentemente, por causa do seguro" [...] "Então, não vale a pena que a gente esteja aqui!") e, de forma geral, contra tudo o que usurpava a atividade policial ("Então, não sei como é que os falsos policiais fazem com uma carteira azul, branca, vermelha [documento de identificação policial] e passam por onde querem. Quanto a nós, não conseguimos fazer isso!").

Assim, encontramos como fundamento de sua revolta, além da rejeição de seu meio de origem, os princípios de sua adesão a um modo de gestão eficaz da manutenção da ordem; aliás, exprime tal sentimento à sua maneira, de forma abrupta e direta: "Saber [...] se estamos trabalhando por alguma coisa ou por nada". Não se tratava simplesmente de denunciar o que se assemelhava, imediatamente, ao universo social de sua infância no que tinha de opressivo e desprezível ("Não suporto alguém que vem apresentar uma queixa e, três dias depois, acaba por retirá-la") e de pequeno ("Não passamos de uma pequena delegacia de bairro; tratamos apenas da pequena delinquência") etc. O que a "horripila" são todos os obstáculos que caracterizam a burocracia policial: falta de coordenação entre os serviços ("Por vezes, ficamos três horas à espera do relatório da ocorrência" [...] "Perdemos um tempo considerável"), a lassidão desiludida dos antigos ("Não vale a pena. Que é que vão fazer? Deixem pra lá" [...] "Trata-se de gente indiferente"). Apesar de ter como efeito reprimir a energia que lhe permitiu deixar seu meio, tal vacuidade e inércia da administração policial estão, sem dúvida, na origem de sua lucidez irônica e pintalgada de amargura. Tanto isso é verdade que os que conseguem determinadas "posições" só as alcançam mediante um sentido agudo de observação do funcionamento do organismo no qual trabalham e das relações sociais que se estabelecem em seu interior.

Não encontrou palavras suficientemente fortes para denunciar, em particular, os delegados, seus chefes ("A única coisa que o delegado faz é ganhar dinheiro") ou os comerciantes que nunca tinham pressa em apresentar queixa e só se interessavam pelo valor dos objetos roubados ("Sempre o valor, mas nós nada temos a ver com o valor"). Essa relação desinteressada e neutra a respeito do dinheiro era a face mal oculta do desprezo que ela sentia por aqueles que a desprezavam (a ela e seus semelhantes, os policiais de classe média que são os inspetores) e que ela fez questão de mencionar – advogados, magistrados, hierarcas da polícia ou vítimas folgadas – ao mesmo tempo em que estigmatizou suas condutas, mostrando, dessa forma, que não é um deles. E, ao contrário, irá defender continuamente esses "pobres delinquentes": aquele que deixou a prisão e não tem trabalho e que, por não encontrar trabalho, voltará à prisão; a "pobre moça" cuja alternativa "era a droga ou se tornar mulher de rua"; e o adolescente que "se tinha deixado arrastar pela gangue".

Tais desilusões raivosas ("Como é irritante ver que eles são indiciados") eram tanto mais intensamente sentidas quanto constituíam a contrapartida, obrigatória e dolorosa, da adesão total à instituição; com efeito, tinha o sentimento de lhe ficar devendo sua mudança de trajetória social. No entanto, esse desencantamento bem fundamentado estava longe de provocar um distanciamento qualquer em relação ao que faz; nem tampouco colocava em questão "o interesse" que mostra pelo seu ofício ("É interessante", "O que eu adoro são as vigarices..."), embora este, por vezes, fosse abalado por experiências decepcionantes ("Temos de preencher papelada, preparar o processo e depois tudo é arquivado: as diligências ficam por aí"). E apesar de pensar que, para determinados casos, "não há solução", isso não lhe tirava a *ideia fixa* de que é possível obter *"resultados"*.

Sob vários aspectos, as afirmações de Agnès coincidem com as sequências do filme de Bertrand Tavernier, *L.627*. Encontramos aí o que é habitual no "ofício do policial", ou seja, essa tensão entre a dimensão esportiva, o gosto pelo risco e tudo o que o acompanha, a camaradagem entre membros de uma equipe, confrontados com os mesmos perigos e obstáculos e, por outro lado, a rotina e inanidade da burocracia administrativa. No entanto, as molas do que faz a força dessas duas representações da atividade policial são diferentes. Sem dúvida, porque é preciso obedecer às convenções do gênero, o filme é levado a estilizar as situações ou personagens a tal ponto que, por vezes, estas equiparam-se aos estereótipos dos filmes policiais.

Ao longo de toda essa interação efêmera e única, Agnès passou, incessantemente, da indignação diante de tudo o que colocava em questão seu "trabalho" à afirmação de tudo o que investia nele (em particular, deixar sua condição de mulher, oriunda da pequena burguesia interiorana). Daí, talvez, essa ironia que marcou suas afirmações, frequente entre aqueles que levam a sério suas funções, embora se deem conta de que estas são tão pouco consideradas ou tão mal assumidas. Foi, sem dúvida, a tomada de consciência dos aspectos mais irrisórios do exercício de suas funções – essas mesmas que, para ela, não têm importância, isto é, com as quais não *se identifica* ("Tudo o que a gente faz tem de ficar registrado no papel") – que a levou a adotar essa maneira sarcástica de apresentar, sob a forma de diálogos e pequenas encenações, os problemas encontrados e o sofrimento que engendram: "Todos aqueles que conheço, ou seja, os colegas que têm um ano a mais do que eu, dizem: 'É angustiante, morro de medo porque vou ser OPJ'". Em suma, seu sonho e seu pesadelo.

Com uma jovem inspetora de polícia

– Entrevista de Remi Lenoir

"Logo no primeiro ano, os jovens ficam desmotivados."

Agnès – Nas delegacias de bairro [*As delegacias de bairro dependem da polícia judiciária: é aí que encontramos os policiais civis encarregados de fazer inquéritos e receber o público que vem apresentar queixas, fazer declarações, etc. Para as definições das funções e utilização das instituições policiais, consultamos o glossário da obra de JEANJEAN, M.* Un ethnologue chez les policiers. *Paris: Metaillié, 1990*], há, antes de tudo, um problema de tempo e de meios porque, ao ser apresentada uma queixa – por exemplo, um roubo em uma loja – o cara é conduzido à delegacia, a queixa é anotada e ficamos à espera do relatório do perito. Tal relatório coloca o indivíduo à nossa disposição. Por vezes, ficamos três horas à espera desse relatório porque é preciso que o policial o bata à máquina... Quanto ao comerciante, não vem imediatamente: "Está trabalhando, tem mais o que fazer" etc. Virá apresentar queixa ulteriormente, mas precisamos absolutamente da queixa porque o cara será, sem dúvida, indiciado. Portanto, devemos esperar que o comerciante venha e, quando ele chega, já são cinco para as sete!

– *E vocês guardam o cara na delegacia?*

Agnès – Sim. Enquanto não houver queixa, ficamos à espera da queixa do comerciante. Em seguida, uma vez que ela é apresentada, o cara é indiciado. Deve passar, por exemplo, às seis horas perante o juiz. São quatro horas. Chamamos um carro para levar o cara. Às cinco para as seis, o carro ainda não chegou porque há um problema etc. É sempre assim. Perdemos muito tempo.

– *O que é que se passa quando o cara é preso na hora e pode ser processado em flagrante delito?*

Agnès – Em geral, é indiciado quando a soma é bastante importante, desacatou a autoridade ou feriu alguém. Quando se trata de uma pequena soma, toma-se nota da ocorrência e, neste caso, o cara não é indiciado, mas fica fichado na delegacia; ou é convocado a comparecer, isto é, telefona-se para o procurador para combinar um encontro. Mas para isso é preciso ter a certeza do domicílio; portanto, é preciso confirmar, à direita e à esquerda, o domicílio. Isso também leva tempo... O grande problema para o roubo em uma loja é para os estrangeiros em situação irregular. Não somos nós que tratamos disso, mas a 8ª seção de RG [*renseignements généraux*]. Mas, considerando que se trata de judiciário, deve passar pela delegacia: portanto, é preciso que deixe uma marca na delegacia; penso que é para as estatísticas. Portanto... com um relatório da Segurança Pública [*A Segurança Pública reúne o conjunto das polícias urbanas, isto é, essencialmente os policiais uniformizados das delegacias*]. Preenchemos os formulários: "apresentado em tal dia, a tal hora, diante de tal OPJ"; se o cara não tiver documentos, é pedida a passagem pela identidade judiciária. Limitamo-nos a anotar isso; em seguida, é o serviço de RG que vai tratar do assunto. Então aí, é a mesma coisa para conseguir um carro. O serviço de RG aceita as pessoas em situação irregular até às 17 horas. Se o cara foi interpelado antes das 17, o assunto é entregue ao serviço de RG; se acontece depois, somos nós que tratamos do assunto. Uma vez, o cara foi interpelado às 3h30, e só chegou à delegacia às 6h30. Podemos guardar o cara durante quatro horas, sem detenção, para um controle de identidade; às 6h30 foi levado para o serviço de RG. Mas já era demasiado tarde...

– *Nesse caso, o que é que vocês fazem?*

Agnès – Aí, mesmo assim foi levado para o serviço de RG e este não o aceitou porque já eram sete horas. Portanto, voltou à delegacia que, durante a noite, fica fechada. Então, é levado para a 5ª DPJ [*Divisão da polícia judiciária*]. É sempre assim. Em vez de ir diretamente ao serviço de RG! É uma perda de tempo incrível.

– *E isso é devido a quê?*

Agnès – É por causa das estatísticas, tem a ver com o judiciário na medida em que o serviço de RG não prepara processos; é por isso que é preciso passar pela delegacia! O serviço de RG trata dos estrangeiros porque se presume serem uma fonte de informações! Se podem obter informações desse jeito, então isso vai além da minha compreensão, é verdadeiramente algo de... absurdo. Os outros problemas têm a ver com os queixosos. Quando chegam, declaram: "Roubaram-me o carro". Pedimos informações, o carro ou televisor é encontrado, mas não ficam contentes: "A companhia de seguros não vai reembolsar".

– *Queixam-se porque as coisas foram encontradas!*

Não suporto alguém que apresenta queixa e, três dias depois, vem retirá-la

Agnès – É quase isso: "É isso, Dona..., seu carro foi encontrado. Pode vir buscá-lo imediatamente?" Durante a noite, por exemplo, alguém que quebrou a janela do carro e roubou um toca-fitas é pego em flagrante delito. Em princípio, isso passa-se no fim de semana. O cara passa a noite no posto, detido. Na manhã seguinte, é preciso contatar a vítima: "Minha Senhora, pegamos o ladrão que quebrou a janela de seu carro; é preciso que a senhora venha à delegacia apresentar queixa". Se telefonarmos às nove horas da manhã, eles só vêm às duas da tarde porque é domingo (durante a semana, é a mesma coisa porque as pessoas trabalham). Em seguida, é feita a restituição do toca-fitas: "Então, a Senhora não apresenta queixa?" "Ah! não, não apresento queixa, já tenho meu toca-fitas. Você compreende, isso me basta; não quero ter aborrecimentos com a justiça e tudo o resto". É semelhante em relação ao batedor de carteira. O cara é pego em flagrante, a mulher reconhece o ladrão, retoma seu porta-níqueis, mas não quer apresentar queixa! É uma coisa maluca porque, quando encontramos as coisas roubadas, nem sempre têm o nome do proprietário. Assim, quando procedemos a uma busca e apreensão, encontramos toca-fitas. Digitamos a marca, o modelo e o número de série, mas o resultado não é: "Pertence a Fulano", mas "não declarado", "não declarado", "não declarado". As pessoas não assumem.

– *Por que razão elas não querem apresentar queixa? Ficam com medo?*

Agnès – Têm medo das represálias: "O cara vai ficar sabendo do meu nome e endereço". No entanto, o ladrão não tem nada a fazer com isso. Se é pego, é pego; para ele, só isso é que conta.

279

– *E constitui problema, para vocês, o fato de que as pessoas não apresentem queixa?*

Agnès – Nem tanto assim, já que o procurador é livre de proceder a diligências a partir do momento em que toma conhecimento dos fatos.

– *E vocês telefonam para ele com regularidade?*

Agnès – Não, são os OPJ que ligam desde que haja alguém detido, em flagrante delito. Até mesmo em relação a um menor, liga-se para o procurador para saber se devemos indiciá-lo ou soltá-lo... Pessoalmente, isso me horripila. Quando se trata de pancada e ferimentos, entre mulher e marido, é semelhante: "Apresento queixa, meu marido bateu-me faz oito dias". Registramos a queixa porque ela insiste. Tenho a certeza de que, três dias depois, quando o marido for convocado, a mulher vem retirar a queixa porque não querem se divorciar: há os filhos e tudo o resto... Portanto, é sempre igual, como você está vendo, preenchemos a papelada, preparamos o processo e depois tudo isso é arquivado: não há diligências, nem mesmo em razão de pancada e ferimentos!

– *E aí, o procurador não pode proceder a diligências?*

Agnès – Em razão de pancada e ferimentos entre marido e mulher, acho que não; pode proceder a diligências se o caso for realmente grave, mas em geral não é nada. É verdade que pode proceder a diligências, mas quando se trata de flagrantes delitos, roubos de objetos de carros ou coisas assim; em geral, não.

Preencher a papelada, é tudo o que temos a fazer

– *E ele faz isso sistematicamente?*

Agnès – Sim, sim, há denúncia e convocação para comparecer; mas não procede a diligências por roubo em uma loja, de um valor de 200 francos. Creio que é só quando atinge o valor de 500 francos. Trata-se de comerciantes que querem absolutamente apresentar queixa, embora saibamos muito bem que isso será arquivado sem mais nada. Em geral, registramos a ocorrência, exceto se houver rebelião ou se o cara roubou 40 francos e feriu alguém, aí anotamos a queixa. Mas, em geral, isso também é arquivado! O mesmo acontece com os cheques sem fundo, 150, 200 francos... o caso é arquivado, embora a queixa seja registrada... Fica arquivado! Há montes de coisas...

– *No final de contas, como policial, você tem o mesmo trabalho, seja qual for a gravidade dos fatos, quer se trate do roubo de uma bolsa, de um cheque de dois milhões de francos...*

Agnès – Normalmente é o que está escrito na lei. Mas na realidade, não. Nos arrombamentos, quando se trata de uma simples constatação ou identidade judiciária, não há pessoal em número suficiente – são apenas quatro para toda a cidade de Paris ou coisa parecida; portanto, no caso de arrombamentos, nós mesmos vamos fazer as verificações. Só pedimos identidade judiciária quando a soma é bastante elevada, isto é, mais de 100.000 francos: mas também podemos ir fazer uma verificação se houver uma boa impressão digital; até mesmo quando não há quase nada, a gente vai...

– *É preciso saber com antecedência que há uma impressão digital...*

Agnès – É o queixoso que nos dá essa informação: "Há uma impressão digital". Vamos lá ver, mas o que acontece é que a impressão digital só é boa em cima de determinadas superfícies e quando está bem nítida. Em geral, são pouco nítidas... Por exemplo, quando há um rombo de 500.000 francos, mandamos fazer a identidade judiciária por causa da soma elevada. Vemos perfeitamente bem que não há nenhum vestígio; aliás, que o vestígio está aí, mas pouco nítido, sem ser utilizável, mas mesmo assim é preciso pedir a identidade judiciária para ficarmos protegidos. No caso de um pequeno arrombamento, haverá talvez uma boa impressão digital: mas o serviço da identidade judiciária só se desloca para somas superiores a 100.000 francos ou quando há algo um pouco suspeito... [...] É isso aí. No caso de arrombamento, é preciso pegar os pés-de-cabra etc. Então, é preciso selar os pés-de-cabra... Mas no arquivo do tribunal, existem centenas, milhares de pés-de-cabra. Está bem, mas isso não serve de nada. De fato, o que fazemos é preencher papelada, é tudo!

– *Você preenche muita papelada?*

Agnès – Sim, há muito papel para preencher, cada vez mais. Tudo o que a gente faz, deve ficar registrado no papel: "Em tal dia, desloquei-me, fui à casa de Fulano. Recebemos ligações telefônicas"; é preciso anotar tudo, tudo, tudo!

– *Mas os papéis são necessários para as companhias de seguros, não é?*

Agnès – Quanto a isso, as companhias de seguros... As vítimas não vêm à delegacia para declarar o roubo, mas para pedir um documento para a companhia de seguros porque têm mais confiança nas companhias de seguros do que na polícia.

– *Será que a companhia de seguros exige mesmo um documento da polícia?*

Agnès – Sim, a companhia de seguros exige um documento da polícia. Então, quando as vítimas chegam: "O que é que foi roubado?" "Roubaram-me um televisor" "Qual a marca?" "Não sei, mas tenho os documentos. Então, antes de tudo, é um televisor de 3.000 francos" (sempre o valor; mas nós não temos nada a fazer com isso). "Qual a marca?" "Não sei, mas tenho as faturas que devo enviar para a companhia de seguros". Na companhia de seguros, vão indicar o modelo, a série, tudo, enquanto na delegacia não dizem nada. Ultimamente recebi a lista de um arrombamento em uma loja. Eu tinha dito para a proprietária: "A senhora faça a lista de tudo o que foi roubado: tantos pulôveres de tal cor, de tal marca...". Quando recebo a lista, está notado o seguinte: "8.526, quantidade 2, valor: tanto". Então, com isso, como é que podemos ir à procura da mercadoria! Agora, encontrei a solução: só registro a queixa do arrombamento quando tenho as faturas ou todas as referências. Estamos trabalhando para as companhias de seguros [...]

As vítimas têm mais confiança na companhia de seguros do que na polícia [...] Então, nem vale a pena que a gente esteja aí

– *Por que razão as pessoas não fazem declaração?...*

Agnès – Por vezes, chegam a fazer, mas limitam-se a dizer: "Roubaram-me um toca-fitas da marca Philips". Sem indicarem o modelo e o número de série... Então, depois, é uma briga. Mandamos um telegrama: "Na operação de busca e apreensão, encontramos isto; por cortesia, informar se foi apresentada queixa de roubo". Então, é preciso esperar que as pessoas venham verificar. As pessoas nem pensam nisso, é uma coisa maluca, só estão pensando na companhia de seguros; não compreendo isso. Muitas vezes, digo: "Você veio por causa da companhia de seguros ou para encontrar seu toca-fitas?" Evidentemente, por causa da companhia de seguros. E se o toca-fitas for encontrado, o cara não fica contente. Nesse caso, nem vale a pena que a gente esteja aí: "Você sabe, recebi o reembolso da minha seguradora; não tenho tempo, o aparelho é velho demais" etc.

– *Será que as pessoas acham que as coisas não vão ser encontradas?*

Agnès – Sim, as pessoas estão persuadidas de que as coisas não vão ser encontradas e vemos também que só conseguimos os objetos quando há flagrante delito de arrombamento. É verdade que, com o inquérito, é raro porque não existem elementos e porque, ao fazer o inquérito de vizinhança: "Polícia" as pessoas não abrem a porta: "Em minha casa, não há cadáver". Enquanto os falsos policiais, não sei como conseguem o que querem com sua carteira azul, branca, vermelha, nós não obtemos nada: "Não vi nada, não estava aí". E embora tivessem visto algo: "Não posso ir à delegacia, estou trabalhando, tenho mais o que fazer", "Não quero que meu nome apareça" etc. Ninguém viu, nem ouviu nada. Ao contrário, existem também casos em que os queixosos suspeitam de todo o mundo. Então aí, tentamos fazer com que ele seja razoável – "Se não for verdade, você é que será o culpado" – porque, em geral, sabemos se as suspeitas têm fundamento ou se verdadeiramente...

– *Você sabe?*

Agnès – Sim, na medida em que sentimos a pessoa que está diante de nós. Vemos um pouco como reage...

– *É o ofício que dá...*

Agnès – Se a pessoa nos diz tal coisa, se tem fundamento, tomamos nota; caso contrário, se é porque o vizinho estava aí a tal hora, fez isto, fez aquilo. É preciso verificar. Vamos olhar com mais atenção.

– *E suas relações com o Ministério Público?*

Agnès – Isso depende dos magistrados do Ministério Público: alguns são bastante repressivos, outros que são de "extrema esquerda", ou seja, laxistas – "coitadinhos, não têm culpa do que aconteceu"; portanto, isso depende dos magistrados do Ministério Público.

– *E você fica irritada com o laxismo dos magistrados?*

Agnès – Com certeza, por exemplo, em relação aos batedores de carteira pegos na hora, é bastante difícil denunciá-los porque... desde que eles deixem cair o porta-níqueis, pronto, não têm nada a ver com o assunto; por vezes, conseguimos apanhar algum e o que vemos é: "convocado para comparecer ou liberado" porque não existem provas suficientes quando, afinal, o cara é conhecido, tem uma folha de antecedentes considerável. Mas por falta de provas...

– *Falta de provas?*

Agnès – Nesses casos, "é a palavra do policial contra a palavra do bandido". O policial vai dizer: "Vi esse cara pegar...". Quanto a ele, vai replicar: "Não foi isso, eu não tinha nada comigo, o porta-níqueis estava no chão e peguei nele" etc. Então, há uns que acreditam no bandido... é assim mesmo, e outros, não. Então, nesse caso, é feita a denúncia do cara, mas não sabemos que penas serão aplicadas; uma vez que é denunciado, não sabemos o que é que vai acontecer.

– *Vocês não acompanham...*

Agnès – Temos um número de telefone. Por vezes, depois de um bom caso, gostaríamos de saber qual terá sido a pena. Então, fazemos uma ligação e ficamos sabendo que o cara pegou três meses, ou nada, ou uma multa que nem tem condições de pagar.

– *Interessa a vocês conhecer o que acontece depois?*

Agnès – Sim, saber em que situação se encontram, se nosso trabalho serviu para alguma coisa ou para nada. Com certeza.

– *Porque você tem a impressão de ter trabalhado por nada se o cara é...*

Agnès – Se for liberado: porque tive de ouvir a parte, tive de me deitar às nove horas da noite etc., e isso dá: "Coitadinho do cara, era a primeira vez". Por vezes, passa-se o contrário. Já me aconteceu três vezes, fiquei realmente irritada por ver denunciar essas pessoas. No entanto, estávamos vendo que se tratava verdadeiramente de um delinquente, mas um *pobre delinquente*; tinha cometido o delito, mas não tinha condições de escolher. Denunciar por isso, acho que não!

É desesperador

– *O que é que eles tinham feito?*

Agnès – Havia um que roubava objetos dentro dos carros; era a única coisa que fazia. Já tinha estado preso seis vezes e agora tinha deixado a prisão. Mas não conseguiu encontrar trabalho. Portanto, voltou a roubar. Então, ele me disse: "Não quero voltar para a prisão. Não sei o que serei capaz de fazer se tiver de voltar. Depois de ter saído, consegui viver três semanas com o que eu tinha ganhado na cadeia porque eu trabalhava, mas depois não consegui encontrar trabalho e foi preciso..."; como já tinha estado preso seis vezes, evidentemente foi indiciado, não havia como escapar, já era a sétima vez. Em outra ocasião, tratava-se de um casal, um jovem, a mulher e uma criança de 20 meses. Os pais tinham roubado uma bolsa com cartão de crédito e talão de cheques; foram fazer compras e compraram joias, canetas Cartier. O homem estava bem vestido, mas via-se que a mulher era uma pobre coitada. Fizeram isso, mas eram bastante amáveis, reconheciam os fatos e, bom, ele foi denunciado; mas ela, não, pelo fato de ter a criança. Sentia-se que era a primeira vez: para ela, seria a droga ou virar mulher de rua, se continuasse a viver com esse homem. Era isso: ela estava desempregada e tudo o resto... Quanto a ele, era um tipo esquisito, estava bem vestido, filho de boa família. Em seu porta-níqueis, tinha fotos do apartamento, era um pequeno burguês. Não sei a razão pela qual ele fazia isso. Já tinha estado preso; isso fazia-me pensar em *Bonnie and Clyde*. É desesperador!

O terceiro caso tratava-se de um arrombamento que foi reconstituído após uma investigação. Era um adolescente, devia ter por volta de 17-18 anos. Deixou-se arrastar por uma gangue; verdadeiramente, não tinha o aspecto de delinquente. No entanto, já tinha estado preso, em detenção provisória. Tenho a certeza que depois disso ele nunca mais há de roubar, é certo. Existem outros delinquentes que só sabem cometer delitos e zombam de nós porque sabem que não temos provas, ou coisas assim... Conhecem o procedimento...

– *Sim. Que é que você proporia como solução?...*

Agnès – Para os primeiros, bastaria arrumar-lhes trabalho e o assunto ficaria encerrado.

– *E para os outros?*

Agnès – Os outros nunca irão trabalhar. São pessoas que não fazem absolutamente nada. Preferem arrumar 500 francos em cinco minutos do que trabalhar três meses. Vê-se imediatamente que são delinquentes inveterados. Mesmo trabalhando, acabarão sempre por roubar. São conhecidos e a gente consegue apanhá-los: arrumam um emprego, são garçons ou alguma coisa parecida; apesar de tudo, continuam sempre... Já estiveram na cadeia, conhecem tudo... Não há solução. Talvez possam mudar de situação – estou falando dos delinquentes que têm 18-25 anos, roubo de moto etc.; talvez, quando forem mais velhos, poderão mudar de situação; talvez também porque não são suficientemente punidos. Para roubo de moto, bicicleta, existe uma multa e "Cuidado, na próxima vez, você irá para a cadeia". Voltam a roubar, mas não são presos porque haverá três meses de sursis; a prisão só acontecerá ao fim de não sei quantas vezes. Raramente acontece...

– *Você acha?*

Agnès – Para esse tipo de delinquência, objetos roubados dentro de carros, pequena delinquência, penso assim porque as prisões estão superlotadas e tudo o resto. É sempre a multa ou o sursis. Penso que se fossem presos na primeira vez, eles ficariam com medo, isso pode funcionar, pelo menos, para alguns: "Cuidado, para roubo em uma loja, na primeira vez, bom; cuidado, na próxima vez, você irá para a cadeia". Para alguns, isso provoca medo, para os que não estão habituados; por exemplo, o filho do engenheiro que fez isso, não sei por que razão. Mas para o cara que anda sempre com uma gangue, não há nada a fazer. É preciso ser repressivo. Quando sai da prisão, não tem trabalho e, além disso, porque já esteve preso, vai recomeçar. O trabalho de interesse geral não serve para nada. Cheguei a ver isso, é muito lindo, mas não há lugar: por exemplo, há 1.000 pessoas que querem fazer um trabalho de interesse geral, mas não existem 1.000 lugares e depois é preciso ver o que mandam fazer!...

– *E suas relações com a justiça?*

Agnès – Isso se passa no quadro das CR. Será que se deve ou não proceder a uma busca e apreensão para encontrar as pistolas ou coisas parecidas? Isso, em princípio, é decidido pelo juiz. Fazemos uma ligação para o juiz que nos diz: "Bom, vocês continuam a audição ou trazem o cara para que eu o veja". Aí, será considerado culpado, mas a CR... não posso falar para você a esse respeito porque já não me lembro muito bem o que é feito; os OPJ é que se ocupam disso.

Fica-se sempre com medo de esquecer alguma coisa

Agnès – Um julgamento anulado por causa do processo penal porque a gente se esqueceu de alguma coisa, vício de forma, ou coisa parecida: a gente bate uma palavra na máquina e, em seguida, coloca na margem outra palavra ou no fim da frase... então, um processo é anulado por isso! Fazemos pequenas bobagens desse tipo porque as coisas não são feitas como devia ser... Pessoalmente, acho que isso não deveria existir; de acordo, deveria existir um processo, mas não tão severo. Mesmo quando o cliente se reconhece culpado, o advogado ainda vai procurar saber de quem é a culpa; isso, sim, é verdadeiramente inaceitável.

– *O que é que é preciso para ser OPJ?*

Agnès – Já lhe digo: um ano antes, a gente começa a ter medo, é angustiante. Todos os colegas que conheço com um ano de serviço a mais do que eu dizem: "É angustiante, morro de medo porque vou ser OPJ" porque temos a impressão de não conhecer tudo; há um montão de coisas que é preciso saber. É incrível, ficamos sempre com medo de esquecer alguma coisa porque há tantas coisas para fazer ao mesmo tempo; temos medo de esquecer uma coisa qualquer ou não saber o que fazer quando alguma coisa vier a acontecer; há muitas pessoas que têm medo...

– *Sim, porque se trata de uma grande responsabilidade...*

Agnès – São responsabilidades enormes, enormes, realmente enormes e se acontecer alguma coisa, isso recai em nossos ombros.

– *Como é que as pessoas se preparam para essa função?*

Agnès – Eu nunca tinha feito direito, mas o Código Penal é interessante; nunca tinha feito direito do trabalho, nada mesmo... É interessante. Do ponto de vista teórico, aprendemos tudo isso na escola. Por exemplo, a polícia administrativa. Mas se não pusermos em prática, esquecemos tudo. São organizados estágios para a polícia em Paris; quanto à polícia administrativa, basta passar uma semana na recepção para ficarmos sabendo do que se trata: objetos perdidos, perda da carteira de identidade e depois deixa de ser a recepção para se tornar detenção de armas, pedidos de adoção... Mas isso é muito raro aparecer: qual papel deve ser utilizado? O que é que é preciso fazer? etc. Isso se aprende fazendo, olhando nos arquivos, a gente procura "detenção de armas" e depois copia. E as multas... A delegacia é a base; se alguém pretende ser inspetor, deve passar por aí porque é aí que se aprende tudo e depois ao fim de dois, três anos somos promovidos.

– *Vocês podem ser promovidos?*

Agnès – Ser promovido em Paris *intramuros* é bastante fácil; depois, para encontrar lugar no interior é outra coisa.

– *É mais difícil?*

Agnès – Com certeza, é preciso ter 15 anos de serviço.

– *É mesmo?*

Agnès – É simples: por ocasião dos concursos de inspetor, há talvez 10% de parisienses e o resto vem do interior; e estes não têm vontade de trabalhar em Paris, preferem sua terrinha às delegacias de Paris. Os inspetores de Paris são bastante jovens: 26 anos ou algo parecido. Quanto mais se vai para o Sul, mais idosos eles são! Na minha terra, os inspetores têm entre 40 e 55 anos.

– *E você gostaria de voltar à sua terra?*

Agnès – Do ponto de vista do clima, gostaria bastante; mas do ponto de vista do entendimento com os velhos inspetores, isso não. Suporto bem os antigos, mas as mentalidades é que não.

– *Por que razão?*

Agnès – Quero dizer que eles tornam-se indiferentes, conhecem as coisas: "Não vale a pena fazer isso, esse cara não será indiciado". Deixam-se levar; bebem. Bom, agora, os jovens fazem isso cada vez menos; é algo que está desaparecendo. Vai ser preciso deixar passar alguns anos, mas isso começa a desaparecer. Mas é isso, eles são indiferentes: "Não vale a pena apresentar a queixa, o cara vai negar". Têm o seu cargo, são designados para esse cargo e ficarão aí até a aposentadoria, numa boa. Aqui temos um desses. Já está aqui há 14 anos, quase nunca é visto nas operações de busca e apreensão ou seja lá o que for. Então, os jovens que chegam querem proceder a tais operações e tudo o resto e, desde o primeiro ano, ficam desmotivados: "Não vale a pena, o que é que vocês vão fazer? Deixem pra lá". Eles tornam-se realmente indiferentes.

– *Será que a polícia judiciária é mais interessante?*

Agnès – Isso sim, é mais interessante, o trabalho é mais interessante aí, é como se vê na TV... Não na TV, trata-se de fazer um inquérito; enquanto aqui limitamo-nos a registrar a queixa. Aqui temos um por causa de fraude com cheque de somas elevadas; seria preciso uma CR. Mas não era prático porque seria necessário fazer uma audiência em Madri ou na Alemanha. Portanto, isso não competia a nós, mas a um escritório especializado. É, por isso, que nas delegacias de Paris as CR são bastante raras, muito bem determinadas, unicamente para ouvir alguém que opera no bairro. Para prosseguir o inquérito ou algo parecido, porque as CR, em princípio, tratam de fatos bastante graves. Não é para o cheque sem fundo de pequeno valor. Isso sobe até uma instância mais elevada, quer seja a DPJ [Direção da polícia judiciária que vai acionar a BRB (Brigada de repressão do banditismo) ou um gabinete de delegação (mas ainda não sei como funcionam tais procedimentos)]. Desde que haja elementos para uma investigação, o caso é tratado por instâncias mais elevadas.

– *Passa imediatamente para um serviço especializado?*

Agnès – Todo arrombamento superior a 100.000 francos é tratado pelo OPJ porque, nesse serviço, o pessoal tem mais tempo e meios para se ocupar do caso. Isso explica a razão pela qual, em Paris, há mais delinquência e fatos um pouco mais difíceis: assassinatos, ou coisas parecidas. Há mais em Paris do que no interior, isso eu sei; no departamento de Tarn, deve haver um assassinato de..., não sei; o pessoal está menos habituado....

– *É em Paris, Lyon, Marselha que, de qualquer maneira, há serviços especializados, até mesmo, juízes especializados...*

Agnès – 7ª, 8ª, 12ª seção...

– *E seria mais agradável para você trabalhar em serviços como esses?*

Agnès – Eu gostaria bastante. O que adoro são as fraudes, cartão de crédito, eurocheques, tudo o que é falsificação; portanto, trata-se do 5º gabinete em Paris e mais tarde... Direção da PJ [Polícia Judiciária] em Paris.

Pessoalmente, prefiro a investigação

– *Por que razão você se interessa por essa atividade?*

Agnès – Não sei, porque vendo bem a investigação... há mais investigação, há mais sucesso: não há testemunhas de um arrombamento, ninguém viu nem ouviu nada; os caras nunca serão pegos, exceto em operações de busca e apreensão, uma vez por outra. Enquanto a fraude com os cartões de crédito, junto ao comerciante que faz o retrato falado da pessoa, a gente compara se não se trata do proprietário do cartão de crédito ou de outro indivíduo e depois, um dia, basta apresentar o cartão para pagar o combustível, alguém anotou a placa do carro... há mais investigações.

– *E mais resultados?*

Agnès – Para os cheques falsificados ou roubados, é mais fácil encontrar os caras, há mais resultados; gosto demais da investigação, de conduzir a investigação. Há outros serviços de polícia em que a única coisa que fazem é interpelar... pessoalmente, prefiro a investigação.

– *E entre seus colegas, existem mulheres que estão interessadas pela polícia judiciária, por outras formas de polícia judiciária?*

Agnès – Segundo parece, sim, entre as mulheres que, atualmente, estão nas delegacias; mas há poucas mulheres – em uma turma, apenas 25% são mulheres inspetoras. Vamos encontrá-las nas delegacias e depois são promovidas como todo o mundo. É certo que na BRB ou em um serviço em que é preciso interpelar um cara, é preciso ser verdadeiramente forte; há menos mulheres; apesar de serem em menor número, ainda existem algumas...

é certo que existem mulheres... Caso contrário, é no setor de menores que há um número maior de mulheres; creio que, atualmente, existem 50% de mulheres. Mas tenho horror a esse serviço. Em Paris, as pessoas não se espantam de ver uma inspetora, mas quando vou ao interior...

– *Não acreditam nela?*

Agnès – Porque ainda não há muito tempo, talvez uma dezena ou dúzia de anos, creio eu, então as mulheres que terminaram o curso em 1979, estão sempre em Paris. Só um pequeno número é que foi para o interior; a razão é essa.

– *Haverá setores reservados às mulheres – por exemplo, os menores?*

Agnès – Sim, no início, as inspetoras eram colocadas na brigada dos menores; pouco a pouco, foram ocupando cargos em outros setores; nesta delegacia, estou vendo que somos jovens e é, talvez, por isso que somos mais bem aceitas; não posso falar a respeito dos outros serviços... É certo que não vão levar uma mulher quando se trata de fazer uma busca e apreensão.

– *Isso depende da operação, não será?*

Agnès – Se souberem que o cara é perigoso, não vão levar uma mulher.

– *Mas será protegida?*

Agnès – Sim. Estávamos na delegacia, quando ouvimos na rua: "Ladrão, ladrão", ultrapassei todo o mundo e fui a primeira a ficar atrás do ladrão; outros dois colegas vinham correndo a pouca distância; quando interpelei o cara, eles disseram-me: "Estávamos correndo depressa, mas tentamos correr ainda mais depressa porque estávamos com medo por você". Eu nem tinha pensado se o ladrão teria uma faca ou bomba de lacrimogêneo, comecei a correr sem pensar em nada. "Ficamos com medo; então, corremos ainda mais depressa".

Em geral, o delegado faz seu trabalho para ganhar dinheiro

– *Quais são as relações que você mantém com os OPJ; ou eles estão à parte?*

Agnès – Na delegacia, não. Bom, há uma hierarquia: o delegado, os inspetores e os investigadores. E existem os OPJ. Aqui, temos o "Senhor delegado" e nós; enquanto os OPJ é outra coisa. Trata-se da verdadeira polícia; em todo o caso, é a que prefiro.

– *E o que faz o delegado?*

Agnès – Assina.

– *Não dá a impressão de que faça muita coisa...*

Agnès – A gestão da delegacia... Em geral, os delegados – não se trata de uma crítica – fazem seu trabalho para ganhar dinheiro, para fazer penhoras, expulsões, fechar caixões etc.

– *Fechar caixões?*

Agnès – Quer dizer, quando uma pessoa é enterrada, quando o caixão é fechado, é preciso que haja alguém da delegacia para assistir e ver se o morto e quem está no caixão são a mesma pessoa. Normalmente, é o delegado que deve fazer esse serviço, mas envia alguém em seu lugar, mas é ele quem ganha; creio que recebe 72 francos por caixão. Há diferentes tipos de delegados: uns fazem isso porque gostam de seu trabalho e outros só pensam na grana. Assim, vão escolher o bairro onde há um hospital ou cemitério. Então, há delegacias muito bem cotadas por causa do cemitério ou hospital. Nos melhores bairros, chegam a fazer 10.000 francos por mês, além do salário. Portanto, as expulsões, as penhoras, fechar caixões. No serviço de fechar caixões, por exemplo, o funcionário recebe apenas dez francos; há menos de seis meses, foi publicada uma nota dizendo que o funcionário deixaria de receber os dez francos porque, na fatura, estava marcado dez francos e isso desagradava as famílias. Então, deixamos de receber os dez francos, mas o delegado continua a receber 75, mesmo estando ausente. E, se um dia for cometido um erro ou coisa parecida, a responsabilidade não será dele, mas nossa porque está escrito nosso nome! Em geral, o delegado faz isso para ganhar dinheiro.

– *Será?*

Agnès – É verdade, fazem pouquíssimas investigações. O trabalho de um delegado de bairro não é interessante como... Penso que existem as nulidades, os que trabalham para ganhar dinheiro e os outros. Estou falando dos que são efetivos.

– *E quanto aos delegados dos serviços especializados?*

Agnès – São esses os verdadeiros delegados. Quanto aos delegados de bairro, são os que bebem ou coisa parecida; por isso, são designados para ocupar esse cargo. O seu lugar é aí.

Novembro de 1989

Remi Lenoir

Uma crítica bem viva

André S., 35, é magistrado. Casado com uma colega, tem filhos de tenra idade. Ambos são originários de grandes cidades do interior e exercem suas funções em uma delas. Sem dúvida, vão permanecer aí, tanto por razões domésticas (presença da família de um dos cônjuges), quanto profissionais: são mínimas as possibilidades de promoção na hierarquia judiciária já que isso exige, quase sempre, uma grande mobilidade geográfica. Tendo terminado a *École normale de la magistrature* (ENM) com uma classificação "média", começaram a "carreira" em pequenos tribunais do interior, longe de Paris, o que é pouco propício às promoções fulgurantes. Além disso, cada um com seu estilo, mas com a mesma intransigência, rejeita energicamente todos os "conchavos" que facilitam, senão o (bom) "funcionamento da justiça", pelo menos as (boas) relações sem as quais em toda corporação fechada sobre si mesma – é o que acontece com a magistratura – não existe qualquer possibilidade de promoção rápida.

A entrevista efetuou-se em um sábado, na casa de André. Durante a nossa conversa, a mulher cuidava das arrumações domésticas e ocupava-se com um dos filhos que ainda não tinha idade para frequentar a escolinha. O fato de não aparecer não tem nada de fortuito: apesar de se ter envolvido na vida profissional tanto quanto seu marido, afirma que este tem "mais coisas para dizer". E de fato, se as tarefas domésticas são, em geral, distribuídas de forma equitativa entre eles, acontece que para falar a respeito da "justiça" – mesmo quando são abordados diversos assuntos, como durante o almoço depois da entrevista – é sempre o marido que toma a palavra, como se estivesse investido de uma espécie de legitimidade que, segundo parece, não é contestada pela mulher ou por seus colegas.

André não corresponde em nada às representações que a mídia difunde a respeito dos magistrados que se liberam das obrigações de seu estatuto: "potentados autocratas", "justiceiros irresponsáveis", "pessoas insignificantes, friorentas e tacanhas" etc. Essas caricaturas lembram até que ponto a atividade de juiz é objeto de apreciações públicas que são devidas, sobretudo, ao modo de agir dos profissionais com os quais estão estruturalmente em conflito (com os jornalistas, a propósito do segredo de instrução; com os políticos, relativamente à independência da justiça; com o advogado, no que se refere ao respeito pelos direitos da defesa) e em relação aos quais os juízes evocam e avaliam sua situação: "Fala-se muito a nosso respeito, mas nem sempre podemos falar como gostaríamos e quando o fazemos, somos considerados uns palhaços". A magistratura é uma corporação hierarquizada em que a tomada da palavra em público é, com efeito, bastante controlada e os que a tomam, se não têm uma posição elevada na hierarquia, ficam desqualificados diante de seus pares.

Entre André e eu, interpôs-se essa definição social do "mal-estar da Justiça"; no entanto, se aceitou me falar com tamanha franqueza e convicção é porque, entre outras coisas, pensava que seria preciso retificar essa imagem. Encontrava em mim alguns indícios que lhe permitiam ter confiança: eu não estava entrevistando unicamente a "hierarquia", nem somente determinados magistrados, mas era professor universitário e sociólogo, portanto, situava-me fora do jogo judiciário; e eu podia, publicamente, dar testemunho do mal-estar, tal como ele o sentia de forma profunda, em meus escritos e cursos etc. O mesmo é dizer que, constituindo-me em seu confidente, André esperava que, em retorno, eu restituísse, deformando-a o menos possível, "sua" visão do funcionamento do mundo judiciário: a de um juiz de "base" maltratado, até mesmo destruído, com o único desejo de escrever uma obra sobre a Justiça e o que chama, na sequência de muitos outros, o "disfuncionamento do mundo judiciário", a fim de se tornar jornalista especializado nesse campo. Não será que tal projeto constitui a inversão imaginária de seus fracassos momentâneos no sistema judiciário? Em todo caso, fica claro que estavam reunidas as condições de expressão de um mal-estar: encontro entre um ser marginalizado e fragilizado até em sua vida íntima (nesses universos bastante burocráticos e hierarquizados, a tortura "mental" passa quase sempre por um desassossego doméstico latente e angustiante: deslocamentos acompanhados por mudanças e instalações feitas com urgência, isolamento, perda da confiança em si e no outro etc.) e um sociólogo, ator social com status relativamente indeterminado, cuja função é "compreender" os outros, eventualmente ajudá-los; além disso, suas qualidades são semelhantes àquelas que ele gostaria de encontrar entre os magistrados.

A problemática instituída, particularmente na mídia – "independência da Justiça", "relações com os representantes da polícia judiciária", "relações com a hierarquia", "perda de status", "necessidade de justiça" etc. – também contribuiu bastante para criar as condições dessa espécie de análise de si porque correspondia, embora em outro plano, à situação de André. Apesar de modelada pela instituição judiciária, toda sua vida se tem definido contra ela; assim é que este magistrado encontrou, na representação pública do "mal-estar no meio judiciário", as formas e instrumentos que lhe permitiam exprimir esse mal-estar que, talvez, nunca tivesse sentido, nem tampouco enunciado, se seu destino individual não estivesse associado ao da própria instituição, tal como é concebido pela opinião pública. Os valores proclamados da instituição judiciária – "retidão", "honestidade", "integridade", "independência", "serviço público", "interesse geral" etc. – eram os mesmos pelos quais ele se definia; nesse sentido, a restauração de sua identidade passava pela restauração da própria instituição que o decepcionou e dilacerou de tal forma que foi ela mesma que, de algum modo, o levou a deixá-la. Esse mal-estar que atravessava a instituição era vivido, no mais profundo dele mesmo, pelo fato da harmonia preestabelecida entre uma instituição que merecia ser contestada em nome de seus próprios princípios e um dos membros mais contestados por ela – tanto mais que ele agia em conformidade com o que deveria ser o princípio de funcionamento desse universo. Aliás, conseguiu explicitá-lo muitíssimo bem quando expôs sua própria maneira de julgar: "Aplicar a lei com tato, com sensibilidade em relação às pessoas, ao mesmo tempo com firmeza em determinados casos, conseguir encontrar o que é necessário e mostrar que estamos aí para aplicar a lei e não para exercer vingança".

André, assim como seus pares – e particularmente os da sua geração – foram afetados não só pelo declínio coletivo de sua profissão, pelo menos em relação às outras atividades jurídicas ou administrativas e, de forma geral, às que são da alçada da alta função pública (especialmente, aquelas cujo acesso passa pela *Ecole nationale d'administration*), mas também pela ascensão das altas profissões na área comercial. No entanto, a esse declínio comumente sentido – aliás, tópico obrigatório de qualquer discurso atual sobre a justiça – acrescentou-se, no caso peculiar de André, a desilusão. Esta é tanto maior quanto ele esperava bastante de sua "profissão". Com efeito, tudo o predispunha para esse investimento do qual não conseguiu tirar os benefícios esperados. De fato, sua entrada na magistratura foi o resultado dessas estratégias adotadas pela classe média nos anos 60 e que visavam converter uma parte de seu capital econômico em capital escolar. Seu pai era um próspero comerciante e compartilhava os ideais do catolicismo social. Impeliu o filho a fazer estudos superiores e também favoreceu, em André, essa espécie de disponibilidade em relação aos outros, reforçada continuamente pela prática religiosa (é católico praticante). Conforme a idade, tal atitude tomou a forma de escotismo e depois do militantismo político e sindical e se completou (como é o caso mais frequente entre os interioranos) em uma carreira no âmago da função pública. Como para a maior parte dos magistrados jovens – quando os pais não são magistrados – há sempre membros da família que exerceram uma profissão jurídica (um avô materno e um tio, respectivamente, solicitador e advogado), o que acabou influenciando sua orientação profissional – fato que é evocado por ele.

Seu pai encarnava o que ele rejeitava ("patrões", "dinheiro", "hierarquia", "direita" etc.) e, ao mesmo tempo, o que lhe permitiu concretizar tal rejeição. Depois das disputas com o pai, que também foram lutas consigo mesmo, veio o reconhecimento da escolha acertada da sua vocação "no sentido de defender o interesse geral e, em particular, o interesse daqueles que se encontram na miséria"; tal atitude paternal o liberou e lhe deu essa energia que lhe permitiu superar-se, isto é, passar por cima da culpabilidade engendrada, muitas vezes, pela ascensão social ou, pelo menos, pela ruptura em relação ao meio familiar. "Enfim, meu pai acabou por reconhecer minha escolha. Sempre me dizia: 'Mesmo assim é melhor ser magistrado do que comerciante'".

As tentativas de reconversão apresentam riscos na medida em que nem sempre são acompanhadas pela aquisição das disposições e maneiras tacitamente exigidas pelo universo social ao qual o sucesso em um concurso permite ter acesso: por falta de familiaridade – e da naturalidade e flexibilidade que ela engendra – esses recém-vindos levam a sério, "ao pé da letra", as representações que tais universos dão deles mesmos. André trouxe para o mundo judiciário os próprios valores proclamados pelos juízes como fundamento de sua ideologia profissional; no entanto, nem sempre são eles que orientam a prática, especialmente daqueles que estão mais ligados ao bom encaminhamento da "carreira" – aliás, princípio de todas as preocupações e avaliações nas corporações mais fechadas. Seu itinerário foi o de um desencantamento devido à distância existente entre os princípios do funcionamento real do meio judiciário e os princípios que André acreditava vir a encontrar aí: "honestidade", "independência", "compreensão para com os infratores" e "respeito pelo outro". E se não se submeteu à ordem judiciária, foi por causa de sua força moral e igualmente em razão da força que a moral ainda tem nesse universo, embora seja constantemente transgredida em nome dos imperativos da "carreira": "Entre os juízes, a gestão da carreira é algo que toma bastante tempo".

Ao apresentar sua carreira como uma espécie de via-sacra é, talvez, não tanto porque seus comportamentos e sua maneira de ser tenham sido "depreciados" – embora se sinta bastante afetado por isso – mas, sobretudo, em nome de um ideal moral inacessível: "a paixão da justiça". Tudo o predispunha a aderir à regra explícita do jogo judiciário e, sobretudo, recusar a levar em consideração as "regras não escritas" que desnaturam a função de magistrado tal como a imaginava antes de entrar para a ENM: "a honestidade não compensa". O mais notável nas afirmações de André foi, sem dúvida, a identificação total entre sua maneira de conceber a justiça, que pretendia impor sem descanso, e a representação que tem de si mesmo. De modo que se ele "está sofrendo com a Justiça", se determinados magistrados são "lamentáveis", "nulos", "tacanhos" etc., é porque, nesse universo, tudo o machucava: "Os juízes nulos que lhe fazem sentir um frio na espinha", "O presidente que faz chorar a coitada da mulher porque cometeu um roubo no momento em que se separou do amante"; "Sinto dificuldade em suportar, enfim, estar associado à insensibilidade de alguém; é verdade que, por vezes, sentimos vergonha". Esse sentimento de mal-estar foi reforçado pela lógica do funcionamento da corporação dos magistrados: a impotência destes últimos, sua "mediocridade", "ociosidade" e "covardia" em relação à sua própria hierarquia ou às dos outros atores do campo judiciário (policiais civis e militares, advogados) e, até mesmo, do campo político (chancelaria, notáveis locais). E o mínimo que se possa dizer é que ele sofreu com isso, como é confirmado por sua narração. No entanto, sofreu porque à força de "querer fazer seu trabalho de forma tranquila", "fazê-lo bem feito", isto é, "honestamente", tudo se virou contra ele: a "hierarquia" – a sua, mas também a dos outros parceiros do jogo judiciário – os membros efetivos do sindicato prontos a transigir com a chancelaria e, enfim, até ele mesmo, ameaçado de ser despachado, acabou "integrando um pouco os valores do sistema".

No entanto, é talvez na exaltação desses "excelentes juízes", desses "advogados que desempenham bem sua profissão" e, até mesmo, desses condenados agradecidos, em suma, de todas essas "pessoas dignas" que se manifesta com mais acuidade o que se encontra na origem do sofrimento de André. Tendo investido tudo no que é concebido como uma causa ("nobre") a ser defendida (o que ele faz no trabalho, no sindicato e, de forma geral, nessa espécie de benevolência em relação a toda a pessoa em dificuldade), evita propositalmente tomar qualquer porta de saída (especialmente, a advocacia), o que o leva, depois de ter sido colocado em questão, a "colocar tudo em questão", tanto "o sistema" como "ele próprio".

"Quem deve julgar o trabalho do juiz?" Ao longo de toda a entrevista, tenta responder a essa questão, analisando ao mesmo tempo o que, no modo de promoção dos magistrados, vai contra sua representação da Justiça. Assim, ao desfiar as humilhações suportadas, mostra os comportamentos que o escandalizaram (a "falsa medida"), alguns aspectos do funcionamento do mundo judiciário cuja resultante, no essencial, é constituída pelas "decisões" e "julgamentos". Sobretudo, essa evocação patética dos meios que, segundo ele, seriam os únicos capazes de voltar a dar a essa instituição sua credibilidade ("sua legitimidade para julgar"), a saber: o "trabalho que o juiz realiza efetivamente", a "envergadura" e a "classe" com as quais o faz, assim como a avaliação que será feita por todos os atores (colegas, advogados, representantes da polícia judiciária e os próprios condenados com os quais está em relação); tal postura lembra como em eco, através de tudo o que rejeita, a lei real do funcionamento do campo judiciário e o que ela pressupõe.

Atrás da independência do juiz, ele via a submissão à hierarquia; atrás do poder da justiça, a dependência em relação aos policiais, até mesmo aos políticos; atrás da serenidade, o ódio; atrás da firmeza, a covardia etc. "É porque, ao fazer coisas normais em si, damo-nos conta de que essa atitude se torna escandalosa". Decepcionado ao mais elevado grau na medida em que não podia deixar de acreditar na necessidade da instituição judiciária (caso contrário, restaria a "vingança"), prisioneiro de suas ilusões e sonhos, via uma única saída: a redação de um livro onde escreveria "essas coisas a serem criticadas e que não são ditas". Seria o único meio de permanecer nesse universo que não pode deixar – a não ser perdendo, segundo ele, o que faz seu valor – e que procura por todos os meios fazer reconhecer: "sua honestidade" e, ainda mais, sua "humanidade", isto é, tudo o que "existe de bom em sua opinião" e que não poderia encontrar em outros universos profissionais nos quais o que importa é o "dinheiro". A identificação com essa instituição que o "martirizou", fazendo dele um "esfolado em carne viva", está na origem de seus projetos de reforma. Quanto mais é rejeitado pela instituição, tanto mais se agarra a ela, nem que seja sob o modo simbólico: sua reabilitação social passa pela reabilitação dessa instância. Até mesmo o próprio conteúdo das reformas propostas traz a marca do sistema de valores que ele encarna. A partir do que está no fundamento de sua rejeição, faz um projeto que só pode ser o seu e deve ser reconhecido como tal porque é o único meio, a seu ver, de conseguir reconciliar-se plenamente com um universo que é toda a sua vida e paixão.

Com um magistrado

– Entrevista de Remi Lenoir

"O que é terrível é isso: ao fazer coisas que são normais em si, damo-nos conta de que essa atitude se torna escandalosa."

– *O que agrada a você na função de magistrado?*

André S. – Sim, o que me agradava na função de magistrado era a noção de independência, ter uma profissão..., a função pública era prestar um serviço público e não ter patrão, não ter... Sim, não ter patrão, simplesmente ser levado a exercer a função que é prevista por lei, respeitar a lei e servir o interesse geral. E o que também me agradava, portanto em relação a isso, era a noção de justiça e, ao mesmo tempo, a noção de contatos humanos, a saber: aplicar a lei com tato, com sensibilidade em relação às pessoas, ao mesmo tempo, com firmeza em determinados casos, conseguir encontrar o que é necessário e mostrar que estamos aí para aplicar a lei e não para exercer uma vingança. Enfim, tudo o que há de bom na instituição judiciária no plano dos princípios: porque, em seu princípio, esta permanece absolutamente indispensável. Acho que se trata de um progresso da civilização. Tudo isso me parecia algo de bom.

– *Como é que você teve essa ideia?*

André S. – Lendo os jornais e depois cheguei mesmo a ler um livro...

– *Com qual idade?*

André S. – Li esse livro quando devia estar no primeiro ano de faculdade, ou coisa assim; foi meu avô que me indicou essa leitura; tratava-se de um livro de um juiz de instrução aposentado. Então, procurei encontrá-lo mais tarde e não consegui. É um juiz de instrução que relata sua profissão e isso me agradou demais quando eu tinha 18 anos... Ao mesmo tempo, na imprensa da época, havia debates do Sindicato da Magistratura; falava-se no assunto; vi também debates na faculdade sobre diferentes problemas, era bom que havia pessoas assim que refletiam sobre a maneira de tentar trabalhar, tentar fazer evoluir sua profissão. A profissão me parecia interessante, é isso. Portanto, era interessante porque havia contato com as pessoas, implicações diretas, encontros; além disso, tocava todos os setores da vida e, ao mesmo tempo, havia essa noção de bem, mal... O juiz tem uma responsabilidade importante: deve tentar, com toda a independência, ver o que é justo. Pessoalmente, tenho uma concepção bastante idealista das coisas e, de maneira geral, acredito bastante na verdade; portanto, fico talvez menos preocupado do que outros que dizem: "Ah! mas a verdade... cada um com sua verdade... a verdade não quer dizer nada" etc. Sou bastante pragmático, procuro ter "bom senso" entre aspas e penso que há coisas que são falsas; portanto, isso me... creio também na força da verdade. Tudo isso me agradava bastante. Evidentemente que eu conhecia os problemas de carreira, que havia limites a essa independência, mas dizia a mim mesmo: "Se não quisermos fazer carreira, pelo menos, podemos ficar tranquilamente em nosso canto; isso será bom".

– *Com os mesmos valores, você poderia ser, talvez... advogado...*

André S. – Advogado, o que me incomodava na época era...

– *Ou até mesmo médico...*

André S. – ... Sim, o aspecto profissão liberal. Quanto a ser médico, não me sentia atraído pela medicina, não tenho espírito científico. No que diz respeito a advogado, há duas coisas que me incomodam: dizer coisas que não penso porque é verdade que, por vezes, os advogados são levados a defender teses com as quais não concordam completamente, embora seja nobre... e embora alguns digam sempre o que pensam em toda a ocasião; e depois havia também o fato, a lógica dos advogados: é sempre ganhar cada vez mais dinheiro, o que não me agrada; é essa relação com o dinheiro que me parecia complicada, enquanto eu achava que era bom ter um salário; estávamos aí para assumir um serviço público, isso me parecia ser bom. A imagem que tinha dos advogados era efetivamente o risco de ser arrastado pelo dinheiro, para administrar o consultório, ser absorvido por excesso de trabalho e não ver o essencial. Ah, sim... a noção de serviço público me parecia importante. [...] Quando passei no concurso no final dos anos 70, Tapie ainda não estava na moda...

– *Sim. Foi isso que mudou um pouco...?*

André S. – Sim, absolutamente. Na época, pelo contrário, não se queria trabalhar para patrão; a noção de serviço público era importante; eu não estava interessado pela noção de lucro; pelo contrário, isso podia me chocar, não queria pegar dinheiro dos outros, enquanto achava que era bom prestar um serviço público, ter um salário para servir o interesse geral.

– *Durante a juventude, você foi militante?...*

André S. – Ah, sim.

– *Escotismo, ou outra coisa?...*

André S. – Sou muito militante, católico praticante, quero dizer, sempre fui militante; na época do concurso, estava no partido socialista; na faculdade, fui um dos principais animadores de um movimento de estudantes. Durante o serviço militar, também etc.

– *E você foi escoteiro?*

André S. – Sim, com certeza, mas não durante muito tempo; não fiquei marcado, especialmente, por essa experiência.

– *Sim, de fato, você sempre foi alguém que trabalhava para os grupos...*

André S. – É isso. [...] Por exemplo, isso foi reconhecido por meu pai que sempre me dizia: "Mesmo assim é melhor do que ser comerciante". Em sua cabeça, ele dizia: "Tenho trabalhado para mim e, mesmo fazendo meu trabalho com honestidade, há uma dimensão que falta". Portanto, ele admitia isso. Digamos que, de maneira geral, sempre fui apaixonado pelas questões políticas, sempre tentei defender um pouco o interesse em geral e, em particular, o interesse daqueles que se encontravam na miséria.

– *Sim, seus pais favoreciam essa...*

André S. – Com certeza, totalmente. Até mesmo meu pai, como comerciante. Era de direita, mas era um cara que dizia que, afinal, pagava poucos impostos, que não havia bastante... que se devia dar mais dinheiro para os pobres, ele era um pouco...

296

uma direita social, um pouco mais do que...

– *Católico social?...*

André S. – Isso aí, altruísta e defensor da equidade; enfim, defensor de uma certa justiça social. Portanto... é certo que isso me marcou.

A paixão pela justiça

André S. – Na ENM, fiquei um pouco decepcionado, enfim, de uma certa forma, pelo... é idiota, é a primeira impressão mas... pelo que havia na cabeça de meus colegas; você está vendo do que se trata, eram bons estudantes, mas ao mesmo tempo faltava-lhes um pouco de personalidade no sentido em que estimo que, para ser um bom juiz, é preciso ter um pouco de liberdade, um pouco de desapego, um pouquinho de independência e coragem, um pouco de força; eram pessoas mais... bons estudantes que tinham aprendido bem em seus cursos, que eram capazes de recitar de cor tal artigo, mas a quem faltava justamente, em minha opinião, esse algo mais que é necessário para ser um bom juiz, é isso. A quem faltava, talvez, a paixão pela justiça – em todo caso, para alguns – e depois um pouco de personalidade, e depois um pouco de interesse pela vontade geral, e depois a vontade de explicar suas decisões... faltava-lhes um pouco de senso público, no sentido geral, porque tinham falta de...

– *Não tinham a vocação, encontravam-se aí como poderiam estar fazendo outra coisa?*

André S. – Sim, estavam um pouco fascinados pelo título sem assumir os encargos da função: o que isso representava, o que se devia fazer, o que isso implicava como disponibilidade ou questionamento ou qualidades humanas profundas e... ah sim, eu estava um pouco decepcionado, de forma geral, mas dito isto, encontrei caras muito bons. Mas a primeira impressão, globalmente, foi essa; e depois vi outros que fizeram o concurso, não passaram e que eram muito mais simpáticos. Aí, tratava-se um pouco, sim, um pouco de "tiras" entre aspas; alguns, do ponto de vista jurídico, eram bons, mas em minha opinião, isso não era suficiente. [...] Enfim, a mentalidade. Na Escola da magistratura, era um pouco diferente porque ainda não estávamos em atividade: e depois é um lugar onde se misturam as ideias, podemos nos formular um certo número de questões. Mas quando entramos na corporação, vemos o número de pessoas que, há muito tempo, não chegam a se formular questões, trabalham de maneira rotineira, não ligam para seu trabalho; entretanto, eu dizia a mim mesmo: "Pelo menos, farei o meu trabalho de forma tranquila" e desde que eu o fizesse bem, isso já seria alguma coisa!

– *Sim, sim, você sempre pensou que podia fazê-lo desse modo...*

André S. – Sem me sujar, é isso, sem...

– *Sim, é isso mesmo. Você poderia autonomizar-se em relação aos outros?*

André S. – Sim, já que eu queria exercer uma função de juiz único, queria ser juiz de instrução; portanto, disse a mim mesmo que...

– *Será que você sabia disso, desde o começo?*

André S. – Oh! Praticamente logo de início, soube que... antes de tudo, era o penal que mais me interessava, havia relações humanas, e depois a instrução era uma função que implicava determinadas responsabilidades, contatos com as pessoas, apesar de tudo, um certo poder; e depois era uma forma de aprender as coisas, interrogar as pessoas, enfim, achava que era interessante. E depois o aspecto intelectual de compreender as pessoas, também o aspecto curiosidade...

– Tratava-se do lado menos "policial" entre aspas do Código penal, é isso?

André S. – Sim, o menos técnico, o menos...

– Pelo menos, aparentemente...

André S. – Sim, mas, de forma geral, é aquele que, à primeira vista, exige menos conhecimentos jurídicos, em todo caso, para a maior parte dos processos. Mas é também o lado mais humano, é aí que encontramos o maior número de pessoas. Era esse aspecto que me agradava. E, portanto, pensava que poderia fazer isso com toda a independência e à minha maneira, sem ser incomodado por... e pensava poder fazê-lo de forma honesta e, portanto, o que me decepcionou é que, ao exercer sempre de forma honesta minhas funções – enfim isso, foi a seguir quando iniciei minha atividade – em várias ocasiões tentaram despachar-me, enquanto vi pessoas de má-fé, do ponto de vista intelectual, ou completamente folgadas em relação ao seu trabalho serem promovidas, ou fizeram algumas coisas que não estavam corretas, engavetaram determinados processos ou, pelo contrário, condenaram pessoas quando existiam dúvidas e, no entanto, fizeram carreira etc. Eu não estava pretendendo fazer carreira, apenas pedia que me deixassem exercer meu ofício de forma tranquila. Em várias ocasiões, fizeram pressão para que eu deixasse a instrução, pretendiam me despachar... Achei que toda hierarquia era lastimável; no meu caso, a hierarquia era lastimável. Não houve sequer um cara que dissesse: "Não, vamos ver o que se passa verdadeiramente"; e houve caras que mentiram a meu respeito, disseram safadezas; foram promovidos e rapidamente. Chegaram a ter as promoções mais rápidas que é possível ter quando, afinal, eram nulos do ponto de vista intelectual e lamentáveis do ponto de vista moral... Lamentáveis. Tudo isso me deixou, efetivamente, um pouco revoltado.

– Sim...

André S. – É preciso dizer que, da mesma forma que na ENM trabalhei o máximo, aproveitei um pouco da vida, assim também quando entrei em atividade procurei sempre desempenhar o melhor possível minhas funções, fui sempre bastante trabalhador, enfim, de forma honesta, corri sempre atrás do trabalho, fiz tudo para compreender a situação dos infratores, nunca tive intenção de esquecer o que quer que fosse e fazia o meu trabalho a fundo e, em certas épocas, trabalhava 12 horas por dia... cheguei a trabalhar no sábado e domingo, porque havia um magistrado ausente e eu não queria que isso fosse às custas de alguém que estivesse preso; e quando nos arrebentamos desse modo pelo interesse do serviço público e que a única coisa que a hierarquia vê é que não estou de acordo com as ideias de meu procurador ou da polícia etc., é escandaloso! Enfim, quando dou meu tempo e prejudico a saúde para exercer bem minha profissão e que a única coisa que a hierarquia vê é que eu... faço ondas e redemoinhos, que as decisões que tomo não são satisfatórias, é verdadeiramente chocante. E tanto mais que eu tinha sido honesto, enfim, verdadeiramente isso me deixou revoltado.

[...]

Neste momento, porque estou decepcionado, critico um pouco todo o mundo, talvez, seja fácil... Todo o mundo critica todo o mundo, mas é verdade que me sinto... acho que isso não funciona bem... honestamente, sentia-me feito para ser juiz; penso que podia ser um juiz, em todo caso, honesto e desempenhar minhas funções corretamente e creio ter uma certa paixão, quero dizer, quando se trata de um processo que me interessa, que é delicado... procuro, aprofundo, analiso e depois luto por isso se acredito que é exatamente para chegar... No momento da sentença, luto para obter uma ordem de soltura, portanto, consigo uma ordem de soltura, enquanto os outros querem uma condenação ou, pelo contrário, obtenho uma condenação, enquanto os outros estavam prontos a dar uma ordem de soltura... quando isso depende do meu parecer, fico contente, tenho a impressão de ter feito bem meu trabalho. Portanto, penso que poderia ser um juiz correto. Não tenho animosidade, nem sadismo; penso ter uma certa humanidade, gosto que as pessoas, no respeito pela justiça, não tenham a impressão de estar tratando com alguém que é desumano e esteja pretendendo fazê-las sofrer. No entanto, se não tenho a possibilidade de exercer essa profissão de maneira eficaz, então, gostaria de proceder de forma a fazer progredir as mentalidades no sentido mais positivo possível. Efetivamente, não excluo o advogado porque é verdade que ele participa da justiça. Quando um advogado ganha um processo e salva a cabeça do cliente, enfim, é emocionante, quando leva um tribunal a mudar de opinião... está certo. Não excluo de modo algum a possibilidade de ser advogado, mas há problemas materiais, técnicos, portanto, verei se farei isso... Mas sim, por enquanto não posso fazer mudar o sistema, não tenho como; não sou deputado ou presidente da República, portanto, o sistema é tal como ele é; é preciso, pelo menos, fazer evoluir as ideias. Defender essa minha concepção da justiça. Defender o espírito, sim... enfim, sim, reunir pessoas que tenham o espírito livre, um pouco de categoria e sejam capazes de se colocar em questão, aceitem ser despachadas ao fim de dez anos de trabalho, se não forem competentes. Pessoas como alguns políticos que estão habituados a serem criticados (mas também a se defender), estão em debate. Quanto aos juízes, não estão em debate. Ficam no seu cantinho, fazem seu serviço entre si, escondem-se, dizem para si mesmos: "Não vamos criar problemas, vamos condenar mesmo assim"; não são capazes de explicar sua decisão. Não é simplesmente em termos de comunicação, mas em termos de coragem, em termos, sim, de presença e humanidade, enfim, de legitimidade. Eles têm a legitimidade que, raramente, é colocada em questão. Quando, afinal, é preciso ter compreensão pelo infrator.

– No entanto, há organizações sindicais...

André S. – Um magistrado não está sozinho diante da hierarquia, enfim, não completamente só quando tem problemas e todos nós temos reivindicação de meios etc., por exemplo, a greve: um pouco mais no plano do orçamento; estou de acordo, faço greve como todo o mundo. Acho que é bom, que isso vai no bom sentido, mas o que critico é que isso permite ocultar que há muitos magistrados que não fazem nada e, nesse sentido, ninguém quer lutar. Porque, por corporativismo, há muitas pessoas preguiçosas nos sindicatos e quando se pede para fazerem horas extras, ninguém aceita; protestamos dizendo: "É escandaloso" quando, afinal, eles não fazem nada. Se trabalhassem, isso seria normal. E, portanto, isso é o problema do sindicalismo, mas enfim é verdade que isso trouxe certas coisas, mas ao mesmo tempo há, talvez, por vezes, uma certa lassidão: o Sindicato da magistratura está em crise, seria talvez necessário colocar em questão certas coisas e depois alguém faz um lindo discurso mas, na prática, isso não modifica nada. Há essa defasagem entre o discurso e a prática; há congressos em que é votada a abolição da prisão, todo o mundo volta para casa e depois, na segunda-feira, continua a mandar para a prisão um grande número de acusados; isso sempre me causou um choque. E, neste momento, é preferível refletir sobre a própria prática, integrando a coerência em sua ação, dizendo que aceitamos a prisão e vamos continuar a mandar pessoas para a prisão; tentar limitar, conseguir recursos, para ver em quais casos deve ser admitida, organizá-la, ver os problemas de execução de penas etc. No entanto, acho que se trata de um falso discurso, enfim, uma falsa intelectualidade que dispensa uma verdadeira reflexão. Ter ideias inovadoras, isso nos dispensa de refletir sobre o que fazemos atualmente. Neste momento, não estou fazendo muita militância, faço coisas, o mínimo para lutar por determinados princípios; a minha crítica contra os sindicatos está no fato de que quando há questões de fundo sobre a independência, eles dizem: "Ah! mas é preciso, antes de tudo, esperar que a pessoa vítima de um ato que coloca em questão a independência queira lutar; é preciso que venha pedir ajuda..." Acho que não deve ser assim; a independência não deve ser defendida por fulano de tal que anda chateado, mas deve ser defendida por princípio. Não se trata de defender o senhor Pedro, Paulo ou Tiago, mas defender um princípio que deve ser respeitado de maneira absoluta e que não o é. Que não o é absolutamente...

Uma das coisas mais importantes é saber por quem somos reconhecidos

André S. – Outro limite importante, que nem eu pensava que fosse assim tão importante, é a dependência em relação à polícia, isto é, nós somos completamente dependentes em relação à polícia. Isto é, para um juiz se fazer respeitar, precisa de ter aliados na polícia. Enfim, é ele que é, praticamente, o demandante, o que não é normal, enquanto os policiais deveriam obedecer aos juízes. Então, é preciso conseguir manter essa ficção: que somos nós que dirigimos quando, afinal, são eles que nos dirigem, praticamente; e que temos mais necessidade deles do que eles de nós...

– *Sim...*

André S. – Administram o tempo deles como querem e depois quando pretendemos verdadeiramente pedir alguma coisa com urgência e falamos: "Senhor X., por cortesia, verdadeiramente... poderia prestar tal serviço", e depois, ao contrário, se fazemos coisas que não lhes agradam, se ainda por cima aparecem magistrados bobos, mandam-nos passear, somos criticados... Criticaram-me sem papas na língua por ter verificado o que os policiais militares tinham feito; um incriminado disse-me: "Os policiais militares fizeram uma montagem, trata-se de um complô, inventaram uma prova". *A priori*, eu não acreditava no incriminado, mas fui verificar; o que eu achava bem, enfim, salutar do ponto de vista da justiça, acabei por ser criticado por isso; há uma carta de um comandante da polícia militar que escreveu ao meu procurador, provavelmente por solicitação do próprio, para dizer: "Sim, é um escândalo, o Senhor... colocou em questão a palavra dos..." Não foi nada disso. Enfim, não era esse o espírito da coisa. Eu estimava que isso daria uma garantia suplementar, se o juiz fosse ver pessoalmente...

– *Isso faz parte de suas obrigações...*

André S. – Com certeza, tratava-se de saber o que se passava verdadeiramente. Já que havia uma contestação, bastava ir ver. Acho que isso é profundamente revoltante. Ou o simples fato de ter ido a uma delegacia sem prevenir para ouvir os policiais sobre alguma coisa bem determinada, o que me permitiu conhecer a verdade, tudo foi feito para eliminar, antes de tudo, minhas ações porque isso permitia mostrar que o procurador era desonesto; e depois acharam que isso foi escandaloso. Com efeito, quando vamos à delegacia, devemos prevenir com antecedência de maneira que a versão de todo o mundo seja a mesma! Acho isso realmente aberrante!

E é isso que é terrível: ao fazer as coisas que são normais em si, damo-nos conta de que essa atitude se torna escandalosa, isto é, que há regra de direito e os grandes princípios: o juiz é livre, procura a verdade etc. E depois damo-nos conta de que, a respeito de determinados assuntos, por exemplo, as mancadas dos policiais, enfim, em certos casos, em relação a questões sensíveis, devemos evitar determinadas ações. Há regras não escritas. Isso não acontece todos os dias, mas de tempos a tempos e é suficiente: basta um caso para desacreditar a justiça, é isso. Enfim, é o que penso. E depois vi processos engavetados, e um montão de coisas parecidas, e isso continua. Tudo isso fez com que eu me questionasse, por um lado, sobre a realidade de minha independência e, por outro, sobre o sentido de minhas funções. Eu estimava que era competente para esta profissão; de qualquer forma, tinha uma certa vocação, à medida em que tinha verdadeiramente vontade de exercer tal profissão. Tentava fazê-lo honestamente, com coragem, resistindo a todo o mundo, resistindo, ao mesmo tempo, aos policiais, aos incriminados, aos advogados, ao Ministério Público. Lutei bastante contra o Ministério Público: a prova é que passei poucas e boas; ora, eu estimava que para se fazer respeitar, para ter uma certa credibilidade, o juiz deveria ser capaz de dizer o que pensa a todo o mundo. E tentando ser o mais cortês possível, eu procurava fazer o meu trabalho corretamente [...].

Há pouco, você falava de uma ferida. Fiquei verdadeiramente machucado por ver que, ao desempenhar minhas funções corretamente – com amor porque eu gostava realmente de minha profissão – não fui reconhecido e, então, uma das coisas que me parece ser importante é saber por quem somos reconhecidos: aqueles com quem se trabalha. Globalmente, todo o mundo sabe. Recebi a estima e, até mesmo, respeito, por parte dos policiais com quem trabalhava, embora por vezes, com alguns, eu tenha sido exigente; fui respeitado pelos advogados, pelo pessoal da prisão e, sobretudo, pelas pessoas que eu mandava em cana. E isso, então isso, quanto a satisfações, é a única coisa que recebi nesta profissão: sempre mostraram muita consideração por mim nas prisões. Isto é, que eu era alguém de palavra, não era odioso, era alguém que procurava conhecer a verdade, enfim, é essa a ideia que tenho de mim, mas creio verdadeiramente que já era percebido como tal e através das cartas e de tudo o que era dito na cadeia, a gente fica sabendo. Globalmente, creio que somos julgados, na mesma proporção que julgamos; da prisão julga-se bem e penso que isso me dava prazer; e o que me causou choque é que a realidade de meu trabalho nunca foi levada em consideração, isto é, que eu exercia minha profissão, tentando fazer sentir às pessoas que eu não estava aí para fazê-las sofrer; então, eu tentava aplicar os princípios da justiça no sentido nobre... onde ela deveria ser aplicada, isto é, que a justiça existe para julgá-las, condená-las, mas não fazê-las sofrer. Temos uma missão que supera a vingança e procura fazer com que elas compreendam o motivo pelo qual foram condenadas e deixem de cometer delitos, é isso. O que me causou um verdadeiro choque foi que ninguém tentou ver se meu trabalho estava sendo bem feito.

– *Em seu universo profissional?*

André S. – Exatamente!

– ... *que funciona segundo outras regras?*

André S. – Segundo outros critérios. E que, pelo contrário, eu estava sendo banido da magistratura, era considerado verdadeiramente como a ovelha negra. Houve pessoas da minha turma que foram promovidas e que eram nulidades. Sim, tive o sentimento de que meu valor não era reconhecido. E tenho o sentimento, e isso é que é o mais profundo... é que tive o sentimento de que se houvesse outro critério de avaliação entre aspas – enfim, não sou a favor da avaliação – mas enfim, se os juízes fossem avaliados de maneira diferente, em função, portanto, de seu trabalho real, daqueles com quem trabalham e de sua atitude em relação aos infratores, então aí, tenho a impressão de que eu teria sido reconhecido. No lado oposto, há pessoas que não fazem nada e nunca são importunadas e acabam fazendo uma carreira normal. Se, pelo contrário, perguntassem aos infratores se estão contentes com esses magistrados que retardam a sentença, não ligam a mínima, nem olham para os processos, penso que todo o mundo, todos os profissionais que estão em atividade, diriam não. Não é possível; portanto, há uma defasagem entre a realidade do trabalho e a avaliação; é evidente. Então, eu não ligava para tal avaliação, mas não pensava que esta pudesse chegar ao ponto de privar-me de certas funções ou impedir de obter as mutações que eu desejasse e, eventualmente, me sujeitar a pressões de ordem disciplinar. E depois, é preciso que eu me justifique etc. Há também as histórias de conformismo. Eu estimava que o importante não era saber se éramos bem vistos etc., mas conhecer a qualidade do trabalho feito, se era juridicamente exato, se era humanamente adaptado, se era... Ora, isso não é levado absolutamente em consideração; pelo contrário, o fato de não usar gravata, por exemplo – pessoalmente não ligo para isso – era uma revolução; houve reuniões realizadas antes de assumir o primeiro cargo para o qual fui nomeado em que o procurador reuniu todo o ministério público para dizer: "Cuidado, há um juiz maluco que está chegando e que não usa gravata" etc. Enfim, como se fosse verdadeiramente... No lado oposto, o próprio procurador retirava informações dos processos selados, falsificava documentos sem parar, pedia aos policiais para falsificarem documentos; ora, se a hierarquia estivesse estado à escuta, não podia deixar de saber que isso era verdade; mas ele nunca foi importunado. Sim, globalmente, o fato de que a honestidade não compensa... enfim, o que importa é que não haja ondas, que o juiz não apareça demais, que não haja histórias.

Creio profundamente que a justiça não deve ser algo de piegas; deve ser algo que tenha relevo. Isso deve ser, forçosamente, violento; em determinados casos, é preciso que a justiça seja firme, mas isso não deve ser... é preciso que haja estardalhaço para dar uma sentença; por vezes, é preciso que haja estardalhaço; não se deve, sistematicamente, fechar... não se deve, sistematicamente, tomar decisões muito, muito "medidas". Existe uma falsa "medida" que é exigida entre aspas e que não está de acordo com a realidade, isto é, que se um juiz manda um patrão para a prisão, alguém há de comentar: "Não, é uma falta de medida, não é normal"; se incrimina um policial em um caso de mancada: "Não, isso não é possível"; enfim, fica sabendo que suas sentenças não são bem aceitas. E depois, ao contrário, se mostra compreensão por um homem comum que cometeu pequenas infrações, haverá sempre alguém para criticá-lo por excesso de sensibilidade ou pieguice, enfim etc.

Que o juiz mostre sua legitimidade pelo trabalho que realiza

– *Quando você diz "alguém" é o meio em geral ou...?*

André S. – Sim, é a hierarquia, o presidente, o procurador; então, além disso, há uma coisa – esta é boa – é que, de fato, somos avaliados pelo procurador e se este e o presidente se entendem bem é uma catástrofe porque é o presidente que faz a pré-avaliação e a transmite ao Tribunal de Apelação; no entanto, quando se trata de um juiz de instrução, o presidente vai ver, antes de tudo, o procurador; se este não se entende com o tal juiz, vai atribuir-lhe uma nota baixa; e nesse momento, enfim, podem chegar ao ponto de criticá-lo por sua independência em relação a uma das partes em litígio; porque o procurador é mesmo assim uma parte, tanto como a defesa. E acho que toda a credibilidade da justiça está em saber se somos verdadeiramente independentes e, de maneira geral, não o somos. É verdade que a instrução se faz com agravantes e atenuantes; mas os juízes de instrução estão mais perto do procurador do que dos acusados, o que nem sempre é inconcebível. No entanto, esse *a priori* em favor do ministério público me incomoda.

– *Sim, então isso foi um pouco o princípio de que esse meio não funcionava como você tinha pensado...*

André S. – É isso mesmo e depois que a lei não tinha sentido. Isto é, por vezes, há leis que não devem ser aplicadas. Vou dar um exemplo. Uma ocasião, fui citado como testemunha pela defesa – justamente na história em que o procurador tinha feito seus arranjos. Quando é citada, a testemunha tem de comparecer e aí fui criticado... compareci e irritei o procurador, enfim, fiz o máximo para irritá-lo, dizendo que ele não tinha mantido serenidade neste processo, tinha sido parcial etc.

Cortaram-me a palavra porque são coisas que não devem ser ditas. No entanto, se quisermos dizer a verdade, é preciso dizer coisas que são desagradáveis. Você está vendo, ainda isso, em relação à falsa medida... Para mim, a verdadeira medida é dizer: "Não, senhor procurador, em relação a este processo o senhor foi parcial, odioso, estava irritado, fez um inquérito paralelo, fez coisas que não devia ter feito", para mim, a verdade é isso; é preciso que isso seja dito, embora não agrade. E, portanto, aí criticaram-me por ter testemunhado quando, teórica e juridicamente, a testemunha que não comparecer pode até ser condenada e ter de pagar multa. No entanto, em determinado caso, deve comparecer e em outro caso não.

– *Sim...*

André S. – Há também uma coisa que me irrita, há um lado – quem sabe, talvez, esteja ligado, assemelha-se talvez um pouco a uma das críticas feitas à função pública – mas há um lado tacanho; as pessoas que não trabalham; quero dizer, que procuram fazer o menos possível, cada qual empurra o que tem de fazer para o outro; enfim, vejo um número absolutamente assombroso de colegas que, neste momento, não fazem nada. Realmente, há 50% dos magistrados de X. que procuram fazer o menos possível. É irritante, demonstra uma mentalidade pequena, mesquinha; enfim, os infratores são esquecidos; e depois há mesmo os que não fazem nada e dizem: "Oh! não vamos receber nada por isso; então, não ligamos a mínima, vamos trabalhar o menos possível". Ainda outros afirmam: "Oh! Napoleão tinha previsto condecorações e lantejoulas para promover as pessoas, mas nós não vamos ser condecorados, então..."

– *No final de contas, justificam sua...*

André S. – Sua ociosidade.

– ... sua ociosidade, enfim, eles a reivindicam, é isso...

André S. – Sim, eles a reivindicam praticamente. Dizem: "Oh! não vamos nos cansar, não há possibilidade de ser promovido"; e é verdade que não é estimulante. Penso que, de certa forma, nossa situação não apresenta grandes riscos. Seria necessário que fôssemos levados a lutar, enfim, justificar nosso valor e, em vez de ser dada, a legitimidade deveria ser algo que se ganha; creio que – quem sabe – isso mudaria a mentalidade: que o juiz mostre sua legitimidade pelo trabalho que realiza, pela qualidade jurídica das decisões que toma, tanto nos processos civis, quanto no penal...

– Essa espécie de aquisição de legitimidade depende de quem...

André S. – Isso é complicado, mas penso que, globalmente, é um pouco a defasagem de que falei há pouco, entre uma avaliação que será feita pelo fato de que, por um lado, o magistrado não fez ondas, se entende bem com o presidente ou colegas e não teve problemas com o ministério público e, por outro... pelo fato de ser verdadeiramente reconhecido pelas pessoas que o veem trabalhar, isto é, advogados, escrivães e, quando se trata de um juiz de instrução, policiais civis e militares, e detentos. É essa defasagem entre uma avaliação – que não tem qualquer sentido – estabelecida por pessoas que nunca vemos e depois o "diz-se", mas no sentido geral; sabe-se que Fulano é alguém que não faz nada; sabe-se que Sicrano é um magistrado escrupuloso. E esse "sabe-se", embora seja um pouco subjetivo, é... deve haver uma maneira de traduzi-lo, em todo caso que seja mais adaptado, é isso. E que seja dada mais atenção à realidade... ao trabalho de cada um. É chocante ver que, no final de contas, podemos trabalhar muito, muito bem e ter uma carreira desastrosa; ao mesmo tempo, sendo reconhecido como bastante bom pelas pessoas com quem trabalhamos; e depois, ao contrário, trabalhar muito mal e ter uma carreira excelente. Porque há também questões de relação, camaradagem, enfim, há um montão de questões... talvez, de apoios políticos...

[...]

Além disso, há processos que são levados em consideração e outros não; neste último caso, temos as fraudes fiscais que, sistematicamente, não chegam a ser julgadas, além dos casos que são engavetados, para não falar dos processos políticos; então aí, também de maneira geral – e não sou o único a falar do assunto – todos os magistrados, enfim, a maior parte dos magistrados começam a estar fartos de ver que os processos são engavetados...

– De ver que uma parte dos processos...

André S. – E as pessoas sabem disso, os detentos também; eu diria que, agora, mais da metade dos detentos... que se encontram nas prisões francesas sabem que a justiça não é equitativa, que são engavetados os processos dos políticos, notáveis etc., e isso não é crível. Perdemos toda a credibilidade. Quando ouço o Ministro da Justiça afirmar: "Sim, não existe missão sagrada, o juiz não está incumbido de missão sagrada", creio que para ser compreendido é preciso, mesmo assim, afirmar valores e se não tentarmos aproximar-nos de tais valores, ninguém vai acreditar em nós.

[...]

– Sim...

André S. – Se quisermos voltar a dar crédito à justiça, será preciso voltar a dar-lhe poder sobre as pessoas com quem ela trabalha, especialmente a polícia. E isso trata-se de uma grande crítica que faço às relações que preconizam a mudança: é que não colocam em questão a tutela política sobre o Ministério Público, enfim não verdadeiramente, e depois não colocam em causa o fato de que a justiça não tem qualquer poder sobre a polícia; ora, o essencial do inquérito é feito pela polícia; é excepcional que o juiz o faça, de qualquer forma, não pode fazer tudo; deveria, talvez, ocupar-se mais dos inquéritos, mas não pode fazer tudo. [...] No entanto, a justiça deve superar o estágio da polícia; portanto, a polícia...

– *Por que razão deve superar...?*

André S. – Porque não é simplesmente... sim, a polícia pode fazer um trabalho muito, muito bom, mas até mesmo o espírito policial, enfim muitas vezes, é insuficiente. É do tipo: "Você fez isso", então, procuram conhecer simplesmente o móbil, o contexto. A justiça é outra coisa; acho que é preciso ter uma certa sensibilidade para compreender; vai ser preciso fazer uma certa ponderação, ver como vive o incriminado, como... e acho que, em relação a isso, os policiais são bastante redutores. No entanto, é verdade que temos necessidade da polícia... Para mim, a noção de juiz... é preciso ter a liberdade de espírito, poder se exprimir como cada um pretender, ter independência, poder se afirmar, ser firme, claro, não ser obrigado a se restringir em suas opiniões.

– *Em relação a quem?*

André S. – Globalmente, em relação, aos policiais... Estes constituem um Estado no Estado; trata-se de uma corporação muito, muito importante, digamos, em seus sistemas sindicais etc. São muito mais numerosos do que nós, dispõem de um orçamento enorme, o Ministério do Interior é mais importante do que o da Justiça e depois os policiais é que decidem, são eles que fazem o trabalho e nós ficamos com os remendos... com o que se segue... Creio que é preciso que sejamos pessoas que... sim, que sejam livres, que os juízes sejam independentes, um pouco corajosos, tenham um pouco de classe, um pouco de vivacidade, que sejam capazes de explicar sua decisão, tenham um pouco de "autoridade" entre aspas e não andem colados aos muros, que sejam capazes de se afirmar sem serem brutais, desrespeitando as pessoas, funcionando à base de julgamentos *a priori* e preconceitos; sim, que os juízes tenham uma certa envergadura, sejam capazes de defender seu ponto de vista na praça pública e sejam capazes de mostrar por seus atos que têm legitimidade para julgar.

[...]

– *Considerando a experiência adquirida nessa profissão, você recomendaria a alguém seguir essa carreira, hoje em dia?*

André S. – Com honestidade? Sim. Trata-se de uma profissão interessante, mas é preciso saber exercê-la sem demasiadas ilusões e lutar, é preciso verdadeiramente lutar para conseguir desempenhá-la corretamente.

– *E no seu meio, haverá pessoas que lutam?*

André S. – Sim. Sim, oh sim, há também juízes muito bons...

– *Sim.*

André S. – Juízes por quem sinto admiração que desempenham plenamente seu papel, pessoas dignas, advogados que exercem bem sua profissão e, por vezes, fico emocionado quando há um advogado que afirma: "Veja bem, meu cliente está detido há dois anos, mas a instrução, o juiz de instrução teve uma grande sensibilidade, procurou compreender sua personalidade e depois os contatos humanos foram muito agradáveis" e eles são reconhecidos pelos clientes que são delinquentes, que fizeram um certo número de bobeiras; bom, que são acusados de fatos graves, mas guardam respeito pelo seu juiz; sinto-me orgulhoso por esses juízes. Há juízes que – sendo severos e exigentes – procuram a verdade, procuram compreender o que os acusados andaram fazendo e mantêm um contato com essas pessoas que, em seguida, deverão ser integradas na sociedade; entre a população francesa, existem os norte-africanos: acho que temos de desempenhar um papel de integração. Desempenhamos um papel de evocação da lei; para alguns, chegamos a substituir um pouco os pais e quando fazemos dignamente nosso trabalho, sim, isso é legal. Há momentos, quando tomamos decisões e que as pessoas na sala aplaudem, não no sentido primário do termo, mas porque acham verdadeiramente que a justiça foi bem aplicada e as pessoas ficam contentes, sem que tenhamos dado qualquer prova de demagogia, mas tomando uma decisão um pouco arriscada; sim, porque é preciso, é preciso também – em todo caso, para as melhores decisões – é preciso, por vezes, correr riscos em um sentido, não correr riscos a respeito da culpabilidade, mas tomar certas coisas que podem parecer curiosas, que são audaciosas porque para chegar a adequar bem a pena, é preciso, por vezes, é preciso deixar os lugares comuns, é preciso fazer outras coisas, inesperadas ou que não são nada conformes ao que era pedido pelo ministério público, que surpreendem; creio que, para tomar uma boa decisão, é preciso, por vezes, causar surpresa. E quando, excepcionalmente, tomamos decisões dessa forma que causam surpresa e com as quais as pessoas ficam contentes, quando, globalmente, o processo é bem julgado, sim, fico contente. Sinto orgulho, sim.

– *Você tem exemplos?*

André S. – Mas, com certeza.

– *Você pode dar um?*

André S. – Há o exemplo dessa mulher bastante envolvida em um negócio de grande tráfico de drogas, quilos de heroína... Essa mulher tinha uma esclerose em placas com incontinência urinária e anal. Já estava presa há dois anos e sempre tinha reconhecido os fatos, mantinha uma atitude bastante digna, é isso. O processo durou 15 dias e o advogado disse-nos: "O médico declarou seu estado compatível com sua detenção". Mas alguém que se encontra nesse estado – você imagina, ela usava fraldas, ausentava-se sem parar etc. Chegamos à conclusão de que era contrário à dignidade etc. Acabamos por mudar de opinião, quando estávamos decididos a aplicar oito anos de prisão. Afinal, foi condenada a seis anos com sursis. Nessa mesma tarde, foi posta em liberdade. Acho que assumimos nossas responsabilidades. [...] Isso mostrava que éramos capazes de mudar de opinião. De nos colocar em questão, levar em consideração também as questões humanas. Nesse dia, senti orgulho da justiça. Quando fui embora, estava contente. Disse para comigo: "Em Y., estamos trabalhando bem".

– *E você fica também contente em condenar quando alguém, em seu parecer, merece sê-lo?*

André S. – Sim, exatamente. Por exemplo, em um caso de direito do trabalho, no momento da sentença, todo o mundo comentava: "Trata-se de uma vigarice"; lutei porque não estava conforme à realidade, ao direito do trabalho; um cara que contratava pessoas, dava trabalho temporário, enfim, era completamente ilegal. O argumento apresentado pelo advogado de defesa não era ruim na aparência, mas, se aprofundássemos um pouco, era completamente falso, e depois seria a porta aberta para todos os abusos; encontrei o argumento que permitiu convencer os outros dois juízes, fiquei contente; disse para comigo: "Servi para alguma coisa". Tinha visto antes o processo e então descobri os argumentos, portanto, acreditei que eram justos e coerentes; tratava-se de defender o interesse dos trabalhadores, sem *a priori* contra o patrão, mas era a lei. Aí também fiquei contente por ter desarmado o golpe, por não ter sido levado por um argumento especioso [...].

– *Trata-se de uma exceção...*

André S. – Que nada! Felizmente, há pessoas assim. Há exceções, mas o sistema tem tendência a...

– *Sim, o sistema tem tendência a crescer...*

André S. – É isso mesmo; veja bem, fui abrir a boca, levei na cabeça, fui destituído de todas as minhas funções de juiz único, ia sendo despachado, então eu próprio acabei integrando um pouco os valores do sistema. Isto é, quando tiver de dizer ao presidente que o que faz é escandaloso, digo agora de forma polida: "Acho que podemos nos interrogar sobre..." quando... afinal... um juiz deveria ser capaz de dizer não, que é inadmissível, é contrário a tal princípio, à lei, é contrário... Não estamos aí como em uma empresa; creio que não temos de adotar a lógica do particular ou executivo que deve obedecer ao seu superior; devemos ser pessoas, personagens um pouco públicas, como os eleitos, sim, como um prefeito que deve defender o interesse geral, mas sendo capaz de dizer: "O seu interesse é o que é, mas o interesse do município não é esse" e, ao mesmo tempo, proceder de modo que os interesses das minorias não sejam lesados...

1991

DECADÊNCIAS

Michel Pialoux, Stéphane Beaud

Permanentes e temporários

Setembro de 1989: já se prolonga, por vários dias, a greve na fábrica Peugeot, na cidade de Sochaux. Primeiros desfiles na fábrica de carroceria. Algumas centenas de grevistas, OS, aos quais se juntaram um punhado de profissionais, desfilam nas imensas fábricas de carroceria em volta das linhas de montagem (sobre as quais acabava de ser fabricado o novo modelo 605, cujo lançamento tinha sido feito no início do mês). Tende a se instalar uma espécie de ritual. Em cada dia, as coisas se passam mais ou menos da mesma forma. Após as AG, realizadas no espaço que fica por baixo da passarela no acabamento, os operários desfilam, gritam, assoviam e lançam em altos brados palavras de ordem e slogans. Ocupam toda a largura dos corredores que rodeiam as cadeias de montagem e avançam com os delegados à frente.

A fábrica de carroceria constitui o campo de uma batalha sobre o número de grevistas e os efeitos da greve. Com a intenção de entravar o movimento e impedir que este se propague aos não grevistas e outros operários do grupo Peugeot – e também para provar aos operadores financeiros que a situação está sob controle – a direção afirma que o funcionamento das esteiras de montagem não está de modo algum afetado e que a maior parte dos carros estão sendo fabricados normalmente. Por sua vez, os grevistas convidaram os jornalistas para penetrar nas oficinas e constatar, *de visu*, que a atividade de produção estava, em larga medida, paralisada pela greve. De fato, um bom número de operações não estavam sendo realizadas ou estavam sendo mal feitas: todos os carros deveriam ser revisados mais tarde.

O sentido dos desfiles é múltiplo: bloquear a produção, manter o moral daqueles que já estão em greve e, simultaneamente, impelir outros operários a aderir ao movimento. Os grevistas avançam lentamente. Em determinados momentos, formam um bloco compacto, homogêneo. Em outros momentos, o cortejo estira-se, dispersa-se. À frente, vêm, quase sempre, os militantes mais aguerridos, os delegados, por vezes, ostentando megafones. Os outros seguem em desordem. Conversam entre si, a felicidade é legível em seus rostos. Parece que todos estão felizes por serem tão numerosos, voltam a falar da greve de 1981. Há muito barulho, mas nenhuma degradação. Por vezes, para fazer mais barulho, alguns batem, compassadamente, nos armários metálicos.

Ao longo das linhas de montagem, desenrola-se "um cordão" de executivos, técnicos, empregados, contramestres – muitas vezes, idosos, de casaco e gravata; alguns jovens engenheiros, e os novos e numerosos especialistas em informática – os BTS – parecem estar perdidos, mas evitou-se colocá-los em contato com os grevistas. Estão aí, diante das esteiras de montagem, para impedir a deterioração da "ferramenta de produção"; entre eles, um oficial de justiça. A dois metros uns dos outros, olham a "passagem" do cortejo, evitam cruzar o olhar com os grevistas. Alguns olham para seus pés, outros voltam a cabeça ostensivamente para a direita ou para a esquerda. O momento é difícil. Muitas vezes, há grevistas que, continuando a avançar, interpelam um ou outro desses vigilantes; outras vezes, trava-se um diálogo. Mas compreende-se rapidamente que esses executivos (esses "inocentes úteis", termo pelo qual, muitas vezes, são designados na fábrica e que é uma palavra do vocabulário dos anos 70) receberam como instrução não responder às piadas e "provocações".

O clima está carregado de tensão. A mínima altercação poderá estourar e se azedar, sem que ninguém possa saber como irá terminar. Quando o cortejo se aproxima da esteira de montagem nº quatro – é nela que os não grevistas continuam a trabalhar; aliás, a direção faz questão de mostrar que está funcionando – a tensão sobe: as filas apertam-se, as injúrias tornam-se mais violentas, os megafones são colocados a algumas dezenas de centímetros do rosto das pessoas que formam o cordão. Em várias ocasiões, há empurrões e, em ambos os lados, é feito um esforço para baixar o tom.

De fato, em volta dessa esteira, a situação é estranha. Entre os operários que trabalham, alguns, já idosos, cumprem sua tarefa sem comentários, levantando de tempos a tempos a cabeça para responder aos insultos ou piadas, assumindo sua posição de não grevistas; outros, mostram bem que não estão à vontade. Parece que alguns, incomodados, deixam seu posto no momento da chegada do cortejo, com o acordo dos chefes. Percebe-se que vão voltar depois da passagem do cortejo. Mas outros permanecem por perto, um pouco afastados, sorridentes, dando a impressão de viver a situação sem qualquer paixão. São os "jovens", os temporários. É como se estivessem fora do conflito. Por vezes, descansam por um instante suas ferramentas, fazem um pequeno sinal de conivência, dão uma piscadela em direção dos grevistas e depois recomeçam o trabalho. Ao passar à sua frente, os grevistas evitam gritar insultos, mas fazem pequenos sinais com a mão, dirigindo-lhes palavras amigáveis. Ainda não são conhecidos pessoalmente, ninguém os interpela pelo nome. São tomados em bloco, globalmente (são os "temporários"). E todo o mundo parece achar isso natural. Alguns desses temporários colocaram ao lado deles um cartaz de papelão, ou mais exatamente um pedaço de papelão sobre o qual rabiscaram a palavra "temporário", mas sua juventude seria suficiente para serem reconhecidos como tal. Essa palavra constitui uma espécie de escudo protetor. É claro que não se pode esperar deles o que seria exigido dos outros (nas oficinas, vai circular rapidamente a anedota segundo a qual "alguns caxias", para escapar aos insultos, se fazem passar por temporários). No fundo, durante a greve, entre os que trabalham – e nas linhas de montagem, no ponto mais nevrálgico que vai decidir o sucesso ou fracasso da greve – há dois grupos: os que são tratados pela grande massa dos operários grevistas como "caxias" ou "fura-greves"; e aqueles a quem é reconhecido, de saída, um estatuto de exceção, ou seja, os temporários.

Trata-se de cenas surpreendentes se pensarmos, sobretudo, nos confrontos da greve de 1981 ou no decorrer das décadas precedentes[1]. A greve é um momento de verdade, cada um tem de escolher seu campo. Dizer de alguém que é um "grevista" no decorrer habitual da conversação (fora do contexto da greve) é uma forma de fazer compreender que está inserido na cultura política do grupo (embora não seja militante ou sindicalizado), que faz parte do grupo dos operários que não estão do lado do patrão. Exerce-se uma reprovação bastante forte, até mesmo dois ou três anos mais tarde, em relação aos que não chegaram a participar da greve.

Para esta greve, os responsáveis locais dos sindicatos tiveram o cuidado de fornecer palavras de ordem bem precisas e instruções estritas para evitar que os

---

1. É preciso lembrar que em Sochaux – talvez mais do que alhures e, especialmente, levando em consideração a história peculiar da fábrica (duas pessoas morreram na greve de 1968 e os militantes fizeram uma política de repressão nos anos 70) – fazer greve é um ato raro, importante e grave. A greve é um momento em que é "preciso escolher seu campo"; cada lado conta suas forças e as atitudes de cada qual são julgadas tanto pela hierarquia, como pelo grupo dos militantes. Os que fazem a greve são "fichados" pelos contramestres que, em seguida, usam de toda a influência para "sancionar" os grevistas e "recompensar" os não grevistas (pela distribuição arbitrária das gratificações à escolha, pelo afrouxamento ou aceleração da progressão salarial dos operários de acordo com os pontos de classificação). Os que não fazem greve são rotulados pelo grupo dos militantes; nesse momento, há reputações que se fazem e desfazem. Até mesmo aqueles que se limitam a fazer greve durante um ou dois dias recebem uma classificação diferente, na medida em que manifestaram uma forma de solidariedade – sua atitude é aceita; no entanto, os que recusaram, deliberadamente, fazer greve são apontados de forma ostensiva. Logo após a greve, ajustam-se as contas (dos dois lados); nesse caso, os "fura-greves" são colocados à parte, no index, pelo grupo de trabalho.

temporários sejam tomados como alvo dos grevistas. Sabem bem que a "base" não está disposta a aceitar com facilidade que "se" reconheça de alguma forma o "direito" aos temporários de trabalhar por ocasião de uma grande greve. Nessas condições, por que razão todos os operários, até mesmo os mais intransigentes no respeito pelos "valores" operários e militantes (para os quais não haveria desculpa válida para os "não grevistas") estão persuadidos de que a exceção feita em favor dos temporários é legítima?

Se interrogarmos os antigos, a resposta vem como a expressão de uma evidência: "Eles não têm culpa disso", "Não podem se dar ao luxo de fazer greve", "Se fizessem greve, nem que fosse um dia, a fábrica e a empresa de trabalho temporário estariam de acordo para despedi-los imediatamente". O desafio é tão grave – contrato com remuneração fixa – que não é possível exigir-lhes tal sacrifício. Embora não grevistas, os temporários não são vistos como "furadores de greve"; têm a seu favor "circunstâncias atenuantes". Sabe-se perfeitamente que só lhes resta a fábrica como possibilidade de mudar de situação já que praticamente todos fracassaram em seus estudos e a sanção do fracasso escolar é, hoje em dia, de consequência incomensuravelmente mais pesada do que "em seu tempo". Parece que os grevistas, cuja faixa etária se distribui entre 35 a 55 anos, projetam na situação dos temporários as inquietações que sentem por seus próprios filhos, especialmente o fato de terem de enfrentar a nova exigência do diploma (as "bagagens" a serem adquiridas) para terem acesso a um emprego. Nesse sentido, os temporários aparecem-lhes, neste momento preciso e "eufórico" da greve, menos como concorrentes do trabalho – o que, objetivamente, eles são – do que como jovens que compartilham as mesmas experiências de seus filhos. O que, visto do interior da fábrica, poderia ser interpretado como uma simples oposição entre operários instalados (com "status de operário") e jovens em situação precária, toma uma significação completamente diferente desde que o espaço social local seja integrado no contexto real: apercebemo-nos, então, de uma proximidade social no lugar em que o ponto de vista da "fábrica" apenas mostrava uma distância de status entre duas gerações operárias.

A esta espécie de compaixão pela impotência acrescenta-se a esperança – a aposta – de uma identidade de interesses. É como se os grevistas mais politizados credenciassem, com antecedência, os temporários com uma postura crítica e uma atitude de resistência em relação aos chefes (tal crença encorajada por alguns pequenos sinais dos próprios temporários). Atribuem-lhes a combatividade que tinham quando eles próprios eram jovens operários na fábrica e ficam satisfeitos com o menor gesto de conivência, como se bastasse que estes se liberem do jugo que pesa sobre eles para que adotem quase automaticamente os mesmos "reflexos" e atitudes de defesa que eles próprios tinham assumido em sua juventude. Sem avaliar corretamente que a distância que os separa é menos uma diferença de idade no sentido biológico do que uma diferença de geração, que a ordem de sucessão das gerações operárias foi interrompida por dez anos de não contratação de novos operários e que esses temporários, "formados" por anos de "trabalhos duros" e pequenos biscates, chegam já, em larga medida, "submetidos" à fábrica.

Tendo como pano de fundo uma série de mal-entendidos, haveria um acordo tácito entre grevistas e temporários; além disso, poderíamos interpretar a cena do cartaz "temporário", exibido no momento da passagem do cortejo dos grevistas, como uma espécie de "toma lá, dá cá". Os temporários manifestariam seu apoio moral à "coragem" dos grevistas e pediriam, por antecipação, em retorno a indulgência dos grevistas; em compensação, os grevistas dariam a "absolvição" aos temporários por não participarem da greve e pediriam um compromisso moral para se colocarem, mais tarde – ao serem contratados – ao lado dos grevistas. Estes teriam uma tendência espontânea a interpretar esse gesto como um simples sinal de impotência social, enquanto os mais politizados gostariam de ver nisso uma oferta futura de colaboração no combate operário, um sinal de filiação potencial ao grupo dos grevistas, uma espécie de reconhecimento da legitimidade da luta travada por eles e, até mesmo, de adesão à cultura política que a subentendia. O cartaz podia então ser interpretado como a promessa de uma (futura) integração ao grupo e de sua reunificação (em termos de faixas etárias). Bastaria deixar o tempo fazer sua obra para que a ordem de sucessão das gerações operárias viesse a retomar seu curso normal.

Um ano depois, em julho de 1990, a recessão atinge a indústria automobilística e não poupa a fábrica de Sochaux; as previsões econômicas tornam-se cada vez mais sombrias, sobretudo, em razão dos acontecimentos do Golfo. Justamente antes das férias, é dada a informação de que os contratos dos temporários não seriam renovados no recomeço da atividade, em setembro; o número de efetivos da fábrica passa a ser, daí em diante, ajustado imediatamente às previsões a curto prazo da produção. Nesse período, nas novas oficinas de carroceria (HC1)[2], a tensão é muito grande, os objetivos de produção são alcançados apenas ao preço de violações, mais ou menos graves, das regras da gestão do estoque zero, sobretudo, mediante uma intensa mobilização dos operários; estes são obrigados não só a se adaptar a essa nova maneira de produzir (estoque zero e informatização)[3], com-

---

2. HC1 *(Habillage-Caisse 1)* é a nova oficina de carroceria, construída a dois quilômetros da antiga. Começou a funcionar em 1989: a produção é mais informatizada, os operários usam um uniforme de cor verde fluorescente, devem assinar uma "carta-compromisso" e, no momento da inauguração, não tinham direito de fumar nas oficinas.

3. A informatização da produção permite produzir em série modelos bastante variados de carros, o que obriga os OS a levar em consideração o tipo de peça que deve ser montada para cada unidade (já não têm a mesma peça para montar determinado número de vezes no mesmo modelo) e decifrar rapidamente as indicações de montagem que figuram em uma folha colada sobre o chassi.

portando a elevação dos ritmos na linha de montagem, mas também devem estar totalmente disponíveis. A técnica de produção está longe de ser perfeitamente dominada nessa oficina ultramoderna, na medida em que os idealizadores desse grande projeto industrial (a fábrica do ano 2000) parecem ter tido uma visão excessivamente grande ou demasiado "tecnológica": as avarias se multiplicam; é difícil obter o objetivo do "defeito zero" nas esteiras de montagem; um número cada vez maior de carros passa pelo setor dos "retoques", isto é, são retirados da linha de montagem para serem retomados pelos operários que trabalham em setores autônomos nos quais são feitas as retificações necessárias.

Os nervos estão à flor da pele. Embora as novas oficinas de carroceria sejam modernas, lindas, espaçosas e luminosas, reina aí no mês de julho um calor sufocante, quase insuportável (não foi previsto nenhum sistema de climatização ou esfriamento). Nos dias de canícula, o serviço dos bombeiros da fábrica vem refrescar as oficinas, com a ajuda de poderosos jatos de água lançados para cima dos tetos, sendo que os operários dizem que é, sobretudo, para evitar uma avaria do sistema informático de produção. Os testemunhos recolhidos junto aos operários evocam uma degradação do ambiente nessas oficinas e uma multiplicação dos incidentes entre operários, na sua maioria, jovens.

Julho de 1992: já não existem temporários na fábrica de Sochaux; com efeito, os últimos se retiraram no mês de dezembro de 1990. As agências de trabalho temporário que, no período anterior, tinham florescido em todas as cidadezinhas próximas da fábrica, fecham umas atrás das outras. Desapareceram as ofertas de trabalho temporário em mecânica, o Serviço local de emprego está continuamente repleto: os jovens que já não conseguem encontrar trabalho temporário vêm pedir um "estágio" (os orientadores profissionais constatam, vagamente desiludidos, que tal situação vai permitir que eles recebam 2.400 francos). No cômputo geral, algumas centenas de temporários tinham sido contratados pela fábrica.

Os temporários foram recrutados em massa no decorrer do período de expansão da empresa (1987-1990). O crescimento desse número foi regular e forte: eram mais de 1.500 no momento da greve de 1989 e irão atingir o pico de 3.500 em julho de 1990. Estão concentrados em determinadas oficinas de montagem e pintura (no momento da greve, 70% no setor das lacas). O recurso aos temporários foi de tal forma maciço que muitos operários ficaram persuadidos de que um grande número deles iriam ser contratados. Na fábrica, eram colocados desde o primeiro dia nos postos da linha de montagem; um operário do setor mostrava-lhes o que tinham a fazer e, por vezes em um dia, aprendiam a fazer o trabalho. Alguns, sobretudo os da região, ficavam apenas um dia, enquanto outros ficavam ligados por mais tempo com a esperança de obter uma "contratação" (um contrato com duração indeterminada). Empregados, sobretudo, nos setores de montagem da oficina de carroceria como os trabalhos de acabamento, ocupavam, muitas vezes, os cargos que tinham a reputação de ser os mais "difíceis", exigindo, ao mesmo tempo, resistência física e rapidez de execução; aliás, os "antigos" sentiam cada vez mais dificuldade para ocupar tais cargos nesse período de aumento acentuado do ritmo de trabalho. Para os antigos, os temporários eram esses jovens, anônimos, que "apareciam numa linda manhã" na oficina e eram conduzidos pelo "chefe" diretamente para o seu posto de trabalho. Não eram apresentados e, muitas vezes, permaneciam tão pouco tempo que os operários do setor nem chegavam a travar conhecimento com eles; se permaneciam, havia poucas conversas com os operários mais antigos do setor, como se cada qual ficasse de pé atrás, em uma espécie de desconfiança mútua.

Passado o tempo da adaptação, os temporários sentiam muito menos dificuldade para acompanhar o ritmo de trabalho do que os OS na linha de montagem há 20 anos. Muitas vezes, era difícil para eles compreender a espécie de recriminação permanente dos "antigos", o fato de resmungarem ou praguejarem em seu canto. A coexistência no trabalho entre operários mais "velhos" e "jovens" não se fazia sem choques, a tensão era, muitas vezes, bastante forte entre eles e numerosas as altercações, tendo como fundo o aumento do ritmo de trabalho (são abundantes as descrições sobre a recusa dos temporários em se inclinar às lógicas multiformes da desaceleração dos mais velhos). Os conflitos também tiveram como objeto o não respeito pelos recém-chegados das regras informais ou práticas de sociabilidade tradicional entre os OS (principalmente, o consumo de bebida alcoólica no interior das oficinas), outros tantos costumes que eram evidentes para os OS que tinham entrado para a fábrica nos anos 60-70 e que deixam muitos temporários (sobretudo quando não são da região) espantados e, por vezes, indignados.

Para muitos OS (ou "antigos" – nome que começou a se impor, nesse momento, nas oficinas), os temporários simbolizaram sua desqualificação, a desqualificação de seu *savoir-faire*. Eram, de alguma forma, a demonstração viva de que os velhos podiam ser substituídos, sem mais nem menos, por pessoas sem formação, cuja única vantagem era serem jovens e, fisicamente, "saudáveis". A presença a seu lado dessa força de trabalho jovem e disponível tornava sua velhice ainda mais sensível, devido à comparação espontânea que, abertamente ou não, qualquer um poderia fazer.

Daí em diante, os operários ficaram divididos em dois subgrupos: o dos "velhos" – constituído pela grande maioria dos operários que tinham entrado para a fábrica nos anos 60-70 (o recrutamento operário da fábrica fora interrompido em 1979); e o dos "jovens" que são, em sua quase totalidade, antigos temporários selecionados entre 1988 e 1989 e contratados pela fábrica. Tendo chegado a várias centenas, têm consciência de serem os últimos representantes da grande onda dos temporários que, hoje em dia, refluiu completamente. Aliás, em 1992, continuam a ser chamados "temporários". A seu lado, não seria possível esquecer que a "jovem" geração está representada por importantes contingentes – cujo peso é cada vez maior – de jovens técnicos que, muitas vezes, são designados pelo termo de "BTS": estes, sim, foram recrutados na segunda metade dos anos 80 e têm em comum não se considerarem como "operários" mas um grupo à parte. A diferença entre esses dois grupos reside menos na idade, no sentido biológico, do que no modo como entraram para a fábrica. Aliás, um certo número de "velhos" ainda não são idosos. Tendo entrado no final dos anos 70, poderiam ser considerados, por certas modalidades de sua existência e modo de vida, como jovens; inversamente, um certo número de jovens temporários não são assim tão "jovens" como poderíamos pensar, na medida em que alguns já passaram dos trinta.

De fato, o que os distingue é o modo de geração, ou seja, a "geração de fábrica" – os OS que entraram para a fábrica antes da crise – opondo-se à "geração dos precários" que continuam à procura de um emprego estável; essa oposição é duplicada por toda uma série de oposições homólogas (politizada/ "despolitizada", sindicalizada/antissindicato...). Podemos dizer, esquematizando, que os jovens OS de ontem pertencem à geração escolar na qual muitos estudantes começavam a trabalhar com 16 anos, sendo ainda relativamente frequente a saída da escola sem diploma, enquanto os jovens temporários de hoje se consideram e vivem como "falhados" ou "excluídos" do sistema escolar já que não conseguiram escapar ao LEP (e ao CAP). Essa modificação da relação entre sistema econômico e sistema de ensino e o reforço do poder de sanção do sistema escolar, induzido pela "crise" econômica, vai penalizar consideravelmente os indivíduos menos dotados do ponto de vista escolar.

A modernização (técnica, social e espacial) da fábrica de Sochaux produziu, portanto, "velhos relativos", que estão não somente gastos pelo trabalho, mas também velhos pelo que "perderam", ou seja, maneiras de fazer e ser que tornavam aceitável a condição de OS e eram constitutivas de sua consciência de classe. São igualmente velhos pela impossibilidade em que se encontra a maior parte deles, seja qual for a idade, em se reconverter mentalmente aos novos dispositivos de trabalho, instalados na empresa. Os OS que passaram 15 anos na esteira de montagem, embora tenham apenas 32-35 anos, são em certa medida demasiado velhos "em suas próprias cabeças"; velhos em razão dos esquemas que interiorizaram e dos quais têm muita dificuldade em se desfazer, para não se sentirem excluídos da "modernidade". É como se fossem obrigados a lutar contra si mesmos, contra os "reflexos" que, progressivamente, foram adquirindo. Todos os que foram socializados na "cultura de oposição" que era a das grandes oficinas de OS dos anos 70[4] encontraram-se, também, politicamente "envelhecidos" pela desva-

---

4. Cf. COROUGE, C. & PIALOUX, M. "Chroniques Peugeot". In: *Actes de la recherche en sciences sociales*, 1984-1985.

lorização das esperanças e ideais, pela desmonetização das crenças que os amparavam em sua resistência à ordem da fábrica, por essa história comum que estava se desfazendo, em suma, pela desconstrução do grupo operário. O que se desmorona é a maneira como esses operários tinham construído, na vida de oficina, sua reputação e, portanto, a parte positiva da imagem de si.

 Os jovens temporários sentiram muitas dificuldades para encontrar trabalho ao terminarem a escola; fizeram estágios, "pequenos contratos", temporariamente, com períodos curtos de desemprego. Estão sempre na expectativa de obter um emprego estável e uma moradia própria. Como sua entrada na vida ativa (e na vida adulta) foi, incessantemente, diferida, veem na "grande fábrica" que é Sochaux uma ocasião quase única de conseguir tal emprego. Para isso, muitos vieram de longe (de regiões onde o desemprego de longa duração atinge numerosos jovens – por exemplo, o Norte e a Bretanha). Veem nos OS que trabalham ao seu lado na fábrica, não um grupo unido e solidário, um grupo "forte", mas um grupo desunido, pessoas cansadas, gastas, desmoralizadas, envelhecidas prematuramente, "ranzinzas", que se "comportam mal" no trabalho (aliás, essa atitude pode chegar ao ponto de sabotagem), enquanto eles ficam impacientes para mostrar serviço, demonstrar o que valem e procuram acumular "bons pontos" para serem contratados, ao chegar ao termo o contrato de temporários. Tentam "segurar" o melhor possível seu posto de trabalho e mantêm boas relações com os chefes que os "protegem" de seus empregadores (as agências de trabalho temporário). Portanto, não se sentem obrigados a respeitar as tradições que vigoram, há muito tempo, nas oficinas e podem se liberar das regras ou costumes (por exemplo, do consumo de bebidas alcoólicas). Os "antigos" não lhes prestam uma atenção particular, exceto alguns militantes que, segundo eles afirmam, vêm tentar vender uma carteira (sentem-se agredidos por essa solicitação insistente que lhes parece quase indecente). Esses jovens precários (estranhos à região e à "mentalidade Peugeot") trabalharam pouquíssimo tempo na Peugeot para compreender a natureza das relações complexas que se estabelecem nessas oficinas; ignoram tudo a respeito da história que modelou as diferenças de atitude, clivagens, hostilidades e ódios, feridas e cicatrizes e, até mesmo, diferenças entre sindicatos e suas estratégias. O que estava no âmago da vida dos militantes, o que constituía um princípio forte de identidade, passa desapercebido para eles. De tal modo que todos os operários do setor são vistos "em bloco" como fazendo parte da mesma geração: a dos que tiveram a possibilidade de "passar toda a sua vida na fábrica".

 A coexistência entre "velhos" OS e "jovens" temporários nos mesmos locais de trabalho constituiu uma espécie de revelador dos mal-entendidos – estruturais – recíprocos. Por um lado, os "velhos" viam os temporários como "jovens", projetando a visão de sua própria juventude ("despreocupada" e "revoltada") sobre "jovens", antes de tudo, angustiados pela perspectiva de nunca conseguirem se inserir no mercado de trabalho e obcecados pelo espectro da "exclusão". Os mais bem formados na cultura militante "sentiram", então, que nada poderiam transmitir-lhes de seu saber e experiência "política" e descobriram que, na fábrica, a corrente das gerações operárias tinha sido rompida. No correr desses anos de crise e não contratação de novos operários espalhou-se na região uma espécie de crença ou "rumor" segundo a qual a fábrica apenas contrataria quem tivesse pelo menos dois anos de curso superior. A consciência particularmente viva do caráter indispensável que, hoje em dia, reveste a obtenção de diplomas "superiores" (avaliados praticamente em termos de duração de estudos superiores) teve como efeito objetivo – e, de alguma forma, retrospectivamente – fazer passar os OS que entraram na fábrica sem diploma, "sem coisa alguma", como se fossem pessoas que tivessem "tido sorte". Podemos dizer que, com o endurecimento da competição escolar e a desqualificação das formações profissionais curtas (CAP, BEP), os jovens pouco ou não qualificados (e especialmente os que já esbarraram nos veredictos, sem apelo, do mercado do trabalho local ou nacional) têm tendência a construir, às avessas, a geração dos OS da fábrica (que, para muitos deles, é a geração dos pais) como uma geração despreocupada, para não dizer "feliz", pelo simples fato de que, outrora, tinha conseguido facilmente um emprego. Essa construção *a posteriori* da geração dos pais isola, de fato, um momento de sua trajetória profissional que é o de sua inserção no mercado do trabalho e faz abstração do sistema de exigências históricas em que também se encontravam as pessoas dessa geração (por exemplo, os filhos de camponeses fugiram do trabalho rural para ter acesso aos bens e lazeres da "sociedade de consumo").

Os temporários, e de forma mais particular os que, sendo originários da região de Sochaux, não desejavam ser contratados por Peugeot, deram a impressão aos "velhos" OS – por suas atitudes (muitos trabalham com um *walkman* ligado aos ouvidos, camiseta, sem macacão, falam pouco e, por vezes, manifestam uma recusa ostensiva a se comunicar com os colegas de trabalho) ou por sua maneira de denegrir o trabalho e a vida da fábrica, e não respeitar os códigos sociais estabelecidos, há muito tempo, nas oficinas (aliás, sua aprendizagem se fez de maneira diferente) – que eles se comportavam como "operários de passagem". A relação ao trabalho desses jovens que sabiam estar de passagem, feita de desligamento e de uma certa forma de indiferença, estava em completa oposição com a imagem do operário tal como tinha sido construída pelo movimento operário francês e encarnada, em certa medida, pelos militantes – a imagem do produtor, criador de "valor", compenetrado pela nobreza do trabalho operário, pelos valores de solidariedade e dedicação à classe – aliás, tudo o que levava as pessoas a lutar em favor de e em nome dessa "abstração" que era a "classe operária". A atitude desses "operários de passagem" – a espécie de "frivolidade" da conduta de alguns – era vista pelos militantes sindicais ou pelos "velhos operários" como atentatória à "boa apresentação" que era exigida pelo fato de fazer parte da classe operária e à "dignidade" desta tal como tinha sido longa e pacientemente construída pela luta sindical e política contra as representações dominantes e "desprezadoras" das classes laboriosas. A irrupção de tais jovens nas oficinas levou os OS a tomar consciência, de forma brutal, de que uma distância cultural irreversível se tinha criado entre as gerações operárias. Esse questionamento da identidade operária foi tanto mais doloroso na medida em que provinha do próprio "âmago" da condição operária e, até mesmo, em determinados casos, era suscitado pelos próprios filhos. Para um bom número de velhos OS, o "jovem precário" é aquele que não pode ser pensado como verdadeiramente "operário" – no sentido em que essa palavra envolve fundamentalmente a ideia de lutas, história, combate e esperança política e coletiva – ou seja, aquele que nunca chegará a ser um militante.

A experiência e o destino profissionais desses jovens precários demonstraram, de alguma forma, a numerosos operários da fábrica que, daí em diante, era amplamente ilusório acreditar que seus filhos poderiam entrar sem "bagagens" na fábrica e que também se tornara aleatório apostar na inserção profissional estável pela via tradicional do ensino profissional (nível CAP ou BEP). Pelo contrário, era preciso "investir" nos estudos longos: então, o que parecia ser o mínimo era obter o BTS para ficar ao abrigo do desemprego (o que levava um grande número de filhos de operários da região a preferir uma escolaridade indeterminada em colégio de ensino geral a fazer seus estudos em LEP, vividos como uma forma de relegação social).

A maior parte dos militantes descobrem que, apesar das exigências escolares, não estão de modo algum mais bem armados do que os outros operários. Daí seu receio – o mesmo dos outros operários – diante do futuro escolar e profissional de seus filhos, ainda agravado por uma forma de ódio contra a fábrica que traiu todas as suas esperanças. Os velhos operários descobrem que, praticamente, nada poderão transmitir a seus filhos, ou seja, a motivação pela qual lutaram durante tanto tempo; trata-se de uma experiência propriamente incomunicável que a Escola ignora e, por vezes, até mesmo pisoteia (já é conhecida a atenção prestada por muitos militantes ao ensino da história e à importância que esta dá à história política do grupo operário). A maneira como alguns operários falam de seus filhos é significativa da relação inquieta, tensa e pouco segura que muitos OS mantêm com a Escola: mescla de receio (não se interrompe, de forma brutal, o receio de que o "sucesso" escolar das crianças continua sendo incerto e reversível), extrema tensão (a necessidade de nunca relaxar seu esforço, afastando principalmente as más companhias) e esperança. Tanto mais que muitos OS não podem de modo algum "ajudar escolarmente" seus filhos, a não ser, de alguma forma, procurando transmitir-lhes ódio contra a fábrica. O universo escolar aparece como determinado mundo no qual não funcionam as solidariedades coletivas e não é suficiente a constituição de uma "relação de forças favorável" – para retomar uma expressão militante.

Os militantes que, na fábrica, tiveram de enfrentar situações de tipo escolar, de intimidação simbólica (as negociações com a direção do pessoal, as discussões com representantes do Estado, as reuniões do Comitê de Empresa etc.) "avaliaram" a importância de dominar bem a linguagem e como as diferentes formas de naturalidade cultural constituem uma verdadeira arma; inversamente, conseguiram avaliar o preço que, por vezes, tiveram de pagar – em humilhações, intimidações, impotência ou raiva recalcada, especialmente, em circunstâncias "oficiais" – por sua "incultura" (relativa), e o esforço que tiveram de fornecer para se adaptarem, por exemplo, diante das leituras associadas à vida sindical (o direito do trabalho, os textos da lei, a compreensão dos mecanismos econômicos de base e das estatísticas etc.). Hoje em dia, sabem perfeitamente que a invectiva contra o chefe de equipe e as estratégias de "reviravolta simbólica" já não "funcionam" como antes.

Tudo o que, politicamente, resta aos velhos operários para transmitir a seus filhos é negativo – hostilidade em relação a Peugeot, ódio contra os chefes, "desprezo" pelos colegas "caxias" ou "neocaxias", decepção em relação aos países de Leste e ao comunismo real etc. Sentimos neles a vontade de cortar, por intermédio de seus filhos, as amarras com um mundo (o universo da fábrica e o mundo operário) com o qual ficaram profundamente decepcionados e machucados; tentar fabricar (como por procuração) um outro destino ou outros horizontes, tendo prazer em ver em seus "garotos" o que poderiam ter sido (bom esportista, bom empregado), tudo exceto esse operário gasto e decepcionado que acaba, talvez, por se detestar a si mesmo por se ter tornado o que se tornou... como se a violência que trazem em si – violência destruidora que os leva a se isolarem dos outros – tivesse encontrado um relativo e provisório apaziguamento na evocação de seus filhos e de seu futuro.

Michel Pialoux

O velho operário e a nova fábrica

Quando chegamos, Christian C. e eu[1], em D. (aldeia do departamento de Haute-Saône, situada cerca de 50km de Sochaux), por volta das 15 horas, em uma tarde de julho de 1990, Gérard – que trabalha "de manhã" na fábrica – esperava-nos no jardim que rodeia sua casa: de calção, sem camisa, revolve com uma pá um pedaço de terra. Gérard é OS na fábrica de Sochaux, desde 1965. Está bem perto de fazer 50 anos e trabalha na oficina de acabamento há 15 anos: embora tenha ocupado numerosos cargos, sempre esteve na montagem "em esteira", "em linha". Quando se endireita para nos acolher, fico impressionado com sua estatura, o vigor e a espécie de energia tranquila que emana dele; muitas vezes, os operários da fábrica dão-me a impressão de ser idosos, gastos; parecem ter, como se diz, cinco ou dez anos a mais do que sua idade; quanto a ele, dá-me a impressão de ter resistido, melhor do que muitos outros, ao desgaste da fábrica.

Trocamos as palavras rituais em torno do "atrativo" da jardinagem, assim como da fadiga do trabalho na fábrica. Gérard vai todos os dias a Sochaux, em um ônibus da empresa. A viagem dura quase uma hora. Só excepcionalmente é que leva seu carro (um Peugeot 405). (Há várias décadas, toda a região é sulcada por uma rede de ônibus que, desde as três ou quatro horas da manhã, percorrem as estradas. Atualmente, o número de operários é menor, mas a direção da fábrica manteve as antigas linhas de ônibus). Com passos lentos, tagarelando, damos a volta à casa (cinco quartos, um grande porão...) e gracejamos a respeito do arranjo do jardim: muitas flores, plantas ornamentais um pouco afastadas, alguns canteiros com legumes. Gérard explica-nos como e por que razão mandou construir a casa em 1973, pouco tempo depois de seu casamento: o emprego na fábrica Peugeot dava uma segurança, as taxas de juros não eram elevadas e, além disso, o terreno não era caro – "quase nada" – graças à "astúcia" do prefeito, um "comunis-

---

[1]. Christian Corouge é um OS da fábrica de Peugeot, em Sochaux, com quem trabalhei durante os anos 80 e publiquei várias "Chroniques Peugeot" em *Actes de la recherche en sciences sociales,* de 1984 a 1986.

ta", um "velho sabido", que soube sempre o que fazia e que, no bom momento, soube adquirir determinados terrenos para sua prefeitura. E acrescenta – fala lentamente, com a voz um pouco surda, sem qualquer entonação, pela qual passa um pouco de ironia, como se quisesse colocar uma certa distância entre ele e nossas perguntas... – que nunca sentiu muito gosto pelo trabalho da terra ao qual se dedica, ocasionalmente, durante o verão (dá uma ajuda "à direita ou à esquerda", a um vizinho ou parente). Seu pai mora pertinho, mas deixou de cultivar suas terras que estão alugadas a um vizinho (Indica com um gesto o lugar da velha casa. E, no decorrer da entrevista, aponta com o dedo as múltiplas casas onde moram seus cunhados, primos, parentes de sua mulher...). Insisto um pouco: por que não fazer um outro trabalho, como seria possível com os 2 turnos de 8 horas? Não, verdadeiramente, nunca foi "tentado por isso". Aliás, "isso deixou de ser feito". Os operários que tentavam "aguentar" a fábrica e trabalhar em seus terrenos tiveram de renunciar, uns atrás dos outros ("Tive um colega que fazia um outro trabalho, explica ele, mas houve um período em que teve de fazer uma escolha, ou a fábrica ou a fazenda"). Atualmente, as pessoas estão "demasiado fatigadas". Quanto a ele, a única ocupação à qual, na aldeia, se dedica com regularidade é cortar lenha nas florestas bem próximas, cortes regulados pela tradição, que são feitos por várias pessoas, "entre colegas"; aliás, é com essa lenha que ele faz a calefação da casa durante o inverno ("Os invernos são rigorosos; sem essa madeira, não haveria dinheiro para esquentar a casa"). E acrescenta: "Corto a minha madeira, faço biscates, cuido do jardim, mas faço isso por mim mesmo, unicamente porque me agrada..." Sua paixão é a caça. Quando fomos embora, três horas mais tarde, por volta das 19 horas, Gérard fez uma descrição, altamente colorida, de suas caçadas, com os vizinhos e cunhados; tais caçadas ao javali mobilizam todos os homens da aldeia... Nesse instante, evoca sobretudo (mas discretamente, sem insistir demasiado) o cansaço que dá, a dificuldade em se recuperar fisicamente após um dia de trabalho: "Há alguns anos, voltava para casa, fazia biscates, pescava, pegava madeira na floresta. Não havia problemas. Mas agora quando volto para casa, quero é ficar quieto..."

Gérard é um velho amigo de Christian. Já se conhecem há mais de 20 anos e estão ligados por muitas lembranças comuns. Quando entrou para a fábrica, Christian trabalhou na mesma equipe de Gérard, na oficina de carroceria. Sobretudo, iniciou com ele sua ação como militante, em 1969, quando a fábrica estava repleta de pessoas jovens e combativas. "Tudo isso cria laços". Com o decorrer do tempo, tiveram oportunidade de se encontrar com frequência: nas oficinas durante as "pausas", nos bares próximos da fábrica ou nas reuniões sindicais. Mas Christian nunca tinha vindo à aldeia de Gérard: era um "colega de fábrica" e não um colega "do bairro" ou da "aldeia". E a diferença é importante. Nos anos 1983-1984, desde que começamos a trabalhar juntos, Christian falou-me, muitas vezes, a respeito de Gérard... Em seu parecer, é o tipo do "operário camponês", completamente tomado pelas redes da vida local, com lazeres de camponês, caçador, pescador... Encarna um modo de vida que o fascina e se opõe completamente ao modo de vida dos conjuntos HLM (os "blocos"), onde os operários que vieram de outras regiões ou países, imigrantes do interior ou exterior, estão condenados a viver. Ao mesmo tempo, em seu entender, o que singulariza Gérard é que ele é um "vermelho"; filho e neto de camponeses, está, no entanto, inscrito em uma tradição política, a de uma região "vermelha": a da mina de Ronchamp e das aldeias operárias que a rodeiam, a dos pequenos camponeses que têm atrás deles uma longa tradição anticlerical e republicana, zona fortemente marcada, também, pelas lembranças da Resistência à ocupação nazista, onde as municipalidades socialistas e comunistas são numerosas e ativas.

E Gérard tem, efetivamente, a reputação de um "vermelho" na fábrica, assim como fora dela. Durante muito tempo, foi militante do PC, onde exerceu responsabilidades num plano relativamente elevado; ainda se considera como um "verdadeiro" comunista, embora tenha deixado de exibir sua carteirinha desde o final dos anos 70. Nunca deixou de estar sindicalizado à CGT, faz parte desse núcleo de velhos militantes e delegados em torno dos quais se cristaliza a resistência à ordem da fábrica. Está plenamente inserido na rede militante; aliás, é aí que se encontram seus verdadeiros amigos. No entanto, nunca chegou a ser delegado. Muitas vezes, seu nome figura na lista dos candidatos da CGT para as eleições de DP ou do Comitê de Higiene e Segurança (CHSCT), mas sempre em situação de inelegibilidade.

Tendo terminado de dar a volta à casa, Gérard vestiu uma camisa e fomos instalar-nos na cozinha: moderna, bem equipada, está mobiliada com um aparador e cadeiras "rústicas" (os antigos móveis, a respeito dos quais vamos falar, ficaram na casa dos pais). Gérard ofereceu-nos café e biscoitos. Em várias ocasiões, levantou-se para procurar documentos: sua folha de pagamento, a carta que recebeu no momento em que começou seu estágio em Morvillars (estágio de três semanas destinado aos operários que iam trabalhar na nova fábrica de HC1), panfletos sindicais... Sua mulher (que é empregada num serviço da municipalidade) apareceu no fim da tarde. Trocamos com ela apenas algumas palavras; na realidade, não interferiu na conversação porque estávamos falando da fábrica; sentimos, aqui, até que ponto é grande o corte entre o mundo da aldeia e o da fábrica.

Gérard sabia que eu já conhecia Christian há vários anos; aliás, já nos tínhamos encontrado, há dois ou três anos, fora da fábrica num dia em que os operários interromperam o trabalho: os grevistas abandonaram as oficinas e reuniram-se nos bares próximos da fábrica.

Foi Christian quem propôs e preparou a entrevista. Sem ter uma ideia bem definida dos temas sobre os quais iria ser interrogado, Gérard pensava que iríamos solicitar-lhe, antes de tudo, seu "testemunho" sobre a oficina de acabamento, as mudanças que se foram operando aí, o caráter penoso dos postos de trabalho, o estoque zero, o "just in time" etc. Sabia, igualmente, que desejávamos falar do "estágio" que começou a fazer em Morvillars e do qual foi despachado ao fim de quatro dias. Certamente, nem chegou a pensar que a entrevista tomaria o tom de "confidência", ou que, por exemplo, falaríamos, de saída e sem mais rodeios, de sua relação com "a política", assunto a respeito do qual – via-se bem – preferia, pelo menos em um primeiro tempo, guardar distância. Ao mesmo tempo, conhecia bem o "seu" Christian e pressentiu que não escaparia a uma discussão sobre temas "políticos" – na qual não tinha, certamente, a intenção de ir longe demais.

Efetivamente, não ousamos formular determinadas perguntas demasiado "pessoais"; outras só foram abordadas quando, gravador desligado, falamos de pé, durante muito tempo, na cozinha, ou quando, tendo passado a soleira da porta, continuamos a conversar ainda mais de quinze minutos no jardim... O acordo implícito inicial não previa que Gérard iria contar sua vida, falar dele mesmo. No entanto, por sua iniciativa, evocou, logo no início, a figura de seu pai, ativo militante comunista, antigo resistente e, durante muito tempo, conselheiro municipal da aldeia ("Fui criado no meio de resistentes, foi sua explicação; meu pai, meu avô, participaram da resistência... minha avó fazia o pão para os resistentes"). Seu pai tinha uma fazenda que, há 30 anos, aparecia como uma exploração "média" que não chegou a despertar seu interesse, nem o de seu irmão (que se tornou técnico da fábrica); assim, "quando [meu pai] viu que ninguém estava interessado pelo terreno, não investiu, nem aumentou... as terras foram alugadas". Gérard foi "impelido" pelos pais a "estudar", na esperança de que chegaria ao liceu. Mas abandonou a escola quando terminou o 1º grau ("Isso não ia muito bem... via os colegas que já estavam trabalhando e eu...").

Ao deixar a escola, foi contratado por uma fábrica de têxteis, situada apenas a dois quilômetros da casa dos pais; mas os salários eram bastante baixos ("Tinha possibilidade de vir a ser contramestre", dirá ele). Decidiu deixar a fábrica e conseguiu uma contratação em Sochaux. Na época, o salário de um operário não qualificado de Peugeot era largamente superior (de 30 a 40%) ao de um operário profissional ou, até mesmo, de um contramestre da maior parte das fábricas da região. Ser operário da Peugeot aparecia, então, como uma sorte invejável. A conciliação entre um estilo de militantismo político "vigoroso" e uma certa forma de ascensão profissional aparecia, também, como algo perfeitamente possível.

Em várias ocasiões, abordamos a questão de seus filhos e respectivo futuro escolar e profissional. Todas as questões sobre seu próprio futuro, sobre o futuro da fábrica fizeram ressurgir quase fatalmente esse tema quente e doloroso. Aflorou, incessantemente, o receio de que seus filhos (ambos no 2º grau: o mais velho, 17, no 2º ano, enquanto o outro, 16, no 1º) viessem a fracassar nos estudos e fossem relegados para a fábrica, condenados a fazer, como ele, um trabalho braçal. Sua relação com o futuro construía-se também, através dessa mesma relação com o futuro dos filhos. "Estão indo relativamente bem", afirmou com um sorriso, mas não ousou avançar demais em um terreno que não dominava, pois temia que o futuro viesse a reservar-lhe más surpresas. O mais impressionante é, talvez, a maneira como explicou a razão pela qual fez tudo para evitar entrar no ensino profissional que lhe aparecia como um ensino desvalorizado, tendo como única saída a fábrica – como se lançasse sobre o conjunto do mundo industrial a aversão que ele próprio tinha em relação à fábrica Peugeot.

E, ao mesmo tempo – também aí se exprimiu a ambiguidade de sua relação com a fábrica que, sendo objeto de ódio, foi igualmente, em um sentido, um objeto de amor ao qual estavam associadas algumas das mais queridas lembranças e das mais fortes emoções de sua vida – repetiu, em várias ocasiões, que seu mais vivo desejo era que seus filhos viessem a trabalhar na fábrica, como "estagiários" durante as férias de verão. Em seu entender, tratar-se-ia de uma espécie de aprendizagem negativa – levá-los a ver claramente o que era o mundo da fábrica, mostrar-lhes a razão pela qual deviam fugir dele – mas, ao mesmo tempo, transparecia em suas palavras o desejo de fazer compreender a seus filhos o que foi o trabalho de OS, a razão pela qual esse trabalho o estragou, mas como também desenvolveu atitudes de combate que, a seu ver, tinham coerência e grandeza – no entanto, pressentia que só seriam compreendidas por um pequeno número de pessoas. "Meu grande desejo, diz ele, é que eles trabalhem na fábrica, nem que seja durante um mês, mas não querem; no entanto, se tiverem de se levantar às três horas da manhã durante um mês, deixarão de fazer corpo mole nos estudos..."

Já sentados à volta da mesa da cozinha, e como para dissipar o mal-estar que subsistia, Gérard dirigiu-se diretamente a Christian, colocando-se de saída sob o signo do passado e do confronto entre duas épocas: "Este, sim, fui eu quem o criou". E Christian responde em eco – foi nesse instante que liguei o gravador: "É verdade que passamos bons momentos em conjunto; aliás, todos os que trabalharam conosco nessa época lembram-se disso como tendo sido os melhores momentos de suas vidas..."

Desde o início da conversa, parece-me impressionante que os três temas principais já estejam lançados: agravamento do caráter penoso do trabalho nas esteiras de montagem, degradação do "ambiente" nas oficinas e dificuldade cada vez maior em efetuar um trabalho sindical; aliás, voltaram, incessantemente, até o término da entrevista.

Ao ouvir Gérard e Christian multiplicarem as alusões ao grupo de "colegas", evocarem ao mesmo tempo o "ambiente" em volta dos postos de trabalho, as formas e as modalidades do "trabalho" sindical (que estavam profundamente imbricadas nas práticas de trabalho) e o elo que mantinham com uma certa postura política, fico com a impressão de que, de repente, compreendi o como e a razão pela qual se foi operando, durante um espaço de tempo bastante grande, a transmissão de uma certa cultura política profundamente enraizada em um complexo de relações de trabalho (que eram também relações sociais entre pessoas "constituídas" por uma história comum) e o como e a razão pela qual as condições dessa politização foram desaparecendo progressivamente – ou estão em vias de desaparecer.

Com efeito, o que me impressionou nesta entrevista foi, antes de tudo, uma certa entonação, mescla de violência contida para falar do presente e de humor um pouco sarcástico para falar do passado. Foi também a permanência do tema da degradação das relações de trabalho e o laço estreito que esse tema mantinha com o da perda das relações de confiança no grupo de trabalho; aliás, tal perda era sentida profundamente como uma ferida. Antes de tudo, sem dúvida, devemos prestar atenção às modalidades de recusa da fábrica: uma recusa violenta, definitiva, sem apelo; aliás, está fora de questão reconsiderar tal recusa que, também, constitui como a marca de uma ferida.

De fato, Gérard não deixou de falar – e evocou ora à maneira de constatação, ora sob a forma de denúncia – da desestruturação do antigo sistema de relações sociais que tinha prevalecido, durante muito tempo, na oficina (até os anos 1985/1986) e que dava uma espécie de força ao "grupo" operário no qual os delegados e militantes mantinham uma posição eminente. O que, no fundo, é colocado de saída no âmago de sua afirmação é a questão dos contratos coletivos de trabalho, suas modalidades de existência, formas de sociabilidade aí prevalecentes, da maneira como se desenvolvia um certo trabalho político (que não era quase nunca pensado como tal), da maneira como se articulavam, se ligavam e se amparavam resistência individual e resistência coletiva, resistência "moral" e resistência "política"...

Sentimos em Gérard uma espécie de ferida, uma decepção bastante profunda ligada ao presente, mas que procedia também de toda uma história. Tal decepção impregnava o olhar que lançava sobre seu passado, assim como sobre seu próprio futuro ou de seus filhos. Tal decepção enraizava-se, igualmente, no pressentimento de que as novas gerações operárias – os temporários – não iriam juntar-se, salvo milagre, às antigas e que a maior parte das formas antigas do combate operário não poderiam ser retomadas porque já não estariam ajustadas às novas situações. Voltando-se para o passado, insistia sem parar sobre a maneira como, nos últimos dez anos, as condições de trabalho na oficina se foram transformando e agravando; como se tornou mais forte a pressão exercida sobre os operários; como se foram instalando entre eles a desconfiança e dedurismo; como se desfez a coesão dos antigos grupos de trabalho, especialmente, com o sistema de gratificações; como a hierarquia, ao reorganizar os contratos coletivos de trabalho, tentando mesmo criar outros completamente novos, conseguiu impulsionar a dinâmica da vida social na direção mais favorável a seus interesses. Parece que existia aí um efeito de círculo. A memória não pode ser abolida. A constatação do que se tornaram as esperanças, especialmente políticas, de outrora, da maneira como as antigas relações de confiança se desestabilizaram, informava e estruturava a percepção que Gérard tem das relações sociais nas oficinas atuais e torna sombria sua visão do futuro. De algum modo, a constatação desse fracasso fazia também ricochete no passado, encorajando a utilização de uma forma de escárnio ou humor negro voltada, muitas vezes, contra si mesmo.

Se a violência parecia, antes de tudo, dirigida contra "os outros" – o grupo dos velhos colegas, os da sua geração – não era possível evitar pensar que ela tinha igualmente um aspecto autodestruidor que poderia sempre, de alguma forma, voltar-se contra si mesmo. Com efeito, no final de contas, o grupo antigo, seu próprio grupo, do qual foi membro, é que não esteve à altura da esperança que tinha colocado nele.

A narrativa que fez de uma "escaramuça" entre operários acontecida em sua oficina – um desses ínfimos incidentes de que é tecida a vida da fábrica: alguns operários, por brincadeira, puseram-se a lançar parafusos uns nos outros e um deles ficou ligeiramente ferido no rosto – testemunhava perfeitamente a violência do mal-estar que sentia diante das novas condições de trabalho. Ele próprio veria sobretudo, nesse relato, a ocasião para fustigar a covardia dos velhos que, para não "criar caso" e por solidariedade de geração, adotaram o ponto de vista do chefe e transformaram-se em cúmplices de uma injustiça – certamente, minúscula – mas que ele, formado na tradição militante, recusava deixar passar em claro... Com efeito, a anedota parecia eminentemente significativa na medida em que esclarecia o movimento pelo qual Gérard marcava fortemente suas distâncias em relação com os operários de sua geração, seus colegas, os velhos que, a seu ver, comportaram-se como aliados objetivos da direção da fábrica: "Decidi, diz ele, que nunca mais falaria com eles". Assim, solidarizou-se (mas verbalmente, por um instante e no mal-entendido...) com os jovens, ou antes, "um" jovem que, em determinado momento, pareceu-lhe ser o único que chegou a questionar realmente, por suas práticas, a ordem que a direção tentava impor na fábrica – uma ordem que ele não poderia, nem que fosse por fidelidade a si mesmo, deixar de recusar com a mais total determinação.

No entanto, a descrição que fez, alguns minutos mais tarde, da atitude no trabalho dos temporários – que constituem um grupo numeroso em sua oficina – mostrava bem que perdeu praticamente toda a ilusão quanto à possibilidade de que o combate destes viesse, um dia, a juntar-se ao dos "velhos" operários. Sentia que esses jovens estavam demasiado longe dele, impregnados por lógicas bastante diferentes das dos operários da fábrica.

O que resta, então, o que aparece quase "naturalmente" no primeiro plano, é a expressão de um ódio violento contra a fábrica, seus homens, seus chefes, uma hostilidade que é alimentada, evidentemente, por todas as humilhações suportadas hoje, pelo sentimento global de um fracasso na vida profissional, pelo receio de uma espécie de pauperismo que o ameaça a ele e aos seus, mas que se alimenta de uma coisa bem diferente, de uma decepção mais profunda e antiga: a perda de uma esperança de outro tipo, uma esperança coletiva; aliás, ele nunca aceitou completamente renunciar a ela e, sendo assim, continua de luto.

Com um OS comunista

– *Entrevista de Michel Pialoux*

"Já não é possível confiar seja lá em quem for."

Gérard – [...] Deixou de haver tempos mortos, trabalha-se todo o tempo desde a entrada até a saída, já não existem períodos de recuperação, já não é possível ganhar seja lá o que for [*alusão à maneira como era possível "ganhar" alguns segundos, graças aos "arranjos de trabalho"*], já não é possível discutir [...]. [*silêncio*] Diria que isso começou em 77-78 quando o gabinete americano SMI apareceu na fábrica... foram eles que começaram o trabalho de desmonte, foram eles que começaram a estabelecer balizas e, em seguida, chegaram as equipes de cronometragem.

Christian – Antes, o preparador estabelecia, em um escritório, as fases do trabalho a ser feito com tempos previstos e, em seguida, uma equipe de cronometristas vinha cronometrar o trabalho do titular do posto porque, também aí, houve grandes tumultos porque estavam sempre tentando imprensar o operário, colocar um substituto, um técnico para fazer a cronometragem porque sabiam que o operário ia manipular os tempos... e os titulares do posto eram cronometrados também, mas é verdade que isso suscitava um grande número de problemas porque ninguém gosta dos cronometristas, é natural! Então, suprimiram a cronometragem; agora, nos escritórios dos métodos, mandam um técnico fazer a operação que é cronometrada, mas sem levar em consideração as condições ambientais: tubo de ar das aparafusadoras, problema de meio ambiente do posto de trabalho, tudo isso some do mapa [...].

– *E a nível das manobras, arranjos que permitiam ganhar um pouco de tempo...?*

Gérard – Somos nós que temos de nos virar! [...] Sim e, agora, temos não sei quantas espécies de modelos... 23 versões da Peugeot 405! E quase 30 para a 605.

– *E suponho que o pessoal que veio instalar os novos métodos designa isso por aumento da carga mental...*

Gérard – Sim e depois, neste momento, todos os carros são fabricados para serem exportados; então, há mais peças para montar, são mais bem feitas do que as nossas e, em princípio, devem respeitar um ritmo; aliás, um ritmo que não existe. Em princípio, de quatro em quatro carros, um é US [*carro destinado a ser exportado para os EUA*]; mas como não têm um número suficiente de caixas, vão colocar dois, três carros de US uns atrás dos outros. Como esses carros dão mais trabalho, a rapaziada não aguenta tal ritmo... chega na parte debaixo do posto e vem alguém para ajudar a retomar seu lugar [*se não consegue trabalhar com suficiente rapidez, o operário vai acabar ocupando o espaço de trabalho do operário que se encontra no posto seguinte; o chefe pode enviar o monitor para ajudá-lo e permitir que volte ao seu lugar normal na linha de* *montagem*], quando existe pessoal sobrando é sempre igual porque é a guerra a nível dos efetivos. Agora, o efetivo é zero: 25 postos, 25 sujeitos, mais nada! Já não existem os polivalentes, os técnicos de reparação; conservam sempre sua qualificação, mas ocupam um posto, assim como os monitores [...].

– *Acho interessante compreender como se ganha produtividade...*

Gérard – Em HC1, na nova fábrica, é verdade que tudo é lindo, limpo, quando se faz uma visita... mas no que diz respeito às condições de trabalho e ambiente é pior ainda do que o nosso. No final de contas, o que é que existe realmente... há os para-brisas, os painéis de bordo que são colocados de forma robotizada [...].

Christian – Agora, existem sujeitos que trabalham em pequenas esteiras de montagem... fazem toda a preparação da parte da frente; em seguida, um robô pega nela e a coloca no carro. A gente vê chegar o elemento completo do carro, mas é preciso que se saiba que, a montante, existem não sei quantos temporários que trabalham, na Nasa [*setor do antigo acabamento designado assim por antífrase*] ou alhures, que se aborrecem com os parafusos de 7 que são difíceis de pegar, e aparafusam durante todo o dia.

– *Há uma nova divisão do trabalho...*

Gérard – Ganham bastante na produtividade porque, antes, chateavam-se com o peso das peças, os deslocamentos etc., e agora, ganham um tempo considerável com isso... o cara tem tudo à mão.

– *Portanto, isso não modifica nada de fundamental, leva a ganhar tempo, mas o conjunto da montagem continua a ser feito à mão...*

Gérard – Não há nada de... em HC1, isso funciona tão bem que têm sempre avarias! Na quarta-feira, estávamos na sede [do sindicato], Hamid chegou... tinham alterado a hora da refeição. Foi anunciado que havia outra avaria... na semana anterior, 150 carros e, na quarta-feira, outros 100 perdidos; é uma verdadeira catástrofe, são avarias umas atrás das outras.

– *Será que nessas oficinas os grandes problemas são mesmo as avarias?*

Gérard – Sim, não conseguiram resolver o problema das avarias, das... É o agravamento das condições de trabalho; não trabalho aí, mas pelo que se ouve dizer. [...]

Eles só falam do Japão

– *Christian me disse que pouco faltou para você ir trabalhar em HC1, mas não deu certo. Como é que isso se passou?*

Gérard – Digamos que fui convocado, como aconteceu com outros, para fazer o famoso estágio de três semanas em Morvillars. Logo no primeiro dia, a única coisa de que se falava era dos japoneses, o automóvel... a única conversa que tinham conosco era falar do Japão... [...] Como se deve trabalhar em grupo... porque já não são os chefes que decidem; agora, o chefe nada tem a ver com isso, mas o grupo. Para tirar um dia de tempo de serviço, de licença ou férias é o grupo que decide se podemos ou não tirar tal dia; foi dessa forma que foi apresentado, é o grupo que decide. O chefe está no escritório, não tem de se ocupar de mais nada: há um monitor que é o intermediário entre o grupo e o chefe.

– *E repisam, durante três dias, essa nova ideia do trabalho em grupo?*

Gérard – Sim e, é claro, disponibilidade e tudo o resto! Pessoalmente, esbarrei na disponibilidade: disse que nem me falassem na eventualidade de vir aos sábados [*com violência*] nunca tinha feito isso e nunca o faria. E era no período em que se recuperava a famosa hora e meia, após as inundações. Disse para G. [*responsável* *pela formação*]: "Neste momento, não farei a hora e meia em todas as tardes, às 21h30 faço greve!"; então, replicou-me: "Se é assim, não preciso de você na minha oficina, você volta para o lugar de onde veio". Isso foi muito rápido, era o quarto dia [...].

– De fato, se você não declarasse abertamente na reunião que não estava de acordo com tal procedimento, deixariam você em paz.

Gérard – Sim, sim! No quarto dia, aconteceu essa famosa disponibilidade... Ao perguntarem: "Você está disponível nos sábados?" se você responde: "Sim, de tempos a tempos", isso é o suficiente; mas eu disse: "Não", isso foi um... porque eu sabia como isso funcionava e, nesse dia, após as 13h, fui eu que falei de disponibilidade. G. me dizia: "Para com isso, vamos chegar lá!"; e aí, ele foi bastante claro pois me disse: "Vá embora!"

Cada um pega seu contracheque e mete-se no seu canto para dar uma olhada

– [...] E no seu setor, existem também temporários? Como são as relações com eles? Porque, ao mesmo tempo, podem ter salários 2.000 francos mais elevados do que o seu?

Gérard – Os dois que estão ao meu lado foram receber o salário nesta semana; um chega a 9.300 francos, enquanto o outro passa dos 10.000. Mas, enfim, não cheguei a ver a folha de pagamento... receberam isso, mas não sei o que Peugeot lhes deu! Mas há um outro que trabalha perto de nós, quiseram contratá-lo, mas ele não quis; está à espera do serviço militar e não ficará aí pois não quis ser contratado porque ganha mais sendo temporário. Mas não sei quanto é a mais todos os meses.

– *Quando se tem 20 ou 25 anos de serviço não é um pouco difícil ver um cara que começa no mesmo trabalho... é um pouco o mundo às avessas em relação há 25 anos, época em que havia uma espécie de respeito pelo tempo de serviço...*

Gérard – Ainda agora o tempo de serviço é um pouco levado em consideração... mas o que agora faz, sem falar dos temporários, o que estabelece a verdadeira diferença de salário são as gratificações à escolha porque tenho a certeza de que elas existem, isso representa uns 1.000 francos a mais por mês... Já lá vão uns quinze anos que existem as gratificações à escolha e alguns caras chegam a receber duas ou três por ano.

– *Não será que, nos últimos anos, isso ainda terá se desenvolvido mais?*

Gérard – Agora o grande problema... as pessoas recebem uma gratificação à escolha, mas não falam sobre o assunto, é difícil ficar sabendo. Já não mostram nem mesmo as folhas de salário; cada um pega sua folha de salário e mete-se no seu canto para dar uma olhada... Antes não havia o problema das gratificações à escolha, então comparávamos nossos salários para ver se não havia um engano... Deram-nos, hoje, o décimo terceiro salário. Pessoalmente, rasgo o envelope, leio e coloco a folha de pagamento sobre a mesa: "Eis o que ganhei", mas os outros colocam a folha dentro da bolsa; alguns nem chegam a abri-la na fábrica. "Quanto é que você ganhou?", "Não sei", eles não sabem, só abrem o envelope em casa.

– *E antes, quem é que distribuía as folhas de pagamento? O chefe de equipe?*

Gérard – Sim e mesmo agora, mas estão dentro de um envelope. O que contribuiu bastante para o mau clima que existe agora é esse problema de aumentos individuais; por 25 francos na época, as pessoas eram capazes de fazer fosse lá o que fosse, dedurar...

331

– *É mesmo assim nesse contexto de diminuição relativa do salário de que falávamos há pouco ao longo dos anos 80...*

Gérard – Aliás, na folha que acabamos de receber sobre as negociações salariais está marcado "Aumento médio das gratificações à escolha, 1,9%" – médio! médio, é mais do que o aumento geral dos salários. E quantos é que recebem esses 1,9% de média? Então, esses 1,9% não são distribuídos a todo o mundo. Com o grupo passa-se sempre o mesmo, se há um bobo no grupo... porque, na nova fábrica, já não existem gratificações de esteira de montagem, mas uma gratificação por semana: 75 francos, com a condição de que haja produção, qualidade... Mas se houver alguém que dê mancada, a gratificação do grupo sai fora. É terrível! Vi um colega que mora aqui, trabalha no outro turno... é parecido comigo, não tem que se preocupar, mas um dia tiraram-lhe a gratificação porque não usava luva em uma das mãos [*relata várias histórias de gratificações que não foram atribuídas*]. E, na semana passada, fiquei sabendo que, se alguém tirar um dia de licença por óbito, casamento ou nascimento, não recebe gratificação: só existem dias de folga por tempo de serviço... mas se, durante a semana, eu tirar um dia de licença por óbito, deixo de receber a gratificação individual!

– *Mas as formas mais graves acontecem no plano do grupo, quando este faz pressão para... porque está na lógica das coisas... [...]*

Gérard – Nos primeiros dias em Morvillars, mostraram-nos um calendário com o absenteísmo de um cara que registrava muitas faltas, mas é o que mostram em primeiro lugar: o absenteísmo [...] [*Discussão em torno do absenteísmo nas diferentes oficinas*]. O absenteísmo continuou em determinadas oficinas, basta ver os postos difíceis na oficina de carroceria!

– *Sim, mas agora com o envelhecimento das pessoas e a fadiga vai haver, sem dúvida, um absenteísmo um pouco diferente do anterior que está ligado verdadeiramente a doenças graves...*

Gérard – É sempre a mesma coisa, as pessoas ainda não têm a ousadia, algumas trabalharão até ao fim porque há sempre esse problema de gratificações à escolha, porque, acima de 7% de faltas durante o ano, a pessoa não recebe tal gratificação. Pessoalmente, tenho a minha experiência, fiquei... ainda há pouco discutia com Michel [*delegado do pessoal em sua oficina*] porque é a mesma coisa: Michel é o cara que também nunca falta... fiquei dois anos sem faltar, nem mesmo um dia por doença... Nunca pedi licença para sair, nunca cheguei atrasado, nunca houve nada... mas nem por isso recebi qualquer gratificação! Isso quer dizer mesmo assim que existe outra coisa que funciona para a atribuição das gratificações à escolha. Nunca recebi qualquer advertência durante o trabalho, nada... porque acho que no aspecto trabalho... não quero que me entalem por isso. [*Com violência*] Ninguém conseguirá me entalar por causa do trabalho e faltas! Poderão me entalar a respeito de minhas ideias, de um montão de coisas... talvez, um dia, mandarei meu chefe passear, mas no restante, ninguém conseguirá me entalar. Aliás, uma vez [*dirigindo-se a Christian*] era no tempo de L., você se lembra? Já não sei o que tinha acontecido, creio que tinha pedido um dia de licença e ele recusou... E esse cara pedia licença por doença para reformar seu sítio... durante o ano, estava frequentemente com licença por doença, recebia gratificações à escolha e tinha tudo o que queria! Chegou a me dizer: "Mas você nunca vem trabalhar aos sábados!"

– *Esse foi o critério que, durante muito tempo...*

Gérard – Mas não querem ouvir falar disso porque a última vez que tive uma entrevista individual com meu chefe, entrevista para dar nossas "notas", ele disse-me: "O trabalho do sábado não tem nada a ver com isso... só contam as greves!"

– *Isso, é claro, é o sinal objetivo, a relação com a Peugeot define-se através disso...*

Gérard – Basta fazer, por exemplo, uma pequena interrupção de duas horas no ano, tudo vai ao ar! Bom, quanto às greves de 1989, nem falemos disso! Segundo parece, os que fizeram greve já estão há dois anos sem receber gratificação à escolha.

– *Isso é o preço? Isso foi dito pelo chefe de equipe?*

Gérard – Implicitamente. E depois das greves ainda aconteceu outra coisa, é que os não grevistas receberam gratificações: uns tiveram 150 francos e outros um pouco menos! Então, alguns foram ao encontro dos delegados CGT – é preciso ter topete: "Por que razão os outros receberam mais do que nós?" Se havia uma diferença é porque uns tinham recebido mais do que os outros... houve um que permaneceu na esteira de montagem quando estávamos desfilando nas oficinas e outro que se escondeu no banheiro! Então, os que se esconderam, receberam uma gratificação menor do que os que permaneceram nas linhas de montagem! É a pura verdade! [*todo o mundo ri*]. Até mesmo os que não fizeram greve foram classificados em duas categorias: o valentão que se postava em frente da esteira de montagem para escarnecer e o que era um pouco idiota, tímido e escondia-se no banheiro...

O clima é este

Gérard – Anteontem, houve um problema em nossa oficina... o chefe chamou imbecil a um cara, um jovem. Foi Michel [*o delegado*] que assumiu a defesa do cara que tinha sido dedurado... Há um cara, o Birou, que apanhou com um parafuso no olho e foi à enfermaria dizendo que tinha tido alguma coisa no olho, mas foi tudo. No dia seguinte, o jovem que trabalha com o elevador de carga teve de manobrar com perigo por causa do chefe. Então, disse-lhe: "Você não é pouco maluco, não podia ter mais cuidado! Olhe que não sou imbecil!" – "Você não é, mas é como se fosse, e se não está contente, veremos isso amanhã". No dia seguinte, houve alguém que disse ao chefe: "O Birou levou com um parafuso no olho, jogado pelo Christophe [*o jovem em questão*]". Então, o chefe fez um relatório. Mas eu também fiz minha pequena investigação no setor porque não somos muitos, apenas uma dezena; de fato, todos tinham jogado um punhado de parafusos para o Birou na brincadeira... E aquele que dedurou também tinha jogado um punhado de parafusos. Então, disse a Michel: "A coisa passou-se desta maneira... todos jogaram um punhado de parafusos. Então, agora, vai ser preciso fazer a perícia do parafuso que bateu no olho de Birou e detectar as impressões digitais. Vai com o chefe e diz-lhe isso mesmo." E depois o jovem foi falar com o contramestre e explicou-lhe como as coisas se tinham passado. O contramestre disse-lhe: "Bem, vamos ver!" E a ocorrência ficou por isso mesmo. Mas caso contrário, o cara teria sido despedido, isso é grave, muito grave! E o Birou foi xingado por não ter dito ao chefe o que tinha acontecido, como as coisas se tinham passado...

Christian – *E Birou é um operário...?*

Gérard – Sim, é um operário que trabalha como nós. Eles eram três ou quatro e

333

começaram a jogar parafusos para ele na brincadeira... ele estava atrás de um carrinho, montava vidraças; quando virou as costas, houve um parafuso que lhe bateu no olho. Mas quem dedurou foi aquele que começou a jogar os parafusos! Eis o clima!

– *Você estava falando de clima ruim... Mas quem é esse jovem? Um temporário?*

Gérard – É um jovem, um antigo temporário que foi contratado; deve ter 25, 27 anos. Quanto aos outros... há Nicolas que tem 52, Charles, 47, já não são crianças [...]. [*Com violência*] Desde esse dia, decretei que deixaria de falar com esses caras...

Christian – No entanto, você se entende bem com esses quatro colegas...

Gérard – Sim, mas com os outros [*com violência*] acabou-se! Nunca mais me verão na mesma mesa, podem trazer uma garrafa na próxima semana para as férias... O chefe pode trazer uma dose... porque, no ano passado, chegou a fazer isso... pessoalmente, na hora em que acontece alguma coisa, faço o que está ao meu alcance e depois... No ano passado, ele guardou-me um copo que joguei na lata do lixo; mas se este ano ele me der outro, jogo na lata do lixo à sua frente! Não, isso não tem sentido! Para vocês terem uma ideia: somos nove a trabalhar juntos e fazer baixarias dessa forma, correr o risco de levar um cara de 25 anos perder o emprego, é preciso ter cuidado! O que é que eles pensam? E ainda não está claro se foi realmente o parafuso que o cara jogou. Mas o que aconteceu é que ele mandou o chefe passear e os outros vieram socorrer o chefe... O que sei é que já não consigo me ver aí dentro. Vou porque...

– *Tenho a impressão de que há muitas pessoas que... sentem alguma coisa parecida...*

Gérard – E não é só... há o trabalho, é claro, que é uma coisa, mas sobretudo o clima... Na primeira ocasião, quando há uma baixa de produção, um posto suprimido, aproveitam para tirar um...

– *Acho terrível dizer que já não se tem amigos... Isso também nos foi dito por Farid...*

Gérard – Antes, éramos 15 e, pelo menos, havia 13, 14 amigos; havia sempre uma ovelha negra, mas...

– *Os não amigos eram minoritários!*

Gérard – ... e podíamos ter confiança, enquanto agora...

Christian – Você se lembra do velho alsaciano, o varredor que vendia seus cigarros? Ficávamos aborrecidos por ter de comprar seus cigarros, mas isso não impedia que, se tivesse de ir ao banheiro ou fazer outra coisa, éramos nós que vendíamos seus cigarros. Isso passava-se sempre dessa forma, enquanto agora já não é assim. É o individualismo levado ao extremo, cada um por si. Conseguíamos trabalhar em linha de montagem porque tínhamos amigos. Agora, os caras que ficaram na esteira de montagem, que estão cada vez mais isolados, quando você decide não falar com cinco deles, como vai fazer? Você assume essa responsabilidade; com certeza, você é exigente, mas isso dura apenas um tempo; nessa história, é você que fica em desvantagem e não esses quatro idiotas...

Pegam o ônibus com o blusão de monitor

– *Pouco a pouco, os amigos foram saindo?*

Gérard – Não, acabam com os grupos. Se houver um posto para ser suprimido segundo as variações de produção, cadência... se há dois bons amigos que têm personalidade, que exercem uma certa influência sobre os outros, na primeira ocasião, eles tiram um e o outro fica sozinho. E para voltar ao problema das famosas gratificações à escolha, já ninguém confia nisso. Por vezes, temos confiança em um cara e depois fica-se sabendo que foi dizer coisas ao chefe. Não há muito tempo, isso aconteceu comigo... não ligo para isso, não tenho mais nada a esperar, mas... já não se pode ter confiança em ninguém porque, para essas famosas gratificações ou para passar de 180 a 190 pontos [*nível inferior da classificação por pontos que determina o nível de salário*] há sujeitos que são capazes de fazer seja lá o que for! Dedurar ou qualquer outra baixaria! E os chefes andam à procura disso.

– *Há os problemas de salário, de dinheiro, mas tudo o que você acaba de dizer é verdadeiramente algo de terrível. E a escolha de monitores, tudo isso... pegam um cara, dão-lhe 300 francos a mais...*

Gérard – Para muitos, basta que tenham uma blusa de monitor... Não é a história dos 300 francos... mas desempenham outro papel... a mulher vai estender a blusa diante da casa para que todo o mundo possa vê-la; alguns, quando voltam para casa... tomam o ônibus com a blusa de monitor...

Christian – Isso nota-se bem com o "uniforme verde fluorescente" da nova fábrica; voltam para casa com ele. Mal apanham o costume... trabalhando em horário normal como eu, vamos vê-los sair em seus carros com o "uniforme verde fluorescente"...

Gérard – Isso acontece por causa da reputação que a fábrica tem fora... se você anda com seu blusão ou calças sujos, não deve ter receio em trocá-los e, até mesmo duas vezes por dia, por causa dos visitantes! É preciso que os visitantes fiquem com uma boa impressão [...]. É isso a nova fábrica. É isso que é inculcado na cabeça das pessoas! Um dia, um chefe de equipe disse-me: "Sonho com Peugeot, penso em Peugeot, à noite, sonho com Peugeot". Ainda esta manhã passei por ele: trata-se de um técnico que tem um leãozinho no colarinho do casaco; usa também um leãozinho.

– *Então quer dizer que se veste francamente à maneira de Peugeot...*

Gérard – Você se lembra que também houve *anoraks*? *Anoraks* da marca Peugeot, amarelo e azul; para fazer esqui, vestiam o *anorak* com o leão [*risos*]. A reputação que a fábrica tem fora, sobretudo em Morvillars, é terrível! Mostraram-nos uma fita cassete: trata-se do cara que vai comprar um carro Peugeot, a mulher está no salão de cabeleireiro com uma operária de Peugeot; elas têm a cabeça debaixo do secador e a operária de Peugeot diz: "Não ligo para os carros Peugeot, quando fecho uma porta é com um pontapé..."; quando a outra volta para casa, diz: "Você sabe, os carros Peugeot são feitos... ouvi isto, ouvi aquilo...", o sujeito coça a cabeça... e depois vai procurar o concessionário. Este pede para esperarem e como não vem atendê-los, o sujeito vai procurar a concessionária da Renault...

– *E depois de mostrarem a fita, dão uma espécie de lição de moral: o que não se deve fazer e o que se deve fazer?*

Gérard – Isso mesmo. Por exemplo, se estamos três ou quatro em um bar, não se deve dizer "Estamos fartos! Fechamos as portas a pontapé!"; deve-se dizer sempre o bom trabalho que fazemos, preconizar a qualidade até mesmo fora da fábrica. Praticamente todos deveriam – isso não é dito – mas... todos deveriam ter uma roupa correta quando saíssem da fábrica.

– *Eles têm cuidado para que não haja nada escrito, que não fiquem vestígios. É como a história dos "dez manda-*

335

mentos" [alusão ao "estatuto" que é apresentado aos estagiários de Morvillars para que estes deem sua adesão] *que foram reproduzidos por toda a imprensa e foi isso que sublevou um pouco a indignação contra Peugeot.*

Gérard – Ah! Não tive a felicidade de conhecer isso! Voltei para casa muito cedo! Gostaria de ter acabado o estágio, nem que fosse para passar três semanas tranquilamente, alimentado e tudo o resto... não é isso, mas... É certo que, no sindicato, Paul e Louis disseram-me... você deveria ter ficado. Mas quis ser franco para com eles de maneira que depois não houvesse mal-entendidos. Se eles quisessem que eu ficasse, eu teria ficado! Competia a eles... Quando voltei ao trabalho no dia seguinte de manhã, o chefe estava realmente com cara de poucos amigos! Suponho que me tinha indicado o estágio para se livrar de mim; disse para si mesmo: "Vamos liquidar este cara; vai deixar de nos chatear!" Quando cheguei na sexta-feira de manhã, eu o espreitava, disse para mim mesmo: "Quando ele me vir..." porque ele não estava ao corrente... Aí, quando me viu, foi como se tivesse sido atingido por uma bala, estava todo branco... então, eu lhe disse: "Estou voltando". Foi tudo. Nem me perguntou a razão; aliás, eles nunca me perguntaram por que razão eu tinha voltado. Na semana seguinte, fui ao seu encontro e disse-lhe: "Mas essa história dos sábados de voluntariado... qual é o sentido da palavra voluntariado?" e ele ficou um pouco abobado: "Voluntariado... você sabe, a gente pede e depois os voluntários..."; "Sim, mas será que, na oficina HC1, voluntariado tem um sentido diferente do que está escrito no dicionário?" "Não sei. Por quê?" Então, disse-lhe: "Porque fui jogado fora de Morvillars porque disse que nunca viria como voluntário"... deveria ter dito apenas "talvez" ou "vou ver"..., mas para eles só o fato de ter dito isso é já alguma coisa porque sabem que há muitos... Costumam fazer a seguinte recomendação: "Se você não vier em determinado sábado, é preciso combinar com seu substituto para que ele venha em seu lugar"; já não é o chefe que pede, mas você que deve se ocupar disso...

– É certo que se trata de um outro modelo de relações sociais... o que se sabe das fábricas japonesas... [discussão sobre o Japão, Itália, Inglaterra]

Gérard – Sim, mas mesmo assim isso causa medo às pessoas! Se, amanhã, meu patrão, em vez de ser Calvet, tiver os olhos esticados, não ligo a mínima para isso. Se for um japonês que vier a comprar Peugeot... Para nós, o essencial é trabalhar em boas condições, é ter um salário conveniente. Não ligo a mínima se amanhã Calvet for substituído por um japonês porque os japoneses por pouco iam comprando a Peugeot...

Os temporários? Não ligam a mínima para a fábrica

– E os jovens, os temporários...? Mesmo assim acham difícil o trabalho?

Gérard – Sim, mas não têm de ligar para isso! Aliás, interrompemos o trabalho... este ano, interrompi o trabalho apenas uma vez... há 15 dias, no momento da greve dos temporários. Eles não eram numerosos, 15, 20 e quando vi que isso não lhes interessava... disse-lhes: "Vamos parar!"; eram quatro, cinco temporários e esses quatro ou cinco estavam querendo votar a greve para o dia seguinte!

– Portanto, entre os temporários que se encontravam aí, apenas uma pequena minoria é que se envolveu na greve?

Gérard – Entre 3.000 temporários que trabalham na fábrica Peugeot, eles eram 25 [...]. Os primeiros quatro ou cinco vieram da mecânica. No dia seguinte, foi lançada uma palavra de ordem de greve, eu os acompanhei, é normal, demos a volta pela oficina de carroceria e de mecânica, e conseguimos a adesão de uma quinzena, foi tudo. Voltaram a votar para o dia seguinte... e no dia seguinte, no restaurante, eles eram seis; então eu disse: "Vou retomar o trabalho! Não vamos ficar por aí bancando palhaço com 15 pessoas", quatro temporários, dois delegados, dois ou três militantes, não vamos ficar por aí... E nessa tarde, eles ainda voltaram a votar pela greve para o dia seguinte. Mesmo assim, é preciso fazer as coisas com seriedade! Ao discutir com eles, vê-se bem que não têm nada a perder: "Estamos aqui à espera; no dia em que decidirem nos mandar embora, não podemos fazer nada!"; não ligam para isso, mas não chegaram a interromper o trabalho. E depois, jogaram fora temporários que não tinham interrompido o trabalho, e aquele da mecânica que liderava ainda está na fábrica...

– *Os líderes foram castigados pela Peugeot?*

Gérard – Não... Esta semana, segunda ou terça-feira, houve um que chegou às cinco horas e o chefe disse-lhe: "Pode voltar". O cara chegava às cinco horas para trabalhar porque não tinha sido prevenido na véspera, nem nada. "Pode voltar". E voltou com muita dignidade, não tinha nada a perder; foi ao encontro do contramestre e disse-lhe: "De qualquer forma, não queria passar minha vida em seu bordel!" Tem razão, mas quero criticá-lo pelo fato de não ter participado quando houve um movimento de greve.

– *Ele não tinha participado?*

Gérard – Não, em nada!

– *Quando era convidado a participar, dizia que isso não lhe interessava?*

Gérard – Não, isso não lhes interessa, não ligam a mínima. Para eles, trata-se de uma situação passageira.

– *São pessoas que vêm de fora da região ou...?*

Christian – Esse morava aqui; vem trabalhar de bicicleta...

– *Será que, entre eles, não há uma forma de politização?*

Gérard – Existem alguns... os que trabalham na mecânica... mas não, não ligam nada para isso, nada! Para eles, o que importa é o dia a dia... Não há muito tempo, jogaram fora um; esta manhã, estava voltando... voltou esta manhã, como temporário, para visitar a oficina de carroceria, enquanto antes trabalhava à nossa frente. Perguntei o que estava fazendo ali e respondeu-me: "Mudei de empresa"... quando vinha trabalhar no turno da manhã, muitas vezes, chegava atrasado... certa manhã, chegou às dez horas, não tinha conseguido acordar.

– *Jogaram-no fora depois disso? Interromperam sua missão? Voltou a arranjar trabalho em outra empresa? Será que conseguiu entrar para outra empresa?*

Gérard – Sim, é isso mesmo... Não sei onde estava, na CIE, RMO, BIS... foi para outra empresa e volta à fábrica... [...] O que há de nojento também é que eles estão despedindo todos os que completam 18 meses de serviço. E ao mesmo tempo, há uma leva de temporários; esta manhã, eram uns trinta; ontem, também. Porque, agora, se ficam mais de 18 meses, a fábrica é obrigada a contratá-los...

– *São boas as relações com os temporários...?*

Gérard – Sim, o clima é bom, mas alguns são um pouco estrambóticos, trabalham com o walkman colado nos ouvidos todo o santo dia; são jovens!

– *O walkman é aceito no trabalho?*

Gérard – Sim. É incrível o número de jovens que trabalham com isso todo o santo dia.

– *A maior parte usa o aparelho?*

Gérard – 60% dos temporários têm isso colado aos ouvidos. Também tenho a impressão de que não querem integrar-se. [...] Tiveram problemas com isso porque os caras ficavam dois ou três dias e depois... quando saíam para o fim de semana, já não voltavam... é preciso compreendê-los. Mas a maior parte não tem nada a perder, quando vê como isso se passa: estão aí, terminam o contrato e depois vão para outra empresa. Mas não é por isso que vão lutar: hoje é hoje, amanhã é outro dia.

– *Mas podem mesmo assim discutir com você...?*

Gérard – Sim, discutem, mas a gente sente que não ligam a mínima.

– *Será que o futuro da fábrica não lhes interessa?*

Gérard – Não, nem o seu próprio futuro. Por vezes, ainda não têm 20 anos, não pensam em nada, a não ser no dia de hoje, é tudo...

– *E será a mesma coisa em relação aos sindicatos?*

Gérard – Sim, de qualquer forma, o sindicato, a política, votar, nada disso lhes diz respeito.

– *Mas mesmo assim foram atingidos pela greve de 1989...*

Gérard – Sim, aqueles que estavam aí durante as greves... Mas penso que se isso acontecesse agora, talvez, mudassem...

– *Você acredita que haveria um número maior a entrar no movimento?*

Gérard – Sim, tendo em vista o que se passou e depois as condições de trabalho, tudo isso... Porque também fizeram-lhes promessas, promessas de contratação, promoção... "Se trabalharem todos os sábados, vocês serão contratados..."; também percebem que estão chegando os 18 meses e serão postos na rua. Há um que trabalha comigo, foi fazer os testes oito dias depois da sua chegada; o chefe disse-lhe: "Você será contratado...", agora já não é antes das férias, mas talvez em setembro... e "talvez", hein... cuidado! Trata-se de um padeiro-pasteleiro; anda à procura de trabalho e para encontrar um emprego...

Junho de 1990

Rosine Christin

Trabalho à noite

Danielle G., 32, é filha de Juliette e Milou C., pequenos camponeses que são os mais próximos vizinhos que tenho no departamento do Aveyron. Eu a conheci quando ela tinha dez anos e pude encontrá-la, várias vezes, até sua mudança para Paris; depois, com menos regularidade.

Danielle veio do "travers". Por oposição ao platô no qual se encontra o centro do município de Saint-Hippolyte, o "travers" designa as terras que encimam a nascente de *La Truyère* e, mais precisamente, neste lugar, o lago da barragem. Os camponeses do "travers" gozavam de uma situação relativamente boa até a última Grande Guerra; viviam da produção de frutas e do comércio de árvores frutíferas delicadas – cerejeiras, ameixeiras, coleta de castanhas e nozes: tinham pequenos vinhedos, criavam algumas vacas, a cooperativa recolhia a produção de leite e, de tempos a tempos, vendiam uma vitela. Atualmente, nos vilarejos do "travers", vivem apenas alguns casais idosos e viúvos; até mesmo, os "caminhos das charretes" utilizados, não há muito tempo, como atalhos para ligar os diferentes vilarejos, ficaram "fechados" pelo matagal. Os pequenos vinhedos encontram-se abandonados, o mato invade as terras, os jovens estão em Paris.

Danielle foi a última jovem do "travers" a deixar o vilarejo: o irmão, Maurice, dez anos mais velho, é policial militar em Paris; a irmã, Yvette, casou-se com um rapaz da região, antes de se instalar em Paris com o marido, como gerente de um bar. Danielle não tinha pressa em sair; depois de estudar secretariado na cidade de Rodez, ainda ficou dois anos em casa, trabalhando de tempos em tempos em uma fazenda, ajudando os pais, frequentando todos os bailes da região: confessa ter "aproveitado bem" e diz que esses dois anos foram particularmente felizes; foi embora contra a vontade. É sociável, alegre, coquete, penteia-se "à la lionne" e, quando pode, gosta de comprar roupas nos mercados, aos domingos.

Marquei encontro por telefone, sem que ela tivesse mostrado grande surpresa com a minha ligação porque, algumas semanas antes, nos tínhamos encontrado no Aveyron e combinado de nos vermos, um dia, em Paris. Estava em licença por doença após uma cirurgia, e deu a impressão de estar bastante feliz com a ideia de passar algumas horas comigo. É claro, eu deveria ir a Ulis ver seu apartamento; fazia questão em me receber, preparar uma refeição, mostrar álbuns de fotografias e, sobretudo, o de seu casamento ao qual eu não tinha assistido; poderíamos ligar para seus pais, enfim, eu não deveria me sentir incomodada já que era ela que me convidava.

Disse-lhe também que gostaria de colocar algumas questões – em vista de uma pesquisa que estava fazendo no quadro de meu trabalho – sobre as dificuldades da vida em Paris, particularmente para alguém que vem do interior, como ela. Estaria disposta a aceitar me relatar sua passagem do vilarejo do Aveyron, onde tinha nascido, para o centro de triagem postal da 15ª região em Paris e seus "desgostos" no momento da mudança? – aliás, era o que me dizia sua mãe quando nos encontrávamos, durante as férias. Respondeu-me, logo, afirmativamente; o início tinha sido difícil, mas "não demasiado porque é menos penoso para alguém do interior que se dirija para a cidade do que o oposto, porque encontra mais conforto; alguém da cidade que fosse para o interior, como no Aveyron, não poderia suportar a mudança".

Não há meio de transporte cômodo para chegar a Ulis, que é um modesto município, situado nos arredores de Paris, em plena expansão, rodeado por zonas residenciais. Danielle veio esperar-me na estação de metrô: tínhamos marcado encontro na plataforma, tive de esperar mais de meia hora antes de vê-la chegar bastante confusa já que tinha estado à minha espera em outra plataforma (ou seja, naquela em que ela mesma desembarca, de manhã, quando volta do trabalho). Em seguida, diante da estação, pegamos um ônibus que, rapidamente, atravessou subúrbios elegantes e depois um trecho de autoestrada. Antes de chegar a Ulis, vemos de longe alguns espigões que se destacam de forma bizarra em segundo plano de gruas e estaleiros de construção (mais tarde, cheguei a observar que algumas dessas torres estavam sendo reformadas) e Danielle contou-me que, na brincadeira, seus amigos diziam que "ela morava em Chicago".

Durante todo o trajeto de ônibus, falou-me de seu marido, Serge, com menos cinco anos do que ela, o que me parece preocupá-la bastante, sem que o confesse. Filho do proprietário de uma oficina em Versalhes, não foi além do 2º grau porque estava apaixonado pelo xadrez e pretendia consagrar-se completamente a isso: é um jogador qualificado que participa de torneios; não havia muito tempo, ganhara um troféu que ocupa uma posição de destaque na sala do apartamento. Vê-se que ela o admira, afirmando que é um intelectual; explica-lhe muitas coisas que ela não compreendia antes de conhecê-lo; em compensação, reconhece que ele não é muito dotado para o lado prático da vida em comum sobre a qual ela exerce uma autoridade quase maternal.

Assim, durante nosso almoço, Serge ligou para perguntar o que ela pensava do preço de 150 francos por um quarto de hotel em Lyon; com efeito, no fim de semana seguinte, ele deveria assistir, nessa cidade, à copa do mundo de xadrez. Ora, Danielle teve de tranquilizá-lo durante um bom tempo; e depois de ter terminado a ligação, voltou-se para mim, bastante lisonjeada: "Coitadinho, ele é tão amável, precisa sempre de pedir minha opinião; pode muito bem gastar o que quiser pois ganha mais do que eu" (6.700 francos por mês, enquanto Danielle recebe 6.200).

Tanto na ida, como no regresso, notei que ela era conhecida pelos motoristas de ônibus que lhe falavam com a camaradagem familiar dos que, sem serem colegas, se encontram regularmente no quadro da vida profissional, fora dos horários normais, enquanto os outros ainda estão em casa. Parece que não dispensaria tal conivência.

É preciso andar uns dez minutos e passar por alguns espigões – muitos parecem bem deteriorados, enquanto outros estão "em reforma" – para chegar ao pequeno prédio de quatro pisos onde ela mora; fica um pouco à parte, em uma alameda ladeada por alguns arbustos. O apartamento encontra-se no 1º andar: sala e dois quartos (um deles é o "quarto dos amigos" que Serge gostaria de ter transformado em uma sala de musculação, mas ela preferiu o quarto de amigos já que poderia servir para os pais e colegas de passagem). Na sala, há muitos bibelôs e fotografias, em particular da família de Danielle e de seu casamento; e uma mesa baixa, toda em vidro, cuja decoração interior é obra de Danielle: cactos e pedaços de pedras escolhidos com gosto. A cozinha está muito bem equipada com aparelhos, batedeira, forno de microondas (presentes da mãe de Serge que se interessa bastante por culinária).

Quando chegamos, a mesa estava posta e uma garrafa de cidra – que foi difícil abrir – comprada em minha honra, ocupava uma posição de destaque; ao longo da refeição, mostrou-se inquieta por saber se os pratos me agradavam, repetia-me para que não me sentisse incomodada, metia-se a toda a hora na cozinha para aperfeiçoar o acompanhamento do assado, acrescentando um saquinho de molho instantâneo ou para me trazer um condimento que, eventualmente, poderia ser do meu agrado. "Coma, coma", repetia "olhe o pão, sirva-se de novo", mais preocupada em desempenhar bem seu papel de dona de casa do que responder às minhas questões que lhe pareciam visivelmente incôngruas. O ponto mais sensacional do almoço era um bolo que ela mesma tinha feito, segundo uma receita dos "weight watchers"; com efeito, ao chegar a Paris, tendo achado que estava demasiado gorda, foi aconselhada por uma colega a inscrever-se em tal clube.

Danielle fala bastante alto, sobretudo quando se dirige a pessoas que não são conhecidas e que a intimidam, como se tivesse medo de não ser compreendida; o que a leva também a explicar várias vezes a mesma coisa, até mesmo, falar de forma rudimentar como se dirigisse a um estrangeiro um pouco obtuso. Tem um sotaque do Sudoeste bem acentuado. Quando era pequena, falava "francês" na escola e patoá com os pais: o costume de falar o patoá em família, exceto nas festas, perdeu-se quando foi para Rodez fazer secretariado, depois de ter concluído o 1º grau. Mas escolhe cuidadosamente suas palavras de modo que, por vezes, parecem ser rebuscadas: o emprego do adjetivo indefinido "algum" no singular, a utilização de determinadas palavras como "aceder" em vez de entrar ou a invenção de outras como "atencionar", emprestam ao seu discurso um aspecto impessoal. Da mesma forma, mostrou-se bastante preocupada com a exatidão na descrição dos gestos que deve fazer em seu trabalho ou da hierarquia dos empregados dos correios, esforçando-se por me fornecer tanto as siglas e seu significado quanto as funções correspondentes na prática. No entanto, a representação do mundo que a rodeia no centro de triagem postal permaneceu bastante burocrática, como se Danielle estivesse recitando uma lição aprendida no momento em que começou a trabalhar, ou como se os chefes fossem inacessíveis ou, antes, como se não a interessassem.

Durante a entrevista, queixou-se das condições materiais do serviço noturno, mas evoca, com pavor, sua experiência de trabalho durante o dia. Apesar das exortações da família e do marido, continua a trabalhar à noite e parece encontrar na camaradagem das equipes da noite um paliativo para seu exílio.

Com uma funcionária de um centro de triagem postal

– *Entrevista de Rosine Christin*

"Nunca vejo o sol."

– *Habitualmente, você trabalha à noite?*
Danielle – Sim, à noite.
– *Qual é, então, seu horário?*
Danielle – Das nove horas da noite às cinco horas da manhã; trata-se de um ritmo ao qual é preciso se acostumar. Saio de casa pelas sete horas, telefono para meus pais...
– *Você liga todos os dias para seus pais?*
Danielle – Quase todos os dias, não durante muito tempo, mas é regular; eles pegaram este costume. Acabamos por volta das cinco horas, cinco horas e meia, pego o primeiro metrô... para uma mulher, isso não é fácil... é preciso gostar disso, é especial. No princípio, eu era carteira; faço isso desde 1982... maio de 1982.
[*Em seguida, explica a razão pela qual escolheu o serviço da noite, em vez de carteira*]
Danielle – Porque temos muitas vantagens, muitas licenças e depois há a possibilidade de ser substituído pelos colegas: com a possibilidade de sermos substituídos, além de determinadas licenças, ficamos com um período maior de folga, isto é, podemos trabalhar direto durante duas semanas e depois ter duas semanas de licença.

– *O que quer dizer trabalhar direto?*
Danielle – Fazer a substituição de um colega. Trabalhamos duas noites em três; na terceira, em vez de repousar, substituímos um colega, o que faz com que essa pessoa nos substitua quando o desejarmos; então, por vezes, conseguimos dois dias de licença porque acontece trabalharmos no domingo, domingo à noite, e, nesse caso, nos beneficiamos de três horas de RC, isto é, repouso compensador; pelo fato de trabalharmos de nove horas à meia-noite do domingo, somos recompensados, o que faz com que, em cada três domingos, nos beneficiemos com um dia: ao tirar esse dia, que nos é devido pela administração, podemos, além disso, ser substituídos por um colega, sem contar com o dia de repouso normal... e depois temos muito tempo livre. Antes de conhecer Serge, sentia muitas saudades da minha região, disse para comigo: "Isso vai facilitar a ida ao Aveyron com mais frequência"; não é possível ir ao Aveyron durante um fim de semana.

– *E foi nesse momento que você ficou conhecendo Serge?*
Danielle – Não, foi mais tarde: conheci Serge quando fazia horas extras, em 1984. Bom, acabei adquirindo o ritmo da noite, o clima não era desagradável, dizia para comigo: "Por que não permanecer?" Serge não estava muito satisfeito pelo

fato de eu trabalhar à noite, mas disse para comigo: "Aceitei um montão de coisas, ele vai aceitar também"; e isso foi um encadeamento. O clima... excetuando a posição em pé, e é verdade que o ser humano está feito para dormir durante a noite e trabalhar de dia... bom, há um desequilíbrio do organismo, mas... o clima... tudo isso... isso me agrada...

Posição fixa, em pé...
– Como é que isso se passa?

Danielle – Quando você chega, encontra escaninhos em aço, escaninhos, está vendo, como se fossem caixinhas... então, existe uma mesa que se chama "mesa de abertura" onde os caminhões fazem a descarga; há também manutencionistas que descarregam os caminhões, pegam nos grandes sacos postais, colocam-nos em cima de mesinhas rolantes e transportam esses volumes até a mesa de abertura; então, um abre o saco e os outros, em volta da mesa, fazem a separação entre as cartas de grande formato – que colocam em recipientes metálicos – e as cartinhas, em caixinhas e são separadas para pequenos escaninhos.

Na primeira vez que tive acesso às instalações, eu disse: "Mas o que é isto, é grande, é uma fábrica... não, é impressionante, é enorme..." e depois, as cartinhas em recipientes de plástico, são separadas para pequenos escaninhos. Em seguida, existem diversos serviços... para recepcionar as cartas registradas... quanto aos valores declarados, encontram-se em uma sacola com uma etiqueta vermelha, são chamados "vermelhos" ou registrados e são separados por alguém de grau superior: AXSG, agente do serviço geral que faz tal separação em um gabinete e todas essas cartas ficam inscritas em um caderninho que deve ser assinado pelo destinatário, no momento da distribuição.

Permanecemos em uma posição fixa, em pé. Diante do mecanismo, durante quatro horas, fazemos a triagem do 15º bairro de Paris, é a única coisa que temos a fazer; é preciso conhecer, está vendo, como a *rue de Vaugirard* é... um carteiro não pode distribuir do nº 1 que fica no 6º bairro até a *Porte de Versailles*: trata-se de uma rua que atravessa vários bairros, digamos, o 5º e o 12º... o 14º, o 20º e é preciso saber que tal rua corresponde a tal número de escaninho.

– Já está um pouco separado o que chega em cima da mesa de abertura ou encontra-se aí correspondência para toda a cidade de Paris?

Danielle – Tudo está separado para o 15º bairro, mas existem também erros: por exemplo, cartas que devem ser distribuídas pelos carteiros do 17º bairro chegam ao 15º, são os "falsos endereços", ou então, cartas em que o remetente não dá uma indicação correta, por exemplo, colocou *boulevard Raspail,* Paris 15.

– Você trabalha com quantos escaninhos?

Danielle – 66 e mais três "zonas", além das "circulares", do "sedex", dos "falsos endereços"... eu diria 75 escaninhos, e é a mesma coisa com os meus colegas; ao contrário, há um outro serviço, isto é, o serviço "chegada e partida" e nós estamos no serviço "chegada". Quanto ao serviço "partida", encontra-se em um anexo; aí, tudo é automático: existem PIM, HM [...], além de uma Toshiba que são máquinas, computadores; nesse caso, bate-se o código – por exemplo, o agente digita o index 75014 e há uma rejeição... isso acontece com os HM [...] em... não consigo explicar-me bem... e depois há um saco plástico que se fecha a vácuo. Isso é o serviço "partida".

– E você fica todo o tempo em pé?

Danielle – Sim, agora deram-se conta porque há pessoas que têm uma certa idade, estão há bastante tempo no serviço da noite e têm problemas nas pernas; já têm sido consultados angiologistas e tudo o resto... e deram-se conta da utilidade de um tamborete adaptável aos escaninhos, mas não é assim tão fácil porque se trata de velhos escaninhos; poderiam arranjar novos escaninhos, mas há um número demasiado grande de divisões, isso ocuparia muito espaço. No entanto, existe o projeto de adaptar os assentos apropriados aos escaninhos; então, por vezes, colocam dois tamboretes – você está vendo dois tamboretes de bar – um sobre o outro, e assentamo-nos nisso, ficamos relativamente cansados.

– Há alguma interrupção?

Danielle – Há uma pequena pausa entre quinze para uma hora e duas horas para comer alguma coisa ou, então, descansar.

– E os colegas, quantos são?

Danielle – Uns trinta.

– Você conhece todos?

Danielle – Sim, digamos que há mudanças, mas já os conheço há bastante tempo... há um clima, acabamos por criar simpatia... tenho mesmo um colega que é um grande filatelista, adora as histórias em quadrinhos, tem várias paixões.

Pode vir a ser coletor... depois primeiro-ministro, tudo isso...!

– Entre vocês, existem chefes?

Danielle – Sim, porque há vários graus, bom, o menor grau é auxiliar, nem é mesmo um grau, depois carteira, carteiro... em seguida, agente ou Axda... e depois o CDTX que é o chefe, controlador do encaminhamento, controlador dos carteiros, mas é um chefe; então, existe o CT, controlador do serviço geral, como Serge, mas é um cargo de "escritório"; temos ainda o controlador dos responsáveis pelos diferentes setores CTDIV e... tudo isso se encontra abaixo do cargo de inspetor.

– E todos estão aí junto com você?

Danielle – Sim, sim. Alguns estão.

– Mas não fazem o mesmo trabalho?

Danielle – Não, não, eles dirigem, escrevem... cada qual tem a sua tarefa bem determinada, mas o CTDIV encontra-se abaixo do inspetor e acima do CDTX e depois temos o inspetor e é tudo... porque o inspetor central trabalha durante o dia; quanto ao coletor... aí, trata-se de uma posição importante... depois pode vir a ser coletor... [*não acha a palavra*], depois primeiro-ministro, tudo isso!

– Como é que os chefes se comportam com você?

Danielle – Bem, são bastante corretos, digamos que procuro fazer meu trabalho; há inconvenientes e vantagens como em qualquer ofício.

Quando me levanto, cai a noite

– Sobretudo em sua vida conjugal...

Danielle – Sim, porque nos vemos... nos vemos, digamos que se Serge trabalhasse à noite, seria mais conveniente; mas, trabalhando de dia, enquanto faço o serviço da noite, nos vemos com menos frequência, somos levados a nos ver menos vezes. Já estava trabalhando à noite quando conheci Serge; aliás, ele sempre me conheceu no serviço da noite.

– Quer dizer, você fica em casa uma noite em três...

Danielle – Sim, mas consigo adaptar-me; mesmo assim, não é possível viver como alguém que... Ainda agora, você está vendo, não retomei meu ritmo [*há três semanas que se encontra em licença por doen-*

ça, *por causa de uma cirurgia]*. Ainda não consigo dormir durante a noite.

– *E durante as férias?*

Danielle – É a mesma coisa: minhas horas de sono são de sete horas da manhã às três horas da tarde. Digamos que, por vezes, em pleno inverno, nunca vejo o sol já que, ao me levantar... não na obscuridade... não é o caso, mas quando me levanto, a noite está caindo; depois vou trabalhar e quando volto... continua sendo noite; há ciclos em que as coisas se passam assim.

– *Nesse caso, você nem chega a ver seu marido!*

Danielle – Mas, com certeza, ele trabalha perto, tem bons horários, consigo vê-lo. E depois trabalha em equipe, durante a manhã ou na parte da tarde; por exemplo, esta manhã estava livre e, agora, está trabalhando. Tem horários: seis horas da manhã – meio-dia e meia hora, e 12 horas – 18 horas 30; o momento mais crítico é quando está livre de manhã e tem de trabalhar na parte da tarde: quando chego, estou cansada, e ele se levanta; tenho dificuldade em falar, ele deverá sair ao meio-dia; até que poderia levantar-me, preparar-lhe a refeição, mas não estou em condições de fazer isso e ele vai sair precisamente no momento em que eu estaria acordando. Não se trata de uma obrigação [preparar-lhe a refeição], mas ele é de tal forma simpático, um homem é um homem, digo para comigo: "Bem, não vai saber como... mas sim, sabe o que pretende comer", mas sempre a vontade de ser prestativa. [*Evoca as dificuldades que o nascimento de um filho acarretaria.*]

Há mulheres casadas com filhos que trabalham no serviço; para evitar pagar empregada ou creche, há um dos dois que passa a noite em casa, e o outro fica durante o dia; e aquele que trabalha à noite, recupera-se durante o dia – isso é frequente no nosso serviço. Pessoalmente, consegui adaptar-me, sou muito chegada à família. Meus pais eram tudo para mim, eu os adorava; gostava do campo e do verde, senti muito essa falta, e em Paris, estava sufocada, enquanto que neste lugar [*em Ulis*], digamos que fica a 30 quilômetros de Paris, não é assim tão longe... não é verdadeiramente o campo, mas fica no meio.

Permaneci no Aveyron até os meus 20 anos, continuei os estudos em Rodez, que é uma cidadezinha, fazia secretariado, uma espécie de empregada de escritório-secretária, mas é verdade que se tratava de uma cidadezinha; em relação à cidade grande, Rodez é uma aldeia. Para mim, a fazenda era uma coisa que me agradava, mas... aí, na casa de meus pais, a vida é demasiado penosa, não é possível se modernizar, teria sido necessário... bem, reformar a casa... mais conforto... teria sido necessário... ainda não é bem isso... mas tratava-se de uma fazendinha! O lugar é muito acidentado e depois, outrora, eles viviam bem porque faziam sua horta, mas agora com as frutas de Espanha, o Mercado Comum jogou tudo por terra... e depois uma mulher... bem, isso teria sido agradável para mim... mas que fazer? Meus pais me disseram: "Não é que a gente esteja querendo jogar você fora de casa, mas é preciso que você tenha ambição, faça concursos"; e depois, nessa época, eles recebiam um jornal e vi: "Estamos precisando de tantas pessoas, dirigir-se a tal organismo"; escrevi, enviei minhas informações, tudo isso...

– *Você nem sabia que se tratava dos correios?*

Danielle – Mas com certeza, estava bem claro. O jornal era *Centre-Presse* ou *Midi-Libre*, já não sei. Inscrevi-me, fui a Rodez e fui admitida. Tive de fazer uma visita médica e disseram-me: "Você será nomeada carteira em Paris", sem indicação de bairro; tinham perguntado qual era a região que eu preferia – Ruão, Norte, Ile-de-France ou Leste; então, marquei Ile-de-France: fiquei na região parisiense e somente três meses antes de ser nomeada é que fiquei sabendo o bairro: "Você deve apresentar-se, dentro de 15 dias, na 15ª região"; e fui para Paris dessa forma.

A chegada a Paris

Danielle – No começo, fiquei dois dias em casa de minha tia em Saint-Denis [*mulher do tio de Danielle, proprietário de um bar-restaurante em Saint-Denis, depois em Roissy e que se encontra na região parisiense há mais de 30 anos; conservou uma casa perto da moradia dos pais de Danielle onde costuma passar algumas semanas durante o verão e a Festa de Todos os Santos; está sendo reformada para maior conforto pois pretende morar nela quando estiver aposentado*]. Foi o Senhor Reyrolle [*um vizinho ligado à família*] que me levou à estação ferroviária de Rodez, sentia um grande desgosto, tinha apenas 20 anos, dizia para comigo: "É preciso ganhar a vida, então mesmo que haja um pequeno desgosto..." mas o que se passou foi depois: meus irmãos e irmãs viviam suas vidas, encontrei-me sozinha em um estúdio para enfrentar os problemas da vida, entrar para a vida ativa, um montão de coisas desse tipo, estava um pouco perdida. Mas, mesmo assim, recebia a simpatia de colegas, arranjava companhia para sair, nunca ficava só durante os fins de semana, mas sim, por vezes... no entanto, tinha... não amigos... mas pessoas conhecidas que me acompanhavam quando eu saía para dar uma volta.

– *Estou me lembrando que você tinha estado em um lar...*

Danielle – No início, estive no lar de acolhimento dos correios, *boulevard Pasteur* – trata-se de um lar que acolhe durante três meses, mas depois é preciso se virar: é a chegada a Paris. Depois estive em outro lar que acolhe as pessoas durante um período mais longo, éramos apenas quatro; em seguida, como há sempre outras pessoas que chegam, é preciso ceder o lugar aos novos. Quando a pessoa se sente adaptada à vida de Paris, deve procurar um alojamento: andei à procura de qualquer coisa... um pequeno apartamento... acabei encontrando um pequeno estúdio... onde me sentia aborrecida... era lúgubre dentro dele, *rue Firmin-Didot* no 15º bairro, perto da *Porte de Versailles*... um enfado... em seguida, fiquei na *rue Blomet*, depois eu me mudei para a *rue Saint-Lambert*...

– *Por que razão você mudava tanto?*

Danielle – Porque, no primeiro alojamento, eu me entediava, não havia luz, nem ar suficiente; era no terceiro andar; tinha acesso por elevador, mas era triste; não consegui me adaptar. Depois, estive em um quarto de empregada; então aí, nem sombra de conforto. Em seguida, disse para comigo: "É muito lindo servir-me do banheiro de Yvette [*sua irmã, gerente de um bar*], mas acaba aborrecendo, tenho de encontrar outra coisa", mas antes... para conseguir a devolução da caução do primeiro estúdio, tive de pagar, durante algum tempo, dois aluguéis: o quarto de empregada e o outro aluguel. Morei em um quarto de empregada, vivi aí durante um ano e depois um colega me disse: "Dany, encontrei um estúdio por um preço bastante razoável que conviria a você; se quiser, pode ir visitá-lo"; respondi OK. Aí havia conforto, uma cozinha, um recanto-sala que, ao mesmo tempo, servia de quarto, um recanto para arrumações e o banheiro; fiquei aí durante algum tempo; depois travei conhecimento com Serge, mudamos para um alojamento com 2 quartos na *rue Desnouettes* e, em seguida, viemos para aqui.

Uma espécie de tranquilizante

– *Será que você ainda se lembra de suas impressões nas primeiras semanas que passou em Paris?*

Danielle – Não me lembro muito bem na medida em que era mais jovem, ainda não tinha uma visão; se tivesse de recomeçar agora, seria mais difícil, mas na época... um pouco despreocupada... disse para comigo: "Vou conhecer outras pessoas, vou me casar, conhecer o príncipe encantado"; eis uma atitude um pouco doidivanas; então, quando cheguei... mas já tinha vivido em Rodez, portanto, já tinha conhecido uma cidade. Via Paris... sim, como uma cidade muito bela mas para alguém do interior que vem para visitar; na época, teria vindo como turista, teria ficado na casa de amigos, durante dois, três meses para visitar todos os monumentos, todos os museus, todos os lazeres que existem em Paris, aproveitar o máximo a estada, teria apreciado, mas aí, via Paris... vou dizer para você... porque – talvez, no momento da chegada, mas não agora – na época, temos sempre a esperança de acontecer uma mudança, estamos na expectativa, já que nos dizem: "Você é estagiária". Vai ser preciso um ano para conseguir efetivar-se no cargo, então disse para comigo: "Bem, durante um ano, vou fazer um ano de sacrifícios e depois volto para a minha província natal". O que não é uma boa solução porque estamos apenas de passagem, então não apreciamos devidamente as coisas, achamos que está demorando a passar o ano para poder voltar ao torrão natal, à região de origem... tudo isso. No começo, para nos animar, a administração nos induz no erro com uma espécie de tranquilizante. É um pouco de chantagem. Então, não queremos nos adaptar porque nos dizemos: "Vamos ter que nos acostumar com o interior; talvez, não vamos conseguir a mudança que desejamos, na aldeia de nossos pais, ou então vai ser preciso esperar muito tempo". Tudo isso leva a refletir e depois ficamos planando, planamos bastante. A minha visão de hoje não é a mesma de 1976.

– *Nessa época, sua mãe me falava sempre de sua sacola...*

Danielle – Sim, tratava-se de uma sacola com braçadeiras. Atualmente, os carteiros têm carrinhos para fazer a distribuição nas proximidades, ou servem-se de depósitos. Há ônibus dos correios que nos transportavam até o lugar da distribuição: isto é, colocávamos metade do que havia para distribuir em uma sacola e alguém, o motorista, levava essa sacola até determinado número de porta que correspondia à tal metade do meu trajeto. Por exemplo, se fazia a *rue des Bergères*, começava a encher minha sacola até esse nível e, a partir daí, minha sacola ia ficando vazia; então, recuperava a correspondência na outra sacola que tinha sido deixada por esse motorista. Era eu que fazia a triagem do meu setor, mas é verdade que era... e depois eram três vezes por dia! Trabalhávamos todas as manhãs, era preciso se apresentar no trabalho às seis horas; quando chegávamos com atraso, era preciso dar explicações – o que chamam registro de ocorrência – à força, o que implicava uma nota ruim; isso engendra um montão de coisas. Trabalhávamos todas as manhãs e uma tarde de dois em dois dias; o dia mais horrível era quando tínhamos de trabalhar de manhã e à tarde, fazíamos três giros sendo um deles com os avisos, mandatos, cartas registradas, valores declarados, ou coisas parecidas, ou seja, coisas importantes.

– *É quase mais difícil do que o serviço da noite...*

Danielle – Sim; quanto a Serge, gostaria que... mas onde era mesmo bom, fique sabendo, é o carteiro: apresenta o calendário aos particulares e aí recebe uma pequena recompensa nada nefasta no fim do ano, não um décimo terceiro salário, mas... encomendávamos o calendário por três ou quatro francos e o apresentávamos às pessoas que o aceitavam ou não... mas davam uma pequena gratificação de 50 ou 100 francos – isso dependia do orçamento da pessoa; e todo esse dinheiro ficava no nosso bolso. No fim do ano, isso representa um pé-de-meia; em vez de receber o décimo terceiro salário, isso era uma espécie de décimo terceiro salário. É uma soma apreciável quando fazemos o serviço de dia.

– *Mas será que isso rendia mesmo bastante?*

Danielle – Oh não! E depois é preciso gostar dessa história de se fazer de mendigo, é uma coisa especial; não se deve ter vergonha de ir à direita e à esquerda; realmente, não é uma coisa fácil.

Novembro de 1990

No decorrer de nossa primeira entrevista, Danielle aceitara pedir autorização para que, durante seu serviço, eu pudesse ir ao centro de triagem da *rue d'Alleray*; no entanto, ficou um pouco admirada com minha curiosidade, dizendo-me que "nada mais haveria para ver" do que o que me tinha descrito, mas que o centro que tratava dos cheques estava informatizado e seria muito mais interessante para mim. De qualquer forma, T.M., controlador do encaminhamento, seu chefe direto, estava nesse momento em férias e seria preciso esperar que estivesse de volta na medida em que a pessoa que efetuava o mesmo serviço, em alternância, era um "obcecado pelo trabalho": assim, de forma amável, ela dava-me a entender que tal visita era completamente inabitual e, portanto, deveria ser negociada.

Duas semanas mais tarde, ligou-me, precisamente antes de começar seu serviço, sem dúvida do aparelho de T.M. De saída, antes mesmo de evocar o objeto de sua ligação, falou-me, longamente e sem razão aparente, da próxima vinda a Paris de um vizinho do Aveyron – apenas um conhecido, tanto para ela como para mim, mas "um dos melhores amigos de [seu] chefe" (ela sempre o designou assim quando se dirigia a mim, mas habitualmente o trata pelo nome, como faz com os outros "separadores"). Evocar, de passagem, o estatuto de "chefe" de T.M. permitia-lhe, ao mesmo tempo, afirmar suas relações com um superior a quem ela podia pedir um favor e exprimir seu orgulho em fazer parte, mesmo em um posto subalterno, de uma instituição que conta uma hierarquia complexa de chefes, do menor e mais familiar (que chega a ter elos com a aldeia de onde ela é natural) até o mais poderoso e inacessível ("até o primeiro-ministro"). Ao falar de seus chefes e um pouco em nome deles, ela estava abrigando-se também atrás da opacidade da instituição.

Por ocasião da primeira entrevista, já tinha notado que ela ficava incomodada ao contar sua vida em Paris e desviava sempre a conversação para voltar a nossas lembranças do Aveyron, às notícias recentes de seus pais ou de outros habitantes do vilarejo. Introduzia, assim, o "torrão natal" em seu universo parisiense, fazendo penetrar um pouco da pequena comuna do Aveyron na estação de correios da *rue d'Alleray*. Citar o nome desse vizinho e informar-me de sua amizade com T.M. contribuía para fazer do centro de triagem postal do 15º bairro um lugar que se tornaria mais familiar para mim e atenuava a incongruência de meu interesse por seu trabalho...

Tínhamos combinado encontrar-nos diante da porta nº 19 da *rue d'Alleray*, sede da estação de correios, às 21 horas; disse-lhe que estaria com um amigo. À noite, esta rua do bairro *Vaugirard* está completamente deserta; os minimercados e, até mesmo, os bares fecham bem cedo; além disso, como não tem ligação com qualquer lugar de animação noturna, são bastante raros os carros que passam por aí. Vimos apenas os grandes caminhões postais amarelos balançando com estardalhaço na calçada deformada pelas obras de reforma. O grande prédio quadrado com janelas gradeadas pareceu-nos, por contraste, violentamente iluminado em seus três andares. Danielle estava à espera, já tinha "assinado o ponto" – portanto, "não havia qualquer problema"; no entanto, eu sentia que estava enervada, simultaneamente, volúvel e intimidada. Contornamos o prédio pelos fundos até o pátio de descarga dos caminhões postais que, durante toda a noite, entregam a correspondência destinada ao 15º bairro.

No térreo, é feita a separação da "política", isto é, durante a semana, os jornais diários aos quais se acrescentam, em determinados dias, as revistas e, de maneira geral, a imprensa periódica...

Danielle trabalha no primeiro andar; é aí que se efetua a triagem das cartas; para chegar lá, é preciso subir uma escada em ladrilho amarelo e cinza, tal como é possível encontrar em inúmeras administrações; no patamar, no meio da subida, existe um painel sindical onde estão pregadas folhas mimeografadas e pequenos cartazes.

Nessa noite, Danielle vestia jeans bem apertados, um amplo pulôver branco com grandes desenhos pretos, sapatos pretos com pequenos saltos. Seus longos cabelos cortados de forma degradada estão penteados "à la lionne" em volta do rosto e mostram sinais de um tratamento destinado a clarear algumas mechas. Ocupa um posto no início do vão: à sua direita, uma colega originária de Villefranche-de-Rouergue com a qual "fala a respeito da sua região"; e à sua esquerda, uma jovem de Vienne que "conhece Segondy" por ter sido convidada para o casamento em 1985 – tal proximidade foi pacientemente conquistada no momento de mudanças ou ausências de colegas menos desejados ou de benevolentes autorizações... nesse dia, estavam trabalhando 21 pessoas (o número pode chegar a 31, segundo as faltas, férias ou substituições), das quais 75% eram mulheres: são todos jovens, de 20 a 35 anos; há realmente um velho de "40 anos" na equipe, mas não estava lá nessa noite. Alguns usam uma blusa azul de *nylon*, fornecida pela administração, cuja utilização não é obrigatória, mas muitas mulheres estão com jeans e blusa ou pulôver. Tal ambiente de trabalho constitui uma oportunidade para estas, assim como para Danielle, testarem um novo penteado ou pulôver.

A sala de triagem é bastante grande – 40 metros de comprimento por 25 de largura e sete ou oito de altura – e está dividida em três vãos por duas filas de colunas. Neste ambiente, Danielle parece, de repente, estar bastante longe, perdida nessa "fábrica" intemporal, pequena silhueta na cadeia dos "separadores", em pé durante toda a noite, já que não está previsto qualquer assento ou barra de apoio. Tudo está pintado em cinza escuro até um metro e 50 do chão e, daí para cima, em cinza mais claro. O ladrilho é também cinza; quanto à iluminação baça, difundida por tubos de néon encaixados em apliques retangulares de vidro bastante espesso, parece tanto mais parcimoniosa na medida em que somente o vão central (no qual é feito o trabalho à noite) é iluminado, ficando os outros dois na obscuridade. Os vãos de direita e de esquerda servem para separar as cartas de cada zona nas sacolas dos carteiros; nesse caso, cada separador trata das cartas que, no dia seguinte, serão distribuídas por dois carteiros, sendo que o vão da esquerda abriga, igualmente, a "cabine" na qual é feita a triagem dos "valores" e das cartas registradas. Existem ainda alguns cartazes pregados nas paredes, uma gravura com a representação anatômica da coluna vertebral e uma outra que ilustra, com a ajuda de desenhos, a maneira correta de empurrar um carrinho – no entanto, ambas essas gravuras estão colocadas tão alto que são ilegíveis. Em um recanto, à direita da entrada, cabides carregados de anoraque e casacos. Diante do vão central, encontra-se o "escritório" sem qualquer separação em relação à sala: duas mesas, um aparelho de telefone e três poltronas em corino, com braços metálicos, tudo isso bem gasto, apresentando como únicos elementos de decoração um calendário amarelo e branco dos correios, e um cartaz com um veleiro tendo como fundo o mar azul; são os únicos assentos existentes nesta grande sala, privilégio do chefe, mas que não foram utilizados durante a nossa visita. Alguns anos atrás, um chefe tinha começado a elaborar um projeto para tamborete giratório para os separadores. No entanto, tal plano não se concretizou antes de sua saída e depois ninguém quis retomá-lo: "Seria necessário, diz T.M., mexer com muitas coisas, convencer a administração, mas ninguém se ocupa do assunto. Somente uma greve..." acrescenta, baixando a voz.

Quando chegamos, os "separadores" já tinham ocupado os respectivos postos de trabalho, de um lado e do outro do vão, em pé, diante de seus 66 escaninhos metálicos verticais (devem seguir um ritmo de 1.500 cartas por hora); cada escaninho corresponde à correspondência relativa a uma rua ou, mais frequentemente, uma pequena parcela de rua. O conjunto desses escaninhos é encimado por um pedaço de papelão com os nomes das ruas do bairro, e colocados tão alto que não é possível decifrá-los. Tudo apresenta o aspecto de abandono, um pouco poeirento, de uma fábrica desativada.

À direita do "escritório", diante dos elevadores, as quatro pessoas que trabalham na "mesa de abertura" já começaram a abrir os primeiros sacos postais; estão também em pé. A mesa sobre a qual perto de 30.000 cartas serão tratadas nessa noite tem apenas dois metros de comprimento por 60 centímetros de largura. O correio destinado exclusivamente ao 15º bairro (porque separado de dia nas outras estações de correio) é distribuído por "zona", em "caixinhas" para as cartas menores ou em grandes carrinhos metálicos para os envelopes maiores. Cada "separador" vem buscar as caixinhas correspondentes ao seu setor. T.M. não perde tempo com a nossa conversa, tem o costume de ajudar a começar a abertura e não quer que nossa visita seja a ocasião de uma exceção. É perto dessa mesa que se encontram colados, em um velho armário, os postais coloridos, lembranças de férias e, sobretudo, pregado em um dos pilares, o "calendário dos viajantes" da SNCF que indica os dias em que é possível viajar com tarifa reduzida. Nessa imensa sala, é o único lugar reservado aos empregados. Um aparelho de som enrouquecido difunde música, provavelmente um número de *rock* impossível de ser reconhecido com o ruído dos carrinhos, repletos de grandes sacos poeirentos, que se entrechocam e são transportados pelos manutencionistas que os tiram dos elevadores com grande violência.

Em várias ocasiões, Danielle veio nos ver para se desculpar por "não poder nos falar"; no entanto, ainda não era muito abundante o volume das cartas que tinha de tratar e, visivelmente, T.M. não teria protestado se ela não estivesse em seu posto. Tão incomodada por nos deixar sós, quanto por nos falar, bruscamente assustada por esta intrusão que tinha apenas pressentido, ela adotava um meio-termo, garantindo-nos com convicção que, na realidade, não podia nos falar, e depois voltava, toda ruborizada, para o lado da colega.

Michel B., moreno, de baixa estatura e com bigode, com 60 e tantos anos, é controlador divisionário e o superior hierárquico de T.M.; passou toda a sua vida profissional nos correios, no serviço da noite. Observou-nos, durante algum tempo, sem ousar entabular a conversação, fazendo idas e vindas no vão, olhando para todo o lado, agitado e silencioso. Sendo impossível continuar a evitar-nos, acabou por exclamar: "Ah! a imprensa". Se era isso o que desejávamos, ele poderia tomar um pouco de tempo para nos levar a visitar os locais, pretexto para nos afastar da cadeia de triagem para evocar algumas lembranças.

Ainda se lembra de sua chegada a Paris: tinha, então, 18 anos quando, um dia, desembarcou na estação ferroviária de Austerlitz, tendo deixado Saint-Jean-de-Luz, sua cidade natal, com a mala na mão; teve de procurar o caminho do Ministério dos Correios e, ainda mais difícil, encontrar um quarto. Diz-se que, atualmente, os lares de acolhimento facilitam um pouco a vida dos jovens que chegam pela primeira vez a Paris; mas ele não tem a certeza disso. As coisas não mudaram assim tanto: as moças que trabalham no serviço da noite, acrescenta ele – todas do interior ou dos departamentos ultramarinos – muitas vezes, em Paris, apenas conhecem a estação ferroviária que faz ligação com a respectiva região, seu trabalho e seu quarto. Chegam da Bretanha ou do Sudoeste, encontram-se pela primeira vez longe dos pais, têm medo e vivem na expectativa de alguns dias de férias que foram acumulando para voltarem à terra. Os "separadores" trabalham duas noites em cada três, de 21 a cinco horas da manhã (os chefes, uma noite em cada três, de 21 a nove horas) e nunca o sábado; no entanto, utilizando as "substituições", podem adicionar um número de dias suficiente para passar algum tempo na "província natal". Essas vantagens explicam que, para o serviço da noite, todos sejam voluntários porque não implica, de saída, uma partida sem retorno.

Ao chegar a Paris, esses jovens interioranos (a maior parte das mulheres trabalha no setor da triagem postal) não sabem que nunca mais hão de voltar e, durante anos – como tinha acontecido a Danielle – alimentam o sonho de um posto em sua aldeia. Pouco a pouco, descobrem que se trata de um engodo já que seria preciso esperar dez anos no mesmo posto, isto é, sem promoção, para surgir a eventualidade de se aproximarem de sua terra (sobretudo se a pessoa vem do oeste da França ou da Martinica: "As martiniquenses nunca chegam a voltar").

Danielle já está há 12 anos em Paris; casou com Serge, há sete. A mãe de Serge, "mulher bastante autoritária que controla até a poeira",vem, por vezes, passar o dia em casa deles; no domingo, vão almoçar, muitas vezes, em casa de Yvette, irmã de Danielle, que é gerente de um bar em Paris. No sábado à noite, que está sempre livre, dão uma volta com amigos. Por seu lado, Danielle segue de perto as atividades das associações dos municípios do Aveyron, existentes em Paris. Assim, há pouco tempo, passou um fim de semana "sozinha, sem o marido" na "festa de Pailherols" onde "reatou com sua juventude", participando de seus dois banquetes e dos bailes.

Algum tempo depois desta visita à *rue d'Alleray*, Danielle me confessou por telefone que "as coisas não iam muito bem" entre ela e Serge: há um certo tempo, "ela estava vendo tudo negro".

Rosine Christin

A posse

Corinne tem 50 anos. Depois de ter sido, durante mais de 15 anos, secretária bilíngue em uma pequena empresa industrial que faliu, arranjou emprego, há dois anos, em um sindicato profissional. Recebe um salário menos elevado e teve de renunciar a um status de executivo que tinha representado, durante muitos anos, um desafio em seus conflitos com o patrão e o símbolo de uma dignidade, incessantemente, desprezada.

Fala pouco a respeito de seus pais que eram imigrantes italianos; o pai era "ajudante de pedreiro" e, quanto à mãe, já não se lembra bem qual era seu ofício: "professora em uma família", afirma com certa pressa. Quando era criança, "não tinham nada"; mais tarde, depois de seu casamento, "quis adquirir coisas", ganhar dinheiro, "subir", "lutar". "É difícil, mas isso impõe-nos uma certa disciplina para podermos avançar".

Com 20 anos, depois de passar no vestibular e fazer um ano de direito, Corinne casou-se com um piloto de caça que, no momento desta entrevista, já havia falecido. Durante mais de dez anos, ela o acompanhou em suas numerosas mudanças e criou os dois filhos. Mas quando ele renunciou à vida militar para ocupar um posto civil sedentário, com um salário e vantagens materiais menos importantes, ela procurou um trabalho. Nessa época, tinha 31 anos; encontrou um emprego de escritório perto de casa, fez um curso de inglês na escola Berlitz e um curso de datilografia. Um diploma de estenodatilógrafa e um exame da Câmara de Comércio Franco-Britânica permitiram-lhe ter acesso ao posto de secretária de direção de uma pequena empresa em uma época em que a busca de trabalho ainda não era muito difícil. Dez anos mais tarde, a empresa foi comprada por Roger G., antigo contador em uma gráfica de Argel, uma espécie de "Tapie ou Maxwell em miniatura" que, de dois em dois anos, comprava pelo franco simbólico sociedades em liquidação, "a fim de conseguir dinheiro vivo".

A sociedade *holding* compreendia uma quarentena de empregados e funcionava sob uma forma autoritária e paternalista, atitude frequente nas pequenas empresas. Roger G. repetia com toda a naturalidade: "Em nossa empresa, somos uma família e vocês devem viver com a família". Pouco tempo depois de ter entrado na empresa, ele a assedia, mas é repelido. Foi o começo de "cinco anos de inferno": mesclando o trágico com o ridículo, relata as ameaças de demissão ("Gostaria de pôr você na rua"), as humilhações públicas ("Ela é muitíssimo bem paga!"), sua exclusão do grupo dos executivos, sua relegação ao "nível das oficinas", todas as pequenas repreensões suportadas em cada ocasião e, sobretudo, a pressão cotidiana, o medo de errar. Se "dissesse uma piada, ele não deixaria passar isso em claro, tratava-se de uma verdadeira guerra [...] que durou muito tempo".

Ela "vivia em um mundo à parte" [...]: "Nessas pequenas empresas, o patrão é alguém!","Era preciso obedecer". Todos eram maltratados, mas ninguém protestava, ninguém pedia a conta porque Roger G. "pagava bem". Era, simultaneamente, a medida e o exemplo de qualquer sucesso, temido pela sua dureza, mas admirado por um *savoir-faire* firme e reconhecido. Ela não podia esperar de seus colegas ajuda, nem reconforto: todos eles tinham medo. Chegou mesmo a ter a impressão de que algumas mulheres tinham um certo prazer em suas dificuldades ("Mas o que é que esta pensa que é?"). Um status de executivo um pouco ambíguo protegia-a de uma demissão que ficaria demasiado onerosa para a empresa, mas a constrangia, para justificar sua condição e salário, a um esforço cotidiano e a uma atitude profissional irrepreensível. Para Corinne, assim como para Roger G. – que foram progredindo na vida sem verdadeira formação – tudo se paga, é preciso "lutar" para ter sucesso. Falar de "assédio sexual" como faziam as "pequenas secretárias", seria uma escapatória demasiado fácil, uma forma de renegar suas competências e dignidade. Não se queixa, nem procura vingar-se; exige um pouco de justiça por sua boa vontade em pretender entrar também ao jogo do sucesso.

"Não tenho outras paixões fora", diz ela para explicar sua obstinação pelo trabalho e justificar a pouca atenção que prestava à sua vida privada. E, a despeito de todas as mágoas pequenas ou grandes, ou talvez por causa delas, a vida de escritório fornecia-lhe as emoções ou os acontecimentos sentidos com mais vivacidade – como o medo, a humilhação – assim como o gosto pela ação e sucesso, e essa dependência ambivalente em relação a Roger G. que a mergulhava todas as noites em uma agenda sobrecarregada; ao lado de tudo isso, o seu papel na vida de "fora", demasiado previsível, parecia-lhe insípido, até mesmo "um pouco tristonho".

Bem depressa, tinha reconhecido em Roger G. essa mesma atração pela ação que era proporcional a uma virilidade expansiva e um sentido de honra sempre alerta. Do mesmo modo que comprava, umas atrás das outras, empresas falidas, assim também ele se apoderava dos homens e mulheres e impunha-lhes sua vontade e poder de homem e patrão. Todas as mulheres "tinham de submeter-se", da forma mais vulgar, mas cada uma segundo sua posição, desde a faxineira "deitada na carpete", a secretária "e seu pequeno presente" e a própria Corinne que tinha sido aliciada, de forma desajeitada, para uma relação sentimental: "Será que você me ama?" Corinne não era crédula e sabia que, para além do objeto aparente, o amor não tinha o menor interesse para Roger G. que procurava satisfazer um desejo de posse mais total, embora impossível de preencher.

E, de fato, os próprios homens não eram poupados. A vontade de submeter exprimia-se nas repreensões ou humilhações públicas injuriosas que acompanhavam a chantagem em relação ao emprego, salário e décimo terceiro salário. No entanto, Roger G. sabia também recompensar; "mestre a bordo", divertia-se a promover uns e isolar outros ao sabor de manobras estratégicas complexas e transitórias; além disso, sob pretexto de criar a "emulação", divertia-se a suscitar suspeitas e ciúmes, exercendo assim sobre a vida de todos um controle que ele gostaria que fosse exclusivo. Dotado de uma energia rara, Roger G. dispunha de todos os trunfos para criar um mundo fechado, ordenado inteiramente em volta de sua pessoa, tentativa desesperada no sentido de satisfazer um insaciável apetite de conquistas.

Com uma secretária

– Entrevista de Rosine Christin

"Ninguém pode tocar nesse gênero de indivíduo."

[...]
Corinne – Eu era sua secretária. Tratava-se de um senhor extremamente exigente que me dava bastante trabalho para fazer e era muito ríspido. Tinha uma amante titular. Portanto, durante dois anos, fiquei tranquila... [...] Nessa época, as coisas iam mais ou menos... E, em seguida, abandonou essa mulher e passou a se interessar por mim; então aí, foi um horror. Mas fui mudada para outra filial, e aí fiquei por dois anos...

– Por acaso ou por vontade dele?

Corinne – Não, por acaso, porque eu sabia inglês e, nessa filial, faziam muita exportação; portanto, estive tranquila. Mas depois, voltei à sede... e então, foi bastante difícil, era, se você quer saber... tive de suportar o assédio desse homem, eu não queria ir para a cama com ele porque não tinha desejo; então, isso se traduzia por... antes de tudo, um volume enorme de trabalho, ultrapassando muito a capacidade cotidiana de trabalho.

– Que tipo de trabalho?

Corinne – Por exemplo, tinha de fazer todo o faturamento, enviar as faturas, preparar os extratos, anotar as entradas de dinheiro, responder ao telefone...

– Quando ele poderia empregar alguém ou entregar determinadas tarefas a outra pessoa...

Corinne – Ou entregar determinadas tarefas a outra pessoa, mas... então como eu via que as coisas não iam bem, fui ver o meu superior hierárquico da época e disse-lhe: "Se Roger G. pretende me demitir, pode fazê-lo; não posso aguentar as coisas desta maneira". E responderam-me: "Não, queremos que você vá embora, mas sem ser demitida".

[...]

Nem quero pensar; era uma angústia todos os dias. Eu chegava ao escritório, já estava atulhada de dossiês, ele me dizia: "Corinne, deixe-me ver tal dossiê", era preciso que, imediatamente, eu tivesse a presença de espírito para lhe entregar o dossiê em alguns segundos. Vivia em uma angústia terrível. Posso dizer que, durante cinco anos, vivi... angustiada. Eu tinha uma *Quo vadis*, uma agenda, que estava sempre comigo. Até em casa, servia-me dela. Algumas vezes, meu marido comentava: "Que é que você faz com essa agenda, completamente borrada?"; porque pegava nessa agenda à noite, antes de adormecer, e recapitulava tudo o que tinha feito, tudo o que tinha para fazer no dia seguinte, com a intenção de ficar impregnada. Vivi assim durante cinco anos...! Então, efetivamente, eu trabalhava – é certo que isso não era fácil – tenho de confessá-lo, mas parecia-me... você está vendo...

– Mas, como você disse: "Ele passou a se interessar por mim"... será que continuava o tal assédio sexual ou...?

Corinne – Nesse momento, não. Porque, entrementes, ele encontrava alguém. Porque... ia para a cama com todo o mundo.

Isso era uma regra. Não houve nenhuma jovem secretária que tenha entrado para essa sociedade, sem ter passado pela cama de Roger G. Isso era a regra. Então, nem que fosse por isso, eu nunca teria aceitado tal proposta. Mas, entrementes, encontrou outra mulher com quem esteve vivendo, mas ela não lhe convinha; portanto, havia sempre essa agressividade em relação a mim, está vendo... Era uma agressividade intelectual, diria, contínua. Por exemplo, fiquei dois anos sem receber qualquer aumento pessoal. Como diziam as pessoas à minha volta, eu estava vivendo a minha "hora da verdade". Mas era insuportável. Insuportável porque, está vendo, era contínuo. Era contínuo...

– *E, por vezes, você ficava sozinha com ele em uma sala ou...?*

Corinne – Raramente.

– *Raramente.*

Corinne – Ele manifestava sua agressividade em relação a mim diante de todo o mundo. É o tipo de homem que, um dia, mandou me chamar em seu gabinete, diante de todo o mundo, já nem sei o que eu tinha feito – ele fazia isso, diante de todo o mundo, propositalmente para me vexar – e disse-me: "Tenho realmente vontade de te mandar embora"...

– *Com que então, ele tratava você por tu...*

Corinne – Tratava todo o mundo por tu. E respondi-lhe: "Pode fazê-lo, Senhor Roger"; e ele me replicou: "Sim, ainda que tenha de colocar duas pessoas em teu lugar, porque já não te suporto mais".

– *E ele nunca chegou a formular, a explicar o motivo?*

Corinne – Não.

– *Era sempre...*

Corinne – Sempre implícito, dessa forma...

– *Está certo, mas no início, passou-se alguma coisinha antes de você ser transferida para a primeira filial...?*

Corinne – No início...

– *No momento em que... você disse há pouco: "Ele passou a se interessar por mim"; o que é que aconteceu nesse momento?*

Corinne – Enredou-se desta forma: um dia, ele me perguntou: "Corinne, será que você me ama?"; respondi-lhe: "Sim Senhor, como gosto da minha medalhinha", foi o que lhe disse, "mais do que ontem, menos do que amanhã, mas – foi o que lhe disse – será sempre desta forma".

– *E qual foi sua resposta?*

Corinne – Não disse nada, foi-se embora. Mas um dia, ele me disse: "Você vai se arrepender". Mas não era um homem que estivesse apaixonado por mim, isso não tinha a mínima importância; era um *pied-noir* [*pé-negro = nascido na Argélia*] e, para se impor, tinha necessidade de levar para a cama as mulheres que encontrava. No trabalho, ele não gostava muito da competência das mulheres, isso não era...

– *Suponho que, no fundo, isso não lhe interessava...*

Corinne – Não. Nada mesmo. É isso. É bastante engraçado encontrar indivíduos como esse; isso não lhe interessava. No fundo, minha competência... ele teria preferido que eu tivesse ido para a cama com ele. Teria me deixado tranquila e depois eu poderia ficar no escritório sem fazer nada. Durante dois anos e meio... porque, em geral, essa situação durava dois anos e meio. Mas era horrível e, neste momento, já esqueci muitas coisas porque depois perdi o trabalho, perdi meu marido; portanto, houve um montão de coisas que se passaram, mas posso dizer a você que esse gênero de comportamento existe – agora, em minha opinião, isso não existe nas grandes empresas, mas só nas pequenas. Porque nas grandes, se isso existe, há sempre a possibilidade de se virar com o sindicato ou o Comitê de Empresa; na nossa, não existia nada disso.

Minha Senhora, deixe de cantarolar...

– E que pensavam os outros?

Corinne – Tinham medo. No fundo, entre as mulheres, devia haver algumas que, talvez, gozassem um pouco: "É bem feito para ela; o que é que ela julga que é?", ou coisas parecidas; entre os homens, a maior parte não abordava o assunto... tive certas vantagens quando fui transferida para a filial, essa mudança trouxe-me vantagens financeiras e cortesia...

– Por ter sido repreendida por ele e por ter recusado ir para a cama com ele porque todo o mundo sabia...

Corinne – Isso mesmo, mas sobretudo por ter sido – a moralidade na indústria não era assim tão... era indiferente para as pessoas que eu tivesse ido ou não para a cama – mas o lado injusto, o lado profissionalmente injusto, não no plano físico ou sexual, mas no plano profissional, creio que eles me diziam: "Mas isso não é possível, é preciso...". Tive um diretor que, um dia, me disse – tenho um caráter bem-humorado e, muitas vezes, fico cantarolando: "Senhora Corinne, deixe de cantarolar; felizmente, Roger G. não está aqui; se ele ouvir você, vai ficar um louco furioso". Era preciso conservar uma atenção contínua...

– Portanto, ele ficou durante cinco anos se lembrando da recusa, embora nunca mais tenha feito assédio?

Corinne – Não.

– Mas, no final de contas, ele esperava que, talvez, você viesse a ceder, que se lançasse aos pés dele... em um dia de baixo astral, ele pudesse recuperar você...

Corinne – É isso... é isso... e, até mesmo durante a liquidação de bens, portanto, quando éramos um pequeno número, estávamos sob tutela do síndico, um administrador judicial – portanto, houve uma demissão em massa, apenas sobraram alguns para terminar os dossiês... um punhado de empregados. E até mesmo, nesse momento, em que, na realidade, não mudei de atitude, ele conservava sempre sua agressividade.

– Mas nesse momento, ele já estava na lona...?

Corinne – Ele já estava na lona e, mesmo nesse estado, ele me detestava porque dizia – sei que fez essa afirmação a determinados diretores: "Ela viu que a coisa estava acontecendo". É verdade. Mas não fui ao seu encontro para lhe dizer: "Senhor Roger, cuidado, estou vendo isto, vi aquilo"; não fiz nada. Nem era mesmo uma questão de vingança porque isso seria uma atitude suicida de minha parte. Eu teria ido ver Roger G. para lhe dizer: "Você sabe, Senhor Roger, há determinadas coisas que estou vendo que terão tal resultado"; ele teria convocado todo o mundo em seu escritório e teria dito: "Vejam só o que... a Senhora Corinne tem para nos contar..."; portanto, isso teria sido suicida para mim. Portanto, não o fiz. Mas isso foi assustador. Só para você fazer uma ideia: um dia, tínhamos um seminário, havia operários que tinham vindo da fábrica de Giens, das oficinas – mas não tenho nada contra as pessoas das oficinas – todo o mundo estava sentado à volta da mesa principal; quanto a mim, estava no fundo da sala com os operários da oficina, mas meu trabalho nada tinha a ver com essas pessoas. Mas quantas coisas parecidas! Enquanto todo o mundo estava sentado à volta da mesa – parece que ainda estou revendo a cena... – todo o mundo ia buscar sua pasta, mas não havia pasta para a Senhora Corinne. Ah! não; evidentemente, a pasta tinha ficado na sede. Ele me aprontou isso duas, três vezes...

– *Por que razão ele não a demitia?*

Corinne – Porque seria preciso pagar, você compreende, eu era executiva; ele não poderia me demitir. Mas para ele era a pior das coisas me demitir, se me tivesse demitido, mas... até o fim, foi nojento em relação a mim. Na empresa, eu era a única secretária bilíngue; quando ficamos sob a tutela do administrador, houve dossiês que foram tratados com a Nigéria, bastante complicados – era preciso negociar com a Lloyd, em Londres – enfim, isso exigiu bastante trabalho. Portanto, tratei desses dossiês até o fim e quando terminei, pedi, como tinha acontecido com os outros, que fosse liberada do aviso prévio, você está vendo... Já que todo o mundo tinha sido liberado do aviso prévio! Pois bem, ele recusou que eu fosse liberada do aviso prévio...

– *Quanto tempo durava o aviso prévio?*

Corinne – Suponhamos que a pessoa é despedida em 1º de fevereiro, fica com três meses...

– *Ah! sim, enquanto você teve de esperar até o fim, quando quis ir embora...*

Corinne – Isso mesmo! Para mim, foi no dia 8 de março ou coisa parecida que pedi para ser liberada porque todo o mundo já tinha sido liberado! Ninguém tinha efetuado o... mas ele não queria que eu fosse liberada.

– *Será que ainda havia algum trabalho para fazer?*

Corinne – Não. Nesse caso, eu chegava de manhã no escritório...

– *Quantas pessoas ainda estavam trabalhando?*

Corinne – Oh, devíamos ser cinco ou seis, ou seja, apenas os diretores gerais e eu. Eu chegava ao escritório, sentava-me: havia uma carta para escrever, o que me dava cinco minutos de trabalho; então, levava meu radinho, lia durante todo o dia, mas não podia fazer outra coisa. Não é possível fazer nada contra isso. Em uma grande empresa, isso não pode existir. Mas as pessoas que nunca trabalharam nas pequenas e médias empresas não podem saber o quanto um empregado pode ser dependente de seu chefe hierárquico... Nem é possível fazer uma ideia. A pessoa fica absolutamente dependente dele que está por cima. Se a pessoa é correta, ainda vai; caso contrário, é o inferno porque não há Comitê de Empresa nas pequenas e médias empresas [...]; muitas vezes, isso é horrível. A pessoa não pode... eu não podia me voltar contra... ninguém me ajudaria! Mas ninguém!

Seres malfazejos

– *E as moças que iam para a cama com ele e eram postas de lado ao fim de dois anos e meio quando ele já estava farto...?*

Corinne – Ah! não, não, cuidado! O período de dois anos e meio era para as amantes...

– *Com que então, havia várias espécies...?*

Corinne – Isso mesmo. Mas as coitadinhas, enfim... iam para a cama com ele...

– *Ele nunca teve problemas?*

Corinne – Nunca. [...] Ouça uma coisa, trabalhei com esse homem durante mais de dez anos, nunca vi ninguém ir embora. Antes de tudo, ele pagava muito bem seus executivos. Quanto ao pessoal subalterno, como estávamos na sede, não era numeroso... Ele me perseguia por uma razão – vou dizer a coisa pelo seu nome – era por uma história de transa.

– Sim, enfim, tinha ficado vexado com...

Corinne – Vexado, isso mesmo. E à minha volta, cheguei a ver em outras... tínhamos fábricas já que havia 1.800 assalariados no lugar onde eu trabalhava – havia mesmo filiais com fábricas – ouvi falar de mulheres que eram também repreendidas. Isso passava-se ao nível de contramestre ou coisa parecida e aí não há qualquer recurso! Eu não tinha qualquer recurso, nenhum... Por vezes, dizia para comigo: "O que poderia fazer, não posso deixar-me levar sempre desta forma", mas não tinha qualquer recurso... É uma coisa que não dá para explicar. Em determinado momento, eu estava em uma filial, ele veio fazer-nos uma visita, os escritórios estavam limpos e tudo o resto, convidou todo o mundo para almoçar, exceto eu. Porque era o patrão, logo abaixo de Deus. [...] Você sabe, esse gênero de pessoa que monta sociedades dessa maneira, tipo Tapie, Maxwell – em outro plano, mas no final de contas... – são pessoas que têm os defeitos de suas qualidades, isto é, levam uma atividade intensa, mas ao lado disso são seres malfazejos. Não é possível criar empresas dessa forma sendo bom, amável e... não! E depois eu trabalhava com dossiês que me aproximavam dele, mas havia, entre nós, dois diretores que serviam de para-vento. Mas que, por exemplo, me diziam: "Não vá..."; então, havia grandes corredores e eles me diziam: "Fique no escritório, Senhora Corinne, porque Roger G. anda por aí, não saia do escritório"... não convinha que ele me visse!

[...]

Quando a gente ficava sabendo que Roger G. ia viajar! Ah! Era horrível, todo o mundo respirava fundo! Porque quando xingava as pessoas, quando chamava alguém pelo interfone, todo o mundo ouvia, já não havia ninguém nos corredores. Já não era possível ver ou ouvir quem quer que fosse.

– Cada um no seu escritório, é isso...

Corinne – Porque todo o mundo sabia que a pessoa que fosse chamada ia apanhar na certa. Era terrível. Era terrível, oh foi no dia... oh vou contar uma anedota bem precisa. Um dia, estava chegando ao escritório às oito horas da manhã, íamos andando ao lado um do outro, não tinha nada para lhe dizer, chegamos à entrada onde havia uma grande embalagem – uma embalagem marítima, bastante resistente; ele começou a xingar e deu um grande chute na embalagem; foi algo mais forte do que eu, dei uma gargalhada porque o pé ficou preso na embalagem; poderia até mesmo quebrar o pé. Durante todo o dia, não falou de outra coisa: "Tirem daqui suas coisas, ela debochou de mim, vou mandá-la embora", e aborreceu todo o mundo com isso! Mandou a contadora fazer a minha conta para ver quanto teria de pagar se resolvesse me demitir – mas deixou isso de lado porque teria sido demasiado caro. Enfim, é para situar a personagem. Todo o mundo ficou a postos durante todo o dia por causa disso... Sei que houve outras mulheres..., não vou acreditar que eu estivesse sozinha, não, não, não; por outro lado, houve uns coitados... ele foi e é sempre!... Será que alguém poderia fazer alguma coisa? Não, nada poderá ser feito seja lá por quem for porque agora ele tem um pequena empresa em Suresnes, mas ninguém irá vê-lo em seu escritório, se ele [...], se não der o décimo terceiro salário, se demite pessoas, está vendo, ninguém... ninguém poderá tocar nesse gênero de indivíduo.

– Qual era a formação dele?

Corinne – [...]. Não tinha qualquer formação enquanto diretor, mas um espírito extraordinário, uma capacidade de trabalho formidável, qualidades enormes; e eu lamentava isso porque, francamente, era um cara no plano... das ideias, conchavos, um montão de coisas, vigarices extraordinárias. Digo que era Tapie, Maxwell em miniatura. Mas... isso era interessante, sem parar, não largávamos um dossiê enquanto não estivesse resolvido.

[...]

Para mim, era uma briga; agora, evito as brigas. Enfim, eu não queria ceder; nesse caso, ficaria doente ou coisa parecida, e então lutava, não queria aceitar, era algo de atroz. No entanto, havia uma empregada que estava encarregada, justamente, de reservar os quartos de hotel; um dia, cheguei a ver que ele praticamente estava batendo nela. Mas era terrível, terrível...

Seu apelido era pinto de zinco

– E o que pensava seu marido a respeito disso?

Corinne – Não estava ao corrente de nada!

– Você conseguiu ocultar isso?

Corinne – Nunca falei de meus problemas com meu marido.

– Mesmo assim quando você saía de casa de manhã...

Corinne – Nunca! Nunca falei de meus problemas em casa. Nunca. Nunca, nunca. Meu marido nunca soube de nada. Ele trabalhava em uma empresa americana, [...] e de um dia para outro foi demitido. [...] Um ano depois, entrou para *Matra-Informatique*... e não me falou disso. Ele não me falou disso. Não, não, isso não corresponde ao meu caráter.

– Talvez, você deixasse de pensar no assunto desde que chegava em casa?

Corinne – Mas com certeza que sim!

– Isso me impediria de dormir...

Corinne – Pelo contrário, eu dormia como – ah! isso mesmo – se tivesse levado pancada! Moída de pancadas! E sempre com a agenda debaixo do braço. Então isso, por vezes, meu marido me dizia: "Deixe para lá sua agenda", eu marcava tudo. Tudo o que fazia em favor dessa gente, eu marcava tudo! Vivia no meu trabalho!

– Mas nesse negócio, no fundo, ele tinha razão... De um certo ponto de vista...

Corinne – De um certo ponto de vista, se ele não tivesse corrido atrás de mim como aconteceu... ele tinha razão. Ele chegava a fazer... porque o princípio do trabalho feito dessa maneira era para todo o pessoal; cuidado, eu não me encontrava sozinha nessa situação. Todos os diretores viviam uma situação parecida. [...] Sim! houve um momento em que minha filha me criticou, mas dez anos depois ela me disse: "Ainda bem que você deixou essa empresa porque você não se dava conta, mas outras coisas deviam contar, além de seu trabalho". Tinha de [...] ser feito, ah! sim, isso sim! De qualquer maneira, sim! Ele não podia tolerar que pudéssemos deixar o trabalho e voltar para casa tranquilamente; isso era válido para todas as pessoas que trabalhavam na empresa. Mas bom, no extremo limite, até podemos compreendê-lo. [...] Trabalhávamos muito, mas enfim isso era o trabalho, era o comportamento. Houve alguns que chegaram a ser maltratados, horrível, horrível... digo que ouvi caras serem tratados como se fossem uns coitados, caras que tinham sob suas ordens 300 ou 400 pessoas, ou seja, diretores de fábrica. E depois ele dava-lhes esse tratamento à frente de qualquer pessoa, não era a sós, mas diante de todo o mundo! Tínhamos contratado uma faxineira: quando chegava ao escritório de manhã, era chamada por interfone. A pobre moça dizia-me: "Senhora Corinne, vou ser obrigada a ir embora; ele quer transar em cima do carpete". Era esse gênero de homem, são homens... como lhe digo, são potentados, são homens que montam uma empresa e a empresa se confunde com eles. E é verdade, eu dizia para comigo: "Se você estivesse no lugar de um cara assim, o que é que teria feito?" É verdade que, no plano do trabalho, eu teria sido feroz. Ele era feroz. Não há outra palavra. Se ele tivesse conseguido levar-nos a trabalhar à noite, ele nos teria obrigado a trabalhar à noite. Isso é verdade, era algo de assustador... não era possível ficar... sem fazer nada. Mas isso faz parte do jogo que aceito porque, digo-lhe, se isso estivesse à minha conta, eu teria feito igual. Mas fora disso, há mesmo assim um limite. Aí, não havia nenhum. E creio que... [...] Mas estou me lembrando que todo o mundo o chamava pinto de zinco...

– *Como assim?*

Corinne – Pinto de zinco é para dizer que... não havia outras palavras. Não se podia agradar a esse homem, não era possível... [...] mas não é compreensível como esse homem podia ser tão ríspido. Ele chegava, se o escritório não estivesse bem arrumado, jogava tudo no chão; creio que quando nos tornamos um pouco poderosos e que não temos costas suficientemente largas para suportar tal peso, tornamo-nos [...] e não sei como ele acabará um destes dias. Mas ao lado disso, era generoso, mas não para todo o mundo... não para todo o mundo. E depois, tratava-se de paternalismo. Ele tinha necessidade disso... é bastante difícil trabalhar dessa forma: ficamos marcados para o resto da vida. Aliás, ficamos um pouco malvados porque para andar, durante anos, sempre de pé atrás acabamos por nos tornar malvados e desconfiados. Quanto a mim, depois... quando cheguei aqui, eu estava bastante espantada. Eu mantinha uma certa desconfiança e achava que as pessoas eram demasiado amáveis. Não estava acostumada com essa atitude. Na indústria, não é possível fazer favores, até mesmo entre colegas... na indústria, o clima é muito difícil, não tem nada a ver com... porque existe emulação, é preciso fazer melhor do que o outro. Enquanto aqui, não; isso não existe, aqui...

– *Não, isso não existe no meio...*

Corinne – Absolutamente! Não é preciso brigar para ser promovido...

– *Todos têm um trabalho para fazer...*

Corinne – Isso mesmo, um trabalho bem determinado. Ficamos sempre... acaba sendo um pouco tristonho, é isso.

Julho de 1992

Pierre Bordieu

O fim de um mundo

A única possibilidade de encontrar trabalho aqui é abrir-se uma pequena empresa. Antigamente não era problema ingressar numa fábrica. Nossos pais, como falavam nossos pais, quando eu tinha 14 anos, como eles falavam: "você não foi bem na escola, você vai para a fábrica". Nossos pais falavam assim. Por que a gente ia para a fábrica? Porque sabíamos que havia admissão praticamente todos os anos, ingressavam 300 ou 400 pessoas. Não havia problema. Mas agora, os pais não podem mais dizer: "Você vai para a fábrica", não há mais fábrica[1]. Estas palavras de um sindicalista da região de Longwy, antigo operário siderúrgico (como seu pai e seu irmão), com 44 anos de idade (A), atualmente empregado na prefeitura, condensam o essencial do sistema de fatores que determinaram a crise de um sindicalismo outrora florescente e hoje, como dirá outro antigo dirigente, verdadeiramente "sinistro"[2]: o fechamento da maioria das usinas metalúrgicas, acompanhado da demissão ou aposentadoria antecipada de uma grande parte dos

---

[1]. Das cinco entrevistas utilizadas aqui, três foram feitas por Pascal Basse. A fim de preservar o anonimato e ao mesmo tempo permitir relatar as palavras nas características sociais dos que as pronunciam, cada sindicalista interrogado foi designado por uma letra do alfabeto (A, B...) que é lembrada, após a primeira aparição, todas as vezes que é citado.

[2]. Globalmente, a CGT perdeu em 20 anos mais de 2/3 de seus efetivos, onde a CFDT conheceu um recuo de cerca de 30%. Com 600 mil sindicalizados na CGT e 428 mil na CFDT, em 1990, os dois primeiros sindicatos franceses mal reuniam 1 milhão de adeptos, sendo 860.000 ativos, enquanto que em 1970 eles organizavam mais de dois milhões e duzentos mil sindicalizados. Este enfraquecimento global foi acompanhado por uma modificação na relação de forças entre duas confederações. Enquanto em 1970 a CGT representava 3/4 dos sindicalizados na CGT e CFDT juntas, em 1980 não reunia mais do que 2/3. Dez anos mais tarde os afastamentos se intensificaram de modo singular, pois a CGT conta com cerca de 58% – e a CFDT cerca de 42% – do total dos inscritos nos dois sindicatos. Se contabilizarmos apenas os ativos, os dois sindicatos estão muito perto em número de membros. Nos anos 70 a porcentagem de sindicalizados, apenas os ativos, recua de 13% para 10%. Nos anos 80 a perda de influência se acentua. As duas maiores organizações representam menos de um assalariado em 20 (cf. LABBÉ, D., CROISAT, M., BEVORT, A. *Effectifs, audience et structures syndicales en France depuis 1945*, relatório final de pesquisa, Grenoble, Cerat, 1991).

365

operários, a interrupção da admissão e, por consequência, da renovação dos efetivos pela entrada de jovens, outrora recrutados já nos centros de aprendizagem, o desaparecimento de grandes conjuntos de trabalhadores, de fábricas com 4 a 5.000 operários, em benefício das pequenas empresas, com menos de 50 empregados, sempre difíceis de penetrar, a ruptura, favorecida pela escola, do ciclo simples da reprodução, o desemprego e a ameaça constante que pesa sobre os que têm trabalho, condenando-os à submissão e ao silêncio.

Mas há também esta outra espécie de desmoralização coletiva, muito bem evocada por este outro sindicalista, com 36 anos de idade, também antigo metalúrgico filho de metalúrgico (B): "Todo mundo pensava que com as aposentadorias aos 50 anos as associações teriam uma renovação. Não, nada! Acreditava-se que se conseguiria muita gente e mal se pode encontrar alguém que o tenha sido, mesmo para defesa de sua moradia, do aluguel que se torna cada vez maior [...]. Mas o que mais me surpreende é o delegado ativo que conduziu as lutas: estou pensando num companheiro que foi ativo, que era um bom militante: pois bem, eis um companheiro que no dia seguinte à aposentadoria parou com tudo, cessou completamente toda atividade". Como mostra um outro responsável, também ele metalúrgico (filho de um militar de carreira), com 54 anos (C), este desencantamento é comum a todas as vítimas do declínio das empresas metalúrgicas: "A aposentadoria aos 50 anos, para qualquer um que não a organizou, é um drama [...]. Eu sei que aos 50 anos eu preparei (minha aposentadoria). Eu sabia que continuaria a militar na União local, a tentar ser útil... Mas perdi o contato com os colegas de trabalho, esta é a minha mágoa [...]. Os outros aposentados tiraram sua carteira de aposentado sindicalizado CGT, mas muitos estão completamente sem ocupação [...]. É o jogo de bola, as corridas, e depois as discussões que nunca acabam sobre qualquer assunto [...]. Eles discutem, recordam as velhas lembranças, estão ocupados. Isto faz com que em Longwy, agora, haja um grande problema de casos de divórcio, casos de desavenças, de casamento que não continua mais. Porque é outra vida para a família: os rapazes que faziam as trinta e oito, que passavam a maior parte do tempo na fábrica e que se encontram agora constantemente com sua mulher, é uma outra vida que começa [...]. E temos dezenas, centenas de casos de divórcio aos 50 anos na região de Longwy [...]. Ocorreram suicídios, infelizmente, são conhecidos algumas dezenas de casos; alguns mergulharam no alcoolismo".

Tudo se passa como se a crise, e as dificuldades de todo tipo que daí resultam, tivessem quebrado os próprios fundamentos das antigas solidariedades: é o que sugere um outro responsável sindical, de origem italiana, hoje com 72 anos de idade (D): "Há muita miséria, muito sofrimento, moral e físico, se sofre, se sofre [...]. Nas cidades é uma bagunça, existem as dificuldades, as pessoas estão angustiadas, não falam muito [...]. É duro, é duro [...]. Até as famílias estão divididas, pois os jovens compram a casa e querem que os velhos vão embora, para consertá-la, para alugá-la [...]. O desemprego nos divide e faz aparecer tudo o que há de pior em nós: o individualismo, o ciúme, a inveja; o trabalho nos une, a fraternidade, a solidariedade..."

Este desencantamento vai lado a lado com a deterioração do espírito militante e da participação na política que atinge até os responsáveis sindicais mais convictos: "Inclusive nos municípios ditos operários não há mais atividade política. Há uma atividade de gestão para os que são socialistas ou comunistas mas não há mais atividade política [...]. Gere-se, gere-se como faria a direita, talvez de uma maneira um pouquinho diferente, mas gere-se... Não há mais nada, não há mais atividades. Então, não há mais militantes, as pessoas se tornaram como eu, olham isto de longe e não estão motivadas para fazer o que quer que seja..." (A).

É evidente que as "decepções" (sobretudo a propósito dos socialistas e da política que eles seguiram desde 1981 e as desilusões (a propósito dos países do Leste e dos regimes "comunistas") estão para muitos na desconfiança de que os militantes sindicais serão futuramente o alvo e isso contribui sem dúvida para sua desmoralização: "Eu estou um pouco perdido em tudo isso. Não sei como estão os outros... (longo silêncio). Eu posso ter mudado, ou foi o mundo que mudou em minha volta, ou então eu não percebi as coisas mudarem, eu não sei, mas, em todo caso, eu estou um tanto perdido. Talvez seja pelo fato de se ficar um pouco mais velho que a gente tem menos vontade de se preocupar com os outros. É possível, não? Porque eu, apesar de tudo, fazia parte das pessoas que acreditavam que as ideias que eu defendia, as ideias pelas quais eu me empenhava, eram as ideias que davam o caminho..." (A).

Mas é da boca do militante mais antigo, cheio de prestígio, que se tornou famoso em toda a região por causa de sua atuação durante as grandes greves no começo dos anos 50, que se podem ouvir as críticas mais duras sobre a CGT, o partido comunista e os regimes de tipo soviético: "Ah, digo isso tranquilamente, se tivéssemos tido o poder, teríamos cometido os mesmos erros (que nos países do Leste). Pois tudo era traduzido assim: 'Lenin disse', 'Stalin disse', 'Maurice Thorez disse' etc. Mas eu dizia um dia a um rapaz que era deputado e membro do comitê central: 'E o que é que dizem os trabalhadores, você os escuta?' Esta é toda a questão. Este é o problema [...]. Cada um aproveitou, cada um construiu sua vila em Côte d'Azur! Então, aí estão os fatos!" (D). E criticar o voto com erguer a mão, a tendência de uma grande parte dos militantes a se abster, a lógica de "promoção social" que se apodera dos responsáveis: "Porque se tem um nível de vida, se está obrigado à retirada dos quadros etc. Também criamos nossa casta. Também existem as casas de repouso especial para eles. Onde, de fato, se está, mas não se paga".

E todos eles lembram a formidável decepção que suscitou o governo de esquerda, depois de 81, especialmente na região de Longwy, ao retornar, depois de uma pausa entre 81 e 83, a política de fechamento de usinas que provocara os formidáveis movimentos de protesto do final dos anos 80: "Além disso, 82-83 é a época de partida dos ministros comunistas, em seguida se começa a anunciar na siderurgia que não vai melhorar, que será fechada esta unidade, aquela unidade... E foi então que se criou o mal-estar. Então, sindicalmente começa a confusão. [...] Em 1983, devemos ser honestos, a perda dos partidários da CGT foi de 10, 20, 30%" (C). A mesma coisa aconteceu com o partido comunista: "Não há mais partido [...] não há mais quadros dirigentes, não mais partidários [...]. Estamos divididos em 7 ou 8 (em 1988) e depois, infelizmente, infelizmente, não havia mais quadros [...]. Restam militantes, têm militantes inscritos, simpatizantes, mas não há mais quadros dirigentes" (C). E sobretudo, como observa outro militante da CGT, com 36 anos e atualmente desempregado (E), não há mais renovação através do recrutamento de jovens: "Eu conheço filhos de comunistas que dizem: 'meu pai era um otário!' (me desculpem, mas o que se quer dizer é exatamente isto). Em geral, porém, fracassamos na juventude. Não falamos de partido socialista. [...] E a juventude é partidária da ordem. Isto explica que ela se jogue nos braços de um Le Pen [...]. Pela primeira vez Le Pen teve um certo número de votos em seu nome".

E diante das novas formas de exploração, favorecidas principalmente pela desregulamentação do trabalho e pelo desenvolvimento do trabalho temporário, eles sentem a insuficiência das formas tradicionais de ação sindical: "É preciso que estejamos nas pequenas empresas com menos de dez empregados. Também precisamos ir aí, precisamos nos implantar aí, precisamos ir ver [...]. Por isso o discurso deve obrigatoriamente mudar em nossas cabeças. Não se pode mais ir às empresas como eu, pessoalmente, fazia na fábrica central. Eu subia num carro, batia palmas, assobiava e, bum, cem pessoas estavam em minha volta, e eu tomava a palavra. Tudo isso acabou. Depois, é preciso apresentar o sindicato de maneira diferente. Deus sabe os problemas que as pequenas empresas têm: horas extras não pagas. São obrigados a fazer horas extras, se recuperam com muita dificuldade. São as condições de trabalho. Os problemas são muitos" (E). E um outro: "Agora, a gente está numa situação onde há o desemprego, um certo número de problemas, e as pessoas se calam. Eu acho completamente intolerável que haja pessoas que possam trabalhar oito horas como loucos, pois são assim, por 5.300 francos por mês. É difícil admitir isto! Mas é verdade que não têm escolha: são obrigados a se calar. E isto não é mais tolerável. Pode haver movimentos, e se constatou que às vezes há reações, inclusive nas grandes empresas. Bom, vimos muitos sindicatos, tanto oficiais como tradicionais, com excesso de coordenação ou coisas semelhantes. Podemos perguntar pelo motivo: a linguagem sindical ainda tem vez? Por que as coisas são como são? Porque a imagem sindical deve sofrer um golpe... Pois quando se diz 'eu estou no sindicato', ouve-se a resposta: 'os sindicatos fazem política, eles não se entendem'. Talvez, talvez... Existem muitas perguntas que são feitas hoje e que eu não sou capaz de dar uma resposta, inclusive para mim mesmo. A gente não tem nada em que se segurar. Provavelmente perderam-se muitas ilusões. Acreditamos demais. E quando tudo desaba, não sobra nada" (A).

Dezembro 1990 – Janeiro 1991

Michel Pialoux

A perturbação do delegado sindical

Eu iria encontrar Hamid depois de muito tempo. Falaram-me muitas vezes dele; quando eu lembrava os "problemas" dos imigrantes na fábrica, me diziam: "Você ainda não viu Hamid? Você deve ir vê-lo". De fato eu o tinha encontrado, já nos tínhamos visto diversas vezes, principalmente depois da greve de outubro de 1989; eu conhecia a sua figura baixa, forte, eu o vira na frente de desfiles. Ele figura em muitos documentários filmados. Ele aparece no filme rodado na fábrica em 1990: ele foi filmado durante vários momentos no seu local de trabalho, ele mesmo comenta seus gestos, as operações, ele fala da dificuldade deste trabalho. Também o vi na televisão, nos noticiários da FR3. Quando se trata de testemunhar sobre as novas condições de trabalho na HC1 (Habillage-Caisse, nova fábrica montadora de carros) é geralmente dele, porque ele é delegado e porque "não tem medo" de se exprimir, que as pessoas se lembram. Sua opinião tem peso no sindicato. Ele faz parte deste pequeno número de "delegados" que estão em condições de se apresentar como porta-voz e no meio dos quais há cinco ou seis anos o peso das mulheres e dos imigrantes cresceu muito.

Ele trabalha na região de Montbéliard há vinte anos, e há quinze anos na fábrica de Sochaux. Mas ele não passa muito dos quarenta anos. Ele ocupou diferentes postos, sempre na linha de montagem, e há muito tempo trabalha no acabamento. Sindicalizado dois ou três anos depois de sua chegada à fábrica, foi após a greve de 1981 que ele aceitou se tornar delegado e desde então não deixou de ser. Há vários meses, e após ter feito o famoso estágio de três semanas em Morvillars, ele trabalha na HC1, a nova fábrica que foi aberta no final de 1989. Os delegados CGT e CFDT são muito pouco numerosos ali ("um punhado"). A maioria dos militantes e delegados estão ainda nesta data no "velho" acabamento. Mas nas eleições dos DP (delegados do pessoal) de março de 1990, a CGT conseguiu, na nova fábrica, um resultado totalmente inesperado, ultrapassando os 70% em alguns departamentos.

Eu marquei entrevista com Hamid, três dias antes, para um domingo após o meio-dia, depois da festa da CGT de Sochaux. Todo ano, a festa é realizada no campo de esportes de Bethoncourt, uma comuna próxima da fábrica cujo governo municipal é comunista. Participam algumas centenas de pessoas. Vêm em família. O dia é organizado em torno das competições de futebol disputadas por equipes improvisadas: torneiros mecânicos contra acabamento, jovens contra velhos, montagem contra fundição, as mulheres contra os homens. Não são verdadeiras competições. Alguns jogadores se travestem, ri-se muito. Muitos homens se vestem como mulheres, ou vice-versa. As mulheres são muito aplaudidas. As figuras populares das fábricas devem estar presentes, jogar no campo pelo menos cinco ou dez minutos. Os tempos de jogo duram em média 20 minutos (há três ou quatro anos iam muito além de meia hora, mas envelhece-se e fica-se muito cansado). A atmosfera no campo e fora do campo é de brincadeira franca. As pessoas entram e saem do jogo como querem (eu me lembro que, olhando estas partidas, eu pensei nas orquestras do sindicato dos metalúrgicos, a IG Metall, cujas imagens vi num filme sobre as fábricas da Volkswagen de Wolfburg). Os operários presentes aqui me parecem todos OS, que têm sensivelmente a mesma idade; talvez entre eles haja algum profissional, mas em número muito pequeno. Dois ou três técnicos, aqueles que são sempre vistos, mas nenhum da direção. Parece que sou o único, em toda a festa, que não tem o aspecto de um operário.

 Foi assim que encontrei Hamid. Ele acabara de jogar, de correr muito, respirava forte, um pouco demorado, à beira do campo. Ele estava com a mulher e a filha, no meio de um grupo de "companheiros". Eu também estava com um grupo de militantes que conhecera há bastante tempo. Fui apresentado: "Um companheiro que talvez te ouviu falar, que fez artigos sobre a fábrica, que vem a Sochaux há alguns anos". "Sociólogo" ou "Jornalista", não sei muito bem as palavras que empregaram. Hamid fez como se eu não lhe fosse totalmente desconhecido. De fato, já devia ter-me visto com um ou com outro. Continuaram: "Ele gostaria de discutir contigo o trabalho em HC1, falar do ambiente da fábrica, da escolha do delegado". Eu disse algumas palavras do que conhecia da HC1, sobre as visitas que lhe fizera, de certos operários que reencontrara. Um acordo imediato, sem problema, nenhuma sombra de reticência.

 Quando chego por volta das 10:30h ao apartamento em que ele vive, na ZUP de Montbéliard, uma grande "barra" onde as famílias dos operários imigrantes são numerosos – aqui não se utiliza senão uma palavra para os designar: "os blocos" –, Hamid, com um grande avental sobre sua camisa T-shirt, de jeans, está começando a preparar o almoço da família, que ele logo comerá depressa antes de ir trabalhar de tarde (ele trabalha "em turno", e nesta semana é "depois do meio-dia", isto é, ele trabalha de 13:15 horas até 21 horas). A janela é grande e está aberta. Fora, o céu está muito azul, e faz muito calor. É evidente que Hamid sente muito prazer nesta ocupação: ele acaba de separar alguns legumes e limpar os peixes que colocará numa panela – enquanto me dará a receita: uma receita da casa dele, do sul, adaptada às possibilidades locais.

Ele me recebe muito gentilmente, como se eu não o importunasse, ele me diz que não esqueceu nosso encontro, que estava me esperando. Eu não me sinto muito obrigado a me justificar por estar aí. Parece-me que tudo se passa como se nós nos conhecêssemos há muito tempo e que retomávamos uma conversa interrompida. Eu me dizia que esta seria uma entrevista "sem problemas".

Então – nós estamos ainda de pé na estrada e eu, é claro, ainda não pedira permissão para ligar o gravador – ele começa um relato um pouco confuso a respeito do que acontecera na véspera em sua seção, e de tal maneira que não tive vontade de interrompê-lo. No início o relato é um pouco caótico, mas pela violência das palavras – "isto está acima de mim", "nunca vi coisa igual", "isso passa por cima da minha cabeça" – eu compreendo que aconteceu algo que está fora do "dia a dia", da "rotina da vida sindical". Um acontecimento que o atinge pessoalmente e que, a seus olhos, pertence a outra ordem que aquela de que projetáramos falar.

O que aconteceu? Em resumo, na véspera, num setor da fábrica, muito perto do seu (onde desde a partida dos trabalhadores temporários, após a guerra do Golfo, as coletivas de trabalho são incessantemente reorganizadas, onde sem cessar chegam "velhos" provenientes de outros setores da fábrica) operários de sua idade, que são antigos no acabamento (pessoas que ele conhece bem, "bons companheiros", "bons operários" que fizeram greve em 1981 e 1989, sem problema, que votam pela CGT, mesmo se não são sindicalizados) e que em princípio têm os antigos valores de solidariedade, redigiram um requerimento, mais ou menos por iniciativa dos "chefes", pedindo que um operário seja "excluído" não somente do setor, mas da fábrica de Sochaux – e este requerimento era contra um operário que era um antigo sindicalizado, que tinha 10 ou 15 anos de fábrica, mas que, por nunca ter estado na linha de montagem, não conseguia pegar o ritmo. Hamid quis fazê-los mudar de decisão. Falhou completamente.

Ele está atordoado, abatido. Ele que habitualmente é calmo, ponderado, se põe a falar muito, e começa a ser novamente tomado pela emoção da véspera. Ele me fala de sua surpresa, de sua perturbação, de sua indignação, da maneira como ele foi – utilizando seu tempo de delegação – repreender seus companheiros, interrogar os chefes, lembrar-lhes as responsabilidades frente a um acontecimento que lhe parecia "escandaloso", que ele não admite. Com gestos ele imita a surpresa dos chefes que lhe perguntam: "Mas por que você se irrita tanto assim?" "Por que isso atinge tanto a você, pois, além do mais, geralmente vocês delegados não são poupados?" E ele me explica de novo como ele se agitou, como voltou cinco ou seis vezes a ver os chefes, a suscitar entrevistas e reuniões. Parece que ocorreu algo que o fere profundamente, que parece chegar a um nível pessoal, em sua honra de militante e de operário.

Seu protesto me parece mais ético do que verdadeiramente político. Ele não se prolonga num discurso de denúncia das práticas da direção, do tipo daqueles que poderiam me considerar um militante aguerrido, dedicado ao combate sindical. Sua indignação – uma indignação que é contida, que não se exprime nem por grandes palavras nem pela voz alta, mas de preferência na vibração do tom – segue duas direções.

Ele se exalta contra "os companheiros", os "velhos" que ultrapassaram os limites do que lhe é possível desculpar – que transgrediram as regras "elementares" da solidariedade operária. Um pouco mais tarde ele me falará da atitude dos operários franceses e particularmente dos simpatizantes da CGT durante a guerra do Golfo e a maneira como muitos dos velhos sindicalizados se mostraram mais antiárabes que certos "peugeotistas". Ele voltará ao mesmo tom, aquele de uma indignação contida; sem os desculpar, ele não pode ir até a condenação total, porque ele conhece muito bem o peso da miséria que pesa sobre seus companheiros.

Ele se exalta também contra a direção, a administração de alto nível, os "grandes chefes" que, querendo ignorar o grupo "real" de operários para favorecer a emergência de um grupo fictício em volta de monitores e chefes de equipe, exasperando o individualismo, as rivalidades, os ciúmes, praticam uma política cega, quase insensata que um dia, diz ele, se voltará contra eles.

Fiquei impressionado com a ligação que estabeleceu entre a violência das práticas de individualização excessiva e a destruição daquilo que ele percebe como laços sociais mínimos que, mesmo nas fábricas ultrataylorizadas, garantiriam uma forma de vida social relativamente organizada. Pois, ele repetirá muitas vezes, são os laços sociais fundamentais que são afetados por práticas que visam pessoas atormentadas pelo medo e angustiadas com o futuro. Daí o risco, sobre o qual ele insiste, de os próprios chefes serem atingidos um dia, por tabela, de alguma forma.

Pouco depois, porém, ele propôs que nos sentássemos. Nós nos instalamos na cozinha sentados à mesa em que ele preparava legumes e peixe. Eu pedi autorização de ligar meu gravador, que ele me concedeu naturalmente. Algumas frases banais. Começamos novamente a nos tratar de maneira formal: "Não sei muito bem o que o senhor espera". Eu lhe disse que era exatamente de "tudo aquilo" que era preciso falar, de todas essas "histórias" às quais comumente não se presta muita atenção, que era preciso voltar a isso, que "tudo aquilo" me parecia importante, que a gente não escuta "verdadeiramente" os militantes que estão na primeira linha.

Ficamos muito tempo assim, sentados à mesa. Bebemos uma cerveja, um café. De vez em quando um ou outro se levanta para olhar a panela. Após um momento eu mesmo pus-me a limpar alguns legumes, tanto para disfarçar meu embaraço como porque este gesto é de algum modo "exigido" pela situação.

É a chegada de sua esposa, com que eu converso um pouco (a respeito do país), que interromperá nossa entrevista. Não podemos atrasar a hora de ir para a fábrica.

Com um OS delegado CGT

– *Entrevista de Michel Pialoux*

"A união do grupo era contra os chefes; agora há união dos operários contra outros operários."

– *Seria melhor que você contasse como quiser e depois eu faria as perguntas...*
Hamid – Sim, eu estava no acabamento sobre uma linha... corrente, não! Era a 35, eles chamavam assim a linha porque era melhor! Uma linha de produção, as 405, as 205. Enquanto estive ali, ainda não era feita a 605, agora não sei...

– *Faz muito tempo que esteve aí?*
Hamid – Desde 1972, sempre na mesma linha. Fizemos o lançamento da 604, da 205, da 405 e era sempre uma linha piloto porque as pessoas escolhidas para esta linha são pessoas que trabalham bem... em relação a... eles não têm muitos defeitos. É preciso dizer que a chefia reconhece, como os responsáveis da CGT, das organizações sindicais e sobretudo a CGT, que podem ser incômodos para eles no nível da luta sindical e tudo mais, mas que ao nível do trabalho, eles fazem seu trabalho direito, além disso eles não se lamentam a esse respeito e repetem isso frequentemente ao nível da HC1, eles dizem: "é, nunca tivemos problema com os delegados da CGT".

– *Sobre as questões de trabalho?*
Hamid – De trabalho porque, quando vamos dizer a eles: "há pessoas que não conseguem ficar no seu posto...", eles dizem: "sim, mas o que há com vocês delegados é que nunca tivemos problemas com vocês", mas nós logo contornamos a situação porque não queremos cair na cilada, nos deixar lisonjear e não... Afinal podemos sentir, num momento ou noutro, como o resto dos operários não faz seu trabalho como deve, por que, etc.; então nós, diz-se, "se consegue, mas com meios marginais". Mas é preciso reconhecer que um delegado, quando não consegue fazer o seu trabalho, ele diz que a função é muito pesada, ele pega a caneta e o anota, e ele sabe que há um encarregado que é pago para isso. Mas para um operário, mesmo idoso, isto não é sempre evidente. Ele não ousa: eu vi pessoas que descem dez metros de seu posto para completar um serviço.

– *Os que chegam atrasados e depois não conseguem recuperar...*
Hamid – ... E quando o monitor nota que há algum que esqueceu alguma coisa, em vez de falar para ele, não, vai procurá-lo e o faz descer até dez metros abaixo... e o cara refaz o trabalho dez metros embaixo e depois sobe de novo se o monitor não o substitui ou se ele não arruma alguém para o substituir. Então o pessoal cai nesta armadilha. Mas desde que se começa a falar com eles, a gente diz: "se ele manda você descer, é preciso pedir que substitua você. Se há um retoque a fazer, vai lá fazer, mas, enquanto isso, ele te substitui!"

O chefe fez a cabeça deles

– *No entanto trata-se de pessoas que em sua maioria estão na seção há 10 ou 15 anos, que conhecem o assunto, que deveriam ter menos medo de se dirigir ao chefe ou ao contramestre!*

Hamid – Na HC1 não é o mesmo ambiente que no acabamento. Por exemplo... trouxeram pessoas de outros setores. Há gente de P1, P2, etc., e eles os colocaram na linha, e estas pessoas não estão acostumadas porque nós, no entanto, faz 17 ou 18 anos que estamos sobre a esteira, temos... Bom, o ritmo para nós também aumentou progressivamente. Ao final de alguns anos... Todos os anos nos aumentam um pouco, todos os anos há uma porcentagem a mais de produção, então a gente até se habitua à ideia de que no próximo ano eles aumentarão o ritmo, é psicológico, já estamos preparados. Mas para as pessoas que são novas no setor, que eram profissionais da reparação, que controlavam a qualidade, de hoje para amanhã elas se encontram na linha e elas não podem seguir...

– *São muitos os casos?*

Hamid – Agora sim... por exemplo, eles pegam motoristas e os colocam na linha, eles não conseguem, e há também profissionais que vieram de outros setores... Muitos que vieram do abastecimento, dos depósitos de abastecimento... Ontem mesmo vieram dois da chaparia, e que nunca tinham trabalhado na linha... Eram técnicos de reparação na prensa, talvez, eles vêm e não podem continuar... É este o problema que falei que tinha surgido (silêncio). O pior é que foram operários de sua equipe que fizeram a petição... claro que convencidos pelo chefe... guiados pelo chefe que lhes diz: "vocês se matam o dia todo e para ele foi dado um posto sem importância e ele não consegue fazer o seu trabalho!" Logo ficamos sabendo, ao distribuir panfletos, o que se passava e eu fui ver os companheiros, eu conhecia muito bem todos os companheiros porque eles trabalharam na linha 35 comigo... E eu discutia com eles um a um, e eu dizia: "como é possível isto...?" "Nós conseguimos trabalhar e ele não consegue!"

– *Eles fizeram uma petição para o demitir?*

Hamid – Não para demiti-lo deste setor, para o demitir completamente da Peugeot! E eram operários! E, no fim das contas, bons operários porque, durante a greve (de 1989), não houve problema em fazer greve. E não se conseguia compreender, então eu trabalhei um pouco um a um, e comecei a saber por quê. Comecei a perceber que o chefe fizera a cabeça deles e, como a pessoa não conseguia, deixava passar operações... e como o monitor e o chefe não podiam contar com ela para substituir pessoas que faltavam... E isto os toca de perto, e além disso há um prêmio de 50 francos de qualidade e eles não o ganharam por causa dele, entre aspas, mas na cabeça deles era por causa dele. Então eu fiquei de mau humor contra eles e disse: "é inadmissível que vocês, operários, façam uma petição para demitir outro!" No fim, discuti com todo mundo, inclusive com o chefe, falamos com outros delegados e fomos ver o substituto do chefe de pessoal e depois dissemos: "atenção, se acontecem coisas deste tipo, nós não ficaremos de braços cruzados. O nome dos caras será escrito e apontado com o dedo para toda a fábrica, e todos os operários saberão que há... espiões, que a pessoa que tem..." E eu discuti com um e disse: "você percebe: se tem família, se tem filhos, se tem dívidas... como você pode imaginar os problemas que isto vai lhe causar se ele for demitido!" Ele me disse:

"eu não tenho com que me preocupar, ele não se importava como nós!"

– Aquele que querem demitir é idoso, que está na fábrica já faz 10 ou 15 anos?

Hamid – Ele tem 37 anos, mas deve ter facilmente 15 de firma, facilmente... O problema é que antes ele trabalhava na qualidade, nunca trabalhara na produção, não é a mesma coisa. Além disso, ele não se sentia bem... porque ele acha que eles o tiraram de sua função... porque ele era P1 e eles o puseram em APF3, é a mesma classificação, dizemos, mas ele se sente prejudicado. Mas o pior de tudo é que seus colegas de trabalho o rejeitaram completamente, porque todos eles... o chefe conseguiu convencê-los de que ele era um preguiçoso e que não se devia tolerar um sujeito assim.

Nunca vi tal ódio dos operários contra um sujeito assim

– Mas justamente as pessoas a quem você deu uma espécie de lição eram também operários que tinham 15 anos de fábrica e que se deixavam guiar completamente pelo ponto de vista do chefe...

Hamid – Do patrão... o que nos ensinaram nos estágios de aperfeiçoamento em Morvillars, eu acreditava que era teoria, que uma vez que a gente tivesse saído de lá... mas lá eles a praticam, porque eles, quando falam, falam do "grupo", "estorva o grupo, impede o grupo de trabalhar", eles não falam senão do grupo. Eu digo, "mas o grupo... faz anos que se trabalha em grupo... Você tem os mesmos anos que este senhor, se por acaso amanhã o colocarem no posto em que ele estava, você não saberá fazer nada... porque ele tem uma qualificação que permite fazer alguma coisa mas que..." Então eu vi o chefe dele, eu disse para ele: "escuta, eu tomo o caso como meu: uma vez eu fui mandado para o posto de uma mulher, não consegui mantê-lo; o contramestre, no entanto, ao me colocar naquele posto julgava fazer-me um favor. Depois ele me deu um posto mais duro, era o cabo de freio e me saí bem", então é preciso partir do caso apropriado... "E se esta pessoa não consegue se manter no posto aqui, por que você insiste em mantê-la aqui? A fábrica é enorme, envie-o a outro local, procure para ele um posto noutra fábrica ou noutro setor para o qual tem preparo; o tempo de se acostumar à produção e depois você o faz voltar à nossa linha." Porque eu lhe disse: "a tensão é de dois gumes: se você quer fazer uma equipe se voltar contra um operário, nós já, como responsáveis sindicais, não podemos permitir, vamos fazer de tudo para que esta pessoa tenha outro posto... mas ao mesmo tempo vocês assumirão responsabilidades de vocês porque, se não fizerem assim, isso vai degenerar um pouco por toda parte e depois isso vai se virar forçosamente contra vocês um dia ou outro". Então ele começou a prestar atenção. [Silêncio] Mas o ódio dos operários contra aquele cara, eu nunca vira isso; desde que comecei a trabalhar na fábrica, vi pessoas que reclamavam, que se... Mas neste caso, era a rejeição completa, eles não queriam falar desse cara, para eles "é um preguiçoso... ele não quer trabalhar..." Eu digo para eles: "eu também trabalho numa equipe como vocês e quando meus colegas não querem trabalhar, não é assunto meu; eu faço o meu trabalho, aquele que não consegue fazê-lo, eu não vou cair no truque da direção e dizer para ele: você não faz o seu trabalho! Você se ausenta! Você fica doente!" Nós estamos numa equipe, a gente se diz bom-dia, trabalha, além do mais não se tem tempo de falar porque a esteira vai muito depressa. Eu lhe digo: "mas ele não te incomoda fisicamente, ele não te impede de fazer o trabalho?" Ele me diz: "não". Então eu lhe digo: "Por que você se irrita contra ele? "Eu estou desolado porque entre as pessoas que assinaram há bons elementos e eu mesmo, faz um mês, eu fui lhes dar um caderno de reivindicações... e os caras aceitaram... e toda vez que há um problema, eles o anotam, e os cadernos, isto vai bem nas linhas... e essas pessoas participam em recolher perguntas, e de um só golpe eles foram "seduzidos" pelo chefe – eu não sei o que ele lhes prometeu. Há dois ou três rapazes, vindos de outros setores, que não assinaram, eles disseram: "não temos nada a ver com isso... isso não nos estorva, ele faz o que quer; nós fazemos o nosso trabalho, cabe ao chefe resolver o problema, não nos compete assinar!" Mas a maioria da seção assinou.

– *A maioria assinou... há uma espécie de adesão das pessoas a este tipo de trabalho, uma parte das pessoas, no entanto, entra no sistema...*

Hamid – Claramente no sistema porque para eles... o chefe se desincumbe mal das tarefas, não organiza mais os dias de folga, etc. "Vocês como grupo devem se arranjar." Se alguém chega às sete horas em vez de cinco horas, o chefe pergunta ao grupo se deve pagar ou não, e diz: "eu vou te pagar porque o grupo decidiu". Não é mais Peugeot que paga, é o chefe que paga o trabalhador e isto, isto pega: "chefe, você não quer me pagar as duas horas? Eu cheguei atrasado?" Às vezes o chefe diz para eles ficarem até 23:30, 24 horas, ou então eles vão embora às 22 horas e ele lhes paga até às 23:30...

Existe doutrina patronal recalcada

– *São dados a eles os meios de exercer todas estas pequenas chantagens, todas estas pequenas coisas...*

Hamid – O sistema de trabalho, por exemplo. Chega-se às 13 horas ou às cinco horas da manhã, e quando se inicia o trabalho, o chefe diz: "hoje não tem luvas", ou então na véspera ele vem e nos diz: "não se desfaçam das luvas porque eu não posso dar luvas porque eu tinha um orçamento e eu já o ultrapassei", então as pessoas trabalham com as mesmas luvas durante uma semana e com este calor, é realmente duro. É pena que se tenha chegado a isso lá na nova fábrica; felizmente isto não se generalizou, mas, se a gente não presta atenção, isso pode ficar perigoso... além do mais, perigoso para ambas as partes, porque há uma tensão enorme por causa do calor, e se há pessoas que se revoltam contra a Peugeot, e se há quem caia na armadilha... isso pode se virar contra a Peugeot tão bem como contra os operários... é uma coisa que não se poderá controlar... Além disso, ontem houve uma reunião em que só se falou disso porque era impossível deixar passar...

– *Era uma reunião de delegados?*

Hamid – Sim, depois que vimos isso, chamamos todos os colegas de outras seções, e fizemos a reunião na HC1, e entre outras coisas falamos deste problema. E dissemos que era preciso que se falasse daquele problema porque não se deve deixar ultrapassar pelos acontecimentos, porque a Peugeot faz aquelas coisas, ela pode nos dividir e depois fazer o que quiser... e no próximo mês nos vai aumentar 50 carros... no mês de setembro haverá desemprego... Agora fazemos horas extras e depois ficaremos desocupados... Numa semana, por exemplo, estaremos de folga dois dias, segunda e sexta, e não trabalharemos mais do que três dias, mas isto não impede que devamos fazer produção de toda a semana porque a Peugeot aumentará o ritmo, o número de veículos. E depois as pessoas dirão: "afinal de contas, não se perderá grande coisa pois só trabalhamos três dias e temos dois dias de folga..." E se verificou isso durante todo o período de folga, toda vez que houve folga, houve aumento automático do número de veículos a serem feitos. Mas não impede que as pessoas digam: "a gente vai aguentar pois temos dois dias de folga e isto vai nos dar três dias de repouso com o sábado e o domingo." Mas esta não é a solução... Faz anos que fazemos assim e agora as pessoas começam a dizer: "atenção, se nos dão folga e aumentam nosso ritmo, isto vai acabar mal!" [...] Se se deixar fazer, de fato, não se sabe onde vai dar [...]

Acho que o sistema de prêmios é o pior de todos

– *Há todo este sistema de prêmios que também é um meio de pressão...*

Hamid – Creio que o sistema de prêmios é o pior de todos porque mesmo as classificações e tudo mais, a Peugeot não age com legalidade. Ela é muito avarenta no nível das classificações, por outro lado distribui prêmios: "Você fica até meia-noite e terá um prêmio, se vem num sábado terá prêmio, senão fizer nada, não terá absolutamente nada..." E depois, do ponto de vista médico, faz as entrevistas com os operários: "você tirou tal e tal dia, você tem uma porcentagem para ficar doente, você a ultrapassou... você precisa de uma porcentagem de qualidade, você a alcançou mais ou menos... pedem que venha todos os dias antes do início do trabalho, cinco ou dez minutos antes para assistir aos *briefings*, você não vem... É demais, eu não posso lhe dar o prêmio!"

– *Sobretudo os prêmios de grupo, se o sujeito faz o grupo perder o prêmio, foi sem dúvida por isso que os operários de seu setor fizeram a petição?*

Hamid – Sim, a tensão vem de lá, e além disso o chefe deixou bem claro, ele disse: "é por causa dele que vocês perderam seus prêmios", e as pessoas são tão simples de espírito que acreditam que os 50 francos vão fazer muita falta... para eles perder 50 francos por causa daquele cara é inadmissível. "Eu faço o meu trabalho."

O pior é que a Peugeot dá os postos mais difíceis para aquele pessoal, e para o que contesta se consegue sempre arranjar um trabalho relativamente *cool, cool* entre aspas porque não há posto verdadeiramente *cool*... em todo caso, o que é certo é que seu posto é melhor do que o de seus colegas. Então os outros dizem: "ele já tem um posto 'fácil' e não consegue mantê-lo, nós temos um posto difícil e fazemos o trabalho, e além do mais ele comete defeitos e nós, não". Como não há mais... agora tudo, tudo é global, é a equipe... se eu, por exemplo, dou uma sugestão, isto não me adianta grande coisa, rende para o grupo, se faço uma besteira, é o grupo que paga, se quero faltar e não telefono... é o grupo que diz: "por que você não telefonou?" Há operários que telefonam para outros trabalhadores... eu sei de uma que telefonou para sua colega porque ela tinha o número dela, e lhe disse: "assim não dá! Você não vem, você não prevê, eu previ tirar o meu dia e você"..., porque o chefe lhe tinha dito: "eu gostaria de te dar o teu dia mas tua colega não veio", não foi o chefe que telefonou, foi a moça que telefonou para sua companheira e a repreendeu. E a outra abreviou o tempo de sua doença. Ela só tirou três dias porque ela disse para si mesma: "ela vai me fazer cara feia durante anos", então ela não tirou mais de três dias... ela acabou a semana na fábrica e contudo ela estava doente. Eu expliquei para ela que ela não tinha que incomodar a colega... conseguiu fazê-la compreender que tinha sido uma asneira e ela me disse: "na próxima vez não farei isso", mas não impede que ela tenha vindo, ela reiniciou o trabalho quando ela não tinha o direito de retomar... seu médico lhe prescrevera uma semana... Há outra que, quando não lhe dão as luvas, pega as sujas e as lava em casa, e depois vem contar vantagem diante dos trabalhadores dizendo: "façam como eu".

Há até uma outra que me disse: "se Peugeot me pedir, dou-lhe a metade de meu pagamento"... Eu lhe disse: "Peugeot não tem nada que mexer no teu pagamento, nem na metade nem no pagamento inteiro". Eu me preocupava com ela. Mas para ela é assim. Há uma doutrina patronal que foi assumida, e depois não se admite mais que trabalhadores, por exemplo, distribuam... eu distribuo meus panfletos, o chefe não me diz nada ou então: "estou vendo que você distribui seus panfletos durante o tempo de trabalho", eu digo: "está bom, faça o que quiser". Mas são operários que me dizem, jovens: "não é o momento de distribuir panfletos, a gente os distribui fora, não aqui!" e são pessoas de boa vontade... porque disseram a eles: "toda vez que vocês virem que alguém faz uma asneira, vocês não façam". E eu lhes digo: "mas com que direito? Você não esquentou suficientemente o seu posto para poder discutir comigo, para se preocupar com o que eu faço!"

Há pessoas assim...

As pessoas se acostumam assim... à força de escutar, elas caem na cilada

– *Em relação ao antigo acabamento... já havia peugeotismo no ar... mas aqui é diferente?*

Hamid – Há alguma coisa diferente e nova na medida em que... eu não cito mais que um exemplo: ontem numa sala, meu contramestre me disse: "deixe o local tão limpo como o encontrou!" eu disse: "de acordo". Eu entrei, havia uma mulher, uma companheira que queria fumar e colegas dela disseram: "não, não, é proibido fumar!" porque, quando fizeram o estágio, disseram-lhes para não fumar, por isso não fumam lá, isso saiu maquinalmente. No entanto outros colegas disseram: "deixa, por que não fumar? Se não jogar a guimba no chão, não há razão para não se fumar!" Depois de acabar de comer, alguém disse: "é preciso deixar o lugar tão limpo como foi encontrado", pegou as suas coisas cada um e uma companheira disse: "sim, não se deve deixar como na outra fábrica, porque lá a faxineira vai, aqui não há faxineira". Apesar de tudo, as pessoas se acostumam assim a certas coisas, à força de lhes dizer, à força de escutar, eles caem na armadilha... Às vezes se reage imediatamente para se proteger dessas bobagens mas às vezes a gente diz para si mesmo, maquinalmente, e mesmo sem pensar, diz porque em torno de nós há quem diga, é assim... mesmo para mim, é assim.

– *O primeiro movimento é entrar nesta lógica...*

Hamid – Ir pedir uma garrafa de água para levar ao local de trabalho... não é fácil. Agora na HC1 foi dito que não devem ter nenhum objeto pessoal no local de trabalho... Um companheiro me disse: "Você leva a sua garrafa?", eu disse: "sim, por quê? Brigamos por isso e a direção nos deu a permissão de levar uma garrafa"– "Então eu também vou buscar uma durante o conserto para poder beber um pouco" e trouxe a sua garrafa.

– *É garrafa d'água?*

Hamid – Sim... ou água ou menta...

– *O que acontecia na antiga fábrica: levar vinho, cerveja, isso não existe mais...?*

Hamid – Existe sempre isto... (sorri) mesmo na nova fábrica existe isto, claro.

– *O vinho é tolerado?*

Hamid – O vinho... tudo é tolerado na nova fábrica, quer dizer, os operários exigiram... porque na antiga fábrica os chefes ficavam no seu escritório e os operários no refeitório. Aqui todo mundo fala com os chefes: come-se junto, ninguém pode comer em outro lugar... nas áreas de repouso a gente encontra operários, chefes, contramestres que estão sentados lado a lado. Então os operários com 30 anos de firma têm o costume de levar cada um sua garrafa, nunca puderam fazer o contrário... isto, portanto, continua. Para as pessoas que bebem muito, os chefes têm meios de pressão sobre eles... Entre as pessoas que assinaram ontem à tarde há um velho que bebe o tempo todo, e que no fim fica um pouco alcoólico, então disseram para ele: "se você não assinar, a gente denuncia você, a gente faz um relatório, a gente te bota para fora"... é um medo, é uma pressão que fizeram sobre eles...

– *Há este problema do medo que muitos chefes continuam a alimentar...*

As decepções do peugeotismo

Hamid – Acontece o mesmo que na antiga fábrica. Isso já tinha começado na antiga fábrica... todas estas pequenas coisas que existem na HC1 já foram testadas na antiga fábrica... Foram colocadas em prática com 20 ou 30% de chance de sucesso no antigo acabamento e melhorou no novo... As pessoas caem na armadilha, é verdade, no entanto, há uma minoria que não concorda... cito um exemplo, há um monitor que não conseguia... ele estava desgostoso porque lhe tinham prometido passar de 225 pontos para 265... "Se você substituir o chefe..." Então ele vem no sábado, etc. E agora ele está chateado, ele diz ao chefe: "coloque-me no posto", entretanto era alguém que tomava iniciativas..., para mostrar que ele trabalhava mais para Peugeot do que para a classe operária... De repente ele ficou completamente deslumbrado, completamente obcecado por Peugeot; de noite ele devia sonhar Peugeot, em casa, devia estar cheio de fotos de Calvet, etc., porque "é o patrão que nos paga..." [risos]. Mas não impede que agora ele esteja desgostoso, percebeu que há outros jovens que chegam depois dele, que têm menos experiência que ele... Ele pediu para ser colocado no local de trabalho... porque às vezes está decepcionado, também, com Peugeot...

– *Sim, existem as decepções com o peugeotismo...*

Hamid – Porque eles acham que não fazem senão o bem para Peugeot. Mas Peugeot... há uma realidade... não pode fazer todo mundo feliz... há um momento em que se chega ao limite, onde as pessoas não têm nenhum progresso em sua carreira, nem no nível de vida, etc. Nesse momento há uma espécie de revolta... Nem sempre, mas dizemos que acontece... Peugeot não tem êxito sempre no que faz ao nível da formação, tudo isso ou da informação, muitas coisas que se viram contra ele. Todas as pessoas que vieram da fábrica de Mulhouse dizem: "não é possível, disseram-nos que passaríamos a 180 pontos automaticamente, disseram que teríamos um aumento de 200 francos assim que entrássemos e não aconteceu; prometeram-nos um prêmio de objetivo de 300 francos, nunca o tivemos porque mesmo que façamos o trabalho, basta que a esteira entre em pane no andar de cima e se fazem menos carros..." São muitos os critérios para este prêmio de objetivo. Ao contrário, na antiga fábrica havia um prêmio para todo mundo, era automático.

– *O sistema de prêmios era menor na antiga fábrica do que na nova. O prêmio era menor mas havia maior probabilidade de consegui-lo?*

Hamid – Afinal mundo tinha probabilidade de tê-lo: todos os doentes... Agora há os excluídos... Quando nós discutimos com responsáveis, eles nos dizem: "não compreendemos, há 90% de pessoas que têm seu prêmio de objetivo e você nos conta que..." – "Mas eu digo para vocês que 70% não têm prêmio." Então eles dizem: "80% têm" e nós dizemos: "70%

não têm". Mas somos nós que temos mais razão que eles...

Bons companheiros ou não, as pessoas não gostam de mostrar seu contracheque!

– *De qualquer forma, as pessoas falam de seus prêmios? Eles dizem quais são ou não?*

Hamid – Eles dizem mas digamos que é... desde que conheço a linha, quer a pessoa seja bom companheiro ou não, elas não gostam de mostrar seu contracheque, além disso não sei se é ciúme ou outra coisa, mas há um mal-estar: "quanto você ganha?" – "Eu ganho 6000" e quando a gente vê o seu contracheque, não há 6000 francos, há 6500 francos por exemplo. "Quanto ganhas?" – "Ganho 4500 francos", não há 4500, há somente 4000. E mesmo os chefes nunca dizem a verdade... Um colega me diz: "quanto você ganha?" – "Eu ganho 5600", então ele me diz "5600 está bom, um pouco mais do que eu". Mas eu olhei por cima do ombro e havia 6200, depois eu disse: "eu vi que tu ganhas 6200". – "Sim, 6200 é com os sábados, mas você não trabalhou aos sábados". Então eu lhe disse: "mas eu falei para deduzir os sábados..." além disso ele vem espiar teu contracheque mas nunca deixa você ver o dele... Mas há alguns que fazem como eu: eu pego o envelope e o coloco na lata de lixo, eu deixo minha folha de pagamento na fábrica porque eu não tenho medo de... eu tenho 170 pontos, faz 18 anos que estou na firma, às vezes tiro 5600 francos, 5700 francos, 5900 francos... às vezes 6000, depende, não tenho medo... ao contrário, porque para começar a trabalhar às 4 horas da madrugada uma semana e entrar às 21:30 horas na outra semana...

– *Mas há muito poucos que deixam em público seu contracheque?*

Hamid – Alguns porque, por exemplo, como eu sou delegado, muita gente tem menos medo, eles me dão naturalmente seu contracheque: "olha, eu tenho um problema... aquele sábado não foi pago... eles o retiraram... eu não compreendo". Se eu consigo explicar, explico imediatamente, se não consigo vou ao controle para que me deem resposta... As pessoas me dão a folha de pagamento deles para levá-la ao sindicato ou... porque eles sabem que é para o bem deles... mas entre eles não há...

– *Mas se a isso opusermos o que havia na década de 1970, há uma diferença porque então havia uma espécie de coesão do grupo, forte...*

Hamid – A coesão do grupo era contra os chefes, contra a chefia, agora há uma união de operários contra outros operários... Os operários que são contra, que não admitem certas injustiças, que acham a carga de trabalho insuportável, essas pessoas são mal vistas porque o chefe convence que as pessoas que reclamam vão quebrar a firma, que se todo mundo reclama, não vão mais poder sair carros e não haverá mais salário, e não há outra saída senão pôr a chave debaixo do tapete e ir embora, e é assim que funciona. Nos anos 1970-1978, quando recebíamos o pagamento, todos eram reunidos em torno de uma mesa, todos eram vistos um ao lado do outro; comparava-se a antiguidade, e "como é possível que você não receba mais do que eu?" e é um camarada que tem mais do que eu que me diz: "Vai conversar com teu chefe, tu tens mais antiguidade do que eu e menos dinheiro do que eu...", era o operário que me incitava, na época eu não era ainda delegado... era em 1974-1975... eles diziam para eu ir reclamar. Agora, o rapaz, quando você pede para ver um contracheque: "não, não, não", e se o cara quer, se é de fato corajoso e quer me mostrar seu contracheque, ele dobra a parte de cima, dobra a parte de baixo e só me mostra a soma de dinheiro escrita embaixo, não mostra o que consta acima. Digamos que... "é pessoal"...

– São lógicas de individualização que é interessante analisar porque isso não é muito contado, e é verdade que é uma vitória para Peugeot...

Hamid – Sim, para Peugeot é uma vitória... Mas eu sempre disse que as vitórias da Peugeot são de dois gumes, porque ele faz tantas besteiras que isso pode virar contra ele... Porque os operários não admitem... Bom, há os dois: há pessoas que não querem mostrar seu contracheque porque têm medo, eles não têm bastante em relação aos outros e eles se dizem: "Eu não sou mais besta que os outros e no entanto ganho menos", mas há outros que têm muito mais horas... Basta uma coisa de nada para que os descontentes com seu pagamento e depois os que estão contentes mas que pagaram o preço forte... porque os que fizeram horas-extras, que ficaram até meia-noite, eles talvez tenham um pouco mais do seu contracheque, mas com que sacrifícios? É preciso ver o sacrifício que fizeram: eles voltaram para casa... os rapazes, se eles entram normalmente e saem às 21:30 horas, chegam em casa às 22:45, se ficam até às 23:30, chegam em casa à uma hora da madrugada. Além disso geralmente são pessoas que se viram na questão do transporte, que as pessoas das redondezas... levem outros companheiros... Então para os companheiros que são de longe... aquele que é "disponível", paga-se talvez a gasolina, talvez também Peugeot o pague em líquido... se não é diretamente o chefe que lhe paga horas-extras... durante este tempo ele leva companheiros consigo, quatro ou cinco colegas, ele faz muitas voltas, ele chega em casa cansado... E de manhã ele recomeça... ele trabalha e vive para Peugeot.

Foram operários que me atacaram: "você, sua boca, você reclama o tempo todo"

– Portanto os chefes têm margens de manobra para negociar estes casos um a um... é um pouco a lógica tomada do grupo de companheiros...

Hamid – Sim, é a lógica do grupo de companheiros: você chega atrasado... eu, nesta fábrica, na primeira vez que cheguei atrasado... se você, mesmo se eu levanto às 5:15 horas, não chego às 5:30 ou seis horas, eu chego com os que têm horário normal às 7 horas... chego com o pessoal de horário normal porque de qualquer maneira eles descontam as horas, então é preciso... e nesse dia o chefe me diz: "foi decidido pagar tuas horas", eu lhe disse: "isto é novo, desde que estou trabalhando na Peugeot nunca me pagaram sequer um quarto de hora. O que aconteceu?" Ele me responde: "aqui quem decide é o grupo, e como é a primeira vez que você chega atrasado, o grupo decidiu pagar as horas a você". Eu lhe disse: "está bem, continuem, eu vou me atrasar com mais frequência". Então ele me disse: "Não, é um favor que os trabalhadores, teus colegas, te fizeram, então é preciso ser...", quer dizer, pagam tuas horas, mas presta atenção! não se deve agir errado da próxima vez, pois eles culpam as pessoas... Há muitas pessoas que chegam atrasadas e que depois dizem a elas: não se atrasem mais... Eles os compram assim!

– É verdade, eles os compram um pouco e, ao mesmo tempo, eles apelam para o senso da moral coletiva.

Hamid – Noutra ocasião a CGT pediu que eu fosse a um *briefing* fora da CGT. É o chefe da seção que determina isto... Tomei a palavra e disse: "é bonito que nos deem a palavra mas deixem-nos pelo menos dez minutos para nos explicar, os operários em minha volta dizem que no nível do ritmo, no nível da qualidade, não dá... eles dizem que os carros não saem perfeitos... mas isto é normal porque somos obrigados a montar peças, depois sair, depois desmontar e montar de novo do outro lado porque há coisas que vão mal... em vez de deixar os carros passarem tranquilamente, vocês nos obrigam a fazer operações e depois vocês os remontam, e fazer montar, remontar, desmontar, remontar não faz bem ao carro... o número de carros é importante e todos os meses vocês nos aumentam o número de carros e... é brincadeira!" Então o chefe de pessoal quis me responder mas não era o chefe, são operários, jovens, que me atacaram: "tua boca, tu reclamas o tempo todo. É a primeira vez que te vemos!" Então eu disse: "certo, é a primeira vez, faz seis meses ou um ano que eu estou lá e é a segunda reunião que se faz, mas eu vim, e eu não vim discutir contigo, garoto, vim discutir com o chefe do pessoal; não faz mais de dois ou três anos que você está lá, faz 20 anos que eu estou lá, então cala a tua boca..." Mas durante essas horas normalmente se pagou, eles pagaram todos os outros mas os que reclamaram... [gesto que significa: eles não foram pagos]. De acordo, o chefe do pessoal me passou vaselina, depois ele disse ao chefe: "você desconta as horas dele". Então eu disse mais ou menos isso: "assim eu fico nervoso..." Felizmente houve operários que me defenderam, que disseram ao outro: "cala a boca" e mais... houve até chefe que interveio, que tomou minha defesa, que disse: "de qualquer modo, Hamid fala assim, ele nos expõe seus pontos de vista, suas ideias" [...] É verdade que na antiga fábrica a gente se acostumou a ter outro modo de vida... antes os rapazes tinham pressa de voltar para casa após o trabalho... agora eles ficam "para" seus postos...

eles dão voltas... para mostrar aos chefes que estão lá...

– *"Disponíveis"?*

Hamid – Sim... Há calor, etc. mas eles estão "disponíveis"... porque Peugeot... claro... é o chefe deles... não é preciso... O trabalho do sindicato agora nos OS é cada vez mais... difícil.

– *Por que os chefes tendem a se encarregar de uma parte do trabalho que os sindicatos faziam antes...*

Hamid – Sim... e além disso agora muitos operários fazem de fato o jogo... os que por primeiro assinaram a folha para demitir alguém eram gente da CGT...

Os pequenos monitores insignificantes querem ter um bom lugar

– *A chefia não se opõe mais a vocês como nos anos 1970?*

Hamid – Não, muito menos... porque eles se tornaram um pouco mais [procurando as palavras] "maliciosos". Eles me dizem, por exemplo, "vejo que você está prestes a distribuir um panfleto..." Eu digo para eles: "e daí? Os outros não fazem?" – "Sim, mas eu apenas constato, eu anoto..." Eles me dizem: "mas nós não queremos fazer diferença entre os sindicatos". Então eu pessoalmente sei que eles fazem muita diferença entre os sindicatos, entre por exemplo a CFTC e a CGT... Eles me disseram [imitando o tom cheio de gentileza]: "eu vos disse isso apenas..." Quer dizer que não há mais a noção, como na antiga fábrica, ovelhas negras que se apontavam com o dedo... Mas agora há cada vez mais a questão de ter um bom lugar. Eu vi jovens que me impediram de distribuir panfletos, que me pararam... dizendo: "aqui não deveria ter gente desse tipo..." E faz dois anos que o camarada (que me disse isso) está na fábrica... talvez nem dois anos, um antigo trabalhador temporário, e eu expliquei para ele que a gente briga há anos... ele me disse: "sim, é por causa de gente como você que a gente vai ficar no desemprego" [Longo silêncio]. O discurso da direção passa facilmente, cada vez mais facilmente... Os pequenos monitores insignificantes que querem ter um bom lugar... O trabalho sindical se mostra... cada vez mais duro...

– Sim, os delegados são um pouco pegos a contrapé... Os monitores começam um pouco a fazer o trabalho do delegado. Na fábrica de vocês há "conselho de fábrica"? Como na fundição, por exemplo. E as pessoas que tivessem problemas pessoais seriam encorajadas a se dirigir a eles...

Hamid – Entre nós existem os "conselheiros de fábrica, mas são sobretudo os agentes de chefia. Por exemplo, o contramestre ou o chefe que faz uma entrevista... Além disso, se eles veem que o camarada se ausenta, eles o convocam: "não sei, mas estamos prontos a discutir a fundo tudo, se você tem problemas de família, de dinheiro, de empréstimo, tudo isso, nós estamos prontos a ajudar... mas é preciso [baixando a voz] não deixar assim. Se você está doente, vem e nos diga que está doente". Eles começam a especular sobre a vida familiar... depois vem outra pessoa... e lhe dizem: "veja, o sr. [ele dá o seu nome] veio ver-nos, ele diz que sua mulher quer se divorciar...", eles dizem: "sim, o sr. N falou... a gente conseguiu resolver os problemas dele..., fomos ver o sr. ou a sra. ..." É assim que eles fazem: eles dão exemplos... mesmo que seja alguma coisa privada, secreta... entre as pessoas... eles dizem: "viu, a gente resolveu os problemas de N..."

– Isso é uma maneira de cativar as pessoas, de envolvê-las?

Hamid – Sim, sim [silêncio]... Porque de fato não é verdade. Quando de fato se tem problema de filhos... pessoas que não se sentem bem... então eles dizem: "sim, a gente falou de teus problemas... a gente sabe que tens doença... que tens problema. Então estamos prontos a te ajudar". Então o rapaz diz: "mas eles fazem um esforço..." E mesmo se está doente, ele vem! Eu conheci um cara que estava para se divorciar, etc. Eles o chamaram e depois ele faltou... um pouco, depois faltou muito. Depois ele voltou, eu fui vê-lo, e ele me disse: "a CGT não me apoiou assim". Ele tinha ressentimento da CGT! Eu disse a ele: "mas você poucas vezes veio ver a gente... além disso, são problemas pessoais, nós não queremos mexer neles..." Ele disse: "sim, mas é preciso! É preciso entrar nos assuntos pessoais..." Então, você vê, são proveitosas as intervenções da hierarquia.

– Mas não é isso que é terrível para os sindicatos?

Hamid – Oh, sim. É terrível para o sindicato... [silêncio] Mas terrível também para os trabalhadores... Disseram: "Peugeot tem antenas por toda parte... ele sabe tudo... pode fazer chover e brilhar o sol... tanto dentro da fábrica como fora da fábrica... Mas também é verdade que se diz que os operários terão dificuldades se isso continuar assim...

– E ao mesmo tempo eles votam 60% na CGT nas eleições de DP.

Hamid – Sim, no meu setor, votaram 77% ou 78%. Eles sabem que é Peugeot que os põe na merda... E eles sabem também que podem contar com a CGT. No entanto, ao mesmo tempo existe o imperativo Peugeot, ele é o patrão, é preciso funcionar... [silêncio]. Peugeot sempre conseguiu colocar na cabeça dos operários que a CGT não é capaz de gerir o CE... E os operários dizem: "para tudo

385

o que é condições de trabalho, vocês da CGT são campeões, mas para tudo o que toca nossos recursos, a CGT, é preferível o partido comunista, tudo isso... [gesto de desconfiança]. Ele conseguiu fazer com que compreendessem que a CGT, se lhe for dada a responsabilidade de gerir o CE, tudo, o dinheiro dos trabalhadores irá para o PC, ou a outros estabelecimentos... E vai assim! Entre nós há muitas pessoas que dizem: "nós não somos capazes de gerir..."

Não posso admitir que os operários briguem entre si...

Hamid – A coisa que acho mais impressionante é, talvez, esta noção dos operários que se erguem contra os outros. Acho que é isso que mais se deve temer no futuro... Eu, pessoalmente, acho que há um trabalho a ser feito ao nível das seções sindicais... Falo das nossas, da CGT... É nessa direção que é preciso ir... tentar por todos os meios... este sistema Peugeot... de apontá-lo...

– É preciso analisar...

Hamid – Eu disse a um chefe de equipe que me dizia: "mas por que você fica tão bravo? Eu vim cinco ou seis vezes no mesmo dia..." Eu disse para ele: "Eu fico bravo por um único motivo: quando há operários que têm tensões com chefes, contramestres, isto não me coloca problemas particulares. Eu procuro ver onde está a falha... Mas quando estou diante de uma situação onde há um operário que se confronta com outro operário, ou um operário que quer excluir outros operários, eu digo, se não faço tudo, tudo para dissipar este... [ele procura a palavra] este 'mal-estar'... eu não consigo imaginar que eu não faça o meu trabalho". Eu disse: "Os que assinaram são bons rapazes, operários que eu acompanhei, que fizeram a greve em 1989 comigo... então quando eu os vejo 'excluir' um de seus que também fez quatro semanas de greve!... então digo para mim mesmo: 'para mim, isso é demais'". Depois ele me disse: "sim..." e eu lhe disse: "sim, mesmo você, desconfie... porque é de dois gumes... porque há operários 'erguidos' assim, amanhã o alvo será o chefe ou o contramestre". Falo do conflito que houve nas greves de 1989. Digo, por exemplo, a greve que fizemos, ela mostrou a capacidade dos operários (de se controlar). Não se atacou o pessoal da chefia, o chefe, os contramestres... apesar de eles nos terem incomodado, nos terem enquadrado... Tirando alguns insultos... mas não degenerou como em outros lugares". Eu disse para ele: "se a gente continuar a deixar fazer 'isso' no dia em que houver uma greve... vocês serão... vocês serão... totalmente massacrados com canos de ferro, com barras, com não importa o que, porque vocês abriram o caminho para este tipo de coisas... por tudo o que vocês estão para fazer neste momento. Aquelas práticas, eu lhe disse, acho que não deveriam existir. Tive muitos encontros com dois colegas delegados junto ao chefe do pessoal para tentar... mudar um pouco aquelas coisas". A segunda coisa que me parece importante também é que os contramestres, os chefes, se mostram muito sociáveis, mostram interesse pela gente, mas para mim, é hipocrisia...

– Eles acreditam também? Em parte...

Hamid – Eles acreditam em parte, é verdade. Mas digamos que não a praticam. Quer-se resolver tudo, quer-se resolver os problemas do operário. Mas quando eles se encontram diante de um operário que realmente tem problemas, eles se isentam: "isto não é da nossa competência". Por mais que as pessoas trabalhem, por mais que se possa influenciar para que venham trabalhar mais... ficar mais tarde... vir mais cedo... está bem! Mas quando tocam na nossa carne, então eles, que se afastam, apesar de todas as aparências: "sim, não estamos lá para resolver os problemas pessoais de vocês". E temos exemplos concretos... Porque o que é preciso ver é que eles não querem mais doentes! E isto é claro e simples, eles o mostram claramente! para eles os doentes são incapacitados. Eles quase chegam a dizer: "um doente não deve ter trabalho. É preciso deixar o trabalho para os outros, para os que são saudáveis. O trabalho é para eles". Isto é uma coisa muito importante: estamos voltando alguns anos... Contudo não é porque o cara é incapacitado que ele não pode vir... que não tem direitos...

– *É um pouco uma lógica de exclusão que está a caminho?*

Hamid – Exclui-se cabalmente... [imitando o tom de um chefe]: "Ele está doente, ele está doente o tempo todo, ele não vem, ele está doente..." Eles fazem aparecer isso em todas as discussões. E os operários, à força de ouvir falar... é verdade, eles cuidam muito para não ficarem doentes. Eu acho que é preciso que os operários se cuidem... é o que eu explico para as pessoas... porque não se pode garantir que amanhã se terá boa saúde, mesmo praticando esportes, o que quer que seja... um dia ou outro, a gente adoece, se acidenta [...]

Março de 1991

A antiga ordem (nos anos 1960-70), ligada a uma certa situação de relação de forças entre militantes, operários e pessoal de chefia, supunha todo um conjunto de condições prévias. E primeiramente um certo "ajustamento" entre medidas tomadas no decorrer do tempo. Esta ordem foi profundamente perturbada pelo fato de muitas mudanças em todas as esferas da existência. Aos olhos de Hamid, a direção está para pôr em prática um modo de gestão perverso, com seus monitores, seus prêmios e este apelo contínuo ao interesse individual que modifica radicalmente as condições de trabalho e de vida comum e ameaça a relação "normal" (no modo de ver dele) entre operários e delegados.

Ele não está sem razão ao pensar que a direção joga sistematicamente esta carta. Ele visa certamente, em primeiro lugar, a maneira como certos membros da direção chegaram a encorajar os operários da equipe. E ele evidentemente põe o dedo num ponto muito importante: a ação dos (novos) agentes de chefia faz parte de uma estratégia que vai contra a que existia nas antigas fábricas, uma estratégia que visava formar novos grupos de trabalho... Mas as coisas são mais complicadas do que ele julga crer ao incriminar apenas a ação da direção. Abrandando um pouco, a gente seria tentado de dizer que houve todo um conjunto de mudanças nas condições que permitiam à ordem simbólica e política antiga (atribuindo, por exemplo, tarefas precisas, papéis bem definidos ao delegado e ao chefe de equipe) se manter e se reproduzir (por exemplo, os novos monitores são, na sua grande maioria, muito diferentes, socialmente e escolarmente, dos antigos chefes de equipe: alguns deles são antigos trabalhadores temporários que subiram de posição).

Antes tudo se passava como se, implicitamente, a relação dos delegados com os agentes de chefia fosse regulada por uma espécie de acordo tácito, um código moral. Os confrontos, que os opunham, podiam ser violentos, mas cada um conhecia seu repertório de intervenção, no qual o outro não intervinha. Cada um tinha suas técnicas (a petição era uma) que o outro não utilizava. Cada um sabia mais ou menos as regras em uso e "não era mesmo preciso ir muito longe". São fronteiras que foram desrespeitadas, são regras de partilha que foram transgredidas.

Ao mesmo tempo, o que Hamid descobre, sem o querer reconhecer completamente, é que é gente de seu meio, companheiros seus, "grevistas", como ele diz, que entraram na lógica da hierarquia, do patrão, lógica que se constrói contra todas as regras da solidariedade operária de tipo antigo – pois os peticionários vieram solicitar a exclusão de um "velho grevista". Ele percebe bem que se está no início de um processo que começou faz tempo e que não questiona apenas a ação perversa da direção, num momento dado do tempo, mas que faz parte de um lento movimento de desestruturação.

Assiste-se, pois, à desestabilização moral de um delegado de tipo tradicional que, embora estrangeiro, embora seja relativamente jovem, formou-se segundo a lógica do antigo modelo militante, modelo que, em razão de todo um conjunto de motivos complexos, sobreviveu durante muito tempo em Sochaux, resistiu muito melhor do que em outras fábricas. Descobre ao mesmo tempo que não pode mais cumprir sua tarefa (seu "trabalho" de delegado) como antes, que há algo de anormal na situação que enfrenta, e que, por outro lado, mais do que nunca ele deve estar presente na fábrica para garantir a defesa dos "companheiros", que ele não pode renunciar a esta tarefa, que ele não pode "deixar tudo" no momento em que as condições de trabalho se tornam piores do que nunca.

Hamid percebe bem que para o futuro os técnicos, cada vez mais numerosos na fábrica, os BTS, como são chamados os novos agentes de chefia (cuja formação assemelha-se com a dos técnicos), e a maioria dos monitores estão presos a uma outra lógica, colocados num campo totalmente diferente do campo dos chefes de "equipe de tipo antigo". Antigamente, na antiga fábrica, vestir a blusa de chefe de equipe, cada um sabia o que isso queria dizer para um operário com fama de zeloso e se podia prever a lógica de seu comportamento. Hoje fica cada vez mais difícil compreender quais serão as estratégias dos novos técnicos.

Doravante as evidências se rompem. Lentamente vê-se que as relações de tipo antigo se alteraram, como que minadas a partir de dentro. E de repente os efeitos deste lento abalo se tornam visíveis ao delegado. É a perturbação.

Sandrine Garcia

A obra roubada

Encontrei Cláudia, pela primeira vez, na Casa das Mulheres de Paris, local situado no 11º distrito onde se reuniam homossexuais e militantes que pertenciam à fração menos "intelectual" do feminismo. Após um longo período de desemprego, ela fez um "estágio de reinserção", organizado principalmente em torno de atividades de acolhimento e de gestão e dando acesso a empregos temporários e menos qualificados em relação à sua formação de jornalista e sua experiência profissional (ela tivera um emprego estável no Insee, depois dirigira um refúgio para vítimas da violência conjugal).

Desde nosso primeiro encontro fiquei impressionada por seu ar "trágico", por uma espécie de gravidade interrompida por repentinos rompantes de riso estridente, como se ela levasse consigo um drama muito pesado; tão pesado que, quando ela se decide no-lo revelar, ela não pode evitar de falar longamente, revivendo com paixão sempre intacta cada episódio de sua história, incapaz muitas vezes de reter as lágrimas, mesmo quando ela se esforça por fazer aparecer "o lado positivo" desta aventura, a criação de um refúgio, "sua obra", que, é verdade, lhe foi "roubada", mas que "acaba de festejar dez anos de idade".

Uma infância no campo num ambiente familiar dominado por um pai violento que tem o costume de bater selvagemente na mulher, o espetáculo da exploração de mulheres num meio ambiente agrícola, todas essas experiências a levam a ter bem cedo "um olhar crítico sobre a sociedade, sobre as injustiças e sobretudo sobre as injustiças feitas às mulheres". Esta disposição à revolta feminista encontra sua expressão por ocasião de seu encontro com o MLF, em Paris, nos anos 1970. Ela vive então um período de euforia, de efervescência coletiva que a leva de grupo em grupo, de discussão em discussão, de ação em ação. Ela se situa entre as "feministas revolucionárias", faz parte das "Gouines rouges" ("prostitutas vermelhas"), grupo de homossexuais comunistas, depois de um grupo de "tomada de consciência", onde a frequentação de sociólogos e de psicólogos faz "progredir sua reflexão". Esta experiência lhe pareceu tanto mais enriquecedora porque interrompeu muito rapidamente seus estudos superiores e ela sente uma grande necessidade de aprender. Após um primeiro período de atividade – um trabalho como pesquisadora que a levou de uma cidade a outra –, apesar das satisfações que lhe dá a sociabilidade feminina e até homossexual que ela encontra neste meio ambiente profissional, ela se entrega a esta vida instável e volta a Y, sua cidade natal, para aí se fixar e procurar um emprego. Então ela trabalha alguns anos no Insee. Mal tinha voltado a Y, uma cidade do leste da França, em vão ela procura encontrar o clima do militantismo parisiense. Nesta "cidade morta" ela apenas encontra militantes do MLF, exclusivamente preocupados com as "lutas de classes" na pura linha de maio de 1968.

Os pontos de desacordo se multiplicam: a prioridade dada à causa dos "operários" ou dos "palestinos", os problemas específicos das mulheres frente à dominação masculina, o primado concedido à reflexão teórica ou à "luta ideológica", as ações práticas em favor das mulheres oprimidas; e ela abandona bem depressa este grupo do MLF – que não cessa de "a perseguir", animado por uma hostilidade e um ressentimento crescentes, e de criticar o caráter "tipicamente burguês" de seu modo de agir – para se empenhar em ações concretas em favor das mulheres.

As "companheiras de Paris" sugeriram que ela criasse em Y, segundo o modelo dos SOS mulheres que se criavam nesse momento em Paris, um grupo filiado à liga do direito das mulheres de Paris (cuja presidenta de honra era Simone de Beauvoir), que tem por objetivo lutar contra as violências conjugais. Desde então, ela põe toda a sua vida e toda a sua energia nesta empresa: além do seu trabalho no Insee, ela se dedica, durante anos, a atender aos chamados telefônicos de mulheres maltratadas, ela as ajuda a encontrarem soluções, especialmente jurídicas, para superar o problema, procura sensibilizar a opinião pública e obrigar as instituições a se preocuparem com isso. Pouco a pouco germina em seu espírito o que se tornará o projeto do grupo: criar um refúgio para mulheres surradas, permitindo que elas escapem à influência de seu cônjuge e organizar sua vida.

Ela se empenha de corpo e alma num combate difícil para ser reconhecida pelas instituições pertinentes – DASS, médicos, delegados para a Condição Feminina, instâncias do poder local – com a necessidade de um tal refúgio e para obter as subvenções indispensáveis a seu funcionamento. Às vezes ao preço de sua saúde ela consegue vencer todos os obstáculos e todas as resistências que as instituições lhe opõem antes de concordar em reconhecer seu "trabalho". Mas a luta em favor das mulheres, que se tornou sua razão de ser, não para ali: ela tem a ambição de criar um segundo refúgio e empreender novas ações.

Este combate que ela anima em Y, e do qual ela participa mais ativamente, enfrentando muitas vezes sozinha os cônjuges das mulheres refugiadas junto dela, interlocutora principal das instituições que é preciso convencer, ela não teria, diz ela, sem dúvida podido levá-lo avante com tanta firmeza se suas amigas militantes de Paris, mais experimentadas e mais bem armadas do que ela, não lhe tivessem dado ajuda, conselhos, apoio moral e às vezes uma ajuda direta (foi graças à intervenção delas, por exemplo, que a DASS, da qual dependem os subsídios necessários para o funcionamento do refúgio, ou que a delegada na Condição Feminina aceitasse debruçar-se sobre seus relatórios); elas lhe trazem também a confirmação da justeza do combate isolado que ela trava nesta cidade de província mais fechada do que Paris, onde o único grupo organizado de feministas lhe é irremediavelmente hostil: ela precisa, diz, se sentir "assegurada" pela convicção profunda de que sua ação, indissociável daquela praticada por suas amigas de Paris, é como que seu prolongamento natural.

É no momento de sua primeira vitória que se manifesta o afastamento, sem dúvida presente desde a origem, entre sua ação militante e a dos outros membros de seu grupo: à véspera da abertura do refúgio, cansadas por esses anos de trabalho de campo, uma grande parte de suas amigas deixa o grupo, algumas para continuar os estudos, outras porque elas têm "outras coisas para viver", diz Cláudia que, claramente, não tem nenhuma vida afetiva fora do grupo nem qualquer ambição fora de seu projeto feminista. Deixada sozinha frente ao que se tornou praticamente sua obra, ela não pode sequer saborear uma vitória que já tem o gosto de derrota, porque ela só pode contar com suas próprias forças, e lhe falta agora o impulso de uma mobilização coletiva.

No entanto, ela não para aí: ela se demite de seu trabalho para ocupar a função de presidenta do refúgio, supervisionando ativamente os trabalhos de administração, em seguida se instala aí e vive absorvida, dia e noite, por todas as tarefas novas que seu bom funcionamento exige. É neste momento da história do refúgio, cuja gestão não pode mais daqui para a frente repousar somente no trabalho gratuito, que surgem todas as dificuldades. Ela recruta secretária, cozinheira, vigia noturna: "isso não trazia problema", diz ela; mas ela precisa incluir também uma "educadora e psicóloga" e descobre cedo o horror de sua colaboração impossível, de uma oposição absoluta entre duas visões do mundo: a da militante que obedece primeiro aos impulsos do coração, à revolta e à compaixão, agindo na maioria das vezes na urgência e na improvisação generosa e criadora; a da "profissional", cujos atos impessoais e antecipadamente regulados obedecem a uma lógica puramente burocrática. Uma "educadora é um ofício... é preciso ter tato diante de suas exigências", comenta Cláudia, que emprega, não sem intenção precisa, o termo "ofício", da mesma maneira que, como ela faz observá-lo, ela "utiliza conscientemente", durante o seu relato, o de "pessoal" (do refúgio) que "não tem mais nada a ver – explica ela – com o militantismo", "que pensa em seu sindicato", "que me diz: isso não é meu trabalho". Sua lembrança apaixonada de tudo o que se lhe opõe neste emprego "qualificado" a leva a analisar com grande perspicácia o funcionamento habitual dos universos burocráticos, com suas dominações e suas categorias administrativas abstratas e impessoais, o efeito de distância social que esses instrumentos de pensamento e de ação criam entre os trabalhadores sociais, que os têm na cabeça e os utilizam, e seus "clientes", a divisão e a especialização estreita das tarefas que excluem as iniciativas, a utilização dos recursos institucionais e coletivos que tendem a eximir de mobilizar as da pessoa e empenhar sua responsabilidade própria. Ela observa, por exemplo, que a educadora do refúgio "não tinha sequer de ter esperança por estas mulheres, pois era um pessoal de quem ela devia tratar. Era seu trabalho". Ela descreve também o transtorno das mulheres do refúgio que se lamentam de um "abismo entre o pessoal e elas". "Comigo, dizia ela, não havia abismo", o que acontece com as mulheres surradas, "poderia ter acontecido também a mim", "não me sinto no teto e os outros no chão" "apenas, acrescenta ela, há um certo tipo de pessoas que se dizem: eu tenho profissão, sou educadora, psicóloga". A propósito de todas as categorias profissionais que ela terá ocasião de observar, ela fará a mesma constatação sem ilusão, mas sem má vontade: médicos, assistentes sociais, não se arriscam nunca, sem dúvida porque têm o respeito de todas as formas de poder e se refugiam por trás do álibi cômodo de sua deontologia profissional. Sua boa vontade a leva a relativizar o alcance de suas críticas invocando as diferenças "de abertura de espírito, de coração" entre os indivíduos que compõem essas profissões ("há seres humanos que são médicos"), e concluir inocentemente a propósito de sua própria ação: "...era uma questão de temperamento, eu adorava. É verdade que havia perigo, que era preciso agir duro e que, no final das contas, eu fazia o que pessoas pagas pela sociedade não fazem".

"A educadora, uma espécie de sindicalista" refugiada na "convenção" e na invocação de seus "direitos" que "exige cada vez mais" e não se interessa pelas mulheres do refúgio se torna logo tão insuportável que procuram se livrar dela antes do fim de seu período de experiência. Sentindo-se ameaçada, esta última não hesita de alertar a Sra. X, irmã de célebre escritora que desempenhou um papel importante no movimento feminista, à qual Cláudia, tendo se tornado diretora do refúgio e não tendo o direito de acumular duas funções, pediu que assumisse a função em seu lugar, função puramente honorífica de presidente da associação, na esperança de tirar proveito do capital simbólico ligado ao nome dela e de usá-lo nos contatos com as instituições políticas e sociais. E a presidenta, que até então levava, longe da instituição, uma vida de artista e pintora, sem se preocupar com a vida do refúgio, se comove com o anúncio de uma demissão e decide bruscamente que seu dever a obriga a intervir para restaurar uma ortodoxia militante ameaçada: convocada a uma assembleia geral encarregada de examinar sua ação, Cláudia finalmente se encontra cara a cara com suas adversárias de sempre, as feministas da "luta de classes", que a presidenta conseguira fazer entrar na associação sem o conhecimento de Cláudia e que se tornaram aliadas para pouco a pouco tomar o poder dentro da associação. Juntas, elas conseguem elaborar diferentes estratégias que têm o efeito de convencer Cláudia de falta profissional, em seguida encerrá-la numa situação tal que a demissão lhe parece a única saída possível.

Vencida, "levada à morte" pela fúria de militantes que não lhe perdoam o fato de ter conseguido fazer algo lá onde elas só produziram frases e palavras-de-ordem vazias e ineficazes, Cláudia levará muito tempo a superar esse sentimento de não ser e de não ter mais nada, ela que se dera inteira "ao refúgio", "que lhe tinha dado tudo" ao ponto de ele ser "todo ela". Inacessível ao ressentimento, ela afirma ainda: "o refúgio vai bem, isso é importante"; mas, tendo aprendido com uma aventura pessoal que é uma espécie de resumo da história do movimento feminista no seu todo, ela reconhece "ter ficado desconfiada em relação aos outros", em relação a grupos de militantes feministas, suas reuniões, suas discussões; compreendeu que a dominação social e cultural atravessa também o militantismo feminino, que, também ali, o poder existe e pertence "àquela que fala melhor" e que tem "mais conhecidos". Ela diz: "Há pessoas que a gente deixa lutar, deixa trabalhar, mas não devem ter sucesso. Sobretudo não são destinadas a isso. Essa não é a imagem delas. Eu não sou a Sra. X. Eu sou Cláudia".

Com uma militante feminista

– *Entrevista de Sandrine Garcia*

"Elas têm uma crítica da sociedade, mas é muito mais fácil agir para dentro, demolindo."

Cláudia – Vou começar pelo grupo que criei. No final, acabarei voltando ao começo. O começo é a infância, e em minha infância vi bem cedo a opressão das mulheres. Como te disse na primeira vez, minha mãe era frequentemente surrada por meu pai... que era chefe de estação e que começara como simples operário.

– *E tua mãe?*

Cláudia – Minha mãe tinha feito contabilidade e trabalhara em administração até seu casamento, pois era inconcebível que uma mulher pudesse ter filhos e continuar a trabalhar. Houve numerosas cenas, meu pai era extremamente violento. Quero dizer que a jogava no chão, a pisava, que mesas eram viradas, etc., etc. Ele não bebia, mas era extremamente violento. Bem, não vou entrar nos detalhes. Ele ficava violento simplesmente porque ele queria ficar com o dinheiro, sair com outras mulheres, simplesmente não tinha vontade de assumir suas responsabilidades. Quando voltava, queria comer imediatamente, ter a roupa lavada e ela, ela não podia evitar de lhe dizer "mas você tem filhos, você tem responsabilidades", então começava.

– *Então ele se encolerizava...*

Cláudia – Ele se irritava. Havia um outro contexto, o contexto aldeia, portanto um microcosmo. Pude ver muito bem com relação a minha avó, minha madrinha,

como as mulheres eram tratadas pelos homens.

– *Como assim?*

Cláudia – Eu via sobretudo o trabalho penoso das mulheres e foi na época em que começou a primeira série de tratores. Muito pequena ainda, eu percebia, diziam-me: o homem é o chefe, ele é mais forte, e eu via os caras sentados nos tratores e as mulheres cavando atrás!

– *Você participava desse trabalho?*

Cláudia – Eu olhava, observava, estava de férias e o fato dessa violência que eu via continuamente me abriu os olhos muito depressa. Adquiri um olhar crítico da sociedade ainda muito jovem. Sobretudo no que concerne às injustiças contra as mulheres. E eu ouvia coisas aberrantes: quando um homem bate, ele sempre está certo, ele sabe por que bate, por isso era muitíssimo duro, porque eu sabia o que vivíamos. Portanto, tomada de consciência mas solitária. Porque mesmo se eu falasse com minhas colegas do liceu, elas não tinham a mesma experiência que eu nem o mesmo olhar.

– *Elas podiam viver a mesma coisa mas não ter olhar crítico?*

Cláudia – Talvez. Mas no fundo eu tinha certeza que um dia eu encontraria mulheres que pensassem como eu, que tivessem a mesma sensibilidade, não sei por que pois eu estava sozinha, mas estava certa de encontrar mulheres que pensam como eu. Então, com dezenove anos vim a Paris. Estávamos em 1970 e bem depressa, após alguns meses, encontrei o movimento. Bom, eram as grandes assembleias, as grandes discussões, e eu encontrei moças que vinham da província, que tinham a mesma experiência. Era a alegria de se reencontrar.

– *Que grupos eram esses? Porque no MLF há várias tendências.*

Cláudia – No começo era muito informal. Eu estava na tendência das feministas revolucionárias, havia um grupo que eram as Prostitutas Vermelhas e eram grupos que funcionavam no fim de semana, porque eu trabalhava no interior do país, era pesquisadora, e só voltava aos sábados à tarde. Ao contrário, um grupo que me ajudou enormemente foi um grupo de tomada de consciência. Minha reflexão progrediu muito porque nesse grupo... Eu tinha cursado a escola de jornalismo, parei, quase não fui à faculdade, havia mulheres que eram sociólogas, que eram psicólogas, que eram um pouco mais velhas do que eu, por isso aprendi muito. Ao mesmo tempo havia uma grande solidariedade, uma grande camaradagem. Depois, isso nos leva a 1975, estive um tempo na Espanha e voltei a Y.

– *Por causa do trabalho?*

Cláudia – Voltei a Y porque viajava muito por causa do trabalho, das pesquisas, estava sempre me deslocando por causa de minhas pesquisas. Uma semana em Grenoble, uma em Lille, estava sempre viajando.

– *Qual a firma que te empregava?*

Cláudia – Eu fazia pesquisas para L. [uma grande empresa alimentícia] e ali também se tratava de grupos de mulheres, mas elas não eram feministas, mas havia muita solidariedade porque estávamos sós, juntas, no interior, jovens, queríamos trabalhar mas também nos divertir, ganhávamos bem porque as pesquisas eram pouco conhecidas, e ao mesmo tempo era preciso fazer todo um trabalho de explicação. Aí também se tratava de uma experiência um pouco paralela ao feminismo, mulheres que estavam totalmente livres, prontas para viajar e, portanto, havia também um grande número de lésbicas. Bem, depois de certo tempo, hotéis, restaurantes, a gente fica cheio deles, eu tinha até vontade de me estabelecer um pouco. Voltei a Y e encontrei um trabalho no Insee, foi a primeira coisa, e encontrei uma cidade morta, comparando com Paris e com todos aqueles anos. Apesar de tudo havia um grupo que funcionava e se chamava MLF. Comecei a trabalhar e vi mulheres, umas quinze, que discutiam por causa de um operário que fora demitido... Então eu me disse, assim não dá. E nesse grupo havia uma mulher que tinha mais ou menos a mesma reação que eu; ela se chamava Annik e vinha dos Estados Unidos. Ela tivera uma experiência de trabalho de um ano com as feministas americanas. Portanto éramos duas com verdadeira experiência com as feministas, com uma ótica feminista, a nos encontrar com esse grupo um tanto trabalhista. Então deixei falar um pouco e à medida que passavam as semanas era tudo igual e eu lhes disse: "escutem, acho que vocês não são o MLF, que vocês não têm nada a ver com o MLF nem com as feministas, vocês só falam de operários. De operários homens! O que isto tem a ver com o MLF?" Com relação a todas as discussões que tive... Então elas me responderam: "quando a luta de classe tiver feito seu caminho, as mulheres seguirão muito naturalmente..."

Um grupo que não é um grupo de reflexão... mas um grupo de ação

– *Havia lutas de classe!*

Cláudia – Sim, havia luta de classe! Eu tinha também estudado um pouco de história, porque isso me interessava, por isso sabia muito bem que era totalmente falso e eu lhes disse que isso não podia continuar assim, pois eu vira mulheres, que realmente tinham problemas de mulheres, serem perseguidas, dizendo: "isso não nos diz respeito". Portanto elas enganavam as mulheres. E eu lhes disse claramente: "vocês não podem continuar assim. Precisam de outro nome. Mas dizer que vocês são o MLF, enganar as mulheres deste jeito, isso não, se em três semanas vocês não tiverem mudado de sigla, eu aviso a todas as minhas companheiras de Paris, e isso será conhecido". Fui clara, exata e precisa. Elas ficaram com medo e mudaram o nome. [Ela lembra uma "grande festa de mulheres" organizada por este mesmo grupo, centrada no tema da Palestina, a violência das críticas dirigidas contra suas próprias intervenções, a decepção das mulheres que vieram da Alemanha para participar de uma manifestação em favor de mulheres que excluem as mulheres de suas preocupações e insiste nos "danos" que as militantes do MLF são capazes de fazer].

Alguns meses após, li num jornal da região que três mulheres tinham morrido por causa de golpes dos maridos no espaço de três meses e cada vez isso me fizera mal. E minha madrinha vem um dia me dizer que "é tudo muito aberrante, em Y. Há uma mulher que foi jogada para fora de casa, que foi golpeada até a morte e o canalha não foi sequer incomodado". Quando vi o artigo na imprensa, dizia que tinha sido ataque cardíaco. Tudo isso fez com que eu entrasse em contato com minhas companheiras com as quais tinha relações para dizer-lhes o que se passava. E oito dias depois uma me disse: "escuta, aqui nós começamos a criar um SOS mulher, talvez fosse interessante que você também o faça". Eu disse: "sim, mas Annik e eu estamos completamente sós, como não temos nada, nada mesmo, começar como?" Elas me responderam: "claro que você pode começar, Cláudia – elas até me estimularam, encorajaram". Então começamos, com o telefone em minha casa, eu trabalhava na Insee durante o dia, no horário comercial, portanto, mas eu tinha o telefone em casa, ficou comigo durante três anos, recebi quase 10.000 ligações de mulheres surradas. E comecei a trabalhar de fato dia e noite.

– *E havia alguma estrutura de acolhimento? Como era feito?*

Cláudia – Não, havia um telefone, não havia alguém para atender ao telefone porque eu não tinha meios para um atendente, nós começamos simplesmente com esse telefone pessoal. *[Ela cita as atividades: conselhos às mulheres surradas, elaboração de estatísticas de mulheres aflitas a partir das chamadas telefônicas, consulta a advogados para solicitar a ajuda deles, procura de locais, contatos feitos com "grupos de consciência", recrutamento de militantes para o futuro refúgio, aos quais ela pede para vir para "agir" e não para "discutir durante horas".]*

De fato, logo apareceram mulheres. Algumas vieram uma ou duas vezes, outras se engajaram mais, outras vinham e diziam "tenho tempo tal dia a tal hora, se você tem alguma coisa a dizer, diga". Era muito organizado. Bem depressa vieram as "lutas de classe" e isso nos fazia perder tempo e energia consideráveis. Verdadeiras manias que não desaparecem. Bem, logo em seguida era preciso ir à Delegação para a Condição Feminina fazer relatórios, etc. A primeira delegada para a Condição Feminina era uma médica que nos tinha recebido muito bem, mas nos tinha dito: "vocês sabem, eu sou médica, mas nunca ouvi uma mulher em meu consultório falar desse tipo de coisas. São histórias de alcoolismo, histórias de... vocês fazem tempestade em copo d'água"; e ela teve a infelicidade de escrever isso. Eu, bem, eu enviei isso imediatamente às amigas de Paris, o que deu um trabalho considerável pois elas eram amigas comuns de Françoise Giroud, que na época estava no Secretariado da Condição Feminina. Mas em seguida essa mulher, e tenho de dizer isso pois é muito importante politicamente, humanamente, ela, depois de alguns meses, compreendeu, viu artigos na imprensa, ela viu, bem, discussões também em Paris, e ela se retratou publicamente, fez declarações públicas na imprensa, em toda parte e isso, batata! Um político homem nunca teria feito isso. Depois disso ela teve problemas políticos. Ela era uma mulher de direita e disseram-lhe: "Vá cuidar de seus tricôs, etc." e ela se demitiu, inclusive de seu posto de delegada para a Condição Feminina. Isso mostra um pouco a mentalidade que existia naquela época, pois os políticos podiam dizer à imprensa, publicamente, essas coisas e acabava tudo bem. E nós procurávamos locais nessa cidadezinha de Y para as mulheres surradas, com uma mentalidade tão reacionária. Assim mesmo, tive encontros com o encarregado de assuntos sociais. Ele, zombando de mim, me disse: "a cidade não tem nada". Ora, eu sabia que a cidade tinha muitas propriedades e que havia muitos locais na cidade e que é até uma cidade importante. Bem. Isso foi em 1975, começo de 1976. No início de 1976 eu comecei a fazer algumas pesquisas sobre a morte de mulheres, sobre mulheres que morreram por causa dos golpes de seus maridos, tive acesso a endereços, eu tinha o hábito das pesquisas, eu era uma antiga aluna da escola de jornalismo. Fiz essas pesquisas junto a vizinhos. E... primeiro junto à família, é claro. Eram os pais da mulher vítima por exemplo. A família da mulher, é claro, são geralmente pessoas com medo do que acontece, e quando encontram alguém para quem falar sobre isso, elas concordam imediatamente e, geralmente, agradecem. Os vizinhos, também. Houve um que me disse: "escute, são vilas de casas, você vê a distância, foi o vizinho da casa mais próxima. Quando ele voltava de tarde nem o cão ousava se mexer nem ladrar". E ele lhe disse, ao vizinho: "eu pratico esporte, se você aparecer na rua, eu te quebro o pescoço". Desde então o vizinho não se mexeu, não interveio mais. E a mulher apanhava, ela morreu, os filhos estavam presentes, agonizou na cozinha a noite toda. Estes registros seriam impossíveis de outra maneira. E quando o sujeito foi julgado, ele contava sair ileso, ele fazia parte da sociedade, tinha até uma empresa, tinha bastante dinheiro e imaginava que três meses de preventiva bastariam, que depois, estava resolvido. E a manifestação que eu tinha decidido organizar era para todas as mulheres, os numerosos casos de mulheres mortas sob golpes, diante dos filhos, e a ausência da reação da sociedade frente a isso, esta aceitação do conjunto. Nós fomos ajudadas por mulheres muito legais, que tinham muito que fazer, falo das mulheres do Planejamento Familiar. Elas tinham a sua própria luta, mas, quando se precisava de uma mãozinha, elas estavam sempre lá, havia respeito. Então as mulheres recomeçam a luta dizendo "ah, uma manifestação! Então vamos gritar". Parece que gritar é uma coisa extraordinária, quando se grita durante duas horas, uma vez por ano, tudo se resolve! Mas o que nós queríamos era uma manifestação totalmente silenciosa. Quando há uma verdadeira manifestação, as pessoas dizem: tem uma manifestação, ao passo que fazer uma manifestação verdadeiramente silenciosa, as pessoas se perguntam logo: o que está acontecendo? Isso chama a atenção. Bom, é preciso ter imaginação para lutar. Sobretudo quando não se tem dinheiro... [Ela lembra esta manifestação simbólica, entre ramalhetes de flores enviados pelas associações feministas de todo o país, e a ajuda dada pela imprensa.]

Eu fazia o que pessoas pagas pela sociedade não fazem

– Você recebia chamadas de mulheres de todos os meios?

Cláudia – Sim, vou dar um exemplo. Quem ligava para nós? Havia a mulher de um professor de direito. Direito, ele conhecia bem. E também sabia bater. A mulher de um médico também. Mulheres de empresários. Havia um grande número de donas de casa, algumas eram assalariadas. Não me parece que havia profissões liberais, muitos comerciantes, mas não liberais. Havia muitas mulheres que não tinham emprego, e sobretudo que tinham filhos. Em seguida vem o papel dos médicos. Fora dito a essas mulheres que pedissem um atestado médico para registrar queixa. Pois o sindicato dos médicos publicou uma circular que diz que doravante, para obter um certificado médico para golpes e ferimentos, não seria paga mais simplesmente a tarifa normal, mas seria paga a tarifa K5, K6, não me lembro mais do número, mas eram 350 francos. Eu fui pedir explicações, imediatamente. Disseram-me: "haverá pedidos demais!" Portanto se reconhecia que o problema existia. Era para limitar os pedidos, nas costas de quem? Mas não se deve esquecer que há outros médicos que são seres humanos, e que fazem o contrário, que telefonam para dar uma ajuda, para dizer algo... Outros trataram de internar mulheres porque não tinham para onde ir. No fundo, eram pessoas sensíveis e que viam o problema humano. Às vezes era o hospital que nos chamava, havia mulheres que tinham sido postas para fora de casa, havia traumas cranianos. Chamavam as próprias mulheres, o hospital, os vizinhos, os empresários, por exemplo para suas empregadas domésticas, os institutos. Isso mostra muito bem que as relações de amizade não valem nada. As crianças ligavam, eram os apelos mais duros... Quando lemos na imprensa sobre filhos parricidas, percebe-se que a maioria das vezes era para defender a mãe, intervieram para isso. Quanto mais se soube disso, mais artigos apareceram na imprensa, mais as pessoas ousavam de repente se exprimir e tomavam consciência de sua responsabilidade. Nos artigos, lembrava-se o princípio de não assistência a pessoas em perigo. No final das contas, as pessoas estavam informadas. Depois disso, etc., a vez dos ministérios. Porque em Paris, evidentemente, elas tinham feito um trabalho considerável junto aos ministérios. Em Y era a DASS [Ela lembra as resistências e a inércia da DASS que engaveta os relatórios, suas diligências em Paris junto do ministério que leva em consideração o dossiê que ela defende.]

Eu vinha a Paris de tempo em tempo porque eram necessários novos dados sobre o problema, e em Paris eu encontrava também um estado de espírito muito feminista que eu tomava e trazia a Y. Era esta coesão feminista, este aprofundamento da pesquisa, etc. No nosso grupo de Y havia estudantes, mulheres como eu e, depois, houve mulheres que estavam para se divorciar e que eram vítimas de violências e sentiram a necessidade de se juntar ao grupo porque elas tinham necessidade de escuta, de não estarem mais sozinhas, de solidariedade, de saber que elas eram compreendidas, que sua atitude fazia parte de um conjunto. Havia uma mulher que não sabia como exprimir as coisas e que vinha com poemas. Mas a maior parte era de militantes jovens e que não tinham vivenciado isso. Havia também o companheiro de uma companheira que sabia o que era o feminismo, o que era a nossa luta, que às vezes ajudava. Em tudo isso os homens podiam desempenhar um papel muito útil, que consistia em falar com os homens violentos, discutir com eles... Eles não podiam fazer parte do grupo, mas podiam fazer esse trabalho. Porque nós nos ocupamos com as urgências. Se quisessem, havia trabalho, e alguns faziam o trabalho e era agradável, era importante. Agora vou falar de Bruxelas. Nós tivemos uma reunião da qual participaram mulheres, feministas do mundo inteiro, sobre as violências feitas às mulheres. Foi em 1976, foi feminista, foi mundial e foi uma grande festa. Lá tivemos ocasião de nos conhecer, de encontrar pessoas, de ver que os problemas eram os mesmos em todo lugar para as mulheres. Era, pois, um problema de civilização patriarcal. Portanto, tratava-se de violentos e violência. Tínhamos organizado 24 horas contra a violação da Mutualité. Vimos realmente aparecerem grandes tendências. A tendência SOS como a nossa, muito prática, muito ativa e depois outras mulheres que não mais procuravam se definir, que estavam contra as violências, mas que achavam, por exemplo, que se devia desaconselhar as mulheres e fazer processos, que não se devia entrar naquele terreno. Bom, imediatamente, eu falei do grupo, falei das intervenções, mas muito pouco. Devo dizer que havia também mulheres que telefonavam para dizer que a polícia se recusava a se deslocar, e então aconteceu de eu ir. E lá eu vi a reação dos sujeitos. Houve um que me mandou entrar e, diante da campainha, ele me disse: "veja o que está escrito aí". O que ele tinha escrito? Era seu nome. Ele me disse: "Sou eu que moro aqui". E os outros? Sua mulher e os filhos são a tropa, que lhe pertencia. Eu entrei. Evidentemente o telefone fora arrancado, ela tivera tempo de telefonar, a mulher, mas em seguida ele arrancou o telefone. Acrescento que havia traços de sangue na parede. E, evidentemente, havia duas crianças bem pequenas que não podiam sequer falar, porque estavam aterrorizadas. Estavam encolhidas, esperando o que ia acontecer, e é tudo. E o sujeito me explicou que trabalha na fábrica. Que eu não sei o que é isso. Porque eu me acostumei a andar com uma pequena pasta para tomar notas. Por isso eu era considerada uma intelectual. E porque ele trabalha na fábrica, e a fábrica é cansativa, isso não explicava por que bate na sua mulher. A respeito disso eu lhe disse: "Mas também há mulheres que trabalham na fábrica. Pelo que eu saiba, elas não batem em seus maridos". Bem, para essa intervenção, é claro, o médico se recusou a ir, por isso eu o obriguei a ir. Porque essa mulher precisava de um atestado médico. Bem, houve outra coisa, houve o golpe com a corrente do cão também *[Ela conta como um marido a ameaçou com seu cão, como ela pôde arrancar uma jovem argelina de sua família que queria impedir que ela estudasse]*.

Houve, pois, intervenções diversas e variadas. Agora com o recuo devo dizer que era uma questão de temperamento, porque eu amava aquilo. É verdade que havia um risco, que era preciso avançar e que, no fim das contas, eu fazia o que as pessoas pagas pela sociedade não fazem.

Sempre há indivíduos que não aceitam a hierarquia... É uma questão de abertura de coração

– *E a história do refúgio?*

Cláudia – Os dossiês se arrastam, eles te convocam, nem sempre existem locais porque a DASS dá o dinheiro mas ela não te dá os locais, é preciso procurá-los. Trabalhava junto com as companheiras de Paris, não do ponto de vista do trabalho, mas isso me dava muita segurança com relação às mulheres em luta, etc., para dizer: nosso grupo é importante, está ligado ao grupo de Paris, portanto... era uma questão de estratégia. Mas devo dizer que havia uma sobrecarga de trabalho terrível. Havia partilha no grupo, mas havia amigas que não podiam fazer grande coisa porque elas tinham estudos, etc., e por isso não se repartia tanto. Havia também alunas de escolas que vinham e para mim isso era muito, muito importante. São coisas que a gente pode recusar, dizer "não tenho tempo", etc. Eu achei que para o feminismo foi muito importante que viessem alunas, sobretudo de ciências sociais, que fazem economia familiar, etc. Sobretudo porque se tinha difundido ao nível dos jovens, dos professores e ao nível social, isto é, lá onde as pessoas...

– farão este trabalho.

Cláudia – Este será seu trabalho. Então era preciso começá-lo. Havia também uma procura de fundos, por outro lado, a ideia central era o refúgio, mas era preciso que na região, dado que se começava a ter um público na região, o feminismo fosse melhor conhecido. E havia no grupo uma ou duas moças que se interessavam muito pela arte. E decidimos fazer um festival do filme feminino. Era em 1977...
[Ela conta como conseguiram locais para sua associação graças à organização de manifestações artísticas e pondo em concorrência dois municípios politicamente opostos. Mas não foi sem dificuldade: primeiro propuseram "acampamento perto de um areal" e depois, por causa de seus protestos, um local que necessita 300.000 francos de trabalho].

Neste momento eu estava mais do que sobrecarregada. E consegui, porque viram o trabalho que era feito, recursos para uma permanente, porque era um trabalho que devia ser feito durante o dia todo, e assim não dava, eu não tinha mais folga, não tinha mais nada. Em todo caso, havia dinheiro para pagar alguém em tempo integral, um mês após a abertura. Bom, então era evidente porque eu tinha tanto trabalho, porque eu estava por dentro dos relatórios, etc., e por isso me demiti do Insee, para ser permanente. Portanto, acompanhei todos os trabalhos. Os serviços sociais... Porque falei de tudo, menos dos serviços religiosos e dos serviços sociais. Os serviços sociais, a DASS, é uma coisa. A DASS tem por missão saber se uma associação está legalizada ou não e só então abrir eventualmente possibilidades. Pois é! No tocante às assistentes sociais, os assistentes sociais, novamente, o mesmo problema que para os médicos. Realmente não é uma questão de indivíduo, é uma questão de abertura de espírito, de coração. Trata-se da abertura da sociedade e houve, por exemplo, uma assistente social que me telefonou depois de o refúgio abrir por causa de uma mulher internada, para me dizer: "trata-se da senhora Fulana, ela fugiu". "Como? – eu respondi – ela fugiu? Ela é menor ou maior?" "Não – respondeu-me ela – é o senhor Fulano, o marido dela, que está atrás dela e peço que você ma envie". Como um cão, não? Bem, tivemos outras histórias com as assistentes sociais. Havia uma mulher, o refúgio ainda não fora aberto, que viera nos ver, e que realmente não sabia onde ir. Nós também não sabíamos. Eu começara a abrigar uma ou duas mulheres comigo no início do grupo, mas isso não era possível, não era sustentável. Além do mais, com criança pequena. Então, essa mulher chega, ela tinha de fato muitos problemas, porque com o tempo você conhece o jeito, você conhece as situações, você sabe muito bem se uma mulher está em perigo ou se ela pode aguentar ainda 15 dias. E essa mulher estava de fato em grande perigo. Foi dito a ela que fizesse tudo o que fosse possível, que eventualmente fosse a um hotel, mas... A assistente social a chamou depois, intimou-a a voltar para casa! Mais tarde, na imprensa, esta mulher levou não sei quantas facadas e ela morreu. Claro que a assistente social não é responsável. Há uma outra que veio [...] para me dizer que atualmente ela se preocupa com esse homem, pois ele tinha o mau costume de amarrar seu filho na cama e bater nele. Ela me disse que ela não podia me dizer isso porque, se ela o fizesse, ela estava traindo a confiança desse homem. Que ela não podia continuar assim, mas que ela me disse, por isso eu podia fazê-lo! Há pessoas assim que dizem: "eu não posso telefonar à polícia, pois você sabe, isto seria delação!" [riso]. Elas não percebem. E elas estudaram três anos para confundir a delação, que é a denúncia de uma pessoa inocente a uma autoridade suja, e salvar uma vítima que está a ponto de morrer. Nunca compreendi isso. É uma espécie de medo do poder, o medo do professor e do mais forte, isto é, daquele que bate. Quanto a outras assistentes sociais, era exatamente o contrário... *[Ela acha que os membros dos grupos religiosos são mais abertos e mais dispostos a ajudar as mulheres em perigo].*

De minha parte, eu faço esta diferença entre os indivíduos e as instituições. Sempre há indivíduos que não aceitam, que não aceitarão a hierarquia... Depois de seis meses de trabalho o refúgio estava aberto. Sempre tínhamos sido grupo, mas após um momento exigiram que fôssemos associação. É uma questão de estatuto, de responsabilidade, etc. Nesse momento, eu era a presidenta, Annik era a vice-presidenta, eram as companheiras que mais tinham trabalhado... Apareceu rapidamente a questão do poder, no começo, e sempre, e esta questão do poder foi resolvida muito depressa. A ideia que estava no ar, por toda parte, não era a do poder, nós não queríamos poder, trabalhávamos em grupo. Então você nota, se você está no grupo, que apesar de tudo o poder existe. É quem fala melhor, quem tem mais conhecimentos, quem fala mais forte, não sei, é a que sabe melhor manipular, bem, ele está lá de qualquer maneira, simplesmente de uma maneira discreta e negativa. No início nós tínhamos combinado: "bem, sempre existe o poder, não se pode evitar, mas o critério para o poder é o trabalho, é a eficiência". Eu sustentava que todas as decisões fossem tomadas em comum, de qualquer maneira as decisões devem ser tomadas em comum. Bem. O refúgio. Era preciso comprar os móveis, etc., etc.

– *É um refúgio grande?*

Um cansaço terrível

[Ela evoca o fim de um período militante com a criação desse refúgio de 20 vagas, o cansaço de suas amigas, seu sentimento de ter acabado uma tarefa, sua partida, seu próprio esgotamento, e a tristeza de se encontrar sozinha, no entanto decidida a continuar a ampliar sua ação.]

Cláudia – Isso não foi o fim! Não estou criticando, sabe. Porque é muito bom tudo o que elas fizeram. Ninguém podia trabalhar no refúgio. Porque uma tinha um posto muito importante, ela era jurista, de vez em quando ela dava conselhos, amiga muito boa... Telefonou-me ainda ontem, isso prova que... [*ela chora*] restaram laços muito fortes. Mas era certo que algumas não iriam abandonar seus estudos, perder seu posto para ocupar-se com o refúgio. Portanto, o problema era que agora a DASS quer tantos postos, e isso não se discutia. Era uma barreira muito clara. Não havia problemas quanto à secretária, à cozinheira. Mas educadora é uma profissão, nada de recrutar militante. É preciso ter cautela. Então... [*o relato se torna penoso e entrecortado*] há pessoas que foram recrutadas. Em seguida era preciso convocar pessoas, mulheres, para esse trabalho. Havia então uma secretária de meio expediente, ela era muito boa, ela conhecia bem o seu trabalho, ela trabalhara em outro refúgio antes, para drogadas, por isso conhecia o sistema. Uma vigia noturna também, tudo isso. Muito bem. Uma moça viera para o grupo seis meses antes, ela era educadora e psicóloga ao mesmo tempo. Eu disse para mim mesma: "afinal, por que não, precisamos de uma psicóloga de meio expediente para as crianças", porque as crianças estão muito traumatizadas, e começamos bem, as mulheres vieram e vi algo extraordinário. Uma solidariedade imediata entre essas mulheres. Porque quando as mulheres saem, às pressas, elas não levam sequer um par de chinelos, não têm nada, nem para os filhos é preciso ir com elas, buscar a roupa, e isso pode ser muito perigoso. Uma vez pedi a uma educadora para ajudar e foi então que me confrontei com o problema. Não estava mais tratando com uma militante, estava tratando com uma funcionária que pensava em seu sindicato, que me disse que esse não era o seu trabalho. Ela tinha problemas, mas então não devia empregar-se num refúgio! Eu tinha um monte de coisas a fazer, pois eu tinha o posto de diretora do centro. Eu tinha que cuidar dos relatórios, etc., pois esse refúgio era o começo para um refúgio de 50 vagas que estava para ser iniciado com a delegada para a Condição Feminina. Pois era fácil, porque quando é feita uma primeira obra, e você mostra... faltava um ano. Você deve mostrar que sua gestão é boa. Que você não vai além... como eles imaginam a coisa, porque a DASS me disse depois que ela imaginava que o termo feminista queria dizer não saber gerenciar. Quer dizer, fazer não importa o quê. Veja. Eles me disseram depois. Portanto, do ponto de vista das mulheres, uma solidariedade, uma entre-ajuda. E também um reconhecimento para algumas... Ainda no ano passado eu recebi um telefonema de uma mulher, e isso faz dez anos, que me disse "obrigada, etc., feliz natal!"

[Ela lembra o funcionamento do grupo, a divisão solidária das tarefas incontáveis e variadas.]

Portanto, era impossível contar com essa educadora para ir buscar alguma roupa. Quando eu tinha de ir ao médico, trata-se de mulheres, as companheiras que se arranjassem. Bom, pouco a pouco elas se colocaram questões que trouxeram a mim. Elas me disseram: "nós temos a impressão que há um fosso entre o pessoal e nós. Por que há esse fosso?" Porque comigo não havia esse fosso. Porque quando elas me diziam "isto só acontece conosco, não acontece com os outros", eu lhes dizia: "estou desolada, com menos probabilidade isto poderia ter acontecido a mim também, isso que acontece com vocês". Eu não me sinto em cima e as outras embaixo. Apenas existe um certo tipo de pessoas, não todas, que dizem: "bem, eu tenho uma profissão, eu sou educadora, psicóloga, etc." Basta olhar para essas mulheres para que elas se sintam rebaixadas, elas já estão fragilizadas. Esta não é a finalidade de um refúgio. Ao contrário.

– Acontecia isso com os funcionários?

Tive de lidar com uma espécie de sindicalista...

Cláudia – Não com todo o pessoal. Com uma pessoa só. Infelizmente ela tinha o cargo de educadora. Se ela tivesse ficado lá, ela estava no período de... ela tinha os seus três meses de aviso prévio. Bom. Essa moça começou a me dizer: "a convenção". Todo dia era a mesma coisa. Ela fugia para a convenção. Quando havia alguma coisa para fazer, ela dizia: "eu tenho direito a um dia de descanso". Eu que telefono a um advogado e digo: "tenho direito a um franco extra, devo ser paga em dobro, e além disso ter um dia". Bem, porque sempre há problemas de turno, o sábado e o domingo, no refúgio, portanto de compensação. Eu estava tratando com uma espécie de sindicalista que vinha exigir sempre mais coisas, sem se preocupar com o que faziam as mulheres e as crianças, isso não interessava. Bem, eu a convoco e lhe digo que, bem, seus três meses de experiência, de qualquer modo, isso não era absolutamente o que eu pensava e que, era melhor a gente se separar, que era preciso se entender mas que eu estava pronta, pois ela queria se virar sozinha, para ajudá-la. Bem, era muito elegante de minha parte, além disso. Porque eu conhecia pessoas em Y e era mais fácil para ela se virar sozinha. Discutimos. Ela concordou comigo. Eu lhe disse: "eu preparo a carta e amanhã nós assinamos juntas". Ela me disse: "eu nunca assinarei nada". Em suma, ela foi depois, porque eu era presidenta da associação, a partir do momento em que você assume o posto de diretora, você não pode mais ser presidente da associação, você não tem o direito, porque você acumula duas funções. Eu fiz a besteira de perguntar a uma senhora muito conhecida, artista, digamos, que tinha até... seu nome era importante, se ela queria ser presidenta da associação, e nós tínhamos decidido isso em grupo, e isso teria peso ante as autoridades. Bem, depois de ter feito todo este trabalho sozinhas, de se matar, você vê, ela me diz: "sim, claro, eu sou feminista, mas, etc. Mas de qualquer maneira eu não me meterei nunca em suas decisões, você pede simplesmente que eu ocupe este posto, de acordo". A moça, nem uma nem duas, vai ver essa mulher. Essa mulher era a irmã da senhora S. [*uma feminista célebre*]. Ela se chamava senhora X., ela morava na Alsácea, era pintora. Ela era, mas isto é compreensível, um pouco ciumenta em relação à irmã e a moça vai, e a Sra. X. foi extremamente: "veja primeiro, mas enfim, não é absolutamente feminista, enfim, fazer uma coisa assim, querer despedir qualquer um; vocês ficaram malucas!" Não importa o que se faça, pode-se trabalhar muito pouco, mas uma feminista não despede! Eu lhe disse: "não se trata de demissão, trata-se do fim de um período de experiência". Mas aquela pobre mulher não sabia a diferença entre isso e aquilo, ela era artista. Não tenho nada contra os artistas, eu mesmo faço fotos, etc., mas quero dizer, a gente não deve se meter no que não conhece. Bem, as coisas chegaram ao ponto de se convocar o conselho de administração e ela, ela era presidenta, ela pertencia ao conselho de administração. E havia Annik, que tinha trabalhado muito, havia eu, e havia uma ou duas pessoas que tinham trabalhado muito. E lá estamos nós, no conselho de administração, eu explico a situação, e enquanto explico ela atrapalha tudo, não é uma feminista, bem, assim não dá, é preciso pôr fim a essa experiência. E depois ela me disse: "alto lá, eu sou a presidenta, o que é que você vai fazer? Assim não dá! Vou convocar uma assembleia geral! Porque eu sou contra a vossa decisão!" Ela grita. A nós que criamos tudo, fizemos tudo! Durante aquele tempo, no refúgio, as mulheres não compreendiam mais nada, porque é claro, eu estava lá, eu dava um duro danado e não tínhamos um posto. Porque a DASS tinha dito: "deve haver sempre alguém no refúgio". Se você tiver o menor problema, e não estiver ninguém lá, então, você é responsável. Ora, nós não tínhamos um posto. Quando me falavam de poder, no final, eu dizia: "eu mando dividir o número de horas de trabalho pelo seu salário. Eu ganho menos que a cozinheira!" Não era truque meu, mas porque me diziam: "você tem um posto e isso e aquilo", então eu dizia isso... Eu fazia isso porque eu sei que no final de um ano de trabalho eu deixo as contas em perfeito estado. Funciona bem. Atrás disso havia 50. E as

403

companheiras que não trabalhavam, mas que tinham feito a luta toda, compreenderam não só a estratégia, mas compreenderam o que se passava no refúgio com essas mulheres. Mas as mulheres, de jeito nenhum! E elas me faziam cada vez mais perguntas! Bem, elas sentiam que havia algo que não andava. Porque as coisas andavam comigo e com aquela não! Elas se fizeram a pergunta! Elas nem sequer tinham mais esperança nela, pois era uma população em... Ela devia tratar! Era seu trabalho. [...] ... ela pegara isso, ela tinha esse costume, era uma outra maneira de fazer, não tinha nada de feminista, de qualquer modo. Mas a Sra. X. simplesmente não queria ouvir. Então decidimos isso, mas em conselho de administração. Ela te convoca para assembleia geral. Quem tinha os papéis? Eu, claro, pois eu cuidava de tudo. Pois eu tenho uma lista de pessoas, de mulheres, que fazem parte da associação, que pagaram suas cotas. De repente ela me diz: "por favor, dá-me a lista". Bem, eu não gosto absolutamente de dar as listas, mas dei-as. [*Na assembleia geral ela vê entrar na sala "um monte de mulheres que não têm nada a ver com a associação".*]

Um assassinato

Cláudia – Em particular, eu encontro minhas companheiras do começo. Todas! [...] As lutas de classe. Todas! Não faltava uma. Com a Sra. X. Porque ela tinha dito: "eu sou presidenta da associação. Porque eu sou a senhora X." E eu disse: "mas como é possível que essas pessoas nunca estiveram na associação? Que elas nunca pagaram suas cotas". Ela me mostra uma lista, ela me mostra folhas, 37 folhas, 37 folhas assinadas. "Faz parte da associação, assinado". Ao fazer a associação, tínhamos colocado no estatuto que era possível entrar por diversas maneiras e no momento eu não prestei atenção. Enquanto eu me ocupava com mulheres surradas, mulheres albergadas, enquanto me ocupava com relatórios, dormia lá para substituir a vigia noturna. Então esses expedientes foram assinados, porque havia outro meio de entrar na associação e, enquanto eu fazia tudo isso, elas foram buscar os estatutos, se reuniram. E eu lhes disse: "e quem assinou isso?" Ela me respondeu: "como você pode ver, foi minha irmã que assinou". De qualquer maneira, ela assinaria seja o que for, seja dito entre nós. Não é a ação dela que eu critico, mas ela prestou serviço à irmã...

– *Ela sem dúvida não conhecia o risco...*

Cláudia – Ela não conhecia sem dúvida o risco devido à sua idade, devido a tudo isso. Depois que se disse isso, eu tive um grande choque. Acho que dá para compreender. Todas as mulheres do refúgio, isto é, todas as mulheres sem exceção, puseram-se a escrever uma carta de duas páginas dizendo que elas não compreendiam, que elas me viam trabalhar o tempo todo, que eu era uma diretora muito boa, que elas não compreendiam por que eu era questionada, etc. Por isso houve um segundo conselho de administração e mais nenhuma mulher do refúgio, nem daquelas de Paris que tinham ajudado, mais ninguém, ali dentro não se tratava mais de feminismo, estava claro. Portanto, outro conselho de administração que me mandou admitir imediatamente uma mulher, a que faltava. Porque há um contrato com o DASS. Se você não cumpre o contrato, não há dinheiro, e o refúgio implode. Está claro que no orçamento os postos estão previstos com precisão. Você não deve ultrapassar sobretudo no primeiro ano. Ela me manda admitir uma mulher. Nem sempre eu sei como vou pagar a ela e aos encargos sociais. Então, ou eu a admito e eu sou uma péssima administradora, que não cumpro meus compromissos com a DASS, ou eu não a admito, e então cometo uma falta, desobedeço ao conselho de administração. Certo. A DASS, que ouvira falar de tudo isso, me diz: "escute, não funciona assim. Você trabalha muito bem. Nós achamos que você deve conservar o posto. Porque nós temos confiança em você, porque sua gestão é boa", Bem, então aconteceram outras coisas, quer dizer, eu fui convocada, eu não conhecia esses detalhes, você tem uma convocação e você deve vir a essa convocação, que é introduzida entre duas páginas do seu caderno. Eu não a vi. Só a vi no último momento. Mais uma falta: você não compareceu ao conselho de administração. Isto começou aos poucos. Cada vez mais coisas. Fui visitar uma companheira em Paris, advogada, expliquei-lhe a situação, eu lhe disse: "houve votos irregulares, a contagem foi mal feita, outras pessoas que ficaram me disseram isto". Ela me disse: "Cláudia, você está numa arena. Quer você saia da arena, quer fique, querem que você morra. Lançam dardos em vocês". Eu estava numa arena. Bem, elas tinham o poder, mas é sobretudo porque há pessoas, deixa-se que lutem, trabalhem, mas é preciso que elas não tenham êxito. Sobretudo elas não estão destinadas a isso. Não é a imagem delas. Eu não sou a senhora X. Eu sou Cláudia; você pode enviar a Cláudia, você pode enviá-la onde há tiros de metralhadora, facadas, e ela fará um bom trabalho. A Cláudia diretora de um refúgio que ela criou? Além disso eu estava extremamente cansada, e, no final, eu disse para mim mesma, como dizer, a DASS me disse para ficar atenta, que estava recebendo novidades dessas histórias, em resumo, é possível que o refúgio seja fechado. Que eu sou uma boa administradora, mas que, se eu não conseguir restabelecer a ordem, é possível que o refúgio feche. Por outro lado, o senhor A. me disse: "o refúgio de 50 lugares, não se fala mais, tua associação que tem histórias, não se fala mais dela. Terminando". Então pensei nessa história do touro na arena, que é para ser morto, de fato senti isso e disse para mim mesma: eu não poderia pagar aquela moça, não vou admitir. E fui obrigada a me demitir. Por causa da burrice da senhora de X., é preciso chamar as coisas pelo nome. Eu fui embora, e no dia em que parti nasceu Cláudio, quer dizer, uma mulher, uma mulher que tinha vindo, que estava grávida e eu tinha privilegiado o *Planning* com relação às outras associações, às outras coisas, tínhamos um pouco de dinheiro e o planejamento familiar vinha regularmente para explicar, debater com as mulheres. Bem, essa mulher estava grávida, ela pediu explicações, mas ela não tinha certeza sobre o que queria fazer. E não paravam de lhe dizer: "aborte, quando é que você vai abortar?" Então ela me disse: "estou cheia". Eu não concordo, eu sou pela liberdade das mulheres tomarem suas decisões, mas dizer: "aborte, não aborte, é abuso!" Então eu disse: "Agora, chega. Ninguém mais falou disso a ela". Acontece que ela decidiu ter a criança, e eu sou madrinha dessa criança. Ele nasceu no dia em que parti e ela lhe deu o nome de Cláudio [...], portanto, há também coisas muito bonitas, não se deve ver só o lado negativo. Mas as coisas positivas vieram dos militantes, do grupo todo, das mulheres albergadas, muitíssimo. Mas dos funcionários, nada. Emprego conscientemente a palavra funcionário, porque isto não tem nada a ver. E algumas eram muito legais. [*Ela foi informada que a educadora acabou sendo demitida do refúgio*].

[...]

– *Este refúgio continua?*

Cláudia – Ele continua porque eu o criei, continua. Vou mostrar a você artigos sobre ele. Ele vai bem. Isto é importante. Festejou seus dez anos no mês de dezembro. Eu me senti mal durante muitos anos. Completamente desestabilizada. Porque eu me tinha colocado toda lá dentro...

– *Toda a tua energia...*

Cláudia – Tudo, tinha lhe dado tudo. E ele continua a funcionar. Ele existe. E isso é um aspecto positivo. Se eu tivesse feito um processo, talvez o tivesse ganho. Bem, eu parti, mas o refúgio existe. Então, o que posso te dizer, talvez, é que depois de um golpe como esse, geralmente... Veja, há algumas coisas que esqueci de te dizer. Tínhamos boas relações com os ecologistas. Porque era mais ou menos o mesmo estado de espírito, eles nos pediram artigos, de vez em quando havia telefonemas, e o que posso te dizer é que eu continuo feminista, conservei uma ótica feminista, isso não mudou nada no que há no fundo de mim, porque o que há no fundo de mim está lá. Por outro lado, fiquei desconfiada. Desconfiada em relação aos outros, presto muita atenção. Se alguma coisa precisa ser feita, estou lá. Faz dois anos acompanhei a caminhada Paris-Genebra pelas crianças raptadas. Portanto, quando há algo a fazer, estou lá. Quando se trata de reuniões, de grupos, isso não me interessa absolutamente. Estou cheia. Há mulheres que se pretendem feministas mas não são, porque lá elas me aplicaram aquele golpe, mas o que fizeram a mim, fizeram também a outras. Contaram-me que elas fizeram a mesma coisa com um sujeito que tinha criado uma associação de bairro, elas se meteram, etc., com as companheiras delas. Contaram-me que ele se suicidou. Suicidou-se. Porque se tratava de demolição total. Demolição da pessoa. Total. E elas fizeram isso porque, afinal de contas, elas têm uma crítica da sociedade, mas é muito mais fácil agir para o interior, demolindo, o que fazem certas feministas, do que agir verdadeiramente, para fora.

1991

Rosine Christin

Testemunha silenciosa

Cheguei a Longwy pelas 20 horas de um domingo de fevereiro. Estava nevando. Os raros passageiros desceram do trem que aos poucos descarregara seus passageiros; alguns vagões esperavam, clareando a plataforma com seus faróis; alguns minutos depois a estação e seus arredores mergulharam novamente na escuridão, o chefe da estação fechara as portas e se recolhera para se aquecer; o mesmo trem partiria em sentido inverso na manhã seguinte. Na grande praça deserta, a fachada do prédio da prefeitura iluminado servia de enfeite, testemunha e vestígio da antiga riqueza da cidade. Atrás da praça, nas ruas da baixa Longwy, a noite escondia em parte o abandono, as casas comerciais há tempo fechadas, as placas dizendo que estavam à venda.

Eu tinha encontro marcado com Marisa, uma mulher de 45 anos, caixa em um supermercado. Quando eu procurava encontrar mulheres operárias que tinham vivido a crise da siderurgia e da metalurgia de Lorena, seu sobrinho, um estudante de 20 anos, me falara dela, de sua recente viuvez, e um pouco de sua vida. Nosso encontro foi difícil de marcar. Ela trabalhava de dia e, sobretudo, ela vivia na casa de seus pais numa aldeia um tanto afastada. Talvez não quisesse minha presença junto a essas pessoas idosas e doentes. Mas um irmão do marido dela, um agente comercial se propôs a receber nós duas de tarde em sua casa, cerca de 10 quilômetros longe da cidade. A casa, situada num bom local, iluminado, parecia acolhedora depois da noite e da neve, com seus móveis de pinho claro e sua ordem perfeita. Meus hospedeiros, após a refeição, estavam sentados em companhia de Marisa em redor da mesa que fora tirada e davam a impressão de solidez, de êxito, de adequação à vida. Marisa pareceu-me jovem, talvez desarmada, de jeans, com uma silhueta de estudante e um olhar do qual não saberia dizer se exprimia a apreensão ou o alívio de falar a uma desconhecida. Nós duas nos instalamos à mesa da cozinha enquanto os B. assistiam televisão na sala ao lado. Uma troca de confidências habitual entre mulheres após uma refeição familiar, assim nos pareceu este primeiro encontro.

Marisa nasceu em 1947 numa aldeia situada a uns dez quilômetros de Longwy, de um pai "que trabalhava na estrada de ferro" e de uma mãe do lar. Ela era a segunda de quatro filhos, todos casados, nenhum deles tendo feito "grandes estudos"; hoje estão com "problemas de desemprego". Marisa chegou até o primeiro ano da faculdade, depois parou. Como ela fosse uma boa aluna, os professores do colégio de sua aldeia aconselharam-na a continuar seus estudos no liceu de Longwy após terminar a terceira série. Convivendo com moças da cidade, filhas de executivos e de técnicos da indústria, ela "sentia a diferença", sobretudo quando ela começa a sair e "a se vestir como uma moça gosta [...]". Ela não levava dinheiro no bolso sequer para tomar um café: "Na vida do dia a dia, para uma moça, isso conta". Ela se saiu bem, apesar de algumas dificuldades em matemática, mas "ela estava cheia": ela quis parar para trabalhar e ganhar dinheiro. Ela pegou um emprego nos correios durante o verão, "gostava disso", e decidiu não voltar às aulas em outubro; pouco depois ela "era vendedora em Prisunic".

Após um primeiro casamento e o nascimento de seu filho, ela se divorciou, aos 20 anos, para se casar, em 1968, com um homem cujo prenome nunca pronunciará durante nossas entrevistas gravadas e nossas conversas privadas (e que eu sempre ignoro), como se algo comum devesse afastá-lo dela. "Seu marido", como ela dizia sempre, testemunhando sua fidelidade e sua compaixão, era soldador nos Ateliers de Longwy (SAF), uma pequena empresa que ia bem por causa das encomendas das grandes fábricas da região. Ele tinha começado como aprendiz, depois, "com queda para isso", subira pouco a pouco até a "categoria mais alta, soldador P3"; ganhava bem, as horas extras engordavam o salário todo fim de mês. Havia também as viagens a serviço, pela França toda, que lhes dava a sensação de uma vida com horizontes mais amplos. Marisa guarda uma lembrança muito especial de uma temporada de três meses em Haute-Savoie quando, com seus dois filhos, ela acompanhara seu marido.

Quando fala de Longwy daquela época, Marisa se anima: "Era uma cidade de operários e havia de fato mentalidade operária. A gente cruzava com contramestres que sempre se julgavam um pouco melhores que os outros, mas por toda parte se encontravam companheiros, a gente ia ao café". No conjunto, as pessoas estavam "bastante à vontade, não se privavam de muitas coisas". Hoje, diz ela, "a decadência é geral"... é a "gentalha que vem de não sei onde, não se sabe como vivem, e depois há todas aquelas pessoas que têm a sua aposentadoria muito cedo, que estão satisfeitos com a sua vidinha, a sua casinha, o seu carrinho".

A grande casa que eles compraram em 1975, praticamente sem entrada, com um crédito bancário inesperado, pertence ainda a esse mundo encantado: "uma grande barraca"... oito peças, recantos, mas... tanta coisa para consertar. Ela estava estragada, mas eu, agradava-me fazer projetos com meu marido, faremos isso, faremos aquilo... Nunca conseguiríamos com seu salário, mas não tem importância". "Sem dinheiro, mas feliz... meu marido voltou do trabalho, eram duas horas e meia e então, no jardim, a discussão com o pessoal do lugar". Os aborrecimentos deles começaram com aquela compra absurda, num clima econômico que se degradava. As prestações mensais chegaram a 700 francos, o equivalente a um aluguel alto e "era cada vez mais difícil conseguir pagar".

Já era tarde demais, apesar das diversas tentativas de solução que se seguiram às manifestações operárias de Pompey em 1978, para verem se realizar suas esperanças de uma vida de trabalho solidificada na região. Desde 1975 o fechamento de fábricas tinha se acelerado e 1979 foi um ano negro. Pouco depois, a fábrica da Chiers, a SAF, fechou as portas, seguida das aciarias de Senelle e de Rehon. A solidariedade operária se desfez com as propostas de aposentadorias antecipadas e os prêmios de demissão. Marisa lembra-se: "Meu marido estava na CGT, tudo isso lhe era explicado, ele também pensava assim e, quando ele falava aos outros, mesmo em sua própria família... olhavam para ele de esguelha porque eram considerados revolucionários ou gente que nunca estava contente com a 'sua sorte'".

Seguindo os conselhos de um antigo colega, ele entrou como trabalhador temporário numa empresa de Serviços Públicos, a SPIE. Eles tiveram de ir trabalhar na Centrale de Gravelines num reboque comprado para a ocasião com a ajuda da família e o produto da venda de alguns móveis. Eles achavam a sua sorte injusta – neste ponto os diversos relatos de Marisa são contraditórios – e há muito tempo esperavam voltar a Longwy: mesmo quando a SPIE, seu empregador, seguindo a onda de terceirização, admite os operários, eles conservam a sua grande casa desabitada e, durante cinco anos, não procuram se estabelecer de uma maneira mais ou menos cômoda. Em Gravelines eles instalam o reboque num acampamento municipal como todos os da Central vindos de toda a França, população deslocada segundo a vontade das empreitadas da SPIE ou de outras empresas.

Aos poucos se resignaram, ficaram até contentes de ter "encontrado alguma coisa", temendo o desemprego e ignorando, tanto um como o outro, os incômodos do desconforto e da exiguidade aos quais estão acostumados desde a infância. A "grande barraca" era um sonho que deveria terminar e o seu reboque era "bonito" com os seus dez metros de comprimento, ele tinha "tudo o que era preciso" e "a cozinha estava bem disposta". Mas, à medida que o tempo passava – viveram ali cinco anos, um ano e meio em Gravelines e mais de três em Saint-Valéri-en-Caux –, sofreram muito por causa da moradia apertada e da promiscuidade. Os quartos pareciam armários com portas corrediças, "os jovens estavam numa peça fazendo o quê? O comprimento da cama... eram beliches, cada um tinha sua cama e seu quarto se reduzia a isso. Jovens dessa idade não podiam escutar música, não podiam fazer nada... Havia uma outra peça que era uma espécie de saleta, pois aí havia um banco, uma pequena mesa e um móvel sobre o qual estava a televisão. Nossa vida no reboque era a televisão".

No acampamento de Gravelines a gente se visitava pouco, estava todo mundo absorvido pelo trabalho e havia uma vida difícil de levar para famílias afligidas pelo desemprego e o desenraizamento. Numa tarde vieram vizinhos tomar um aperitivo, uma visita que fizeram, mas esses possíveis amigos partiram pouco depois para outras frentes de trabalho. Dois anos mais tarde, foram Marisa e o marido que tiveram de mudar de local: a SPIE os mandou para Saint-Valéry-en-Caux; eles se instalaram num acampamento alugado de um camponês em pleno campo. Era preciso um carro para ir à cidade. Marise só saía para fazer compras e levar os filhos: o mais velho às sete horas da manhã ao ônibus de Dieppe para ir ao liceu, a mais nova às oito horas e meia para o colégio de Saint-Valéry, depois ela voltava ao reboque. Ela passava os longos dias a esperar seu marido e os filhos; o serviço doméstico era rápido e durante o dia ela lia livros tomados emprestados da biblioteca, não importa qual, diz ela, romances, policiais.

A vida neste espaço apertado impunha a cada um controle de todo instante: um gesto um pouco enérgico, um grito de protesto ou de simples impaciência era percebido com uma intensidade dolorosa. O filho mais velho, privado dos colegas, obrigado à solidão pelo afastamento do reboque, não rendia mais na aula e se refugiara num mutismo hostil, como que para desviar sobre si mesmo todo o sofrimento da família. No reboque as relações entre seu filho e o marido geralmente eram tensas: "... era o inferno... o inferno porque eu sempre tinha medo que uma palavra atravessada e depois... que houvesse um drama; ... ele se fechava de fato em si e não se conseguia tirá-lo disso, estava com 16 anos, eu falava, ele abaixava a cabeça, ele não respondia". Durante muito tempo Marisa atribuiu as dificuldades de seu filho às condições de seu nascimento [ele nasceu do primeiro casamento de sua mãe e seu pai nunca procurou vê-lo]; hoje ela admite que a precariedade da existência familiar, agravada pela revelação, em 1981, da doença do chefe da família acometido de poliquistose renal, uma doença hereditária de que seu pai morrera alguns anos antes, também podia ter contribuído para transtornar o rapaz.

Quando soube da doença do seu marido, Marisa encontrou a solução. Ela soube logo, por conversa com o médico, que ele certamente não poderia ficar em seu posto por muito tempo. Era preciso renunciar a este trabalho, única garantia de sobrevivência, pelo qual ela deixara sua terra, sua família e sua casa. Rompia-se o frágil equilíbrio. Mais uma vez era preciso partir para o desconhecido, sem esperança de voltar a Longwy onde a situação econômica e o desemprego se tinham agravado. As circunstâncias trágicas repetiam-se para eles: a andança, o "desenraizamento" perpetuavam-se. "Não nos sentíamos mais em casa porque não passávamos de estrangeiros onde quer que íamos, forçosamente, sobretudo nos acampamentos". Em 1983 reuniram o que lhes restava, o pequeno capital proporcionado pela venda da casa de Longwy, e a experiência de vendedora de

Marisa para comprar uma loja de jornais e papelaria em Asnières encontrada através de um pequeno anúncio imobiliário; tomaram empréstimos para pagar os 380.000 francos necessários para iniciar o comércio. Ela sabia que doravante estavam em compasso de espera e ela estava sujeita a crises brutais de desespero como a que tivera durante a sua instalação no apartamento de Asnières: um fundo de loja sem janela que servia de residência e três peças superpostas, minúsculas, mal servidas por uma escada caracol. O conjunto era muito velho e, em certos aspectos, menos confortável que o reboque. Ela mandara vir alguns móveis que estavam em Longwy mas a moradia era muito pequena para eles: "Nem sequer se podia colocar o armário que era conjugado à cama, por isso tínhamos um armário numa peça, a cama na outra, enfim, era feio! Horrível, horrível, horrível. Agora vou contar o que eu fiz uma vez. Tínhamos um belo divã em veludo... ele era muito grande e por isso o pessoal da mudança o fez entrar pela janela de cima porque não podia entrar embaixo. Eu queria a todo custo descer o divã e uma vez fiquei com tanta raiva, porque não podia descer o divã, que eu não queria deixar em cima, que peguei o martelo e o quebrei em pedacinhos".

No primeiro ano não foi muito difícil, ainda não havia encargos a pagar, mas depois, apesar dos benefícios, as promissórias de 10.000 francos por mês eram pesadas demais. Tiveram saudades de sua terra: "Não poderia dizer quem falou primeiro, mas, em todo caso, foi então que tivemos coragem de dizer que todos os dois queríamos voltar para cá".

Um ano antes da morte do marido, Marise ainda fazia com ele projetos de voltar. Foram a C...., sua aldeia natal, onde seus pais ainda vivem, escolher uma casa, a última do lugar, onde há uma nascente d'água no fundo do jardim, que eles comprariam depois de ter vendido a loja. O filho mais velho se casara, tinha um emprego estável de medidor em Asnières, apenas a filha, estudante, mostrava reticências. Marisa poderia encontrar um emprego de vendedora e, perto da família, seria muito menos dura a vida, até a doença. Ele morreu antes desta volta e ela "liquidou" a loja para voltar a Longwy em janeiro de 1991.

Na manhã seguinte ao nosso primeiro encontro eu fui vê-la em seu local de trabalho, na Fouillerie, de tamanho médio, situada a alguns quilômetros da cidade. É preciso carro para chegar lá, tomar a autoestrada Metz-Bruxelas, passar por um viaduto que passa ao lado de terrenos industriais abandonados antes de chegar a uma zona comercial, transformação de uma antiga zona industrial leve: alguns grandes cubos de concreto dispostos cá e lá, um supermercado, duas concessionárias de automóveis, um depósito de produtos congelados. A "Fouillerie, grand marché du monde" divide um desses grandes retângulos de concreto com um entreposto de cozinhas e um "mercado de calçados". A loja tem mais de 1.200 metros de montes de objetos, amontoados em desordem, pratos, cinzeiros, tampas, moedores de legumes, imagens de santos, filmes egípcios da coleção Soleil d'Égypte, esquilos de pelúcia sintética. Aqui não há publicidade enganosa, nenhuma decoração, nudez completa. Em pé atrás de sua caixa, Marise veste dois pulôveres pois o local está gelado; às suas costas um banquinho, "mas não é muito prático para dar troco". Umas dez vendedoras trabalham, a maioria passa seu tempo etiquetando e arrumando as grandes gôndolas sempre desarrumadas onde ajudam os clientes na compra de alguma roupa. Durante a semana, por volta do meio-dia, eles não são muito numerosos, aposentados vêm passar o tempo e as crianças olham os preços dos brinquedos. Um serviço de som ininterrupto derrama rocks dos anos 50 em alternância com os sucessos populares mais recentes.

Nesse universo de quinquilharias, sob a luz fria do néon, Marisa tem o aspecto resignado de quem teria também perdido a dignidade. Como ela se lamenta, sem ousar muito, de estar privada de sua liberdade pela solicitude um pouco asfixiante de sua família: "Ao meio-dia vou comer na casa de todo mundo, porque é preciso que eu vá comer uma vez na casa da sogra, uma vez na casa da cunhada, uma vez com meu irmão [...] é cansativo. Não gosto de ir comer e depois... é preciso comer, devo comer, como; às vezes não tenho vontade de ver ninguém, gostaria de estar totalmente sozinha e comer sem... relaxar."

Hoje, um ano após a morte de seu marido, ela se sente despossuída, mulher sem homem, sem identidade social, estrangeira em sua terra, sem casa onde se retirar, fazer suas refeições, receber sua filha que estuda em Nancy. Ela não tem mais nada e não sabe mais quem é, sentimento ainda agravado pela afetuosa solicitude de suas duas famílias que lhe roubam o pouco de liberdade e de autonomia que ela poderia ter, sem verdadeiramente reivindicá-las. "Minha irmã vem geralmente almoçar aos domingos, fica à tarde, e lá estamos, sentadas em volta da mesa, esperando o domingo passar. Há também a mãe de meu marido, quando ela encontra alguém que a leve ao cemitério, depois da visita ela passa pela casa de meus pais, e passamos a tarde inteira juntos. E eu, quando vão embora, tenho dor de cabeça [...] estou cheia disso".

"Esta não é minha vida", diz ela depois de ter passado alguns dias com o filho. "Eles estavam contentes... eu gosto muito deles [...] Pois bem, eu os vejo viver e tudo isso e me digo, acabou para mim..." Sua filha também está contagiada de poliquistose renal e, até então muito perto de sua mãe, acaba de encontrar um rapaz; "ela sempre esteve muito presa a mim e depois, forçosamente..."

Às vezes ela pensa na casinha de C... que ela escolhera com seu marido e que ela acabou comprando depois de ter vendido a loja. Ela "não mora lá porque não há mais do que as quatro paredes", é preciso "consertá-la". Ela só arrumará o andar térreo, será suficiente; será necessária a ajuda de seu irmão para continuar os trabalhos a custo começados, mas "no domingo eles estão contentes, passeiam" e ninguém pensa em trabalho. Talvez também todos gostem de sentir que a família se une novamente em torno dos pais idosos e não têm muita pressa em ver Marise se instalar na sua casa, embora tão perto, a 700 metros de distância... Nem mesmo ela sabe sempre o que fazer; além do mais ela não tem mais família, "agora ela é a única que está totalmente só, enquanto que os outros têm seu marido ou sua mulher".

***

Foram necessários vários encontros para chegar a ultrapassar o relato um pouco frio da primeira entrevista[1], discurso usado demais de tanto servir desde sua volta, e nem se sabia se ela ainda acreditava nisso. Pouco a pouco, com a ajuda da familiaridade, de conversas telefônicas, como eu a questionasse sobre ela mesma e pedisse que me descrevesse da maneira mais precisa o desenrolar de seus dias, os lugares em que morara, ou o que ela pensara de certos acontecimentos, ela pôde se reapropriar desses dez anos.

Ao escutar Marisa eu muitas vezes ficava impressionada pela analogia entre esta vida singular e o destino coletivo de toda uma região. A ela parecia sempre que sua vida acabara e, viúva sem ilusões e por demais circunscrita, ela me lembrava esses aposentados prósperos e nostálgicos que se veem hoje vagar pelos terrenos abandonados das indústrias de Longwy ou dos arredores, sonhando com o tempo em que eles eram a elite operária.

Quando ela me falava de si, ela me permitia ver, refratada pelo prisma das preocupações femininas, a vida do operário que fora seu marido e, de modo mais geral, a realidade de um mundo que se desfazia. Pareceu-me que era preciso escutar de maneira diferente aqueles que, como Marisa, não têm uma vida penetrada pela história coletiva para lembrar, mas só palavras privadas, "pequenas histórias", histórias de mulher, sempre excluídas da história, mesmo quando ela é escrita por mulheres. Ao desenrolar comigo a memória de sua vida, a adolescência difícil de seu filho, o reboque, a angústia permanente do desemprego, a doença, tantas lembranças embaralhadas por relatos sucessivos, ela me permitiu captar, melhor do que outros interlocutores sem dúvida mais autorizados e mais "competentes", melhor preparados para enunciar o discurso oficial sobre a miséria, o que foi a miséria comum de famílias de trabalhadores da indústria metalúrgica e a infelicidade de mulheres, simples figurantes do mundo social, para as quais convergem irremediavelmente, em último recurso, os contragolpes de todas as crises.

Setembro de 1992

---

[1]. Esta entrevista não é reproduzida aqui. A maioria das informações que Marisa me deu constam das conversas informais, às vezes por telefone, geralmente não gravadas. Por isso fui levada a construir um relato cronológico citando as frases mais significativas.

Pierre Bourdieu, Gabrielle Balazs

Um equilíbrio tão frágil

Antônio e Linda Demoura saíram de Portugal há mais de 20 anos, para vir à França e aqui procurar trabalho. Bom jogador de futebol, ele conseguiu um contrato de três anos na construção civil e partiu, deixando sua mulher e seus três filhos, ainda pequenos, até que ele estivesse em condições de recebê-los, ao fim de um ano, num minúsculo apartamento. "Sem um cobertor, nem lençol, nem uma cama para se deitarem", eles tiveram que comprar tudo, pouco a pouco. Trabalhando ambos, ele como contramestre em mecânica de manutenção, ela como faxineira em escolas e como empregada doméstica dos importantes da cidade, eles conseguiram juntar, a custo de muitos esforços e privações, o suficiente para construírem uma pequena casa num bairro calmo, vizinho de pequenos HLM, em Saint Marcelin. Eles se sentiam como se tivessem tido êxito e conseguido "viver como todo mundo".

Eles podiam mesmo acreditar que tinham conseguido ter seu lugar reconhecido, graças à sua dedicação e solicitude, entre os importantes da pequena cidade. Ele, por seu cargo de treinador do clube de futebol, que lhe dava muitas ocasiões de se aproximar das personalidades locais e de prestar serviços à coletividade (especialmente consagrando tempo e dinheiro ao clube e hospedando os visitantes;) ela, pela sua boa vontade e disponibilidade a qualquer momento: "Mesmo nos dias de Natal eu era chamada para ir à casa dos meus patrões. E eu atendia, hein. Eu não ousava dizer não". Graças às trocas de elogios e da identificação afetiva que o status de empregada doméstica proporciona, ela se sentia como um pouco da família.

Depois de ter trabalhado tanto ("jornadas de 14 horas") e de dedicação sem conta, depois de ter construído sua casa e de ter conseguido encaminhar os filhos em seus estudos, eles puderam avaliar o caminho percorrido desde Portugal. Principalmente ela que, órfã aos dez anos, deixou a escola muito cedo, para se ocupar com as três irmãs, antes de ser operária numa fábrica de joias. Eles pensavam "ter o direito de terem êxito".

O encanto quebrou-se de repente: ela ficou hemiplégica em 1985, com a idade de 46 anos; ele teve os dedos do pé amputados por uma máquina de cortar grama em 1990. Desde então tudo começou a desmoronar: sem trabalho, abandonados por todos, eles perderam a ilusão de estarem integrados à (boa) sociedade francesa. O equilíbrio econômico que eles haviam conquistado com seus esforços conjugados revelou-se extremamente frágil. Demitido, ele foi obrigado a aceitar "um lugar de manobreiro a 24,06 francos por hora". Ela, por sua vez, descobriu que não poderia se beneficiar do abono desemprego e que ela não fora inscrita na Seguridade Social. Eles não puderam quitar os empréstimos que haviam feito para a aquisição da casa e ficaram com uma grande dívida no banco; a filha mais velha que "cursava um DEUG de Direito em Paris" interrompeu os estudos.

Depois de muitas tentativas para ter seus direitos reconhecidos eles se sentem "rejeitados de todos os lados". Eles têm a sensação de terem sido enganados: seus empregadores, públicos ou privados, deviam lhes ter informado sobre sua verdadeira situação ("Não poderiam lhes dizer, não podiam informar na Prefeitura?") ou, ao menos, os aconselhar. E eles falam de sua estupefação ao descobrir de repente que as pessoas que eles consideravam como amigas não faziam nada para ajudá-los a sair de suas dificuldades; e também sua decepção de ver que a "sociedade francesa", à qual eles tanto queriam pertencer, não os conhece e não os reconhece ("Eu não esperava isso, não. Eu esperava que a sociedade francesa e principalmente que os órgãos pagadores reconhecessem uma pessoa que trabalhou toda a sua vida"). Quando eles cogitaram de pedir a naturalização e eram até um exemplo de uma "integração" bem sucedida, eles veem que se tornam "antifranceses".

Eles descobrem que o deslumbramento do êxito, muito relativo, que era o deles, e o sentimento de serem plenamente aceitos, eles que vinham de tão longe, os havia feito esquecer a fragilidade do equilíbrio no qual se mantêm, ao preço de uma vigilância incessante, aqueles que se beneficiam de um emprego estável, e o perigo sempre ameaçador de uma recaída. Os acontecimentos que podem determinar esta recaída, perda de emprego, morte de um parente próximo, divórcio, doença, são extremamente variados e, aparentemente, totalmente contingentes: porém, antes de concluir pelo fracasso da explicação por causas sociais, é preciso observar que esses acidentes, além de serem mais prováveis em certas condições da vida, são apenas causas ocasionais que, agindo como um disjuntor, disparam efeitos nelas incluídos potencialmente em certas condições econômicas e sociais. O desgosto não foi maior porque se trata de pessoas como o senhor e senhora Demoura, imigrantes modelos que, na sua certeza de terem alcançado sua integração na economia e sociedade francesas, podem ter superestimado um pouco a segurança de que dispunham; e sua angústia e confusão são tanto maiores porque é no momento de necessidade que eles se descobrem privados das garantias estatutárias e das relações familiares ou de amizade que asseguram aos "verdadeiros franceses" (ao menos, assim eles acreditam) as últimas redes de proteção.

Com um casal de portugueses

– Entrevista de Gabrielle Balazs e Jean Barin

"Eu fiz tudo para me integrar à vida dos franceses."

Demoura – O senhor sabe, é muito difícil explicar essas coisas, porque há tantas injustiças... que...

– *Justamente, justamente... como sentimos essas injustiças...*

Demoura – Eu tinha a França em tão boa conta, é a primeira coisa que há cinco anos atrás eu não admitia nem ouvir falar mal da França, porque era uma terra de solidariedade, um lugar onde todos eram sensíveis à miséria dos outros; mas faz cinco anos, é o contrário, verdadeiramente o contrário, tenho muitas, muitas coisas a dizer.

– *E por que há cinco anos? O que aconteceu?*

Demoura – É muito fácil dizer. Enquanto você ganha bem sua vida, e você faz parte de um certo nível, de um nível de sociedade... médio, ainda vai. A partir do momento em que você faz parte de... verdadeiramente da retaguarda, você é considerado como um ninguém.

– *Por quem?*

Demoura – Por todos. Por todo mundo, quase... Quando eu digo por todos, evidentemente é para os que são como eu...

Senhora Demoura – Pelos centros administrativos, principalmente a prefeitura, eu vejo que não se tem ninguém a quem recorrer, nem ninguém para um homem que se ocupa de...

Demoura – Escuta, eu vou lhe resumir apenas o meu caso. Desde que cheguei à França, fiz tudo para me integrar à vida dos franceses. Primeiramente, porque eu estava num país que não era o meu. Em segundo lugar, eu não poderia impor nem minha língua nem meus hábitos, então era eu que devia me integrar e a fazer o inverso. Bom, eu me integrei muito bem, imediatamente fiz parte da equipe atlética da cidade. Sendo português, formamos uma associação, um grupo folclórico, organizamos um clube de futebol, construímos, com a ajuda da prefeitura, o prédio da associação, estava tudo bem. Eu faço parte, morando sempre nesta cidade era educador *[treinador de futebol]* durante seis ou sete anos e até dois anos atrás eu ainda fazia parte do clube *[muito nervoso]*. Bom, enquanto eu pude contribuir, pude dar, todas as portas estavam abertas para mim, mas quando eu parei, não havia mais nada: as portas fecharam-se. E meus amigos desapareceram.

– *Depois do seu acidente?*

Demoura – Isso, é o problema do futebol, no dia em que eu podia estar presente e quando eu ganhava bem minha vida, quando eu podia contribuir e dar sem pedir um centavo, nenhum problema, tudo andava nos trilhos. Eu recebi os amadores de Toulouse – quando eles vinham eu os recebia em minha casa, eu fazia parte da sociedade – no dia em que eu não pude mais fazer isto eu não fiz mais parte dela.

– *Ah, sim, sei, afastado da associação de futebol?*

Demoura – Completamente afastado. A tal ponto que... 18 anos a serviço do clube contribuindo, porque eu deixei muito lá, eu dei dinheiro e viagens, tempo perdido, pagando os reparos do clube a cada fim de temporada, sem que o clube me pagasse nada. Fui eu que paguei do meu bolso porque era a minha associação: bem, hoje em dia para eu entrar no estádio eu tenho que pagar. Por aí você vê a que ponto chega a injustiça. 19 anos a serviço do clube sem jamais aproveitar de nada. Eu sempre dando; como treinador, fui eu quem deu o maior número de títulos, fui eu que fiz a melhor equipe daqui e eu sou considerado um ninguém. Todos receberam uma medalha dada pela prefeitura por serviços prestados. Mas eu nunca recebi nada. Que coisa, hein!

– *Sim, não foi reconhecido?*

Demoura – Ah não, porque se eu me chamasse Dupont ou Durand, eu teria uma medalha. Mas eu chamo Demoura.

– *Você acha que é por isso?*

Demoura – É sim. Eu não acreditava mas hoje eu creio realmente que é. Agora que eu estou do outro lado do muro, eu...

[...]

Porque meu nome é Demoura

Demoura – O que acontece é que, na França, há duas sociedades, há os carneiros e é a mais ignorante; eu faço parte dos carneiros. Eis a diferença que existe. E há muitas outras coisas quanto ao nível social que não vão bem porque existem aqueles que conhecem bem a lei, eles chegam aos problemas administrativos, seja na Seguridade Social ou em qualquer outro lugar onde eles esperam, eles conseguem seus direitos; nós temos que lutar até o fim. Entre os portugueses há dez por cento que não prestam, como em todas as raças (...), são as pessoas com as quais não há nada a fazer. Mas o outro lado temos direitos, temos os deveres, do momento em que eu respeito minhas obrigações, eu não sei por que não me dão os meus direitos. O senhor compreende?

O que não lhe é reconhecido?

Demoura – Eu não sou mais reconhecido. Uma prova é o caso do meu acidente. Eu fiquei parado até 27 de novembro, eu tenho um registro na Seguridade Social porque eu me chamo Demoura, o médico perito disse: "a partir do dia 19 você não tem mais o direito", e eu tinha um acordo para licença de trabalho até o dia 27 de novembro. E no dia 19, eu tive que ir trabalhar. Espere, eu vou lhe explicar.

Senhora Demoura – Não, mas eu não acho...

Demoura – [*Interrompendo sua mulher, muito nervoso*]. Espere, espere, me deixe falar. A Seguridade Social me forneceu sapatos ortopédicos; eu devia ir trabalhar assim, com um chinelo, o senhor acha isso normal? A Seguridade Social proíbe entrar na fábrica sem os sapatos de segurança e me forneceu um par de sapatos ortopédicos e a Seguridade Social mandou-me trabalhar sem se dar conta disso. Eu cheguei para trabalhar e o patrão disse: "mas eu não posso aceitá-lo, a não ser com os sapatos de segurança", bom, isso se acertou com o médico do trabalho; ele telefonou para a Seguridade Social, o cara que me operou telefonou para a Seguridade Social, eles me concederam licença até 7 de janeiro, mas quem diz que eu vou poder trabalhar? No estado em que eu estou? Mas, como é o médico do trabalho que queria...

Senhora Demoura – Mas isso...

Demoura – [*prosseguindo sem prestar atenção*]. Eu sou obrigado a ir, não há nada a fazer.

Senhora Demoura – [*Achando que ele fala demais, e querendo interrompê-lo*]. Não é preciso saber isso.

Demoura – Veja... Claro, é preciso saber porque isto, isto [...] [*dirigindo-se à sua mulher*]. O que está acontecendo com você? [*Dirigindo-se a nós*]. Ela não teve direito, ela não teve direito, ela ficou paralisada, hoje ela está mais.

Senhora Demoura – Eu ainda estou um pouco. É do lado direito.

Demoura – O senhor sabe por que ela não recebeu os benefícios da Seguridade Social? Porque, na época, ela não tinha alcançado...

Senhora Demoura – E eu sofro muito.

Demoura – ...indenizações diárias e, no entanto, durante um ano, teria que ser um ano, para ter direito às indenizações diárias; mas quem lhe tirou as indenizações diárias? Foi a própria Seguridade Social. Disseram-nos que nunca houve um pedido, e eu tenho a carta que prova que nós fizemos o pedido, ele foi recusado porque ela não tinha um ano.

Senhora Demoura – Há um jornalista que ultimamente tem vindo me fazer perguntas e, justamente, eu me queixei um pouco da sociedade francesa, da administração francesa, mas não me queixei do meu ambiente. Se há uma pessoa que me considera mal... eu penso que ela não gosta de mim, eu deixo passar; mas, quando se vai a uma repartição francesa onde eles entendem o nosso sotaque e nós reclamamos qualquer coisa, eles não nos informam nada. E a gente sofre...

Demoura – Em primeiro lugar, nós somos mal informados.

Senhora Demoura – Nós somos mal informados. Então o senhor sabe, quando não se escreve bem o francês, quando não se tem uma... não se consegue dizer o que se quer, eu, pessoalmente, eu sou muito teimosa, eu, quando alguém me aborrece...

Demoura – Há o francês, eu falo francês.

Senhora Demoura – Sim, eu vou um pouco mais longe, não é tudo, porque não se conhece tudo, e as pessoas não nos dizem a verdade e isso é aborrecido. [*O senhor e senhora Demoura falam de suas dificuldades com o francês; ela não o escreve, não o aprendeu na escola, ao contrário do marido, que se queixa de ter "aprendido o mau sotaque na sua terra"*]

Eu fui rejeitada em toda parte

Senhora Demoura – Eu acho que somos rejeitados, eu fui rejeitada em toda parte. Eu fui rejeitada na Seguridade Social onde eu tive diversas entrevistas com o chefe do serviço que nos enrolou um bocado com belas palavras, ele nos disse: "escutem...", eu disse: "escute, o senhor se dá conta de que eu trabalhei 20 anos na França, eu não fazia só oito horas de trabalho por dia; eu estive um pouco em todo lugar, quando meus patrões precisavam, e eu nunca lhes disse não, eu ganhava dinheiro, é verdade, mas jamais soube dizer não e quando minha doença chegou...

– *Chegou quando?*

Senhora Demoura – Há sete anos.

Demoura – Em 1985.

Senhora Demoura – Sim, estou exagerando, foi em 1985. Eu estava naquelas condições e pensava que estava coberta porque eu tinha empregador na cidade. Eu era faxineira nas... escolas... durante 13 anos. E 13 anos de trabalho nas escolas, eu pensei que ao menos eu teria uma pequena cobertura; e o senhor sabe que até hoje eu recebia durante a minha doença os meus salários, era normal, mas [...]. Então escute, durante minha longa doença eu fui paga pela metade e depois eu fiquei três anos sem receber um centavo, a não ter... trabalhei toda a minha vida na França, desde 20 anos.

– *Mas são as leis sociais, o estatuto da função pública, efetivamente três anos de uma doença longa, depois não há mais nada.*

Senhora Demoura – Sim, mas então eu tinha um título de adulto deficiente. Eu tinha um marido que trabalhava, que ganhava... não supria as nossas despesas. Eu tinha crédito, eu recebia 113 francos por mês durante dois anos....

Demoura – 107.

Senhora Demoura – 107 francos por mês durante dois anos, e o senhor vem me dizer que a prefeitura não prevê, o Estado não prevê, nem a Seguridade, porque, se eles tinham pessoas de nacionalidade estrangeira trabalhando numa cidade, eles deviam ao menos prever o desemprego. Então já que eles empregam pessoas que têm status, que são portugueses ou que são argelinos ou que são espanhóis eles não preveem que a doença possa chegar, como ela atingiu a mim e a outros, e dizer: "escutem, nós devemos pelo menos prever o abono desemprego para essas pessoas", eu ficaria feliz se houvesse o desemprego...

– *Sim, mas a função pública não previu indenizações por desemprego para seus...*

Demoura – O que eu não entendo é que, estando doente, ela seja dispensada sem poder...

Senhora Demoura – Sem indenização.

Demoura – Sem indenização já para começar... e sem poder... Sem ver se ela poderia fazer outra coisa ao mesmo tempo...

Senhora Demoura – Ah sim, ninguém me propôs...

Demoura – Foi dispensada assim, sem pedir nada, e sem sabermos que ela estava dispensada!

Senhora Demoura – É sim, e o senhor sabe que eu nem havia ainda terminado meu mês.

– *É o regulamento da função pública. A senhora foi dispensada por invalidez, após um certo tempo.*

Senhora Demoura – A Seguridade Social não me reconheceu.

Demoura – Foi dispensada por doença longa... Porque se ela tivesse trabalhado numa fábrica, ela tinha o direito...

Senhora Demoura – Sim, eu teria o seguro desemprego.

[...]

– *A senhora fez isso quantos anos, desse jeito?*

Senhora Demoura – 20 anos, desde que eu cheguei aqui, pois quando eu cheguei, eu não tinha nem uma coberta, nem um lençol, nem uma cama para me deitar e graça ao Senhor X..., presidente do clube de futebol, eu cheguei... com meus quatro filhos e havia alguma coisa no sótão, um colchão, algumas cobertas...

Demoura – É por isso que eu não quero falar mal da França porque as pessoas me ajudaram quando cheguei.

Senhora Demoura – Quando eu cheguei aqui, eu comecei a trabalhar imediatamente. Sem saber, eu marcava o que era um pano de chão, para saber dizer no dia seguinte o que era uma vassoura com cabo, pois começava a trabalhar um pouco em toda parte na casa dos patrões..., um hotel, na casa do Dr. A., na casa da senhora S., na casa do prefeito, dos donos da fábrica, e como era muito duro, chegar com quatro filhos e ter uma casa vazia, mesmo se em Portugal era difícil, eu deveria me sair bem. Podia-se ganhar dinheiro. E depois, logo eu comecei a trabalhar, nós começamos a comprar coisas de que tínhamos necessidade. As camas principalmente, porque não estávamos bem instalados; depois os móveis, em seguida eu completei pouco a pouco minha mobília como foi possível, e em seguida nós chegamos e acreditamos que íamos ficar na mesma... Mesmo trabalhando muito [...] *[silêncio, suspiro]*. Pensávamos que o mais duro já havia passado.

– Sim. A senhora pensou que havia acabado...

Senhora Demoura – Agora o mais duro voltou. Porque quando isso me aconteceu eu tinha crédito.

– Ah, assumiram compromissos para a casa?

Demoura – E ainda existem.

Senhora Demoura – E ainda tenho. Por quatro anos. Por quatro ou cinco anos. Mas isso não é muito. Quando aconteceu o acidente, bom, felizmente havia um pequeno seguro, senão não se poderia nem viver.

Eu sofri grandes injustiças... estando sempre a serviço de franceses

Senhora Demoura – Eu estou muito satisfeita de estar na França e gosto muito dos franceses, no entanto, sofri grandes injustiças. Muitas, hein, principalmente eu! E estando sempre a serviço de franceses.

– Sim, com o trabalho que a senhora fez como empregada de...

Senhora Demoura – Porque eu posso lhe garantir que se fosse hoje que eles dissessem: "ela estava presente todas as vezes que se precisava dela", eu teria as provas. Pelas pessoas... eu tinha, uma pessoa muito velha, sua mãe estava doente, é uma pessoa que fazia parte do Rotary e de certas coisas. Ela me dizia: "Linda, eu preciso de você porque minha mãe não quer outra pessoa, então você vem tal dia ou tal dia à noite, quando eu chegar vou lhe levar de volta". O senhor sabe, frequentemente eu ouvi a cantiga, mas eu dizia, não é questão de dinheiro, é que essa pessoa gosta de mim e eu não quero dizer não. Quantas vezes durante três anos, sua mãe inválida em casa... e eu ia, ia às quatro da madrugada, quando elas chegavam, porque as reuniões do Rotary geralmente eram tarde da noite. Então eles me traziam aqui às quatro horas da manhã. Eu não me arrependo de nada, eu prestei serviço e mesmo que eles me tenham pago, e ela me pagou, são horas que se pode calcular como muito caras e sempre recebidas ao preço da hora normal. Então, pois, eu não fiz...

Demoura – E algumas vezes sem pagamento.

Senhora Demoura – Foram outras mas era normal, mas enfim, eu não esperava por isso, não. Não, eu esperava que a sociedade francesa e, sobretudo os órgãos de pagamento, reconhecessem ao menos uma pessoa que trabalhou toda a sua vida, eu fui... se eu soubesse que iria ficar doente e que isso me aconteceria, eu teria procurado trabalhar numa fábrica. Na ocasião eu precisava trabalhar, eu procuraria trabalhar numa fábrica. Eu não trabalharia num órgão onde não houvesse seguro de emprego. E ainda, se eles tivessem sido delicados comigo, eles teriam me aconselhado a retomar um pouco o trabalho, porque são necessários 15 anos, eu acho, para ter direito a receber, a receber...

Demoura – *[Escandalizado]* Eles não poderiam dizer a ela, eles não poderiam ter informado, na prefeitura?

Senhora Demoura – Eles não podiam me dizer? Ah sim, eles podiam! Sim, eles podiam...

– *Ah, sim, sim.*

Demoura – Além disso lá existe um nível social.

Senhora Demoura – De qualquer forma houve uma negligência...

Demoura – Porque eles não ligavam para nada!

Senhora Demoura – Fazia 13 anos que eu trabalhava na prefeitura, 13 anos e meio. 13 anos e meio.

[...]

Demoura – Seja como for, é muito complicado, é complicado para um francês, então para nós, estrangeiros... Eu nada vi de seu caso e de seu processo, é um processo de ministro...

– *O que se deveria é... não lhes explicaram tudo isso.*

Senhora Demoura – Eis o que eu reprovo também na minha cabeça, eu não queria empregar a palavra racista, mas... eu penso mesmo que havia alguém que não queria que houvesse estrangeiros trabalhando aqui. E isso, na minha cabeça, mesmo que eu não o diga é o que eu penso. Eu penso, no entanto, porque, um dia, eu falei com um vereador, aqui, nesta mesa, e essa pessoa que eu acreditei ser nosso amigo, e depois ela me disse: "seja como for, eu desejo que um lugar... um lugar na administração não seja oferecido a um estrangeiro", mas eu disse: "escute..."

Demoura – É como o outro que não queria que nós recebêssemos o abono familiar.

Senhora Demoura – Sim, é isso. Então eu digo, "como assim?"

Demoura – Ele não sabia por que os estrangeiros recebiam o abono familiar.

Senhora Demoura – Quando eu fui chamada para fazer aquele trabalho, eu não fiz nenhuma pergunta à prefeitura; eu fui trabalhar porque na época era sabido que eu corria para todo lado, e era o ano que fez muito calor, em 1976... ? 1976... que as faxineiras estavam todas doentes; pois elas não podiam suportar o calor e depois havia duas que foram operadas da vesícula biliar... e eu recebi um telefonema, de uma faxineira de escolas, que eu conhecia, se eu queria ir trabalhar. Eu disse: "sim, eu vou começar a trabalhar algumas horas para te ajudar a...", e depois, em seguida, a prefeitura me segurou. Então eu nem sequer me candidatei, hein, veja o senhor, não me faltava trabalho na época. Não havia o tempo todo e eu tinha demais. E logo depois, eles me seguraram. E em seguida... houve um vereador que me disse: "não, eu gostaria que esse trabalho fosse dado aos franceses", e não... foi aí que isso me chamou a atenção, e o indivíduo, eu posso lhe dizer quem é, mas...

Demoura – Não, não diga.

Senhora Demoura – E eu digo "como é possível?" Além disso eu discuti um pouco com ele, eu disse: "veja lá, nós pagamos os impostos como todos os outros, nós participamos de todas as despesas", além do mais, nunca recebi assistência, e mesmo estando lá, nunca recebi, embora devesse. É só isso porque eu não posso mais consegui-lo. Mas eu falo daquela época eu lhe disse: "escute, apesar de tudo eu faço o trabalho que os outros fazem, me ofereceram este trabalho, bem, eu achava que era, os filhos, eles começaram a crescer, eles podiam viver sem que eu fosse fazer faxina a torto e a direito, era muito mais estável e tudo"...

Demoura – Erro, erro. Erro grave.

Senhora Demoura – E então eu aceitei. Ele disse: "ah não, não, eu lhe digo francamente, esse trabalho não deveria ser dado aos estrangeiros, espero que ele seja dado aos franceses". Havia estrangeiros na prefeitura, mas eles são naturalizados franceses. [...] Eu fiz um pedido para ser naturalizada e depois, em seguida, eu não sei o que faltou ao nível de... do processo e eu negligenciei e depois eu não pensava ficar doente e além disso eu não conhecia esses direitos, porque se tivesse sabido, eu teria dado a partida ao pedido de naturalização. A senhora L., eu a considerava uma pessoa de bem, hoje em dia eu tenho um pouco... eu duvido um pouco, [...] se ela tivesse me dito: "Senhora Demoura, venha me ver porque eu preciso vê-la a respeito do seu emprego, a senhora sabe que doente há dois anos, ao fim de três anos eu sou obrigada, quer a lhe propor um trabalho leve em meio expediente, quer....", mas ninguém se mexeu! Se eu tivesse sabido eu teria... ao menos iria vê-la dizendo: "Senhora L., a senhora vai dizer ao conselho ou mesmo ao prefeito se há alguma coisa para mim em meio expediente", se eu tivesse sabido que isso ia ficar assim como está, eu teria dito alguma coisa.

Demoura – Ela ficou, ela foi dispensada. E, no conselho municipal, eles sabiam que em dois ou três meses ela estaria despedida.

Senhora Demoura – Sim, no mês de maio daquele ano.

Demoura – Então veja bem como isso foi feito. *[Elevando a voz]* É demais! É demais!

É preciso saber se eles querem que nos integremos ou se eles querem que sejamos mentirosos, traficantes...

Senhora Demoura – Quer dizer, meu marido, ele começou a perder muito do seu salário, já que, nos dois meses em seguida à sua doença, a fábrica pagou seu salário menos os prêmios, mas ao fim do terceiro mês chegava a 4000 francos e eu não recebia nada na época, 107 francos. Então nós não pudemos enfrentar a situação, pois eu recebi uma conta de água de mais de 1.100 francos. Então eu, escute, eu estava com muita raiva, eu escrevi uma carta que eu levei ao senhor prefeito, eu disse: "pela primeira vez peço para receber assistência, eu não consigo pagar minhas despesas em consequência da minha doença, a negligência da prefeitura e, em segundo lugar, que meu marido acaba de sofrer um acidente – o que todos sabem – e eu não posso pagar... então eu pediria que o escritório de ajuda social ao menos uma vez pague esta conta". Um mês depois, o cobrador já tinha me enviado um aviso. Eu telefonei numa sexta-feira para a prefeitura e disse: "eu quero falar com o senhor prefeito", responderam-me: "ele não está", eu disse: "Senhora, quem é a pessoa que responde pela secretaria de ajuda social?"; "Ah, sou eu Senhora A."; eu disse: "Senhora A., eu sou a senhora Demoura, eu lhe mandei uma carta há um mês e meio ou mais, era um pedido de..." e ela me disse: "Ah, mas foi recusado!" "Como? E eu não mereço nem mesmo uma resposta, o que é esta prefeitura? É não, a senhora sabia, e nem mesmo me respondeu". Ela disse: "Escute, venha ver o senhor X", a pessoa que se ocupa da técnica e de não sei o quê; eu disse: "eu não tenho nada a ver com esse senhor, é com o senhor prefeito, eu quero vê-lo". Eu entrei na prefeitura sem lhe dizer nada com meu marido, eu disse: "senhor prefeito, nós vie-

423

mos vê-lo". Ele disse: "Senhora A. me falou, sua conta vai ser paga". Tenho certo ressentimento do prefeito porque meu marido fez de tudo, aos domingos, todos os dias pelo futebol; era *[diminutivo afetuoso]* era tudo. E ele não deu sequer um telefonema depois do seu acidente; apareceram... a polícia municipal, os homens que o acompanhavam ao futebol, os quais, quando ouviram a sirene, souberam que era ele, eles vieram aqui, eram os amigos, eles vieram aqui. E havia outras pessoas, no conselho municipal, então eles souberam disso no dia 20 de maio, quando eu fiz esse pedido, quando foi falado o nosso caso de não pagamento, e então no dia seguinte, era um sábado, então todos os conselheiros municipais nos telefonaram e nos disseram: "mas é um horror, nós acabamos de saber que o senhor sofreu um acidente há algum tempo, nós não estávamos a par, e então... se você precisa de qualquer coisa, você pede".

[Discussão sobre o conselho municipal]

Senhora Demoura – Há três anos ainda, eu estava doente e o prefeito me telefonou, ele me disse: "Senhora Demoura, escute, é muito aborrecido, é o momento da comunhão aqui"; era no mês de maio e, "nós estamos muito aborrecidos, os franceses que disseram que iam receber as pessoas... eu tenho muita gente comigo, eu não sei onde hospedá-los". Eu disse: "Senhor prefeito, o que é que o senhor quer que eu faça, eu posso dar comida a duas pessoas, como de costume, dormida eu posso dar aos solteiros"; ele disse: "está bem, é uma gentileza". Eu não queria expor essas coisas, mas eu acredito que, um dia, eu direi a ele, porque, ainda hoje, quando ele precisa, ele sabe que as pessoas que sempre dizem sim, elas estão prontas. Mas para informar um pouco mais o conselho e fazer um pouco o necessário para que nossa vida não fique em perigo. Porque o senhor sabe, se ainda não tomaram minha casa, eu lhe digo que isso não aconteceu porque eu tenho filhos que foram sempre... educados em português, eles me deram o dinheiro. Porque a nossa casa... ela não foi paga durante algum tempo, e a prestação do carro acabou.

[...]

Senhora Demoura – Não se trata das pessoas, não são as pessoas que eu considero racistas, é a administração francesa.

Demoura – O senhor sabe, há momento, em que eu me pergunto por que se integrar? Eles têm razão: o que eu deveria viver é viver com assistência aqui, juntar e enviar para Portugal. Ter assistência aqui e fazer fortuna do outro lado? Não. Mas é uma loucura! É preciso saber se eles querem que nós nos integremos ou se eles querem que nós sejamos mentirosos, traficantes, que driblemos a lei, não, nós temos direito, nós temos direitos e obrigações. Bem, nós cumprimos nossas obrigações, que eles nos deem nossos direitos. É isso que me revolta. [...] Porque eu faço parte da família, tudo andava, tudo ia bem, no momento em que se está na pior ninguém aparece. Mesmo com os direitos.

Dezembro de 1990

Pierre Bourdieu

Suspensa por um fio

Suas adversidades começaram com a compra da casa, "uma loucura": 12 milhões mais as custas do tabelião que ela pensava estarem incluídas. Ela tenta se justificar, como ela fará ao longo de toda a entrevista. Ela não estava satisfeita no bloco onde morava e desejava ter um jardim. Na época em que ela era faxineira numa firma de limpeza industrial (um dos setores onde o respeito pelos direitos trabalhistas é muito incerto), ela procurara comprar uma casa que lhe teria custado muito mais barato, mas lhe recusaram, sob diferentes pretextos.

Ela não teve sorte. Alguns meses depois da compra, ela é "licenciada econômica", consequência indireta das "reestruturações da siderurgia", e fica, durante um ano inteiro, por conta de sua mãe. Ela faz então "pilhas de estágios", depois encontra um lugar em Luxemburgo mas, por falta de meios de transporte (os que lhe davam carona em seus carros haviam sido demitidos), ela teve que renunciar a esse emprego.

Ela tem cerca de 35 anos. Nesse dia, ela acabou um estágio dito de "alfabetização" – ainda um paliativo ou, antes, um adiantamento – que se realiza nos grandes escritórios da Usinor, transformados em "casa de informação". Ela fala com uma violência contida, marcando suas palavras com pequenos movimentos bruscos de cabeça seguidos de silêncios, num tom direto e muito pessoal que é menos o da confidência e mais o da defesa. Tudo em sua atitude, em seu olhar, exprime o desejo ávido de ser ouvida, e, ao menos uma vez, escutada; e também o prazer de encontrar alguém a quem falar, diante de quem se justificar, ou melhor, se sentir justificada, aceita; e a simpatia que este desejo provoca é tão intensa que é ela que toma, pouco a pouco, a direção da entrevista, suscitando perguntas ou sugestões que se inspiram principalmente na esperança de conseguir estímulos ou consolo.

Ela enumera longamente a lista de compromissos, para o carro, para a casa, para o tabelião, para o telefone, aos quais se somam as despesas correntes, se bem que ela as tenha reduzido ao mínimo, mesmo para seu filho, a taxa de habitação, a taxa da televisão, tudo perto de 3000 francos a cada mês; ela se indigna com as verdadeiras perseguições pelas quais empregados dos bancos a fazem passar, telefonando para sua casa ou mesmo para a de conhecidos, ameaçando obrigá-la a vender a casa, incapazes de compreender que ela gostaria de pagar, se pudesse: "Eu sou honesta, eu quero pagar, deem-me dinheiro, que eu pagarei logo, mas se eu não posso é porque não posso, e mais nada, eu não posso fazer de outro modo" (é também o que disse, quase palavra por palavra, um imigrante argelino desempregado).

O mais duro de suportar nestas circunstâncias é, sem dúvida, a hostilidade, um pouco desdenhosa, da família, e a solidão que daí resulta. À exceção de uma amiga, ela também desempregada, e de sua mãe, antiga operária abandonada por seu marido e obrigada a criar sozinha seus quatro filhos, todos, à sua volta, longe de ajudá-la, ainda criticavam sua situação: seu sogro, servente alcoólatra, também obrigado ao desemprego, sua sogra, que lhe recusava o uso do telefone ou demorava a lhe dar os recados sobre um possível emprego, e, principalmente sua irmã mais velha, com ciúmes da ajuda que lhe dá sua mãe, todos esforçando-se em lhe relembrar sua situação e fazê-la entender que, se seu marido e ela mesma estão desempregados, é porque eles são preguiçosos, não fazem nada para encontrar trabalho, ignorando os esforços e os sacrifícios extraordinários que eles fazem para procurá-lo e os obstáculos não menos extraordinários que eles encontram.

O terrível isolamento, em parte suportado, em parte desejado, por uma espécie de orgulho do desespero, se faz sentir também como uma ausência de qualquer recurso contra a ameaça tão temida da última desgraça. No momento em que, tomada por esta profunda angústia, e sucumbindo ao desejo de oferecer estímulos, ou consolo, lembramos sucessivamente um ou outro dos apoios que ela poderia encontrar na sua família, junto a suas irmãs ou seus maridos, junto aos pais ou os irmãos de seu marido, nós vemos aparecer, a cada vez, novas misérias. Sua irmã caçula é mais gentil com ela que a irmã mais velha, mas ela é deficiente e o rapaz, um servente com quem ela acabou de casar, também está desempregado. Ela só pode se valer dela mesma, de seu marido que ela defende com muita ternura contra as acusações da família, e de seu filho, que ela ajuda o melhor possível a superar suas dificuldades escolares, ligadas a graves problemas psicológicos.

Fechada no círculo vicioso da miséria, ela não pode comprar a bicicleta a motor ou o carro que lhe permitiriam responder às ofertas de emprego de fim de estágio (ela não tem, por outro lado, nem a licença para dirigir nem a possibilidade de preparar-se para isso). Exposta com seu marido à repetição desesperadora das promessas e das recusas, à violência dos empregadores sem escrúpulos que aproveitam a situação de subemprego para oferecer salários de fome sob pretexto de falsas promessas de admissão definitiva, ela procura em vão um apoio nos burocratas da assistência que a sobrecarregam com pedidos insaciáveis de documentos ("mas não é possível que eles peçam tudo isso!") e a obrigam a repetir indefinidamente suas diligências para obter o RMI, do qual dependem todas as suas esperanças.

Compreende-se que ela alterne, quase na mesma frase, a revolta vencida contra uma injustiça sem nome e sem rosto, e o desespero que leva a tudo deixar passar. "Isto, não é vida; às vezes eu tenho vontade de abandonar, às vezes, quando há um problema com os documentos, eu tenho vontade de deixar tudo parado, a tal ponto eu estou farta de tudo."

E o sentimento de só encontrar, em toda parte, a má vontade ("a sociedade é má comigo e estou ressentida de todos") não é, sem dúvida, sem ligação com essa espécie de pesadelo que ela tem frequentemente, recapitulação desesperada de uma história que começa com o abandono e a morte do pai, com as zombarias da irmã mais velha, e parece repetir-se indefinidamente: "Há um pouco também..., há meu pai, ele morreu, e, bem, ele me fez muita falta e depois, bom ele também nos deixou na miséria e tudo isso..., quando eu tenho problemas eu vejo isso como num livro".

Ela diz e repete muitas vezes que ela se sente à beira do abismo, suspensa como por um fio à sobrevivência de sua mãe, da qual ela depende completamente: "Quando eu vi que minha mãe teve a crise, então eu disse: 'é isso aí, para mim tudo acabou, eu vou para a rua, eu não terei mais casa, ninguém se ocupará de mim'". Quanto tempo ela deverá e poderá se manter dessa maneira entre a vida e a morte social, entre a casa de sua mãe, onde ela se sente uma hóspede, e sua casa sempre desarrumada e de hoje em diante sem eletricidade, a esperar a visita da assistente social que fará seu "processo em andamento" para a obtenção do RMI, ou a contratação, enfim definitiva, de seu marido?

Com uma desempregada

– *Entrevista de Pierre Bourdieu*

"Nada vai bem..."

– *Você ficou muito, muito tempo sem qualquer recurso...*

Lídia D. – Sim. Um ano, um ano mais ou menos e, pouco, no começo, para viver eu só tinha 200 francos para tudo. Eu não tinha nenhum recurso. Nem meu marido, nem eu.

– *Era a sua mãe que alimentava vocês?*

Lídia D. – Sim, sim, era ela que nos dava a comida e tudo mais... Sim.

– *E então não havia saída, nem nada, nem...*

Lídia D. – Bem não, nós só ficávamos em casa, claro.

– *Não. E para as roupas, e tudo mais...*

Lídia D. – Eu tenho roupas que já tinha comprado antes, quando tinha dinheiro; eu comprei para meu filho depois; quando havia problemas, minha mãe, às vezes, ela comprava para o menino. De outro modo, eu não poderia comprar, não é...

– *É isso, isso caiu de uma vez na sua cabeça. No fundo, ia bem, você estava satisfeita, você tinha um menino, você tinha uma casa...*

Lídia D. – Quando eu comprei a casa, tudo começou a degringolar.

– *Você tinha grandes compromissos?*

Lídia D. – Sim, sim, ora se: Eu tinha a conta do carro para acabar, eu tinha as promissórias de, como se chama?... a casa, como se chama?... o tabelião, o telefone, porque eu tinha um telefone, bom, bem, eu tenho uma conta de 100.000 pratas, eu não podia pagá-los, então se acumulou e depois eu tenho, como eu recebi o benefício-desemprego que estava atrasado, eu tinha um milhão e tanto, eu gastei uma parte também porque eu tinha que pagar a taxa de habitação, da televisão, e eu paguei todo o atrasado de uma vez, porque aí, em relação a essas coisas, eu pagava regularmente, eu pagava pouco a pouco e depois eu tive também, ainda, eu não sei mais o quê... sim, um crédito também num banco ao qual eu devo também, e depois outros, eu já não me lembro muito bem, eu sei que há muita coisa, que eu tenho muitas dívidas, sim... muitas.

– *Quanto é que você deve pagar todos os meses?*

Lídia D. – 3.000, 3.000 pratas e pouco todos os meses, é preciso que seja...

– *E quando é que isso vai acabar?*

Lídia D. – Há créditos que vão acabar em um ano, há os de dois anos, há os de três anos, há os de 60 meses. Varia, não são todos iguais. Se eu tivesse dinheiro poderia liquidar alguns, como o telefone, 1.000 pratas, isso teria sido liquidado mas não é possível... impossível... porque eu fiz um crédito de consolidação da dívida e, normalmente, para esse crédito, eles fazem uma tabela para tudo o que se tem, mas eles fizeram uma tabela muito alta e eu lhes disse... eles disseram: "é isso ou então vendam sua casa. É a escolher"; eu não sabia mais o que fazer; eu disse: "bom, bem..." – eu não queria dizer porque eles trabalhavam na Panifrance [firma industrial de padaria e doces] e normalmente havia a possibilidade (supostamente, partindo deles, mas há grandes patrões), possibilidade de admissão; então ele fez um contrato de um mês, era um contrato de um mês só e depois há a possibilidade de uma contratação; então eu não queria falar porque não valia a pena, fazia uma semana que ele estava trabalhando, então eu disse: "bom, vamos conversar, já que eles querem vender a casa, bem, diga a eles que você encontrou um lugar"; mas era para se desvencilhar assim, porque eu tinha mesmo credores que nos telefonavam também: "quando é que vão pagar"?, nos diziam, como se nós não quiséssemos pagar! Eu digo, eu sou honesta, gostaria de pagar, deem-me o dinheiro e eu lhes pagarei logo, mas se eu não posso, é porque não posso, é tudo, não posso fazer de outra maneira"; ela nos importunava e tudo; ela até telefonou para a casa de pessoas, eles não nos conheciam e eu não sei como eles sabiam nosso nome porque nós, mesmo não os conhecendo, eles disseram: "digam que ela telefone" e depois, quando meu marido voltou, dois minutos depois, pois ele estava trabalhando lá na Panifrance, ela telefonou novamente – como se ela soubesse que meu marido havia voltado – logo depois para nos importunar e era sempre um processo, não era nunca a mesma pessoa do crediário que se ocupava de nós, era sempre uma pessoa intermediária, e nós encontramos nomes esquisitos, eles não diziam para o que era, então nós tínhamos os nomes, um número de telefone, não sabíamos de onde tudo isso vinha, coisas assim, não era possível ver tais coisas. Era maldade!

– *Sim, era uma espécie de perseguição...*

E por que você não trabalha?

Lídia D. – Sim. Eu, se pudesse fazer maldade, eu as teria feito, porque a sociedade era má comigo e eu tinha ressentimento de todos, é verdade, eu não queria mais que me... mesmo de trabalho, e tudo isso quando se falava de trabalho, porque meu sogro, ele falava de trabalho, ele dizia: "ora você não tem trabalho, é tudo", ele falava de trabalho e tudo isso; eu disse: não me fale de trabalho, porque já estou cheia disso, porque ele só falava disso quando nos via, ele só falava disso, eu disse: "para com isso"...

– *Sim, como se você não trabalhasse de propósito...*

Lídia D. – Sim, ele me considerava como preguiçosa; e sempre, sempre ele considerou seu filho como preguiçoso; nós escutávamos isso de todos os lados, "e por que você não trabalha?"; e "é só com você que isso acontece", etc. E eu disse: "se não temos sorte não é nossa culpa" e depois há os patrões que, na sociedade de hoje, há patrões que não querem pagar às pessoas, aos jovens, eles gostariam que nós trabalhássemos por nada. Porque ele fez caixas também, eles lhe disseram, eles prometeram também que o pagariam e no fim de contas, ele não tinha nada, ele parou, mas ele trabalhou no Meuse, precisava fazer, porque seria um preguiçoso, ele até dormiu no carro! Então para encontrar trabalho na marcenaria no Meuse, em C., ele dormiu lá dentro, ele comia até em tigelas, porque nós tínhamos um terreno que nos emprestaram, bem, ele comia lá e bem, de outras maneiras, ele não tinha trabalho mas ele ganhava o justo... não muito, 200 francos, 300 francos, é tudo, não é bastante. Eu disse: "se é para trabalhar e alcançar alguma coisa e você não ganha para a condução e tudo isso, não vale a pena que você continue nessas condições, não é possível, não é possível". Mesmo na minha família, eu ficar... bom, eu como com minha mãe, mas há sempre confusões: "sim, você não paga pensão à mamãe" e isso e aquilo...

– *Quem se mete nisso?*

Lídia D. – É minha irmã, ela tem ciúmes... eu tenho problemas com isso.

– *O que ela faz?*

Lídia D. – Ela trabalha na piscina como caixa. Mas sempre, ela tem ciúmes, "você não paga pensão", etc. E ela, ela tem uma casa e tudo, ela tem tudo que precisa, ela nem fica em casa, ela aborrece minha mãe e tudo; ela toma conta de um menino de dois anos e minha mãe está cansada, ela quase morreu no ano passado, eu quase a perdi; quando eu trabalhava em Luxemburgo, eu quase a perdi, eu tive problemas lá também. Eu devia, eu devia... ir vê-la no hospital, ela teve um edema pulmonar, então todos os problemas que se acumularam, verdadeiramente em 1990 e depois, até agora são só aborrecimentos.

– *Sim, é uma situação ruim. E essa irmã, ela não pode conseguir um trabalho para você...?*

Lídia D. – Bem, ela nos indicava lugares e tudo, mas a cada vez já estavam ocupados e todo mundo..., há muito desemprego. Eles caem logo em cima. E não é possível, é incrível. E depois, basta que nos digam um pouco tarde, é isso também, é preciso saber. Às vezes eles dizem: "não, é agora", e se telefona e o lugar é ocupado nesse meio tempo. E depois, é preciso dizer também que eu não tinha facilidade para telefonar. Minha sogra me proibiu de telefonar de sua casa, ela não queria e tudo isso; eu tinha o telefone num dado momento, agora não tenho mais, o mesmo caso de quando eu estava na minha casa em S., eu tinha problemas para telefonar para minha mãe, eu tinha problemas, eu tinha dificuldades para telefonar, tinha uma cabine onde ela nunca ia; eu não podia telefonar, então, às vezes, ela não tinha notícias minhas, e por isso...

– *Você morava na casa que comprou?*

Lídia D. – Sim, sim.

– *Então você não poderia melhorá-la, em nada?*

Lídia D. – Não. Bem, não. Há consertos a fazer, nem sei quais, é a porta, há um movimento da porta, há o ar que entra, mas eu tenho água quente ao menos, eu tenho comodidade, melhor que antes. Porque antes eu não tinha água quente, eu não tinha nada, eu não pagava muito, 400 francos, mas eu não tinha nada. Eu não tinha comodidades e tudo isso, sentia frio no inverno, não havia isolamento e tudo, eu morava no quarto andar de um bloco, e depois a vida dos blocos, eu não gostava e eu queria um jardim, então meu marido cultivava, isso de cultivar um pouco o jardim nos ajudava um pouco, porque de outras maneiras não se chegaria a nada, é isso.

– *Além disso, à sua volta as pessoas encontram...*

Lídia D. – Sim, problemas, eles criticam. Eles criticam muito mesmo.

– *Mesmo na família?*

Lídia D. – É por isso que eu, amigos, eu não tenho muitos amigos. Eu os rejeito. Eu sou sozinha, eu não visito quase ninguém. Eu sou talvez diferente, mas sou assim, fiquei assim, eu não posso ver ninguém, estou melhor assim, porque todos me criticam, etc.: "Eu não compreendo como você continua com um marido assim, que não trabalha", são comentários como esse, eu digo: "se você não acredita em mim, você tem que vir aqui em casa, ver as cartas que eu recebo, não é possível, oh! nós guardamos sua pretensão para quando houver qualquer coisa", só se ouve isso, promessas, falsos anúncios também, porque aí [...] num dado momento eram os falsos anúncios, há uma lista de falsos anúncios onde não há nada.

Eu estou totalmente imobilizada...

– E o que ele tem como especialidade de...

Lídia D. – Bem, é um servente. Ele não tem nenhum CAP. Ele faz um pouco de tudo, ele foi açougueiro, pintor em construções, pedreiro. O que mais ele fez? Representante, ele fez também várias pequenas coisas, ele faz o que pode. Seja o que for, ele faz.

– Se vocês se entendem bem já...

Lídia D. – Desse ponto de vista ele é gentil, ele é gentil... é gentil.

– É importante.

Lídia D. – Mas o problema que eu tive, eu perdi meu pai em 1989, mesmo a casa, eu devia tê-la em 1989 e eu me compliquei com a casa, eu só a recebi em 1990. E a casa, normalmente ele tinha me dado um milhão para consertar um pouco a casa. E no fim de contas, normalmente o valor da casa, nele devia estar incluído o do tabelião, mas não estava, então eles me tiraram do milhão – os espertalhões – para inteirar o do tabelião, então eu tive de juntar mais dois milhões, então eu tenho dois empréstimos diferentes relativamente a essa conta.

– Quanto custou sua casa?

Lídia D. – 12 milhões. E eu a recebi como ela estava. Eu não consertei nada.

– E este estágio, como você conseguiu?

Lídia D. – A assistente social tinha me dito que ele devia acontecer e depois ela disse: "mas não é regular, ela me disse, mas aí está, você começou?", eu disse: "não, ainda não", ela me disse: "não é possível, ela me disse, eu falei para que você fizesse um estágio e tudo", mas é também por causa da agência de emprego que me chamou, também um pouco disso, porque meus direitos estavam no fim. Então eles me chamaram e eu fiz o estágio lá. E lá, é como eu fiz, porque lá trabalha-se uma semana nas empresas, bom, bem, digamos que o patrão gostou de mim e depois poderia haver possibilidade de admissão; e lá eu tenho um problema porque eu não tenho transporte, eu não tenho carteira e depois onde eu iria encontrar o carro, meu marido precisa dele, onde eu iria trabalhar, eu não posso, se é neste lugar ainda vai, mas os ônibus, não há para V. de M., não há ônibus. E depois, eu, a mobilete, não consigo andar nela, eu experimentei, eu não consigo mantê-la em pé, e depois é preciso comprar outra mobilete, eu não posso comprá-la, com o salário que eu tenho, não há possibilidade. Eu estou totalmente imobilizada. Eu não tenho solução: não posso comprar um carro porque não tenho os meios, ainda não tenho, a carteira, nada vai bem, não é?

– E aqui, eles não dão um jeito para a carteira? Sim, você diz que está imobilizada em tudo, há o problema do dinheiro, não há carro, trabalho...

Lídia D. – Sim, tudo, tudo se mistura ao mesmo tempo. Não há saída. É aborrecido, não há saída. Não há solução, não há saída, eu sei... há soluções, eu quero ter a carteira mas é preciso que eu possa ir lá, eu gostaria de tê-la...

– Sim, salvo se seu marido tem um emprego permanente, isso vai resolver o problema.

Lídia D. – Sim, mas como é em M.-St-M. e que os horários são muito difíceis, ele não pode, ele começa às quatro horas da manhã, não há ônibus às quatro horas da manhã para M.-St-M., não é possível, ele precisa do carro.

– *Ele faz o que, às quatro horas da manhã...?*

Lídia D. – Ele trabalha desde as quatro horas da manhã até uma da tarde, depois ele vai de uma da tarde até nove horas da noite; são turnos assim... sim, é isso, não é possível.

– *E ele ganha bem?*

Lídia D. – Não se sabe, ele só começou agora, há oito dias, não se sabe.

– *Não disseram a ele quanto ele ia ganhar?*

Lídia D. – Normalmente é o SMIC, não é grande coisa, são 5400, é claro que não é muito para pagar tudo que eu tenho que fazer e depois todo o atrasado, eu não vou conseguir nunca, não é possível! Até quando será preciso que eu me prive de tudo, não é possível, não é possível!

Eu tinha pesadelos...

– *Você não deve dormir todas as noites, hein?*

Lídia D. – Eu tinha pesadelos, antes, os pesadelos, tudo isso para...

– *Quer dizer?*

Lídia D. – Bem, eu sonhava com os problemas que eu tinha, eu me via, de toda maneira, eu me via vivendo na rua, porque quando eu vi que minha mãe teve a crise, eu disse: "é isso aí, bom, bem, acabou para mim, eu vou para a rua, eu não terei mais casa, eu já era, ninguém vai ligar para mim porque minha irmã não liga para mim".

– *E os pais de seu marido?*

Lídia D. – Bem... não se deve contar com eles. Eles são maus, verdadeiramente maus. Mesmo comigo. Mesmo com ele e [...]. O pai bebe. E depois ele é mau, durante todo o dia, ele critica um, outro, a todos. Todos somos preguiçosos na família. Mesmo o seu filho, ele o chamou de preguiçoso e ele encontrou trabalho, mas ele o chamou de... porque num dado momento, ele estava desempregado e, bem, eu disse: "a roda, ele volta um dia, nunca se deve zombar, eu digo, um dia chegará, se isso acontecer, e o senhor ficar desempregado", bem, ele ficou desempregado e em pré-aposentadoria, ele ficou desempregado, ele não tem pontos bastantes, então ele está desempregado.

– *Então, o que ele era? Ele era metalúrgico?*

Lídia D. – Ele era um meio-servente, mais ou menos isso.

– *Na siderúrgica?*

Lídia D. – Sim, na siderúrgica ele era [...]. Mas minha sogra é uma que também, ela também critica, tudo isso, não é uma boa família. Isso também. Eu não vou vê-los. Quase nunca.

– *Você dizia que eu tinha pesadelos, era ligado ao seu trabalho?*

Lídia D. – Sim, tudo isso, os problemas como esses, e depois um pouco a família, problemas como esses.

– *Com sua sogra e tudo?*

Lídia D. – Sim, cunhada, tudo isso... Minhas cunhadas, é igual, nós não nos visitamos, eu só visito uma e uma outra também, as outras eu não visito mais.

– *Sim, está sempre ligado ao trabalho e às críticas que lhe foram feitas, coisas assim?*

Lídia D. – Sim, são problemas assim.

– *Sim, isso pesava muito sobre você, tudo isso... sim...*

Lídia D. – É verdade. Bom, há um pouco também..., há meu pai. Ele morreu, pois é, ele me fez muita falta e depois, bom, ele nos deixou também na miséria e tudo isso, bom, bem, quando eu tenho problemas, eu vejo isso como um livro, como se isso...

– *Isso se repetia?*
Lídia D. – Eu vejo tudo desfilar, desde quando eu era pequena, os problemas que eu tive e depois até agora...

– *Você quer dizer que... você se lembra de tudo?*
Lídia D. – Sim, sim, eu vejo desfilar tudo.

– *E quando você diz que vê o futuro negro, o que é?*
Lídia D. – É... são todos os problemas que eu vivi, desde pequena até agora. É isso, eu não vejo...

– *E você tem medo do futuro?*
Lídia D. – Hum, eu não vejo... eu não vejo que vai haver melhorias. Eu não sei. Eu não acredito nisso. Eu não acredito em mais nada. Não. Eu não posso mais acreditar, com todas as promessas que me fizeram e eu não posso. Não é possível. Eu não posso. Eu digo, ou então, se houvesse qualquer acontecimento que surgisse, eu diria: "há um milagre, então". Eu diria: "não é possível". Eu não chegaria a me tranquilizar, eu diria: "não é possível". Eu não creio absolutamente em nada, nem em jogo, nem em nada, eu não jogo, nem em jogo, nem em nada disso, eu não acredito em nada.

– *Não, espera lá, eu acredito que não é aí que se deve...*
Lídia D. – Não, não, eu digo, mesmo os jogos, tudo, porque mesmo meu marido às vezes, há os jogos, ele escrevia de novo ou coisas assim; "você ganhou...", eu dizia: "não escreva, é besteira, isso são besteiras", eu digo: se não se vai trabalhar, não se tem nada, é a solução que se tem. Eu não acredito em nada. Eu acredito que se não se trabalhar, eu acho que não há solução. Somos nós que nos fazemos nosso [ponto?]... não são os outros e enfim, é isso aí mesmo. [...]

Porque é um desastre...

Lídia D. – É isso aí. Não é evidente [risos]. Eu sei que não sou só eu que tenho problemas como esses, às vezes isso alivia, eu digo que há piores que eu, bom, bem, felizmente, porque eu digo, felizmente que não sou só eu senão seria um desastre, mas eu digo: "não é possível que se viva numa época como esta"; que ainda haja problemas como estes. Dizem que o progresso avança mas não é verdade. Eu acho que ele recua mais do que avança. Não é possível, é preciso soluções, é preciso que eles ajam. Não é possível, não podem ser só promessas e depois não fazer nada. Isso é fácil, eu também posso fazer. As promessas, ou então ficar num escritório e depois dizer: "eu preparei seus documentos", e depois eles dormem – isso eu já vi – eles dormem ao lado e depois eles dizem: "vou fazer isso e depois farei aquilo"; isso eu conheço; eu posso ser um burocrata assim. Eu o faço, ser burocrata desse jeito, eu posso fazer logo porque há uma desordem, não é possível, nos documentos. Eu já entreguei os documentos, e eles os perderam, é preciso fazê-lo. Mesmo depois que eles colocaram os computadores, as besteiras que eles fazem, não é possível. Eu, tinha um número, dizendo que eu nasci no estrangeiro. Eu não nasci no estrangeiro, eu nasci na França. Eu recebia cuidados de uma senhora, porque eu tinha sido operada dos olhos, uma vez, um problema, eu tive que passar, eu não sei bem, por 50 repartições! "ah bem, não sou eu que trato disso", devolviam meu pedido e depois, "não é aqui, é lá", e eu, isso não é vida; às vezes

433

eu tenho vontade de largar, às vezes quando o problema são os documentos, eu tenho vontade de deixar tudo parado, de tal maneira eu estou farta...

– *Eu não sei, se eu pudesse fazer um milagre, eu concordaria.*

Lídia D. – Sim, não é evidente. É duro. Não é evidente. E às vezes eu me pergunto como pode acontecer que o mundo seja assim, porque o mundo de antes, era menos mau do que hoje, quando às vezes você vai aos locais pedir informações você é embrulhada ou qualquer coisa assim, às vezes. É como meu marido, uma vez marcaram uma entrevista para o dia 20, para o RMI, você ganhou; ele disse: "oh, mas eu não sei se poderei vir", você sabe o que lhe responderam?, "oh, mas você não tem mais necessidade do RMI?", e fizeram isso com ele assim, ele disse: "mas se eu não puder me deslocar?", você compreende? Então há sempre encontros, é com a prefeitura mas nada vai adiante. Nada avança.

– *Ele ainda não conseguiu nada?*

Lídia D. – Não, nada ainda.

– *E ele requereu?*

Lídia D. – Nós preparamos todos os documentos, mas nunca se consegue nada. Ficamos sempre no mesmo lugar. [...] Porque ela tinha dito que se isso não andasse, ela se envolveria, porque ela disse, não é possível, ela disse: "um processo como este é rápido". Ela disse: "não é possível". Num dado momento eu me perguntava também se não seria alguém como esta que fazia esta desordem na minha vida, então disse, não é possível ver complicações assim!

– *De ter tanta má sorte?*

Lídia D. – Eu me perguntava se alguém não estava me fazendo mal.

– *Se alguém lhe deitava má sorte?*

Lídia D. – Sim, eu me perguntei.

– *A esse ponto?*

Lídia D. – Bem, sim, porque é um desastre, eu não sei se há alguém, como eu, no momento eu não conheço; eu sei que há os que têm problemas mas não tanto quanto eu, já em nível de estágio.

– *Mesmo aí? No entanto são pessoas que têm problemas...*

Lídia D. – Eles têm problemas mas não os mesmos que os meus; eu conheço seus problemas, mas não tanto assim; eles não têm... é que têm problemas mas eles não têm dívidas como eu, coisas assim, já tudo isso, problemas com os documentos; eles tiveram seu RMI, sim, e eu não tenho. Eu sou a única que está "em curso", eu até guardei, porque, quando eu me inscrevi, eu observei que ela assinalou "em curso", eu não sei por quê. É por isso que às vezes eu me pergunto, eu me perguntava se não tinha alguém me fazendo mal quanto aos documentos, ou alguém que me conhece, que não pode me ver...

– *E que lhe sabota?*

Lídia D. – Sim e que sabota todos os meus documentos e tudo isso, não é possível! Não é possível! Pediram novamente os documentos que eu havia enviado, pediram-me novamente três vezes.

– *Sim, infelizmente a Seguridade Social é frequentemente assim...*

Lídia D. – Não, não, é no nível do RMI. Você não sabe o que disseram também ao telefone, eu disse: "eu queria saber o que há com meu processo do RMI, e tudo, porque eu ainda não tenho nada". Porque me haviam dito: "depois de dez dias, você receberá o dinheiro". Nada ainda, um mês. Eu disse: "você me pede o documento de 1990 de meu marido, os recursos, eu lhe envio, eu digo, não é possível!" Depois ela me disse: "mas ainda há outra coisa". Eu disse: "não, na folha está marcado 90, os recursos de meu marido". E agora ela me pede o papel dizendo que eu estava doente. Eu disse: "mas seria preciso saber, então você fez anotação num papel, você não marcou os dois! E depois por sorte eu telefonei e você me pede outra coisa". Eu disse: "não, não se pode pensar que as pessoas são imbecis!" Então ela gritou no telefone: "não, eu não penso que as pessoas são imbecis, não é minha culpa se a prefeitura faz bagunça", ela me disse isso. Ela me responde assim. O senhor se dá conta?

[...]

Processo em andamento

Lídia D. – Eles passam bola de um para outro...

– *É isso, entre a prefeitura e...*

Lídia D. – Sim, e depois é uma corrente sem fim.

– *... e o RMI. E tudo isso, e você não foi interrogada para o RMI por ninguém, não houve sindicância...*

Lídia D. – Não, é isso mesmo, houve uma reunião com meu marido, um encontro. Ele lhe disse: "você não o tem", ele disse: "não". Ele disse: oh, bem, "eu vou escrever uma carta e depois eu vou providenciar para que isso seja ativado, o que há é tudo isso porque não é normal; eu vou enviar uma carta muito importante". Nós continuamos esperando. Ele disse depois de 15 dias, ou não sei bem quantos: "você terá a resposta". O prazo venceu, passou. Eu não compreendo, ou então ela esqueceu de escrever a carta ou não fez seu trabalho, não é possível, essa da prefeitura. Tem coisa.

– *E foi você que preparou todos os documentos, tudo com seu marido?*

Lídia D. – Meu marido e eu. Mas eu sei preencher os papéis e tudo, não é difícil. Mesmo um pouco mais que meu marido, então eu preenchi tudo e enviei outra vez; eu faço bem depressa, assim que eu receber algo, que haja qualquer coisa, remeto imediatamente. Toda vez que eles me enviam um documento, marcado toda vez: "processo em andamento". Não é possível!

– *Pode ser que isso vá se acertar.*

Lídia D. – Eu não sei, eu não sei. Porque não faz muito tempo houve uma entrevista com uma assistente social de C., da prefeitura. E ela lhe disse: "eu mando a carta". Estou esperando, o prazo passou, enviaram no mês de fevereiro, era do mês de janeiro. É no meio de janeiro, eu acho, por aí. E até agora nada. Não é possível. Nem é preciso três dias para receber uma carta, ou uma semana, não sei bem quanto... assim não é possível! Há um problema. Eu não sei quem é que cria problemas como esse, eu não sei, eu não posso dizer (Só há problemas como esse?). Depois eles pediram um documento dizendo que eu não recebia o abono familiar, o último papel eu lhes enviei novamente; estou esperando, nada ainda. E me pedem documentos impossíveis. Quando eu estive doente, como é que eu era paga, os recursos de 1990, os recursos de 1989 e que eu não recebo mais o abono do garoto, um monte de papéis uma confusão tal que eu me pergunto se isso não vai me subir à cabeça, isso de pedir todos esses papéis. Não é possível. Os documentos, para que serve tudo isso?!

– *Pode ser que isso seja desbloqueado de repente, é bem possível.*

Lídia D. – Eles me fizeram até abrir uma conta para o RMI quando ela me fez o documento, e hoje ainda não o tenho. Desde 5 de outubro de 1990! Sim, eu ainda não tenho nada e eu a abri para isso. Você per-

435

cebe... Não é possível. Eu tive até que pagar; ela tinha dito: "Você não pagará", eu paguei 50 francos. Eu não tinha 50 francos, foi minha mãe que me emprestou. Não é possível! Assim não dá! Eu não sei como é que eles fazem. Mesmo assim cortaram minha energia; me cortaram a energia; porque há 10.000 pratas de eletricidade, eles cortaram; não há calefação porque eles não puderam, porque estava dentro de casa e estava fechada, mas eles cortaram a eletricidade. Às vezes ficamos no escuro, porque no fim de semana eu volto para casa. Para arrumar e tudo e porque eu tenho um cachorro também. Eu tenho meu cachorro. Que me dá trabalho.

– *Que fica na casa?*

Lídia D. – Eu não posso levá-lo comigo para a casa de minha mãe, porque é um pequeno apartamento, é um F3; e depois minha sogra não quer tomar conta dele, ela teve um, mas meu sogro inventa histórias, o cão late, etc., todavia eles têm uma cabana bem no fundo, não incomodaria. Porque ele é grosso como um cão. Isso os incomoda. Eu tomo conta do meu cachorro. Eu gosto muito dos bichos. Eu adoro os bichos.

– *Sim, sobretudo nós nos apegamos. E seu marido, ele cuida um pouco de jardim.*

Lídia D. – Jardim, jardinagem, tudo.

– *Ele vai lá para isso?*

Lídia D. – Sim, para o jardim e tudo isso; ele faz vasos e tudo isso. Sim, ele planta em vasos... ele se ocupa bastante de tudo...

– *Sim, isso ajuda vocês a viverem, de qualquer forma isso lhes dá uma ajuda.*

Lídia D. – Sim, é isso. Hum, não é evidente.

– *Não, é duro... é uma dureza.*

Lídia D. – É duro, hein [...]; eu digo: "porque eu e não os outros" e eu não aceitava no começo. Havia muito choro, minha mãe me dizia "para!" E quando ela me via chorar, ela me dizia: "o que é que você tem, assim não dá". Ela me repreendia também. E eu lhe disse: "você não está bem, eu não lhe repreendo, então você me deixe quieta, chega". Eu disse. Porque eu sei que minha mãe teve os mesmos problemas, e ela não queria me ver chorar. Ela teve problemas de dinheiro. E eu disse: "você vem quando você tem problemas, mas não venha chorar". Ela dizia não, ela também chorava. E eu digo: "comigo, é parecido, não é preciso se aborrecer comigo porque eu choro. Eu não posso me controlar".

– *É verdade, você tem do que chorar.*

Lídia D. – É como meu cunhado, ele queria que eu fosse para Marselha e eu não quis; para encontrar trabalho. Eu disse: "eu não quero, eu tenho minha casa, ainda não acabei de pagar, e eu, tenho dívidas e não tenho o direito de partir assim. Não é possível". E depois, trabalhar onde?

Fevereiro de 1992

Pierre Bourdieu

Uma vida perdida

Pierre L., com 59 anos, e Henri F., são dois agricultores muito ativos, dos quais se pode dizer, nesta região duramente atingida pelo êxodo rural e pelo celibato, que, diferentemente da maioria dos homens de sua geração, eles tiveram êxito.

Henri F. herdou uma pequena propriedade de 18 hectares, situada longe da povoação, nas encostas com declives muito íngremes – o que torna a exploração muito difícil e custosa. Ao preço de um enorme trabalho ("nós não saímos mais de dois dias em 29 anos"), ele aumentou a superfície cultivável em umas dezenas de hectares. Para desbravar e cultivar as terras arrancadas à floresta ele precisou dotar-se de um equipamento de grande valor, importante bastante, segundo ele, para explorar uma propriedade plana de 100 hectares. No momento da entrevista, ele acabava de saber que seu filho de 27 anos e casado recentemente com uma moça da cidade tinha decidido, pressionado por sua esposa, deixar a casa de seu pai e viver na casa da avó de sua mulher. Sua decepção foi muito maior porque nada o tinha preparado para essa súbita reviravolta: no seu retorno à fazenda, depois dos estudos numa escola agrícola, seu filho se mostrou plenamente decidido a retomar a empresa paterna. Muito dinâmico, ele participa ativamente da defesa da profissão e é por isso que Pierre L. o convidou a participar da entrevista.

Pierre L. possui uma das plantações mais importantes da região, com seus imensos galpões, destinados à secagem do tabaco e à conservação do feno, que ele mesmo construiu, seus vastos estábulos ultramodernos, dotados de todo o equipamento necessário às ordenhas, ao tratamento e conservação do leite, para abrigar seu rebanho de uma centena de vacas leiteiras. Membro muito ativo da JAC em sua juventude, ele participou do impulso de renovação dos anos 1950, casou-se (numa época em que a maioria dos amigos da mesma idade ficavam solteiros) e teve um filho, hoje com cerca de 30 anos, o qual, após dois anos passados numa escola de agricultura, trabalha na fazenda com ele, sempre solteiro. Conhecido em toda vila como homem honrado, particularmente no povoado, onde ele próprio entrega o leite todos os dias, ele foi durante muito tempo um conselheiro municipal bastante ativo. Sua esposa faleceu há alguns anos depois de uma longa doença. Ele mesmo sofreu uma grave operação, de uma artrite num quadril, que o faz coxear bastante.

Pai e filho vivem, pois, sozinhos, explorando sem ajuda de fora, mas graças a um grande equipamento, uma vasta extensão de terras, em sua maior parte, arrendadas. Quando são surpreendidos em seu trabalho por um visitante imprevisto (como esse economista chinês a quem eu devo mostrar a agricultura europeia), os encontramos muito ocupados, em roupa de trabalho, num mundo de lama e esterco, tudo meio abandonado (utensílios usados, instrumentos agrícolas fora do uso largados aqui e ali), onde flutua por toda a parte um odor nauseabundo das forragens conservadas em silos.

Dotados, originalmente, de um patrimônio minúsculo, Henri F. e Pierre L. puderam estender a plantação, ao preço de grandes investimentos em dinheiro, "graças" ao crédito, e sobretudo em trabalho, e acumular um capital relativamente considerável, sob a forma de terras, e principalmente de construções, ferramentas e de gado em parceria. Mas a herança, neste caso mais do que nunca, teve a força de um destino: enquanto, como eles observaram com amargura, os herdeiros mais favorecidos partiam para a cidade e outros, menos empreendedores, viviam deixando morrer docemente uma "casa" sem dúvida destinada a desaparecer com eles, ou então tirando da venda de alguns lotes os meios de manter sua exploração e sua morada sem recorrer ao crédito, eles "ficaram na terra", como se diz, sem dúvida por fidelidade à mãe ou ao pai; presos antes de tudo por essa herança, depois pelos investimentos econômicos e também psicológicos que eles lhes destinaram, eles ficaram presos numa espécie de engrenagem, a da inovação exigindo inovação; eles seguiram, mesmo contra a vontade deles, os diversos incentivos e as injunções dos conselheiros agrícolas, das câmaras de agricultura, dos organismos de crédito, das cooperativas leiteiras, etc.

Eles são hoje em dia dominados pela contradição: capitalistas, eles não podem realizar seu capital (ou somente com um "custo final" imenso, tanto psicológico quanto econômico): eles dispõem de muito pouca liquidez e seus rendimentos estão mais próximos do salário de um OS que os de um operário qualificado (poderiam eles ignorar o que a volta à região, durante as férias, dos parentes de fora não deixará de fazê-los ver); assalariados disfarçados de uma empresa leiteira que tem o poder de os empregar e os despedir, que lhes impõe seus regulamentos por "circulares", à maneira de uma administração central, que fixa de fato seus horários de trabalho, controla regularmente a qualidade de seu material e de seus produtos, etc., eles podem ter a ilusão, coletivamente sustentada, de serem patrões deles mesmos e cultivarem o mito ancestral das liberdades da vida camponesa. Como isso me surgiu subitamente enquanto eu os interrogava a pedido do economista chinês que me acompanhava, eles estão um pouco na situação de kolkhozianos que financiavam seu próprio kolkhoz. Os acasos das decisões políticas de Estado ou das instâncias comunitárias, mais distantes ainda, comandam diretamente seus rendimentos, às vezes suas decisões em matéria de investimentos produtivos, de maneira brutal e imprevisível como acontecia em outros tempos – e hoje em dia ainda, apesar das proteções e das garantias, mais aparentes que reais, do Estado-providência – os acasos do clima e as calamidades naturais.

Dispersos pelos quatro cantos do espaço, em suas fazendas longínquas e tradicionalmente ligados às vantagens dos trabalhadores independentes, os agricultores estão, de hoje em diante, novamente ligados pelos fios invisíveis da dependência em relação ao Estado, de suas regulamentações onipresentes, de suas subvenções tão indispensáveis quanto incertas. E desta maneira se pode compreender que esses homens criados no horror à desordem e ao abandono, que eles identificam ao mundo urbano contra o qual, com a recusa da partida, toda a sua existência é construída, sejam conduzidos a participar, mesmo contra a vontade deles, das manifestações uniformemente dirigidas contra as grades das prefeituras; ou que a violência sem alvos determinados que produzem os dilemas (*double-binds*) múltiplos aos quais eles são submetidos atinge eventualmente (como por exemplo a matança sem motivo de animais domésticos) os limites extremos de uma espécie de sacrifício suicida, ou mesmo que os conflitos *politicamente inexprimíveis* que eles trazem em si próprios os inclinem a confiar, uma vez o microfone fechado, suas simpatias, liberadas por um sopro profundo, pelo líder da Frente Nacional então no começo de sua ascensão. Isso ao término de longas mudanças prudentes, constrangidos e confundidos até o limite do inteligível sobre as injustiças da justiça, sobre o preço das diárias de hospital e o custo de manutenção dos criminosos presos, sobre o desemprego "muito bem pago", sobre a imigração e as desordens urbanas (das quais eles não têm nenhuma experiência direta), sobre as cumplicidades entre políticos de partidos opostos (A Frente Nacional obterá 72 votos, alguns anos mais tarde, no conjunto desta comunidade rural de um milhar de habitantes).

Desta maneira, o dilema (*double-bind*) que se encontra na própria estrutura da sua empresa econômica e doméstica está no começo de um sistema de disposições ele próprio contraditório, e como que dividido contra ele mesmo, e, através deste, de todos os propósitos onde a contradição, propriamente trágica, se desvenda ocultando-se, quer dizer, sempre de uma forma parcial, sem dúvida porque um desvelamento completo teria qualquer coisa fatal para aquele que a conhecesse, ou se desviando e se deslocando na direção dos objetos de substituição, com as declarações vagamente racistas, próprias para enganar tanto seu autor quanto o intérprete. Não se está jamais tão perto de uma revelação total da ruptura interna, da clivagem do hábito, que quando esses herdeiros a quem pertence herança são obrigados a se colocarem o problema de sua transmissão, com o herdeiro que não quer herdar (ou que, solteiro, não poderá transmitir a herança), e de encarar a evidência da impossível perpetuação de uma empresa que, *no fim de contas*, não deveria, sem dúvida, jamais ter existido. Descobrir, como Henri F., que o filho que é, ao mesmo tempo, *o fim* da empresa de toda uma vida, a finalidade tacitamente colocada de um plano de vida laboriosamente conduzido a seu termo, e a *condição sine qua non* de sua perpetuação, pode renunciar à sucessão, é ver desmoronar, de um golpe, o próprio sentido de toda uma existência, retrospectivamente voltado ao absurdo de uma escolha inicial inconsequente. A partida do herdeiro sinaliza a parada mortal da empresa agrícola – tendo-se mostrado que ela deve suas particularidades mais marcantes ao fato que a reprodução biológica da unidade doméstica, portanto de sua força de trabalho, faz parte das condições de sua reprodução; ela condena simultaneamente a esperança de toda uma vida e de quem a teve, e que não pode não sentir (sem poder necessariamente dizê-lo para si) que ele não pode querer para seu próprio filho, este outro si-mesmo socialmente designado no qual estão depositados *todos os seus investimentos*, um projeto tão claramente mortal. O filho que se recusa a se fazer herdeiro da herança paterna consuma um "assassinato do pai" bem mais terrível que aquele que consiste em tomar o seu lugar, sucedê-lo, quer dizer, "ressuscitá-lo", como dizem os Kabiles, matá-lo para perpetuá-lo, ultrapassá-lo conservando-o, por uma espécie de *Aufhebung* socialmente regulamentada e aprovada. Ele anula não somente a aceitação paterna, sua submissão à tradição da herança, mas, tratando-se de uma herança que é quase inteiramente o produto de quem a transmite, ele anula também sobretudo a obra paterna, essa obra de toda uma vida. Ele coloca seu pai diante de um dilema tão insuportável que este não pode lembrá-lo senão num discurso que, por seus silêncios, suas circunlocuções, suas atenuações, suas dissimulações e suas contradições, visa tanto encobri-lo quanto descobri-lo: seja jogando seu filho na engrenagem trágica na qual ele mesmo se deixou prender (eu trabalhei de bom grado durante alguns anos me dizendo: "Lá, eu tenho o meio, ele o quer"); seja salvando-o desse destino fatal encorajando-o a abandonar a terra (eu lhe dei a escolha. Eu lhe disse: "Preste atenção, é uma propriedade muito pequena; você pode ter um trabalho temporário na cooperativa"). Escolha que todos os pequenos proprietários devem encarar, num dia ou outro mais diretamente, quando seus filhos, numa espécie de chantagem mais ou menos inconsciente, os intimam a obter para eles tal ou qual equipamento caro (abaixo: "é a enfardadeira ou nada") que lhes parece exigida pela sua representação do futuro da empresa (e que os faz entrar na engrenagem), sob a ameaça da partida.

 Apenas a ilusão historicamente cultivada da singularidade irredutível da pessoa nos impede frequentemente de *ler os sintomas* mais visíveis das experiências ditas pessoais, e que podem, evidentemente, ser vividas como tais sem cessar por isso de ser produto da inscrição na ordem social de um gênero particular de experiências sociais predispostas a se exprimirem em expressões genéricas. Não é por acaso, portanto, que a banalidade do discurso mais ritualizado impõe-se com frequência, nas ocasiões mais graves da vida cotidiana, como a única maneira de dizer o indizível: o mais impessoal não está tão bem ajustado àquilo que é vivido como o mais pessoal porque o mais pessoal é frequentemente, como aqui, o mais impessoal. Dizer, como fazem frequentemente os que são colocados na situação dos meus dois interlocutores, que "a terra é maldita", é sem dúvida a única maneira concebível, para as pessoas cuja existência está identificada com a de uma empresa agrícola condenada, de falar de sua própria morte, de gritar, sem cair no ridículo, a proposição inconsistente e autodestrutiva do personagem da comédia: "eu estou morto".

Com dois agricultores bearneses

– *Entrevista de Pierre Bourdieu*

"É um encadeamento, nós somos obrigados."

Pierre L. – O futuro da agricultura vai ficar cada vez mais difícil. Porque, em primeiro lugar, há os problemas da lavoura e depois frequentemente os problemas familiares. É, por exemplo, o meu caso. Há um problema de saúde em jogo. Ora estando eu menos capaz [...] a princípio o filho se encontra sozinho... ao menos para os trabalhos pesados. E um agricultor numa fazenda, um homem sozinho não pode ter êxito... [...] Daqui a dez anos... deverá haver sete solteiros em dez [...]. Vai haver muitas fazendas que deverão estar desocupadas. Mas, como vão elas estar desocupadas?

Henri F. – Haverá os filhos dos agricultores que ficarão, que vão ter o problema da escolha dos terrenos, eles não poderão se ocupar de tudo.

Pierre L. – Mas será que eles poderão tê-los?

Henri F. – Mas eles podem tê-los...

Pierre L. – Porque você vai ver... olhe o caso do vizinho, é um comerciante de gado que tem suas terras alugadas. Eu conversei com ele, eu o conhecia [...] Eu soube da quantia que ele pedia. Ele me disse: "eu reconheço, não são vocês, agricultores, que poderão pagar... Nós, comerciantes de gado, colocamos alguns animais, eles vão engordar no terreno, enquanto que vocês, vocês não podem"... [...] É preciso "ter seguro para os agricultores que alugam terras".

Uma decepção, uma enorme decepção

Henri F. – Agora os jovens se casam com garotas que não são... que têm um outro emprego, por exemplo. E para mim, porque eu, eu sou o responsável agrícola da região, é um problema pelo qual eu brigo com os jovens [...] Eu lhes digo: "vai tudo muito bem enquanto eles têm os mais velhos para os amparar. Mas no dia em que eles se encontrarem, esses jovens – mais ainda esse porque sua mulher estará em outro lugar – se encontrarem ao meio-dia sozinhos diante de um prato"; se há crianças para se ocuparem e estão só no trabalho. Então nesse momento não lhes servirá para nada ter querido muito terreno para... porque ele não poderá mais se ocupar...

[...]

Meu filho acaba de se casar [...], ele não mora conosco. Ele foi para a casa de sua avó. Para mim foi uma decepção, uma enorme decepção. Porque eu passei este ano arrumando um pouco a casa. Foi no último momento que ele me disse não: "minha mulher decidiu que nós não poderíamos viver com os pais agora no início. Ela não vai morar sozinha por isso, ela vai morar com sua avó...". Isto me decepcionou. Quando se casa com alguém que não é da agricultura, que são agora funcionários ou operários [...] esses rapazes têm muito tempo livre relativamente ao agri-

442

cultor. Automaticamente isso faz com que o jovem agricultor vá embora, quer se queira ou não. Ele quer o fim de semana, a noite, a manhã, pouco importa se o despertador não toca muito cedo... Isso se torna grave. Nós, em nossa geração, se chegamos a fazer qualquer coisa, não tomamos conhecimento das horas.

[...]

Pierre L. – Onde você vai encontrar uma moça que seja da agricultura? De qualquer maneira, as moças foram obrigadas, segundo suas capacidades, a prosseguir os estudos visando a um emprego, para... Portanto elas não estão mais nas fazendas, no final você vai encontrar algumas herdeiras, é tudo...

[...]

Henri F. – Eu penso mais no futuro que no presente, quando o rapaz vai ficar sem ajuda dos pais, [...] no dia em que ele se encontrar só, é aí que ele [...] abandona completamente e segue a esposa que tem uma profissão [...].

Pierre L. – E o que ele vai fazer? Não importa? Não é como dirigir um caminhão... ou qualquer coisa. Um filho de agricultor encontra emprego muito facilmente.

– Ir dirigir um caminhão quando se tem uma mulher em casa... cá entre nós...

Henri F. – É o salário que muda...

Pierre L. – É o salário que é certo e além disso o famoso tempo livre... Se a mulher o empurra...

Henri F. – É este tempo livre. Até agora não se tinha ouvido falar, mas cada vez mais se percebe que o Ministério do Tempo Livre vai ser útil porque há pessoas [...] que têm muito tempo livre. É isso que vai causar a saída de muitos jovens agricultores.

[...]

[Para Pierre L. é normal: as relações entre as gerações eram frequentemente muito conflituosas.]

Henri F. – O que eu reprovo... eu não sei, tá... é pessoal, quer dizer que se passa em casa. Os jovens tornaram-se muito duros, eles não ligam que você tenha perdido toda a vida, eles querem tudo com pressa. Por exemplo, eu me lembro que há dois anos, eu queria comprar uma ceifadeira para ceifar mais facilmente. Mas não, é a enfardadeira ou nada. Mas a enfardadeira ou nada seria preciso um milhão e meio a mais... Eles são muito exigentes, depois não prosseguem. Em certos momentos ele me dizia: "não tem o que, não tem o que fazer"... Não tem o que fazer o que ele quer, eu também estou cheio. Quando já se passou por muita coisa... Eu sou talvez um pouco especial. Eu comprei uma propriedade de 22 hectares em 1953, só havia cinco cultiváveis. Em 30 anos eu tornei 18 cultiváveis. Mas foi preciso bater firme... Na época não havia os tratores.

Pierre L. – Sobretudo, não são terras fáceis.

Henri F. – São todas terras para esqui, se houvesse neve. A famosa terra desfavorecida...

Pierre L. – É além disso cheia d'água...

Henri F. – ...que foi preciso drenar... e nas encostas... Nós, somos três trabalhando na propriedade, se nós ganhássemos realmente o SMIG, nós teríamos um pouco de dinheiro [...]. Eu deveria ter reflorestado ao invés de desmatado. Isso teria sido mais rentável; porque se houvesse árvores não se veria a água embaixo. Ao fim de sete ou oito anos, está cultivável, temos a água.

[...]

Quando o investimento está feito, continua-se. É um encadeamento. Pouco a pouco, se está na engrenagem depois todo o corpo passa para lá. Nós nos deixamos pegar...

[...]

Deve-se realmente vir ver para se dar conta... As pequenas propriedades nas encostas, para tê-las em bom estado, é preciso muito trabalho, e manual [...]. O jovem, cada vez mais, se sente só... Nós passamos nossa geração viabilizando esta propriedade e comprando material, e ver os jovens que... Salvo que, eu tenho medo de uma coisa, que eles abandonem completamente, que eles vão embora. Porque sente-se que eles estão mais tranquilos... E isso deixa a gente inquieto, porque eu me encontro... nos últimos meses eu estou ficando inquieto... porque eu não esperava em princípio vê-lo partir e eu acho que ele começou a partir [...] para partir definitivamente [...]. É um problema em nossa casa onde ele, ficando mais velho *[ele tem 27 anos]*, seria preciso que ele pudesse se instalar seis ou sete anos para se beneficiar das ajudas dadas aos agricultores jovens, e eu sou muito jovem para a aposentadoria. Não temos bastante terreno para fazer um GAEC. É preciso o dobro.

É preciso 26 hectares mais ou menos.

[...]

Ah, isto é que é deplorável, nós estamos numa zona desfavorecida, todos sabem, mas deveria passar ao menos para uma zona de piemonte. Porque quando se vê, por exemplo, a planície de Asasp (há dez quilômetros totalmente planos assim, fazendas de 60 hectares mais ou menos, planos, 70 ou 80 cabeças de gado cada uma, eles fazem fortunas), eles têm o descaramento de serem zonas de montanha. Eles deveriam fazer a avaliação passo a passo, fazenda por fazenda. Em Asson há o maior tanque de leite da leiteria de Vilecomtel aqui em Rontignon, 4.500 litros de leite para uma zona de montanha, enquanto que eles apuram 150 francos por animal...

Pierre L. – Eles têm muito mais subvenções que os outros.

Henri F. – Nós em nossa zona desfavorecida, por exemplo, em referência à minha propriedade, eu não tenho um só pedaço de terra onde eu gaste menos de 80 litros por hectare de melhoria da terra. [...]. Eu pedi que nós tenhamos... o combustível verde [...], que se reduza o imposto do combustível da zona de montanha para a zona desfavorecida, mas reduzi-lo na planície, pois nós consumimos 80 a 100 litros por hectare para fazer um pasto, enquanto na planície consome-se 25 a 30 litros por hectare. [*Há quatro categorias de terras: zonas de montanha, zonas de piemonte, zonas desfavorecidas e planícies. As duas primeiras têm uma redução de impostos para o combustível; mas não as zonas desfavorecidas. 80 litros a 2,50 francos, para a preparação da terra. Nas planícies, preparação da terra consome três horas por hectare, nas encostas oito a dez horas para preparar o terreno e outro tanto para lavrar*].

Este investimento contínuo, e sempre renovado, sempre renovado

Henri F. – Não se encontrará mais rapazes da nossa têmpera que tenham aceito durante numerosos anos trabalhar cada vez mais para ganhar cada vez menos. Isso já acontece há uns dez anos... Agora os jovens não vão mais querer isso... Eles vão... eles estiveram na escola mais do que nós, pode-se dizer que é normal que eles não aceitem isso. Foi o que aconteceu. Eu revi algumas faturas de dez anos atrás. É espantoso de ver o que aconteceu. Em 1973, com um litro de leite, compravam-se 2,06 litros de combustível, hoje, com um litro de leite a 1,50 francos, só se compra a metade de um litro, um quarto ou menos. Temos tratores cada vez mais possantes que consomem sempre mais. Se queremos...

Pierre L. – Nós somos obrigados. É uma corrente, nós somos obrigados. Enquanto nós tínhamos só um pequeno trator de 20 cavalos, era... comparando com nossa junta de bois, era o paraíso – e agora o que se pode fazer com um 20 cavalos? Você não faz absolutamente nada... Este investimento contínuo e sempre renovado, sempre renovado... por pouco, como você diz, que os jovens tenham um pouco de ambição, se eles se derem ao trabalho de calcular a potencialidade que você tem de...

Henri F. – Eu, de minha parte, tenho material para fazer funcionar uma fazenda de 100 hectares, eu tenho a certeza que uma pessoa que explore 100 hectares de terreno plano não precisa de todo o material que eu tenho...

Pierre L. – Sim, é uma sobrecarga que pesa muito...

Henri F. – Então, é um jogo, é um jogo. Porque antes, há alguns anos, eu trocava de trator a cada seis anos. Ficou fácil, havia a TVA... Colocava-se muito pouco dinheiro, tinha-se material novo todo o tempo. Agora, o último que eu tenho já tem seis anos e meio... Eu não estou podendo trocá-lo porque em seis anos e meio ele dobrou de preço. Um trator sem nenhum conforto, do mesmo jeito que há seis anos, vale [...]. É preciso refletir como pagar o dobro; mesmo que se levante a TVA, vai se recuperar, digamos, dois milhões de TVA, isto pesa muito. Enquanto que antigamente pagava-se durante alguns anos, lá pelos... até a crise... eu trocava facilmente a cada cinco anos... e a tranquilidade de nunca ter aborrecimento. E é isso que vai ser muito mau porque se passar também muito tempo, vai gerar um volume terrível...

[restam poucas propriedades ativas, em torno de 150 (contra 220 em 1970); das quais umas cinquenta viáveis, com sucessões, daqui a dez anos].

Pierre L. – Nas 50 propriedades, há um ponto de interrogação. O caso que você se refere do jovem agricultor que... tem um pé em casa, e outro fora, de qualquer modo, aí é como se fosse um celibatário...

– *Será que eles não vão encontrar outras soluções?*

Henri F. – Lá no meu canto, havia uma vinha que seria rentável mas os jovens, em geral, não gostam dela.

– *Mas isso consome muito trabalho...*

Pierre L. – Sim, isso e um rebanho leiteiro são muito estressantes...

Henri F. – Eu conheço alguns agricultores que tentaram fazer seus filhos compreenderem que, com um vinhedo, eles poderiam sair nos fins de semana, salvo nos períodos onde é feita a vindima. Enquanto que o gado não se pode deixar de cuidar. [...]

– *Não há nenhum sistema possível de auxílio mútuo?*

Henri F. – É preciso ser do ramo... e do mesmo lugar... Isso começa a ser moda: os jovens partem. Nós não partimos. Há 29 anos, que eu estou casado, eu acredito que nós tivemos que nos ausentar, se não contarmos por dia [...], em 29 anos nós não viajamos mais que dois dias. [...]

– *[As substituições custam muito caro, os trabalhadores eventuais (salário e seguridade social) também].*

Henri F. – É preciso que cada um possa fazer o seu trabalho ao menos familiarmente, senão é melhor deixá-lo. Agora há muito poucos operários agrícolas por aqui.

Pierre L. – Oh! É um luxo... E o que há de terrível é que não se encontra ninguém, enquanto há tanto desemprego...

Henri F. – O desemprego é bem pago demais também. Se todos os desempregados estivessem no SMIG, pode ser que eles encontrassem trabalho. Mas há muita diferença... O desempregado no SMIG encontra trabalho. Mas aquele que é um intermediário... [...] Porque lá há muitos pontos que estão suspensos... Noutra noite, na cooperativa, quando eu disse que nós viríamos vê-lo, o Presidente nos pediu para lembrar os planos de reestruturação dos vinhedos. É letra morta, porque foi anunciado, eu acho, desde o começo deste ano, então, os rapazes plantaram, e eles esperam o dinheiro... Os encargos que representa plantar um hectare de vinha é um pouco decepcionante... sempre ter que esperar assim... As coisas prometidas deveriam chegar...

– *Isso foi prometido quando?*

Henri F. – Existe desde 1982. [...] O contrato das regiões de Baise também. Não se vê chegar nada. As despesas foram feitas... Não se vê chegar nada. [...]

[Parêntese sobre o funcionamento na cooperativa vinícola de Jurançon. Protestos contra o regulamento comunitário que obriga a destilar o excedente do vinho, mesmo quando se trata de um ano muito bom. Os mesmos podem ser penalizados um ano (o excedente é comprado a preço vil) e deficitários um outro ano (depois de um granizo). É isso que faz mal ao coração, que não se possa jogar em dois campos.]

Henri F. – É como o negócio do leite. É horrível de ver que nos aplicam esse imposto enquanto que nós temos todas as dificuldades do mundo para produzir e há as indústrias leiteiras que nos pedem cada vez mais leite; elas são deficitárias e nos impõem os regulamentos... como os amigos (menos nas montanhas que...). Há uma procura aqui... Há uma cooperativa em Lons (ULP). [...]

[Eles concordam em dizer que os regulamentos comunitários são particularmente injustos para os produtores franceses; que as ajudas prometidas chegam com muito atraso ou nunca, e que muitos se deixam levar por essas promessas. "Isto traz muitas decepções".]

Henri F. – O que me dá um pouco de medo é eles (os jovens) não quererem muita responsabilidade. Nós fomos habituados a um período onde nós tínhamos escolhido um trabalho. Nós éramos... nós tentávamos estar sempre presentes... Isso me faz mal ao coração. Quando se vê, no entanto um rapaz como em minha casa.

– *Isto está ligado à escola. Ele ficou na escola até que idade?*

Henri F. – Ah não! Só houve os dois anos de Montondon. Depois...

– *Ele ficou na escola até 16-17 anos.*

Henri F. – 18 anos. Mas eu acho que ele estava mais disposto quando voltou da escola. Porque então eu lhe ofereci uma escolha. Eu lhe disse: "presta atenção, há uma propriedade muito pequena; você pode trabalhar como temporário na cooperativa de cereais e ganhar [...]". Ele queria tudo. "Pense um pouco, você pensa muito depressa em tudo".

[...]

Assim eu trabalhei de bom coração durante alguns anos me dizendo: "está bom, eu tenho os meios, ele quer". Mas há... Entre os jovens eles se comparam também. Um tem uma coisa, outro tem outra...

[...]

A reflexão que me ocorre fazer agora, desde... que não me ocorria antes, mas há dois anos, acontece, duas vezes ao ano: "você é um tolo, porque você não aproveitou para ir embora". E eu lhe disse: "mas por Deus, você não teria tido todo esse material nas mãos". Porque, eu me lembro que, quando minha filha recebeu o diploma, houve um agente de seguros que me disse: "o senhor pode pagar umas boas férias para sua filha". Pagar férias? Para mim férias é comprar uma ferramenta a mais... Com o dinheiro para pagar as férias, eu compro uma ferramenta que me permitirá trabalhar mais facilmente. Enfim [...] porque há outros que não compraram tantas ferramentas e que trabalham também. Menos que nós. Eles talvez tenham mais dinheiro no bolso. Enfim, eles não tiveram a mesma ambição. Nós talvez... Partir do nada e querer fazer alguma coisa, é... muito mau.

Pierre L. – O que é perigoso é que o pai perde seu tempo pensando [...] em seu filho, porque o filho não quer nada com o pai... lá existe todo um ambiente...

Henri F. – Há alguns anos eu acreditei realmente que ele seguiria, porque, bem, quando eu lhe fiz a proposta de ficar na cooperativa...

– *E sua mulher o que é que ela faz?*

Henri F. – Atualmente ela está empregada no secretariado. Ela tem preparo. Ela procura um lugar mas ela não encontra. Agora, ela está como secretária numa casa de deficientes em S. Mas é temporário.

Pierre L. – Lá também há muita decepção para esses jovens que tinham preparo para alguma coisa e que... nós trabalhamos... e se eles não tiverem tido a "garra" para fazer outra coisa, uns ficaram outros se desgostaram e isso acabou por fazer...

Henri F. – [...] Mas todos os rapazes que foram dispensados estão começando a fazer o tráfico de drogas, etc., é intolerável ver isso [...]. Quando se vê agora os rapazes, eles têm armas com eles...
[...]
Eu creio que, sob o governo anterior, o gatilho dos policiais foi um pouco liberado, eu acho que era até melhor alguns abusos do que ver... [...] Eu não vejo...

quando há uma barreira de policiais a fazer, eles só têm que usar os meios, e o primeiro que se mexer... [...] não se pode falar contra o policial [...] mesmo se ele deu um tiro a mais, [...] nós o julgamos. Eu quando mato um javali, se ele não morre da primeira vez, eu lhe dou outro e eu me... Eu me coloco no lugar do policial se... [...] Nós nos perguntamos... Há uma coisa que me impressionou. Pergunta-se [...] pelo leito de hospital para um rapaz que vai ser tratado e quando se conta o que custa o alojamento de um desses grandes bandidos na prisão, é uma verdadeira catástrofe. Seria melhor liberar alguns lugares lá e não fazer o simples cidadão pagar seu leito de hospital... Só que, eu vejo de longe... eu não sou da mesma opinião de todo mundo. Mas, eu vejo rapazes que têm até mesmo quatro a cinco mortos na consciência [...]. Não se pode ter piedade de rapazes como esses... É a sociedade de que vai...

Pierre L. – Sim, sim. Há uma desorientação [...]

Henri F. – Eles [os homens políticos] deviam até mesmo ser amigos entre eles [...]. É um mais ou menos como os dois advogados: cada um defende o seu cliente, no fim entre eles está tudo acertado antes de chegarem à audiência. E lá deve ser parecido...

– *Frequentemente é bem pior mesmo...*

Pierre L. – ... no mesmo grupo.

Henri F. – No entanto, ainda há muita negligência. Com tudo isso, deve-se dizer, compreende-se os que defendem Le Pen... Ao menos ele diz alguma verdade...

1983

A transcrição da entrevista foi muito difícil, às vezes impossível, pelo mau estado de conservação da fita magnética.

Eu fiz essa entrevista em 1983 com a intenção, muito vagamente definida, de tentar um tipo de experiência ao mesmo tempo política e científica: tratava-se de procurar oferecer às pessoas que eu conheci há bastante tempo, agricultores, operários, artesãos, pequenos empregados, etc., uma ocasião de mostrar seu mal-estar e seu profundo descontentamento, quer dizer, tudo que os instrumentos comuns de comunicação entre a "base" e os "dirigentes" – quer fossem moções ou plataformas de congressos políticos ou pesquisas de opinião – têm dificuldade de compreender e veicular. Eu pensava que uma situação de pesquisa na qual as pessoas interrogadas fossem expressamente consultadas por um entrevistador percebido como capaz de relatar suas conversas a quem de direito, e merecendo por isso o direito de serem levadas a sério, seria própria para fazê-los sair da atitude de semi-irresponsabilidade na qual as colocam as pesquisas ordinárias para apresentarem como porta-vozes autorizados, decididos a colocar seus problemas, suas preocupações, suas reivindicações (é assim que Henri F. a quem Pierre L. pediu que o acompanhasse, em razão de sua "representatividade", entrou em contato, antes da entrevista, com os dirigentes de uma cooperativa vinícola para estar pronto a relatar para mim suas expectativas e perguntas). E, de fato, toda a lógica da entrevista revela que meus dois interlocutores, como se quisessem tirar partido da disposição de total receptividade (absolutamente excepcional na vida política e mesmo na vida quotidiana) na qual eu me coloquei, eles aproveitam a ocasião para dizer o que era mais importante para eles: eles me colocaram, de modo geral, os problemas exatamente pessoais na aparência (como é a questão da partida do filho), que se impunham a eles e que, se forem deixadas de lado algumas questões como o preço das terras ou as subvenções para o combustível, tinham em comum o fato de estarem totalmente excluídas do universo do discurso propriamente político. Assim se evidencia, *a contrário,* o caráter artificial das respostas que as "pesquisas" comuns fazem, mais ou menos levianamente, e sem nunca tomarem o cuidado de pensar verdadeiramente nos problemas propostos (e frequentemente mal colocados) por tantas pesquisas centradas, como a maior parte das sondagens de opinião no interesse dos que as financiam e que as "concebem".

Vindos e com mandato para propor problemas políticos, públicos, meus dois interlocutores me colocaram problemas que se diriam pessoais ou privados. Uma grande parte da conversa (de mais de três horas), que nós tivemos foi em torno da partida do filho de um deles. Ainda que atento, há muito tempo, a esse problema (nos anos 1960, eu fiz um estudo sobre o celibato dos primogênitos na região), eu não tinha entendido verdadeiramente o que eles me diziam. Sem dúvida porque eu não havia visto na conversa inicial (sobre "os jovens" principalmente), daquele que se apresentava a si mesmo como "o responsável agrícola do cantão", senão o prelúdio imposto pelo qual se deveria passar antes de chegar às "coisas sérias", quer dizer, ao que eu esperava. Eu devo confessar que foi somente depois de haver transcrito completamente a entrevista, e de estar desta maneira impregnado profundamente de sua lógica, é que eu entendi o que Henri F. não parou de me dizer, aliás numa linguagem que, porque ele ficava na ordem do genérico, sem dúvida por preocupação com a dignidade e o decoro, e também para evitar o sofrimento de uma confissão muito precisa, estava bem feita para despertar a atenção distraída que nós dedicamos às misérias comuns dos outros. Ele me tinha dito, sem me dizer, porque ele não podia dizê-lo de si mesmo, que seu filho, para falar claro, o tinha matado. E foi somente depois de ter construído o modelo explicativo, ao mesmo tempo único e genérico, da rejeição da sucessão como anulação da herança e assassinato do pai que a produziu, que eu pude entender frases como esta: "Os jovens tornaram-se muito duros; eles não ligam que você tenha perdido toda a vida" (onde "os jovens" está no lugar de meu filho, como em quase todo o seu discurso; ou esta aqui, dita por Pierre L., cuja situação, ainda que, num certo sentido, seja menos dramática, porque seu filho ficou em casa, mas solteiro, está bastante próxima para que ele não tenha dificuldade em compreender o drama de seu amigo: "O pai perde seu tempo pensando em seu filho, porque o filho não vê de modo algum como o pai". A compreensão verdadeira do mais dramaticamente íntimo só é possível ao preço de um desvio pela compreensão do mais impessoal, quer dizer, de mecanismos genéricos, aqui os da sucessão, que só se dão na unidade de uma condição social aprendida em sua totalidade. Não é proibido pensar que o modelo construído a propósito de um caso particular possa permitir compreender o cuidado (que não tem nada de natural e universal) de se perpetuar num herdeiro ou numa herança (material ou espiritual) tal como ele se manifesta em (e sob) certas condições sociais: não se deve ver aí uma maneira de arrancar toda uma existência do absurdo evitando que terminem com ela os próprios fins que ela buscou e que lhe deram seu sentido (o da defesa do nome e da honra familiar, tratando-se de um nobre), e que, exterminando-se, a despojam retrospectivamente de sua significação?

Patrick Champagne

A queda

Pierre C. é vendedor de vinhos numa pequena cidade rural de aproximadamente 3 mil habitantes, no leste da França. Ele tem mais de 65 anos, e se recusa a se aposentar, alegando entre outras razões dificuldades bem reais para a cessão da loja. Eu o conheço há bastante tempo e mantive com ele, em várias ocasiões, o tipo de conversa banal provocada pelas interações da vida cotidiana, e pelas visitas espontâneas ou obrigadas, quando fala-se de tudo e de nada, da vida da comunidade, da chuva e do tempo bom, da família ou ainda do que, através dos noticiários da TV, se torna atualidade nacional. As suas discussões com as pessoas próximas, amigos e parentes, especialmente aquelas que têm a ver com política, já há tempo se tornaram raras, pois muitas vezes acabavam mal. Serviçal, generoso, "com o coração na mão", ele é também "sem meios termos", como dizem alguns, pronto a explodir; ele acaba fazendo declarações julgadas excessivas pelos outros, que provocam um certo embaraço, às vezes até indignação ("como você pode afirmar algo assim!"). É para não suscitar desavenças inúteis que as pessoas evitam falar em política, sabendo, porém, que com ele qualquer assunto pode terminar da mesma forma. Quando ele se exalta, o deixam falar ("não dá para discutir com ele"), aguardando que termine de recitar, num tom veemente, o que tem a dizer, que todos em volta dele "conhecem de cor".

A conversação dá uma boa noção das suas ideias e de sua maneira de falar em longos monólogos, sem escutar realmente as perguntas nem as objeções que lhe são feitas – porque ele tem a certeza de ter razão –; nestes monólogos, ele é capaz de passar do aumento recente dos impostos sobre as bebidas alcoólicas, ao "bom velho Pétain", que estava certo, e a De Gaulle, "que – ele faz questão de lembrar – era um desertor em 1940". Devolver ao leitor, quase palavra por palavra, as falas que eu escutei tantas vezes constitui o interesse destes encontros. A situação de qualquer forma não foi modificada pela relação de pesquisa, já que Pierre sentia-se numa posição quase "natural": ele aceitara o gravador, para logo em seguida esquecê-lo. Isto não significa que toda autocensura estivesse ausente. Ele não ia declarar, por exemplo, que vota Le Pen, e atenuaria seu anti-intelectualismo, que expressara mais abertamente em outras circunstâncias (neste caso ele evoca unicamente "aqueles que estudaram na faculdade" mas que não sabem ler um balanço).

Se, por um lado, eu não achava nada demais nas declarações agressivas que ouvia dele há tempo, sem chegar realmente a compreendê-las, por outro lado fiquei surpreso descobrindo até que ponto elas eram sociologicamente coerentes, logo que fossem postas em relação (como nunca se faz numa situação normal, ou então só se faz de forma polêmica) à posição social daquele que as emitia. Sem dúvida, todos os seus conhecidos sabiam que o negócio de Pierre há tempo não ia bem; todos desconfiávamos que suas posições extremistas (ele é "reacionário" politicamente, "integralista" no plano religioso, "tradicionalista" em tudo) se deviam em parte à sua situação profissional difícil. O problema é que, para definir estes comportamentos e estas opiniões, os qualificativos usados, seja políticos ("ele é racista", "tem ideias de direita um tanto exageradas", etc.), seja psicológicos ("ele tem caráter forte", "é irascível"), geralmente tendem mais a rotular os indivíduos, que a compreendê-los.

Esta entrevista, menos que qualquer outra, não pode ser referida tal qual ela aconteceu, porque corre-se o risco, segundo a posição de cada um no espaço social, de funcionar como um teste projetivo, desencadeando somente reações de aprovação ou de indignação. As suas declarações expressam, na forma de indignação ética ("não tem mais nada que preste", "não há mais respeito por nada"), uma queda social que lhe parece injusta. Verdadeira encarnação de virtude punida (se não conseguiu "dar certo", diz ele, é porque é "honesto demais"), ele acha que não tem nada a se cobrar, nem tem o sentimento de não ter feito tudo o que devia, em algum momento da sua vida. Ele acha que todas suas desgraças foram programadas pelos "trambiqueiros das finanças" e pelos "políticos". Tudo foi previsto e decidido. E se ele se ferra, é porque assassinaram o pequeno comércio honesto com métodos desonestos (o que fazem os supermercados, "antigamente isso se chamava vigarice", denunciar).

Pierre sofreu três formas diferentes de declínio social. Ele era um importante notável local, hoje ele é só um habitante a mais da comunidade. Rico negociante, foi arruinado pelos supermercados. Enfim, ele vendia vinho de mesa, antigamente considerado uma bebida nobre, carregada de toda uma mística nacional, até mesmo nacionalista (era a bebida que teria permitido aos soldados franceses, pelo menos segundo o imaginário popular, aguentar e ganhar a guerra de 1914-1918). O vinho fora substituído no consumo cotidiano por bebidas, aos seus olhos, menos francesas como a Coca-Cola® ou o whisky, ou menos naturais como os sucos em pó.

Ele herdara a loja, mas sem entusiasmo. Jamais consagrou ao seu negócio toda a energia e o tempo que teriam sido necessários, preferindo passar horas em sua oficina mecânica, sua verdadeira paixão. Quando ele assumira a empresa familiar, há mais de 40 anos, ela era uma das mais importantes da região. O negócio do vinho, nesta região agrícola então pobre, localizada nas vizinhanças do rico vinhedo de Champagne, era uma atividade muito próspera: após a guerra havia oito negociantes na região (dois deles no mesmo município). Hoje eles são só dois, e, na véspera da aposentadoria, ele descobre – o que todo mundo sabia há tempo – que está praticamente quebrado. Há muitos anos que ele só conseguia se manter "comendo seu capital", e vivendo das economias pessoais de sua mulher (que o pressiona, tanto quanto pode, a se aposentar). Enquanto que na juventude rodava num Hotchkiss, luxuoso carro de marca comprado por seu pai, hoje anda num velho Citroën 2CV caindo aos pedaços.

A queda deste caçula de uma família de quatro filhos começou na juventude já que, apesar das incitações de seus pais, ele se recusara a terminar o colegial, casando-se pouco antes de assumir a empresa, com a filha de uma família de operários do mesmo município. Mesmo com todo o seu apoio, a sua mulher não tinha condição de contribuir com o capital econômico e a competência (ela não tinha nenhum estudo), necessários para operar com sucesso transformações radicais e ajudá-lo a manter uma atividade comercial num setor muito sacudido pela modificação dos hábitos de consumo, e pela concorrência dos supermercados. Não foi o que aconteceu com seu irmão mais velho, que também assumira um negócio de vinhos numa pequena cidade a trinta quilômetros da empresa da família, e conseguira escapar à decadência, casando-se com a filha de uma rica família de fazendeiros da região. Sua irmã também tinha dado certo socialmente; após ter feito o colegial (o que era raro para as mulheres da época), ela conseguira um "bom casamento" com um antiquário de boa família da burguesia de Lyon (o último casamento importante, desta pequena cidade, que ficou na memória de muita gente). Sua ascensão, simbolizada entre outras coisas pela casa de campo bastante luxuosa que ela pôde comprar no Midi, tornava insuportável para Pierre, que ela via com frequência, especialmente durante as férias, a consciência de sua própria decadência social.

Tudo isto não impede que a queda de Pierre seja antes de tudo aquela de toda uma profissão, e de uma forma de comércio. O comércio do vinho, fortemente ligado à vida tradicional do campo, foi atingido em cheio pelo impacto da maioria das grandes transformações, econômicas e culturais, do pós-guerra. As consequências diretas neste caso foram o desaparecimento quase total dos antigos modos de vida e, ao mesmo tempo, desta profissão na sua forma antiga. O êxodo rural reduziu progressivamente a clientela dos numerosos cafés-restaurantes do interior, sendo esta evolução reforçada por uma volta mais geral aos valores familiares. A atividade deste tipo de comércio foi fortemente afetada, acabando com a maioria dos lojistas. As festas da comunidade, que representam uma das poucas ocasiões de festejo que restam a um grupo cada vez mais disperso, são atualmente um dos raros momentos fortes, econômica e socialmente, dos negócios deste tipo que ainda existem. Durante muito tempo estas festas locais mascararam para Pierre sua queda, pelo menos em parte, nas raras ocasiões em que podia ainda se sentir indispensável, e mesmo insubstituível. Nesses momentos ele era capaz de gastar seu tempo e sua energia sem fazer economias, fornecendo bebidas, emprestando mesas e bancos (que na sua contabilidade definia como "ornamentos de festas", o que lhe acarretou um pequeno conflito com o fisco), etc.

O comércio do vinho, da mesma forma que o varejo em geral, tivera de enfrentar uma concorrência econômica nova e particularmente forte. Pois os novos circuitos de distribuição que se desenvolveram nos anos 1970, essencialmente as redes de supermercados (só na cidade de Pierre surgiram três em 1992), tomaram conta da individualização crescente do consumo de bebidas. Pierre acusa violentamente as grandes redes que praticam, do seu ponto de vista, uma concorrência desleal. Critica a incompetência dos vendedores, e os métodos de gestão que não se baseiam na gestão honesta tipo bom pai de família, mas na "trapaça financeira" ("não são mais negociantes, são financistas"). A súbita intrusão do capitalismo financeiro no sistema de distribuição, e o processo de autonomia da lógica econômica e financeira que isto acarretou, só podiam chocar-se contra os valores morais estreitamente ligados ao comércio rural tradicional. Ele retoma quase naturalmente os antigos temas antissemitas sobre o capitalismo financeiro, ou a denúncia, na lógica do bode expiatório, das seitas maçônicas que agiriam até no meio político.

Pierre encarna perfeitamente o comerciante rural tradicional. Tem orgulho de pertencer a uma família de comerciantes instalados na comunidade há mais de um século. Os supermercados que estão distribuídos num raio de vários quilômetros têm gerentes que mudam constantemente. Pierre sempre ocupou o mesmo galpão nos fundos de um pátio, e tem uma clientela exclusivamente local. A mercadoria fica empilhada numa bagunça total. Ele tem sempre o andar lento e regular daquele que nunca tem pressa. O tempo para ele não conta, já que não custa nada, nem o dele nem o de seus clientes que muitas vezes devem aguardar para serem atendidos. Ele nunca desvencilhou completamente a atividade comercial, que exerce, das relações pessoais que mantém com seus clientes. Ele demora para enviar as notas e eles demoram ainda mais para pagar, sem que ele nem pense em se queixar, fazendo assim crédito de graça, e deixando à mulher a tarefa de fazer o necessário para cobrar quando os clientes abusam. Enfim, ele gosta do sigilo na gestão da empresa, que não usa para esconder operações duvidosas, mas só para deixar pairar um pouco de mistério sobre o que ele ganha. Em poucas palavras, ele se solidariza com um tipo de comércio que está acabando, achando sempre uma boa desculpa para adiar o prazo da aposentadoria, mesmo que sua mulher o pressione a se aposentar.

Pierre irrita-se contra o Estado que, além de pagar com o dinheiro dos impostos os funcionários públicos, que julga inúteis e em número excessivo, pratica uma redistribuição que acha abusiva: [antigamente] "não se dava ao RMI, não se dava isto, não se dava aquilo. Esbanja-se dinheiro no social, dinheiro demais". Pierre só conhece o que poderia se chamar de "Estado mau", aquele que leva os comerciantes à falência com encargos sociais pesados e surrupia os bons cidadãos com taxas, aquele que faz "propaganda" contra o vinho, mesmo recomendado por Pasteur, ele esclarece; ou ainda, que persegue o contribuinte honesto com suas inúmeras regulamentações, rigidamente aplicadas. A mesma intransigência moral que levou o seu comércio à falência, o leva a conflitos perdidos desde o começo com a administração fiscal, o que só pode reforçar seu ressentimento e ódio do Estado, dos políticos e das burocracias. Ele vê como um símbolo o fato de o ministério das Finanças, em Paris, ter se instalado em Bercy, no antigo mercado de vinhos. Mesmo que muitas modificações do comércio de bebidas nada tenham a ver com a ação voluntarista dos políticos, é uma grande tentação para aqueles que são suas vítimas atribuir a responsabilidade de todas as desgraças ao Estado e aos políticos.

Muito integrado à vida local, e por isso mesmo refém das rotinas e dos valores tradicionais, ele sofreu sem realmente entender as transformações que afetaram sua profissão e a sociedade rural. Ele recusou, por exemplo, uma sociedade com outro comerciante da região para a compra de vinho em grandes quantidades aos produtores, porque não queria que seu nome desaparecesse das transações comerciais. Ele nunca foi capaz de prever as mudanças – mas isso ele nega repetindo que "tudo isso era previsível". Ele transforma assim numa escolha do passado a sua incapacidade de mudar e de tomar as decisões indispensáveis para se manter nesse setor. Ainda hoje fala vagamente das mudanças passadas, e a única estratégia que lhe ocorre, "se fosse fazer tudo de novo", é sempre, e antes de tudo, não fazer nada. Sua impotência não quer dizer que ele não esteja lúcido, já que conhece bem os mecanismos econômicos que têm destroçado seu comércio (na entrevista temos cortado bastante suas análises, muitas vezes excessivamente técnicas). Ele não precisa entender o que acontece, pois ele já sabe. O fato é que tudo o leva a rejeitar essas transformações e o arrasta para uma ruína que ele sabe inevitável.

A sua aldeia se transforma e fica irreconhecível, ao ponto dele não se sentir mais em casa. Ele se sente invadido pelos estrangeiros, nos quais ele enxerga a razão da sua desgraça (ele só conhece os imigrantes, contra quem ele se revolta, através dos noticiários da televisão). Ele põe fé na manutenção dessas fronteiras, que protegem e tranquilizam. Está a favor do restabelecimento das barreiras materiais, e lamenta, por exemplo, a destruição do "muro de Berlim" que, conforme seus receios, vai deixar a porta aberta para os russos, e posteriormente o "perigo amarelo", invadirem a Europa. Está a favor da restauração das barreiras morais: ao mesmo tempo que denuncia os direitos cada vez maiores que são reivindicados, ele acha que seria melhor lembrar os deveres e as obrigações, as únicas coisas que, conforme acredita, colocam limites razoáveis às aspirações.

A violência das suas declarações é proporcional à violência social, especialmente política e econômica, que ele tem que aguentar, e que o destruiu dia após dia: a ele, e à mulher também. O casal esteve várias vezes ao ponto de se separar. Fechado na condição de homem viril e dominador, que sabe de tudo e não tem nada a aprender das mulheres ("as mulheres não entendem nada", diz ele na entrevista depois que sua esposa apareceu rapidamente), ele não soube ouvir o que sua mulher já lhe dizia há muito tempo ("ele é cabeçudo demais", diz ela constantemente). Assim, ele teve que fazer frente sozinho a uma crise que ia além das suas possibilidades. Nesta pequena sociedade rural onde todos estão a par de tudo, ele se limitou a deplorar as raras medidas que foram tomadas em favor do comércio, comparando-as com os vultosos incentivos que foram outorgados aos agricultores, para que se modernizem. Claro que ele achava que "fizeram tudo" para que o pequeno comerciante "se ferre e vá embora", e que "só lhe restava a corda para se enforcar".

Com um comerciante rural

– Entrevista de Patrick Champagne

"Fomos assassinados."

– Quando você abriu sua loja [no começo dos anos 1950], o comércio de vinho lhe parecia interessante, viável, como aconteceu? E quando foi que você começou a achar que não dava mais?

Pierre – Foi muito bom no começo. Era uma profissão que rendia. Então fizeram uma política contra o vinho, contra o alcoolismo. A política contra o consumo de álcool foi contra o vinho, e não contra o whisky, ou outras bebidas alcoólicas, ou o Ricard. E, além disso, pintaram o francês como um alcoólatra inveterado, sem levar em consideração o alcoólatra russo, americano, com o whisky e a cerveja. Nunca nenhum prognóstico de alcoolismo levou em conta o consumo de cerveja, de modo que a França é considerada o país mais alcoólatra do mundo. Se tivessem incluído o consumo de cerveja, aí já não estaríamos pior do que os outros, não seríamos mais viciados do que os outros!

– Você quer dizer que o comércio tem piorado com as campanhas contra o alcoolismo, sob o governo de Mendès?

Pierre – Ah! Mendès France! Aquela foi uma grande besteira, começou a fazer uma fábrica de leite na região de Tournus. Eu vi construir a fábrica em 1956. O leite era distribuído nas escolas e no exército, e a coisa não deu certo. A fábrica que ele construiu lá era claramente uma utopia com segundas intenções, já que a região de Saône e Loire não conseguia produzir para abastecer a fábrica. O leite fresco que chegava à fábrica descia tanto das Ardenas quanto de todas as regiões onde havia vacas leiteiras. Então o leite fresco que chegava à fábrica já estava há três dias nos tanques, já não era mais leite fresco. Em seguida baixaram um projeto de lei proibindo a venda de leite fresco de granja, em cidades de menos de 3.000 habitantes. Hoje todo mundo bebe leite desnatado ou semidesnatado, mesmo que sabemos que ninguém nunca morreu por tomar um bom leite natural, saindo de teta da vaca. E mesmo assim nunca teve tanto colesterol quanto agora. Aliás, hoje não tem mais vacas leiteiras no pedaço. Não tem mais, porque com os acordos da Comunidade Europeia havia leite demais... Vendíamos leite em pó para a Itália para criar os bezerros franceses. Com um incentivo à exportação! E quando se fala de incentivo, quer dizer trambique e corrupção do pessoal que está no miolo das transações.

Acabou, a França está à beira da falência

– Você poderia dizer a partir de quando seu negócio começou a degradar-se?

Pierre – Oh! Dá para saber, sim. Era previsível. Um bom militar é um político ruim, não é? Um bom político é um economista ruim. O "mar de lama" em que a gente se encontra atualmente – digo "mar de lama" porque não estamos sós, é para tudo o mundo igual. E além disso, a gente não tem que tomar como referência os outros países, tem que ver o que acontece na França. Era fácil demais falar "fechamos as siderúrgicas, vale mais a pena comprar o ferro lá fora do que produzi-lo aqui, porque fica muito caro". É um raciocínio ingênuo. Não é uma questão de política de direita ou de esquerda, é uma questão de indivíduos que tomaram decisões. Fabricaram desempregados, ainda temos o minério, mas não sabemos mais explorá-lo. Fabricaram tudo isso, e hoje estamos aí a não fazer mais nada, a pagar do nosso bolso para comprar dos outros. A questão é saber se queremos ou não trabalhar.

– *Mas quando você acha que seu negócio...?*

Pierre – Bom, então, o meu negócio é o seguinte, é muito simples, evoluiu numa certa direção, como qualquer evolução, bem normal. Só que os nossos economistas calcularam mal, e num sistema onde eles são bajulados, às custas do resto que vai para o brejo. Que já foi, aliás: não está afundando, acabou, a França está à falência atualmente, terá que ir lá pedir à Europa para que tome conta dela, já que é incapaz de cuidar de si mesma. E de qualquer forma não dá para dar um jeito. Precisaria de uns dez anos, se tudo der certo e se todo mundo começa de novo a trabalhar, para restabelecer a situação – e de qualquer forma não acredito nisso. Tudo o que aconteceu podia ser previsto. Aqueles que não anteciparam esta situação, são aqueles que deveriam ser fuzilados. Porque sabiam o que ia acontecer..., ou talvez não prestaram atenção no que eles diziam, pode ser também. Talvez deram um sinal de alarme, e talvez disseram, "oh chega, são uns velhos doidos, uns retrógrados, o futuro é..." O futuro deve ser assim mesmo, não deve ser colocado alto demais, se for colocado muito alto, estamos à beira da queda. De fato o colocamos muito alto e agora estamos quebrando a cara. Olha, é muito simples.

– *E você, quando foi que isso repercutiu no seu negócio?*

Pierre – Bom, o nosso negócio foi atacado – estou falando atacado mesmo – pelo vinho. Fizeram com que as pessoas ficassem com vergonha de tomar vinho.

– *E quando foi isso?*

Pierre – Ah! Tem dois sistemas. Um sistema propaganda que dá resultados. Quem diz propaganda, diz publicidade. Fizeram pressão para uma política baseada nos sucos, não aqueles sucos naturais feitos na hora, mas tirados de frutas que foram secadas, que se tornaram pó, liofilizadas, às quais acrescentam água, e que ingerimos assim mesmo; você põe numa jarra, depois de três dias você dá uma olhada no microscópio, é um caldo de cultura. Tá certo, é muito bom para os intestinos, para aqueles que não funcionam muito bem desse lado, serve mesmo! Agora, de natural não tem nada. Quando você pega um fruto, você espreme, põe num copo, aí está tomando algo natural. Quando você toma um pó com um pouco de água... enquanto o pessoal toma este tipo de porcarias, bom, não vão tomar outra coisa, tipo vinho de mesa. Afastaram as pessoas do vinho, tratando todo mundo de alcoólatra. Depois se deram conta do erro, e em 1978 Giscard d'Estaing tomou a decisão de fazer publicidade para o vinho [...] Somos obrigados a pagar um imposto de um centavo para financiar a publicidade relançando o vinho, depois que ficaram durante vinte anos a dar em cima do vinho, que era só álcool e bebedeira nojenta! É tudo falso. É só você dar uma olhada nos documentos de Pasteur, o vinho faz parte da alimentação. É como em qualquer coisa, se você exagera com o whisky, você vai ficar bêbado, se você toma vinho demais, você vai ficar bêbado, mas não é por isso que a gente é alcoólico. [...] E depois, mudaram o sistema de distribuição. A mudança fez com que as pessoas não fossem mais nos botecos para ficar de porre. O boteco acabou. Se você tem um boteco hoje em dia, você compra as bebidas sem impostos, e multiplica o preço por três. Não tem outro jeito, porque você paga impostos para três vezes o preço sem impostos. Assim, as pessoas vão ao supermercado, e compram bebidas alcoólicas mais barato ainda que nos próprios produtores, que seja whisky ou Ricard. Nisso também há uma irregularidade grosseira e vergonhosa. Podem dizer que compram no atacado, isso ou aquilo, mas é falso. [...] Você pode me explicar como conseguem vender quantidades de whisky a preços tão baixos?

– *E você, sabe explicar como eles conseguem?*

Pierre – Como conseguem? Bom, acho que ainda há uma lei de antes de 1968, antes da aplicação da sobretaxa TVA [*Ele tenta me explicar a "Lei do Para-choques", uma legislação fiscal tão complexa que nem os deputados, diz ele, a conhecem bem*]. Enfim, quero dizer que há um pessoal aí que produziram leis sem nem saber direito como aplicá-las, e ainda hoje não sabem. [...] Os supermercados não pagam suas sobretaxas à Prefeitura, pagam diretamente ao ministério da Fazenda, onde ninguém sabe quanto pagam. [...] Se os supermercados têm impostos menores que o comércio tradicional, estamos fodidos, e além disso... o assalariado também está, porque não compra tudo nos supermercados. Enfim, hoje em dia compra quase tudo nos supermercados, mas uns quinze anos atrás – porque tudo isso é de 15 ou 20 anos atrás, em 1968 – os primeiros supermercados começaram a se espalhar em 1968... 1969 ou 1970. É assim mesmo que me dei conta do trambique dos 20% da TVA.

[...]

Para mim os supermercados são "revendas de importados"

– *Então, para você, foi depois de 1968...*

Pierre – Depois de 1968, foi uma droga. Foi uma droga com a generalização da TVA. Por um lado os municípios perderam seus impostos locais. As prefeituras nunca mais recobraram seus benefícios. Além disso, no campo todos os pequenos comerciantes são obrigados a fugir, porque depois de 1972 ou 1973 o seguro obrigatório da Seguridade Social exigiu demais em impostos dos comerciantes e pequenos comerciantes. Uma pequena padaria, uma pequena drogaria, um pequeno açougue no interior, tinham encargos tão altos que não tinham como sobreviver. Podiam trabalhar 10 ou 12 horas por dia – e muitas vezes a mulher trabalhava junto –, e quando acabava de pagar tudo o que devia, não sobrava nem um salário decente para os dois. [...] Bom. Enfim, isso fez despencar tudo, e aí tudo sumiu. Quando depois de alguns anos começaram a erguer supermercados, os pequenos comerciantes ficaram mais apertados ainda, seja pela idade, seja pela falta de negócios... Numa cidadezinha, você tinha antigamente a pequena padaria, um boteco qualquer..., aquela atividade mínima que fazia que você tivesse o que precisava para comer, aí do lado da sua porta. Agora, você tem que andar quarteirões, ou mudar de bairro, para conseguir achar uma loja. Está tudo longe, vazio. É por isso que criaram um imposto, porque haviam previsto tudo, nossos economistas, que as "revendas de importados" – os supermercados, que para mim não são nada mais que isso – acabariam comendo as lojas pequenas, que não teriam nem condição de revender sua atividade. Assim, as "revendas de importados" pagam um imposto para que os pequenos comerciantes, quando chega a hora da aposentadoria e não tenha mais nada, possa pelo menos conseguir alguma coisa. Por isso digo que estava tudo planejado, que aquele velho tivesse que se estrepar, e ir embora. A mesma coisa aconteceu com o setor das lojas de vinho, estava planejado que acabasse e fechasse. Fizeram toda a propaganda, e a prova disso está em Paris, onde o vinho... sim, porque na realidade, o negócio do vinho, tinha potencial e como, tinha gente atrás, tinha o controle do Estado. Fizeram toda essa política contra o vinho, mas servia também para recuperar grandes terrenos na própria cidade de Paris. É só ver a Halle aux Vins (o mercado de vinhos de Paris), que transformaram na Escola de Medicina [*na realidade, a faculdade de Ciências*]. Você concorda? E aí, empurrando, de Bercy fizeram um conjunto esportivo, e depois até instalaram aí o ministério da Fazenda. Assassinaram uma profissão só para colocar a medicina de um lado, e o ministério da Fazenda do outro lado do Sena. [*Segue falando da medicina agora*] Aliás, a medicina também é um sistema... Você tem os meninos, não sabe o que fazer com eles, os põe para estudar um pouquinho... começa-se por veterinário, aí é mais difícil, porque veterinário tem que saber das coisas; aí se não consegue ser veterinário, pode fazer medicina; [*se não consegue*] medicina, dentista; e se não for dentista pode acabar fisioterapeuta ou eventualmente farmacêutico. [*Os médicos*], são verdadeiras máquinas de assinar, é a Previdência que paga! Estou doente, não tem problema, tem a Previdência... Não é que fosse melhor quando não tinha, só que exageraram bastante. [...] Se a medicina fosse de graça, você teria seu médico, haveria menos médicos em geral, porque só mesmo quem tivesse a vocação, não seriam mais os comerciantes de hoje, e isso pesa muito no sistema social e para conseguir levantar um pouco a produtividade neste país. Pesa muito mesmo.

[*Ele explica que acha injusto o sistema de pagamentos em cotas à Previdência, que "suga seu pouco lucro, sem que com isso consigam cuidar melhor da sua saúde".*]

Não são mais comerciantes, são financistas

– *Tudo bem, existem os encargos, mas você falou também da regulamentação que favorecia os supermercados.*

Pierre – Porque compram em grandes quantidades, eles conseguem preços muito menores. Eu já vi supermercados venderem latas de cerveja em caixas de seis, impostos incluídos, ao preço que eu comprava a cerveja, sem impostos, na própria fábrica!

– *Como que isto é possível, na sua opinião?*

Pierre – Bom, eu perguntei isso na fábrica, mas nunca me deram uma resposta. Dizem que eu compro um tonel, ou cinco tonéis, e que eles compram duas ou três carretas, quatro carretas de cerveja. Numa época, deram até 120 dias para pagar – agora é proibido, voltou para 90 dias de crédito. Mas dá para perceber o volume de grana que isto representa em relação ao que se vende por dia, e o dinheiro vivo que entrou, antes que tenham que pagar a primeira carreta de cerveja, ou de whisky, ou de vinho. Onde vai parar este dinheiro? São empresas grandes, com computadores, vão fazer um pré-balanço em 15 dias, vão saber exatamente quais são os resultados reais da empresa – não são mais comerciantes, são financistas. É aí que está o trambique financeiro. Já não é mais questão de negócio contra negócio; a lei comercial, não roubar o cliente. O lucro do comerciante é equilibrar seu negócio, e o que sobra, é para o serviço prestado ao cliente, pelo abastecimento, etc. Os supermercados não têm nada a ver com comércio. Eles estão nas finanças... Antigamente isto era chamado de trambique: o produto vendido três vezes antes de ser pago.

[*Pierre dá o exemplo de uma grande firma de vinhos, que modernizou-se para atender os supermercados e que não aguentou os preços que exigiam.*]

Eles [*os supermercados*] já têm o dinheiro no caixa, antes mesmo de ter pago o fornecedor! Eles comem seus fornecedores. [...] Depois de quatro anos, o supermercado havia tomado tudo, as vinhas, o castelo: aquela firma [*de vinhos*] já estava tão pobre que tiveram que vender tudo a um cara de Londres, que havia comprado antes uma fazenda de vinho na região de Bordeaux. É assim que se fabrica desemprego: lá agora só restam dois ou três empregados. As colheitas são estocadas nos tanques, com caminhões-tanques levam o vinho *beaujolais*, o engarrafam lá em Bordeaux, o embarcam nos navios e parte para o estrangeiro, acabou. Os franceses conseguiram o que eles mereciam, e a empresa francesa foi comida, desapareceu. Uma empresa francesa sumiu, passou na mão dos estrangeiros. Por quê? Porque tentou a jogada dos supermercados.

O capitalismo financeiro é que nem proxenetismo

– Quem que está atrás dessas medidas em favor dos supermercados?

Pierre – É através da política, dos políticos, por baixo do pano...

– Quem quer isto?

Pierre – O sistema financeiro! É isso mesmo, todo o trambique das finanças. É aquele mundo mesmo. Você tem seitas aí. As seitas religiosas, vamos deixar por aí. O catolicismo não pesa, eles rezam; os protestantes, a mesma coisa. Por outro lado, você tem seitas que são sólidas mesmo, por um lado os judeus, e do outro a maçonaria. São unidos e têm suas redes no ambiente político e nas finanças, e tudo é dirigido a partir das finanças. O sistema capitalista por si é bom. Mas o capitalismo financeiro é que nem proxenetismo. Nós, empresas, mesmo pequenos comerciantes, se na indústria e no comércio tivessem dado para a gente, trinta anos atrás, os benefícios financeiros de créditos com juros abaixo de 10%, estaríamos bem agora. A nossa empresa existia há 30 anos, há 50 anos, até mesmo há 100 anos, já que meus avós já estavam no setor, enfim digamos que existe desde o começo do século. Está tudo por fazer. Se tivessem dado para a gente a possibilidade de equipar-se, de modernizar-se, com as mudanças no tempo... Começamos a distribuição com os tonéis de madeira e depois passamos ao litro, tivemos que investir em caixas, garrafas, máquinas para lavar o vidro, e assim por diante. Faz parte da evolução.

[...]

Hoje em dia, os bancos nos roubam. Quando você desce abaixo do limite, são 18%. A quanto devo vender o produto para cobrir a multa de 18%? E quando você tem um mínimo de lucro, o Estado baixa com o imposto de renda! Assim o que resta? A corda para se enforcar, é assim que tudo acaba. Nada presta. Você vê, está tudo ligado. Bom, durante a guerra, o velho Pétain, que era raposa velha – ainda bem que tivemos ele, porque senão os alemães teriam levado muito mais gente, e até teriam obrigado os franceses a vestir o uniforme de força. Os voluntários foram, mas os voluntários, o problema é deles –, Hitler respeitava Pétain, era um velho da Primeira Guerra, e era um velho durão. Aliás, eu acho De Gaulle um desertor em 1940, da mesma forma que Thorez, e como muitos outros que estavam na Inglaterra, e que decidiram ficar lá.

[*Pierre evoca a modernização da agricultura da região. Acaba denunciando os lucros que alguns tiraram dos empréstimos, investindo em fundos especulativos as ajudas estatais ao campo. Constata, com amargura, que os agricultores, que antigamente eram pobres, agora estão ricos (isto é, mais ricos que ele), apesar deles trabalharem como funcionários estatais "120, ou 150, dias por ano, mais ou menos como os professores das escolas... esperam a colheita crescer!"*]

Eu sempre disse, a vergonha do capitalismo financeiro é de criar inflação, que embaça tudo, e isto veio bem antes 1968. Já antes era difícil de se virar. O velho De Gaulle foi enganado pelos *pieds-noirs [os franceses refugiados da independência da Argélia]*, quando os chamou de volta em 1962, já não mandava mais nada depois de 1965. Porque, veja bem, os *pieds-noirs*, eram colonizadores que estavam acostumados a explorar os árabes. [...] Aquele pessoal, depois de alguns anos, já estavam infiltrados em todos os serviços – que nem a maçonaria –, instalados na política, nas finanças, e em todos os ambientes. E introduziram aí parte dos seus sistemas, seus métodos de exploração dos árabes. Aliás, foram eles que chamaram aqui os árabes para limpar seus sapatos, os pais eles tinham como empregados domésticos que chamaram os filhos, a França de fato precisava de mão de obra barata, naquela época. Deveriam tê-los chamado com uma forma de contrato limitado. Bom, de qualquer forma, são os cafetões do banco que acabaram com a gente. Os encargos sociais pesavam demais, e os bancos atrás, associados no negócio. O Estado acabou sendo sócio das empresas, com esta história de TVA. Enquanto tivemos fronteiras, o sistema interno funcionava, mas desde que começaram a fazer a Europa, nosso sistema econômico não aguenta. Então, o que temos é um sistema econômico que foi revirado por um sistema *pieds-noirs*, de exploração da mão de obra barata. Mudaram novamente o sistema deste país.

[...]

Você acha que pode durar muito ainda? Quanta gente vai ter a grana para pagar tudo isso? Não tem mais tanta gente assim para bancar a coisa. As lojas, não tem uma que dê certo, não funcionam, dá para ver! Só aqui tem três ou quatro botecos à venda. Estão vendendo um hotel-restaurante, e ninguém compra.

– *E você, em quanto está avaliando o seu negócio, já que o problema existe para você também?*

Pierre – O preço de uma loja é 10% da receita anual fora as taxas.

– *O que isto representa hoje?*

Pierre – 15 milhões. E ninguém quer.

– *Ninguém quer por 15 milhões?*

Pierre – Tive um interessado, um trambiqueiro. Eu fui honesto demais. Vieram com um casal novinho, acho que iam tirar uns 10 ou 15 milhões deles, iam abrir um crédito para que pudessem comprar a loja...

– *Queriam seguir com a loja?*

Pierre – Queriam sim, era um casal de 35 anos. O cara ia cuidar do balcão, e a mulher do escritório, mas exigiam que tivessem uns 60 ou 80 fregueses por dia. Não dá. Eu conheço o negócio. Se for um dia bom, você tem 35, e no verão, quando os dias são mais compridos e você demora para fechar à noite, pode chegar a 45. Eles tinham prometido a eles que ganhariam um milhão e meio por mês, com 60 ou 80 fregueses.

– *E você falou que não dava?*

Pierre – Eu disse, "para mim está bem, mas honestamente não vão chegar a isso não". Esse pessoal vinha do setor dos sapatos, sapato que vende por quilo, sem problemas. Quando o intermediário comercial viu que eu falava com franqueza, e que contava a verdade, ele insistiu: "É só preencher aqui". Mas não preencheram nada. Se não tivesse falado nada, conseguia a assinatura de um e do outro, bom, eu ficava com 20 milhões no bolso e pronto. [...]

Não tem mais nada a ver com comércio

– O que domina hoje em dia é a distribuição, os supermercados?

Pierre – Os supermercados! [...] Tem uma lei, a lei Royer. Rebaixaram Royer, riam dele na época, achando que não era sério, isso e aquilo. Era um cara honesto, e defendia o comércio. Era um homem... um homem legal. Os outros gozavam da cara dele, porque estavam a serviço dos bancos, dos cafetões do sistema, que viam tudo numa outra ótica. [...] Os supermercados sempre fizeram o que queriam! Quando votam contra nas prefeituras, vão até o ministério, aí tem o colega da maçonaria, ou do partido, de direita ou de esquerda, dá na mesma. Para mim são todos a mesma coisa, não vejo diferença, o sistema econômico é apolítico; não tem essa de "socialistas", ou "de direita" ou "de esquerda", não é verdade! O sistema econômico é uma gestão de empresa. Quando você coloca num ministério gente que fizeram doutorado e mestrado [*falsamente deferente*], aí tudo bem, mas esse pessoal sabe mesmo ler um balanço? Eu tenho um deputado, fui eu que fiz os cálculos do imposto de renda para ele. Todos os supermercados representam um potencial de compra, de finanças, dinheiro vivo que chega aos bancos. [...] Então não tem mais nada a ver com comércio.

[...]

Para a gente, não tem mais jeito, acabaram com a gente. Os supermercados nos assassinaram. Falei para meu contador, uns cinco anos atrás: "Você vai ver o que irá acontecer na Europa. Se eu estivesse com 35 anos, fechava o negócio, dava uma ajeitada no material, e quando tiverem feito a Europa – enfim, feito, quero dizer soldada, funcionando – aí sim, dois ou três anos depois eu abria de novo, e trabalhava de novo. Mas até aí... só estamos cada vez mais indo pro brejo, sem saída. Mas não vamos falar de política, porque...

[Pierre conta que aceitara alunos de uma escola agrícola da região para estágio, mas recusara-se a mostrar o balanço da empresa, porque tinha certeza que aquelas informações sobre o estado de saúde do negócio seriam usadas como arma contra ele, e contra o pequeno comércio em geral. "Disse para eles: 'Não vou dizer que seus alunos são espiões, mas com a informática dá perfeitamente para saber tudo o que acontece numa região, em todas as profissões. Desde o vendedor de vinhos à loja de calçados, do vendedor de amendoim até a loja de roupas, e disso e daquilo'".]

Ter direitos, tudo bem, mas tem que ter deveres

Pierre – E nosso idiota de Mitterrand, com seus cartazes de direitos humanos, vamos fazer bagunça em todos os países do mundo, é uma merda! Os direitos humanos são necessários. Os direitos da mulher, os diretos da criança! Cadê os deveres? Que se tenham direitos, tudo bem, mas tem que ter deveres e obrigações, e tem que ter barreiras em alguns pontos, dizendo "a liberdade dos indivíduos começa onde termina a dos outros". E se fossem aplicar isso aí, o mundo seria vivível, e teria um bom entendimento geral. Mas desde que o que reina é o "sai daí que quero teu lugar, te empurro e depois vou ocupar teu espaço, e não quero saber", é o começo da anarquia. Bom, então esse negócio de direitos humanos, Gorbatchev quis dar a liberdade, mas não estão acostumados a ter liberdade de um dia para o outro. Se você está doente, tem que respirar com oxigênio porque está mal, e de repente te dizem: "Sarou", e tiram o seu oxigênio, e põem você na rua, você vai correr... e sufocar, não vai aguentar, precisa de uma transição.

[...]

Aí encontramos de novo o trambique, o trambique comercial, financeiro, o comércio-trambique, não o comércio comercial honesto. Quando os alemães do Leste produziam vacas, era para os russos comerem. De repente, com as leis europeias, disseram em Bruxelas que aquelas vacas, enfim, todos os trambiqueiros puderam comprar vacas a preço de banana. Assim os russos ficaram morrendo de fome, que precisavam daquilo para seu equilíbrio econômico, e ficaram morrendo de fome os criadores daqui, que tinham suas vacas e não podiam mais vendê-las. Então, o que é todo esse povo aí? É tudo um montão de ladrões.

– *Tem que se dizer que o problema da União Soviética é bastante complicado...*

Pierre – O que eu acho que é a besteira dos franceses, de todo esse pessoal de 1989, dos direitos humanos, da liberdade, disso e daquilo... Deve haver liberdade sim, não quero a ditadura, mas uma liberdade, apesar de tudo, limitada! Não há como dar pão branco a todo mundo, não se pode dar férias a todo mundo, vamos parar de sonhar, isso nunca existiu, de onde que tirariam a grana para isso? Quando acabar com toda uma categoria de gente, onde irão buscar o resto? É aí que o nosso sistema econômico e social não presta mais. Além disso, temos estrangeiros aqui, que estão a cargo do país, que estão desempregados... então, se têm uma identidade de estrangeiros, e não há mais trabalho para eles, que lhes deem alguma coisa, que voltem para seu país com um capital, e aí poderão comprar uma vaca, um porco, e farão sua criação na casa deles. [...] Mas o problema, de que ninguém fala, e que os americanos haviam previsto, é que dividindo a Rússia como fizeram, a estão enfraquecendo, até do ponto de vista técnico, já que apesar de tudo foram os primeiros a ir para o cosmo. Bom, o caso mais grave no ano 2000, vai ser a China, porque a Rússia é o escudo para a Europa contra a invasão chinesa, e se a Rússia está dividida, vai ser fácil para os chineses. É o perigo amarelo. Os russos, no ano 2000, se juntarão aos chineses, para fazer pressão sobre o continente.

– *Você quer dizer que não existe atualmente um político que preste, que...*

Pierre – ... que tenha a coragem de bater na mesa, para dizer "chega de brincadeiras, temos que trabalhar, e começar tudo de novo", é isso que você quer dizer?

– *Não sei, sou eu que pergunto como você vê as coisas.*

Pierre – Bom, eu acho que para ajeitar a situação econômica, a primeira coisa é [baixar] os juros, para melhorar a situação bancária de todas as empresas. Todas estão mais ou menos endividadas, e os bancos as chantageiam. Essa história de cartão, para conseguir dinheiro, você acha normal? Não tem um montão de funcionários nos guichês e nos caixas? É um pessoal que atribuem a si mesmos 17 salários por ano, pagos demais... E à véspera de um feriado, nem trabalham! [...] Pode ser a técnica moderna, mas eu sou contra esta história de cartão: quando não há mais dinheiro nos bancos 24 horas, as pessoas ficam sem nada! Eu nunca tive um, e não quero. Tenho meu talão de cheques, se precisar tiro um, se preciso de dinheiro, vou para o banco. O banco automático é só para os bancários, para que folguem mais, e os outros que trabalhem. É a mesma coisa que nos supermercados: a gente tem que se servir sozinho, tem apenas dois ou três empregados que põem as mercadorias nas prateleiras, e é só passar no caixa, é só a moça no caixa que trabalha mesmo. Isso cria desemprego, os supermercados, em vez de criar empregos, os reduzem. E por que não se criam novos empregos? [*É porque*] fizeram estas leis sociais. Quando você contratava alguém, não tinha mais como demiti-lo [...], e você tinha que abrir seu talão de cheques, e pagar mais. Foram longe demais neste sistema, teria que voltar atrás. Não é questão de ser retrógrado. Então, primeira coisa, os bancos são caros demais, cobram juros e ágio exagerados para qualquer empresa que quer tentar crescer. Um jovem que quer equipar-se é estrangulado desde já. Encargos muito pesados, tem o imposto, a taxa profissional. Se você trabalha sozinho, com sua faca, aí não te cobram nada! Mas desde que você começa a se equipar um furgão, um conjunto de engarrafamento, uma máquina de lavagem, aí começam a calcular os impostos sobre teu material. [...]

– *Então, a primeira solução que você sugere são os bancos, e segundo...*

Pierre – Segundo, os encargos sociais são mal estipulados. Para aliviar os encargos, a primeira coisa a fazer: a medicina gratuita. Abolindo todos esses parasitas da Previdência social [...]

Não são as leis que fazem falta, é a lógica

Pierre – Você vê, todo ano tenho que fazer declarações para a Previdência e a Fazenda, às vezes é demais. Aqui está o que recebemos [*me mostra uns formulários*], é a declaração que é feita todos os anos para os salários. É preciso preencher para o computador até 31 de janeiro. Em 1991, eu fiz tudo certinho, tenho cópia, mandei no dia 23 de janeiro. No dia primeiro de março, recebo uma carta registrada da Previdência, dizendo que receberam os formulários com atraso, e que pelo artigo tal e tal – veja bem, não havia nada para pagar, era só a declaração de todos os salários pagos, para a aposentadoria – havia uma multa de 400 francos. Eu disse: "Essa é a melhor!" [...] Pego minha cópia, vou vê-los, e peço explicações. "Quero ver o envelope com o selo do correio, eu quero saber, não fui eu que postei a data", digo eu. "Não dá, não guardamos o envelope". "Então, que provas tenho?" "O senhor tem que confiar na gente". "Não concordo não, vocês deveriam ter me avisado uns dias depois, não mais de um mês depois". No final de maio recebo uma notificação que diz que eu paguei, dois anos atrás, cotas demais da Previdência, vão me reembolsar dois anos depois, dizendo: "fizemos nossos cálculos e estamos devendo ao senhor 3.200 francos, que enviaremos por cheque a 31 outubro de 1991". [...] Em 31 de outubro, nada. Em novembro, também nada. Por volta do 10 de dezembro, vou para a cidade, e digo para eles: "e aí, o cheque que vocês deviam enviar?" "Ah é! De fato, vamos mandar, mas teremos que reter 400 francos para a multa". Aí eu digo: "mas não é o mesmo processo, como é que descobriram?..." "No computador!" Digo eu: "Pode ser que estejam no computador, mas não são o mesmo processo, são duas histórias que não têm nada a ver". "Lhe enviaremos um

465

cheque". Chegou um cheque de 2.800 francos, me roubaram meus 400 francos. É desonesto. Eu disse: se precisam encher os cofres com golpes de 400 francos sobre fulano e beltrano...

– *E você não tem notícias do seu recurso?*

Pierre – Vou esperar um mês ainda. Mas pode crer, se não tiver novidades, vou mandar a minha carteira eleitoral por carta, escrevendo que enquanto tiver administrações desonestas, não precisam do meu voto! Se não me consideram um cidadão, então que me vejam como um árabe e um contestador. Eu disse para X: "se você não me vê na hora de votar, é que me surrupiaram meus 400 francos". Não é pela grana, estou me lixando de ir votar no Conselho. E é tudo assim... Não é de leis que precisamos, é de lógica. Através da lógica encontram-se as soluções. Teve uma vez, foi logo depois que Mitterrand se elegeu em 1981, não sei se você lembra, deram uma exoneração de um x por cento. Todos os salários abaixo de 4.200 francos, em lugar de pagar sei lá, 14% de encargos, pagariam, vou chutar, 10%. Uma redução de 4%. Durante uns seis meses fiquei com uns assalariados, todos abaixo da quantia, e depois teve um aumento de salário. Não mandaram uma nota especificando: "cuidado, está passando dos 4.200 francos, queremos lembrar-lhe que..." Tinha um empregado que fez algumas horas a mais, e o que ele recebeu passou dos 4.200 francos. Mas veja bem, devia ser algo em volta de 4.208 francos e 20 centavos, 8 francos a mais. O ano seguinte vem o inspetor da Previdência, e leva todos os livros contábeis. Grande negócio! Eram 8 a mais para esse cara. Eu dizia: "por 8,20 francos, tanto faz". "O que é isso! ele diz, são 4% a mais". Fez a conta, dava 160 francos, mas como chegou com um ano ou dois de atraso, aí com os juros... "Pode ser a lei, mas se coloque no meu lugar", eu dizia. "Há sempre a possibilidade do recurso em justiça, se o senhor acha..." Juntei os papéis, fui recorrer, fui até a cidade, à administração regional. Olham para meus papéis, e dizem: "bom, a gente não pode fazer nada, tem que pedir o parecer do juiz". Fomos ao tribunal, o juiz era uma menina que parecia que acabava de sair do ninho, cheguei com meus papéis para provar que com meus 8,20 francos a mais, se tinha algum problema era de lógica... Não quis advogado nenhum, porque naqueles momentos... Bom, chegando com meus papéis tentei parlamentar, a juíza nem olhou para mim, ela disse: "chega, o próximo!" Eu disse, "mas nem tive tempo de explicar nada". – "Não, não, é assim mesmo. O próximo!" Fui embora revoltado. Aí encontrei no corredor uma espécie de mulher que devia ser a advogada, ou a contadora da Previdência, eu disse para ela, "sabia, vocês estão assassinando as pequenas empresas, vocês me dão nojo!" No final aquela besteira de 8 francos acabou me custando 1.200 francos! Merda! essa que é uma lei? Eu dizia: "essa que é a justiça na França? Que bom, vocês vão ter 1.200 francos na gaveta a mais, estão felizes? Depois, quando as empresas como a minha não existirem mais, vocês irão buscar a grana junto aos supermercados". No final, são pequenos detalhes. Quando há eleições, eu não me incomodo mais. Nem iria votar, mas aqui estamos numa cidadezinha onde todo mundo olha aqueles que foram e que não foram votar. Porque todo esse pessoal, quando é eleito, é a mesma história: "Eu nem ligo, estou aqui por seis anos..." Mas em compensação, para baixar seus salários...

– *É verdade que essas histórias deixam revoltados.*

Pierre – É triste, é gente pequena. Podem ganhar rios de dinheiro, mas para mim, é gente pequena. Acho que são pessoas desprezíveis.

Janeiro de 1992

Louis Pinto

Carreiras destruídas

O fato de ser despedido isola os indivíduos por um tempo indefinido, e faz desmoronar as expectativas: além da diminuição da renda, invalida as aspirações sobre o futuro, que anula ou desvaloriza grande parte das possibilidades criadas com a situação profissional anterior. Perder o emprego, entre outras consequências dolorosas, desmente aquele narcisismo que a própria empresa favorece. Para muitos deles, todo o trabalho e a energia que gastaram, tinham como condição necessária a fé nas esperanças associadas à ideia de "carreira", processo cumulativo de benefícios materiais (salário, prêmios...), e simbólicos (reputação, relações...). Esta convicção justificava uma série de compromissos, tanto no trabalho (posto no interior, no exterior, especialização...), quanto na vida particular (vida de casal, casamento, filhos, diversões, créditos imobiliários...). Ser despedido questiona o conjunto de coisas no qual as pessoas apostavam, desde suas próprias qualidades "individuais" (como o "dinamismo", o zelo, e a lealdade), até as aspirações pro fissionais e particulares. Tornando o futuro incerto, o desemprego obriga a fazer um inventário dos recursos disponíveis, e evidencia, em alguns casos, carências até então reprimidas ou mascaradas. O olhar dos outros, do marido, da mulher, dos amigos, dos vizinhos, pode se tornar quase insuportável, pois deixa transparecer toda a distância que havia, entre a condição atual e as pretensões há longo tempo confirmadas.

 Este tipo de provação pode ter um significado diferente para cada um. A forma de vivenciar estas dificuldades, e, no caso, de dar a volta por cima, depende do capital de cada um. A cada extremo, há aqueles que reúnem todas as propriedades positivas – diplomas valiosos, sexo masculino, juventude... – e, no outro extremo, aqueles aos quais falta tudo. Sendo que a definição de "funcionários" e "dirigentes" aplica-se de forma diferente segundo a definição social de cada época, eles estão sujeitos de forma desigual ao desemprego. Os primeiros a ser atingidos são aqueles que pertencem de forma mais frágil ao grupo, e especialmente aqueles que acederam a um cargo por alguma circunstância favorável, ligada ao patrão ou ao chefe. Esses indivíduos são vítimas dos próprios limites de sua forma de obter o cargo: e isto decorre de seu currículo, como também da aparência exterior, de sua ausência de relações, na competência considerada limitada demais, etc. Eles descobrem assim que a consideração que os cercava, os parabéns dos chefes, e até o título de "executivos" eram sinais de sucesso muito precários.

Sala de espera

Faz dez anos que M. Sapin não consegue um novo trabalho, e ele acabou perdendo a esperança. Aos 51 anos, volúvel e de aparência sólida, está ainda longe da idade da aposentadoria. Ele chegou a ser considerado "alguém da casa" na K., uma grande empresa de águas minerais, onde trabalhou dos 26 aos 43 anos. Ele não tem outra formação a não ser o colégio. Chegou rapidamente a um cargo de confiança, no setor de vendas a nível regional, encarregado dos contatos com as autoridades sanitárias. Ele tinha jeito para as relações públicas. Recusando o rótulo de simples "vendedor" e os contatos com os supermercados, ele insistia em se colocar como interlocutor dos expertos, para trocar assuntos "interessantes". Viajava, encontrava muita gente, tinha "responsabilidades" (nas contratações e na formação). Para explicar por que fora despedido, ele oscila hoje entre uma explicação pelo mercado, que leva as empresas a limitar o número dos funcionários num setor em declínio, e uma explicação ligada à política de contratações, que dá preferência aos "jovens", em detrimento dos funcionários mais antigos.

Não será difícil encontrá-lo por ocasião dos "Dias anuais" organizados por uma associação que defende os desempregados. Afável e disponível, ele parece buscar e aproveitar qualquer ocasião para falar de si mesmo e em segundo lugar de uma ordem social responsável pelo desemprego. Dá para ver que está acostumado a falar em público, já apareceu em televisão. Seu anseio de reconhecimento social emerge na preocupação de não causar indiferença nos seus interlocutores. Sapin vem de uma família modesta, do Norte da França, e ficou órfão muito cedo. Tentou os estudos superiores, que teve que largar depois de um ano; parece condenado a repetir indefinidamente essa experiência originária de relação negativa com o sistema de ensino. Apesar de não ter nenhum diploma, ele acha que tem "o nível". Esta ausência de títulos juridicamente garantidos é a fonte dessa alternância de dúvidas e afirmações, que sempre emergem nas suas declarações: ele se define estudante exemplar, mas "não muito brilhante", afirma ter um diploma de dietética, mas acrescenta que não se formou de verdade, que foi dirigente na firma, mas sem contrato para tanto, etc. Ele carrega a marca do sucesso e do fracasso, e acaba sentindo-se fundamentalmente duplo ("há duas pessoas em mim"). Executivo, ele está desempregado, mas vive de rendas, pois herdou da família e conseguiu acumular um patrimônio de imóveis, que lhe dão uma certa tranquilidade.

Ele se acha quase rico, mas vive obcecado por economia, vive de maneira muito modesta. Ele é espontaneamente "de esquerda", e por isso se vê diferente dos seus vizinhos, proprietários como ele de apartamentos no prédio de luxo onde mora (e tendo proclamado para todos a verdade sobre seu desemprego). "Anticonformista", ele recusa as aparências burguesas: mantém os cabelos bastante compridos e desordenados, e se veste com malha de lã e casaco de couro. A mesma dualidade se repete nas opções políticas: se diz de esquerda, mas é contra os imigrados, as mulheres, os jovens, os professores, etc. O relacionamento com a cultura está também marcado pela exclusão: fala com orgulho dos seus "3.500 livros", insere citações eruditas mais ou menos apropriadas no meio dos seus discursos, se gaba de poder falar "meia hora" sobre um assunto como a Polônia do tempo de Pilsudski, e sonha de ser campeão de algum jogo de perguntas na TV. Interessado pela política, ele está engajado na defesa dos desempregados, com moderação, mas de forma ativa, e é muito prestativo. Longe de não ter o que fazer, parece ter conseguido um jeito de "estar desempregado com sucesso". Sapin aprendeu a renunciar, e fornece com prazer receitas sobre a arte de economizar. No seu estilo de vida "frugal", se pode perceber que ao mesmo tempo ele tenta conciliar de forma criativa suas necessidades às rendas reduzidas, e justificar eticamente o deslocamento da fronteira entre o necessário e o supérfluo.

Esta é a impressão amplamente "positiva" que M. Sapin tenta passar do seu estado. Depois dele ter falado durante quase uma hora, uma moça entra na sala, interrompendo a entrevista. Ela pede a palavra, dizendo que tem absolutamente de acrescentar algumas coisas. Está nervosa: visivelmente sofrendo por sua condição de desempregada, e ela não tem a mesma resignação que Sapin.

A senhora Laurent foi chefe num departamento de recursos humanos, com responsabilidades não reconhecidas de executivo. A "desgraça" que a levou a ser despedida a fez avaliar o que tinha de gratificante a sua antiga posição. Mulher num ambiente especialmente pouco propício às mulheres, ela também não tem diplomas suficientes para não depender da boa vontade daqueles que a poderiam contratar: até na classificação de "especializado" (na avaliação dos departamentos de recursos humanos) emerge a marca desvalida dos diplomas mais recentes emitidos pelo sistema escolar, para acompanhar o crescimento da população escolarizada. Parecendo despertar sobressaltado por causa dessas palavras realistas, Sapin deixa escapar, aos poucos, mágoas (os dentes que não pôde tratar, as férias que não saberia como pagar, e menos ainda justificar), temores, vontades, tudo o que suas palavras, mesmo em seus excessos, haviam ocultado.

Com executivos desempregados

– Entrevistas de Gabrielle Balazs e Louis Pinto

"O futuro, nem sei o que é."

Sapin – Não dá para me encaixar em categoria nenhuma...

– *Por quê?*

Sapin – Por quê? Porque sou um anticonformista de nascença, nunca concordo com as tendências da opinião pública, nunca, fui antigaullista roxo aos 25 anos, quatro vezes mitterrandista, mas agora... eu espero, espero uma mudança de sistema, não por pertencer à direita (não sou fundamentalmente de direita), mas por ser democrata eu acho que a alternância no poder regula de uma forma útil os problemas. Enfim, tem que ver porque sou atípico, é todo um caminho: órfão de mãe aos 6 anos de idade, de pai aos 19, adulto muito cedo, tudo isso é o que fez de mim alguém diferente; um percurso profissional não muito brilhante, dois vestibulares, um ano de faculdade de Comércio: até tinha passado no concurso, era segundo de 275, e depois tive que largar porque meu pai morreu naquele ano. Acho que não tinha o suporte familiar que me permitiria terminar a faculdade; digo isso porque tenho uma filha de 21 anos, e ela irá longe, por enquanto está de licença, mas deverá ser professora... Passei um primeiro vestibular em ciências técnicas e econômicas, que acabava de ser criado, e depois me enchi, fiz vestibular em ciências humanísticas... Com meus dois vestibulares, na época você entrava em qualquer empresa, eu não era realmente feito para estudar, tinha uma falta muito grande de orientação, de estruturação familiar. Conheci a mulher com a qual ainda vivo – faz 35 anos que essa situação dura – quando eu tinha 16 anos, e casamos depois de pouco tempo. Trabalhei como inspetor em educação durante algum tempo, a minha mulher trabalhava, ela não é uma intelectual, mas enfim é uma mulher muito inteligente, com os pés no chão e com um espírito curioso. Era secretária de diretoria; estava bem integrada no mundo do trabalho, era apreciada e eficaz.

– *E qual era o seu trabalho?*

Sapin – Eu mantinha os contatos com as autoridades médicas, então num primeiro período era no Norte da França, e tinha um setor que cresceu, e depois diminuiu, enfim, variável, eu cuidava num certo período do Norte, da Picardia e das duas Normandia; morava em Lille, passava metade do ano voltando à noite para a minha casa, e a outra metade fora, como os pássaros migratórios; já no começo de março eu saía, e depois passava o inverno na minha cidade... eu viajava com um trailer. Isso durou um tempo, e depois de um ou dois laboratórios farmacêuticos, aos 26 anos fui incorporado na firma K., onde me deram cargos de alto escalão depois de dois anos. E me despediram depois de dar-me um outro setor em Nantes. Me jogaram fora com motivo justo; pelo simples motivo que eu não servia mais para nada. Eu estava em Nantes, e minha função eram as relações públicas, e como você pode perceber, eu sou alguém que se dá bem nos relacionamentos humanos. [...] Não tenho medo de nada, nas últimas "Jornadas anuais", tomei a palavra na frente de 600 pessoas, e questionei o então diretor geral do ANPE; eu não sei o que é o temor... mas é também questão de se acostumar, pois na minha profissão já encontrei dezenas de pessoas diferentes; estive em montões de congressos, porque a gente tinha de encontrar as autoridades sanitárias. [...] Em Nantes, eu tinha umas 20 mil pessoas para ir visitar, e isso me encantava... Eu via as pessoas que bem queria, desde a enfermeira da clínica particular até o presidente, que eu podia cruzar num congresso, ou frente aos estudantes, para os quais eu dava um resumo de 20 minutos sobre ácido úrico, a cura, etc. Era extremamente variado, não havia um dia parecido ao outro, sempre lugares diferentes, necessariamente. Eu não estava preso entre as paredes da empresa, porque se você quiser entender como eu penso (acho que é o essencial): 25 anos de atividade remunerada, mas não *dentro* da firma. E como você pode ver, eu não estava ligado a resultados...

– *Ah sim... Bom, na verdade estava ligado a resultados, no entanto...*

Sapin – Não dava para quantificar. O fato é que antes os chefes viam a coisa de um jeito muito favorável; depois, quando a firma foi comprada por K., aí largaram a gente. Quando cheguei em Nantes, sabia perfeitamente que as coisas não iam bem no mercado, não estavam substituindo aqueles que saíam, ou que se aposentavam, e depois de uns seis anos, fizeram uma reunião do comitê da empresa, etc., não queriam mais manter essa função de "visitadores médicos", e tinham razão; a publicidade na televisão tomou o lugar da gente, nos não servíamos mais para nada. Então saí...

– *O nome do seu cargo era este, "visitador médico"?*

Sapin – Isso mesmo, enfim, eu era "visitador médico", e além disso eu era dirigente de setor desde um tempão, mas eu era alto escalão só na medida em que formei eu mesmo mais de 50 pessoas, na estrada, numa época em que contratavam muitos, na parte comercial, e para iniciá-los ao lado médico dos nossos produtos, acabei formando mais de 50 pessoas, e contratei eu mesmo uns trinta, e quando contratavam alguém me chamavam de volta para Paris, eu e um colega que era meu *alter ego* de Montpellier, e a gente decidia se contratava... e depois tinha a responsabilidade da formação, e assim durante vários anos meus domingos eu usava para adquirir um conhecimento médico: quando morava no Norte, a firma K. me mandara durante três anos ao hospital geral, com isso eu tinha o nível suficiente para formar as pessoas. E a dona da empresa, que era médica, tinha confiança em mim: eu contratava o pessoal, formava, acompanhava [...] Eu via as pessoas, e escolhia os médicos que queria, meus colegas me indicavam o tal de médico que era considerado terrível, um péssimo caráter, eu tinha uns 20 mil no fichário, e mantinha contatos excelentes com muitos deles...

Participei de muitos congressos em Paris, e também no exterior (eu falava muito, muito corretamente inglês e alemão), enfim era muito gostoso porque era um simples relacionamento com médicos que me acolhiam de braços abertos, porque eu não enchia com o lado sacal dos laboratórios. A maioria dos médicos mais novos nem sabiam como fazer para prescrever curas termais, porque ninguém havia ensinado para eles, era bacana. O meu dia estava organizado de forma muito elástica...; a minha semana acabava sendo de três dias e meio; quando estava fora, eu trabalhava feito louco, tipo dias de 12 horas; começava com médicos que recebem às 7 da manhã, e às vezes eu saía dos últimos à meia-noite e meia. Isso não me incomodava, pois eu era livre, e depois a tarefa eram mesmo muitas viagens (mas não tanto como as pessoas pensam). Aí eu ficava fora com esta obrigação à solidão, tá certo, a solidão é dura, mas eu tinha uma esposa que aguentava, e no final, para o casal, também foi uma coisa legal.

Cultura e patrimônio

– E por que você falou que as coisas não iam bem no mercado?

Sapin – Não demoraram muito para descobrir que havia águas mais baratas, o mercado dos hospitais caiu, ruiu! Largaram o setor, então me propuseram uma readaptação falsa, não dava, não tinha mais idade para isso. Então disseram: "Quer o senhor queira ou não, está despedido, com todos os seus direitos", fui embora com 45.000 francos de agora. Bom, é claro que não fui comprar um BMW com isso, fui logo investir isso, é o que me permite viver; é o que eu dizia, perto da maioria dos desempregados, eu posso me considerar abastado. [...]

– Por que você investiu esse dinheiro...

Sapin – Eu herdei dos meus avós uns apartamentos, etc., e mesmo assim se pode dizer que sou alguém que, por uma artimanha fiscal, conseguiu escapar dos impostos [...], mas enfim não pode se dizer que tenha muita grana. Vamos dizer que atualmente vivo com 9 mil francos por mês. Por outro lado, sou uma formiguinha para economizar, tenho todas as manhas para gastar o mínimo possível, mantendo um padrão de vida burguês; moro num prédio burguês onde só há funcionários públicos, e até mesmo um ex-vice-prefeito e um delegado de polícia, etc., todo mundo sabendo que estou desempregado, porque o proclamo bem alto, sem esconder nada...

– Em alto e bom som...

Sapin – Isso mesmo, em alto e bom som. Para alguns, só para incomodá-los; para outros, só para contar a verdade; acaba não tendo problema nenhum, isso que é a vantagem da formação e da cultura, a gente tem alguns códigos sociais e de linguagens que permitem encurtar totalmente a distância social que pode surgir. Atualmente, estou um pouco mais tranquilo, o meu reembolso com os apartamentos diminui, e aos 60 anos vou ter uns 12 mil francos de aposentadoria.

– E com isso, tudo vai voltar pro seu lugar...

Sapin – Além de tudo isso, o ANPE declarou uma vez na minha cara – eu até os agradeço, porque foi alguém com quem eu mantinha relações muito boas –, disseram: "alguém com a idade do senhor nunca mais..." Acabei passando na televisão, por causa da minha briga contra a exclusão por causa da idade. Aí eu proclamei (já que sou um pouco palhaço, então soltei a língua), "eu pessoalmente acho que o racismo contra a idade dá na mesma que o racismo contra a cor da pele", e isso repercutiu! Você não tem mais chance de achar um emprego. Tenho um colega que ficou lá na firma, aceitou passar para vendedor... para mim não dava, é medíocre demais, você ir nos supermercados discutir cada centavo, ah não! Aí é demais...

– Isso não fazia muito sentido para você...

Sapin – Eu não estudei muito, mas sou alguém que lê uns 150 livros por ano, leio *Le Monde* faz 30 anos, tenho algo de intelectual. Para você ter uma ideia, consigo fazer as palavras cruzadas do *Monde* e do *Figaro* em meia hora; isso lhe dá a medida do meu nível cultural, e um dia ainda vou aparecer na TV no "Pergunta para um campeão", tenho uma memória fantástica, aliás tenho mais recursos deste lado que do lado da inteligência, eu não me acho superinteligente, estou hiperadaptado, hiper... Pois no meu trabalho, as pessoas que você não conhece, os médicos, eu entrava no escritório deles, tinha 30 segundos para entender tudo! Você deve conhecer a regra das três primeiras palavras, os três primeiros passos e as três primeiras olhadas... eu me inspirava no que havia na sala de espera, a decoração, "tipologicamente caracterial", etc. E é uma ginástica mental, dá até medo porque eu saco o que há nas pessoas em 15 segundos [...]

Há duas pessoas em mim

– Você disse que no começo foi difícil...

Sapin – Sim, é claro, agora posso falar que está tudo bem. Naquela época, a bofetada que foi quando te dizem na cara dura que aos 45 anos "acabou"! Mas eu nem estava na firma. Sou capaz de me matar de trabalho 12 horas por dia, fiz uns congressos em Paris de um mês seguido, mas ao mesmo tempo posso ser bem folgado quando precisa; poderia se dizer que tenho uma concepção um tanto displicente da vida, ao mesmo tempo que sou bem animado... enfim, meu emprego me valorizava porque era muito gratificante. Eu tratava com médicos, gente fina! Me convidavam para o almoço, para o aperitivo... Um dia um médico disse para mim: "Vamos escutar música", e deixou a sala de espera assim como estava, sem mais nem menos... Mesmo sem ser um viciado em trabalho, como nunca foi meu caso, eu realmente tinha polos demais de interesse, conhecia todos os museus da Normandia. De qualquer forma, mesmo que você seja realmente folgado, se você exibe o maior desprezo pelo trabalho, e mesmo se você está embevecido pelo *Elogio da preguiça* de Lafargue *[o genro de Marx]*, não tem problema, na hora que tudo recai sobre a sua cabeça, tudo bem. Eu tentei ver o lado positivo da coisa...

– Mas você teve que reorganizar a sua vida...?

Sapin – Para dizer a verdade, não foi tão difícil assim, eu não ficava na empresa, eu que decidia os meus horários, não mudou muito... Voltei a ter tempo para a família, alguns lados positivos, eu estava sempre viajando, sabe, não era brincadeira, ainda bem...

– Bom, de fato a gente trabalha porque não tem outro jeito.

Sapin – Não, eu lia livros... todos os jornais, mas a vida no exterior, não era muito engraçado, eu tinha encontros interessantes, homens e mulheres, etc., mas por outro lado tem limites, você não pode ter uma atividade esportiva qualquer, não pode marcar nada de diversão durante a semana, e tinha os relatórios para escrever, e muitas vezes os sábados e domingos tinha as revistas médicas para ler, montar as tabelas, preparar as palestras para os colegas, etc. Enfim, estou de volta para a família... não é que eu seja alguém obcecado pelos laços familiares, e o relacionamento com meu filho é péssimo; com minha mulher está ótimo; minha filha é intelectual, mas não estamos na mesma sintonia; só para você ter uma ideia, ela votou *não [no referendum sobre o tratado de Maastricht]*, porque está contaminada pelas ideias de Le Pen. Eu não entendo... Bom, dizem que *pai de esquerda, filhos de direita*. Bom, eu aceito, é assim... ela vai mudar, vai mudar.

– Além de mudar a sua vida, tudo isso mudou também a sua visão do mundo?

Sapin – A minha visão do mundo! Ah é simples! Já era de esquerda sem nuances, acabei caindo na abstenção, no voto de extrema esquerda... voto comunista não. Além do voto sem muitas ilusões, bastante pessimista, sou um pessimista, um pessimista que anuncia as catástrofes na esperança que acabem não acontecendo. [...] Não acredito nem um pouco na astrologia, mas sou um típico Gêmeos; a astrologia é bobagem, mas mais Gêmeos que eu, você não vai achar, não vai achar mesmo! Ah, não, há duas pessoas em mim, eu sei... é incrível! uma dualidade fenomenal em mim, por isso também a lucidez!

[...]

Evito consumir em excesso

Sapin – Só para você saber, tenho um patrimônio de quase três milhões de francos, com o meu apartamento... Eu pago 600 francos por essa propriedade; por isso eu sou um desempregado meio atípico, e não posso contar isso para todo mundo, é claro. [...] O meu patrimônio não está valorizado como poderia, mas é uma escolha, para mantê-lo diversificado, para não ter todos os ovos na mesma cesta. Então, aí tem um lado de consciência pesada; sou um escroto de burguês capitalista com propriedades. Ainda mais com ideias de esquerda, mas enfim é assim mesmo, no final isto não me cria problemas [...] Evito consumir em excesso, como faz a maioria das pessoas: nada de viagens, o carro vou tentar que dure, se der, até à aposentadoria, nada de sinais externos de riqueza, hoje estou vestido corretamente, mas durante a semana ando em jeans, não tenho mais condição de vestir ternos, a calça que eu tenho foi uma pessoa para quem consertei uma persiana que me deu, quatro calças, lindas, minha mulher que deu um jeito, etc., ela faz trabalhos de costura, nós somos do Norte, vamos lá uma vez por ano – enfim, quando digo "não tiro férias", fomos para lá o ano passado (mas são férias, viajar para o Nor-

te?). Não podem me enganar sobre algumas coisas; posso lhe dizer por exemplo que sou adversário do RMI. Tem que ser claro que, se há desemprego, é que tiveram um monte de mulheres que roubaram o emprego, que jogaram pais de família, que nem eu, no desemprego; esta opinião eu não mudo.

– *Realmente você acredita nisso...?*

Sapin – Eu acho, mas cuidado, não sou um *macho* [assim mesmo no texto, N.d.T.]. As mulheres podem fazer carreira, isto para mim é natural. Mas a solução é mesmo a repartição do trabalho. Também poderia ter um pouco menos de imigrantes, um pouco menos de pessoas fugindo do campo, etc., etc. De qualquer forma, eu espero duas coisas, quer dizer, estou prevendo, não pense que é *Schadenfreude [alegria maligna]*, a política do pior: um, a queda dos nascimentos, segundo a explosão dos fundos de pensão. As mulheres que trabalham, [...] o filho único é uma catástrofe, as mulheres que param deveriam ser punidas, então é até melhor não ter nenhum; é gente que tem salário duplo, dois milhões e meio por mês; tenho um vizinho aposentado que acabou de comprar um Mercedes usado por 17 milhões (você vê em que ambiente que eu vivo!), então é BMW para ele, a Volvo para ela... Eu não entendo as mulheres! A condição normal do trabalho é a escravidão, se foder numa empresa, com os complôs, as intrigas, o lado ditatorial dos donos. Então, eu não vejo qual é o interesse em querer passar a vida trabalhando. Eu, se fosse uma mulher com o marido ganhando bem, antes de tudo tentaria negociar um bom acordo dentro do casal; aliás, se você escolheu um homem, é para tentar ficar com ele, nada vale a fidelidade na vida, durante a vida toda; quando eu vejo como funcionam as pessoas... e ter que passar três anos com uma mulher assim, e o preço a pagar para as crianças! oh não, não e não! Então dar emprego às mulheres é que causa...

Uma mulher, a senhora Laurent, aparece, se apresenta, e pede para falar.

Isso é algo que esqueci de lhe dizer

Dona Laurent – ... o que é terrível, veja bem, é o fato de não poder sonhar, quer dizer, não se sabe o que vai vir amanhã, a gente espera, e o que é grave é que a própria família também não pode mais ter projetos... É isso que eu queria que você dissesse. [...]

Sapin – Ah nisso ela tem razão! Isso é algo que esqueci de lhe dizer. Agradeço a você, obrigado! Isto é providencial mesmo!

Dona Laurent – ... é grave, embora ainda não tenha muitos problemas porque não faz muito tempo que estou desempregada, mas é algo mais profundo em mim mesma, é algo que dói, é "não saber o que a gente vai poder fazer amanhã", em nada, absolutamente em nada...

Sapin – Danielle, achei, eu vivo num eterno presente...

Dona Laurent – É isso que eu queria dizer quando todo mundo falava, é isso, viver sempre neste presente, enquanto até agora, a minha vida, como aquela das pessoas em volta, sempre foi fazer projetos, sempre foi estar um pouco no futuro... Se pelo menos a gente pudesse usar os epicuristas, que ensinam a viver no presente, é o famoso...

Sapin – "Gozar o momento que passa"...

Dona Laurent – Não é o presente epicurista, não é esse presente aí...

Sapin – É um presente pesado, é isso, um presente difícil de digerir.

Dona Laurent – E é quase não ter vontade de ver o amanhã porque tenho medo, como se a gente acordasse... É como dizer: "é sempre a mesma coisa, continuo não tendo nada, não sei o que eu vou poder fazer"... e ao mesmo tempo repetir para si mesmo: "vai ter um telefonema, ou uma carta, interessantes". É simplesmente isto que quis dizer para vocês.

Sapin – Ela está absolutamente certa...

Dona Laurent – Sabia, é muito grave não poder sonhar na vida, em todos os sentidos da palavra "sonhar"...

Sapin – É por isso que perguntei, que sonhos? À noite ou...

Dona Laurent – Eu sempre sonhei! Tudo o que fazia na vida, era justamente o presente, sempre pensando "no mês que vem, na próxima semana vamos fazer isso e aquilo", tanto no trabalho, como na vida pessoal. E agora, nada! Isto para mim é grave, enfim... há coisas bem mais terríveis, sabemos disso, mas... não ter grana, é grave para um ser humano... além disso fazer projetos, ter sonhos.

Sapin – Ainda mais porque no meu caso eu posso substituir... Com dois filhos – meu filho não é um sucesso, mas pelo menos trabalha, tem projetos; minha filha, teoricamente, deveria dar certo, não sei, quem sabe, um mestrado, ou... Então eles revezam em parte o meu próprio futuro. Mas para mim pessoalmente, eu nunca penso no futuro. Por isso te agradeço, eu tinha esquecido, eu surfo, surfo num eterno presente... eu não sei o que é futuro. Então eu penso: "olha só, faltam oito anos para a aposentadoria", mas amanhã, não. A minha percepção do tempo sumiu completamente. Eu posso dizer uma coisa: nunca sofri de insônia, por exemplo por causa do desemprego, mas tinha dificuldade para acordar; durante meses, acordava sempre com o mesmo sonho: uma sala de espera de médico, e nunca a mesma. Como visitei 25.000 – afinal pode não ser um exagero – nunca era a mesma.

Mas nunca tinha insônia. Quanto à depressão, nem sei o que é.

– [À Dona Laurent] *Que trabalho você tinha?*

Dona Laurent – Estava nos recursos humanos, quero dizer... Você vê, estou falando no passado, "estava"! Estou, já que esse é meu trabalho (mas não consigo não pensar assim, no passado... é triste falar assim). Eu e minha colega, haviam prometido à gente que dentro de dois ou três anos teríamos uma promoção para executivo – é uma armadilha, esta do status de executivo, sabe...

Sapin – É, o dinheiro...

Dona Laurent – A questão não era tanto o salário, queríamos status na empresa. Havia um problema com o chefe, que sempre se opunha a que duas mulheres... Não queriam mesmo essas promoções, achavam que como mulheres a gente não teria condição de mostrar uma autoridade suficiente, a partir do momento que conseguíssemos o status: ser executivo, não ser executivo...

[...]

Um trabalho "legal"

Dona Laurent – Não cheguei a dirigente, mas eu tenho um currículo (já ligaram para meu chefe, eu tinha muitas responsabilidades, por estranho que pareça); tenho que reconhecer que, graças à firma onde estava, apesar dos problemas com o chefe, a gente teve um monte de possibilidades (digo "a gente" porque éramos duas, uma simbiose perfeita no trabalho). Enfim, a vantagem era que a gente tinha de fato oportunidades de trabalhar, de fazer coisas extraordinárias. Durante um tempo aproveitamos bastante das oportunidades, pensava, "legal, estão confiando na gente, vamos fazer de tudo, vão checar e ver o nosso trabalho", e isso é ótimo para a gente. Depois vimos que outros estavam sendo promovidos, e a gente não, nos perguntamos "por quê?" Numa firma onde havia muitos homens, e poucas mulheres... Todo ano a gente tinha reuniões, e nos diziam "não" por razões absolutamente fúteis, sem fundamento. E as coisas foram se deteriorando dentro da empresa, o diretor administrativo e financeiro, que fazia também a parte de recursos humanos, ele não conhecia bem a sua função, sentia que o serviço lhe escapava, a gente estava fazendo a nossa parte, aí ele se queixava: "na parte financeira não tenho problemas; nos recursos humanos só tenho pepinos".

Sapin – Se você estivesse casada com filhos, não teria tido condições...

Dona Laurent – Não, mas meu namorado um dia falou: "todos esses documentos, vou jogar pela janela", estava de saco cheio! Era tão interessante que às vezes nos fins de semana queria fazer mais, e também havia as viagens a trabalho, tudo isso. Durante um ano, a cada 15 dias, eu passava 15 dias fora. Bordeaux, Clermont-Ferrand, tudo isso. Aí começava de novo, todo mês. No começo foi uma ou duas vezes, depois não tinha sossego, ele começava a se preocupar. E também estava muito aborrecido do fato deles não me darem a promoção. Ele sabia que para mim era... não era uma questão financeira...

– *Seria um reconhecimento...*

Dona Laurent – É isso! Ele teria ficado muito orgulhoso... dizia: "pelo menos você merece"...

Nada acontece por nada

Parece um pouco estranho achar a Dona Fournier no meio de pessoas tão diferentes dela. O desemprego não justifica, segundo ela, qualquer relaxamento nos cuidados com a aparência física. Vestida num conjunto de cores escuras, com joias de ouro e os cabelos louros curtos, ela encarna bastante a imagem típica de hoje da "mulher ativa" que ocupa um cargo elevado numa empresa. Ela fala com segurança, mas comedida, sem parecer buscar qualquer aprovação ou admiração nos interlocutores, mas procurando fazer admirar o seu "caráter".

A energia interior que ela manifesta no meio de suas provações está claramente ligada à segurança de si motivada tanto por seus diplomas (ciências econômicas, cursos especializados), quanto por sua experiência profissional em controle de gestão e serviços financeiros (ela se acha "muito, muito competente" neste assunto). Ela começou a trabalhar só depois do seu divórcio, numa empresa da região de Paris. Ela se mudou para o interior com a filha única, na perspectiva de um "plano de carreira", ou melhor, na esperança de conseguir um cargo importante de diretor financeiro: sem conseguir nada em Paris, teve de aceitar ficar em Nantes, numa empresa do mesmo tipo, para fazer controle de gestão, e chegar enfim ao status almejado. O trabalho consistia na informatização da gestão de uma empresa em plena expansão, e a entusiasmava: tinha que "montar o sistema, organizar os grupos de trabalho, escolher o material informático, formar o pessoal a programar, e treiná-lo com o material, enfim, estruturar a empresa passo a passo". Não demorou muito para entrar em choque com a "estrutura familiar" da empresa, que via nela uma concorrente possível, da qual se livrar uma vez cumprida a missão para a qual fora contratada.

A senhora Fournier já tinha tido problemas antes, especificamente "três vagas recusadas como diretor financeiro, porque não queriam que ela fizesse parte dos conselhos de empresas, em Paris, onde só havia homens". Por realismo, acabara se precipitando para aceitar uma vaga de controle de gestão em Nantes, achando que encontraria lá uma ocasião inesperada de promoção, apesar dos inconvenientes que ela pressentia, mais ou menos desde o começo. Mas havia outra escolha? "Bem depressa soube que eu ia entrar em choque com duas pessoas, o diretor e a mulher dele. Eu podia perceber concretamente que havia um problema de fundo, mas eu tenho sempre muita confiança nos indivíduos, e achei que talvez... de qualquer forma, eu queria sair depois, não achava que... eu não estava atrás de uma carreira, eu pensava, 'logo que terminar o contrato'... Eu não fui esperta o suficiente para sair um pouco antes, ainda que tudo não estivesse... Mas sou muito perfeccionista, esperei até tudo ficar impecável, e acabei me dando mal. De qualquer forma provavelmente teria dado na mesma, porque na região não tem possibilidades de trabalho".

De forma significativa, o conflito com a direção da empresa eclodiu por ocasião de uma discussão não com o patrão, mas com a mulher dele, dotada do título (caseiro) de diretor financeiro, alguém "realmente incompetente", em quem a Dona Fournier vê a encarnação de uma lógica "familiar", sem justificação aos seus olhos. A própria forma que tomou a demissão tem tudo a ver com o fato dela ser uma mulher: o casal de donos a leva a pedir demissão, tentando atingir sua autoestima (tarefas impossíveis, mesquinharias, etc.). "Num dia, a mulher do patrão me pediu algo que não tinha jeito de se fazer (impossível porque estava cuidando de duas estruturas ao mesmo tempo, a estrutura manual, e ao mesmo tempo implantar a informatização). Estava sozinha, tinha um trabalho absolutamente fenomenal, trabalhava aos domingos, noites seguidas, enfim... E ela me pedindo algo de sexta-feira para a segunda, porque havia uns norte-americanos chegando. Eu disse: 'olhe, não dá de jeito nenhum, não tem como eu lhe entregar isso', e então ela disse 'mas eu quero mesmo', e eu: 'não vai ser possível'. 'Mas o meu marido precisa disto absolutamente para a segunda', eu disse: 'olhe, estou lhe falando sério, se eu pudesse o faria com o maior prazer, mas não dá'. Ainda tento explicar, disse para ela, 'a senhora sabe muito bem', e então ela deu uma risada sarcástica, acho que isto suscitou algo para mim de insuportável, e aí eu fiquei louca! Olhe, louca mesmo, e disse para ela: 'você não tem jeito mesmo, você é de uma incompetência sem limites, é uma nulidade!' Aí acabou, eu podia fazer as malas; mas ainda quis esperar, porque queria que ela declarasse abertamente a razão pela qual ela ia me demitir, porque não tinha uma razão; esperei para ver como ela ia se virar. Então ela contratou alguém para ficar entre eu e ela, para eu sair. Ela própria não teve a coragem... eu por mim aguento qualquer coisa, me adapto de um jeito incrível, isso faz parte do meu caráter. E com certeza ela se surpreendeu com esta adaptação. Porque o cara tornou a minha vida impossível durante seis meses; estava na minha frente, numa sala com a parede de vidro, e eu não podia dar um passo, ou receber um telefonema, sem ele ficar atrás de mim. O dia todo, ele me cobrava: 'onde você foi, o que que está fazendo?', etc., mas eu nunca liguei a mínima, não reagia... queria ver até onde podia chegar aquele relacionamento absurdo. Aí eles ficaram até um pouco perturbados pelo fato de eu não dizer nada, e tiveram que adotar umas medidas, e no final do ano ele disse: 'não a quero mais na minha firma', então eu disse: 'bom, então me dá as razões exatas disso', 'é isso e só, não a quero aqui', eu disse: 'está bem, vou ver com a diretora financeira', e aí ela não sabia mais o que fazer, eu disse: 'agora você vai me dizer por quê?', 'bom, eu... eu...', não tinha razão nenhuma, ela não sabia o que dizer, então eu falei para ela: 'sabia, não estou nem um pouco arrependida do que lhe disse, no seu trabalho você é uma nulidade. Acontece que você é a mulher do dono, e pode fazer o que bem quiser, agora posso lhe dizer quanto você é incompetente. Você não suporta isso, isto é problema seu, mas é uma pena você tomar isso deste jeito, porque eu estava disposta a suportar toda a sua nulidade, se você tivesse deixado eu fazer o meu trabalho, mesmo que fosse um trabalho desperdiçado'. Eu disse: 'é uma pena, uma pena mesmo, para você especialmente', e eles puseram como razão 'perda de confiança'".

Para seguir adiante, a senhora Fournier procura analisar e entender: "nada acontece por nada... de um sofrimento qualquer deve-se tirar energia para não ser destruída... a gente tem uma capacidade fantástica de dar um jeito nas coisas, basta querer..." Mesmo tendo sentido a pouca possibilidade local de emprego, ela recusa qualquer fatalismo, e chega até a ter ideias para resolver suas dificuldades (tipo, por exemplo, criar uma entidade para relacionar os executivos desempregados, e o universo das empresas, com as quais ela manteve contatos). A certeza do seu valor profissional lhe permite safar-se do ressentimento, dando uma importância relativa aos fracassos que ela não tem como evitar. Disso vem também seu olhar meio indiferente, apesar de todas suas ambições, sobre o universo masculino das empresas, universo um tanto estranho, "feito pelos homens". Colocar, como fazem os homens, sua "identidade" toda no "trabalho" parece-lhe um privilégio ilusório.

Setembro de 1992

Pierre Bourdieu, Patrick Champagne

Os excluídos do interior

Falar como se faz em muitas ocasiões de "mal-estar nas escolas", como aconteceu em ocasião das crises de novembro de 1986, ou de novembro de 1990, significa atribuir um "estado" (de saúde ou de espírito) muito mal definido e identificado, a uma categoria extremamente diversificada e dispersa. Pois é claro que o universo das escolas e dos colégios pode ser visto de fato como um continuum. Deste conjunto, percebemos habitualmente só os extremos: por um lado, as escolas precárias, que se multiplicaram apressadamente nos subúrbios cada vez mais pobres, para acolher cada vez mais alunos, cada vez menos preparados culturalmente, sem mais muito a ver com o curso escolar, como fora idealizado nos anos 1950; do outro, os colégios selecionados, onde alunos das famílias mais abastadas podem ter uma vida escolar bastante parecida com aquela dos seus pais e avós. Embora seja capaz de juntar, por ocasião de uma passeata de protesto, alunos (e pais) que sofrem dele, o "mal escolar", hoje em dia muito comum, assume formas muito diversificadas: as dificuldades, e até as ansiedades, dos alunos das grandes escolas de Paris diferem, como o dia da noite, daqueles dos alunos de escolas técnicas das periferias dos grandes conjuntos habitacionais.

Até o final dos anos 1950, os estabelecimentos de ensino secundário viveram uma estabilidade muito grande, fundada na eliminação precoce e brutal dos meninos das famílias culturalmente desfavorecidas. A seleção, baseada na ordem social, era em geral aceita pelas crianças que a padeciam, e pelas famílias, já que parecia fundada unicamente sobre os dons e os méritos dos escolhidos: aqueles que a Escola não queria acabavam convencendo-se (graças à própria Escola) que não queriam a Escola. A hierarquia das ordens de ensino, e especialmente a divisão extremamente clara entre o primário (então *os* "primários"), e o secundário, mantinha uma relação direta de homologia com a hierarquia social; e isso contribuía bastante para convencer aqueles que não se sentiam feitos para a Escola, de que eles não eram feitos para as posições às quais a Escola dá (ou não) acesso, isto é, as profissões não manuais, e especialmente as posições dirigentes dentro destas profissões.

Entre as transformações que mudaram o sistema de ensino desde os anos 1950, uma das que tiveram as maiores consequências foi sem dúvida o acesso ao jogo escolar por parte das categorias sociais até então excluídas: pequenos comerciantes, artesãos, agricultores, e até (graças à prolongação da obrigação escolar até os 16 anos, e do fato que por isso todo mundo começou a ter acesso ao secundário), os operários da indústria; um processo que acarretou uma intensificação da concorrência, e um aumento dos investimentos educativos por parte das categorias que já utilizavam plenamente o sistema escolar.

Um dos efeitos mais paradoxais deste processo, que foi até definido como "democratização" (de forma um tanto precipitada, e com uma certa prevenção), foi a descoberta progressiva da função conservadora da Escola "libertadora", por parte dos marginalizados. De fato, depois de um período de ilusão, e até de euforia, os novos beneficiados começaram a perceber que não era suficiente ter acesso ao ensino secundário para ter sucesso nele, e que não era suficiente ter sucesso nele para ter acesso às posições sociais, que o secundário abria na época do ensino elitista. Não se pode deixar de supor que a difusão dos conhecimentos das ciências sociais acerca da educação, e particularmente dos fatores sociais do êxito ou fracasso escolares, deve ter contribuído para transformar a percepção que filhos e pais já tinham adquirido na prática. Assiste-se assim a uma transformação progressiva do discurso dominante sobre a Escola: esta volta com frequência, no que parecem lapsos inevitáveis (sobre os "superdotados", por exemplo), aos princípios de visão e divisão mais enraizados; apesar disto, a vulgata pedagógica, e todo o seu arsenal de vagas noções sociologizantes (do tipo de "handicap sociais", "obstáculos culturais", ou "insuficiências pedagógicas") divulgou a ideia que o fracasso escolar não pode mais, ou não só, ser atribuído às deficiências pessoais, isto é, naturais, dos excluídos. A lógica da responsabilidade coletiva tende assim a suplantar no espírito das pessoas aquela da responsabilidade pessoal, que leva a "culpar a vítima"; as causas consideradas naturais, como o dom, e o gosto, são substituídas por fatores sociais mal definidos, como a insuficiência dos recursos oferecidos pela Escola, ou a incapacidade e incompetência dos professores (cada vez mais responsabilizados, na visão dos pais, dos maus resultados dos filhos); ou mesmo de modo mais confuso ainda, a lógica de um sistema globalmente deficiente, que haveria que reformar.

Seria preciso mostrar aqui como, mesmo com todas as mudanças que vimos, a estrutura de distribuição diferenciada dos proveitos escolares, e dos benefícios sociais correlativos, se manteve sem grande esforço. Mas com uma diferença fundamental: o processo de eliminação foi adiado e diluído no tempo: e isto faz que a instituição seja habitada a longo prazo por excluídos potenciais, vivendo as contradições e os conflitos associados a uma escolaridade sem outra finalidade que ela mesma. Em suma, a crise crônica da instituição escolar representa o lugar, e é a contrapartida dos ajustes imperceptíveis e muitas vezes inconscientes, das estruturas; com essas adaptações das disposições, as contradições acarretadas pelo acesso de novas camadas sociais ao ensino secundário (ou até universitário) podem ser resolvidas; ou seja, em termos mais claros (mas também mais aproximados, então mais perigosos), essas "disfunções" são "o preço a se pagar" para conseguir os benefícios (políticos, principalmente) da "democratização".

É claro que não há como garantir o acesso dos filhos das famílias mais pobres econômica e culturalmente aos vários graus do sistema escolar, e especialmente aos mais elevados, sem modificar profundamente o valor econômico e simbólico dos diplomas (e sem que aqueles que já os detêm corram o risco de uma desvalorização); mas da mesma forma é claro que são justamente os responsáveis diretos da desvalorização que resulta da multiplicação dos títulos e seus detentores, isto é, os recém-formados, que acabam sendo as primeiras vítimas. Os alunos e os estudantes de famílias pobres têm todas as probabilidades de conseguir, no final de uma longa escolaridade, muitas vezes paga com grandes sacrifícios, nada mais do que um diploma muito desvalorizado. Se fracassarem, o que continua sendo o destino mais provável para eles, estarão destinados a uma exclusão sem dúvida mais estigmatizante e total que no passado: mais estigmatizante na medida em que tiveram, na aparência, "suas chances", e que a instituição escolar tende a definir cada vez mais, a identidade social; e mais total, na medida em que uma parte cada vez maior é reservada de direito, e ocupada de fato pelos detentores, cada vez mais numerosos, de um diploma (o que explica também o porquê do fracasso escolar ser vivenciado como uma catástrofe, até nos ambientes populares). Desta forma, a instituição escolar é vista cada vez mais, tanto pelas famílias como pelos próprios alunos, como um engodo e fonte de uma imensa decepção coletiva: uma espécie de terra prometida, sempre igual no horizonte, que recua à medida que nos aproximamos dela.

A diversificação das ramificações da rede de ensino, associada a procedimentos de orientação e seleção cada vez mais precoces, instaura práticas de exclusão brandas, ou melhor, *imperceptíveis*, no duplo sentido de contínuas, graduais, e sutis, insensíveis, tanto por parte de quem as exerce, como daqueles que são as suas vítimas. A eliminação suave está em relação à eliminação brutal, do mesmo modo que a troca de presentes e contrapresentes está na relação de doador para doador: diluindo o processo no tempo, ela oferece àqueles que a vivem a possibilidade de dissimular para si mesmos a verdade, ou pelo menos ter boas chances de mentir a si próprios com sucesso. Num certo sentido, as "escolhas" mais decisivas são cada vez mais precoces (durante o colegial, e não mais, como antes, depois do vestibular, ou até mais tarde); o destino escolar está marcado cada vez mais cedo (o que contribui para explicar a presença de alunos muito novos nas manifestações estudantis mais recentes). Por outro lado, as consequências destas escolhas aparecem cada vez mais tarde, como se tudo conspirasse para justificar e animar alunos e estudantes esperando no trabalho o que fazer para adiar o balanço final, o minuto da verdade, onde todo o tempo passado na instituição escolar irá lhe parecer tempo morto, tempo perdido.

Este trabalho de má fé pode perpetuar-se, em muitos casos, muito além do fim dos estudos, graças à indeterminação de vários lugares indefinidos do espaço social, aqueles que, justamente por ser de difícil classificação, deixam mais espaço para as manobras de jogo duplo. Este é um dos efeitos mais poderosos e mais escondidos da instituição escolar, e da relação com as posições sociais que em teoria deve oferecer: a Escola está produzindo cada vez mais indivíduos que padecem de uma espécie de mal-estar crônico instituído, instituído pela experiência, mais ou menos completamente reprimida, do fracasso escolar, absoluto ou relativo, e obrigados a sustentar frente a si mesmos e aos outros com um blefe permanente, uma imagem de si duramente arranhada ou mutilada. São o que podíamos definir os *fracassados relativos*, que se encontram até mesmo aos níveis mais altos de sucesso – por exemplo, com os alunos das escolas menores em relação aos alunos das escolas mais famosas, ou os piores destas escolas em relação aos melhores, etc. O paradigma dos *fracassados relativos* poderia ser o baixista de Patrick Süsekind, cuja miséria, muito profunda e muito real, vem do fato que tudo, dentro do universo altamente privilegiado que ocupa, lhe lembra que de fato ocupa uma situação marginal.

O trabalho de recalcamento da verdade objetiva da posição ocupada dentro do sistema escolar não alcança nunca um sucesso completo, mesmo quando for sustentado por toda a lógica da instituição, e pelos sistemas de defesa coletiva que esta gera. O "paradoxo do mentiroso" não é nada, perto das dificuldades provocadas pela própria mentira. Nada pode elucidar melhor este tipo de mecanismo que as palavras de certos excluídos com prazo marcado, nos quais coexiste a lucidez mais completa sobre a verdade da escolaridade sem outro fim que a si mesma e a resolução quase deliberada de entrar no jogo da ilusão, talvez para gozar do tempo de liberdade e gratuidade que a instituição oferece: aquele que assumir a mentira da instituição está votado, por definição, à dupla consciência e ao *double-bind*.

A diversificação oficial (em ramificações) ou oficiosa (em estabelecimentos ou classes escolares sutilmente hierarquizados, por exemplo com o estudo dos idiomas), contribui para recriar um princípio, especialmente dissimulado, de diferenciação: os alunos oriundos de boas famílias receberam da família o senso do investimento, assim como os exemplos e os conselhos capazes de sustentá-lo em caso de incerteza, e estão assim em condição de investir na hora certa e no lugar certo, neste caso nas ramificações apropriadas, nas escolas certas, etc.; enquanto os oriundos de famílias pobres, e especialmente os filhos de imigrantes, na maioria dos casos abandonados a si mesmos já desde o primário, e obrigados a entregar suas escolhas à instituição escolar, ou ao acaso, para encontrar seu caminho, num universo cada vez mais complexo, e por isso votados a errar a hora e o lugar no investimento do seu reduzido capital cultural.

Por causa destes mecanismos, que se somam à lógica da transmissão do capital cultural, as mais altas instituições escolares, e especialmente aquelas que levam às posições de poder econômico e político, permanecem exclusivas como sempre foram. Graças também a estes mecanismos, o sistema de ensino aberto a todos, e ao mesmo tempo estritamente reservado a poucos, consegue a façanha de reunir as aparências da "democratização" e a realidade da reprodução, que se realiza num grau superior de dissimulação, e por isso com um efeito maior ainda de legitimação social.

Esta conciliação dos contrários tem seu preço. Os protestos estudantis que pipocam, faz vinte anos, sob todo tipo de pretexto, e a violência que se manifesta continuamente nos estabelecimentos escolares mais pobres são a manifestação visível dos efeitos permanentes das contradições da instituição escolar e de uma violência totalmente nova que ela aplica aos que não se adaptam a ela.

A Escola exclui, como sempre, mas ela exclui agora de forma continuada, a todos os níveis de curso, e mantém no próprio âmago aqueles que ela exclui, simplesmente marginalizando-os nas ramificações mais ou menos desvalorizadas. Esses "marginalizados por dentro" estão condenados a oscilar entre a adesão maravilhada à ilusão proposta e a resignação aos seus veredictos, entre a submissão ansiosa e a revolta impotente. Não demoram muito a descobrir que a identidade das palavras ("colégio", "colegial", "professor", "secundário", "vestibular") esconde a diversidade das coisas; que o colégio onde os orientadores escolares os colocaram é um ponto de reunião dos mais desprovidos; que o diploma para o qual se preparam é na verdade um título desqualificado; que o vestibular que podem conseguir, sem as menções indispensáveis, os condena às ramificações de um ensino que de superior tem só o nome; e assim por diante. Eles são obrigados pelas sanções negativas da Escola a renunciar às aspirações escolares e sociais que a própria Escola inspira; são obrigados, por assim dizer, a engolir o sapo, e por isso levam adiante sem convicção e sem pressa uma escolaridade, que sabem não ter futuro. Acabou o tempo das pastas de couro, dos uniformes austeros, do respeito aos professores – todos sinais externos da adesão, que os filhos das famílias populares sentiam em relação à instituição escolar, e que hoje se transformou numa relação mais distante: a resignação sem ilusão, mascarada em indiferença impertinente, é evidente na pobreza exibida do equipamento escolar, a tira elástica para segurar os cadernos, as canetas descartáveis que substituem a pena e a caneta-tinteiro, nos sinais de provocação em relação ao professor, como o *Walkman* levado até na classe, ou as roupas, cada vez mais folgadas, com mensagens estampadas, como o nome de grupos de rock, que querem lembrar, dentro da própria Escola, que a vida verdadeira está fora daí.

Aqueles que falam, pelo prazer da dramatização ou em busca de sensacionalismo, de "mal-estar escolar", reduzindo-o, com as simplificações típicas do pensamento cotidiano, ao "mal-estar" das periferias, e este ainda contaminado pelo fantasma dos "imigrados", evocam sem se dar conta uma das contradições mais fundamentais do mundo social, no seu estado atual: contradição especialmente evidente no funcionamento de uma instituição escolar, que talvez nunca teve um papel tão importante. Para uma parte bastante grande da sociedade, esta contradição é aquela de uma ordem social que tende cada vez mais a dar tudo a todo mundo, especialmente em matéria de consumo de bens materiais ou simbólicos, ou até políticos, mas sob as categorias fictícias da aparência, do simulacro e do falso, como se esse fosse o único jeito de reservar para poucos a posse real e legítima destes bens exclusivos.

Pierre Bourdieu

Ah! os belos dias

Malik tem 19 anos e já "viveu muito". Quando o encontramos, ele estava fazendo, sem muitas ilusões, um estágio não remunerado e pouco formador que ele tinha tido que encontrar por sua própria conta para satisfazer às exigências impostas aos alunos de um grau mal definido de um liceu de subúrbio pouco cotado. Ele morava numa casinha, junto com seu pai, que tinha ficado só após seu divórcio, acontecido alguns anos antes. Mas ele ia regularmente visitar sua mãe em seu conjunto habitacional, universo do qual guardava uma certa nostalgia, em função do ambiente de solidariedade que ela oferecia – aquilo que ele chamava de "o lado solidário". Talvez porque, por trás de seu ar risonho, ele guardasse uma preocupação em relação à unidade de sua família, pela qual parecia por vezes tomar para si toda a responsabilidade, ele tinha por seu irmão mais velho, modelo de um momento, sentimentos ambíguos: embora continuasse a gostar muito dele, censurava um pouco, sem jamais condená-lo verdadeiramente, sua indiferença em relação a seu pai, que tinha sofrido profundamente por causa de seus infortúnios. Malik falava de seu pai com muita indulgência e compreensão, explicando seus temores ou sua severidade ao mesmo tempo excessiva e vã por "suas origens" e por seu desejo de reconhecimento e de integração. Ele dava o máximo de si para tentar protegê-lo e, se a palavra não for forte demais, para reeducá-lo. As responsabilidades que ele assumia *em relação a* este homem desenraizado, deslocado e despossuído de todos os fundamentos da autoridade paterna, mas também *em seu lugar*, estão sem dúvida, ao lado do medo da vida e do mundo social, no princípio deste imenso desejo de estabilidade que o levou a tentar se perpetuar no status provisório e incerto mas, decididamente, relativamente confortável, de estudante secundarista. Ele nos contou sua vida como que em dois turnos, de dois pontos de vista diferentes, que ele não procurou reconciliar: primeiro do ponto de vista da escola, em seguida do ponto de vista do conjunto habitacional onde passou sua infância e uma parte de sua adolescência. Dois mundos separados, talvez até opostos, e também dois conjuntos de recordações que só ganham seu verdadeiro sentido quando os relacionamos um com o outro.

Tudo em sua fisionomia, em sua postura, nas suas maneiras, na própria linguagem, dá uma impressão de grande suficiência, sem dúvida associada a seu charme físico, que ele não pode ignorar, mas também de fragilidade e de instabilidade, como diz por vezes a psicologia acadêmica de má qualidade. Ele não consegue ficar parado, parece estar sempre em movimento, ilustrando a analogia que a mitologia berbere estabelece entre a adolescência e a primavera, com sua alternância entre avanços e recuos, entre o bom tempo e o retorno da chuva e do frio, passando sem cessar de uma despreocupação quase infantil a uma gravidade ansiosa. Ele perde frequentemente o fio de seu discurso e se inquieta explicitamente por causa disso, de maneira um pouco excessiva, como se fosse um fato costumeiro e estivesse acostumado a se ver censurar por causa dele. Desde o começo da entrevista, ele nota, após um longo silêncio, que "não encontra as palavras"; um pouco mais tarde, ele observa, com muita impaciência, que esquece "ainda uma segunda palavra" e procura obstinadamente encontrá-la, autoencorajando-se em voz alta, como se estivesse brincando – "não vou me bloquear, não vou me bloquear!" –; nos dois casos, trata-se de uma palavra da linguagem escolar ou mesmo burocrático-escolar – "técnica de procura de emprego", "convenções de estágios". Como que retomando por sua conta julgamentos escolares, ele diz que tem muita dificuldade para ler livros ("eu não consigo, me lanço na leitura e logo a abandono pois existem os acontecimentos exteriores no momento em que eu poderia pesquisar, de outro modo, aquilo que preciso nos livros, pois é verdade que é inesgotável e realmente genial [concessões verbais aos tópicos escolares] mas para isso seria preciso que eu vivesse como um eremita, com uma biblioteca"); ele se censura pela confusão ("sou eu que sou confuso, quero dizer, é confuso aquilo que eu digo a vocês") na qual ele cai por vezes quando, intimidado pela situação de entrevista, que evoca sem dúvida algumas experiências escolares, ele se lança em frases que não chega a completar.

Fazendo de certa forma da necessidade virtude, ele acaba por fazer da instabilidade um partido: "Eu tenho a impressão que tenho a necessidade de... fugir..., de fugir o tempo todo mas é mais uma fuga do que outra coisa, hã, é... eu tenho... é preciso... eu não gosto da estabilidade. Eu tenho necessidade de agitação o tempo todo, que haja algum tipo de evento, que aconteça alguma coisa." Ou ainda: "digamos que... é como se, nos estágios se vá encontrar também meu caráter, pois eu procuro em cada atividade que eu vá fazer, eu quero que ela seja diferente". E tudo leva a crer que as relações que ele estabeleceu na escola e em torno da escola (seus amigos e também a jovem mulher de quem ele gosta e que ensina em seu estabelecimento) lhe forneceram os meios de criar um tipo de variante picaresca do estilo de vida artista (visível particularmente no relato, não reproduzido aqui, das férias passadas na Espanha): "Ser PDG e não ver mais sua companheira, não mais... isso não me interessa..."

De fato, toda sua existência sempre esteve colocada sob o signo da instabilidade e da mudança incessante, o trabalho, a moradia, a escola, as amizades. Seu pai, nascido na Argélia, em Tlemcen, e que chegou na França pouco antes de seu nascimento, mudou numerosas vezes de profissão e de atividade: "Ele mudou muito de trabalho, ele... eu creio que ele começou como... Ele era mecânico, mas de mobilete, etc.; depois ele fez outras coisas, depois ele acabou virando furador, furador numa empresa, foi lá que ele ficou mais tempo, em seguida ela abriu falência [...], e depois ele acabou numa outra que também abriu falência; numa outra, ele foi dispensado por algum tempo até ser readmitido agora..." Em relação às demissões de seu pai, e também de sua mãe, imigrante iugoslava que tinha sido sucessivamente caixa de uma piscina (aonde eles estavam alojados) e numa loja de departamentos, ele também, como disse, "se transferiu, se transferiu, mudou de estabelecimento" muitas vezes.

A incerteza profunda a respeito do presente e do futuro que está inscrita numa experiência assim se encontra redobrada e reforçada pelos acasos e pelas decepções de uma escolaridade sem dúvida desorganizada pela irrupção desconcertante da lógica do conjunto habitacional: aquela das besteiras que se fazem para não ficar sem fazer nada, para que alguma coisa aconteça, e também por solidariedade para com os mais velhos, a irmã mais velha e os amigos dela, também mais velhos, que o levam às casas noturnas desde a idade de 12 anos, o irmão, dois anos mais velho que ele, que o aumento da "besteira" que chama "besteira" ("é num crescendo, isso vai aumentando, vai cada vez mais") e também a necessidade de dinheiro conduziram à prisão, após um assalto à mão armada.

Compreendemos assim que, do mesmo modo que os subproletários que, como ele, estão quase que totalmente desprovidos de controle sobre o presente e sobre o futuro, ele não queira senão tentar permanecer neste estado de incerteza que o impede precisamente de dominar a duração ("afinal, a gente se satisfaz aí – na escola –, para dizer a verdade"; "afinal, é o caminho que eu escolhi, e que me permitiu ficar mais tempo na escola") e que ele faça coexistir o realismo mais extremo e a utopia mais aventureira. Por um lado, ele pode afirmar (frequentemente com uma risada ou um sorriso) as pretensões mais desmedidas: "Atenção! Eu sou muito exigente! Eu quero uma profissão que me agrade do começo ao fim!" E ele pode até mesmo evocar, ao fim da entrevista, o projeto perfeitamente irrealista que elaborou, como um mito milenarista, com dois colegas, tão perdidos quanto ele: criar uma espécie de Club Méditerranée para milionários num país do Extremo Oriente que ele nunca visitou. Mas, por outro lado, ele não deixa de demonstrar, de mil maneiras, que sabe perfeitamente onde está, que sua escola é um "liceu lata de lixo" (ele descreve, com uma grande economia de meios, como compreende muito rapidamente onde acabou fracassando, ao descobrir que aqueles que estão sentados na sua frente, ao seu lado, atrás dele, são como ele); ele fala de um diploma "sem futuro" e, depois de ter expressado o desejo de ir embora a todo preço, que nunca o abandonou, desde a mais tenra infância, ele conclui reafirmando a verdade que seu sonho de fuga negava: "No fim das contas, eu tenho certeza de uma coisa, que eu vou permanecer por aqui. Mas, no momento, eu não tenho muita vontade disso".

Nada expressa melhor, sem dúvida, aquilo que se poderia realmente chamar sua "sabedoria" do que esta espécie de teoria da economia das trocas escolares que ele propõe, bem no final ("na escola não exigem que eu tire 20... nem que eu faça estritamente o mínimo"), como para dar um fundamento racional à arte de sobreviver com o mínimo esforço no universo protegido da escola: além de permitir retardar a entrada na vida e sobretudo escapar do temor "da fábrica", que a escolarização, entendida no sentido de adaptação à vida da escola, sem dúvida contribuiu para inspirar, esta arte de permanecer tem como principal efeito prolongar o estado de indeterminação escolar e autorizar assim a sobrevivência imaginária dos desejos que a própria escola não para de destruir.

Com um jovem filho de imigrante

– *Entrevista de Pierre Bourdieu e Rosine Christin*

"Minha vida é legal."

– Como é este estágio? Que é que você faz lá?

Malik – Eu tenho a atribuição de fazer a venda. A venda e a representação. E portanto, no fim das contas, eu faço isso de manhã, eu pesquiso já que eu não faço encomendas, já que não conheço os produtos ou então... então à tarde eu fico um pouco na loja e fico olhando, tentando aprender. Estou começando a aprender.

– E qual é o ramo de negócios?

Malik – Ele faz peças avulsas para automóveis.

– E este estágio é pago?

Malik – De jeito nenhum.

– E foi a escola que arranjou para você ou foi você mesmo?

Malik – Ah não, não, isso faz parte do... isso faz parte de um... eu não encontro as palavras; enfim, não importa; isso faz parte de uma técnica de procura de emprego, digamos que temos que procurar. E isso vale nota, etc. Tudo depende de como encontramos, do que encontramos, etc. [...]

– Então podemos voltar um pouco para, não sei, seus estudos e tudo o mais, como é que eles aconteceram...

Malik – Isso depende, se o senhor quiser começar do maternal até...

– Bom, por que não.

Era mais um estabelecimento refúgio do que outra coisa

Malik – O maternal foi tudo bem, exceto que eu não ia muito à tarde porque ficava sobretudo com minha mãe. [...] Na época ela trabalhava em meio período num Casino [supermercado] [...]. Depois da CP, todo meu primário aconteceu normalmente, na verdade, normalmente, e em seguida eu fiz o meu primeiro ano de sexta, porque eu fiz dois, que foi assim: primeiro trimestre normal, segundo não tão bem, terceiro catastrófico.

– Onde foi isso?

Malik – Foi em Cachan. Em Cachan, portanto, para situá-lo. Então foi lá. E depois, vejamos, aconteceu a entrada no secundário. Eu acho que isso é um desabrochamento e que desde que chegamos nesse negócio não pensamos mais muito nos estudos, nós deveríamos pensar um pouco mais cedo sobre isso. [...] Em seguida cursei meu segundo ano de sexta numa escola mais ou menos particular, de qualquer jeito com um contrato. Meus pais me colocaram lá. Lá tinha também internato. Para mim não era o caso de entrar num internato, porque sou um pouco claustrofóbico. Mas aí foi tudo bem. Foi tudo bem. E depois, a quinta foi catastrófica.

– Como assim?

– Bem, eu não quis estudar muito. Foi um pouco... não foi a escola, era eu que estava com a cabeça em outro lugar.

491

– *Mas por que isso, se podemos perguntar?*

Malik – [...] Não sei, talvez os colegas, não sei. Não, não foi por causa das coisas que me cercavam, no fim das contas, foi... eu acho que eu tinha necessidade de dar uma parada naquele momento para poder parar e entender algumas coisas.

– *E seus pais, eles o apoiaram neste momento ou...?*

Malik – Não. O senhor sabe, o problema é que meus pais puderam me ajudar até o primário porque eles estavam... e em seguida, ao fim de um tempo houve uma ruptura.

– *Mas na escola primária eles apoiavam seu trabalho? Eles o ajudavam...*

Malik – Sim, eles me olhavam, etc., eles podiam me ajudar, etc.

– *É isso, seu pai faz o quê?*

Malik – Ah, meu pai, ele está – neste momento – num laboratório e ele faz, bem ele faz tudo que é preciso fazer: ele presta serviços, dirige automóveis; ele é polivalente. Ele não tem na verdade uma... uma função fixa.

[...]

– *Mas aquela escola particular deve ter custado caro, não é?*

Malik – Não, porque era uma escola, então ela se chama o centro da PTT e se paga de acordo com o salário dos pais. Existe uma cota, etc. Portanto, lá dentro, as coisas iam bem. Enfim e depois lá eu decidi, enfim me propuseram repetir, eu recusei e em seguida...

– *Na quinta, é isso?*

Malik – Sim, na quinta e depois eu escolhi tomar um caminho, lá é um CAP. Portanto me deixaram sempre neste estabelecimento.

– *E seus pais o ajudaram a decidir pelo CAP ou...?*

Malik – Não, eu estava muito decidido, não, eu queria fazer aquilo, eu não sabia aonde aquilo ia dar...

– *Um CAP de que, então?*

Malik – De auxiliar de escritório, de contabilidade...

– *Um pouco como sua mãe? Sua mãe é contadora?*

Malik – Não, não, de jeito nenhum, ela é caixa. No fim ela faz um pouco de contabilidade, mas...

– *Por que contabilidade?*

Malik – Por que contabilidade? Porque eu tinha de escolher entre eletromecânica ou sei lá o quê, mecânica pura... E como eu sou muito preguiçoso...

– *Era melhor contabilidade porque a gente fica sentado, não é?*

Malik – Sim, eu acho que é isso. A gente fica sentado e depois também não temos de... o que talvez pudesse me espantar seria o lado oficina, os barulhos...

– *Sim, a fábrica.*

Malik – Sim, a fábrica. Sim, a fábrica, eis aí a palavra. Ah não, isso devia me assustar. [...] E depois então eu fiz meu primeiro ano de CAP, o segundo, o terceiro e depois, sempre muito preguiçoso, eu não sei por que, eu ia em frente...

– *E tudo isso sempre no mesmo estabelecimento?*

Malik – No mesmo estabelecimento. E podemos dizer que estes três anos foram meus três melhores anos escolares, porque... Mas não no que se refere às notas, mas sobretudo com as pessoas que estavam em volta, com a turma, porque foi lá que eu fiz dois amigos, e depois outros, etc. Em seguida... então lá a gente começou, eu sei então que eu fazia... Eu passei meu CAP e então, no fim do ano do CAP, acontece um grande conselho, etc., todo um aparato e eles decidem se podemos continuar ou se não podemos continuar. Eu acho isso completamente ridículo, porque deveríamos dar oportunidades para todo mundo. Enfim, ridículo, eu não sei, porque no final... é ridículo em relação ao CAP; quero dizer, não vão deixar, deviam dar uma oportunidade, mas é muito cheio. Por que é tão cheio, eu entendo porque eles selecionam.

– *Ah! sim, eles não têm tantas vagas, é isso.*

Malik – Mas então nesse momento, eles não me deixaram continuar, eu não tive um parecer favorável, quer dizer, meu histórico não foi enviado para a reitoria, portanto não é redistribuído, e então depois disso cabe a nós procurar por nós mesmos, e foi isso que eu fiz, eu percorri os estabelecimentos, de gabinete em gabinete, etc., e acabei conseguindo encontrar um estabelecimento, mas que...

– *Foi você que fez isso? Encontrar as coisas...*

Malik – Eu precisei, porque eu não queria parar. Porque naquele momento eu pensei que eu teria mais oportunidade do que... Bem, não era um CAP que podia me levar muito longe. [...] Eu procurei em vendas [...], então eu procurei em vendas porque foi aberta uma nova seção de vendas: venda-ação-mercador e procurei [...] então eu não encontrei, estava cheio, estava... e eu acabei encontrando um endereço porque eu estive no CIO da minha cidade, etc., e me disseram que havia vagas que tinham sido abertas num estabelecimento. Então fui até este estabelecimento, e eles acabaram me aceitando. Mas não em vendas, nem em contabilidade, mas em secretariado. E eles me deixaram acreditar que no segundo ano eu poderia passar para contabilidade.

– *Ah! sim, e onde era isso?*

Malik – Em Gentilly. Em Gentilly e então, pouco a pouco, eu percebi que era mais um estabelecimento refúgio do que qualquer outra coisa...

– *Como ele se chama?*

Malik – Escola profissionalizante do Val-de-Bièvre. Enfim, é duro quando a gente percebe isso...

– *E em quanto tempo você tomou consciência disso?*

Malik – Bem rápido, ao conversar com meus vizinhos que estavam na mesma situação que eu. E depois o outro que estava na minha frente, estava na mesma situação que eu. E o de trás também estava na mesma situação que eu. Afinal, percebemos que aquele era um [...], e então, por alguns que com certeza estavam por perto, é sabido que...

– *E o que é que vocês disseram nesse momento? Vocês conversaram uns com os outros?*

Eu gosto muito, é verdade, não sei por que, mas eu gosto muito

Malik – Bem, o problema é que, uma vez que entramos lá, que fomos aceitos lá... é preciso ficar, é lá que... eu disse para mim: bem, não é tão grave, eu vou fazer um segundo ano de contabilidade; e depois, afinal, nós ficamos satisfeitos ali, na verdade. Nós ficamos satisfeitos porque temos amigos na classe, começamos a conhecer os professores, etc. Então as coisas vão bem, não que as coisas que eles ensinem não sejam boas; é o estabelecimento, a gente percebe que não há... Ele não funciona, temos a impressão de que depois daquilo, de todo jeito tudo para no BEP, temos a impressão de que é algo à parte, e também que passamos por lá se não seguirmos o caminho normal, somos obrigados a passar por este estabelecimento, é um pouco estranho.

— *E os professores, eles são legais?*
Malik — Ah! sim, eles são muito legais.
— *Mas eles sabem também...*
Malik — Sim, eles se dão muito bem conta disso, eles não são bobos...
— *E eles fazem o que podem, não é?*
Malik — Em geral. Em geral. Não podemos dizer... uma parte está lá, tranquila, porque eles querem terminar dois ou três anos porque ele também é um estabelecimento para os professores...
— *Refugo?*
Malik — Não diria refugo, mas de espera durante três anos...
— *Para encontrar outra coisa, sim, é isso.*
Malik — E além disso muitos professores começam por ali. Por este estabelecimento. Professores jovens, etc., eles são colocados lá dentro, eles ficarão ainda [...], não sei, enfim cheios de coisas como essa. E depois, bem, eu fiz meu segundo ano e afinal não me deixaram passar para contabilidade e fiz meu segundo ano em secretariado. Então, em seguida, tinha chegado no segundo ano... portanto eu queria de qualquer jeito continuar, eu queria fazer uma primeira, primeira de adaptação.
— *Sim, para retomar...*
Malik — Para retomar o ciclo, porque eu disse para mim mesmo: seria melhor retomá-lo, e igual: recusa. [...] bem, eu nunca estudei, mas afinal, eu nunca senti a necessidade de estudar para passar, eu não sei, e depois eu... eu consegui passar normalmente, sem problema, mas seria preciso estudar ou fazer os outros verem que trabalhamos para talvez... Porque eles dizem: se ele não estuda, provavelmente também não estudará na primeira. E é verdade que com certeza seria preciso trabalhar. Portanto, neste momento, mas por outro lado eles foram muito gentis porque me deixaram fazer uma primeira de aproveitamento e, a esta altura, é o que estou fazendo. E depois era praticamente a única vez que eu escolhia realmente, de verdade. Portanto foi vendas, eu peguei as vendas. E então, pronto, aqui estou eu.

— *Agora mesmo você falou dos colegas, na frente, atrás, etc., e depois você disse: "bem, sim, nos damos conta...", o que isso quer dizer?*

Malik — Bem, a gente aceita. Como se diz, as coisas são assim. São assim, mas isso não é completamente negativo se percebermos, chegamos a ... [...] Sim, de qualquer jeito é um bom momento; eu gosto muito da escola, isso me... eu gosto muito, é verdade, não sei por que, mas gosto muito... Nem por causa dos colegas, nem, afinal, por causa do que aprendo; eu não sei por quê.

— *E quando você disse que era muito preguiçoso, que você...*

Malik — Ah! não, eu sou muito, muito, muito preguiçoso. Sou realmente preguiçoso.

— *Sim, no entanto você também se empenha, quando você saiu procurando um estabelecimento por toda parte, etc., você fez um grande esforço, não é?*

Malik — Bem, não me parece que sejam esforços, porque senão eu os teria feito antes, os esforços. Lá é, eu sou [*inaudível*], quando eu fico contra a parede, então eu me digo, é preciso reagir, e daí eu tento jogar um gancho, não importa aonde, é preciso ainda seguir um pouco o navio. Mas isso é difícil. É difícil... não é tão difícil quanto isso. Mas, de qualquer jeito... Não, é verdade eu sou preguiçoso porque, afinal... se eu chegasse em casa e então estudasse, bem, talvez eles me tivessem dado mais oportunidades, mais escolhas, é verdade... não foi por que eles se... não, enfim, eles estão lá, isso é certo, eles me empurram, me empurram e me dizem: "bem, enquanto você continuar, não há problema", etc. Mas eles não estão lá atrás.

Ele estava apoiado em seus princípios

– *Eles não sabem o que fazer para ajudá-lo, é isso?*

Malik – Eu acho que eles confiam em mim agora. Eles devem confiar em mim, eu acho que é mais isso, porque eles se dizem, bem, depois de tudo, mesmo se ele não estudar, não sabemos como, mas ele se... Mas é verdade que, afinal, é curioso o que eu vou dizer, mas eu tenho um pai que, enfim, não saberia nem mesmo o que eu faço. Exatamente, ele não poderia dizer para vocês exatamente o que eu faço. Ele não sabe se trata-se de contabilidade, ou de vendas, ele faria uma mistura de muitas coisas como essas na sua cabeça, mas ele não sabe precisamente o que eu faço.

– *Você não fala com ele sobre isso?*

Malik – Não, não falamos muito a respeito: nem ele me fala muito de seu trabalho, nem eu falo muito a respeito do meu.

– *Mas é difícil também para ele, não é?*

Malik – Bem, eu acho que deve ser... depois de um tempo, enfim ele não é completamente analfabeto, mas digamos que ele sabe somente o abecedário, mas tem muitas dificuldades para conseguir ler, etc.

– *Ele é de origem argelina?*

Malik – Sim, é verdade.

– *De que lugar?*

Malik – Ele nasceu lá.

– *Em que parte, você não sabe?*

Malik – Sei, em Tlemcen.

– *Ah! sim, de Tlemcen. Então ele tem dificuldades.*

Malik – Sim, ele tem dificuldades, e afinal eu não sei, porque afinal para ele isso foi, então ele jamais esteve numa escola, ele pôs uma vez os pés numa escola e depois não voltou mais. E eu tenho a impressão que, para ele, isso foi, isso foi uma frustração tão grande, quando ele chegou, etc., que ele ficou vexado ou alguma coisa assim, e ele percebe agora que isso é (...) e ele gostaria agora e pouco importa o que fazemos, afinal pouco importa o que fazemos, desde que consigamos subir mais alto. E na verdade ele está presente, ele faz tudo o que pode. Isso quer dizer que, financeiramente, ele me ajudará, etc., desde que eu esteja na escola. Mas é verdade que se eu abandonar isto, ele não vai ficar contente, de jeito nenhum.

[...]

– *Que é que ele faz por seu irmão? Seu irmão também mora com vocês dois?*

Malik – Não, ele também é estranho, enfim, ele vive com uma amiga que não conhecemos; então às vezes ele está na minha casa, às vezes não está. O que é que ele faz? Ele [*seu pai*] cruzou os braços. Eu acho que é mais por isso. Eu acho que ele cruzou os braços. Porque ele sentiu que ele estava lhe escapando completamente, mas muito, muito cedo, quando meu irmão tinha 16, 17 anos, ele lhe escapou completamente.

– *O que você quer dizer com "ele escapou dele"?*

Malik – Ele tinha escapado dele porque meu irmão estava completamente, ele quase não ficava em casa, pois estava sempre fora, etc. Portanto ele não o seguiu durante dois, três anos, não pôde vê-lo evoluir, etc.

– *Isso deve ter feito ele sofrer bastante, não é?*

Malik – Eu acho que... não tanto... eu acho. Mas é só agora que eu, apesar de tudo, estou tomando consciência disso, porque agora ele está completamente só...

– *Ele fala mais?*

Malik – Ele tenta falar mais; ele precisa tentar falar mais. Mas eu acho que ele tinha necessidade disso também [...]; enfim, isso é menos, isso vai ser menos maçante, vai ser menos maçante, isso é mais...

– *Mesmo assim, fale um pouco ... [...]*

Malik – Então, depois do divórcio – bem, isto é agora, é o que eu vejo, atenção, não é objetivo –, então, depois do divórcio, digamos que antes ele não tinha consciência... ele sempre nos considerou desde um prisma pai-filhos, etc., e assim ele não nos deixou, enfim, crescer, não sei, mas, enfim, as discussões eram inacreditáveis até um certo tempo atrás, porque quando eu falava de alguma coisa com ele, ele não acompanhava; para ele isso era muito terra a terra e então, depois do divórcio, minha mãe foi embora, e eu, meu irmão e eu nós ficamos, minha irmã já tinha ido embora com seu namorado. Como meu irmão não ficava muito em casa, no fim das contas só havia eu. Mas como eu também não ficava muito em casa – mais do que meu irmão, durante um tempo, depois menos do que ele –, isso fez com que ele ficasse completamente sozinho desde... isso já faz dez meses, na verdade poderíamos dizer que desde a volta às aulas. E então ele começa a... em função de ele ser deixado de lado e tenho certeza que lá no fundo de si ele deve se sentir abandonado. Enganado. Enquanto que minha mãe está mais próxima de nós, no nosso nível, ele tem a impressão... [...] E lá ele deve...

– *Refletir?* [Malik perde o fio e se lamenta]. [...] *Mas no fundo, se você tivesse falado deste jeito, antes, com ele, as coisas teriam sido diferentes? Não era possível?*

Malik – Sim, mas isso só funcionaria num sentido, porque é o que eu dizia para o senhor, é que ele estava apoiado em seus princípios, apoiado em seus princípios, era eu que devia ir em sua direção e isso só funcionava num sentido, então eu falo de mim. Mas no fim das contas, era bem parecido, era... é ele, é o pai que...

– *...é isso, que tem razão.*

Malik – É o pai central que é... a respeito do qual não se diz... Mas isso se deve, eu entendo de qualquer maneira que, em relação às suas origens, etc.

– *Com certeza, é normal.*

Malik – E no entanto, ele é genial porque, no fim das contas ele largou tudo, etc. Eu quero dizer religiosamente, ele não é de maneira nenhuma... o que ele quer afinal é se integrar; mesmo se tornando paranoico porque não quer problemas; se ele leva uma multa, ele fica maluco, sempre que ele tem problemas, etc. Ele não quer nenhuma história, ele está tentando se casar. Mas ele tem, eu acho que medo, ele tem um medo maluco daquilo que não está [determinado], mas isso ainda, isso vem de sua... De fato. Quero dizer, ele recebe um papel, não sei, por exemplo, me aconteceu de ter um P.V., etc., então depois de um tempo há um... estava no computador, então enviamos diretamente, está vencendo o prazo e ele não chega a compreender que é um computador, e não uma pessoa que ele deve entender, etc. É muito paranoico, é realmente grave, mas, [...] em casa é preciso lhe explicar. É preciso lhe explicar, mas ele tem dificuldade, é verdade que ele tem dificuldade, muita dificuldade. É ao mesmo tempo engraçado e totalmente sem graça. Então a gente se diverte no momento, mas depois...

Eu tenho necessidade de agitação o tempo todo

[...]

– *E para o futuro vocês pensam em quê?*

Malik – [*Risos*] Não aqui. Não aqui.

– *O que quer dizer?*

Malik – Não lá, não em Paris. Enfim, eu gosto muito de Paris, atenção, é uma cidade que eu adoro, quero dizer, bem, eu estou muito contente de viver aqui, mas tenho a impressão de que tenho necessidade de... fugir..., ...de fugir o tempo todo. Mas é mais uma fuga do que qualquer outra coisa, é... eu tenho, é preciso... eu não gosto da estabilidade. Eu tenho necessidade de agitação o tempo todo, que aconteçam coisas, que haja alguma coisa. Se depois de um tempo, eu estou em algum lugar, me sento e percebo que as coisas começam a se repetir, eu começo a... eu não quis ficar preso àquela circunstância. É sobretudo isso. Mas talvez isso vá mudar. Além disso, acontece só com a gente, e isso muda de qualquer jeito, com certeza. No fim das contas eu tenho certeza de uma coisa, que eu vou permanecer aqui. Mas no momento eu não tenho nenhuma vontade.

– *Sim, é isso, você prefere não pensar nisso, não é?*

Malik – É, é isso. Eu acho que é isso. Mas eu vou embora [*risos*]

[...]

– *E então, e agora este estágio, desemboca no quê? Logo depois dele?*

Malik – O estágio? O estágio, bem, ele é interessante, digamos que... é semelhante nos estágios, vamos encontrar aí meu temperamento, porque eu procuro em cada empreendimento que faço, eu quero que ela seja diferente. Por isso eu saio de uma grande empresa, a Oréal, etc., para entrar numa pequena empresa que acabou de abrir, há seis meses. Uma SARL, pequena, muito pequena [...]. Mas isso é igual, porque sob o aspecto... no dia em que eu for me apresentar, porque no fim nós temos de... no exame, nós temos uma entrevista oral, a respeito do relatório do estágio que temos de apresentar, etc., o estágio, tudo isso no exame oral, bem, neste dia eu não gostaria, se eles me perguntarem sobre o estágio, eu não gostaria de repetir duas vezes o mesmo estágio. Isso não me interessa. Isso não me interessa porque eles vão ficar enfadados e eu vou ficar cheio daquilo, e isso se percebe também. Pois, se eu tiver dois, quatro, então eu preciso fazer quatro durante dois anos, e deste modo passarei os dois anos, eu quero que eles sejam diferentes e complementares.

[...]

– *E depois que a empresa o contrata, que é que ela faz?*

Malik – Ah! não, não, não depois... veja só, eu não tinha nem mesmo pensado que um estabelecimento podia nos contratar [*risos*], isso talvez acontecesse antes, mas não agora.

– *Mas e então, os diplomas que...*

Malik – Aquele diploma? É um *bacalaureato* profissionalizante sem grandes perspectivas. Eu diria que é um negócio sem saída. Não sei, não tenho a impressão de que isto seja fácil de fazer, pois não faz muito tempo que está aberto, e depois eu desconfio deste tipo de diploma. [*Os estágios não são pagos.*]

– *Mas então como você faz para viver? Você precisa de vez em quando de um pouco de dinheiro...*

Malik – Eu? Bem, isso depende, às vezes eu trabalho, acontece de eu trabalhar...

– *Em outro lugar, é isso.*

Malik – Enfim, não muito, eu não sou... eu já disse, mas também acontece de eu trabalhar.

– *E além disso papai dá uma mão...?*

Malik – Sobretudo papai e mamãe, eles são legais quanto a isso. Eles sempre foram muito, muito legais quanto a isso.

– *Por que você diz "quanto a isso"?*

Malik – [*Inaudível*] Isso é sujo, hein?

Isso leva para um lado muito solidário

– *Poderíamos falar do conjunto habitacional, lá onde você mora, um pouco, há quanto tempo, como é...*

Malik – O.K. Bem eu cresci em [...], eu saí de Paris e depois dos outros lugares onde eu morei. Eu posso falar de meus pais. Meus pais chegaram à França em 64 eu acho, 1963 ou 1964, não sei mais; eles se encontraram. Meu pai morava em Cachan, minha mãe morava em Paris, cada um num quarto, [...], em seguida eles se encontraram, muito bem, eles se apaixonaram, e foram morar juntos em Paris, num quarto, eram então namorados franceses, que se tornaram depois muito mais próximos. Depois eles conseguiram através do Escritório dos HLM um imóvel em Cachan. Foi aí, então, que eu apareci [...]

Não é um conjunto habitacional enorme, é grande, mas não tem muita gente, ao contrário de outros. E lá então, vamos dizer... Eu acho que é interessante viver num lugar em que é realmente mais fácil fazer amizade com os outros, com amigas, pouco importa, com amigas, etc. E depois, isso cria algumas coisas, isso leva a um lado muito solidário. Acho que se chega mais rápido a isso se não ficar preso dentro de casa. E depois, isto cria coisas, leva a partilhar. Enfim, é isso que eu sinto, não sei se isso vem dos meus pais ou de outro lugar, mas isso permanece, porque se tiver 20 centavos, e puder comprar dois bombons, a gente não vai se empanturrar com os dois bombons se tiver um outro do lado. E não sei se o fato... Eu não sei, talvez porque a gente sinta que não tem muito dinheiro e então que tudo aquilo que a gente tem, a gente deve compartilhar com o outro, porque o outro fará o mesmo outro dia. Não sei. Bem, então eu cresci, etc. E então minha mãe fez um pedido para um alojamento na piscina, e acabamos indo para lá, para a piscina. Então em todo o bairro... [...]

E depois, sim, mas eu fazia natação e tudo o mais, e então, quando chegou num certo momento na natação, eu percebi que, bem, eu tinha 13, 13 anos; então exigiam de nós, exigiam de nós, exigiam de nós, pois percebemos que todos os dias tínhamos treinamento, por exemplo o sábado de competição, até mesmo o domingo, e isso já a certo nível, ao que nós chegamos, etc.

– *E você era muito bom, para poder fazer tudo isso, não é... para a competição?*

Malik – Parece que sim, eu nadava bem! Mas nesta altura, não sei, eu achei isso doentio. Muito doentio. Que pedissem tanto de mim, eu não achei aquilo normal. [...]

– *É um pouco como a escola, não é?*

Malik – Não, mas na escola não exigem tanto assim da gente. É diferente.

– *Sim, na escola eles não exigem o suficiente, e no esporte eles exigem demais?*

Malik – [*Longo silêncio*] Na escola também não se exige o suficiente.

– Não como seria preciso.

Malik – E além disso... eu acho que é isso. Eu acho que é isso, é realmente isso. Não como seria preciso. Enfim, existe uma pedagogia geral bem estabelecida, muito acadêmica, mas a gente percebe que não existe uma coisa mais individualizada, não se toma o indivíduo à parte...

[...]

O que a gente queria, é que mude...

– Os amigos contavam muito?

Malik – Ah, sim!

– E era assim em todas suas horas vagas?

Malik – Era.

– No conjunto habitacional?

Malik – Muito no conjunto habitacional, por isso é... é lá que eu estava com... pois eu ainda estava no primário quando eu me mudei para a piscina e então [...] eu me mudei, troquei de escola, então em Cachan tudo ia bem. Eu comecei a travar conhecimentos justamente com as pessoas que viviam aqui. Então isso não me afetava em nada pois eu sempre vivi, eu não me sentia deslocado, etc., de jeito nenhum. Pois eu tive contatos fáceis, etc., e então as coisas iam bem, CM1, CM2... E depois podemos dizer que no fim do CM2 – porque eu me refiro aos anos escolares – no fim do CM2, bem, eu comecei a ver uma outra coisa, a dizer para mim mesmo, não sei, eu fazia muitas besteiras quando moleque, roubava, essas besteiras, realmente besteiras. Era uma besteira monstruosa, porque acabaríamos roubando o Banco da França, isso teria sido mais interessante. Nós não tínhamos muita ambição. Sim, é mais legal, mas enfim eu creio que é o risco, por outro lado é... quando a gente é pequeno, não é o lado "eu roubo porque tenho necessidade de ter"; é isso: eu não tenho, eu roubo; eu quero dizer que eram besteiras, eram laranjas, besteiras, desde que houvesse risco! O que a gente queria é que acontecesse alguma coisa [*risos*]. Era tão... era como quando a gente está realmente [...]. Mas nós evoluímos um pouco mais então; e depois me aconteceu uma vez, então foi isso, eu mudei, a gente mudou muito... então eu estava sempre com meu irmão, e foi isso no fundo que nos... a gente estava sempre juntos quando éramos pequenos, e depois quando chegamos lá e depois como nos encontramos os dois, bem, estávamos sempre juntos, a gente treinava sempre juntos, e nós consertávamos as bicicletas e saíamos nelas. À conquista de Cachan.

[...]

– Mas o que foi que aconteceu? Ele...

Malik – Ele cresceu. Ele cresceu e nós continuamos pequenos. Pequenos, embora com 14 anos a gente já se vire, as coisas vão bem, eu acho. Mas no fundo foi então que tomamos dois caminhos diferentes. Para mim foi isso que... eram os meus anos CAP, como eu disse, isso foi [*inaudível*]. É verdade, não são besteiras, quero dizer, eu tinha... Eu não sei, não posso falar disso deste jeito, seria preciso falar por muito tempo, há muitas lembranças, há muitas coisas, muitas... é genial, isso! São coisas que a gente não esquece. Mas são também histórias com os professores, coisas de se chorar junto, coisas loucas. Em todo caso eu nunca chorei com um amigo. Bem, nós acabamos chorando, mas na delegacia, isso é diferente; [*inaudível*] na delegacia, mas isso foi por causa de uma besteira estúpida. Então a gente escapou, mas mudamos muito de amigos num momento assim.

– Você pulou muita coisa: que foi que você fez para ir para a delegacia?

Malik – Bem... eu estava com dois... é engraçado porque eu entendo o que aconte-

499

ce [*faz sinal em direção à sua cabeça*] mas o senhor, o senhor não enxerga nada. Eu consigo imaginar e consigo...

– *Você não está dizendo tudo.*

Malik – Não, na verdade não... [*risos*]

– *Você pode, como sabe, nada sairá daqui.*

[*Ele explica que ele "fez umas besteiras" com os meninos, "não eram boa companhia, mas eram legais": roubos pelo "gosto do risco", brincadeiras com fogo e incêndios involuntários, invasões de casas mais ou menos abandonadas, ao longo do qual ele acabou pego pela polícia como previam seus pais.*]

Malik – [...] Então quando chegamos à delegacia, meus pais vieram. Sobretudo minha mãe, porque minha mãe é... não é – na verdade ela nunca realmente me bateu ou me espancou, etc. – mas eram castigos duros, era cortar o cabelo, não dá vontade, cortar um buraco sobre sua cabeça. Então quando você chega na segunda-feira no colégio, com sua [...], você não fica muito contente. E depois é isso aí, não foi nada de maldoso, eu nunca fiz nada por maldade. E sempre nesta empresa, é verdade que depois disso só vai aumentando, isso aumenta, isso vai cada vez mais e então acabamos chegando num período... E eu, perto... então a quinta, eu entrei no CAP, e comecei a conhecer pessoas e tive em relação àquilo, eu tinha completamente, eu deixei completamente... Eu me afastei de todo aquele meio, enquanto que meu irmão continuou...

– *É isso, ele continuou a...*

Malik – Continuou a fazer todas aquelas besteiras, e mais velho. E portanto foi depois...

– *Ele teve alguns problemas? Ele foi...*

Malik – Detido. Detido, não preso, mas quase.

– *E por quê? Por causa de roubos, coisas assim?*

Malik – Bem... isso aconteceu uma vez por... porque então ele... porque durante um tempo – isso já foi um pouco mais tarde – durante um tempo, então, ele tinha parado com a escola e depois tinha sempre esta necessidade de dinheiro, mas ele não sabe gastar seu dinheiro, eu não entendo. É isso que eu não entendo, ele não tem tanta necessidade assim de dinheiro, mas ele continuou nesta viagem para dizer a verdade. Então ele entrou com arrombamento num supermercado. Uma noite, uma noite. E além disso era a época "Ricard", como se diz. Mas ele não bebia, ele vendia. Ele traficava "Ricard" para [...], é isto que faziam. Portanto foi isso. E então ele foi adiante, e foi frequentemente detido. Ele foi encontrado... e depois ele acabou tendo um azar desgraçado. Então ele encontrou uns amigos uma noite, eles estavam de mobilete, ele discutiu, os tiras passaram, e ele acabou detido junto, cada vez era uma coisa assim. Ou então ele está em Paris, tranquilo, fumando seu baseado tranquilamente, e acaba detido, é fogo, coisas assim. E lá, digamos que.. e depois eu estava um pouco mais. Então foi lá que eu encontrei aqueles que hoje são meus amigos...

[...]

A gente gostaria muito de montar uma base náutica

– *É isso, mas você se divertia de tal forma que não tinha vontade de...*

Malik – De voltar para casa. Não, eu não voltava para casa. Eu acabava voltando lá pelas oito horas. Eu ficava estudando, então com... e depois, pronto, as coisas se encadeiam e depois a gente discute e depois, etc., e depois a gente percebe que...

– *E você não teve vontade de trabalhar naquele momento?*

Malik – Realmente não. Eu acho que foi ali, naquele momento preciso que, quando eu encontrei essas pessoas, que aconteceu o estalo, podíamos dizer, de não querer trabalhar, porque.... porque havia ainda muitos momentos como aqueles para passar. Outros momentos, outros encontros, outros encontros que são importantes. E não sei se foram todas as pessoas que entenderam essa coisa. Que tinham pego o negócio na passagem.

– *O que é que você quer dizer com isso?*

Malik – Essa necessidade de trocar as coisas... [*Longo relato picaresco de uma viagem à Espanha com seus amigos.*]

– *O que é que esse amigo faz agora?*

Malik – Ele está fazendo um curso profissionalizante; ele está no segundo ano, porque nós entramos como candidato livre, e ele conseguiu e eu não.

– *O que foi que você disse, eu não ouvi?*

Malik – Ele conseguiu e eu não.

– *Mas o quê?*

Malik – O BP como candidato livre. Ou seja, um ano antes, um ano antes. Porque ele não pôde terminar o seu CAP, ele sofreu um acidente; isso não impede que ele seja um cara muito bom.

– *E vocês têm projetos juntos?*

Malik – Não sei o que o senhor chama de projetos...

– *Não sei, eu pensei que...*

Malik – [*Tom pomposo*] Bem, ele tem um projeto, digamos que gostaríamos muito de montar uma base náutica.

– *E onde?*

Malik – No Vietname [*risos*].

– *E por quê?*

Malik – Porque o Vietname está em plena expansão, ele acaba de se abrir.

– *Sim, bem pensado.*

Malik – Ele acaba de se abrir e parece que vai ser um país que... que vai crescer...

– *Sim, um clube é uma boa ideia.*

Malik – Não, não é um clube, eu não gosto...

– *Então é o quê?*

Malik – ...os clubes, como eu dizia há pouco. Não, eu, como eu dizia, quero autenticidade do começo até o fim.

– *Como assim? Por exemplo?*

Malik – Em muitas coisas; o som, os cheiros, é prestar atenção em tudo, porque não será qualquer um que virá. Porque nós gostaríamos de montar paralelamente uma outra base náutica, mas que se situaria no Oeste da França, na costa, em [...] como não sabemos onde; e naquele momento será antes de tudo um recrutamento... poderíamos dizer, então será o momento de oferecer estes serviços às empresas, pois na verdade será preciso uma certa categoria de pessoas. E enquanto isso... – podemos dizer, por si mesmos eles não saberão – então veremos quais dentre essas pessoas estão em condições de poder... que procuram aquilo; enfim é isso, ele se baseia nisso, o projeto. E é a essas pessoas, durante esse negócio, que vamos oferecê-lo... apenas isso, e não será ele que ficará em cima do muro se questionando. Está bom, não?

– *Está bom, sim.*

Malik – É bem legal. Mas isso será no começo, digamos que vamos oferecer tudo do começo até o fim. Enfim, oferecer. Mas enfim, isso começará nas refeições, tudo isso, tudo. Realmente tudo. Porque estamos perdendo isso, isso me deixa maluco, estamos perdendo isso hoje, mas nós somos desprezíveis, na hora vamos conseguir dinheiro, depois vamos fazer, enfim não sei... Mas estamos perdendo e isso, eu não suporto ver as pessoas que...

– *E vocês dois começaram a ir lá para ver...*

Malik – Não, porque ele viajou para a Tailândia, com um amigo, então o segundo Frederico, que viaja muito junto com seu pai, pois seu pai é engenheiro, mas foi destacado pelas Telecomunicações e por isso viaja sem parar; então ele tem a possibilidade, foi através dele que soubemos que o Vietname era um país...

– *E o que é que faz este amigo, esse Frederico?*

Malik – Frederico está numa primeira de adaptação num liceu em Paris. E o outro está fazendo o segundo ano de um curso técnico profissionalizante, mas alternado; porque ele não mora com seus pais; ele teve [...] problemas muito depressa, e foi abandonado muito rápido.

– *Abandonado por quem? Por seus pais?*

Malik – Ah! bem, não por seus pais. Mas é um pouco complicado este caso, de qualquer jeito. Ele estaria muito bem por aqui, não, não é verdade... Então, a este respeito, é isso. Então ele tem um apartamento só para ele, ele está completamente autônomo e..

– *Então vocês pensaram em fazer isso a três, não é? Com Frederico...*

Malik – Sim, mas...

– *E ele até mesmo foi até lá conhecer?*

Malik – Sim, mas não até lá mesmo, eles foram para a Tailândia, tranquilos com Laurent...

– *Mas eles têm bastante dinheiro, por que é longe ir até lá?*

Malik – Eles se viram.

– *Eles estudam?*

Malik – Bem, o outro está em alternância, então ele trabalha, mas ele passou seis meses na miséria depois da viagem.

– *E o que é que você vai fazer neste verão?*

Malik – Eu vou então tentar viajar com Laurent; então eu vou tentar viajar por uma semana, e por isso nos propusemos a fazer juntos um negócio na UCPA.

– *Ah, é, e onde isso?*

Malik – Em Verdon, de fazer uma incursão... em águas cristalinas, etc.

[...]

– *Bem estas são coisas realmente bacanas. Bem, são cansativas, mas...*

Malik – É, são cansativas; mas, bem, lá vamos ver, é preciso arranjar as coisas rápido, senão viajaremos da mesma forma por uma semana, mas desta vez no Oeste da França e andaremos um pouco de [...], de catamarã.

– *O que é isso?*

Malik – O catamarã? O senhor conhece estes pequenos *hobbycats*? São pequenos *hobbycats* como os que se vê em Bounty, mas ficamos na França. São boas, estas sensações. Ou aquilo ou isto. Ah, sim, e dez dias na... sim com... com... com minha... minha amiga, na Espanha. Porque eu gosto muito...

Argelina. E não foi de propósito...

– *Quem é sua amiga?*

Malik – É [*amiga*] I.E.

– *Ah sim, porque da maneira como você disse eu não ousaria dizer. É isso.*

Malik – I.E.

– *E quem é I.E.? Se não for indiscreto...*

Malik – [*Risos*] I.E. é Fedellah. Ela é um encanto.

– *E o que é que ela faz?*

Malik – Ela é professora.

– *De quê?*

Malik – Num LEP [*na verdade, trata-se de seu próprio LEP*]. Ela é professora, ela faz direito, economia, coisas assim.

[...]

Sim, eu viajarei por dez dias; sim, é mais legal porque ela não conhece, ela não gosta da água, ela não sabe nadar e então eu quero fazê-la... ensiná-la, não ensiná-la, basta que ela coloque os pés na água em Gibraltar, porque não foi senão lá que eu encontrei, eu disse, contanto que ela conheça um bom lugar. O Atlântico e o Mediterrâneo que se cruzem.

– *Ela é de que origem?*

Malik – Argelina. E não foi intencional [*risos*]. Não foi de propósito, porque tudo aquilo que é... enfim, pouco importa. Bom, isso pode ser legal, não sei.

[...]

[*Agora ele fala da casa onde mora com seu pai quando não está com sua companheira.*]

As carreiras me assustam também

– *E você mora o tempo todo lá com sua namorada, ou você vai para lá...*

Malik – Na casa de minha namorada? Sim... porque... [*risos*]

– *Não, não foi isso que eu quis dizer, de jeito nenhum... de jeito nenhum...*

Malik – É que eu estou dividido entre os dois. E a verdade é que, a verdade é que é mais agradável acordar do lado de...

– *Então seu pai conhece sua namorada?*

Malik – Sim, ele a conhece; ele a conhece e tudo vai bem; eles se entendem bem, os dois...

– *Os dois juntos, eles se entendem bem... E os pais dela, eles são... O pai dela é argelino...?*

Malik – O pai dela é argelino, a mãe dela é argelina. E por coincidência, eles são de Tlemcen também.

– *Ah, é, que engraçado. Eles não se conheciam...*

Malik – Não, eles não se conheciam porque os pais dela... podemos dizer que o pai dela chegou muito cedo, aqui; ele chegou nos anos 1930 e então...

– *Sim, foi por isso, seu pai chegou há muito menos tempo.*

Malik – É isso.

– *Você já nos falou tudo?*

Malik – Sim, fora [...]. Sim, eu vou talvez ficar um pouco mais no colégio, na escola, eu gosto muito. É tudo, eu continuo para ter certeza. Depois se um dia eu me der mal e as coisas não funcionarem...

– *Sim, é preciso que você tenha um...*

Malik – ... que eu esteja disposto a ficar aqui e também a dar lugar para ela tentando compensar pelo lado material, que é o que todo mundo faz.

– *Não compreendi o que você quis dizer?*

Malik – No fim das contas eu vejo o dinheiro de maneira diferente, porque eu tenho a impressão de que o dinheiro traz sobretudo uma compensação. E tenho a impressão de que todo mundo está meio mal e que o dinheiro permite compensar certos sonhos pelo lado material que continua fixo... esta é a compensação; mas eu não tenho muita vontade disso, eu tenho vontade de viver, não de compensar isso com outra coisa.

– *No fundo o dinheiro não é o essencial, não é?*

Malik – Não é, não é meu... não é meu primeiro objetivo. Mas com certeza, para aquilo que eu quero fazer, eu terei necessidade dele. Digamos que este será o meio mais fácil, mais radical para poder chegar àquilo que eu quero fazer. Mas este não será o primeiro objetivo.

– *Você já pensou um pouco em como vai conseguir dinheiro para seu empreendimento?*

Malik – O Banco da França [*risos*]. Não, eu não sei... para conseguir dinheiro, será preciso trabalhar bastante e bem, tentar encontrar um cargo bem legal, agradável, enfim eu quero uma profissão apaixonante. Atenção! eu sou muito exigente, eu quero uma profissão que me agrade do começo até o fim. Mas não uma profissão carreirista ou que absorva demais, depois a gente [*inaudível*], [*risos*]. Digamos: não ter de vestir um outro papel quando for ao trabalho, mas permanecer assim mesmo deste lado [...] mesmo assim é importante. É preciso não exagerar, as carreiras me assustam também.

– *Sim, num certo sentido a escola é ótima.*

Malik – Ser PDG e depois esquecer, não mais olhar para sua namorada, não mais... isso não me interessa.

[...]

– *Mas a escola, no fundo, é um universo que o agrada? A escola?*

Malik – Sim, claro, ela me agrada muito. E acho que agora, isso faz parte também, afinal foi o caminho que eu tomei, que me permitiu ficar mais tempo na escola. E eu digo para mim...

– *No fundo o que o aborrece na escola é ter de estudar, não é? Porque senão tudo estaria muito bem.*

Malik – Bem, eu não estudo.

– *Sim, é isso, então está tudo bem.*

Malik – Está tudo bem. Está tudo bem. É legal [...] os professores são bacanas, é legal.

– *O que você quer dizer?*

Malik – Bem, eles fazem perguntas. Eles se questionam por que eu não trabalho.

– *Sim, a gente se pergunta, porque se você quisesse, você se daria muito bem.*

Malik – Não.

– *Sim.*

Malik – Não, não, mas eu estou muito bem assim. Porque, porque... é isso que eu não entendo, na escola não exigem que eu tire 20. Por outro lado, no trabalho, é preciso ter... não é 20, é 0 ou 20, não é 14 nem 12, não é... E lá nos deixam espaço para escolher justamente entre tirar 12, 13, 10, bem, 9 não, porque depois isso não é bom. Então basta fazer realmente o mínimo [*risos*], tirar... manter seu 10 e depois no último trimestre alcançar um 12 de média, e depois dar uma escapada, no fim você não fez nada e eles deixaram você passar. É isso que cria meus problemas, como eu disse... de conseguir alcançar aquilo que eu quero, porque eles têm a impressão de que as coisas vão ser o tempo todo assim, isso é muito, realmente muito; mas agora eu começo a compreendê-los melhor, porque minha namorada, I.E. é professora, do outro lado da barreira que... a gente vê um pouco daquilo que acontece. Mas... é legal. Minha vida é legal [*risos*].

Junho de 1991

Sylvain Broccolichi

Um paraíso perdido

Claire, Muriel e Nadine compartilham com um grande número de alunos a experiência da queda brutal de seu valor escolar ao chegarem ao liceu. Esta descoberta se acompanha, para todas as três, de um balde de água fria jogado em suas esperanças bem como o surgimento de uma postura crítica em relação às estruturas e às condições de trabalho na escola. Provenientes de três colégios diferentes, foi no liceu Verlaine que elas se desencantaram ao descobrir um mundo mais nitidamente hierarquizado, no qual se encontram desprezados aqueles que não têm acesso à "estrada real científica" e no qual não valem mais os mesmos valores. Fazendo parte até então dos "bons alunos" que uma escola benevolente reconhece e encoraja, elas ficaram particularmente surpresas e chocadas com o tratamento reservado a suas novas dificuldades encontradas ao nível do liceu; elas se viram de repente confrontadas com a violência que o mundo escolar exerce sobre os alunos menos preparados para as suas exigências.

Fazendo parte de um departamento no qual foi mantido o princípio estrito da setorização, o liceu Verlaine, prédio em estado precário, construído durante os anos 1950, se situa num distrito escolar correspondente a dois conjuntos habitacionais predominantemente operários (embora com um aumento das categorias de "empregados" e de "profissões intermediárias" e do setor terciário em geral) das quais uma está próxima de Paris. É o único liceu de ensino geral do distrito que prepara para os *bacalaureatos* científicos (C e D) e literários (A1, A2 e A3); ele reúne os melhores alunos dos 12 colégios do setor com exceção daqueles que emigram para os liceus parisienses. Os alunos "medianos" se distribuem entre os dois liceus de ensino geral e técnico que preparam para os *bacalaureatos* tecnológicos, assim como para os *bacalaureatos* B e E. O corpo docente e a administração do liceu conseguem limitar estas "fugas" ao manter um nível de exigência elevado, sobretudo para o acesso à terminal C (cuja taxa de sucesso no *bacalaureato* é um dos maiores determinantes da reputação de um liceu), e é, portanto, sobretudo ao nível do primeiro ciclo que se observam as partidas em direção aos estabelecimentos parisienses por parte de alunos de origem social elevada.

É tendo principalmente em vista seus resultados em matemática e em física, determinantes para a orientação na primeira S, que a maioria dos alunos descobre as exigências tão elevadas do liceu: para muitos entre eles, estes resultados são expressivamente mais baixos do que esperavam, o "salto de exigência" na chegada ao liceu sendo aí revelado justamente pela amplitude da "queda das notas". E de fato, em relação aos outros liceus que não preparam da mesma forma que o liceu Verlaine para as seções mais nobres do *bacalaureato,* este último apresenta o sistema de exigências mais elevado e as normas de avaliação mais severas, como dá testemunha a baixa das notas dos alunos da segunda (em matemática e em francês particularmente) em relação às suas notas da terceira, muito mais acentuada neste liceu do que nos dois outros liceus do setor, embora o currículo seja oficialmente o mesmo.

A dimensão desta "baixa das notas" é também função do colégio de origem, sobretudo depois que as características sociais e escolares da população de cada colégio são menos "corrigidas" que anteriormente pela intensidade da seleção. A vontade do governo de fazer chegar 80% de uma geração a uma classe terminal, longe de produzir uma otimização do sistema de ensino, se traduz por todo um conjunto de medidas (ao nível da capacidade de acolhida dos diversos graus) e de pressões administrativas, obrigando de certa forma o pessoal dos colégios a deixar passar "por antiguidade", até a terceira, alunos que jamais teriam chegado até aí no estado anterior do sistema, e ao mesmo tempo diminuir suas exigências em função da população de alunos com a qual eles devem tratar durante (ao menos) quatro anos. As estatísticas produzidas tradicionalmente pelos serviços da Educação nacional não fazem aparecer estas diferenças, que se acentuarão ao nível da segunda, onde o futuro escolar dos alunos variará consideravelmente de acordo com o colégio de origem (por exemplo, as taxas de repetências ou de reorientações para o BEP variam de 8% a 50% no liceu Verlaine de acordo com o colégio de origem). A relatividade das notas obtidas no colégio escapa em grande parte aos alunos, que se encontrarão ao mesmo tempo ainda mais abalados por seu brusco declínio escolar na segunda, agravado pela presença de alunos bem melhores do que os do colégio.

Eu encontrei Claire, Muriel e Nadine, três alunas do liceu Verlaine, em função de um trabalho que desenvolvo já há muitos anos sobre o ensino secundário no distrito escolar deste liceu e ao longo do qual pude estabelecer múltiplos contatos tanto com o pessoal da Educação nacional quanto com os pais de alunos e com os próprios alunos. Elas responderam, todas as três, com prontidão ao meu pedido de conversar com elas a respeito dos problemas encontrados no liceu; elas estavam igualmente dispostas a me apresentar a outros alunos voluntários, próximos delas por sua situação, por seu histórico escolar e também por seu engajamento político junto às juventudes comunistas. Após ter observado, ao longo de uma primeira entrevista coletiva, a maneira como elas se encorajavam a testemunhar a respeito daquilo que mais as tinha abalado no liceu (especialmente as respostas desvalorizantes ou culpabilizantes da instituição acerca de suas dificuldades), decidi propor a elas uma segunda entrevista igualmente coletiva que, sem dúvida por ter se realizado numa sala menos "oficial" e mais isolada do liceu, permitiu uma conversa menos censurada a respeito da administração ou dos professores.

Desde as primeiras evocações de sua perturbação e da impossibilidade de abordar suas dificuldades com os adultos do liceu, elas insistiram sobre o risco de serem consideradas como "pequenas brincalhonas" procurando desculpas para sua insuficiência. Daí minha tendência a dizer "a gente" no lugar de "vocês", quando retomava o fio da conversação, como que para marcar minha adesão a seu ponto de vista e para atenuar sua inibição.

Claire R.: "completamente desvalorizadas"

Claire tem 15 anos. No liceu Verlaine há somente três meses na segunda, ela será a menos loquaz durante as entrevistas. Filha de um operário e de uma agente hospitalar, ela pôde se beneficiar durante sua escolaridade da ajuda de sua irmã mais velha, titular do *bacalaureato* A1 com distinção, que, por sua vez, tinha recebido um reforço escolar comparável de uma tia, supervisora geral num hospital.

Ao contrário de Muriel e Nadine, que pertencem a famílias social e culturalmente mais privilegiadas e que ousam afirmar alguns projetos (jornalismo, fotografia) em função de suas afinidades e centros de interesse extraescolares, Claire evoca timidamente um objetivo – o comércio internacional – determinado em função de possibilidades razoáveis de inserção ("me disseram que havia oportunidade neste setor") e de seu perfil escolar ("eu sou boa sobretudo em línguas"). Tão "boa" aluna no colégio, ao que parece, quanto Muriel e Nadine (este adjetivo aparece sete vezes em seu boletim trimestral do fim da terceira), ela é a única a ter claramente excluído desde o início uma preparação para um *bacalaureato* científico, embora não ignore o caráter negativo desta escolha: quase que em cada uma de suas raras intervenções ela fala do "*bacalaureato* C", que lhe parece o único valor garantido neste período de generalização do acesso ao *bacalaureato* e de incerteza de se conseguir emprego e lamenta várias vezes que as outras seções, às quais está destinada por seus resultados escolares em baixa, sejam "completamente desvalorizadas". A inquietação que ela experimenta em relação a seu futuro encontra sua melhor expressão na evocação de uma figura de revista mostrada por um de seus professores da terceira que representa "um pequeno senhor que varria o chão" ao lado do *bacalaureato* A, enquanto que "o *bacalaureato* C era o diretor da empresa". Ela, cujo pai sem qualificação profissional trabalhou durante muito tempo num "serviço de manutenção", é muito sensível a este tipo de imagem.

Claire, que sempre "garantiu" um bom desempenho em todas as disciplinas em lugar de tentar ser a melhor em algumas delas, não consegue, no início da segunda, manter bons resultados senão em línguas; no resto, suas notas baixam de dois a sete pontos de acordo com as disciplinas, seguindo nisso a evolução média dos alunos provenientes do mesmo colégio que ela. Nesse colégio de recrutamento social bastante baixo, cada vez mais desprezado pelos melhores alunos do setor (à medida mesmo que a política de abrandamento da seleção aí se encontra mais regularmente aplicada), Claire continuava sendo uma das únicas a poder corresponder às expectativas dos professores e a participar com eles de um jogo de gratificações mútuas. O discurso nostálgico que estas ex-boas alunas – geralmente meninas – proferem a respeito do colégio, quando elas se encontram de repente perdidas na massa dos alunos julgados "medíocres" no liceu, só ganha todo o seu sentido quando referido ao conjunto das provas de consideração que se atribuíam a elas anteriormente: em colégios em que tantos alunos "desistem" em algumas matérias, tornando difícil o trabalho dos professores, estes apreciam e valorizam particularmente estes "pássaros raros" como Claire que eles desejam poder conservar no estabelecimento ao mesmo tempo em que reconhecem seu mérito particular de conseguirem trabalhar bem num ambiente escolar tão pouco favorável. A todo momento, eles esbanjam encorajamentos e cumprimentos pessoais que aproximam a relação professor-aluno de uma relação pai-filho, e fazem com que Claire chegue a dizer: "No colégio, éramos como uma pequena família... Sempre tínhamos um professor nos apoiando", enquanto que no liceu "eu não tenho a impressão de que se pode ir ver um professor".

Muriel F.: "isto se torna completamente incoerente"

Desde o momento em que se colocou a ideia de uma entrevista a respeito do problema dos liceus, Claire, assim como outras pessoas contatadas, me tinham falado de Muriel. "Muriel terá certamente muitas coisas para dizer. Além disso, ela tem tempo, pois está no A1..." Assim se expressou uma colega do pai de Muriel (professor de EPS), enfatizando implicitamente uma oposição entre sua própria filha – que tinha "ralado" para passar no vestibular científico – e Muriel, que tinha de certa forma escolhido a facilidade, já que ela era uma aluna brilhante e estava mesmo um ano adiantada (que ela conservou) ao chegar à segunda. Muriel deve esta indicação unânime à sua posição de representante eleita do liceu e de participante de uma coordenação nacional de liceus (tendência das juventudes comunistas). Ela concordou de bom grado, na entrevista, em não se proteger por trás de uma posição de "porta-voz" (como se teria podido temer), mas de falar simplesmente de sua própria história.

Ela evoca duas rupturas em sua escolaridade: primeiro a passagem de uma escola primária com poucas pessoas e próxima de sua casa – na qual o sentimento de "uma espécie de família" estava reforçado pela familiaridade entre sua mãe professora primária e os adultos da escola – para o grande colégio "cinzento e frio" de 600 alunos, ex-primeiro ciclo do liceu Verlaine. Em seguida a passagem para o liceu, onde o primado das disciplinas científicas (com as quais ela está menos à vontade) perturba a imagem de boa aluna que sempre a tinha acompanhado.

O colégio Verlaine representa o colégio mais próximo do liceu no que se refere a seu recrutamento social – o mais elevado do distrito –, e pelo nível de exigência escolar (a queda das notas ao chegar à segunda é a menos acentuada para os alunos que provêm dele. Em relação à média dos alunos de seu colégio, Muriel está na contracorrente: se ela por um lado evoluiu melhor no conjunto das disciplinas, foi o inverso que ocorreu em matemática e nas ciências físicas (suas notas aí passaram em média de 12 para 7). Sempre se esforçando para apresentar sua orientação para o A1 como o resultado de uma livre escolha, ela reconhece por vezes que sua vocação literária é relativamente recente e não de todo alheia a suas dificuldades em matemática e em física na turma da segunda, assim como à sua aversão a respeito de uma orientação que a obrigaria a "trabalhar como uma louca para poder ir para o *S*" com resultados incertos.

Consciente de que suas "escolhas" têm um efeito de rebaixamento, ela se esforça para relativizá-lo ao denunciar a arbitrariedade da hierarquia científico-literária e militar a favor do princípio da dignidade igual entre as seções, e é com uma certa espécie de segurança que ela critica um universo "completamente incoerente" no qual "para entrar em preparação para letras é mais valioso ter feito *bacalaureato* C", no qual os próprios professores de Letras aconselham esta seção a seus melhores alunos. Mas estas críticas não podem impedi-la de experimentar e de exprimir, mesmo que com muitas recusas, um sentimento de fracasso ligado ao sentimento de ocupar a partir de agora uma posição desvalorizada dentro da hierarquia escolar; sentimento que reativa a comparação com alguns de seus antigos colegas de colégio que "foram bem sucedidos": "Nós éramos verdadeiramente iguais. Nós chegamos até a segunda, e – a matemática é extremamente mais difícil na segunda – e ah, havia umas coisas em que nós duas relaxamos. E eu, em casa, não tinha ninguém que pudesse me ajudar em matemática [...]. Mas ela, ela estudava o tempo todo, o tempo todo com seu pai... Pois é, ela conseguiu. Enfim, ela conseguiu... não digo que ela tenha conseguido, mas digamos que ela está no S". E ela não pode evitar de lembrar com insistência o papel negativo do professor que, na segunda, a fez perder o gosto pela matemática, ela e muitos outros.

Nadine B.: "eu fui trazida de meus sonhos para o chão"

Nadine, 18 anos, está na terminal A1 no momento da entrevista, mas para ela está claro que seus dois anos na classe da segunda foram os mais decisivos e também os mais difíceis de suportar. Vinda de um colégio social e academicamente bem próximo do de Claire, ela sente a mesma aversão pelo liceu e a mesma saudade de seu colégio, no qual era boa aluna, exceto em matemática, dando conta de tudo sozinha, sem pedir nada a seus pais, funcionário sindical da ANPE e técnica-química no CNRS, que tinham confiança nela.

Tendo o projeto de se tornar fotógrafa, ela se informa durante seu último ano de colégio com a orientadora e descobre que a maior parte das escolas de fotografia pós-*bacalaureato* exigem um *bacalaureato* científico: "ou você parte para um *bacalaureato* C ou D, ou então você desiste do seu negócio", lhe teria sido dito naquela ocasião. Consciente da importância de alcançar bons resultados nas matérias científicas, ela se esforça para melhorar consideravelmente seus resultados em matemática no fim da terceira e consegue isso.

Mas, como a maioria dos alunos provenientes do mesmo colégio que ela, suas notas declinam muito claramente na chegada na segunda: em quatro pontos em média, e muito mais em matemática onde elas despencam a dois no primeiro trimestre, com a avaliação: "lacunas enormes!" Grande desilusão: ela pensa que jamais poderá "realizar grandes estudos", nem ir para o C, e então muda de opinião. Por conselho de seus pais, e também porque lhe é difícil abandonar seu projeto, ela se apega entretanto à esperança de que ao repetir de ano ela poderá consertar a situação. Durante este ano de repetência, mais "estressante" ainda do que o precedente, seus resultados nas disciplinas científicas se mantêm insuficientes e terminam por fazê-la "desistir de seus sonhos".

O relato de Nadine, a emoção e a aflição perceptíveis em sua voz nos levam a compreender que na classe da segunda ela não apenas sofreu a desventura de ter tido um projeto escolar e profissional contrariado, mas também sua visão dela mesma, da escola e dos adultos se viu alterada pelas desilusões e decepções que se sucederam: fracasso escolar (impensável até alguns meses atrás), perda de consideração e deterioração geral das relações contrastando com a harmonia anterior. "Eu sempre tinha me entendido bem com eles", diz ela se referindo tanto a seus pais quanto a seus professores, enquanto que na segunda "eu passei a me desentender com todo mundo".

Enquanto que Claire e sobretudo Muriel tinham podido se persuadir que um *bacalaureato* científico não lhes "interessava" e que elas continuavam boas alunas ao menos naquelas disciplinas das quais gostavam, Nadine, ao repetir de ano, perdeu ainda mais completamente sua identidade de "boa aluna" e sofreu o malogro com carga total pois a primeira *S* era para ela mais uma passagem obrigatória que de certa forma a impediu de ajustar a tempo suas esperanças com suas oportunidades. Por outro lado, Nadine se dá conta tardiamente que lhe faltou realismo ao recusar por tanto tempo, em nome de uma definição ideal da escola, a ajuda que seus pais lhe ofereceram, especialmente em matemática. Habituada a ter êxito sem o apoio dos adultos e contando apenas com seus professores, ela se sente no direito de lançar mão deste argumento: "há filhos que não têm pais que possam ajudá-los, [...] cabe ao professor me... me fazer ter êxito. [...] Eu penso sempre nisso: não é normal que os pais sejam obrigados a intervir". Sem renegar no fundo este princípio, ela acabou por abandoná-lo na prática e aceitou receber aulas particulares, admitindo que "isso se faz" normalmente para superar certas dificuldades.

Claire, Muriel e Nadine têm uma trajetória semelhante, marcada pela passagem de uma experiência escolar feliz no colégio para a experiência dolorosa do declínio escolar no liceu. Este percurso comum aparece, nas suas colocações, sob a forma de uma história construída mais ou menos com a ajuda de categorias políticas que lhes foram fornecidas pela sua participação comum nas juventudes comunistas, a de sua passagem do universo do colégio comunitário e caloroso, fundado sobre a ausência de exclusão e a solidariedade (das quais elas têm saudade), ao universo frio e anônimo do liceu fundado sobre a violência da segregação e da concorrência (da qual elas criticam o espírito, a organização e o funcionamento). Todas três, bem em conformidade com o modelo de êxito escolar que domina entre as meninas, manifestavam no colégio menos desembaraço em matemática ou nas ciências físicas do que nas outras disciplinas. Todas três igualmente sentiram falta, quando sua ligeira fraqueza nas disciplinas científicas se transmutou, na segunda, em verdadeiras dificuldades escolares, de um apoio familiar eficaz (recusado por Nadine) que poderia lhes ter permitido alcançar uma recuperação. Ao chegarem na segunda, este mesmo perfil escolar as colocou perante uma mesma alternativa (que prefigura a alternativa pós-*bacalaureato*: classe preparatória/ universidade): penar para ascender até a "estrada real científica" e correr o risco de fracassar, ou garantir a passagem para uma seção literária "desconsiderada" e aí reencontrar o desembaraço anterior.

O caso de Nadine mostra bem o grande risco de perturbação do equilíbrio das relações e de autodepreciação que comporta o primeiro termo da alternativa no caso de fracasso. Do mesmo modo, para muitos alunos da segunda, que visavam no início do ano a primeira S, mas que provaram dificuldades inesperadas, é o acesso "raspando" à primeira S, o qual está cheio de consequências, como disso dá testemunho a evocação bastante corrente de alunos que "se quebraram" (depressão, anorexia, tentativa de suicídio) em classe de primeira.

Para os ex-bons alunos que não conseguem, desde a segunda, se manter no mesmo nível no universo do liceu onde são confrontados com normas de exigência mais elevadas e com uma nova hierarquia das disciplinas, a seção A1 pode funcionar como um lugar de recuperação porque ela reconstitui um mundo que, em dois pontos, está muito próximo da ordem anterior das coisas: aí é possível voltar a ocupar uma posição mais elevada dentro de sua classe, e as disciplinas que tinham se tornado menos importantes na segunda são aí novamente valorizadas. Seu único problema, se assim podemos dizer, é a sombra que projeta sobre ela a seção C, considerada unanimemente como a dos melhores alunos.

A oposição que as três estudantes fazem do liceu entre o inferno de um liceu dominado pela "lógica da seleção" e os paraísos comunitários anteriores remetem novamente às diferenças entre o colégio e o liceu que elas efetivamente experimentaram. Inicialmente a ausência de "segregação" nos colégios, onde quase todos os alunos, sobretudo nas "boas classes", passavam juntos para a classe superior, enquanto que, no fim da segunda, os alunos são levados a se dividir em seções nitidamente hierarquizadas. Depois disso, o fato de elas serem conhecidas após quatro anos no colégio que deixaram, enquanto que se tornaram "desconhecidas" ao chegarem ao liceu, com uma sensação de anonimato reforçada pelo tamanho crescente dos efetivos das classes. Enfim, a quantidade de trabalho exigida se torna também nitidamente mais elevada no liceu. Mas estas diferenças não explicam tudo, e parece certo que esta experiência encantada e nostálgica da escola primária e do colégio, traduzida na metáfora da família (perdida) e da casa, corresponde à experiência privilegiada de uma categoria limitada de estudantes do liceu: aqueles e sobretudo aquelas que, nos estabelecimentos escolares populares, faziam parte do pequeno círculo dos bons alunos, tanto mais apreciados e encorajados quanto mais raros eram, e que perderam bruscamente estas relações gratificantes e a serenidade que elas engendravam, ao chegar num liceu com exigências escolares mais elevadas. Enquanto que do ponto de vista dos alunos em posição precária é evidente que os professores têm mais boa vontade em relação aos "melhores" (muito embora os "menos bons" tenham a tendência de se autoexcluir da relação com os professores ao acusar, por exemplo, os melhores de fazer todas as perguntas que eles iam fazer), aqueles que se beneficiam destas boas relações (como Claire, Muriel e Nadine antes de sua chegada ao liceu) as atribuem a afinidades pessoais sem relação direta com o desempenho escolar. Talvez porque ela tenha estado mais nitidamente, e durante dois anos, numa posição de aluno em "dificuldades", Nadine parece ser a mais consciente desta dependência das relações humanas frente ao desempenho escolar: "mas o que é que eu sou para eles?"

se perguntava ela, não sem amargura, ao observar que seus professores, mas também seus pais, não a consideravam do mesmo jeito durante este período de declínio escolar.

Claire, Muriel e Nadine observam que "as pessoas respeitam sobretudo os 'cientistas'" e que "os melhores alunos, de qualquer modo, são colocados só no científico". Mas quando elas evocam a degradação de suas relações com os professores na classe de segunda, é a uma mudança de natureza dos universos e não ao declínio de sua posição dentro dos universos sucessivos do colégio e do liceu que elas tendem a atribuí-la: no colégio havia mais "solidariedade" e "a gente tinha sempre um professor por trás da gente", enquanto que no liceu elas descobrem a lógica da seleção, assim como a "atribuição de culpa" e o "isolamento" que, conjugados ao malogro, expõem ao risco de "fracassar".

A ideia de que estes problemas teriam podido se colocar para alguns alunos de seu antigo colégio não lhes ocorre nem de leve (como pude constatar ao interrogá-las sobre este ponto fora da entrevista gravada), e tenho a impressão que esta referência possível a um bom universo escolar anterior é quase que uma condição necessária para sua inclinação para se indignar com o universo do liceu e para criticá-lo. Observamos de fato que a capacidade de indignação se embota bem rápido: para não atrair muitos aborrecimentos para si num curto prazo, o aluno em posição precária não tem geralmente outra escolha, no estado atual do sistema escolar, senão adotar alguns comportamentos (esconder suas dificuldades, colar dos melhores alunos) que o impedem rapidamente de se sentir no direito de criticar a falta de apoio e de consideração ligada à sua posição. Claire, Muriel e Nadine estão tanto melhor colocadas para considerar revoltante o fato de que "aqueles que não acompanham, pior para eles" ou que "sempre que falhamos em alguma coisa somos culpados", quanto mais eram consideradas até então como alunas exemplares e acreditavam numa escola que oferece socorro aos alunos em dificuldade.

Claire, Muriel e Nadine se inscreveram ativamente no movimento dos estudantes dos liceus do outono de 1990, que, nem sempre exprimindo isso claramente, aponta para esta contradição entre um sistema que permite a um número cada vez maior de alunos de chegar até o liceu, ao mesmo tempo em que orienta a maioria deles para seções desvalorizadas. O sistema, por outro lado, justifica todas estas orientações contrárias às promessas iniciais pela insuficiência dos desempenhos escolares, ao mesmo tempo em que não assegura boas "condições de trabalho" e obriga muitos alunos a procurar fora do liceu a ajuda que os dispositivos escolares não preveem.

A política nacional de retardamento da seleção, aplicada de maneira acelerada há cinco ou seis anos, parece engendrar, entre muitos alunos, uma avaliação de seu valor e de suas expectativas diferente daquela que induzia anteriormente a orientação pelo fracasso a partir da escola primária. Sobretudo nos estabelecimentos de recrutamento popular nos quais a seleção era a mais precoce e a mais intensiva, os alunos que teriam sido levados progressivamente a se conformar com sua "fraqueza" após a eliminação dos menos preparados das classificações escolares, se mantêm cada vez por mais tempo numa posição boa ou média. Esta evolução resulta mais de medidas e pressões administrativas do que de uma verdadeira equalização das oportunidades de satisfazer as exigências escolares do liceu, como o revelam a frequência e a dimensão das "baixas na segunda". Mais acostumados a se considerar antes "medianos" do que "fracos", estes estudantes do liceu se tornam menos dispostos a aceitar a inteira responsabilidade por um fracasso (em relação às suas expectativas) que toca um bom número deles, numa idade em que estão cada vez mais capazes de reagir de modo crítico à condição que lhes é imposta.

A política de generalização do acesso ao nível do *bacalaureato* ainda não está nem mesmo na metade do caminho entre os 30% de uma geração no momento de seu lançamento, e os 80% previstos para o ano 2000. Se sua aplicação continuar fundada num rebaixamento do nível de exigência no início da escolaridade nos estabelecimentos de recrutamento popular, e numa negação das desigualdades sociais que o estado atual do sistema de ensino perpetua, podemos esperar uma intensificação das contradições mencionadas. Sendo menos precoce e menos fragmentada a orientação pelo fracasso, mais alunos se tornam assim, como Claire, Muriel e Nadine, capazes de denunciar as condições de seu fracasso.

Com três estudantes de uma escola secundária do subúrbio parisiense

– *Entrevista de Sylvain Broccolichi*

"Na escola, nós somos muito desrespeitadas."

Muriel – Eu me lembro de uma coisa, quando eu estava no primário, numa escola, uma escola moderna, experimental... E realmente, a gente ficava contente de ir para a escola. Quando não havia aula, no domingo, ficávamos aborrecidos [...]. Eu cheguei no colégio...

– *Qual colégio?*

Muriel – Verlaine [*ex-primeiro ciclo do liceu Verlaine*]. Ele era grande, cinza, escuro, não tinha nada daquilo, era frio, muito frio. Aquilo foi muito duro, mesmo... sob todos os pontos de vista... No primário, nós vivíamos todas juntas, todas se conheciam. Era legal, tínhamos intimidade com os professores, era realmente como uma espécie de família... E chegamos lá... não sei, o liceu, ele já é duas vezes maior do que o colégio; mas o colégio tem tipo 600 alunos [*na verdade mais de 1000*]. Ninguém se conhece [...]. Nós entramos, nós saímos... É uma fábrica, não é mais uma casa. Depois então, quando a gente chega no liceu, é ainda pior... Estamos tão atarefados que, para ficar conversando dois minutos, é preciso tomar o tempo das aulas às vezes... E depois temos as turmas muito cheias, somos 35... às vezes não conhecemos o nome de todos os colegas que estão na nossa classe. É muito frio!

Nadine – Foi precisamente isso que me aconteceu ao chegar ao liceu; no colégio as coisas funcionavam [...]. Existe o problema das classes muito sobrecarregadas, dos lugares velhos, mas isso é um outro problema... Eu acho que neste liceu existe uma tensão permanente, que eu não sentia de maneira alguma no colégio. Na mesma medida em que sinto falta do colégio, não vou sentir falta do liceu. O que tenho vontade é de sair daqui... Foi isso que senti ao chegar: uma tensão permanente. Frequentemente me acontece de ter de tomar calmantes antes de ir para a escola, coisas assim... ou de noite para conseguir dormir... Enfim, na primeira vez que cursei a segunda série eu tive umas insônias incríveis. Não sei, é o ambiente geral, uma certa falta de comunicação...

Não se tem o direito de errar

Muriel – Eu acredito que existe um jogo, um jogo, quero dizer que os adultos nos levam a ficar estressados deste jeito, porque a verdade é que, na segunda, a ideia de todos é andar na estrada real... É a estrada científica. E eles tomam por objetivo que todo mundo deve ir por aí e pode ir... E aqueles que não forem, pior para eles... Eles devem seguir! se isso não os interessa, tanto pior para eles. Eles devem seguir como os outros... Então nós ficamos estressados o tempo todo, temos trabalhos em excesso, é infernal... Vamos dormir às sei lá que horas estudando. Se um dia estamos exaustos e não conseguimos estudar, podemos colocar tudo a perder, todo um trimestre [*Nadine concorda*]. Pois eu estava apenas doente... (eu tive gripe no ano passado. Eu peguei duas vezes em seguida, com uma semana de intervalo, em dezembro), e não consegui acompanhar o programa de física até o fim do ano... Eles tinham começado a estudar química... Eu nunca tinha estudado, e não entendi nada o ano todo.

Nadine – E além disso, existe uma atribuição de culpa... Se falhamos em alguma coisa, somos culpadas por isso. Quando somos problemas... Há umas reflexões dos professores que me parecem horríveis às vezes... Quando somos problemas... Temos o direito de faltar apenas se estivermos doentes... Há um desrespeito do nosso estado psicológico... Veja o ano passado, havia uma professora que tinha perdido alguém da sua família, um parente próximo, e por isso ela esteve ausente por uma semana. Eu acho que isso é compreensível. Mas na mesma época, algum tempo depois, havia uma aluna que tinha perdido um amigo muito próximo também, que morreu num acidente de mobilete... Mas ela não conseguiu falar disso. Ela faltou às aulas durante mais ou menos uma semana, e a única reação desta mesma professora foi: "sim, ela não está nem mesmo doente, eu a vi outro dia na rua... Ela está matando aula, ela não está doente". Às vezes tenho a impressão que não temos o direito de errar. Não temos o direito de termos nós também os nossos...

Muriel – Nosso estado de espírito. [...] às vezes, nós gostaríamos muito de tentar falar com eles, mas somos de tal forma desrespeitados em relação a... Temos realmente a impressão... O professor chega, ele é como um deus, temos obrigação de escutar... É verdade, não são todos assim, mas existem muitos que são. Quando acabam de dar aula, vão embora, e jamais falarão com um aluno fora da sala de aula.

Nadine – Com exceção de alguns que fazem isso espontaneamente, mas que são raros... É difícil ir ver um professor e lhe falar: é isso, eu perdi aula, mas foi porque não estava bem... Tem alguma coisa na minha cabeça que não ia bem... É muito difícil...

– *É tão difícil que de fato ninguém nem tenta?*

– Não [*unânime*].

Muriel – Mas na verdade é como se tivéssemos medo de fracassar logo de início. Temos a impressão... Sabemos... Temos a impressão de saber antecipadamente que, de qualquer jeito, aquilo não dará certo. Assim nem mesmo tentamos. Afinal, passaríamos por umas pequenas brincalhonas – "mas é uma boa razão para não assistir aula...", como se a gente se divertisse por não ir às aulas.

Nadine – Eu nunca entendi por que eles... Quando me aconteceu de matar aula e ter muitos deveres de casa, eu ia ver os orientadores pedagógicos ou os professores, e levava a maior bronca. Eu tinha realmente a impressão de que para eles eu era uma bagunceira que não estava nem um pouco preocupada com seu futuro... Mas isso não é verdade. Quando eu mato uma aula, eu me dou conta disso, isso me assusta... Eu me dou conta de que é meu futuro que está em jogo. Eles não têm necessidade de me dizer isso. Quando perco uma aula, eu sinto uma angústia permanente até conseguir compensar aquela hora ou recuperar aquela hora perdida... às vezes temos a impressão de que eles nos tomam por crianças que não têm consciência de que é seu futuro que está em jogo [...].

– *E você, Claire, você sente as coisas mais ou menos deste jeito ou não?*

Claire – As relações com os professores não são... Enfim, os professores são... Vamos às aulas, estudamos. Não existem relações...

– Mesmo no caso de um problema excepcional, não se tem a impressão de que é possível fazer compreender isso?

Claire – Não, enfim... Eu não estou aqui há muito tempo, mas não tenho a impressão de que possamos realmente ir falar com um professor.

– E no colégio?

Claire – No colégio era como uma pequena família... Todo mundo se conhecia. Os professores sabiam quem era quem. Tínhamos sempre um professor por trás de nós [...].

São respeitados sobretudo os que estão no científico

– Na segunda os professores fazem vocês sentirem que só há um objetivo, que é seguir a primeira S, mas ao mesmo tempo para chegar lá vocês se dão conta de que será preciso ter muito trabalho... portanto existe aí uma espécie de pressão...

Muriel – É que muitas vezes não temos vontade.

– E quando vocês não têm vontade, poderíamos pensar que isso estressa menos vocês...

Muriel – Ah, não exatamente.

Nadine – Existe uma tamanha falta de consideração... São respeitados sobretudo os que estão no científico. Na segunda vez que cursei a segunda, eu estava convencida. Eu queria fazer o A, e nas matérias literárias tudo ia muito bem. E eles me fizeram uma avaliação geral ruim, porque as matérias científicas não iam bem. Eu nem liguei... Enfim, eu gosto muito de matemática, de física, sinceramente, e eu continuei. Mas o que me interessava mais eram as matérias literárias, eu tinha boas notas nestas matérias, mas as avaliações não correspondiam a elas. Quando as avaliações não correspondem, isso causa um choque. Quando não reconhecem seus esforços em relação àquilo que você quer fazer... E, além disso, sabemos que eles são capazes de nos fazer repetir por causa de coisas que não têm nada a ver.

– É surpreendente que os professores não "cientistas" entrem neste jogo...

Muriel – Isso é um problema porque agora eles não colocam na S somente os alunos que são bons apenas em matemática, física, ciências naturais... Eles podem ser apenas medianos nestas matérias. Eles consideram que na S eles trabalharão e que os melhores alunos de qualquer jeito são colocados somente no científico. Os melhores em francês, eles os fazem trabalhar como loucos em matemática.

– Eles são induzidos...

Muriel – Exatamente. Porque eu tinha notas muito boas em francês – em matemática, no primeiro trimestre, aquilo não me interessava muito e eu quase não estudei nada, por isso eu era bem mediana –, o professor de matemática, no fim do primeiro trimestre, veio me ver e me disse: "Com as notas que você tem nas outras matérias, se você tirar dois pontos a mais em matemática eu te faço passar para a S". Não, isso não me interessava. Ele me disse: "sim, mas no fim os melhores alunos vão para a S"..., "não, isso não me interessa. Eu não tenho vontade de me matar de estudar no próximo ano para passar em matemática, em física, eu prefiro fazer aquilo que eu gosto". Ele pareceu bem espantado.

Nadine – Ah sim, quando lhes dizemos isso, os professores ficam bem espantados! [...] Eu sei que minha primeira segunda, éramos na maioria pessoas que queriam passar para A1, A2, A3; e tínhamos professores de ciências que não eram ruins – eram muito bons professores – mas que nos ignoravam completamente, e havia uma agressão permanente durante o ano. Desde o primeiro dia eles nos disseram: "vocês escolheram três línguas, nós não gostamos de vocês... Vocês não gostam de nós, nós não gostamos de vocês", em suma era este o discurso deles. Em compensação, do lado dos professores, digamos, mais literários, as coisas iam melhor. E na segunda vez que cursei a segunda, eu caí numa turma em que a maioria dos alunos passaram para S, S'; e o professor de francês era visto pela administração como incapaz de ensinar [...].

Claire – Eu, no começo do ano, escolhi uma terceira língua. Eu queria fazer um *bacalaureato* A1, mas queria fazer uma terceira língua. E eles me colocaram diretamente numa turma A2-A3 [*consideradas como seção-refúgio para os alunos fracos em matemática*]. E no começo do ano eles nos disseram: "Pois é, nós sabemos que vocês não são bons em matemática, que vocês não fariam nada para melhorar, por isso não vamos forçar em matemática". Aquilo me deixou um pouco chocada, nos falarem aquilo desde o primeiro dia...

– *Desde o primeiro dia...?*

Muriel – Ah sim, logo de cara! Eles não têm papas na língua.

Claire – A princípio, uma segunda é uma segunda indeterminada. [...] Eu não sei bem, mas quando eles dizem: "Vocês são uma negação em matemática, não os forçaremos"... [*Em seguida a isso Claire pôde mudar de turma*].

[*Nadine lamenta o enfraquecimento da solidariedade entre os alunos, em relação ao que ela tinha conhecido, no colégio especialmente.*]

Nadine – Eu comecei a ter problemas com meus pais ao chegar na segunda, no ano em que comecei a regredir academicamente. Fora minhas duas segundas, eu realmente nunca tive problemas com minha família; e sei que naquele ano eles começaram a tomar conta... Eu não estava de jeito nenhum acostumada a que eles se ocupassem com... com meu trabalho. Como sempre fui boa aluna, eu não estava de jeito nenhum acostumada a que eles se ocupassem a esse ponto com meu trabalho, e depois isso criou conflitos dentro da família... conflitos reais mesmo!

Muriel – [*interrompendo Nadine*] E ademais estamos tão privados de tudo, estamos tão estressados durante toda a semana que, quando chega o sábado, não temos mais vontade de fazer nada. Temos vontade de dormir, de sair, de nos divertir, de ir visitar os amigos, de não dormir na noite de sábado, de fazer qualquer coisa... E os pais ficam com medo. E, ao mesmo tempo, eles não podem nos proibir pois sabem muito bem que de qualquer jeito, se a gente não se divertir um pouco, bem... não conseguiremos continuar. Não poderemos mais acompanhar as aulas. E ao mesmo tempo, se nos divertimos, teremos também dificuldades para acompanhá-las. Assim...

Era sempre a escola, a escola, a escola

Nadine – Há outra coisa também, sempre dentro deste conflito. Justamente a partir do momento em que meus pais passaram a se interessar, na segunda, por meu trabalho porque eu começava a..., eles viam as notas caindo, depois caindo muito! As discussões na minha casa eram sempre sobre a escola! Não conseguíamos falar de outra coisa! Era sempre a escola, a escola, a escola... E esta matéria? E esta matéria? E a minha mãe – estava ligado à esperança que de algum jeito eu fizesse a S – falava particularmente de matemática. Eu dizia a ela: – Eu tirei 15 em francês – "E a matemática?... E a matemática?" O 15 em francês ela deixava de lado. E era assim, sem parar. E... há momentos em que eu me lembro de dizer para mim mesma, mas eu sou o que para eles? [...] Houve alguns... alguns momentos em que aquilo foi realmente duro. Nós brigamos muito. E depois, tornamos a conversar sobre isso [...], e minha mãe parou com aquilo; às vezes recomeça quando as notas voltam a baixar, mas praticamente acabou. Mas fazer duas segundas foi muito duro!

– Há um momento onde existe a mesma pressão da parte dos professores e da parte dos pais?

Nadine – Sim. Mas eu creio que meus pais também ficaram enormemente estressados por causa da minha escolaridade, e depois por causa da do meu irmão. Enormemente! Enfim, sobretudo minha mãe. O estresse talvez não seja o mesmo, porque não é a mesma coisa, mas não sei: um estresse muito grande.

Muriel – Os pais também ficam estupidamente estressados porque... Tanto quanto nós sabemos, que o que está em jogo neste momento é o nosso futuro, eles também sabem disso. Eles estão certamente tão interessados pelo nosso futuro quanto nós. Mas eles talvez não o vejam da mesma maneira, pois eles já estão lá. Eles já estão no seu futuro. Nós ainda não estamos e talvez possamos, enfim eles pensam que podemos evitar algumas coisas, alguns erros que eles cometeram. Ao mesmo tempo, para eles, é difícil nos aconselhar, porque nós não ouvimos o que eles dizem [*risos*]. Enfim, não temos realmente vontade de escutá-los... [*Nadine aprova*]. Porque, bem, nós já vimos muita moral nas aulas.

[...]

Muriel – Eu me dizia que de todo jeito eu sabia o que queria fazer, e que estas pressões, bem era preciso lidar com elas, e mesmo tentar deixá-las de lado. [...] Eu me dizia, não serve para nada trabalhar como uma louca para ir para a S quando eu não tenho vontade de ir para lá, não é...

– Por que com você também seus pais faziam pressão para que você fosse para a S?

Muriel – Não, não... [...]. Eu creio que já estava claro desde antes. Mesmo quando eu estava no colégio, eu era uma boa aluna em matemática, mas isso não me interessava.

Nadine – Mas meus pais nunca fizeram pressão diretamente sobre mim... Eles nunca me disseram: "Você fará S e não outra coisa" [...]. É estranho, porque no ano em que eu fui pior (na minha primeira segunda), eles não me... atazanaram muito. Foi sobretudo na minha segunda vez, no ano em que meus resultados melhoraram. E neste ano aí houve um estresse! Mas com minha mãe foi... foi formidável! A partir do momento em que eu passei um pouco da média em matemática, ela dizia: "você vai poder talvez fazer a S, você vai poder talvez fazer a D..."

[...]

Façam C!

Claire – Há uma coisa também que é louca, enfim... Minha irmã entrou para a Henri IV. [*Ela está numa classe preparatória para a* École des Chartes]. Ela fez um *bacalaureato* A1, um *bacalaureato* literário e... eu quero dizer: eles quase não estudam matemática, física, essas coisas [...], e três quartos da turma fizeram o *bacalaureato* C: são aqueles que foram pegos primeiro. [...] Os outros *bacalaureatos* são completamente desvalorizados. E, além disso, eu vejo também nossos professores, que dizem: "façam C, façam C!" Porque depois, se quisermos entrar numa escola com prioridade como esta, é preciso fazer o *bacalaureato* C. Eles nos dizem exatamente isso, portanto...

519

Muriel – Para entrar em preparação para letras, é melhor ter feito um *bacalaureato* C! Isso se torna completamente incoerente!

Nadine – Deveríamos todos fazer um só *bacalaureato*!
[...]

– *Na segunda, vocês se lembram da proporção dos alunos que queriam, que tentavam passar para a primeira S?*

Muriel – Ah! Nós éramos quatro; em 35, éramos quatro a querer, desde o início do ano, passar para a A1, [...] todos os outros queriam fazer a S.

Nadine – Bem no começo, no começo mesmo, quando cheguei na segunda, eu queria fazer S. Mas, não sei bem, eu queria fazer a escola de fotografia. E depois, bem, agora estou desiludida. Eu tinha dito a mim mesma, por que não? Eu vinha trabalhando bem até ali, portanto isso não me parecia... E depois, ao fim de dois meses de segunda, eu me disse, de qualquer jeito eu não prosseguirei jamais em estudos mais longos, nem mesmo para chegar até o C, portanto estou mudando de ideia.

Claire – Há os três quartos da turma que querem fazer S. [...] Eu de qualquer jeito não quero fazer S, porque eu tenho realmente horror de matemática.
[...]

Nadine – Em todos os meus anos de colégio, eu sempre me entendi bem com os professores. Naquele ano, na segunda, eu me desentendi com todo mundo, sem exceção... Havia uma coisa engraçada, pois até a terceira eu tinha sido uma boa aluna. Era um pouco uma coisa no estilo: num sentido, isso não pode me acontecer... O fracasso escolar não acontecerá comigo. E, por outro lado, minha segunda, é normal que eu a repita. É verdade que a segunda é uma classe difícil. Meu irmão a

tinha repetido. [...] há talvez uma coisa, é que a minha mãe, sem querer, realmente sem querer, mas eu sinto isso em muitas... Frequentemente quando falamos disso, ela não tem uma falta de confiança, mas, bem, digamos que ela tem mais confiança no meu irmão do que em mim. E desde o começo da minha segunda, eu me lembro que ela tinha me dito – mas não era por maldade, mas para me tranquilizar –, "de qualquer jeito, se você repetir, não é nada grave, seu irmão já repetiu também". [...] Enfim, quando eu lembro disso, [...] é verdade que havia uma... uma falta de confiança nesta classe de segunda, ou seja, uma normalidade na repetição da segunda... que vinha dos professores, que vinha do colégio, que vinha dos meus pais, que vinha um pouco de todo lado. E isso fez com que meu primeiro ano de segunda, eu não estava realmente estressada. Meu segundo ano de segunda, ao contrário, o estresse foi ao máximo!

– *Mas não é que justamente, não existe um pouco a ideia de que, bem, se vai repetir, mas que depois quase automaticamente as coisas vão correr melhor?* (...)

Nadine – [...] Para mim, quase todo mundo repetia a segunda... Na verdade muitos dos meus amigos passaram de ano. Eu me encontrei numa turma em que eu não conhecia praticamente ninguém, [...] onde tinha uns estudantes compulsivos, que estudavam muito mesmo. Eu tive contato, nesta turma, com dois alunos somente. Com os outros eu nunca falei, eu me entendia muito mal com eles [...] E além disso, eu precisava me esforçar... Eu percebia que, mesmo tendo repetido, tudo aquilo que estudávamos era novo. Era preciso me esforçar ao nível dos estudos. Era preciso me esforçar ao nível dos relacionamentos. Eu estava a ponto de perder os amigos que tinham, ou conseguido seu *bacalaureato*, ou então passado para a primeira. Portanto, mesmo que a gente se visse fora das aulas, isso criou uma certa distância. E... enfim, digamos que eu tive de abrir mão dos meus sonhos... Minha repetição da segunda foi assim: que é que estou fazendo aqui?

Sobretudo porque, na verdade, eu tomei consciência de que da primeira vez que cursei a segunda, eu poderia muito bem não ter repetido [...].

Os primeiros que desistem, tanto pior para eles

Nadine – Frequentemente nas classes, eu notei isso. Existem alguns grupos; e existem pessoas isoladas, e em geral muitas delas desistem.

– *As pessoas isoladas desistem?*

– Sim [*unânime*].

Nadine – Eu percebi isso [...] na minha repetição da segunda. Mas eu vi também pessoas que estavam, algumas sozinhas, outras em duplas, que desistiram; ou decididamente, abandonando a escola, ou então, nos casos mais graves, fazendo tentativa de suicídio. Porque, que eu saiba – faz quatro anos que estou no liceu –, que eu saiba, já houve cinco pessoas que tentaram suicídio no liceu. Eu acho que isso é grave. [...] Uma coisa importante é o número de doenças psicossomáticas. Tenho uma colega que acabou de parar, que não voltou mais depois de um mês e meio. [...] Tinha uma colega no ano passado que teve um montão de doenças que eram todas devidas ao estresse, literalmente [...], na primeira, com a apreensão pelo *bacalaureato* de francês... E, também, há um monte de pequenas doenças que não se explicam... Comigo são crises de herpes...

[...]

– *Temos a impressão de que não há nada previsto para tentar ajudar alguém que num momento qualquer encontra dificuldades.*

[...]

Nadine – É um pouco a lei do mais forte. São aqueles que não desistem que serão bem sucedidos. É como na faculdade, aqueles que não desistirem terão a oportunidade de ser 200 apenas por sala, em vez de serem 500. Os primeiros que desistem, tanto pior para eles. São os mais fortes que chegam ao fim...

– *Afinal, para vocês parece quase normal que não haja nada previsto para ajudar, estruturas de auxílio...*

Nadine – Isto não me parece nada normal, me parece encaixar-se na lógica deles. Porque já existe uma lógica de seleção. Já existe uma lógica de seleção, de desencorajamento... enfim, de desencorajamento, não sei bem se está realmente na sua lógica, mas... dado que eles procuram a todo custo selecionar, tornar um pouco de elite o seu liceu, o seu *bacalaureato*... E depois, ah... Eu quero dizer... Eles não vão ajudar todo mundo a ser bem sucedido; eles já tentam nos eliminar...

Muriel – Eles não vão tomar os parâmetros exteriores... É preciso não exigir muito deles!...

Dezembro de 1990

Sylvain Broccolichi, Françoise Oeuvrard

A engrenagem

Após cerca de trinta anos, as transformações mais visíveis no mundo dos estabelecimentos escolares aconteceram no sentido de uma unificação formal (colégio único, liceu de ensino geral e tecnológico) que mascarou de fato um profundo processo de diferenciação. Não somente as antigas diferenças que estavam ligadas ao status ou à antiguidade dos professores estão longe de ter desaparecido do ensino secundário, mas agora estão conjugadas com um conjunto de transformações concomitantes que não pararam de acentuar as diferenças entre estabelecimentos, especialmente sob o aspecto da desigual concentração dos alunos mais desprovidos culturalmente, portanto mais susceptíveis de "ter problemas" na escola. Hoje em dia, as condições do exercício da profissão de professor estão cada vez mais heterogêneas e variam muito segundo os estabelecimentos[1].

Os professores, sobretudo aqueles que ensinam nos estabelecimentos mais afetados, vivenciam de forma tanto pior as dificuldades que encontram porque o insuficiente conhecimento das causas destas dificuldades deixa aberta a possibilidade de que seja a eles atribuída a responsabilidade e a culpa por elas. A escola, que tem a responsabilidade de transmitir os conhecimentos em condições ideais de equidade, parece ela mesma bem pouco esclarecida sobre os fatores que a desviam de sua missão, a ponto de ocultar aquilo que torna sua tarefa "impossível" em certos estabelecimentos.

---

1. Os meios de comunicação que exploram o filão da "violência na escola" ou do "mal-estar dos professores" podem propor seja uma visão indiferenciada da profissão de professor e da condição dos alunos, seja uma interpretação maniqueísta das diferenças mais flagrantes, ao opor os "bons" e os "maus" (estabelecimentos, alunos, professores, diretores...) ou então os "bárbaros" e os "civilizados".

Pressão da demanda e escolha demagógica

Foi sobretudo a partir de meados dos anos 1980 que se intensificou o processo de diferenciação, que tem por consequência concentrar os problemas em certos estabelecimentos[2]. O prolongamento da escolaridade que se vem observando a partir de meados dos anos 1980 se segue a um decênio de fraca evolução dos fluxos de alunos dentro do ensino secundário, particularmente no que concerne o acesso à classe de segunda e a obtenção de um *bacalaureato* geral. Comparando as listas de alunos que entraram na sexta em 1973 e em 1980, as autoridades administrativas constatam a ausência de "melhoria real do desempenho para cada uma das categorias consideradas" (se forem levadas em conta a origem social e a idade de entrada na sexta). "Se as taxas (de acesso à segunda) passaram em sete anos de 41 a 46%, é porque as categorias mais favorecidas, filhos de executivos e de profissionais liberais, que entram com 11 anos, estão melhor representadas em 1980 do que em 1973"[3]. Enquanto a demanda pelo acesso a estudos mais longos já era grande e generalizada, o funcionamento do sistema escolar continuava a produzir as mesmas desigualdades sociais de desempenho escolar sancionadas pelas mesmas orientações seletivas.

Diante disso, o objetivo dos "80% da geração no ano 2000 ao nível do *bacalaureato*" e a política dos 80% conduzida a partir de 1985 podem ser compreendidas como o desejo de propiciar uma satisfação aparente à grande demanda social pelo acesso a níveis de estudo mais elevados, levando cada vez menos em consideração a opinião dos professores. As decisões de orientação se encontram cada vez mais separadas da avaliação realizada pelas equipes educativas, enquanto que aumenta a pressão dos pais que, a despeito do parecer dos conselhos de classe, obtêm o acesso a uma classe superior. E foi assim que a taxa de acesso à classe terminal (de ensino geral, tecnológico ou profissional) passou de 36% da faixa de mesma idade em 1985 para 58% em 1991, ou seja, 22 pontos percentuais de aumento em seis anos, contra 10 pontos percentuais durante os 15 anos anteriores.

---

2. Tanto em escala nacional, quanto num nível geográfico mais restrito (departamento, cidade), podemos observar uma acentuação das diferenças entre os estabelecimentos escolares do ponto de vista de suas populações de alunos. Por exemplo, as diferenças entre os colégios ao nível da proporção de alunos de origem popular, de alunos mais velhos ou de alunos estrangeiros, se acentuam. Podemos observar também o mesmo tipo de evolução no espaço de dez anos, entre os colégios classificados como ZEP e os outros colégios, acompanhada de uma concentração maior – embora num nível menor – de professores jovens e não titulares nos estabelecimentos mais desfavorecidos.

3. Cf. Anexo do Plano para o futuro da Educação nacional, publicado em *Éducation et formations*, abril-junho 1988.

Desordem e tensões

Com sua brutalidade discriminatória, o sistema antigo tinha ao menos uma certa coerência. Ele amplificava e sancionava as diferenças (particularmente no que se refere ao domínio dos conhecimentos e ao gosto pela escola) ao separar de maneira ora mais ora menos precoce os alunos capazes de "prosseguir em estudos prolongados" daqueles cujo desempenho escolar e o comportamento "provavam" aos professores que seu lugar não era no colégio ou no liceu: estes eram encaminhados para "o ensino técnico" ou para "a vida ativa" desde a idade de 16 anos.

Com o novo modo de gestão dos fluxos escolares, foi todo o equilíbrio entre as práticas de ensino e as práticas de orientação que se viu rompido. Para compreender os efeitos que ele exerce sobre os alunos e as reações que ele suscita entre os professores, é preciso levar em conta um ponto decisivo: a organização atual do sistema de ensino não permite aos professores prestar aos alunos uma assistência intensiva e diferenciada; ora, esta se torna indispensável na medida em que aumenta a parcela dos alunos pouco dotados de bagagem cultural, e tendo por causa disso mais coisas para aprender na escola. Deste modo, manter na escola aqueles que dela teriam sido "excluídos" antigamente sem criar as condições para uma ação educativa eficaz na direção dos alunos que mais dependem da escola para adquirir tudo aquilo que ela exige, é fazer surgir dificuldades de toda ordem próprias para deteriorar as condições de trabalho dos professores sem melhorar realmente a situação dos alunos. Podemos compreender assim que os efeitos descontrolados da política realmente demagógica dos 80% façam com que inúmeros professores tenham saudade do sistema antigo. "Eu faço meu trabalho, mas não estou aqui para me matar tentando recuperar alunos que não deveriam estar aqui" tende a se tornar uma afirmação corrente nas salas dos professores de colégios e de liceus. Como se podia prever, os problemas relacionados à comunicação pedagógica e às relações entre alunos e professores estão se agravando principalmente nos locais onde eles já eram mais graves, ou seja, nos colégios de recrutamento popular onde a orientação seletiva era até então utilizada para reduzir as tensões e as dificuldades ligadas à falta de adaptação escolar, e nos liceus profissionalizantes que recebem numa idade mais avançada os alunos menos adaptados.

No colégio, a conservação, até à terceira, destes alunos "difíceis" em condições nas quais a resolução das dificuldades é tão menos garantida quanto mais elas se multiplicam, foi obtida ao se remeter instruções neste sentido aos diretores dos colégios e ao suprimir progressivamente as classes de preparação ao CAP, as CPPN e as CPA[4]. O que desconcerta, desencoraja e deixa desesperançosos os pro-

---

4. As estatísticas por estabelecimento indicam que em meados dos anos 1980, na maioria dos colégios urbanos e rurais de nível popular, mais de dois terços dos alunos não chegavam até à quarta. Para alunos de origem popular, a nível nacional, chega a quase 40% o não acesso à quarta, ao passo que apenas cerca de 3% de filhos de professores e de quadros superiores estavam neste caso.

fessores, não é somente a obrigação de suportar, até uma idade na qual eles podem parecer muito mais perigosos, alunos cujo "comportamento infernal", cuja "ausência de motivação" ou cuja "total falta de compreensão" das atividades escolares os fazem aparecer como "insuportáveis", "desesperadores" e até mesmo "irrecuperáveis". É também o enfraquecimento do poder para sancionar o trabalho dos alunos, para incitá-los à atividade escolar e para obter um mínimo de respeito pelas ordens dos professores, mesmo da parte dos mais desobedientes. Com o acesso a uma classe superior se tornando cada vez menos nitidamente dependente do esforço dos alunos, os professores têm a impressão de perder um dos maiores instrumentos de sua autoridade perante certos alunos, e se sentem cada vez mais "impotentes" frente aos menos dispostos a se interessar pelas atividades escolares propostas num momento em que a quantidade relativa deste tipo de alunos aumenta em muitos colégios.

Da prova escolar à prova de força

É sem dúvida nos liceus profissionalizantes que as consequências destas transformações são mais perceptíveis. A fração dos alunos que, no estado anterior do sistema, preparavam um BEP, vai agora em sua maioria para o liceu; os alunos entravam antigamente no liceu profissionalizante com 14 ou 15 anos, hoje eles entram com 17 ou 18 anos com um passado escolar mais carregado e têm, portanto, "contas a acertar" com a escola. Estes alunos, mantidos por mais tempo no colégio numa posição de fracasso geradora de passividade ou de violência, adquiriram traços que tornam o trabalho dos professores do liceu profissionalizante muito mais difícil e desafiador[5]. As condições do ambiente não permitindo mais assegurar uma função educativa real, vemos se colocarem cada vez mais frequentemente "chefes de bando" que tendem a desafiar abertamente os professores, multiplicando as provas de força que funcionam como uma vingança contra a escola por parte destes alunos colocados em xeque pela escola.

A lei do mercado

No entanto o processo de diferenciação dos estabelecimentos e de concentração de dificuldades que está ligado à manutenção dos alunos nos colégios e em seguida nos liceus acabou reforçado pelas medidas de "descentralização" e de

---

5. Apesar da ambiguidade ligada a suas múltiplas utilizações, os termos "fracasso" ou inadaptação escolar servem para lembrar que, no estado atual dos dispositivos escolares, os alunos pior classificados são normalmente colocados numa posição de "falta de compreensão" das atividades escolares (das quais eles se desinteressam cada vez mais); esta situação tende a colocá-los diante da alternativa entre uma posição passiva da aceitação de sua inferioridade (em relação àqueles que eles chamam os "cabeças") e uma busca de afirmação em outros terrenos como o da violência física (ser um aluno "difícil" em vez de um aluno "fraco" por exemplo).

criação de concorrência entre os estabelecimentos que também geraram novos círculos viciosos. Os estabelecimentos, de fato, dispõem de uma margem de manobra aumentada para a utilização de seus recursos. Se eles devem se adaptar ao seu público, eles se preocupam também com sua imagem no mercado local e com os efeitos que ela exerce sobre a clientela que eles têm a possibilidade de atrair ou afugentar. Devem escolher "livremente" os recursos de que dispõem, que são limitados. Escolher, por exemplo, entre uma opção que dá prestígio, como o grego, para evitar a saída dos bons alunos para os estabelecimentos concorrentes, e uma medida de ajuda aos alunos em dificuldade. É assim que podem se criar ou se reforçar hierarquias entre os estabelecimentos que conseguem se definir como "polos de excelência", e aqueles que não têm outra especialização possível (pouco valorizada e pouco cobiçada) além do tratamento dos alunos em dificuldade.

Enquanto que a autonomia tinha a reputação de favorecer a adaptação dos estabelecimentos ao seu público, as leis da concorrência, ao contrário, incitam os estabelecimentos a se adequar à demanda tentando prioritariamente impedir o movimento de "fuga dos melhores alunos" que acompanha geralmente a elevação da proporção de alunos "difíceis" (considerados sempre numerosos demais neste período de abrandamento da seleção). E como as famílias dos alunos mais bem dotados social e academicamente são igualmente aquelas mais capazes de escolher com conhecimento de causa e obter satisfação, a necessidade de "encher" os estabelecimentos mais "evitados" produz, mais certamente ainda do que no passado, lugares que acabam relegados e nos quais estão concentrados os problemas.

Mesmo nos departamentos ainda setorizados, como o Val-de-Marne, podemos observar, na maioria das cidades, uma diferenciação crescente da população de alunos dos colégios ligada a estas fugas. Mas é sobretudo nas regiões urbanas dessetorizadas que o jogo das migrações e diferenciações é mais intenso e dependente dos argumentos "publicitários" ou das comparações incertas entre concorrentes próximos aos quais se agarram os pais de alunos[6].

Fugir dos estabelecimentos mais evitados e procurar os mais procurados (pelos pais de um mesmo grupo social), parecendo geralmente o mais seguro, as crenças majoritárias nas hierarquias inicialmente incertas redobram as diferenças e reforçam as hierarquias iniciais. Ligada, como se sabe, à origem social, a qualidade do currículo escolar é um elemento determinante das oportunidades de aceitação em um estabelecimento público ou privado. Nas regiões dessetorizadas, é esta qualidade do currículo que torna a liberdade de escolher um estabelecimento

---

[6]. Os balanços das experiências de dessetorização (em 1985 e 1987) fazem aparecer os perigos da acentuação das desigualdades sociais a que provocam estas medidas. Ora, isto não os impediu de estendê-las, sem nenhuma avaliação das consequências, a cerca da metade dos colégios.

escolar, real ou fictícia (fictícia quando ela se reduz a formular pedidos não atendidos antes de ser destinado autoritariamente para os estabelecimentos menos procurados).

Este processo circular que transforma progressivamente as suspeitas em provas ao concentrar nos estabelecimentos estigmatizados as populações de alunos "com problemas" rejeitados pelos estabelecimentos mais procurados, produz de fato aquilo que é unanimemente denunciado ao nível dos "conjuntos-guetos"[7]. Foi assim que em Paris estes movimentos de pânico – cujos efeitos são mais mortíferos que o incerto motivo inicial do pânico – acabaram afetando numerosos colégios, e mesmo três liceus de passado honroso que foram declarados quase oficialmente "sinistrados" em vista da "fuga dos melhores alunos" que estão sofrendo e da queda de seus resultados nos exames ligada a estas fugas, queda que parece justificar o fundamento de novas fugas...[8]

Inculpação e desmoralização

A concentração dos alunos academicamente desadaptados é mais penosa para os professores porque mais ela torna seu trabalho mais ingrato: "nós não paramos de demitir [...]; colocamos nisso uma tal energia às vezes para nada, às vezes por muito pouco, e dizemos uns aos outros: não, por aqueles lá eu não posso fazer nada. [...] Há alguns que eu sei que os abandono". Em lugar de se questionar a respeito deste funcionamento da escola que torna o ofício de professor impossível de ser exercido de forma satisfatória, as pessoas tendem, ao contrário, a imputar aos professores as dificuldades dos alunos que vão aumentando na medida mesma em que eles são cada vez menos selecionados e, portanto, menos dotados das características sociais que "facilitavam" antigamente seu trabalho. Ao nível das instruções, em primeiro lugar, a afirmação de que "todos os alunos são chamados a serem bem sucedidos" (pouco depois da generalização do acesso à sexta) coincidiu com a ordem expressa dirigida aos professores (particularmente em 1985, nas instruções aos professores dos colégios) de "assegurar uma diversificação e uma individualização do ensino" fazendo abstração das condições necessárias para uma tal modificação. E é também, depois de alguns anos, a referência à "autono-

---

7. O estabelecimento escolar e o lugar de residência têm em comum o fato de serem definidos parcialmente pela sua população-cliente. As transformações recentes acentuam este fenômeno a nível da população dos estabelecimentos escolares: as diferenças já intensas correspondente às populações do bairro se encontram aumentadas pelas novas condições de "escolha" do estabelecimento.

8. Seu infortúnio parece ligado inicialmente ao fato de serem "mal localizados" geograficamente no espaço concorrencial parisiense, pois todos os três se situam entre a avenida exterior e a avenida periférica.

mia dos estabelecimentos" que exige que as equipes educativas locais resolvam elas mesmas os problemas em grande parte produzidos pela política central "dos 80%". Quer os professores, que experimentam dificuldades bem superiores às que são legitimamente previstas por estas diferentes "instruções", se atribuam a responsabilidade por elas, quer vejam aí um desconhecimento real ou fingido daqueles que deveriam esclarecê-los, trata-se em todo caso do "afastamento do ideal" que estes textos fazem dolorosamente medir.

Enquanto que a escola e a formação são normalmente apresentados como prioridades nacionais, as contradições entre a visão oficial de um sistema escolar que assegura "o sucesso de todos" (ou a "igualdade das oportunidades") e seu funcionamento real se perpetuam tanto mais facilmente porque elas permanecem em grande parte desconhecidas. As pesquisas estatísticas especializadas na identificação dos fluxos de alunos ou das diferenças entre academias ou estabelecimentos coexistem, sem comunicação, com pesquisas pseudo-etnológicas que negligenciam em objetivar as condições normalmente associadas à emergência dos diversos tipos de problemas, a ausência de uma tal objetivação conduzindo inevitavelmente a condenar as vítimas ao privilegiar por exemplo "as capacidades e os comprometimentos dos atores concernidos"[9]. Assim se encontram opostos de forma maniqueísta os estabelecimentos nos quais existe "uma vontade de ir adiante" e nos quais as mudanças são até mesmo "interpretadas como uma oportunidade" ("os atores não estão tentados a fazer um retorno ao passado") e os estabelecimentos nos quais "os professores e a administração têm ao mesmo tempo uma visão negativa dos alunos e pontos de vista divergentes a respeito das soluções a oferecer". Minimizar as dificuldades ou imputá-las deste modo àqueles que as vivenciam é criar um obstáculo ao conhecimento rigoroso dos problemas dos estabelecimentos escolares. É contribuir para a desmoralização daqueles cujas condições para o exercício de sua profissão estão cada vez mais deterioradas. A polarização a respeito do prolongamento das escolaridades em detrimento das condições de ensino, e a criação de uma concorrência imprudente entre estabelecimentos escolares que enfrentam dificuldades muito desiguais, parece ter contribuído muito para concentrar e agravar os problemas nos lugares aos quais estão cada dia mais relegados os mais desfavorecidos. A ausência de medidas visando a contrabalançar os efeitos destas políticas demagógicas e descontroladas lançou o sistema de ensino numa profunda crise da qual a desmoralização dos professores é ao mesmo tempo efeito e componente.

---

9. Esta citação e as seguintes foram extraídas do artigo de Olivier Cousin e Jean-Philippe Guillemet, "Variações dos desempenhos escolares e efeitos do estabelecimento" (publicado em 1992 no número 31 da revista *Éducation e formations*) centrado numa grosseira oposição entre os liceus "em baixa" e os liceus "em alta".

A pressão dos pais

Os procedimentos atuais de passagem de ano fazem com que, neste momento, haja uma procissão junto ao Diretor. É um mercado persa, como ele diz, para os pais que fazem pressão para que os alunos sejam admitidos para a segunda. [...] Eles pressionam, pressionam, pressionam, e, então, ele não aguenta mais. Ele diz, "OK para a admissão". [...] Nós no colégio também já somos obrigados. Podemos ainda variar um pouco para a passagem terceira-segunda, mas de qualquer modo, cada vez mais e em todos os níveis, encontramos alunos que não estão ao nível da classe. Portanto, de fato, temos de escolher entre – e é uma escolha de ordem puramente afetiva – fazer o aluno se mexer, puxando por ele, etc., ou então decretamos que chega, e o deixamos quieto no seu canto, desde que ele não nos aborreça muito; se por acaso nos aborrecer um pouco demais, damos uma pressionada bem forte até que ele não nos aborreça mais e pronto. E o aluno fica lá, esperando, e os anos vão passando [...].

Os pais estão mais acostumados, agora, a encontrar o diretor do estabelecimento e a se dar conta de que ele é alguém que pode ceder. A organização das classes, por exemplo, sempre foi da instituição escolar. O que ela decidia, nós aceitávamos. Hoje em dia, onde os pais sentem cada vez mais que a pressão pode fazer mexer as coisas no que se refere à orientação, provavelmente eles se dizem também, "por que não tentar também quanto a isso..." [...]

Como temos um recrutamento metade num bairro residencial, metade sobre um conjunto habitacional, o colégio se mantém justamente porque temos pontos de referência com garotos que trabalham. [...] Ao mesmo tempo para nós e para os outros garotos, é assim que funcionamos normalmente. Se não tivermos mais estes garotos, o colégio não existirá mais, é evidente. [...] Seus pais, evidentemente, são aqueles que fazem pressão sem cessar, e é por isso que cedemos às pressões, por exemplo para montar boas classes, etc. [...]. Os pais que dizem: "se minha filha passar para tal classe com tal professor, ela vai para um colégio particular" [...], enquanto estes eram elementos isolados, podíamos fazer assim. Agora que a pressão é cada vez mais forte, são os pais de alunos medianos, que não se preocupam com nada, que querem que seu queridinho vá para uma boa classe.

[...] Então de um lado se fala da necessidade do trabalho de equipe, e de outro os colegas estão completamente desencorajados já que "não vale mais a pena participar das reuniões, pois, em última instância, é o diretor que vai decidir após ter se desembaraçado das múltiplas pressões a que tem direito". Portanto o conselho de classe percebe que não tem utilidade. [...]

Cada vez mais hoje em dia não há mais leis; as coisas funcionam de qualquer jeito, de qualquer maneira. Os garotos passam de ano pelas razões mais estapafúrdias, pois de qualquer jeito não há outro lugar para ir...

Trecho de uma entrevista com um professor de matemática que ensina num colégio num subúrbio parisiense.

A escola dos pobres

– Temos realmente a impressão de que as coisas vão indo cada vez pior, que os garotos estão cada vez mais difíceis [...]. Quando digo cada vez mais difíceis, quero dizer que é cada vez mais difícil fazê-los trabalhar, que há uma falta de motivação, penso eu. Temos a impressão de que eles se entediam muito.

– Que eles se entediam, que eles estão mais passivos ?

– Não necessariamente mais passivos, não, isso pode se traduzir de outras maneiras... numa agressividade... [...]. Eu creio que a população mudou... creio que há cada vez mais filhos de trabalhadores imigrantes. E que cada vez mais os bons alunos estão indo embora. Portanto agora somos colégio de pobres. E o que me causa mais temor é que acredito que logo o ensino público será a escola dos pobres.

E depois, veja bem, eu mesma não coloquei meus filhos aqui em V. [...]. No ano em que Éric estava no CM2, eu tinha uma classe de sexta com sete problemáticos. Nós os tínhamos agrupado para não perturbar as outras classes (sempre fazemos um pouco isso). Isso acabou me deixando vacinada e disse que Éric iria para Paris. E não sou só eu em V. que faço isso, o que explica por que só temos alguns restos de classes. [...]

Afinal, neste ano, eu tenho uma boa classe de sexta, que é como passar da água para o vinho em relação ao ano passado. [...] Numa boa classe, se você quiser, as coisas se passam muito bem. É um verdadeiro prazer: você lá, sentindo sua classe viver; são eles que te ensinam... Enfim, não sei, você fala as coisas, e pronto aí está, as coisas acontecem sozinhas! Bem, na sexta as coisas se passam assim e eu acho isso absolutamente maravilhoso. Na terceira eu não tenho problemas de disciplina, mas eles são mais pesados. É preciso tentar... tentar motivá-los, mas não conseguimos motivá-los, eu não sei, é ... é preciso tentar não aborrecê-los. É isso. Já não sou mais uma professora, eu tento não aborrecê-los. [...] É duro, porque chega um momento em que eu me pergunto o que é que eles vão fazer, e o que posso fazer por eles... [...]

Quero dizer que não espero mais um nível de terceira. Eu realmente baixei meu nível de exigência [...] eu sei que só haverá uns poucos que passarão para a segunda, assim tento ajudar um pouco mais a esses, mas de qualquer jeito, há muitos que não querem nada, desde o princípio, que estão fartos da escola e que sabem que farão um BEP e que por isso apenas esperam que tudo isso acabe...

Trecho de uma entrevista com uma professora de inglês diplomada que ensina há doze anos no colégio (classificado como ZEP há dois anos) próximo de sua residência, num subúrbio parisiense.

Rosine Christin

Uma vida dupla

Nós pensávamos saber tudo dela: a origem provinciana, o avô camponês e os pais operários rapidamente lembrados, os prêmios de excelência no liceu, depois os estudos de Letras em Toulouse, a ascensão até Paris, por fim o colégio Val-d'Oise, e 25 anos de uma vida de professora no subúrbio parisiense.

Em uma primeira entrevista realizada em janeiro de 1991, ela tinha falado do entusiasmo de seu começo de carreira, de sua militância de jovem professora, das expectativas frequentemente desmedidas dos alunos, da violência por vezes também, do clube de vídeo, dos colegas, daqueles que fracassam, de seu próprio cansaço; ela tinha falado de si, nem "funcionariazinha relaxada" nem "Madre Teresa", e da impressão tenaz de "realizar um trabalho de merda".

Neste primeiro encontro, ela tinha vindo acompanhada por uma amiga, antiga assistente do diretor de seu colégio. A maneira de ser e de se vestir, os longos cabelos louros encaracolados, o grande pulôver, o linguajar um pouco exaltado, a vivacidade, nos faziam pensar antes numa estudante do que numa mulher de 48 anos. A entrevista, preparada de ambos os lados, se realizou numa quarta-feira, seu único dia de folga, num escritório do Centro de Ciências do Homem. Ao longo das numerosas conversas preliminares, Fanny, dona de um temperamento inquieto e escrupuloso, tinha muitas vezes se informado a respeito de nosso trabalho antes de responder às nossas perguntas. Certo, nós conhecemos muitos professores atingidos por este "mal-estar dos professores" e já os tínhamos questionado, mas Fanny falava com intensidade e sensibilidade de seu colégio do Val-d'Oise, que reúne 700 alunos, filhos de empregados ou de executivos, proprietários de pequenos pavilhões, e no qual ela vem ensinando há uma dezena de anos. Por muitas vezes neste dia ela colocou à nossa disposição, em seu cotidiano, este colégio entre outros, o diretor que "quer se pôr em evidência", os colegas que acumulam depressões e licenças por motivo de doença ou os "garotos que (a) atormentam" para fazer vídeos.

Ela tinha sabido também expressar seu desânimo sem por isso se renegar ou denegrir. Este era um retrato exemplar e que, assim nos parecia, ia até o fundo das coisas. Entretanto, em torno do gravador, somente a vida profissional de Fanny tinha sido evocada, como se o ambiente impessoal e a situação oficial da entrevista tivessem ocultado uma espécie de intimidade nascente, bastante natural entre mulheres de idade próxima, tendo em comum, senão um modo de vida, ao menos um certo número de referências e de convicções.

Mais tarde, na releitura da transcrição, despojada daquilo que tínhamos percebido "fora da entrevista", Fanny desaparecia, talvez por ser tão representativa de um mal-estar tão propalado e divulgado, que acabava perdendo sua realidade, escondida por trás de suas frases banais, capazes de se aplicar a tantos outros, a toda uma profissão. Sem nos confessar imediatamente, depois mais abertamente, acabamos descobrindo pouco a pouco que, muito contentes por conseguir um belo retrato, tínhamos acabado, de certa forma, enganando a nós mesmos, ficando na superfície das coisas. Entretanto, nas entrelinhas, e como numa filigrana, brotavam algumas pequenas anotações, difíceis de enxergar, como que pedindo por estas perguntas: por que estas jornadas de trabalho de mais de dez horas, esta falta de disponibilidade da qual seu marido reclamava tanto, esta obstinação pelo trabalho, em detrimento de toda vida familiar que "suas filhas lhe reprovam atualmente" e este divórcio do qual ela tem tanta dificuldade de falar? "Ela não conhece nenhum casal no qual um dos cônjuges seja um professor que não tenha tido problemas desse tipo": simples efeito da dedicação a uma profissão-sacerdócio que reclama um investimento de todos os instantes, adesão irresistível ao personagem cujo papel é preciso representar, para os outros e para si mesma, e até mesmo na vida familiar?

Era preciso levar adiante nossa conversa para, sabendo mais dela, compreender aquilo que tantos indícios deixavam pressentir, esta espécie de interpenetração destrutiva entre a vida profissional e a vida privada, neste caso particular e, talvez, na vida de inúmeros professores.

Em abril, após alguns contatos telefônicos, um outro encontro se realiza. A entrevista se dá em sua casa, desta vez, e filmada com uma pequena câmera de vídeo; a ideia diverte imediatamente a Fanny que, pelo menos uma vez, estará do outro lado da câmera. Acreditamos que o documento nos permitirá captar e analisar à vontade os gestos, as expressões ou os olhares que a própria vivacidade de Fanny nos fez deixar escapar.

A 30 minutos da porta de *la Chapelle*, uma longa avenida, nem alegre nem triste, afastada do centro, deserta a essa hora da tarde, ladeada por pequenos edifícios de quatro andares, bem ajeitados, agrupados em "residências" e envolvidos por uma esparsa vegetação. Ela mora aí, junto com suas duas filhas gêmeas de 23 anos de idade. Dois quartos, uma pequena moradia; é o apartamento que ela ocupou junto com seu marido durante mais de 15 anos. Eles o tinham montado juntos, nada mudou de lugar e tudo precisa ser arrumado, o papel de parede está descolando, seria preciso trocá-lo, os móveis precisam de reparos, ela sabe bem disso e sofre um pouco por conta, mas tem muito o que fazer, desde a partida de seu marido, em 1985, para "juntar os pedaços" com suas filhas. Uma se formará como educadora, a outra é horticultora.

    A vida de Fanny está balizada por desarraigamentos, por renúncias, por rupturas. Ela é filha de um operário tecelão que é filho de um camponês de l'Ariège. De suas origens ela guardou um forte sotaque que, embora compreensível, dá um ar de estranheza a algumas de suas colocações, as mais "intelectuais". Seu pai deixou sua aldeia enquanto ela ainda era bem pequena para "aprender sua profissão" num povoado vizinho e "trabalhar duro na fábrica". Ela era "bem criança" mas, ainda hoje, ela se lembra deste primeiro desenraizamento, tão difícil que ela não saiu de casa durante mais de um mês. Mais tarde, houve os anos de internato, depois Toulouse, Paris, e também Avignon, uma breve tentativa de retorno a um outro Sul, "então, finalmente, não sabíamos mais aonde estávamos". Se tivesse permanecido no interior com seu marido, ela teria tido uma vida mais calma, mais tranquila, "sossegada", mas, afastados de sua terra natal e de sua família, estes dois desertores, estes imigrantes, "acabaram entregues a si mesmos e destroçados".

    Sua mãe, filha de um imigrante espanhol e da "puta da aldeia", tinha sido criada, em sua juventude, por um tio, representante comercial que "tinha se feito sozinho" e "tinha dinheiro"; ela tinha chegado até o diploma superior antes de se casar e de trabalhar na fábrica, ela também; ela tinha sonhado para sua filha os estudos que não pudera prosseguir, uma carreira de professora, um bom casamento, uma outra vida. No colégio de Pavie, no curso de filosofia, Fanny é uma aluna muita boa, e quer "ser médica", mas seus pais se opõem; esta não é uma profissão para uma mulher – a mãe de Fanny conhece até mesmo uma médica que não exerce a profissão –, os estudos são caros. Sobretudo, a carreira de professora, que reúne o "poder e a tranquilidade", tem muito prestígio na família. Fanny está muito amarga. Hoje em dia, ela "os perdoou, eles até mesmo gracejam um pouco a respeito quando estão juntos", mas, aos 18 anos, foi uma primeira ruptura com sua família. Ela escolheu a filosofia e se inscreveu na classe preparatória no liceu Pierre-de-Fermat em Toulouse, o que lhe permitiu se beneficiar de uma bolsa. Ela esquece logo a medicina e descobre a faculdade, a cidade grande, as discussões intelectuais, "diverte-se bastante" e fracassa no concurso de entrada para a *École normale supérieure*, sem muitos lamentos. Ela obtém uma licenciatura em letras, "como todo mundo", se interessa pelo teatro, pela música: como se não ousasse apagar suas origens, o interesse pela cultura é, para ela, uma espécie de realização individual ou de proeza singular mas não uma caução séria e necessária para a entrada numa vida julgada de qualquer jeito inacessível.

Foi em Toulouse que conheceu seu futuro marido, três anos mais jovem que ela: ele não é um estudante. Aí também, ela não tem a expectativa, ao contrário das outras estudantes, de se casar com um futuro professor, por exemplo, ou de ascender por meio do casamento e da sedução, o amor tomando também o lugar das razões obscuras do realismo e da humildade. É preciso contar apenas com suas próprias forças e com a daqueles que se parecem com você. E Bernard é de um "meio muito, muito modesto"; aluno do liceu aeronáutico, ele sonha em se tornar um piloto. Eles querem se casar para chegar a Paris, onde terão todas as suas oportunidades e toda sua liberdade ("na época era preciso fazer isso para morar junto"). Eles pensam que um grande futuro é possível, é uma época de expansão, não se fala em desemprego dos jovens e não é muito difícil conseguir trabalho, um apartamento. Eles têm ambições, mas é preciso saber fazer sacrifícios.

O jovem homem abandona tudo, passa no concurso da PTT, e é imediatamente nomeado agente de exploração em Paris: "Então, aí também, grandes sonhos...". Ela resume assim este episódio: "Eu consegui minha licenciatura em 1966; casei-me e segui meu marido até Paris. Foi isso". Aplicando deste modo a si a imagem romântica da jovem esposa submissa a um jovem funcionário cedo promovido. No entanto ela acha que seus "problemas conjugais talvez tenham começado aí".

Em outubro, ela está fazendo um estágio no liceu Charlemagne; eles têm 19 e 22 anos e suas filhas gêmeas nascem logo em seguida (nesta época os métodos anticoncepcionais, já espalhados entre os mais prevenidos, ainda não estão legalizados, e são portanto inacessíveis a muitas jovens mulheres); são fatalidades que acontecem, só isso. E se (dadas suas origens) os estudos, o trabalho lhe parecem como conquistas, o fato de contrapor atividade profissional e vida familiar ainda não é considerado como uma proeza, não se fala disso. A vida cotidiana é às vezes simplesmente decepcionante.

Fanny se casou contra a vontade de sua mãe e, até o dia em que seu marido foi embora, por orgulho, ela esconderá dela suas dificuldades: "Em Paris, tudo estava bem [...] queríamos dar a impressão de estarmos vivendo corretamente; de fato, nós fingíamos quando descíamos, como se diz, para o Sul". Mas, sem dúvida, ela escondia de si mesma, tanto quanto de seus pais, os primeiros sinais do desastre, tão impaciente que estava frente a essa nova vida intelectual que parecia se oferecer.

"As meninas [...] foram arrastadas"; quando estava no liceu, ela as confiava a "zeladoras de imóveis que encontrava assim, ao acaso, [...] era qualquer pessoa, e frequentemente ouvíamos as garotas gritando pois estavam sozinhas no apartamento, e eram duas num só cercado, então..." Ela se "entregou muito ao seu trabalho", ela adora seus alunos, com os quais tem uma paciência "extraordinária", mas, quando suas filhas eram pequenas, e ela voltava para casa à noite, irritada, "já tinha gasto toda sua paciência durante o dia", e ainda tinha aulas para preparar, exercícios para corrigir. Em casa, ela já não podia mais aguentar nada", as lições de suas filhas "eram uma catástrofe". Era preciso fazer tudo rápido, bem rápido, ela nunca tinha tempo. Ela devia ser "detestável". Suas filhas dizem a ela, mas somente agora, após tantos anos, que "aquilo tinha sido um inferno". Ela tinha ignorado seus problemas, se persuadindo de que bastava amá-las.

Seu marido não fez carreira; ao renunciar aos estudos, ele tinha se condenado a permanecer entre os funcionários da PTT; "aspirante", ele substitui os inspetores e os conferentes ausentes; eles nunca falaram sobre isso, mas ela sabe que ele sofre por ter abandonado seus próprios estudos. Fanny se mostra ostensivamente sem interesse pelo trabalho dele, ela não gosta dos seus amigos da PTT, muito diferentes de seus próprios colegas, que frequentemente desprezam o "marido de madame", que é como ele dizia de si mesmo. Ela se censura por ter abandonado seus colegas, alguns "verdadeiros intelectuais", e maltratar este homem que de certa forma se parece com ela. Ela confessa ter tido às vezes vergonha dele, como outrora de seus "pais operários, que eram um pouco pobres", diante de suas colegas de classe "que tinham de tudo". Foi a este preço que conseguiu para si uma vida "sossegada" como gosta de dizer, a vida sonhada para ela por sua mãe: ela cultivava "este lado intelectual", ela pintava, escrevia poesia.

A realidade se mostrou realmente para ela em 1985, no dia em que o marido foi embora, "que ela não tinha visto chegar"; eles se divorciaram depois, mas ela ainda usa até hoje sua aliança e confessa esperar seu retorno. Neste dia mesmo, uma de suas filhas deixou o liceu; começa então, tanto para uma quanto para outra das gêmeas, uma dolorosa peregrinação que, ainda hoje, não terminou: drogas, fugas, fracassos, "muitas, muitas histórias"... Fanny não quer falar muito a este respeito, seus olhos se enchem de lágrimas.

Sem dúvida nenhuma ela não soubera prever nem prevenir este desmoronamento; teria sido preciso admitir muitas coisas, a vida dura demais, o desenraizamento, as meninas agitadas, o marido desprezado, as rupturas, tantos sacrifícios consentidos em função de uma ascensão incerta e a ilusão de uma participação também tão incerta no mundo da cultura. Ela hoje em dia tem a impressão de ter sido ludibriada, ela agora desconfia de "tudo aquilo que é intelectual", não compra mais discos, pois "não tem o dinheiro" e nem mesmo "um bom aparelho para escutá-los". Tudo isso acabou.

Na sua profissão também, o ânimo e o entusiasmo da jovem professora deram lugar ao desânimo e, pouco a pouco, ao sentimento de ter entregue seu tempo, sua energia, "sua vida", sem receber nada em troca. Desprezada pelos pais de alunos, abandonada pela administração do liceu, ignorada pelo Ministério, incompreendida por seus alunos, mais atraídos pelo sucesso material ("a grana, a grana") do que pelas coisas intelectuais, ela não reconhece mais a profissão que escolheu e que já não tem, 25 anos depois, nenhuma das esperanças da jovem estudante de Toulouse e de suas primeiras experiências. Se ainda lhe acontece lembrar, com seus colegas, a nobre missão do "educador", ela se enxerga frequentemente, ao menos nos momentos de desânimo, como uma enfermeira ou uma assistente social, em resumo, como uma espécie particular de "trabalhador social".

Por mais desarmada que esteja diante desta situação improvável, imprevista, que foi criada pela transformação radical do papel do professor, ela o está, sem dúvida, menos do que muitos outros. Suas origens, seu destino de desertora, a prepararam para compreender as dificuldades e angústias desses recém-chegados, que são inúmeros dos alunos que lhe são confiados. Sua experiência de vida e seu extraordinário entusiasmo, além de a deixarem prevenida contra o medo da violência adolescente que conduz tantos de seus colegas a uma fuga para o absenteísmo, também permitem enfrentá-la desenvolvendo todos os recursos de seu proselitismo cultural de neoconvertida e "distribuindo amor" a seus alunos que, em troca, "reconhecem seu trabalho".

Mas, paradoxalmente, as disposições generosas que fazem com que esteja mais preparada do que muitos outros para a nova situação criada para os professores também fazem com que esta situação funcione para ela como uma armadilha, a da dedicação aos alunos: ela não pode deixar na verdade de reconhecer que é pelo reconhecimento que eles são os únicos a concordar que ela deu tanto de si ou perdeu tanto.

Com uma professora de letras de um colégio

– *Entrevistas de Gabrielle Balazs e Rosine Christin*

"Um trabalho de merda."

– *Agora mesmo se falou que, neste colégio, muitos professores querem partir.*

Fanny – Sim, há muitos deles, inclusive eu. Outros se sentem um pouco paralisados e teriam vontade de partir; eu estou pensando em [...] um colega de música; já existe um mal-estar que se deve, creio eu, à mudança de diretor. Desde o ano passado temos um novo diretor que não conquistou de forma alguma a unanimidade, que é julgado muito severamente pelas pessoas [...]. Existe um mal-estar por causa disso e há também um mal-estar que é próprio da situação dos professores. Eu acredito que as pessoas têm a impressão, em todo caso falo por mim, a impressão de realmente estarmos sendo espremidos como um limão e de não sermos reconhecidos. Quando discuto com meus colegas de francês, é assim, temos a impressão de que não somos absolutamente nada, que fazemos um trabalho – me perdoe a expressão – um trabalho de merda, é isso! Eu ouvi isto. Temos então a impressão de estarmos lutando por nada. De termos sido ludibriados. E quando chegamos a um determinado ponto da carreira, eu estou em que escalão, nem mesmo sei, no décimo? Tenho 48 anos. Temos a impressão com razão ou não, não sei bem, que tudo aquilo que fizemos não serviu para nada, nada. Chegamos a um momento em que os jovens têm vontade de fazer outra coisa. Meu colega de música diz que se realiza nos concertos, ele tem sorte, pois tem outra coisa, mas aqueles que não têm nenhuma outra coisa para fazer [...]. Um colega comunista, ele tem sua luta... E mesmo que não acredite mais tanto assim, ele retomou seus estudos, ele, bem, então, encontra assim um sentido para sua vida.

– *Cada um foge para um lado ou outro...*

Fanny – Sim, isto é certo, existe uma fuga, assim o fato de mudar de estabelecimento é também uma fuga, é fugir talvez do estabelecimento. É verdade que eu já não aguento mais o estabelecimento, mas não sei o que vou encontrar em outro lugar. Tenho vontade de ensinar num liceu porque preciso me realizar profissionalmente, como dizem os jovens, de curtir um pouco, enquanto que até o momento eu só dei de mim, dei de mim e acho que não serviu para nada. É isso!

Fanny – As pessoas têm vontade de viver. E os colégios e as escolas não se tornaram lugares com vida. Quando tratamos disso com os alunos, recebo coisas cheias de erros de ortografia, existe um desejo de falar com os adultos, que pode ser isso também. O que é realmente esta vontade de viver e creio que os jovens traduzem o mal-estar dos professores de uma certa maneira, até mesmo o mal-estar da sociedade. Não sei se eles se dão conta disso, não sei se isso já foi dito, mas isso existe.

– *Eles sentem que não estão numa situação muito boa.*

Fanny – Acho que sim. Com meus alunos, isso é comigo, olhe, não posso dizer que isso se passe assim com todo mundo, mas eles são muito legais, a garotada, porque há um desejo, eu o percebo com meus alunos de terceira, um desejo de realmente nos ajudar, até mesmo de gostar de nós. Portanto, quando ouço colegas que dizem, "ah, não estamos aqui para isso, não estamos aqui para gostar das crianças", neste momento percebo que isso é absolutamente falso, que eles precisam disso, e que o professor precisa disso. Eu pelo menos tenho necessidade disso. Tenho a necessidade de estar bem com eles, bem sob todos os pontos de vista, se quero fazer um bom trabalho. E isso faz parte do conjunto, as pessoas têm vontade de viver. E na sociedade atual, os meninos vivem isso, apresentamos modelos nos quais o dinheiro domina, bem, eu acredito que isso também seja um problema. [...] Eles têm a impressão de que os conduzimos para coisas nocivas, é isso.

– *E quando a senhora diz que os professores não são reconhecidos, que a senhora não se sente reconhecida e por quem, de que modo?*

Fanny – Inicialmente pela autoridade superiora, que... eu frequentemente enfatizei que os diretores de escola – não todos, pois já ouvi outras pessoas me falarem que é fulano que é legal, etc. –, são frequentemente diretores de empresa que trabalham, eu diria... o prédio, em todo caso, a instituição não foi feita para os seres humanos que estão lá, tanto professores quanto alunos. Eles estão lá para lisonjear, para pedir que façam coisas além de seu trabalho, mas sentimos que nada disso é feito no interesse da criança, mas sim no interesse da promoção ou outras coisas assim, e isso, então, pode funcionar um pouco, se o professor sentir prazer em fazer tal ou qual coisa, pois há muitos que são assim. E além disso são reconhecidos também pelos pais, e pelo conjunto da população.

– *Pelo conjunto da população, sim.*

Fanny – Porque francamente, quando ouvimos os discursos a respeito dos professores [...], é velho como o mundo... como a opinião de minha própria família, que realizamos um trabalho realmente fácil. Sempre se coloca em primeiro lugar as férias... etc.

– *Ah, sim, as férias, [...] que é que fazem as pessoas de sua família?*

Fanny – Meu pai era operário, operário no setor têxtil. Trabalhou muito, é verdade que sua jornada de trabalho era dura. E para ele – eu queria fazer medicina, é verdade – mas ele não quis porque, bem, ele não tinha dinheiro, eles me disseram, "não, não, não...", mas para eles o professor era o cara que tem segurança de emprego, que está tranquilo, que faz seu trabalhinho, ele via nele o funcionário público.

Eu assinei "Irmã Teresa"

Fanny – É. Ele via o funcionário público, o professor numa boa ou numa má situação, não sei. É possível que o professor funcionário esteja numa boa situação, porque ele não se coloca... há alguns assim, não é. Há alguns assim, que não fazem muitas perguntas. Mas o professor que tem vontade de ser professor e educador, pois – volto aqui ao meu assunto favorito – acredito que, hoje em dia, o que assusta os professores é que temos um papel realmente de educadores. Eu discuti com alguns colegas ano passado porque eu concebo as coisas assim, uma palavra bem forte, não quero jogar com as palavras, mas não se trata apenas de transmitir um saber, o papel do professor hoje em dia, nós somos a Educação nacional e as crianças pedem por isso. Eles exigem que sejamos... não que substituamos seus pais, mas que seja-

540

mos um adulto de referência com o qual se possa falar, e quando aceitamos este papel, as coisas funcionam. Há professores que se recusam. No ano passado eu tinha uma turma difícil, garotos realmente com problemas, e para brincar, realmente para brincar, pode ser que minhas brincadeiras sejam sem graça, eu convoquei as pessoas para um pré-conselho, pois a turma colocava questões e assinei "Irmã Teresa". Por que fiz isso? Não sei, uma inspiração divina. Meu Deus... Aquilo causou um protesto geral.

Eu acho que um professor hoje em dia, e isso é esmagador, é exaustivo, pois fazemos de tudo pela garotada, mas não acredito que possamos fugir a isso, mas ao mesmo tempo, quando eu digo que experimento um sentimento de não ter meu trabalho reconhecido, eu tenho uma relação muito boa com meus alunos e é isso que ainda me mantém lá dentro. Porque com meus alunos, mesmo quando tenho turmas difíceis e mesmo quando há barulho, ou quando fico nervosa, etc., há alguma coisa que acontece, eu gosto deles e eles gostam de mim e eles me fazem permanecer no ensino. Se eu não tivesse isso, eu faria qualquer outra coisa. Não sei, mas aceitaria qualquer trabalho! Porque os alunos, quando acontece isso, eles reconhecem seu trabalho, temos este reconhecimento por parte da garotada. [...]

– E em relação à sua família, a senhora dizia que eles realmente trabalhavam duro... sua mãe trabalhava?

Fanny – Minha mãe não trabalha mais. Ela trabalhava quando eu era bem pequena, ela trabalhava, era operária também, um pouco frustrada pois estudara até o diploma superior na época. Sua mãe queria que minha mãe trabalhasse para ganhar algum dinheiro. E então, era preciso ir para a fábrica. E assim minha mãe foi para a fábrica e creio que, como a maioria dos filhos daquela época, eu acabei seguindo o caminho que ela queria... [...], ou que ela gostaria de ter seguido. Quando falávamos a respeito, bem, eu acho que ela via isso como alguma coisa – como dizer... – para ela o preceptor, o professor era o máximo. Ela ainda tinha essa mentalidade das pessoas do campo; em minha casa eles diziam "o reitor", meu avô também, tinha muito respeito por aquele que transmitia o saber. Ele era analfabeto, e então o reitor, se dizia no jeito de falar da região, era importante, minha mãe pensava assim, meu pai menos...

[...]

Minha mãe desencantou-se

– E sua família não considerava que a senhora tinha sido bem sucedida em relação a ... estes objetivos de ser professora, etc.?

Fanny – Sim, sim, com certeza. Ela considerava que eu tinha conseguido, mas hoje em dia minha mãe se desencantou, ela se desencantou...

– Ah bom, então isso foi numa certa época?

Fanny – Sim, no início... Para ela, bem, o fato de que... eu ia bem na escola, que eu passava nos exames, queria dizer que eu tinha conseguido. E hoje em dia quando ela vê o modo como vivo, talvez tenha a ver também com a maneira como eu vivo, mas as preocupações que eu tenho, ela me diz: "mas afinal..." Então ela não quer mais... isso é tudo, há muita coisa por falar aí dentro, ela tem a impressão que alguma coisa, ela não analisa, eu não falo mais disso com ela porque sei que ela se culpa por isso, já não falo mais muito a este respeito mas... ela tem a impressão de que existe alguma coisa de podre mesmo no reino da Educação nacional, é confuso, eu não falo disso, mas ora, eu sinto isso. Ela me disse, quando fui até lá no dia de Todos os Santos, fui vê-la, e levei algum trabalho para fazer, ela me disse: "deste jeito, afinal, você nunca está tranquila", ela não vê outra coisa além disso, ou então quando me vê deprimida, ela me diz: "no fim das contas sua irmã está mais feliz do que você".

– *Sim, então ela pensa que... não é o que ela esperava.*

Fanny – Não. Ela pensa... não sei nem mesmo se podemos dizer pensa, mas... veja bem, isso, é confuso... Não é algo expresso, não. Se falarmos de coisas pessoais, eu me casei, me divorciei em 1985, meu marido me censurava o tempo todo de estar ocupada demais com meu trabalho. E de quantos colegas ouço que têm problemas conjugais por causa disso, os professores. É verdade... Tome aquela com quem falei ontem à noite pelo telefone, uma professora de maternal que está doente, ela está doente, ela está parada até dia 15, o médico queria que ela parasse até dia 22 mas ela lhe disse que tinha consultado uma psicóloga da MGEN que tinha dito: "seu problema é este". É uma rejeição. Uma rejeição. Ela me disse: "eu não aguento mais o barulho", bem. Ela está deprimida...

[...]

– *Frequentemente o cônjuge acha que o professor trabalha demais, não é? É muito ocupado...*

Fanny – Sim, sim... muito ocupado. Pessoas de todas as partes, outro dia havia dois amigos no telefone, ele é um inspetor fiscal, sempre livre, então ele dizia: "no Natal vamos para a Polônia", e Monique lhe perguntou ao telefone: "e sua mulher, que é que ela está fazendo?", "mas que pergunta!", ele respondeu: "está corrigindo exercícios, está cheia!" Bem, esta é uma história...

– *Sim, sim, mas que importa. E seu marido, o que ele fazia?*

Fanny – Meu marido estava na PTT, ele ainda está na PTT, ele está tranquilo, [...] ele é conferente. [...] Às vezes acontecia dele ter algumas substituições a fazer em lugares distantes, e que era preciso que ele estivesse em seu posto na chegada do correio para recepcionar os caminhões, e ele tinha de acordar muito cedo. Mas em relação, eu acho – este é sempre o problema do professor – em relação ao professor, o que me mata e o que me impede de ser criativa é que nunca terminamos. Quando chegamos em casa, temos de preparar aulas, então também, este ano, poderíamos falar disso, já que isso vem também do fato de que os horários de francês tendo sido diminuídos, somos obrigadas agora a ter quatro turmas para poder completar nossas 18 horas. Quatro turmas de francês num colégio, das quais três com 30 alunos, isso dá um número incalculável de exercícios, e no colégio é preciso verificar tudo; eu enfatizo as explicações de texto, senão os garotos não as fazem e tenho permanentemente exercícios para corrigir... então após a jornada de trabalho...

Ah! Todos os dias eu tenho exercícios. Todos os dias. Porque eu percebi, no começo eu só fazia algumas explicações de texto, e eu percebi que a maioria dos garotos passavam uma vez o texto, e não voltavam mais, enquanto que eu centro todo meu ensinamento naquilo, nos textos, nos escritos, na reflexão sobre um texto, a transmissão após a comunicação, portanto para eles não era... Agora eles compreenderam; eles compreenderam e as coisas funcionam, mas no início eles não faziam isso, e eu marcava tudo. Os outros colegas não dirão a mesma coisa, porque em música, o colega conhecido meu não tem o mesmo trabalho que eu. É realmente particular, eu tenho isso todos os dias. E tenho sempre a impressão de... me desgastar com isso. Isso me desgasta verdadeiramente.

– *E é isso que os outros criticavam em você também, enfim que o seu marido criticava afinal? De não estar disponível...*

Fanny – Ah sim, é isso. E eu, para minhas meninas, agora que olho para isso com distanciamento, eu reconheço que investi meu tempo realmente mal, eu me dediquei realmente ao trabalho. Negligenciei minhas meninas num momento em que elas tinham necessidade de mim, realmente eu as...

– *Você tem duas filhas?*

Fanny – Eu tenho gêmeas. Duas meninas, e elas me dizem isso, elas me dizem isso! No momento em que elas precisavam de mim, bem, eu... bem, isto é um percurso pessoal. Durante todo um período, é verdade que eu me dediquei enormemente e me desenvolvia no meu trabalho, e também não posso dizer que isso não tenha me trazido satisfação, não é mesmo! Então é verdade que eu me entregava bastante, eu tinha prazer em estar com as crianças, mas, ao lado disso, eu dava tanto de mim que quando chegava em casa minha paciência estava no fim. Mas é verdade, minhas meninas me falam isso agora e quando eu estava no meio de...

– *Elas agora têm que idade?*

Fanny – Elas têm 20... minhas filhas têm 23 anos, 23.

– *Bem, já não são mais propriamente meninas, não é...*

Fanny – Não, mas eu sempre falo delas assim... não, mas é porque estamos tentando reviver coisas que não vivemos justamente neste momento aí, então eu falo minhas meninas, é verdade que estamos voltando a nos encontrar agora; elas estão tentando reviver estes fragmentos de sua infância aos 23 anos. Estamos fazendo psicanálise na medida do possível. Não, mas bem, é verdade. É isso. De que é que estávamos falando? Eu não me lembro mais...

Eu não conheço um casal de professores, ou mesmo que não sejam os dois professores... mas eu não conheço nenhum casal em que haja um professor que não tenha tido problemas desse tipo, então alguns conseguem dominá-los, mas isso, isso sempre conta de algum jeito, e sempre existe também esta impressão com razão ou não... de se entregar, de dar de si, de sua própria vida e a troco de nada. Como as enfermeiras, com a impressão de que não somos nada aos olhos dos outros, e os outros é que... as meninas me dizem isso, elas me dizem: "é legal este trabalho que a senhora faz mas, veja bem, não temos inveja", elas se perguntam por quê; bem, porque nós fornecemos modelos do tipo "yuppies", que são bem-sucedidos, etc., de paletó e gravata, a grana, a grana, a grana...

Eu leio pedaços de livros

Fanny – É isso, eu creio que esta reivindicação de uma vida melhor que encontramos por toda parte, entre todos os professores, o desejo de ter seu trabalho reconhecido; já vi também as assistentes sociais reclamarem pela mesma coisa, o desejo de que realmente sejam considerados como pessoas úteis, e não pessoas que fazem as coisas de qualquer jeito, como um funcionário público relapso. Um dia, eu fiquei revoltada no momento das revoltas estudantis, eu estava escutando o programa *France Inter*, no meu carro – de outro modo eu não tenho tempo – eu escuto, isto também é cultura, eu não tenho tempo de ler durante o período escolar [...], eu leio pedaços de livros, pedaços...!

– *E você é professora de letras!*

Fanny – Ah sim, quando eu leio é preciso que eu esteja mergulhada na leitura; estou sempre com a cabeça cheia, é isso que eu dizia, a impressão de nunca chegar ao fim, eu tenho sempre a cabeça tomada por alguma coisa, eu nunca posso desfrutar de um livro. Nas férias, sim. Mas durante o ano escolar, eu não posso me entregar ao prazer de ler porque de repente, pronto! Eu me digo: calma, isto acontece, então vou fazer, procurar alguma coisa. E também reconheço que talvez a idade também conte, eu tenho 48 anos, existe o cansaço... não é, é verdade, eu sinto que já não estou mais em forma como antigamente, pois antes eu tinha sempre ideias para fazer coisas em classe, para tornar as aulas mais interessantes; quando eu percebia que começava a cansar, eu dizia: vamos dar um jeito nisso; agora quando termina minha jornada de aulas, existem os pais que vêm nos ver... pais vêm me ver quase todos os dias, para me ver...

– *Você tem reunião marcada ou eles vêm por conta própria?*

Fanny – Reuniões, não, eu as tenho quase todos os dias, nem todo dia. Frequentemente, nesses momentos vai haver os conselhos de classe, e eles se afobam um pouco, alguns por ingenuidade, outros para poder...

– *... sim, fazer intrigas...*

Fanny – É isso! Bem, isso é normal, mas uma vez que nós contamos todas as horas passadas fazendo coisas que não são contabilizadas, e tal, as pessoas se cansam disso; eu mesma tenho um espírito... eu tenho vontade de me mandar flores, eu sou sincera, não quero ser uma funcionária pública, portanto não quero contar todas as horas que passo, eu não gostaria; mas eu tenho colegas que me dizem: "você se desgasta demais, e por causa de pessoas como você nós damos a impressão de...", como ainda há desses um pouco em toda parte: "você dá a impressão de que as coisas funcionam", seria preciso não fazer mais nada fora das aulas para mostrar às pessoas que as coisas não funcionassem mais. Eu não posso, senão... eu não tenho outras coisas em outros lugares. É verdade que gastamos muito tempo nisso, e creio que as pessoas não sabem.

– *Você calcula quantas horas trabalha por semana? Isso não é calculável?*

Fanny – Escute, este ano, até agora eu não fiz nada extra, a não ser cuidar da orientação na terça-feira, eu não faço nada além do meu... até agora, porque logo vou começar, pois estou dentro de dois projetos de escola – um a respeito da imprensa e outro a respeito do patrimônio – portanto as horas a mais, os filmes, as montagens e outras coisas como essas, e este ano eu não trabalho... eu trabalho perto de dez horas por dia.

[*Ela lembra a assimilação, frequente nos meios de comunicação e com conotação negativa, dos professores aos "funcionários públicos", ao citar uma declaração do ator Philippe Léotard no programa* France Inter, *na qual ele fala com desprezo a respeito das reivindicações salariais dos professores, ao mesmo tempo em que esboçava um retrato pouco lisonjeiro de sua "mentalidade de funcionário".*]

*Um desperdício de dinheiro
e de energia*

– *Eu gostaria de retomar um pouco aquilo que você dizia, pois no início a senhora disse: "Temos a impressão de que lutamos muito e que fomos ludibriados", e a senhora diz efetivamente que você se sacrificou, aí incluído o plano privado, enfim que a senhora pagou caro do ponto de vista da vida privada, já que no fim a senhora se divorciou, a senhora tem a impressão de que, entre outras coisas, é devido também a isso...*

Fanny – Entre outras coisas, mas é verdade que isso fazia parte das reclamações...

– *A senhora disse: "Nós lutamos muito...", esse "lutamos muito" quer dizer o quê? Que a senhora se dedicou demais ao trabalho, que a senhora militou, que...*

Fanny – Eu militei, sim, no início de minha carreira, eu militei, eu redigia relatório sobre relatório, quando estava na escola de St-Germain-en-Laye, de Claude-Debussy, que era considerada na época uma escola-piloto, eu fazia parte de um grupo de trabalho sobre o fracasso escolar, já então, fazíamos experiências, trabalhávamos... então eu redigi alguns relatórios. Temos a impressão que nos altos cargos também tudo aquilo que podemos ter dito, essas coisas demoram tanto tempo para chegar que a situação neste meio tempo já mudou, porque a situação escolar é uma matéria viva, as coisas têm vida, as coisas mudam; então quando a reforma que se tinha desejado dez anos antes acontece, já é tarde demais! No ano passado, aquela pesquisa nacional de opinião [...] eu guardei uma pequena fita cassete; nós brincamos com a fita, fizemos uma fita de vídeo, e Mariette falou destes famosos "módulos", de um ensino modular [...]; havia um momento em que se falava disso e agora isso virou moda. [...] É uma máquina tão pesada para mover... que temos a impressão de que tudo chega tarde demais.

– *Sim, que vocês fizeram muitas coisas mas que o retorno é tão lento que... sim...*

Fanny – Sim, e depois eu não quero acusar a Educação nacional, eu não sei muito bem como as coisas funcionam, eu tenho a impressão também de que no interior desta máquina enorme existe realmente um desperdício enorme, existe realmente um desperdício de dinheiro e de energia; [...] eu vejo também o perigo daquilo que eu possa dizer, pois falava-se toda hora em regionalização, pois é verdade que numa escala nacional ela é uma coisa pesada, difícil de mover, eu vejo daqui tudo aquilo que pode acontecer. [...] Quando se fala de reivindicações, de meios, de coisas como essas, frequentemente nos colégios há coisas que acontecem que são dinheiro desperdiçado. Desperdiçado! Eu por exemplo trabalho com vídeo, e agora, eu estou um pouco cansada, é verdade, porque tenho problemas de visão, também, existe minha vida. Eu reivindico o direito de poder parar de fazer coisas que eu fazia antes porque podia, porque tinha vontade, ah bem, não, somos o tempo todo fustigados, porque precisamos continuar o que fazíamos. Eu fazia vídeos com uma equipe. Desde... tínhamos feito um filme, nosso primeiro filme...

[*Fanny lembra de suas atividades do ano passado na sala de vídeo que ela dirige.*]

– *Como são os alunos, como a senhora os definiria?*

Fanny – Grosso modo, no nosso colégio, há dois tipos de alunos, é um colégio do campo, nem mesmo de subúrbio, está na margem das lagoas, poderíamos imaginar que é um pequeno... portanto eu não me queixo, nós não temos os enormes problemas que há no subúrbio norte, não mesmo; mas há dois tipos de alunos, alunos de um meio mais favorecido, aqui há duas grandes empresas, portanto há muitos filhos de engenheiros, estes garotos vão bem, e também um meio rural, empregados humildes, operários humildes de um nível bastante baixo, é verdade, crianças... que não têm ambições; há estes dois tipos básicos de alunos... [...] E também temos de vez em quando, como em toda parte, alunos difíceis, em dificuldades, e então...

545

– *Isso se manifesta como nas aulas? Aqueles que são difíceis.*

Fanny – Bem, neste ano por exemplo; eu tenho uma classe de quinta, eles são apenas 24; o conjunto não é... o nível não é muito elevado e há três garotos entre eles que têm problemas enormes de comportamento, além disso, na semana passada, há dois, não três deles, então [...], aquele que veio de fora, foi expulso de três colégios e que é altamente instável, um outro que não faz estritamente nada, que foram pegos tentando roubar.

[...] Bem, foi depois disso que os tiras os trouxeram de volta para casa, porque [...] não é a primeira vez que eles roubam, esses garotos, são todos os três, eles formam um bando. Então, com uma turma que já apresenta dificuldades, eles se tornam as vedetes; primeiro, esses garotos são maiores do que os outros...

– *Mais velhos?*

Fanny – Mais velhos, não, todos eles têm perto de 14 anos, 13 anos e meio, 14 anos na quinta; veja só, alguns têm 14 anos completos, são grandes, fortes e, eles então, não sei bem, tenho dificuldade de explicar [...] eles não têm nenhum ponto de referência, não têm medo de nada, de nada. A sanção do colégio, a advertência, a suspensão, eles gostam de receber suspensão, eles ficam contentes; eu evito isso, os pais também estão sem ação, durante três dias vamos suspender esses garotos; eles vão vadiar, não é... Então eles sabem muito bem que não vamos fazer nada, por isso eles provocam, provocam ao máximo, então isso também é um apelo, eles também têm necessidade de que cuidemos deles e é isso que querem o tempo todo e depois de um tempo é exaustivo. É exaustivo!

Um professor da classe, no dia do conselho desta classe, ele veio, estava doente. Trouxe um atestado médico. Ele chegou e disse, "não posso ficar no conselho", ele segurava seu atestado como uma desculpa, e isso me fez até mesmo passar mal, veja só, porque os professores, os garotos, os pais ficaram zangados com ele; se poderia quase dizer que era uma maneira de se livrar; ele chegou com um atestado médico dizendo: "é uma turma terrível, a gente se mata de trabalhar! por eles, a gente se mata à toa! à toa, eles são horríveis, são infernais, eu não aguento mais, não aguento mais!", é isso. E foi embora, uma mãe lhe disse: "melhoras de saúde, professor", e o caso parou aí. Ele não consegue, com seus garotos, ele não consegue, ele gostaria de ser o professor que transmite um saber, e ele parou nisso, ele é o professor, este é o seu papel e... E as coisas vão mal... é isso. E é um cara extremamente culto. Eu acho que foi o professor de história que me disse isso pelo telefone, porque eles conversaram a respeito da reunião com os pais, é um cara que é muito capaz, se tiver bons alunos! É isso, mas o fato é que não há só os bons!

– *Todos os professores deveriam ter classes com bons alunos* [risos].

Fanny – [...] Às vezes sou obrigada a dar uma de polícia; dois dias atrás, o famoso A., expulso de três escolas, para situá-los em relação a ele, ele estava com vontade de se mexer. Ele deu uma de curioso, na verdade ele busca um contato. Mas é difícil ser ao mesmo tempo professor e educador. [...] Quando temos um menino assim numa classe com garotos já com dificuldades escolares, que se distraem com qualquer mosca que passa, um garoto que fica sonhando acordado o tempo todo, que provoca, etc., isso puxa a classe para baixo, bastam dois meninos assim; ontem à tarde, por exemplo, eles mataram aula [...] eles vão fazer asneiras, são meninos em perigo. Isto me faz mal. Eu me sinto às vezes desarmada com estes garotos e a única coisa que resta é falar, é falar...

– E as coisas eram assim também nos estabelecimentos pelos quais a senhora passou anteriormente, nas escolas?

Fanny – Não, não, não. Quando eu era uma jovem professora, quando eu estava iniciando, jamais tive que enfrentar problemas como esses, nunca, nunca mesmo, eu fui professora num liceu antes de 1968, bem, eu era uma professora como tinham sido meus professores. Eu não tinha contatos assim, pessoais, com as crianças. Mas é aí que está, a mudança de nossa profissão está nisso. Para mim está nisso e creio que muitos professores recusam totalmente este papel.

Ela não aguentou

– Não é mais o mesmo público, não é mais o mesmo...

Nadine – É isso. Não é mais o mesmo público e as pessoas dizem: "mas não temos que desempenhar este papel...", no ano passado havia uma discussão que fazíamos a respeito desta classe difícil, que tinha sido feito de propósito, eu os tinha pego por dois anos, eu os tinha pego na quarta, os garotos que os professores não queriam. Aí também havia um discurso hipócrita, eu não conhecia nenhum dos garotos, eu tinha sido voluntária, tinham sido pedidos professores voluntários para trabalhar com as crianças, todas em dificuldades, todas instáveis, frequentemente antissociais, no limite da delinquência e, no fim da quinta, os professores não as queriam mais. Há pessoas que não falam as coisas assim, claramente, "ah não, não, aquele lá não o coloquem na minha classe... Ah não, não, já estou cansado dele, eu já o aturei por um ano, agora chega". Outro dia eu me enervei com os pais, a propósito daqueles três de que já falei, "Que é que fizeram?", perguntei a um pai que dizia: "expulsem-nos!", um pai de aluno das outras dizia: "se a senhora quiser vamos vir até sua classe, bancar a polícia", eu disse: "é claro que não, mas digam então, vamos mandar para o forno crematório esses meninos? O que é que vamos fazer com eles? Se vocês fossem os pais destas crianças, vocês não gostariam talvez que nós ajudássemos?", eles pelo menos se acalmaram. Já eu fiquei nervosa, foi isso que pôs lenha na fogueira, mas... mas por outro lado, aí eu me sinto desarmada em relação à Educação nacional, o estabelecimento escolar, diretor desse jeito, daquele jeito, quando temos garotos assim, não sabemos mais o que fazer. Porque por um lado somos criticados porque nos ocupamos com eles, então as pessoas dizem: "ah, aquele ali, ele só faz demagogia", eu não posso mais suportar isso. Porque é por isso que eu digo que "não tenho meu trabalho reconhecido..."

Queremos cuidar deles, mas de modo humano. Nós ajudamos as pessoas na África, etc., eu também pertenço ao clube Unesco, ajudamos as outras pessoas, materialmente isso não dá muito trabalho, é fácil dar uns trocados, um livro, coisas assim, mas ali onde existe realmente um indivíduo, uma responsabilidade diante de uma criança, três quartos vão embora, então é assim, há... e além disso um desgosto com tudo. Este é o grande problema: que fazer quando estamos frente a esses meninos? As instituições não nos ajudam, eu não sei se isso vai mudar, nós temos cada vez mais deles, cada vez mais garotos assim, todo mundo entrando na sexta, a vida sendo o que ela é, famílias separadas, garotos com problemas deste tipo há muitos deles; isso tudo era para explicar as classes difíceis. [...]

– E foi assim que isso lhe ocorreu, porque a senhora falava agora mesmo de uma professora que está doente, quer di-

547

zer que no colégio há pessoas deprimidas, doentes?

Fanny – Ah, sim! Há muitos assim. E já existem pessoas assim há muito tempo. G. que ficou com minha filha, não foi pouca coisa, quando ela teve Valérie na sua turma, ela não aguentou, como se diz, bem, é um termo fácil também, não aguentar. Bem, com aquela classe, dos três, essa colega, ela têm dificuldades, aí podemos dizer, espero que não haja nomes citados, esta mulher mas tem dificuldades enormes com estes garotos. Ela os insulta, eles me contam isto, mas eu não vou lá repreendê-la. Aí também, como professores sempre temos que evitar falar mal de um colega ou repreendê-lo, mas ela, ela... como dizer? Ela resolve seus problemas pessoais com eles, ela tem muita dificuldade, porque eles são difíceis, mas ela não aguenta, ela os insulta e na reunião de pais, enfim no conselho de classe, lembramos estes problemas de disciplina, e ela disse: "eu não aguento mais, não aguento mais! Se isso continuar assim, eu vou parar por três meses!", isso também é uma fuga, e destas há...

– *Há muitas assim?*

Fanny – Não posso saber se é sempre por causa dos alunos, não sei...

– *É por causa de um mal-estar...*

Fanny – Com certeza, quando no ano passado tivemos uma colega que chorou um dia na reunião..., quando seus meninos... quando eles sentem... quando eles sentem da parte do professor algum desprezo ou um... ou mesmo raiva, pois há professores que não gostam – eles gostam da escola, porque nunca a abandonaram – mas que não gostam das crianças, as crianças os irritam e quando os garotos sentem isso, aí é que eles podem ser maldosos! Um menino disciplinado, bem dentro dos moldes, ele segue seu caminho, na verdade ele nem mesmo precisaria de professor, aquele lá não, é verdade... mas o menino difícil, quando ele sente isso, ele pode ser maldoso [...] eu também não atribuo todos os erros aos professores, mas essa é uma coisa que acontece muito. Eles ameaçaram a professora do ano passado, não lembro que foi que eles disseram, não lembro mais... que eles iriam fazer explodir o seu carro...

– *E isso realmente aconteceu ou eram apenas ameaças?*

Fanny – Eram ameaças, mas um dia numa reunião, estávamos lembrando estes problemas na reunião geral, lá estavam todos os professores da escola, e ela se pôs a chorar, quero dizer nervosamente... ah, sim, há pessoas que não aguentam mais e eu consigo entendê-las, é por isso que temos, que é preciso... eu creio que quando temos meninos assim, é verdade que é preciso ser resistente, muito resistente. Ou então gostar deles.

GB, janeiro de 1991

"Eu estava em outro lugar."

Fanny – Meu marido – bem, nós já falamos nele, e é verdade que este é um eterno problema – eu creio que ele tinha um complexo em relação a mim, porque eu tinha estudado mais do que ele... por todas estas razões; hoje em dia eu sei tudo isso, mas quando nós somos jovens, a gente fala: de fato isso não tem nenhuma importância.

– *E isso não tinha importância ao fim de três, quatro anos de casamento?*

Fanny – Para mim não, mas para ele, sim. Ele me disse isso depois, ele se sentia frequentemente o "marido de madame". Os amigos que tivemos, por exemplo, eram amigos que eram meus, nossos amigos eram os meus. E cada vez que os visitávamos... então eu tinha problemas muito chatos, se quiser que eu fale do casal como para um psicanalista, eu tinha problemas muito chatos que eu entendo agora. Mas quando vivemos, por exemplo, o período de Avignon, eu era tão jovem quanto ele...

– *O que é o período de Avignon?*

Fanny – Depois de dez anos em Marly-le-Roi, na região parisiense, nós quisemos voltar para o Sul. E fomos nomeados, ele para Nîmes...

[...]

E partimos para a região de Avignon – que é que eu ia dizer...?

– *O período de Avignon...*

Fanny – Sim, agora me lembro, nós éramos novos naquilo tudo, e de fato, no imóvel onde morávamos, conhecemos uma professora que estava no mesmo colégio que eu, ficamos amigas, o marido era farmacêutico, enfim, na época ele estava no exército, agora ele tem uma farmácia em Berre-L'etang, e meu marido conheceu pessoas em Nîmes, pessoas da PTT, mas eu tinha dificuldades para suportá-los. Eu me lembro de uma cena espantosa – tenho vergonha disso, agora – é verdade, eu me digo...

– *Mas por quê? Porque...*

Fanny – Porque, primeiro porque eram pessoas, como vou dizer? Primeiro porque eram uns provincianos que adoravam as touradas...

– *Sim, de acordo. Não, mas isso é...*

Fanny – Mas sim, sim, porque... E então, bem, eu não aguentava mais. Eu não aguentei. E fiz alguns escândalos inacreditáveis. [...] Eu sei que eu não os suportava. Por outro lado, antes que nos divorciássemos, ele me apresentou algumas pessoas que são da PTT, que me pareceram encantadoras, que eu ainda hoje revejo, então eu me digo... eu não me atribuo de qualquer jeito todas as falhas, não é a palavra PTT que me deixava louca, mas... Eu sei que reclamei com ele a respeito frequentemente. Não, isso criou muitos, muitos problemas. Que não decorriam daí, mas, bem, que se cristalizavam em torno de tudo isso, e meu marido tinha na verdade complexos extraordinários... eu não o tratava com muita suavidade, eu tenho um jeito de falar muito franco, então às vezes eu devo ter falado coisas que não eram muito gentis.

– *Que é que os pais dele faziam?*

Fui eu que o sufoquei

Fanny – Eles são pessoas realmente simples, operários, meu sogro era caldeireiro, e trabalhava numa pequena empresa de mecânica, para dizer exatamente o que ele fazia... Eu sei que ele ia para seu trabalho, que ficava a uns dez quilômetros de sua casa, de mobilete; e minha sogra trabalhou por muito tempo no setor têxtil, porque somos de uma região têxtil, mas sem nenhuma qualificação; eu sei que ela era – não, não quero dizer que minha sogra era analfabeta – ela sabia escrever, mas bem... com uma quantidade enorme de erros; eles me escreveram cartas em que cometiam mais erros do que minha mãe, os dois.

Não, eles são realmente operários, e o irmão de meu marido é operário também, operário especializado, trabalha numa empresa mecânica; minha cunhada, ela parou de trabalhar porque na indústria têxtil – disseram a ela – eles fizeram muitas demissões, e então ela foi para casa, eles têm três meninos, que são operários também, e seus filhos vão bem na escola. O mais velho, eu falei dele ontem com minha sogra, o mais velho está na terminal C, ele quer ser engenheiro e está bem. Vocês veem, não é, eu não sei se é o meio; eu acredito que existe uma harmonia familiar que faz com que os meninos depois se virem melhor, porque na casa deles podemos dizer que existe um ambiente realmente... meu cunhado, por exemplo, ele não me escreve nunca porque ele não sabe escrever. Ele comete erros em todas as palavras.

[...] Eu nunca me coloquei a questão da igualdade dos sexos; quando conheci meu marido, me casei com ele sem me colocar todas estas questões e depois, de fato... eu creio que fui eu que o sufoquei, é o que me dizem, eu não sei bem, não sei, mas penso que sim. Porque, bem, está ligado ao meu temperamento. Eu sou muito orgulhosa, adoro me impor em qualquer lugar; aí realmente, fazemos psicanálise barata, mas é verdade; esse é meu temperamento.

– *Mas em que sua profissão o incomodava... em quê?*

Fanny – Mas então, nisso...

– *No entanto, um professor tem muito tempo?*

Fanny – Não, não, francamente, as férias são boas, mas em casa um professor de francês, ao contrário do que se pensa, não tem muito tempo. No primeiro ano em que trabalhei em Paris, eu chegava em casa às sete, sete e meia, e logo em seguida era preciso me pôr a fazer as correções, a preparar as aulas. Não, e além disso eu creio que é uma profissão que nos ocupa muito, e como meus amigos eram colegas, professores, quando a gente se via, falávamos muito de trabalho; isso incomoda muito os maridos. E é insuportável, hoje eu sei. Mas naquela época, nós continuávamos. Isso acontece; eu tenho um casal de amigos, ele é médico, ela é professora, e nós somos obrigadas quando comemos juntos a parar de falar do trabalho. Porque via-se... que ele não gostava. Não, não sei se era... bem, isso o irritava, o incomodava. Eu acho que eu também falava demais, e isso também incomodava muito a meu marido. Mas aquilo que o incomodava mais no nosso... Não, ele me disse com frequência: "eu era o 'marido da madame'", eu acho que não era devido totalmente, totalmente – meu trabalho contou – mas foi devido principalmente a meu temperamento.

– *Sim, a senhora dizia que era pouco disponível... pouco disponível para ele, afinal...*

Fanny – Sim, isto mesmo, pouco disponível, sim, e pouco disponível para as meninas, é verdade; isso é verdade e somou-se, isso se somou ao jeito como eu era, e não deu muito certo. Penso que se eu tivesse sido uma dona de casa, eu não quero... teríamos tido uma vida diferente.

– *Mas isso parece um pouco como se, eu sinto assim, pode ser que me engane, mas parece um pouco como se ele tivesse sentido que a senhora seguia o caminho para ser uma intelectual e que ele seguia um outro caminho, enquanto que ele tinha outros projetos, no começo dos projetos de estudo...*

Fanny – Sim, creio que foi isso também, houve disso e é essa, talvez esta seja a razão pela qual, agora, eu detesto tanto os intelectuais. Eu parei no caminho. É verdade, eu creio que o fracasso de minha vida de esposa fez com que eu desconfie de tudo o que... porque na época, faz tanto tempo, eu gostava de sair, eu gostava de ir ao teatro. Agora eu não compro mais nenhum disco, só de vez em quando; não, e depois eu não tenho um aparelho para escutar bons discos, não tenho dinheiro para comprar um bom equipamento, portanto eu não escuto mais. Antes eu era ávida para saber tudo, para conhecer tudo, para fazer isso, fazer aquilo, mas então, depois do meu divórcio passou completamente. Por que querer saber, por quê? Mas é verdade que no começo eu era assim, mas ele gostava, ele gostava bastante de todas as nossas saídas e depois certamente que, ele me disse, ele me repetiu frequentemente: "eu não passava disso, de um 'marido de madame'". Era eu que dirigia o barco, me parece.

O maior, o maior fracasso de minha vida

– E as filhas, a senhora não tinha muito tempo para as filhas?

Fanny – Não, eu creio que as filhas sofreram muito por causa de tudo isso, já com nosso desentendimento no começo. E depois a verdade é que eu não tinha muito tempo para elas.
[...]

– O que é que as meninas fazem agora?

Fanny – Bom, as meninas tiveram um trajeto, então elas, de fato... Laurence, a que me causa preocupação, é educadora especializada, ela deve receber seu diploma, em breve. Não sei o que ela anda fazendo, porque desde fevereiro eu a tenho visto pouco, de forma que isto também não é por acaso. Eu creio que ela sofreu tanto por causa da minha falta em sua... nós falamos disso, nós chegamos a falar disso agora, de sua juventude, de sua infância em que ela, ela cuida de garotas com problemas. Ela trabalha num centro, ele cuida de casos de ordem social, de crianças de quinta, e Valérie deixou a escola no dia da partida de seu pai, e não quis mais colocar seus pés na escola, ela também passou a achar que os professores eram todos umas nulidades, uns pobres coitados, inclusive eu mesma. Que não éramos capazes de compreender o que quer que fosse dos jovens e depois como – eu rio, mas um pouco de nervosa, durante anos aquilo foi como as galés, como dizem os jovens, as galés, histórias muito, muito pesadas.

– Ela tinha que idade quando deixou a escola?

Fanny – Ah bom, ela estava na primeira, que idade ela tinha?

– 16 anos, 17 anos? E agora...?

Fanny – Sim. E agora ela trabalha com horticultura mas isso a agrada porque ela está sempre ao ar livre, é uma moça completamente marginal, Valérie, e a outra... minhas filhas são gêmeas; eu creio que ela teve dificuldades para enfrentar as exigências, ela tentou de tudo um pouco, tentou trabalhar num escritório, fez estágios, agora ela está ao ar livre, apesar... eu me espanto, aliás, que com o fato dela ser tão assídua, apesar do frio ou apesar do calor, ela continua a se interessar pelas flores. Depois de dois anos, dois anos, não, meu marido partiu em 1985, com ela eu vi a luz no fim do túnel, digamos, ano passado. Mas realmente aí está o maior, o maior fracasso de minha vida.

– *Por que, se ela conseguiu se pôr de novo sobre seus próprios pés?*

Fanny – Não sei, porque eu acho que elas são infelizes. Eu vou chorar se falar de coisas como essas. É verdade, é uma coisa da qual tenho muita dificuldade para falar.

– *Sim, mas agora elas têm cada uma seu caminho e elas têm... Elas têm que idade?*

Fanny – Elas têm 23 anos, eu acho que elas estão... como dizer? Irremediavelmente feridas, estas duas meninas, pela vida dos seus pais.

– *A senhora morou muito tempo com seu marido?*

Fanny – Sim, 20 anos. Mas eu acho que fizemos tantas asneiras, todos os dois, porque não estávamos maduros para o casamento; porque eu, eu estava com a cabeça em outro lugar; porque não estávamos preparados para ter filhos; e o ofício de professor aí no meio, não ajuda em nada. Isso não me ajudou em nada, nas minhas relações com as meninas. Em nada, em nada...

– *A senhora pensa que uma outra profissão poderia ter sido mais fácil?*

Fanny – Não sei. Não, isso eu não posso dizer porque eu tenho outros exemplos em que eu digo... lá, meus amigos, aquela senhora, minha amiga – eu disse aquela senhora, que idiota – minha amiga é professora, o marido é médico, trata-se de um outro meio, eles têm mais dinheiro que nós; eles também tinham problemas conjugais porque ela... ela, ao contrário, era ela que era desprezada pelo marido, e mesmo agora, quando eles brigam, ele está sempre a ponto de dizer a ela: "vocês professores são todos uns inúteis, etc., etc.," (ele é médico do trabalho) vejo rapazes que vêm até minha casa para ser pedreiros, ou para trabalhar na construção, que são analfabetos, etc., que é que vocês fazem na escola?" Em resumo, todos os seus problemas, eles têm problemas. Eles têm problemas conjugais – é difícil falar sobre qualquer outro –, mas há problemas, sim. Eles têm filhos adoráveis que não sofreram muito por causa de tudo isso, mas que estavam sempre ao par de seus problemas, que ouvem tudo. E as coisas funcionam apesar disso. Um deles está na preparação para letras, portanto em Savigny, o outro está na terceira, portanto são garotos perfeitamente equilibrados, que não têm problemas escolares, de forma alguma; entretanto, problemas conjugais, aí também, eles existem, e as coisas continuam. Porque ela – eu a comparo um pouco ao meu marido, se vocês concordam – na medida em que tinha uma relação difícil com seu marido, ela ia procurar em outra parte as compensações, do mesmo modo que o meu marido, que procurava em outros lugares as compensações. Mas não sei se isso é devido à profissão.

– *Mas noutro dia a senhora dizia que quase todos os colegas, quando há um professor no casal ou os dois, enfim, entre seus colegas, há muitos deles que se casaram com professores e tudo o mais. E os outros também. A senhora dizia que com quase todos, num dado momento, as coisas vão mal, não é?*

Fanny – Ah sim, as coisas vão mal entre os casais, mas alguns resistem, alguns deles resistem ao "as coisas vão mal"; há montes de casais em que as coisas vão mal e que continuam juntos. Bem, mas isso... Para mim, meu maior problema é o efeito que isso pode ter sobre as crianças. No meu caso as coisas não deram muito certo. Eu conheço casais que vão mal, eu ouço reflexões, mas apesar de tudo...

– *As coisas continuam seguindo seu caminho? Em relação às meninas?*

Fanny – Continuam, é isso. Existem enganos de uma parte e de outra, eu não sei da intimidade dos outros, por exemplo, eu tenho amigos na Bretanha, o marido é inspetor de impostos, ela é professora de inglês, quando ele fala de sua mulher, ele diz: "ah, que é que você acha que ela está fazendo? Ela está fazendo correções, eu não aguento mais, etc." Agora ele está tirando férias sozinho, tem amigos na Polônia, eles receberam poloneses em casa, e assim as coisas vão indo. O que é que acontece, eu não sei. Se eles resistem a tudo isso, muito bem, mas isso cria problemas, com certeza. [...]

Eu era muito romântica

– *E será que as suas carreiras, a sua e a de seu marido, foram pouco a pouco se afastando? A senhora disse que ele era aspirante no início e que depois ele se tornou conferente. Bem, eu não consigo entender muito bem o que isso representa numa carreira.*

Fanny – Agora ele é conferente. Quando ele me deixou ele ainda era aspirante. Afastadas... não, eu não me interessava muito por aquilo que ele fazia. Eu nunca encontrei interesse por aquilo que ele fazia.

– *E o seu interesse comum era qual? Pois vocês ficaram 20 anos juntos, devia haver alguns bons momentos?*

Fanny – Sim, mas nosso interesse comum – mas como a senhora falou? – para mim, é idiota o que vou dizer, para mim era um amor de juventude, eu era muito romântica, depois eu me casei, e acreditava que aquilo ia durar para sempre. É tudo. E nosso interesse, bom, estávamos juntos, saíamos até que bastante. Havia isso; estes eram bons momentos. Mas é verdade que... sim, houve bons momentos. Íamos ao teatro, como eu disse, saíamos de férias com a família, era uma pequena vida tranquila, eu não sou muito ambiciosa e estava satisfeita com tudo aquilo. Sem saber verdadeiramente onde estava a falha; e depois quando ele começou a ir buscar coisas em outros lugares para certamente encontrar uma outra imagem dele mesmo além daquela que eu proporcionava, já era tarde demais, é tudo. Mas eu não tinha me dado conta até então; e mesmo isso durou muito tempo; mas é verdade que seu trabalho nunca me interessou. É verdade, eu tinha este lado, como dizer? Intelectual, não sei bem, se, sem dúvida, eu me interessava por muitas outras coisas e o seu, aquilo me parecia um pouco... Eu me dizia: ficar datilografando coisas, etc., não é apaixonante, isso não me interessava. Bem, de tempos em tempos, como eu lia nas revistas femininas que era preciso se interessar pelo outro, bom, aí eu fazia um esforço. É verdade! Eu tenho muitas dificuldades nisto aí, aquilo não me interessava em nada, e agora eu estou desligada de tudo aquilo. De verdade.

– *Sim, a senhora já tinha o bastante com sua vida profissional? Em suma, isso preenchia sua vida?*

Fanny – Sim, sim, meus amigos que me viam viver me disseram, "seu trabalho era tudo", então eu nego isso, porque eu não achava assim.

– *Sim, mas o trabalho, os colegas, tudo isso, com tudo aquilo que existe em volta? Não unicamente as correções, não havia somente as correções, não é?*

Fanny – Sim, é isso, o trabalho, os alunos, os colegas, isso preenchia minha vida.

– *Os colegas eram importantes?*

Fanny – Sim, também. Sim, sim, são amigos. Os colegas, alguns se tornaram amigos. Isso preenchia minha vida. Então meu marido, eu tenho a impressão de que ele ficava de lado. E além disso eu acho que ele sentia as coisas assim. Quando ele me disse: "eu era o 'marido de madame'", era isso, mas...

– *A senhora tinha outras atividades, fora sua vida na escola?*

Fanny – Como assim, atividades?

– *A senhora me disse que não era militante, mas animar...?*

Fanny – Ah! militante [...] eu tive um período; quando estava em Avignon, eu era secretária de uma célula, éramos do PC, nós dois, meu marido e eu, ele mais militante que eu e eu durante um tempo fui secretária de célula. Será que eu era secretária de célula com convicção? Não sei.

– *Durante quanto tempo?*

Fanny – Dois anos. Era uma época em que eu acreditava em muitas coisas, agora porém, a este respeito... esfriei, literalmente. O que eu fazia? Eu praticava esportes, eu pintava.

– *É bastante coisa, com duas filhas, marido, a escola, não é?*

Fanny – Mas não todos os dias; que mais eu fazia? Eu escrevia poemas, e outras coisas. Não, eu tinha uma vida tranquila, não, quando eu penso nisso. Tranquila, não, eu estava bem, deste jeito, eu não me dava conta de nada. Isso bastava...

– *Não mesmo? Nem um pouquinho? Não se dava conta nem um pouco?*

Fanny – Não, não, não. Não, não, não, eu só me dei conta realmente, quando meu marido me disse – mas ele me enganava, eu o sabia, ele tinha aventuras – quando ele me disse que ele já não queria mais realmente ficar ao meu lado. E eu nunca tinha percebido essas coisas. Eu pensava que, bem... eu não sei...

– *A senhora não viu chegar?*

Fanny – Não. E agora, será que... eu me pergunto se isso se deve realmente ao trabalho, ao trabalho que eu realizava, não sei, ou talvez a coisas mais profundas que vinham de mim, de minha infância, de minha mãe, de seu desejo de me ver desta ou daquela maneira. Não sei, eu queria de qualquer modo ser diferente dos meus pais, que eram operários.

– *Sendo assim, seu marido era um pouco como eles? Em certos aspectos...*

Nossos amigos eram os meus

Fanny – É isso. Sim, enfim... Eu acho que ele sofreu muito por comentários, eu penso umas coisas tão bobas sobre isso. Nossos amigos eram os meus e, bem, professores. Um deles, uma vez, não sei mais a propósito do que, ao longo de uma brincadeira qualquer, disse falando do meu marido, mas enfaticamente, ele disse: "mas ele descobriu a pólvora". E eu acho que isso lhe fez muito mal. Nós levamos aquilo na brincadeira, e depois outras coisas como essa; eu creio que, no meio dos professores também, eu tinha colegas que eram... sobretudo os colegas da região parisiense, quando ficamos por ali, que eram verdadeiros intelectuais. Intelectuais no verdadeiro sentido da palavra, que colocavam acima de tudo as discussões filosóficas, etc. Um deles, não sei mais o que ele faz agora, eu li seu nome em algum lugar, um dia durante um debate, ele deve ter subido, [...] e eram filhos de burgueses, não era de forma alguma o mesmo meio que o nosso, eram filhos, realmente de burgueses, os que eu chamo de intelectuais. E eles eram muito desdenhosos. Eu acho... bem, esta reflexão mostra bem; eu não queria aceitar, eu não queria admitir isso. Por isso, diante deles eu estava à vontade, com eles eu estava à vontade, mas meu marido não estava e eu não via isso. Eu não queria ver isso. Eu acho que tudo isso lhe fez muito mal, pois ele

554

era um homem que não era idiota, mas que neste meio intelectual burguês não soube se defender. Depois cortei relações com todas estas pessoas, completamente. [...] Minhas filhas também sentem uma verdadeira aversão pelos professores.

– *Ah, é?*

Fanny – Ah, sim. Com exceção de Laurence, que encontrou um que era legal, se vocês ouvissem o que elas dizem dos professores, mas é por minha causa.

– *O que é que elas dizem?*

Fanny – A maior parte dos professores que elas encontraram eram pessoas egoístas, fechadas em si mesmas, com quem elas não podiam conversar, etc. Bem, é verdade que eu também encontrei muitos deles que eram assim também.

– *Com os quais não se pode conversar?*

Fanny – Ah, sim. Quando Valérie se ausentou, eu estava em plena depressão, foi no dia em que o pai dela partiu, no dia da volta às aulas após a Páscoa em 1985, que Valérie deixou a escola. Eu, durante um momento, não soube de nada, pois ela pegou sua bolsa de manhã, como quando ia para a escola. E quando eu quis conversar com os professores, eles se protegeram por trás da legislação, eu entendo, eu também sou professora, eu conheço as regras, mas não houve uma só pessoa para ajudar, a ela e a mim, eu, naquele momento, não estava muito aberta para ela, eu estava preocupada com meu problema, então eu disse a ela: "é preciso ir à escola", nós conversamos um pouco a respeito, mas não encontrei ninguém para ajudá-la. Eu fui muitas vezes ao liceu. Então ela, ela os [...].

– *Ela abandonou completamente o liceu, ninguém a ajudou a se reintegrar novamente?*

Fanny – Não, quando eu penso, se ela tivesse encontrado alguém... por exemplo, se eu a tivesse trazido comigo para a escola, necessariamente o pai esteve ausente durante... é o que elas dizem, elas não tiveram pai, por assim dizer. Por isso mesmo, elas sempre foram muito ligadas aos professores homens; e no meu colégio, onde eu tinha colocado Valérie, havia um professor de história e geografia que parecia vagamente com meu marido, com sua barba, e ele fez milagres com Valérie, ele conseguiu reintegrá-la, pois ela era uma menina difícil. Elas tinham uma verdadeira aversão pelos professores. Hoje eu me sinto culpada, não me orgulho em dizer... por isso eu tento ser, por causa delas sem dúvida, eu tento ser uma professora muito atenta aos meus alunos.

[...]

– *Será que não teria sido mais fácil permanecer no Sul?*

Fanny – Mas eu não quis ficar no Sul, de jeito nenhum. Fui eu quem tomou a decisão. Fiquei muito entediada no Sul. De fato, este é o problema de... eu analiso as coisas assim, agora... Eu deixei muito cedo meu vilarejo natal que eu adorava para ir para a cidade, pois meus pais iam trabalhar na "cidade" – à cidade entre aspas, pois é um povoado muito, muito grande; este foi meu primeiro desenraizamento, eu era muito criança, ainda não estava na escola, mas me tranquei em casa durante um mês; este foi meu primeiro desenraizamento. Depois, mas eu tenho disso uma lembrança... bem... pungente desta partida. E depois, bem, houve os anos de internato e depois Toulouse, e depois Paris até que finalmente não sabíamos mais onde estávamos. Eu acredito que se tivéssemos permanecido no interior, teríamos tido uma vida mais calma, à imagem da do meu cunhado, mais simples, mais tranquila. E o fato de não ter sua família por perto é uma desvantagem

555

quando se começa a vida. Eu acredito nas famílias, eu estou voltando a esses valores de antigamente, eu creio que é importante o núcleo familiar, todo este tecido familiar, os pais que estão por perto, etc., que obriga as pessoas a... como dizer, a prestar atenção nelas mesmas, a prestar atenção nos outros. Lá, nós ficamos um pouco entregues a nós mesmos, e deste jeito acabamos um pouco destroçados.
[...]

– *Ah! ele voltou para o Sul, então? Depois?*

Fanny – Sim, sim, ele voltou para o Sul em 1985. Agora ele é conferente num pequeno escritório e eu acho que, ele também, abandonou... ele deve ter uma vida muito, muito difícil, ele abandonou de certa forma todo tipo de ambição. O que ele quer agora, como eu, é ficar tranquilo no seu escritório. Então, eu não sei muito bem aonde ele está, mas em todo caso, as meninas não o veem nunca.

– *Desde o dia em que foi embora?*

Fanny – Sim, mas mesmo antes, antes de deixar a região de Paris, ele não chegava a vir em casa, ele nunca se interessou realmente por elas. Isso também, isso conta, isso não tem nada a ver nem com o seu trabalho, nem com o meu, eu acho que é talvez porque ele era muito jovem quando elas nasceram, 19 anos, foi preciso assumir estas duas meninas; ele nunca realmente se interessou por suas meninas. É o que elas dizem hoje, e isso também eu não enxergava. De uma vez por todas, a grande falha da minha psicologia, é que eu acredito – agora eu não acredito mais – é que eu sempre acredito que as pessoas são como eu, que elas reagem como eu. Eu faço as coisas, eu vejo as coisas do meu jeito, eu tenho a necessidade de fazer as coisas... eu tenho a necessidade, não sei mais agora, eu sei que sou assim e que isso é um defeito. Mas eu faço tudo se encaixar no meu modo de ver. Então é preciso que as coisas sejam do jeito que eu quero que elas sejam. E eu vejo as coisas assim, e não me dava conta de todos estes problemas. Às vezes, havia choques, umas... não, então eu assumia, e as coisas andavam.

– *Por que a casa devia funcionar? Vocês eram quatro mesmo assim, era a senhora que cuidava da casa?*

Fanny – Sim, as coisas funcionavam, elas funcionavam. Sim, efetivamente, as coisas funcionavam.

– *Isso não é pouco, cuidar disso.*

Eu as amo, isto basta

Fanny – Pois é. E assim todos os problemas interiores das pessoas, eu não os via ou então eu me dizia, "isto não é grave, eu as amo, isto basta". Então, de que temos que falar ainda? Eu não sei, eu estou falando de mim, não sei se isso está na direção que vocês querem?

– *Sim, sim, absolutamente.*

Fanny – É como se eu estivesse com um psicanalista, não é?

– *Ah não, de jeito nenhum!*

Fanny – Ah! mas eu já fui ver um! Algumas vezes.

– *Ah, bem, a senhora já consultou um?*

Fanny – Sim. Não para mim, mas quando Valérie se drogava, eu fui ao psicanalista.

– *Ela ainda se droga hoje em dia?*

Fanny – Não, ela toma ainda algumas pílulas. Eu li em alguns livros de medicina que isso não era muito grave; de qualquer modo, eles se compram nas farmácias, simples assim. Não, mas ela se drogou durante dois anos com heroína, não regularmente; quando percebi, foi porque ela concordou, enfim, eu sabia que ela levava

556

uma vida de vadiagem, mas felizmente ela morava comigo. Quando ela quis que eu soubesse, ela fez com que eu soubesse.

– *E então a senhora foi consultar o psicanalista para conseguir ajuda para ela? Com ela?*

Fanny – Não. Sozinha. Quando eu comecei a perceber o que estava acontecendo, eu fui ver meu diretor, o ex-diretor, porque agora ele é diretor em Trappes, ele me conhecia bem, ele conhecia meus problemas, eu conhecia os dele, não éramos realmente amigos, mas estávamos de certa forma ligados, e ele me deu o endereço de um centro em Ivry que se chama SOS-Acolhida, que se ocupa de jovens assim, um pouco perdidos; e o psicanalista me disse: "vamos começar por você", então eu concordei e contei para ele tudo aquilo que eu disse aqui; e ele me... os psicanalistas... aquilo passou, eu lhe contei, aquilo não me fez avançar um milímetro. Não. E neste meio tempo meu pai morreu e depois, aquilo me incomodava um pouco de ter de voltar lá, porque eu não sabia mais o que dizer a ele, e eu disse, "escute, eu não virei mais, meu pai morreu", e eu estava tentando digerir aquela morte, pois na verdade aquele também foi um acontecimento importante na minha vida. [...]

– *Isto é recente?*

Fanny – 1987. Face a face com minhas filhas também, eu passei a ver as coisas de outro modo. Porque, durante um tempo, sempre com meu lado de professora, eu não admitia que minhas filhas não estivessem seguindo um caminho correto e muitos problemas vinham daí. Além disso, diante daquele homem morto, eu disse a mim mesma que tudo aquilo não tinha importância.

– *Mas no início a senhora não queria sair do seu canto, e agora a senhora não quer mais voltar para ele.*

Essas pessoas querem impressionar

Fanny – Não, não é que eu não queira mais voltar para lá. Eu acredito que os amigos que eu tenho aqui são muito importantes, eu teria dificuldade em deixá-los. Porque eu já os deixei em Avignon, não é... lá, eu tive realmente dificuldade. Todos os anos eu digo que vou pedir minha transferência. [*Conversa a respeito do vídeo*] Eu também tenho vergonha, mas por que tenho vergonha? Entretanto eu não renego de jeito nenhum minhas origens. Vocês podem ver as pessoas que chegam do interior, eu poderia ter perdido meu sotaque, fazer esforços para isso. Eu ainda mantenho contato com meus sogros. Ela me disse: "Fanny, o que eu gostava em você é que você era simples".

– *Você "era"...*

Fanny – Você era, porque agora... para ela o divórcio é... eu creio que isso foi muito difícil para meus pais também, mesmo assim; meu pai teve muitos desgostos por causa disso, e meus sogros também; ela me disse, "você era", porque acabou, porque eu não posso mais ir até a casa deles como eu ia antigamente, ela me disse, "você era simples, você não criava dificuldades", eles me viam assim, eu creio que para pessoas que são operárias, eu os... Minha irmã tem amigos que são professores primários, são professores e que ficam fazendo aquilo que eu chamaria de fanfarronices. Será que é assim mesmo ou sou eu apenas que acho, eu desconfio tanto dessas pessoas que querem impressionar, mas quando eles estão com outras pessoas, podemos perceber que são professores, eles mostram isso.

– *Percebe-se? É engraçado!*

– *Por outro lado, a senhora dizia que sua mãe tinha ficado decepcionada ao ver que a senhora tinha muito trabalho, que quando ela via a senhora chegar, ela achava que o professor era um funcionário...*

557

Fanny – Sim, eu acho que ela se deu conta disso quando ela veio aqui durante o período escolar, ela se deu conta de que era um trabalho que exigia muito. Eu acho que ela entendeu algumas coisas porque – mesmo que ela não saiba tudo – a respeito de minhas filhas ela sabe o bastante para ver que as coisas aqui não correspondem exatamente à norma, etc. E então ela atribui toda a responsabilidade, e é verdade que é aí que ela está – aos problemas conjugais, ao meu temperamento, etc., etc. Mas ela percebeu pelo menos que este trabalho não era tão folgado quanto ela pensava: não ter nada para fazer, voltar logo para casa, as férias, é fantástico, etc., etc., minha mãe achava que era assim. É verdade que ela via este lado... ao mesmo tempo o poder e a tranquilidade. E quando ela veio, e ela veio aqui várias vezes com meu pai durante o período escolar, ela percebeu que eu, à noite, ah, estava exausta!

E depois, mesmo nas férias, eu preciso trabalhar, mesmo... eu vou viajar na Páscoa, e certamente terei, no mínimo, 90 testes para corrigir. É realmente preciso que eu faça isso, eu tenho coisas a preparar. Durante as férias, os mais velhos estão mais tranquilos, mas eu trabalho para a escola. [...] Meu grande sonho é levar as meninas a Arriège. Mas eu acho que talvez não consiga porque acho que vou receber minha nomeação para o liceu; mas eu gostaria de levá-las para conhecer minha região antes que ela seja definitivamente estragada, porque estão dando hoje muita ênfase ao turismo em Arriège, e eu acho que logo, logo, as coisas lá não serão mais como antes.

– *Em que parte de Arriège?*

Fanny – Eu nasci num vilarejo muito pequeno chamado Léran, mas no momento da indústria têxtil e do rugby, bem, hoje em dia a equipe deles está um pouco fraca. Arriège, a cidade principal, é bem pequena, como é mesmo? Foix. A Prefeitura fica em Foix. Não, não é muito grande. Mas lá existe um castelo muito bonito. É um lugar bonito, eu gosto muito de lá. Mas eu não moraria lá, além disso estou bem aqui, consegui uma boa posição, é minha política da estabilidade, eu estou aqui, e só tenho um medo, pois este apartamento é meu e de meu marido, o medo de ter de me mudar, de mudar muitas coisas; eu sempre tive medo de... eu sofri tanto nestes últimos anos que eu sempre tenho medo das mudanças. Mas, bem, isso vai acontecer, mas se eu precisar me instalar em outro lugar, isso me deixaria nervosa. E de fato quando perdemos as raízes – eu me sinto realmente desenraizada – somos obrigados a procurar outras raízes. Eu as encontrei com os amigos que eu fiz aqui. Talvez também eu seja apegada a este lugar porque vivi aqui com meu marido. Ainda que não tenham sido os melhores momentos da minha vida.

Mas eu teria dificuldade em morar em Arriège, eu adoro Paris. Eu vou para lá de vez em quando, não com muita frequência, mas eu adoro Paris, eu adoro esta cidade. Eu não sei por que, mas gosto das ruas, gosto de passear, eu passeava bastante quando era professora na Charlemagne, eu tinha muitos intervalos no meu horário de aulas e eu era uma jovem professora, tinham se preocupado comigo! Intervalos por toda parte. Então eu tinha tempo para passear e é verdade que adoro esta cidade. Quando eu dizia isso ao pessoal do Sul, eles me diziam que eu estava meio louca. Paris, para eles, é repugnante. É tudo preto.

RC, abril de 1991

Rosine Christin

A aula de francês

Hoje em dia, Colette F. considera que sua "condição" não é tão ruim já que, no colégio de Meaux onde ela ensina desde seu sucesso no concurso de admissão, dois anos atrás, ela já conseguiu receber como atribuição "duas terceiras séries e duas quartas logo de saída", ou seja, aquilo que ela pediu; a última a chegar, professora-auxiliar, terá direito ao que resta, as turmas mais difíceis e os piores horários: não é certo que ela possa aguentar.

Após seu mestrado e um primeiro fracasso no Capes, Colette decidiu arrumar um cargo de professora-auxiliar enquanto prosseguia seus estudos. Ela tinha entregue seu curriculum em muitas academias próximas de Paris e se viu designada para Beauvais, para uma substituição de longo prazo. Ela ganhava um pouco mais do que o SMIG e no princípio "isso (lhe) parecia fabuloso", já que ela não tinha realizado até então nada além de pequenos trabalhos: afinal ganha-se bem e as férias chegam bastante depressa. Ela rapidamente desencantou-se com as classes "terríveis".

Dois anos mais tarde, ela fracassou no concurso para professor, mas foi recebida no Capes e escolheu o posto de titular acadêmico, à disposição da academia de Amiens, o que lhe permitia não abandonar a região parisiense e ao mesmo tempo ensinar por um ano escolar completo num mesmo estabelecimento. Ela foi então nomeada professora de francês num estabelecimento situado em uma zona industrial nas proximidades de Creil. Este "colégio *Pailleron*" comum, dois retângulos de concreto e alguns edifícios pré-fabricados aquecidos por aquecedores à óleo, é frequentado por filhos de operários, na sua maioria imigrantes, morando em conjuntos habitacionais. As brigas, a violência verbal aí são diárias, mas se alguns dos irmãos mais velhos são "conhecidos da polícia", os alunos estão ainda próximos da infância, mais instáveis e agitados do que delinquentes. Uma certa ordem escolar ainda se mantém, e, à primeira vista, as regras comuns aí são lembradas, senão respeitadas: assim é, descrito por Colette F. este colégio comum, igual aos que se encontram um pouco por toda parte na França. Em algumas classes, mesmo nas menores, a droga está presente e se aparentemente nenhum tipo de tráfico se realiza, ao que parece, no interior do estabelecimento, para grande alívio dos professores, mal-estares e perdas de consciência por overdose aparecem às vezes de modo trágico.

Nos anos precedentes, ela tinha ensinado em Château-Thierry, num liceu "sem problemas, onde ela não tinha nunca tido de colocar ninguém de castigo, a não ser por não ter feito alguma lição". Tranquilizada por esta experiência de um ensino mais conveniente, ela "cansou a beleza", como ela disse: desde o dia de Todos-os-Santos, seus novos alunos tinham percebido sua fragilidade e ela tinha tido de lutar ao longo de todo o ano para evitar os piores excessos.

Ela precisa cumprir uma carga de trabalho de 18 horas em cinco dias; os mais antigos no estabelecimento, os mais velhos também, os PEGC, bem colocados na região e no colégio, bem conhecidos pela administração, reclamaram dos horários sob medida. Os "titulares acadêmicos", que se revezam na Academia, nomeados por um ano, apenas, em cada estabelecimento, mais jovens, frequentemente recém-saídos do Capes, não estão tão bem servidos. Desde seu sucesso no exame, ela deixou seu quarto de estudante para se instalar num apartamento um pouco mais confortável, no 18º distrito, próximo à estação do Norte que serve à região de Amiens. Há poucos trens no meio do dia e ela toma quatro vezes por semana o das sete horas e quatro minutos; acorda então às quinze para as seis, e deixa seu apartamento às seis e meia. Ela reconhece outros professores, na plataforma de embarque, bem numerosos em alguns dias. Cumprimentam-se de longe e, como que segundo um acordo tácito, cada um procura um lugar entre os desconhecidos para terminar sua noite tranquilamente ou corrigir algumas lições. Não há nenhum ônibus na chegada do trem e é preciso então se reagrupar para tomar táxis: "eles aceitam três pessoas, pela quarta é preciso pagar um acréscimo, para uma bolsa muito grande também."

Neste momento Colette se sente "ligada"; ela pensa nas turmas difíceis; como fazer hoje para que eles se comportem. Três horas de aulas de manhã, duas à tarde no dia mais carregado. Entre as aulas, ela descansa um pouco na sala dos professores: uma sala sombria, mobiliada por alguns assentos de plástico moldado, duas plantas verdes e, acima de tudo, pelo grande consolo de uma cafeteira elétrica, à volta da qual as pessoas se aquecem, cochicham umas com as outras, se lamentam. O ambiente aí não é muito bom e uma rivalidade velada persiste ao longo de todo o ano entre PEGC, os "antigos" e os mais novos.

O colégio está isolado numa zona industrial e não é o caso de se ir a um café nem de "antecipar as compras". À noite, aqueles que têm carro "ajudam os parisienses a chegar a uma estação de trem ou a um ponto de ônibus: é o melhor momento do dia, diz Colette, nós tagarelamos, estamos mais descontraídos".

Ela se lembra sobretudo de uma turma de quinta, cujos alunos tinham entre 14 e 16 anos: "no dia em que dava aula para eles, eu estava muito nervosa... eu não tinha dormido bem, e a cada momento me dizia 'bem, e desta vez, como vou fazer para que eles permaneçam sentados'".

Desde a subida para as aulas, por escadas e corredores cobertos de pichações, lugar de um vai e vem permanente, de uma perpétua ebulição (uma "verdadeira panela de pressão"), "nós sentimos que estamos em maus lençóis". A cada andar, de ambos os lados de um corredor central, dez salas de aula, cujas divisórias envidraçadas a meia-altura, são uma grande fonte de diversão pois "basta pular um pouco para se fazer de idiota ali em cima e atrapalhar a aula que está sendo dada". O dia todo, os retardatários, os atrasados cruzam com todos aqueles que "foram expulsos da aula", enviados para o orientador pedagógico cuja sala está situada no primeiro andar de um dos edifícios.

O primeiro teste é a formação da fila na porta da sala de aula: "Nem isso é possível... há uns 15 (dos 30) que se colocam em fila, mas tem um que interpela um colega de outra classe, mandam beijos, após uma discussão qualquer por causa de sei lá o quê... O tempo todo se ouvem insultos (o mais frequente: 'é a mãe!') e violência verbal. Se, nas escadarias, um pisa no pé do outro, lá vem uma chuva de insultos, e o outro, evidentemente acreditando que sua honra foi maculada, vai querer deitar umas pancadas".

A entrada na sala toma às vezes uma dezena de minutos. Eles ainda não estão sentados, mas enfim, "eles já entraram"; neste momento, "vem um que chega com uma história inverossímil, de que passou pelo orientador pedagógico pois não tinha vindo no dia anterior; o orientador pedagógico lhe tinha feito uma advertência que não lhe tinha agradado; ele chega em plena ebulição, querendo participar sua raiva aos outros, os outros o apoiando". Mais alguns minutos ainda se passam desta forma.

A turma não está nunca completa; alguns vêm de manhã, outros à tarde, ou ainda desaparecem durante várias semanas. No início do ano, Colette tinha realizado uma organização da classe, atribuindo a cada um seu lugar para aquele ano. Após algumas semanas o princípio está sendo bem respeitado, mas a agitação recomeça com a caça das mesas e cadeiras. Há algumas velhas mesas de madeira, despedaçadas, cobertas de pichações, com as quais os mais fracos têm de se contentar. "O último da classe, aquele que realizou toda sua escolaridade primária no centro psicopedagógico, tinha uma dessas mesas [...] e durante todo o tempo, pois ele não conseguia escrever – é isto mesmo, ele não conseguia escrever seu nome –, durante todo o tempo, ele pegava seu canivete ou seu compasso e escavava. Um dia ele estava todo contente, pois tinha conseguido abrir o buraco, tinha conseguido chegar até o outro lado." As melhores mesas são de dois lugares, em fórmica, adaptáveis ao tamanho do aluno por um sistema de entalhes e parafusos, "então foi um circo... eu abaixo pra você, eu levanto pra você...". A maior parte dos assentos está quebrada, e é preciso realizar, antes da aula, a troca das cadeiras, os mais fortes cedendo aos mais fracos aquelas que estão esburacadas, desmanteladas, bamboleantes, "pois quando alguém é líder, quando é o chefe, quando pretende ser... ele tem a melhor cadeira, tem a melhor mesa".

Vinte minutos se passaram, a aula pode começar. Uma dezena de alunos tem seu caderno de francês, os outros não têm nada, folhas e canetas circulam. Passamos ao exercício de leitura de um texto, leitura "silenciosa" – "há uns dez que a realizam realmente, os outros fazem outra coisa qualquer" –, depois leitura em voz alta, "eles sempre querem ler, mas ao mesmo tempo não sabem ler...". Passamos ao exercício com questionário: "Eu os faço copiar a pergunta e a resposta, de modo que eles fiquem tranquilos, procuro sempre realizar muito trabalho escrito para que a parte oral não seja ocasião de mais confusão". O exercício consiste em fazer funcionar a memória, em responder perguntas a respeito da cor de uma roupa ou sobre uma outra característica de um herói; há também questões de compreensão, de lógica de sintaxe. Raros são aqueles que fazem o exercício; a maioria o abandona rapidamente e se levantam, apesar das exortações, para ir ver alguma coisa com o vizinho. Nada os leva a participar, nem o atrativo da nota, nem o interesse intelectual, nem o gosto pela competição. Seus interesses estão em outra parte. "Existe o seu grupo, eles têm coisas para contar uns para os outros... mas existem histórias horríveis entre eles. Quero dizer que ao mesmo tempo em que eles se unem fortemente quando se trata de se opor ao diretor ou ao orientador pedagógico, por outro lado, entre eles, acontecem insultos terríveis. Por exemplo, eles pegam seu caderninho de avisos, que não serve aliás para grande coisa, e escrevem coisas difamantes lá dentro, insultos grosseiros, frequentemente entre meninos e meninas."

Como sempre acontece com os estudantes dessa idade, a descontração verbal e no vestuário é a regra; ao mesmo tempo compartilhada e imposta, mais do que um saber viver, ela é também uma afirmação individual e coletiva. A moda este ano é a do moletom folgado, e dos tênis que devem ser usados desamarrados, com a lingueta pendurada.

Às vezes aparece um *walkman* sobre uma mesa. Começa então uma negociação para fazê-lo "voltar para a mochila". É inútil tentar confiscá-lo: "De qualquer jeito, isso leva a uma confrontação dura, com garotos tão grandes que são maiores que nós, que não vale a pena. Onde somos inflexíveis, existe o enfrentamento físico". É preciso conversar, tentar estabelecer uma relação de autoridade e de confiança um pouco aleatória, mas é preciso sempre recomeçar na aula seguinte, "nada nunca é adquirido". Alguns dias, é melhor evitar escrever no quadro para não lhes dar as costas e lhes fornecer uma ocasião "de nos atirar alguma coisa".

Durante os exercícios escritos, ela às vezes circula entre as filas e um dos líderes, um daqueles "que não tem nada para fazer", fará então comentário sobre a marca de seu jeans, Liberto ou Levis, lhe perguntará o preço, olhará de perto seu calçado, seu blusão, para lhe falar dela e também dele mesmo e tentar estabelecer um diálogo improvável. "Sim, nós também conhecemos, não usamos, mas conhecemos, e, além disso, meu irmão rouba roupas Chevignon".

Junho de 1992

Sylvain Broccolichi

Uma relação de força

Sua cunhada me tinha dito que Hélène parecia muito preocupada com a evolução da situação das escolas profissionalizantes. Quando lhe perguntei se ela aceitaria falar sobre isso, ela aceitou prontamente dizendo que a situação era grave e que ela gostaria de tentar testemunhar. O estabelecimento onde ela é professora de secretariado desde 1985 situa-se em Paris e tem boa reputação. Alguns colegas lhe disseram que nas escolas profissionalizantes "industriais" (o seu comporta seções terciárias e industriais), a situação é frequentemente pior, o que ela tem dificuldade em imaginar.

Ela queria ter sido professora de educação física, mas teve de aceitar uma orientação para segunda técnica. Por isso tornou-se secretária, embora, "desde as primeiras horas da sua formação", ela soubesse que esta profissão não lhe convinha, convicção que se viu reforçada no momento de seu início profissional numa empresa. "Monitora", ela descobre seu "gosto de ensinar às crianças, aos jovens", e quando ouve falar dos "estágios juvenis", em 1981, agarra imediatamente a oportunidade. Ela tem "um monte de ideias" a respeito daquilo que é possível fazer a partir destas novas medidas em favor dos jovens excluídos do sistema escolar e se torna responsável por estágios de inserção, em seguida coordenadora das ações-juvenis do setor. Ela adora este trabalho, mas como nada garantia a renovação destas medidas, em 1985 ela se torna titular em Educação nacional como professora de secretariado.

Quando começa seu trabalho, ela vê o liceu como uma estrutura antes de tudo tranquilizadora, acolhendo alunos "mais calmos" e tendo ao mesmo tempo "menos problemas sociais" do que os jovens com os quais ela tinha se ocupado anteriormente. Conhece aí esses momentos "fabulosos" nos quais "as crianças se dão conta de que são capazes de compreender alguma coisa", e, mesmo aos 15 ou 16 anos de idade, "surpreendidos no calor" da atividade, "eles te chamam de "mamãe", por descuido..., tanto os meninos quanto as meninas".

Após alguns anos, ela está cada vez mais "desolada" pela deterioração das condições do ensino e pelo tipo de relações que tende a se instaurar entre professores e alunos: "Estamos em estado de carência... carência de relações inteligentes. Temos a intenção de acolhê-los como amigos mas acabamos nos tornando inimigos. A gente se transforma em carcereiros."

Ela acha que seu passado a preparou particularmente bem para enfrentar situações difíceis. Até agora, ela "deu conta", mas já começa a pensar no dia em que estará "verdadeiramente cansada". "Brigar, ficar fazendo teatro para me impor aos alunos que ficam fazendo provocações para "diminuí-los" na frente dos seus colegas, ainda não me custa muito esforço. Mas dentro de alguns anos estarei farta disso... Se as coisas continuarem assim, talvez eu tenha de ir embora."

O pior para ela não é a tensão nervosa, nem a impressão de que "engana-se todo mundo" ao conferir aos alunos diplomas sem valor. É o sentimento de que a missão educativa que ela tinha a sensação de garantir até agora está cada vez mais destinada ao fracasso. A insuficiência e a evolução dos alunos são responsáveis, a seu ver, por um enfraquecimento da ação educativa em benefício das gangues cujos líderes conseguem impor sua lei até mesmo no interior dos estabelecimentos agredindo e humilhando os alunos que não a seguem. "É a lei do mais forte. Os alunos aprendem a suportar esta violência, a se calar, a se deixar esmagar."

Com uma professora – *entrevista de Sylvain Broccolichi*

Hélène A. – A gente entra numa sala, e fica sozinha na frente de trinta alunos que têm na sua maioria um *a priori* – não fazer nada ou fazer o mínimo possível – e algumas contas a prestar a respeito de sua orientação. E como seu único interlocutor é o professor, eles começam por tentar descobrir quem ele é, se eles vão poder montar nas suas costas ou não. [...] Por meios simples inicialmente: alunos que, quando você entra na classe viram ostensivamente as costas para você e continuam a conversar, que não obedecem aos pedidos para que se calem ou para que fiquem quietos, alunos que emitem gritos, uivos, quando você lhes pede alguma coisa, nem que seja apenas pegar um lápis ou uma folha de papel. E tentam descobrir como o professor vai reagir à provocação, de fato, desmontando máquinas de escrever ou material de laboratório. [...]

– *E o que é que as pessoas sentem diante desta realidade?*

Hélène A. – A mim isso nunca assustou: eu vi moleques que sacavam facas ou que brigavam com golpes de capacetes. Eu nunca tive medo porque... eu tinha feito um caminho em que tive de enfrentar a dura realidade [...] e estar preparada para situações de humilhação nas quais é preciso se defender, para situações de agressividade. Mas há professores que têm medo; e depois há o que temer diante de 30 alunos que medem por volta de 1,80 metro; você não dá conta. [...] Eu sempre disse a mim mesma que encontraria a solução não importando qual fosse a situação. [...], talvez seja esta a vocação de professor hoje em dia; mas é verdade que há professores que têm medo e que não conseguem se impor em relação a uma classe que os aborda desta maneira. E são pessoas que são também muito fechadas em si mesmas pois têm uma espécie de vergonha de não conseguir dominar a situação, elas não conversam sobre isso com os colegas e a gente não os vê na sala dos professores...

– *Mas será que eles não são minoria?*

Hélène A. – Ah, não! Eu diria que é um em cada dois.

– *Nos lugares onde há alunos difíceis...*

Hélène A. – Mesmo nos lugares onde se sustenta que não há muitos alunos difíceis, eu acredito que há um professor em cada dois que vive muito dolorosamente esta situação de "bagunça". Existem colegas que são apaixonados por uma matéria, pelo francês, pela história ou geografia, e que sofrem profundamente, em sua integridade mais profunda, por causa disso: por não conseguir fazer com que os outros compartilhem desta paixão por esta ou por aquela matéria. Já eu ensino uma matéria na qual este tipo de problema não se coloca. No começo eu queria ser professora de ginástica, e o secretariado não é exatamente uma matéria apaixonante. [...] Eu tenho uma colega que está perpetuamente deprimida por não conseguir desempenhar seu trabalho como ela gostaria, fazendo os outros compartilhar deste amor pela literatura. Isso a deixa doente. [...]

– *E é verdade que ao nível do BEP você constatou algumas mudanças?*

Hélène A. – Hoje em dia, os CAP quase que não existem mais. Só existem os BEP; e mesmo com um BEP, nós sabemos que, após alguns anos, os alunos não serão mais contratados. Então é preciso que eles tentem ir um pouco mais longe e passar por um *bacalaureato* profissionalizante. E isso está bem de acordo já que as diretivas ministeriais pregam que 80% desta geração chegará a este nível. Sendo assim é preciso que eles consigam este BEP: e é aí que nós vemos como acontece. Primeiro, quanto ao conteúdo das provas, que decai de um ano para o outro de forma bem nítida. No que se refere às provas que eu tive de corrigir e também a outras, se o aluno for capaz de reproduzir, ele já tem metade da nota. [...] As respostas estão no próprio texto da questão, e basta saber ler para obter a resposta. Em francês, em contabilidade, em toda parte é a mesma coisa... Além disso, quando, apesar de tudo isso, os professores que fazem a correção desejam realizar seu trabalho e dão notas baixas aos alunos que nem mesmo conseguem fazer isso, ou as notas são reavaliadas diretamente pelas autoridades administrativas locais ou por outras, para que haja uma certa porcentagem de alunos que recebam seu diploma, ou então o responsável pelo centro de correção recebe um telefonema e passa dizendo aos colegas: parece que em comparação com outros centros de correção, nós estamos muito severos nas notas, etc. É algo quase que sistemático. Eles chegam ao *bacalaureato* profissionalizante desta maneira, e como é preciso chegar aos 80%, se faz a mesma coisa com o *bacalaureato* profissionalizante.

[...]

Eu não sou elitista, mas fazer isso, é enganar todo mundo. É enganar os alunos, pois eles passam a acreditar que podem ir tocando assim sua vida, quando na verdade depois não encontrarão trabalho e não entenderão o que aconteceu. Isso não é bom para os professores porque é desencorajador... Nós não estamos lá para tomar conta das crianças; nós temos a intenção de ensinar alguma coisa aos alunos apesar de tudo. Nós estamos cansados de fingir! [...] Durante a aula, os alunos passam seu tempo contando uns aos outros suas façanhas para não fazer nada, para aborrecer os professores, etc.: "eu fiz com que me expulsassem", "nós não trouxemos o livro uma única vez este ano"; e então pronto, eles têm seu BEP. Depois disso, eles se acreditam espertos, imaginando que têm umas supercabeças e que eles realmente "enrabaram" – é a expressão que eles empregam – todo mundo. [...] Eu não sou de forma alguma uma reacionária, pelo menos eu acho, mas antes a escola era um lugar que tinha valor, no qual aprendíamos a respeitar um pouco as coisas, as pessoas, os companheiros, onde aprendíamos a viver em conjunto, onde havia coisas que eram colocadas em seus lugares. Ora, hoje em dia eu chegaria até mesmo a dizer que é exatamente o contrário. Ela se tornou um lugar de deseducação; isto quer dizer que aqueles que chegam aí e ainda não entregaram os pontos e que acreditam naquilo que pode lhes proporcionar a escola profissionalizante, estes estão em perigo. Esse ambiente, essa violência e o temor que ela engendra naqueles que têm de suportá-la durante anos, isso não pode senão deixar marcas sobre o indivíduo, sobre o futuro pai irresponsável, sobre o cidadão.

[...]

Hoje em dia não existem mais inspetores, tudo isso. Temos 40 professores para 500 alunos e classes frequentemente passando de 25 a 30 [...] a relação de força está agora em favor dos alunos, e sobretudo dos líderes de classe, dos líderes do estabelecimento, etc. Conhecemos alunos que se inscrevem nas escolas em bandos. São coisas que poderíamos remediar se fosse levado em conta o fato de que o estabelecimento não é apenas nem mesmo principalmente um lugar para formação profissional, mas antes de tudo um lugar de acolhida para os alunos saídos dos colégios e liceus: quem diz acolhida, diz estruturas para acolher, e também um ambiente adulto: arquivista, assistente social, médico escolar, supervisores de externato, pessoal de manutenção... De modo que os jovens possam se sentir cercados pelos adultos, com o suporte dos adultos. Quando se fizer isso, quando se criarem condições humanas para uma acolhida, a Educação nacional reencontrará um papel de educação.

– *E atualmente quais são as transformações mais evidentes?*

Hélène A. – O que me parece mais evidente é a queda do nível dos alunos que chegam a nós [...] não importa o que diga a este respeito nosso ministro. E depois, o que eu considero muito, mas muito grave... isso me deixa transtornada... Não sei como explicar isso [*o rosto e a voz dela exprimem uma espécie de abatimento*]. A gente se encontra com um grupo que pode ser muito gentil, até mesmo cheio de boa vontade, mas no qual cada vez mais podemos sentir a autoridade de líderes que, aí, têm a possibilidade de se encontrar na posição de líderes, de chefes... e conduzem esta espécie de sociedade extremamente fluida que é a população de um estabelecimento escolar, a fazer coisas absolutamente inacreditáveis. [...] Pois existe uma defasagem que se verifica entre o que eles são fisicamente e aquilo que eles têm na cabeça. Para eles, cada vez mais, a alternativa é se impor fisicamente. [...] Faz alguns dias, ouvi alguns alunos contando as façanhas realizadas no estabelecimento em que estavam anteriormente: "com o professor de secretariado, que é aquele de quem abrimos a goela! Você se lembra!...". Um garoto estava se divertindo desmontando uma máquina. O professor chega para lhe dizer para parar. O aluno continua. O professor se aproxima e faz um gesto para se interpor entre o aluno e a máquina. O aluno então empurrou o professor que caiu sobre um radiador. Quando o professor se levantou, estava com o pescoço sangrando... "Aí mesmo foi que a gente se fartou de rir!" Pois neste dia houve uma relação de força em seu favor. Isto é realmente bem significativo da evolução atual... E não creio que haja um só professor que esteja protegido disto.

– *Isto te parece muito mais grave do que antes?*

Hélène A. – Ah sim, claramente. Porque dez anos atrás, quando eu fazia meu estágio para professor, eram jovens que tinham sido expulsos da Educação nacional. Eu ia procurá-los às vezes na prisão para ajudá-los a voltar ao estágio. Eles tinham roubado, coisas assim, eram uns pequenos delinquentes. Mas aquilo era ninharia comparado com o que acontece hoje em dia. Eu não percebia essa violência!

Outubro de 1992

Gabrielle Balazs, Abdelmalek Sayad

A violência da instituição

Nestes tempos de crise, a entrevista com dois sociólogos, apresentados por um responsável pelos estudos da cidade, parecia ser óbvia para o diretor deste colégio situado num "bairro difícil" classificado como "zona de educação prioritária". Com quase 50 anos, este antigo professor primário proveniente da região poderia esperar coisa melhor. As dificuldades que encontram e suscitam no ensino secundário as crianças de um meio socialmente muito afastado da escola, e que se traduzem também nas tensões que apareceram no estabelecimento desde outubro de 1990, acabaram pouco a pouco transformando sua função, obrigando-o a gerir, dia a dia, as manifestações, maiores ou menores, da violência. Forçado a manter uma vigilância permanente para conservar a limpeza dos edifícios apesar da rápida renovação das pichações e para prevenir este tipo de depredação, ele precisa também se colocar à porta do estabelecimento a cada entrada e saída de alunos a fim de evitar por um lado que professores e alunos sejam assaltados e, por outro, evitar brigas de alunos dentro dos limites do colégio; para assegurar a eficácia desta disciplina permanente e para tentar criar condições próprias para torná-la inútil, ele é obrigado a morar no colégio, e somente no fim de semana pode ir se encontrar, em sua casa, com sua mulher, professora de física numa grande escola de Lyon, e com seus filhos; ele precisa também manter um relacionamento contínuo com o conjunto das autoridades da cidade; ele precisa sobretudo se adaptar às características de seu público e, graças ao conhecimento de seus alunos e a diversos artifícios disciplinares, assumir de alguma forma a violência sem dramatizá-la.

Do ponto de vista escolar, contrariamente às ideias recebidas, os resultados do colégio não são piores do que em outros lugares; correspondem à média do departamento, especialmente no que se refere ao sucesso em conseguir o diploma do colégio (mesmo se o número de alunos atrasados na sexta seja de 65% contra 35% no departamento). Do ponto de vista das características sociais dos alunos – em sua maioria de origem popular e três em cada quatro filhos de pais estrangeiros – é de longe o colégio mais desfavorecido do departamento. Não se encontra aí, por exemplo, nenhum filho de professor. Uma classe de adaptação acolhe crianças que acabaram de chegar da África, da Ásia ou da Europa, mas, em sua grande maioria, alunos pertencentes a famílias argelinas que já estão instaladas na França há muito tempo. A parcela de bolsistas se eleva a 75%, enquanto que não passa dos 30% no departamento. Nem o interesse de pertencer, desde 1982, a um "colégio experimental para a renovação", nem o fato de contar com 36 professores para um efetivo de 400 alunos apenas – contra mais de 600 nos anos 80 –, nem mesmo a proximidade de Lyon são suficientes para fazer permanecerem os professores, que estão sempre à espera de transferência. Um acompanhamento intensivo e, mais geralmente, um ambiente bom não impedem que os alunos dos bairros residenciais e de certos HLM evitem o colégio. Seus pais requisitam transferências para os outros estabelecimentos públicos.

Através do tom desencantado de sua conversa, o velho professor republicano de origem popular, que diz ter sempre estado preocupado com o desafio de saber "como fazer para salvar o máximo de alunos", deixa entrever toda a tristeza que lhe inspira sua experiência: a aversão pela violência dos alunos, mas também por aquela exercida pela instituição escolar, rivaliza em seu interior com o mal-estar que ele sente de se ver assim obrigado a usar de violência contra a representação que ele tinha feito para si da escola e de sua profissão de educador. Ele não pode aceitar que a escola seja hoje em dia tratada como se fosse uma delegacia, e se resignar a imaginar-se como um simples agente da manutenção da ordem, obrigado a "usar a força". Tendo entrado na Educação nacional aos 16 anos de idade, como normalista, tendo começado sua carreira de professor primário num subúrbio desfavorecido, e em seguida ensinado durante 13 anos nos bairros menos afortunados, tendo portanto feito de tudo para encarnar dignamente a missão da instituição escolar tal como ele a concebe – trazer para os bairros ditos "difíceis" "aquilo que é talvez a coisa mais útil, mais indispensável para as crianças que aí são prisioneiras, o respeito absoluto que lhes testemunham os professores e alguns instrumentos para ajudá-los a sair daí, a serem talvez autônomos um dia" –, ele tem muita dificuldade para perdoar a instituição por colocar seus servidores mais devotados em condições que lhes impedem de fato de cumprir verdadeiramente esta missão, isso quando elas não os condenam a renegar, pura e simplesmente, aquilo que ela lhes ensinou, as crenças e valores em função dos quais, 20 anos atrás, eles tinham escolhido esposar, como se diz, a "vocação" de professor.

Com um diretor de colégio de uma ZEP

– *Entrevista de Gabrielle Balazs e Abdelmalek Sayad*

"Sofremos muito este ano."

Ramus – Há períodos de grande tensão e depois períodos um pouco mais calmos. Assim sendo, este ano, na volta às aulas, tudo ia mais ou menos bem, quando houve essas manifestações. E nossos alunos, alguns deles, pelo menos, delas participaram ativamente; outros participaram através de sua família, de seus irmãos ou irmãs mais velhos. Houve dois tipos de reação muito diferentes por parte dos pais, mas os garotos viveram num clima de histeria durante 15 dias, três semanas, um mês. Histeria pró-manifestantes ou histeria antimanifestantes. O colégio funcionou normalmente todos os dias, não houve a menor interrupção. Alguns professores conversavam com os alunos, pois alguns professores no início de suas aulas descobriram que a tensão era tamanha que aquilo não estava servindo estritamente para nada, e que então era preciso falar a respeito, era preciso... mas aconteceu de, mesmo na primeira semana dos tumultos, alguns professores perguntarem a seus alunos: "vocês querem falar a respeito?" e os alunos: "não, pode dar aula". Portanto, se concordam, foi tudo... foi tudo muito variado de uma classe para outra, talvez também da personalidade de um professor para a de outro.

– *Não houve mais ausências durante estes acontecimentos?*

Ramus – Não, não, não muitas. Os alunos vinham ao colégio e eu ficava muito contente porque este era praticamente o único lugar no qual conseguiam escapar da histeria familiar. Não importava o lado que ela apoiava. Recebemos um monte de telefonemas...

– *Das famílias, dos pais?*

Ramus – Das famílias, que nos diziam: "afinal, o que é que está acontecendo, ouvimos boatos, que o colégio vai ser atacado, será que é perigoso?" Coisas assim; tivemos uns garotos, há uma família, o pai veio me encontrar para me dizer: "não é possível, vou para o campo", ele partiu decididamente para uma semana em Drôme. Mas, enfim, esse tipo de coisa acabou sendo marginal. Houve pais que vieram me dizer: "escute, estamos retirando as crianças, não podemos deixá-las, não podemos correr o risco e tudo o mais", eu disse: "escute, o perigo, olhe bem, o senhor viu, o senhor veio até aqui, não é uma catástrofe", assim tivemos um ou dois abandonos nessa ocasião, ligados a essa ocasião, não mais do que isso.

– *Retiradas definitivas?*

Ramus – Sim, alunos que foram embora definitivamente.

A agitação não voltou a acontecer

Ramus – Isso, se querem saber, aconteceu no mês de outubro. Foi uma verdadeira efervescência; no mês de novembro, houve o grande movimento dos estudantes das escolas e tivemos algumas recaídas, o que acabou mantendo uma certa forma de agitação. Mais ainda porque, se vocês forem passear pelo município, vocês verão que a agitação depois do mês de outubro não voltou a acontecer de maneira ampla e endêmica, só restam daí algumas coisas. Agressões a pedradas, os apedrejamentos, se tornaram um modo de expressão até mesmo para a faixa entre 10 e 14 anos, o que não é nada engraçado. Há duas linhas de ônibus que passam em frente ao colégio. Em fevereiro, a partir do momento em que começava a hora de entrar no colégio, os ônibus não passavam mais, pois houve... não sei bem, um prejuízo na ordem de 500 mil francos em função de estragos feitos nos ônibus, vidros quebrados, assentos rasgados; quando os ônibus param no ponto do colégio, os garotos entram, quebram tudo e depois vão embora. Desta forma houve uma interrupção de funcionamento das linhas em certos horários. Foi portanto um período de tensão. Depois, no mês de dezembro, houve a neve: pode parecer que a neve não seja nada, mas ela é um problema...

– Uma ocasião para fazer bolas de neve.

Ramus – Sim, bolas de neve, eu me lembro de ter brincado com bolas de neve, isso é muito divertido, e como não sou uma pessoa repressiva demais e como tenho lembranças de infância com a neve, não tomei medidas para a interdição das bolas de neve; enquanto tenho colegas, de outros colégios, que as tomaram. Mas tive que chamar os bombeiros e enviar alunos para o hospital. Não eram bolas de neve que eles atiravam, eram blocos de gelo. Os mais duros, os mais amassados possível, e por isso tive casos de ferimentos no couro cabeludo, coisas assim. E depois sobretudo agressões na saída contra pessoas do bairro.

– Contra as pessoas do bairro?

Ramus – Sim, quando passava uma pessoa de carro, os garotos jogavam 50 bolas de neve sobre o pára-brisa, e o motorista que parava e abria o vidro era acertado em cheio na cara; houve então feridos, coisas assim. Queixas apresentadas. E assim a imagem do colégio no bairro não melhorou em nada. Isso foi no mês de dezembro, nos meses de janeiro e fevereiro houve a Guerra do Golfo, aí então nem se fala. Neste momento tivemos... por exemplo, isso se traduziu nas aulas de EPS por exaltações do tipo "Saddam Hussein, Saddam Hussein" e também por pichações; em fevereiro, enfim nas férias aqui, era 21 de fevereiro, houve uma tensão muito, muito grande. No colégio foi muito, muito difícil. Houve professores que tiraram licença por doença; houve um momento em que eu tinha cinco professores em licença por doença dos quais apenas um substituído, portanto inútil dizer que os problemas aumentaram e a ausência dos professores – justificada, não existe aqui a menor palavra de crítica a respeito – aumentava ainda os problemas; deste modo estávamos muito, muito cansados, aqui.

As férias de fevereiro chegaram em boa hora. Na volta às aulas após as férias de fevereiro, tudo calmo; muito calmo, o Ramadã não deu oportunidade para a agitação. Mas por exemplo, o Ramadã aqui entre nós, o dia da Aid, a festa, dia 16 de abril último, havia 160 alunos presentes de um total de 410 ou 420, com classes nas quais havia 4 alunos de um total de 25. Então, vejam vocês, trata-se de um bairro muito caracterizado. Eu me lembro de brigas na minha infância, quando no pátio havia dois alunos que brigavam, bom, tudo bem, havia dois alunos lutando, e talvez três ou quatro que ficavam em volta, olhando; aqui se é extremamente feroz, não se pode tolerar o menor começo de briga e os alunos que tomam...

– Por que estas coisas se seguem ou o quê?

*É um ambiente muito
tenso e violento*

Ramus – Sim, porque se há dois que se enfrentam, há 200 que ficam em volta, e assim os garotos que estão brigando não podem acertar suas contas senão de forma muito, muito violenta, pois eles são estimulados, excitados... e então, vocês veem, não podemos mais controlá-los. Resultado, eu posso garantir a vocês, posso dizer estatisticamente que suprimi 99,5% das brigas no colégio, essas coisas agora só acontecem na rua, em frente ao colégio, e estou convencido de que para a imagem do colégio deste jeito seja bem melhor. Então vocês veem, existem problemas... digamos que é um ambiente muito tenso e violento.

[...]

Agora nos falam de outra coisa, das drogas... Bem, o bairro aqui, o bairro Saint-Jacques, as pessoas dos HLM estão absolutamente polarizadas a respeito do problema das drogas: cada vez que eu falo nas reuniões a respeito do bairro, me falam das drogas. As drogas, as drogas, as drogas. Eu fui conhecer, participei de seminários, tenho informações a respeito das drogas; eu vi haxixe e heroína pela primeira vez na minha vida há pouco mais de um mês, quando participei de um seminário e alguns policiais me mostraram em sua pasta. (...) Eu tenho a impressão de que posso, em todas as reuniões, dizer que, antes de mais nada, eu jamais tomei conhecimento da existência de drogas pesadas no colégio. Quando cheguei, eu estava de tal forma atordoado por tudo aquilo que se falava que acabei pedindo, acabei me voltando para a Reitoria, que nomeou, que me emprestou alguns médicos delegados que tinham sido contratados pelo governo precisamente para a missão de fazer pesquisas a respeito das drogas, e outras coisas assim.

E assim, durante dois trimestres, um trimestre de um ano escolar e um trimestre do ano escolar seguinte, dois médicos diferentes passaram, cada um, um trimestre inteiro no colégio. Eles puderam examinar todos os alunos, examinaram sistematicamente todos os alunos de um nível, o nível da terceira. E depois examinaram todos os alunos dos quais havia um mínimo de suspeita... vocês sabem, fico chateado quando vou a uma reunião e as pessoas que sabem tudo e que dizem: "basta observar os garotos que estão um pouco derrubados ou um pouco entorpecidos de manhã", eu tenho por volta de 80% dos meus que estão meio entorpecidos de manhã, já que eles assistiram televisão até as duas horas da madrugada. Os médicos que fizeram as observações no colégio em 88 e em 89, nos seus dois relatórios, não há nenhuma suspeita de uso de droga. Eles encontraram problemas de subnutrição, coisas assim, mas nenhuma suspeita de uso de drogas, de drogas pesadas, creio eu. Drogas como o haxixe, coisas assim, eu digo que, como suprimi 99% das brigas dentro do colégio, também suprimi 99% das tentativas de se fumar no colégio; fiz instalarem cercas com grade pois não podíamos vigiar os alunos por toda a parte. Por isso fiz instalar, vocês podem ver, a grade que delimita o pátio lá embaixo, ela impede os garotos de ir fumar lá, atrás dos prédios; pois no primeiro ano em que estive aqui, era preciso o tempo todo ficar circulando por ali...

[...]

– De repente os alunos passaram a ficar apenas na parte visível.

Ramus – Exatamente, é isso. Como não se pode fumar nos prédios, o único lugar onde ainda se fuma eventualmente, e mesmo assim muito pouco, são os banheiros; é o lugar clássico da tradição de se fumar, são os banheiros, mas mesmo assim de modo muito, muito limitado. Dito isso, há alunos que chegam ao colégio de manhã, ostensivamente e quando estão a 45 centímetros de mim, nem um centímetro a mais ou a menos, para me mostrar que eles realmente fumam, amassam a ponta de seu cigarro, bem, para saber se não há nada além de tabaco na ponta do cigarro, não tenho nenhum meio de verificar; muito bem, isso é tudo, tudo o que posso dizer a respeito das drogas. Mas das brigas, ah, destas eu tenho medo, tenho realmente medo. Houve uma briga que não conseguimos interromper em menos de trinta segundos, e terminou em um mês de hospital para um garoto que levou uma facada na barriga. Isso foi há dois anos. Depois disso, bem, eu fiquei um pouco mais...

– ... *cuidadoso? O senhor descreveu um pouco o clima, as dificuldades, a agressividade ou a violência, mas houve alguma diferença após os acontecimentos? Após isso que o senhor descreveu mês a mês, há muitas coisas que se...*
[...]

Ramus – Eu creio que os acontecimentos, sim, tanto é assim que eu digo a vocês, os rapazes que participaram dos tumultos, tudo aquilo, hoje em dia não são mais eles em especial que espalham a discórdia, são os de 10-16 anos que fazem as agressões, que tornam penosa a vida no bairro. Durante os acontecimentos, a caminhonete do colégio foi roubada e queimada; não sei se vocês assistiram às emissões de televisão... Não sei se vocês se lembram, uma caminhonete 2CV que fez muitas idas e vindas entre os CRS e os manifestantes, era...

– *Era a do colégio?*

Ramus – Era a ex-caminhonete do colégio. Depois disso não houve outros excessos, não sei bem, eu apresentei queixas duas vezes este ano, uma vez por causa da caminhonete do colégio e outra vez por causa de um roubo por arrombamento no escritório do administrador. Mas isso foi quase que...

Toleramos coisas que são intoleráveis em outros lugares

– *É possível haver alunos novatos relativamente mais velhos?*

Ramus – Ah, sim. Na sexta, pelo expediente da classe de adaptação na qual tentamos fazer a transferência o mais rapidamente possível para uma classe normal, dos alunos que vêm de uma classe de adaptação, na sexta encontramos alunos de 11 a 15, 16 anos. Devo ter um ou dois na sexta que têm 16 anos.

– *E o senhor os tolera porque de hábito eles são enviados para as SEE... [seções de educação especializada]*

Ramus – Com certeza. Com certeza. Mas toleramos coisas que são intoleráveis em outros lugares, com certeza. [...] Houve um período atribulado e depois as pessoas ficaram cansadas e também ficamos um pouco amargurados, um pouco decepcionados porque sofremos muito este ano e ficamos muito cansados. Uma confidência pessoal, eu tenho a sorte de contar com uma saúde de ferro e pensava que coisas parecidas, minha cara senhora, que a mim jamais aconteceria de ir procurar um médico para lhe dizer: "eu não aguento mais; eu não aguento mais", e tomar soníferos, nunca teria pensado que isso poderia acontecer comigo. Eu tinha decretado que isso não me aconteceria jamais. Pois bem, tive de tomá-los em fevereiro para aguentar os 15 últimos dias antes das férias de fevereiro. E isso me afetou muito. Precisamente porque eu era muito orgulhoso e achava que coisas assim só podiam acontecer com os outros, mas certamente não comigo. [...] E assim – não sou o único a estar neste caso – a estar às vezes um pouco perdido e a estar muito cansado.. [...] Espero poder recuperar o sono durante as férias de Páscoa. Mas eu não me queixo, estou apenas contando para vocês...

Houve alguns acontecimentos que marcaram os estabelecimentos, um recrudescimento da agressividade contra os professores. Eu tenho um colega do colégio que viu, logo após os acontecimentos de novembro, uma tentativa de incêndio muito grave do colégio. Quinze dias atrás seu automóvel foi incendiado, uma semana atrás ele teve de levar para o hospital uma inspetora que cuidava da entrada de manhã porque tinha levado uma pedrada na cabeça. No colégio B. e no colégio de N., existe também esta espécie de violência latente com agressões, tudo isso.

Durante a festa do *Aid*, houve três alunos do colégio que foram jogar pedras no colégio de N., na vigia e em seu cão. Ora, acontece que as pessoas estão fartas disso agora, e não ficam mais obrigatoriamente caladas, e assim a vigia foi dar queixa e os policiais também estão fartos, registraram a queixa e foram adiante, e os alunos foram convocados à delegacia de polícia. Foram convocados também por um magistrado e parece que os educadores do bairro disseram aos pais: "não deixem fazer" e tive duas mães de família que vieram reclamar comigo porque seu garoto... Concordam comigo, isso é muito engraçado, os alunos frequentam o colégio, eles estão no exterior do colégio durante um dia de festa religiosa no qual sua ausência é aceita; aprontam a maior confusão num colégio vizinho, as pessoas do colégio vizinho dão queixa e eles vêm reclamar comigo.

[...]

Ora bem, os professores depois do incêndio do automóvel do diretor do colégio V., os professores dos quatro colégios do setor, e mais os da escola profissionalizante, fizeram uma reunião terça-feira passada em seguida a uma certa efervescência, nós éramos três diretores a participar. E palavra de honra, ela terminou com uma carta que foi enviada pelos professores de todos estes estabelecimentos ao inspetor da academia, ao reitor, dizendo: "gostaríamos muito que afinal se levassem em conta nossas difíceis condições de trabalho e de vida", porque efetivamente suportamos muito mais coisas do que se suportam em outros lugares, suportamos muito mais coisas da parte dos alunos.

E fui levado a dizer que, por exemplo, um meio de nos ajudar seria que, em um estabelecimento tido como normal, quando um aluno faz uma besteira, ele é expulso, mas nós, quando ele faz a mesma besteira, não o expulsamos. Damos a ele uma primeira ou uma quinquagésima advertência. E quando somos levados a querer transferir um aluno, quando telefono para meus colegas e digo a eles: "escute, vou te mandar um aluno, ele está sob obrigação escolar, eu sou obrigado, se mandá-lo embora do colégio, a arrumar algum lugar para ele" e eles me dizem: "escute, você é muito gentil, teríamos o maior prazer em te prestar um serviço, mas se um aluno de seu colégio vier para cá, os professores não vão aceitá-lo, eles vão entrar em greve, e tudo o mais"; e o resultado é que somos obrigados a trocar alunos uns com os outros mas eles não saem nunca desta zona, e por isso talvez uma solução fosse pedir para o Inspetor acadêmico nos ajudar. Quando for realmente preciso, quando formos realmente levados a nos livrar de um aluno tanto no interesse do aluno em questão quanto no interesse dos outros, ele talvez pudesse nos ajudar a encontrar um lugar para ele, para que não precisássemos ficar mendigando... que fosse assim... que o inspetor da academia a título decisivo diga: "tal aluno será colocado em tal estabelecimento, e ponto final."

[...]

– *Aquilo que o senhor contou, é coisa recente a inspetora que...*

A escola não foi particularmente poupada

Ramus – Foi na semana passada. E em seguida... não sei se sabem, acontece que o reitor de Lyon, o novo reitor de Lyon foi nomeado faz um mês. O reitor tinha acabado de chegar, ele devia visitar um dos colégios desta zona, em função de uma ação pedagógica, uma ação da imprensa na escola; ele devia vir na sexta-feira e foi na quinta-feira à noite que a caminhonete de meu colégio foi incendiada. Por isso pedimos ao reitor, bem educadamente, se não podia vir nos ver por ocasião de sua vinda, e assim ele nos recebeu e lhe dissemos que as coisas não iam bem, que na verdade as coisas não iam nada bem neste setor, sem querermos ser pessimistas, mas que tinham acontecido muitas coisas. E nós o questionamos, e ele disse: "bem, há duas explicações possíveis, ou isso faz parte do movimento sociológico e neste caso trata-se de uma situação geral e talvez fossem necessárias soluções gerais, ou então trata-se de uma tentativa de desestabilização da Educação nacional; a Educação nacional será o alvo de..." então ele disse: "eu acabo de chegar", vocês sabem, isto nos leva a concluir... pois aí eu sou muito esquemático, que há observadores da Educação nacional que constataram ou que acharam por bem constatar que, durante os acontecimentos, os centros escolares, culturais não foram atingidos pelos acontecimentos, quer dizer, que os incêndios, que os excessos se voltavam apenas contra os centros comerciais, mas os estabelecimentos culturais e escolares não tinham sido tocados, bem, e a partir daí eles teorizaram muito. Mas não me convenceram muito não...

[...]

No próprio dia dos acontecimentos, a escola primária que fica bem na frente do colégio, ali atrás, é uma escola que (fizemos inovações, mas ao lado deles, não passa de uma piada; ou seja, os rapazes têm professores formados em informática, têm um centro de informática, têm sei lá quantas centenas de milhares de francos em material de informática lá dentro, é realmente uma escola de ponta e tudo o mais) bem, há uma classe que foi inteiramente incendiada durante os tumultos e os computadores serviam de projéteis para quebrar os vidros. Assim, não acredito que possamos dizer que ela tenha sido particularmente poupada. E não estou dizendo que esta escola tenha sido especialmente visada...

Nos dias que se seguiram, houve uma escola maternal que foi queimada, e foi preciso fechá-la por 15 dias, no entanto isso não é nada. E não estou nem falando da caminhonete do colégio, não estou nem falando do início de novembro, de uma sala de aula e meia incendiadas em P. e que se o alarme não tivesse disparado, eles encontraram 20 litros de gasolina nuns recipientes que ainda não tinham sido esvaziados quando eles chegaram; ora, tinham sido esvaziados apenas 5 ou 6 litros. Se apenas isso queimou uma sala de aula, se os 20 litros tivessem sido utilizados, teríamos tido um incêndio e tanto. É assim, e eu não acredito que...

Mas vejam só, o reitor que chegou, que leu um relatório, a Educação nacional foi poupada durante os acontecimentos, e foi-lhe apresentada uma situação em que não aparecia que não se tinha poupado muito, e sua reação foi dizer: "olhem, haveria... durante os acontecimentos a Educação nacional resistiu bem, talvez haja hoje uma tentativa de desestabilização de uma instituição que vem resistido bem, como nos disseram, há alguns anos, houve uma tentativa de desestabilização da polícia e outra". E assim o reitor solicitou uma entrevista com o chefe de polícia e os dirigentes da polícia nos receberam faz uma semana, e deste modo os cinco diretores e mais o diretor do LEP foram à Direção do departamento das polícias urbanas, uma semana atrás para tentar descobrir com os policiais o que é que se pode fazer, o que não é engraçado...

Não posso tolerar uma pichação

– *Contrariamente ao que acontece em outras regiões, as pessoas aqui não parecem cruzar os braços, isso me chamou a atenção, pois normalmente em casos como este, as pessoas, o corpo docente, os diretores... enfim, todos os tipos de pessoal ficam eventualmente muito deprimidos, e então, isso é tudo. Desencorajados e também... aqui, tenho a impressão de que... há muitas iniciativas...*

Ramus – É preciso sobreviver... sim, certamente é preciso sobreviver, não podemos... Eu posso levá-los visitar o colégio, por exemplo, eu não posso suportar uma pichação; isso significa que os funcionários – vamos dar uma volta pelo colégio para poder mostrar a vocês – se há uma pichação, isso é um assunto prioritário: se você vir uma pichação, remova-a imediatamente, porque, se você deixá-la lá por uma hora, uma hora depois haverá dez, duas horas depois haverá 150, é isso. Eu ignoro totalmente a legislação a respeito do tempo de serviço dos funcionários; eu negocio diretamente com os funcionários. "Vocês têm de trabalhar 41 horas e meia, e para mim não importa se vocês ficam 41 horas e meia sem fazer nada na escola; vocês me ajudam a supervisionar os corredores, quando os alunos circulam. Resultado, se vocês estiverem lá, eles farão menos besteiras. E se eles fizerem menos besteiras, vocês terão menos trabalho. E em contrapartida ao trabalho que estou pedindo, que é um trabalho de supervisão que não faz parte de suas atribuições, se vocês me ajudarem a fazê-lo, então eu lhes darei alguns dias suplementares de férias, eu dou para vocês e vocês podem ir..."

– *É uma espécie de acordo, não é...*

Ramus – É isso, bem, se então efetivamente vier um inspetor da administração e ele perguntar "como? neste horário você deveria ter tantas pessoas aqui", eles não encontrarão, mas o colégio está arrumado, com certeza. (...) Eu vou levá-los a dar uma volta pelo colégio. Prestem atenção, está no plano físico a condição número um para a sobrevivência, se esta estiver deteriorada, está tudo acabado.

– *Para trazer as coisas para sua justa proporção: antes, tomava-se uma faca e se marcavam as iniciais sobre as mesas; hoje em dia, há outros procedimentos, usamos spray para escrever nas paredes; este trabalho de disciplina é necessário, certamente, é verdade, mas, afinal, nos lugares públicos, e é verdade que são lugares públicos, não se consegue nunca eliminar este tipo de práticas.*

Ramus – Nos lugares públicos; mas não no nosso colégio. Não, quanto a isso sou muito formal, pois trata-se de um assunto onde não posso transigir.

– *Igualmente sem atribuir significações...*

Ramus – Não, não digo que isso signifique delinquência, mas digo que se aceitar esse início de depredação, depois...

– *Eu tive a oportunidade de fazer uma pesquisa em Marseille para a prefeitura que desejava limpar os bairros. Eu disse a eles, se vocês fizerem um esforço*

577

para ostentar a limpeza, se em lugar de limpar as ruas apenas uma vez por dia, como as outras, se limpar duas vezes ao dia, a população acabará se comportando apropriadamente.

Ramus – Exatamente, é isso mesmo que eu penso, e é por isso que há momentos em que tenho vontade de rir quando vejo pessoas que vêm, autoridades que vêm até aqui e depois dizem a seus colegas: "mas não está nada mal, está bem limpo; de que é que vocês estão se queixando?", eu não me queixo, eu luto para que esteja sempre limpo. Dito isso, eu tenho... não sei, talvez por atavismo familiar, um respeito muito grande pelo pessoal do serviço. Por isso, talvez, eles sigam minhas ordens. Dou muito valor ao fato de que nenhum funcionário seja insultado por um aluno ou outra coisa assim, eu me sinto capaz de ficar muito mais furioso se for este o caso do que se for algo contra um professor. E posso lhes garantir que em quatro anos só tive dois insultos contra pessoas do serviço, mas os garotos, garanto que eles não esqueceram. Enquanto que, bem, contra os professores talvez isso seja um pouco mais frequente. Mas talvez a causa disso seja o fato de que minha mãe se aposentou como lavadora de louças num restaurante, não é, talvez seja por isso também. Talvez seja ela que estou respeitando quando respeito um agente de limpeza.

– *O senhor tem quantos homens e mulheres no seu pessoal?*

Ramus – Ah! muito mais mulheres do que homens, isto é característico do ensino, mas, quanto a isso, eu sou cuidadoso pois, vocês entendem, quando tento negociar com a Reitoria, digo que num meio norte-africano, uma jovem mulher tem estatisticamente mais dificuldades... [...] Eis aí, este não é um julgamento que eu faça contra as mulheres e tudo o mais, é uma constatação estatística. Quando eles fazem um esforço para me nomearem rapazes, isso não está sempre evidente; no ano passado eles nomearam um inspetor para cá que era... que era bastante gentil, e tal. Mas ele só resistiu por um mês. Era um rapaz, em seguida me nomearam uma moça, que ficou até o fim do ano, assim vocês podem ver que não é... Por isso é preciso também ser cuidadoso.

Neste ano me nomearam um inspetor norte-africano, um rapaz norte-africano, estudante de matemática, futuro professor de matemática. Ele passou pelo CAPES. Eu não o conhecia. Quando vi sua ficha de nomeação no mês de agosto, minha primeira reação foi dizer: "veja só, talvez eles tenham pensado na Reitoria que isso era bom, que tudo ia correr bem", e esperei com interesse, pois era a primeira vez que teria um inspetor norte-africano. Muito bem, o pobre sofreu muito, entretanto não por falta de autoridade, mas creio que por causa da imagem do norte-africano que escapa, que é o colaborador e ele foi insultado realmente muito mais do que os outros; eu tive de intervir muito mais do que antes; estamos aprendendo todos os dias.

O que dizíamos, nós chefes de estabelecimentos, ao inspetor da academia, ao reitor e à polícia, é que tudo é muito penoso nesses estabelecimentos, que é tudo imprevisível. É justamente no momento em que não estamos esperando que aconteçam as catástrofes e então temos sempre a impressão de estarmos andando sobre o fio da navalha, que basta um pequeno incidente para tudo degringolar e depois também para... É isso, é preciso ser verdadeiramente [...] meu problema atualmente, se eu me canso é porque... Bem, mas isso é do domínio da minha vida privada, eu bem que gostaria de ser o diretor deste colégio 12 horas por dia e depois nas outras

12 horas ser... é isso, eu mesmo, não consigo mais manter este equilíbrio.

É duro ser humilhado, quando não se está preparado

– E como são suas relações com os pais? O senhor mencionou várias vezes que houve famílias que se dirigiram ao senhor durante o período especial, mas em épocas normais se posso chamar assim, é...

Ramus – Para nós o problema é ter o maior número de contatos possível com as famílias, porque constatamos...

– O senhor as solicita?

Ramus – Isso mesmo. Assim as obrigamos a vir ao colégio. E obrigar a vir ao colégio pessoas que não têm o hábito e que... Assim antes de eu chegar, as coisas já tinham sido arrumadas. Nós não enviamos nenhum boletim trimestral para as famílias, não lhes enviamos nada. As famílias vêm procurar os boletins no colégio. Deste modo nos organizamos, e chegamos a uma taxa de 90%. E três meses por ano – bom por volta de 90% no primeiro e no segundo trimestres, e no terceiro, um pouco menos, chegamos a 65%, 70%, mas no primeiro e no segundo trimestres 90% das famílias vêm ao colégio procurar o boletim, quer dizer, o professor principal da classe, que é o professor tutor, que mantém os alunos sob sua tutela... É ele que as recebe. Portanto, três noites a cada ano, começando às quatro horas para alguns, às cinco para outros, até as oito e meia, nove horas, até o esgotamento e depois, aí, recebemos 70%, e os outros os aborrecemos até que eles venham, quer dizer os forçamos a realizar um encontro, e tudo o mais. Então o número de rebeldes é irrisório. E apesar de tudo, isso não é suficiente.

Eu participei muito ativamente para a constituição de um conselho de pais de alunos porque em outras escolas, numa escola normal, os pais de alunos, para os diretores de estabelecimentos, são um aborrecimento. Aqui, eu tenho necessidade deles. Se os garotos têm problemas, é porque os pais são completamente desunidos e constato que quando os pais, mesmo na miséria, têm contato com os filhos, os garotos fazem menos besteiras, trabalham melhor, portanto eu tento, estamos a ponto de lançar, queremos montar uma ação de sensibilização dos pais de alunos, no ano que vem para os pais dos alunos que vão passar para a sexta, convidá-los para jornadas no colégio quando eles encontrarão os professores, comerão com eles, farão refeições com eles... É preciso que eles venham ao colégio sem ter medo, sem... para a grande maioria dos pais, o colégio, a escola, para aqueles que a frequentaram, representam o fracasso escolar, e além disso ainda tem mais, especialmente para as mulheres norte-africanas da geração de mulheres de 40, 45 anos, que nunca foram à escola. Nunca. Portanto elas são analfabetas, não sabem ler nem escrever e a muito custo falar o francês, mas falam o árabe, embora não saibam nem ler nem escrever também, as coisas são assim. É preciso que a escola não seja o lugar... eu estou realmente farto de ver as pessoas...

– *Elas vêm?*

Ramus – Não, muito pouco, para isso muito pouco, elas vêm procurar os boletins, e eu estou farto e elas vêm quando as convoco para dizer: "seu filho não vai bem" ou "sua filha não vai bem" mas eu adoraria vê-las, adoraria que elas viessem, que elas passassem dizendo: "como vão as coisas?" sem saber e que eu um dia talvez pudesse dizer: "sim, as coisas vão muito bem"... adoraria. Porque... vou contar uma anedota. Há uma professora de ginástica que tem um relacionamento difícil com alguns alunos da sua classe. Ela já está aqui há 12 anos, ela está cansada... Além disso os alunos consideram a ginástica como um extravasamento; ao passo que ela considera que a ginástica é uma aula como outra qualquer e tem um nível de exigência que é muito elevado. Ela um dia levou os alunos para a piscina, e quando saiu da piscina, os vidros de seu carro tinham sido quebrados. Ela acredita, eu também, que foram os alunos da classe que quebraram os vidros do carro; mas não se pode provar. Então ela veio muito brava e me disse um certo número de coisas, que havia seis alunos na classe que a incomodavam profundamente e veio me pedir algumas sanções. Eu disse: "antes de fazer cumprir a sanção de exclusão temporária, vamos convocar as famílias".

Eu convoquei as famílias um dia, e ela estava lá comigo, junto com meu assistente, com seis famílias diante de nós. Eu peguei duas entre as seis. Havia um pai de família que tive de expulsar fisicamente de meu gabinete pois ele a insultou, chamou-a de mentirosa, de vadia, e tudo o mais, e então fui obrigado, junto com meu assistente, a levá-lo para fora... pois eu pedia para que ele saísse e ele não queria, portanto tivemos de expulsá-lo do gabinete. E sua filha que vinha atrás, se fartava de rir, toda contente. Seu pai dizia exatamente o que ela dizia à professora, o que estava bem de acordo, não é... então, que querem que façamos com garotos como esses.

No outro extremo, completamente, um pai estava lá, estava sentado ali, seu filho atrás dele, e falava abaixando a cabeça, não sei se falava para mim ou para seu filho, e dizia: "já faz 28 anos que estou na França, e 27 anos e meio que estou na mesma empresa, pois eu acredito que o chefe tem sempre razão; quando ele fala, mesmo quando não estamos de acordo, dizemos sim, somos humildes, aceitamos tudo, não protestamos, as coisas são assim. E graças a esta atitude pude trazer minha mulher para a França, pude criar meus filhos." Eu pensei que o filho que estava de pé atrás de seu pai fosse dar uns tapas em seu pai; jamais vi tamanho ódio, pois aquilo que o pai dizia era inadmissível.

– *E qual era a idade dele?*

Ramus – 16 anos. E os dois casos extremos de humildade total perante a instituição e a agressividade total, no final das contas, para os garotos acabam tendo exatamente o mesmo resultado. Eu vou dar outro exemplo do tipo de situações que temos de enfrentar. Houve, no ano passado, uma greve de ônibus, e havia muitos jovens que estavam no bairro onde não havia mais ônibus, e por isso criaram o hábito de, à tarde especialmente, vagar por aí, e então pulavam por cima do portão, com pelo menos um metro e sessenta, e em seguida vinham, subiam para as classes, abriam a porta das salas de aula, cuspiam nos alunos e nos professores, os insultavam e a partir do momento que me avisavam, que eu partia à sua procura, eles desapareciam correndo. Um dia houve três que entraram e alguém os viu no momento em que entravam. Eu estava prevenido, e armei um plano de captura e consegui pegar um deles. Ele tinha 19 anos.

– *Um antigo aluno?*

Ramus – Não, o que eu peguei não era um antigo aluno. Eu tive de lutar pois ele pretendia me fazer soltá-lo. Eu o tinha agarrado e ele me disse: "que é que você quer fazer?", eu disse: "vou te levar para o meu gabinete", ele me disse: "não", e eu disse: "sim", eu disse: "pode ser que eu não chegue se eu ficar aqui no chão, mas se você não me matar, se você não me ferir, eu vou te levar para o meu gabinete", e eu o levei para meu gabinete. No meu gabinete, ele me disse: "você quer que eu diga o que você vai fazer? Você vai chamar os tiras. Os tiras vão vir, eles vão me espancar, vão me levar para a delegacia, vão me espancar, vão chamar meu pai. Meu pai virá, ele vai chorar e os tiras vão me entregar a meu pai e ele vai me trazer de volta. Isso vai durar uma hora e meia. Em duas horas estaremos de volta, e não vai sobrar nada deste colégio. Faça como quiser."

Enquanto ele estava no meu gabinete e me dizia isso, eles tinham entrado em três. Os dois outros foram embora, e foram juntar outros 50. E os 50 estavam formando um semicírculo no pátio. Meu assistente foi procurar todos os homens entre os professores. Naquele dia, ele tinha conseguido reunir seis ou sete que fizeram um semicírculo em frente ao meu gabinete. As coisas estavam assim. Neste momento, lá em cima, palavras. Eu vou até o meio do pátio e há dois representantes que entram: "Que é que você vai fazer, você não vai chamar os tiras por tão pouco, não é, por causa de um sujeitinho que nem esse. Qual foi o problema, ele apenas cuspiu, isso não é nada grave, e além disso você não vai nos aborrecer, porque se você nos aborrecer, você vai libertar nosso colega, porque se você nos aborrecer isso tudo vai acabar mal." Os professores estavam divididos, uma metade dizia: "chame os tiras, não podemos deixar isso passar em brancas nuvens", e a outra metade que dizia: "eu estou avisando, se chamar os tiras não vamos mais poder vir trabalhar de carro". Pois então... é duro ser humilhado quando não se está preparado, quando não se está preparado psicologicamente para ser humilhado, quando se é orgulhoso e se tem um certo senso de honra, é duro.

Eu me recuso a expor os inspetores aos insultos no portão, por isso cuido eu mesmo, junto com meu assistente, todas as manhãs e todas as tardes, da entrada dos alunos; e eu não sou um bom fisionomista, mas há o zelador, o responsável pela manutenção que é argelino e que é muito bom fisionomista e que me disse: "ali há três que não são do colégio", e assim, quando chegaram ao portão, eu perguntei: "os senhores não são do colégio, mas têm alguma coisa para fazer aqui? Se têm alguma coisa para fazer, me digam o que vieram fazer, senão não entrarão aqui. Não, os senhores não entrarão". Então eles recuaram uns três metros, colocaram-se na beira da grade e começaram a falar entre si de maneira que eu pudesse ouvir, que sou um imbecil, "olha só a cara dele" e tudo, e sempre ao falar eles se voltam e cospem. Cospem na minha direção. Quando você vê, em dez minutos, sete ou oito cusparadas que chegam a 15 centímetros dos seus pés e quando você tem orgulho, tem senso de honra e tudo o mais, ah, isso é duro. É muito duro. Bem, e depois, é assim. Há dias em que eu gostaria muito de estar em outro lugar [...].

Dialogou-se até à náusea

Ramus – Eles têm rancor mortal contra escola, pois a escola não permitiu que se saíssem bem; enfim, isto não me espanta tanto assim. E além disso, a escola é um meio de coação. Durante os acontecimentos, eu vivi... era grotesco. Havia na última volta às aulas, em setembro de 90, nas escolas profissionalizantes do departamento do Rhône, 700 lugares vagos, não ocupados, não havia candidatos. Havia 700 vagas todos os dias, durante todo o mês de setembro e início do mês de outubro, podíamos ver no *minitel*, nas mensagens do *minitel*, que diziam: "tal estabelecimento tem tantas vagas; tal estabelecimento tem tantas vagas e tal estabelecimento tem tantas vagas."

Quando houve os acontecimentos, a grande interpretação era, sim, construímos, repintamos as fachadas, tudo isso, não dialogamos com eles, porque não dialogamos com eles, revoltaram-se, então dialoguemos; então fomos dialogar realmente até não aguentar mais nas reuniões de bairro, coisas assim e ouvíamos nas reuniões de bairro alguns jovens que diziam: "sim, a escola não fez nada por nós, não temos nada, não temos formação", ao mesmo tempo havia 700 lugares vagos nas escolas profissionalizantes, apenas os lugares vagos nas escolas profissionalizantes, sabe o que é isso? São 32 horas de trabalho por semana, remuneração zero. Bem, eles também não estão de acordo para ir para lá; afinal, os jovens pobres dos subúrbios querem o quê? Eles querem ter alguma coisa de que viver. Bem, eventualmente eles pedem por um trabalho interessante mas o país não é capaz de oferecer um trabalho interessante na medida em que eles não têm formação e além disso, eu mesmo, eu tenho formação, e não é todo dia que meu trabalho é interessante, então... Eu não vejo, enfim, não há nenhum milagre, não é! Pois então, eles têm rancor, eles querem mal à instituição, ele estão ao ponto de quebrar tudo aquilo que é imagem, que lhes traz de volta a imagem de um certo fracasso, mas eu não tenho muitas soluções para oferecer.

– Sim, mas, eles têm irmãos e irmãs que ainda vão à escola...?

Ramus – Sim. Quando eles ouvem os irmãos mais velhos lhes dizerem: "é preciso trabalhar duro porque agora eu estou na segunda, na primeira, na terminal e depois eu saio"... Eu tenho aqui a sobrinha de um universitário que é autor [*de um romance autobiográfico sobre sua escolaridade de filho de imigrante num bairro popular*], e seu tio lhe disse: "não diga besteiras" e ela não diz besteira. Ela faz o que pode, ela fará talvez estudos menos brilhantes do que aqueles de seu tio, mas acredito que ela vai se sair bem, ela está na segunda, bem, depois, palavra de honra... Há algumas famílias, os irmãos mais velhos, temos a impressão de que eles se revezam para que sempre haja um deles de fora enquanto que os outros estão presos, para que não estejam presos todos ao mesmo tempo. Há uma família, na qual os três irmãos mais velhos estão presos por proxenetismo com agravante, e é a mãe que vai tocando o botequim que eles tinham, pois é a única fonte de recursos da família; ela sai às seis horas da manhã e volta à meia-noite ou uma da manhã e os garotos, tenho um na quarta e outro na quinta, ficam entregues a eles mesmos, fazem o que querem. São uns bagunceiros consumados, há momentos em que tenho vontade de... tenho vontade de bater neles, mas realmente não vejo como eles poderiam ser calmos, dóceis, pacientes, educados, gentis em circunstâncias como essas. Seria verdadeiramente um milagre se eles fossem assim.

Eu dou outro exemplo. Esta é uma coisa, certamente há coisas que eu não compreendo e que me escapam. No ano passado, às oito e quinze, escuto alguém arranhar a porta de meu gabinete mas ninguém se mexia, eu vou ver e encontro uma mãe norte-africana completamente coberta com um turbante que se aproxima e que me diz num francês bem ruim: "minha filha que está na terceira veio hoje de manhã, eu não queria que ela viesse, mas seu pai bateu de novo nela durante toda a noite, o senhor viu a cabeça que ela tem?" Eu não tinha visto, não tinha visto porque a menina tinha se escondido bem. "Ele prende a cabeça dela contra a pia e então bate sua cabeça contra os cantos da mesa, ou contra os cantos da pia." Então ela me contava estas coisas...

Eu vou até a sala de aula ver a menina, eu olho para ela e, efetivamente, ela estava toda retorcida, cheia de... Eu a trago para baixo, fecho a mãe e a filha numa sala, chamo a assistente social porque essas são coisas que se resolvem entre mulheres. A assistente social me diz: "É absolutamente necessário conseguir um laudo médico sobre a mãe e sobre a filha." O médico escolar é algo que não existe, não existia nem mesmo no ano passado, afinal eu reclamei tanto que consegui um que fazia plantão de meio dia a cada 15 dias. No ano passado, nem isso havia. Eu chamo um médico assistente, que veio, examinou-as, que fez os atestados médicos e que veio me ver e disse: "são 160 francos". Eu não tenho nenhuma previsão no orçamento para pagar 160 francos; paguei os 160 francos do meu bolso, e para que os 160 francos não saíssem de meu bolso, o médico aceitou fazer uma declaração falsa, onde ele dizia que tinha vindo me visitar, a mim, e eu fui reembolsado em 120 francos pelo Seguro Social. No entanto, isso me custou 40 francos; não estou me queixando.

E depois, com os certificados médicos, chamamos o pai, e o pai veio, então foi assim, eu estava atrás de minha escrivaninha de diretor, bem protegido, o pai estava no lugar de vocês e a assistente social estava aqui; a assistente social é uma mocinha de 30 anos que falou com o pai e lhe disse: "mas isso não é coisa que se faça, o senhor se dá conta? E depois se o senhor continuar a fazer isso, nós vamos impedi-lo, nós vamos dar queixa; nós temos os certificados médicos e tudo o mais." O pai se levantou, eu disse à pequena, eu disse: "escuta, a segunda pancada ele não poderia te dar pois eu já o teria acertado antes; mas a primeira eu não poderia evitar pois o tempo que eu precisaria para saltar por cima da minha escrivaninha...", bem, ele parou a um milímetro dela; e então se dirigiu para a porta lançando sobre mim a maldição de Alá até a... não sei qual geração. Seu negócio era... e no mais vocês me digam, que resposta vocês lhe teriam dado?

Ele mora na parte mais abandonada. Sim, realmente, é realmente abandonada; ele disse: "meus vizinhos, lá na rua... os garotos só faltam às aulas, são uns drogados, são uns ladrões, são uns delinquentes, eles têm tudo para se dar bem, ninguém vai nunca falar nada. Já meus filhos não faltam nunca", é verdade, "eles têm boas notas", é verdade, "eles são educados", é verdade, não são delinquentes, são gentis, asseados, tudo, "e vocês vêm aborrecer a mim? E vocês querem me levar à polícia? Vocês não fazem nada contra os outros, mas querem fazer contra mim?" e foi embora, na verdade ele não entendeu nada.

– *E à noite, imagino que a mulher e a filha devam ter...*

Ramus – Não naquela noite, não na mesma noite, ele esperou alguns dias. É isso, é triste... Eu não sei, se vocês quiserem, eu não tinha muitas convicções ao vir para cá... E agora as tenho ainda menos, pois não sei, tenho a impressão...

– *O senhor consegue ainda assim que não haja violência no interior do estabelecimento.*

Ramus – Que não haja violência física, brigas. A violência verbal... Lá em cima está o telefone do colégio, e o telefone, quando não há telefonista, por exemplo, agora, o telefone não toca aqui porque se alguém ligar para o colégio, ele vai tocar no meu apartamento; não há telefonista, portanto ele toca no meu apartamento; muito bem, quando minha mulher está aqui, outro dia ela veio, eu estava no apartamento de meu assistente, tínhamos ido tomar um aperitivo juntos, minha mulher tinha vindo, das cinco horas às oito e meia estávamos em reunião no centro social com meu assistente; e ela estava no apartamento funcional. E às oito e meia ela subiu para tomar o aperitivo conosco. Mas ela me disse: "Não aguento mais, desligue o telefone quando estou lá e você não estiver". A cada dez minutos havia insultos pelo telefone.

– *Insultos?*

Ramus – Insultos. Ela atende o telefone – "O senhor Ramus está?" – "não, ele não está" – "ah você é mulher dele, sua vaca, puta, filha da puta, filha da puta...", mais 20 vezes, mais 30 vezes, ela me disse: "se não atender, ele toca, toca, toca", ela chegou a contar uma vez 27 toques de campainha, ela não atendeu mais até que parasse.

– *Sim, é por isso que não conseguimos fazer a separação entre a vida privada e a vida pública...*

Ramus – É isso, e não fiz instalar uma linha pessoal, bem, porque eu disse para mim que se fizesse instalar uma linha pessoal bastaria procurar meu nome, eu não vou pedir para que meu nome seja retirado da lista telefônica, não vou me meter em coisas como essas... Portanto, quando na quarta-feira eu me tranco no meu apartamento no fim da tarde, pois tenho trabalho para fazer ou porque estou com vontade de ler ou de ouvir música, uma coisa assim, se eu desligar o telefone, isso quer dizer que meus filhos, minha mãe, minha mulher não podem me ligar, e é assim. E vocês me disseram que eu tinha conseguido impedir a violência física, sim; a violência verbal, não. E ela é muito penosa. E qual era o sentido da sua pergunta, vocês queriam me colocar uma questão...

– *... sobre as brigas.*

Ramus – Sim, mas quando digo brigas, são quando muito as brigas entre alunos que consegui suprimir dentro do colégio, mas não na rua...

– *Não no exterior...*

Ramus – E não no exterior; às vezes com meu assistente, quero dizer que a inspetora, nós prolongamos seu horário de trabalho, quando os alunos saem ao meio-dia, ela trabalha até meio-dia e quinze, quando eles saem às cinco horas, ela trabalha até as cinco e quinze para vigiar. E sempre que ela vê um tumulto, ela me telefona imediatamente e então, vocês podem estar no meu gabinete numa discussão interessante, se ela me telefona... eu os deixo, eu saio, e vamos para lá, e quando nos veem chegar, porque chegamos correndo, chegamos correndo, para que nos vejam, porque queremos dissuadi-los, e assim parem as brigas. Uma vez na rua, damos uma volta, porque pode ser que nesse caso a briga pare ali e termine, ou então sentimos que ela vai... por isso quando vamos até lá, damos umas duas voltas e depois não vamos mais [...]

Quando eu disse aos tiras... Os policiais nos apresentam grandes teorias, eles dizem: "há três fatores, existe a repressão e nós seremos repressivos, existe a dissuasão e por fim existe a prevenção", bem mas eu disse a eles: "eu bem que gostaria que a viatura da polícia passasse simplesmente, sem precisar parar, nas horas de saída do colégio, deste jeito. Mas os policiais dizem: "mas não, não podemos vigiar todos os colégios, este não é nosso trabalho..." [...].

– *E os bons alunos?*

Ramus – Os bons alunos ficam constrangidos porque eles são tratados como `caxias'. Os professores de ginástica escreveram um artigo na revista do sindicato [...] eles dizem que os bons alunos ficam constrangidos [*ele lê um trecho do artigo*]. Bem, há uma professora auxiliar que chegou este ano, que ensina espanhol, como segunda língua, que é jovem, que mora em R., que trabalha em condições nada agradáveis porque não tem carro, tem uma filha pequena, e tem de enfrentar uma hora e meia de transporte quando não consegue carona com outros professores, mas é uma moça extraordinária. Mas ela realmente sofreu no começo.

Estamos bem conscientes daquilo que acontece, quero dizer que a apoiamos tenazmente e tudo, e a ajudamos muito a segurar o tranco, bem, e me aconteceu de recebê-la quando ela chorava e de consolá-la com a melhor das intenções, e a moça me falou de outro dia, quando numa assembleia geral eu fiz uma reflexão perfeitamente misógina sobre as mulheres que vivem discutindo entre elas e eu disse: "bom Deus, eu sonho com um colégio onde só houvesse homens e no qual poríamos tudo em ordem em apenas uma hora... poríamos tudo em ordem numa hora no bar", eu dizia isso num modo figurado, mas ela veio conversar em particular e me disse: "apesar de eu ter sofrido bastante neste colégio, sentirei falta dele porque aqui tem um calor humano tal que...", eu creio que aqui existem mais relações afetivas e este é um... este é um dos elementos penosos, eu creio que este é um dos elementos que me perturbam, é que não podemos nos empenhar afetivamente neste colégio; quer dizer, quando as coisas vão bem, tudo bem, e quando as coisas não vão bem, somos sacudidos emocionalmente, este é um erro, mas no fim não vejo como podemos evitar isso; e as relações entre professores...

– *Não podemos manter distância...*

Ramus – É isso, as relações entre professores ou são afetivas ou são conflituosas porque... de qualquer jeito trata-se da afetividade; ou eles são muito amigos; ou então são inimigos e agora ao meio-dia eu dizia uma coisa... há professores que não podem tomar a palavra juntos numa assembleia geral de professores; e digo que se tivesse que resolver conflitos ou divergências políticas, sindicais, pedagógicas, eu teria alguma chance, mas aqui, são divergências viscerais, de ordem física. Então, se vocês preferem, existem aspectos muito atraentes, também.

– *Seu colega do liceu, o que é que ele diz de tudo isso, ele tem os mesmos alunos.* [...]

Ramus – Não são os mesmos alunos; não são os mesmos alunos; ele não tem nem a metade dos alunos.

– *Sim, digamos que já existe uma seleção* [...]

Ramus – Não são os mesmos alunos, não são as mesmas idades e não existem as mesmas pressões. E ele, por exemplo, me censuraria duramente por dar muita proteção, muita assistência, o que faz com que os garotos não tenham muita autonomia e não trabalhem tão bem na escola. Para alguns, eles perdem seu tempo na escola.

– *Há menos problemas de disciplina...*

Ramus – Ah! Não é de jeito nenhum a mesma coisa; minha mulher, na escola onde ela trabalha, ela não sabe o que são problemas de disciplina; no entanto, acontece coisa parecida em F.; houve ano passado no liceu F. agressões contra os automóveis dos professores, que ficaram completamente arruinados, portanto essas coisas acontecem. No liceu B., também no ano passado, houve uma professora que acabou espancada na saída de um conselho de classe por um aluno norte-africano originário do município. Bem, as coisas são assim. Mas enfim, estas coisas não têm nada a ver com...; isso não tem nada a ver com o dia-a-dia dos colégios: nos colégios, temos realmente todos os alunos. [...] Vocês estão ao ponto de me dizer que se fossem franceses, enfim de origem, mas que fossem pobres, aconteceriam os mesmos problemas? Na minha opinião, sim. Sim, mas exatamente, estou bem consciente disso, o problema vem do fato do amontoamento de famílias com problemas, qualquer que seja sua origem social, enfim, qualquer que seja a origem racial: quanto a isso há concordância.

– *Duvido que se encontre uma solução precisamente de ordem social...*

Ramus – Mas, por exemplo, uma das maneiras de melhorar o que aconteceu em Vénissieux, em Minguettes em 1981, bem, depois os problemas diminuíram porque o amontoamento das populações diminuiu, eles esvaziaram os apartamentos, esvaziaram as torres e demoliram as torres quando estavam vazias. Eu sou oriundo de Vénissieux, toda minha família é proveniente de Vénissieux, meu pai nasceu em Vénissieux, todos os meus tios, minhas tias e meus primos são de Vénissieux. Em 81 efetivamente na grande época em Minguettes era realmente horrível: hoje em dia existe quase que o mesmo tipo de população mas já bem menos amontoada. Já existe mais espaço. As pessoas começam a voltar a respirar. Portanto existe a categoria social, mas existe também provavelmente o efeito do amontoamento, creio eu.

Abril de 1991

Pierre Bourdieu

As contradições da herança

Segundo Heródoto, entre os persas tudo ia tão bem há tanto tempo que eles podiam se contentar em ensinar as crianças a montar a cavalo, atirar com o arco e a não mentir. De fato é certo que, nas sociedades diferenciadas, a questão, extremamente fundamental em toda sociedade, da *ordem das sucessões*, isto é, da administração da relação entre os pais e os filhos e, mais precisamente, da perpetuação da linhagem e de sua herança, no sentido mais amplo do termo, coloca-se de maneira muito particular. Em primeiro lugar, para continuar aquele que, em nossas sociedades, encarna a linhagem, quer dizer, o pai, e que sem dúvida constitui o essencial da herança paterna, isto é, esta espécie de "tendência a perseverar no ser", a perpetuar a *posição social*, que o habita, geralmente é preciso se distinguir dele, ultrapassá-lo e, em certo sentido, negá-lo; empresa que não deixa de ter problemas tanto para o pai, que quer e não quer esta ultrapassagem assassina, e para o filho (ou a filha) que está colocado ante uma missão dilacerante, e suscetível de ser vivenciada como uma espécie de transgressão.

Em segundo lugar, doravante a transmissão da herança depende, para todas as categorias sociais (mas em graus diversos), dos veredictos das instituições de ensino, que funcionam como um *princípio de realidade* brutal e poderoso responsável, devido à intensificação da concorrência, por muitos fracassos e decepções. Até a partilha pela simples palavra do pai ou da mãe, depositários da vontade e da autoridade de todo o grupo familiar, a instituição do herdeiro e o efeito de destino que ela exerce hoje cabe também à Escola cujos juízos e sanções podem confirmar os da família, mas também contrariá-los ou se opor a eles, e contribuem de maneira totalmente decisiva para a construção da identidade. Isto explica sem dúvida porque tão amiúde a Escola está no princípio do sofrimento das pessoas interrogadas, decepcionadas em seu próprio projeto ou nos projetos que fizeram para seus descendentes ou então pelos desmentidos infligidos pelo mercado de trabalho às promessas e às garantias da Escola.

Matriz da trajetória social e da relação a esta trajetória, e por isso das contradições e dos dilemas (*double binds*) que sabe-se que nascem das discordâncias entre as disposições do herdeiro e o destino encerrado em sua herança, a família é generosa de tensões e de contradições genéricas (observáveis em todas as famílias porque estão ligadas à sua propensão a se perpetuar) e específicas (variam especialmente segundo as características da herança). O pai é o lugar e o instrumento de um "projeto" (*conatus*) que, estando inscrito em suas disposições herdadas, é transmitido inconscientemente em e por sua maneira de ser e também, explicitamente, por ações educativas orientadas para a perpetuação da linhagem (que em algumas tradições é chamada "a casa"). Herdar é revezar essas disposições imanentes, perpetuar esse *conatus*, aceitar fazer-se instrumento dócil desse "projeto" de reprodução. A herança realizada é um assassinato do pai cumprido por ordem expressa do pai, uma ultrapassagem do pai destinada a conservá-lo, a conservar seu "projeto", ultrapassagem que, enquanto tal, está na ordem, na ordem de sucessões. A identificação do filho ao desejo do pai como desejo de ser continuado faz o herdeiro sem história.

Os herdeiros que, aceitando herdar, portanto ser herdados pela herança, conseguem se apropriar dela (o técnico filho de técnico ou o metalúrgico filho de metalúrgico), escapam das antinomias da sucessão. O pai burguês, que quer para seu filho o que ele tem e o que ele mesmo é, pode se reconhecer completamente nesse *alter ego* que produziu, reprodução idêntica do que ele é e ratificação da excelência de sua própria identidade social. O mesmo acontece com o filho.

Do mesmo modo, no caso do pai em vias de ascensão à trajetória interrompida, a ascensão que leva seu filho a ultrapassá-lo é de algum modo seu próprio cumprimento, a plena realização de um "projeto" quebrado que assim ele pode acabar por procuração. Quanto ao filho, recusar o pai real é aceitar, retomando-o por conta própria, o ideal de um pai que, ele próprio, se recusa e se nega apelando para sua própria ultrapassagem.

Neste caso, porém, o desejo do pai, por realista que seja, às vezes se amplifica desmedidamente, além dos limites do realismo: o filho ou a filha, constituídos em substitutos do pai, são encarregados de realizar em seu lugar e, de alguma maneira, por procuração, um eu ideal mais ou menos irrealizável. Encontram-se muitos exemplos de pais ou de mães que, projetando sobre os filhos desejos e projetos compensatórios, exigem-lhes o impossível. Aí está uma das maiores fontes de contradição e sofrimento: muitas pessoas sofrem *duravelmente* a distância entre suas realizações e as expectativas parentais que não podem nem satisfazer nem repudiar.

Se a identificação com o pai, e com seu "projeto", constitui sem dúvida uma das condições necessárias da boa transmissão da herança (sobretudo talvez quando ela consiste em capital cultural), não é condição suficiente para o sucesso da empresa de sucessão que, sobretudo para os detentores de capital cultural, mas também, em menor medida, para todos os outros, está hoje subordinada aos veredictos da Escola e por isso passa pelo sucesso escolar. Os que comumente são chamados "fracassados" são essencialmente aqueles que erraram o alvo que lhes fora socialmente atribuído pelo "projeto" inscrito na trajetória parental e no futuro que ela implicava. Se a sua revolta volta-se indistintamente contra a escola e contra a família, é porque eles têm todas as razões de experimentar a cumplicidade que, apesar de sua oposição aparente, une estas duas instituições e que se manifesta na *decepção* de que são a causa e o objeto. Tendo matado as expectativas e as esperanças do pai, ele não tem outra escolha senão abandonar-se ao desespero de si, retomando por conta própria a imagem totalmente negativa que lhe remetem os veredictos de duas instituições aliadas, ou matar simbolicamente, em seu próprio princípio, o "projeto" parental tomando o contrapé, em tudo, do estilo de vida familiar, ao modo daquele adolescente que, filho de um engenheiro de esquerda, participa das mais baixas tarefas do militarismo de extrema direita.

Seria preciso examinar de modo mais completo as diferentes formas que pode tomar a relação entre os veredictos, geralmente essencialistas e totais, da instituição escolar e os veredictos parentais, prévios e sobretudo consecutivos aos da Escola: esta relação depende muito da representação, muito variável segundo as categorias sociais, que as famílias se fazem do "contrato pedagógico" e que varia ao mesmo tempo no grau de confiança dada à Escola e aos professores e no grau de compreensão de suas exigências explícitas e sobretudo implícitas. Encerrada numa visão meritocrática que a prepara mal para perceber e enfrentar a diversidade das estratégias mentais dos alunos, a instituição escolar geralmente causa traumatismos próprios para reativar traumatismos iniciais: os julgamentos negativos que afetam a imagem de si encontram um reforço, sem dúvida muito variável em sua força e sua forma, entre os pais, que duplica o sofrimento e coloca a criança ou o adolescente diante da alternativa de se submeter ou de sair do jogo por diferentes formas de negação e de compensação ou de regressão (a afirmação da virilidade e a instauração de relações de força física que podem assim ser compreendidas como uma maneira de inverter individualmente ou coletivamente as relações de força cultural e escolar).

Um outro exemplo, próximo do precedente, mas, num sentido mais dramático, é o do filho que, para "fazer a vida", como se diz, deve negar a do pai recusando, pura e simplesmente, herdar e ser herdado e anulando assim retrospectivamente toda a empresa paterna, materializada na herança rejeitada. Prova particularmente dolorosa, para o pai (e sem dúvida também para o filho) quando, como esse agricultor que interrogamos, ele próprio fez, de cabo a rabo, esta herança, esta "casa", que acabará com ele: é toda a sua obra e, ao mesmo tempo, toda a sua existência que são assim anuladas, despossuídas de seu sentido e de seu fim.

De todos os dramas e conflitos, ao mesmo tempo interiores e exteriores, ligados tanto à ascensão como ao declínio, que resultam das contradições da sucessão, o mais inesperado é sem dúvida o *dilaceramento* que nasce da experiência do êxito como fracasso ou, melhor, como transgressão: quanto mais sucesso você tem (isto é, quanto mais você cumpre a vontade paterna de vê-lo bem sucedido), mais você fracassa, mais você mata o pai, mais você se separa dele; e inversamente, quanto mais você fracassa (fazendo assim a vontade inconsciente do pai que não pode querer totalmente sua própria negação, no sentido ativo), mais você tem êxito. Como se a posição do pai encarnasse um limite que não deve ser ultrapassado, o qual, interiorizado, tornou-se uma espécie de proibição de diferir, de se distinguir, de negar, de romper.

Este efeito de limitação das ambições pode ser exercido nos casos onde o pai conheceu grande sucesso (o caso de filhos de personagens célebres que merecem uma análise particular). Mas reveste toda a sua força no caso em que o pai ocupa uma posição dominada, seja do ponto de vista econômico e social (operário, pequeno funcionário), seja do ponto de vista simbólico (membro de um grupo estigmatizado) e por isso está inclinado à ambivalência com respeito ao sucesso de seu filho como com respeito a ele mesmo (dividido que está entre a altivez e a vergonha de si que implica a interiorização da visão dos outros). Ele diz ao mesmo tempo: seja como eu, faça como eu, e seja diferente. Toda a sua existência encerra uma dupla injunção: tenha sucesso, mude, torne-se um burguês, e permaneça simples, sem altivez, perto do povo (de mim). Ele não pode querer a identificação de seu filho com sua própria posição e com suas disposições, no entanto ele se esforça continuamente em produzir através de todo o seu comportamento e, particularmente, através da linguagem do corpo que contribui tão poderosamente para moldar seu modo de ser. Ele deseja e teme que o filho se torne um *alter ego*, ele teme e deseja que ele se torne um *alter*. O produto de uma tal injunção contraditória está fadada à ambivalência com respeito a si mesmo, e à culpa, devido ao fato de que o êxito, neste caso, é verdadeiramente assassínio do pai: culpado de trair se tiver êxito, ele é culpado de decepcionar se fracassar. O desertor deve fazer (justiça) ao pai: além da fidelidade à causa do povo que é fidelidade à causa do pai (por exemplo, como atestam testemunhos que recolhemos, certas formas de adesão ao Partido Comunista se inspiram na busca de uma reconciliação com um povo imaginário, ficticiamente encontrado dentro do partido); e muitos comportamentos, não apenas políticos, podem ser compreendidos como tentativas de neutralizar magicamente os efeitos da mudança de posição e de disposições que separa praticamente do pai e dos pares ("você não pode sentir-nos") e para compensar pela fidelidade a suas tomadas de posição a impossibilidade de se identificar completamente com um pai dominado.[1]

Tais experiências tendem a produzir modos de ser dilacerados, divididos entre si mesmos, negociando permanentemente entre si e com sua própria ambivalência, portanto condenados a uma forma de divisão em dois, a uma dupla percepção de si e também às sinceridades sucessivas e à pluralidade de identidades.

Assim, embora ela não tenha o monopólio da produção dos dilemas sociais e embora o mundo social multiplique as posições que produzem efeitos totalmente semelhantes, a família impõe amiúde obrigações contraditórias, seja em si mesmas, seja em relação às condições oferecidas à sua realização. Ela está no princípio da parte mais universal do sofrimento social, incluída esta forma paradoxal de sofrimento que radica no privilégio. É ela que torna possíveis esses privilégios-cilada que arrastam frequentemente os beneficiários dos presentes envenenados da consagração social (pensamos na "noblesse oblige" de todos os beneficiários-vítima de uma forma qualquer de consagração ou de escolha, nobres, anciãos, detentores de títulos escolares raros), nas diferentes espécies de *estradas interrompidas*, vias expressas que se mostram meros desvios. Ela é sem dúvida o principal responsável por esta parte do sofrimento social que tem como sujeito as próprias vítimas (ou, mais exatamente, as condições sociais de que suas disposições são o produto).

Dito isso, é preciso precaver-se de fazer da família a causa última dos mal-estares que ela parece determinar. De fato, como bem vemos no caso da família camponesa, em que é através do celibato ou da partida do filho mais velho que sobrevém a sentença de morte da empresa, os fatores estruturais mais fundamentais (como a unificação do mercado dos bens econômicos e sobretudo simbólicos) estão presentes nos fatores inscritos no seio do grupo familiar. É isso que faz com que, através do relato das dificuldades mais "pessoais", das tensões e das contradições aparentemente mais estritamente subjetivas, geralmente se exprimem as estruturas mais profundas do mundo social e suas contradições. Isto nunca é tão visível como no caso dos ocupantes de posições instáveis que são extraordinários "analistas práticos": situados em pontos onde as estruturas sociais "trabalham" e trabalhados por isso pelas contradições dessas estruturas, eles são obrigados, para viver e para sobreviver, a praticar uma forma de autoanálise que dá acesso, bas-

---

[1]. Aqui se pensa no filho de imigrantes que, imobilizado entre dois universos inconciliáveis, não pode se identificar com a escola que o rejeita, nem com o seu pai que deve proteger, e cuja tensão parece encontrar um começo de solução quando encontra uma família adotiva nos pais de sua namorada e, através dela, a possibilidade de se reconhecer na escola.

tante amiúde, às contradições objetivas que os possuem e às estruturas objetivas que se expressam através delas[2].

Aqui não é o lugar de questionar a relação entre o modo de exploração da subjetividade que propomos e o praticado pela psicanálise. Mas é preciso pelo menos se precaver contra a tentação de pensar suas relações em termos de alternativa. A sociologia não pretende substituir o modo de explicação da psicanálise pelo seu modo; ela quer apenas construir de modo diferente certos dados que a psicanálise também tem por objeto, detendo-se em aspectos da realidade que a psicanálise afasta como secundários e insignificantes ou que trata como anteparos que é preciso atravessar para ir ao essencial (por exemplo as decepções escolares ou profissionais, os conflitos de trabalho, etc.) e que podem conter informações pertinentes a propósito de coisas que também a psicanálise considera.

Uma verdadeira sociogênese das disposições constitutivas do modo de ser deveria procurar compreender como a ordem social capta, canaliza e reforça ou contrapõe processos psíquicos conforme houver homologia, redundância e reforço entre as duas lógicas ou, pelo contrário, contradição, tensão. É evidente que as estruturas mentais não são o simples reflexo das estruturas sociais. O modo de ser mantém com o campo uma relação de solicitação mútua e a ilusão é determinada desde o interior a partir das pulsões que impelem a investir-se no objeto; mas também desde o exterior, a partir de um universo particular de objetos socialmente oferecidos ao investimento. O espaço das possíveis características de cada campo – religioso, político ou científico, etc. – funciona, em virtude do princípio de divisão (*nomos*) específica que o caracteriza, como um conjunto estruturado de licitações e solicitações, e também proibições; age ao modo de uma língua, como sistema de possibilidades e de impossibilidades de expressão que proíbe ou encoraja processos psíquicos diferentes entre eles e diferentes em todo caso daqueles do mundo ordinário; através do sistema de satisfações regradas que propõe, impõe um regime particular ao desejo, assim transformado em ilusão específica. Por exemplo, como observa Jacques Maître, o campo religioso capta e legitima processos psíquicos que para as instâncias dirigentes da existência comum parecem recusas patológicas da realidade: os personagens celestes, objetos imaginários inscritos num simbolismo socialmente aceito, validado, valorizado, e os modelos tomados, mais ou menos conscientemente, de uma tradição mística autônoma, permitem a projeção de fantasmas reconhecidos pelo ambiente e garantem uma "regulação religiosa da ilusão" (totalmente análoga à que garantem os persona-

---

[2]. É o caso comum dos trabalhadores sociais que pensamos em interrogar, inicialmente, como informantes, e que se tornaram objetos privilegiados de uma análise tanto mais rica em revelações objetivas quanto ela ia mais longe na exploração das experiências subjetivas.

gens e os modelos literários em matéria de amor).³ E do mesmo modo poder-se-ia mostrar como o desejo se especifica e se sublima, em cada universo proposto à sua expressão, para tomar formas socialmente aprovadas e reconhecidas, as da *libido dominandi* aqui ou as da *libido sciendi* alhures.

Em sua análise do "romance familiar das neuroses", Freud observava que os sonhos diurnos da época pré-pubertária se apossam frequentemente do "tema das relações familiares" numa atividade fantasmática que visa rejeitar os pais, doravante desdenhados, para substituí-los por outros, "de categoria social mais elevada" e, numa palavra, "mais distintos". De passagem ele observava que esses sonhos "servem para realizar desejos, para corrigir a existência assim como ela é, visando principalmente dois fins, o erótico e o ambicioso". Acrescentando imediatamente entre parênteses: "mas por trás deste (o fim ambicioso) esconde-se também, no mais das vezes, o fim erótico".⁴ Não cabe a mim confirmar ou invalidar esta afirmação. Só gostaria de lembrar a afirmação complementar que o psicanalista deixa em silêncio: o desejo se manifesta somente, em cada campo (vimos um exemplo com o campo religioso), sob a forma específica que este campo lhe assinala num momento dado do tempo e que é, em mais de um caso, a da ambição.

---

3. Cf. MAÎTRE, J. "Sociologie de l'idéologie et entretien non directif", *Revue française de sociologie*, XVI, 1975, p. 248-256. Todos os que procuram conciliar a sociologia e a psicanálise não manifestaram o mesmo rigor e a mesma prudência que Jacques Maître em seus trabalhos sobre as místicas, e das incitações a uma maior vigilância seguem-se certas tentativas recentes para avançar nesta direção. Se quisermos que a socioanálise seja outra coisa que uma espécie de intersecção vazia, como acontece frequentemente com as disciplinas intermediárias, que escapam das exigências das duas disciplinas em questão, de fato é preciso precaver-se a todo custo contra as conciliações ecléticas de uma "psicanálise" de revista que se contenta em rebatizar as noções mais ingênuas da psicologia espontânea, a ambição que se torna o ideal do eu, ou desejo narcísico de onipotência, a perda fracassada do objeto, e de uma sociologia flácida que, em nome da "complexidade" e da "pós-modernidade", manipula os ideais vazios, sem referente objetivo, de uma mitologia fundada sobre oposições de termos antagônicos e orquestrando mais uma vez a velha lenga-lenga bergsoniana do fechado e do aberto.

4. FREUD, S. *Névrose, psychose et perversion*. Paris: PUF, 1973, p. 158-159.

Alain Accardo

Sina escolar

Sébastien K. é jornalista político de uma rádio de grande audiência. Iniciou tardiamente o curso de jornalismo em 1981 – tinha então 28 anos – numa renomada faculdade, após uma trajetória escolar e profissional bastante acidentada. Esta entrevista foi feita em sua nova residência no centro de uma grande cidade francesa do interior, um imóvel burguês restaurado cujo status está mais de acordo com sua atual situação profissional. Apesar do sucesso que exibe, Sébastien K. parece carregar um sofrimento que a resignação social pode atenuar a longo prazo ("a revolta enfraquece", admite) mas não fazer desaparecer totalmente.

Sébastien é o filho mais velho de um casal de classe média baixa que aprendeu e desenvolveu a disposição de subir com grandes sacrifícios e que, apesar de conseguir melhorar de vida rapidamente e de forma completa, transferiu aos filhos suas esperanças de uma verdadeira realização através de um superinvestimento no sistema educacional. Seu pai, originário de uma família espanhola que emigrara para Marrocos, era filho de ferroviário. Após o primário, começou e teve que abandonar o ginásio para trabalhar como manobrista nas ferrovias marroquinas, mas se tornou chefe de equipe graças a um curso noturno e aos numerosos ditados que se obrigava a fazer com ajuda da mulher, mais instruída que ele. Esta tinha chegado até a metade do ginásio, mas também foi forçada a abandonar os estudos por falta de recursos, numa repetição infeliz da história da família, pois anos antes seu próprio pai, que concluíra o secundário e se preparava para o notariado, já tinha visto gorarem seus projetos pela morte súbita dos pais. Desde a mais tenra idade, Sébastien se viu assim fadado, por veredicto dos pais, a realizar a ascensão social de toda a família através do sucesso escolar.

Foi a própria carga desse fardo moral colocado nos ombros do menino – mesmo que só tivesse uma consciência confusa do que estava em jogo além dele mesmo – que sem dúvida contribuiu para dar um contorno dramático às dificuldades que encontrou na escola. No entanto, os pais de Sébastien, tomados de uma "frustração imensa" e uma "verdadeira obsessão" pelos estudos, pensaram poder enfim acabar com o azar que até então acompanhara a família quando seu primogênito lhes pareceu dar esperanças na escola primária. Concentraram toda a atenção nos seus estudos e nos do irmão caçula, cinco anos mais novo, renunciando até a comprar uma televisão para não atrapalhar os deveres de casa dos filhos. A mãe fazia faxina fora a fim de pagar os estudos dos meninos, principalmente professores particulares de matemática, enquanto o pai, ambiciosamente "empolgado" desde os primeiros sucessos de Sébastien, ocupava-se ativamente de sua vida escolar: não faltava a um só conselho de pais e estava sempre atrás dos professores, embora para ele, "que não fala um francês muito bom", diz Sébastien, essas conversas tivessem o efeito de "bofetadas" do magistério.

Apesar da importância dessa mobilização da família, Sébastien, vítima sem dúvida do sobre-esforço escolar a que era submetido, vê seu sucesso tão promissor do início (estava em classe adiantada para a idade) começar logo a marcar passo (desde a segunda série ginasial, para ser preciso). Se por um misto de reconhecimento e sentimento de culpa em relação aos pais Sébastien conta sua história escolar fazendo o papel de vilão ("eu não era uma sumidade", "meus pais é que me empurravam de fato, foi por transfusão o tempo todo, se não estivessem lá eu não teria chegado até o fim") , não esconde o fato de que era difícil suportar essa ansiosa tensão que carregava e que muitas vezes acompanha os projetos de ascensão social.

Vários casos traem a relação conflituosa que o pai mantinha com a instituição escolar, objeto quase exclusivo de todas as expectativas e, portanto, de todas as censuras. Assim, por exemplo, no segundo ano primário, discutiu com a professora do filho porque suspeitou que ela deliberadamente tirou o primeiro lugar do menino em favor da filha do farmacêutico: "Triste história", comenta Sébastien, "ele se enganou no cálculo dos pontos!" Ex-sindicalista brigão e "sempre mais ou menos revoltado com sua condição social", o pai leva desastradamente essa disposição de luta para suas relações com a instituição educacional: culturalmente desarmado, sem nenhuma outra munição para se opor à escola senão a contestação e uma obstinada desconfiança, pensa, pelo menos no início da vida escolar de Sébastien, que pode melhor servir os interesses do filho ignorando os veredictos dos professores quando são contrários às suas ambições. Foi assim que no começo dos anos 60 não deixou o filho, que passara raspando para ser admitido no ginásio público mais perto de casa, na periferia, preferindo em vez disso matriculá-lo, "contra a opinião dos professores", no liceu do centro da cidade, um estabelecimento de reputação elitista ao qual a setorização do ensino impunha receber alunos de alguns bairros suburbanos e que preparava, para os grandes colégios e faculdades, estudantes em sua maioria provenientes do meio burguês.

Obstinando-se dessa forma a querer o que havia de melhor para o filho, ele cometeu um erro por excesso de zelo, com pesadas consequências, e não o repetiria com o caçula. Brutalmente mergulhado aos nove anos e meio no estranho e distante universo do liceu, Sébastien sofre um "choque" que produz nele espécie de paralisia escolar: foi desde o início uma "completa catástrofe", um desastre tal que "teve dificuldade em compreender o que se passava". No liceu, vive a experiência do ostracismo total, do mais completo desenraizamento, ao mesmo tempo social, geográfico e escolar: arrancado do seio da família e do meio dos colegas a que estava habituado, enfrenta viagens de ônibus de manhã bem cedo, o semi-internato e dias inteiros longe de casa. Além disso, há a mudança de nível das exigências escolares – logo descobre, por exemplo, sua "completa nulidade em ortografia" – e a estranheza de um universo escolar em que "se fazem ditados de solfejo", onde os "professores de francês-latim-grego" lhe parecem uma espécie de "monstros", "semideuses", "estrangeiros", em suma, pessoas que não são "do mesmo mundo" que ele. Ressente-se também de sua condição social, que lhe é permanentemente lembrada pelos olhares e a falta de receptividade dos colegas, dos pais deles e dos professores do liceu. Sente-se deslocado, o que é reforçado pelos desentendimentos e confrontos dolorosos entre o pai e os mestres, "nem sempre muito gentis com as pessoas que não têm os mesmos critérios". Foram três anos negros, três anos de sofrimento e de fracasso crescente. Jamais conseguia "entrar na escola sem tremer", o pânico aumentando na sala de aula diante dos professores prontos para o "sadismo" ou o indiferente desprezo, sem também nunca encontrar paz em casa, teatro igualmente de "cenas" às vezes violentas do pai, "doente" com os fracassos do filho ("cenas de família e umas sacudidas") . No final de uma segunda série tão "aterradora" cuja simples recordação ainda lhe provoca "suor frio", foi "encaminhado para uma classe de transição", ou seja, na verdade, expulso do liceu; os professores condenavam-no a "um futuro sombrio" com um julgamento que colocava brutalmente em xeque as ambições sociais do pai, "deslocadas" por serem excessivas.

 Mortificado com essa experiência que o deixou "profundamente complexado" e humilhado, Sébastien não conseguiu durante muito tempo, mesmo quando as exigências escolares se tornaram menores, romper a engrenagem do fracasso. Se conseguiu escapar por pouco de um abandono do colegial em troca de um curso técnico rápido foi ainda graças à feroz oposição do pai. Após várias reprovações, acabou obtendo o diploma do curso técnico científico no nível mais baixo. Nesse difícil percurso escolar, Sébastien conseguiu estabelecer relações mais individualizadas e menos conflituosas com professores de disciplinas literárias, obtendo no ginásio público e na escola técnica, talvez justamente porque era ex-aluno de um liceu de prestígio, a atenção que lhe tinham antes recusado nesse liceu. Foi sobretudo a descoberta do movimento secundarista e da militância estudantil, em 1971-72, na segunda série, que lhe permitiu afirmar-se, fornecendo-lhe um meio de expressão e um suporte à sua confusa revolta. Principalmente, o aprendizado da função de porta-voz, de representante dos colegas, ajudou-o a vencer a "timidez", os "complexos" e inibições de linguagem e lhe deu progressivamente uma competência e um desembaraço que lhe permitiram prosseguir os estudos e prolongar o seu militantismo na participação em movimentos políticos. Mas a aversão "visceral" a toda forma de autoridade instituída, herança de sua experiência escolar da infância, leva-o a se definir como um "esquerdista libertário anarco-ecologista" e a se dizer incapaz de permanecer muito tempo numa organização política ou sindical.

Compreende-se a atração que exerceu sobre Sébastien o trabalho de jornalista ou pelo menos a imagem prestigiosa que podem fazer do jornalismo alguns adolescentes com currículo escolar em parte "malogrado" mas com uma grande ambição social e predispostos à revolta e à denúncia das injustiças, sobretudo aquelas de que são vítimas. Ele hesitou no entanto em se lançar na profissão, sem dúvida porque lhe faltavam então relacionamentos sociais considerados indispensáveis no meio, mas também porque sua relação com os jornalistas, igualmente para ele porta-vozes dos poderosos, era fundamentalmente ambígua. Foi por isso que antes de cursar a faculdade de jornalismo tratou de obter um diploma de administração comercial, o que conseguiu facilmente, e passou por diversos empregos e bicos, chegando a considerar a hipótese de um curso para chefe de cozinha.

Se pôde operar uma melhoria que o guindou a uma posição social relativamente importante, esse é, no entanto, o tipo de caminho que deve muito aos encontros e acontecimentos fortuitos que podem mudar a trajetória desses "estranhos" ao sistema educacional. Tais golpes de sorte do destino – no caso, a intervenção de um antigo professor do ginásio público, que integrava a banca examinadora para concessão do diploma do secundário e que ele encontrou por acaso pouco antes do exame – têm por efeito, através dos pequenos êxitos que possibilitam, senão engatar sempre uma lógica do sucesso, pelo menos travar a espiral do fracasso e reativar as aspirações produzidas pela educação familiar que as sucessivas derrotas haviam quase liquidado.

Hoje, embora profissional estabelecido e reconhecido, Sébastien não pode – ou não quer – integrar-se ao meio jornalístico: não se vê como um "típico jornalista" e recusa-se a ocupar posição mais elevada na hierarquia, declinando por exemplo a oferta de um cargo de redator-chefe adjunto. Essa distância que se arroga é sem dúvida a expressão de uma recusa mais geral em se integrar ao mundo dos poderosos, recusa que nele se expressa notadamente no emprego de uma linguagem que conservou vagamente certas construções populares ("fui primeiro da turma", "trabalhei de gerente numa loja"), mas é também a rejeição mais específica do ambiente jornalístico de rádio. Com efeito, ele tem uma visão sem complacência e sem ilusão desse meio em que nada o satisfaz: o trabalho sempre sob pressão, sempre "apressado", o tempo de transmissão sempre insuficiente, a informação sensacionalista e os colegas resignados, quando não satisfeitos com a sorte, instalados na rotina profissional e na mediocridade intelectual. Levado pela condição de entrevistado, uma oportunidade para ele de "refletir sobre (si) mesmo", chega a incluir-se, de maneira um tanto autodestrutiva, no julgamento negativo que faz da profissão como um todo, declarando mesmo, de forma um pouco excessiva, que escolheu o jornalismo porque "é um ofício em que não se precisa saber grande coisa, em que basta ter lábia e um pouco de bazófia".

De fato, ainda hoje Sébastien não terminou de "digerir" uma experiência escolar vivida como desastre infamante. Foi a escola que, ao recusar-lhe reconhecimento, contribuiu poderosamente para moldar sua sensibilidade exacerbada a todas as manifestações de desprezo de classe. Equivalente ambíguo do desgosto amoroso, inverso de um fascínio e de um desejo furtivo de reconhecimento que é ao mesmo tempo reação às humilhações escolares (a rejeição de um pai de aluno ou de um professor, a atmosfera de uma escola elitista) e, de maneira geral, a todos os comportamentos pelos quais as aristocracias colocam os intrusos no seu devido lugar, o ressentimento de Sébastien é também a expressão de um ódio de si mesmo, como se subscrevendo sua própria depreciação e se fazendo "carrasco de si mesmo" o jovem jornalista execrasse em sua pessoa o que os veredictos sociais estigmatizaram como odioso.

Compreende-se também que Sébastien não seja completamente insensível aos lucros e privilégios associados à condição de jornalista, sobretudo por lhe proporcionarem uma oportunidade de desforra social, em particular quando entrevista os poderosos e, mais ainda, professores, causa de tanto sofrimento, medo e ódio: não pode evitar, ante o espetáculo da perturbação e súbita timidez que eles sentem diante do microfone, de lembrar-lhes seu próprio terror de estudante em frente ao quadro-negro. Se acredita possível fazer na rádio que o emprega um jornalismo mais militante e mais engajado nas lutas sociais, não perde jamais a lucidez que o impede de se entregar novamente a ilusões, repelindo em especial sua verdadeira ambição, que é praticar um jornalismo de alto nível, cujo modelo acabado, para ele, são os artigos do *Le Monde Diplomatique*. E sem dúvida porque aprendeu muito cedo a desconfiar dos projetos por demais ambiciosos, parece não conseguir mais ver o futuro senão como mera projeção indefinidamente repetida de um presente sombrio: ele se vê na mesma cidade, "jornalista no mesmo nível, na mesma posição, daqui a 20 anos".

Com um jornalista

– Entrevista de Alain Accardo

"A obsessão dos meus pais era que eu prosseguisse os estudos."

[...]

Sébastien – Entrei para a escola aos quatro anos e meio, no primário, porque não havia maternal naquela época, era um pré-primário. Depois fiz outro preparatório e aí repeti, mas não foi realmente uma repetição porque com quatro anos e meio eu era mesmo muito novo. Então veio o primeiro ano, depois o segundo, ia tudo bem, eu tinha um bom aproveitamento. Aí aconteceu um caso engraçado: meu pai ficou chateado com minha professora na segunda série porque tirei o segundo lugar quando deveria ser o primeiro, que ficou com a filha do farmacêutico. Ele não se conformou; claro, a filha do farmacêutico... O diabo é que ele se enganou no cálculo dos pontos: Foi uma triste história. Bem, passei de ano e em seguida me mudei, quer dizer, a família se mudou para V., meus pais construíram uma casinha, eu entrei para a terceira série. Fui muito bem, acho que primeiro da turma o tempo todo. Depois, a quarta série; aí não me saí lá grande coisa, não sei por quê. Mas, enfim, passei para o ginásio. E então veio a imensa frustração. Meus pais, que lamentavam ter largado a escola – isso é importante no meu currículo, acho –, tinham uma obsessão, uma verdadeira obsessão de que o filho prosseguisse os estudos e nesse ponto creio que lhes devo muito, mesmo que isso tenha sido árduo para mim.

– *Eram quantos irmãos?*

Sébastien – Dois, eu e meu irmão cinco anos mais novo, que nasceu na França, na metrópole.

– *Seus pais então jogaram as esperanças deles em vocês?*

Sébastien – Isso aí, completamente. O que foi difícil de suportar mas explica por que fui até o fim, pois de outro modo não teria ido, tenho quase certeza disso. Bem, então entrei para o ginásio. Meus pais, por mania de grandeza também, me colocaram no liceu M., contrariando a opinião dos professores. É liceu M. Foi uma catástrofe! Uma catástrofe, de cara. Na memória, na lembrança ficaram os professores. Bem, eu era muito criança, claro, e tinha que ficar no colégio o dia inteiro... mas os professores de francês-latim-grego, sei lá, para mim... eram monstros: Quer dizer, na época eram uns semideuses. Fiz a primeira série sem entender nada. Antes eu não era tão ruim em ortografia mas [lá] descobri que era uma completa nulidade, uma nulidade total, com erros aos montes.

Um "triste futuro", previu o diretor

Sébastien – Completamente perdido, repeti a primeira série. Então passei para a segunda: uma catástrofe, que catástrofe! Ainda suo frio quando lembro desse ano. No final... que nada, no meio do ano, o diretor previu um "triste futuro" para mim. Depois fui submetido ao conselho de disciplina porque, bem, eu e um colega fomos pegos colando. Em suma, foi um ano aterrador e, no final, me encaminharam para uma classe de transição em outra escola. Meu pai ficou doente, havia cenas de família todo dia e levei umas sacudidas [*ri*].

– *Você era bagunceiro?*

Sébastien – Não, não, eu não era bagunceiro, estava ficando era cada vez mais complexado, sei lá, acuado, encolhido.

– *E seu relacionamento com os colegas?*

Sébastien – Ah, era bom.

– *Então houve a seleção no liceu M.*

Sébastien – É, escute. Meu pai, que se ocupava muito comigo, foi lá. Estava na sala de espera com outros pais e ainda se lembra do que um deles lhe disse, ih, foi o seguinte: "Seu filho não se adaptou bem aqui no liceu". Quer dizer, uma espécie de repúdio. E eu me lembro de um colega de turma no M. que encontrei depois no liceu técnico para rapazes. Ele já estava terminando e eu chegava à segunda série. Quando nos encontramos, ele disse: "É espantoso, estou surpreso de ver você aqui, pensei que jamais chegasse tão longe". Pois é isso aí. Bom, então eu fui para o ginásio público, em S. Tinha mais a ver comigo. Entrei na terceira série em S. Lá foi tudo mais ou menos bem, só que meu pai... meus pais tiveram que pagar aulas particulares para mim com o professor de matemática; isso me ajudou bastante, pelo menos a passar para a quarta série. Na quarta também as coisas caminharam direito, pelo menos no primeiro trimestre. Depois, a coisa degringolou completamente, estávamos em 68. No final do ano houve distúrbios; bem, eu acompanhei isso um pouco de longe – afinal só tinha 14 anos – mas houve distúrbios e acabei não conseguindo passar para o secundário. Se quisesse, poderia ingressar apenas

no curso técnico de eletrônica. Meu pai nem quis pensar nisso. Então tive que repetir a quarta série, mas uma quarta especial como eles diziam lá; quer dizer, uma só com repetentes de várias procedências e um currículo um pouco mais puxado que a quarta normal, não era exatamente uma repetência. Bem, enfim, foi isso. Terminada a especial, entrei no curso técnico científico. Por que no científico? Por causa dos meus pais, sobretudo do meu pai, que dizia que se eu não terminasse, se eu não conseguisse chegar ao fim, sempre poderia optar por um curso técnico qualquer para ter um ofício, enquanto no clássico... Mas eu não tinha a menor ideia do que queria fazer. Aí no primeiro científico o que me interessou foi francês, história, geografia, em suma uma decepção, mas pelo menos tinha encontrado um caminho. Essa primeira série foi bem, mas bem medíocre. Passei na rabeira, com F1. Os melhores tinham E, depois vinham F3, F2 e os piores, F1. O técnico científico era um bocado puxado nessa época. Mas passei para a segunda série. Na segunda fui mais ou menos, mas consegui a média. Aí vieram os dois últimos anos do curso, contando pontos para o diploma. No primeiro já quis pular fora, desistir, porque detestava a oficina. Eram doze horas de oficina por semana e eu era uma nulidade completa em desenho industrial. E o desenho industrial era essencial nessas duas séries para obter o diploma: tinha peso 6, mas na primeira eu consegui 4 e na segunda, 5. Para recuperar a distância nos exames estava mal parado. Acabei repetindo a segunda série decisiva, em F. Então consegui o diploma, por um ponto, por um ponto mesmo, porque encontrei por acaso meu ex-professor de matemática do ginásio público, que me deu, eu acho, uma ajuda extraordinária; acho que ele de fato implorou aos outros professores para me darem mais um ou dois pontos e aí eu consegui o diploma! Ele fazia parte da banca examinadora e por acaso eu o encontrei quando se dirigia para fazer a avaliação de aproveitamento da turma junto com os outros professores. Eu não sabia que ele fazia parte da banca. Acho que me faltavam oito pontos e consegui um ponto a mais. Ele arranjou um ponto aqui, outro acolá e completei a média. Bem, então... consegui o diploma.

Mas o que eu queria era sair daquela área e fui ao departamento de orientação escolar me informar sobre a profissão de jornalista. Perguntaram se eu tinha conhecidos no meio e eu disse que não. "Bom", falaram, "é melhor você não tentar essa carreira se não tem conhecidos na área." Então eu, sem relacionamentos no meio jornalístico e um pouco complexado com meu curso científico, disse para mim mesmo: bom, o que eu faço? Procurei alguma coisa, a economia me interessava um pouco porque... bem, tinha algo a ver com o militante, etc., de forma que tudo que era econômico me interessava. Então escolhi fazer um curso de administração comercial que era oferecido em T. E foi tudo muito bem nesse curso, estava no meu ambiente, consegui o diploma com muita facilidade, acho mesmo que com louvor. Bem, foi isso. Depois, saí à procura de um ganha-pão.

Hesitei entre um curso chefe de cozinha e a escola de jornalismo.

Sébastien – Trabalhei de gerente numa loja alguns meses, depois vendi seguro de vida por um tempo e em seguida fui para a W. (uma empresa multinacional), pequenos empregos que não correspondiam à minha qualificação mas, afinal, era gerente do serviço de pós-venda da Singer e eles tinham um diplomado. Já naquela época as empresas gostavam de ter alguém diplomado nos serviços que não exigiam isso. Então me contrataram. Não era realmente minha qualificação, mas afinal era um trabalho de administração, um pouco pelo menos de controle de estoque. Minha qualificação era um pouco exagerada para o cargo, mas enfim fiquei três anos. Depois de um tempo me enchi e resolvi sair. Mas três anos não foram por acaso, porque eu sabia que depois de três anos no mercado de trabalho poderia conseguir remuneração à altura, ainda era assim naquela época. Então foi o que eu fiz. Saí depois dos três anos e arranjei emprego na administração de um restaurante em X., uma empresa de autogestão. Passei a me interessar por cozinha e hesitei em seguida entre um curso de *chef* e a escola de jornalismo. Essa experiência terminou depois de um tempo e tive vontade de me arejar, de respirar. Fui então para o campo e fiz trabalhos rurais, um pouco assim para... para sentir a vida. Mas logo comecei a enfrentar o desemprego e após algum tempo falei para mim mesmo: "Preciso fazer alguma coisa, não posso continuar assim a vida toda!" E então cheguei ao jornalismo, porque um colega que tinha sido demitido da W. fez a faculdade pouco antes de mim e isso me estimulou, despertou novamente a antiga disposição. O caminho foi mais ou menos esse. Agora, o que me trouxe até aqui? Bem, a explicação são os meus pais, foi por transfusão o tempo todo, se não estivesse lá... No bairro onde a gente morava não havia um único jovem com diploma do secundário!

– *Era um conjunto habitacional?*

Sébastien – É, você sabe, um conjunto desses, casas iguais com um jardinzinho... A nossa, meus pais pagaram não muito caro na época, a crédito. Fica bem na entrada de V. Bem, era um conjunto de operários, pequenos funcionários, no geral era isso, 75 por cento empregados da rede ferroviária nacional.

– *Você sem dúvida foi uma das poucas crianças a frequentar o liceu M.*

Sébastien – Ah, sim, claro, ninguém mais esteve lá, ninguém mais frequentou esse liceu! E meus pais não cometeram o mesmo erro com meu irmão, que foi para o colégio de V. Para ele a transição foi muito mais fácil, não houve choque, mas até hoje tenho dificuldade de entender as coisas que aconteceram comigo.

– *Sua sensação era ter entrado num universo estranho?*

Sébastien – Totalmente! Bem, é verdade que eu era pequeno, eu tinha... entrei para a escola muito cedo e, apesar de toda as minhas repetições de série, tinha apenas nove anos e meio, era muito pequeno, não alcançava o pegador do ônibus, tinha que acordar às seis e meia da manhã, fazer uma viagem, ficar o dia inteiro na escola, num regime de semi-internato, enfim, um monte de coisa. Bem, os jovens se adaptam a tudo isso, quer dizer, não há grande problema, nada de extraordinário, mas o fato é que tudo aquilo foi um choque para mim e, depois, o liceu M.! Na época, M. era o "máximo", meus pais tinham escolhido o melhor para o filho. É verdade que na escola primária eu lhes dei esperanças, certo, mas tudo degringolou na segunda série ginasial. Na verdade, de fato, eu não era tão brilhante, é preciso ver o que era na escola em C. e em V. naquela época, devia ser... Todos os meus colegas, todos, nunca mais vi nenhum deles desde então. Naquela época buscava-se um atestado de escolaridade, um diploma básico; acho que muitos dos meus colegas daquela época chegaram ao ginásio talvez, é, certamente, e depois... bem. Nos anos 60, C. e mesmo V. eram um buraco. Agora, veja, daí pular para M., com gente que, imagine, tinha aula de música. Não sei o que a música tinha a ver. Havia ditado de solfejo, tinha quem se saía bem, aprendia um instrumento. Ditados de solfejo! Tinha uma nota que...

– *Você lia muito? Gostava de ler?*

Sébastien – Não, eu li, li, sim, depois li pelo menos, bem, li os clássicos, todos os autores clássicos pelo menos, sim, eu li.

– *Quando estava no liceu M.?*

Sébastien – Depois também, sempre li, quer dizer, pelo menos os clássicos. Eu lia Balzac, Zola, enfim, isso.

– *Por prazer?*

Sébastien – Por prazer e por obrigação. Por prazer também, sim, mas com um mecanismo de retardo; era muito novo... Bem, eu tinha que ler, eu não tinha televisão. Só fui ter televisão muito mais tarde. Meus pais só compraram televisão muito tarde. Há 18 anos, porque não queriam TV em casa. Durante muito tempo não tinham como comprar; meu pai só foi ter o primeiro carro aos 40 anos, só tirou a carteira de motorista nessa época; nosso meio de transporte era a mobilete, a mobilete ou a bicicleta. Bem, então não tínhamos mesmo TV. Depois não quiseram comprar porque isso poderia atrapalhar nossos deveres de casa.

Eu era estudante esquerdista libertário ecologista

– *Você mencionou há pouco a militância estudantil. Foi um militante?*

Sébastien – Bem, em maio de 68 eu realmente não entendi nada. Tinha 14, 15 anos na época, além disso meu desenvolvimento estava um pouco atrasado, na verdade eu e meu irmão vivíamos as mesmas coisas, apesar de cinco anos mais novo ele vivia as mesmas coisas do que eu. De forma que foi muito mais fácil para ele em termos de estudo. Bem, além disso, meus pais eram... Deixe explicar isso

603

direito: meu pai era filiado no Marrocos à CGT; quando veio para a França, o pessoal do partido comunista o tratou como colonizador. Então ele rasgou sua carteirinha da CGT e não participou mais de nenhum sindicato.

– *Em que ano foi essa chegada à França?*

Sébastien – Ele veio entre 53 e 56, com os problemas que antecederam o conflito da Argélia, os espíritos estavam... Tudo começou na Argélia.

– *Na Argélia os problemas começaram em 54.*

Sébastien – É isso. E no Marrocos houve também problemas. Meus pais se tornaram então gaullistas, como muita gente do povo, e eu era um pouco como eles. Pois é, gaullista. Depois veria com mais clareza, é verdade, na escola. Tive uma professora de francês quando repeti a quarta série ginasial que foi muito importante neste ponto: discutíamos, fazíamos um trabalho interessante com essa professora. Depois, bem, passei para o segundo grau e não sei exatamente o que aconteceu, a turma não era muito politizada, mas na segunda série resolvi ser representante de classe. Eu era muito complexado e a vontade era me superar, me livrar daquele peso. Estávamos em 71-72 e foi assim que começou. Logo vieram os movimentos estudantis. Então, foi meio como uma estratégia inconsciente que me engajei fundo no movimento de rebeldia, mas sem me enquadrar em nenhuma linha, eu não me enquadrava.

– *Você nunca pertenceu a uma organização?*

Sébastien – Não. No primeiro ano do curso de administração comercial estive ligado aos estudantes socialistas, mas isso aconteceu por acaso. Eu queria me juntar ao pessoal que preparava o lançamento do jornal *Libération* mas me enganei de reunião e acabei indo à dos estudantes socialistas [*riso*] e, depois, na minha cabeça não havia esse lado "partido político"; para mim, havia os que lutavam e os que aceitavam as coisas e, bem, partido não era a minha. Fiquei pouco tempo porque de fato não me sentia à vontade lá. Isso foi por volta de 74, durante a eleição Miterrand contra Giscard, a primeira disputa dos dois pela presidência, foi mais ou menos nesse período. Fora isso, eu era... como dizer? Um esquerdista libertário ecologista, tudo que na época era...

– *Contra a ordem estabelecida?*

Sébastien – Isso. É, mas tem o seguinte: meu pai sempre foi mais ou menos um revoltado, de certa forma, com sua condição social. Foi filiado muito tempo à CGT, tinha fibra, participou de grandes greves, etc. E depois, sempre se opôs à hierarquia, isso é importante. Um pouco individualista, certo, mas não carreirista. E nesse confronto com o meio educacional andou levando umas bofetadas! Eu me coloco um pouco no lugar dele, que não fala um francês muito bom, que escreve muito mal, etc. Deve ter sofrido um bocado. Bem, os professores nem sempre são muitos gentis com as pessoas que não têm os mesmos critérios; os professores, diretores, todo o meio educacional. Ele deve ter sofrido um bocado, portanto.

Durante muito tempo pensei que os professores deviam ser na maioria de esquerda

– *Por que os professores? Para acompanhar você?*

Sébastien – É, para me acompanhar. Não faltava a um só encontro com os professores, a um só conselho de pais. Bem, mas com um único objetivo, que era me ajudar de todas as formas. Fazia o mesmo com meu irmão. Então, talvez por isso, quer dizer, todos esses fracassos... quero dizer, quando fazemos papel de bobo e ainda nos dizem que temos um "triste futuro", isso cria um complexo muito grande. Eu era tímido, ficava completamente esmagado. Então a gente se apega a alguma coisa, a algumas pessoas. Na segunda série tive um professor de história e geografia que era muito, muito bom, e que nos fez refletir bastante sobre história. Tive também um professor de francês que... bem, foi um ano decisivo para mim. Era uma época em que havia um debate de ideias, quem quisesse podia participar, não era muito difícil. As ideias pulavam por toda parte.

– *Você se sentia então do lado dos que contestavam, mesmo que de forma confusa, certo?*

Sébastien – É isso, mesmo que de forma confusa, quer dizer, era muito maniqueísta: havia os brancos e havia os negros, os que estavam à esquerda e os que estavam à direita. É isso, durante anos foi assim. Só mais tarde compreendi as sutilezas, mas na época, para mim, era isso. Bem, então, como eu dizia, houve um período em que – mas isso ainda ocorre muito hoje – eu não ousava falar em público, tomar a palavra. Mas tinha curiosidade pelo menos. Lembro que ia a reuniões, comícios, coisas assim, e comecei a me obrigar toda vez a pedir a palavra, a dizer qualquer coisa, mesmo que fosse a maior besteira do mundo. Eu me esforçava em me dominar, me obrigava a falar, a tomar a palavra, era horrível, um martírio.

– *Mas você pedia a palavra em seu próprio nome, uma vez que não pertencia a nenhuma organização?*

Sébastien – Sim [*riso*], em meu nome. Sempre me senti pouco à vontade em qualquer organização. Deixei logo a CGT.

– *Quer dizer que chegou a se filiar?*

Sébastien – Sim, à CGT. Com um mês de movimento.

– *E ficou quanto tempo?*

Sébastien – Talvez um ano. Mas de uma maneira... Eu não me adaptava. Porque, bem...

– *E saiu por um problema grave ou sem maiores conflitos?*

Sébastien – A época era, não vou dizer de ultraesquerda, mas de rejeição visceral a toda forma de poder, ao funcionamento dos partidos, dos sindicatos, da burocracia, em suma, tudo isso. Era uma rejeição.

– *O anti-institucionalismo de 68, certo?*

Sébastien – Certo! Era primário, realmente primário, e conservei muito disso. Talvez tenha se tornado agora secundário, tenho a presunção de achar que se tornou uma coisa secundária, mas é muito visceral em mim. Por exemplo, tive uma oposição, um ódio aos professores! Eu detestava os professores.

– *Dos quais às vezes você fala com gratidão.*

Sébastien – Sim, mas não muita! Gratidão por uns três ou quatro, mas os outros, eu os detesto! É horrível quando você está na segunda série ginasial e esquece três cadernos de matéria em casa e leva três zeros de uma só vez. É horrível ser obrigado a cortar os cabelos bem curtos porque, quando compridos, o professor levanta a gente assim pelos cabelos. É horrível levar reguadas nas nádegas porque se comportou mal. Quer dizer, é puro sadismo. Durante muito tempo pensei que os professores deviam ser na maioria de esquerda. Durante muito tempo. Mas não éramos do mesmo mundo, não é? Inconscientemente era isso, não há dúvida. Os

605

professores, bom... A caricatura que eu faço deles é os de francês-latim-grego, uns lunáticos; para mim, eram de outro planeta, uns estrangeiros. Levei tempo para entender como é que havia colegas que não tinham problema com a escola, que iam à escola normalmente, tranquilamente, porque eu sempre temi, eu me lembro que nunca entrei na escola sem tremer.

— *Na escola primária também?*

Sébastien — Não, não, no liceu, no colégio. No primário não havia muito... mas no colégio! Bem, depois, no secundário, o engajamento me ajudou, além do domínio de algumas coisas pelo menos e, de certa forma, o reconhecimento da parte de alguns professores, que me reconheciam, é certo, não tanto pelo meu trabalho escolar — porque eu não era uma sumidade — mas porque se estabeleceu uma relação de forças e me reconheciam uma situação, um papel, etc. Certo, era minha maneira talvez de existir, porque eu não podia existir com meus resultados escolares. Existia resistindo.

Fiz a escola de jornalismo odiando a profissão

— *Por que escolheu jornalismo?*

Sébastien — Quis fazer jornalismo depois do secundário. Bem, o engajamento fez com que eu me interessasse pela atualidade internacional, que era rica nessa época, e francesa, a política e o social. Então me tornei grande consumidor de jornais, revoltados com o que via na televisão, com o que ouvia no rádio, com o que lia na imprensa. Jamais fui comunista, de forma que não lia *L'Huma[nité]*, não era a minha cultura. Depois veio o *Libération*, que foi para nós uma lufada de ar, e havia jornais como *Charlie-hebdo, La Gueule ouverte* etc. Foi assim então, lembro que fazia resenhas da imprensa para a cadeira de história e assim por diante. Então, era grande consumidor de jornais, muito interessado na atualidade, pois não tinha muita competência no curso *[riso]*, quer dizer, eu não tinha grande talento para as matemáticas, tudo que se relacionava a isso estava fora de questão para mim, francês também. O único talento que eu tinha um pouco era conversar, falar, me expressar, porque fiz um esforço para isso e de certa forma tive sucesso. Então disse para mim mesmo: uma profissão em que não se precisa saber grande coisa, onde basta ter lábia e um pouco de bazófia, é jornalismo. Mas não pude fazer jornalismo logo. Depois tive um período visceralmente, verdadeiramente de ódio *[riso]*, eu odiava os jornalistas também. E sempre ficou um pouco disso em mim, embora seja um tanto secundário. Bem, fiz a escola de jornalismo odiando a profissão. Realmente eu tinha um ódio... e não lia mais nessa época. Havia mesmo um lado provocador: "Ah, eu? Não leio nada da imprensa!" Eu me lembro de ter dito a um professor: "Ah, não, eu não leio mais nada, isso não me interessa" *[riso]*. Ele ficou horrorizado.

— *Você saiu direto da escola para a Rádio Z?*

Sébastien — Sim. Aconteceu assim: tive muita sorte porque o redator-chefe da rádio foi à escola escolher estagiários, fazer uns testes de voz e nesses testes eu não passei, pois não tenho uma voz extraordinária, mas não foi isso que prevaleceu porque um professor disse ao redator-chefe: "Coloque um microfone nas mãos dele e ele lhe trará uma reportagem". Então foram escolhidos seis para estagiar na rádio, entre eles eu. Bem, aí tive uma experiência profissional. Todo mundo que já havia trabalhado antes conhecia o mundo do trabalho e sabia no geral o que devia fazer para ser contratado, mas eu tive grandes dificuldades porque eles não queriam contratar uma ovelha negra. Eles se informaram com a W. e não queriam me contratar. O engraçado é que eu soube que seria um dos estagiários contratados pela Rádio Z quando visitava a W. com um jornalista do NQ [*grande jornal regional*]!

– *Então foi contratado?*

Sébastien – Fui contratado. E me tornei um jornalista especializado em política, jornalismo especializado, o primeiro escalão. Aí quiseram que eu me tornasse redator-chefe adjunto, mas eu não quero subir na hierarquia. Claro que quero subir, por minha capacidade, por meus conhecimentos da profissão, mas não quero ocupar cargos com poder hierárquico. Então, recusei essa proposta. E em seguida recusei uma proposta da CNT para ser subeditor, aí também por provocação, porque queria saber o que pensavam exatamente do meu caso e me repreenderam por tratar com certa distância o meu chefe, que eu antes tratava com intimidade quando ele era apresentador, essas sutilezas...

– *Você ainda "odeia" os jornalistas?*

Sébastien – Sim [*riso*]. Eu não tenho... que dizer, fora duas ou três pessoas que frequentei à parte, sem nenhuma relação com o trabalho, não tenho relações com jornalistas, não tenho nenhum amigo jornalista. Bem, tenho três ou quatro, gente que... são meus amigos "apesar de" jornalistas. Uma, Colette D., se demitiu da Rádio Z. Ela teve problemas com a justiça, quer dizer, aí também uma trajetória parecida. Fanny R. foi enfermeira psiquiátrica e atualmente busca outro trabalho. Germinal G. tem um passado nada comum: filho refugiado espanhol que participou da Resistência e da Guerra Civil, que insistiu com o filho para estudar, Germinal domina as letras e por isso se tornou jornalista, mas... É isso, não foram jovens certinhos, bem diplomados.

Somos uma engrenagem na máquina

Sébastien – Bem, não se trata de ódio às pessoas! Trata-se de ódio ao tipo de trabalho que se faz. Bem, é verdade, nossa capacidade de fazer outra coisa, de ser... Nós somos, as pessoas como eu, engrenagens na máquina, a máquina é mais forte do que nós e 99% do que se faz é uma droga. Sem essa de cultivar grandes ilusões, mas há algumas discussões que se poderiam fazer, mesmo em termos do dia a dia, por exemplo sobre o tempo das entrevistas. Em algumas rádios elas não passam de 35 segundos, 35 segundos no ar! E a nossa luta, sabe qual é a nossa luta? Por um minuto! É preciso lutar! E quando a entrevista ultrapassa um minuto, quando chega a 1 minuto e 10 ou 1 minuto e 15, é o seguinte, é um deus-nos-acuda! Isso é ridículo. Para qualquer pessoa fora do jornalismo, é uma luta ridícula. Mas é uma luta pelo conteúdo, pela tentativa de transmitir ideias. Minha militância atual é no jornalismo, mas é difícil demais. Mas, bem, é como em todos os meios, você no magistério deve lutar contra montanhas. O sistema é feito de tal forma que isso seria possível se houvesse vantagem.

– *Você critica o sistema, não os indivíduos?*

Sébastien – Quero dizer, eles são e não são responsáveis. Um jornalista é também alguém que deve transmitir o que vê. É verdade que os que detêm o poder são os que mais sabem utilizar os meios de comunicação e têm mais espaço para isso. Um exemplo: o vice-prefeito deu ontem à noite um banquete para falar da "cidade X, e o mar" e esta manhã uma entrevista coletiva sobre "as grandes obras na cidade X". Não disse nada. Não se aceitaria isso de ninguém, ficaríamos furiosos, iríamos embora, a pessoa seria ridicularizada, mas o vice-prefeito... Ele mobilizou toda a imprensa ontem à noite, até uma hora da madrugada, e programou hoje um café-da-manhã com os jornalistas para não dizer nada! Mas o fato é que toda a imprensa se comporta como um cordeirinho. Este é um exemplo. O que é preciso saber é que a sociedade funciona e que há uma chapa de chumbo sobre a sociedade! Tente dar voz aos deserdados de toda a sociedade. Impossível! Os assalariados não podem falar sobre sua vida. Uma assistente social poderia dizer um monte de coisas sobre as grandes propriedades agrícolas da região que tratam os empregados a garrafas de vinho e os mantêm em pardieiros onde grassa o analfabetismo, em casas de chão batido. Jamais se ouve uma reportagem sobre isso. Porque as assistentes sociais que vão a esses lugares não podem falar, são mantidas em silêncio, em segredo. Os trabalhadores agrícolas, é claro, não podem falar. Além disso, você não pode ir lá. Só nos é permitido um contato geral, indireto, o prazer de degustar um grande vinho de tal safra, etc. Mas sobre a realidade do país jamais se faz uma reportagem.

– *E se você, o jornalista, propusesse uma reportagem?*

Sébastien – Mas eu posso, eu posso propor. É uma reportagem complicada! O problema é o tempo: é preciso fazer três, quatro, cinco, reportagens por dia, temos uma produção diária. Portanto, quanto mais reportagens se tem, menos se pode ver o que há por trás das coisas, a complexidade seus mecanismos de funcionamento, etc. Para uma reportagem desse tipo eu teria que passar um tempo no local, o jornalismo de investigação requer tempo! É preciso desarmar os espíritos. Todo mundo tem medo nesta sociedade, poucas pessoas falam a verdade das coisas em todos os níveis. Se você for aos sindicatos para se informar sobre as escolas, sobre as empresas, etc., eles não vão lhe dizer, porque se atêm ao papel de defensores dos assalariados, não vão lhe falar do funcionamento real da sociedade; para compreender esse funcionamento e falar dele de forma verdadeira é preciso fazer um trabalho de sociólogo, mas não temos como fazer sociologia e há muitas dificuldades de trabalhar com o mundo universitário, de um peso que... É só pronunciar as palavras "professor universitário", "colóquio", e todo mundo fica arrepiado: "Ih, não! Lá vem você de novo com as suas histórias", etc.

– *Há um anti-intelectualismo no meio jornalístico?*

Sébastien – Anti-intelectualismo? Não se diz a palavra "operário"! Tenho que riscar a palavra "operário" do ar! Mas será que é um palavrão? O que devo dizer então?

– *O que se deve dizer?*

Sébastien – Assalariado, empregado...

A censura está em todos os níveis

– *Quem faz você riscar a palavra?*

Sébastien – Os jornalistas. Não são necessariamente os chefes, são os jornalistas. É a censura ambiente, é a pressão. E ela está em todos os níveis. Durante a guerra do Golfo por exemplo, o apelo de Perrault à deserção foi censurado na Rádio H. onde haviam feito uma entrevista que acabou não indo ao ar. Em vez disso se fez um registro, no dia seguinte à manifestação eu fiz uma matéria sobre as repercussões. Pediram que eu entrevistasse pessoas; eu perguntei a um rapaz: "E você? Estaria pronto a desertar" Ele respondeu: "Sim". Isso foi cortado, não passou. Em caso de crise, há censura! Durante a guerra do Golfo, era preciso ser a favor da guerra. Quanto a ideias de outro tipo...

– É sempre uma censura informal?

Sébastien – Aí o problema é muito simples, me dou conta disso: eu eufemizo meu discurso, minha linguagem, minhas expressões. A verdade é que...

– Então não foi você que suprimiu a resposta do rapaz?

Sébastien – É verdade, foi uma tesourada mesmo! Cortaram a fita! Foi uma tesourada e foi denunciada como censura (...), mas a lei anticensura não pode se aplicar no caso dos jornalistas. Isso quer dizer que a gente pode difamar e inventar como quiser e a justiça nada pode fazer contra nós. E quando a justiça faz alguma coisa, é uma gritaria geral, "atentado à liberdade de imprensa", etc., quando nós é que fazemos um atentado contínuo à liberdade. Por exemplo, os depoimentos, o sacrossanto *"fait divers":* são sempre histórias de pessoas humildes, dos pequenos, zomba-se dessa gente fazendo-a contar seus casos. São pessoas que falam mal, cometem lapsos de linguagem, e zombamos delas. Isso passa! E o desprezo pelo popular! Mas...

– A seu ver, essa é uma característica do meio jornalístico?

Sébastien – Ah, sim, se é! Um desprezo pelo povo, isto é, "o povo ama os 50 mais", ponto, isso não se discute. Desprezo pelo povo e ao mesmo tempo, quer dizer, por tudo que não é jornalista, desprezo pelas classes superiores intelectuais.

– Mas ao mesmo tempo há um certo fascínio, talvez, por essas classes superiores, não?

Sébastien – Pelo poder. A classe intelectual não tem o poder, ao passo que tudo que é econômico tem o poder. Qualquer pequeno empresário tem direito de falar, tem voz e pode se exprimir, pode ter ideias sobre qualquer assunto. E, é claro, o poder político. Depois, todo esse ambiente de pessoas com autoridade, fulano de tal, beltrano não sei das quantas.

– Você não parece um jornalista muito feliz... Chega a experimentar um sentimento de vingança?

Sébastien – Ah, sim, sim, mas é verdade que minha maior revolta é quando vejo... Outro dia fui fazer uma reportagem num lugar depois da ponte da Gare, um conjunto para remoção temporária de pessoas que data da época da guerra. Bom, pessoas pobres, que ganham 4.700 francos por mês (cerca de US$ 1.000). Foram transferidos para lá. O namorado da filha do casal quis comprar uma moto, eles foram fiadores. O cara sofreu um acidente, comprou outra moto e eles foram fiadores de novo. Agora o sujeito deu no pé e não paga mais o trambolho. Resultado: o casal ficou com uma dívida de 30.000 francos. Há quem se endivide para comprar uma casa, mas isso? E 30.000 francos! Estão quebrados. E a mãe tem o ar sufocado de quem está em balão de oxigênio. Bem... E casas que a gente não sabe como é possível morar nelas! Agora vão renovar a permanência deles no conjunto, quer dizer, o aluguel vai dobrar. Bom, quando voltei desse lugar, voltei com ódio, com ódio de verdade. Mas vingança? Foi uma besteira, mas da primeira vez que entrevistei um professor e ele disse: "me desculpe, estou tremendo todo, não estou acostumado", não resisti e falei: "Ah, é? Do mesmo jeito que eu quando ia ao quadro-negro, tremia todo" *[riso]*. Aí, é verdade... Mas é verdade, sempre que tenho diante de mim pessoas com poder, vira um combate, minhas perguntas são para derrubar mesmo. O diabo é que nos faltam as armas, conhecimento. Tínhamos que ter mais cultura na nossa profissão, o fato é que não temos o suficiente.

– É um problema de formação?

Sébastien – Sim, mas não tenho mais complexo quanto a isso, porque essa falta de cultura escolar é em parte, quer dizer, compensada por uma curiosidade social.

Superei de certa forma essa carência cultural com um conhecimento prático da sociedade que é superior ao das pessoas com um conhecimento escolar, universitário, que têm uma cultura mais importante que a minha. E na nossa profissão vale de fato é saber como funcionam as coisas.

– *Do ponto de vista da remuneração, é satisfatório?*

Sébastien – Bastante. São 11.000 francos líquidos, com 30% de abatimento nos impostos, sem pagar o cinema e os concertos, livros praticamente de graça. Onze mil. Além disso, dou aulas em dois ou três cursos, o que também me interessa como retorno profissional, como oportunidade de refletir de maneira diferente. No ano passado, ganhei uns 13.000 francos por mês. É ótimo, é bem pago demais se considerarmos que a profissão exige o secundário e mais dois anos de faculdade apenas, enquanto as enfermeiras têm que estudar mais um ano, ganham metade disso *[riso]* e que trabalho! *[risos]*.

A maioria dos jornalistas trabalha em escritórios com secretárias

– *Hoje se discute muito a ética jornalística, os deveres da profissão.*

Sébastien – Este é também um problema econômico. Quer dizer, neste trabalho sempre se deve levar em conta a noção de tempo. Como é que você quer que alguém... Acontece alguma coisa importante em alguma parte do mundo, você pega um jornalista e manda para lá. No máximo, é alguém familiarizado com o assunto que vai cobrir. Bom, lá vai ele. Não visita o lugar há dois anos e tem que produzir uma matéria duas ou três horas depois de chegar. Como você quer que ele faça? O que ele pode transmitir? Então o que ele faz é procurar as agências de notícias, os colegas que já estão no local, um ou dois contatos, o embaixador e pronto, tira uma matéria daí, por bem ou por mal. Não tem outro, jeito. Além disso, é preciso um lado simpático, de colorido local, etc., então uns três contatos e tudo bem. É preciso correr. Por que no *Le Monde Diplomatique* os artigos parecem tão diferentes? Porque primeiro eles têm um mês para escrever e, além disso, são pessoas que estudam aquele assunto específico há anos! Claro, é complicado dedicar anos a um determinado assunto que não está o tempo todo nas manchetes, isto é problemático, é verdade. Mas torna o trabalho bem mais sério, muito mais profundo, permite explicar realmente as coisas. O pior mesmo é que 75% dos jornalistas apenas comentam imagens com base nos telegramas da agência France Presse. Um exemplo: o âncora da Rádio H, B., que inventou uma fórmula para todas as notícias, porque é preciso encaixar a informação na sua fórmula – ele tem uma fórmula engraçada ou espetacular e é preciso que a informação se adapte a ela. Ele manda os jornalistas para uma cobertura e diz "eu quero assim"! Uma amiga minha, repórter de variedades, outro dia teve que recomeçar quatro vezes uma entrevista para que o sujeito lhe dissesse a frase que o apresentador queria! São pessoas que há décadas não põem o pé fora das redações. Estão nos seus escritórios, com suas secretárias, acompanham a France Presse e só! Essas pessoas, no máximo, almoçam com os poderosos, não importa que tipo de poder, mas o poder. Não veem nada da sociedade...

– *Há casos assim no seu trabalho?*

Sébastien – Todos os apresentadores!

– *Você fala a nível nacional?*

Sébastien – Sim, mas à minha volta também. Comigo trabalha um apresentador que faz um plantão das 18 horas e nunca sai. Ele tem uma visão da sociedade muito... Cursou uma faculdade, entre advogados e juízes, mas do resto não sabe nada. Ele não sabia o que é "um bezerro desmamado", achava que era apenas uma técnica pecuária *[riso]*. Não é piada, é verdade! essa moçada sai da faculdade e entra direto na France-Info como apresentadores, âncoras. Direto. Essas pessoas não conhecem nada da realidade, não viram nada, não sabem fazer uma reportagem! O beabá dessa profissão é pegar um microfone ou um bloco e ir ao local do acontecimento, ficar lá um pouco, mergulhar no clima, mas isso que eles estão fazendo dá no que dá! Há um problema de formação, um problema de curiosidade e um problema de economia.

– E como você vê o seu futuro na carreira?

Sébastien – Confesso que a profissão não é tudo para mim, quer dizer, eu adoro estar com os amigos, beber alguma coisa com eles, viajar, ir à praia, à montanha, caminhar, enfim, isso aí. A vida, para mim, é isso, o trabalho no máximo é...

– Quer dizer que você não pensa em fazer carreira?

Sébastien – Não! Eu me vejo nesta mesma cidade, jornalista no mesmo nível, na mesma posição, daqui a 20 anos.

Outubro de 1991

Charles Soulié

Um sucesso comprometedor

Cabelos em escovinha, bolsinha roxa a tiracolo, uma certa tristeza no olhar, assim me apareceu Corinne no café perto da estação Montparnasse onde foi feita a entrevista. Trinta e dois anos, ela é professora primária num dos bairros mais pobres da periferia de Z., pequena cidade do interior com 50.000 habitantes. A rapidez surpreendente com que se abriu comigo deveu-se sem dúvida ao fato de que fui apresentado por sua irmã e que nossa situação social é semelhante, o que favoreceu uma espécie de transferência. Além disso, fui rapidamente tomado de simpatia por ela.

Seus pais são agricultores e têm uma propriedade de 75 hectares, tamanho relativamente modesto para a região, nos confins de Beauce e do Perche. Após uma série de fracassos, estão superendividados e sob tutela de um contador, além de obrigados a exercer uma atividade extra para poder viver "decentemente" (o pai de Corinne há quatro anos dirige um ônibus escolar). Segundo uma das irmãs de Corinne com a qual tive uma longa conversa, eles se sentem "roubados", "despossuídos", sem poder mais exibir como antes seu "orgulho de camponeses", herdado de gerações. Suas dificuldades são agravadas por uma crise de família surgida com a divisão da herança dos avós: segundo de dez filhos, o pai de Corinne continuou na agricultura, assim como quatro dos irmãos e irmãs, mas acabou o menos aquinhoado na partilha. E há principalmente o fato de que, embora fosse bom aluno, teve que deixar a escola muito cedo para trabalhar na fazenda do pai e não conseguiu superar o sentimento de ter sido sacrificado para que o pai pudesse prosperar e os irmãos mais novos pudessem estudar; sentimento permanentemente atiçado pela comparação entre a sua situação de agricultor em dificuldades e a dos irmãos e irmãs mais novos (dois se tornaram médicos, outro é piloto de avião a jato e instrutor da aeronáutica, uma irmã é assistente social) e sobretudo pela atitude deles a seu respeito, que não demonstra nem gratidão nem solidariedade.

Corinne e suas duas irmãs estudaram, embora os pais, decepcionados por não terem tido um filho, não as estimulassem absolutamente a isso. Corinne cursou sem entusiasmo uma escola normal após o secundário; uma das irmãs fez um secundário medíocre, depois iniciou e abandonou um curso de enfermagem e no momento se vira em "empreguinhos" mal pagos; só a outra irmã parece não ter enfrentado nos estudos as mesmas hesitações e dificuldades materiais e psicológicas das duas mais velhas: após obter o diploma de sociologia, prepara atualmente uma tese de mestrado sobre as dificuldades do meio rural expressas nas manifestações dos agricultores.

No momento da entrevista, Corinne desfruta de uma licença de estudo de um ano que lhe permite preparar-se para o diploma de psicologia a fim de poder "fazer outra coisa" (ela sonha ser psicanalista). Apesar ou talvez por causa da dedicação total que a faculdade exige, ela se sente enfim pouco à vontade no ofício de professora, que exerce numa escola de crianças muito pobres.

A escola fica num bairro cercado de autoestradas que originalmente foi um conjunto residencial para acolher "provisoriamente" moradores expulsos do centro histórico da cidade para a periferia após uma remodelação urbanística. Transformado em área de remoção para a qual o sistema habitacional do governo francês, que administra o conjunto, transfere todos os mutuários inadimplentes, os maus pagadores, e todas as famílias "no fim da linha", esse bairro exerce, segundo diversas opiniões, um "efeito deletério" sobre os recém-chegados, "pessoas que caíram mas que viviam antes normalmente, casadas, com filhos". A maioria dos habitantes, 75% franceses, não tem trabalho e vive de seguro-desemprego, de abonos familiares (são comuns as famílias numerosas) e às vezes até de roubo. Corinne se lembra também dessas famílias que têm sempre alguém preso e que se destacam por uma situação material excepcional, com as crianças exibindo "joggings de griffe" e "calçados da última moda, coisas que não se compram em supermercados". São famílias com relações de parentesco sempre complicadas, "desestruturadas" por "sucessivas separações", com crianças que podem ser "ao mesmo tempo primos e irmãos".

Os problemas econômicos e familiares concentrados assim no mesmo espaço repercutem na escola, onde Corinne se confrontou com reações de rejeição por parte das famílias: "São muito difíceis as relações com a família... Quando cheguei a esta escola, ela representava tudo o que eles rejeitavam. As famílias e as crianças rejeitavam a escola, havia pichações por toda parte, a maneira com que falavam dos professores... Enfim, a escola era uma merda. Era como se a escola não fizesse parte do mundo deles."

Corinne tentou com alguns colegas, jovens como ela, enfrentar essa situação. Empreenderam várias ações: apoio escolar reforçado, incumbência mais específica de Corinne, professora especializada numa escola classificada como de educação prioritária; participação da escola na renovação urbanística do bairro: as crianças fabricaram e pintaram quadrinhos de cerâmica que foram colocados em todas as escadarias do conjunto habitacional; foi criado um curso de judô e, principalmente, os professores tentaram abrir a escola à comunidade para que os pais pudessem se aproximar e se interessar pelo que os filhos fazem. O efeito mais palpável dessas ações é que agora os professores podem estacionar seus carros no conjunto sem medo de encontrá-los depredados, mas os resultados escolares das crianças continuam muito decepcionantes – dos 12 alunos que ingressaram no ginásio no último ano, só uma menina passou para a segunda série.

Para explicar esse fracasso, Corinne questiona a falta de motivação de alguns integrantes do corpo letivo, mais do que o meio social e cultural particularmente desfavorável dos alunos. Ela lamenta a inércia de alguns colegas: "Se a coisa não evolui na cabeça do professor, não pode evoluir na cabeça dos garotos." Critica particularmente a atitude de um colega proveniente de um meio mais favorecido, que não passou pela escola normal como os demais e não partilha nem sua concepção do papel profissional do professor, nem sua dedicação às crianças, nem seu envolvimento integral com a escola no período de trabalho, segundo Corinne, indispensável para o sucesso com crianças culturalmente tão desvalidas. A experiência pessoal de Corinne, que é a de uma espécie de privação cultural, a predispõe a identificar-se com essas crianças em situação de fracasso e ela não pode se conformar com a ideia de que essas crianças fracassem na escola, na sua escola, e que acabem tendo o mesmo destino dos pais simplesmente porque são "mal nascidas", porque "se sentem completamente à margem e excluídas", porque "não têm nenhum futuro em mente". Ao contrário de muitos professores resignados, ela não consegue aceitar que "a escola funcione bem para garotos sem problemas" e se desinteresse dos outros, "os 20% tolerados de fracasso no secundário". Ela quer acreditar na eficácia de uma pedagogia especialmente destinada a essas crianças, embora perceba os riscos de uma carga letiva puxada cujo efeito seria – como acontece com as assistentes sociais, vistas às vezes pelo povo como verdadeiras "ladras de crianças" – transferir da família para a escola as responsabilidades educativas, assim usurpando um direito das famílias.

Corinne não sentiria de maneira tão aguda todas estas dificuldades e contradições inerentes à sua atividade profissional se o mal-estar que lhe provoca a instituição escolar não lhe lembrasse continuamente seu próprio desconforto de caráter familiar: é difícil suportar a ruptura que objetivamente se estabeleceu, apesar dela, na relação com seus pais. Desde que se distanciou socialmente, ela sente que "se cava um abismo" entre eles, doloroso para todos e que age sobre ela como um freio permanente: "Tenho a impressão de que devo ir devagar, se é que se pode dizer assim, para... em suma, para vencer". A eventualidade de uma renegação social é tanto mais dolorosa para Corinne quanto já pertence à história familiar do pai, que não se conforma com o fato de ter sido de certo modo traído e socialmente rejeitado pelos irmãos e irmãs. Assim se explica, sem dúvida, porque ela mais ou menos conscientemente limitou seus estudos à aprendizagem do ofício de professora primária, aceitável para os pais: "Tinha muita vontade de cursar uma faculdade, mas já estava acuada. [...] Além disso, considerando a nossa origem, camponesa por assim dizer, não era desagradável à família que eu fosse professora, simbolicamente era importante para meus pais e materialmente também, creio que isso também foi importante, senão não sei se teria continuado."

Hoje, Corinne está convencida da necessidade de deixar um dia essa profissão decepcionante em que se sente "um grão de areia", profissão que vive uma verdadeira crise coletiva (de cada cinco professores de sua escola, três retomaram os estudos ou pensam em fazê-lo). Ela espera que o curso de psicologia a ajude a analisar e compreender seu desconforto interior, mas sobretudo lhe abra a possibilidade, vedada a uma simples professora primária cujo diploma profissional não é "absolutamente reconhecido fora do meio", de fazer um dia outra coisa.

Mas sua determinação é como que contida pelo mesmo freio, a mesma inibição de antigamente, dos seus primeiros anos de escola: volta a se defrontar na faculdade com os problemas que conheceu naquela época, problemas no relacionamento com os outros estudantes e sobretudo com a linguagem escolar. Ela compreende perfeitamente essa linguagem mas não consegue utilizá-la e se apropriar dela pessoalmente, como se não pudesse superar uma espécie de proibição paterna interiorizada, como se temesse, exatamente como outrora, trair também o seu pai. "Tenho a impressão de que, se me aproprio também do vocabulário escolar, passo para o outro lado, enfim não sei, não sei como explicar." Esta forma de paralisia mantém Corinne numa posição insustentável, entre dois mundos que não se podem conciliar: "Ainda não consigo realmente me situar, quer dizer, nem em um nem em outro. E ao mesmo tempo posso ter aspirações num deles sem com isso rejeitar o outro, mas realmente não me sinto à vontade nem em um nem no outro."

Com uma professora primária de crianças pobres

– Entrevista de Charles Soulié

"Tenho a impressão de que devo ir devagar."

[...]

– Você não gosta da situação em que está e quer mudar, não é?

Corinne – Sim, de fato, não consigo... Bem, não sei se é alguma coisa comigo, porque eu também mudo pessoalmente, mas o fato é que não consigo resultados com as crianças como gostaria. Digo a mim mesma que por enquanto aguento a situação, mas é preciso dar demais de si e eu talvez não esteja sempre disponível para me dar aos outros. Digo a mim mesma que no dia em que não tiver mais vontade terei que fazer outra coisa, não devo continuar sem vontade.

– Você não quer fazer como os colegas? [risos]

Corinne – É isso. Quer dizer, até agora, quando me levanto de manhã, ainda me sinto mais ou menos contente de ir à escola. Mas digo a mim mesma que no dia em que não tiver mais vontade terei que ter outra coisa para fazer. E, em geral, quando se é professora primária, não se pode fazer outra coisa sem retomar os estudos, porque não é uma profissão absolutamente reconhecida fora do meio. Portanto, se eu me apresentar como professora primária e disser que quero fazer outra coisa, vão rir na minha cara.

[...]

A impressão é de ser um grão de areia

– Mas que hipóteses você tem para explicar a falta de motivação dos seus colegas?

Corinne – Há pelo menos os que estão decepcionados, quer dizer, decepcionados de certa forma com os resultados obtidos com as crianças.

– Decepcionados com a própria impotência?

Corinne – Sim, eu me sinto impotente, tenho a impressão de que... enfim, não sei [risos]. Enfim, já era tempo de eu deixar essa escola, precisava de um certo distanciamento [risos]. Não, mas não sei, tenho a impressão de ser um grão de areia, em suma, de não ter grande poder [...] Tudo está por fazer.

– E como uma verdadeira equipe vocês seriam mais eficazes?

Corinne – Ah, seríamos, mesmo que pelo menos... Acho que pelo menos mais eficazes com algumas crianças, mas há outras que...

– Mas o problema não está antes de tudo na própria comunidade, nessas famílias?

Corinne – Mas são muito difíceis as relações com a família, porque ao mesmo tempo eles têm... Por exemplo, quando cheguei a essa escola, ela representava tudo o que eles rejeitavam. As famílias e as crianças rejeitavam a escola, havia pichações por toda parte, a maneira com que falavam dos professores... Enfim, a escola era uma merda. Era como se a escola não fizesse parte do mundo deles.

[...] Para eles era uma maneira de marcar seu fracasso, sei lá, isso os redimia. Enfim, não sei, mas achamos que era isso. As pessoas sabem muito bem que fracassaram, que forçosamente não podem ajudar as crianças. Vários pais não sabem em que turma está o filho; isso pode parecer uma aberração, eles sabem quem é o professor mas não sabem em que série ele leciona. Tem-se a impressão de que a escola está de tal forma distanciada dessas pessoas que lhes parece uma aberração quando se fala com elas sobre os problemas das crianças. Algumas dizem: "Vocês exageram, vocês aumentam as coisas". Mas não, não é nada disso. Então o que tentamos foi permitir que se aproximassem da escola e se situassem melhor em relação a ela, ficassem menos apreensivos. É mais um trabalho social e penso que nesse nível tivemos sucesso. Mas onde ainda não conseguimos, não diria nada, mas grande coisa por enquanto é no nível de aprendizado, do aproveitamento escolar propriamente dito. Nesse ponto os alunos ainda são relativamente medíocres, mas também é verdade que não se pode mudar isso em um ano. No ano passado a gente previa que talvez diminuísse o número de repetências, mas por enquanto, bem, em um ano ainda não vimos os frutos em termos de aproveitamento escolar. Por outro lado, pode-se dizer que houve progresso na maneira com que estão encarando a escola, nisso sim. Pelo menos, quando cruzam com a gente na rua, não nos insultam mais como antes.

– *Eles gostariam então que os filhos vencessem, não é? O que isso exatamente significa para eles?*

Corinne – Para eles? Para eles isso significa que a criança vá bem na escola. O que é difícil, porque eles de fato querem isso mas ao mesmo tempo têm uma atitude que coloca a criança em xeque. Quer dizer, eles querem que a criança vá bem, mas batem nela se ela não vai. Se a criança não vai bem e apanha, fica mais difícil produzir na escola.

[...]

"Nós podemos criar melhor os seus filhos"

Corinne – Eu me pergunto às vezes se sou eu ou se é a instituição que cria problemas, porque às vezes tenho de fato a impressão de que... Pois a escola funciona bem para os garotos que não têm problemas, mas para os 20% de fracassados tolerados no secundário, bem, esses podem continuar nos 20%, não é grave. Quer dizer, garantidos os 80% de sucesso, não tem problema que 20% fracassem, são só 20%...

– *É como os índices de acidentes nas estradas...*

Corinne – Isso aí, 20% não tem nada demais, né. O problema é que isso é demais quando se trabalha justamente com esses 20% [*voz trêmula e risos*], ahn!

– *As coisas não iriam melhor com alunos de origem favorecida?*

Corinne – [*Silêncio*] Sim, sim... sim, mas penso que não dispomos das possibilidades, dos meios necessários para ajudar essas crianças. Ou então é independente da escola, não sei. Certamente há carências no meio social e também carências ao nível do que a escola propõe.

– *Você acha que a escola poderia fazer melhor?*

Corinne – Com certeza ela pode fazer mais. Não precisaria mudar muitas coisas a nível de funcionamento [*silêncio*]... Enfim, não sei. Tenho um colega que viajou com uma turma durante três semanas no curso de inverno. As crianças prepararam tudo, cada detalhe da viagem foi assumido pelas crianças, nada do curso de inverno tradicional, durante três semanas eles foram esquiar. Essas três semanas foram formidáveis, as crianças deram um salto à frente. Mais foi só voltarem ao seu meio, à escola, às quatro paredes, e em três dias tudo voltou à estaca zero. Bem, isso não quer dizer que se deva afastá-las de seu meio, tirar as crianças do seu ambiente. O que quero dizer é que há possibilida-des. Quais? Não sei. Também não vamos bancar os bons entre aspas, que tiram as crianças de pessoas em dificuldades e dizem: "Nós podemos criar melhor os seus filhos".

– A salvação contra a vontade, não é? Vocês não sabem criar os seus filhos, então nós vamos levá-los e os devolveremos asseados, limpos, educados, etc.

Corinne – Não é nada disso, não é nessa ótica que... Percebo bem isso, mas...

Emmanuel Bourdieu, Denis Podalydès

Espírito de contradição

Frederico tem 19 anos. Seus pais, que ele classifica de "pequeno-burgueses", vivem em Neuilly: o pai é engenheiro de uma estatal, a mãe não trabalha. São assinantes do *Le Monde* e se posicionam politicamente à esquerda – o pai chegou a militar no partido socialista. Frio e sombrio demais, Frederico sempre foi "um problema" para eles, causa de inúmeros dissabores. Na época da entrevista, estava começando a última série do secundário, depois de ter repetido a primeira e também o terceiro ano do segundo grau. Cursa uma escola particular em Neuilly, onde estão matriculados muitos filhos de boa família, próximos da extrema direita monarquista ou da Frente Nacional de Le Pen. Sua repetição na terceira série coincidiu com sua entrada na FNJ (Frente Nacional Jovem), seção de Neuilly. Pouco depois, em pleno ano letivo, sofreu um acidente de moto em que feriu gravemente o olho esquerdo; desfigurado, durante dois anos não frequentou a escola; o olho ficou defeituoso e isto o incomoda muito. Tem frequentes e violentas altercações com o pai. Quase não se falam mais.

Questionado como representante da juventude extremista de direita, ainda que pelo irmão de um amigo, mas que ele sabe pertencer ao mundo *a priori* hostil da cultura universitária de esquerda, Frederico só pode mesmo ficar na defensiva, representando um papel, por assim dizer. De forma que toda tentativa de análise esbarra num problema metodológico prévio: como interpretar as palavras de um interlocutor que, como ele mesmo admite, concebe o diálogo como retórica estratégica? Como extrair uma verdade sociológica qualquer de um discurso que pode muito bem não passar de uma montagem fictícia da verdade, adaptada às supostas exigências e normas do entrevistador e suavizada pela censura de posições inconfessáveis e a dissimulação envergonhada do sofrimento pessoal?

Quando pergunto a Frederico que argumentos usa para conseguir novas adesões à FNJ, ele responde: "Isso depende da pessoa." Além disso, ele parece identificar cultura e retórica, argumentação com sedução oratória: segundo diz, a única razão verdadeira para ter aderido à Frente Nacional foi a esperança de participar de um curso de verão onde, no essencial, aprenderia a "falar aos meios de comunicação". Para ele um grande homem é um grande orador. Chega a formular uma espécie de estetismo político inspirado em frases incisivas, "que incomodam", de Drieu La Rochelle e fundado no "paradoxo" e na provocação.

Isso posto, sua retórica não é impecável, o discurso de Frederico escapa às vezes do cunho da censura e da ordem. E, se está constantemente representando, os personagens que interpreta não são inteiramente falsos e chegam a se contradizer de tal forma que reproduzem na própria representação as tensões e contradições reais e profundas de um adolescente em conflito com o pai, dividido entre uma adesão ao mesmo tempo provocadora e entusiasmada ao movimento e uma visão desencantada da política. Alternadamente, Frederico interpreta o militante exemplar que responde com um tom marcial, como convém e quando convém, às perguntas que lhe são feitas; o diletante desabusado que já não acredita muito no que faz e zomba das ilusões, dos "mitos", assim como da arrogância desses soldadinhos de opereta "que falam de coisas que não fazem", e, por fim, o simples colador de cartazes, elemento de base que se contenta modestamente com as tarefas terra-a-terra do pequeno militante, chegando a contestar a sua própria representatividade e com isso a própria legitimidade da entrevista.

A instabilidade da personalidade de Frederico reflete-se nos conflitos que opõem esses diferentes personagens: o desiludido reprova a irrefletida adesão dos outros dois, sua dedicação total a um movimento político manipulado por arrivistas e entregue às trapaças dos dirigentes – diz que o próprio Le Pen traiu sua base ao não se opor a Saddam Hussein. Ele despreza a contribuição meramente técnica do colador de cartazes da FNJ, "tarefa chata", que "logo enche" e "pode ser feita por qualquer um". Para esse personagem, o militante de base é "uma besta" que não percebe que os dirigentes da Frente e os verdadeiros militantes, "que nunca se mostram", o tratam como "mão-de-obra": "Quando precisam de cartazes, chamam a gente. Senão, nada".

Sobre o militante fiel, pequeno ideólogo de bairro, aferrado ao "movimento", a um "aparelho, à "manifestação", cego pelo "culto" que devota a Jean-Marie Le Pen, diz que não faz mais que repetir "pequenas informações veiculadas pela *Nacional Hebdo* ("Dona Fulana foi assaltada pelo astuto Ahmed de Tal") ou, na melhor das hipóteses, repisar "temas enfadonhos" formulados por outros. Ao entusiasmo ingênuo dos neófitos o desiludido contrapõe o primado da "formação" política sobre a ação imediatista: "Militância está certo, mas falta formação". Por fim, esse desencantado tem sua própria retórica: ele cultiva o paradoxo ("adoro contestar") e um esfriamento sistemático da expressão – primeiro se diz "muito interessado" no curso de verão da FNJ, depois retifica, "não muito, acho que não, apenas como interessado", e mais adiante, lembrando sua surpresa e entusiasmo com o curso, fala que "ainda não tinha visto a amplitude, a amplitude não digo, mas..."

Mas em outro momento Frederico parece se contradizer: "Não se pode saber o que é só com uma colagem de cartazes". O fascínio inicial pelo trabalho do militante de base que se dedica de corpo e alma a uma ação política concreta e por vezes arriscada não é, aliás, inteiramente reprimido pelo pessimismo que afeta. Ele sente saudade do clima de camaradagem e da severa eficiência das primeira colagens que fez, quando o grupo, depois de ter rido bastante na camionete, agia rápida e silenciosamente na rua. Sair para panfletar de noite é uma aventura que continua sendo no seu espírito o paradigma do engajamento político efetivo, ao contrário da confortável posição dos quadros partidários e também dos "mitos" que empregam toda a sua energia em "passeatas" inúteis e grotescas: "Quando estamos na camionete, tenho que admitir que brincamos um bocado, é muito estimulante".

O personagem panfleteiro, colador de cartazes, é romântico e modesto ao mesmo tempo. Ele se apaga ante arrogância do ideólogo do grupo, lhe cede a palavra, reconhecendo-se limitado e incompetente em matéria de ideias. Só escreve sobre questões técnicas ou administrativas, "a organização do núcleo de Versalhes", o "material recebido", etc., mas confessa não estar "apto ainda a fazer artigos de fundo" e que "deixa isso para outros mais capazes". Isso posto, sua relação com os "teóricos" é muito ambígua: ele tem algo "a dizer" e, mais importante, tende a considerar os debates ideológicos simples pretextos usados pelos arrivistas e "mitos" do partido para galgar postos na hierarquia às custas dos outros sem ter nunca que ir à rua. Em suma, o paradigma do engajamento efetivo passa à frente da reflexão e da crítica desconfiada e desencantada.

Mas, quando se abordam questões tidas como políticas, o discurso ordinário e controlado do militante exemplar retoma a frente: o apelo à reclusão dos aidéticos "para fazê-los refletir", o alerta para "a grande rebelião" futura dos imigrantes norte-africanos são feitos com o recurso a dados estatísticos ("vai se abrir um buraco na pirâmide etária") e argumentos infantis ("expulsá-los... para acabar com os guetos") . Frederico diz que poderia desenvolver qualquer outro "tema enfadonho" – a segurança, o sistema eleitoral –, como que para exibir um virtuosismo oratório pouco comum. Sobretudo, ele se atém aos únicos assuntos autorizados, exercendo sobre si mesmo a censura do aparelho; quando saímos das estradas batidas do debate político corriqueiro, suas respostas tornam-se completamente vazias de conteúdo, ele se limita a retomar vagamente o tema das perguntas, de forma tautológica.

Às vezes o discurso publicável resvala para o impublicável, mas é logo controlado, atenuado: "Expulsá-los, sim, mas não de qualquer jeito, é claro. Para acabar com todos os guetos." O militante exemplar não tem nem o entusiasmo modesto do colador de cartazes nem o irônico desligamento do desiludido, não passa de mero representante, simples mostra representativa do partido e nada mais.

As considerações estéticas parecem particularmente propícias aos lapsos e deslizes de linguagem mais descontrolados, como se a lógica própria do universo estético autorizasse a suspensão da censura e proibições ideológicas: "Adoro uniformes (...) mas não gosto do exército". Frederico tem um pequeno "museu militar" de capacetes e quepes diversos. Mas não vê nenhuma ligação entre esse gosto pelas coisas militares e sua adesão à Frente Nacional. Da mesma forma, quando fala de música, sente uma necessidade incomum de manifestar gostos incomuns: depois de mencionar o "Skyrock", referência cultural anódina, faz uma *hit-parade* de cantos militares de extrema direita, que classifica de "cantos tradicionais", para admitir que afinal de contas "canto nazista ou canto alemão é tudo mais ou menos a mesma coisa", com a ressalva de que "não entende as letras, então..."

Através dessas personagens contraditórias transparecem as dificuldades e as paixões próprias de Frederico, que aliás só se expressam por meio de negativas: primeiro ele assinala espontaneamente que seus problemas com o pai "nada têm a ver com a política", mas pouco depois, indagado de novo a respeito, responde simplesmente que "sim, talvez" e passa de imediato a falar de problemas concretos de dinheiro, como se quisesse retomar o controle da conversa: "Voltando a eles [*os pais*], não me dão um tostão". Os pais insistiam que fosse a um psicólogo: "Eu iria, se na verdade... Mas não acho que preciso de ajuda"; e não se pode deixar de ouvir nisso como que um pedido negativo de ajuda. Frederico parece ter necessidade de convencer a si mesmo de que a decisão de aderir à FNJ é uma escolha puramente pessoal, que o desentendimento com os pais não deve ser visto de forma trágica, "porque ele (está) acostumado" e, acrescenta corrigindo, "não é grave". Como se fizesse um esforço para exorcizar o "mito" que há nele, adolescente "pouco à vontade na própria pele", para quem a Frente "é a (sua) família", que vive perdido, "só para isso", retomando assim, paradoxalmente, valores herdados sem dúvida do pai: a "formação", "conseguir logo me formar no secundário", "fazer uma faculdade de engenharia" (como o pai). Sua relação com o pai, esse "pequeno-burguês" que ele despreza mas cuja visão de mundo parece ter introjetado, revela-se assim bem mais ambígua do que parecia à primeira vista. Pode-se portanto levantar a hipótese de que o conflito primeiro de Frederico e que está na raiz dos personagens contraditórios que interpreta é o de um adolescente em crise, complexado pelo defeito físico e as dificuldades escolares, financeiramente dependente dos pais, filho de um engenheiro socialista que ainda não conseguira entrar para a faculdade, querendo romper com esse universo relativamente culto e progressista para se afirmar, mas sem realmente conseguir desligar-se dos valores e pretensões intelectuais que ele implica.

O destino parece estar decidido a favor da ruptura: poucos meses após a entrevista, Frederico conseguiu concluir o secundário e os pais o matricularam, a seu pedido, numa faculdade particular de administração, no sudeste do país, pagando para ele as caríssimas mensalidades escolares, o que aumentou mais ainda sua dependência financeira. Porém, quando tudo parecia voltar assim à ordem, Frederico, depois de fazer treinamento militar com grupelhos de extrema direita, foi combater ao lado dos croatas na antiga Iugoslávia.

Esse inesperado engajamento de um militante desiludido vem confirmar a hipótese de leitura proposta: o discurso de Frederico na entrevista é menos radical que suas posições reais e só através de suas contradições internas se pode demonstrar a censura que o domina.

Com o jovem extremista

– Entrevista de Denis Podalydès

"Não tinha nenhum motivo para me filiar à Frente."

– *Quando você entrou para a Frente Nacional?*
Frederico – Há dois anos e meio.
– *Que idade tinha?*
Frederico – Dezessete, 16 e meio, 17. Conhecia vagamente o movimento, muito pouco na verdade.
– *Você o conhecia pelos meios de comunicação, a televisão, os jornais, ou através de amigos que já militavam?*
Frederico – Não conhecia ninguém do movimento. Não via que interesse podia haver nisso. Para mim era um bando de jovens, de camaradas. A FNJ, para mim, não passava disso. Uma noite, um amigo que estava comigo de moto, da mesma idade e da mesma classe, exatamente como eu – *a priori* a gente poderia curtir aquilo, só isso, nada mais, não tínhamos nenhum interesse de entrar para o movimento –, bem, nessa noite ele ia cortar o cabelo com um cara que ele conhecia e que era da FNJ. O cara tinha se oferecido para cortar o cabelo dele essa noite e fomos lá. Não havia ninguém. Só vi material de propaganda, pilhas de jornais, etc.
– *Onde era isso, na casa do sujeito que ia cortar o cabelo do seu amigo?*
Frederico – Não, era no comitê local da Frente.
– *Da Frente Nacional ou da FNJ?*
Frederico – Da FNJ, uma salinha da FNJ. Discuti um pouco com ele enquanto cortava o cabelo. No final da noite chegaram mais dois ou três e discutimos, conversamos pouco.
– *Conversaram sobre o quê?*
Frederico – Eu não falei, hein, só ouvi os outros conversando. Para mim era um negócio desconhecido. Nunca tinha visto alguém colando cartazes, jamais tinha panfletado, nunca tinha visto nada disso.
– *Seus pais também nunca tiveram atividade política?*
Frederico – Ah, isso... (*expressão de desprezo*). Nessa noite em que eu estive lá, contei a eles e não gostaram nada. Bem, o fato é que eu voltei, procurei as pessoas que iam lá, achava aquilo interessante, a militância era um negócio desconhecido para mim e eu achava que era realmente algo sério, que não era apenas um bando de jovens... Isso de fato me atraiu.
– *Mas nos partidos gaullista, socialista ou comunista também há militância, colagem de cartazes, panfletagens.*
Frederico – (*Baixando o olhar e sorrindo*) Sim, mas meu colega não foi cortar o cabelo em nenhum desses partidos, né? Se fosse, eu ficaria honrado, claro, mas não foi...
– *Ele sabia onde estava indo cortar o cabelo?*
Frederico – Bem... o outro era também barbeiro.

– *Era um corte diferente então?*

Frederico – Não, não, um corte comum, quadrado, nada de especial. Bem, foi assim que eu cheguei na FNJ. Foi assim que encontrei o secretário da FNJ para o departamento do Alto Sena, um cara de 23 anos.

– *Na primeira noite, quando voltou para casa, já achava que ia entrar para o movimento?*

Frederico – Não, só entrei um ano depois, mas por motivo especial, porque queria participar de um curso de verão da FNJ. Foi só aí que me filiei. Na primeira noite me limitei a ouvir os outros falarem.

– *De que eles falaram?*

Frederico – Da militância.

– *Ou seja...*

Frederico – Diziam que na quarta-feira iriam colar os cartazes que dois deles estavam enrolando. Isso me surpreendeu um bocado.

– *O que eles faziam ou o que diziam? Tentaram convencê-lo?*

Frederico – Não, só me cumprimentaram. Diziam: temos cara nova, mas sem desconfiança. Havia um que se chamava Jocelyn e que falava de uma noitada com as companheiras. Falavam de várias coisas, sei lá.

– *Entre essa noite e a sua filiação um ano depois você voltou a vê-los?*

Frederico – Sim, voltei. Já na quarta-feira, porque queria ver o grupo colando cartazes, queria saber como faziam. Foi de noite, depois da escola ou da fábrica, porque há alguns que trabalham em fábrica, embora a maioria em Neuilly seja estudante, burgueses ou pequeno-burgueses como eu. Queria saber como faziam, como panfletavam, como distribuíam panfletos e jornais na praça do mercado. E também o trabalho de correspondência.

– *Como assim?*

Frederico – Colocar panfletos nas caixas de correspondências. Fazem isso por quarteirões ou bairros, principalmente em épocas de eleição. Quando apareci por lá, era época de campanha presidencial, então havia muitas atividades, um bocado de coisa para fazer. Então, fui com eles colar cartazes, duas, três vezes, para saber como eram as coisas. Porque não dá para saber como é indo só uma vez.

– *Tudo isso antes de se filiar?*

Frederico – Senão jamais teria me filiado à FNJ. Era preciso que eu conhecesse um pouco mais sobre o movimento, a coisa toda, as ideias, as posições da Frente Nacional.

– *Você leu livros a respeito?*

Frederico – Bem, eu lia jornais. Mas o que eu sempre li, nunca foi o... quer dizer, eu sempre li *Le Quotidien* e *Le Monde*, sempre foi isso. *Le Monde*, porque meu pai leva todo dia quando chega do trabalho e *Le Quotidien* eu compro de dois em dois dias, naquela época apenas uma vez por semana. Bem, além disso, eu lia pelo menos o jornal da Frente, como é que se chama? O... *National Hebdo*, que para o meu gosto não tem o menor interesse, não tem conteúdo, nada.

– *Você dá a impressão de ter se filiado por acaso. O que de fato o levou a se filiar?*

Frederico – Eu não tinha nenhuma razão para me filiar, não via porque iria dar 120 francos a esse movimento, não via interesse em ter a carteirinha da FNJ, isso não me servia para nada. Mas havia esse curso de verão.

"Disse a mim mesmo: o curso de verão não vai me fazer mal, vou lá ver como é"

Frederico – Para participar desse curso de verão, um fim-de-semana no castelo de "Nevis-en-Baronjean", três dias, não, cinco, era preciso ter a carteirinha. Disse a mim mesmo: isso não vai me fazer mal, vou lá ver como é, terei outros colegas comigo. Não foi nada mau na verdade, exceto por algumas conferências longas demais, mas houve uns conferencistas nada maus. Bem, no final, no encerramento, é claro que apareceu Le Pen, mas só no fim, porque ele estava no curso de verão da Frente e não da FNJ. Nós ficamos com Jean-Yves Le Gallou, Mestre Wagner.

– *Como era o curso?*

Frederico – Levantávamos às sete horas, tomávamos café-da-manhã, depois conferência e perguntas até o almoço, de tarde a mesma coisa. Havia aulas sobre como falar aos repórteres. Todo mundo falava diante de uma câmera e depois se via. Outro exercício era responder a perguntas.

– *Para você, como foram esses exercícios?*

Frederico – Os temas eram sorteados e havia dois que eu não queria tirar, economia e ecologia, em que eu menos me ligava. Foi justamente os dois que tirei e quase não respondi às perguntas. Perguntaram sobre ecologia e eu não me lembrei do nome de Frederico Mistral, o que me chateou.

– *Foram eles que eles lhe perguntaram?*

Frederico – Não, eu que queria falar de Mistral. Foi o primeiro ecologista de direita e eu queria situá-lo assim quando falei, mas não consegui me lembrar do nome.

– *O que vem a ser ecologismo de direita?*

Frederico – Oh, foi só para situar; não existe ecologismo de direita ou de esquerda, só que atualmente a esquerda se apropriou do tema. Era isso que eu queria dizer, colocar diante da câmera. Mas foi um exercício só de cinco minutos, era de manhã e eu tinha acabado de acordar.

– *Você esperava muito desse curso de verão ou apenas tinha curiosidade e desconfiança?*

Frederico – Era mais entusiasmo. Estava muito interessado. Não, não muito, acho que não, apenas interessado. Fazia um ano que estava no movimento mas ainda não tinha visto sua amplitude, a amplitude não digo, mas debate, discussão. Eram cinco dias de debate. Queria ver um pouco o outro lado do movimento. Porque, bem, há aqueles que eu chamo de "mitos", os que estão sempre bem barbeados etecétera e tal, que falam de todos os assuntos, de coisas que não fazem, e isso me incomodava, queria saber se havia muitos deles no movimento. E, para minha grande surpresa, não vi um só deles no curso. Apenas tinha cabelo curto, nada mais, como o meu atualmente.

Arrivistas e companhia

– *O que são os mitos? São os fanáticos?*

Frederico – Não, não se trata de uma questão de fanatismo, são os que não estão à vontade na própria pele, para os quais a Frente é a família, vivem só para isso, só saem de casa para colar cartazes, estão perdidos. Não encontrei essa gente lá, felizmente. Mas eles existem, hem! Não são maus, mas só falam da Frente. Nem é da Frente, porque o que fazem não é realmente falar da Frente, são umas bestas. Em Neuilly tem uns dois: Jean-Paul, um deles, a meu ver, decididamente tem um problema psicomotor – acho que estou sendo um pouco cruel; mas ele deve ter uma tara qualquer, porque seus pais são muito velhos. Não se deveria aceitar gente assim. Mas eles são simplesmente aceitos. Bem, depois do curso, me filiei. Todo mês recebia a carta de Jean-Marie Le Pen, que lia sem vontade, porque tem tão pouco interesse quanto o *National Hebdo*. É uma chatice ou traz pequenas informações, por exemplo sobre quando será a próxima conferência da Frente, sem seguir muito os assuntos da atualidade, com notícias do tipo "Dona Fulana foi assaltada pelo astuto Ahmed de Tal". Nenhum interesse.

– *O que lhe interessava na Frente não era os temas hiperbadalados, a imigração, a questão da segurança? Que questão o levou a filiar-se?*

Frederico – Mas eu jamais tive vontade de me filiar! Em nenhum movimento! Isso não me interessa.

– *Foi realmente por acaso, só para frequentar esse curso de verão?*

Frederico – Mesmo quando estava mais próximo da frente, tinha altos e baixos. Dizia para mim mesmo que jamais se faria coisa alguma, é muito chato. É uma falha que sempre critiquei na Frente: a militância está certo, mas falta cultura. Por exemplo, a Federação 92, no Alto Sena, a Federação vai bem, mas falta formação. Mesmo com um bom chefe de equipe, pessoas chegam, são atraídas, depois vão embora, porque não recebem formação. Veem-se sempre os mesmos líderes. As pessoas vão colar cartazes com eles, mas logo se enchem, mesmo que achem legal no início.

– *Você foi a muitas dessas colagens?*

Frederico – Todas as semanas durante seis meses. Nunca houve problema. Nunca houve agressões. Mas, para as pessoas da Frente, nós da FNJ servimos para isso: colar cartazes. Quando precisam de cartazes, chamam a gente. Senão, nada.

– *Vocês são mão-de-obra?*

Frederico – É, quase isso.

– *Você disse que tinha altos e baixos no período em que estava mais próximo da Frente...*

Frederico – Bem, ia a um comício e dois ou três brutamontes vinham falar comigo, me dizer um monte de besteiras, isso me chateava. Ou então preparava uma colagem de cartazes e quando pedia a um sujeito que me trouxesse cola ou que simplesmente me arranjasse (*ele irrita*), era incapaz de providenciar e, por causa disso, eu era obrigado a dizer às pessoas que havia contatado para colagem que voltassem para casa porque, como colar cartazes sem cola? Felizmente esse tipo de cara não é muito comum. De umas vinte colagens, só duas fracassaram.

– *Que responsabilidade você tinha na FNJ?*

Frederico – Bem, eu me ocupava da colagem de cartazes.

– *Foi promovido?*

Frederico – Responsável pela colagem de cartazes. Realmente não considero isso uma promoção. Diziam que eu fazia isso bem, mas organizar uma colagem de cartazes, qualquer um pode fazer isso. Basta chamar vinte pessoas para ter dez garantidas e arranjar uma camionete, o que não é difícil.

– *Você tinha contato com outras seções da FNJ?*

Frederico – Sim, de Lille, Aix, principalmente. Tínhamos um jornal, a *Cidadela*. Vou lhe arranjar uns exemplares. Nós mesmos escrevíamos. Eu fiz uma pequena matéria sobre a criação da seção de

Neuilly, explicando o material necessário que recebemos. Ainda não sou capaz de escrever artigos de fundo. Tudo o que é cultural deixo a cargo de outros mais capazes do que eu, embora eu tenha algo a dizer.

– *O que é que você diz para convencer alguém a entrar para a Frente?*

Frederico – As pessoas me fazem perguntas sobre a Frente e eu respondo da melhor maneira possível. É isso.

– *Exatamente o que elas perguntam?*

Frederico – Elas perguntam "o que vocês fazem, o que se passa lá?"

– *São pessoas que já concordam com a Frente, já dispostas a se filiar?*

Frederico – Sim.

– *Você nunca convenceu alguém que era hostil à Frente?*

Frederico – Eu não, mas há ex-comunistas no movimento, sobretudo pessoas idosas.

– *O que mais sensibiliza essas pessoas?*

Frederico – Não tenho a menor ideia.

– *E o que mais sensibilizou você? A personalidade de Le Pen?*

Frederico – Não apenas. A Frente é um todo. Le Pen é um orador, um bom orador, é verdade. Mas eu não tenho culto à personalidade. Quando entrei para a Frente, fiquei feliz, pendurei um pôster de Le Pen no meu quarto, mas tirei depois de dois dias. Não há muita gente que eu admire na Frente. Na maioria são arrivistas e companhia. Há um aparato, um séquito em torno de Le Pen, mas são lamentáveis. Não chegarão a coisa alguma. É como se eu sonhasse em ser deputado um dia passando unicamente pelo movimento. Agora não me esforço muito para fazer alguém mudar de opinião. As pessoas são fascinadas pela expressão "extrema direita", mas isso não basta. O que era preciso fazer para mudar era recuperar o espírito de camaradagem e de solidariedade, algo que não existe mais!

Forçosamente, pois estava na adolescência

Porque agora de fato não confio mais nos caras da FNJ, eles entram para o movimento porque estão em crise, ficam um mês e depois se vão. Os mitos também, nos grupelhos, as terceiras vias, isso não leva a nada, os campeões do GUD, os Sidos, os Olivier Mathieu, Bad Skin, que são uns tolos, uns embrutecidos. A mãe desses caras é juíza, eles são de outros movimentos como o MNR, a JNR, são *skinheads* de Paris-Saint-Germain, não fazem parte da FNJ. São grupúsculos de coleguinhas, os bêbados mais idiotas que existem, vestidos como tropas de choque, cabeça raspada.

– *Você nunca teve esse "look"?*

Frederico – A Frente não tolera frescura. A gente usa macacão de trabalho, jeans esfarrapado para colar cartazes... Essas passeatas de fascistinhas são grotescas.

– *Você teve problemas com seus pais por causa da Frente?*

Frederico – Meus pais não toleravam, ficavam inquietos quando eu saía à noite para ir à Frente. Depois, parei de lhes dizer que ia colar cartazes.

– *E quando sua mãe viu o retrato de Le Pen no seu quarto?*

Frederico – Ela pensou que era uma crisezinha de adolescência que não ia durar muito. Mas raramente a gente fala de política em casa, porque para começar eles não se entendem muito aí. Então, forçosamente, isso cria atritos.

– *Você tentou conversar com eles?*

Frederico – Sim, sim, tentei convencê-los. Estava muito mais a par da atualidade que eles e falava melhor, punha o dedo na ferida com meus argumentos. Mas isso durava só cinco minutos, porque meu pai não quer que eu fale disso em casa. Jamais estávamos de acordo e me diziam: "Você é idiota, cretino, não sabe nada". No início era normal que eu falasse, estava contente, era algo novo para mim e, além disso, uma coisa repentina. Mas diziam: "Cale-se, você não sabe do que está falando". Eles jamais tentaram me ouvir. Com meu irmão não há problema, mas eu raramente o vejo. A política não lhe interessa. Veja, eu compreendo, a política não é muito interessante hoje. É pena, pois deveria interessar a todo mundo. Mas tenho tendência a desanimar quando as coisas não mudam... Por exemplo, nunca votei, jamais. Sequer na Frente. Minha mãe dizia: "Você está lá colando cartazes, buscando adeptos para a Frente, mas nem vota!"

– *É de fato contraditório, não?*

Frederico – Ah, sim, completamente. Não fui nem pegar minha carteirinha da Frente. Tem outros dois na Frente que agem do mesmo jeito. Por quê? Não sei responder. Não tenho vontade de votar.

– *É o sistema eleitoral que lhe parece falho?*

Frederico – Não, não. Sim, um pouco, claro. Isso sempre choca minha mãe. Meus pais votam, não em Le Pen, é claro. Mas não me dizem em quem votam, senão eu perguntaria porque, seja Mitterrand ou Chirac, e não os deixaria em paz. De qualquer forma, quer votem em Mitterrand ou em Chirac, não há praticamente nenhuma diferença. E o que eu penso é que Le Pen também, afinal, vai se juntar a eles. Ele está sendo recuperado pela classe política.

– *A FNJ trouxe problemas para os seus estudos?*

Frederico – Nunca fui prejudicado por entrar para a FNJ. Fui prejudicado sim, mas por outra coisa. Porque não tinha vontade de ir à escola. O que prejudicou mais os meus estudos foi o acidente de mobilete que sofri em Neuilly. Tinha bebido demais e derrapei. Machuquei o olho, fui operado. Fiquei com o olho torto. Fui operado três vezes para endireitar.

[...]

Durante dois anos só pensei no meu olho. Minha cabeça era uma coisa. Aí perdi o hábito de ir à escola. Agora estou tendo muita dificuldade de voltar ao liceu. Estou na última série do secundário e tenho que fazer tudo para conseguir me formar.

– *A Frente Nacional fez você mudar?*

Frederico – Forçosamente, pois estava na adolescência quando entrei.

– *Ou foi alguém que você encontrou lá?*

Frederico – Meus melhores amigos não são da frente, são mesmo mais ou menos apolíticos. Tenho um colega mestiço, de tendência anarquista. Vez por outra, no final de uma noitada, depois de bebermos muito, acabamos discutindo, mas isso não vai longe. Na verdade, nós nos conhecemos justamente assim.

[...]

O fato de saberem que eu sou da Frente nunca agradou as pessoas, então também perdi amigos por causa disso. Mas estou pouco ligando. Os professores que sabiam que eu era da Frente, eu os ignorava e eles a mim. No início eu devia falar muito da Frente, estava superentusiasmado, gostava de falar da Frente. Mas os amigos que perdi foram substituídos. Reconheço que eu devo ter falado um pouco demais, é normal.

– Você defendia posições racistas?

Frederico – As pessoas diziam: "Você está na Frente? Você é racista!" Eu compreendo, é a imagem que se tem, é a desinformação. Podem me chamar de tudo o que quiserem. Mas depois as pessoas não fazem distinção entre racismo e o que a gente de fato diz. É preciso repetir trinta mil vezes e isso se torna cansativo, é só perda de tempo.

Não há formação

– Há atividade cultural na Frente? Por exemplo, ida em grupo ao teatro, ao concerto, compra de ingressos para o grupo?

Frederico – Não, e é uma pena. É o que eu dizia: não há educação, formação. É exatamente isso. Não há biblioteca. Ou melhor, há uma pequena, onde perderam-se livros.

– Quais?

Frederico – Daudet.

– Léon ou Alphonse?

Frederico – Não sei, não conheço muito. Mas cheguei a conhecer Drieu La Rochelle, que eu adoro: *Fogo fátuo, Diário de um homem traído, Estado civil* e *O homem a cavalo*. O que eu adoro é o estilo picado, de pequenas frases amargas lançadas aqui e ali, as comparações engraçadas. Principalmente no *Diário de um homem traído*. Ele fala de bordéis e diz que é uma homenagem à virgem. Adorei esse livro e recorri a ele várias vezes.

– Por que gostou tanto?

Frederico – Ele fala de adoração da mulher. É um pouco paradoxal e eu gosto disso. E adoro *Fogo fátuo*. Ele fala de alguma coisa, faz uma descrição e, de repente, lança uma pequena reflexão com ar de inocência, como quem não quer incomodar. Li também Brasillach, mas não me agradou tanto: *Enquanto o tempo passa*. Ouvi falar de escritores de direita, dos teóricos, mas não li nada.

– Quem o levou a descobrir Drieu?

Frederico – Régis, um amigo bamba. Ele me falou um pouco do personagem. Em música, ouço Skyrock. Bem, gosto muito de música militar, os cantos, gosto disso. Mas não os cantos fascistas italianos e sim os alemães – tenho um disco. Mas escuto também música clássica. Mas não são cantos nazistas, são cantos tradicionais alemães, nada a ver uma coisa com a outra. Mas, enfim, canto nazista ou canto alemão, é tudo mais ou menos a mesma coisa, não entendo as letras, então não vejo diferença. Agora, na Frente Nacional, faço de vez em quando uma colagem, mas não muito mais. Há muita gente nova e vou lá discutir um pouco com eles.

Com meu pai é eletricidade pura

– As coisas melhoraram na relação com seus pais?

Frederico – No momento, vão indo. De tempos em tempos eu tento melhorar as coisas, eles também se esforçam, mas raramente ao mesmo tempo. Com meu pai as coisas são complicadas há muitos anos. Na primeira vez que fugi de casa, tinha cinco anos. Foi no Marrocos. E dois anos atrás eles me expulsaram.

– Por quê?

Frederico – Nenhuma razão específica. Talvez eu estivesse errado, porque estrilava toda a vez que me enchiam a paciência. Aí, toda vez que alguma coisa ia errado em casa, colocavam a culpa em mim. Então, à mesa, eu os enfrentava e meu pai se punha a berrar. Minha mãe começava também a se esgoelar porque eu não comia. A coisa chegou a um ponto que tive de sair. Basta uma faísca para que tudo sempre recomece. Principalmente com meu pai. Com minha mãe ainda vai, mas com meu pai é eletricidade pura.

[...]
Tudo o que eu sei é que os problemas com meu pai não são recentes, não tem nada a ver com a política ou com o acidente, é muito mais antigo. Nunca me entendi com ele.

– *Mas a entrada para a FNJ não foi um pouco dirigida contra ele, para amedrontá-lo?*

Frederico – Não sei direito. Em todo caso, não lhe agradou nem um pouco, isto é certo. São pequeno-burgueses um pouco apavorados, de forma que esperavam tudo vindo da Frente Nacional, necessariamente. Temiam que eu de repente tivesse me transformado num malandro quando me viam voltar tarde para casa depois de uma colagem.

– *Você tinha prazer em saber que eles pensavam assim?*

Frederico – Não, porque não era verdade e eu não queria que eles pensassem isso de jeito nenhum. Mas eles não queriam compreender e insistiam que eu fosse a um psicólogo. Mas eu não fui. Iria, se na verdade... Mas não acho que preciso de ajuda. Meu pai, porém, me trata como se eu fosse louco, um cara problemático enfim; não, simplesmente como um "chatinho", porque o incomodo. Ele não pensa de fato que eu tenha nenhuma tara ou coisa que o valha. E eu lhe respondo da mesma maneira.

– *Chatinho?*

Frederico – Sim.

– *E aí?*

Frederico – Minha mochila voa pela janela e eu saio, sem dinheiro, sem nada. Depois de três dias volto cautelosamente para pegar minha caderneta de poupança e vou para casa de um amigo.

– *Você parece se divertir com isso, conta tudo com a maior tranquilidade.*

Frederico – É que estou acostumado, e não é grave.

– *Você não acha que há uma relação evidente entre sua entrada para a FNJ e os problemas com seus pais?*

Frederico – Sim, talvez, voltando a eles, não me dão um tostão. Então o que eu fiz para me virar foi também graças à FNJ: trabalhei como segurança duas noites na festa da torre Eiffel, ganhei 900 francos.

– *O que você pretende fazer no futuro?*

Frederico – Espero concluir logo o secundário e depois fazer uma faculdade de engenharia. Vou conseguir, sem muito problema, um curso de engenheiro aeronáutico.

– *Você não tem problemas na escola este ano?*

Frederico – Ainda tenho muitos problemas.

[*Anuncio que vamos terminar. Ele propõe trazer alguém da FNJ mais interessante que ele para eu entrevistar. Pergunto se não conhece alguém bastante ativo, engajado.*]

Corre-se o risco de acabar num grande caos.

Frederico – Conheço um sujeito muito envolvido, mas que é idiota como os outros, que não vai ser nada na vida. Então acho que não vale a pena. Os outros são como eu, desligados. Nossa federação está a ponto de desmoronar e ninguém faz nada, não levanta um dedo, é mesmo desanimador. Tivemos uma sede e não fizemos nada. Durante um ano e meio esperamos por esse espaço, dizendo: "vai ser genial", e quando conseguimos não fizemos nada. Montamos um bar no local, vendemos coca-cola e cerveja a cinco francos a garrafa. Então as pessoas vinham, se escarrapichavam nas poltronas e não faziam coisa nenhuma.

– *Por que essa preguiça, se vocês pareciam tão determinados no início?*

Frederico – Na federação, só um terço das pessoas tinha a carteirinha em dia. Mas na verdade os convictos de fato, os adeptos de carteirinha, não são vistos, não aparecem nunca. A gente tenta contactá-los, mas... É outra coisa desanimadora! A gente achava que com um local nosso conseguiria reunir as pessoas convictas, organizar, estruturar a coisa: pedimos a dois militantes que contactassem as pessoas, eles chamaram três pessoas e acabou, não fizeram mais nada. Ficaram todos moles! Corre-se o risco de acabar num grande caos. Essa história do Iraque, isso vai nos levar ao fim, não tenho dúvida. Então é difícil de entender a posição de Le Pen, mais ainda porque ele espera com isso evitar a catástrofe que de qualquer forma nos aguarda, é o que eu penso.

– *Que grande caos é esse?*

Frederico – Se for declarada a guerra, vai ser uma embrulhada dos diabos, não se sabe o que acontecerá em Israel, vai ser uma enrascada também, vai haver rebeliões mais ou menos por toda parte, à direita e à esquerda, até na França.

– *Quem vai se rebelar?*

Frederico – Os imigrantes, isso me parece provável. Não podemos medir a extensão dessa rebelião, mas há provas de que algo está sendo tramado. Há dois anos e meio, em Neuilly, houve uma batida num restaurante árabe e descobriram metralhadoras, bazucas, explosivos. Se estava assim há dois anos e meio, hoje eles estão dez vezes mais fortes. E se descobriu também um plano não sei de quê. Estão muito bem organizados. Temos alguns informantes, gente da Frente Nacional que mora nos bairros pobres. Claro, não revelam que são da Frente, senão seriam linchados. Se alguém for pego, a coisa vai esquentar, no dia seguinte vamos lá panfletar e o escambau. Vamos todos. Se alguém da Frente for atacado, vamos responder, não tem dúvidas. Mas os caras não ousam muito nos atacar, porque tem o mito da extrema direita e tal, isso faz todo mundo esfriar a cabeça. Por exemplo, jamais me passaria pela cabeça atacar uma manifestação da CGT, porque eles têm uma segurança excelente! Com a gente tem o mito de que somos maus, *skinheads*, cerveja, navalhas, essa coisa toda... Isso trabalha para a gente.

– *A favor e contra.*

Frederico – Sim. A favor, porque isso evita que as pessoas sejam feridas. E contra, porque dá uma imagem de ruim. É evidente que toda essa população dos guetos está acabada, condenada, não há integração possível se existirem guetos. Conheço dois negros que entendem isto muito bem. Um se chama Mamadou, o outro Stéphane. Este é da Frente e chegou a secretário regional. Há muito mais gente assim na Frente do que se pensa, não é muito fácil de entender. Tem uma senhora Medfetna, negra, muito ativa na Frente. Eles compreendem muito bem que é preciso inverter a integração. Expulsá-los, sim, mas não de qualquer jeito, é claro. Para acabar com todos os guetos. Os imigrantes nos rendem um bilhão em previdência social. Todo dia chegam mais clandestinos. Quanto aos jovens "beurs", há aí um problema, porque são de cultura francesa, é preciso que se crie neles a vontade de voltar para seu país. E é preciso refazer o código de nacionalidade. Isto é fácil. Hoje não há nem necessidade de conhecer a língua. Concede-se o direito de asilo na maior, com o pretexto de que a pessoa corre perigo em seu país. Este é o problema mais difícil e mais importante, sem dúvida. Poderia falar também de temas enfadonhos, sobre segurança, etc. O problema é que a Frente Nacional é um partido incapaz de exercer o poder, ao meu ver nunca vai chegar lá, é por isso que nem voto na Frente. Mas, embora eu ache que jamais chegará ao poder, é um partido que me agrada porque aborda esses assuntos e acho que devo defendê-los.

[...]

A Aids cria bombas humanas que se espalham por toda parte. É preciso juntar os aidéticos durante um certo tempo para que tomem consciência do perigo que representam. Não é porque estão doentes que vão matar os outros... De qualquer forma, vai se abrir um buraco na pirâmide etária... Talvez seja um assunto chato, mas é preciso repisar. É como a questão das drogas, é preciso firmeza para lidar com esses problemas, como a questão da segurança, mas não acho que Le Pen, que jamais terá o poder, consiga fazer algo a esse respeito.

– *Foi o militarismo da Frente Nacional que o atraiu?*

Frederico – Não, não. Mas gosto muito de uniformes, tenho até uma coleção de objetos militares. Mas não gosto do exército, não penso em servir. Talvez seja um pouco paradoxal. Em mim, o lado militar é algo especial. Tenho uma pequena coleção de coisas militares, que faço há quatro anos: primeiro comprei um capacete alemão, depois capacetes cobertos de pêlo, e tenho vários quépes. Consegui até juntar um uniforme completo de tenente coronel da Legião Francesa. Tenho uma baioneta. Mas armas me seriam proibidas.

– *E não há uma possível ligação entre esse gosto, digamos paramilitar, pelos uniformes e a sedução que a Frente Nacional exerceu sobre você? Sua adesão parece passional, como uma pulsão reprimida.*

Frederico – Sim, nem sempre estou de acordo com a Frente, sem dúvida adoro contrariar. Às vezes me oponho a alguém da Frente só por prazer. Também porque muitas vezes são uns idiotas. E isso não vai mudar, o que acaba entediando. Mas quando tento falar a respeito, ninguém se dá conta de que é preciso se mexer.

Primeiro preciso do meu diploma secundário, depois se vê o que fazer

– *Você nunca teve problema ao colar cartazes?*

Frederico – Não. Fazemos as colagens em geral às quatro horas da manhã dos domingos, quando todo mundo está dormindo, podemos agir tranquilamente até nos bairros operários. Uma vez até parou um sujeito que nos congratulou e nos deu 500 francos, que depositamos na caixa da FN. Ou então nos agridem à distância, gritam de longe "ajam às claras" e arrancam logo com o carro, não atrapalham a colagem. Bem, mas colar cartazes não é tudo na vida. Primeiro preciso do meu diploma do secundário, depois se vê o que fazer.

1991

Jean-Pierre Faguer

Esposa e colaboradora

Montadora de filmes para televisão e cinema – teve a chance de trabalhar no início da carreira com vários diretores importantes da *Nouvelle Vague* – Hélène D. exerceu muitas vezes seu ofício em colaboração com o marido diretor, de quem separou após mais de 20 anos de vida em comum, o que perturba ao mesmo tempo sua vida afetiva e sua vida profissional.

Com cerca de 50 anos, ela mora num prédio cercado de área verde na zona oeste da grande Paris, em um apartamento que ficou grande demais desde que se viu sozinha com a filha mais nova e no qual aparentemente nada mudou desde que o marido foi embora – de tempos em tempos ele aparece, conta Hélène, telefonando antes para ter certeza de que não vai encontrá-la, para pegar discos e livros na estante da sala, como se sua ausência fosse apenas provisória. Ao longo da entrevista ela dirá que, passado um ano e meio da separação, ainda não deu início ao processo de divórcio.

Encontrei Hélène D. por intermédio de uma de suas colegas da escola de cinema, o famoso IDHEC, onde ela ingressou no final dos anos 50, num momento em que as mulheres ainda eram uma pequena minoria nas profissões qualificadas do setor cinematográfico. Mesmo que na sua turma as mulheres fossem maioria, elas sabiam que não teriam as mesmas chances de carreira que os homens. Nesse período de expansão da televisão, a demanda de "técnicos de cinema" era grande e a maioria das mulheres formadas pelo IDHEC conseguiu empregos técnicos, mais seguros, porém menos gratificantes que os empregos de diretores aos quais se encaminhava a maioria dos seus colegas homens. É significativo, por exemplo, que essa amiga de Hélène seja a única mulher de sua turma que conseguiu se tornar diretora, mas depois de ter sido também montadora no início da carreira e esteja numa situação ainda precária. Durante toda a entrevista, essa amiga foi a "referência" ao mesmo tempo positiva e negativa para traçar o campo de possibilidades para sua geração.

Nada a predispunha à escolha de uma profissão que descreve como produto "casual" de uma reorientação escolar. Estudante de educação no Instituto Católico, decidiu aos 19 anos abandonar o curso de letras que pouco a interessava para se preparar para o IDHEC, de que ouvira falar por acaso. De início seus pais encorajaram a mudança de rumo, pois só viram de imediato os atrativos de um concurso para uma grande escola, de um curso preparatório num liceu sem as exigências da vida estudantil na faculdade, de um diploma reconhecido pelo Estado e, ainda por cima, o verniz de artista.

Filha única de um casal pequeno-burguês católico – o pai é engenheiro, a mãe nunca trabalhou – ela estudou no liceu para moças de uma cidade do interior, ainda muito provinciana nos anos 50, na região parisiense. Viveu com os pais até os 25 anos, quando eles, preocupados porque ela não manifestava a intenção de se casar, lhe compraram um apartamento em Paris. Casou-se aos 30 anos, relativamente tarde para a época, o que se explica pelo fato de que os estudos cinematográficos iniciados "um pouco por acaso", sem "um desejo fantástico de seguir a profissão", de certa forma empurraram para um meio que ela não conhecia bem e no qual os casais são pouco estáveis, o que de início lhe tornou difícil o contato com os homens, mesmo no trabalho.

Assim ela explica longamente na primeira parte da entrevista que a dedicação ou antes a devoção que demonstrou na vida conjugal (a preocupação de desposar não apenas o homem mas "o projeto de um homem" é que a ligou mais fortemente ao marido, pois pessoalmente não tinha o desejo de criar por ela mesma) é apenas a outra face do que se poderia chamar de uma atitude de "sacrifício" em relação aos homens no seu ambiente de trabalho. O que podia parecer uma mudança de meio social ("o IDHEC é, pelo menos, um meio intelectual") levou-a a encontrar homens bem diferentes dos que conhecia, "seres superiores" capazes de "criar" e aos quais deveu sua formação política e cultural nesse período marcado pela guerra da Argélia ("na casa de meus pais jamais se falava em política"), embora reconheça, chegada à casa dos 50, que se "desencantou bastante depois". Pouco a pouco, o que a sua opção profissional lhe havia tirado, sobretudo a confiança em si mesma na relação com os homens, acabou lhe devolvendo à medida que melhor se integrava ao meio. O casamento lhe permitiu, por fim, após uma longa aprendizagem de imperceptíveis correções no seu relacionamento com os homens, satisfazer de maneira quase mágica, com um homem bem mais novo que ela, um desejo de realização profissional e pessoal. "Em vez de ficar admirando e idealizando esses rapazes, pude enfim começar a ter contato com os mais jovens que eu, isto é, com rapazes para os quais eu já podia representar alguma coisa profissionalmente. Não era mais uma menina estúpida aos olhos deles, mas uma pessoa que conhecia bem o seu trabalho e com a qual eles podiam ter uma relação profissional interessante e, portanto, avançar mais na relação."

A segunda parte da entrevista descreve a transformação da sua visão sobre o homem com quem trabalhou e viveu durante mais de 20 anos. O que sobretudo a atraiu nesse diretor iniciante, de apenas 22 anos na época mas já com reputação no meio, foi precisamente sua "atitude de criador", que podia dar um sentido mais satisfatório, uma certa plenitude a sua vida de técnica sem "ambição especial". Durante pelo menos 15 anos sua colaboração foi, ao que parece, impecável: técnica e confidente, foi não apenas responsável pela montagem dos primeiros filmes do marido, o que representava apenas uma pequena parte de suas atividades, mas sobretudo preencheu a função talvez mais decisiva do encorajamento e esteio moral que um "criador" espera encontrar na companheira sem jamais ousar lhe pedir isso abertamente. Mas, com o tempo, ela passou a "admirar" menos um marido cuja carreira não dava tudo o que ambos esperaram dela. Pouco a pouco, embora ainda se interessando pelos filmes do marido, ela foi tomando distância dos seus projetos, reprovando que ele "se deixasse levar por facilidades". Sem que percebesse, os amigos, de início comuns, foram se diferenciando. E ela teve que retomar mais firmemente a carreira profissional, que não apenas o aumento da concorrência com sua própria negligência haviam tornado mais difícil – durante anos dedicou-se principalmente à educação das duas filhas. Seu conhecimento "técnico" de cinema, além disso, deu ao marido uma compreensão desalentadora, insuportável, sobre uma carreira cujas limitações ela não podia evitar de ver. Como muitos diretores de sua geração, ele enfrentou uma década difícil, depois dos 40, pagando caro, com longos períodos de dispersão de sua vida profissional em projetos desinteressantes e mesmo com o desemprego, a sua recusa de "compromissos" com o cinema comercial, não suportando mais tão facilmente como no início a obrigação de ser continuamente testado – segundo Hélène, ele dizia: "Estou cheio de repetir o vestibular a cada filme que faço". Mesmo que não se identifique com a opinião dos pais, que teriam preferido que ela se casasse com "um funcionário" e escolhesse "uma vida mais banal e mais segura", hoje, separada de um homem que se tornou diferente desde que foi embora – "ele mudou de personalidade [...], não tem muita relação nem com os filhos nem com os velhos amigos" –, ela já pensa um pouco como eles: "O balanço desses 25 anos não é necessariamente positivo".

O amor comum pelo cinema facilitou nos primeiros tempos a cumplicidade sentimental e a colaboração profissional entre esses dois antigos alunos de Jean-Louis Bory e Henri Agel, com alguns anos de distância entre o curso dela e o dele. Aos olhos do marido ela se beneficiava de uma já sólida experiência profissional, confirmada por sua participação na montagem de filmes considerados hoje dos mais importantes da década de 60. Mas se o cinema pôde uni-los no começo de sua vida comum, apesar da diferença de origem social (ele era filho de um comerciário) e de idade (ele é seis anos mais novo que ela), os interesses contraditórios das respectivas carreiras aparecem com o tempo possivelmente como um dos fatores essenciais de sua separação.

A lógica do trabalho está com efeito no centro dessa retrospectiva da vida de Hélène. Foi a opção profissional que, ao que parece, retardou o seu casamento e seus projetos de maternidade (não seria esta que a desviaria dos homens que lhe estavam destinados por sua educação, pela influência do ambiente familiar) e a uniu duplamente ao marido como esposa e colaboradora, a posição de técnica reforçando no caso a figura apagada e discreta da esposa eficaz que sempre se virou para desempenhar seu trabalho profissional e o papel de boa dona-de-casa, apesar dos horários de trabalho pouco compatíveis com uma vida doméstica regrada. Aí está a diferença, por exemplo, para um casal de professores, cujas obrigações profissionais podiam em parte ser feitas em casa tornando mais fácil uma divisão mais equitativa, entre os cônjuges, das tarefas domésticas. Desse ponto de vista, a carreira de Hélène assemelha-se mais à dessas mulheres, engenheiras ou funcionárias de empresas privadas, comumente solteiras, que saíram com uma geração de atraso à conquista de meios profissionais dominados pelos homens.

Através dessa trajetória exemplar dos conflitos profissionais e sentimentais enfrentados pelas mulheres que só conheceram o feminismo depois de adultas, vê-se como as condições históricas que definem a experiência de uma geração separam indivíduos de idades diferentes, apesar de todas as formas de solidariedade familiar e, ainda mais, de classe ou de sexo.

Nascida pouco antes da guerra, Hélène pertence a uma geração limítrofe entre a que precedeu a expansão do sistema escolar francês e a geração de 68 (em 1968 ela já tinha quase dez anos de experiência profissional). Ela está nesse grupo de mulheres que experimentaram em suas vidas pessoais os efeitos ambíguos da aprendizagem da "autonomia" que o acesso a uma profissão qualificada poderia proporcionar. Para as mulheres de sua idade e de seu meio, um meio marcado pela influência dos valores familiares do catolicismo, no qual por exemplo era natural que as esposas ficassem em casa, "ganhar a vida" não implicava uma garantia de "negociação" mais igualitária com os homens, muito ao contrário. Essa geração, que no entanto precede a das feministas em apenas alguns anos, teve que enfrentar os mesmos conflitos, mas com a perspectiva do que Hélène chama de "educação clássica", com seu lado de "sentimental", com uma representação tradicional do casamento em que a harmonia conjugal depende de um dos cônjuges saber "ser bastante humilde", no caso, é claro, a esposa.

Paradoxalmente, a autonomia profissional que Hélène adquiriu com o estudo voltou-se de certa forma contra ela – permitiu, por exemplo, que o marido a deixasse sem qualquer culpa, sem mesmo se sentir obrigado a fornecer uma ajuda financeira às duas filhas ainda estudantes. Só lhe resta a satisfação – é verdade, não desprovida de amargura, de ter compreendido logo o que lhe aconteceu, satisfação que pode ajudar a transformar um destino aparentemente intolerável em liberdade nova, inesperada. Esposa e colaboradora

Com montadora de filmes

– *Entrevista de Jean-Pierre Faguer*

"Imaginando desposar o projeto de um homem, eu me enganei completamente."

Hélène – [...] Não tive grande vontade de seguir essa profissão. Fiz um ano de faculdade de educação e de repente mudei completamente de rumo, de veneta, e afinal fiquei muito satisfeita. Foi pelos azares do acaso. Alguém me falou do IDHEC, dessa profissão. Isso me fascinou e disse para mim mesma "por que não?", sem saber realmente o que era, sem conhecer realmente o cinema [...]. Fiz a preparação para o IDHEC na escola Voltaire. As moças eram muitas na minha turma porque se sabia que a televisão ia fazer oferta de empregos por essa época: foi o momento de decolagem da ORTF (Rádio e Televisão Francesa). Sabíamos que a televisão empregava sistematicamente os formandos. E era verdade: metade da minha geração, talvez mais da metade, não necessariamente sob contrato, trabalhou para a televisão [...]. Éramos 12 moças numa turma de 20 [...] mas na verdade não havia vagas de direção para as moças, só havia cargos técnicos [...]. Das 12 havia entre nós umas duas ou três que queriam dirigir e que pensavam em trabalhar em montagem como um estágio para a direção mais tarde. Só uma delas conseguiu realizar esse sonho, dirigir. Só em 68 os postos de direção foram abertos às mulheres. O fato é que a gente só se imaginava como técnica, sabendo que devia entrar para a televisão. Tínhamos sido mais ou menos escolhidas para isso [...]. Para entrar na profissão, na época, havia uma espécie de rejeição de pessoas com essa formação, pensavam: "eles cursaram o IDHEC, são pretensiosos, intelectuais, vão encher a paciência da gente" [...]. Mas tínhamos sorte, era o meu caso, de estagiar na produção de filmes importantes [...].

– *Quais eram os seus projetos quando estava no liceu?*

Hélène – Cursei uma escola para moças numa cidade pequena, digamos na periferia metropolitana, e pensava em ser assistente social; como vê, algo completamente diferente [...]. Entre as moças que cursavam comigo o IDHEC havia algumas com muito mais vocação, muito mais segurança, com uma ideia muito mais precisa de que queriam [...]. Eu era uma completa ignorante. Foram homens como Henri Agel e Jean-Louis Bory que me abriram a mente e me ensinaram a conhecer e amar o cinema. É verdade que uma escola como Voltaire e dois anos de IDHEC nos deram uma pequena cultura cinematográfica, mas foram aquelas pessoas que nos inocularam o vírus do cinema [...]. Quando saí da escola, duas ou três vezes recebi propostas da ORTF para um contrato anual como montadora e duas vezes recusei, embora na verdade tivéssemos sido aceitas no IDHEC em grande parte com o objetivo de preencher as necessidades da televisão. Mas recusei porque acontece que nos anos 60, em 65, a profissão não ia nada mal e éramos relativamente poucas profissionais no mercado, de forma que trabalhamos bastante, um trabalho emendava no outro, tinha bastante trabalho. Então me meti no cinema, acompanhei o movimento da *Nouvelle Vague*, não tinha vontade de trabalhar para a televisão.

Naquela época o homem era um ser superior, depois me desencantei um pouco

– Qual era a diferença entre a faculdade de educação, o IDHEC e o liceu no tocante à relação entre rapazes e moças?

Hélène – Posso lhe dizer que na faculdade de educação continuei nesse ponto exatamente como no secundário, sem abertura mental. Havia rapazes, mas eu não os via. Estava na Católica, que para minha mãe era mais séria [*riso*], ela se inquietava um pouquinho com o meu futuro (...). Eu era muito boba em comparação com as moças de 18 anos de hoje. Morava na periferia da grande cidade e voltava de noite para casa, o que depois me criaria problemas; quando queria ir de noite ao cinema, era complicado. Perdia quase todos os finais dos filmes na cinemateca para não perder o último trem. De fato só comecei a notar os rapazes a partir dos 19 anos, na Voltaire e no IDHEC; mas, devido à minha educação muito rígida, não tive muito relacionamento com eles [...]. O importante para mim é que, a partir dos meus 19 anos, os rapazes falavam de política. Era 1956, a invasão da Hungria. Havia todos aqueles comunistas, que apoiavam o golpe. Foi isso que abriu a minha mente, eu não tinha nenhuma formação política. Em casa nunca se falava de política, que aprendi na escola; foi a época da guerra da Argélia, eu ia a manifestações [...]. Estava aprendendo as coisas. Primeiro eu escutava depois escolhia minha posição em função do que ouvia [...]. Todos eram comunistas ou simpatizantes dos comunistas, todos de esquerda, todos estávamos contra a guerra da Argélia. Havia sempre manifestações e eu ia, participava com sinceridade, acreditando naquilo, pensando que era efetivamente o que devia fazer, que aquela era a verdade, era muito sincero de nossa parte, de nós todos. Em 58 votamos todos, como uma só pessoa, contra De Gaulle.

– Alguns dos seus colegas já viviam como casais?

Hélène – Sim, claro, já havia os que iam morar juntos, havia namoricos, tudo o que você pensar [...]. Eu não, porque ainda era muito encolhida aos 19 anos, não conhecia muita coisa, era preciso que aprendesse a viver, foi preciso cursar todo o IDHEC para que começasse a ter uma vida normal. Fui muito bloqueada na minha educação. Foi preciso muito tempo para que me desbloqueasse. Se não tivesse caído num meio como o do IDHEC, um meio intelectual, não sei, teria me tornado funcionária, teria evoluído muito mais devagar.

– Como é que você via os rapazes na época?

Hélène – Eu era mais ou menos apaixonada por um ou por outro, como uma admiradora.

– O que era admirável neles?

Hélène – Não havia nada admirável neles exceto que queriam ser diretores. Eu sabia que não queria ser diretora. De fato, toda minha vida me apeguei a isso: a montagem; para mim é suficiente, isso me basta. Tampouco tinha o desejo de criar, não tinha ambição e, para mim, todos os que iam ser diretores, os rapazes, eram magníficos. Havia também músicos entre nós. Eu ficava completamente embasbacada que eles pudessem ser criadores e estava fascinada pelos homens, de forma que era muito difícil me aproximar. Para mim o homem era realmente um ser superior, depois me desencantei um pouco [*riso*], era um pouco romanesco, bobagem.

Minha carreira foi abandonada à própria sorte

– Você acha que no seu trabalho há vantagem em estar casada com alguém do mesmo setor?

Hélène – Acho que sim, a não ser quando há competição no próprio casal.

– Você conhece casos assim?

Hélène – Sim, conheço, pessoas que são casadas e ambas diretores. Às vezes isso não dá certo.

– Na sua opinião, quais as condições para que isso dê certo?

Hélène – É preciso que um dos dois seja bastante humilde, que não tenha ambições pessoais. Acho que se os dois têm ambições pessoais, é difícil.

– Não pode ser cada um na sua vez, não existe isso?

Hélène – Deve existir, talvez, não sei, mas não muito. Conheço muitos casais na minha profissão que se separaram, a maioria se separou [...]. Era o que preocupava bastante os meus pais: eles viam perfeitamente que nessa profissão nenhum casal era estável e isso realmente os inquietava bastante. Eu me achava segura de mim, achava que podia fazer algo a longo prazo. Pensava e ainda penso que podia fazer. Não sou muito frágil, mas acho que a maioria das pessoas nessa profissão dificilmente pode de fato abraçar projetos comuns de maneira duradoura.

– O feminismo teve consequências importantes no seu meio profissional?

Hélène – De início trabalhei em projetos feministas, mas eram muito dependentes de projetos da época. Eu, pessoalmente, acho que tive uma vida bastante autônoma, bem autônoma em termos de carreira, do meu trabalho, da minha profissão e em termos de dinheiro. Mas não me posiciono como feminista militante. Em todo caso, acho que minha vida prova que só o fui em termos relativos.

– Como assim?

Hélène – Para mim, ser feminista significa sobretudo ter uma independência profissional e financeira, mas isto não significa nada em termos da relação com um homem. Sempre imaginei essa relação em termos de igualdade, mas não de competição. É verdade que se tivesse o desejo de ser diretora, se alguma vez tivesse tido este desejo, não vejo por que não poderia ter tentado; escolhi ser montadora porque não tinha o desejo de ser diretora.

– Você disse que é preciso que um dos dois seja mais humilde. Conhece algum caso em que é o homem?

Hélène – Sim, conheço [...] casos em que o mais humilde é justamente o homem. Penso em vários casais amigos [...]. Talvez seja um pouco simplista o que vou dizer, muita gente pode zombar, mas eu fui criada de tal maneira que me submeto ao desejo e à criação do outro, este outro era o homem. Se quisesse, poderia ter reagido de forma diferente, mas na medida em que não tinha o desejo de criação pessoal, só tinha vontade de ajudar o outro a consegui-lo.

– Vocês eram vistos de fato como um casal estável num meio em que a maioria dos casais não o é?

Hélène – Totalmente. Éramos vistos de tal forma que muita gente me falava: "A gente pensava que vocês iam viver juntos a vida inteira, que era um casamento seguro e tudo o mais", querendo dizer que era falso [...].

– A profissão não separava vocês?

Hélène – Não. Ele ia cada vez mais ao interior do país e ao exterior, mas isso não nos separava. No meu trabalho, um trabalho um pouco maluco, eu fazia o possível para estar em casa antes das oito da noite, por causa das filhas [...]. Isso acabou me prejudicando profissionalmente, não pude fazer exatamente o que queria e acabei abandonando a ideia de fazer carreira. Minha carreira foi abandonada assim à própria sorte, porque passei a fazer só coisas marginais [...]. Pouco a pouco, a coisa degringolou um pouco, mas não completamente por causa das crianças, foram as circunstâncias que me deixaram fora do cinema comercial.

– *Você tinha alguma ideia do que queria fazer?*

Hélène – Sim, eu tinha uma certa ideia, que era a de não fazer qualquer coisa, de recusar quando eram coisas medíocres.

– *Vocês dois conversavam sobre as opções profissionais?*

Hélène – Sim, a gente conversava muito. Por exemplo, em 74, eu me vi de repente fazendo qualquer coisa com uma produtora de TV, as coisas não iam nada bem com ela e minha vontade era jogar tudo para o alto, porque realmente era insuportável trabalhar com ela [...]. Como de fato estávamos com problemas de dinheiro, ele me disse: "Tolice, quando se começa uma coisa temos que ir até o fim". Então, eu também, é verdade, acabei dizendo para mim mesma que era preciso ir até o fim e me obriguei a concluir o trabalho, o que me fez perder um ano inteiro. Depois concordamos que foi um erro: "Era melhor que você tivesse mesmo largado tudo".

Ele mudou de personalidade

[...] Por mais de 20 anos tivemos amigos comuns que por vezes eram amigos dele ou meus [...]. Mas pouco a pouco conhecemos outros [...] e então aconteceu algo diferente: nos últimos anos ele fez amizades mais pessoais, eram "seus amigos", digamos assim, porque com o tempo foram mudando as nossas relações. A gente se separou um pouco. Recomecei a fazer longa-metragem, trabalhava com pessoas que ele não conhecia bem, enquanto, por seu lado, ele fazia coisas na TV, vídeos, do que eu não participava. Na época eu não conhecia a técnica de vídeo. Depois, como além do cinema ele tinha outros interesses profissionais, outros interesses intelectuais, fez muitas amizades paralelas, que se tornaram um pouco nossos amigos comuns; eu era aceita como sua mulher, mas nos últimos anos eram mais amigos dele que meus. E percebo agora que não os vejo mais, mas continuo a encontrar nossos amigos comuns, que ele já não vê.

– *Ele mudou de vida?*

Hélène – Ele mudou de personalidade, uma espécie de quebra, de ruptura. Vejo que na verdade ele não tem muita relação nem com suas filhas nem com os velhos amigos.

Ele também mudou fisicamente?

Hélène – Também fisicamente, mas é mais uma espécie de mudança de personalidade que, a meu ver, provavelmente se operou de forma sub-reptícia nos últimos dez anos [...]. Tomei consciência de coisas que aconteceram nesses dez anos; já em 85 houve rupturas, eu sabia de coisas que estavam acontecendo, estávamos afastados um do outro, tinha me tornado menos vigilante, porque, coisas da vida, meus pais morreram, um monte de coisas na minha vida, eu me ocupava um pouco mais com as crianças, com meus pais, e menos com ele, então aconteceu. Além disso, estava muito mais envolvida no meu trabalho, porque voltei a fazer longa-metragem, trabalhei muito nesses últimos anos.

A profissão não nos unia mais

[...] Depois, tem o fato de que, depois de dez anos juntos, a profissão não nos unia mais; ele fazia mais televisão, documentários, e eu fazia mais filmes de ficção. Em 85 ele fez um filme que achei muito bom, mas eu tinha me tornado mais distante, ele percebia.

– Ele se sentia julgado por você no trabalho?

Hélène – Talvez ele achasse que eu julgava o seu trabalho. Eu tinha menos admiração por ele, mas jamais falamos disso realmente [...]. Era uma pessoa com possibilidades fantásticas, muito rica culturalmente e também do ponto de vista criativo, mas que pouco a pouco se endureceu com a rotina de um trabalho que é muito duro, uma pessoa que não pôde fazer realmente o que queria porque o meio profissional não lhe permitia. Tentou fazer longa-metragem e não conseguiu, porque foi obrigado a fazer televisão como todo mundo, então isso o empobreceu um pouco e depois, cada vez mais, deixou de ser tão exigente com o que queria fazer profissionalmente, se deixou levar pelas facilidades, passou a aceitar coisas fáceis demais na televisão. Tenho amigos que não aceitaram isso, que caíram fora porque não aceitavam. Mas isso foi duro para eles, passaram por momentos difíceis. Então... talvez ele tenha aceitado porque, com efeito, tínhamos filhos. Mas os outros também tinham filhos [...].

– Você não o alertava?

Hélène – Passei a alertar no fim, mas sem dúvida sem a força necessária. E, depois, será que eu tinha o direito de alertá-lo? Depois de um certo tempo, achava que não tinha mais o direito de interferir na carreira dele; passei a pensar que ele era senhor de si mesmo.

– Ele achava talvez que você o encarava de maneira, digamos, profissional entre aspas?

Hélène – Talvez eu tivesse mesmo muito desse olhar profissional em relação a ele e ele tenha querido se livrar disso, mas ao mesmo tempo, é o que ele me diz hoje, era quando trabalhávamos juntos que estávamos mais unidos, o que talvez fosse verdade e é triste que fosse assim, mas provavelmente era o que acontecia mesmo. Nos primeiros 15 anos de sua vida profissional, nos quais pude ajudá-lo, ele pensava que era uma colaboração. Depois sem dúvida passou a pensar que eu não era mais uma contribuição, que não lhe servia mais para nada. É bem provável que ele não tenha mais necessidade de alguém com quem partilhar o mesmo objetivo no plano profissional, não sei, não tenho como saber isto [...].

Os velhos casais que trabalham juntos, eu não os conheço bastante; nos que eu conheço, efetivamente, a mulher em geral não faz a mesma coisa que o homem: ele é diretor, ela não; ou ela talvez não esteja no cinema ou, se está, trabalha na produção, na burocracia, à margem. Não conheço muitas pessoas assim que viveram muito tempo juntas.

– Isso lhe parece mais fácil quando não se faz a mesma coisa?

Hélène – Acho que é mais difícil porque, muitas vezes, essas pessoas que não estão na mesma profissão não compreendem a necessidade de uma dedicação absoluta, elas não se integram. Mas, sei lá, com o tempo será que não seria melhor?

O comum nesta profissão é trocar de parceiros

– As mulheres de gerações mais jovens na sua profissão são, na maioria, solteiras?

Hélène – As mulheres mais jovens, com 40 anos, não. As de minha idade, que assumiram ficar solteiras, como vocação, pretendem continuar solteiras, mas são muito infelizes depois dos 50, é uma catástrofe, vivem muito mal a solidão, são muito infelizes. É realmente a pior coisa que pode acontecer, elas desperdiçaram completamente a vida na profissão, pela opção da liberdade, da independência e da profissão. É preciso ver com que desespero, chegados os 40 anos, elas tentam de qualquer forma ter um filho. Quando não conseguem, é uma catástrofe. As outras mulheres que eu conheço e que, ao contrário, chegaram aos 40 e tiveram de fato na idade "normal" uma vida de casada "normal", com filhos, e que ainda vivem com o marido depois de 15, 18 anos, elas conseguem efetivamente: acho que são muito fiéis esses casais e acho também que forçosamente um dos cônjuges domina o outro, em geral é o homem que domina, é preciso que se diga, raramente é a mulher. Se é a mulher que domina, acho que ela continua independente, acho que não se casa ou então vive maritalmente sem ser casada. De qualquer forma, ninguém casa mais para ser mais autônoma. Mas casais como nós acho que não se veem mais na profissão [...]. Hoje, as pessoas fazem filhos, vivem juntas um certo número de anos e, quando chegam aos 30 ou 40, encontram outro companheiro com o qual, sem se casar, passarão o resto da vida. Acho que este é o caso mais comum. É como se a segunda escolha fosse mais segura. Não sei se é o caso do meu marido, estou por fora [...]. Para mim é diferente, aconteceu muito tarde na minha vida esta ruptura, veio muito tarde na minha vida [...]. Mas não sou o modelo do que ocorre normalmente no meu meio profissional. Acho que em geral mudar de parceiro é sempre mais fácil para um homem. Para uma mulher, não é tão fácil depois de uma certa idade [...]. Mas talvez eu esteja simplificando, um pouco demais, tudo isso que lhe digo.

Tenho a impressão de ter sido enganada por minha autonomia

[...] Exceto o problema de cuidar da educação das filhas, levávamos uma vida completamente independente e livre, ele fazia realmente o que queria, como queria, quando queria. Mas talvez ele não pense da mesma forma.

– *Era você que ficava com a tarefa de cuidar das crianças?*

Hélène – Sim, era eu.

– *Você não é dessa geração que divide as tarefas?*

Hélène – Não, eu não sou dessa geração que dividia as tarefas. Infelizmente, acho que faço parte da geração anterior, que foi criada dentro de um sistema um tanto antigo, com a ideia de que a mulher deve ser a dona da casa e por isso deve cuidar da alimentação dos filhos, das compras, etc. Com efeito ele não participava da divisão das tarefas, mas agora acho que participa. Mas era por culpa minha, bastaria que eu lhe pedisse de forma clara, mas me parecia normal fazer todas as coisas em casa; talvez, se tivesse pedido, ele teria feito. Como ele era uma pessoa completamente envolvida no trabalho, sempre no trabalho, no trabalho, eu lhe dava inteira liberdade nesse ponto, cem por cento. Sem dúvida estava errada [...]. Talvez não tenhamos partido de bases bem claras, bem precisas, não sei, não consigo analisar direito as coisas. Tenho a impressão de que ele me dominava, de qualquer forma. Talvez a gente tenha partido de bases erradas; só faz um ano e meio que ele foi embora e ainda não fiz o balanço completo de tudo.

– *O que isso mudou concretamente na sua vida?*

Hélène – Muita coisa. Exatamente, tenho a impressão de ter sido enganada. No plano sentimental prefiro nem falar, porque lhe parecia um pouco sentimental demais, romântica, então nem vale a pena falar. Mas em termos puramente sociais – e o que vou dizer vai lhe parecer bem clássico e talvez um pouquinho reacionário – é que tenho a impressão de ter sido um pouco enganada, na medida em que partilhamos algo em comum em todos os níveis por mais de 20 anos e me vejo agora obrigada a assumir tudo sozinha no plano financeiro. Ele largou tudo em cima de mim de forma brutal, da noite para o dia, não assume nenhuma obrigação em termos financeiros, mesmo para as filhas. Sem dúvida pôde fazer isso com muito mais facilidade porque eu era independente, tinha uma profissão, era livre, tinha autonomia. Em suma, o que meu pai queria, que eu fosse independente, o que eu sempre quis, ser independente, o que propunha o feminismo tenho a impressão de que fui um pouco vítima disso. Acho que os da geração dele que se casaram com mulheres que não trabalham não as deixarão nunca, justamente por isso, eu acho, mas se eu lhe dissesse tal coisa ele responderia rindo que "não, não, claro que não, eu a deixaria de qualquer maneira", o que sem dúvida é verdade, certamente ele teria ido embora, mas talvez não com a facilidade com que jogou tudo em cima de mim, dizendo: "Você que pague o que tem que pagar, eu não tenho nada mais a ver com isso" [...]. Como até agora não iniciei processo de divórcio, não pude ordenar as coisas de maneira oficial, jurídica, mas o fato é que me encontro com os mesmos encargos, minha filha caçula ainda mora comigo, sem receber um tostão dele, o que é muito pesado, muito difícil. E foi muito mais fácil para ele fazer isso porque sabe que sou independente. Como trabalhei bastante nos últimos tempos, ele não tem mais nenhum sentimento de culpa.

– *Vocês sempre partilharam suas vidas profissionais?*

Hélène – Sempre cada um teve a sua vida, eu com meus filmes, que talvez não lhe agradassem, e ele comentava, porque ele é capaz de dizer quando viu um filme: "acho isso ou aquilo, é bom, não é bom, aí não, você não deveria ter feito isso". Mas acho que nos últimos anos ele se metia muito no que eu fazia e eu tinha menos admiração pelo que ele fazia [...]. Acho que, para meu marido, ter ido embora não foi apenas o término da vida de um casal, é também um momento de sua vida profissional que muda, que balança, em que sentido não posso dizer, ainda não tenho os elementos necessários para falar. A minha não desequilibra porque não tenho ambições pessoais, meu objetivo é continuar a fazer montagem, meu trabalho não muda, então não há crise nesse ponto [...], minha vida é mais simples, é montagem, as filhas, e era ele. Para ele, não, de jeito nenhum: trata-se do sucesso profissional antes de tudo. E nos últimos anos, sem dúvida, tinha um problema com ele, problema que não é só dele mas de toda uma geração, problema que vai se tornar ainda mais crucial nos próximos anos para toda uma geração: ele chega aos 50 anos sem ter feito a obra que gostaria de ter feito. É claro. Tudo o que conseguiu fazer nos últimos dez anos, mesmo que tenha feito bem algumas coisas, não fez apenas boas coisas, fez também coisas medíocres. Para ele é urgente, é agora ou nunca, acho que ele está consciente disso e acho que está com medo. E eu o deixaria pouco à vontade, porque sou um pouco mais simples, tenho ideias um pouquinho mais quadradas, opções de vida mais definidas, mais, digamos, morais entre aspas, porque eu quero seguir uma linha reta. Então sem dúvida eu o incomodava na medida em que ele não sabia mais onde estava, oscilando entre várias possibilidades, inclusive abandonar a profissão – não disse isso para mim mas disse para suas filhas e talvez diga para si mesmo: "Eu me equivoquei durante 20 anos, não segui o caminho certo", enfim, não sei, ele deve estar questionando muitas coisas.

Ele dizia: "Estou cheio de repetir o vestibular a cada filme que faço"

[...] Em nosso meio não se faz uma carreira necessariamente a cada dia mais segura. Como ele dizia, e isto o deixava infeliz: "estou cheio de repetir o vestibular a cada filme que faço". De fato, a impressão que se tem é de que cada vez é preciso provar que a gente existe, que se é o melhor, que se fez uma coisa boa, o que de fato não é um problema para os técnicos. Se o filme em que trabalhamos não vai bem, sofremos igualmente momentos negativos, mas não tanto como um diretor. Para ele é dramático, é dramático se faz alguma coisa que não é reconhecida cada vez. Aos 40 anos, era o desejo de ser reconhecido cada vez mais; se não for realmente reconhecido como o melhor, pode se considerar um fracassado [...]. As diretoras estão sujeitas ao mesmo problema, maior ainda porque são mulheres, porque é muito mais difícil, apesar de tudo, mesmo em nossos dias, conseguir fazer as coisas quando se é mulher, é ainda mais difícil provar que se é capaz.

— *Para você é mais fácil trabalhar com uma mulher?*

Hélène — Para mim é mais difícil trabalhar com uma mulher. [...] Tive às vezes boas relações e às vezes relações insuportáveis com as mulheres. [...] Uma mulher tem que se afirmar o tempo todo e acaba tendo conflitos extravagantes, caprichosos, e se torna opressora quando trabalha com outra mulher [...]. As diretoras são realmente mulheres muito duras e as que mantêm sua feminilidade [...] têm muitas dificuldades, porque são questionadas justamente por sua qualidade de mulher: fazem cinema de uma maneira muito feminina e são constantemente criticadas por isso; ou então devem fazer filmes como se fossem homens [...].

— *Voltando à crise profissional dos homens, você acha que um casal pode resistir a isso?*

Hélène — Eu acho que é possível resistir a isso. O problema, talvez, é que não se tem realmente consciência disso quando se vive em crise, só depois é que se adquire consciência [...].

— *E suas colegas mais jovens, elas conseguem conciliar a vida profissional com a vida familiar?*

Hélène — Não sei realmente dizer, não conheço muitas jovens. As mais novas que conheço têm 40 anos, com filhos já com 10 anos. As mais jovens que conheço são solteiras, com 26, 30 anos, e que por enquanto querem continuar solteiras e trabalhar para vencer, que sem dúvida terão filhos depois de assegurado o sucesso profissional.

— *E elas não exercem uma pressão sobre as outras?*

Hélène — Sim, sim, algumas, é claro, sim, sim. Mas há sobretudo as pressões da profissão, é a profissão que o impõe. Por exemplo, no longa-metragem, quando querem fazer uma mixagem e é necessário ficar todas as noites até às nove, dez horas, seguramente não vão querer uma mulher que acaba de ter um bebê. Eu consegui continuar na profissão tentando impor um horário ao diretor, mas eu já era chefe de equipe, não era mais assistente. Se ainda fosse assistente, não sei se conseguiria.

— *Acontece de um diretor repreender um membro de sua equipe por dar mais importância à vida familiar do que ao trabalho?*

Hélène – Reprovações diretas, não, mas indiretas, sim. [...] Fica subentendido que, ao se contratar uma assistente, ela deve ter tempo livre.

A gente acaba totalmente sozinha

[...] As jovens podem acreditar na vida de casada; simplesmente elas não apostam tudo nisso, elas pensam realmente que pode acontecer algum dia um imprevisto, que nada é definitivo, coisa que eu também me dizia, que nada é para sempre, mas apesar de tudo eu acreditava nisso, tinha vontade de acreditar nisso e, bem, minha natureza também era assim mas eu quis acreditar nisso apesar de tudo. Ele também, ele também quis acreditar, também tentou, mas aí a vida lhe mostrou que era difícil. Mas sem dúvida ele sofre menos com essa ruptura na sua vida, porque talvez investisse menos no casamento do que eu investi durante mais de 20 anos. Então, ele deve sofrer menos com esta espécie de... fracasso. De forma que ele não é vítima, enquanto eu me sinto vítima, bastante injustamente. Acho que não é todo mundo da minha geração que se sente assim, há muitas mulheres capazes de enfrentar uma tal situação com mais serenidade.

– *Mas, de qualquer forma, o seu trabalho deixa muito pouco tempo para a família. Concretamente, a montagem representa o que em termos de horas de trabalho?*

Hélène – Os prazos são muito curtos. Se trabalhamos normalmente oito ou nove horas por dia, basta; nove horas na verdade. Eu em geral saio de casa às nove horas e volto às sete e meia da noite, o que dá onze horas fora, das quais nove de trabalho. Há filmes em que aceito trabalhar mais. E há montadoras que trabalham mais ainda, que trabalham como loucas. Tenho amigas que trabalham para ser livres, que amaram o trabalho, que trabalharam muito e não tiveram mais vida pessoal, que por não terem mais vida pessoal tiveram que trabalhar para tapar os buracos. É uma espécie de círculo vicioso: a gente trabalha porque está sozinha para ganhar dinheiro e, por trabalhar, fica só, totalmente só, e acaba aos 45 anos totalmente sozinha e só resta então trabalhar até o fim dos seus dias. Esta é um pouco a minha situação agora: depois de investir muito no trabalho, de trabalhar e criar minhas filhas, me vejo agora dizendo: "qual é o meu futuro?" Agora é preciso que eu continue a trabalhar, antes de mais nada é preciso que eu aceite minha situação, é preciso que eu viva totalmente só. Então é como se eu fosse solteira, só que tenho a felicidade de ter filhos [...]. É uma profissão que não se deve idealizar, uma montagem exige muito do seu tempo. Fazemos boas camaradagens, é um ambiente bastante caloroso, mas aí o filme é concluído e, pronto, todo mundo se manda. É preciso se acostumar com essas separações depois que os filmes terminam. Depois de 30 anos, a gente se acostuma, mas no início é duro porque a gente se empenha muito, investe demais [...]. O balanço que faço é preferentemente negativo, em termos de relação de casal, porque, concretamente, meu casamento terminou mas também porque, quando se reveem as razões pelas quais não se quer mais viver junto, razões não apenas pessoais mas também profissionais, é que se percebe que a gente viveu um pouco uma farsa [...]. Estou espremida entre duas gerações: quis ter autonomia e liberdade e, ao mesmo tempo, senti que não era capaz de assumir isso integralmente porque queria viver da maneira clássica, da maneira como aprendi e como gostaria talvez de viver [...].

Não pude me libertar totalmente, de forma que sou um pouco vítima da educação que recebi e porque já estou velha demais; para enfrentar isso bem, teria que ter 15 anos a menos [...]. No fim, todo mundo fica muito só face às próprias ideias. Imaginando desposar o projeto de um homem, eu me enganei completamente, mesmo que isso tenha sido verdade durante alguns anos; pode ser que algo assim aconteça eventualmente, mas é raro. Em termos absolutos, não é verdadeiro. Não tentei descobrir por que, é duro demais.

Dezembro de 1991

Abdelmalek Sayad

A maldição

O que é a vida de um trabalhador imigrante? Para responder à pergunta com pleno conhecimento de causa é preciso, primeiro que se tenha vivido essa experiência intensamente e, como se diz, "sem pensar muito". Depois, é preciso que em função de algumas circunstâncias que favorecem o distanciamento – a morte dos pais, a emancipação dos filhos, rapazes e moças, a doença, o acidente de trabalho, a pré-aposentadoria, a aposentadoria – tantas ocasiões para experimentar a vacuidade de uma existência, que só tem sentido pelo trabalho, se tenha formado pouco a pouco aquela disposição particular que permite "manter-se afastado da vida e de suas mentiras", quer dizer, de suas vaidades, fórmula quase ritual da sabedoria tradicional, aqui empregada em seu sentido pleno de "suspender (sua) vida para ver como foi", fazê-la passar diante de si como objeto de observação sobre o qual se aplica precisamente todo o poder de reflexão que a experiência adquirida confere àqueles que têm a preocupação de "se conhecer e de conhecer a vida a despeito de suas trapaças (*ghadra:* armadilha, traição)".

Abbas, que fala assim, é um desses. Ex-operário, hoje aposentado, de uma grande indústria da região parisiense, é, à sua maneira, um intelectual. Mais que as indicações, breves e alusivas, sobre as suas origens sociais ("meu pai não foi feito para ser felá", "meu avô era o letrado da família, sempre viveu segundo o Corão"), a prova disso é todo o seu discurso, em particular esta espécie de distância em relação a si mesmo que ele dolorosamente denomina "divórcio de si mesmo". Unindo a experiência longa e direta de imigrante com a atitude reflexiva que permite elaborar, primeiro para si mesmo, sua própria experiência, submetê-la a um exame crítico e, o que é mais raro ainda, comunicá-la aos outros através da narrativa aparentemente mais corriqueira (como nesta entrevista), ele escapa da alternativa comum da experiência muda ou do discurso vazio sobre uma experiência inacessível (o mundo da imigração e a experiência desse mundo são sem dúvida totalmente fechados para a maioria dos que falam a respeito). Com ele, o pesquisado e observado torna-se pesquisador e observador de si mesmo; a presença do pesquisador "profissional" é apenas uma oportunidade inesperada de oferecer em voz alta o produto há muito tempo refletido e amadurecido de sua pesquisa sobre si mesmo ("Refleti bem sobre tudo isso, ou melhor, não paro de refletir, de virar e revirar todas essas questões dentro de mim"). Este produto não está longe de se identificar ao da ciência, na medida em que pesquisador e pesquisado, tendo o mesmo interesse na pesquisa que os une, concordam sobre a problemática, sem combinação prévia, de forma que o pesquisado acaba se fazendo perguntas que o pesquisador gostaria de lhe fazer.

Como se atinge esta capacidade de "se esquecer de si mesmo", como ele diz, para melhor "se lembrar de si"? É ainda na conjunção de certas características sociais, em especial na relação que a família de Abbas mantém com o fato de ser imigrante, um tipo de relação bem pouco comum nessa região de forte e antiga imigração, que se deve procurar a razão do profundo desencanto que incita a um exame de si mesmo. Para suportar as condições atuais é preciso rever o caminho que levou até aqui, desde o famoso "primeiro dia", ponto inicial da "maldição", e reconstituir sua gênese social, dando-lhe uma espécie de explicação. E, inversamente, as condições de ontem, que agrada lembrar, levam a adotar sobre a situação de hoje um ponto de vista crítico que produz opiniões lúcidas sobre a trajetória pessoal (que é também uma trajetória coletiva) e, sobretudo, um efeito de libertação produzida pelo trabalho de autoanálise e autoconfissão. Reconhecimento do estado de crise a que chegou esta "geração" de imigrantes, da qual agora só se pode falar no passado. "Nada mais hoje em dia é como a gente pensava." Esta "geração" vive dramaticamente a ruptura radical com a situação anterior, que não está tão distante e que o despertador de consciência que é Abbas classifica retrospectivamente como "estado de sono" ("estávamos adormecidos") ou "de torpor". Consciente de tudo o que o separa do comum dos imigrantes, seus contemporâneos, com os quais, aliás, partilha – ele insiste nessa comunhão de destino – toda a trajetória e todas as condições de vida, ele os alerta a serem mais vigilantes e os conclama a uma espécie de "despertar" (*fayaq*). Crendo ter dominado sua situação e assumido sua "verdade", ele gostaria que todos partilhassem da "verdade" que lhes propõe e trabalhassem para produzir sua própria "verdade", para acabar todas as máscaras e todas as dissimulações que a imigração exige de todos para poder ser aceita. O exercício não é fácil, é uma provação extremamente dolorosa, ainda que todos saibam que esta revisão dilacerante é a condição de sua sobrevivência, de sua resistência à aniquilação que os ameaça com as mudanças em suas condições de vida e principalmente na representação que se habituaram a fazer de si mesmos e de sua condição de imigrantes. Abbas sente-se de alguma forma predestinado a esse papel de despertador de consciências, tem um sentimento muito aristocrático de sua distinção que o inclina a uma certa comiseração pelos outros que se recusam à espécie de ascese que ele lhes propõe não apenas com seus atos, mas também e sobretudo com suas palavras ("eles são de lamentar", "é preciso abrir os seus olhos [...], mas eles se recusam"). Todos os que o cercam, até sua própria família, olham-no como uma exceção e sentem em relação a ele ao mesmo tempo admiração, respeito, fascínio e também impaciência e irritação, despertadas por toda exceção à regra. Consultado por todos, próximos ou mais distantes, sempre cercado por numerosa assistência que vem escutá-lo (é chamado de *xeikh*, isto é, sábio), ele criou fama de "solitário" e se fecha quase ostensivamente, mesmo em família, num "isolamento" ao mesmo tempo fingido e real, que a aposentadoria só veio acentuar.

Homem de retidão e verdade, é temido pela severidade de seus julgamentos e, se sabem que ele está pronto a dizer verdades, querem com frequência que o faça. É o caso, principalmente, toda vez que se aborda a situação dos filhos, quando se percebe de maneira mais evidente a crise profunda que vivem todas as famílias de imigrantes e que se traduz aqui na ruptura entre a geração dos pais e a geração dos filhos, produzida por condições sociais e culturais totalmente diferentes. Que o sábio, também profeta do infortúnio, proclame que toda a imigração foi um "erro", que todo mundo se enganou nisso, ainda passa. Mas afirmar que a imigração de famílias – a começar pela sua – é uma traição, uma renegação, uma heresia (no sentido religioso do termo) e teve por consequência uma total inversão das coisas que faz com que, como ele gosta de repetir, "em vez de trabalhar para sua prosperidade, os imigrantes (em família) trabalham realmente para a posteridade dos outros", eis aí um enunciado muito difícil de suportar, porque é ao mesmo tempo uma *denúncia*.

Com um "trabalhador imigrante"

– Entrevista de Abdelmalek Sayad

"Nada saiu como a gente pensava."

Abbas – Tudo vai mal. E é preciso ir até o fim, agora que tudo terminou e nos damos conta de que tudo vai mal. Porque foi um equívoco desde o início, nada saiu como a gente pensava. Eu mesmo custo a acreditar, chego a duvidar de mim, chego a pensar que estou inventando. Refleti bem sobre tudo isso, ou melhor, não paro de refletir, de virar e revirar todas essas questões dentro de mim. E quando digo que refleti, é só agora que cheguei a essa conclusão (*el-haqiqa,* a verdade, a realidade, a certeza) e porque cheguei à conclusão agora. Quanto ao resto, são sempre as mesmas coisas que vêm à mente. Como chegamos a isso? Será que somos os mesmos, as mesmas criaturas dos primeiros tempos [*de imigrantes na França*]? O que nos fez mudar? De quando data essa metamorfose [*no sentido forte, por efeito de uma maldição divina*]? Não vimos sua chegada, ela caiu sobre nós quando já era tarde para reagir. É preciso aceitá-la do jeito que é, exatamente como é. Não há mais nada a fazer senão dar graças a Deus. Ele sabe o que faz, nós não passamos de joguetes em suas mãos, sua vontade nos governa.

– Em que consiste essa "maldição"? Por que essa "maldição"?

Abbas – Para compreender isso é preciso que eu lhe conte tudo desde o primeiro dia, sem o que não se pode compreender nada. Eu mesmo só compreendo a metamorfose recordando dos primeiros tempos, refazendo o itinerário percorrido. Não estou só. Mas os outros têm a sorte de ser cegos, de não ver nada, de não ver coisas que estão bem perto deles, a seus pés ou dentro deles mesmos. Não veem nada, não ouvem nada, não se lembram de nada, esqueceram tudo. Eles são felizes.

[...]

Quando se quer, não se sabe por onde começar. Só na cabeça se pode guardar todas essas coisas. Quando falo delas, mesmo que só para mim – às vezes falo comigo mesmo, falo a mim mesmo em voz alta, exatamente, podem me tomar por louco –, essas coisas chegam todas juntas ao mesmo tempo, em bloco, não dá para separar, é uma confusão. Aí, mesmo quando falo só para mim mesmo, paro logo. Eu me calo e deixo que as coisas se movam, se misturem, chegar todas juntas e partir como chegaram. Não é fácil falar de tudo isso.

[...]

Cada fase tem seus problemas, suas dificuldades e, com a idade, as coisas pioram. Mas, com a idade, aprendemos a analisar melhor as coisas, a transmitir as coisas: de um lado, as coisas sem importância a que nos apegamos antes e, de outro, as coisas mais essenciais que fomos levados a negligenciar, a desprezar. E não são as coisas que mudaram no caminho, fomos nós; a nossa maneira de ver as coisas é que mudou com o tempo.

– *Por exemplo?*

Abbas – Por exemplo, antes eu morava muito mal, só num cômodo com três filhos, depois num apartamento insalubre com cinco filhos. Agora é num apartamento de verdade, num prédio de verdade. Mesmo que num conjunto habitacional, é de fato um progresso. Mas só nesse ponto as coisas mudaram. Agora que o problema de moradia foi resolvido é que se descobre que, por mais real que fosse, não era este o problema, o verdadeiro problema, aquele que nada pode resolver, aquele que não tem solução, que ninguém pode solucionar, porque nenhuma solução pode vir de fora da gente. Este é um exemplo. Quer outro? É a mesma coisa com o trabalho. Conheci o desemprego, os baixos salários, a miséria do trabalhador. Tudo isso foi um problema a seu tempo. Depois consegui um trabalho estável, fiquei 15 anos na mesma casa, os salários melhoraram, nenhuma fortuna mas a gente comia, vestia, criava os filhos e ainda economizava um pouco... Mas, de novo esse problema que preocupava e que preocupa todos os trabalhadores, agora que para mim ele foi resolvido ou se coloca de outra forma, descubro de repente que também não é o verdadeiro problema.

– *Qual é então o verdadeiro problema?*

[...]

Não é essa a maldição?

Abbas – Foi o primeiro dia! Que dia foi esse? Eu me pergunto, faço esta pergunta para mim mesmo. [...] Refleti muito sobre isso. Tentei compreender porque esse primeiro dia é para mim diferente do primeiro dia de todos os outros [*imigrantes*], porque há um primeiro dia para todo mundo. Por quê? Porque na minha família eu fui o primeiro a imigrar para a França.

– *Como era essa família?*

Abbas – Meu pai, a mulher dele, porque minha mãe morreu quando eu tinha 12 para 13 anos, e um irmão mais novo, ou melhor, um meio-irmão, filho de uma outra esposa de meu pai que também morreu, em 1948, quando eu tinha 17 para 18 anos. Meu irmão mais velho, filho do mesmo pai e da mesma mãe, morreu ainda jovem, com 18 a 20 anos.

Eu me lembro desse dia, 17 de novembro de 1951, sempre me lembro desse dia. Fazia anos que eu atazanava meu pai para ir para França. Ele se fazia surdo, resistia. E no entanto a gente não nadava em dinheiro, éramos a família mais pobre do nosso ramo. Mas tinha uma razão para isso. Uma razão secreta, mas uma razão que fazia parte de nossa mentalidade, da nossa maneira de ver as coisas, o mundo. Eu tinha 21 anos, já era maior. Entre meu pai e eu a conversa era através de intermediários. Eu lhe mandava pessoas às quais podia dizer certas coisas e às quais meu pai dava algum crédito. Ele, por sua vez, me respondia da mesma maneira, mas não necessariamente recorrendo às mesmas pessoas que iam a ele por mim. Por fim, formaram-se dois grupos: os meus "advogados" junto a ele e os "defensores" de sua posição junto a mim. Esse trabalho para dobrar um ao outro de cansaço durou dois anos. Percebi que tinha ganho a parada, se é que posso dizer assim, quando meu pai me respondeu dando as razões de sua recusa através de pessoa que eu lhe havia enviado. [...] Era um parente, uma espécie de sábio, um homem muito sério, religioso, trabalhador, piedoso, ainda que tenha vivido na França toda a sua vida. Meu pai o estimava bastante, era uma estima recíproca. Graças a esse homem, e porque ele próprio era operário na França, meu pai abrandou sua posição e sua resposta, sem com isso dar um consentimento formal [...]. Foi então em companhia dessa pessoa que eu vim para a França. Era a minha primeira viagem fora da aldeia e dos arredores, meu primeiro contato com a cidade – o trem, Argel, o navio, a França... Nos dias 17 e 18 de novembro de 1951. Eu tinha 21 anos [...].

A razão da oposição de meu pai – que na época eu tratava de tirânico, de homem atrasado que desejava a miséria – ele me deu nessa manhã de 17 de novembro. Ele nos acompanhou e, chegando ao ponto onde devíamos nos despedir, me disse, na hora dos abraços e em voz alta, como que para tomar como testemunhas todas as pessoas que estavam lá, homens e mulheres, pois havia também mulheres, mães dos homens que partiam: "Deus é testemunha, ouçam todos, todos vocês, que eu jamais lhe pedi para ir para a França por minha causa, para me mandar dinheiro da França. Em toda a minha vida jamais pensei que uma coisa dessas pudesse me acontecer, comer com o dinheiro da França! Seria uma coisa ímpia. Ouçam, quero que todos saibam. Eu lhe suplico, guarde esse dinheiro para você, fique com ele lá. É um favor que você me faz, mais que um favor, é uma ordem que eu lhe dou, poupe-me dessa sujeira. Porque, se mo enviar, não saberia o que fazer dele: nem comer com ele, nem queimá-lo." Foram as últimas palavras de meu pai, que morreu alguns anos depois sem que eu voltasse a vê-lo. Pior do que isso: naquele momento eu não entendi nada daquela exortação. Disse para mim mesmo: que cinema [*em francês*] ele está fazendo! Só mais tarde, quando já era tarde demais, é que pude avaliar a importância de suas palavras. Não é essa a maldição? Não é essa maldição que continua a me perseguir? E que continua a perseguir todos os outros, mesmo que não o saibam?

[...]

O dinheiro da França é um dinheiro ilícito

– Falemos um pouco de seu pai. O que ele fazia? Era um camponês que ja*mais saiu de casa, que nunca deixou a roça, ou chegou também a trabalhar fora, por dinheiro?*

Abbas – [...] Meu pai, normalmente, não foi feito para ser felá. Foi por necessidade que se tornou felá, porque não havia terra para plantar ou tão pouco que era uma *miséria* [*el-miziria*]. Mas, antes de meu pai, é preciso começar pelo meu avô. Meu avô era o caçula da família, tinha muitos irmãos e muitos tios [*paternos*]. Era o "letrado" da família, o último [em idade], um pouco fraco, um pouco enfermiço. Fizeram-no estudar [*estudos corânicos*], ele sempre viveu do Corão, primeiro nas *zauiat* como *taleb* [*aluno*]. Você sabe como era isso naquela época. Todo mundo, os alunos, os professores e todos os homens religiosos [*os irmãos*] que frequentavam esses locais, todo mundo vivia ali, junto. A *zauía* recebia donativos, organizava coletas de provisões, nós as recolhíamos e também cozinhávamos e estudávamos ao mesmo tempo, todos juntos. Ele foi criado nesse meio e dizem que, mesmo depois de casado e já com filhos grandes, às vezes largava tudo e voltava por algum tempo à *zauía*. Claro, todo o resto não lhe interessava, todas as coisas da vida.

Quando chegava a trabalhar, quer dizer, a ganhar a vida, era como *taleb* em alguma aldeia, sendo pago, como se fazia na época, em comida, justo o necessário para viver. E, é claro, na partilha da herança com os irmãos e os tios, levou a pior. Não estava lá, não prestava atenção em nada disso, não sabia sequer onde ficavam as terras da família. E com o pretexto de que ele não tinha trabalhado, penado, de que tinha sido protegido para se tornar um letrado, deram-lhe só um pedacinho de terra, a menor parte da herança, quase nada. Foi simplesmente espoliado. E até morrer, ao que parece, ele jamais disse uma palavra, jamais reclamou do que quer que fosse. Parece que o primeiro a não engolir isso e tentar se rebelar contra o que lhe parecia uma injustiça foi meu tio, o irmão mais velho de meu pai. Não o conheci, ele morreu antes de eu nascer ou no ano em que eu nasci. Dizem que ele era mais decidido, determinado, mais enérgico que meu pai. Mas ambos tinham a sensação de ter perdido alguma coisa e, principalmente, de não terem sido feitos para aquilo que acabaram se tornando. Aceitaram as coisas, submeteram-se, como dizia meu pai, ao que o destino lhes reservara. E isso não significava um desprezo pelo trabalho da terra, como se diz. Longe disso. Simplesmente eles não foram criados para ser agricultores e não havia terra para cultivar. Tiveram que trabalhar enormemente. [...] Não é preciso dizer que não chegaram a concluir sua formação corânica; talvez as condições da profissão de *taleb* tivessem mudado? O fato é que tiveram que trabalhar com as próprias mãos, embora não tivessem sido educados para isso. Trabalharam muito nas fazendas em serviços sazonais; os dois conseguiram se especializar e evitar assim o trabalho mais pesado das fazendas, como cavar a terra ou colher batatas; aprenderam a fazer enxertia de parreiras. Trabalhavam em duas estações do ano: na primavera preparavam os enxertos, a "enxertia de tabuleiro", como se dizia; no outono, a "enxertia em sulcos". Meu pai, principalmente, fazia serviços de Túnis até Marrocos, ele era muito conhecido e requisitado. Assim viviam meus parentes [...].

Sim, já era uma espécie de emigração [*literalmente, "saída" do país*], mas uma emigração que não tem nada a ver com a minha. Era sempre em nossa terra, não tinham que atravessar o mar. E era uma emigração temporária, sazonal, de três semanas a um mês e meio no máximo. Além disso, era trabalho agrícola, eles viviam na fazenda e não na cidade. E, sobretudo, para meu pai – uma coisa que sempre ouvi dele –, era sempre em um país muçulmano. Esse era o problema para ele: *o dinheiro da França* era um dinheiro suspeito, um dinheiro detestável, um dinheiro ilícito. Você entende? Ele não queria esse dinheiro! [...] Ele viveu ao sabor da sorte a vida inteira e não teve descanso, nenhum alívio. Até mesmo a minha saída do país atendeu, de certa forma, a seus desejos. Apesar de mim. Aliás, eu não quis que fosse assim, mas isso acabou correspondendo ponto por ponto ao que meu pai previu e talvez desejou. Eu não queria admitir que meu pai, no estado de pobreza em que a gente se encontrava, pudesse recusar o dinheiro que ia entrar no seu bolso. Era incompreensível para mim. E, depois, eu me dizia que ele não tinha esse direito: se a vontade dele era ser um asceta, se era esse o seu desejo, se tinha prazer em viver assim, não tinha o direito de impor essa maneira de viver aos outros, a sua mulher, a meus irmãos e irmãs, grandes e pequenos.

– *Como a sua saída do país atendeu aos desejos dele? Não entendi.*

Abbas – Atendeu aos seus desejos no sentido de que ele jamais tocou num só franco meu. A vida não lhe deu tempo para isso, nem a ele nem a mim. Cheguei à França numa época ruim: o período entre 1951 e 1953 foi muito difícil. Nunca achava um trabalho que me agradasse, só quebra-galhos aqui e acolá, nada além disso. Não me apressei em lhe enviar dinheiro, como se fazia na época, porque ele me havia comunicado seu embaraço: esse dinheiro era lícito ou proibido? [...] Não fiz como todo mundo fazia na época e ainda faz, não tomei dinheiro emprestado quando cheguei na França para enviar aos meus: isso fazia crer que chove dinheiro na França, que basta chegar à França para encontrar dinheiro, algo que era preciso, raro, impossível – e não apenas difícil – de ganhar na Argélia. No entanto, não me faltava apoio na França: havia meu cunhado, em cuja casa me hospedei por um bom tempo, meu tio materno, que havia imigrado fazia anos, e muitos outros, todos parentes mais ou menos próximos [...]. Quando enfim consegui me instalar direito e comecei a fazer o meu pé-de-meia, veio o problema fatal... a guerra e suas tristezas [...]. Mas esta já é outra história. [*Seu pai foi, segundo dizem, uma das primeiras vítimas da guerra da Argélia, na primavera de 1955.*]

Esta é a lembrança que tenho do meu pai. Não é nem a imagem do seu rosto quando nos despedimos – será que a gente sabia que não iria mais se ver? – mas a sua voz, aquela voz terrível que soa ainda hoje nos meus ouvidos: "Lembre-se, quero que todos sejam testemunhas, não fiz nada para que você fosse para a França, jamais lhe pedi isso, nunca o instiguei a partir. Ao contrário, fiz tudo para que nunca lhe viesse à cabeça tal ideia. Mas você decidiu de outra forma, não posso impedi-lo. Não lhe desejo isso, mas você só poderá culpar a si mesmo mais tarde [...]". Ele via longe. Ele não me desejou isso, mas foi o que ocorreu. O que ele sem dúvida temia acabou por acontecer e mais cedo do que pensava. Não paro de ouvir essas palavras de despedida de meu pai. Elas me perseguem. Quanto mais o tempo passa, mais elas ficam gravadas em mim. E no final ele disse: "Eu lhe desejo boa sorte, que Deus o acompanhe".

[...]

A gente sabia que a França não era o paraíso

– *O senhor então foi criado numa família que se pode dizer "intelectual". O que isso representou para o senhor?*

Abbas – Família intelectual? Isto é exagero. Meu avô talvez. Meu pai..., na geração dele isso já havia terminado. Quanto a mim, de forma alguma: não era mais tempo de devoção, nem mesmo sequer de simples fé, de crença.

– *De qualquer forma, deve ter restado alguma coisa. Na sua infância, o que encontrou dessa herança "intelectual" em casa?*

Abbas – O que encontrei em casa? Algumas tábuas [*nas quais se escreviam suras Corão*], que eram guardadas como uma preciosidade, que se pegava com respeito, porque era a palavra de Deus que estava escrita nelas. Diziam: esta tábua foi escrita pela mão do seu avô ou do seu tio! Também alguns livros do Corão (*naskha*), muito manuseados, deviam ter alguma utilidade. [...] Havia também num pequeno baú, intocável, um livrinho que era a suma, o Corão completo. Além desses, havia algumas obras de direito, principalmente Elbukhari [*jurista e teólogo*]. Sei disso porque pediam emprestado a meu pai. Fora esse pequeno acervo, meu pai tinha guardado do cunhado, o marido de sua irmã caçula, minha tia mais nova, algumas obras, comentários do Corão, livros de história religiosa e também algumas revistas em árabe, como a *Elbassair* [*revista da associação dos Ulema nos anos 50*]. Eis o que podia ser o alimento de um letrado que não era nem camponês como todos os outros camponeses nem realmente um letrado a ponto de viver exclusivamente do seu saber. Meu pai era um caso intermediário. Havia aceitado, não de coração leve, acho que não, deixar sua condição de letrado. Todo mundo sabia disso e o respeitava por isso. Respeitavam nele o camponês que era e tinham admiração por ele porque havia estudado para ficar com "as mãos brancas" mas se desincumbia maravilhosamente de seu trabalho de agricultor. Respeitavam mais ainda o homem religioso que ele era. Muitas vezes ele tinha mais crédito que o *taleb* da aldeia, que aliás fazia tudo para estar de acordo com ele. Meu pai o socorria em tudo e o substituía nas preces, no sermão da sexta-feira, quando o *taleb* não podia ir. Meu pai ia a todos os velórios da aldeia e dos arredores, quando era preciso passar a noite em claro recitando o Corão. Mas não era um "profissional", sempre recusou dinheiro por esse serviço, enquanto os *talebs* profissionais recebiam um salário [...].

Meu pai era assim. Além disso, na época, não havia escolha: ir para a França era a saída de todos os jovens, ricos ou pobres. Era a única maneira de provar que já eram homens e não crianças. Meu pai, no fundo, jamais pensou que eu iria fazer como todo mundo, que só esperava por isso, chegar à idade para partir. Era totalmente contra a vida que ele imaginava para si e para mim. Os tempos não eram mais de estudos, mas de trabalho, e o verdadeiro trabalho estava na França.

— *Nessas condições, o senhor deve ter recebido uma educação corânica.*

Abbas — Quando cheguei ao mundo, já era tarde demais. Mesmo meu irmão mais velho, que conheceu melhor nosso avô — dizem que ele morreu em 1931 —, mesmo para meu irmão já era tarde demais, também ele não pôde se beneficiar do ensinamento que se poderia esperar. [...] Jovem, eu me dividia entre o trabalho na terra e o aprendizado do Corão. Era ainda na pequena mesquita da aldeia e principalmente no inverno; no verão, os trabalhos no campo não nos deixavam tempo de sobra. Mas tive a sorte de conhecer um excelente professor, um sábio, muito consciencioso. Tudo isso, porém, era biscate [*em francês*]. Quando, na mesquita da aldeia, finalmente cheguei ao *quarto [quinze, a quarta parte dos 60 capítulos de que se compõe o Corão]*, já tinha 13 para 14 anos. Vivíamos numa miséria total, não se achava nada para comer, eram epidemias uma atrás da outra, as pessoas morrendo feito moscas. Meu pai quis que eu continuasse. Teria então de ir para uma escola de *zauía* [...]. Além disso, fiquei doente. Essa doença durou até a minha chegada à França, quando fui internado durante uma crise; tinha pedras nos rins. Por causa de todas essas coisas desisti de tudo, não queria mais saber dessa vida. Claro, quando voltei para casa e me recusei a voltar *[para a zauía]*, houve desavença com meu pai; a gente passou a se evitar. Esse clima durou, de maneira mais ou menos intensa, até a minha partida para a França. Foi nessas condições que vim para a França. Como vê, desde o ponto de partida, não havia grande alegria, é o mínimo que se pode dizer. Nunca é agradável deixar a família da gente, trocar o país da gente por outro. Mesmo que a gente sonhe com esse outro país, mesmo que a gente espere muito por isso, é sempre com pesar e tristeza que a gente deixa aqueles que nos são próximos, o mundo que nos é familiar. Quando ouço dizer que é porque pensamos que a França é o paraíso que todos nós imigramos para cá, eu me pergunto se não nos tomam por crianças! A gente sabia que a França não era o paraíso, a gente sabia mesmo que, em certos aspectos, é o inferno. [...] No meu caso, é mais que isso: não é somente a dor da separação, não é somente a perda da confiança que a gente tem quando está na terra da gente, não apenas o medo do desconhecido para o qual se caminha ou ainda a saudade que se sente e que às vezes se agarra dentro da gente; tem também o remorso, o remorso por ter desobedecido ao pai. No fundo, meu pai jamais deu o seu consentimento para que eu partisse para França, mesmo que consentisse na aparência. Foi um consentimento meramente formal. Isso eu não me perdoo. E não me perdoo tanto mais porque não sei como me encontro nesta situação atual: quase 40 anos depois, com mulher e filhos, quando achava que ficaria sozinho na França para trabalhar alguns meses, alguns anos, dois ou três anos no máximo. Nesses 40 anos, somando todas as minhas visitas à Argélia, não passei nem seis meses no meu país. Por que será?

Será que alguém realmente quis isso?

– O senhor é que vai me dizer por quê. Ou melhor, como é que isso aconteceu exatamente?

Abbas – Pouco tempo após a minha partida, começaram as coisas ruins, as crueldades da guerra. Antes mesmo que eu tivesse tempo de superar as dificuldades iniciais, de me aprumar na França, de me adaptar à nova situação, porque sofri muito com o desemprego no primeiro ano depois que cheguei, começaram os horrores da Argélia. Nossa aldeia e nossa família não foram poupadas. No início, foi o entusiasmo geral, todo mundo era voluntário, todos eram ou *mudjahid* ou *musabal*. Achavam que já estavam numa Argélia independente. Mesmo aqueles dos quais havia todas as razões para desconfiar, eram favoráveis..., tinham feito retratação pública e eram os mais exaltados.

[...]

Quando, mais tarde, o exército ocupou a aldeia, esses foram os primeiros capturados; serviram de guias e indicadores. Aconteceram coisas atrozes de um e de outro lado. Foi aí que meu pai encontrou a morte. Com a aldeia ocupada, a guerra entre os clãs da aldeia, áreas interditadas em todo o redor, bombardeios aéreos, foi o salve-se quem puder. Quem pôde partir e tinha para onde ir, onde se refugiar, fugiu, sozinho ou com a família. Foi assim que minha mulher e também minha irmã com os filhos foram alojadas por um parente que morava nos arredores de Argel. E um belo dia, na primavera de 1956, toda essa gente desembarca na França, trazida por esse parente que não podia mais sustentar todo mundo.

[...]

Ele nos colocou diante do fato consumado [...]. O marido da minha irmã também estava na França, ela já tinha três filhos. Eu mesmo tinha uma filhinha que havia acabado de nascer. Eram, portanto, duas famílias. Não era pouca coisa. Além do mais, era algo inesperado, porque não recebíamos notícias regulares da Argélia. Então foi preciso improvisar tudo. Não havia apartamento para residência de famílias, nem grandes nem pequenos. E não era na Paris dessa época que você podia arranjar um financiamento de moradia. Não havia nenhuma chance. A gente se virou como pôde, entre nós mesmos, como sempre se faz em casos de emergência: da noite para o dia. Nem isso, foi no dia mesmo, era do dia para a noite que tínhamos que encontrar teto para as duas famílias. Não éramos os únicos nessa situação: de todos os lados começavam a chegar famílias, sem dúvida pelas mesmas razões que nós, tangidas pela guerra, a insegurança, a morte. O que a gente tinha como abrigo? Quartos de hotel, divididos por três ou quatro pessoas, no 18º, 19º e 20º distritos, em Belleville, Ménilmontant, rua de Meaux, rua Secrétan. Percorri todos esses lugares. Era até privilegiado: éramos só dois no mesmo quarto, dividido com um parente da mesma aldeia e da mesma idade que eu. O quarto estava no nome dele e ele me cedeu, indo se alojar com outros que aceitaram recebê-lo. [...] Combinamos juntar todo mundo no mesmo cômodo – o que, por um lado, era bom, porque minha mulher e minha irmã podiam fazer companhia uma à outra, pois não conheciam nada nem ninguém na França – e de noite, quando estava tudo ajeitado e todo mundo já tinha se deitado, meu cunhado e eu íamos dormir em outro lugar, onde a gente achasse vaga. Durante muito tempo foi assim: moramos em família num só cômodo, num quarto de hotel. Depois, como era comum na época, passamos pela antiga favela, pelos acampamentos de Nanterre [...].

É isso. No final das contas, agora que toda essa história é passado e que se começa a olhar para trás (eu não faço outra coisa senão olhar para trás), será que realmente quisemos isso? Passar a nossa vida inteira na França, sem mesmo nos dar conta de que enchíamos a França com nossos filhos, quando pensávamos ter os nossos filhos para nós? Será que alguém realmente quis isso? Será que alguém sequer pensou nisso? De minha parte, confesso que na época jamais imaginei tal coisa. Nunca. Não podia. Ninguém podia pensar isso. Será que eu quis vir para a França e trabalhar aqui a minha vida inteira? E, no entanto, foi o que eu fiz.

Será que eu quis que minha mulher e meus filhos viessem para a França? Sinceramente, não sei dizer, não posso admitir isso para mim mesmo. No meu tempo, isso fazia parte das coisas proibidas, ninguém falava nisso; era uma vergonha. No entanto, foi o que se fez. Foi o que eu fiz e o que fizeram muitos outros como eu, praticamente todo mundo. Antes ainda eram casos raros, os que tinham família na França eram exceções. [...] A gente aceita as coisas como chegam. Quem está aqui na França com a família trazida de lá – agora, cada vez mais, tem gente se casando aqui – não pode deixar de dizer para si mesmo e para todo mundo que o que fez foi bom. (Não dizem de nós, os imigrantes na França, que somos viúvos de mulheres vivas, que somos órfãos de nossos filhos?) quem não tem família aqui simplesmente por um acaso da vida vai à forra dizendo que está sozinho na França porque quer, porque repudia a facilidade com que se deixam levar os homens de pouca honra. É o que se ouve entre os imigrantes desde que criou o hábito de trazer a família para cá: ontem como hoje, cada um defende a sua causa e todo mundo finge que realmente quis a situação em que vive, só vendo vantagens nela. Eu ouço essas discussões intermináveis desde que as famílias chegaram a um número considerável na França, desde o fim da guerra da Argélia [...]. Por quê? Porque não há mais pretexto, falso ou verdadeiro, da guerra e de todos os riscos ligados ao estado de guerra.

[...]

Já está mais do que na hora de reconhecer que foi um fracasso total

– *Mas o que resta a fazer a não ser isso?*

Abbas – É verdade. Eu também sou impotente, o mais impotente de todos. Mas não gosto que fechem os olhos. Não gosto que se fabriquem ilusões *[ficções]*. A verdade está antes de mais nada em nós (ou entre nós), nós devemos a verdade antes de mais nada a nós mesmos [...]. E é essa verdade que tento dizer a mim mesmo e aos outros: primeiro a mim mesmo – e o faço em silêncio – e em seguida aos outros, se pudesse. Mas infelizmente são coisas impossíveis de dizer.

[...]

Chamam-me de "selvagem". É o que ouço dizerem de mim. Quando querem ser gentis, dizem: "É um homem de verdade, ele fala a verdade, mas não se pode viver com ele, ninguém pode suportá-lo!" Eis o que ouço dizer de mim. E é verdade. A verdade incomoda e deve incomodar. Quando não incomoda, é suspeita. Não sou eu quem diz, é o Corão. Meu pai me ensinou isso, nunca parou de me repetir isso e eu o repito para mim mesmo constantemente. A verdade incomoda, é por isso talvez que eu prefiro dizê-la a mim mesmo em silêncio. Assim não insulto ninguém. E ninguém me insulta. [...]

– *Por que é um insulto dizer a verdade ao imigrante, aquela que o senhor pensa? Por que isso vem a ser insultá-lo?*

Abbas – Não é ter imigrado para trabalhar que foi um erro. É tudo o que se seguiu, é a maneira com que cada um viveu todo esse tempo na França; é, primeiro, o que cada um fez de si mesmo durante todo esse tempo e, depois, o que fez de sua família, de seus filhos. É tudo isso. Quando se olha tudo isso hoje, quando se faz o balanço de tudo isso muito tempo depois, a gente vê de repente, agora que chega ao fim a nossa vida aqui na França, porque se aproxima o fim total da vida, aproxima-se a morte, que já está mais do que na hora de reconhecer que foi um fracasso *[el khala]* total. Não é nada divertido. Houve desordem ao longo do caminho, ao longo do caminho nos desviamos para o Ocidente *[perdemos "o Oriente", o Ocidente é também o exílio].*

– *Por quê? O senhor parece dizer que houve como que uma "traição", um erro não apenas de conduta, mas um erro sobre si mesmo e contra si mesmo, como que uma negação de si.*

Abbas – Sim, é exatamente isso. Nós renegamos tudo, a nós mesmos, aos nossos ancestrais, às nossas origens, à nossa religião. Cometemos apostasia.
[...]

*Essa mesquita na fábrica
é mentira pura*

[Esse homem que compreendeu tão bem sua condição de imigrante e os efeitos inevitáveis que a imigração produziu nele e nos seus também compreendeu o papel político que fazem desempenhar uma religião dominada na tarefa de "domesticação dos dominados".]

Abbas – Não é a mesquita, não é a prece que fazem o muçulmano. Pode-se orar, ir todos os dias à mesquita, mas se o coração da pessoa é negro, se está contaminado, se todas as suas ações são erradas, de nada adianta a oração. É só para os olhos dos outros, uma hipocrisia *(elkhobth), e* os hipócritas sempre foram numerosos na religião. O mais grave é que... se fosse só isso, não teria maior importância, mas os hipócritas são sempre escutados. Eu me lembro, quando ainda trabalhava, que se falou muito de uma mesquita na fábrica, houve grande barulho em torno disso. Todo mundo se meteu, cada um tinha uma opinião, uns contra, outros a favor. Por que uma mesquita na fábrica? Isso nunca tinha existido antes. Na verdade, essa mesquita é mentira pura. Falou-se muito disso na época, "precisamos de uma mesquita". Eu não sei mais o que se passa hoje na fábrica depois que saí de lá, mas sei que todo mundo, a começar pelos que reivindicavam a mesquita com mais ardor, esqueceu que houve uma mesquita lá. Foi fogo de palha. Uma vez conseguido o objetivo – e pode-se dizer que eles conseguiram –, a mesquita não tinha mais importância, descobrimos na verdade todo o golpe que foi dessa forma montado e bem montado, e que era o seguinte: a mesquita, em si mesma, por si mesma, não tinha nenhuma importância, na verdade não era ela que estava em jogo mas outra coisa. Todos descobrimos isso, todo mundo concordou, o sentido era outro. Eu conhecia muito bem todos os que contavam prosa na época: "Vamos ter uma mesquita aqui, vamos arrancar isso deles, quer queiram, quer não, uma mesquita!" Eles imaginavam, talvez, que depois disso iriam direto para o paraíso. [...] Mas a vitória mesmo teria sido se recusassem lhes dar a mesquita; conseguida, ela teria então um preço, seu verdadeiro preço. Em vez disso, ela foi jogada na cara deles como algo sem valor; valia menos que 100 francos de aumento por mês, um aumento para o qual seria preciso fazer greve, manifestações, agitação sindical e negociação durante semanas e semanas. Uma mesquita vale menos que alguns francos. Mas será que eles podem compreender isso? Nem um nem o outro lado. Quando diziam: "não tem igreja, mas vai ter uma mesquita", não sabiam que teria sido uma luta feroz se houvesse alguns loucos para reivindicar uma igreja. Mas sabemos que entre eles não há loucos desse tipo. E a igreja, para eles, é tão respeitável que não vão contaminá-la colocando-a dentro de uma fábrica.

[...]
Mesmo agora que deixei a fábrica, que estou aposentado e não sei mais o que se passa lá, continuo a me perguntar por que aceitaram abrir uma sala que chamavam de mesquita. Por que a fábrica aceitou isso, por que a França aceitou isso? Não posso provar, não tenho provas, mas tenho certeza que foi contra o Islã que a fábrica aceitou isso, foi contra o Islã que a França aceitou isso.

– *Por quê? Por que a França é cristã?*

Abbas – Não, não é porque a França é cristã. É porque a França zomba disso. Ela não tem nada a ver com isso, nem com o islamismo nem com sua própria religião. [...] "Eles querem uma mesquita? Pois terão. Vamos dar a mesquita que eles querem. O importante é que nos deixem em paz." Foi assim que eu compreendi a coisa. Foi um gesto de desprezo.

[...] Sim, cabia a nós impor o respeito devido à religião e chamar à ordem os agitadores que queriam se tornar populares exigindo a mesquita. Você precisava ouvi-los na época: diziam que iam dobrar os patrões, o governo, a França, todo mundo. Apresentavam a questão como um desafio, uma maneira de incomodar a direção da empresa: ou ela cedia e eles se sentiriam então vitoriosos, heróis, ou ela recusava e eles ainda assim ganhariam por terem tido a audácia de desencadear contra ela um conflito sem precedentes. Se desse certo, tanto melhor; senão, teriam pelo menos incomodado. Nos dois casos, queriam aparecer como bons muçulmanos, defensores do Islã. Nós não podíamos sair em guerra abertamente contra todo mundo, porque era contra todo mundo que teríamos que lutar, contra os que reivindicavam a mesquita ao patrão, contra todos os operários muçulmanos ou que se acreditavam tais – e nesse caso pareceríamos inimigos da mesquita e da religião – e também, infelizmente, e era aí que estava o problema, contra a empresa, que sem dúvida não queria entrar em conflito com uma parte do pessoal. Por quê? Por uma mesquita? Ela toparia o conflito se fosse por salários, condições de trabalho, mas por uma reles mesquita, qual o quê! Um galpão de 15m^2? Não vale a pena entrar em conflito por causa disso! E, é claro, ela esperava tirar partido dessa benevolência, conseguir algo e fazer com que fosse paga a sua generosidade, sua tolerância, que não lhe custou nada. No momento certo, ela lembrará e dirá: "Vocês quiseram uma mesquita, nós demos. Uma mesquita na fábrica significa pelo menos 15 minutos tomados ao tempo de trabalho..." E para a empresa isto envolve todos os operários de religião muçulmana, quer eles rezem ou não, ela está pouco se importando com isso. "Quinze minutos sem redução de salário significam um aumento correspondente... e este aumento de fato deve ser descontado no caso de outro aumento." Eis o que dirá a direção da fábrica e com razão. Ou seja, quem paga a fatura são os operários que são bons muçulmanos, aqueles que continuarão como sempre fazendo suas orações em casa, e todos os outros operários muçulmanos, que a pagarão em definitivo.

[...]

Então a mesquita não é a mesquita, não é pela mesquita enquanto tal que ela é reivindicada, é outra coisa. E isso todo mundo sabe: os partidários da mesquita, os sindicatos que os apoiam sem apoiar, todos os operários muçulmanos, a direção da empresa.

Ser imigrante é duplamente vergonhoso

– *O senhor ia me explicar, acho, o que é ser um imigrante.*

Abbas – Era para lhe dizer que ser imigrante é uma vergonha. É duplamente vergonhoso: a vergonha de estar aqui, porque sempre tem alguém para lhe perguntar ou fazer você mesmo se perguntar – foi assim que sempre me senti a minha vida toda, a me perguntar – por que, por que razão você está aqui; você não tem que estar aqui, você é demais aqui, aqui não é o seu lugar. Não sei se você sente a coisa do mesmo jeito ou se é só assim comigo, uma espécie de loucura, louco que eu sou, mas tenho certeza de que é assim com todo mundo, com uns mais, com outros menos, de acordo com a pessoa, porque *ser um imigrante* é isso e é aqui, com a experiência daqui, que se aprende isso. Temos que passar por isso [...].

– *Qual é a segunda vergonha?*

Abbas – A segunda vergonha está na nossa terra, é a de ter deixado a nossa terra, ter saído de lá, ter emigrado. Porque, quer queira quer não, mesmo que todo mundo esconda isso, mesmo que esconda de si mesmo – ninguém quer saber disso –, *emigrar é sempre um erro*. A gente faz tudo para que nos perdoem e para perdoar esse "erro" necessário, esse "erro" útil, esse "erro" que não se quer e também ninguém quer admitir como um "erro". Essa é a vergonha do imigrante e, quer queira quer não, ele é a sua própria vergonha, a vergonha dos seus, a vergonha da Argélia... Todas as vezes que me insultam como imigrante, como argelino, é a Argélia que é insultada [...].

– *Ou seja, a imagem de quem emigra não é melhor em seu país do que a imagem do imigrante no país para onde imigrou.*

Abbas – Exatamente. Quer dizer, é pior. Antes, não era assim, era mais sadio. A gente emigrava para trabalhar para a família, era duro para todo mundo; lamentavam por nós, mas não acusando a gente do que quer que fosse. Só nos acusavam quando fracassávamos ou quando faltávamos a nossas obrigações, deixando de enviar dinheiro para a família. Entre as duas partes havia um acordo total, falava-se a mesma língua: os homens emigravam para trabalhar por nós, a gente emigrava para trabalhar para a família! Mas isso não podia durar assim para sempre. Tudo mudou principalmente quando os homens passaram a emigrar para a França, na maioria, com as famílias. Essas famílias não podiam mais dizer que seus homens emigraram por elas e os imigrantes não podiam mais dizer que emigraram pelas famílias. Hoje chegamos às raias do insulto, de um e de outro lado, cada uma das partes acusando a outra, dizendo à outra que ela não vale nada. Principalmente agora que se misturam os assuntos de dinheiro, que todo mundo, aqui e lá, chama de *divisa*: Agora se compra e se vende dinheiro, não se envia mais dinheiro à família como faziam antes os imigrantes para serem o sustento dos seus. Todo mundo agora vem à França, compram *divisas* e todo mundo vende *divisas*, mas todos se acusam, se detestam por causa disso. Dizem que a população de lá não tem nada, que lhe falta tudo, que só come graças a nós, que a carregamos nas costas.

– *Como está atualmente a cotação no paralelo, no câmbio negro?*

Abbas – Quando é um parente ou amigo e você quer agradar, está em 6 por 1. Se não, é 7 e dizem que vai subir para 8. E por que não? Não há razão para que isso termine um dia [...]. É, 6,7,8 dinares para 1 franco francês! Mas como lá tudo é caro, tudo é vendido no mercado negro, eles aceitam nos dar isso. Quando você vai lá, então, tudo o que quiser fazer, tudo o que precisar comprar, eles dizem "é a França que paga!" *[em francês]*.

Pais e filhos apenas se veem, só isso, nada mais

– *Como é isso? O senhor não deplora isso? Os seus filhos convivem bem com isso, tanto os rapazes como as moças? Como é entre os seus?*

Abbas – [...] Primeiro, em tudo o que eu disse até agora, quando falo dos outros, aparentemente dos outros, é de mim também que eu falo. Sei, sinto que você já compreendeu isto e é porque você já compreendeu que eu admito. E quando falo de mim, falo dos outros.

– *No entanto, parece que o senhor reprova e sofre com o fato de os outros não usarem em relação a si mesmos a linguagem que o senhor usa sobre eles e, portanto, sobre o senhor mesmo.*

Abbas – Uma coisa não impede a outra. Nós não falamos as mesmas coisas de forma alguma, não dizemos a nós mesmos as mesmas coisas, mas isso não impede que falemos todos das mesmas coisas, de forma diferente talvez, mas no fundo dá no mesmo: verdade ou mentira, nós dizemos a mesma coisa, cada um à sua maneira, porque estamos todos na mesma situação. Cada um acerta suas contas como pode.

– *Mas o senhor pode falar de seus filhos como falaria dos filhos dos outros? Quando a gente vê, por exemplo, todas as catástrofes que atingem esses jovens, o desemprego, a droga, a violência, muitas vezes a prisão, não se pode dizer a mesma coisa dos seus filhos. Eles são tranquilos, eles parecem ter tido êxito.*

Abbas – Ah, não é bem assim... Mais ou menos. Mas é a mesma coisa por toda parte. Em alguns casos, é verdade, não aconteceu o pior, mas poderia ter acontecido. Isso diz respeito a todos nós. Você pode se perguntar: que sentido faz ter filhos nessas condições, ter filhos como esses? Nós apenas nos vemos, só isso, nada mais; nós nos encontramos em casa, mas cada um tem os seus horários. Se eles quiserem, a gente pode passar meses sem se ver, mesmo vivendo sob o mesmo teto.

– *E por que é assim?*

Abbas – Por quê? Porque meu pai me criou de forma diferente da que eu criei meus filhos.

– *O senhor gostaria de tê-los criado como seu pai o criou?*

Abbas – Não, não necessariamente. Ao contrário, porque sei que não é possível. E porque não fiquei satisfeito com o modo como meu pai me criou. Mas fui criado daquela forma porque meus pais não podiam fazer diferente. Nem eles nem os outros pais. Era daquele jeito, só isso. Mas, mudando de situação – aqui é completamente diferente –, podia esperar, estava no direito de pensar que pudesse ser de outra forma.

– *Então, não foi?*

[...]

Abbas – Não, não é o mesmo uso do tempo de quem trabalha. Ao contrário, é porque eles não trabalham que preenchem o tempo de forma diferente: dormem até o meio da tarde, acordam, fazem um belo lanche, saem e só voltam à uma, duas horas da madrugada; se estiverem com fome, abrem a geladeira e se servem, depois vão dormir até o meio-dia ou uma hora da tarde e recomeça tudo de novo [...]. A casa não reúne, como você diz. E não são apenas as ocupações do dia, o trabalho, que separam ou reúnem. É que na verdade cada um segue seu próprio caminho, cada um anda à sua maneira. E nossos caminhos não se cruzam. E isso em tudo, nas nossas maneiras de trabalhar, nas nossas maneiras de ver, nas nossas maneiras de ganhar e de gastar dinheiro, nas nossas maneiras de comer e de beber [...]. E isso não apenas em relação à religião. Mesmo quando eles não caem no pecado, não é a mesma coisa, a mesma maneira de beber e comer. No final, ficamos muito afastados uns dos outros. Só uma coisa nos une: eu sou o pai deles, a mãe é a mãe, somos os pais deles, eles são nossos filhos. Será que eles mesmos dizem isso para si, que são nossos filhos? Não tenho tanta certeza [...].

Estamos em dois mundos diferentes, de espírito diferente. É normal que nada aconteça entre nós. Salvo algumas raras exceções, quando há uma catástrofe. E isso na melhor das hipóteses. Quando eu chamo um deles para alguma coisa importante e lhe peço que me escute bem, que preste atenção no que vou dizer, aí talvez eles se lembrem que há alguma coisa que nos une.

– É difícil de acreditar que as coisas se passem com os seus filhos da maneira catastrófica que o senhor está me dizendo.

Abbas – Mas é, é assim mesmo. E isso na melhor das hipóteses. É o que se passa com os meus filhos. E no estado não há alterações, ninguém levanta a voz. Tudo acontece com a maior delicadeza. Mas é assim. De vez em quando, mais com a mãe deles do que comigo, de vez em quando há uma troca verdadeira. No mais, vive-se junto, só isso.

[...]

É como se eles quisessem trabalhar só quando têm vontade

– Bem, o mais velho, que idade tem?

Abbas – Sim... O primeiro é H. Ele está agora com... Ele nasceu antes da independência *[da Argélia]*, por isso não tem nacionalidade francesa. Está, portanto, com 31, 32 anos. É o que eu menos compreendo. Ele tem tudo, fizemos tudo por ele. Ele pode trabalhar, pode facilmente arranjar trabalho, mas não. Não entendo. Não há nenhuma razão para isso. Não consigo encontrar uma explicação. Tenho que admitir que é por pura preguiça, só isso, é a única explicação: ele não gosta de trabalhar, ele não quer trabalhar, ele se recusa a trabalhar. Então, é porque é preguiçoso. Não posso culpar ninguém por ele, não posso dizer que ele não encontrou trabalho, ele jamais procurou. Ao contrário, sempre se recusou a trabalhar. Acho que eles têm raiva do trabalho. Ele não é o único, são todo um bando que se arrasta desse jeito.

– E por que então esses jovens não trabalham, se podem achar trabalho como o senhor diz?

Abbas – Pergunte a eles! Que sei eu? Eu faço a mesma pergunta que você, mas não são eles que vão lhe dizer porque não trabalham. Eles mesmos não devem saber. Sempre me ocorre de fazer esta pergunta; nunca obtive sequer um começo de resposta. Silêncio! É a única resposta que dão. Aí viram as costas e se mandam. Mas ouço o que se diz, as coisas que devem dizer uns aos outros, porque pelo menos a gente ouve quando falam; as coisas que alguns dizem aos pais, porque alguns falam e falam violentamente – não são todos como meus filhos, os quais, reconheço, continuam bem educados –, as coisas que nós mesmos, os pais, dizemos entre nós, porque não falamos da outra coisa, jamais encontrei quem quer que fosse que não se pusesse de imediato a queixar-se dos filhos: é a mesma coisa por toda parte, o mesmo mal, nós nos queixamos todos das mesmas coisas, somos todos mais ou menos atingidos no mesmo ponto, com certas variações, por todos esses jovens. Porque há naturalmente diferença entre casos em que houve roubo, ferimentos, intervenção da polícia, prisão, etc. e casos em que as coisas ficam em casa, em que não houve delinquência, casos em que nada se vê, nada se ouve e tudo parece ir às mil maravilhas; e, é verdade, os pais daqueles invejam esses outros pais.

– *E quais as coisas que dizem os jovens?*

Abbas – Eles dizem: nós não queremos trabalhar, não queremos o trabalho deles. Suponho que se referem aos franceses, o trabalho que os franceses lhes dão, que a França lhes dá... Nós, quando procurávamos trabalho, ficávamos bem satisfeitos de encontrar e dizíamos "o nosso trabalho", não dizíamos "o trabalho deles". Agora, é o contrário: o trabalho que podem encontrar e encontram não é mais o seu trabalho, mas o trabalho dos outros, eles trabalham para os outros. Então eles dizem, a si mesmos e para você, que não vale a pena trabalhar para os outros. A gente sempre trabalha para outro, para um patrão, sempre se trabalha para um patrão. Isso eles não admitem. A mim me parece que eles não têm vontade de trabalhar, que eles não gostam do trabalho, que preferem viver miseravelmente. Eles têm garantida a comida, sabem que não vão morrer de fome, então vivem repetindo que não vão trabalhar para o lucro de um francês! Só aí que eles se lembram que existem franceses, que eles estão na França; para todas as outras coisas, eles se dizem franceses, dizem – quando isso lhes convém – que estão na França e que são franceses! Mas para trabalhar, não!

– *Mas como é que eles fazem? Mesmo que casa e comida sejam garantidas pelos pais, eles têm necessidade de um pouco de dinheiro todos os dias para as suas despesas. E eles gastam bastante: cigarro, cinema, bar. Têm carros, precisam pagar a gasolina e a manutenção. Eles não pedem dinheiro aos pais como se fossem crianças.*

Abbas – Ah, para os trocados eles sabem se virar. Nunca estão sem dinheiro. E sem precisar roubar. Trabalham o mínimo necessário: um ano em dois, alguns dias da semana, algumas horas do dia. Só o suficiente para estar legal, para ter um comprovante de salário. Meio trabalho, meio desemprego. E o tempo vai passando.

– *É o que se chama de "bico"?*

Abbas – Talvez se chame assim, mas normalmente não são empreguinhos, como se pode pensar, não são tão insignificantes. São empregos que lhes permitem ou que deveriam permitir viver e, quando falam deles, eles enchem a boca *[literalmente, "eles incham": "Sou professor disso, daquilo", por exemplo]*. Não sei o que tem de verdade nisso tudo.

– *A que o senhor se refere?*

Abbas – Há muitos nessa situação. O meu filho mais velho, por exemplo. Ele sempre dá algumas horas de aula em tal ou qual escola. São aulas de matemática ou física, foi o que ele estudou. Como ele há também o filho da minha irmã, que é ainda mais velho que meu filho e dá aulas não sei exatamente do quê, ora ele diz que é economia, ora que é contabilidade. Também tem um outro jovem, filho de um parente próximo, que deveria ter sido engenheiro, ele fez uma faculdade de engenharia, mas que vive também dessa maneira. Bem, só estou falando dos que podem encontrar um trabalho qualificado, não falo de todos os outros que não podem encontrar nada. Mas, também, ninguém é incapaz de fazer nada, não se pode dizer isso de ninguém, a não ser que a pessoa seja um deficiente, o que não é o caso aqui. O que é preciso dizer também, tenho que reconhecer isso, é que, quando necessário, quando precisam ganhar dinheiro, eles aceitam fazer qualquer coisa, têm prática disso. Quando uma porta se abre para algum deles, muitos outros o seguem, um passa aos outros as informações que tem. Eles trabalham, mas é como se quisessem trabalhar só quando têm vontade. Ir todos os dias ao trabalho, à mesma hora, para o mesmo serviço, eles dizem que é tedioso, que isso não lhes interessa.

[...]

Acho que se eles quisessem poderiam encontrar um trabalho de verdade. Pois são capazes de encontrar trabalho da noite para o dia; de forma que poderiam ficar mais tempo num desses trabalhos, que lhes agradasse ou não. E já que não param de experimentar, de mudar de trabalho, de fazer e tentar todos os trabalhos possíveis e imagináveis – mudanças, pintura, trabalhos braçais de todo tipo – poderiam achar um que lhes conviesse, que lhes agradasse! Qual nada.

– *Mas há muitos que não conseguem achar trabalho. São muitos os desempregados.*

Abbas – Ah, sim, existem. E, infelizmente, são em grande número. Mas não é a mesma coisa, não dá para comparar. Acho mesmo que eles não se dão, não gostam uns dos outros. Com uma simples olhadela se vê a diferença, tudo o que os separa. Mas, no final das contas, o resultado é o mesmo: uns não trabalham porque não gostam, outros porque não encontram trabalho. Uns e outros combinam por só trabalharem ocasionalmente, no que acham aqui e acolá. Isso na melhor das hipóteses, quando acham que o trabalho é o único meio decente de ganhar dinheiro, e não se metem em roubos, arrombamentos, mercado negro.

– *O senhor tinha começado a falar do mais velho. Se entendi direito, ele se saiu relativamente bem na escola, o senhor diz que ele ensina matemática e física.*

Abbas – Sim, fizemos tudo para que ele se saísse bem nos estudos. Demorou muito, porque tivemos que nos mudar muitas vezes; ele sempre me disse que isso o atrapalhou. Eu não tenho condições de dizer se foi mesmo. Fizemos tudo, sacrificamos tudo por ele. Por fim, ele cursou uma escola no norte da França, em Lille, uma escola de mecânica, Saiu de lá com um diploma, poderia ter feito carreira na indústria como engenheiro; claro, um pequeno engenheiro, mas ele estudou para isso, tem os diplomas necessários. Nunca procurou, ele me diz sempre que é para breve, que está esperando. E nós esperando com ele.

– *Ele não se casou?*

Mesmo que a gente finja não ver nada

Abbas – Só nos faltava essa, que ele se casasse. Já não basta que eu o alimente, ainda teria que alimentar sua mulher e os filhos que logo viriam? Mas talvez seja isso que pode pôr um pouco de massa cinzenta nessa cabeça: quando tiver vontade de se casar – chegou a pensar nisso certa vez –, terá que encontrar moradia e, para isso, terá que começar a trabalhar seriamente. Já não é sem tempo.

[Sua filha mais velha, que tem 35 anos, saiu de casa faz dez anos.]

Abbas – Antes dele, tem na verdade uma filha. Ela é a mais velha de todos. Está hoje com 34 ou 35 anos. Saiu de casa há uns dez anos quase. Ela não é casada.

– *Ela trabalha?*

Abbas – Trabalha. Desde que saiu de casa, nunca deixou de trabalhar. Bem, pelo menos é o que ouço dizer, é o que me diz a mãe dela. Eu não sei nada com certeza sobre ela. Parece mesmo que ganha bem a vida, fala até em comprar o apartamento onde mora atualmente.

– *Qual é o trabalho dela?*

Abbas – Ah, ela... é uma longa história. Foi por causa dela que comecei todas essas reflexões sobre nossa vida. Como estar aqui, viver aqui, sem ser do jeito que as pessoas são aqui, sem viver como se vive aqui? No início eu achava que era possível, que era até necessariamente possível. Era preciso que fosse possível, não podia ser de outra forma. Era ainda o início, a gente morava miseravelmente, numa velha casa caindo aos pedaços [...]. A escola primária, tudo bem, era quase do lado da nossa casa e ela ainda era uma menininha. Não sei dizer, realmente, o que ela fez na escola. Ela ia à escola, e quando a escola terminou para ela, aos 16 anos, tanto melhor, ela voltou para casa e não saiu mais.

– *O que quer dizer? Não saiu mais?*

Abbas – Por que sairia? O que teria para fazer fora de casa? Seu lugar era em casa. Eu achava isso absolutamente normal, não tinha que ser diferente. Era isso, nada mais que isso. Sua mãe, também, não tinha por que sair.

– *E isso durou quanto tempo? Não houve revolta, protestos, da parte dela?*

Abbas – Não sei... Talvez ela não ficasse muito satisfeita com a situação, mas o que fazer? Ela mesma não devia saber o que fazer.

– *Ela não pediu para trabalhar fora? Isso deve ter se passado nos anos 70 e nessa época era mais fácil que hoje encontrar trabalho.*

Abbas – Nunca se levantou essa hipótese na época, estava fora de questão, isso não se fazia. Ainda não se fazia isso no nosso meio.

– *O senhor recusou, o senhor se opôs a que ela trabalhasse?*

Abbas – Não, não mesmo. Não precisava. Isso não vinha à cabeça de ninguém.

– *Como foi para ela durante esse tempo?*

Abbas – Ela viveu em casa, só isso. Claro, com a mãe era uma discussão contínua.

– *E com o senhor?*

Abbas – Comigo estava fora de questão. Com ela e com os outros. Eu não devia discutir com ela essas coisas. Ela sabia o que eu pensava e não insistia nisso. Ela e todos os outros, aliás; tanto ela como a mãe.

– *Nesse caso, por que não a casou? Certamente houve propostas.*

Abbas – Sim, houve pedidos de casamento. Mas passaram todos por sua mãe e, como nenhum me convinha nem convinha a elas, parece, então não quis forçá-las. Afinal, é minha filha, tinha direito de viver em minha casa até o fim dos seus dias... ou dos meus dias; tinha direito que não lhe faltasse nada, na medida das minhas posses.

– *Que não lhe faltasse nada exceto a liberdade de ir e vir!*

Abbas – Acho que ela jamais pediu mais do que tinha. Mesmo que, como disse, fi-

669

casse amuada o tempo todo, amuada com tudo e com todos, com a mãe, com a comida, com ela mesma [...].

– *E como é que isso tudo terminou?*

Abbas – Terminou de um jeito totalmente contrário ao que eu queria na época... e que ainda quero, se o tempo não tivesse deixado a gente para trás, se o tempo não tivesse nos derrotado, se não tivesse obrigado a gente a se curvar, a aceitar o inaceitável.

– *Ou seja, o tempo venceu mas não convenceu.*

Abbas – Exato. Convencer, jamais; temos que dizer a verdade. Deus é mais forte! Tem momentos que é preciso admitir o que não se pode evitar. Eu contrariei e rechacei a realidade o mais que pude, mas a realidade está lá. Não podemos viver sozinhos neste mundo; estamos na França e, quer a gente goste ou não, a França está aí, estamos dentro dela e é normal que ela acabe ficando dentro da gente, dentro do ventre, mesmo que não penetre nos nossos corações. Quanto a mim, ela jamais entrou e jamais entrará no meu coração e eu não escondo isso, não paro de dizer isto e, sobretudo, de viver isto diariamente. Sei que vou morrer aqui, vi muitos da minha idade morrer e muitos mais velhos que chegaram aqui como eu para ficar quanto tempo? Ninguém podia saber, mas ninguém podia pensar que fosse para a vida toda, que fosse passar a vida inteira aqui. Será a mesma coisa com cada um de nós e comigo também. É o que vai acabar acontecendo, mas jamais poderei considerar este país como meu país. Então, é por isso que não adianta nada resistir. [...] No fundo, eu não mudei, não renunciei a nada. Então, não tenho que ajudar ou não ajudar. Guardo tudo para mim agora. Agora que sei que ninguém pode me aprovar, mesmo na minha casa, então eu me calo. Que cada um faça como se faz aqui.

– *Isso quer dizer que o senhor se conforma a não impedir mais o que de qualquer forma o senhor não pode mais impedir, não é? Mas no caso de sua filha, o que aconteceu?*

Abbas – Eu mesmo não sei direito... Há toda uma série de pequenas causas, até que a coisa acontece sem que se saiba como. É verdade. Mesmo que a gente finja que não diz nada e, por isso, que não vê nada, a coisa é evidente: essa moça era infeliz. Cuidamos que não lhe faltasse nada, que ficasse em casa, que tivesse sustento, que ficasse na casa dos pais, na casa dela, portanto, absolutamente normal. Não havia nada a censurar nisso. E ela parece que não tinha nada contra, parece que ela não dizia nada. Mas na verdade a gente fingia não ver, toda uma série de sinais traíam o desacordo, o protesto contra aquela situação, contra mim pelo menos, porque com a mãe as discussões sempre foram violentas.

– *Já que o senhor sabia, como reagiu?*

Abbas – Oh, estamos acostumados com essas coisas. Para mim, eram duas mulheres dentro de casa, mesmo que uma fosse a mãe e outra a filha, não podia deixar de haver rusga entre elas – era o que eu me dizia. E eu não escutava ou mal escutava o que sua mãe me dizia, respondia sempre: "é assunto de vocês, é sua filha, resolvam entre vocês, não sou eu que vou me meter nos seus assuntos". Então, era como se nada acontecesse.

– *Havia outros sinais do mal-estar de sua filha que o senhor negligenciou na época, que o senhor preferiu, como diz, não ver?*

Abbas – Ó, nem tanto. Havia, talvez, o isolamento, o silêncio em que essa moça se fechava. Mas, afinal, era normal: ela não tinha nada a dizer, pelo menos nada a dizer para nós, tanto ontem como hoje. Mesmo agora, quando acontece de vir passar alguns dias em casa, ela não diz nada... e não tem nada para dizer. Não vamos contar histórias entre nós. Mas o que faz refletir é quando, nesse tipo de situação, é preciso enfrentar uma repartição pública. É aí que me dou conta que há muitas coisas entre nós que são incompreensíveis para os outros, coisas que não existem aqui. Muitas coisas que consideramos normais, como por exemplo o fato de minha filha morar comigo, não são admitidas aqui. Minha filha esteve doente muito tempo e várias vezes, não se sabe por que, e todas as vezes foi preciso interná-la numa casa de repouso. A cada internação, era a mesma história: ela não tem Previdência Social e a minha não podia incluí-la. Não compreendiam por que ela não tinha Previdência, por que, pelo menos, não estava escrita no auxílio-desemprego. Não compreendiam quando eu dizia que ela não pedia para trabalhar. E toda vez era preciso fazer uma requisição de socorro, de assistência. Tive mesmo que fazer uma previdência privada para ela.

– Ela era doente do quê?

Não se sabe direito. São os nervos, como se diz. Foi o que me disseram, cada vez. É preciso que ela mude de ares.

– E como acabou? O que ela se tornou hoje?

Abbas – Foi aos poucos. Ela fez amizade com uma assistente social da casa de repouso onde esteve internada. Nas férias ia passar alguns dias na casa dessa amiga, isso aconteceu várias vezes. Um dia, ela disse à mãe que ficaria mais tempo, que não voltaria logo, porque ia procurar trabalho. A mãe aceitou, mas não podia crer que fosse dar certo, que ela ia conseguir: uma moça que nunca trabalhou, que não sabe fazer nada, além do mais numa época em que era difícil para todo mundo arranjar trabalho, mesmo quando se tinha experiência. Não era possível acreditar que fosse dar certo. Deu, ela conseguiu. Encontrou trabalho e, ao que parece, jamais lhe faltou trabalho. Hoje, ela é igual a todos, igual a seus irmãos e irmãs e talvez mesmo superior a eles, principalmente os que estão sempre aí nessa gangorra, sem trabalhar. Mais, ela é hoje igual a mim, é um "homem" como eu, vale tanto quanto eu. Saiu de casa, ganha sua vida, se sustenta... Eu nunca quis isso, nem para ela nem para mim nem para o nome que carrego, embora esse nome tenha visto muitos outros em situação semelhante entre os que o levam, pois somos muitos. Mas, enfim, é melhor isso do que o pior.

A culpa é da imigração

– *Depois do fato consumado, no ponto a que se chegou hoje, uma vez que esse é o resultado final, o senhor não se arrepende do seu comportamento no passado, principalmente em relação à sua filha? O senhor fez com que ela perdesse tempo e, mais do que isso, sofresse sem necessidade, pelo menos é o que parece hoje.*

Abbas – Não, não tenho nada do que me arrepender. Se me arrependo de alguma coisa, é da situação atual. Lamento que ela não tenha me dado razão. Estou tão errado quanto ela. Não sei se você conhece a anedota que contam... Estamos na mesma situação.

– *Que anedota?*

Abbas – Era antigamente, quando o inverno era frio e o único meio de transporte eram as próprias pernas. Conta-se que um viajante foi surpreendido pela neve, por uma nevasca. Quando chegou à aldeia mais próxima, pediu abrigo na primeira casa que encontrou e foi recebido com hospitalidade. Mas a neve continuou a cair, impedindo que ele prosseguisse viagem. Um dia, dois dias, logo uma semana se passou e nenhuma possibilidade de deixar o lugar. Os donos da casa começaram a achar demais a presença do estranho. Na época todo mundo era pobre, mais ainda no inverno, e de fato eles não tinham como sustentá-lo. O infeliz viajante compreendeu a situação. Um dia, na sua presença, começou uma discussão entre o marido e a mulher. Ele não era idiota, sabia que a discussão era só um pretexto. Bastante embaraçado, ele olhou para a porta, bloqueada pela neve, e disse ao casal que o hospedava esta frase que ficou célebre: "Eu sei, não é culpa minha nem culpa de vocês, é culpa dos céus [*do mau tempo*] que me trouxeram aqui e me obrigam a ficar por mais tempo!" É a mesma coisa: não é nem minha culpa nem culpa da minha família, eu não poderia acusá-la de nada. A culpa é da imigração [*em francês*], como se diz! é por isso que não me cabe ser duro com um nem com outro, está fora de questão romper, fechar a porta e dizer, como fazem alguns: "eu te renego, você não é mais meu filho ou minha filha, você jamais voltará a pisar nesta casa!" Não, isto seria inaceitável.

1990

Abdelmalek Sayad

A emancipação

A entrevista aqui reproduzida foi acompanhada de longas conversas que ajudaram a uma melhor compreensão. Esta pesquisa decorre de outra à qual tem inicialmente a função de dar continuidade e completar: indagando sobre as condições de escolaridade dos filhos de certas famílias imigrantes, principalmente marroquinas e tunisinas, descobrimos uma moça que acabara de obter o mestrado em línguas em 1986, numa pequena universidade do interior, e que se dispôs a prestar seu depoimento. Percebendo então que a unidade pertinente aqui não era a estudante mas toda a família e o conjunto dos filhos, pedimos a ela que nos colocasse em contato, se possível, com todos os seus irmãos e irmãs. Ela propôs que entrevistássemos, primeiro, sua irmã mais velha, Farida, em cuja casa estava hospedada provisoriamente e que lhe havia "aberto caminho", sem dúvida apesar dela mesma e sem sequer se dar conta.

Essa jovem mulher de 35 anos mas que, por inexperiência de vida pública e vida ao ar livre, teve reações de adolescente e pareceu no início extremamente arisca, desconfiada e desajeitada, acabou por consentir, claro que por insistência da irmã mais nova, em dar a entrevista que, em princípio, deveria ser sobre sua vida escolar. Mas Farida aceitaria por fim contar em detalhes toda a sua história com verdadeira satisfação e alívio: a história de sua primeira infância, filha de um pai que já havia emigrado para a França, razão pela qual, e também devido à guerra, vivia com os avós maternos em Argel; a história de sua chegada à França em idade de cursar o maternal, que ela não lembra de ter frequentado; a história de sua vida escolar até os 16 anos, quando terminou a obrigação de estudar; depois, a história do seu "enclausuramento", do "claustro" em que se fechou e os conflitos que se seguiram com a mãe, o "ódio" ao pai, a transferência de afetividade para os irmãos e irmãs mais novos; a história de suas inúmeras "depressões" e todos os tipos de resistência que conseguiu inventar para "conservar a integridade mental" (para "não perder a cabeça, mesmo que os pés estivessem impedidos de andar, era isso que contava"); e, por fim, a história de sua emancipação e as lições que ela mesma tira dessa trajetória que a fez, como diz, "atravessar séculos" no espaço de duas décadas e descobrir como na verdade foi densa a sua vida, "vida larvar, quase vegetativa, sem nenhum interesse nem encanto, uma vida vazia de ocupação e de significado, uma vida sem sentido... que sentido haveria nisso?... uma vida de ociosidade, chata, repetitiva, em que não se contam os dias nem os anos, onde nada muda nem os dias nem as noites, sempre iguais... uma vida sem nada dentro, sem conteúdo, e não falo apenas de uma atividade – sempre é possível encher os dias e as noites quando se sofre de insônia, encher o tempo – mas do que se passa na cabeça da gente, no pensamento".

Visão *a posteriori*, é verdade. Mas essa visão só é possível, primeiro, com a condição de se ter "saído do *tédio*" para poder avaliar o caminho percorrido, pois antes só havia espaço para um trabalho de "repetição, de ruminante que rumina sempre o mesmo alimento, no meu caso as mesmas perguntas: por que isso, por que essa injustiça, o que fiz aos céus, por que nasci nessa miséria, qual é a solução para esse impasse etc." E, depois, com a condição de se ver objetivamente obrigada a adotar o que ela chama postura de *autoanálise*: a reflexão sobre si constitui, em certas circunstâncias, a única reação possível de autoproteção. Há situações que, por abrigarem fortes contradições, para serem compreendidas impõem que a pessoa se questione a fundo. E é sem dúvida porque nessas situações de impasse não há soluções instrumentais, "exteriores", sob a forma de procedimentos e artifícios preestabelecidos, e também porque não é possível imputar a qualquer agente bem definido a responsabilidade por essas situações – o que exclui até mesmo a ideia de revolta – que o tipo de questionamento que se impõe em tais casos é comparável à busca da verdade em sociologia. Exceto que a compreensão, só na aparência gratuita, que se adquire então da situação tem por efeito permitir um relativo domínio da própria situação e se constitui aí como que condição para a sobrevivência, no caso de Farida condição para a "ressurreição" final. Se o encontro de situações de desigualdade reforça muitas vezes o dominador no seu sociocentrismo, obriga por outro lado o dominado (o colonizado, o negro, o judeu, a mulher, o imigrante, etc.) a um trabalho de esclarecimento da relação de dominação que vem a ser um trabalho de esclarecimento sobre si mesmo. É uma necessidade prática, poder-se-ia dizer vital, imposta pela tendência à análise social: essa disposição acaba constituindo por fim uma "segunda natureza" e orienta todos os feitos da pessoa.

Querer saber quem, por que e como se é o que é ou, de forma mais prosaica, não se é o que os outros são, isso no caso de Farida não vem a ser apenas uma "busca da identidade", como se diz hoje em dia. É uma verdadeira obsessão que seus próprios dados biográficos (seu nascimento não foi registrado no prazo, nem mesmo no lugarejo onde nasceu, como também não o foi o casamento de seus pais) contribuíram para manter e dramatizar a seus olhos: "É preciso, pois, que eu me apresente. Quem sou eu? Não sei... Vivo me perguntando, não faço outra coisa. Até minha idade não é certa, minha idade não me pertence. Até isto é falso. Cabe perguntar se eu existo... Todo mundo tem uma data de nascimento, dia, mês e ano... e um aniversário [...]. A mesma coisa com o lugar de nascimento... também não existe. Posso rir disso tudo. No registro civil me falaram de omissão, que palavra bonita! Fui omitida e me disse: vou passar a conjugar o verbo omitir (e passei mesmo) em todos os tempos e modos. Está aí um verbo que eu amo, é um verbo que diz a verdade." E bastou completar sua emancipação, libertou-se dessa obsessão e lá veio a administração para lembrar uma vez mais sua "falta e pecado originais". Com efeito, na hora de se naturalizar, notando a defasagem entre a data (fictícia) de seu nascimento e a data (também fictícia) do casamento de seus pais, três anos mais tarde, os serviços competentes lhe pediram que "providenciasse qualquer documento que precisasse a data do casamento religioso [sic] dos pais".

Da longa narrativa de Farida sobre sua vida e a múltipla experiência de "desdobramento" e "isolamento" a que foi obrigada decidimos preservar somente as passagens que ilustram a evolução, em suma bastante rápida, que ocorreu em sua família e que terminou transformando completamente tanto os comportamentos masculinos e femininos como as relações internas da família e a economia geral da afetividade e dos sentimentos intrafamiliares. "Nossos pais aprenderam seu papel, aprenderam a ser um pouco pais", concordam suas duas irmãs, como concordam que os agentes desse aprendizado forçado ou voluntário – forçado e aceito ao mesmo tempo –, os verdadeiros pedagogos foram mais as moças que os rapazes e a mais velha mais que as mais novas, porque foi ela que lhes "abriu caminho", paradoxalmente, ao se mostrar submissa e resignada ao tratamento que lhe impunham e só "assumindo sua liberdade" muito depois que suas duas irmãs. Estas fizeram ótimos cursos superiores e deixaram a casa paterna assim que se formaram; hoje, uma é professora na Alemanha e a outra trabalha com turismo em Barcelona. A diferença de trajetórias e a responsabilidade objetiva dos pais quanto a isso (ninguém precisa dizer, explicitar nada, todo mundo evita acusações) fazem com que uma vaga impressão de culpa perpasse todo o sistema de relações entre pais e filhos, entre irmãos e irmãs: em primeiro lugar entre os pais e a mais velha, a "vítima" dedicada que se sacrificou, mas também entre ela e seus irmãos e irmãs, que lhe votam uma espécie de reconhecimento inconfesso. É sem dúvida esta posição de vítima, de certa forma constituída de má-fé e na qual Farida se compraz, que a leva a comportar-se como modelo de "devoção filial", como "melhor" filha para os pais do que todos os outros filhos, principalmente os rapazes. Seria uma forma de desforra ao mesmo tempo dos pais e de si mesma, do seu passado (ela é uma obstinada autodidata)? Saber perdoar e saber demonstrar o perdão aparecem aqui como a forma suprema de vitória contra as misérias da vida.

Com uma argelina

– *Entrevista de Abdelmalek Sayad*

Farida – Fui para a escola sem mais nem menos, sem saber o que era. E acho que ninguém sabia o que era. Como poderiam saber os meus pais? Eles nunca foram à escola. Eu ia porque tinha que ir, só isso. Um pouco maior, na segunda série ginasial, quando fui orientada para um curso de técnicas de escritório – me ensinaram datilografia e um pouco de estenografia, que esqueci –, começaram os problemas com meu pai. Era uma vigilância permanente, começavam a me espionar assim que eu saía de casa. Sair... era sair para ir à escola, de casa para a escola e da escola para casa, mais nada. A única saída era essa. E mesmo essa saída obrigada era suspeita. Por fim, eu tinha vergonha. Meu pai ia me esperar na porta do colégio e me acompanhava como se eu fosse uma menininha. Mas não, não era junto comigo que ele ia, do meu lado, como quando se espera alguém: ele ia lá do lado dele e eu do meu, como se a gente não se conhecesse. Todos os colegas riam de mim: "olha lá o seu pai, não está vendo? Não vai junto com ele?" Da janela de casa se via o colégio e parte do caminho e meu pai se postava à janela para me vigiar. Não sei como é que ele não pensou em comprar uns binóculos para isso... As coisas mudaram muito desde o meu tempo, mal dá para acreditar. As coisas andam rápido mesmo. No meu tempo, a obsessão do meu pai, ele dizia isso a todo mundo, ouvi isso várias vezes, era que não vissem a filha dele no ônibus, "não sei onde me meteria de vergonha!", chegava a dizer que se mataria se isso acontecesse. E eu acreditava, todo mundo acreditava. Era uma espécie de chantagem... uma chantagem que não serviu para nada, exceto atrapalhar a vida durante anos; a mim me fez perder muito tempo. Com efeito, tudo o que eu ouvia na época era: "viram a mulher de fulano, viram a filha de sicrano na rua, no mercado, no ônibus!" As que aí houvesse, não se devia vê-las. Era uma vergonha, uma desonra, como diziam. Então só restava se esconder, se esconder, esperando que as paredes da casa se fechassem e escondessem de forma ainda mais segura. Foi com isso que eu mais sofri. No último ano de escola, meu pai chegou a traçar para mim um caminho que ninguém tomava, com um longo desvio, que não era absolutamente seguro, sobretudo no inverno, e me obrigava a fazer esse trajeto. Tudo isso para que não dissessem que viram a filha dele, isso feriria o seu amor-próprio.

– Vendo você hoje, mal dá para acreditar nisso. Que caminho percorreu todo mundo! Você tem razão de dizer que as coisas mudaram e que mal dá para acreditar.

Farida – Não terminou. Quando me ponho a rever tudo, o que me incomoda, agora que consegui escapar, se é que posso chamar isso de escapar, é que tudo aquilo não serviu para nada, toda a obstinação do meu pai – pois, a seu ver, ele estava agindo certo – que resultado teve? Zero! Hoje, acho que ele é que dá pena. Gostaria de saber o que pensa hoje, no fundo. Ele se arrepende ou não? Não sei. Mas não penso nisso. Eu o conheço bem: ele tem a sua moral e está seguro de sua moral; foi a sua moral que o deixou, não é ele que vai deixar a sua moral. Mas, então, como é que ele nos vê hoje, minhas irmãs e eu? Mesmo a minha mãe, mesmo os meus irmãos, não são como ele desejou. Hoje eu passeio, viajo, volto de noite para casa, saio e levo até minha mãe, vou com ela ao cinema, levo-a a fazer turismo, vamos a restaurantes, ela até andou de barco no Sena.

– *Desse passado o que você mais lamenta?*

Farida – O que eu mais lamento é a escola. Nunca tive apoio. Claro, eu era a mais velha, não tinha ninguém antes de mim, ninguém para me guiar e agora, revendo as coisas, posso dizer que não tinha ninguém para ensinar a meus pais o que é a escola. Eles aprenderam depois, embora seja fácil dizer isso agora, depois que as coisas já aconteceram. Quando penso – e é isso que ainda me incomoda – que, faz apenas 10-12 anos, pôr a cabeça na janela me custou dois tabefes, enquanto agora posso ir à praia, voltar, colocar o maiô para secar sem que ninguém censure!

– *Que história é essa de pôr a cabeça na janela e levar bofetadas?*

Farida – Ah, um incidente, há muito tempo. Foi no ano depois de deixar a escola, tinha 17 anos portanto. De casa ouço o meu irmãozinho chorando na rua. Ponho a cabeça na janela para ver o que é. Claro, me viram – um parente, alguém da família, um primo do qual meu pai não gostava e que também não gostava da gente, sem dúvida foi por isso, ele nem falava com meu pai, mas foi só me ver e se apressou em dizer: "Vi sua filha olhando pela janela..." Posso imaginar a raiva do meu pai de virem lhe contar e censurar isso. Ao chegar em casa e sem me dizer nada, ele me deu duas bofetadas. Eu o detestei. Até hoje, quando me lembro disso, ainda me incomoda. De outra vez – e no entanto a gente morava numa casa afastada, quase no campo –, um dia de manhã, eu queria lavar a cabeça e descobri que estava sem xampu. Rapidamente, prestando bastante atenção, com minha mãe me vendo e vigiando, atravessei a porta e corri até o outro lado da rua. Uma velhinha tinha um pequeno armarinho, quase uma tendinha. Comprei um saquinho de xampu, na época vendiam nuns gominhos plásticos. Foi só o tempo de comprar o xampu e correr de volta para casa. Bem, claro, me viram de novo e, claro, contaram para o meu pai. O tempo todo foi assim. (...) À medida que o tempo foi passando, que meus irmãos e principalmente minhas irmãs cresceram, ficaram grandes, tudo mudou. Então, não podiam mais me impor o que não impunham aos outros, aos mais novos. Foi assim que aconteceu. Agora, como ficou para mim todo esse período? Na sombra. É um buraco negro na minha vida, um buraco negro no verdadeiro sentido. Não havia diferença mais para mim entre o dia e a noite, eu ainda preferia a noite porque podia ficar só. Ordenei a minha vida, o meu tempo de tal forma que podia ficar sozinha 24 horas por dia no meio de todo mundo, podia ficar dias e dias sem falar, sem precisar dizer uma palavra nem que me dissessem uma palavra. Surda-muda. Sabia o que tinha que fazer durante o dia, a minha parte nas tarefas domésticas: acordar meus irmãos e irmãs quando eram pequenos, fazê-los lavar o rosto, escovar os dentes, tomar o café, então arrumar a casa e lavar os pratos depois da refeição. Feito isso, eu me fechava no meu quarto e ninguém entrava. Tudo sem uma palavra, eu não falava com ninguém, não dizia uma palavra. Era sobretudo esse silêncio que me fazia mal. Eu me consolava com meus irmãos e irmãs quando eram pequenos, nada além disso.

Me chamavam de onça

– *Que tipo de relação você tinha com seus pais, principalmente sua mãe, uma vez que ficavam as duas o tempo todo em casa, face a face?*

Farida – Com meu pai, nada. Era como se ele não existisse para mim e, para ele, acho, era como se eu não existisse também. É curioso, ele existia para mim através da minha mãe, do que a minha mãe me dizia, ou seja, mais ou menos isso: "Seu pai me disse, seu pai pensa que, seu pai quer que, seu pai pede que... O que vai pensar o seu pai, o que ele vai dizer? Tomara que seu pai não saiba, é melhor que seu pai não saiba..." etc. Só coisas desse tipo. Da mesma maneira, suponho, só existia para ele através do que a minha mãe lhe dizia, através do que diziam entre si quando falavam de mim. Já com a minha mãe, a relação era de franca oposição. Só podia medir forças com ela. No final, a gente já não falava mais uma com a outra. Eu jogava nela a culpa de tudo, achava que ela era pior do que meu pai, mais repressiva. Era natural, era ela que tinha que vigiar tudo, zelar pelo bom comportamento da filha. Ouvia meu pai dizer: "É sua filha..." ou "sua filha é assim, pensa assim, agiu dessa forma...", ou seja, era culpa dela, como mãe de uma filha dessas. Quando lembro isso hoje!... Eu era uma porca, imunda, devia cheirar mal; eu não me lavava, era uma verdadeira porca. Estava sempre de avental, nunca tirava o avental de cozinha, nem mesmo para dormir; não trocava de roupa. Também não comia, tinha crises de falta de apetite ou então comia qualquer coisa, de pé, nunca à mesa, com todo mundo, na hora certa. Por fim passei a ter insônia, não dormia mais, ficava noites seguidas sem pregar o olho. Não tinha mais noção do tempo, em que dia, em que mês a gente estava, pouco me importava. Acho que queria expressamente ignorar isso, lia o jornal sem olhar a data, dia ou noite era a mesma coisa, estava sempre no escuro ou de luz acesa, jamais abria os postigos da janela do quarto. O quarto, é verdade, era o único privilégio que me concederam, não podiam fazer de outro jeito; tinha um quarto, um quarto só meu, de dia e de noite, não o dividia com nenhuma de minhas irmãs. Com minha mãe então, como dizia, a gente era igual cão e gato. Eu me desforrava nela, era tudo o que eu podia fazer. Sempre fui agressiva, qualquer um seria com muito menos que isso. E ainda ficou alguma coisa... você pode constatar sem esforço [*risos*]. Estava sempre com as garras de fora. Me chamavam, meus irmãos e irmãs, de onça. No entanto, era só com eles que havia um mínimo de diálogo, um pouco de cumplicidade.

– *Tanto os meninos como as meninas, irmãos e irmãs?*

Farida – Todos, no geral. Diria mesmo que mais com meus irmãos do que com minhas irmãs, pois eles eram maiores, dois irmãos que vêm logo depois de mim. À maneira deles, sem que percebessem, me ajudaram muito.

– *Bem, deixemos isso de lado, vamos voltar à sua mãe, à relação com sua mãe.*

Farida – A relação com minha mãe... era de hostilidade o tempo todo, mas não de ódio. Ódio... tenho vergonha de dizer, era a meu pai. Eu realmente o detestei. Ainda hoje, quando vou em casa, se pudesse, não o veria. Aliás, é recíproco. Suponho que ele também preferisse assim. É uma mentira do jeito que é, ele finge ignorar tudo, ignorar que eu saí de casa, que moro sozinha, quer dizer, sem ser casada, que vivo minha vida, enfim [...]. Mas, com minha mãe era uma disputa o tempo todo. Eu era agressiva com ela, como era com todo mundo, e ela fervia de raiva com isso, o que aumentava a minha agressividade. Eu só tinha sossego depois que a fazia chorar. Então me escondia no quarto para chorar também. Para ela, eu era um monstro e, de fato, eu agia como um monstro para com ela.

– *Ainda é assim hoje?*

Farida – Oh, não! Hoje a gente se adora. É como se cada um quisesse recuperar o que perdemos, ser perdoada, compensar o que fez à outra. Hoje minha mãe só jura em meu nome. Ela tem os seus motivos, depois lhe direi. Antes, ela maldizia o dia em que eu nasci, me rogava as piores coisas, queria que caíssem sobre a minha cabeça, como dizia, me rogava pragas. Cheguei a ouvi-la se queixar, chorando, "o que é que eu fiz a Deus para me dar uma filha dessas?" Aliás, dizia sempre isso, "para me amaldiçoar com uma filha dessas, para me punir desse jeito!" E certamente ela rogava a Deus que lhe perdoasse não se sabe que pecado cometeu para ter gerado tal monstro! Eu era o mal em pessoa, o próprio mal. É verdade. E eu não devia contaminar minhas irmãs menores. Era uma obsessão de minha mãe, que eu não contaminasse as menores. Era a obsessão de minha mãe. Minha mãe tinha muitas obsessões.

– *Quais eram as outras?*

Farida – Uma das obsessões era com a escola. Tudo o que acontecia era culpa da escola, porque eu tinha ido à escola até os 16 anos. Apenas até os 16 anos, nem um dia a mais, e que escola! Uma escolinha de nada. Mas, apesar disso, foi a escola que me "virou a cabeça", como dizia minha mãe. E jurava que não deixaria acontecer o mesmo, que nada daquilo se repetiria com minhas irmãs, que ela as tiraria da escola antes da idade [*gargalhadas*]. Quando penso nisso hoje... As duas fizeram brilhantes cursos universitários, uma ensina francês num liceu alemão, em Frankfurt, a outra trabalha em Barcelona, na Espanha, com turismo! Foi isso que aconteceu. E dizer que a minha mãe é toda orgulho hoje, orgulho pelas filhas mais que pelos filhos, os quais continuam em casa, enquanto as moças trabalham e saíram todas de casa – a última fui eu, sempre sou a última. Os rapazes fizeram todos apenas cursos técnicos e vivem miseravelmente. Mas, de qualquer forma, aquilo tinha sobre mim o efeito de uma chantagem. Quantas vezes me veio a ideia de fugir. Não, fugir não, nunca concordei com isso, sempre acabava mal. Conheço muitas moças que foram criadas como eu, parentes ou vizinhas, e que decidiram fugir. Todas se deram mal porque não tinham como se virar – como poderiam, vivendo enclausuradas toda a vida em casa sem profissão nem ideia do que é trabalhar, nem onde se abrigar, nem conhecidos nem ajuda de quem quer que fosse, nem pessoas conhecidas nem serviços de assistência social, de assistência ao desempregado, que elas não conheciam. Fugir, portanto, não. Mas pensei em fazer um escândalo, me revoltar de verdade, bater a porta na cara e à vista de todo mundo, depois de preparar com cuidado minha rota. Faria isso mais tarde, mas de forma mais suave, as circunstâncias eram diferentes. Mas acreditava nas ameaças de minha mãe e tinha medo que prejudicasse minhas irmãs. Sinceramente, acreditei nessa chantagem da minha mãe. [...] Se eu fosse dizer tudo o que tinha para dizer... Comecei a escrever nos meus períodos de insônia, nas minhas crises de choro, de tristeza, de depressão. Depois, queimei tudo. Isso não servia para nada e ainda tinha medo que caísse nas mãos de alguém, de um dos meus irmãos ou irmãs. Queria evitar isso, não queria que eles soubessem. Além disso, eram coisas pessoais.

Foi preciso reaprender tudo

– *Isso tudo deve ter sido um massacre físico e moral para você.*

Farida – Realmente um massacre. E só quando saí de lá é que me dei conta do

679

desgaste, do massacre, como você diz. Foi preciso reaprender tudo. Não, aprender tudo. Aprender a falar normalmente, aprender a escutar sem tremer, escutar e refletir ao mesmo tempo, coisa que jamais tinham me ensinado, eu não sabia nem escutar nem refletir no que me diziam, porque não escutava. Aprendi a andar, a conviver com as pessoas e a não me esconder. A viver, enfim. Mas ainda ficou alguma coisa: tenho horror a lugares públicos, levei muito tempo para ir a um cinema – o cinema, esse lugar de perdição, esse lugar onde estamos sós no meio da multidão, no escuro, a olhar coisas que nem sempre são muito "católicas"! Sozinha, por mim mesma, jamais iria a um restaurante, pois não aprendi a comer em público. Foi preciso toda uma reeducação, um grande esforço comigo mesma para aprender tudo o que as outras pessoas fazem naturalmente. Para mim não foi um aprendizado natural. Certa vez pedi que me empregassem na casa de repouso onde estava internada. Não consegui, havia problemas de Previdência Social e de licença médica. Vivia às custas de drogas farmacêuticas, antidepressivos, e as minhas drogas.

– *Quais eram as suas drogas?*

Farida – A minha droga... era a leitura. Lia vorazmente. Passava minhas noites de insônia lendo. No começo, quando meus irmãos e irmãs eram pequenos, não havia praticamente nada para ler em casa, nem mesmo jornais. Eu olhava as folhas de jornal em que embrulhavam a alface na quitanda e lia e relia. Depois, uma vizinha, uma moça que tinha praticamente a mesma idade que eu, passou a me emprestar jornais, revistas, principalmente revistas femininas, e alguns livros que tinha em casa. Mais tarde, eram meus irmãos que me traziam coisas, nada muito importante, mas pelo menos jornais, revistas, livros que prendiam a atenção, novelas policiais e mesmo romances... um tanto pornográficos. Mas principalmente minhas irmãs. Lia tudo o que elas traziam para casa, mesmo livros de escola e, evidentemente, romances e toda sorte de literatura que elas liam. Mas antes disso havia pedido a essa vizinha que se inscrevesse na biblioteca municipal. Ela se inscreveu. Eu nem escolhia o que ela trazia: "vá lá, entre, pegue os primeiros três livros que achar e me traga, pois a gente tem direito de pegar três livros por vez". Foi assim que li bastante; compreendendo ou não, lia assim mesmo. Isso me fez muito bem. E não apenas naquele momento. Se não fosse isso, acho que teria esquecido tudo, não saberia mais falar francês, não se pronunciava sequer uma palavra em francês dentro de casa. Foi preciso que todos ficassem grandes para que conversássemos entre nós naturalmente em francês e apenas em francês. Hoje todo mundo acha isso normal. É outra coisa que mudou muito. E para grande pesar... dos pais, é claro. Até minha mãe fala francês atualmente. E fala sem sotaque, fala muito bem, fala pelo menos melhor que meu pai. Mas não foi só para falar que a leitura me foi útil. Também para escrever. Porque a escola foi apenas um curso para empregada de escritório, isso e nada é a mesma coisa, não é isso que vai ensiná-lo a escrever. Hoje, não quero me gabar, mas sou considerada no trabalho uma das que melhor redigem, pelo menos sem nenhum erro de ortografia e, principalmente, sem erros gramaticais. Portanto, não foi a escola que me ensinou isso, foi a leitura. Palavra, para alguma coisa serviu o martírio. É isso que eu tenho que dizer para mim mesma hoje.

– *Como é que foi essa reconciliação com sua mãe, esse grande e novo amor? Você disse que é como se vocês buscassem o perdão mútuo por todo o mal que fizeram uma à outra. Como, de que forma se manifesta esse grande amor?*

Farida – A reconciliação se fez por si mesma. Desde que saí de casa e que todo mundo parece ter aceitado isso, a verdade é que tudo se deu pouco a pouco, à medida em que iam ocorrendo as mudanças na família. Se eu, a mais velha, aguentei o rojão, foram meus irmãos e irmãs, depois de mim principalmente minhas irmãs, que trouxeram as mudanças que me permitiram, depois delas, me libertar – porque foi uma verdadeira libertação. Tenho uma dívida de gratidão com meus irmãos, ao contrário de tudo o que se diz dos irmãos homens. No fundo, o que talvez mais abalou os meus pais, o que talvez os deixou ainda mais desnorteados, foi quando perceberam que mesmo os filhos homens não os seguiam, não partilhavam seus pontos de vista. Minha mãe sempre se espantou com a liberdade que havia entre nós, entre meus irmãos e eu. Sem dizer nada, sem se opor aos pais e talvez sem que eles mesmos soubessem, eles me apoiaram de uma forma engraçada. Sem tomar abertamente o meu partido, o que de nada adiantaria, ficavam todos naturalmente do meu lado – para isso bastava que fizessem as coisas, que se conduzissem da forma mais natural do mundo, como faziam. Porque de certa maneira nós éramos cúmplices, meus irmãos – mais que minhas irmãs – se tornaram meus aliados. Isso desnorteou completamente meus pais, que sem dúvida esperavam que os filhos fizessem o papel de censores, de corretores, adotando seus pontos de vista. Minha mãe tentava se apoiar neles: "Você verá quando seus irmãos forem maiores, eles vão endireitar você!", dizia, porque para ela eu era torta (*ma aw ja*). "Você não perde por esperar, não gostaria de estar na sua pele e será bem feito para você." Aí também ela se deu mal, enfiaram-lhe um dedo no olho. Será que se decepcionou com isso? Nem teve tempo de avaliar as coisas e, certamente, hoje ela deve dizer que nada disso é verdade, que nunca pensou tal coisa. Como meu pai. As coisas se transformaram quando tudo está mudado. O trabalho também. Eu me lembro, quando tinha 16 anos, para outros pais que tentavam argumentar com ele, meu pai jurou que sua filha jamais trabalharia enquanto ele vivesse. E hoje, se levei quase 15 anos para começar a trabalhar, se não passo de uma simples secretária numa empresa, é porque não pude cursar uma faculdade como minhas irmãs mais novas. Mas ele nem sabia o que era isso, nem sabia se isso existia.

– Como *se manifesta essa reconciliação com sua mãe, quais são os sinais desse amor novo? Você disse: "a gente se adora"...*

Farida – Sim. Bem, minha mãe ficou gravemente doente. Fazia já algum tempo que ela estava doente, tinha emagrecido, não saía de casa, não comia, vomitava o tempo todo. E a única providência era a visita ao médico da esquina, que a cada vez lhe dava uma lista enorme de remédios sem saber direito do que se tratava. Eu telefonava todas as noites para casa para saber como ela estava. Por fim minha mãe, muito mal, teve que ser hospitalizada e submeteram-na a todo tipo de exame, o que me deixou preocupada.

[*Sua mãe foi internada e descobrem que ela, que nunca bebera uma gota de álcool, estava com cirrose hepática.*]

Farida – Durante todo esse tempo, todas as vezes que minha mãe tinha que visitar os hospitais, vinha ficar na minha casa; era minha convidada e se saía muito bem nesse papel. Foi aí que a levei ao cinema, para que ela visse que não era o diabo – claro, tive o cuidado de escolher o filme, em casa não se vê nem televisão, exceto os telejornais –, ao restaurante, no *bateau-mouche*. Acho que isso mexeu alguma coisa nela; não foram os filhos homens que cuidaram dela, eles não apenas não podiam fazer nada, uma vez que vivem às custas dela, mas além disso mal lhe perguntavam como estava – eles vivem com ela, a veem todos os dias, então para eles

não tinham o que perguntar. Foi preciso que eu desse uma chacoalhada neles para que percebessem que não era uma coisinha de nada, que era algo muito grave. Meu pai acabou sabendo, minha mãe, é claro, deve ter lhe contado. Parece que ele fez a seguinte observação: "Agora eu sei, agora eu sei com quem eu posso contar. Se me acontecer alguma coisa, tenho certeza que é com ela (quer dizer, eu) que ainda posso contar!" Mal dá para acreditar nisso!
[...]

Dei o máximo que pude

– Falta uma coisa para compreender toda a história. Como você saiu de casa? Como fez para encontrar trabalho numa época em que já era difícil ser contratado mesmo tendo experiência? Como fez para encontrar moradia? Quem a ajudou? Em casa alguém a ajudou, por exemplo lhe emprestando dinheiro etc.?

Farida – Não, nada disso. O pretexto foi uma prima. Já era uma mulher casada, com filhos. Ela também tinha sofrido muito. Com todas é assim. Talvez a geração de agora, as meninas que estão com 15-16 anos agora, que nasceram aqui, que parecem se virar, possam ser poupadas de tudo o que nós vivemos, as mais velhas que chegamos primeiro à França, com as primeiras famílias. Nós tínhamos que educar nossos pais [*risos*]. E as mais novas é que se beneficiaram desse nosso trabalho. Melhor para elas. [...] A minha prima veio duas ou três vezes lá em casa e, conversando disso e daquilo, me disse: "Por que você não vai passar uns dias na minha casa? Vai ser uma mudança para você, sair daqui, tomar um pouco de ar." Meus pais não tiveram qualquer reação, não disseram nem sim nem não, foi como se não tivessem ouvido, nem um "obrigado", nada, nem por gentileza. Eu tomei isso como "sim". Dois dias depois, quando ela ia embora e passou para se despedir dos meus pais, minha mala já estava pronta. De repente me vi na casa dela e disse para mim mesma: Se quiser sair, é agora. Pesquisei todas as possibilidades, anúncios, estágios, agência nacional de empregos. Na agência me arranjaram um estágio de secretária por dois meses. E, mais, um estágio remunerado. Isso me daria algum dinheiro. Dei o máximo que pude. Trabalhei o que era possível. Não havia propriamente um exame de classificação, mas eles faziam uma avaliação, ao que parece eu fui a primeira. Logo me propuseram um estágio mais longo, de dez meses, num nível superior e mais qualificado, também um estágio remunerado. Fiquei na casa da minha prima quase um mês. Procurei e encontrei uma vaga para morar numa casa de família em Paris; passei por três vagas em dois anos. Depois do estágio, achei colocação através da agência nacional de empregos. Não tinha escolha, não fui exigente nem em matéria de horário nem de local de trabalho nem mesmo de salário. Estava de tal forma contente por ver que podia me virar, que podia viver independente, do meu trabalho, morar sozinha... Era um sonho! Depois, encontrei um quarto não muito caro em Paris, mas era sórdido. Não importava. Nunca fiquei desempregada. Entre o biscate e o trabalho temporário, sempre trabalhei.
[...]

– E hoje, está trabalhando?

Farida – Sim, sempre trabalho. Tenho que conseguir a minha qualificação como secretária executiva, que é o que eu sempre fiz sem ser reconhecida. Tenho que dominar o inglês. Estou me esforçando. Faço um curso no Conservatório de Artes e Ofícios. Estou também arranjando outra coisa: me inscrever na associação das secretárias para obter uma qualificação em inglês. É isso. Acho que agora você sabe tudo a meu respeito. Não sei o que você vai fazer de tudo isso. Mas adivinho. Já estou curiosa para ler... para ver o retrato que você vai fazer de mim. Não deve ser nada bonito.

1990

Gabrielle Balazs

A solidão

Esta entrevista com Louise B. foi proposta pelo serviço de emergência de um grande hospital parisiense. Nada ajuda uma entrevista num serviço de emergência. O vaivém do pessoal médico e dos bombeiros, o barulho das sirenes, dos carrinhos, das portas de plástico que batem, as exclamações dos maqueiros e a impossibilidade de se isolar num espaço aberto, próprio para liberar a passagem das macas rolantes, assim como a presença o tempo todo de outros doentes no quarto e a entrada inesperada de enfermeiras ou visitas, tudo isso se presta mal à realização de uma entrevista.

Mesmo assim, em condições bastante difíceis, entrecortada por intervenções – a colocação de uma máscara de oxigênio, a tomada da temperatura, a medição da pressão –, a entrevista que nos concedeu Louise B., uma mulher de 80 anos, portadora de um distúrbio cardíaco, mostra de maneira particularmente dramática a experiência que representa o trauma da internação hospitalar para uma pessoa idosa, início de um processo irreversível de cuidado médico.[1]

---

1. No espaço de um quarto de século, entre 1965 e 1989, a proporção de pessoas com 60 anos ou mais na população francesa passou de 17% para 19%. A expectativa de vida já ultrapassa os 80 anos para as mulheres e 72 para os homens, diferença de oito anos que explica porque mais de três quartos das pessoas sozinhas com 55 anos ou mais de idade são mulheres. Em 1989, os domicílios de uma só pessoa representavam 27% do total (contra 16% em 1901 e 20% em 1968) e 10,6% das pessoas viviam sós em 1990. Mais de um milhão de pessoas com 75 anos ou mais são sozinhas.
São dependentes 450.000 idosos, número que pode aumentar ainda mais com o aumento da expectativa de vida. Em 1990, havia 210.000 pessoas sob cuidados médicos (43.000 em casa, 67.000 em estabelecimentos de longa permanência e 100.000 em asilos).
Estes dados demográficos, no entanto, não explicam inteiramente o isolamento das pessoas idosas. O lugar dessas pessoas na família mudou: a proporção de idosos que vivem com pelo menos um dos filhos não para de diminuir. Não apenas a coabitação mudou, mas também todo o sistema de relações entre as gerações no interior da família. Ver: Dados sociais do INSEE, 1990. Ver também R. Lenoir, "L'invention du troisième âge, constitution du champ des agents de gestion de la vieillesse", *Actes de la recherche en sciences sociales, 26/27*, março-abril 1979, assim como o informe Jean-Claude Boulard sobre o problema dos idosos dependentes.

A doença que levou Louise B. à emergência de um hospital tornou patente seu isolamento, que até então passava despercebido. Mais do que um problema médico, ela levanta a questão dos cuidados necessários após o tratamento. Os serviços de urgência dos hospitais recebem cada vez mais pessoas idosas para as quais é preciso encontrar abrigo.

Depois de dizer que estava cansada, que tinha dormido mal devido à "mudança" na emergência, onde dia e noite chegam novos doentes, Louise B. não quis interromper a entrevista, como lhe propunha. Quis continuar contando a sua história.

No início ela usou muito uma forma genérica e impessoal para falar de si mesma, como se tivesse interiorizado o linguajar do serviço médico ("a gente teve 38 graus agora de manhã"). Depois, falou bastante de sua profissão de assistente social, que durante muito tempo exerceu como voluntária – moça de família burguesa, cujo pai era "homem de negócios", ela não precisava trabalhar – e, depois da guerra, como assalariada. Tudo parece indicar, na sua voz, no seu tom, nas digressões que faz, até nos casos em que aparece sempre no papel de assistente social, mesmo na vida privada – o açougueiro, por exemplo, chama-a de senhorita B. e lhe pergunta sobre providências assistenciais. Ela fala sem cessar desse trabalho para reafirmar uma identidade profissional e social que todo mundo esqueceu, não apenas no hospital, onde ela se sente como um trambolho atravancando o espaço, mas também no seu apartamento do 6º distrito e para sua própria família, para a qual ela não passa de um "problema". Seu sofrimento é maior ainda porque, como assistente social, passou a vida inteira resolvendo problemas dos outros. Ela sabe, por experiência profissional, que nem as instituições, nem seus empregados, nem as pessoas que perdem autonomia estão preparadas para enfrentar a dependência. Consciente da relativa carência de estabelecimentos e da espera média de um ano para encontrar um lugar adequado de acolhimento, Louise B. sofre com a ideia de que terá que aceitar ajuda material e moral, que terá que "incomodar" os outros, o que ela tem pavor só de pensar.

Louise B. é solteira, como muitas assistentes sociais, enfermeiras e professoras de sua geração, e a família que lhe resta – um irmão, a cunhada, sobrinhos e sobrinhas – mora no interior. Ela não fala em tom de lamento ou confissão, mas de tagarelice, como se quisesse esconder com a superficialidade da conversa o patético da situação. Contínuas desculpas – "eles são gentis, eles são muito gentis" –, ela ressalta a ausência da família. Absolutamente só, ela tenta se convencer de que ainda tem "sorte", que está amparada e que a família é atenciosa, quando na verdade ficou extremamente "abalada" com a visita de uma sobrinha que foi persuadi-la a ir o mais rápido possível para um asilo. É nos rodeios e sutilezas de sua afirmação de que "está tudo bem" que se captam os nadas de que se compõe hoje a sua vida e que ela enumera de forma triste: a visita de uma vizinha, o telefonema de uma sobrinha, a passagem de uma arrumadeira. O problema maior que se revela no hospital é tão doloroso que não pode ser dito plenamente, nem sequer pensado: a cada vez que ela se aproxima durante a entrevista da realidade de sua solidão – não pode mais voltar para casa e sua família não pode nem quer acolhê-la –, rapidamente encobre com frases tranquilizadoras essa lucidez que a mataria: "Eu tenho amigos", "tenho pessoas atenciosas à minha volta", "tenho sorte".

Com uma idosa

– *Entrevista de Gabrielle Balazs*

"O que fazer com uma velha avó?"

– *Gostaria que me falasse primeiro das dificuldades que enfrentou.*

Louise B. – [...] Quero lhe avisar, estou muito cansada. Cheguei aqui na sexta-feira ao meio-dia, um pouco claudicante e, depois, nesta noite dormi muito mal, porque tive uma visita que me deixou muito abalada. Também houve mudanças aqui, não sei dizer direito, não preguei o olho, uma barulheira, uma agitação danada! Então hoje de manhã não estava muito em forma e a coisa voltou. A gente teve 38 graus agora de manhã. Então, bem, não procurei saber por quê. Também não me perguntaram por quê. Mas enfim. Passei uma noite bastante penosa.

– *Se está cansada, a gente para. É só a senhora me dizer.*

Louise B. – Não, veja... tudo bem.

– *A senhora me diz, se quer falar ou não, é só me dizer. O doutor me contou que a senhora chegou aqui de urgência mas que depois não quis voltar para casa...*

Louise B. – Eu não posso [*enfatiza o "posso"*], é diferente! [*riso forçado.*]

– *Certo. E não pode por quê? Como é isso?*

Louise B. – Eu sou solteira. Antes, fui assistente social, me aposentei há 20 anos, quase 25, é... digamos, ainda não totalmente. Fui assistente social em Paris e também na zona rural. Adoro o campo, as pessoas do campo. Lá a gente pode se conhecer direito, percebe bem as dificuldades dos outros, conhece toda a família da pessoa, pode sentir as pessoas porque pode vê-las na padaria, no açougue, sei lá.

Enfim, um trabalho que eu adoro, que não lamento ter escolhido.

– *E quando é que parou? Quando se aposentou?*

Louise B. – Em 71, mas por causa de uma artrose encruada, muito dolorosa, que me veio do serviço social, porque era estrada o tempo todo, estrada do interior em motoneta de 2 HP, é. Antes, era em bicicleta, mas em 49 não dava mais, porque tinha estado num sanatório. Mas enfim, em suma, a doença começou a recuar, o serviço me arranjou uma bicicleta motorizada para enfrentar as dificuldades daquele momento, que você nem imagina. E como era uma região cheia de morros, a coisa andava e não andava, nas ladeiras era eu que a levava em vez de ela me levar. Enfim, bem, em suma. Depois, finalmente, em 53, apareceu a de 2 HP.

– *Depois a senhora morou em Paris? A senhora disse que desde que se aposentou vive em Paris?*

Louise B. – Moro em Paris, sim. Bem, sou da Normandia e me aposentei no campo, junto dos amigos. Depois, quando achei que já não era mais tão jovem para continuar morando sozinha no campo... Para tudo que é lugar tinha que ir de carro, o que eu gostava, certo, mas enfim, não era possível mais [...]. Então vim para o meu apartamentozinho aqui em Paris, que comprei quando era assistente social, porque, bem, tinha que dar umas escapadas. Sabe como é, no domingo, se ia comprar pão, lá vinha o padeiro [*imita*] "ó, senhorita, como vai? E aí, tocou o meu abono?" Bem, em suma, era só me encontrarem e "senhorita...". Eram muito gentis, veja bem, admito, mas tinha que dar umas escapulidas...*[com voz quase sumida].*

Então consegui esse pequeno apartamento e vim para cá quando achei que não podia mais viver sozinha no campo. O carro... Era preciso saber dizer não um dia e... bem.

[...]

– *A senhora tinha uma ajudante em casa? Como fazia com a arrumação, as compras, as tarefas domésticas?*

Louise B. – Depois de aposentada? Eu tinha esse pequeno apartamento e, depois, por Deus, eu não era inválida.

Pouco a pouco, comecei a descer a ladeira, e depois...

– *Sim, mas não havia ninguém para ajudá-la?*

Louise B. – Ó, sim, quando tinha necessidade, sim, sim. Havia uma pessoa muito gentil, caso eu precisasse de alguma coisa, uma pessoa muito gentil mesmo, que dizia: "Se um dia a senhora estiver cansada, se quiser eu passo a noite aqui". Porque é apenas um cômodo, com um corredor onde fica a cozinha – se posso chamar aquilo de cozinha – e dando para o pátio do edifício, um pátio quadrado, no térreo, onde bate um pouco de sol e se pode ver um pedacinho do céu. Como não há céu sobre a minha casa, era obrigada a grudar o olho num canto para poder ver.

– *Por ficar no térreo, é um apartamento sombrio?*

Louise B. – Bem sombrio. Além disso, estão fazendo obras agora. De forma que é um paraíso [*ironiza*]! Uma porteira muito gentil, uma amiga em suma, uma argelina, uma pessoa muito, muito gentil (sei que lhe prestei serviços, mas o fato é que ela é de uma gentileza que aprecio muitíssimo, nós gostamos muito uma da outra), ela me dizia: "A senhora é como se fosse minha mãe". É uma argelina... *[silêncio].* Então, pouco a pouco, comecei a descer a ladeira, descer, descer e depois... É isso.

– *Mas que havia em casa para lhe ajudar?*

Louise B. – Essa argelina. Sim e, depois, bem, há os clubes da municipalidade, onde realmente é muito bom. Tem um bem perto da minha casa, do qual sou sócia e onde vou almoçar sempre que eu quero. A gente faz a inscrição e paga de acordo com os recursos... financeiros de cada um *[tosse].* E é muito agradável, muito bem servido, um serviço variado, tem um monte de vantagens. E não é nada mal, a gente conversa sobre os tempos de antigamente, é bom. Depois, bem, depois, o coração evidentemente se cansou. No mês de junho sofri uma queda e quebrei o braço, o que desencadeou uma série de problemas, claro. Preferi passar alguns dias aqui no hospital por causa disso e depois voltei para casa com o braço daquele jeito. Está vendo esses três dedos, não conseguia mexer direito esses dedos. Bem, depois, depois, retomei o hábito de ir ao clube. Minha amiga me levava se precisasse e, lá, havia sempre [...] uma boa alma gentil que me trazia de volta ou me ajudava a cortar a carne, porque eu não conseguia.

– *E em casa, as coisas que precisava fazer? Não podia se mexer?*

Por fim, desandou tudo

Louise B. – É, não podia, mas tinha essa moça [...]. Uma moça de ouro, inteiramente de confiança. Enfim, ela tinha as chaves, fazia tudo, eu era obrigada a mandar que ela parasse. Como trabalhava! Às vezes aparecia para perguntar: "Está precisando de alguma coisa?" Mas, enfim, essa queda evidentemente degringolou numa série de problemas. Isso ocorreu em junho, depois tive que engessar de novo várias vezes, o braço foi mal colocado no lugar, foi bastante doloroso. Bem, em suma. Aí, no dia 15 de agosto, uma coisa dessas... *[riso]*, é demais! Não é nada engraçado, porque em agosto, em pleno verão, a quem procurar? Todo mundo está viajando, todo mundo sai [...]. Tem pessoas que gostariam de me ajudar, mas... Depois, bem, depois retomei a minha vida, assim um pouco claudicante, claudicante mesmo, andando com uma bengala, enfim, bem, em suma, me virei como pude. Depois, bem, por fim, desandou tudo. O que provocou essa situação é... bem, é que eu caí em casa. Foi um alerta. Não consegui me levantar. [*Barulho de carrinhos de hospital, vozes.*] Podia ter sido trágico, porque tinha alguma coisa no fogo, não sei bem, acho que leite, é, era leite, ferveu e apagou o gás.

Consegui me arrastar pelo chão até o telefone e chamar a porteira. "O que está acontecendo?", ela perguntou, desatinada, claro. "Mas não é possível!" Então, foi isso, e aí veio um monte de coisas.

– *A porteira aconselhou a senhora a não ficar sozinha mais?*

Louise B. – Ah, ela é muito gentil, me ajuda, tudo isso, mas eu não quero, não é? Não é tarefa dela fazer serviço para mim. Claro, uma vez ou outra não tem problema eu pedir, se ela vai à padaria, por exemplo, "pode trazer pão também para mim?" Aí tudo bem. Ou, quando está distribuindo a correspondência, senta ao pé da cama e conversa um pouco, tudo bem. Mas não quero que faça serviço para mim, não é tarefa dela. Além do que, posso ser muito pesada para carregar. Então, é claro, a queda desencadeou tudo isso. E estou aqui. A queda foi um alerta, ela ligou para meu irmão, enfim *[riso]*, isso é um pouco...

– *E o que disse o seu irmão?*

O que se pode fazer comigo

Louise B. – Ó, ele disse... Ele é muito gentil comigo, mas vamos ver. No dia seguinte houve um telefonema entre a assistente social e esse meu irmão – a minha cunhada também é muito gentil – vivem em La Rochelle, de forma que... Minha cunhada é muito gentil e meu irmão também. Eles então começaram a procurar uma solução junto com a assistente social daqui, que está em contato com meu irmão... para saber o que fazer comigo, onde me colocar... É o drama das pessoas de uma certa idade. Ela pensou [*no asilo*] em Broca, porque em Broca, quando isso aqui tiver terminado... Enfim, eu hesitei, mas quando tiver que deixar o hospital, que decisão tomar, isso tudo. Aí a assistente social me falou de Broca. Eu disse para mim mesma, no fundo: com a minha argelina morando ao lado, posso muito bem ficar na minha casa. Mas [*silêncio*] terminou!

– *Não é mais possível?*

Louise B. – Como é que eu ia fazer? [*Interrupção.*] Mas a minha casa é realmente um lugar acolhedor, onde as pessoas são bem recebidas, podem facilmente me visitar e, aliás, a porta está sempre aberta. Passo a maior parte do tempo deitada, não é, então, bem, as pessoas chegam e vão entrando. É acolhedor, muito... Mas depois, bem, é claro, minha queda alertou todo mundo, quando eu caí e o gás estava ligado, isso fez todo mundo refletir. A porteira avisou meu irmão em La Rochelle, que então, muito gentil... O aquecimento e a cozinha são a gás e, então, quiseram naturalmente trocar o gás pela eletricidade, é mais seguro, eu compreendo, enfim. Só que descobriram que a casa está cheia de ratos. Eu já sabia... E se eu procurasse alimentá-los? Mas isso não adiantava. Então minha porteira ficou um pouco desatinada com as obras que teriam que ser feitas para instalar a eletricidade, com ratos não é possível. Bem, não sei em que ponto isso anda a essa altura, não sei o que estão bolando, não sei de nada [riso].

– *Quer dizer que, se a senhora quiser voltar para casa, ela vai ter que ser reformada, vão ter que refazer todas as instalações?*

Louise B. – Veja você... refazer, não! O problema é o gás e a eletricidade, eles têm toda razão, não é? E depois, veja, tenho que admitir que não posso mais viver sozinha, aliás nem estava mais saindo nos últimos tempos; saía de bengala e para ir em reuniões de família, mas vinham me pegar de carro. É, é, por fim deu para aproveitar um pouco o 1º de janeiro, era mês de janeiro...

– *A senhora tem família em Paris?*

Louise B. – Ah, sim, tenho família em Paris, primos... sobrinhas naturalmente, tenho uma sobrinha... que está chateada de me ver desse jeito. Sei disso muito bem, sinto isso, mas ela tem três filhos, o marido esteve algum tempo desempregado, então ela foi obrigada a arranjar trabalho, voltou a trabalhar em escolas maternais, é professora. Então ela tem que se virar também e tudo isso é muito cansativo. Por isso não quero lhe pedir... [*Entra uma enfermeira para os curativos.*]

– Sim, a senhora não quer lhe pedir nada.

Não sou eu que vou ser estorvo para ninguém

Louise B. – Oh, eu não quero pedir!

– *Por que a senhora acha que ela não tem condições?*

Louise B. – Oh, tudo que ela pode fazer ela faz, telefonemas, tudo. Eu lhe digo, quando ela vem: "pegue um táxi", eu lhe ofereço um táxi, enfim ela vem, passa uma hora talvez, nos dias em que... nos dias em que... mas, enfim, ela tem três filhos para cuidar e não sou eu que vou ser estorvo para ninguém.

– *Estorvo! Mas por que a senhora acha que seria estorvo para eles? Não há espaço ou...*

Louise B. – Porque eles têm uma vida ocupada. A vida deles é ocupada, entende? O marido está voltando a trabalhar, é preciso que ela lhe dê um pouco de apoio moral. Enfim, não quero ser um peso. Quando ela telefona e a gente conversa, tudo bem. Enfim, as sobrinhas... são muito gentis, mas não podem vir me ver e eu não quero... Uma vez ou outra eu digo "bom, tudo bem, pegue um táxi e venha".

– *E entre seus sobrinhos e sobrinhas não há nenhum que possa ir para a sua casa?*

Louise B. – Você quer dizer morar?

– É, morar.

Louise B. – [*Alguém grita: "Um doente no 8, um médico!"*] Ah, não, não é possível, porque não passa de um pobre cômodo. Acho que dá só uns, é, apenas uns cinco, oito metros e, fora isso, um corredor, um corredor um pouco largo que deu para fazer a cozinha...

– *É pequeno demais para acolher mais alguém, não é?*

Louise B. – Ah, sim. Às vezes Zorah me dizia (sabe, minha argelina): "e se eu vies-

689

se dormir aqui?" Aí, isso aconteceu várias vezes, a gente colocava um colchão no chão e quantas vezes ela foi dormir lá. "A gente põe o colchão e você vem", eu dizia. Bem, mas aí, outro dia, ela foi dormir lá e, sentiu frio – era época de frio e o vento passava por baixo da porta. De forma que não é possível, não há espaço suficiente. Bem, tem esse infeliz colchão que está lá, no chão *[riso contrafeito]*...

– *É uma solução provisória, mas não pode haver alguém permanentemente morando lá com a senhora?*

Louise B. – Ah, não. Ah, não, é impossível viverem duas pessoas ali.

– *Então o que a senhora pretende fazer agora, ir para casa do seu irmão e da sua cunhada?*

Louise B. – Oh, não! oh, não, não! Não quero ir para casa de ninguém. Não, oh não! Além disso, veja, a vida deles está estruturada também, acabam de ganhar o terceiro neto, de um dos filhos que não mora longe. Todos têm a sua vida organizada, não é? Não, não, não, não, é... E minha cunhada que me telefona muito, sempre gentil, para perguntar como estou, ela entende isso perfeitamente, porque percebe que eu faço o que eu posso mas não a incomodo. Não, isso não, tenho pavor de incomodá-los.

Eles nos fazem viver

– *E de onde vem essa obsessão de não incomodar, a senhora que sempre cuidou dos outros no seu trabalho?*

Louise B. – Bem, justamente porque eu vi o que era incomodar os outros: o que fazer com uma velha avó? O quê? Não, veja: eles nos fazem viver, porque é um pouco isso, mas não sei se isso pode ser chamado de vida *[riso]*. Olhe, eu gosto de ler, gosto de palavras-cruzadas, mato os problemas facilmente, pode crer, enfim, quando a televisão está enguiçada... Não! Porque tenho sobrinhos, mas sobrinhos do peito, como se diz, isto é, filhos de amigas minhas, que me chamam de tia. Dois dias atrás um deles me telefonou e me disse: "escute, vou lhe levar a televisão da minha sogra". De forma que eu tenho uma bela televisão, que funciona bem, e da cama mesmo eu posso... É isso. Qual, muita gente procura me agradar *[eleva a voz]*. Mas há outros que não compreendem bem as coisas *[voz nervosa]*. Gente que acha que entende tudo, que tudo comanda, que acha que pode dirigir tudo *[imita uma voz autoritária]*: "por que a senhora está com os sapatos desse jeito?" Se você visse... Oh, ontem foi dramático! Essa sobrinha, realmente, tem uma maneira de julgar tudo, está com 40 anos...

– *É filha de outro irmão? Não é a filha do irmão de La Rochelle?*

Louise B. – Oh, está gravado! Oh, cuidado! É, sim.

[Muito inquieta a respeito do futuro e muito "abalada" com a visita dessa sobrinha, Louise B. tem o cuidado de não falar demais. E pede para falar com o gravador desligado. Após uma interrupção, prosseguimos.]

Louise B. – Então meu irmão e minha cunhada – ela é muito discreta –, a assistente social acaba de me dizer, ela telefonou e disse que meu irmão e minha cunhada e com mais alguém, não sei quem ainda, para ver o que podem fazer com esse grande peso pesado. *[riso. Barulho no corredor.]* É verdade, mas é verdade. Quantos existem na mesma situação que eu? E, digo para mim mesma, ainda tenho sorte, porque, bem, eu vejo o que ainda tenho, é preciso saber ver o que a gente tem ainda. O telefone funciona direito lá em casa, enfim, ainda estou bem viva.

– *Mas o que a senhora preferiria?*

Louise B. – Eu estou farta, eu gostaria de um canto tranquilo numa casa de retiro.

– *Num asilo?*

Louise B. – [*em voz baixa*] Sim... Não tem mais outra saída. Não muito longe, para que possam ir me ver pelo menos.

– *Em Paris?*

Louise B. – Sim. Ou perto de Paris [*silêncio*]. Então acho que é isso que vão analisar amanhã, com muitas recomendações da minha sobrinha [*imita a voz da sobrinha*]: "Veja lá, não vá deixar de aceitar a proposta que lhe fizeram." Olhe com quem eu me meto! Como se alguma vez eu tivesse dependido dela para viver. Ontem mesmo eu lhe lembrei isso, porque já estava começando a ficar cheia, e lhe disse que aos 38 já tinha passado dois anos num sanatório sem que ninguém soubesse! Disse: "Se quer saber, eu tive coragem! Por isso, basta!" E outro dia lhe disse: "Escute, ninguém jamais ousou me dizer o que você me disse". Acho que aí ela percebeu que tinha ido um pouco longe demais, além da conta. É preciso admitir que ouvir uma coisa dessas incomoda.

– *Qual é a profissão dela? O que é que ela faz?*

Louise B. – Oh, ela fez psicologia. É [*riso*]. Sabe, não é um grande exemplo em matéria de psicologia. Além do mais, não concluiu – na verdade, não tinha necessidade de trabalhar, o marido tem uma situação que lhe permite viver sem trabalhar. Algumas vezes – vezes demais – tomei conta dos filhos dela. Mas, enfim, existem outras, então eu vejo as outras. Hoje de manhã mesmo, veja, recebi um telefonema de Montpellier, de uma dessas sobrinhas do peito. Ontem foi de Rouen, de uma como dizer, de uma amiga de Cannes. Então, é isso, é preciso ver o que a gente ainda tem. Não é somente como acabará. [...]

[*Entra um enfermeiro: "Bom dia, venho incomodá-la de novo".*]

Louise B. – O que você quer? [*Ele pega o jornal que uma vizinha lhe trouxe e sai.*]

Fevereiro de 1992

Pierre Bourdieu

Compreender

Eu não gostaria de me prolongar aqui de maneira muito insistente em reflexões sobre teoria ou método destinados somente aos pesquisadores. "Nós só fazemos nos glosar uns aos outros", dizia Montaigne. E mesmo se não fosse por isso, mas por qualquer outra razão, eu gostaria de evitar as dissertações escolásticas sobre hermenêutica ou sobre "a situação ideal de comunicação"; na verdade, eu creio que não há maneira mais real e mais realista de explorar a relação de comunicação na sua generalidade que a de se ater aos problemas inseparavelmente práticos e teóricos, o que decorre do caso particular de interação entre o pesquisador e aquele ou aquela que ele interroga.

Não creio que por isso se possa remeter-se aos inumeráveis escritos ditos metodológicos sobre as técnicas de pesquisa. Por mais úteis que possam ser para esclarecer tal ou qual efeito que o pesquisador pode exercer "sem o saber", lhes falta quase sempre o essencial, sem dúvida porque permanecem dominados pela fidelidade a velhos princípios metodológicos que são frequentemente decorrentes, como o ideal da padronização dos procedimentos, da vontade de imitar os sinais exteriores mais reconhecidos do rigor das disciplinas científicas; não me parece, em todo caso que eles levem em consideração tudo aquilo que sempre fizeram, e sempre souberam os pesquisadores que respeitavam seu objeto e os mais atentos às sutilezas quase infinitas das estratégias que os agentes sociais desenvolvem na conduta comum de sua existência.

Muitas dezenas de anos de prática da pesquisa sob todas as suas formas, da etnologia à sociologia, do questionário dito fechado à entrevista mais aberta, convenceram-me que esta prática não encontra sua expressão adequada nem nas prescrições de uma metodologia frequentemente mais cientista que científica, nem nas precauções anticientíficas das místicas da fusão afetiva. Por estas razões me parece indispensável tentar explicar as intenções e os princípios dos procedimentos que nós temos colocado em prática na pesquisa cujos resultados apresentamos aqui. O leitor poderá assim reproduzir na leitura dos textos o trabalho de construção e de compreensão de que eles são o produto[1].

Ainda que a relação de pesquisa se distinga da maioria das trocas da existência comum, já que tem por fim o mero conhecimento, ela continua, apesar de tudo, uma *relação social* que exerce efeitos (variáveis segundo os diferentes parâmetros que a podem afetar) sobre os resultados obtidos[2]. Sem dúvida a interrogação científica exclui por definição a intenção de exercer qualquer forma de violência simbólica capaz de afetar as respostas; acontece, entretanto, que nesses assuntos não se pode confiar somente na boa vontade, porque todo tipo de distorções estão inscritas na própria estrutura da relação de pesquisa. Estas distorções devem ser reconhecidas e dominadas; e isso na própria realização de uma prática que pode ser refletida e metódica, sem ser a aplicação de um método ou a colocação em prática de uma reflexão teórica.

Só a reflexividade, que é sinônimo de método, mas uma *reflexividade reflexa*, baseada num "trabalho", num "olho" sociológico, permite perceber e controlar *no campo*, na própria condução da entrevista, os efeitos da estrutura social na qual ela se realiza. Como pretender fazer ciência dos pressupostos sem se esforçar para conseguir uma ciência de seus próprios pressupostos? Principalmente esforçando-se para fazer um uso reflexivo dos conhecimentos adquiridos da ciência social para controlar os efeitos da própria pesquisa e começar a interrogação já dominando os efeitos inevitáveis das perguntas.

O sonho positivista de uma perfeita inocência epistemológica oculta na verdade que a diferença não é entre a ciência que realiza uma construção e aquela que não o faz, mas entre aquela que o faz sem o saber e aquela que, sabendo, se esfor-

---

[1]. Durante diferentes reuniões de trabalho, eu expus os objetivos da pesquisa e os princípios (provisórios) da entrevista que eu havia tirado de experiências realizadas desde muitos anos por mim mesmo ou por alguns colaboradores próximos (Rosine Christin, Yvette Delsaut, Michel Pialoux, Abdelmalek Sayad principalmente). A escolha dos temas e da forma possíveis da entrevista em função das características sociais do pesquisado potencial foi, a cada vez, atentamente examinada. Em muitos casos, a escuta ou a leitura da primeira entrevista suscitaram novas perguntas (de fato ou de interpretação) levando a uma segunda entrevista. Em consequência, os problemas, as dificuldades e os ensinamentos que uns e outros encontraram no curso da realização das entrevistas que eles estavam conduzindo foram regularmente submetidas à discussão durante meu seminário do Collège de France de 1991/1992. É na confrontação contínua das experiências e das reflexões dos participantes que o método foi pouco a pouco aparecendo, pela explicitação e a codificação progressivas das providências realmente tomadas.

[2]. A oposição tradicional entre os métodos ditos quantitativos, como a pesquisa por questionário, e os métodos ditos qualitativos como a entrevista, mascaram que eles têm em comum se apoiarem nas interações sociais que ocorrem sob a pressão de estruturas sociais. Os defensores das duas categorias de métodos têm em comum ignorar estas estruturas, como os etnometodólogos, cuja visão subjetivista do mundo social os leva a ignorar os efeitos que as estruturas objetivas exercem não somente sobre as interações (entre médicos e enfermeiras por exemplo) que registram e analisam, mas também na sua interação com as pessoas submetidas à observação ou à interrogação.

ça para conhecer e dominar o mais completamente possível seus atos, inevitáveis, de construção e os efeitos que eles produzem também inevitavelmente.

Uma comunicação "não violenta"

Tentar saber o que se faz quando se inicia uma relação de entrevista é em primeiro lugar tentar conhecer os efeitos que se podem produzir sem o saber por esta espécie de *intrusão* sempre um pouco arbitrária que está no princípio da troca (especialmente pela maneira de se apresentar a pesquisa, pelos estímulos dados ou recusados, etc.) é tentar esclarecer o sentido que o pesquisado se faz da situação, da pesquisa em geral, da relação particular na qual ela se estabelece, dos fins que ela busca e explicar as razões que o levam a aceitar de participar da troca. É efetivamente sob a condição de medir a amplitude e a natureza da distância entre a finalidade da pesquisa tal como é percebida e interpretada pelo pesquisado, e a finalidade que o pesquisador tem em mente, que este pode tentar reduzir as distorções que dela resultam, ou, pelo menos, de compreender o que pode ser dito e o que não pode, as censuras que o impedem de dizer certas coisas e as incitações que encorajam a acentuar outras.

É o pesquisador que inicia o jogo e estabelece a regra do jogo, é ele quem, geralmente, atribui à entrevista, de maneira unilateral e sem negociação prévia, os objetivos e hábitos, às vezes mal determinados, ao menos para o pesquisado. Esta dissimetria é redobrada por uma dissimetria social todas as vezes que o pesquisador ocupa uma posição superior ao pesquisado na hierarquia das diferentes espécies de capital, especialmente do capital cultural. O *mercado dos bens linguísticos e simbólicos* que se institui por ocasião da entrevista varia em sua estrutura segundo a relação objetiva entre o pesquisador e pesquisado ou, o que dá no mesmo, entre todos os tipos de capitais, em particular os linguísticos, dos quais estão dotados.

Levando em conta estas duas propriedades inerentes à relação de entrevista, esforçamos-nos para fazer tudo para dominar os efeitos (sem pretender anulá-los); quer dizer, mais precisamente, para *reduzir no máximo a violência simbólica que se pode exercer através dele*. Procurou-se então instaurar uma relação de *escuta ativa e metódica*, tão afastada da pura não-intervenção da entrevista não dirigida, quanto do dirigismo do questionário. Postura de aparência contraditória que não é fácil de se colocar em prática. Efetivamente, ela associa a disponibilidade total em relação à pessoa interrogada, a submissão à singularidade de sua história particular, que pode conduzir, por uma espécie de mimetismo mais ou menos controlado, a adotar sua linguagem e a entrar em seus pontos de vistas, em seus sentimentos, em seus pensamentos, com a construção metódica, forte, do conhecimento das condições objetivas, comuns a toda uma categoria.

Para que seja possível uma relação de pesquisa o mais próxima possível do limite ideal, muitas condições deveriam ser preenchidas: não é suficiente agir, como o faz espontaneamente todo "bom" pesquisador, no que pode ser conscientemente ou inconscientemente controlado na *interação*, principalmente o nível da linguagem utilizada e todos os sinais verbais ou não verbais próprios a estimular a colaboração das pessoas interrogadas, que não podem dar uma resposta digna desse nome à pergunta a menos que elas possam delas se apropriar e se tornarem os sujeitos. Deve-se agir também, em certos casos, sobre a própria *estrutura* da relação (e, por isso, na estrutura do mercado linguístico e simbólico), portanto na própria *escolha* das pessoas interrogadas e dos interrogadores.

A imposição

*Algumas vezes é surpreendente que os pesquisados possam ter tanta boa vontade e complacência para responder a perguntas tão absurdas, arbitrárias ou deslocadas como tan*tas daquelas que lhe são frequentemente "administradas", principalmente nas pesquisas de opinião. Isto posto, é suficiente ter feito uma única entrevista para saber a que ponto é difícil concentrar continuamente sua atenção no que está sendo dito (e não somente nas palavras) e antecipar as perguntas capazes de se inscreverem "naturalmente" na continuidade da conversação seguindo uma espécie de "linha" teórica. Isto quer dizer que ninguém está livre do efeito de imposição que as perguntas ingenuamente egocêntricas ou, simplesmente, desatentas podem exercer e sobretudo livre do efeito contrário que as respostas assim extorquidas correm o risco de produzir no analista, sempre disposto a levar a sério, na sua interpretação, um artefato que ele mesmo produziu sem o saber. Assim, por exemplo, quando um pesquisador continuando a ser tanto atencioso quanto atento, pergunta à queima-roupa a um operário metalúrgico, que acabava de lhe dizer quanta sorte ele teve de ficar toda sua vida na mesma oficina, se ele, "pessoalmente", estava, "prestes a partir de Longwy", e ele obtém, depois de passado o primeiro momento de franca surpresa, uma resposta delicada do tipo daquelas que o pesquisador e o codificador apressado dos institutos de pesquisa registrarão como uma aquiescência; "Agora [tom de surpresa]? Para quê? Partir... Eu não vejo a utilidade... Não, eu não creio que eu deixarei Longwy... Essa ideia ainda não tinha me passado pela cabeça... Além disso minha mulher ainda trabalha. Isso pode ser um freio... Mas deixar Longwy... Eu não sei, pode ser, por que não?... um dia... Eu não sei não... Mas eu não penso nisso agora. Eu ainda não pensei nisso porque eu estou... Eu não sei, porque não [risos], eu não sei, nunca se sabe..."

Tomou-se por isso a decisão de deixar aos pesquisadores a liberdade de escolher os pesquisados entre *pessoas conhecidas* ou pessoas às quais eles pudessem ser apresentados pelas pessoas conhecidas. A proximidade social e a familiaridade asseguram efetivamente duas das condições principais de uma comunicação "não violenta". De um lado, quando o interrogador está socialmente muito próximo daquele que ele interroga, ele lhe dá, por sua permutabilidade com ele, garantias contra a ameaça de ver suas razões subjetivas reduzidas a causas objetivas; suas escolhas vividas como livres, reduzidas aos determinismos objetivos revelados pela análise. Por outro lado, encontra-se também assegurado neste caso um acordo imediato e continuamente confirmado sobre os pressupostos concernentes aos conteúdos e às formas da comunicação: esse acordo se afirma na emissão apropriada, sempre difícil de ser produzida de maneira consciente e intencional, de todos os sinais não verbais, coordenados com os sinais verbais, que indicam quer como tal o qual enunciado deve ser interpretado, quer como ele foi interpretado pelo interlocutor[3].

Mas o universo das categorias sociais que podem ser atingidas pelas condições otimizadas de familiaridade tem seus limites (mesmo quando as homologias de posição podem também fundamentar afinidades reais entre o sociólogo e certas categorias de pesquisados, magistrados ou educadores sociais por exemplo). Para tentar entender o mais plenamente possível, nós poderíamos também, como fizemos nas diferentes pesquisas anteriores, recorrer a estratégias como a que consiste em *representar papéis*, compor a identidade de um pesquisado ocupando uma posição social determinada para fazer falsas diligências de aquisição ou de procura de informação (principalmente por telefone). Aqui, optamos por diversificar os pesquisadores fazendo um emprego metódico da estratégia à qual Willian Labov recorreu em seu estudo sobre o modo de falar dos negros do Harlem: para neutralizar os efeitos da imposição da língua legítima, ele havia pedido a jovens negros que conduzissem a pesquisa linguística; do mesmo modo nós tentamos, todas as vezes que era possível, de neutralizar um dos maiores fatores de distorção da relação de pesquisa instruindo com as técnicas da pesquisa pessoas que pudessem ter acesso, em razão da familiaridade, a categorias de pesquisados que desejávamos atingir.

---

3. Estes sinais de *feedback* que E.A. Schegloff chama *response tokens*, os "sim", "ah bom", "certo", "oh!" e também os acenos de cabeça aprovadores, os olhares, os sorrisos e todas as *information receipts*, sinais corporais ou verbais de atenção, de interesse, de aprovação, de incentivo, de agradecimento, são a condição da boa continuação da troca (a tal ponto que um momento de desatenção, de distração do olhar são em geral suficientes para causar uma espécie de embaraço para o pesquisado, e a fazê-lo perder o fio de sua entrevista); *colocados no momento certo*, eles atestam a participação intelectual e afetiva do pesquisador.

Enquanto um jovem físico interroga um outro jovem físico (ou um ator um outro ator, um desempregado um outro desempregado, etc.) com o qual ele compartilha a quase totalidade das características capazes de funcionar como fatores explicativos mais importantes de suas práticas e de suas representações, e ao qual ele está unido por uma relação de profunda familiaridade, suas perguntas encontram sua origem em suas disposições objetivamente dadas às do pesquisado; as mais brutalmente objetivantes dentre elas não têm nenhuma razão de parecerem ameaçadoras ou agressivas porque seu interlocutor sabe perfeitamente que eles compartilham o essencial do que elas o levarão a dizer e, ao mesmo tempo, os riscos aos quais ele se expõe ao declarar-se. E o interrogador não pode nunca esquecer que objetivando o interrogado, ele se objetiva a si mesmo como provam as correções que ele introduz em tantas de suas perguntas, passando do *você* objetivo ao *se* que leva a um coletivo impessoal, depois ao *nós*, onde ele afirma claramente que a objetivação também lhe diz respeito: "Quer dizer que todos os estudos que *você* fez, que *se* fizeram, *nos* fizeram gostar mais da teoria." E a proximidade social com a pessoa interrogada é sem dúvida o que explica a impressão de mal-estar que quase todos os interrogadores que estão colocados numa tal relação disseram ter experimentado, às vezes durante toda a entrevista, às vezes a partir de um momento preciso da análise: em todos estes casos efetivamente, o interrogatório tende naturalmente a tornar-se uma socianálise a dois na qual o analista está preso, e é posto à prova, tanto quanto aquele que ele interroga.

Mas a analogia com a estratégia empregada por Labov não é perfeita: não se trata somente de captar um "discurso natural" tão pouco influenciado quanto possível pelo efeito da dissimetria cultural; deve-se também construir cientificamente esse discurso de tal maneira que ele forneça os elementos necessários à sua própria explicação. As exigências impostas aos pesquisadores ocasionais encontram-se consideravelmente acrescidas e embora se tivesse feito com cada um deles entrevistas prévias destinadas a recolher toda informação que eles dispunham sobre o pesquisado e definir com eles as grandes linhas de uma estratégia de interrogação, um bom número de pesquisas realizadas nestas condições foram excluídas da publicação: elas quase que só apresentavam dados sociolinguísticos incapazes de fornecer os instrumentos de sua própria interpretação[4].

---

4. Uma das maiores razões desses revezes reside sem dúvida no acordo perfeito entre o interrogador e o interrogado que deixa mover em total liberdade a tendência dos entrevistados de dizer tudo (como a maioria dos testemunhos e dos documentos históricos), menos o que é óbvio, o que é natural (por exemplo a atriz, sem dúvida quando ela se dirige a um ator passa em silêncio todo um conjunto de pressupostos concernentes às hierarquias entre os gêneros teatrais, os diretores, e também as oposições constitutivas do campo do teatro num certo momento). Toda interrogação se encontra então situada entre dois limites sem dúvida nunca atingidos: a total coincidência entre o pesquisador e o pesquisado, onde nada poderia ser dito porque, nada sendo questionado, tudo seria natural; a divergência total onde a compreensão e a confiança se tornariam impossíveis.

Àqueles casos em que o sociólogo consegue se dar de algum modo um substituto juntam-se as relações de pesquisa nas quais ele pode superar parcialmente a distância social graças às relações de familiaridade que o unem ao pesquisado e à franqueza social, favorável ao falar francamente, que assegura a existência de diversos laços de solidariedade secundária próprios a dar garantias indiscutíveis de compreensão simpática: as relações de família ou as amizades de infância ou, segundo certas pesquisadoras, a cumplicidade entre mulheres, permitem, em mais de um caso, superar os obstáculos ligados às diferenças entre as condições e, particularmente, o temor do desprezo de classe que, quando o sociólogo é percebido como socialmente superior, vem frequentemente redobrar o receio muito geral, senão universal, da objetivação.

Um exercício espiritual

Mas todos os procedimentos e todos os subterfúgios, que podemos imaginar para reduzir a distância, têm seus limites. Ainda que a transcrição deixe escapar o ritmo, o tempo do oral, basta ler em seguida algumas entrevistas para ver tudo o que separa as falas arrancadas pedaço por pedaço dos pesquisados mais afastados das exigências táticas da situação de pesquisa e os discursos daquelas que são ajustados por antecipação (às vezes muito bem) à pergunta, assim, pelo menos, como eles a concebem. Eles dominam tão perfeitamente a situação que conseguem às vezes impor sua definição do jogo ao pesquisador.

Quando nada vem neutralizar ou suspender os efeitos sociais da dissimetria ligada à distância social, não se pode esperar conseguir obter declarações tão pouco marcadas quanto possível pelos efeitos da situação de pesquisa senão ao preço de um trabalho incessante de construção. Paradoxalmente, este trabalho está destinado a ficar tanto mais invisível quanto mais bem sucedido ele for e quanto mais ele conduzir a uma troca de todas as aparências do "natural" (entendido como o que acontece comumente nas trocas comuns da existência cotidiana).

O sociólogo pode obter do pesquisado mais distanciado de si socialmente que ele se sinta legitimado a ser o que ele é se ele sabe se manifestar, pelo tom e especialmente pelo conteúdo de suas perguntas as quais, sem fingir anular a distância social que o separa de si (diferente da visão populista que tem como ponto cego seu próprio ponto de vista), ele é capaz de *se colocar em seu lugar em pensamento*.

Tentar situar-se em pensamento no lugar que o pesquisado ocupa no espaço social para o *necessitar* a partir desse ponto e para *decidir-se* de alguma maneira por *ele* (no sentido em que Francis Ponge falava de *optar pelas* coisas), não é executar a "projeção de si em outrem" do qual falam os fenomenólogos. É dar-se uma *compreensão genérica e genética* do que ele é, fundada no domínio (teórico ou prático) das condições sociais das quais ele é o produto: domínio das condições de existência e dos mecanismos sociais cujos efeitos são exercidos sobre o conjunto da categoria da qual eles fazem parte (as dos estudantes, dos operários, dos magistrados, etc.) e domínio dos condicionamentos inseparavelmente psíquicos e sociais associados à sua posição e à sua trajetória particulares no espaço social. Contra a velha distinção diltheyana, é preciso ser dito que *compreender e explicar são a mesma coisa*.

Esta compreensão não se reduz a um estado de alma benevolente. Ela é exercida de maneira ao mesmo tempo inteligível, tranquilizadora e atraente de apresentar a entrevista e de conduzi-la, de fazer de tal modo que a interrogação e a própria situação tenham sentido para o pesquisado e também, e sobretudo, na problemática proposta: esta, como as respostas prováveis que ela provoca, será deduzida de uma representação verificada das condições nas quais o pesquisado está colocado e daquelas das quais ele é o produto. Pode-se então dizer que o pesquisador não tem qualquer possibilidade de estar verdadeiramente à altura de seu objeto a não ser que ele possua a respeito um imenso saber, adquirido talvez ao longo de uma vida de pesquisa e também, mais diretamente, durante entrevistas anteriores com o próprio pesquisado ou com informantes. A maior parte das pesquisas publicadas representam, sem dúvida, um momento privilegiado em uma longa série de trocas, e não têm nada em comum com os encontros pontuais, arbitrários e ocasionais, das pesquisas realizadas às pressas por pesquisadores desprovidos de toda competência específica.

Mesmo que ela só se manifesta de maneira totalmente negativa, inspirando sobretudo as precauções e as atenções que determinam o pesquisado a ter confiança e a entrar no jogo, ou excluindo as perguntas forçadas ou mal colocadas, é esta informação prévia que permite improvisar continuamente as perguntas pertinentes, verdadeiras *hipóteses* que se apóiam numa representação intuitiva e provisória da fórmula geradora própria ao pesquisado para provocá-lo a se revelar mais completamente[5].

---

5. Sobre este ponto, como sobre todos os outros, sem dúvida seríamos melhor compreendidos se pudéssemos dar exemplos dos erros mais típicos, que encontram quase sempre seus fundamentos na inconsciência e na ignorância. Algumas virtudes de uma interrogação atenta a seus próprios resultados estão destinadas a passar desapercebidas pois se manifestam principalmente em ausências. Daí o interesse dos interrogatórios burocráticos que serão analisados mais adiante: verdadeiros exames em arte de viver nos quais o investigador, encerrado em seus pressupostos institucionais e suas certezas éticas, mede a capacidade dos investigados em adotar a conduta "conveniente", fazem aparecer, em contraste, todas as perguntas que o respeito fundado no conhecimento prévio leva a excluir que elas são incompatíveis com uma representação adequada da situação da pessoa interrogada ou da filosofia de ação que estabelece na prática.

Ainda que ela possa proporcionar o equivalente teórico do conhecimento prático associado à proximidade e à familiaridade, o conhecimento prévio mais aprofundado continuaria incapaz de conduzir a uma verdadeira compreensão, se a ela não correspondesse uma atenção ao outro e uma abertura oblativa que raramente se encontram na existência comum. Tudo nos conduz efetivamente a não dar declarações mais ou menos ritualizadas sobre misérias mais ou menos comuns senão uma atenção quase tão vazia e formal que "como vai você?" ritual que as iniciou. Nós todos já ouvimos falar dessas narrativas de conflitos de sucessão ou de vizinhança, de dificuldades escolares ou de rivalidades de escritório que apreendemos através das categorias de percepção que, reduzindo o pessoal ao impessoal, o drama singular ao noticiário de variedades, permitem uma espécie de economia de pensamento, de interesse, de afeto, em resumo, de compreensão. E então, mesmo que se mobilizem todos os recursos da vigilância profissional e da simpatia pessoal, temos dificuldades em afastar essa indiferença da atenção favorecida pela ilusão do já visto e do já ouvido para entrar na singularidade da história de uma vida e tentar compreender ao mesmo tempo na sua unicidade e generalidade os dramas de uma existência. A semicompreensão imediata do olhar distraído e banalizante desencoraja o esforço que deve ser realizado para superar os lugares-comuns nos quais cada um de nós vive e diz de suas pequenas misérias como sendo seus grandes males. Aquilo que o "a gente" filosoficamente estigmatizado e literariamente desconsiderado, que nós todos somos tentados a dizer, com seus meios, desesperadamente "inautênticos", é sem dúvida, para os "eu" que nós acreditamos ser, pela mais comum das reivindicações de singularidade, o que há de mais difícil para escutar.

A resistência à objetivação

Não se deveria acreditar que só pela virtude da reflexividade o sociólogo possa controlar completamente os efeitos, sempre extremamente complexos e múltiplos, da relação de pesquisa, posto que os pesquisados podem também intervir, consciente ou inconscientemente, para tentar impor sua definição da situação e fazer voltar em seu proveito uma troca da qual um dos riscos é a imagem que eles têm e querem dar e se dar deles mesmos. Isso numa situação onde, lembrando, como o objeto da pesquisa os incita a isto, "o que não anda bem" em suas vidas, eles se expõem a todas as presunções negativas que pesam sobre os males e a adversidade por tanto tempo que eles não sabem deslizar pelas formas legítimas de expressão das misérias legítimas, aquelas que a política, o direito, a psicologia, a literatura fornecem. Assim, por exemplo, em muitas entrevistas (principalmente com os membros do Front National), a relação social entre o pesquisado e o pesquisador produz um efeito de censura muito forte, redobrado pela presença do gravador: é sem dúvida ela que torna certas opiniões inconfessáveis (salvo por breves fugas ou por lapsos). Certas entrevistas trazem numerosos traços do trabalho que faz o pesquisado para do-

minar os constrangimentos inerentes na situação ao mostrar que ele é capaz de assumir sua própria objetivação e de tomar ele mesmo o ponto de vista reflexivo cujo projeto está inscrito na própria intenção da pesquisa.

Uma das maneiras mais sutis de resistir à objetivação é, portanto, a dos pesquisados que, jogando com a sua proximidade social com o pesquisador, tentam, mais inconsciente do que conscientemente, se proteger prestando-se aparentemente ao jogo e tentando impor, sem o saber sempre, uma aparência de autoanálise. Nada mais distante, apesar das aparências, da objetivação participante, na qual o pesquisador auxilia o pesquisado num esforço doloroso e gratificante, ao mesmo tempo, para tornar visíveis as determinações sociais de suas opiniões e de suas práticas no que elas podem ter de mais difícil a reconhecer e a assumir, do que a falsa objetivação complacente, semidesmistificada e por isso duplamente mistificadora, que procura todos os prazeres da lucidez sem questionar o essencial.

Citarei um só exemplo: "Há uma espécie de mal-estar que faz com que eu não saiba onde me situar [...], eu não sei mais muito bem onde estou socialmente... É talvez a nível do reconhecimento do outro [...]. Eu me conscientizo quanto, em função da posição social que você ocupa, o outro tem um olhar sobre você completamente diferente e é verdade que é muito perturbador. Não era evidente para mim ter vários status sociais, eu não conseguia me identificar algumas vezes, sobretudo através do olhar dos outros", etc., etc.

Acontece que de tais afirmações, que aplicam a uma confissão aparente a aparência de uma explicação, suscitam no pesquisador que se reconhece nisso por que eles são construídos segundo instrumentos de pensamento e de formas de expressão próximas dos seus, uma forma de narcisismo intelectual que pode combinar-se com admiração populista ou dissimular-se nele.

Deste modo, quando uma filha de imigrante lembra, com muito desembaraço, as dificuldades de sua vida dilacerada diante de um pesquisador que pode encontrar em algumas declarações suas certos aspectos de sua experiência do desequilíbrio, ela consegue, paradoxalmente, fazer esquecer o princípio da visão altamente estilizada de sua existência que ela propõe, quer dizer, o estudo de letras que ela faz e que lhe permite oferecer a seu interlocutor uma dupla gratificação, a de um discurso tão próxima quanto possível da ideia que ele tem de uma categoria desfavorecida e a de um cumprimento formal que abole todo obstáculo ligado à diferença social e cultural. Seria preciso citar tudo aqui, as perguntas e as respostas:

Pesquisador – Tomada de consciência teve lugar quando você chegou à França. Mas tomada de consciência de que exatamente?

Pesquisado – A tomada de consciência do real no sentido que para mim, é aí que as coisas vão começar a se delinear. Eu vivo realmente a separação de meus pais. Ela toma sentido, para mim, realmente, a partir do momento no qual eu passo do período que eu vivi com meus pais, enfim, com minha mãe e sua família (no Marrocos, onde minha mãe ficou depois da separação), aqui, onde eu finalmente descubro meu pai. É a primeira vez que nós vivemos realmente juntos. Mesmo quando ele estava casado com minha mãe, sua vida social era aqui (na França), por isso eles se viam pouco, a gente se via pouco. Eu tinha a impressão que era alguém que eu descobria realmente pela primeira vez [...]. Ele entrou em minha vida a partir do momento em que fomos viver juntos. Portanto, tomada de consciência desse lado, a separação faz sentido. Percebe-se que o pai que se tem, nunca se viveu com ele [...]. E depois também, tomada de consciência de uma outra paisagem. Não é mais o mesmo espaço-tempo [...]. Você sabe que você passa de seu pai para sua mãe. Isso o excita também um pouco, de uma certa maneira mas a realidade, ela vem pouco a pouco colorir e tornar visível, de fato, o que aconteceu. Portanto, isso não é a mesma paisagem, não são as mesmas pessoas, nem o mesmo espaço-tempo. Eu volto a um período bastante vago a partir desse momento onde, se você quer, será preciso, de hoje em diante, que se faça a ponte entre dois mundos, que estão, para mim, radicalmente separados. Eu fiquei um pouco nessa etapa, nessa separação, que ultrapassa de longe a separação pai-mãe. E um pouco mais longe: "Eu tenho de fato a impressão de estar ancorada em alguma coisa. E que a pergunta que surge agora é se eu vou continuar nesse dilema ou se eu vou sair definitivamente? Francamente, não acredito muito. Certamente sempre ficarei no meio do caminho. É verdade que isso de ser assim ou assado não me interessa. Há vontade de manter essa espécie de corrente de ar, um meio-termo. Sei lá."

A entrevista, como se vê, torna-se um monólogo no qual a própria entrevistada faz as perguntas, e responde profusamente de um só fôlego, impondo ao pesquisador (que, evidentemente, não pergunta melhor) não somente sua problemática mas seu estilo ("você se sente desnaturada aqui?" ou "qual é sua maior insatisfação?") e excluindo de fato toda interrogação sobre os dados objetivos de sua trajetória diferentes dos que entram no projeto de autorretrato tal como ela pretende fazer.

Nesta relação de troca, cada um engana um pouco o outro ao se enganar a si próprio: o pesquisador se prende à "autenticidade" do testemunho da pesquisada porque ele acredita ter tido êxito na descoberta de uma palavra bruta, densa, inviolada, que outros não souberam ver ou suscitar (certas formas, mais ou menos estilizadas, do discurso camponês ou operário podem exercer uma sedução parecida); a pesquisada finge ser o personagem que é esperado nesse encontro, a Imigrante, assegurando deste modo, sem ter que reivindicar abertamente, o reconhecimento do valor literário de sua palavra, ao mesmo tempo testemunha sincera de divisão interior e procura de salvação pela forma estilística*.

---

* Se esta lógica do jogo duplo na confirmação mútua das identidades encontra um campo particularmente favorável no face a face da relação de pesquisa, ela não está em ação somente nas entrevistas "fracassadas" (muito numerosas) que nós tivemos de eliminar e eu poderia citar obras que acho que ilustram isso perfeitamente, como o romance recente de Nina Bouraoui (La voyeuse interdite, Paris, Gallimard, 1990), e, mais geralmente, certas formas novas de literatura populista que, sob a aparência de as reunir, evitam as exigências do testemunho autenticamente sociológico e as do romance autenticamente literário, porque elas têm como ponto cego seu próprio ponto de vista. Mas o exemplo por excelência me parece ser o romance de David Lodge, Small World (New York, Warner Books, 1984, trad. francesa: Un tout petit monde, Paris, Rivages, 1991), desmistificação mistificadora que apresenta todos os lugares-comuns da representação complacente, falsamente lúcida e verdadeiramente narcísica, que os universitários gostam de (se) dar deles mesmos, e de seus universos, e que conhecemos logicamente um imenso sucesso nos meios universitários e, mais amplamente, em todos os meios com nível de estudos universitários.

Deste modo sob risco de chocar tanto os metodólogos rigoristas quanto os hermeneutas inspirados, eu diria naturalmente que a entrevista pode ser considerada como uma forma de *exercício espiritual*, visando a obter, pelo *esquecimento de si*, uma verdadeira *conversão do olhar* que lançamos sobre os outros nas circunstâncias comuns da vida.[6] A disposição acolhedora que inclina a fazer seus os problemas do pesquisado, a aptidão a aceitá-lo e a compreendê-lo tal como ele é, na sua necessidade singular é uma espécie de *amor intelectual*: um olhar que consente com a necessidade, à maneira do "amor intelectual de Deus", isto é, da ordem natural, que Spinoza tinha como a forma suprema do conhecimento.

O essencial das "condições de felicidade" da entrevista fica, sem dúvida, despercebido. Oferecendo-lhe uma situação de comunicação completamente excepcional, livre dos constrangimentos, principalmente temporais, que pesam sobre a maior parte das trocas cotidianas e abrindo-lhe alternativas que o incitam ou o autorizam a exprimir mal-estares, faltas ou necessidades que ele descobre exprimindo-os, o pesquisador contribui para criar as condições de aparecimento de um discurso extraordinário, que poderia nunca ter tido e que, todavia, já estava lá, esperando suas condições de atualização.[7] Embora eles sem dúvida não percebam conscientemente todos os sinais desta disponibilidade (que requer sem dúvida um pouco mais que uma simples conversão intelectual), certos pesquisados, sobretudo entre os mais carentes, parecem aproveitar essa situação como uma ocasião excepcional que lhes é oferecida para testemunhar, se fazer ouvir, levar sua experiência da esfera privada para a esfera pública; uma ocasião também de *se explicar*, no sentido mais completo do termo, isto é, de construir seu próprio ponto de vista sobre eles mesmos e sobre o mundo, e manifestar o ponto, no interior desse mundo, a partir do qual eles veem a si mesmos e o mundo, e se tornam compreensíveis, justificados, e para eles mesmos em primeiro lugar[8]. Acontece até que, longe de serem simples instrumentos nas mãos do pesquisador, eles conduzem de alguma maneira a entrevista e a densidade e a intensidade de seu discurso, como a impressão que eles dão frequentemente de sentir uma espécie de alívio, até de realização, tudo neles lembra a *felicidade de expressão*.

Pode-se sem dúvida falar então de *auto-análise provocada e acompanhada*: em mais de um caso nós sentimos que a pessoa interrogada aproveitava a ocasião

---

6. Poder-se-ia citar aqui Epicteto ou Marco Aurélio lembrando a disposição que leva a acolher com benevolência tudo o que depende da causa universal, *assentimento (prosthesis)* alegre relativamente ao mundo natural.

7. O trabalho "socrático" de ajuda à explicitação visa a propor sem impor, a formular sugestões, às vezes explicitamente apresentadas como tais (será que você não quer dizer que...) e destinadas a oferecer prolongamentos múltiplos e abertos às palavras do pesquisado, a suas hesitações ou a sua procura de expressão.

8. Eu observei assim numerosas vezes que o pesquisado repetia com uma satisfação visível a palavra ou a frase que o haviam esclarecido sobre ele mesmo, isto é, sobre sua posição (como a palavra *fundível*, que eu tinha usado para designar a posição crítica de um pesquisado na hierarquia de sua instituição e que, por suas conotações, lembrava bem as tensões extremas por que ele passara).

que lhe tinha sido dada de ser interrogada sobre ela mesma e da licitação ou da solicitação que lhe asseguravam nossas perguntas ou nossas sugestões (sempre abertas e múltiplas e frequentemente reduzidas a uma atenção silenciosa) para realizar um trabalho de explicitação, gratificante e doloroso ao mesmo tempo, e para enunciar, às vezes com uma extraordinária *intensidade expressiva*, experiências e reflexões há muito reservadas ou reprimidas.

Uma construção realista

Mesmo se acontecer que ele seja vivido como tal, o acordo que é assim realizado entre as antecipações e as amabilidades do pesquisador e as expectativas do pesquisado, não tem nada de miraculoso. A verdadeira submissão ao dado supõe um ato de construção baseado no domínio prático da lógica social segundo a qual esse dado é construído. Assim, por exemplo, só se pode compreender verdadeiramente tudo que é dito na conversa, na aparência totalmente banal, entre três estudantes se, evitando reduzir as três adolescentes aos nomes que as designam, como em tantas sociologias ao gravador, soubermos ler, em suas palavras, a estrutura das relações objetivas, presentes e passadas, entre sua trajetória e a estrutura dos estabelecimentos escolares que elas frequentaram e, por isso, toda a estrutura e a história do sistema de ensino que nelas se exprime. Contrariamente ao que poderia fazer crer uma visão ingenuamente personalista da singularidade das pessoas sociais, é a revelação das estruturas imanentes às conversas conjunturais tidas numa interação pontual que, sozinha, permite resgatar o essencial do que faz a *idiossincrasia* de cada uma das jovens e toda complexidade singular de suas ações e de suas reações.

A análise da conversação, assim entendida[9], lê nos discursos não somente a estrutura conjuntural da interação como mercado, mas também as estruturas invisíveis que o organizam, isto é, neste caso particular, a estrutura do espaço social no qual as três jovens estão situadas desde o início e a estrutura do espaço escolar no interior do qual elas percorreram trajetórias diferentes que, apesar de pertencerem ao passado, continuam a orientar a sua visão do seu passado e do seu futuro escolares, e também delas mesmas, no que elas têm de mais singular[10].

---

9. Isto é, num sentido muito diferente daquele que se dá quando se toma por objeto a maneira de administrar a conversação, por exemplo as estratégias de abertura e de fechamento, *fazendo abstração* das características sociais e culturais dos participantes.

10. Eu poderia citar também a entrevista com um jovem estudante, filho de imigrante, que é uma exemplificação, no sentido de Goodman, da análise das transformações do sistema de ensino que conduziu à multiplicação dos *"excluídos do interior"*, sendo o pesquisado em questão uma "amostra" perfeita, sempre nos termos de Goodman, dessa nova categoria de estudantes.

Deste modo, contra a ilusão que consiste em procurar a neutralidade na anulação do observador, deve-se admitir que, paradoxalmente, só é "espontâneo" o que é construído, mas por uma *construção realista*. Para o fazer ouvir ou, ao menos, fazê-lo sentir, lembrarei um caso onde se verá que é somente quando se apoia num conhecimento prévio das realidades que a pesquisa pode fazer surgir as realidades que ela deseja registrar. Na pesquisa que realizamos sobre o problema da moradia para fugir à irrealidade abstrata das perguntas sobre a preferência, em matéria de compra ou locação principalmente, eu tinha imaginado pedir aos pesquisadores para lembrarem suas sucessivas residências, as condições em que a elas tinham tido acesso, as razões e as causas que os tinham determinado a escolhê-las ou a deixá-las, as modificações que nelas fizeram, etc. As entrevistas assim concebidas desenvolveram-se de maneira, em nossa opinião, extremamente "natural", suscitando testemunhos de uma sinceridade inesperada. Ora, muito tempo depois ouvi, inteiramente por acaso, no metrô, uma entrevista entre duas mulheres de uns quarenta anos de idade: uma delas, que foi morar recentemente num apartamento novo, contava a história de suas sucessivas moradias. E sua interlocutora se comportava exatamente como se ela seguisse a regra que havíamos estabelecido para conduzir nossas entrevistas. Eis a transcrição que fiz de memória logo depois: – "é a primeira vez que moro numa casa nova. É muito bom... – A primeira casa que tive em Paris, foi na rua Brancion, era um apartamento antigo, que não tinha sido reformado desde a guerra de 14. Tudo precisava de reformas, tudo estava torto. Tampouco conseguimos recuperar o teto de tão sujo que estava. – Com certeza, é muito trabalho... Antes, com meus pais, nós morávamos numa habitação sem água. Era formidável, com duas crianças, ter um banheiro. – Na casa de meus pais, era a mesma coisa. Mas nem por isso nós éramos sujos. Mas é verdade, é tão mais fácil... – Depois moramos em Creteil. Era um imóvel moderno, mas que já tinha uma dezena de anos...". E a narrativa continuou assim, muito naturalmente entrecortada de intervenções destinadas seja, muito simplesmente, para "acusar recebimento", pela simples repetição, no modo afirmativo ou interrogativo, da última frase pronunciada, seja para manifestar interesse ou afirmar a identidade dos pontos de vista ("É duro quando se trabalha o dia inteiro em pé..." ou " Na casa de meus pais era a mesma coisa"); essa participação pela qual se participa da entrevista, levando assim seu interlocutor a dela participar, sendo isso que distingue do modo mais claro a conversa comum, ou a entrevista tal como nós a temos praticando, da entrevista na qual o pesquisador, preocupado com a neutralidade, se proíbe todo envolvimento pessoal.

Tudo opõe esta forma de maiêutica à imposição da problemática que, na ilusão da "neutralidade", fazem muitas sondagens cujas perguntas forçadas e artificiais produzem coisas fictícias que elas acreditam registrar – sem falar dessas pesquisas de televisão que extorquem dos entrevistados declarações diretamente provenientes dos comentários que a televisão faz a respeito.[11] Primeira diferença, a consciência do perigo, baseada no conhecimento da labilidade do que chamamos as opiniões: as disposições profundas estão disponíveis para inúmeras formas de expressão e elas podem ser conhecidas em formulações pré-constituídas (as respostas pré-formadas do questionário fechado ou as declarações preparadas da política) relativamente diferentes. Isto significa que nada é mais fácil de fazer e, num sentido mais "natural", que a imposição de problemática: como prova, os *desvios de opinião* que realizam tão frequentemente, com toda a inocência da inconsciência, as sondagens de opinião (deste modo predispostas a servir de instrumento para uma demagogia racional) e também, mais geralmente, os demagogos de qualquer obediência, sempre apressados em ratificar as expectativas aparentes de indivíduos que nem sempre têm os meios de identificar suas verdadeiras insuficiências.[12] O efeito da imposição que se exerce sob a capa de "neutralidade" é tanto mais pernicioso porque a publicação das opiniões assim impostas contribui para as impor e assegurar-lhes uma existência social, dando aos pesquisadores a aparência de uma validação própria a reforçar sua credibilidade e seu crédito.

Vê-se o reforço que a representação empirista da ciência pode encontrar no fato de que o conhecimento rigoroso supõe quase sempre uma ruptura mais ou menos flagrante, e sempre exposta a aparecer como efeito de uma petição de princípio ou de opinião preconcebida, com a evidência do senso comum, comumente identificado como bom senso. Basta de fato deixar acontecer, abster-se de toda intervenção, de toda construção, para cair no erro: deixa-se então o campo livre às preconstruções ou ao efeito automático dos mecanismos sociais que estão atuantes até nas operações científicas mais elementares (concepção e formulação das perguntas, definição das categorias de codificação, etc.). É somente ao preço de uma denúncia ativa dos pressupostos tácitos do senso comum que se podem opor os efeitos de todas as representações da realidade social aos quais pesquisados e pesquisadores são continuamente expostos. Penso em particular naqueles produzidos pela imprensa, escrita e sobretudo televisada, e que se impõem às vezes aos mais despojados como enunciados prontos daquilo que eles acreditam ser a experiência.

Os agentes sociais não têm a ciência infusa do que eles são e do que eles fazem; mais precisamente, eles não têm necessariamente acesso ao princípio de seu descontentamento ou de seu mal-estar e as declarações mais espontâneas podem,

---

11. Acho necessário lembrar aqui análises que desenvolvi em outro lugar de maneira mais sistemática (cf. principalmente, "L'opinion publique n'existe pas". *Questions de sociologie*. Paris: Minuit, 1984, p. 222-250).

12. Estas reflexões destinam-se particularmente aos que ensinam que a crítica das pesquisas é a crítica da democracia.

sem nenhuma intenção de dissimulação exprimir uma coisa bem diferente do que eles dizem na aparência. A sociologia (é isto que a distingue da ciência sem erudito que são as pesquisas de opinião) sabe que ela deve ter os meios de questionar primeiro em seu próprio questionamento, todas as preconstruções, todos os pressupostos que existem tanto no pesquisador como no pesquisado e que fazem com que a relação de pesquisa frequentemente só se instaure na base de um acordo dos inconscientes.[13]

Ela sabe também que as opiniões as mais espontâneas, logo, aparentemente as mais autênticas, que satisfazem o pesquisador apressado dos institutos de pesquisa e os que as encomendaram podem obedecer a uma lógica muito próxima de que a psicanálise revelou. É o caso, por exemplo, desta espécie de hostilidade *a priori* relativamente aos estrangeiros que encontramos às vezes junto aos agricultores ou aos pequenos comerciantes desprovidos de qualquer experiência direta com os imigrantes: só se pode ultrapassar as aparências da opacidade e do absurdo que ela opõe à interpretação compreensiva se conseguir ver que, por uma forma de *deslocamento*, ela oferece uma solução às contradições próprias a essa espécie de capitalistas com renda de proletários e com sua experiência do Estado, tido como responsável por uma redistribuição inaceitável. Os fundamentos reais do descontentamento e da insatisfação que assim se exprimem, sob formas desviadas, só podem chegar à consciência, quer dizer, ao discurso explícito, ao preço de um trabalho que vise revelar as coisas enterradas nas pessoas que as vivem e que ao mesmo tempo não as conhecem e, num outro sentido, conhecem-nas melhor do que ninguém.

O sociólogo pode ajudá-las nesse trabalho, à maneira de um parteiro, sob a condição de possuir um conhecimento aprofundado das condições de existência de que são o produto e dos efeitos sociais que a relação de pesquisa e, através desta, suas posições e suas disposições primárias podem exercer. Mas o desejo de descobrir a verdade, que é constitutivo da intenção científica, fica totalmente desprovido de eficácia prática se ele não é atualizado sob a forma de uma "profissão", produto incorporado de todas as pesquisas anteriores que não tem nada de um saber abstrato e puramente intelectual: essa profissão é uma verdadeira "dis-

---

13. Mostrei, pela análise detalhada das respostas a uma pesquisa sobre os políticos (Giscard, Chirac, Marchais, etc.) concebida sobre o modelo do jogo chinês (se era uma árvore, um animal, etc.) que os pesquisados colocavam em prática, sem o saber, em suas respostas, esquemas classificatórios (forte/fraco, rígido/flexível, nobre/ignóbil, etc.) que os autores do questionário tinham também colocado em prática, *sem o saber muito,* em suas perguntas: a inanidade dos comentários que os autores do questionário haviam trazido aos quadros estatísticos publicados estavam presentes para testemunhar sua perfeita incompreensão dos dados que eles mesmos tinham produzido e, *a fortiori*, a própria operação pela qual os tinham produzido (cf. P. Bourdieu, *La Distinction*, Paris, Minuit, 1979, p. 625-640).

posição a perseguir a verdade" (*hexis tou alêtheuein*, como diz Aristóteles na *Metafísica*), que leva a improvisar na hora, na urgência da situação de entrevista, as estratégias de apresentação de si e as respostas adaptadas, as aprovações e as perguntas oportunas, etc., de maneira a ajudar o pesquisado a dar a sua verdade ou, melhor, a se livrar da sua verdade.[14]

Os riscos da escrita

A mesma disposição está em ação no trabalho de construção ao qual submete-se a entrevista gravada – o que permitirá andar mais depressa na análise dos procedimentos de transcrição e de análise. Pois é claro que a transcrição muito literal (a simples pontuação, o lugar de uma vírgula, por exemplo, podem comandar todo o sentido de uma frase) já é uma verdadeira *tradução* ou até uma interpretação. Com mais razão ainda, a que é aqui proposta: rompendo com a ilusão espontaneísta do discurso que "fala de si mesmo", a transcrição joga deliberadamente com a *pragmática da escrita* (principalmente pela introdução de títulos e de subtítulos feitos de frase tomadas da entrevista) para orientar a atenção do leitor para os traços sociologicamente pertinentes que a percepção desarmada ou distraída deixaria escapar.

O processo verbal do discurso recolhido que o autor da transcrição produz está submetido a dois conjuntos de obrigações frequentemente difíceis de conciliar: as obrigações de fidelidade a tudo que manifesta durante a entrevista, e que não se reduz ao que é realmente registrado na fita magnética, levariam a tentar restituir ao discurso tudo que lhes foi tirado pela transcrição para o escrito e pelos recursos ordinários da pontuação, muito fracos e muito pobres, e que fazem, muito amiúde, todo o seu sentido e o seu interesse; mas as leis de legibilidade que se definem em relação com destinatários potenciais com expectativas e competências muito diversas impedem a publicação de uma transcrição fonética acompanhada das notas necessárias para restituir tudo que foi perdido na passagem do oral para o escrito, isto é, a voz, a pronúncia (principalmente em suas variações socialmente significativas), a entonação, o ritmo (cada entrevista tem seu tempo

---

14. Não é o lugar de analisar aqui todos os paradoxos do modo de ser científico que supõe, por um lado, um trabalho que visa tornar conscientes as disposições primárias socialmente constituídas em vista de neutralizá-las e de as desenraizar (ou, melhor, de as "desincorporar"), e, por outro lado, um trabalho – e um *treinamento* – visando incorporar, portanto a tornar quase "inconscientes" os princípios conscientemente definidos dos diferentes métodos desse modo tornados *praticamente disponíveis* (A oposição entre os "conhecimentos" conscientes e os "conhecimentos" inconscientes à qual recorremos aqui devido às necessidades da transmissão é de fato absolutamente artificial e falaciosa: de fato os princípios da prática científica podem ao mesmo tempo estar presentes à consciência – em graus diferentes segundo os momentos e segundo os "níveis" de prática – e funcionar no estado prático, sob a forma de disposições incorporadas).

particular que não é o da leitura), a linguagem dos gestos, da mímica e de toda a postura corporal, etc.[15].

Assim, transcrever é necessariamente escrever, no sentido de reescrever[16]: como a passagem do escrito para o oral que o teatro faz, a passagem do oral ao escrito impõe, com a mudança de base, infidelidades que são sem dúvida a condição de uma verdadeira fidelidade. As antinomias bem conhecidas da literatura popular lembram que dar realmente a palavra àqueles que habitualmente não a têm, é apenas lhes dar a palavra tal qual. Existem as demoras, as repetições, as frases interrompidas e prolongadas por gestos, olhares, suspiros ou exclamações, há as digressões laboriosas, as ambiguidades que a transcrição desfaz inevitavelmente, as referências a situações concretas, acontecimentos ligados à história singular de uma cidade, de uma fábrica ou de uma família, etc. (e que o locutor lembra com tanto mais disposição quanto seu interlocutor lhe é familiar, isto é, mais familiar para todo seu meio familiar).

É, portanto, em nome do respeito devido ao autor que, paradoxalmente, foi preciso às vezes decidir por aliviar o texto de certos desdobramentos parasitas, de certas frases confusas, de redundâncias verbais ou de tiques de linguagem (os "bom" e os "né") que, mesmo sem eles dão seu colorido particular ao discurso oral e preenchem uma função eminente na comunicação, permitindo sustentar uma conversa esbaforida ou tomar o interlocutor como testemunha, baralhando e confundindo a transcrição ao ponto, em certos casos, de torná-la completamente ilegível para quem não ouviu o discurso original. Do mesmo modo, tomamos a liberdade de tirar da transcrição todas as declarações puramente informativas (sobre a origem social, os estudos, a profissão, etc.) todas as vezes que pudessem ser relatados, no estilo indireto, no texto introdutivo. Mas nunca se substituiu uma palavra por outra, nem se transformou a ordem das perguntas, ou o desenrolar da entrevista e todos os cortes foram assinalados.

---

15. Sabe-se por exemplo que a ironia, que nasce frequentemente de uma discordância intencional entre a simbólica corporal e a simbólica verbal, ou entre diferentes níveis de enunciação verbal, fica quase inevitavelmente perdida na transcrição. E o mesmo acontece com as ambiguidades, os duplos sentidos, as incertezas e indecisões, tão características da linguagem oral, que a escrita desvenda quase inevitavelmente, através sobretudo da pontuação. Mas há também toda a informação que está inscrita nos nomes próprios, que falam de imediato para os familiares do universo (e que foi preciso quase sempre fazer desaparecer para salvaguardar o anonimato dos pesquisados), nomes de pessoas, nomes de lugares, nomes de instituições, aos quais estão ligadas divisões estruturantes: é o caso da oposição entre o teatro refinado e o teatro popular que dá seu sentido à confusão, feita pela atriz, entre o nome de uma comediante popular e uma grande artista da tragédia clássica, verdadeiro lapso significativo pelo qual ela trai, para quem pode ouvi-la, toda a verdade de um fracasso ligado a uma má orientação inicial entre os dois caminhos.

16. Cf. ENCREVÉ, P. "Sa voix harmonieuse et voilée". *Hors Cadre*, 3, 1985, p. 42-51 (Uma transcrição integral (não fonética) de todas as entrevistas (em número de 182) foi feita, e arquivada, assim como as correspondentes gravações).

Graças à explicação, à concretização e à simbolização que elas realizam e que lhes conferem às vezes uma intensidade dramática e uma força emocional próxima da do texto literário, as entrevistas transcritas estão à altura de exercer um efeito de *revelação*, particularmente sobre os que compartilham tal ou qual de suas propriedades genéricas com o locutor. A modo das parábolas do discurso profético, permitem um equivalente mais acessível de análises conceituais complexas e abstratas: tornam sensíveis, inclusive através dos traços aparentemente mais singulares da enunciação (entonação, pronúncia, etc.), as estruturas objetivas que o trabalho científico se esforça para desprender.[17] Capazes de tocar e de comover, de falar à sensibilidade, sem sacrificar ao gosto do sensacional, podem levar junto as conversões do pensamento e do olhar, que são frequentemente a condição prévia da compreensão.

Mas a força emocional pode ter por contraparte a ambiguidade, até a confusão dos efeitos simbólicos. Podem-se relatar declarações racistas de tal maneira que aquele que as faz se torna compreensível sem por isso legitimar o racismo? Como dar razão de suas declarações sem se render às suas razões, sem lhe dar razão? Como, mais banalmente evocar, sem excitar o racismo de classe, o corte de cabelo de uma pequena empregada e comunicar, sem ratificá-la, a impressão que produz inevitavelmente ao olho acostumado aos cânones da estética legítima – impressão que faz parte de sua verdade mais inevitavelmente objetiva?

Vê-se que a intervenção do analista é tão difícil quanto necessária. Tomando a responsabilidade de *publicar* discursos que, enquanto tais, situam-se, como observa Benveniste, "numa situação pragmática que implica uma certa intenção de influenciar o interlocutor", ele se expõe a fazer-se o transmissor de sua eficácia simbólica; mas, sobretudo, arrisca-se a deixar jogar livremente o jogo da leitura, isto é, da construção espontânea, para não dizer selvagem, que faz cada leitor necessariamente submeter-se às coisas que lê. Jogo particularmente perigoso quando é aplicado a textos que não foram escritos e que não são, por isso, protegidos antecipadamente contra as leituras temidas ou recusadas e, sobretudo às afirmações feitas por locutores que estão longe de falar como livros e que, como as literaturas ditas populares, cuja "ingenuidade" ou "inépcia" são o produto do olhar cultivado, têm todas as chances de não encontrar graça aos olhos da maioria dos leitores, mesmo os mais bem intencionados.

---

17. O discurso da empregada da triagem postal diz bem mais, mesmo se ele diz também aquilo, que o que é dito, com toda a frieza abstrata da linguagem conceitual, numa análise da trajetória social dos empregados das províncias obrigados, muito amiúde, a pagar com um longo exílio parisiense o acesso à profissão ou a promoção na carreira: "São conhecidos, por exemplo, os constrangimentos em matéria de residência que implicam certas carreiras ou o acesso à profissão – por exemplo, cheques postais – onde as promoções são subordinadas a um exílio prolongado". BOURDIEU, P. *La Distinction*. Paris: Minuit, 1981, p. 136.

Escolher a não intervenção, com a preocupação de recusar toda limitação imposta à liberdade do leitor, seria esquecer que, o que quer que se faça, toda leitura já está, senão obrigada, pelo menos orientada por esquemas interpretativos. Pode-se assim verificar que os leitores desavisados leem os testemunhos como eles ouviriam as confidências de um amigo ou, melhor dizendo, as conversas (ou tagarelices) a respeito de terceiros, ocasião de se identificar, mas também de se diferenciar, de julgar, de condenar, de afirmar um consenso moral na reafirmação dos valores comuns. O ato político, de uma espécie muito particular, que consiste em tornar público, pela publicação, aquilo a que normalmente não se tem acesso, ou nunca, em todo caso, *sob esta forma*, se encontraria de algum modo desviado, e totalmente esvaziado de seu sentido.

Pareceu, pois, indispensável intervir na apresentação das transcrições, pelos títulos e subtítulos e principalmente pelo preâmbulo, encarregado de fornecer ao leitor o instrumento de uma leitura compreensiva, capaz de reproduzir a postura da qual o texto é o produto. O olhar prolongado e acolhedor que é necessário para se impregnar da necessidade singular de cada testemunho, e que se reserva comumente aos grandes textos literários ou filosóficos, pode-se também concedê-lo, por uma espécie de *democratização da postura hermenêutica*, às narrativas ordinárias de aventuras comuns. Deve-se, como ensinava Flaubert, aprender a olhar para Yvetot do jeito que olhamos para Constantinopla: aprender por exemplo a dar ao casamento de uma professora com um empregado dos correios a atenção e o interesse que se prestaria à narrativa literária de um casamento desigual e a dar às declarações de um operário metalúrgico o acolhimento fervoroso que certa tradição da leitura reserva às formas as mais altas da poesia ou da filosofia.[18]

Nós nos esforçamos, pois, para transmitir ao leitor os meios para lançar sobre as declarações que vai ler esse olhar que dá razão, que restitui ao pesquisado sua razão de ser e sua necessidade; ou, mais precisamente, de se situar no ponto do espaço social a partir do qual são tomadas todas as vistas do pesquisado sobre esse espaço, isto é, nesse lugar onde sua visão do mundo se torna evidente, necessária, *taken for granted*.

---

18. A recepção do discurso sociológico deve evidentemente muito ao fato que ele se refere ao presente imediato ou à "atualidade" – como jornalismo, ao qual, aliás, tudo opõe. Sabe-se que a hierarquia dos estudos históricos corresponde ao afastamento de seus objetos no tempo. E é certo que não se dará à transcrição de uma homilia do bispo de Creteil, também muito rica de sutilezas retóricas e de habilidades teológico-políticas, a mesma atenção que a um texto de Adalberão de Laon, escrito além disso em latim, e que se dará mais valor a uma declaração, sem dúvida apócrifa, de Olivier Lefèvre, fundador da dinastia dos Ornesson, que a uma entrevista jornalística do último de seus descendentes. Ninguém escapa à lógica do inconsciente acadêmico que orienta esta destruição *a priori* do respeito ou da indiferença e o sociólogo que terá tido êxito em superar nele mesmo essas prevenções terá sem dúvida tanto mais dificuldade em obter o mínimo de consideração exigível para os documentos que ele produz e para as análises que faz porque os diários e os hebdomadários estão cheios de testemunhos sensacionalistas sobre a angústia dos professores ou a cólera das enfermeiras que são melhor feitas, além disso, para dar satisfação a essa forma de boa vontade convencionada que se dá às boas causas.

Mas não há sem dúvida escrito mais perigoso que o texto no qual o escrevente público tem de acompanhar as mensagens que lhe foram confiadas. Forçado a um esforço constante para dominar conscientemente a relação entre o sujeito e o objeto da escrita ou, melhor, a distância que os separa, ele deve se esforçar pela objetividade da "enunciação histórica" que, segundo a alternativa de Benveniste, objetiva fatos sem intervenção do narrador, recusando a frieza distante do protocolo de caso clínico; visando fornecer todos os elementos necessários à percepção objetiva da pessoa interrogada, ele deve usar de todos os recursos da língua (como o estilo indireto livre ou o *como se* caros a Flaubert) para evitar estabelecer com ela a distância objetivante que a colocaria na berlinda ou, pior, no pelourinho. Isto, proibindo-se também da maneira mais categórica (é ainda uma das funções do *como se*) de se projetar indevidamente nesse *alter ego*, que fica sempre, quer se queira ou não, um objeto, para se fazer abusivamente o sujeito de sua visão do mundo.

O rigor, neste caso, reside no controle permanente do ponto de vista, que se afirma continuamente nos detalhes da escrita (no fato, por exemplo, de dizer *sua* escola, e não *a* escola), para marcar que o relato do que se passa no estabelecimento é formulado do ponto de vista do professor interrogado e não do analista). É nos detalhes desta espécie que, se eles não passam pura e simplesmente despercebidos, têm todas as chances de aparecer como simples elegâncias literárias ou facilidades jornalísticas, que afirmam continuamente o afastamento entre "a voz da pessoa" e "a voz da ciência", como diz Roland Barthes, e a recusa das passagens inconscientes de um a outro.[19]

O sociólogo não pode ignorar que é próprio de seu ponto de vista ser um ponto de vista sobre um ponto de vista. Ele não pode re-produzir o ponto de vista de seu objeto, e constituí-lo como tal, re-situando-o no espaço social, senão a partir deste ponto de vista muito singular (e, num sentido, muito privilegiado) onde deve se colocar para estar pronto a assumir (em pensamento) todos os pontos de vista possíveis. E é somente à medida que ele é capaz de se objetivar a si mesmo que pode, ficando no lugar que lhe é inexoravelmente destinado no mundo social, transportar-se em pensamento ao lugar onde se encontra seu objeto (que é também, ao mesmo em uma certa medida, um *alter ego*) e tomar assim seu ponto de vista, isto é, compreender que se estivesse, como se diz, no seu lugar, ele seria e pensaria, sem dúvida, como ele.

---

[19]. Esse controle constante do ponto de vista nunca é tão necessário e difícil como quando a distância social que é preciso superar é uma última diferença na proximidade. Assim por exemplo, no caso da professora cujas locuções favoritas ("eu culpo", "problemas de casais", etc.) podem ter um efeito ao mesmo tempo repulsivo e desrealizante, impedindo de sentir a realidade do drama que elas exprimem, seria muito fácil deixar funcionar as associações da polêmica cotidiana para caracterizar, caricaturando, uma vida e um modo de vida que só parecem tão intoleráveis porque teme-se de reconhecer neles os seus.

O interrogatório – Pierre Bourdieu e Gabrielle Balazs

As investigações administrativas, das quais analisamos aqui alguns exemplos, são interessantes sob vários aspectos. Em primeiro lugar porque elas dão livre curso a todos os efeitos que, salvo vigilância especial, correm o risco de pesar sobre toda relação de pesquisa e porque permitem assim medir *a contrario* a importância do esforço que se deve fazer na condução de uma entrevista, para neutralizar esses efeitos: é realmente um caso no qual, como diz John Gumperz, "apesar das aparências de igualdade, de reciprocidade e de cordialidade, os papéis dos participantes, isto é, o direito à palavra e a obrigação de responder, são predeterminados ou, pelo menos, são objeto de uma forte coação"[1]. Se a violência simbólica inerente à dissimetria entre os interlocutores muito inegavelmente providos de capital econômico e especialmente cultural pode ser exercida com tanta desinibição, é porque os agentes encarregados de conduzir o interrogatório se sentem delegados e autorizados pelo Estado, detentor do monopólio da violência simbólica legítima, e que eles são, a despeito de tudo, conhecidos e reconhecidos como tais. Prova disto é a resposta, digna de Kafka, daquela mulher que, submetida a um questionário muito extenso sobre sua saúde, espanta-se: "Até isto eles perguntam?", sugerindo que a pesquisa é só o instrumento de uma intenção elaborada em outro lugar, "no alto escalão".

A análise das gravações de algumas entrevistas feitas por um escritório de estudos (que nos perdoará sem dúvida por o deixarmos no anonimato) a pedido do Ministério da Pesquisa e da Tecnologia para avaliar a renda mínima (RMI), após três anos em execução, permite perceber o que separa o interrogatório burocrático das outras formas de interrogação do Estado, policial e judiciária principalmente, e o que há em comum com elas e, mais amplamente com todas as entrevistas burocráticas comuns.[2] Se bem que, diferentemente da investigação judiciária, e sobretudo da policial, ela se apresenta (e é vivida) como uma pesquisa científica, a pesquisa administrativa, estritamente determinada pelos fins burocráticos, é inteiramente dirigida pelas intenções normativas. Além disso, o momento da pesquisa (no mesmo ano em que a comissão nacional de avaliação do RMI deve enviar seu relatório ao primeiro ministro), o lugar de sua realização (os escritórios das prefeituras ou dos centros comunitários de ação social encarregados dos contratos), o conteúdo e a forma das perguntas, chegando a 300 para uma só entrevista formulada sem interrupção, frequentemente por dois pesquisadores

---

1. GUMPERZ, J. Engager la Conversation, Introduction à la sociolinguistique interactionelle. Paris: Minuit (*Le sens commun*), 1989, p. 15.

2. Agradecemos aqui, sem poder evidentemente fazê-lo nominalmente, à pessoa que nos forneceu e nos enviou estas gravações, para todas as informações sobre esta pesquisa remetemos à obra coletiva do MIRE (Mission interministérielle pour la recherche) e do Plan Urbain. *Le RMI à l'épreuve de faits: Territoire, insertion, société*. Paris: Ed. Syros Alternatives, 1991. Esta pesquisa deu lugar também a um colóquio, em 8 e 9 de novembro de 1991. Para as análises regionais, remete-se aos 13 relatórios do colóquio.

tudo incita os pesquisados a se sentirem na obrigação de provar a legitimidade de sua situação de beneficiários do RMI (como outros, para obter um abono, um estágio ou uma moradia, são obrigados a justificar sua identidade administrativa de "que procura emprego", de "desempregado cujos direitos estão no fim", de "jovem sem qualificação", de "pai sem arrimo", ou de "sem domicílio fixo").

A alternância entre perguntas frívolas ou irrisórias (relativamente, é certo, à situação e às preocupações das pessoas interrogadas: "Qual é o seu lazer preferido?") e perguntas capciosas feitas num tom amável ("É o trabalho declarado?" ou "Com o que você ocupa seus dias?") ou formuladas de modo irônico ("Vamos, vamos, aparentemente você não está com ar de doente...") confere à entrevista uma violência tanto mais injustificável porque, às vezes, é feita com toda inocência, com a consciência tranquila daquele que tem a dupla legitimidade da ordem científica e da ordem moral.

Não se acabaria de enumerar os pressupostos que estão inscritos, de algum modo, na própria estrutura da relação de pesquisa, quando, como aqui, a dissimetria inerente ao interrogatório burocrático encontra na e pela distância entre os recursos e disposições sociais do pesquisador e os do pesquisado as condições de sua plena realização. A relação de força é tal que o interrogador não tem por que se inquietar em saber se os problemas que ele (se) coloca, problemas de instituição, que não têm interesse senão para o órgão solicitador da pesquisa, se colocam também para a pessoa para a qual ele os coloca.

O postulado fundamental de troca está, sem dúvida, inscrito nesta imposição de problemática, baseada na universalização do interesse particular das burocracias. Mas isso não é tudo. O inquérito, conduzido na lógica da suspeita, trata o pesquisado como dissimulador e como simulador potencial que se deve pegar na armadilha. Além das perguntas como os RMIstas foram informados da existência do abono, sobre o que eles pensam da lei, sobre o item do orçamento doméstico ao qual se destina o RMI, há também todas aquelas que visam descobrir se o investigado não teria rendas não declaradas, se ele não disporia de outros recursos, se ele (ou antes ela, porque esta pergunta se dirige mais frequentemente às mulheres) viveria sozinho como ele (ou ela) afirmam, se ele não teria requerido ao RMI para conseguir um seguro social. Como pesa sobre a suspeita da trapaça interessada e da falta de civismo, lhe é perguntado se ele vota, como uma correção no mesmo instante, que se quer cúmplice: "Não estamos perguntando para quem!"

Nos três casos relatados aqui, o de mulher que deixou seu marido artesão depois da morte do filho, de vinte anos de idade, e que, com quase 50 anos, não tinha a experiência de um emprego assalariado, o de um pequeno comerciante de 59 anos que tinha um pequeno bar num bairro popular, até sua doença que o impediu de ficar de pé, e o de um jovem que trabalha em manutenção, antigo aprendiz educado por sua avó porteira, após a morte de sua mãe, a interrogação atinge a violência do interrogatório. Perturbadas, desorganizadas, estas vidas não entram nas categorias previstas pelo questionário padrão, concebido para suscitar respostas homogêneas e incapaz de captar a diversidade das situações que permitiriam levar a buscar um abono de sobrevivência. Os sinais de espanto, as censuras contidas e a condescendência, cuja forma suprema é sem dúvida a piedade, são igualmente manifestações dos pressupostos – ou dos preconceitos – constitutivos da visão burguesa ou pequeno-burguesa do mundo: eles comprometem todo um conjunto de postulados sobre a composição "adequada" de uma família, sobre os laços que se deve manter com ela, e sobre as "opções" escolares ou profissionais, que definem uma "carreira" digna desse nome.

Quando a mulher separada do marido e que perdeu o filho declara que renunciou a um emprego de um mês porque sua filha, estudante, acabou de ter um filho e que preferia ficar com ela, gostaria de ouvir dizer: "Seu instinto maternal foi mais forte!" Mas se vê censurada, além disso, pelo que a investigadora percebe como uma inversão dos papéis: "Como, sua filha sustenta a casa?" A uma jovem doméstica, mãe solteira, pergunta-se como numa dissertação: "O que é, para você, estar sozinha?" ou "Ver sua filha crescer é importante, para você?"

E que dizer dessa pergunta pseudo-analítica sobre as lembranças da infância, que se faz mecanicamente, apesar da resistência dos investigados a entrar nas confidências ou nas lembranças dolorosas? "Isso está tudo muito longe (...) eu não me lembro, responde por exemplo uma jovem doméstica que passou sua infância de lar em lar, sem conhecer seus pais. Ao passo que outros, como o jovem da manutenção, que perdeu a mãe quando era criança, responde com seu silêncio:

Investigador – Você pode me falar de sua infância?

Investigado – [Silêncio].

Investigador – O que é que você tem como lembrança desse período?

Investigado – [Silêncio].

Investigador – Você não tem lembranças?

Investigado – Sim.

Investigador – Você não quer falar?... Está bem.

Sem nunca ser completamente conscientes e cínicos, os investigadores, conduzidos por suas disposições de classe, entram numa relação ambígua, de assistência e de vigilância, de proteção e de suspeita, e uma análise mais sistemática de um grupo mais amplo permitiria, sem dúvida verificar que a composição da equipe de investigação segundo o sexo, idade, origem social e a situação profissional afeta muito diretamente à maneira de coletar os dados, e de interpretá-los. Deste modo, tal hipótese da investigadora a respeito da moradia não tem sentido senão por referência a uma definição tácita do que é tido por conveniente em seu universo para uma família de "pobres" como a da investigada: "É caro! Eu pensava que você morasse em... [hesitação], num sala-quarto!" A investigada é obrigada a explicar, como que para se desculpar, que agora que ela vive com sua filha e seu neto, este apartamento de quatro cômodos é pouco mais caro para ela, graças ao abono de moradia, do que o duas peças que ela ocupava antes.

Do mesmo modo, a investigadora pergunta ao pequeno comerciante que reside num bairro em reurbanização: "O que o senhor sente ao saber que sua casa vai ser demolida, que... [se corrigindo] que sua casa... (...) É uma casa, isto é, um pavilhão, ou é um apartamento? (...) E a casa é de seus pais? (...) É sempre o mesmo, faz quantos anos?" Mostrando sua visão normativa da taxa adequada de ocupação, ela se espanta, insistindo na cifra: "E o senhor vivia então, na época, em... seis nessa casa?" Depois ela conta novamente em voz alta: "Dois filhos, os pais e seus pais... Certo. E agora seus pais estão...? [silêncio, eles faleceram]. A investigadora, prosseguindo seu pensamento e seu cálculo, conclui, como que aliviada, que há mais espaço: "Então agora vocês são dois?"

A violência atinge sem dúvida seu ponto culminante quando a filosofia da ação que sustenta toda a interrogação, conduz a procurar nas intenções e nas razões o princípio de todas as ações de todos os agentes, considerados todos como donos de seu destino, e a tornar desse modo tacitamente os RMIstas os responsáveis por sua miséria. Os "Por quê?" que marcam as conversas sobre a perda do emprego, a separação do cônjuge, o abandono da escola, a saúde, o desemprego, fazem pensar que tudo o que acontece à pessoa interrogada foi o resultado de uma livre escolha. A uma doméstica que saiu da escola com 12 anos, pergunta-se por exemplo "por que ela o fez", especificando mesmo: "Foi porque você quis ou porque foi obrigada?" Eles postulam que cada um pode e deve conduzir sua carreira e sua vida ao bel-prazer.

Investigador 2 – [Retoma] E por qual razão você parou com o bar?

Investigador 1 – Doença...

Investigado – Porque eu não podia mais trabalhar.

Investigador 2 – Portanto por razão de saúde [O investigado acrescenta que "trabalhou 20 anos nos PTT e que parou"].

Investigador 1 – Então o motivo da suspensão desse trabalho é verdadeiramente sua mulher?

Investigado – É isso.

Investigador 1 – De outro modo você estaria trabalhando?

Investigado – Oh eu estaria aposentado... Ah não, não completamente.

Investigador 2 – [Perdido] O motivo da suspensão de qual trabalho?

Investigador 1 – Dos PTT.

Investigador 2 – Você parou por causa da sua mulher? Porque ela não...

Investigado – [Obrigado a repetir] Ela estava deprimida, ela não podia mais fazer seu trabalho, então...

Investigador 2 – [Repete] E qual era o trabalho dela?

Investigado – A contabilidade.

Investigador 1 – Então você decidiu: demissão.

Investigado – Oh sim...

Investigador 1 – E isso era bom para o senhor depois do...?

Investigado – Para minha mulher?

Investigador 1 – O bar?

Investigado – Não! Não, mas enfim... ela se acostuma. [Silêncio] E eu também.

Investigador 1 – Sim, isso mudou, hein.

Investigado – Com certeza.

Investigador 1 – Você fez pequenos biscates antes de entrar para os PTT?

Investigado – Sim! Primeiro era cabeleireiro. No meu primeiro trabalho eu era cabeleireiro.

Investigador 1 – [Tom admirado] Que currículo! [Elevando a voz] Você tinha seu CAP?

Investigado – Sim.

Investigador 1 – E você usou...?

Investigado – Não muito tempo porque eu não recebia. Quatro anos somente. Naquele tempo, cabeleireiro morria de fome.

Investigador 1 – Ah, sim?

Investigador 2 – Em que época? Que ano?

Investigado – Entre 45... [pensa] 45 a 49.

Investigador 1 – Que lição você tirou do trabalho de cabeleireiro, primeiro, depois do emprego de...

Investigado – Que aprende-se um trabalho e depois não serve para muita coisa. Depende dos trabalhos. Eu não queria jamais ser cabeleireiro.

Investigador 2 – Ah bom, por que você foi fazer isso?

Investigado – Porque... eu queria ser carpinteiro de navio. Na época, o médico – ele morreu, felizmente – me achou muito magro. Eu era magro.

Investigador 2 – [Tom de zombaria] Você não parece magro agora, você se recuperou...

Investigado – É isso, eu era mesmo muito pequeno para ser um carpinteiro. Eles queriam grande e gordo os... e depois... e depois me propuseram... precisava trabalhar também – depois da guerra, era duro.

Os `por que' repetidos convidam a uma reflexão retrospectiva sobre as intenções da ação e tendem assim a tornar a vítima responsável [também aos seus próprios olhos] por uma situação que se supõe ter desejado, pelo menos negativamente, ao se mostrar incapaz de a "segurar". Deste modo, a investigadora ironiza sobre o fato que o mesmo comerciante, cuja mulher, caixa do bar, continua a tomar conta dos papéis administrativos, não sabe se ele preencheu os papéis, se ele assinou o famoso "contrato de inserção" ("Para mim é grego") e ela então o chama à ordem.

Investigador 1 – E quando é que lhe pagaram?

Investigado – Dois ou três meses depois, eu acho, não sei exatamente; primeiro, eu não cuido disso, é minha mulher que cuida dos papéis.

Investigador 1 – Que cuida. E o senhor recebeu a quantia a partir de primeiro de janeiro ou...?

Investigado – Não, eu sei... eu não sei exatamente. Eu não cuido disso.

Investigador 1 – O senhor não sabe? [Tom de censura] o senhor sabe a quanto tem direito?

Investigado – Sim, 2300... 2300 [silêncio] e uns trocados talvez.

Investigador 2 – [O contrato de inserção] O senhor não sabe se o assinou ou não?

Investigado – Não sei.

719

Investigador 2 – De qualquer maneira foi o senhor que requereu o RMI, é o senhor que o recebe ou... é o senhor?

Investigado – Sim, sou eu.

Investigador 2 – Então é o senhor que deve ter assinado, normalmente...

Investigado – Eu não me lembro.

Investigador 1 – É em troca de um trabalho, portanto talvez o senhor não deveria se lembrar?

A discordância estrutural é geradora de mal-entendidos explícitos. Assim, a investigadora que não ouviu que o jovem da manutenção perdeu sua mãe quando tinha 12 anos, e que se preocupa mais com a regularidade dos laços familiares que com sua existência, pergunta se ele a vê sempre. "Ah, me desculpe", diz ela, enquanto ele marca um silêncio espantado. E quando o rapaz diz que não vê seu pai, ela deduz que ele está morto, quando ele vive no estrangeiro. Do mesmo modo, o comerciante que tem um filho adulto morando na casa paterna se confunde na resposta quando a investigadora lhe pergunta, com um tom de certeza, a respeito de seus filhos: "Que não vivem mais com o senhor, suponho?" "Não. Meu filho... vem à minha casa". "Ele vive na m...? Não! Ele vem?" "Ele vem à minha casa. Ele mora na minha casa, digamos".

Acontece também que a evidência absoluta de uma experiência de vida baseada no domínio do tempo (e do dinheiro) conduz a descasos que beiram o desprezo: assim, ao jovem da manutenção que conta numa mistura de amargura e de vergonha que ele "se deixou enganar", na época em que ele trabalhava sem carteira assinada, por um empregador que não pagou seu salário, a investigadora pergunta se ele conseguiu ser pago normalmente... E, um pouco depois, quando ele diz não ter encontrado nada na ANPE, ela lhe pergunta num tom frívolo: "O que você foi fazer na ANPE?" E toda distância entre duas situações, e as duas visões correspondentes do mundo, explode na resposta, cheia de condescendência protetora que a investigadora dirige, num tom amável, a uma empregada doméstica que se diz pouco à vontade para dizer qual o seu trabalho: "Não é desonroso. É um trabalho que todas as mamães conhecem."

Dois interrogatórios

Conservamos apenas dois estratos bastante longos que condensam todos os esquemas postos em prática num inquérito administrativo de controle. Solicitados, até intimados a revelar a situação de seus recursos e de sua saúde, sua maneira de viver, sua história familiar, sua intimidade, os RMIstas resistem seja pela brevidade de suas respostas, pela economia de palavras e pelo silêncio, seja, para os mais endurecidos, por diversas formas de encenação da miséria, sendo a mais frequente o discurso para o assistente social.

A suspeita

A investigada explica, um pouco mal à vontade, que ela acumulou os infortúnios: atingida pela depressão depois que seu filho morreu de câncer, quando tinha vinte anos, ela separou-se do marido artesão, e vive agora com sua filha, estudante, que acaba de ter um bebê [Ela veio, aliás, com o neto a quem dá a mamadeira durante a entrevista]. Como se fosse um pouco inconveniente ter tantos infortúnios, ela zomba de si mesma e ri ao lembrar um problema suplementar: sua saúde deteriorou-se, de fato, depois desses acontecimentos.

Falta tanto tato à investigadora que, perseguindo seu objetivo, tenta verificar em que momento apareceram as preocupações, para controlar se a requisição do RMI não foi feita por ocasião dos tratamentos, e para obter a cobertura social garantida pelo RMI. Ignorando as informações que a investigada lhe havia dado espontaneamente a propósito de sua depressão, de sua tentativa com a psicanálise, de sua doença do sistema imunológico, a investigadora desenvolve toda a parte médica do questionário.

Investigador – E você foi ao psicanalista por sua própria iniciativa?

Investigada – Sim.

Investigador – Fez análise ou...

Investigada – Não (...). Eu fiz durante dois meses.

Investigador – Depois da separação?

Investigada – Não, não, isso não tinha nada a ver... Enfim era tudo uma mistura. Havia a morte do meu filho, havia a separação, havia a situação de minha filha, eram muitas coisas. Muitas, muitas coisas.

Investigador – Você aprendeu alguma coisa dessa... Parece que isso a ajudou ou...?

Investigada – Eu creio que, talvez, para meu filho eu levei dois anos, eu acho, para compreender verdadeiramente as coisas. Nesse caso eu também teria levado algum tempo.

Eu levei algum tempo para compreender as coisas mas eu chegaria a isso sozinha. É isso, eu teria feito minha análise sozinha. Mas como havia um problema de saúde que se juntava a isso...

Investigador – Ah bom você tinha...

Investigada – Sim, um... [riso embaraçado] problema de saúde, era uma coisa também. Portanto, era muito urgente que alguém me... que algum outro tentasse me ajudar; mas isso me ajudou porque eu falei (...)

Investigador – Vamos falar de sua saúde, pois você me disse que tem problemas. Depois, a quanto tempo você tem...?

Investigada – Oh isso faz [suspiro]... 82, em 82 me examinaram porque eu tinha alergias, eu tinha eczemas, urticária, então e até 86 eu fiz todos os exames e o médico me disse: "Dona F. a senhora é alérgica a tudo, então a senhora toma isto e dê-se por satisfeita".

Investigador – O que era, um antialérgico?

Investigada – Não, não...

Investigador – Ah sim, você é alérgica a tudo!

Investigada – É isso, eu era alérgica a tudo. E depois um dia eu pensei, eu disse, bom, bem, a morte de Eric transtornou a todos e pode ser que o mal, que o sofrimento saia assim; e desde o dia em que eu compreendi isso, pouco a pouco foi embora.

Investigador – Sim, a senhora realmente fez a sua análise.

721

Investigada – Sim, eu fiz mas levei tempo para fazê-la. E depois eu não compreendia de jeito nenhum. E quando eu tive problemas com meu marido, enfim, problemas... de novo, recomeçou. Mas aí foi muito mais sério. E começaram todos os exames no hospital. Depois percebeu-se que havia um problema de imunidade, então eu tive uma doença auto-imunitária.

Investigador – E a senhora continua o tratamento?

Investigada – Sim.

Investigador – Você vai regularmente a...

Investigada – Sim, todos os meses. Eu tomo cortisona, já faz [em que mês estamos? estamos em outubro] isso deve fazer oito meses.

Investigador – E será que o fato de receber o RMI lhe permite também ter a cobertura social?

Investigada – Não era, não era realmente isso.

Investigador – Não, mas eu não sou policial, mas dentro da lógica, eu procuro as coisas lógicas, isto é, seu nome nunca aparecerá em lugar nenhum. Eu tento pensar em termos simplesmente de trajetória, porque isso corresponderia mais à cobertura social que à moradia.

Investigada – Não, quando requeri o RMI, as investigações não haviam sido feitas, quero dizer, a doença nem havia sido descoberta; providências oficiais não tinham sido tomadas. E isso só foi feito em abril, no mês de abril. Então como eu era beneficiária desde o mês de janeiro, quero dizer, nada foi feito... Mas devo reconhecer que agora com todo...

Investigador – São tratamentos caros?

Investigada – Os tratamentos não, mas os exames sim.

Investigador – Quer dizer, lhe fizeram exame de...

Investigada – Os exames, há as análises de plaquetas, enfim, durante um tempo era de dois em dois dias, de três em três dias, depois disso foi se espaçando pois se tinha estabilizado, depois disso foi toda semana, depois disso a cada duas semanas e agora a cada três semanas. E o tratamento vai acabar normalmente (...); mas houve exames dos olhos porque eu tomava um remédio enquanto que agora eu tomo cortisona (...) e depois a hospitalização também (...) no começo me hospitalizaram porque eles não sabiam o que era. Depois eles pensavam que fosse um vírus, depois disseram que era outra coisa e depois, depois eu fui hospitalizada porque as plaquetas tinham caído muito baixa, é isso (...).

Investigador – Sim, sobre a história do RMI, que permite enfim uma proteção social, o que é que você pode dizer sobre isso?

Investigada – Eu digo que é importante, que é muito importante.

Investigador – Sim, porque há efetivamente o aspecto financeiro, ajuda imediata, mas há também esse direito a ter cobertura.

Investigada – É verdadeiramente muito, muito, muito importante. Eu quero dizer que sendo desse modo é verdadeiramente de grande ajuda e uma grande preocupação a menos. Verdadeiramente uma grande preocupação a menos (...).

Investigador – [Retoma seu questionário] agora o que é que a senhora... a senhora dorme bem?

Investigada – Não [rindo, eleva a voz, admirada, insistindo sobre o isto]. Até isso eles perguntam?

Investigador – Sim... Você acorda de noite?

Investigada – Oh, sim [rindo]. Eu tenho insônia.

Investigador – Você toma pílulas para dormir?

Investigada – Não. No máximo [tranquilizantes].

Investigador – No entanto, você tem desejos? Desejos, prazeres. Não?

Investigada – [Ri]. Não.

Investigador – Você não tem vontade de nada? Você tem pensamentos sombrios?

Investigada – Não... Oh, algumas vezes mas não...

Investigador – De tempos em tempos...?

Investigada – De tempos em tempos.

Investigador – Você tem dificuldade de concentração?

Investigada – Sim.

Investigador – Um pouco, muito? Ou nada...

Investigada – Não, um pouco.

Investigador – Falta de memória?

Investigada – Bem, é a idade.

Investigador – E sintomas respiratórios, dificuldades de respirar, sufocações...?

Investigada – Sim, claro... Mas é da doença e às vezes há uma pequena depressão, é tudo.

O tribunal do bom senso

Duas investigadoras, uma jovem, outra um pouco mais idosa, voz aguda, estão diante de um pequeno comerciante, doente, próximo da idade da aposentadoria, que desistiu do comércio depois de uma intervenção cirúrgica, com a voz cansada, abatida.

Se a situação não fosse tão dolorosa [vê-se desde o início da entrevista, quando o investigado fala de sua "vergonha" em ser RMIsta: "quando se trabalhou uma vida inteira... chegar a isso... hein!"], poder-se-ia acreditar num caso cômico repetido voluntariamente encenado. Uma boa parte das perguntas é efetivamente feita duas vezes, uma primeira pela investigadora jovem (Investigador 1), depois pela responsável local da investigação (Investigador 2), que chegou mais tarde. As mesmas perguntas, a mesma admiração, os mesmos comentários e, enfim, a mesma incompreensão. Só no fim que o velho homem protesta por ter que "expor assim o seu currículo".

[...]

Investigador 1 – Como é que o senhor tomou conhecimento do RMI? Como o senhor ouviu falar dele?

Investigado – Por uns e outros. E depois um pouco por necessidade também.

Investigador 1 – Sim, como o senhor fez, como é que isso se passou para...?

Investigado – Eu fui me inscrever no emprego e...

Investigador 1 – No emprego, [traduzindo imediatamente para a linguagem institucional] quer dizer... o senhor esteve na ANPE?

Investigado – Sim, eu me inscrevi mas eu não procurava emprego. Na minha idade...

Investigador 1 – Qual é a sua idade, senhor?

Investigado – Eu vou fazer 60 anos. Em agosto eu terei essa idade. 59 digamos.

Investigador 1 – E quando se inscreveu na ANPE, o que é que o senhor era?

Investigado – Antes eu era comerciante.

Investigador 1 – Qual era o seu ramo de comércio?

Investigado – Um bar.

Investigador 1 – Voltemos à experiência profissional um pouco mais adiante [no questionário]; então o senhor esteve na ANPE, o senhor não tinha mais direito... de indenizações, nem nada, e aí... onde lhe falaram do RMI? Foi uma pessoa da ANPE, então?

Investigado – Sim.

Investigador 1 – Foi o senhor mesmo que esteve lá?

Investigado – Sim.

Investigador 1 – O que ela lhe... aconselhou?

Investigado – [Silêncio] Ela me disse que eu tinha direito a alguma coisa. Só isso.

Investigador 1 – O que o senhor sentiu quando recebeu o primeiro abono?

Investigado – [Muito baixo] Um sentimento de vergonha.

Investigador 1 – Por quê?

Investigado – Porque, quando se trabalhou a vida inteira... [muito baixo, num sopro]... chegar a isso...

Investigador 1 – [Surpresa] O senhor trabalhou a vida inteira e não tem direito a nada?

Investigado – Sim, mas dentro de um ano, eu só receberei minha aposentadoria em um ano.

Investigador 1 – Ah! É isso! A situação, nesse caso, é provisória...

Investigado – É isso.

Investigador 1 – Quando o senhor parou de trabalhar?

Investigado – Fim de 89, novembro de 89, fim de novembro de 89.

Investigador 1 – E por que o senhor parou?

Investigado – Porque eu não pude mais trabalhar.

Investigador 1 – O senhor estava...?

Investigado – Doente.

Investigador 1 – O senhor estava doente?

Investigado – Eu tinha problemas nas pernas, foi preciso me operar.

Investigador 1 – Espere, porque há uma coisa sobre a saúde [no questionário], eu vou passar diretamente para lá; então, o que o senhor sentia nas pernas?

Investigado – Um..., varizes, uma doença da circulação do sangue.

Investigador 1 – E atrás do balcão, o senhor ficava sempre de pé?

Investigado – É isso.

Investigador 1 – O senhor foi operado?

Investigado – Sim.

Investigador 1 – Quando?

Investigado – [Num sopro] Fim de abril. 28 de abril, eu acho. Não me lembro mais.

Investigador 1 – E o senhor ficou de cama?

Investigado – Sim.

Investigador 1 – Quanto tempo?

Investigado – Digamos uma dezena... uns dez dias.

Investigador 1 – E foi aí que o senhor decidiu parar? Foi depois dessa operação que o senhor decidiu...

Investigado – Ah bem, não, foi antes mesmo porque eu não podia mais.

Investigador 1 – Faz muito tempo que o senhor está parado?

Investigado – Parado, não. Eu parei de trabalhar porque eu não podia mais trabalhar. E isso, por Deus, os médicos me operaram mas... Bom, eu melhorei; mas não é isso, eu não tenho mais 30 anos, é isso.

Investigador 1 – [Tom informal de conversa] O senhor assinou um contrato de inserção?

Investigado – O que é? Essas palavras, para mim, são grego. Eu nunca me ocupei de papeladas... Eu sou completamente ignorante a esse respeito.

Investigador 1 – É sua mulher de fato que...

Investigado – É a minha secretária [riso].

Investigador 1 – Quer dizer, não o fizeram assinar o contrato pessoalmente, isto é, em troca do RMI, o Estado induz as pessoas a se inserir, quer dizer...

Investigado – Não, não.

Investigador 1 – O senhor não assinou?

Investigado – Não sei. Eu não me lembro.

Investigador 1 – O que o senhor acha dessa lei?

Investigado – É boa, mas... É boa.

[...]

Investigador 1 – [Levanta a voz] Então nós vamos começar pelos seus empregos, o último então é esse bar, o senhor trabalhou lá desde quando?

Investigado – Desde 74, sim 1974.

Investigador 1 – Então o senhor comprou o... (...) Como o senhor decidiu adquirir esse bar, como o senhor teve essa ideia?

Investigado – Oh bem, foi esquisito. Minha mulher era contadora e ela teve... Ela estava deprimida, ela precisava trocar de trabalho. Para fazer o quê? Eu estava nos PTT e tinha me demitido. E nós compramos um negócio. É isso.

Investigador 1 – O que o senhor fazia nos PTT?

Investigado – Eu era heliogravador. Antes eu trabalhava nas linhas e depois eu passei a heliogravador. Edição, difusão de plantas.

Investigador 1 – Sim, entendi. E antes o senhor era...

Investigador 2 – Bom dia, bom dia, senhor.

Investigador 1 – A senhora que cuida da investigação.

Investigador 2 – Eu... eu não pensei que o senhor já tinha começado... Não se descansa...

Investigador 1 – Começamos agora mesmo. Este senhor tinha um bar, mas acaba de parar de trabalhar lá, ele espera sua aposentadoria...

Investigado – Vai fazer um ano.

Investigador 2 – Onde era seu bar?

[Com um tom cansado, o homem cita o bairro popular onde ele trabalha e que ele já descreveu antes.]

Investigador 1 – O senhor foi à escola até que idade?

Investigado – 14 anos.

[...]

Investigador 1 – Então o senhor conseguiu seu CAP depois?

Investigado – Depois.

Investigador 1 – Sim. Então o senhor o recebeu, aos 16 anos, não?

Investigado – 16 anos e meio. Aos 16 anos e meio, eu tinha o CAP.

Investigador 1 – E na escola, foi tudo bem?

Investigado – Bem, eu não fui muito lá, porque havia a guerra e eu estava... como se diz... evacuado. Sim. Isto é, durante três anos e meio, quatro anos eu não fui à escola.

Investigador 2 – E onde o senhor esteve durante a guerra, então?

Investigado – Nos Pirineus.

Investigador 2 – Nos Pirineus? Com sua família...

Investigado – Não, não, não. Sozinho.

Investigador 1 – Sozinho?

Investigador 2 – Sim, enfim... Numa instituição?

Investigado – Numa fazenda.

[...]

Investigador 2 – ... E por que o senhor foi evacuado?

Investigado – Porque eu tinha medo. Quando a sirene tocava eu desmaiava.

Investigador 2 – Foram seus pais que decidiram isso?

Investigado – Bem, sim, foi o médico, não era normal.

Investigador 1 – E lá na fazenda, o senhor trabalhava?

Investigado – Sim. Aliás tudo isso me agradava.

Investigador 2 – Sim, isso lhe agradava, o senhor guarda uma boa lembrança da...?

Investigado – É, sim e não. Era tristonho.

[...]

Investigador 1 – Portanto a escola, é uma boa razão,... o senhor deixou aos 10 anos? O senhor deixou...?

Investigado – Na hora certa, eu deixei a escola quando era mais importante.

[...]

Investigador 1 – Bom. O contrato de inserção, o senhor não o assinou, eu acho, enfim...

Investigador 1 – [Explica] Sua mulher é a sua secretária.

Investigado – É minha mulher que se ocupa de tudo, eu nunca me ocupei dos papéis.

Investigador 2 – Eu não sei, eu não tenho o processo. O senhor não sabe se assinou ou não?

Investigado – Eu não sei.

Investigador 2 – De qualquer maneira foi o senhor que pediu o RMI, é o senhor que recebe ou... é o senhor?

Investigado – Sim, sou eu.

Investigador 2 – Então é o senhor que deve ter assinado, normalmente...

Investigado – Eu não me lembro.

Investigador 1 – É em troca de um trabalho, portanto o senhor deveria talvez ter se lembrado disso?

Investigador 2 – Ou de um estágio?

Investigado – Não, eu não fiz estágio.

Investigador 1 – Propuseram-lhe um estágio?

Investigado – Não. Há jovens que estão esperando... Eu não vou...

Investigador 1 – [Folheia as páginas, retoma mais atrás] Cabeleireiro, quatro anos, depois o senhor entrou para os PTT ou...?

Investigado – Não, não diretamente, eu fiz biscates, a torto e a direito. Era preciso trabalhar. Eu voltei para os PTT.

Investigador 1 – O senhor tinha parado, o senhor tinha seu salão, não...?

Investigado – Não, não, não.

Investigador 1 – O senhor trabalhou num cabeleireiro...

Investigado – Como empregado...

Investigador 1 – Empregado, sim, e o senhor parou, o senhor fez biscates ou, quer dizer, o senhor fez pequenos trabalhos...

Investigado – De uma fábrica a outra. Eu sempre trabalhei. Eu ia onde houvesse dinheiro a ganhar, é tudo.

Investigador 2 – E sua aposentadoria ainda demora quanto tempo?

Investigado – Dez meses [longo silêncio].

Investigador 2 – E enquanto espera, como o senhor se ocupa, o senhor faz pequenos biscates...

Investigado – Não. Não, não. Eu saio, vou à casa de minha irmã, ela vendeu sua casa, faço pequenos trabalhos no jardim, eu me ocupo, digamos.

Investigador 2 – [Assume um tom tranquilizador, querendo dizer que ele pode falar do trabalho sem carteira assinada à vontade] Porque nós, nós não temos nada a ver com a assistência social, nós não estamos aqui para... o senhor compreendeu bem, nós não somos...

Investigado – Sim, ela me explicou, a senhora [a investigadora 1]. A senhora me explicou...

Investigador 2 – ... para... Se o senhor faz pequenos biscates, isso nos interessa, se o senhor quer saber, num plano mais científico de saber qual é o peso dos pequenos trabalhos, então o senhor poderá nos dizer, nós não vamos contar...

Investigado – Não, não, não, não. Nenhum trabalho sem carteira assinada.

Investigador 2 – Não, porque o senhor poderia eventualmente, o senhor é... o senhor aparentemente não tem nenhum problema de saúde...

Investigado – Sim, as pernas. Agora isto é ruim para mim.

Investigador 1 – Então o senhor vai cuidar do jardim? [Como se se tratasse de uma coisa imprópria].

Investigado – Cuidar do jardim... Eu me ocupo, é verdade.

Investigador 2 – Como o senhor se ocupa, seu dia ou...? Além de vir nos ver, mas isso não é sempre!

Investigado – Eu trato do jardim, eu leio, eu... Eu ando, eu devo andar, eu ando. Não é brincadeira.

Investigador 2 – Era a casa de seus pais...?

Investigado – De meus pais.

Investigador 2 – É raro hoje em dia ver pessoas que são...

Investigado – Além disso vão demolir a casa para a gente ser realojado 200 metros mais adiante. Veja bem, não é uma pena porque é um pouco... (...).

Investigador 2 – E o que acontece ao saber que a casa vai ser demolida, que [hesitação, se refaz] sua casa...

Investigado – Há um ano que eu já sei. Isso me deixou doente. Eu fiquei doente. E depois, agora, no fundo, eu estou contente, eu vou morar num lugar novo. Porque aqui, são remendos.

Investigador 2 – Será que o fato de saber que a casa de seus pais seria demolida, pois é a casa da família, teve influência no seu trabalho, o que o senhor acha?

Investigado – Não, não, não [longo silêncio].

Investigador 1 – É uma casa, isto é, é um pequeno pavilhão? Ou é um apartamento?

Investigado – Não, é uma barraca. Geminada.

Investigador 1 – E seus pais moraram com o senhor?

Investigado – Eu sempre morei com meus pais.

Investigador 1 – Ah sim?

Investigado – Eu me casei, eu voltei para casa.

Investigador 1 – Havia bastante lugar?

Investigado – Sim.

Investigador 2 – E o senhor não tinha... O senhor tinha filhos?

Investigado – Uma filha que tem 37 anos e um filho de 36.

Investigador 2 – [Tom de certeza] Que não vivem mais com o senhor, eu suponho?

Investigado – Não. Meu filho... Ele vem em casa.

Investigador 2 – ele vive na m... não, ele vem?

Investigado – Ele vem à casa. O domicílio dele é comigo, digamos.

Investigador 1 – Seu filho trabalha, não?

Investigado – Sim! Ele está nos PTT.

Investigador 1 – Ele está nos PTT, ele... [silêncio]. E sua filha?

Investigado – Minha filha não trabalha.

Investigador 1 – Ela é casada?

Investigado – Ah, sim, agora ela trabalha. Ela trabalha... Ela está se divorciando, ela está...

Investigador 2 – [Rindo] Isso não é um trabalho...!

Investigado – Não, ela trabalha, onde é que ela trabalha? No liceu, liceu... do lado das Allées, lá, eu não sei, há um liceu?

Investigador 1 – Num liceu, ela é inspetora ou...?

Investigado – Sim, eu não sei, ela inicia os garotos à... [repete] ela inicia... será possível! Oh, eu não vou encontrar o nome...! Tem informática.

Investigador 1 – [Manifestando seu espanto] Ah sim! Ela lida com informática.

Investigado – Sim, ela tirou algum diploma mas não num alto nível, eu não acho, ela fez um estágio...

Investigador 1 – [Tom surpreso] Ah sim! [...]

Investigado – Meu filho também, ele é... ele não está vivendo em família, mas é como se estivesse.

Investigador 2 – Ele vive [destaca cada sílaba] maritalmente. Como se diz.

Investigado – Vive maritalmente, é isso.

Investigador 2 – [Rindo] Como dizem os burocratas.

Investigador 1 – E a casa ela é de seus pais, ela é de...

Investigado – Ah não, não, não, é dos HLM.

Investigador 1 – E é sempre o mesmo, desde quantos anos?

Investigado – Desde 1930. Eu nasci em 31.

Investigador 1 – E vocês viviam, então naquela época... em seis nessa casa?

Investigado – Sim.

Investigador 1 – Duas crianças, os pais e seus pais... Certo. E agora seus pais estão...

Investigado – [Silêncio] Faleceram.

Investigador 1 – Então agora vocês são dois.

Investigado – Sim, somos dois.

Investigador 1 – Há muitos, é de que tamanho?

Investigado – Três quartos [...].

Investigador 1 – Sim... há todo o conforto na sua casa?

Investigado – Não mais. Está velha, é... além disso eu não faço mais nada, eu queria forrar as paredes, eu não posso mais subir a escada, de qualquer maneira vamos deixar ficar, durante um ano vamos viver assim.

Investigador 1 – Como passou sua infância, o senhor morava...

Investigado – Muito bem.

Investigador 1 – O senhor morava, então... O senhor tem irmãos e irmãs?

Investigado – Sim.

Investigador 1 – Quantos?

Investigado – Nós éramos cinco garotos e uma menina. Dois morreram, os dois mais velhos morreram.

Investigador 1 – Eles morreram quando eram jovens, crianças, ou...

Investigado – Não, um com 44 anos e outro com 50...

Investigador 1 – Entendi, então vocês eram uma família de seis...

Investigado – Eu era o mais novo dos meninos.

Investigador 1 – Vocês viviam naquela casa...

Investigado – Sim, lá era muito pequeno, em compensação.

Investigador 1 – [Em coro] Lá era muito pequeno.

Investigador 2 – Lá, sim, isso deveria ser... e o senhor viveu...

Investigado – Sim.

Investigador 2 – [Tranquilizadora] Nós dizemos que nos falta espaço, mas na época, havia muita gente que vivia ainda...

[...]

Investigador 1 – [Tom sério] Houve algum acontecimento particular na sua infância que desempenhou um papel importante, será que o senhor se lembra de alguma coisa marcante...?

Investigado – A guerra... a guerra, em primeiro lugar.

Investigador 2 – É uma boa parte.

Investigador 1 – A guerra, seus desmaios...

Investigado – Sim, mas isso não significava nada. Meu irmão deportado, houve muitas coisas enfim... [mostra que não quer falar mais no assunto] foi há muito tempo, agora não se pensa mais nisso.

Investigador 2 – E o que morreu com 44 anos foi deportado?

Investigado – Sim, ele morreu do coração, ele era cardíaco.

Investigador 2 – Sim, mas enfim será que...?

Investigado – Não, não foi disso.

Investigador 2 – [Tom compadecido] Não, porque os deportados foram privados de tudo...

Investigado – Sim, sim. Mas enfim o motivo não foi esse. Desde jovem ele já era doente do coração.

Investigador 2 – Ah sim, Entendi. Isso não ajudou nada [silêncio].

Investigado – Isso não o ajudou em nada.

Investigador 1 – E o senhor tem lembranças de sua infância, de sua família, de seus pais, o que eles faziam? Seu pai era...

Investigado – Meu pai trabalhava no porto. E minha mãe em casa. Eu a conheci em casa.

Investigador 1 – Ele trabalhava em que, no porto?

Investigado – Era contramestre.

Investigador 1 – O senhor tinha... bem... como iam financeiramente?

Investigado – Ah sim! Sim... com certeza, não se nadava em ouro, mas havia tudo que se precisava.

Investigador 1 – É uma família unida?

Investigado – Muito [Silêncio].

Investigador 1 – E o senhor vê os seus irmãos e irmãs?

Investigado – Sim, sim.

Investigador 1 – Sim, regularmente?

Investigado – Sim, nós nos vemos.

Investigador 1 – E o senhor os recebe na sua casa, o senhor vai à casa deles ou...?

Investigado – Eu vou à casa deles, eu não os recebo agora porque a casa não está em boas condições, eu não os recebo. Mas nós nos vemos.

Investigador 1 – Na casa deles então? E, bom, o senhor sai frequentemente de seu bairro ou...?

Investigado – Não. Digamos que agora eu vivo como os velhos.

Investigador 1 – O senhor sai quantas vezes? Uma vez por semana?

Investigado – Não, eu não saio. Não, eu não saio. Quer dizer, espetáculos, coisas do gênero? Não... Nunca mais.

Investigador 2 – [Tom meloso] Qual é o seu lazer preferido?

Investigado – É a pesca. A pesca e a caça. E o futebol também... Agora eu olho os outros...

[...]

Investigador 1 – E o senhor nunca teve contato com os agentes sociais?

Investigado – Nunca.

Investigador 1 – Ninguém teve problema, em sua família?

Investigador 2 – É justamente quando o senhor teve de pedir o RMI então?

Investigado – Sim. Enfim eu não o teria requerido, eu não sabia que... isso existia.

Investigador 1 – É a ANPE, na ANPE o senhor me disse?

Investigado – Deve ser na ANPE, sim.

Investigador 2 – Foram eles que o aconselharam?

Investigado – Sim.

Investigador 2 – [Meloso] E o senhor preencheria as condições de recebimento dos recursos?

Investigado – Sim, porque eu não tenho recursos.

Investigador 2 – Há quanto tempo o senhor está nessa situação?

Investigado – Desde novembro do ano passado, 89, digamos.

Investigador 2 – [Retoma uma pergunta já feita] E por que o bar que o senhor tinha... o bar, foi seu último trabalho, não?

Investigado – Sim, sim, sim.

Investigador 2 – Por que motivo...?

Investigado – Porque eu não podia mais trabalhar.

Investigador 2 – Ah! Entendi, foi por razões de saúde.

[O investigado conta a venda do bar, que não foi fácil, o café estando num bairro popular. As investigadoras comparam o estilo do bar aos cafés chiques da cidade.]

Investigador 1 – E o senhor conhecia as pessoas... O RMI, o senhor não ouviu falar muito dele, é verdade?

Investigado – Não, aliás, eu não falo mais dele.

Investigador 1 – Sim, o senhor não fala mais?

Investigado – Não, de jeito nenhum.

Investigador 2 – O que é que o senhor pensa do RMI, da lei sobre o RMI?

Investigado – É bom mas... Não deveria existir.

Investigador 2 – Como?

Investigado – Eu não sei. Tem-se a impressão, pelo menos eu pessoalmente, isso me incomoda muito.

Investigador 2 – Não mas isso é importante, o que o senhor me dizia... um pouco...

Investigado – Mas eu quase tenho vergonha, eu já lhes disse antes. Tem gente, faz alguns anos que eles se aproveitam disso e... é bom para as pessoas idosas. Que se as ajude [como se falasse para ele mesmo]. Mas se falta trabalho, os jovens não podem inventar o trabalho...

Investigador 2 – O senhor tem um pouco de vergonha. Por quê? O senhor poderia me explicar um pouco...

Investigado – Mas eu não sei! Porque depois de ter trabalhado, eu não deveria precisar disso.

Investigador 2 – O senhor acha que tendo trabalhado toda a sua vida...

Investigado – Sim, é isso, sim. Contar sua vida e tudo... Não, não concordo com isto.

Investigador 2 – [Escandalizada] Ah não, mas o senhor não é obrigado!

Investigado – Não, de acordo, mas enfim fala-se...

Investigador 2 – Para o senhor entender melhor, nós estamos um pouco desligadas do RMI local.

Investigado – Em qualquer lugar que seja, em todo lugar, deve-se mostrar o curriculum.

Investigador 2 – [Tom exausto] Sim, em toda parte, que sejam assistentes sociais, em toda parte, na ANPE...

Investigado – É isso!

Investigador 2 – ... Deve-se mostrar... Isso lhe desagrada...

Investigado – Ah sim enormemente! Mesmo de ter de vir aqui...

Investigador 2 – Então nós vamos lhe agradecer duplamente nesse caso... [Risos] porque isso nos ajuda...

Investigador 1 – Outro tanto mais, podemos lhe dizer, os homens quase nunca vêm ao nosso encontro.

Investigado – Sim? Ah bom?

Investigador 1 – As mulheres vêm muito, mas os homens, eles têm mais o que fazer ou então,... eu não sei.

Investigado – Olha, honestamente, se eu soubesse, talvez não tivesse vindo. Foi minha mulher que...

Investigador 1 – Oh nós não somos más! [Risos]

Investigado – Certo, mas enfim... é um pouco constrangedor.

Investigador 2 – [Untuosa] O senhor sabe, eu compreendo que efetivamente o senhor vive um pouco incomodado...

Investigado – No entanto, a gente tem um pouco de orgulho.

Investigador 2 – Sim, perfeitamente, eu compreendo que o senhor vive aborrecido, isto dito para nós, nós vemos muito...

Investigado – Para a senhora não muda nada. Sim, isto eu compreendo, certo.

Investigador 1 – Sim e aliás para nós, nós fazemos nosso trabalho, por isso quanto mais elementos... Aliás ao mesmo tempo é um contato...

Investigado – Sim, certo, eu compreendo.

Investigador 2 – Pode ser que se precise ter efetivamente materiais... como a senhora [a primeira investigadora] deve ter lhe explicado o motivo de...

Investigado – Sim...

Investigador 2 – [Encontra enfim um argumento] O senhor participa de uma pesquisa científica. O senhor compreende? [Risadas].

Investigado – Está muito bem. Eu servi para alguma coisa.

Investigador 2 – [Riso] Um pequeno elo da grande corrente...

Investigado – Um elo muito pequeno então.

Investigador 2 – Não, são os pequenos elos que fazem as grandes correntes. (...) De outro modo, o senhor acha que é verdadeiramente muito incômodo cada vez, ser obrigado a repetir...

Investigado – Ah sim, sim!

Investigador 1 – Contar sua vida?

Investigado – Ah sim. Sim, sim,... É muito desagradável.

Pierre Bourdieu

Pós-escrito

O mundo político fechou-se pouco a pouco sobre si, sobre suas rivalidades internas, seus problemas e seus riscos próprios. Como os grandes tribunos, os políticos capazes de compreender e de exprimir as expectativas e as reivindicações de seus eleitores tornam-se cada vez mais raros e estão longe de estar no primeiro plano em suas formações. Os futuros dirigentes são designados nos debates de televisão ou nos conclaves. Os governantes são prisioneiros de um ambiente tranquilizante de jovens tecnocratas que frequentemente ignoram quase toda a vida cotidiana de seus concidadãos e a quem ninguém recorda sua ignorância. Os jornalistas, submetidos às exigências que as pressões ou as censuras de poderes internos e externos fazem pesar sobre eles, e sobretudo a concorrência, portanto a urgência, que jamais favoreceu a reflexão, propõem muitas vezes, sobre os problemas mais candentes, descrições e análises apressadas, e amiúde imprudentes; e o efeito que produzem, tanto no universo intelectual como no universo político, é ainda mais pernicioso, às vezes, porque estão em condição de se fazer valer mutuamente e de controlar a circulação dos discursos concorrentes, como os da ciência social. Restam os intelectuais, cujo silêncio se deplora. Ora, existem os que não param de falar, muitas vezes "cedo demais", sobre a imigração, sobre a política habitacional, sobre as relações de trabalho, sobre a burocracia, sobre o mundo político, mas para dizer coisas que não se querem ouvir, e na linguagem deles que não se entende. Prefere-se definitivamente dar ouvidos, a todo transe, e não sem algum desprezo, aos que falam a torto e a direito, sem se preocupar demais com os efeitos que podem produzir afirmações mal pensadas a perguntas mal feitas.

No entanto estão aí todos os sinais de todos os mal-entendidos que, na falta de encontrar sua expressão legítima no mundo político, às vezes se reconhecem nos delírios da xenofobia e do racismo. Mal-estares inexpressos e muitas vezes inexprimíveis, e as organizações políticas, que dispõem para pensar sobre eles apenas da categoria superada do "social", não podem perceber nem, com razão mais forte, assumir. Elas não poderiam fazer isso senão sob a condição de alargar a visão estreita do "político" que herdaram do passado e inscrever aí não somente todas as reivindicações não imagináveis que foram levadas ao público pelos movimentos ecológicos, anti-racistas ou feministas (entre outros), mas também todas as expectativas e as esperanças difusas que, porque geralmente tocam a ideia que as pessoas fazem de sua identidade e de sua dignidade, parecem depender da ordem do privado e por isso estar legitimamente excluídas dos debates políticos.

Uma política realmente democrática deve obter os meios de escapar da alternativa da arrogância tecnocrática que pretende fazer a felicidade dos homens apesar deles e da renúncia demagógica que aceita tal qual a sanção da demanda, quer se manifeste através das pesquisas de mercado, dos pontos da audiência ou dos índices de popularidade. Os progressos da "tecnologia social" são bem conhecidos num sentido: a demanda aparente, atual ou fácil de atualizar. Mas se a ciência social pode lembrar os limites de uma técnica que, como a sondagem, simples meio ao serviço de todos os fins possíveis, corre o risco de se tornar um instrumento cego de uma forma racionalizada de demagogia, não pode, por si só, combater a inclinação dos políticos a satisfazer a demanda superficial para garantir seu sucesso, fazendo da política uma forma mal disfarçada de marketing.

A política foi frequentemente comparada com a medicina. E basta reler a "Coleção hipocrática", como o fez recentemente Emmanuel Terray, para descobrir que, igual ao médico, o político consequente não pode se contentar com informações fornecidas pelas gravações de declarações que, em mais de um caso, são literalmente produzidas por uma interrogação inconsciente de seus efeitos: "O registro cego de sintomas e confidências de doentes está ao alcance de todo o mundo: se isso bastasse para intervir eficazmente, não haveria necessidade de médicos"[1]. O médico deve procurar descobrir as doenças não evidentes, isto é, exatamente aquelas que o médico prático não pode "ver com os olhos nem ouvir com os ouvidos": realmente, as queixas dos pacientes são vagas e incertas; os sinais dados pelo próprio corpo são obscuros e não tomam sentido senão muito lentamente, e geralmente depois de acontecido. Por isso é preciso pedir ao raciocínio (*logismos*) a revelação das causas estruturais que as palavras e os sinais aparentes não desvelam a não ser velando-os.

Portanto, antecipando as lições da epistemologia moderna, a medicina grega afirmava de partida a necessidade de construir o objeto da ciência por uma ruptura com o que Durkheim chamava as "pré-noções", isto é, as representações que os agentes sociais fazem de seu estado. E como a medicina nascente devia contar com a concorrência desleal de adivinhos, magos, feiticeiros, charlatães ou dos

---

1. TERRAY, E. *La politique dans la caverne*. Paris: Seuil, 1990, p. 92-93.

"fabricantes de hipóteses", a ciência social hoje se defronta com todos os que se vangloriam de interpretar os sinais mais visíveis do mal-estar social, por exemplo, o uso de um lenço imediatamente designado como "véu muçulmano"; a todos esses "semi-hábeis" que, armados de seu "bom senso" e de sua pretensão, se precipitam aos jornais e diante das câmaras para dizer o que é um mundo social que eles não têm nenhum meio eficaz de conhecer ou de compreender.

A verdadeira medicina, sempre segundo a tradição hipocrática, começa com o conhecimento das doenças invisíveis, isto é, dos fatos que o doente não conta, dos quais não tem consciência ou que esquece de relatar. Acontece o mesmo com uma ciência social preocupada em conhecer e compreender as verdadeiras causas do mal-estar que só aparece com clareza através de sinais sociais difíceis de interpretar porque são aparentemente evidentes demais. Penso no desencadeamento da violência gratuita nos estádios e em outros lugares, nos crimes racistas ou nos sucessos eleitorais dos profetas da calamidade, diligentes em explorar e amplificar as expressões mais primitivas do sofrimento moral que são gerados, tanto e mais que pela miséria e a "violência inerte" das estruturas econômicas e sociais, por todas as pequenas misérias e as violências brandas da vida cotidiana.

Para ir além das manifestações aparentes, a propósito das quais se engalfinham aqueles que Platão chamava de doxósofos, "técnicos de opinião que se julgam sábios", sábios aparentes da aparência, é preciso evidentemente remontar aos verdadeiros determinantes econômicos e sociais dos inumeráveis atentados contra a liberdade das pessoas, contra sua legítima aspiração à felicidade e à autorrealização, que hoje exercem não somente as leis impiedosas do mercado de trabalho ou de moradia, mas também os veredictos do mercado escolar, ou as sanções abertas ou as agressões insidiosas da vida profissional. Para isso é preciso atravessar a tela das projeções geralmente absurdas, às vezes odiosas, atrás das quais o mal-estar ou o sofrimento se escondem tanto quanto se expressam.

Levar à consciência os mecanismos que tornam a vida dolorosa, inviável até, não é neutralizá-las; explicar as contradições não é resolvê-las. Mas, por mais cético que se possa ser sobre a eficácia social da mensagem sociológica, não se pode anular o efeito que ela pode exercer ao permitir aos que sofrem que descubram a possibilidade de atribuir seu sofrimento a causas sociais e assim se sentirem desculpados; e fazendo conhecer amplamente a origem social, coletivamente oculta, da infelicidade sob todas as suas formas, inclusive as mais íntimas e as mais secretas.

Esta contratação, apesar das aparências, não tem nada de desesperador. O que o mundo social fez, o mundo social pode, armado deste saber, desfazer. Em todo caso é certo que nada é menos inocente que o *laisser-faire*: se é verdade que a maioria dos mecanismos econômicos e sociais que estão no princípio dos sofrimentos mais cruéis, sobretudo os que regulam o mercado de trabalho e o mercado escolar, não são fáceis de serem parados ou modificados, segue-se que toda política que não tira plenamente partido das possibilidades, por reduzidas que sejam, que são oferecidas à ação, e que a ciência pode ajudar a descobrir, pode ser considerada como culpada de não assistência à pessoa em perigo.

Embora sua eficácia, e por isso sua responsabilidade, sejam menores e em todo caso menos diretas, acontece o mesmo com todas as filosofias hoje triunfantes que, geralmente em nome dos costumes tirânicos que podem ter sido feitos da referência à ciência e à razão, visam invalidar toda intervenção da razão científica em política: a alternativa da ciência não é entre a desmedida totalizadora de um racionalismo dogmático e a renúncia esteta de um irracionalismo niilista; ela se satisfaz com verdades parciais e provisórias que ela pode conquistar contra a visão comum e contra a doxa intelectual e que estão em condições de fornecer os únicos meios racionais de utilizar plenamente as margens de manobra deixadas para a liberdade, isto é, para a ação política.

Anexos

1. Abreviaturas utilizadas

AFP – Agência France Presse

AG – Assembleia Geral

Anpe – Agence nationale pour l'emploi (Agência nacional de emprego)

Assedic – Association pour l'emploi dans l'industrie et le commerce (Associação para o emprego e o seguro-desemprego)

BEP – Brevet d'études professionelles (Diploma de curso profissionalizante, de três anos)

BRB – Brigada de repressão ao banditismo

BTS – Brevet de technicien supérieur (Diploma de técnico superior)

CAF – Caisse d'allocations familiales (Caixa de abonos familiares)

CAP – Certificado de aptidão profissional

CGT – Confederação geral do trabalho

CHSCT – Comité d'hygiène et sécurité (Comissão de higiene e segurança)

CNL – Confédération nationale des locataires (Confederação nacional dos inquilinos)

CRS – Companhia republicana de segurança

CSCV – Confédération syndicale du cadre de vie (Confederação sindical para a qualidade de vida)

DDAS – Direção departamental de ação sanitária e social

DDE – Direção departamental do equipamento

Deug – Diploma de estudos universitários gerais

DP – Délégué du personnel (Representante da categoria)

DPJ – Divisão de polícia judiciária

DSQ – Développement social de quartier (Desenvolvimento social de bairro)

EDF – Electricité de France (Companhia elétrica francesa)

ENA – Escola nacional de administração

ENM – Escola normal de magistratura

HC1 – Habillge-caisse 1 (Nova fábrica montadora de carros)

HLM – Habitations à loyer moderé (conjuntos habitacionais para aluguel moderado)

JAC – Juventude agrária católica

JOC – Juventude operária católica

LEP – Lycée d'enseignement professionel (Escola profissionalizante)

OPJ – Oficial de polícia judiciária

OS – Ouvrier spécialisé (Trabalhador formado para ser operário)

PTT – Empresa de correios, telégrafo e telefone

RATP – Régie autonome des transports parisiens (Companhia de transportes parisiense)

RG – Reseignements généraux (Serviço geral de informação)

RMI – Revenu minimum d'insertion (Programa de renda mínima)

SMI – Setor do antigo acabamento na fábrica Peugeot

SMIG – Salaire minimum interprofessionnel garanti (Salário mínimo)

SNCF – Société nationale des chemins de fer français (Companhia de estradas de ferro)

TIG – Travail díntérêt général (Trabalho de interesse geral)

TVA – Taxe à valeur ajoutée (Imposto sobre mercadoria)

US – Carro da Peugeot destinado para exportação aos EE.UU.

ZEP – Zone d'éducation prioritaire (Zona de educação prioritária)

ZUP – Zone à urbanizer em priorité (Zona de urbanização prioritária)

2. Quadro comparativo dos sistemas de ensino – Brasil/França

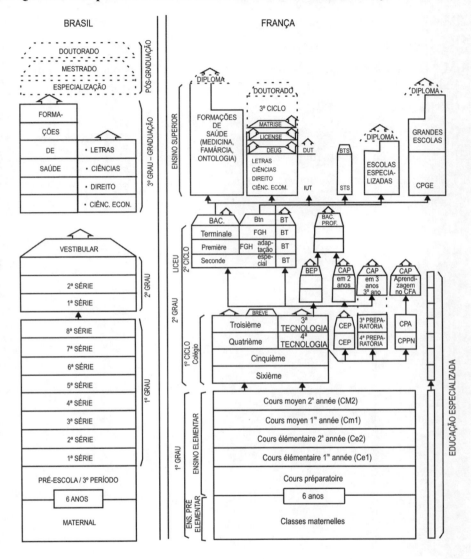

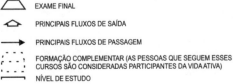

Índices

1. Índice dos autores

Acardo, Alain, 595-599

Balazs, Gabrielle, 117-119, 125-126, 247-248, 415-416, 569-570, 683-685

Beaud, Stéphane, 309-320

Bourdieu, Emmanuel, 621-625

Bourdieu, Pierre, 9-10, 11-13, 15-23, 81-85, 159-166, 215-223, 225-227, 243-245, 247-248, 365-369, 415-416, 425-427, 437-441, 481-486, 487-490, 587-593, 693-713, 733-736

Bourgois, Philippe, 203-207

Broccolichi, Sylvain, 505-514, 523-529, 563-564

Champagne, Patrick, 63-79, 103-108, 139-145, 255-262, 451-456, 481-486

Christin, Rosine, 53-58, 339-342, 349-353, 355-357, 407-413, 533-538, 559-562

Fager, Jean-Pierre, 637-640

Garcia, Sandrine, 389-393

Lenoir, Remi, 267-272, 273-277, 289-294

Oeuvrard, Françoise, 523-529

Pialoux, Michel, 309-320, 321-328, 371-374

Pinto, Louis, 467-469, 477-479

Sayad, Abdelmalek, 35-38, 569-570, 651-653, 673-675

Soulié, Charles, 613-616

Wacquant, Loïc J.D., 167-175, 177-191

2. Índice dos tradutores

Azevedo, Mateus S. Soares, 451-586

Clasen, Jaime A., 365-413, 587-593, 733-746

Guimarães, Sérgio H. de Freitas, 415-449, 693-732

Penchel, Marcus, 595-691

Teixeira, Guilherme João de Freitas, 215-364

Vargas, Jairo Veloso, 9-214

3. Índice temático e onomástico

Abrahams, R.D. 179
acidente (biográfico), 141, 415-416
acontecimento (produção social do –), 64-67
agricultores, 339, 437-441, 589, 708
Anderson, E. 178
anomia, 12
Aristóteles, 709
ascetismo, 103, 106, 126, 142, 652-653
assistente social, 225-227, 247-248, 538, 591-592, 683-685, 697

Bachmann, C. 167
Baldwin, J. 190
Bancaud, A. 269
Barrot, J. 216
Barthes, R. 713
Basier, L. 167
Benveniste, E. 713
Bergson, H. 592
Bevort, A. 365
Bodiguel, J.-L. 269
Boigeol, A. 269
Bouraqui, N. 703
burocracia, 427, 733
   divisão da –, 227
   procedimento da –, 174
   rigidez da –, 227, 244, 262
   social –, 226-227

campo, 592
   – jornalístico, 63, 75
   – judiciário, 292-293
capital, cultural, 83, 165, 485, 599
   – econômico, 165
   – linguístico, 83, 125
   o – e a –, 162, 164
   – social, 163-165
   diferenças de –, 164-165
   reconversão do –, 291
   – simbólico negativo, 220
   privação do, 162

Carrot, G. 267
celibato, 437, 591, 684
CFDT, 371
CGT, 368, 371, 373
Chambat, P. 218
Charbonneau, J.-P. 76
cinismo, 12
Clark, K.-B. 182
coabitação, 11, 12, 22, 35-36
   efeito da –, 23, 104, 221
Cohen, J. 218
Coing, H. 256
comerciante, 74, 117, 451-456, 708
Comissão Nora-Eveno, 216
Comissão Barre, 216
compreender, 9, 84, 118, 140-141, 700
comunicação (não violenta), 695-699
concorrência (dos meios de comunicação), 70, 733
condições de trabalho, 326
construção, burocrática da realidade, 215
   – espontânea, 712-713
   – jornalística, 71-72
   – metódica, 695s, 699, 704s
   – realista, 705
controle (familiar), 23, 106, 126
Cottingham, C. 182
crise, 373
   – da escola, 481-486

– do sindicalismo, 365
– da autoridade, 12
– da justiça, 267-272, 289
– de posição, 13

Croisat, M. 365

Davis, M. 175

decadência, 17, 141-142, 268, 270, 451-456
  região em –, 13, 407-409, 427

deficiência, 82-83
  efeito e reduplicação das –, 84, 141

deficiências acumuladas, 78, 161, 427, 614

definhamento (das instâncias de mobilização), 221

delegado (de polícia), 271

delinquência, 77-78, 82-83, 104

desafio (comportamento de), 82-83, 222, 526

desagregação (da economia), 171

desemprego, 18-19, 77-78, 104, 144, 171-172, 186, 226, 367, 409, 426, 467-479

desencantamento, 16, 23, 292, 366, 505-514, 570, 622, 651-652

desequilíbrio, 247-248, 597, 702

desespero de si, 85

desmoralização, 226-227, 366-367, 528-529, 536, 537-538

despossessão, 166

desqualificação, 318

desvio de sentido, 9

detetive (policial), 273-277

diferenciação dos espaços sociais, 12-13

diferenciação dos estabelecimentos escolares, 523-529

dilema (*double bind, double contrainte*), 218, 225-227, 439, 483

distância social, 162, 163-164, 699, 701

diversificação (do recrutamento), 269

droga, 172-173, 203-207, 247-248

DSQ, 11, 23, 67, 103, 226

Durkheim, E. 734

economia informal, 172, 181, 188, 203-207

Edin, K. 183

efeito, de censura, 701-702
  – "de clube", 85, 165-166
  – de construção, 694-695
  – de destino, 85, 220, 587-588
  – de dominação, 64
  – da estrutura social, 694
  – de imposição, 696, 707, 715
  – de lugar, 117, 125
  – de mensagem sociológica, 735
  – de naturalização, 160, 162
  – de realidade, 74-75
  – de reduplicação, 85
  – de revelação, 711
  – de tela, 12

Ellison, R. 191

empresa (pequena), 339-357, 477-479

Encrevé, P. 710

entrevista, 290, 621-622, 651-652
  – como relação social, 694, 695
  situação de –, 84-85, 451-452, 488, 613, 700-701

Epicteto, 704

escola, 569-570
  – e família, 589
  relação com a –, 319, 482-483, 589, 595-596
  rejeição da –, 82-83

espaço, – físico e – social, 11, 160-163
  – social e – geográfico, 35-36
  – social e – nacional, 164
  distribuição no –, 160-161
  luta pela apropriação do –, 163-166

essencialismo, 222

estado, abandono do –, 168
 caridade do –, 168-169
 demissão do –, 215-223
 dependência em relação ao –, 438s
 discurso contra o –, 455, 708
 mão direita e mão esquerda do –, 217-218, 226-227, 243-245, 248
 nobreza do –, 215-217

esteira (trabalho na), 352, 371

estereótipos (mediáticos), 73-74

estigmatização, 73-74, 83-85, 161, 167, 220, 222, 483

estruturas (mentais e sociais), 161-162

eternização (do provisório), 105

executivos, 467-479

êxodo rural, 437

explicitação (trabalho da –), 705

expressão (formas legítimas de –), 701

família, 587-593, 637, 673-675

favela, 37

fechamento em si mesmo, 16-17

fecundidade (taxa de), 12, 105-106, 264

feminismo, 389-393, 734

Finestone, H. 183

Flaubert, G. 713

Folb, E.-A. 179, 182

formação (no trabalho e pela escola), 18-19

fracasso,
 – escolar, 23, 67, 81-83, 140, 174, 180-181, 219-220, 484, 487-490, 505-514, 526, 561, 614s, 621, 624

Freud, S. 593

Front National, 106, 621-625, 701

futuro (relação ao), 219, 324s, 467, 489

ganhos de localização, 163
 – de posição, 163

geração, modo de, 271-272, 315-316
 primeira –, 535, 637

Giscard d'Éstaing, V. 216

Glasgow, D. 179

Goodman, 705

greve, 309

grupo (em base espacial), 12, 166

Gruson, C. 218

gueto americano, 167-175, 177-190, 203-207
 evolução e estrutura social do –, 171-173

habitus (modo de ser), 165
 – científico, 709

Hamid, A. 173

Hannertz, U. 183

herança, 437, 487
 relação com a –, 292, 587-593, 596, 616, 621, 624

Heródoto, 587

hustler, 177-179, 181-182, 188-189

identidade, operária, 126
 – social, 35, 291, 294, 587

idiossincrasia 705

ilusão (da volta ao país), 105

imigrante, 20-23, 35, 36, 81, 221, 256, 415-416, 708
 filhos de –, 145, 673-675
 – norte-africanos e – europeus, 104-106
 – versus nacionais, 83, 222, 262-265

trajetória social dos –, 103-104, 651-653
inquérito (burocrático), 701
inquilino, 74, 103, 125
integração, 415-416, 598
– à ordem industrial, 18
– social, 105
investimento, 592
– profissional, 534
– escolar, 82, 106, 126, 595

Jazouli, A. 167
jornalistas, 63, 216, 713, 733

Kotlowitz, A. 175

Labov, W. 179, 697, 698
Labré, D. 365
Lecoq, P. 269
liberalismo (versus estatismo), 216-217
Liebow, E. 178, 182
limites (senso dos), 108
língua (domínio da), 82, 105
Lipsky, M. 218
Lodge, D. 703
lógica do melhor resultado, 78
lucidez, 12

magistrado, 243-245, 289-294, 697, 700
Maitre, J. 707
mal-estares sociais (mediatização dos), 63, 255
manifestações, 65
– estudantis, 76
Marco Aurélio, 704

Martinage, R. 269
mediatização, efeito da, 67, 106, 290
rejeição da –, 126
mercado, lógica do, 218
– de trabalho, 701
– escolar e – do emprego, 85, 216, 527
– dos bens linguísticos e simbólicos, 695
metodologia, 693
militante, 22, 103, 309, 319, 371, 374, 621-625
militantismo, 107-108, 118, 126, 143, 245, 291, 389
miséria, de condição, 13
– de posição, 13
mobilidade (social e espacial), 164
modo de ser, → *habitus*
Montaigne, M. de. 693
Moore, W. 183
movimentos "mediáticos", 65-66

niilismo, 12

objetivação, 698
medo da –, 699, 701
– participante, 12, 701
operários, 15, 19, 82, 104, 106, 125, 316, 372-374, 407-413, 700
oral/escrito, 12, 699, 709

partido comunista, 103, 143, 323, 367-368, 508-509, 590
partido socialista, 621
perspectiva (pluralidade das), 12
perspectivismo, 12
pesquisa de campo, 159, 256

pesquisa de opinião, 257-260, 696, 706, 707, 708, 734

pesquisa jornalística, 69
  estrutura da relação de –, 309

pessoal/estrutural, 701, 705-706

Petonnet, C. 256

"pobres brancos", 144

político/política, 624
  escolar, 524-525
  homem –, 733, 734
  lógica –, 261
  – habitacional, 166, 216, 225, 733
  voluntarismo –, 262

Ponge, F. 699

ponto de vista, 10, 11, 715

populismo, 699, 702, 710

porta-voz, 103, 509

preconceito (racial), 85, 711, 733

pressuposto, 699, 707, 708

professor, 74, 525-538, 559-562, 563-564, 613

promoção (social), 36, 107, 117

psicanálise, 591-592, 708

público/privado, 9, 225-256, 734

Rainwater, L. 183

Ramadã, 22, 104

razão (dar), 10

reflexividade (como método), 694

relegação social, 85, 167, 216, 527

representação, do mundo social, 13, 64, 72, 707
  – pública, 63, 290-291
  – da situação, 695

reprodução, operária, 220
  crise da –, 17-18, 588

ciclo da –, 17-18
  → escola,

residência, 83

resseguro, 16

rigorismo moral, 142

RMI, 227

Royer, J.-P. 269

Schegloff, E.A. 697

Schramm, 163

Schultz, D.-A. 179-184

secretária, 355-357

segregação, 83, 222

serviço público, 217

siderurgia (crise da), 15, 17

sindicatos, 17-18

sobrevivência, 183

socianálise, 674, 698

solidariedades, 83-84, 125, 222, 373

Soyer, J.-C. 268

Spinoza, B. 704

Spitzer, L. 12

street level bureaucracy, 218, 248

subproletários, 20, 220

substancialismo, 159

subúrbio, 66-67, 77, 81, 125, 139-145, 159, 569, 614
  → DSQ, gueto americano, ZUP.

sucessão, ordem das, 312-313
  crise da –, 437-441, 453, 613

Suchet, P. 76

superendividamento, 21, 409, 425-427

tecnocracia, 226, 733

televisão, 64, 69, 706, 707, 735

temporário (trabalhador), 220, 311-312

Terray, E. 734

títulos escolares (desvalorização), 16, 270, 483, 587

trabalhadores sociais, → assistente social.

trajetórias sociais, 164, 292, 588, 699-700
    acidentes de –, 141

transcrição, 10

Valentine, B. 178, 183

Vieillard-Baron, H. 167

violência, 526, 559, 563, 569, 735
    espiral da –, 84-85, 221-222
    – simbólica, 163, 695

visão da realidade social, 12, 256, 733-734

vizinhança (problemas de), 17, 53-58

voluntariado, 227, 392

Weber, M. 172, 227

Wieviorka, M. 168

Williams, R. 163

Williams, T. 188

Williamson, H. 178

zelador de imóvel, 139-145

ZEP, 569, 614-615

ZUP, 15, 71, 78, 103, 104, 105, 140-141, 372
    → burocrático

Conheça estas e outras obras da Coleção.
www.vozes.com.br

COLEÇÃO
COMPREENDER

Coleção *Compreender* oferece aos estudantes e professores de Filosofia a [opor]tunidade de conhecer a vida, o pensamento e as principais idéias dos grandes [filó]sofos de forma objetiva, clara, simples e abrangente. Apresentando filósofos como: [Pla]tão, *Kant, Schopenhauer, Hegel e Nietzsche*, entre outros. Um importante [mat]erial de apoio para os cursos de graduação, e principalmente em Filosofia.

Conecte-se conosco:

- facebook.com/editoravozes
- @editoravozes
- @editora_vozes
- youtube.com/editoravozes
- +55 24 2233-9033

www.vozes.com.br

Conheça nossas lojas:
www.livrariavozes.com.br

Belo Horizonte – Brasília – Campinas – Cuiabá – Curitiba
Fortaleza – Juiz de Fora – Petrópolis – Recife – São Paulo

 Vozes de Bolso

EDITORA VOZES LTDA.
Rua Frei Luís, 100 – Centro – Cep 25689-900 – Petrópolis, RJ
Tel.: (24) 2233-9000 – E-mail: vendas@vozes.com.br